CURSO DE DERECHO INTERNACIONAL PÚBLICO Y ORGANIZACIONES INTERNACIONALES

JOSÉ ANTONIO PASTOR RIDRUEJO

Profesor emérito de Derecho Internacional
en la Universidad Complutense
Miembro honorario del «Institut de Droit International»
Antiguo Juez del Tribunal Europeo de Derechos Humanos

ANTONIO PASTOR PALOMAR

Catedrático de Derecho Internacional Público en la Universidad Rey Juan Carlos
Consultor en Herbert Smith Freehills Kramer Spain LLP
Antiguo Consejero Técnico en la Asesoría Jurídica Internacional del MAEC

CURSO DE DERECHO INTERNACIONAL PÚBLICO Y ORGANIZACIONES INTERNACIONALES

VIGÉSIMA NOVENA EDICIÓN

tecnos

Diseño de cubierta:
J. M. Domínguez y J. Sánchez Cuenca

Lecciones de Derecho Internacional Público:
1.ª edición, 1980

Curso de Derecho Internacional Público:
1.ª edición, 1986

Curso de Derecho Internacional Público y Organizaciones Internacionales:
3.ª edición, 1989
29.ª edición, septiembre 2025
(edición cerrada en julio 2025)

Valentín Beato, 21 - 28037 Madrid

PAPEL DE FIBRA CERTIFICADA

ISBN: 978-84-309-9259-1
Depósito Legal: M-16488-2025

Printed in Spain

A mis hijos, Elvira, Antonio y Nuria.
Y a Guadalupe, Antonio, Javier, Marta,
Carmen, Rafael, María y Pablo. También,
a Guadita y a Macarena.

ÍNDICE GENERAL

PALABRAS PREVIAS
A LA PRESENTE EDICIÓN

Imposible no referirse a la altura del tercer decenio del siglo XXI *al Espacio Europeo de Educación Superior (EEES o Plan Bolonia), implantado ya en la mayoría de las universidades españolas, e impulsor de la publicación de meritorios manuales adaptados a los nuevos planteamientos pedagógicos. Sin embargo, en la medida en que el Plan Bolonia acorta los períodos de enseñanza de las disciplinas y conlleva una considerable disminución de las clases teóricas en beneficio de distintas modalidades de enseñanzas prácticas, parece que manuales como el presente siguen siendo útiles, e incluso necesarios, aunque sólo sea como material de consulta y fuente de más amplia información y reflexión para estudiantes y juristas en general. Este punto de vista, compartido por muy ilustres compañeros y por la editorial del Curso, nos ha llevado a una nueva puesta al día que no se separa de las grandes líneas de anteriores ediciones.*

En estas palabras introductorias hacemos de nuevo una presentación global del estado del Derecho Internacional, con sus puntos fuertes y débiles o, si se quiere, con sus luces y sus sombras.

De sus puntos débiles dan testimonio continuo los medios de comunicación, particularmente cuando informan de incesantes y mortíferas hostilidades bélicas internacionales o internas. Se calcula la existencia en el mundo de un centenar de conflictos armados que, por su alcance e intensidad, implican la violación de los principios de la Carta de las Naciones Unidas, así como la vulneración del Derecho Internacional Humanitario. En Oriente Medio ilustran esta realidad trágica, entre otros posibles ejemplos, el sangrante conflicto sirio iniciado en 2011, o las continuas acciones armadas y terroristas del autodenominado Estado islámico —actor espurio de las relaciones internacionales—; también, las hostilidades solapadas en el territorio de Yemen, como los enfrentamientos de militantes huzíes o de la organización Al-Qaeda contra el Gobierno de ese país, y los ataques huzíes contra buques de Estados extranjeros a lo largo de 2023, que han comportado las respuestas armadas de una operación multinacional bajo la invocación de la legítima defensa del artículo 51 de la Carta y de la preservación de los derechos y libertades de navegación.

No puede obviarse aquí el interminable conflicto israelo-palestino. La ola de violencia más reciente surgió tras los ataques del 7 de octubre de 2023 perpetrados por la organización Hamás en territorio israelí, y la posterior respuesta militar de Israel. Se trata de una de las controversias internacionales de mayor complejidad política, jurídica, histórica y analítica. Esta situación no solo supone una amenaza a la estabilidad geoestratégica de la región —por su extensión a Irán, Irak, Siria o Líbano—, sino que igualmente constituye una amenaza a la paz y a la seguridad internacionales. Además, pese a la intervención a lo largo de varias décadas de dis-

tintos órganos de la estructura institucional de Naciones Unidas, puede afirmarse que la Comunidad Internacional todavía no ha sido capaz de ofrecer soluciones viables y convincentes para los principales implicados.

Una de las últimas reacciones de aquella tuvo lugar el 10 de mayo de 2024, cuando la Asamblea General solo pudo ampliar los derechos de Palestina como Estado no miembro observador de Naciones Unidas. En esa resolución del órgano plenario se manifiestan las múltiples dimensiones del orden jurídico internacional implicadas en este tema, a saber: el reconocimiento de un Estado y su estatuto en una organización internacional, el cumplimiento por un Estado de las resoluciones o decisiones de distintos órganos de Naciones Unidas, el derecho a la libre determinación de los pueblos y a la estatalidad, la adquisición de un territorio por la fuerza, el estatuto jurídico de un territorio ocupado y las obligaciones del ocupante y, por supuesto, el derecho a la guerra o ius ad bellum, además del derecho en la guerra o ius in bello, entre otras dimensiones. Por ello, conviene resaltar el alcance jurídico-político que deberían tener las solicitudes de órdenes de detención del Fiscal de la Corte Penal Internacional, realizadas el 20 de mayo de 2024, contra ciertos miembros de Hamas, el Jefe del Gobierno de Israel, y su Ministro de Defensa, ante la posible comisión de crímenes de guerra y de lesa humanidad. En la línea de las sombras del Derecho Internacional sobre este conflicto armado, el Tribunal Internacional de Justicia ha visto cómo Israel, acusado por África del Sur de la violación de la Convención sobre el Genocidio en el territorio de Gaza, ignoraba sus órdenes sucesivas sobre medidas provisionales de 26 de enero, de 28 de marzo, y de 24 de mayo de 2024. En consecuencia, las Fuerzas de Defensa de Israel no aseguraban la asistencia humanitaria ni suspendían las operaciones militares. España decidió intervenir en junio de 2024, como Estado parte en la Convención sobre el Genocidio, porque en el litigo se plantea una interpretación de este tratado. Por último, el Tribunal Internacional de Justicia emitió el 19 de julio de 2024 la opinión consultiva sobre las consecuencias jurídicas de las políticas y prácticas de Israel en el territorio palestino ocupado, incluido Jerusalem Este. En este dictamen una mayoría de jueces opinó que la continua presencia de Israel en los territorios ocupados era ilegal, que ese Estado tenía la obligación de poner fin lo antes posible a esta presencia ilegal, que debían cesar los asentamientos, que Israel debía reparar el daño causado y que los Estados o las organizaciones internacionales no debían reconocer que esa presencia en territorio ocupado era legal. Un año después, Israel todavía no ha cumplido los términos del dictamen. Complementariamente, la Asamblea General solicitó en diciembre de 2024 otro dictamen consultivo al Tribunal Internacional de Justicia sobre cuáles son las obligaciones de Israel en relación con la presencia y las actividades de Naciones Unidas, de otras organizaciones internacionales y de terceros Estados, en el territorio ocupado de Palestina.

En Europa son hechos muy preocupantes los relativos a la fuerza armada desplegada en Ucrania por el ejército de la Federación Rusa a partir del 24 de febrero de 2022. Algunos analistas han avanzado la idea de que se produciría al cabo del tiempo una reestructuración de la arquitectura política y de poder de la Comunidad Internacional, con la aparición de dos grandes bloques. Uno de ellos sería el occidental integrado por países democráticos y respetuosos de los derechos humanos. El otro bloque sería el euroasiático, que estaría constituido por países de regímenes dictatoriales y con escaso respeto de los citados derechos, bajo el liderazgo de China y Rusia. El Nuevo Concepto Estratégico de la OTAN, adoptado en Madrid el 29 de junio de 2022, reflejó dicho entorno estratégico y de seguridad. Sin embargo, la llegada del presidente Trump a la administración de los Estados Unidos de América, en enero de 2025, ha distorsionado semejante descripción de la Comunidad Internacional en dos bloques principales. Así lo demuestran hechos como la imposición de aranceles en el comercio internacional, la adopción de sanciones de la gran potencia estadounidense contra el personal de la Corte Penal Internacional, la retirada de la Organización Mundial de la Salud o la denuncia del Acuerdo de París sobre cambio climático. El multilateralismo representado por las organizaciones internacionales queda más dañado y la Unión Europea se encuentra menos acompañada en la defensa de la legalidad internacional, el orden y la certidumbre en las relaciones internacionales. Otra consecuencia puede ser que China aproveche ese deterioro en las relaciones transatlánticas y ofrezca a Europa una relación reforzada.

La guerra en Ucrania señala las deficiencias e insuficiencias de las instituciones y de la tutela centralizada de la Comunidad Internacional frente a graves incumplimientos jurídicos. El sistema de seguridad colectiva ha quedado nuevamente cuestionado ante su inoperancia en los conflictos citados.

En una suerte de renacimiento del papel del órgano plenario ante esta inoperancia del Consejo de Seguridad, la Asamblea General se reunió a finales de febrero de 2022 en un período extraordinario de sesiones de emergencia con base en la resolución 377 (V) de 1950 —conocida como Unión Pro Paz—, con el fin de examinar la guerra en Ucrania y realizar recomendaciones a los Estados miembros para la adopción de medidas colectivas que pudieran incluir el uso de la fuerza armada. En el ámbito judicial, Ucrania demandó a Rusia ante el Tribunal Internacional de Justicia tras la agresión de febrero de 2022 y solicitó medidas provisionales, que fueron acordadas y no respetadas por el Estado agresor pese a ser obligatorias. Una treintena de Estados partes en la Convención de 1948 sobre la prevención y la sanción del delito de genocidio —incluido España— realizaron una declaración de intervención en este contencioso. Y en el plano de la responsabilidad penal individual, la Corte Penal Internacional aprobó la orden de detención del presidente de Rusia por crímenes de guerra.

Este conflicto europeo también muestra la descentralización de los poderes sancionadores o de los mecanismos de autotutela del Derecho ante el infractor y la ilicitud. La Unión Europea y otros Estados respaldaron el 9 de mayo de 2025 la creación de un Tribunal Especial para el Crimen de Agresión contra Ucrania, que deberá establecerse en el futuro mediante un acuerdo entre Ucrania y el Consejo de Europa. En este contexto de aplicación coactiva del Derecho Internacional cabe destacar el papel de la Unión Europea con la adopción de diecisiete paquetes de medidas restrictivas contra Rusia, que también se denominan en la práctica sanciones o contramedidas. Además, debe subrayarse la salida de Rusia del Consejo de Europa y su expulsión del Consejo de Derechos Humanos de las Naciones Unidas.

El Derecho Internacional contemporáneo debe afrontar otros retos sobresalientes de la sociedad internacional de la pospandemia COVID-19: la desigualdad social —o la erradicación de la pobreza—, y la progresiva degradación del medio ambiente en detrimento de las generaciones venideras. Parece evidente que en la era de la globalización no se está reduciendo sino ensanchando la irritante brecha entre países industrializados y países en desarrollo; ello es así pese a las buenas intenciones expresadas por la Asamblea General de las Naciones Unidas en la Declaración del Milenio del año 2000 y en la subsiguiente Agenda 2030 para el Desarrollo Sostenible, que fue adoptada el 25 de septiembre de 2015 y en la que se plantearon 17 objetivos y 169 metas en las esferas económica, social y ambiental. Al acortamiento de aquella brecha no contribuyeron ni la profunda crisis financiera internacional desencadenada en el mundo a fines de 2008 y principios de 2009, ni las secuelas económicas y sanitarias de un COVID-19 que se extendió mundialmente en el primer trimestre de 2020. El deseado y necesario entendimiento entre las distintas civilizaciones no tiene visos de llegar, y falta mucho camino para alcanzar los objetivos y metas de la Agenda 2030.

No obstante, problemas tan importantes para la humanidad como el cambio climático comienzan a abordarse formalmente a través de los sistemas regionales de protección internacional de los derechos humanos. En concreto, debe mencionarse la sentencia del Tribunal de Estrasburgo, de 9 de abril de 2024, en el asunto «Verein Klimaseniorinnen Schweiz y otros c. Suiza», en la que se apreció la existencia de una violación del artículo 8 del Convenio de Roma (derecho al respeto a la vida privada y familiar de la persona), así como del artículo 6 (derecho a un proceso equitativo) ante la falta de adopción por el Estado de medidas positivas de lucha contra el cambio climático. En el marco del deber de los Estados de preservar el medio ambiente, es igualmente significativa la sentencia de 22 de marzo de 2024 de la Corte Interamericana de Derechos Humanos. Aquí la Corte determinó la violación por Perú del derecho a un medio ambiente saludable de los habitantes de la zona de La Oroya que, debido a la actividad de una empresa privada, sufrieron la contaminación del aire, agua y suelo. Además, la sentencia expuso que la protección del medio ambiente es una norma internacional imperativa, lo que puede repercutir en la opinión consultiva solicitada a esa Corte por Chile y Colombia, en enero de 2023, a propósito de la emergencia climática y los derechos humanos. El cambio climático también ha dado lugar a la solicitud, el 2 de mayo de 2025, de una opinión consultiva en el sistema regional africano, esto es, ante el Tribunal Africano de Derechos Humanos y de los pueblos. Incluso el Tribunal Internacional de Derecho del Mar se ocupó del cambio climático en su Opinión Consultiva, de 21 de mayo de 2024, sometida por la Comisión de los pequeños Estados Insulares sobre Cambio Climático y Derecho Internacional. La pregunta sobre qué obligaciones tienen los Estados frente al cambio climático también es el centro de la opinión consultiva solicitada por la Asamblea General mediante la resolución 77/276, de 29 de marzo de 2023, al Tribunal Internacional de Justicia.

A fin de que desde la perspectiva de la ciencia política se entiendan las grandes causas de la persistencia de estas zonas de sombra, conviene recordar que cuando en el plano de las relaciones internacionales los Estados perciben que están en juego sus aspiraciones supremas, la disposición es a comportarse más como entes de poder, preocupados por la satisfacción de sus intereses soberanos, que como sujetos del Derecho Internacional atentos al cumplimiento de sus normas.

Como contrapunto a las anteriores consideraciones y para hacer una valoración global y equilibrada de la situación, hay que decir que en otras áreas de las relaciones internacionales —las más alejadas de los intereses de poder y que tienen que ver con las exigencias mínimas de reciprocidad y cooperación— los Estados se muestran habitualmente respetuosos con el Derecho Internacional. Constituye buena prueba de lo dicho el altísimo número de Estados partes en las Convenciones de Viena de 1961 y 1963 (sobre relaciones diplomáticas y consulares, respectivamente) y su elevado nivel de acatamiento. Lo mismo puede predicarse del excelente funcionamiento de las organizaciones internacionales, universales y regionales, poseedoras de competencias en materias técnicas.

En este sentido, debe celebrarse que el 30 de mayo de 2025 se adoptase por una veintena de Estados la Convención sobre el establecimiento de la Organización Internacional para la Mediación pues, sobre el papel, puede contribuir a promover la resolución pacífica y amistosa de las controversias interestatales, entre un Estado y un nacional de otro Estado, o entre partes privadas. Otro dato favorable que constatar es el aumento, lento, aunque persistente, de los casos de recurso a medios jurisdiccionales (Tribunal Internacional de Justicia, o tribunales de arbitraje) para el arreglo de controversias internacionales.

De otro lado, la interdependencia creciente entre las naciones y la aparición en el planeta de nuevos problemas y necesidades están motivando una ampliación y una diversificación inusitadas de las funciones y contenidos del Derecho Internacional. A modo de ejemplo, los desafíos que presenta para los derechos humanos el rápido desarrollo de la tecnología han comportado la adopción por el Consejo de Europa, el 17 de mayo de 2024, del Convenio sobre inteligencia artificial y derechos humanos, democracia y Estado de Derecho.

Algunos sectores de opinión, que han tenido reflejo en la propia Comisión de Derecho Internacional de las Naciones Unidas, se han preguntado si la disciplina está presidida en nuestros días por la idea de la unidad o, contrariamente, por la de la fragmentación. Tras años y años de estudio y ejercicio práctico del Derecho Internacional, nos creemos con alguna autoridad para expresar el siguiente punto de vista. Las señas de identidad de nuestra disciplina residen en la fragilidad institucional del grupo sociológico que está en su base —la Comunidad Internacional—, y ello tanto en el campo normativo como en el ejecutivo y en el de la solución de conflictos, planos en los que la voluntad de los Estados es determinante. Por ello, si se considera el sentido que al vocablo «fragmentación» atribuye el Diccionario de la Real Academia de la Lengua Española («ruptura») y el prácticamente idéntico que posee en el idioma inglés —que es el vehicular en las relaciones internacionales— no es esa la palabra idónea para describir los signos distintivos del crecimiento funcional y temático del Derecho Internacional. Las nuevas ramas de la disciplina son tributarias en mayor o menor medida de la fragilidad institucional de la Comunidad Internacional. No se han desgajado, por tanto, del tronco común de los grandes principios y parámetros del Derecho Internacional. Buena prueba de ello es que el régimen jurídico de la responsabilidad internacional del Estado se esté concretando y desarrollando dentro del Derecho Internacional de inversiones. Más que de fragmentación habría que hablar de un proceso de expansión y diversificación, o de la consiguiente especialización de los nuevos sectores de la disciplina. Es este el punto de vista sustentado finalmente por la Comisión de Derecho Internacional de las Naciones Unidas en sus conclusiones de 2006 sobre el tema de la fragmentación. Esta última palabra figura en el título del documento, pero en su contenido únicamente se deja constancia de las dificultades derivadas de la diversificación y expansión del Derecho Internacional. En modo alguno acepta el documento la idea de la fragmentación o se pone en tela de juicio la unidad del ordenamiento

Novedad del mayor interés en el mundo globalizado de los inicios del siglo XXI es la aparición de grupos informales de Estados que, sin ser organizaciones internacionales en sentido propio, y situándose más allá de las lindes del Derecho Internacional, actúan como auténticos foros de consulta y cooperación, particularmente en terrenos tan relevantes como la economía y el sistema financiero internacional. Un importante ente de esas características es el llamado G-20. Este dato, junto al del recurso constante a memorandos de entendimiento (denominados en la práctica de España acuerdos no normativos porque solo generan compromisos políticos y morales, según la Ley 25/2014, de 27 de noviembre, de Tratados y otros Acuerdos Internacionales) están motivando la creciente aparición de estructuras e instrumentos informales o flexibles en la ordenación de los asuntos entre los sujetos internacionales, en claro paralelismo con el Derecho Internacional. De hecho, la Comisión de Derecho Internacional está llevando a cabo en la actualidad el estudio de la naturaleza y el alcance de los acuerdos internacionales jurídicamente no vinculantes.

Estas son las grandes ideas que, como punto de partida de la enseñanza-aprendizaje, querríamos transmitir a los alumnos y a los lectores de este libro, no sin dejar sentado una vez más que desde nuestro punto de vista la postura del profesor y del lector de la disciplina no debe ser de neutralidad o pasividad, sino valorativa, comprometida y crítica ante los grandes problemas mundiales. Y, por supuesto, también constructiva, a fin de conseguir el mayor arraigo posible de los valores que constituyen las señas de identidad del progreso del Derecho Internacional, a saber: moralización, humanización, democratización y socialización.

En fin, hemos puesto siempre especial empeño en que nuestras enseñanzas resulten convincentes, o al menos creíbles, a unos alumnos que en los primeros días de clase tienden a minusvalorar o despreciar la disciplina después de haberla comparado con unos ordenamientos nacionales que, a diferencia del Derecho Internacional, están apoyados en sólidos cimientos institucionales. Hemos utilizado con esta finalidad una mezcla dosificada de sentimientos aparentemente contrapuestos de humildad y de orgullo. De humildad, y en definitiva, de realismo, reconociendo la débil y precaria institucionalización de la Comunidad Internacional y el impacto negativo que esta situación produce en el conjunto del Derecho Internacional. De orgullo, y en último término de idealismo, explicando que la disciplina constituye pese a todo un feliz ejemplo de supervivencia de lo jurídico en un mundo dominado por los conflictos de poder, poco propicio, por tanto, al imperio de la ley y en el que, sin embargo, de modo progresivo están haciendo entrada los valores.

Madrid, 29 de junio de 2025

ABREVIATURAS MÁS USUALES EN LAS NOTAS

A.D.I.	*Anuario de Derecho Internacional.*
A.D.M.	*Anuario de Derecho Marítimo.*
A.F.D.I.	*Annuaire Française de Droit International.*
A.J.I.L.	*American Journal of International Law.*
A.S.D.I.	*Annuaire Suisse de Droit International.*
B.Y.B.I.L.	*British Year Book of International Law.*
B.O.E.	*Boletín Oficial del Estado.*
C.E.M.Bc.D.I.	*Cursos Euromediterráneos Bancaja de Derecho Internacional.*
C.I.	*Communità Internazionale.*
C.I.J.	Cour Internationale de Justice (Tribunal Internacional de Justicia).
C.P.J.I.	Cour Permanente de Justice Internationale (Tribunal Permanente de Justicia Internacional).
E.J.I.L.	*European Journal of International Law.*
E.O.P.I.L.	*Encyclopedia of Public International Law.*
G.Y.B.I.L.	*German Yearbook of International Law.*
H.R.L.J.	*Human Rights Law Journal.*
I.D.I.	Institut de Droit International.
I.H.L.A.D.I.	Instituto Hispano-Luso-Americano de Derecho Internacional.
I.L.A.	International Law Association.
I.L.M.	*International Legal Materials.*
J.D.I.	*Journal de Droit International.*
N.I.L.R.	*Netherlands International Law Review.*
P.E.	*Política Exterior.*
R.B.D.I.	*Revue Belge de Droit International.*
R. des C.	*Recueil des Cours de l'Académie de Droit International de La Haye.*
R.D.D.C.E.	*Revista de Derecho Comunitario Europeo.*
R.D.I.	*Rivista di Diritto Internazionale.*
R.E.D.I.	*Revista Española de Derecho Internacional.*
R.E.D.M.	*Revista española de Derecho militar.*
R.G.D.I.P.	*Revue Générale de Droit International Public.*
R.I.E.	*Revista de Instituciones Europeas.*
Rec.Sent.Arb.N.U.	*Recueil des Sentences Arbitrales des Nations Unies.*
S.Y.I.L.	*Spanish Yearbook of International Law.*
U.N.C.I.O.	United Nations Conference on International Organization.

CAPÍTULO PRIMERO

EL CONCEPTO DE DERECHO INTERNACIONAL PÚBLICO

1. EL CARÁCTER PROBLEMÁTICO DEL DERECHO INTERNACIONAL Y LA NECESIDAD DE UNA TRIPLE APROXIMACIÓN

a) Comparado con los Derechos internos de los Estados, el Derecho Internacional Público se nos presenta como una disciplina jurídica especialmente problemática, caracterizada por unas acusadas carencias institucionales que motivan incertidumbre y relativismo en el plano normativo, insuficiencias graves en la prevención y sanción de las violaciones y una politización extendida —aunque no absoluta— en la solución de controversias, cuando no la imposibilidad de su arreglo. Vamos a explicar estas densas ideas en las líneas que siguen.

b) No existe por lo pronto en la sociedad internacional un órgano normativo equiparable al que en los Estados ejerce el poder legislativo. Es cierto que en aquella sociedad hay desde el año 1945 una importante estructura institucional universal con fines políticos generales —la Organización de las Naciones Unidas— y que el órgano plenario y deliberante de la misma —que es la Asamblea General— adopta resoluciones que contienen criterios y puntos de vista jurídicos acerca del comportamiento de los Estados. Es igualmente verdad que estas resoluciones ejercen una influencia nada desdeñable en la formación y evolución del Derecho Internacional[1]. Pero tales resoluciones de la Asamblea General de las Naciones Unidas no son *per se* obligatorias para los Estados miembros y en modo alguno cumplen la función que desempeñan las leyes en los ordenamientos internos de los Estados. A diferencia de lo que ocurre en éstos no existe en la sociedad internacional un órgano normativo centralizado.

Así las cosas, los que crean el Derecho Internacional son los propios Estados, que son a la vez los principales destinatarios del ordenamiento. Y dicha creación se produce básicamente a través de un doble cauce: el de la norma no escrita o costumbre y el de la norma escrita a través de los tratados o convenciones[2].

La costumbre produce normalmente Derecho Internacional de aplicación general en la sociedad internacional, pero las normas consuetudinarias no ofrecen siempre la claridad y la precisión deseables, y mucho menos si surgen en un grupo social como la sociedad internacional en que el sujeto característico y protagonista dominante —el Estado soberano— se comporta muy frecuentemente

[1] Véase apartado 11 de este libro.
[2] Véanse apartados 6 y 8 de este libro.

como ente de poder, esto es, inspirado más por motivaciones políticas que jurídicas. Y este estado de cosas implica que el Derecho Internacional carezca de criterios fijos y seguros sobre algunos aspectos de la convivencia en la sociedad internacional, incertidumbre que genera inseguridad jurídica y que se agrava en unos momentos como los presentes en que asistimos a un profundo proceso de cambio en la sociedad y en el Derecho Internacional Contemporáneo[3]. En el contexto de esta transformación puede ser difícil en un momento dado determinar cuál es la norma en vigor: si la vieja o la que se pretende instaurar. Y se habla también del *soft law, droit mou,* Derecho blando o Derecho verde, expresiones éstas que ciertamente pueden desconcertar o resultar incompresibles a los juristas tradicionales.

Pero si de la norma no escrita o consuetudinaria pasamos a la norma escrita o convencional, observamos que, aun siendo sin duda más precisa, su ámbito de aplicación es más restringido, porque en el Derecho Internacional los tratados sólo crean obligaciones para los Estados que han consentido en obligarse y son partes en ellos. Se trata del principio *pacta tertiis nec nocent nec prosunt,* del que nos ocuparemos con mayor profundidad y extensión en otro lugar de este libro[4], pero del que podemos adelantar ahora que introduce una considerable dosis de relativismo en el Derecho Internacional. En la sociedad internacional no todos los sujetos se hallan vinculados por las mismas reglas escritas, ni sometidos a las mismas obligaciones jurídicas, aunque ello no es obstáculo para que algunas normas convencionales adoptadas en conferencias generales de codificación tengan pretensiones expansivas, tendiendo a convertirse en Derecho Internacional General[5].

Otra llamativa característica de la disciplina en el plano normativo es la abundancia de las denominadas obligaciones de comportamiento. Efectivamente, junto a las normas que establecen obligaciones de resultado, que son las que imponen a los Estados el deber de alcanzar un logro determinado (por ejemplo, la abstención del recurso a la amenaza o uso de la fuerza), existen normas que no entrañan sino obligaciones de comportamiento, esto es, el deber de poner los medios para conseguir un resultado pero sin exigir taxativamente la consecución de éste (por ejemplo, el de procurar llegar a la solución de las controversias internacionales). Pues bien, como la ejecución de este último tipo de normas deja grandes márgenes de discrecionalidad a los destinatarios, la verificación de su incumplimiento es extremadamente problemática.

c) En el plano de la prevención y sanción de las violaciones, la situación institucional de la sociedad internacional no es mejor. Es verdad que en las Naciones Unidas existe el Consejo de Seguridad, al que la Carta de la Organización confiere la responsabilidad primordial en el mantenimiento de la paz y de la seguridad internacionales y cuyas decisiones en este campo son obligatorias para los Estados miembros. Pero el requisito de la unanimidad entre los miembros permanentes del Consejo, que es una exigencia política para la pervivencia de la Organización, y el hecho de que la gran mayoría de los quebrantamientos de la paz o amena-

[3] Véase apartado 4.4 de este libro.
[4] Véase apartado 8.7 de este libro.
[5] Véase apartado 6.3 de este libro.

zas a la misma afecten siempre de una u otra manera a aquellos miembros —las superpotencias y las grandes potencias— impidieron hasta 1990 que el órgano en cuestión cumpliese mínimamente sus funciones de gendarme de la sociedad internacional y adoptase medidas eficaces de prevención y sanción de los actos de fuerza desencadenados en violación de los principios de la Carta. En 1990, sin embargo, el desvanecimiento de la escisión Este-Oeste de la sociedad internacional permitió legalizar las medidas coercitivas de Estados Unidos y sus aliados contra el acto de agresión de Irak a Kuwait, y por más que dichas medidas presentasen aspectos criticables por su carácter descentralizado, como veremos en su momento, es lo cierto que la acción de las Naciones Unidas en el mantenimiento de la paz y seguridad internacionales parecía ofrecer con vistas al futuro perspectivas algo más favorables que durante la guerra fría. Pero de cara al cambio de milenio estas perspectivas se desvanecieron, desafortunadamente, pues la acción de las Naciones Unidas para mantener la paz se ha revelado insuficiente en el cruel conflicto de Bosnia-Herzegovina y en los que se han sucedido en otras partes del mundo, según comprobaremos en otro lugar de este *Curso.*

Esto en cuanto a la sanción de las violaciones del Derecho Internacional que revisten la máxima gravedad, es decir, las que ponen en peligro valor tan importante como la paz y seguridad internacionales. Por lo que respecta a las violaciones que se suponen menos graves, hay que decir que el Derecho Internacional general no prevé sanciones institucionalizadas. Las sanciones tienen carácter descentralizado y son decididas y aplicadas por los propios Estados en tanto que medidas de autoprotección (retorsiones y represalias, de las que hablaremos más adelante) y su eficacia está condicionada por el distinto nivel de poder de los Estados. Tales sanciones pueden desencadenar además una espiral peligrosa de acciones y reacciones que no tiendan precisamente a pacificar la situación y solucionar la controversia, sino, por el contrario, a agravarla.

d) Las incertidumbres normativas de las que antes hemos hablado exigirían un sistema eficaz de solución de controversias en la sociedad internacional. Pero tampoco en este aspecto la situación es satisfactoria, pues no hay en dicha sociedad un mecanismo equiparable al que existe en los Derechos internos que, como es bien sabido, han instaurado desde hace mucho tiempo el proceso judicial obligatorio sustituible en determinadas materias por el arbitraje. Es cierto que el Derecho Internacional contemporáneo proclama la obligación del arreglo pacífico de las controversias (arts. 2.3 y 33 de la Carta de las Naciones Unidas), pero es verdad también que consagra al mismo tiempo la libertad de los Estados en la elección del medio para dicho arreglo, con lo que aquella obligación se convierte en una obligación de comportamiento y no de resultado. Porque, efectivamente, los Estados partes en una controversia o pueden no ponerse de acuerdo para la elección de un medio específico o pueden escoger un medio que no conduzca forzosamente a la solución eficaz y definitiva de la diferencia. En todo caso, el único modo de arreglo que termina en una decisión dictada conforme al Derecho Internacional y obligatoria para los Estados partes en la controversia es el jurisdiccional —arbitral o judicial—, pero el recurso al mismo es en último análisis voluntario ya que requiere el consentimiento de aquellos Estados, como consecuencia del principio de libertad de elección de medio. Y de un modo general los Estados se muestran reacios a dar tal consentimiento, de lo que son síntomas importantes el hecho de que en la actualidad sólo 66 —algo más de la tercera parte de los miembros de las Naciones Unidas— hayan hecho declaraciones unilaterales aceptando la obligatoriedad de la competencia del Tribunal Internacional de Justicia, y la circunstancia de que buena parte de tales declaraciones estén plagadas de reservas e incluso de artificios de técnica jurídica que socavan su alcance[6]. Tal actitud se debe, entre otras causas, a la inseguridad jurídica de que antes hemos hablado, y semejante comportamiento se lleva a límites extremos cuando se trata de controversias que ponen en juego los intereses vitales, el honor o la dignidad de los Estados, controversias estas últimas en que prevalecen actitudes políticas. Ante tales controversias los Estados adoptan una actitud política y no jurídica —se habla por ello de controversias políticas—, y de intentar la solución de la disputa lo hacen por medios políticos, en los que conservan su libertad soberana de acción y decisión, y no por medios jurisdiccionales. Medios políticos que pueden ser profundamente injustos si el nivel de poder de los Estados es desigual y que pueden ser ineficaces si tal poder es comparable. Así las cosas, no puede decirse que la concepción del Estado de Derecho o imperio de la ley (*rule of law*) exista en la Comunidad Internacional en su conjunto.

e) Hemos realizado el anterior análisis general desde la perspectiva de los Derechos internos de los Estados, pues no en vano este libro está pensado para unos lectores —los alumnos del grado en Derecho— que se presumen familiarizados con dichos sistemas jurídicos y que básicamente van a juzgar desde este prisma al Derecho Internacional. Pero para que la comparación entre ambos sistemas sea justa y rigurosa hay que tener siempre en cuenta que los Derechos internos y el Derecho Internacional descansan sobre supuestos institucionales diferentes, siendo mucho más completos y evolucionados los de los Derechos internos. Y es preciso afirmar también que los supuestos institucionales de la sociedad internacional son los que son y los que los Estados quieren que sean y no los que un jurista utópico desearía. Hay en estas palabras una invocación al realismo y en definitiva a la seriedad científica. Llamada de atención que pretende evitar el recurso fácil a descalificaciones globales del Derecho Internacional por el solo hecho de que constituye un ordenamiento con rasgos básicos muy distintos a los que presentan los Derechos internos.

f) Es imposible desconocer de todos modos que para el hombre de la calle e incluso para muchos juristas el Derecho Internacional ofrece mala imagen, tiene poca credibilidad. Los profesores de Derecho Internacional estamos muy habituados, en efecto, a las actitudes de desdén hacia nuestra disciplina, a las que no son ajenos, al menos en las primeras lecciones del curso, los propios alumnos. En este orden de ideas se dice con frecuencia que el Derecho Internacional apenas es acatado, pero se olvida el hecho ya apuntado de que su contenido normativo es

---

[6] *Informe de la Corte Internacional de Justicia. 1.º de agosto de 1994 a 31 de junio de 1995*, Asamblea General, Documentos oficiales, Quincuagésimo período de sesiones, Suplemento n.º 4 (A/50/4).

incierto en ocasiones, lo que dificulta el conocimiento de su grado de efectividad, y se pasa por alto asimismo la circunstancia de que en los Derechos internos existen también violaciones. Y se desconoce sobre todo el hecho de que en ciertos sectores de la convivencia internacional —los que afectan a la coexistencia, reciprocidad y cooperación— el Derecho Internacional alcanza niveles de observancia y acatamiento muy considerables. Así, lo normal y cotidiano es que se respete la soberanía territorial de los Estados, que se cumplan las normas sobre misiones y agentes diplomáticos, que se observen los tratados. Otra cosa ocurre, sin embargo, cuando los intereses en juego entre los Estados son altamente políticos. En estos casos no puede hablarse de una observancia mínimamente satisfactoria del Derecho Internacional. Así, GUY DE LACHARRIÈRE, que fue juez del Tribunal de La Haya y profundo conocedor de la realidad jurídica internacional por haber desempeñado durante mucho tiempo la dirección de la división jurídica del *Quai d'Orsay,* admite que en los ámbitos técnicos y en las materias consideradas menores son correctas las estadísticas que hablan del acatamiento habitual del Derecho Internacional, aunque agrega que cuanto mayor es la elevación de los valores en juego más raros son los supuestos de aplicación pura y simple de la regla jurídica correctamente interpretada[7].

Y en lo que concierne al respeto a los tratados, hay que poner énfasis particular en el ámbito de la cooperación entre los Estados para la satisfacción de sus intereses comunes en un mundo cada vez más interdependiente. Muchos actos de nuestra vida diaria, que nos afectan individualmente, como comunicarnos por correo con un residente en otro país, o celebrar una conferencia telefónica con una persona que habita en otro continente marcando directamente el número del abonado, o contemplar a través de la televisión acontecimientos que ocurren en aquel momento a muchos miles de kilómetros, o sencillamente comprar y consumir bienes producidos en el extranjero, son posibles gracias a la existencia de una espesa red de tratados e instituciones internacionales; tratados que se cumplen escrupulosamente, instituciones que operan eficazmente. Alguien dirá que se trata de ejemplos simplistas cuando estamos en realidad ante una fronda de hechos reales que, en su monótona cotidianeidad, no son suficientemente valorados en su conjunto a la hora de juzgar la eficacia del Derecho Internacional en numerosos sectores en que la satisfacción de intereses comunes de los Estados no es conflictiva ni suscita antagonismos. Yo sólo ruego a los alumnos, y en general a los lectores de este libro, que el juicio global sobre la validez sociológica del Derecho Internacional no lo formulen apriorísticamente ni tampoco en las primeras lecciones del curso; que lo demoren hasta la terminación, cuando tengan un conocimiento mayor de nuestra ciencia.

Y para apreciar la validez sociológica de nuestra disciplina hay que tener también en cuenta el hecho importante de que sus normas no sólo se aplican en el campo, propicio al juego de los intereses de poder, de las relaciones internacionales, sino también en el marco, menos favorable al juego de las conveniencias

---

[7] G. DE LACHARRIÈRE, *La politique juridique exterieure,* París, 1983, p. 113. Véanse también las citas que hace sobre el acatamiento habitual del Derecho Internacional (BRIERLY, FRIEDMANN, REUTER, HOFMANN y DEAN RUSK). Véase, asimismo, J. JUSTE RUIZ, *¿Derecho Internacional Público?,* Valencia, 1991, pp. 68 ss.

políticas, de los Derechos internos de los Estados. Veremos más adelante (capítulo III), en efecto, que las constituciones estatales contienen disposiciones que rigen las relaciones entre el Derecho Internacional y los Derechos internos o, dicho de otro modo, que establecen las condiciones en que las normas internacionales se aplican en el interior del Estado, particularmente por los jueces y tribunales. Y en este punto, la eficacia del Derecho Internacional se ve claramente reforzada.

g) Y con toda seguridad, el Derecho Internacional tiene mayor credibilidad para los propios Estados que para muchos de los impugnadores teóricos de la disciplina. Quien haya seguido de cerca los trabajos de una conferencia intergubernamental sobre codificación y desarrollo progresivo del Derecho Internacional, habrá llegado al convencimiento de que los Estados se toman mucho más en serio sus normas que los descreídos y superficiales teorizantes; se habrá percatado del cuidadoso y, a veces encarnizado empeño que en esos foros ponen los Estados en la defensa de los puntos de vista jurídicos favorables a sus intereses, que desean ardientemente tengan reflejo en la convención que se pueda adoptar o en la costumbre que se pueda formar a partir de la obra codificadora. A los Estados no les es indiferente que el resultado sea uno u otro porque conceden valor al Derecho Internacional positivo, aunque sólo sea como un condicionante más en el proceso político de adopción de decisiones, porque para ellos los tratados no son letra muerta ni un simple *chiffon de papier,* porque atribuyen gran importancia al principio *pacta sunt servanda* que saben que se respeta de un modo general.

h) Pero si estos aspectos no merecen apenas la atención de los medios de comunicación de masas, ocurre sin embargo que, por su carácter llamativo y espectacular, muchas violaciones del Derecho Internacional ocupan lugar preferente en las noticias difundidas por aquellos medios. Y se crea así un estado de opinión en que la pregunta de si existe realmente el Derecho Internacional o si es operativo y útil aflora con frecuencia a las mentes.

Semejante actitud mental puede obedecer también a que se han sugerido a veces concepciones deformadas e irreales por excesivamente simplistas, formalistas o idealistas de nuestra disciplina. Y habiendo evocado a lo largo de esta introducción el mundo de las normas, el de los hechos y el de los valores, es decir, los planos jurídico, axiológico y sociológico de nuestra disciplina, es obvio que se impone una triple aproximación para aprehender con rigor y en profundidad lo que sea el Derecho Internacional: la técnico-jurídica, la propiamente axiológica y la sociológica, esta última desde una perspectiva histórica. Dicho de otro modo, partiendo de la norma tendremos que transcender a los valores y descender a los hechos. En esto consiste justamente la triple aproximación que propugnamos.

i) La aproximación técnico-jurídica trata de definir el Derecho Internacional o, lo que es lo mismo, intenta acotar sus normas en el complejo y amplio mundo del Derecho positivo; tal modo de aproximación parte, pues, de la norma obligatoria. La aproximación axiológica se ocupa de un problema tradicional y, a mi entender, de planteamiento necesario en nuestra disciplina: el de su fundamentación y el de los valores que persigue. La aproximación histórico-sociológica se refiere al condicionamiento de la disciplina por la estructura y modo de ser en cada etapa histórica de la sociedad internacional. Prescindir de alguna de estas tres perspectivas conduciría a una concepción incompleta e irreal, y, por tanto, errónea de la disciplina.

Sin la perspectiva técnico-jurídica, efectivamente, careceríamos del instrumento necesario para calificar de internacionales a determinadas normas, siendo así que tal calificación es requisito técnico indispensable para tratar de temas centrales de nuestra ciencia. Es el caso de las fuentes del Derecho Internacional o el de las relaciones de éste con otros sistemas jurídicos, especialmente los derechos internos, o el de la cuestión de la responsabilidad internacional del Estado, que puede ser originada por la oposición entre normas internas e internacionales.

Mas esta perspectiva es insuficiente a todas luces. Como ha dicho el profesor CHARLES DE VISSCHER, «un derecho sin vida es el producto de las doctrinas que cortan las instituciones de sus dos fuentes esenciales: una inspiración moral capaz de elevarlas progresivamente por encima de expresiones positivas y contingentes; una observación exacta que las mantenga en firme contacto con la naturaleza y con la vida»[8]. Así pues, son necesarios también, de acuerdo con la evocación del profesor DE VISSCHER, otros dos enfoques: el axiológico y el histórico-sociológico.

La aproximación axiológica pone en contacto el Derecho Internacional con el mundo de los ideales y valores. Sostendremos en este sentido una concepción humanista del Derecho Internacional, esto es, que nuestra disciplina, pese a su problematicidad y a la relevancia de la soberanía del Estado, tiende, en definitiva, a la protección de valores de la persona humana. Explicaremos que, al lado de este valor de humanización, también los de socialización y democratización están haciendo acto de presencia en el ordenamiento jurídico de la Comunidad Internacional y determinando su evolución. En fin, la aproximación histórico-sociológica es asimismo necesaria, so pena de desvincular al Derecho Internacional de su sustrato fáctico, que lo influye y condiciona de manera decisiva. Sin tal aproximación caeríamos en un idealismo utópico y en un formalismo jurídico, ambos esterilizantes.

j) La aproximación histórico-sociológica que, junto a la jurídica y a la axiológica, consideramos imprescindible, postula en nuestra disciplina una *metodología interdisciplinaria,* que exige la utilización de ramas del saber humano distintas de las puramente jurídicas. Porque ¿cómo caracterizar al Derecho Internacional sin un análisis de la distribución del poder en el grupo social del que proviene y al que sirve, es decir, de una estructura anclada básicamente en una sociedad de Estados soberanos y yuxtapuestos? ¿Cómo no valorar las correcciones —ciertamente limitadas— que la creciente interdependencia entre los Estados y la idea de Comunidad Internacional aportan a aquella estructura? ¿Cómo explicar las profundas transformaciones que ha experimentado en las últimas décadas del siglo XX el Derecho de Gentes tradicional sin tener debidamente en cuenta fenómenos políticos tales como la irrupción en la sociedad internacional de los Estados

---

[8] CH. DE VISSCHER, *Théories et réalités en Droit International Public,* Pedone, París, 1960, p. 162.

de reciente independencia y la aparición y luego desmoronamiento de la escisión Este-Oeste? Y, descendiendo a planos más concretos, ¿cómo dar cuenta de las recientes transformaciones del Derecho del Mar sin conocer y valorar los factores de diversa índole —estratégicos, geográficos, económicos y tecnológicos—, todos con un telón de fondo político, que están en su base? ¿Cómo analizar el joven capítulo del Derecho del Espacio Ultraterrestre sino en función del progreso tecnológico que está haciendo posible la exploración y utilización de dicho espacio y de los intereses políticos que están detrás de todas estas actividades? He aquí algunos interrogantes que no agotan, por supuesto, la lista de los que podríamos plantear. Preconizamos, en definitiva, una metodología interdisciplinaria que junto al análisis estrictamente jurídico, tome en cuenta en una perspectiva histórica las realidades sociales, políticas, tecnológicas, económicas, geográficas, culturales y otras, que condicionan la gestación, modificación y aplicación de las normas. Ciencia política, geografía humana, política y económica, estructura económica mundial, historia de las relaciones internacionales, la propia ciencia de las relaciones internacionales son, entre otras, parcelas del saber científico cuya utilización resulta imprescindible para el tratadista de Derecho Internacional. Y afirmamos que la metodología propugnada no supone una desnaturalización de nuestra disciplina ni su confusión con la ciencia de las relaciones internacionales u otras, sino que por el contrario vivifica en profundidad y hace creíbles y comprensibles las enseñanzas impartidas e investigaciones realizadas por el profesor de Derecho Internacional. Si encerramos herméticamente las normas jurídicas en una campana de cristal, su valoración será incompleta y por tanto deformada; por el contrario, si las analizamos e interpretamos en función de las realidades y fenómenos que les dan vida y condicionan su efectividad, el conocimiento será más completo y correcto, en suma, riguroso. Lo que queremos decir es esto: el método interdisciplinario no sólo es conveniente; es necesario desde el punto de vista científico. Señalemos por lo demás que la perspectiva metodológica por la que abogamos, defendida vigorosamente fuera de nuestras fronteras[9], es la que predomina hoy, venturosamente, entre los profesores españoles. Si tiempo atrás algunos de ellos se sentían proclives a planteamientos filosóficos e histórico-doctrinales e incluso a incursiones aisladas en sectores específicos de la ciencia de las relaciones internacionales, impera en la actualidad la tendencia al cultivo del Derecho Internacional positivo, al que se considera ciertamente desde la fecunda perspectiva interdisciplinaria que venimos postulando.

k) Cerramos las consideraciones de este apartado con una valoración sucinta de las recientes corrientes doctrinales que especulan con la idea del *constitucionalismo internacional.*

A nuestro entender, ubicados en el terreno estricto del Derecho positivo, sólo en la Carta de las Naciones Unidas se perciben atisbos de lo que se estiman comúnmente en los ordenamientos nacionales rasgos constitucionales. Estos atisbos son los del

[9] Véanse especialmente G. SCHWARZENBERGER, «The interdisciplinary treatment of International Law», en *Festschrift für Jean Spiropoulos,* Bonn, 1957, pp. 401 ss., y M. LACHS, *The Teacher in International Law,* La Haya, 1982, pp. 150 ss.

párrafo 6 del artículo 2.º, que concede a la Organización la potestad de imponer a Estados no miembros el cumplimiento de los principios de la Carta; el del artículo 103, según el cual las obligaciones resultantes de la Carta prevalecen sobre las dimanantes de cualquier otro tratado; y los de los artículos 108 y 109 relativas a los requisitos procedimentales de las reformas de la Carta (10). Pero más allá de estas parcas manifestaciones no es posible hablar del carácter constitucional de la Carta, puesto que, como hemos visto a lo largo de este apartado, faltan en ella las exigencias mínimas de la *rule of law*, imperio de la ley o estado de Derecho, exigencias estas que a nuestro entender no pueden faltar en una constitución que se tenga por genuina. Y doy otro dato sobre el tema y es que en los foros intergubernamentales que tratan de la creación y aplicación del Derecho Internacional, como entre otros la sexta comisión de la Asamblea General de las Naciones Unidas o los existentes en la Unión Europea o el Consejo de Europa, el tema del posible carácter constitucional del Derecho Internacional no forma parte del debate, aunque está claro que esta ausencia no resta interés a su tratamiento doctrinal.

2. APROXIMACIÓN TÉCNICO-JURÍDICA: UNA DEFINICIÓN FORMAL DEL DERECHO INTERNACIONAL

El problema que planteamos aquí es el de cuándo se podrá decir que estamos ante una regla del Derecho Internacional Positivo, o lo que es lo mismo, el de identificar, en el amplio y complejo mundo de las normas jurídicas, a una regla positiva del Derecho Internacional. Ya hemos apuntado la necesidad de dar respuesta a este problema.

El profesor SUY ha distinguido tres grandes categorías de definiciones del Derecho Internacional: *a*) definición por sus destinatarios, conforme a la cual el Derecho Internacional Público sería el conjunto de normas que regulan las relaciones entre Estados; *b*) definición por la sustancia, que tendría en cuenta el carácter internacional de las relaciones reguladas; *c*) definición por la técnica de creación de las reglas, que tomaría en consideración el procedimiento de su positivación[1].

Pero de estas tres posibles maneras de caracterizar al Derecho Internacional resulta posible prescindir de la primera —la relativa a sus sujetos—, puesto que atender a los mismos supone en definitiva considerar el contenido de la regla, tener en cuenta el carácter de la relación fáctica regulada. La afirmación de que el Derecho Internacional es el que rige las relaciones entre Estados implica ciertamente una consideración de los sujetos, pero a lo que atiende realmente es al carácter de la relación contemplada. Hay que pensar además que decidirse por una definición sobre la base de la materia regida por la norma o atendiendo a la fuente de ella comporta en último análisis una toma de posición sobre el elemento subjetivo. Como ha dicho el profesor AGUILAR NAVARRO, «existe una correlación estrechísima entre el concepto del Derecho Internacional y la teoría de los sujetos», que se explica por el carácter constitucional que tiene esta última[2]. La afirmación de que el Derecho Internacional es el que regula relaciones internacionales es muy difícil de compaginar con la subjetividad internacional del individuo, que hoy, aunque limitada, como veremos, es indiscutible. Por el contrario, la conclusión de que la naturaleza internacional de una regla depende de sus fuentes facilita un reconocimiento de aquella subjetividad.

Si el criterio subjetivo, pues, no presenta autonomía, resulta necesario reducir la discusión a los dos restantes: el que atiende a la naturaleza fáctica de la relación regulada y el que considera la fuente formal de la regla. En opinión del profesor MIAJA DE LA MUELA, que nosotros compartimos, es ésta la contraposición fundamental y a la que pueden reducirse todos los criterios diferenciadores del Derecho Internacional. Existe, por tanto, un criterio denominado material por el citado profesor, que caracterizaría al Derecho Internacional por su contenido, y un criterio formal que lo delimitaría por su origen o fuente[3].

---

[1] E. SUY, «Sur la définition du Droit des Gens», en *R.G.D.I.*, octubre-diciembre 1960, pp. 762 ss.

[2] M. AGUILAR NAVARRO, *Derecho Internacional Público*, t. II, vol. I, Madrid, 1952, p. 12.

[3] A. MIAJA DE LA MUELA, *Introducción al Derecho Internacional Público*, Madrid, 1979, 7.ª ed., pp. 30 ss.

Pero de estos dos posibles criterios es menester descartar el material, porque nos muestra la experiencia que el contenido del Derecho Internacional es enormemente fluido. Relaciones fácticas que pertenecieron en el pasado al Derecho Interno caen hoy sin duda bajo el ámbito del Derecho Internacional, pudiéndose señalar en líneas generales que la interdependencia creciente entre los Estados comporta una progresión constante del contenido del Derecho Internacional. Los supuestos que podríamos traer a colación aquí son muy numerosos, pero ejemplo muy expresivo lo tenemos en la protección de los derechos humanos, que si en 26 de agosto de 1789 fueron objeto de una declaración de la Asamblea Constituyente francesa, pasaron a integrar al cabo de algo más de siglo y medio el contenido de la Declaración de la Asamblea General de las Naciones Unidas de 10 de diciembre de 1948, y que el 4 de noviembre de 1950 reciben una protección internacional efectiva a través de la Convención sobre salvaguarda de los derechos del hombre adoptada en el marco del Consejo de Europa, y más tarde en otros instrumentos internacionales de distinto ámbito.

Haremos, pues, nuestras las palabras de KELSEN de que, siendo ilimitado el campo material de validez del Derecho Internacional, resulta imposible definirlo por su objeto, por la materia que sus normas regulan[4]. Y afirmaremos también con MIAJA DE LA MUELA que, por esta razón, «cualquier intento de caracterizar al Derecho Internacional por razón de su contenido, aun en el supuesto de que acierte a reflejar con exactitud dicho contenido en aquel momento, corre el riesgo de quedar, cuando las circunstancias hayan cambiado, en disconformidad con las nuevas realidades»[5].

Las razones que, sumariamente expuestas, descartan el criterio material aconseja a su vez acudir al criterio formal. Si el contenido de las reglas internacionales es fluido y cambiante, existe en ellas un matiz formal fijo e invariable: su procedencia, su proceso de positivación. Es éste el criterio adoptado por la mayor parte de los autores que se han planteado de manera expresa y consecuente el problema de la definición del Derecho Internacional[6].

Y entre las definiciones de carácter formal cabe considerar dos trayectorias. Ambas atienden desde luego al origen de la norma, pero mientras una de ellas insiste en los procedimientos concretos de su creación[7], es decir, en sus fuentes formales, la otra pone el acento en el cuerpo social del que provienen las normas, esto es, atiende preferentemente al hecho de que provienen de la Comunidad Internacional[8].

---

[4] H. KELSEN, «Théorie du Droit International Public», en *Recueil des Cours,* 1953, vol. 84, p. 16.

[5] A. MIAJA, *op. cit.,* p. 32.

[6] Véase lista de las notas 7 y 8.

[7] H. KELSEN, *op. cit.,* p. 117; P. GUGGENHEIM, *Traité de Droit International Public,* t. I, Ginebra, 1953, p. 30, y E. SUY, *op. cit.,* p. 780.

[8] A. VERDROSS, *Derecho Internacional Público,* trad. española de Antonio Truyol, Madrid, 1976, pp. 4-5; G. SCELLE, *Cours de Droit International Public,* París, 1948, p. 4; G. BALLADORE, *Diritto Internazionale Publico,* Milán, 1962, pp. 7 ss.; A. P. SERENI, *Diritto Internazionale,* I, Milán, 1956, p. 84; F. VON DER HEYDTE, *Völkerrecht. Ein Lehrbuch,* I, Colonia, 1958, pp. 13 ss.; G. DAHM, *Völkerrecht,* I, Stuttgart, 1958, p. 1; M. AGUILAR, *op. cit.,* pp. 16 ss.; A. TRUYOL Y SERRA, *Fundamentos de Derecho Internacional Público,* Madrid, 1977, p. 18, etc.

Pero importa señalar que uno y otro grupo de definiciones formales atienden a aspectos distintos del mismo fenómeno, por lo que, como puntualiza MIAJA DE LA MUELA[9], lejos de contradecirse, se complementa recíprocamente. Porque está claro, efectivamente, que cada cuerpo social tiene poderes normativos específicos.

Y así, teniendo en cuenta nosotros una y otra postura, definiremos el Derecho Internacional como el conjunto de normas positivadas por los poderes normativos peculiares de la Comunidad Internacional.

Por su propio carácter formal comprendemos perfectamente que semejante definición deje un cierto regusto de insatisfacción. Se ha estimado además que la definición es tautológica «al no decirse con ella sino que el orden jurídico internacional es el conjunto de reglas establecidas por los cauces de producción de dicho orden»[10]. Sin perjuicio de que el reproche no sea absolutamente fundado porque la definición no es propiamente repetitiva al pronunciarse por el criterio de las fuentes y deshechar el del contenido, quiero señalar en todo caso que no se trata de una *concepción* del Derecho Internacional Público sino de una *definición* en el sentido que da a esta voz el *Diccionario* de la Real Academia Española de la Lengua: «proposición que expone con claridad y exactitud los caracteres genéricos y diferenciales de una cosa material o inmaterial». Hemos intentado únicamente determinar los rasgos diferenciales de las normas internacionales señalando que residen en su forma de producción y no en la materia regulada y esto no es una tautología. Y esta caracterización nos parece útil para aclarar las ideas a quien se inicia en el estudio del Derecho Internacional y para dar coherencia lógico-formal a nuestra disciplina. Creemos en este sentido que la definición propuesta es presupuesto de trabajo indispensable para tratar temas en que rigen a la vez normas internas e internacionales, como el de las relaciones entre el Derecho Internacional y los Derechos Internos de los Estados, o el de la celebración de tratados, o la responsabilidad internacional por actos de los órganos legislativos de los Estados. Se trata, insistimos, de una definición y no de una concepción. Porque nuestra concepción del Derecho Internacional no es en absoluto lógico-formal, sino que trasciende del estudio de la pura normatividad internacional. No hay que olvidar, en efecto, que la aproximación técnico-jurídica no es la única perspectiva para aprehender el Derecho Internacional. Nuestra indagación se va a completar ahora con otras dos aproximaciones: la axiológica y la histórico-sociológica, que ciertamente van a paliar el formalismo de aquella definición y a dar entrada a consideraciones sustantivas y funcionales.

---

[9] A. MIAJA, *op. cit.*, p. 36.

[10] M. PÉREZ GONZÁLEZ, «Derecho de Gentes. ¿Concepción Formal?», en *Estudios de Derecho Internacional. Homenaje al Profesor Miaja de la Muela,* I, Tecnos, Madrid, 1979, pp. 275 ss. Véase también J. GONZÁLEZ CAMPOS y L. SÁNCHEZ RODRÍGUEZ, *Curso de Derecho Internacional Público,* Oviedo, 1980, p. 11.

3. APROXIMACIÓN METAFÍSICA: LA FUNDAMENTACIÓN DEL DERECHO INTERNACIONAL

Tendremos ocasión de comprobar, a lo largo de estas lecciones, que el Derecho Internacional positivo resulta con frecuencia de un ajuste o acomodación de intereses estatales contrapuestos, y que el distinto nivel de poder de los Estados ha dejado huella en él, en el sentido de que los intereses de los más fuertes han prevalecido en muchas ocasiones sobre los intereses de los débiles. Es éste, como veremos, uno de los rasgos del Derecho Internacional clásico, que se pretende eliminar o, al menos, atenuar en el Derecho Internacional contemporáneo[1].

Pero está lejos de nuestro ánimo el sustentar una concepción puramente materialista y mecanicista de la disciplina. Nos parece ineludible, por el contrario, adoptar una actitud idealista, porque como ha dicho muy atinadamente JENKS, el impacto de los ideales está en la base de las más recientes transformaciones del Derecho Internacional. Señala dicho autor, en efecto, que «por graves que hayan sido los retrocesos y los reveses, estamos evolucionando gradualmente hacia un Derecho común de la humanidad; estamos desarrollando gradualmente el Derecho de la comunidad mundial; estamos edificando gradualmente un nuevo mundo del Derecho; estamos aceptando gradualmente el concepto del Derecho al servicio de la humanidad. Existe amplia prueba de estas tendencias en cada página de la historia contemporánea. Ellas muestran de manera concluyente que sólo siendo impenitentes idealistas podemos ser realistas para la solución de los problemas actuales y aliviar nuestros presentes descontentos»[2].

En Derecho Internacional, pues, el idealismo no está reñido con el realismo. El idealismo es realismo y esta postura exige a nuestro juicio conectar el plano de lo normativo con el mundo de los valores e ideales y aportar puntos de vista sobre la justicia. En este orden de consideraciones comprobaremos a lo largo de las páginas de este *Curso* que el Derecho Internacional de nuestros días se nutre de unos valores éticos —humanización, socialización, democratización— que, aun mínimamente operativos, apenas si estaban presentes en la normatividad anterior a la segunda guerra mundial. La protección internacional de los derechos humanos, el principio de la libre determinación de los pueblos, las instituciones de ayuda para el desarrollo, las nociones de *ius cogens* y de crimen internacional, dan fe, entre otras, de la existencia de aquellos valores. En definitiva, pues, adoptaremos una actitud realista equilibrada con una postura idealista. Y será este equilibrio el que nos evite la caída en una concepción descarnadamente escéptica de la disciplina.

Pero ¿por qué es frecuente entre los tratadistas iniciar la enseñanza del Derecho Internacional con la pregunta de cuál es su fundamento? ¿Qué sentido tiene

---

1 Véase apartado 4.4 de este libro.

2 W. JENKS, «Idealism in International Law», en el libro *Essays in Honour of Krishma Rao,* Sijthoff, Leyden, 1976, pp. 39-41.

el planteamiento del problema? A esta cuestión respondemos en el apartado 3.1 siguiente.

3.1. SENTIDO DEL PROBLEMA

Si todo ordenamiento jurídico está condicionado por las peculiaridades del grupo social del que proviene, el Derecho Internacional no escapa a tal condicionamiento, y acusa por ello el impacto de la estructura y la dinámica de la sociedad internacional.

La sociedad internacional moderna, tal como nació a fines del siglo XV de la *respublica christiana o christianitas medieval,* tiene al Estado soberano como sujeto característico y protagonista decisivo. Ello ha supuesto que la sociedad internacional se configurase inicialmente como sociedad de yuxtaposición, si bien el desarrollo de la misma conduce al reconocimiento de intereses comunes entre los Estados y, a su vez, la sociedad basada en este tipo de intereses tiende a una sociedad institucionalizada. Bien entendido que en nuestros días, y como dice el profesor REUTER —el autor de quien hemos tomado la anterior tipología—, la sociedad internacional está aún concebida de una manera general como sociedad de yuxtaposición, aunque presenta rasgos de sociedad basada en intereses comunes, e incluso, parcialmente, de una organización diferenciada[3].

Evidentemente, el carácter predominante de la sociedad internacional como sociedad de Estados yuxtapuestos tenía que ejercer su influencia en el ordenamiento jurídico de aquélla. El Derecho Internacional apareció, así, como un ordenamiento esencialmente no institucionalizado, descentralizado, lo que contrastaba con el carácter institucionalizado y centralizado de los Derechos estatales. Pues bien: ha sido esta peculiaridad del Derecho Internacional la que ha provocado actitudes doctrinales negadoras de su carácter jurídico (los *Völkerrechtleügner*). Son las doctrinas que han visto únicamente en el Derecho Internacional la expresión de una política de fuerza, o moral internacional, o cortesía internacional, o una normatividad *sui generis,* o, por fin, un derecho imperfecto[4].

Frente a tales posiciones impugnatorias era lógico que se alzasen doctrinas en defensa de la naturaleza jurídica del Derecho de Gentes. Y, como ha dicho el profesor TRUYOL, si esa reivindicación quería ser firme y eficaz, tenía que «volver a plantear en su raíz el problema mismo del concepto del Derecho y, en consecuencia, los problemas básicos de la filosofía jurídica. Ésta será la que en definitiva habrá de pronunciar el fallo salvador o condenatorio»[5].

El interés de la doctrina por la impugnación, defensa y fundamentación del Derecho de Gentes alcanzó su punto culminante hace ya unas décadas. Es significativa a este respecto la obra de WALZ *Wesen des Völkerrechts und Kritik der Völkerrechleügner* (*Esencia del Derecho Internacional y crítica de los negadores*), publicada en Stuttgart

---

[3] P. REUTER, «Principes de Droit International», en *R. des C.,* vol. 113, 1961, pp. 433 ss.

[4] Véase WALZ, *Esencia del Derecho Internacional y crítica de sus negadores,* Madrid, 1943; y M. DIEZ DE VELASCO, *Instituciones de Derecho Internacional Público,* t. I, Madrid, 1978, pp. 60 ss.

[5] En el prólogo de la traducción castellana de la obra de WALZ, *op. cit.,* p. 12.

en el año 1930. Hoy ha descendido la fiebre doctrinal y el tema de la fundamentación metafísica del Derecho Internacional atrae menos la atención de los autores.

Y es que la impugnación del Derecho de Gentes ha cambiado de signo en nuestros días. Hoy la impugnación se hace no desde el ángulo filosófico, sino desde un plano sociológico. Como ha dicho el profesor CHARLES DE VISSCHER:

> Más allá de la validez jurídica del proceso formal de elaboración del Derecho, lo que actualmente ha sido puesto en duda tanto por el jurista como por el sociólogo es la validez social de la actual distribución del poder entre los Estados[6].

A este cambio de estrategia ofensiva ha respondido la doctrina con nuevos argumentos. Actualmente, en la introducción de la disciplina ya no interesa tanto la fundamentación filosófica del Derecho de Gentes como sus condicionantes histórico-sociológicos y las limitaciones que éstos ponen a la validez y eficacia de aquél.

Así las cosas, no creemos que tenga especial utilidad proceder en estas lecciones a un estudio profundo y exhaustivo de las distintas teorías sobre el carácter jurídico y el fundamento del Derecho Internacional —esto es, la causa última de su obligatoriedad—, enunciadas la mayor parte hace ya algunos lustros. Como dice el profesor DIEZ DE VELASCO, «el problema ha dejado de ser el primordial en la ciencia del Derecho Internacional, pues el grado de cumplimiento de las normas internacionales avanza cada día con el perfeccionamiento de los mecanismos de la Comunidad Internacional y el refuerzo que para ello le proviene de las organizaciones internacionales y de la codificación internacional»[7]. Mayor interés que el estudio de aquellas doctrinas tiene, a nuestro juicio, el determinar si las mismas han ejercido algún impacto en la jurisprudencia internacional y en la práctica de los Estados, más condicionadas una y otra que la teoría por los factores histórico-sociológicos. Pero con el fin de situar debidamente los resultados del análisis jurisprudencial y de la práctica de los Estados vamos a hacer previamente una exposición muy sintética de las posturas doctrinales.

3.2. RESPUESTAS DE LA DOCTRINA Y POSTURA PERSONAL: LA FUNDAMENTACIÓN HUMANISTA Y ANTIVOLUNTARISTA DEL DERECHO DE GENTES

a) Podemos dividir de manera muy amplia y sintética las teorías sobre el fundamento de la fuerza obligatoria del Derecho Internacional en cuatro grandes apartados: voluntaristas, normativistas, psicológicas y sociológicas e iusnaturalistas.

En cuanto a las doctrinas llamadas voluntaristas, hay que decir que apoyan el Derecho Internacional en la voluntad de los Estados (teorías del Derecho Estatal externo de HEGEL y sus seguidores; doctrina de la autolimitación de JELLINEK; teoría de la voluntad colectiva de TRIEPEL; teoría del consentimiento general, etc.).

El rasgo común de las doctrinas normativistas consiste en hacer derivar la validez de un determinado sistema de otras normas que jerárquicamente le son

---

6 CH. DE VISSCHER, *Théories...*, cit., p. 147.

7 M. DIEZ DE VELASCO, *Instituciones de Derecho Internacional Público,* Madrid, 1985, p. 77.

superiores y que se remontan a su vez a una norma fundamental o *grund-norm* (KELSEN, ANZILOTTI, GUGGENHEIM, cada uno con sus particulares matizaciones).

Las doctrinas sociológicas (DUGUIT, SCELLE y, más recientemente, MCDOUGAL) y psicológicas (KRABBE, QUADRI, GIULIANO) hacen descansar al Derecho de Gentes, respectivamente, en un hecho sociológico o psicológico.

Por fin, las doctrinas iusnaturalistas fundamentan el Derecho Internacional en el Derecho Natural. Pero, como bajo esta última expresión se entienden cosas distintas, conviene hablar a su vez de varias trayectorias: dirección escolástica (SANTO TOMÁS, Escuela Española del siglo XVI), dirección racionalista (GROCIO, PUFENDORF, etc.), institucionalista (HAURIOU, SANTI ROMANO, etc.), objetivista (LE FUR), y otras[8].

b) A efectos de nuestra toma de posición, y simplificando un tanto las ideas, creemos que las posturas expuestas se pueden reconducir a dos grandes grupos de doctrinas: voluntaristas y antivoluntaristas. Las primeras fundamentan de modo exclusivo el Derecho Internacional en la voluntad de los Estados, lo que significa que éstos pueden hacerlo y deshacerlo con entera libertad. Las segundas sitúan la fuerza de obligar de nuestra disciplina en pautas y principios que están por encima de la voluntad de los Estados, lo que comporta un límite cierto a la soberanía de los mismos. Pues bien, nuestra actitud es iusnaturalista en su dimensión antivoluntarista, bien entendido que en este contexto compartimos la concepción humanista del profesor CHARLES DE VISSCHER en el sentido de que los fines humanos son la base del orden internacional. «Es volviendo al hombre —ha dicho el citado profesor—, conduciendo la organización del Estado, organización y medio, a la persona, que es su fin, como se descubre en el plano de un bien común interpersonal, pero en absoluto extrapersonal, la única justificación moral y jurídica del carácter obligatorio del Derecho Internacional»[9]. Idea que incluso se relaciona con la paz en la sociedad mundial, ya que ésta se ve condicionada en último análisis por el respeto a los derechos y libertades fundamentales del hombre.

c) Quiero destacar en otro orden de cosas que la fundamentación iusnaturalista únicamente me parece operativa a la luz de la teoría de la tópica o «jurisprudencia de problemas», tal como lo ha expuesto VIEHWEG en su obra *Tópica y Jurisprudencia*[10]. Estamos ante una nueva técnica del pensar jurídico que se ha denominado pensar aporético frente al pensar sistemático. En este último modo de pensar se parte del todo, y la concepción es lo primero y dominante; los problemas incompatibles con ella son rechazados en cuanto mal planteados. El pensamiento tópico parte, por el contrario, del problema (problema es toda cuestión que en apariencia admite más de una respuesta) y elabora por vía inductiva ciertos *topoi,* ciertas guías o directrices en los que se concentra la experiencia jurídica, y que, por consiguiente, sólo tienen valor relativo.

---

[8] Véase exposición detallada de todas estas doctrinas en L. GARCÍA ARIAS, *Las concepciones iusnaturalistas sobre el fundamento del Derecho Internacional Público,* libro-homenaje al profesor SANCHO IZQUIERDO, Zaragoza, 1960, pp. 115-148.

[9] CH. DE VISSCHER, *op. cit.*, pp. 132 ss. La afirmación la hago, naturalmente, en un plano axiológico —supremacía en el Derecho Internacional de los valores individuales— y no en el plano técnico jurídico o cauces por los que la persona humana puede hacer valer directamente sus derechos.

[10] Versión castellana del profesor L. DÍEZ-PICAZO, publicada en Madrid, Taurus, 1964.

Y ha escrito al respecto al profesor GARCÍA DE ENTERRÍA en el prólogo a la traducción española del libro de VIEHWEG:

> La fragmentariedad, el casuismo, que de esta concepción resulta para el pensamiento jurídico no implica, sin embargo, un abandono de toda exigencia normativa general en la valoración de los preceptos de Derecho; quiero decir, un abandono de la idea de Derecho Natural. Este abandono sería desde luego ineludible si el Derecho Natural pretendiese presentarse, como no es infrecuente entre los moralistas, como un sistema de axiomas desde los cuales fuesen obtenibles íntegramente las reglas positivas a través de unas deducciones más o menos extensas, pero inexorables. El descrédito que la idea de un Derecho Natural tiene con frecuencia para los juristas positivos viene justamente de una pretensión «axiomizante» de ese carácter. El Derecho Natural sigue siendo virtual en una estructura fragmentaria o tópica del Derecho, pero sin destruir esta estructura, sino insertándose precisamente en ella. Si el Derecho Natural, como todo el orden ético no es un sistema dado de una vez por todas, sino que ha de ser «buscado», descubierto, resulta simple comprender que los *topoi* en que se concentra la experiencia jurídica han de ser normalmente los puntos de condensación del mundo de valores superiores que en el Derecho viven, los lugares donde únicamente puede descubrirse su virtualidad y su exigencia operativa. Ello lleva a concretar el Derecho Natural no, repetimos, en un orden abstracto, lejano, evanescente de preceptos o de directivas, sino en unos «principios generales del Derecho» perfectamente singulares y específicos, así como también positivados, a través de unas u otras formas, y no perdidos en la imprecisión y mucho menos en la formulación de las famosas buenas intenciones[11].

Con el profesor GARCÍA DE ENTERRÍA entendemos, pues, que el Derecho Natural se concreta sobre determinados conjuntos problemáticos a través precisamente de los principios generales del Derecho. Y esta conclusión nos da entrada a la cuestión siguiente: la respuesta de la jurisprudencia internacional al problema de la fundamentación del Derecho de Gentes. Respuesta que consiste precisamente en la aplicación de los principios generales del Derecho.

3.3. LA RESPUESTA DE LA JURISPRUDENCIA: LOS PRINCIPIOS GENERALES DEL DERECHO

a) Es posible encontrar en la jurisprudencia internacional algunas definiciones del Derecho de Gentes completamente voluntaristas; es decir, insertas en la concepción doctrinal antes aludida que fundamenta el Derecho Internacional en la voluntad de los Estados. La más conocida de todas ellas es la que hizo el Tribunal Permanente de Justicia Internacional en el caso del *Lotus.* Allí, para sostener que las limitaciones a la independencia de los Estados no se presumen, el Tribunal dijo textualmente:

> El Derecho Internacional rige las relaciones entre Estados independientes. Las reglas de Derecho que vinculan a los Estados proceden, pues, de la voluntad de éstos, voluntad manifestada en convenciones o en usos que se aceptan generalmente como consagradores de principios de Derecho y establecidos con el fin de regular la coexistencia de estas comunidades independientes o con el objeto de la prosecución de fines comunes[12].

b) Mas esta definición, aparte de presentar carácter de *obiter dictum,* ya que no fue necesaria para el fallo en cuestión, no coincide además con la línea general

---

[11] VIEHWEG, *op. cit.,* pp. 14-15.

[12] CPJI, *Serie A,* n.º 9, p. 18. Véase referencia a otras definiciones voluntaristas en mi libro *La jurisprudencia del Tribunal Internacional de La Haya (sistematización y comentarios),* Madrid, 1962, p. 19.

de la jurisprudencia internacional. Ésta, por el contrario, y para los problemas no contemplados por reglas positivas —convencionales y consuetudinarias— no ha vacilado en aplicar la categoría normativa constituida por los principios generales del Derecho. Y si éstos son, como hemos dicho, los principios de Derecho Natural —unos principios de Derecho Natural operativos y funcionales—, la actitud jurisprudencial expuesta supone en último análisis una toma de postura ante el problema de la fundamentación del Derecho de Gentes. Toma de postura fundamentalmente antivoluntarista[13].

Ha enseñado TAUBE, efectivamente, con referencia al arbitraje medieval, que, entre las normas aplicadas por el árbitro, figuraba, además del Derecho de Gentes consuetudinario y convencional, el *ius gentium* medieval o Derecho de toda la cristiandad, y que, por otra parte, los tribunales invocan la misma idea de justicia, *ratio, iustitia, equitas*[14].

Pero ni en la Edad Media ni en los siglos inmediatamente posteriores se consideró expresamente que los principios generales del Derecho fuesen categorías normativas a las que pudiesen acudir las jurisdicciones internacionales. Será la nueva vida del arbitraje, renacido a finales del siglo XVIII, la que, andando el tiempo, haga adquirir a la doctrina, e incluso a los Estados, conciencia plena de la operatividad de aquellos principios para la solución de los problemas internacionales. Como ha dicho al respecto el profesor VERDROSS en su curso de La Haya de 1935:

> La jurisprudencia internacional moderna no ha aceptado nunca la doctrina del positivismo puro, pues los tribunales arbitrales modernos no se contentan con fundar sus sentencias en el Derecho Convencional o Consuetudinario, apenas si dudan en invocar también los principios generales del Derecho para llegar a una solución razonable de los conflictos sometidos[15].

Y es el caso que las jurisdicciones arbitrales tomaron los principios a que alude VERDROSS de los ordenamientos internos y los aplicaron a las relaciones internacionales, cuando se enfrentaron a situaciones similares o comparables, aunque designándolos de modos variados, como «principio general del Derecho civil», «principio general sobre interpretación de tratados», «principios generales de Derecho Público y Privado» y otros.

c) Llegamos así a un momento en que incluso los propios Estados admiten expresamente la operatividad de la categoría normativa que llamamos principios generales del Derecho, y de este modo, en un instrumento internacional de tan gran alcance como el Estatuto del Tribunal Permanente de Justicia Internacional de 13 de diciembre de 1920, convienen lo siguiente:

---

[13] Aunque desde una óptica distinta de la del profesor GARCÍA DE ENTERRÍA, también AKEHURST ha señalado muy recientemente la conexión entre los principios generales del Derecho y el Derecho Natural: «Para quien crea en el Derecho Natural, no se causa probablemente daño alguno si se identifican los principios generales del Derecho con el Derecho Natural [...]» (*Introducción al Derecho Internacional Público,* traducción de MEDINA ORTEGA, Madrid, 1972, p. 63, nota 33).

[14] M. TAUBE, «Les origines de l'arbitrage international. Antiquité et moyen âge», en *R. des C.*, vol. 42, pp. 42 ss.

[15] A. VERDROSS, «Les principes généraux du Droit dans la jurisprudence internationale», en *R. des C.*, II, 1935, p. 208.

Artículo 38. 1. El Tribunal aplica: 1.° Los convenios internacionales, generales o especiales, que establezcan reglas expresamente reconocidas por los Estados litigantes. 2.° La costumbre internacional como prueba de una práctica generalmente aceptada como Derecho. 3.° Los principios generales del Derecho reconocidos por las naciones civilizadas...

¿A qué principios aludía exactamente el artículo 38 del Estatuto del TPJI bajo esta expresión: «los principios generales del Derecho reconocidos por las naciones civilizadas»? Examinemos someramente, para responder a esta pregunta, los trabajos preparatorios del Comité de Juristas —el llamado Comité de los Diez— que redactó el Estatuto[16].

Fue el barón DESCAMPS quien hizo la primera propuesta sobre el Derecho que debía aplicar el Tribunal; en ella se le autorizaba a resolver los litigios no sólo de acuerdo con la costumbre y los tratados, sino también según la norma de la justicia objetiva, concretamente por las «reglas de Derecho Internacional, reconocidas por la conciencia jurídica de las naciones civilizadas». Pero esta fórmula pareció vaga a otros miembros del Comité, y tras una serie de debates que revelaban la tendencia positivista o antipositivista de aquéllos, triunfó finalmente una enmienda del americano ROOT, en la que aparecía ya la expresión «principios generales del Derecho reconocidos por las naciones civilizadas». Y, como bien dijera otro de los miembros del Comité —lord PHILLIMORE—, se trataba de los principios «que son aceptados por todas las naciones *in foro domestico,* tales como ciertos principios de procedimiento, el principio de la buena fe y el principio de *res iudicata,* etc.».

Por consiguiente, la fórmula del artículo 38 del Estatuto del TPJI no supuso innovación alguna; daba realmente expresión convencional a una práctica anterior de las jurisdicciones internacionales.

El artículo 38 del Estatuto del actual Tribunal Internacional de Justicia no se separa en este punto de lo dispuesto por el Estatuto de su antecesor.

d) Si examinamos la jurisprudencia del primer Tribunal de La Haya, comprobaremos que sus sentencias y dictámenes no invocan asiduamente, al menos de manera expresa, los principios generales del Derecho[17]. En cuanto al actual Tribunal Internacional de Justicia, tampoco gusta de invocar con frecuencia los mencionados principios, aunque hay algunos casos de aplicación más o menos clara[18].

e) Es fuera de la jurisprudencia del Tribunal de La Haya donde, en opinión de FRIEDMANN, se encuentra la más significativa contribución de los principios generales del Derecho al desarrollo del Derecho Internacional. Está pensando especialmente

[16] Véase en *Permanent Court of International Justice. Advisory Committee of Jurists. Procès verbaux of the proceedings of the Committee,* La Haya, 1920.

[17] CPJI, *Serie A,* n.° 17, pp. 19 y 27; CPJI, *Serie A,* n.° 7, p. 30; CPJI, *Serie A,* n.° 24, p. 12; CPJI, *Serie A/B,* n.° 46, p. 167; CPJI, *Serie B,* n.° 12, p. 22. En general, SCERNI, *Il principi generali di Diritto riconosciuti della nazione civili nella giurisprudenza della Corte Permanente de Giustizia Internazionale,* Padua, 1932.

[18] CIJ, *Recueil,* 1949, p. 18; CIJ, *Recueil,* 1951, pp. 23-24; CIJ, *Recueil,* 1951, p. 53; CIJ, *Recueil,* 1966, pp. 39 y 47; CIJ, *Recueil,* 1971, p. 56; CIJ, *Recueil,* 1972, pp. 56 y 57. En general, A. FAVRE, «La source première du Droit des Gens: les principes géneraux de Droit», *Annuaire de la A.A.A.,* n.° 27, 1957.

el profesor americano[19], como lo hiciera años antes lord McNAIR[20], en el nuevo Derecho Económico Internacional: acuerdos comerciales interestatales, concesiones y acuerdos de desarrollo económico entre Estados e inversores extranjeros, acuerdos de préstamo de Organizaciones Internacionales, etc. Es natural que en este campo sea mayor el número de situaciones similares entre el Derecho Internacional y los Derechos internos y que, por consiguiente, sea también mayor el ámbito de actuación de los principios generales del Derecho.

Entiende McNAIR, efectivamente, respecto a la cuestión del *choice of law* en aquel nuevo tipo de acuerdos, que lo adecuado es acudir a la voluntad expresa o implícita de las partes. Y si bien es cierto —agrega McNAIR— que la sumisión de un litigio a un tribunal determinado comporta en principio la elección del sistema jurídico de dicho tribunal, la designación de un árbitro supone la aceptación del sistema de Derecho que el árbitro considere relevante. Y el sistema adecuado —dice el autor británico— no es realmente el Derecho Internacional Público, aunque comparte con él una fuente común de alimento e inspiración: «los principios generales del Derecho reconocidos por las naciones civilizadas».

Las consideraciones de McNAIR y FRIEDMANN están avaladas por algunas decisiones arbitrales recaídas en este campo (casos *Lena Goldfields, Abu Dabi, Intenational marine Oil Company Limited* y otros)[21].

f) En estas condiciones surge entonces el problema de la determinación exacta de los requisitos de transposición de un principio de los Derechos Internos al Derecho Internacional. Centrándonos en el artículo 38 del Estatuto del Tribunal de La Haya, aparecen los siguientes interrogantes: ¿Cuándo se podrá decir con seguridad que estamos ante uno de «los principios generales de Derecho reconocidos por las naciones civilizadas»? ¿Cuál será el criterio de civilización? ¿Cuál será el grado de reconocimiento necesario?

En lo que concierne el criterio de civilización, se ha reconocido últimamente tanto por la doctrina occidental como por la doctrina de las democracias populares que lo satisfacen los sistemas jurídicos de todos los Estados, independientemente de su ideología, de su sistema político o de su grado de desarrollo económico. Respecto al criterio del reconocimiento general, se ha dicho que el único método válido es el del Derecho Comparado, aunque con sentido negativo, es decir, «como correctivo de las tendencias eventuales de los juristas internacionales de recurrir a concepciones o reglas que pertenecen exclusivamente a un solo sistema jurídico o se encuentran en un pequeño número de sistemas»[22]. Es muy poco, en todo caso, lo que enseña la jurisprudencia sobre este punto, pero en línea de principio parece exacta la apreciación de SOERENSEN de que «los textos de las decisiones dejan la impresión de que el juez se ha basado sobre su intuición, inspirado posiblemente

---

[19] W. FRIEDMANN, *La nueva estructura del Derecho Internacional,* Ed. Trillas, México, 1967, p. 232. Véase también su curso en la Academia de Derecho Internacional de La Haya, «General Course on Public International Law», en *R. des C.*, II, vol. 127, 1969, p. 148.

[20] Lord McNAIR, «The General Principles of Law recognized by civilized Nations», en *British Year Book of International Law,* vol. XXXIII, 1957, pp. 1 ss.

[21] Véase McNAIR, *op. cit.*

[22] Véase H. SOERENSEN, *op. cit.*, en *R. des C.*, p. 24.

por el o los sistemas jurídicos que le eran familiares»[23]. Más concretamente, en cuanto al Tribunal de La Haya, VIRALLY ha señalado que, si bien la fórmula del Estatuto sugiere la noción de consentimiento común comparable al que se exige para el Derecho Consuetudinario, «en la práctica [...] el Tribunal Internacional procede de manera más pragmática y queda satisfecho con una coincidencia de opinión entre sus propios jueces. Semejante método provee la suficiente salvaguardia, puesto que los jueces deben ser elegidos de modo que se asegure que en el conjunto estén representadas las grandes civilizaciones y los principales sistemas jurídicos del mundo (art. 9 del Estatuto)»[24].

g) Pero, en presencia de las grandes divisiones que ha sufrido hasta hace poco la Comunidad Internacional —escisión ideológico-política Este-Oeste y escisión económico-social Norte-Sur—, ¿podía sostenerse seriamente la existencia de principios comunes a todos los sistemas jurídicos?

En las ya extinguidas democracias populares, una importante corriente de opinión proclamaba que no existían principios normativos comunes entre los sistemas jurídicos socialista y burgués[25].

Entiendo, sin embargo, que esta conclusión sobre la naturaleza de los principios aludidos en el artículo 38.1.*c*), del Estatuto del Tribunal es excesivamente radical, ya que prescinde de los trabajos preparatorios del artículo y de la jurisprudencia proveniente de un órgano que es desde luego universal (hay que tener en cuenta quc el Estatuto anejo a la Carta de las Naciones Unidas ha sido ratificado por la mayor parte de los Estados del mundo, incluyendo los antiguos países socialistas). No creo, pues, que pueda sostenerse que los principios generales del Derecho sean principios de Derecho Internacional.

No hay que minimizar de todos modos un aspecto de las objeciones de los autores del antiguo mundo socialista. Me refiero a la incidencia de las estructuras socioeconómicas e ideológico-políticas sobre los ordenamientos jurídicos. Y es que en un momento en que la Comunidad Internacional era universal, a la par que había sufrido una doble escisión —la Norte-Sur y la Este-Oeste—, aquel impacto condicionaba el sentido predominante de «los principios generales del Derecho reconocidos por las naciones civilizadas». A escala realmente universal, tales principios se reducen básicamente al campo procesal, de lo que es buena muestra la jurisprudencia del Tribunal Internacional de Justicia. Las aplicaciones más importantes que ha hecho en los últimos lustros de los principios generales del Derecho pertenecen efectivamente al mundo del proceso. Como ha dicho el húngaro HERCZEGH, los repetidos principios «participan más del aspecto formal del Derecho que del sustancial o esencial»[26]. Aunque conviene añadir que los aspectos formales del Derecho no son ajenos a la idea

---

[23] H. SOERENSEN, *op. cit.*, en *R. des C.*, p. 18, y cita de SCHLESINGER.

[24] M. VIRALLY, *The Sources of International Law*, en *Manual of Public International Law*, ed. por M. SOERENSEN, p. 146.

[25] G. TUNKIN, *Droit International Public. Problèmes théoriques*, Pedone, París, 1965, pp. 119 ss. Véase también la opinión de TUNKIN en HERCZEGH, *op. cit.*, pp. 94-95. En otro artículo, otro autor soviético, LUKASAUK, ni siquiera considera el problema de los principios generales del Derecho al tratar de las fuentes del Derecho Internacional (*Sources de Droit International contemporain, Recueil d'articles sous la direction du professeur G. Tounkine*, Éditions du Progress, Moscú, 1972, pp. 247-282).

[26] HERCZEGH, *General Principles of Law and International Legal Order*, Budapest, 1969, p. 95.

de justicia, y mucho menos a la seguridad jurídica, valor este último que constituye a su vez un punto de vista sobre la justicia.

h) En síntesis, autorizadas o no las jurisdicciones internacionales por sus instrumentos constitutivos, han aplicado a los litigios los principios generales del Derecho formulados previamente en los sistemas internos. O lo que es lo mismo, una categoría normativa en la que, según la concepción tópica del Derecho, se concretan los principios de Derecho Natural. Ésta es, a mi juicio, la respuesta que ha dado la jurisprudencia al problema de la fundamentación del Derecho de Gentes. Respuesta tangencial, difusa si se quiere, en su aspecto positivo, aunque clara y nítida en sus incidencias negativas: la jurisprudencia internacional no comparte los postulados del voluntarismo.

3.4. Respuesta de los Estados: el *ius cogens* internacional

a) Con anterioridad a 1945 existía una polémica doctrinal sobre si los Estados eran completamente libres al concluir tratados o si, por el contrario, estaba limitada su libertad en virtud de ciertas normas imperativas o de *ius cogens.* De un modo general, los autores voluntaristas proclamaban el arbitrio soberano de los Estados y, consiguientemente, la validez de cualesquiera tratado independientemente de la licitud o ilicitud de su objeto[27]. Por el contrario, los autores que asignaban al Derecho Internacional un fundamento objetivo superior a la voluntad estatal sostenían que los tratados con objeto ilícito o incompatibles con el *ius cogens* eran nulos[28].

Al terminar la década de los sesenta del siglo XX, y tras los trabajos de la Comisión de Derecho Internacional, han sido los propios Estados los que han puesto fin a la disputa. Pues, efectivamente, el artículo 53 de la Convención de Viena de 23 de mayo de 1969 sobre Derecho de Tratados dispone:

> Es nulo todo tratado que en el momento de su celebración esté en oposición con una norma imperativa de Derecho Internacional General. Para los efectos de la presente Convención, una norma imperativa de Derecho Internacional general es una norma aceptada y reconocida por la Comunidad Internacional de Estados en su conjunto como norma que no admite acuerdo en contrario, y que sólo puede ser modificada por una norma ulterior de Derecho Internacional General que tenga el mismo carácter.

Y el artículo 64 de la misma Convención está así redactado:

> Si surge una nueva norma imperativa de Derecho Internacional General, todo tratado existente que esté en oposición con esa norma se convertirá en nulo y terminará.

---

[27] Brierly, «Règles générales du Droit de la Paix», en *R. des C.,* vol. 58, 1936, p. 218; Rousseau, *Principes de Droit International Public,* París, 1944, p. 340; Guggenheim, *Traité de Droit International Public,* t. I, Ginebra, 1953, p. 57, etc.

[28] E. de Vattel, «Le Droit des Gens ou Principes de la loi naturelle appliqués à la conduite et aux affaires des nations et des souverains», *Preliminares,* n.º 9; Rivier, *Droit des Gens,* II, Bruselas, 1968, p. 58; Fauchille, *Traité de Droit International Public,* I, 3, p. 300; Basdevant, «Règles générales du Droit de la Paix», en *R. des C.,* vol. 58, 1936; Salvioli, «Règles générales du Droit de la Paix», en *R. des C.,* vol. 46, 1933, p. 26, y Verdross, «Forbidden treaties in International Law», *A.J.I.L.,* 1937, p. 572.

Pero las normas de *ius cogens* internacional no sólo provocan la nulidad o terminación de los tratados contrarios a ellas. La Comisión de Derecho Internacional, en la primera parte de su Proyecto de Artículos de 2001 sobre la responsabilidad internacional de los Estados señaló otros efectos a dichas normas: el de hacer irrelevante el consentimiento del Estado lesionado como causa de exclusión de la ilicitud de un hecho si la obligación violada dimana de una norma imperativa (art. 29) y el de hacer inoperante a los mismos efectos y en idénticas circunstancias el estado de necesidad (art. 33). A estas cuestiones nos referiremos con mayor detalle en el apartado correspondiente de este *Curso*.

b) Como dijo en la Conferencia de Viena de 1968 y 1969 el delegado de Italia, es posible desde luego conectar la idea del *ius cogens* con la del Derecho Natural[29], pues, en efecto, éste postula indiscutiblemente la imperatividad de ciertas normas. Entendemos en todo caso que, al reconocer la nulidad de los tratados contrarios al *ius cogens,* los Estados han adoptado posición sobre el tema de la fundamentación del Derecho Internacional. Postura muy distinta de las puramente doctrinales, tangencial y poco explícita en su aspecto positivo, pero con una clara incidencia negativa: el Derecho Internacional no reposa en la voluntad de los Estados, sino que hay en él normas que prevalecen incondicionalmente sobre ella. Un tratado contrario a tales normas sería nulo o terminaría.

c) Siendo desde luego exacta la observación del profesor AGO de que en el siglo XIX, y aun antes, ya existían algunas normas imperativas del Derecho Internacional[30], es con todo, a partir de 1945, cuando la noción adquiere importancia. Y es que, como veremos, al hablar de las funciones del Derecho Internacional, éste se ha humanizado y se ha socializado. Por tanto, si en los Derechos Internos las normas imperativas actúan acusadamente en los sectores preocupados por la protección de los derechos humanos y los intereses sociales —normas constitucionales sobre derechos fundamentales de los individuos, Derecho del Trabajo, Derecho de Arrendamientos—, es lógico que la humanización y la socialización del Derecho Internacional traigan consigo la importancia de la idea del *ius cogens* y el aumento de las normas con tal carácter.

d) Determinar cuáles sean en concreto las normas de *ius cogens* es problema muy difícil que preocupó a la Comisión de Derecho Internacional y a la Conferencia de Viena que preparó la Convención de 1969 sobre Derecho de Tratados. Efectivamente, la Comisión de Derecho Internacional, cuando preparó el proyecto de artículos que sirvió de base a los trabajos de la Conferencia, decidió no incluir ni siquiera ejemplos de normas de *ius cogens,* dejando su determinación a la práctica y a la jurisprudencia internacional[31]. En la Conferencia de Viena, el Reino Unido propuso que, además de las normas imperativas que se definiesen en la Convención, se enunciasen otras, cuando fuese necesario, en protocolos

[29] Doc. A/CONF.39/C.1./Sr.54, p. 15.
[30] *Anuario de la Comisión de Derecho Internacional,* vol. I, 1963, p. 80.
[31] *Anuario de la Comisión de Derecho Internacional,* vol. II, 1963, p. 232.

a la misma. Acometer tal tarea hubiese paralizado, sin embargo, los trabajos de la Conferencia, dadas las seguras discrepancias entre los Estados. Y como la aceptación del Derecho Imperativo estaba condicionada al establecimiento de algún mecanismo que atenuase la inseguridad jurídica que aquella noción podía provocar, la Conferencia consiguió establecer la jurisdicción obligatoria para las controversias relacionadas con el *ius cogens* [art. 66.*a*) de la Convención]. Y con ello se ha llegado a la inhabitual situación de realizar, respecto al *ius cogens,* mayor progreso en el campo de la solución de controversias que en el de la codificación propiamente dicha, pues lo normal en el Derecho Internacional es justamente lo contrario: que la codificación de las normas sustantivas llegue mucho más lejos que las instituciones procesales[32]. Pero tal situación tiene una razón de ser muy clara: a falta de una difícil precisión normativa, y precisamente para paliar los efectos de la indefinición, se ha llegado a una objetivación jurisdiccional. La solución de la Convención de Viena merece, pues, una valoración positiva.

En todo caso, una excelente orientación para precisar cuáles pueden ser las normas del *ius cogens* internacional la suministra el Tribunal Internacional de Justicia en su sentencia de 5 de febrero de 1970 en el caso de la *Barcelona Traction.* Efectivamente, la sentencia contiene un *dictum* en el que se habla de las «obligaciones de los Estados hacia la Comunidad Internacional en su conjunto» para caracterizar determinado tipo de obligaciones que denomina *erga omnes,* y que, como ha dicho el profesor MIAJA DE LA MUELA, son en realidad las derivadas del *ius cogens*[33]. «Estas obligaciones —especifica el Tribunal— resultan, por ejemplo, en el Derecho Internacional Contemporáneo de la puesta fuera de la ley de los actos de agresión y del genocidio, así como de los principios y reglas relativas a los derechos fundamentales de la persona humana, comprendiendo en ellos la protección contra la práctica de la esclavitud y la discriminación racial»[34].

En lo que respecta a la doctrina, una actitud muy extendida en la definición de las normas de *ius cogens* es la de hacer entrar en juego, bien los intereses de la Comunidad Internacional en su conjunto, bien —lo que viene a ser lo mismo— los intereses que trascienden de los del Estado soberano[35]. Otras definiciones polarizan las normas imperativas en torno a grandes temas del Derecho Internacional: protección de los derechos fundamentales de la persona humana[36], derechos y deberes fundamentales de los Estados[37] y, lo que es más frecuente, principios básicos de

---

[32] J. A. PASTOR RIDRUEJO, *La determinación del contenido del «ius cogens»,* Anteproyecto de Ponencia al Noveno Congreso del Instituto Hispano-Luso-Americano de Derecho Internacional, Madrid, 1972.

[33] A. MIAJA DE LA MUELA, *Aportación de la sentencia del Tribunal de La Haya en el caso Barcelona Traction (5 de febrero de 1970) a la jurisprudencia internacional,* Cuadernos de la Cátedra «Brown Scott», Valladolid, 1970, pp. 73-74.

[34] CIJ, *Recueil,* 1970, p. 31.

[35] A. VERDROSS, «Jus dispositivum and Jus Cogens in International Law», *A.J.I.L.,* vol. 60, 1965; TUNKIN, *Droit International Public. Problèmes théoriques,* París, 1965, p. 100; HERCZEGH, *General Principles...,* cit., pp. 73-78; SUY y LISSITZYN en la reunión de Lagonisi, véase «Conference on International Law», Lagonisi (Grecia), 3-8 de abril de 1966; *Paper and Proceedings. The concept of «ius cogens» in International Law,* Ginebra, 1977, respectivamente, pp. 106 y 191.

[36] Intervención del representante de la Santa Sede en la Conferencia de Viena, profesor DUPUY.

[37] Véase la lista de autores en E. VITTA, *La validité des Traités Internationaux,* vol. XIV, Biblioteca Visseriana, 1940, p. 167, notas 1 y 8.

la Carta de las Naciones Unidas[38]. Existen también definiciones del *ius cogens* de tipo teleológico, esto es, que refieren las normas imperativas a la consecución de los fines esenciales del Derecho Internacional[39]. Éstas son las posiciones mejor encaminadas, y entre ellas cabría incluir, a nuestro juicio, la opinión que ha sostenido entre nosotros el profesor CARRILLO SALCEDO, para quien los principios de Derecho Internacional que hoy tienen carácter de *ius cogens* por responder al mínimo jurídico esencial que la Comunidad Internacional precisa para su pervivencia, así como a las necesidades morales de nuestro tiempo, son los siguientes: 1) La existencia de unos derechos fundamentales de la persona humana que todo Estado tiene el deber de respetar y proteger. 2) El derecho de los pueblos a su libre determinación. 3) La prohibición del recurso a la fuerza o a la amenaza de fuerza en las relaciones internacionales y la obligación de arreglo pacífico de las controversias internacionales. 4) La igualdad de *status* jurídico de los Estados y el principio de no intervenciónen asuntos que sean de la jurisdicción interna de los Estados. De estos principios —agrega el profesor CARRILLO—, unos apuntan a la estructura predominantemente interestatal del Derecho Internacional (igualdad de los Estados y principio de no intervención), mientras que otros hacen referencia a los grandes factores de transformación del orden internacional, su proceso de institucionalización (prohibición del uso o amenaza de la fuerza, con su corolario lógico de la obligación de arreglo pacífico de las controversias) y su proceso de humanización (derechos fundamentales de la persona humana y derecho de los pueblos a su libre determinación)[40].

e) Pero la institución del *ius cogens* es esencialmente abierta y dinámica y de ahí que cabe también que la práctica internacional, particularmente la convencional o por vía de tratados, atribuya de manera expresa carácter imperativo a otras normas generales de Derecho Internacional dentro del desarrollo progresivo de éste, tal como explicamos nosotros en el año 1972 en la ponencia presentada al IX Congreso del Instituto Hispano-Luso Americano de Derecho Internacional[41]. Y es esto lo que ha ocurrido exactamente con un importante principio del nuevo

---

38 Conferencia de Lagonisi, *op. cit.,* p. 14; M. VIRALLY, «Jusqu'où va la coexistence pacifique», en *Revue de Droit Contemporain,* 1, 1966, pp. 16 ss.; G. CHAUMONT, «Cours général de Droit International Public», en *R. des C.,* vol. 129, 1970, pp. 377-380. En la Sexta Comisión de la Asamblea General de las Naciones Unidas coincidieron numerosas delegaciones sobre este punto. Véase M. PÉREZ GONZÁLEZ, *Los gobiernos y el «ius cogens». Las normas imperativas del Derecho Internacional en la Sexta Comisión,* I, libro homenaje al profesor SELA SAMPIL, Oviedo, 1970, pp. 131-132.

39 Véase, por ejemplo, en la Conferencia de Lagonisi, las opiniones de los profesores MURTY y VIRALLY, *op. cit.,* pp. 104-105.

40 J. A. CARRILLLO SALCEDO, *Soberanía del Estado y Derecho Internacional,* Madrid, 1976, pp. 284-285.

41 J. A. PASTOR RIDRUEJO, *La determinación*, cit. Sobre la base de la ponencia el Congreso adoptó una resolución, de la que extraemos las siguientes declaraciones: «1.ª La caracterización de una norma como *ius cogens* puede resultar de la práctica de los Estados, de la jurisprudencia de los Tribunales Internacionales y de la doctrina, así como de resoluciones y declaraciones de las Organizaciones internacionales competentes y especialmente de los convenios internacionales [...] 3.ª La determinación del contenido del *ius cogens* debe hacerse de forma incidental en el proceso codificador del Derecho Internacional.» Véase en J. PÉREZ MONTERO, *Tabla General de las resoluciones y demás Acuerdos (1951-1977)*, Instituto Hispano-Luso-Americano de Derecho Internacional, Madrid, 1979, pp. 25-26.

Derecho del Mar. Es el principio proclamado en el artículo 136 de la Convención sobre el Derecho del Mar de 1982 según el cual la zona internacional de los fondos marinos y sus recursos constituyen patrimonio común de la humanidad.

Efectivamente, según el párrafo 6 del artículo 311 de dicha Convención:

> Los Estados partes en esta Convención convienen en que no podrán hacerse enmiendas al principio básico relativo al patrimonio común de la humanidad establecido en el artículo 136 y en que no serán partes en ningún acuerdo contrario al mismo.

Si, según lo dispuesto en el artículo 53 de la Convención de Viena de 1969 sobre Derecho de Tratados, «una norma imperativa de Derecho Internacional general es una norma aceptada y reconocida por la Comunidad Internacional de Estados en su conjunto como norma que no admite acuerdo en contrario y que sólo puede ser modificada por una norma ulterior de Derecho Internacional general que tenga el mismo carácter», cabe pensar que las circunstancias de adopción de la Convención sobre el Derecho del Mar suponen un reconocimiento por el conjunto de la Comunidad Internacional del carácter de *ius cogens* del principio relativo al carácter de la zona internacional de fondos marinos como patrimonio común de la Humanidad. Hay que tener en cuenta, en efecto, que la Convención se adoptó por 130 votos a favor, 4 en contra y 17 abstenciones y que, además, de las explicaciones de voto resulta que muy pocos de los votos contrarios o de las abstenciones fueron motivados por oposición al régimen convencional sobre la zona internacional de los fondos marinos. Y conviene señalar también que el origen del párrafo 6 del artículo 311 de la Convención está en una propuesta de la delegación de Chile tendente a consagrar *expressis verbis* el carácter de *ius cogens* del patrimonio común de la humanidad aplicado a la zona internacional de los fondos marinos.

4. APROXIMACIÓN HISTÓRICO-SOCIOLÓGICA: EL CONDICIONAMIENTO DEL DERECHO INTERNACIONAL POR LA ESTRUCTURA Y DINÁMICA DE LA SOCIEDAD INTERNACIONAL

Ya hemos dicho que todos los ordenamientos jurídicos positivos están condicionados por las peculiares características del grupo social del que provienen. Y como los grupos sociales evolucionan, su ordenamiento jurídico está en función de la dinámica de aquéllos. Esto es verdad también para el Derecho Internacional, que está cambiando al ritmo de la aceleración histórica de nuestros tiempos, y nuestra tarea, por tanto, es ahora la de determinar, en un esfuerzo de síntesis, los aspectos más característicos de la transformación de la sociedad internacional en los últimos tiempos y señalar el impacto de dichos cambios en el Derecho Internacional. Bien entendido que la perspectiva histórico-sociológica en la que ahora nos situamos está en íntima conexión con la aproximación axiológica del apartado anterior. No se trata de dos enfoques impermeables sino que, como hemos dicho más atrás, los ideales y los valores están en la base de las más recientes transformaciones de la sociedad internacional y del Derecho de Gentes.

Entre 1945 y 1990 las transformaciones más significativas que a efectos de nuestra disciplina habían experimentado las relaciones internacionales eran las siguientes: 1.ª) las que se refieren a la estructura propiamente dicha de la sociedad internacional; 2.ª) la universalización de la sociedad internacional y la llamada escisión Norte-Sur entre Estados desarrollados y Estados en desarrollo; 3.ª) la escisión ideológico-política Este-Oeste, entre Estados de socialismo real y Estados de democracias pluralistas y economías de mercado. Desde la década final del siglo pasado, es importante señalarlo, esta última escisión se ha desvanecido. En cualquier caso, esta determinación de las transformaciones es puramente sistemática y expositiva, porque en la realidad de las cosas los tres factores se condicionan e interpenetran de manera recíproca y profunda, hasta el punto de que no se pueden explicar los unos sin los otros. Por ello, tras una exposición particularizada en lo posible de cada transformación concreta (puntos 4.1, 4.2 y 4.3), haremos una apreciación del conjunto, que se refleja en el tránsito del Derecho Internacional Clásico al Derecho Internacional Contemporáneo (punto 4.4). Y parece conveniente adelantar el resultado global de nuestro análisis. La sociedad internacional está débilmente organizada y aquejada además por una honda división: la económico-social Norte-Sur. Obviamente, estos condicionantes sociológicos influyen en el Derecho Internacional de nuestros días y conforman sus líneas generales. La incertidumbre y el relativismo en el plano normativo, la precariedad de las sanciones, la ausencia de un proceso jurisdiccional obligatorio para la solución de controversias, el predominio y mayor eficacia de las estructuras regionales de cooperación sobre las propiamente universales, las insuficiencias del Derecho Internacional del desarrollo y su carácter controvertido, y la insatisfactoria protección del medio ambiente se explican y cobran sentido a la luz de aquellas realidades.

4.1. La estructura de la sociedad internacional

A fin de determinar cuál es en nuestros días la estructura de la sociedad internacional vamos a utilizar la tipología del profesor Reuter, para quien existen tres concepciones distintas de la sociedad internacional, según se construya ésta en función de: *a*) la simple yuxtaposición de Estados; *b*) el reconocimiento de intereses comunes entre ellos; *c*) una organización diferenciada[1].

En el origen de la sociedad internacional moderna, que, como veremos en el punto siguiente, se sitúa a fines de la Edad Media y principios de la Moderna con la aparición de los primeros Estados nacionales, los Estados vivían simplemente yuxtapuestos. La soberanía y la igualdad de los Estados eran nociones básicas, lo que conducía a un relativismo jurídico sin límites.

Pero el propio desarrollo de la sociedad de yuxtaposición condujo desde principios del siglo XIX al reconocimiento de intereses comunes entre los Estados, basados en la noción de interdependencia. Intereses, por ejemplo, relativos a algunos aspectos de la protección de la persona humana (prohibición de la esclavitud, trata de blancas) o a las comunicaciones, y cuya satisfacción en común encuentra su base en tratados internacionales, preferentemente multilaterales. Surge así progresivamente el Derecho Internacional de la Cooperación o Coordinación, que conoce un notable impulso a partir de 1945, cuando finaliza la segunda guerra mundial. Bien entendido que el tipo de sociedad del que hablamos, en cuanto desarrollo de la sociedad de yuxtaposición, descansaba en las bases de esta última. La cooperación era voluntaria y se apoyaba en la soberanía de los Estados, manifestada a través de su consentimiento.

Y este último tipo de sociedad dio lugar a su vez, para la satisfacción de los cada vez mayores intereses comunes, al establecimiento de organizaciones diferenciadas. Efectivamente, la cooperación se institucionaliza a través de organizaciones internacionales que surgen paulatinamente a partir del último siglo y medio. Aparecen así, en primer lugar, las comisiones fluviales internacionales, y ya desde el último tercio del siglo XIX, una serie de uniones administrativas en materia de correos y telecomunicaciones. En este siglo —y a partir especialmente de 1945— han proliferado las organizaciones internacionales e incluso las de carácter político general y aspiraciones de universalidad, como la Organización de las Naciones Unidas.

Y en presencia de esta situación, la pregunta que se hace el profesor Reuter es la siguiente: ¿A qué tipo de sociedad internacional de los tres expuestos corresponde el medio internacional de nuestros días?

Existiendo desde 1945 la Organización de las Naciones Unidas, de carácter cuasiuniversal y con aspiraciones de universalidad, surge la duda de si la sociedad internacional responde al tercer tipo y está, por consiguiente, organizada. Pero la respuesta es negativa. Ni todas las relaciones internacionales han sido absorbidas por la misma ni sus poderes (legislativos, ejecutivos y judiciales) satisfacen a la idea de una organización completa y efectiva de la sociedad internacional. La Asamblea General de las Naciones Unidas no es el legislativo de ella. En cuanto al Consejo

[1] P. Reuter, *Principes...*, cit., pp. 433 ss.

de Seguridad, y aunque el artículo 24 de la Carta le confiera la responsabilidad primordial de mantener la paz y la seguridad internacionales, y pese a que según el artículo 25 los miembros de las Naciones Unidas convienen en aceptar y cumplir las decisiones que tome el Consejo de acuerdo con la Carta, hay que recordar que ello se basaba en el entendimiento unánime de los miembros permanentes, y que la falta de tal entendimiento ha impedido de hecho que el Consejo se haya convertido en un gendarme eficaz de la paz mundial. De otro lado, la competencia del Tribunal Internacional de Justicia es en último análisis voluntaria, y de un modo general los Estados se han mostrado reacios a aceptarla. La triste realidad es que la mayor parte de las controversias internacionales escapan a su conocimiento. Son todas éstas cuestiones que analizaremos con mayor profundidad en otros lugares de este *Curso.*

Pero en todo caso no conviene subestimar la influencia de la Organización de las Naciones Unidas y otras organizaciones internacionales en la sociedad internacional y en el Derecho Internacional de nuestros días. La existencia de aquéllas ha supuesto por lo pronto que los sujetos de la sociedad internacional sean ya heterogéneos, así como la aparición de conjuntos jurídicos discontinuos y fragmentarios. Mas no hay sólo modificaciones de la estructura formal de la sociedad internacional, sino que las organizaciones internacionales han ejercido también un impacto funcional. Como ha dicho entre nosotros el profesor CARRILLO SALCEDO, aunque sigue faltando una autoridad política internacional superior a los Estados, las organizaciones internacionales suponen para el Derecho Internacional un cauce de positividad y transformación: permiten un mayor grado de efectividad del Derecho Internacional y, a través de su acción, asistimos a un inmenso proceso de cambio en el alcance de las funciones y fines del orden internacional[2]. Esto lo comprobaremos en el apartado siguiente, al hablar particularmente de la gran escisión Norte-Sur de la Comunidad Internacional.

Y volviendo a REUTER, su conclusión es que la sociedad internacional sigue concebida de modo general como una sociedad de yuxtaposición de Estados, aunque presenta rasgos de sociedad basada en la satisfacción de intereses comunes y es también parcialmente organizada. Sociedad que tiene al Estado como sujeto más característico y protagonista decisivo, aunque, por supuesto, no el único. Veremos a lo largo de estas lecciones que esta nota influye fuertemente en la situación actual del Derecho Internacional, y que es la que motiva en último

---

[2] J. A. CARRILLO SALCEDO, *Soberanía...*, cit., pp. 289 ss. Ha dicho en otro lugar el Profesor CARRILLO SALCEDO: «Desde un punto de vista sociológico [...] la estructura de la sociedad internacional sigue siendo una estructura de poder que sólo en segundo término es funcional, por lo que la base sociológica de las organizaciones internacionales supone más un principio de coordinación que de subordinación y absorción. El fenómeno de organización internacional representa, desde luego, un proceso de institucionalización de la sociedad internacional, pero dicho proceso no ha desplazado al Estado soberano, por lo que la sociedad internacional no ha perdido sus principios constitutivos de libertad, igualdad e independencia de las entidades políticas autónomas que están en su base, los Estados soberanos, ni su carácter predominantemente descentralizado y paritario. Un largo proceso histórico de más de cien años ha traido consigo un amplio catálogo de organizaciones internacionales en las que la soberanía de los Estados parece haber cedido en muchos campos no políticos; pero conviene no sobreestimar estos resultados, parciales y fragmentarios, mientras que una instancia de autoridad política internacional, superior a los Estados, sigue faltando en la vida internacional» (J. A. CARRILLO SALCEDO, J. A., *El Derecho Internacional en un mundo en cambio. I Semana de Cuestiones Internacionales,* Zaragoza, 1983, pp. 71-72). Véase también en el mismo sentido: M. GIULIANO; T. SCOVAZZI; T. TREVES, *Diritto Internazionale, I. La Società Internazionale e il Diritto*, Milán, 1983, pp. 80-82.

análisis la existencia del importante principio de la igualdad soberana entre los Estados, que analizaremos más adelante[3].

4.2. La universalización de la sociedad internacional y la gran escisión Norte-Sur

a) Desde el punto de vista de su extensión geográfica, la sociedad internacional ha ido experimentando un aumento progresivo, hasta llegar a la situación actual de universalidad.

Efectivamente, de la *respublica christiana* o *christianitas medioeval* que existía en la Edad Media europea surgieron, a fines del siglo XV y a principios del XVI, los primeros Estados nacionales (España, Portugal, Francia, Inglaterra), formándose la llamada sociedad europea de Estados, que se consolida en la Paz de Westfalia (1648). Este sistema perdura durante todo el siglo XVIII, pero a fines del mismo y principios del XIX se produce la primera descolonización con la independencia de las colonias europeas en América del Norte, del Centro y del Sur, dando lugar a lo que se ha denominado el «sistema de Estados de civilización cristiana»[4]. A lo largo del siglo XIX, y con la primera apertura de Europa hacia Oriente —Tratado de París de 1856—, aparece ya la denominada «sociedad de Estados civilizados». Pero hasta este momento la sociedad internacional era eminentemente eurocéntrica.

Ya en el siglo XX, y tras la terminación de la primera guerra mundial (1914-1918), se atenúa el eurocentrismo con el protagonismo de potencias no europeas. Y después de la segunda guerra mundial (1939-1945) termina la concepción eurocéntrica de la sociedad internacional con la situación del bipolarismo en torno a una superpotencia no europea —los Estados Unidos— y otra en parte europea y en parte no —la Unión Soviética—. A esto hay que añadir el segundo gran movimiento descolonizador de la historia que conduce a la aparición de nuevos Estados en África y Asia y, en definitiva, a una auténtica sociedad mundial de Estados, esto es, a la universalización de la sociedad internacional. Bien entendido que la idea de la universalización de la sociedad internacional debe ser completada desde otras perspectivas. Porque, efectivamente, el espléndido desarrollo que ha conocido en nuestra época el sistema mundial de las comunicaciones, obra del progreso económico y tecnológico, ha contribuido a dar sentido de unidad a la sociedad internacional. Hoy las noticias sobre acontecimientos ocurridos en cualquier rincón de la Tierra adquieren amplia resonancia; son conocidas inmediatamente en todo el mundo e interesan a nivel muy general. Y no sólo es esto porque, además, en virtud de la creciente interdependencia entre los Estados aquellos acontecimientos tienen largas e importantes repercusiones que desbordan manifiestamente las fronteras nacionales. En fin las instancias internacionales en que se debaten tales acontecimientos —la Asamblea General de las Naciones Unidas y muchas otras— no sólo son fruto de la universalización de la sociedad internacional, sino que a la vez contribuyen a fortalecerla. La sociedad internacional universal ha encontrado en ellas, realmente, un foro de expresión.

---

3 Véase apartado 30 de este libro.

4 A. Truyol y Serra, «Genèse et structure de la société internationale», en *R. des C.*, I, vol. 196, 1959, pp. 575 ss.

Hay que añadir a estas consideraciones que, en los albores del siglo XXI, al fenómeno de universalización ha sucedido el más complejo de globalización, una realidad avasalladora y omnipresente, de naturaleza social, política, económica e incluso ideológica, que suscita en la Comunidad Internacional no sólo esperanzas, sino tambien incertidumbres. Entre estas últimas se encuentra la muy importante del agravamiento de la escisión de la Comunidad Internacional entre países ricos y países pobres, de la que hablamos a continuación.

b) Los Estados recién independizados aportan a la sociedad internacional no sólo nuevos conceptos de civilización, basados en diferentes tradiciones culturales y religiosas, sino también intereses distintos, factor este más importante que el primero. Efectivamente, los nuevos Estados impugnan ciertas normas del Derecho Internacional clásico que sirvieron de base a distintas formas de colonialismo e imperialismo y que reputan contrarias a sus intereses. Así, entre otras, han cuestionado algunas de las normas sobre responsabilidad internacional, sucesión de Estados, Derecho del Mar y las propias bases de las relaciones económicas internacionales en la medida en que los Estados en vías de desarrollo aspiran a un Nuevo Orden Económico Internacional. Al propio tiempo, en el seno de este último grupo de Estados surgió una política de neutralismo y no alineamiento frente a la bipolaridad de las superpotencias. En todo caso, la impugnación del Derecho Internacional Clásico, como veremos a lo largo de estas lecciones, ha sido eficaz en algunos supuestos y está dando lugar a la aparición de un nuevo Derecho Internacional que tiene en cuenta las exigencias de una sociedad internacional universalizada y de carácter más democrático que la anterior y que, como veremos al tratar de las fuentes, surge mediante procesos normativos que separan en parte de los esquemas tradicionales.

Pero no acaban aquí las consecuencias de la universalización de la sociedad internacional. Los Estados recién incorporados a ella no han conseguido superar completamente los estadios de subdesarrollo económico y social en que se encontraban, por lo que ha aparecido una profunda escisión entre los países ricos, desarrollados e industrializados, que de un modo general se encuentran en el Norte del planeta, y los países pobres y subdesarrollados, que se sitúan al Sur, los constitutivos del llamado «Tercer Mundo». Es la gran escisión Norte-Sur de la Comunidad Internacional[5]. Escisión profunda, como hemos dicho, que se superpuso a la escisión ideológico-política Este-Oeste de la sociedad internacional y en ocasiones se entrecruzó con ella, y siempre más grave que esta última. Se trata de la división de la sociedad interna-

---

[5] Como dice el Profesor CARRILLO SALCEDO, «la expresión Norte-Sur es desde luego criticable: en primer lugar, porque parece limitar el Norte a los países industrializados capitalistas, cuando la realidad es que muchos de los Estados socialistas también son desarrollados e industrializados; en segundo lugar, porque el Norte incluye a países industrializados y desarrollados que, como Australia y Nueva Zelanda, se encuentran al sur del Ecuador; en tercer lugar, porque el conjunto de países del Sur es extraordinariamente heterogéneo, ya que incluye países semiindustrializados —como Brasil, por ejemplo— y países que —como los productores de petróleo— tienen una alta renta *per capita*». «A pesar de todo —agrega el citado Profesor— la noción del conflicto Norte-Sur no sólo está acuñada en la práctica, sino que es además expresiva de una clara situación de desigualdad», J. A. CARRILLO SALCEDO, «El Derecho Internacional en un mundo en cambio», *I Semana de Cuestiones Internacionales,* Zaragoza, 1983, p. 69.

cional en países desarrollados y países en desarrollo (el sustantivo país parece más adecuado que el de Estado, pues el que está propiamente en desarrollo es el país y no el Estado). Separación primordialmente económica, pues los países en desarrollo constituyen más del 70 por 100 de la población del planeta y reciben menos del 7 por 100 de los ingresos mundiales, pero que genera desigualdades en otros ámbitos, especialmente en los políticos, sociales y culturales. Y hay que decir que la separación entre estos dos grupos de países no tiende a reducirse, sino todo lo contrario. La tasa de crecimiento económico en los países ricos y la de crecimiento demográfico en los países pobres aumenta la distancia en lugar de acortarla. El fenómeno de la globalización, de que antes hemos hablado, está contribuyendo a ensanchar la separación. Todo ello conduce a una situación de injusticia social a nivel mundial, pues no es aceptable desde el punto de vista de la solidaridad internacional que mientras los países ricos viven mayoritariamente en sociedades de consumo que llegan al despilfarro, las grandes masas de población de los países pobres sufran hambre en sentido físico, amén de privaciones culturales y de otro orden.

Los Estados en desarrollo tomaron conciencia de esta situación y en diversos foros internacionales hicieron valer sus pretensiones hacia un orden internacional más justo que se ocupe de la suerte material y espiritual de los pueblos e individuos. Ejemplo muy significativo de lo que decimos es la constitución en la primera reunión de la UNCTAD (Conferencia de las Naciones Unidas para el Comercio y el Desarrollo) del llamado Grupo de los 77, integrado hoy por más de 120 Estados, y nacido del interés común hacia una nueva política para el comercio internacional y el desarrollo. Ha aparecido por ello dentro del Derecho Internacional el importante capítulo del Derecho del Desarrollo, en cuya formación ha sido factor decisivo la acción de las organizaciones internacionales —y especialmente las Naciones Unidas— y la presencia mayoritaria en ellas de los países del Tercer Mundo[6].

Efectivamente, diversas resoluciones de la Asamblea General de las Naciones Unidas adoptadas desde 1960, y entre ellas la relativa a la creación de la UNCTAD (Conferencia de las Naciones Unidas para el Comercio y el Desarrollo), fueron alimentando las bases del Derecho Internacional del Desarrollo. Especial mención merece la resolución 3.281 (XXIX) de 1974, que adoptó la Carta de Derechos y Deberes Económicos de los Estados, que establece el programa para un Nuevo Orden Económico Internacional.

No podemos emprender aquí una exposición detallada y una valoración profunda de lo que significa el Nuevo Orden Económico Internacional, pero sí queremos señalar que estamos ante una importante reivindicación de los países en desarrollo, que han tomado conciencia de una serie de hechos como la reducción de su participación en el comercio mundial, el rezagamiento de sus niveles de renta respecto a los países industrializados, y el carácter alarmante de los problemas de empleo. No es extraño por ello que dichos países consideren el actual sistema económico internacional como sumamente inequitativo e incapaz por otra parte de resolver los problemas del desarrollo, ni sorprende tampoco su afirmación de

[6] Véase H. GROS ESPIELL, *Derecho Internacional del Desarrollo,* Valladolid, 1975.

que el mecanismo de mercado es un instrumento de los poderosos, ni que pretendan una «descolonización económica» que sería corolario de la «descolonización política»[7]. Ha dicho BEDJAOUI en este orden de ideas que se trata de acabar con el «Orden Internacional de la miseria», un orden regido por mecanismos sin piedad que hacen de nuestro mundo una jungla[8]. Desean en definitiva los países del Tercer Mundo un Nuevo Orden Económico Internacional, cuyas finalidades no serían mejorar el sistema económico existente, sino cambiar sus estructuras y mecanismos para alcanzar un objetivo fundamental: el desarrollo. Y la consecución de este objetivo implicaría la puesta en práctica de una serie de principios básicos, como el mayor control de los países en desarrollo de sus propias economías a través de la soberanía permanente sobre los recursos naturales, una mayor participación en el proceso de adopción de decisiones que afecten a su situación, la cooperación internacional para el desarrollo y un trato preferencial y no recíproco. Principios estos y otros que en su conjunto presentan claro carácter de *soft law,* reflejo de una dialéctica entre la legitimidad y la legalidad, y que tienen más valor programático que fuerza jurídica estrictamente vinculante.

Pero el Nuevo Orden Económico Internacional que reivindica el Tercer Mundo no agota el contenido del Derecho Internacional del Desarrollo, porque éste tiende no sólo hacia el crecimiento material a través de una estructuración más justa de las relaciones económicas internacionales, sino también hacia el desarrollo social, progreso cultural e incluso desarrollo político. Y es que además, dentro del Derecho Internacional del Desarrollo cabe hablar de un derecho subjetivo al desarrollo, del que sería titular en último análisis la persona humana[9].

c) Sin perjuicio del estudio a lo largo del curso de sus manifestaciones más relevantes, señalemos con los profesores FEUER y CASSAN que el Derecho Internacional del Desarrollo se caracteriza por constituir un cuerpo normativo orientado, integrado y contestado. Es orientado, en primer lugar, porque se define menos por el ámbito en que rige que por el objetivo que persigue; es integrado, en segundo término, ya que a diferencia de la mayor parte de las disciplinas jurídicas, no forma un conjunto homogéneo, sistemático y unificado, sino que se presenta a primera vista como un mosaico de elementos dispares, es decir de reglas que pertenecen a ordenamientos jurídicos diferentes o a ramas del Derecho consideradas distintas; es, por fin, contestado puesto que, deseado y buscado por los Estados del Tercer Mundo, su realización choca frecuentemente con las resistencias de los países occidentales industrializados[9 bis]. Esta última nota explica que, junto a algunos principios y normas jurídicas de obligatoriedad indiscutida, existan en el Derecho Internacional del

---

[7] Véase K. P. SAUVANT, «Toward the New International Economic Order», en el volumen *The New International Economic Order, Confrontation and Cooperation between the North and the South?,* Campus Verlag, Francfort, 1977, pp. 3 ss.; H. GROS ESPIELL, «El Nuevo Orden Económico Internacional», en el volumen *Derecho Económico Internacional,* Fondo de Cultura Económica, México, 1976, pp. 84 ss.

[8] M. BEDJAOUI, *Pour un Nouvel Ordre Economique International,* publicado en 1979 por la UNESCO, pp. 23 ss.

[9] J. A. CARRILLO SALCEDO, «El derecho al desarrollo como derecho de la persona humana», en *R.E.D.I.*, vol. XXV, 1972, pp. 119 ss.

[9 bis] G. FEUER y H. CASSAN, *Droit International du Développement,* París, 1985, pp. 23 ss.

Desarrollo reglas prospectivas de carácter esencialmente programático, constitutivas del denominado *soft law* o Derecho blando, noción esta última a la que nos referiremos más adelante con alguna amplitud; explica asimismo que en su conjunto el Derecho Internacional del Desarrollo se encuentre en nuestros días en una situación de crisis o *impasse,* como ha explicado el profesor PELÁEZ MARÓN[9 ter]; situación que hay que esperar y desear no sea definitiva y se supere en el futuro.

d) En suma, la universalización de la sociedad internacional y la consiguiente escisión Norte-Sur han producido un importante impacto en el Derecho Internacional. Si de una parte han provocado la impugnación, y en ciertos casos sustitución, de las normas de Derecho Internacional Clásico contrarias a los intereses de los nuevos Estados, de otro lado han asignado al Derecho Internacional una nueva función y un nuevo contenido: promover el desarrollo integral, y no sólo económico, de los países del Tercer Mundo. Función que sirve en último análisis a la causa de la paz mundial, porque las desigualdades injustas son fuentes de tensiones y controversias entre los Estados. Y es que la paz auténtica tiene un significado más profundo que el puramente negativo de la ausencia de guerra. La paz auténtica tiene un sentido positivo y dinámico que postula el respeto de los derechos del hombre y de los pueblos. El Rey de España, Juan Carlos I, lo ha dicho admirablemente con estas palabras: «La paz no se define únicamente por oposición de la guerra, pues significa, en último extremo, unas relaciones internacionales basadas en la amistad y cooperación, y sus fundamentos básicos son la libertad, la prosperidad y la justicia»[10].

4.3. LA ESCISIÓN IDEOLÓGICO-POLÍTICA ESTE-OESTE DE LA SOCIEDAD INTERNACIONAL Y SU DESVANECIMIENTO

a) Finalizada la segunda guerra mundial en el año 1945, se estableció pronto entre las dos superpotencias —Estados Unidos de América y Unión Soviética— y sus respectivos aliados la llamada situación de guerra fría, caracterizada por el antagonismo y la tensión profunda a nivel mundial, que excluía, sin embargo, el recurso a la confrontación bélica directa. Y es que existía un equilibrio estratégico bipolar que hacía impensable acudir a la guerra, toda vez que el inmenso poder destructivo de las armas de las superpotencias, fundamentalmente las termonucleares, suponía que en la contienda no habría vencedores, sino únicamente vencidos. Imperaba así la estrategia de la disuasión, en la que se construyen y almacenan armas de gran poder destructor no para atacar al adversario, sino para disuadirle de que él lo haga con la amenaza de una respuesta fulminante.

b) Sin embargo, desde el año 1956 la situación álgida de guerra fría se fue distendiendo en un proceso paulatino y no sin vaivenes y retrocesos, habiendo

[9 ter] J. M. PELÁEZ MARÓN, *La crisis del Derecho Internacional del desarrollo,* Córdoba, 1987, especialmente pp. 119 ss.

[10] Discurso pronunciado con ocasión del comienzo del Año Internacional de la Paz. Véase en MINISTERIO DE ASUNTOS EXTERIORES, OFICINA DE INFORMACIÓN DIPLOMÁTICA, *Actividades, textos y documentos de la política exterior española. Año 1986,* Madrid, p. 35.

sido factor importante de la distensión la conciencia que tenían los líderes de los dos bloques antagónicos de los enormes riesgos de aquella situación; se sabía que la guerra fría podía encender fácilmente la mecha de un conflicto global y termonuclear de consecuencias fatales para la humanidad entera. Y ello condujo por lo pronto a poner ciertos límites convencionales a la carrera de armamentos (Pacto de Moscú sobre prohibición parcial de pruebas nucleares de 5 de agosto de 1963, Tratado de Londres sobre no proliferación de armas nucleares de 1 de julio de 1968, Tratados SALT o sobre limitación de armas estratégicas, Tratado de 8 de diciembre de 1987 sobre eliminación de misiles de corto y de medio alcance).

c) Pero el concepto de distensión es tan rico como equívoco, y para precisarlo nada mejor que hacer una referencia a la Conferencia sobre Seguridad y Cooperación en Europa (CSCE), hoy Organización para la Seguridad y Cooperación en Europa (OSCE).

Efectivamente, una región que por razones históricas y estratégicas resultaba particularmente sensible a la tensión entre los bloques militares era Europa. Y para lograr la distensión en ella y liquidar en lo posible las secuelas de la segunda guerra mundial se firmó en el marco de aquella conferencia el día 1 de agosto de 1975 el Acta Final de Helsinki, bien entendido que los treinta y cinco Estados participantes —todos los europeos menos Albania, más Canadá y los Estados Unidos— reconocieron la «dimensión universal» de la distensión, así como «la estrecha relación que existe entre la paz y la seguridad en Europa y en todo el mundo».

La finalidad del Acta de Helsinki era, pues, la paz y la distensión. Pero, según se reconoce expresamente en ella, la distensión es un «proceso continuo», no una realidad que se alcance de una vez por todas. Además, la distensión rebasa el aspecto puramente militar para entrar de lleno en el campo de la seguridad y cooperación y en el terreno de los derechos del hombre, cuyo respeto —se dice en el Acta— «es un factor esencial de la paz»[10 bis]. Por ello el principio VII del Acta de Helsinki trata del respeto a los derechos humanos y libertades fundamentales, y por ello también todos los principios enunciados —entre ellos el de la inviolabilidad de las fronteras y otros que confirman el *statu quo*— se interpretarán teniendo en cuenta a los demás. Y es que realmente, como ha dicho el profesor CARRILLO SALCEDO, la distensión consistía en el esfuerzo continuado y dinámico por encontrar e identificar intereses comunes que trascienden las diferencias existentes entre el Este y el Oeste[11].

En una valoración de conjunto de la eficacia del Acta de Helsinki, a los diez años de su firma, pudo escribir el embajador RUPÉREZ: «Al final se impone el claroscuro, porque tan deformadas son las visiones de los que conceden a la CSCE (Conferencia de Seguridad y Cooperación en Europa) valor de panacea como la de aquellos otros que le otorgan un significado puramente negativo. Un pobre cumplimiento de un buen texto redactado tras una historia convulsa

---

[10 bis] Véanse J. A. PASTOR RIDRUEJO, «Los derechos humanos en la Conferencia de Seguridad y Cooperación en Europa», en *Revista de Fomento Social,* n.º 139, Madrid, 1980, pp. 315 ss. Sobre la CSCE en general: V. Y. GHEBALI, *La diplomatie de la Detente: la CSCE, 1973-1989*, Bruselas, 1989.

[11] J. A. CARRILLO SALCEDO, «Helsinki, Belgrado, Madrid, Estado de la cuestión», en *Revista de Fomento Social,* n.º 139, Madrid, 1980, pp. 249-295.

puede ser una descripción provisional y somera del Acta Final de Helsinki. En torno a la cual, y garantizando su supervivencia, se ha creado el consenso de lo mínimo: aquel en que detractores y partidarios coinciden para afirmar que es mejor con ella que sin ella»[12].

d) Efectivamente, la distensión motivó un aumento de la cooperación pacífica entre los Estados pertenecientes a los dos bloques antagónicos, y especialmente entre las superpotencias, en los campos científico, tecnológico y económico. Y en el Acta de Helsinki se contempla no sólo la cooperación en materia económica, ciencia y tecnología y medio ambiente, sino también la cooperación en el campo humanitario y en otros campos. Además, las superpotencias tomaron conciencia de que, en calidad de tales, tenían intereses coincidentes, y por ello adoptaron actitudes comunes en ciertos temas, incluso de índole estratégica, como es el caso del régimen de navegación y sobrevuelo en los estrechos internacionales, tratado en la III Conferencia de las Naciones Unidas sobre el Derecho del Mar.

e) En todo caso, las cambiantes y desiguales manifestaciones de la distensión no lograron evitar hasta 1990 el fenómeno que se consumó tras la segunda guerra mundial de la existencia de dos grupos de Estados de distinta ideología y con diferentes sistemas políticos, sociales y económicos: democracias parlamentarias con economía de mercado en el Oeste y democracias populares con economía planificada en el Este. Y como todo ordenamiento jurídico requiere la existencia de algunos valores culturales e ideológicos comunes, surgió la duda de si existía entonces un Derecho Internacional de validez universal.

La respuesta a tal cuestión es hoy indudablemente positiva. Sean cuales fueren las actitudes en política exterior y las posiciones teóricas sobre el fundamento, fines y características del Derecho Internacional, era posible encontrar concepciones comunes sobre las exigencias de la convivencia internacional y, por consiguiente, principios generalmente aceptados y cumplidos por todos los Estados, independientemente de su adscripción al bloque del Este o del Oeste, de su grado de desarrollo o de su posición de no alineamiento. Efectivamente, en el Acta de Helsinki los treinta y cinco Estados firmantes reconocieron «la existencia de elementos comunes en sus tradiciones y valores», y por ello enunciaron un decálogo de principios, a saber: 1) la igualdad soberana, con respeto a los derechos inherentes a la soberanía; 2) la abstención de recurrir a la amenaza a al uso de la fuerza; 3) la inviolabilidad de las fronteras; 4) la integridad territorial de los Estados; 5) el arreglo de controversias por medios pacíficos, aunque con libertad en la elección del medio; 6) la no intervención en los asuntos internos; 7) el respeto a los derechos humanos y libertades fundamentales; 8) la igualdad de derechos y la libre determinación de los pueblos; 9) la cooperación entre los Estados, y 10) el cumplimiento de buena fe de las obligaciones contraídas según el Derecho Internacional.

Añadamos que la Conferencia sobre Seguridad y Cooperación en Europa, en cuyo seno se adoptó el Acta Final de Helsinki, tuvo continuación en las Reuniones de Belgrado (octubre de 1977 a marzo de 1978), Madrid (octubre de 1980 a

[12] *Ya,* 31 de julio de 1985.

septiembre de 1983) y Viena (noviembre de 1986 a enero de 1989). En la reunión de Madrid, y pese al indudable deterioro y a las dificultades reales del proceso de distensión, fue posible finalmente la adopción de un sustancioso documento de clausura elaborado sobre la base de una propuesta del presidente del Gobierno español FELIPE GONZÁLEZ; documento al que el diplomático JORGE FUENTES calificó como «gesto de paz que llega en medio de una creciente crisis»[13] y que contiene novedades tan interesantes como la condena del terrorismo y la inclusión del derecho de libertad sindical, estableciendo además un importante número de foros que cubren todos los sectores del Acta Final. La reunión de Viena, por su parte, se vio favorecida por el clima de distensión propiciado por la *perestroika* y la *glasnost soviéticas,* y por ello, el 15 de enero de 1989, fue posible adoptar un documento final que supone mejoras en el control del respeto a los derechos humanos, como explicaremos en su lugar, además de prever la celebración de una conferencia entre los participantes sobre desarme convencional en Europa. Como ha dicho un especialista español en la materia, de nuevo el diplomático JORGE FUENTES, «la etapa de Viena ha cumplido brillantemente su cometido al ser capaz de mantener el proceso de la CSCE a la altura de lo que requerían las nuevas y favorables circunstancias internacionales abiertas en 1985»[13 bis].

En todo caso, prueba de la existencia de aquellos principios comunes la constituye también la adopción por consenso el día 25 de octubre de 1970 de la «Declaración de los principios de Derecho Internacional que rigen las relaciones de amistad y cooperación entre los Estados» [resolución 2.625 (XXV), de la Asamblea General de las Naciones Unidas]. Como ha dicho la profesora PÉREZ VERA, cabe distinguir en la declaración dos grupos de principios: 1) los que presuponen la aceptación de la estructura política de la sociedad internacional, y 2) los que aspiran a regular el cambio social en la Comunidad Internacional. Al primer grupo pertenecen el principio de la igualdad soberana de los Estados, el de la obligación de arreglo pacífico de las controversias, el de la obligación de los Estados de cooperar entre sí y el de la obligación de cumplir de buena fe las obligaciones contraídas de conformidad con la Carta. En el segundo grupo está el principio de no intervención en los asuntos internos, el de la obligación de abstenerse del recurso a la amenaza o al uso de la fuerza y el de la igualdad de derechos y libre determinación de los pueblos. Se trata, en suma, de la adaptación de los principios de la Carta de las Naciones Unidas a la realidad internacional posterior. Y si bien la Declaración contiene imprecisiones y ambigüedades como consecuencia del contexto político en que se adoptó y del método del consenso —único posible si se quería lograr una formulación de principios generalmente aceptable—, lo que puede dar lugar a interpretaciones divergentes, es lo cierto, como se ha señalado muy justamente, que las interpretaciones extremas no son ya posibles[14]. Hay que señalar

---

[13] J. FUENTES, «La Reunión de Madrid de la Conferencia sobre la Seguridad y la Cooperación en Europa», en *Revista de Estudios Internacionales,* octubre-diciembre, 1983, p. 751. El documento de clausura de la reunión en ibíd, pp. 977 ss.

[13 bis] J. FUENTES, *El Círculo de Helsinki,* Madrid, 1989, p. 210. El documento final de Viena ibíd., pp. 445 ss.

[14] E. PÉREZ VERA, *Naciones Unidas y los principios de la coexistencia pacífica,* Tecnos, Madrid, 1973, especialmente, pp. 45 ss., 59 ss. y 108. Véase también I. M. SINCLAIR, «Principles of International Law concerning Friendly Relations and Cooperation among States», en el libro *Essays on International Law in Honour of Krishma Rao,* Sijthof, Leyden, 1976, pp. 107-104. Un amplio

en cualquier caso, y esto es importante, que como dijo el Tribunal Internacional de Justicia en 1986 y reiterado en 2010, la resolución es reflejo del Derecho Internacional consuetudinario.

f) Pero este Derecho Internacional de validez universal encontraba sus principales manifestaciones en el campo de la coexistencia, es decir, en el ámbito correspondiente a la sociedad internacional de yuxtaposición. Si de ahí pasamos a la cooperación y a la institucionalización, es decir, a los ámbitos de la sociedad internacional de intereses comunes o de la organizada, las manifestaciones tenían una entidad menor tanto desde el punto de vista cuantitativo como cualitativo. Porque la escisión Este-Oeste trajo como secuela una acentuación del regionalismo internacional; además de la cooperación militar con fines defensivos —OTAN, Pacto de Varsovia—, es claro que en otros terrenos los Estados preferían cooperar con los que les eran afines en concepciones culturales, políticas, económicas y sociales. Por ejemplo, la cooperación internacional institucionalizada en materia de telecomunicación por satélites artificiales dio lugar a la constitución de dos organizaciones internacionales: el *Intelsat,* que agrupaba al mundo occidental y a los países en desarrollo, y la *Interspoutnik,* que abarcaba a la Unión Soviética y países que giraban en su órbita. Y el fenómeno apuntado era especialmente perceptible en Europa, región en que por la fuerza de las realidades la escisión Este-Oeste resultaba especialmente aguda y sensible y donde la cooperación encontraba manifestaciones especialmente intensas dentro de cada bloque. Por ejemplo, en el terreno económico, Comunidades supranacionales europeas en parte de Europa Occidental y Tratado para la ayuda económica mutua en Europa Oriental. Manifestaciones que eran más difuminadas y débiles en las relaciones entre los bloques, como, por ejemplo, en el seno de la Comisión Económica de las Naciones Unidas para Europa o dentro de la Conferencia para la Seguridad y Cooperación en Europa.

g) Como es bien sabido, el líder de la Unión Soviética MIJAIL GORBACHOV puso en práctica desde la mitad de la década de los ochenta del siglo pasado sus políticas de *perestroika* (reestructuración) y *glasnost* (transparencia)[14 bis], con influencia progresiva en el proceso de distensión, y que desde el otoño de 1989 provocan el hundimiento de los regímenes de socialismo real en los Estados de la antigua Europa del Este. A partir de ahí los acontecimientos se suceden a un ritmo vertiginoso. El 3 de octubre de 1990 la República Federal de Alemania absorbe a la República Democrática Alemana. En el contexto de la Conferencia sobre Seguridad y Cooperación en Europa se firma, el 21 de noviembre de 1990, la Carta de París para la Nueva Europa, que significa el entierro solemne de la guerra fría, y la aceptación entusiasta por la Unión Soviética y sus antiguos aliados del ideario político y económico de los países occidentales: democracia pluralista y representativa, Estado de Derecho, respeto a los derechos humanos y economía de mercado. El 28 de noviembre de 1990 la Unión Soviética vota en el Consejo

---

comentario crítico de estos principios en A. REMIRO BROTONS, *Derecho Internacional Público,* 1, *Principios fundamentales,* Madrid, 1982. En cuanto al punto de vista del Tribunal, CIJ, *Recueil*, 1986, pp. 1.°1.°, 1.°3; y *Recueil*, 2010, p. 30.

[14 bis] Véase el libro de M. GORBACHOV, *Perestroika,* Madrid, 1987.

de Seguridad a favor de la resolución 678, que legitima la acción coercitiva de Estados Unidos y sus aliados contra el Irak de Sadam Husein. El bloque militar del Este —resultante del Pacto de Varsovia de 1955— se liquida formalmente el 1 de abril de 1991. La OTAN, por su parte, se ve en la necesidad de redefinir sus objetivos. Subsisten algunos regímenes de socialismo real fuera de Europa, pero la bipolaridad y la subsiguiente división Este-Oeste se han desvanecido. Como ha dicho el profesor BERNAD ÁLVAREZ DE EULATE, ha desaparecido la escisión en cruz de la sociedad internacional; sólo resta la separación Norte-Sur.

h) Mas la recuperación de la libertad en la parte central y oriental del Viejo Continente reaviva imparablemente, al amparo del principio de la libre determinación de los pueblos, adormecidos sentimientos nacionalistas que desencadenan guerras, convulsiones y secesiones e incluso el desmoronamiento de la Unión Soviética y Yugoslavia y la reaparición de viejos Estados y la constitución de nuevas entidades estatales. Los cambios en la geografía política son profundos, y ello obliga a los gobiernos a desempolvar y poner al día viejas doctrinas del Derecho Internacional, como la del reconocimiento de Estados y la sucesión de Estados.

i) Naturalmente que estos acontecimientos están produciendo hondas repercusiones en el Derecho Internacional[14 ter]. Con independencia de las que acabamos de apuntar, que son de alcance más bien menor, la más relevante pudo haber tenido lugar en el campo del mantenimiento de paz y seguridad internacionales, como se pensó después de la guerra del Golfo de 1991, legalizada por la resolución 678 del Consejo de Seguridad de las Naciones Unidas de 29 de noviembre de 1990. Se tratada de una manifestación del «Nuevo Orden Mundial» que preconizaba el presidente BUSH desde la Casa Blanca. Sin embargo, aun liberado el Consejo de los enojosos vetos del pasado, la acción pacificadora de las Naciones Unidas se ha revelado muy insatisfactoria posteriormente en Bosnia-Herzegovina y en otras partes del mundo. Y en la guerra de Irak de la primavera de 2003, cabe hablar de una lamentable inacción más que de acción. Al estudiar más adelante las funciones de la Organización Mundial nos ocuparemos de las causas de esta situación. Señalemos de todos que, pese a dramáticas dificultades financieras, las Naciones Unidas sí han sido capaces de poner en pie un número importante de operaciones de mantenimiento de la paz —no propiamente coercitivas o sancionadoras—, muchas de ellas multifuncionales —o de «segunda generación», en expresión del Secretario General BOUTROS BOUTROS GHALI—, ya que tratan de suplir las deficiencias de algunos Estados (los *failing States*) en el cumplimiento de sus funciones esenciales.

j) Y ya en el cambio de milenio, hechos de otra naturaleza contribuyen a dibujar asimismo un perfil poco alentador de cara a la justicia y seguridad en las relaciones internacionales. Con independencia de la inquietud suscitada en medios occidentales por la situación interna de Rusia y por la dispersión del

---

[14 ter] Véase, W. MICHAEL REISMAN, «International Law after the Cold War», en *A.J.I.L.*, 1990-4, pp. 809 ss.

arsenal termonuclear de la extinta Unión Soviética en Estados agitados por fuertes convulsiones, persisten sobre todo los preocupantes problemas sociales y económicos ocasionados por la escisión Norte-Sur. Persisten e incluso se han agravado, puesto que ahora asistimos a importantes movimientos migratorios hacia los países más prósperos, que no sólo provienen del llamado tercer mundo, sino también de algunos países del este de Europa.

4.4. Apreciación de conjunto: del Derecho Internacional clásico al Derecho Internacional contemporáneo

a) Dejando ahora de lado los acontecimientos señalados en el epígrafe precedente, hemos visto en los apartados anteriores (4.1, 4.2 y 4.3) que, desde la perspectiva de nuestros días, los principales cambios de la sociedad internacional se producen a partir del año 1945, fecha de terminación de la segunda guerra mundial. Es con posterioridad a dicho año efectivamente cuando toma un fuerte impulso la sociedad internacional de cooperación, así como la institucionalizada, una y otra al compás de la progresiva interdependencia entre los Estados. En dicho año se consuma de otra parte la bipolaridad entre Estados Unidos y la Unión Soviética, con la consiguiente escisión Este-Oeste, ahora superada. También en dicha fecha la Carta de las Naciones Unidas pone las bases del principio de la libre determinación de los pueblos y de la descolonización, que lustros más tarde conducirían a la universalización de la sociedad internacional. Y el 10 de diciembre de 1948 la Asamblea General pone en marcha la estrategia de la Comunidad Internacional para la protección de los derechos humanos. Es, pues, en 1945, con la creación de las Naciones Unidas, cuando comienza el profundo proceso de transformación del Derecho Internacional o, lo que es lo mismo, el tránsito del Derecho Internacional Clásico al Derecho Internacional Contemporáneo.

b) Desde sus inicios hasta 1945, efectivamente, el Derecho Internacional respondía a unos rasgos característicos muy acusados, que sucintamente podemos reducir a los tres siguientes: liberal, descentralizado y oligocrático.

El Derecho Internacional Clásico era liberal, porque sus normas se preocupaban fundamentalmente de distribuir las competencias entre los Estados y de regular las relaciones entre ellos. Como ha dicho FRIEDMAN, se trataba de la «esfera tradicional de las relaciones diplomáticas interestatales [...] El objeto primordial de estas normas de coexistencia es la regulación de las recíprocas condiciones diplomáticas y, en particular, de las concernientes al mutuo respeto de la soberanía nacional. La esencia de tales normas se encuentra en los textos clásicos de Derecho Internacional; por ejemplo, las normas que determinan los requisitos para entrar a formar parte de la familia de naciones, incluso el reconocimiento de nuevos Estados y de Gobiernos; las normas que regulan los límites de los territorios nacionales y de la jurisdicción territorial; las inmunidades diplomáticas y jurisdiccionales de los soberanos extranjeros; el principio de la responsabilidad en que incurre un Estado por daños causados a las vidas y propiedades de los súbditos de otro Estado; la determinación de los derechos de los Estados beligerantes y neutrales en las reglas de la guerra y de la neutralidad y el cumplimiento formal de estos principios por la costumbre, los tratados o determinación judicial»[15]. Pero la guerra no se prohibía, sino que, concebida como la forma suprema de la tutela jurídica, se autorizaba. Y el Derecho Internacional apenas si se preocupaba de la suerte de los individuos, fuera de casos muy extremos como la esclavitud y otros, y se desentendía por completo de la suerte de los pueblos sujetos a dominación extranjera. Más aún: algunas de sus manifestaciones sirvieron de vehículo para la expansión colonial o el imperialismo. Muestra importante, aunque no única, de la anterior afirmación es la celebración en 1885 de la Conferencia de Berlín, en la que las potencias europeas establecieron un marco jurídico y político para el reparto y colonización de los territorios africanos.

El Derecho Internacional Clásico era también esencialmente descentralizado. Aparte de que, como veremos, su manifestación normativa más importante era la consuetudinaria, resultaba notoria la falta de instituciones con competencias de orden político que moderasen de algún modo, y siquiera tangencialmente, el poder de los Estados. Y los intereses comunes se satisfacían más por la vía de la cooperación sobre base de tratados que por el cauce de la cooperación institucionalizada.

Y en fin, el Derecho Internacional Clásico era oligocrático, esto es, concebido fundamentalmente por las grandes potencias y para satisfacer sus intereses, que se veían favorecidos por el propio carácter liberal y descentralizado del ordenamiento jurídico. Por lo que respecta a la costumbre internacional, el profesor CHARLES DE VISSCHER ha dicho muy gráficamente que se puede comparar su lenta constitución «a la formación gradual de un camino a través de un terreno vago. En su origen se observan pistas múltiples e inciertas apenas visibles en el suelo. Después, la mayor parte de los usuarios, por alguna razón de utilidad común, adoptan el mismo recorrido; una senda única sale de él que, a su vez, deja lugar a un camino reconocido desde entonces como única vía regular, sin que se pueda decir en qué momento preciso tuvo lugar aquella transformación. Comparación exacta —agrega— que se puede completar con la siguiente observación. Entre los usuarios hay siempre quienes de manera más profunda que los otros marcan la tierra con la huella de sus pasos, sea en razón de su peso, sea porque sus intereses les exigen más frecuentemente que efectúen el recorrido. Es así como después de haber imprimido al uso una orientación definida las grandes potencias se constituyen también en sus garantes y defensores»[16]. Y en lo que se refiere a los tratados, hay que dejar constancia de la desigual capacidad negociadora de las partes, lo que implicaba el mayor reflejo en ellos, incluso en los de carácter multilateral, de los intereses de las grandes potencias, que en muchos casos ejercían una acción de gobierno de la sociedad internacional.

c) La sociedad internacional que empezó a configurarse tras 1945 postula, por el contrario, una concepción distinta del Derecho Internacional. Es la concepción del Derecho Internacional Contemporáneo, que sería un ordenamiento jurídico de carácter social, institucionalizado y democrático.

---

[15] W. FRIEDMAN, *La nueva estructura del Derecho Internacional,* México, 1967, pp. 81-94.
[16] CH. DE VISSCHER, *Théories...,* cit., 1960, pp. 188-189.

El Derecho Internacional Contemporáneo tendría un acusado carácter humanista y social. Se interesa así por lo pronto de la protección de los derechos fundamentales del hombre, y no sólo de la definición de los mismos, sino también de los mecanismos procesales para su defensa, aunque en este último aspecto las manifestaciones realmente eficaces tengan lugar en un campo regional reducido (Convención Europea de los Derechos del Hombre, firmada en Roma el 4 de noviembre de 1950). Y se preocupa también de la suerte de los pueblos, poniendo las bases jurídicas para su autodeterminación y sentando principios y cauces para el desarrollo integral de los pueblos e individuos.

Es decir, han aumentado las funciones del Derecho Internacional. Éste ya no es meramente competencial y relacional, sino que tiende al desarrollo, y a través de él a la paz, una paz positiva y dinámica que no sólo excluya la guerra, sino que elimine también las injusticias individuales y sociales que son fuente de discordias y tensiones entre los Estados.

El Derecho Internacional Contemporáneo tendría en segundo término un cierto carácter institucionalizado. No sólo es la prohibición general de las guerra y la institucionalización del *ius ad bellum,* conforme a la Carta de la Naciones Unidas, sino también la existencia de organizaciones internacionales incluso con competencias políticas que limitan de algún modo el poder de los Estados y que en todo caso suministran un cauce eficaz a la cooperación y al desarrollo. De otro lado, aunque una costumbre transformada siga teniendo importancia como poder normativo de la sociedad internacional, hoy los tratados resultantes de conferencias diplomáticas multilaterales tienen mayor peso que en el pasado como fuentes del Derecho Internacional. Además, las resoluciones de las Organizaciones Internacionales, especialmente las de la Asamblea General de las Naciones Unidas, influyen manifiestamente en la evolución del Derecho Internacional.

En fin, el Derecho Internacional Contemporáneo tendría carácter democrático, nota esta última en íntima relación con la anterior. Hoy, en la costumbre, tiene enorme importancia el elemento espiritual u *opinio iuris,* que en las organizaciones y conferencias internacionales es expresada por todos los Estados, y no solamente por los poderosos y desarrollados, lo que favorece ciertamente las exigencias de socialización y democratización del Derecho Internacional, contrarrestando la influencia preponderante de las grandes potencias en la formación de la norma consuetudinaria. Y aunque en la codificación del Derecho Internacional sobre la base de tratados rija la regla de la mayoría de dos tercios o la del consenso, la influencia de los Estados en desarrollo es muy grande en orden a la consecución de un reflejo debido de sus intereses y aspiraciones[17]. Son muy significativas, en este sentido, las palabras que pronunció el antiguo Secretario General de las Naciones Unidas, JAVIER PÉREZ DE CUÉLLAR, respecto a una importante manifestación del Derecho Internacional Contemporáneo —la Convención de 1982 sobre el Derecho del Mar—: «el nuevo Derecho del Mar ya no es simplemente el resultado de un juego de acción y reacción

---

[17] Como ha señalado el profesor GROS ESPIELL en la recensión a la primera edición de estas lecciones (aparecida en el *Anuario Mejicano de Relaciones Internacionales,* 1982) existe un paralelismo entre este planteamiento y el que hace el profesor soviético TUNKIN en el artículo «International Law: the Contemporary and Classic», publicado en el libro *Essays in International Law in Honour of Krishma Rao,* Sijthoff, Leyden, 1976, pp. 48-57.

de los países más fuertes, sino el fruto de la voluntad de una abrumadora mayoría de naciones de todas las partes del mundo con diferentes grados de desarrollo y con características geográficas diversas respecto del espacio oceánico, que convergieron en una corriente de cambio a nivel global»[18].

d) En todo caso, esta concepción del Derecho Internacional Contemporáneo se nos presenta fundamentalmente como una tendencia o aspiración, aunque, como acabamos de comprobar, no deja de tener manifestaciones ciertas en la realidad. Porque hay que registrar el hecho insoslayable de que, al persitir básicamente los esquemas de una sociedad internacional de yuxtaposición, en el orden mundial de nuestros días perviven manifestaciones muy importantes del Derecho Internacional Clásico. Más aún: en cuestiones especialmente sensibles en que pugnan los intereses de los Estados industrializados y de los Estados en desarrollo, los primeros tienen a hacer perdurar los patrones del Derecho Internacional Clásico, mientras que los segundos querrían implantar principios y soluciones del Derecho Internacional Contemporáneo. Tal aconteció, por citar un ejemplo concreto y significativo, con el régimen y el mecanismo que la III Conferencia de las Naciones Unidas sobre el Derecho del Mar ha establecido para la Zona internacional de los fondos marinos.

e) Efcctivamcntc, sc trataba dc articular en un régimen jurídico preciso y operativo el concepto de patrimonio común de la humanidad proclamado por la Asamblea General de las Naciones Unidas en su resolución 2.749 (XXV), de 17 de diciembre de 1970, para aquella zona. Concepto que, sin embargo, no tenía en su amplia generalidad el mismo significado para todos los Estados, pues mientras unos pocos —los Estados industrializados— lo interpretaban en función de los postulados del Derecho Internacional Clásico, la gran mayoría —los Estados en desarrollo— lo concebían de acuerdo con los patrones del Derecho Internacional Contemporáneo.

Según la primera interpretación —la del Derecho Internacional Clásico—, la futura Autoridad de los fondos marinos sería una simple organización de cooperación, que se limitaría a otorgar licencias a los Estados contratantes y a las personas físicas o jurídicas bajo su control o a concluir contratos de explotación con ellos. Pero serían dichos Estados o dichas personas las que explorarían directamente y de modo exclusivo la zona, lucrándose con dichas actividades. Imperaría además, en cuanto a la comercialización de los recursos, un amplio liberalismo, ya que no se tendrían en cuenta debidamente las repercusiones desfavorables de la explotación de los recursos de la zona en el mercado mundial de las materias primas incluso si afectasen a los países en desarrollo productores en tierra de los mismos minerales, sino que los precios vendrían determinados por el libre juego de la ley de la oferta y la demanda. La Autoridad internacional de los fondos marinos tendría por fin una estructura oligocrática al estar dominada por un órgano restringido —el Consejo— en el que los Estados industrializados ocuparían una posición de privilegio.

---

[18] Véase en *El Derecho del Mar: Convención de las Naciones Unidas sobre el Derecho del Mar*, Naciones Unidas, Nueva York, 1984, p. XVI.

De acuerdo con la segunda interpretación de las apuntadas —la del Derecho Internacional Contemporáneo—, la Autoridad internacional de los fondos marinos sería una organización internacional de las llamadas fuertes. Tendría amplias funciones, que comprenderían no sólo la exploración y explotación directa y exclusiva de los recursos de la zona, sino también otras actividades, y entre ellas la comercialización de los mismos con vistas a impedir la baja de los precios de los minerales de procedencia terrestre, en especial de los países en desarrollo. Y la estructura de la Autoridad sería democrática, en cuanto que estaría controlada por la Asamblea u órgano universal, que adoptaría sus acuerdos por mayoría de dos tercios, y en el que cada Estado tendría un voto sin ninguna clase de discriminación.

Éstas eran las posturas de principio mantenidas en la Comisión de Fondos Marinos, preparatoria de la Conferencia, y en los primeros períodos de sesiones de ésta. Bien es verdad que a lo largo de sus labores se fue gestando un compromiso, incorporado finalmente a la Convención adoptada el día 30 de abril de 1982. Es el llamado «sistema paralelo» según el cual se autorizaban en la Zona tanto las actividades «públicas», a cargo de la Empresa de la Autoridad, como las actividades «particulares», a realizar por los Estados o por personas físicas o jurídicas bajo su control. Pero lamentablemente este compromiso no fue objeto de un acuerdo total porque la Convención se adoptó finalmente por votación y no por consenso, con el significativo voto en contra de los Estados Unidos y las abstenciones de otros importantes Estados industrializados. Y las condiciones en que tuvo lugar la adopción de la Convención arrojaban grandes dudas e incertidumbres sobre la operatividad real en el futuro del «sistema paralelo». De hecho, y por la conjunción de una serie de factores que expondremos en el epígrafe 38.11, la adopción por la Asamblea General de las Naciones Unidas, el día 28 de julio de 1994, del llamado «Acuerdo relativo a la aplicación de la Parte XI de la Convención de las Naciones Unidas sobre el Derecho del Mar de 10 de diciembre de 1982» ha supuesto un abandono de los elementos del Derecho Internacional contemporáneo presentes en el sistema paralelo. El Acuerdo en cuestión significa un triunfo clamoroso de la concepción del Derecho Internacional clásico, esto es, de los puntos de vista inspirados en el principio de libre empresa y libre mercado que sustentan los Estados Unidos y otros Estados industrializados, aunque, eso sí, facilita el objetivo importante de la participación universal en la Convención y hace ganar consiguientemente seguridad jurídica a las utilizaciones de los mares y los océanos[19].

---

[19] Véase J. A. PASTOR RIDRUEJO, *La explotación de los Fondos Marinos más allá de la jurisdicción nacional,* Cuadernos de la Cátedra «James Brown Scott», Valladolid, 1975; y «La explotación de la zona internacional de los Fondos Marinos: reflexiones sobre el sistema paralelo», en *Revista de la Asociación Nacional de Abogados,* II Época, n.º 1, México, 1980, pp. 379 ss. Sobre la relación entre el nuevo Derecho del Mar y el Nuevo Orden Económico Internacional, véase: M. A. MORRIS, «The New International Economic Order and the Law of the Sea», en el volumen *The New International Economic Order,* Campus Verlag, Fráncfort, 1977, pp. 175 ss.

CAPÍTULO II

LAS FUENTES DEL DERECHO INTERNACIONAL

5. LAS NUEVAS FUNCIONES DEL DERECHO INTERNACIONAL Y LAS FUENTES JURÍDICAS

a) El tema de las fuentes de la disciplina es de la mayor importancia para conocer cuáles son sus normas y cuál es su contenido. Pues bien, a efectos de la determinación de las fuentes del Derecho Internacional Positivo es forzosa una referencia al apartado 1.º del artículo 38 del Estatuto del Tribunal Internacional de Justicia, así redactado:

> 1. El Tribunal, cuya función es decidir conforme al Derecho Internacional las controversias que le sean sometidas, deberá aplicar:
>
> *a*) Las convenciones internacionales, sean generales o particulares, que establecen reglas expresamente reconocidas por los Estados litigantes.
>
> *b*) La costumbre internacional como prueba de una práctica generalmente aceptada como Derecho.
>
> *c*) Los principios generales del Derecho reconocidos por las naciones civilizadas.
>
> *d*) Las decisiones judiciales y las doctrinas de los publicistas de mayor competencia de las distintas naciones como medio auxiliar para la determinación de las reglas de Derecho sin perjuicio de lo dispuesto en el artículo 59.

En efecto, entiende comúnmente la doctrina que dicho apartado formula las fuentes del Derecho Internacional. Aunque tenemos que precisar por nuestra parte que las fuentes realmente autónomas son sólo dos: la costumbre y los tratados. Porque ya sabemos que los principios generales del Derecho constituyen una categoría normativa común a los Derechos Internos y al Derecho Internacional. En cuanto a las decisiones judiciales o jurisprudencia, tienen valor, a nuestro juicio, de costumbre judicial. La doctrina, por supuesto, no es fuente autónoma, sino un auténtico «medio auxiliar», de reducido valor en nuestros días.

b) Condicionados los poderes sociales normativos por la estructura sociológico-política del grupo, es lógico que las transformaciones de este último afecten a los mecanismos de producción jurídica, es decir, a las fuentes del Derecho. Este proceso se advierte muy nítidamente en el Derecho Internacional Contemporáneo: la dinámica de la sociedad internacional está provocando algunos cambios en el proceso de creación jurídica.

Expondremos más adelante, al tratar particularmente de las distintas fuentes del Derecho Internacional, cuáles son las modificaciones que en nuestros días ha sufrido en concreto cada una de ellas. Ahora vamos a contemplar las transformaciones desde una perspectiva general que ponga en relación unas fuentes con las otras.

c) Con referencia a la importancia de la costumbre internacional dijo NYS en 1912 lo siguiente:

> En el desarrollo del Derecho de Gentes, la costumbre es, desde el punto de vista histórico, la primera de las fuentes; durante largo tiempo ha constituido la fuente más importante y abundante; se puede decir sin exageración que los principios fundamentales del orden internacional descansan sobre los usos de los Estados; en nuestros días, una parte de sus preceptos continúa siendo consuetudinaria y ha escapado a toda redacción realizada por un poder supremo; incluso la mayor parte de las reglas que han sido dictadas en los tratados y en las convenciones o que han sido proclamadas en las actas generales de las conferencias y los congresos existían con anterioridad a esta promulgación y estaban ya consagradas por el uso[1].

Por su parte, FRIEDMAN pudo señalar en 1964 que:

> en la cambiante y compleja sociedad internacional contemporánea, los tratados van reemplazando a las costumbre como fuente principal del Derecho[2].

Pues bien: es necesario decir que una y otra opinión son exactas si se tiene en cuenta el contexto histórico en que se formulan: la de NYS en el Derecho Internacional Clásico y la de FRIEDMAN en el del Derecho Internacional Contemporáneo. La diferencia de funciones entre una y otra manifestación histórica del Derecho Internacional justifica, como vamos a ver, la inversión de la respectiva importancia de la costumbre y los tratados dentro del cuadro general de las fuentes del Derecho Internacional.

d) Y es que, como sabemos, el Derecho Internacional Clásico tenía una función competencial y relacional, de distribución y delimitación de las competencias estatales, y lo esencial de este cometido podía ser desempeñado por normas consuetudinarias. El Derecho Internacional Contemporáneo sigue teniendo una función competencial y relacional, pero ésta ya no es la única. A ella se añade hoy la del desarrollo y, en definitiva, la de crear condiciones de paz mediante una cooperación, incluso institucionalizada, a todos los niveles. Pues bien: como ha dicho FRIEDMAN, «la costumbre es un medio inapropiado para el Derecho Internacional de la cooperación o del bienestar. Este último exige la regulación positiva de cuestiones económicas, sociales, culturales y administrativas, lo cual sólo puede ser eficaz por la formulación y promulgación específicas»[3], es decir, por la vía de los tratados. De aquí la extraordinaria importancia de esta fuente en el Derecho Internacional contemporáneo.

Ocurre, por otra parte, que las normas del Derecho Internacional Clásico que impugnan los nuevos Estados como contrarias a sus intereses tienen formulación eminentemente consuetudinaria. Ello explica, en opinión de SAHOVIC, que dichos Estados sigan con interés los trabajos sobre el desarrollo progresivo y codificación del

---

[1] E. NYS, *Le Droit International. Les Principes, les Théories, les Faits*, t. I, Bruselas, 1912, p. 157.

[2] W. FRIEDMAN, *La nueva estructura...*, cit., p. 155. Véase también «General Course in Public International Law», en *R. des C.*, II, vol. 127, 1969, p. 136.

[3] W. FRIEDMAN, *La nueva estructura...*, cit., p. 153.

Derecho Internacional que tienen lugar en las Naciones Unidas. Las convenciones de codificación, agrega SAHOVIC, «podrían así convertirse en el instrumento más eficaz para una modernización del Derecho Internacional conforme con las aspiraciones de los nuevos miembros de la Comunidad Internacional. Es preciso subrayar que, por esta misma razón, los Estados nuevos ven en los tratados la fuente formal más importante del Derecho Internacional»[4]. Y FALK, por su lado, ha destacado en el mismo contexto la necesidad de «una modernización de las fuentes del Derecho Internacional que permita que un consensus expresado a través de actos formales de las instituciones internacionales alcance un estatus cuasilegislativo»[5].

Y es que los factores apuntados han motivado no sólo la importancia de los tratados, sino también la creciente relevancia de las resoluciones de las organizaciones internacionales. Es cierto que la fuerza obligatoria de dichas resoluciones se reconduce en muchos casos a la costumbre internacional, según explicaremos. Es verdad también que tales resoluciones tienen carácter derivado en cuanto que su autoridad normativa descansa en otra fuente: el tratado instituyente de la organización internacional[6]. Pero estos aspectos formales en nada afectan a la importancia sustantiva de tales resoluciones, que, como veremos, es grande en determinados casos y circunstancias, especialmente porque algunas de ellas tienen valor programático y determinan en este sentido la evolución posterior del Derecho Internacional[7].

e) En síntesis, pues, las modificaciones que ha sufrido en las últimas décadas la sociedad internacional, y en especial las nuevas funciones del Derecho Internacional, han supuesto un desplazamiento del centro de gravedad en el cuadro de las fuentes, que si antes estaba en la costumbre ahora ha pasado a los tratados. Y es que, como ha dicho el profesor CHARLES DE VISSCHER, «la contribución respectiva de la costumbre y el tratado al desarrollo del Derecho Internacional es tributaria, de una parte, de las transformaciones del poder, y de otra parte, de la intensidad y complejidad de las relaciones internacionales»[8]. De todos modos, como explicaremos en el apartado siguiente, la mayor importancia relativa de los tratados como fuente del Derecho Internacional contemporáneo, parece que hubiera estimulado a la costumbre e impulsado su renovación. En efecto, el proceso de formación de las normas consuetudinarias ha sabido adaptarse a las exigencias de nuestros días, posibilitando la formación acelerada de un cuerpo de costumbres más social y democrático que en el Derecho Internacional clásico. Como explicaremos enseguida (apartados 6.2 y 11), puede hablarse incluso de una costumbre escrita y, por tanto, de contenido más

---

[4] M. SAHOVIC, «Influence des États Nouveaux sur la conception de Droit International. Inventaire des positions et des problèmes», en *A.F.D.I.*, 1966, pp. 34-66.

[5] R. FALK, «The New States and International Legal Order», en *R. des C.*, II, vol. 119, 1966, pp. 41-42.

[6] Ha escrito al respecto el profesor P. REUTER: «Puede sostenerse sin duda que la validez de los actos jurisdiccionales, como de los actos que emanan de las organizaciones internacionales, es finalmente el acuerdo internacional que ha instituido la organización y jurisdicción. Pero esta observación no prueba nada, sino que ciertas fuentes están, con relación a otras, en una posición derivada u originaria, lo que no es esencial; la separación entre unas y otras fuentes formales se justifica sobre todo en función de la importancia de sus diferencias» (*Droit International Public*, París, 1958, p. 32).

[7] Véase E. PECOURT GARCÍA, «La acción normativa de las organizaciones internacionales», en *Anuario de Derecho Internacional*, I, 1974, pp. 165 ss.

[8] CH. DE VISSCHER, «Coutume et traité en Droit International Public», en *R.G.D.I.*, 1955, pp. 353-369.

preciso que el que tiene la costumbre tradicional, que no pasa de ser una norma no escrita. En estas transformaciones ha sido decisiva la acción de las Organizaciones Internacionales de participación universal así como la presencia mayoritaria en ellas de los Estados del Tercer Mundo o Grupo de los 77. Si estos Estados se manifestaron reacios a la admisión en bloque de las costumbres formadas en el período colonial, hoy han descubierto en las normas consuetudinarias virtualidad y potencialidad suficientes para la toma en consideración de sus intereses de grupo.

f) Conviene señalar además que, dado el relativismo del Derecho Internacional, cuando en la disciplina se utiliza la expresión «fuente del Derecho» se alude no sólo a las fuentes de las normas generales de conducta, sino también a las de situaciones individuales u obligaciones particulares (tratados bilaterales, costumbre local, actos unilaterales)[9]. Y es importante adelantar también que los Estados asumen obligaciones no sólo en el plano del Derecho Internacional, sino también en el terreno político. Se trata en este último caso de los llamados acuerdos políticos, declaraciones de intenciones, pactos entre caballeros o memorandos de entendimiento que, basados en la buena fe, sólo generan obligaciones de índole política. A los problemas que plantea este tipo de acuerdos nos referiremos al hilo de las materias tratadas. Y aunque, obviamente, los acuerdos políticos no constituyen fuentes del Derecho Internacional, su estudio es ineludible a la hora de determinar qué deberes de todo tipo pesan sobre los Estados en sus relaciones con otros sujetos de la disciplina[10].

Por lo demás, siendo cierto que la escasa seguridad jurídica de las normas generadas por las fuentes de la disciplina es un déficit tradicional del Derecho Internacional, ese déficit se está reduciendo en los últimos tiempos, y ello gracias a dos factores, a saber: la proliferación de tratados codificadores en los ámbitos universal y regional, y la aparición del fenómeno de la costumbre escrita. Lo veremos más adelante.

---

[9] Véase M. VIRALLY, «Cours Général de Droit International Public», en *R. des C.*, 1983-V, pp. 160-170.

[10] Sobre los acuerdos políticos véanse especialmente los apartados 8.1, 8.3 y 17.2.

6. LA COSTUMBRE INTERNACIONAL

Ya hemos visto cómo el artículo 38.1.*b*), del Estatuto del Tribunal Internacional de Justicia habla de la costumbre internacional «como prueba de una práctica generalmente aceptada como Derecho». Encontramos en dicha definición la distinción entre los dos elementos fundamentales de la costumbre: el elemento material o uso constante y uniforme, de una parte, y el elemento espiritual u *opinio iuris,* o convicción de la obligatoriedad jurídica de la práctica, por otra parte. Como ha dicho el Tribunal de La Haya en la tesitura de identificar las reglas consuetudinarias aplicables a una controversia «es bien evidente que la sustancia del Derecho Internacional consuetudinario debe ser buscada en primer lugar en la práctica efectiva y en la *opinio iuris* de los Estados»[1]. A ambos elementos de la costumbre nos vamos a referir por separado en las líneas que siguen, para hablar después de la interacción entr/e la costumbre y los tratados y de la costumbre particular, terminando con unas consideraciones sobre la importancia de la costumbre en el Derecho Internacional Contemporáneo. Pero destaquemos antes un punto importante y es que según aquel Tribunal el acuerdo de los Estados partes en una controversia sobre el contenido del Derecho Internacional Consuetudinario no le dispensa de la obligación de indagar las reglas aplicables de esa naturaleza. «El simple hecho —dice textualmente— de que los Estados declaren su reconocimiento de ciertas reglas no es suficiente para que el Tribunal las considere como integrantes del Derecho Internacional Consuetudinario, y aplicables en tanto que tales a esos Estados [...] El Tribunal debe asegurarse que la existencia de la regla en la *opinio iuris* de los Estados está confirmada por la práctica»[1 bis]. La Comisión de Derecho Internacional de Naciones Unidas ha señalado en un Proyecto de Conclusiones de 2018 uno de los principales problemas de la costumbre internacional, o sea, la determinación de su existencia y de su contenido. A estos efectos, los dos elementos constitutivos de la costumbre deben establecerse a través de unos medios, como se expone a continuación.

6.1. Elemento material

a) Por lo que respecta al elemento material de la costumbre, la práctica que tradicionalmente ha entrado en juego es la del sujeto por excelencia del Derecho Internacional, es decir, el Estado, cuando actúa a través de sus órganos legislativos, ejecutivos o judiciales. En la actualidad hay que tener en cuenta la práctica de otro sujeto del Derecho Internacional, como las organizaciones internacionales. E incluso en el seno de las mismas pueden desarrollarse costumbres internas, como ha

[1] CIJ, *Recueil,* 1985, pp. 29-30. Véase también CIJ, *Recueil,* 1986, p. 97.
[1 bis] CIJ, *Recueil,* 1986, pp. 97-98.

puesto de relieve el Tribunal de La Haya en su dictamen sobre *Namibia* de 21 de junio de 1971, cuando, respecto al valor de la abstención en el Consejo de Seguridad, dice:

> Pero los debates que se desarrollan en el Consejo de Seguridad desde hace muchos años prueban abundantemente que la práctica de la abstención voluntaria de un miembro permanente ha sido interpretada siempre y de manera uniforme, a juzgar por las decisiones de la presidencia y la posición de los miembros del Consejo, en particular de los miembros permanentes, en el sentido de que no constituye obstáculo a la adopción de resoluciones. La abstención de un miembro del Consejo no significa que se oponga a la aprobación de lo que ha sido propuesto; para impedir la adopción de una resolución que exija la unanimidad de los miembros permanentes, un miembro permanente debe emitir un voto negativo. El procedimiento seguido por el Consejo de Seguridad, incambiado tras la enmienda aportada al artículo 27 de la Carta en 1965, ha sido generalmente aceptado por los miembros de las Naciones Unidas y constituye la prueba de una práctica general de la Organización[1 ter].

La práctica debe ser desde luego constante y uniforme. Esto es lo que ha exigido el Tribunal Internacional de La Haya en diversas ocasiones en que se ha enfrentado con la aplicación de normas consuetudinarias discutidas, por más que, como ha señalado LAUTERPACHT, siendo ésta una de las materias donde mayormente se manifiesta la libre apreciación judicial, las posturas jurisprudenciales de aquel Tribunal no ofrezcan en todos los casos la uniformidad que en un principio pudiera parecer[2]. Y es que, como ha dicho el profesor CHARLES DE VISSCHER, nada se presta menos a un esfuerzo de síntesis, e incluso al establecimiento de criterios precisos, que la determinación de las condiciones que en un caso concreto permiten reconocer en una práctica los caracteres y la autoridad de una norma consuetudinaria internacional[3]. En este orden de ideas, el Tribunal de La Haya ha precisado en su sentencia de 27 de junio de 1986 (*caso relativo a las actividades militares y paramilitares en Nicaragua y contra ella*) que no considera necesario que «para que una regla sea establecida consuetudinariamente, la práctica correspondiente deba ser rigurosamente conforme a esa regla. Le parece suficiente, para deducir la existencia de reglas consuetudinarias, que los Estados ajusten a ellas su conducta de una manera general y que ellos mismos traten los comportamientos no conformes a la regla en cuestión como violaciones de ésta y no como manifestaciones del reconocimiento de una regla nueva»[3 bis]. Es decir, el Tribunal no requiere una práctica rigurosa y absolutamente uniforme sino tan sólo una práctica *general.*

b) En relación con la generalidad de la práctica se plantea la cuestión de si la costumbre obliga a todos los Estados de la sociedad internacional o si tan sólo a aquellos que con su conducta hayan contribuido a la formación de la norma consuetudinaria. He aquí un problema de gran carga política, habida cuenta de la actitud de impugnación de los Estados de reciente independencia hacia algunas de las normas consuetudinarias del Derecho Internacional General, en cuya formación no intervinieron y que reputan contrarias a sus intereses. Pues si la costumbre obliga a todos los Estados independien-

---

[1 ter] CIJ, *Recueil,* 1971, p. 22.

[2] LAUTERPACHT, *The developement of International Law by the International Court,* Londres, 1958, pp. 368 ss.

[3] CH. DE VISSCHER, «Coutume et traité...», cit., p. 358.

[3 bis] CIJ, *Recueil,* 1986, p. 98.

temente de que hayan contribuido con sus actos a la formación de la misma, los nuevos Estados quedarían vinculados por el cuerpo de normas del Derecho Internacional General vigentes en el momento de su aparición. Si, por el contrario, la costumbre sólo obliga a los Estados que hayan contribuido con sus actos a la formación de la misma, los nuevos Estados estarían desligados de aquel conjunto de normas.

De un modo general, y en un plano rigurosa y estrictamente jurídico, la tesis que resulta al respecto de la jurisprudencia del Tribunal de La Haya es la siguiente. Tratándose de costumbres generales, obligan a todos los Estados, hayan o no contribuido a su formación, mientras que no se establezca que éstos la han rechazado de modo expreso en su período de gestación. Así, por ejemplo, cuando en el caso *Interhandel* el Tribunal de La Haya aplica la regla del agotamiento de los recursos internos —cuyo carácter consuetudinario reconoce expresamente— en las relaciones entre Estados Unidos y Suiza, no se pregunta ni le interesa en absoluto si alguno de los dos Estados ha participado en su formación; se contenta con la inexistencia de alegación y prueba de que haya sido rechazada por alguno de ellos en el período de formación de la costumbre[4]. Sin embargo, en el caso de las *Pesquerías* entre el Reino Unido y Noruega, el Tribunal no vacila en declarar que, aun en el supuesto de que exista la regla de las diez millas relativa a las bahías, «aparece inoponible a Noruega en cuanto que se ha opuesto siempre a su aplicación en la costa noruega»[5]. Es ésta la doctrina del «objetor persistente». Todo esto en cuanto a la costumbre general, pues, como veremos, el régimen es distinto para las costumbres particulares, regionales o bilaterales.

Pero la tesis jurisprudencial de que la costumbre obliga a todos los Estados, hayan contribuido o no a su gestación, con la excepción de aquellos que se opusieron a la misma durante su período formativo, ha sido formulada fuera del contexto de las relaciones con los Estados de reciente independencia. Es altamente improbable, a nuestro entender, que sobre la base de tal línea jurisprudencial el Tribunal de La Haya llegara a imponer a un nuevo Estado una norma consuetudinaria del Derecho Internacional Clásico que éste rechazara en cuanto contraria a sus intereses. Y conviene dejar constancia de lo que se ha llamado actitud ambivalente hacia la costumbre general de los Estados recién accedidos a la independencia tras el proceso de la descolonización, ya que, si en línea de principio se adhieren a los principios generales del Derecho Internacional Consuetudinario, impugnan las normas contrarias a sus intereses[6], actitud que parece del todo legítima.

c) En relación asimismo con la práctica o elemento material de la costumbre surge la cuestión de si son posibles costumbres negativas, formadas a base de abstenciones y que obliguen por ello a una abstención. En el asunto del *Lotus*, el Tribunal de La Haya hubo de enfrentarse precisamente con el problema de la existencia de una norma internacional con tal carácter.

---

[4] CIJ, *Recueil,* 1959, pp. 27-28.

[5] CIJ, *Recueil,* 1951, p. 131. Véase también J. A. PASTOR RIDRUEJO, *La jurisprudencia del Tribunal Internacional de La Haya. Sistematización y comentarios,* Madrid, 1962, p. 43; SOERENSEN, «Principes de Droit International Public», en *R. des C.,* vol. 101, 1960, p. 44.

[6] U. KANG, «The Role of New States in International Law», en *Archiv des Völkerechts,* 15 Band, 2 Hft, 1971, pp. 145 ss.

Tratábase del abordaje ocurrido en alta mar entre un buque francés, el *Lotus,* y un carbonero turco, a consecuencia del cual se hundió este último. Y habiendo hecho escala el *Lotus* en Constantinopla, las autoridades turcas detuvieron al oficial francés responsable de la navegación, que fue procesado y condenado. El Gobierno francés consideró que estas actuaciones eran contrarias al Derecho Internacional, y Francia y Turquía sometieron el asunto al Tribunal Permanente de Justicia Internacional para que determinara si, al ejercer las autoridades turcas la jurisdicción penal, habían violado sus obligaciones internacionales. Durante el litigio alegó el Gobierno francés una costumbre negativa, conforme a la cual un Estado no podría ejercer su jurisdicción penal respecto de los responsables de un buque que no enarbolase su pabellón por un abordaje acaecido en alta mar. Y el Tribunal dejó abierta la posibilidad de una costumbre con tal carácter siempre que concurriera «la conciencia del deber de abstenerse», esto es, el elemento espiritual de la costumbre, pero en el caso concreto negó la vigencia de la norma invocada por Francia, toda vez que faltaba dicho elemento. Comprobó el Tribunal, efectivamente, que los Estados de los que emanaban los precedentes de abstenciones se habían abstenido de protestar ante los procesos penales entablados por otros Estados en hipótesis análogas[7].

6.2. ELEMENTO ESPIRITUAL

a) Acabamos de comprobar la nitidez de la postura del Tribunal de La Haya en el caso del *Lotus* acerca del elemento espiritual de la costumbre u *opinio iuris.*

No toda la doctrina está conforme, sin embargo, con la existencia autónoma de este elemento espiritual. Dos de sus más autorizados negadores, KELSEN y GUGGENHEIM, dicen que, no existiendo ningún criterio que permita determinar cuáles sean los actos psíquicos que confieren a la práctica el valor de costumbre, se debe renunciar a aquel elemento[8].

Hay que decir, sin embargo, con independencia de toda consideración conceptual, que la jurisprudencia del Tribunal de La Haya no ha podido ser más explícita en cuanto a la existencia del elemento espiritual. Así, como advierte muy justamente SOERENSEN, la ha reconocido sobre todo en sus consecuencias negativas, esto es, rehusándose a dar por vigente una costumbre si en la práctica de los Estados no aparece aquella convicción[9]. Y es particularmente clara la actitud del Tribunal de La Haya en la sentencia de 20 de febrero de 1969 (*Asuntos de la plataforma continental del Mar del Norte*), en donde, respecto a la cuestión de si la regla de equidistancia-circunstancias especiales del artículo 6 de la Convención de Ginebra de 29 de abril de 1958, sobre la plataforma continental, se había convertido en regla

---

[7] CPJI, *Serie A,* n.º 10, p. 28.

[8] P. GUGGENHEIM, *Traité de Droit International Public,* Ginebra, 1947, pp. 47-48; del mismo autor, *Les deux éléments de la coutume en Droit International,* t. I, libro homenaje a Georges Scelle, París, 1950, pp. 275 ss.; H. KELSEN, «Théorie du Droit International coutumier», en *Revue Internationale de la Théorie du Droit,* 1939, pp. 275 ss.; también R. QUADRI, *Diritto Internazionale Pubblico,* Palermo, 1960, p. 76.

[9] M. SOERENSEN, «Principes...», cit., p. 47; sobre la *opinio iuris* en general, véanse L. MORO MILLÁN, *La «opinio iuris» en el Derecho Internacional Contemporáneo*, Madrid, 1990; y BUESA VINAIXA, *El nuevo alcance de la «opinio iuris» en el Derecho Internacional contemporáneo*, Valencia, 1991.

consuetudinaria, el Tribunal se pronuncia negativamente, entre otras razones, por la inexistencia de la *opinio iuris.* Dice textualmente la sentencia:

> Los actos considerados no sólo deben representar una práctica constante, sino que además deben atestiguar por su naturaleza o la manera cómo se realizan la convicción de que esta práctica se ha convertido en obligatoria por la existencia de una regla de Derecho. La necesidad de semejante convicción, es decir, la existencia de un elemento subjetivo, está implícita en la noción misma de la *opinio iuris sive necessitatis.* Los Estados interesados deben, pues, tener el sentimiento de que se conforman a lo que equivale a una obligación jurídica. Ni la frecuencia ni incluso el carácter habitual de los actos bastan. Existen numerosos actos internacionales en el campo del protocolo, por ejemplo, que se realizan casi invariablemente, pero que están motivados por simples consideraciones de cortesía, de oportunidad o de tradición, y no por sentimiento de una obligación jurídica[10].

Y en este último orden de consideraciones que hace el Tribunal de La Haya es muy gráfico el ejemplo que puso VERDROSS en 1948 cuando dijo que hay prácticas constantes —por ejemplo, la de dirigir la correspondencia diplomática en papel blanco— que no originan reglas consuetudinarias por la precisa razón de que no se da en ellas la convicción de su obligatoriedad jurídica[11].

b) Es clara, pues, a nuestro juicio, la existencia del elemento espiritual u *opinio iuris* en la norma consuetudinaria internacional. Y entendemos precisamente que en el Derecho Internacional Contemporáneo, y como consecuencia de las modificaciones que ha experimentado la sociedad internacional, ha aumentado la importancia de tal elemento espiritual, al tiempo que han disminuido las exigencias en cuanto a la antigüedad de la práctica o elemento material. Es muy significativo a este respecto lo que ha ocurrido en el nuevo Derecho del Mar, especialmente con relación a la zona económica exclusiva.

Efectivamente, en la III Conferencia de las Naciones Unidas sobre el Derecho del Mar, y antes en la Comisión de Fondos Marinos preparatoria de la Conferencia, los Estados ribereños en desarrollo reivindicaron, sobre la base del principio de la soberanía permanente sobre los recursos naturales, derechos soberanos para la explotación de los recursos vivos y no vivos del mar en el espacio marítimo más allá del mar territorial que llegase hasta doscientas millas. Era la reivindicación de la zona económica exclusiva.

Semejante pretensión encontró en un principio la oposición de las grandes potencias marítimas, Estados de pesca a distancia y Estados sin litoral o en posición geográfica desventajosa. La lectura de las actas del debate general habido en la primera sesión sustantiva de la Conferencia —Caracas, verano de 1974— es muy ilustrativa al respecto. Pero era tal la fuerza —y también la justicia— de la reivindicación que la oposición fue diluyéndose, generalizándose en posteriores períodos de sesiones de la Conferencia una *opinio iuris* favorable a la misma. *Opinio iuris* que incluso dio un fuerte impulso a la práctica, pues fueron muchos los Estados en desarrollo o desarrollados que por vía legislativa interna establecieron la zona económica exclusiva. Hoy nadie discute la legitimidad de la zona. Se tiene el sentimiento de que encuentra claro apoyo en el Derecho Internacional Consuetudinario y que, por

---

[10] CIJ, *Recueil,* 1969, p. 44.

[11] A. VERDROSS, «Oestereichische Zeitschrift für Offentliches Recht», 1948, p. 22.

consiguiente, resulta oponible a todos los Estados con independencia de que manifiesten su consentimiento en obligarse por la Convención de 1982 sobre el Derecho del Mar y aun antes, desde luego, de su entrada en vigor. Como dijo el Secretario General de las Naciones Unidas, JAVIER PÉREZ DE CUÉLLAR, en el acto de apertura a la firma de la Convención «no se requiere del inicio del proceso de ratificación de la Convención para afirmar que el Derecho Internacional se encuentra ya irrevocablemente transformado en lo que respecta a los mares»[12]. Más preciso ha sido el Tribunal de La Haya, en la sentencia de 12 de octubre de 1984 recaída en el *caso de la delimitación de la frontera marítima en la región del Golfo del Maine* (Canadá contra los Estados Unidos de América), en que respecto a «ciertas disposiciones de la Convención relativas a la plataforma continental y a la zona económica exclusiva» que «no han encontrado objeciones con ocasión de la adopción», ha estimado que «aunque lleven a veces la marca del compromiso que ha presidido su adopción, pueden ser consideradas como conformes actualmente al Derecho Internacional General en la materia»[13].

He aquí, pues, un ejemplo significativo, aunque no único, de normas consuetudinarias formadas a un ritmo realmente rápido y en que el factor decisivo y prioritario en el tiempo ha sido el elemento espiritual; este elemento, contrariamente a lo habitual, ha aparecido antes que el elemento material, al que ha impulsado y conformado. Proceso sumamente interesante porque han sido Estados en desarrollo los que han conformado sustancialmente la *opinio iuris* a través de su actuación en una Conferencia diplomática. Y hay que añadir que también en las organizaciones internacionales, y especialmente en las Naciones Unidas, tienen los Estados del Tercer Mundo la misma oportunidad. De este modo se contrarresta uno de los rasgos del Derecho Internacional Clásico, que, como ya vimos, era la influencia preponderante de las grandes potencias en la formación de la costumbre. Y es que la costumbre internacional ha sabido adaptarse a las relaciones internacionales de nuestros días: ritmo acelerado de formación e importancia del elemento espiritual, lo que favorece ciertamente las exigencias de socialización y democratización del Derecho Internacional.

c) Señalemos finalmente, en este orden de consideraciones, que las costumbres cuya aparición ha sido impulsada por resoluciones de órganos de organizaciones internacionales, particularmente de la Asamblea General de las Naciones Unidas, pueden considerarse como normas escritas, de contenido más preciso, por consiguiente, que las costumbres tradicionales, que son normas no escritas. Manifestación clara de esta realidad es que la importante «Declaración de principios de Derecho Internacional que rigen las relaciones de amistad y cooperación de los Estados», contenida en la resolución de la Asamblea General de las Naciones Unidas 2.625 (XXV), de 25 de octubre de 1970 (véase apartado 4.3 de este libro), ha sido considerada por el Tribunal Internacional de Justicia como reflejo del Derecho Internacional consuetudinario. A esta cuestión nos referiremos en el apartado 11.

---

[12] Véase en *El Derecho del Mar. Convención de las Naciones Unidas sobre el Derecho del Mar,* Naciones Unidas, Nueva York, 1984, p. XV.

[13] CIJ, *Recueil,* 1984, p. 294.

6.3. LA INTERACCIÓN ENTRE LA COSTUMBRE Y LOS TRATADOS

Otro aspecto importante del Derecho Internacional Consuetudinario de nuestros días es la interacción entre él y el Derecho Convencional. Interacción que se manifiesta a través del proceso de la codificación.

El artículo 15 del Estatuto de la Comisión de Derecho Internacional distingue entre desarrollo progresivo y codificación de Derecho Internacional. La expresión desarrollo progresivo se refiere a las convenciones sobre materias que aún no están reguladas por el Derecho Internacional o respecto de las cuales éste no se ha desarrollado suficientemente en la práctica de los Estados. La expresión codificación del Derecho Internacional «significa una más precisa formulación y sistematización de las reglas internacionales» en aquellos campos en que ya existe una amplia práctica de los Estados, precedentes y doctrina. Pues bien: sin perjuicio de la dificultad de establecer en cada caso concreto las fronteras precisas entre uno y otro aspecto de la codificación —la innovadora y la codificación propiamente dicha o declarativa—, es lo cierto que tanto el uno como el otro ponen de relieve la interacción entre el Derecho Convencional y el Derecho Consuetudinario. Además, por lo que respecta a la costumbre, la codificación de una regla puede tener otro efecto: el cristalizador, en cuanto que consolide una norma consuetudinaria emergente o *in status nascendi.* Ha podido decir por todo ello el profesor JIMÉNEZ DE ARÉCHAGA —que ha sido juez y presidente del Tribunal Internacional de Justicia— que los efectos de la codificación sobre la costumbre son de tres clases: declarativos, cristalizadores y constitutivos o generadores[14].

a) En lo que respecta primeramente a la codificación propiamente dicha o declarativa del Derecho Consuetudinario, es indudable que, de una parte, contribuye a la precisión del sentido de la práctica o elemento material y que, de otra, puede ser prueba del elemento espiritual u *opinio iuris*[15]. Entendemos que cuando en el caso de *Namibia* el Tribunal de La Haya aplica en su dictamen de 21 de junio de 1971 al mandato del Sudoeste africano las reglas sobre terminación de un tratado como consecuencia de su violación, adopta una posición muy elocuente al respecto:

> Las reglas de la Convención de Viena sobre el Derecho de Tratados referentes a la terminación de un tratado violado (adoptadas sin oposición) pueden ser consideradas en muchos aspectos como una codificación del Derecho Consuetudinario existente en este campo. De acuerdo con estas reglas, la terminación de un tratado no se justifica más que en caso de violación grave, definida como: *a*) un rechazo del tratado no admitido por la presente Convención, o *b*) la violación de una disposición esencial para la consecución del objeto o del fin del tratado[16].

En este pasaje lo que está considerando el Tribunal de La Haya es la resolución de la Asamblea General de las Naciones Unidas 2.145 (XXI), que declara

[14] E. JIMÉNEZ DE ARÉCHAGA, «International Law in the Past Third of a Century», en *R. des C.*, vol. I, 1978, pp. 14 ss.

[15] M. SOERENSEN, «Principes...», cit., p. 78. Véase también BAXTER, «Treaties and Custom», en *R. des C.*, vol. 129, 1970, pp. 36-35.

[16] CIJ, *Recueil,* 1971, p. 47.

terminado el mandato concedido a Sudáfrica sobre Namibia. Aun sin ser aplicable al mandato la Convención de Viena sobre Derecho de Tratados, invoca y aplica el Tribunal una de sus reglas en tanto que norma consuetudinaria. Y si, de una parte, el Tribunal hace resaltar el hecho de que la regla en cuestión fue adoptada sin oposición —prueba de la *opinio iuris*—, resulta, de otro lado, que dicha regla es más precisa de lo que pueda serlo una de carácter consuetudinario.

Idéntica actitud se puede decir que adoptó el Tribunal Supremo español en su sentencia de 19 de junio de 1967. Pues en un momento en que España no había ratificado las Convenciones de Ginebra de 29 de abril de 1958 sobre el Derecho del Mar, el Tribunal Supremo invoca expresamente la disposición de la primera Convención, conforme a la cual «el mar territorial se mide a partir de la línea de la baja mar a lo largo de las costas», Convención —agrega el Tribunal Supremo— «a la que actualmente se atiene el Derecho Internacional»[17].

b) En segundo lugar, una disposición de una convención codificadora puede constituir el punto final de la formación de una norma consuetudinaria que hasta entonces no había alcanzado plena madurez, por lo que se habla correctamente de efectos cristalizadores de la Convención. Así, el Tribunal de La Haya, en los *asuntos de la plataforma continental del Mar del Norte,* considera que los artículos 1 a 3 de la Convención de Ginebra de 29 de abril de 1958 sobre plataforma continental «son los que se han considerado manifiestamente como consagradores o cristalizadores de reglas de Derecho Internacional Consuetudinario [...], reglas establecidas o al menos en vías de formación»[18]. Se trata, efectivamente, de los artículos que definen la plataforma continental y establecen los derechos básicos del Estado ribereño.

c) En lo que concierne por fin a la codificación innovadora o desarrollo progresivo del Derecho Internacional, es indudable que puede constituir el punto de partida de una norma consuetudinaria. Esta posibilidad ha sido admitida por el artículo 38 de la Convención de Viena de 23 de mayo de 1969 sobre Derecho de Tratados, que dice así:

> Lo dispuesto en los artículos 34 a 37 no impedirá que una norma enunciada en un tratado llegue a ser obligatoria para un tercer Estado como norma consuetudinaria de Derecho Internacional reconocida como tal.

Previamente a la Convención de Viena, el Tribunal de La Haya admitió la misma posibilidad en términos de principio (sentencia de 20 de febrero de 1969 sobre los *casos de la Plataforma continental del Mar del Norte*), aunque la descartó del caso concreto.

Efectivamente, en apoyo de la pretensión de que la delimitación de las zonas de plataforma continental debía de hacerse según la regla de la equidistancia-circunstancias especiales, los Gobiernos de Dinamarca y los Países Bajos sostuvieron frente a la República Federal de Alemania que el artículo 6 de la Convención de

[17] *Aranzadi,* n.º 3.161, 1967.
[18] CIJ, *Recueil,* 1969, p. 39.

Ginebra de 29 de abril de 1958 sobre plataforma continental consagraba reglas que ya tenían formulación consuetudinaria; y para el supuesto de que el Tribunal no aceptase esta tesis, que semejante regla había aparecido después de la Convención como resultado, de una parte, de la influencia ejercida por ella y, de otra, de la práctica ulterior de los Estados.

El Tribunal de La Haya descartó una y otra tesis, y respecto a la segunda, que es la que aquí nos interesa, hizo las siguientes consideraciones, admitiendo de un modo general que una regla convencional puede transformarse en consuetudinaria:

> Ciertamente esta situación entra en el campo de las posibilidades y se presenta de vez en cuando; es incluso uno de los métodos reconocidos por los que se pueden formar nuevas reglas de Derecho Internacional Consuetudinario. Pero no se puede considerar fácilmente que este resultado se haya producido[19].

La primera condición que exige el Tribunal de La Haya es que la regla convencional en cuestión tenga carácter normativo. Y no le parece que el artículo 6 de la Convención de Ginebra sobre plataforma continental tenga tal carácter no sólo porque concede preferencia a la voluntad de las partes sobre el método de la equidistancia, sino además porque dicho método sólo entra en juego si circunstancias especiales no aconsejan otro procedimiento de delimitación y porque, finalmente, la facultad de presentar reservas al artículo 6 dificulta sus posibilidades de conventirse en Derecho Internacional general[20].

Y en lo que concierne a los otros elementos requeridos para que una regla convencional pueda transformarse en consuetudinaria, el Tribunal afirma que:

> es posible que, incluso si no ha transcurrido un largo período, baste una participación muy amplia y representativa en la Convención, a condición, sin embargo, de que comprenda a los Estados particularmente interesados[21].

Pero en todo caso es necesario, a juicio del Tribunal, que la práctica de los Estados, comprendiendo en la misma a la de los Estados particularmente interesados,

> haya sido frecuente y prácticamente uniforme en el sentido de la disposición invocada, y se haya manifestado de manera que establezca un reconocimiento general por el hecho de que una regla de Derecho o una obligación jurídica está en juego[22].

Y el Tribunal insiste en la necesidad de la *opinio iuris* o elemento espiritual de la costumbre en los términos que ya hemos visto anteriormente.

Comprueba el Tribunal a continuación que los precedentes alegados por los Gobiernos danés y holandés no satisfacen a estas condiciones[23], y concluye, por tanto, que la regla de la equidistancia establecida en el artículo 6 de la Convención de Ginebra sobre plataforma continental no se ha transformado en norma consuetudinaria de Derecho Internacional General[24]. Pero lo importante es la

---

[19] Ibíd., p. 42.
[20] Ibíd.
[21] Ibíd.
[22] Ibíd., 1969, p. 43.
[23] Ibíd., 1969, p. 44.
[24] Ibíd., 1969, pp. 45-46.

admisión que hace en línea de principio de que una norma convencional pueda convertirse en consuetudinaria.

d) En todo caso, el hecho de que existan reglas convencionales y consuetudinarias con idéntico contenido no supone que estas últimas queden suplantadas por las primeras hasta el punto de que aquéllas —las consuetudinarias— no tengan ya existencia y virtualidad propias. El Tribunal de La Haya ha sido muy explícito al respecto en la sentencia de 27 de junio de 1986, recaída en el *caso relativo a las actividades militares y paramilitarales en Nicaragua y contra ella (Nicaragua contra Estados Unidos de América)*. Efectivamente, el Tribunal estableció su jurisdicción en dicho caso sobre la base del juego recíproco de las declaraciones unilaterales de Nicaragua y Estados Unidos[24 bis], dándose la circunstancia de que esta última contenía una reserva tendente a la exclusión de la aplicación de los tratados multilaterales. No pudiendo, pues, apoyarse en la Carta de las Naciones Unidas, el Tribunal tuvo que acudir al Derecho Internacional Consuetudinario para aplicar las normas relativas a la proscripción del uso y amenaza de la fuerza y a la legitimidad de la propia defensa, individual o colectiva, frente a un ataque armado. El Tribunal subrayó al respecto, ante la posición en contra de los Estados Unidos, que «las reglas de Derecho Internacional Consuetudinario conservan una existencia y una aplicabilidad autónoma respecto a las de Derecho Internacional convencional aun en el caso de que las dos categorías de Derecho tengan un contenido idéntico»[24 ter].

6.4. La costumbre particular

Son dos las manifestaciones de la costumbre particular: la regional, que rige las relaciones entre un número de Estados superior a dos, y la bilateral, que regula sólo las relaciones entre dos Estados. Sobre cada una de ellas vamos a hacer algunas consideraciones en las líneas que siguen.

a) Por lo que respecta, en primer término, a la costumbre regional, habría que aludir a la polémica tradicional, muy suavizada hoy día, sobre la existencia del llamado Derecho Internacional americano, aunque no parece necesario examinar aquí los argumentos en pro y en contra ni las distintas posiciones adoptadas. Basta con recoger el hecho importante de que el Tribunal de La Haya se muestra dispuesto a aceptar su existencia.

Así, en el caso *Haya de la Torre,* Colombia alegó la existencia de una costumbre regional americana que permitiría al Estado que concede el asilo diplomático calificar unilateral y definitivamente la naturaleza, política o común, del delito. Y ante tal pretensión, el Tribunal de La Haya dijo:

> El Gobierno de Colombia ha invocado finalmente el «Derecho Internacional Americano en general». Además de las reglas convencionales ya examinadas, se ha fundado sobre una pretendida costumbre regional o local propia de los Estados de América Latina.

[24 bis] CIJ, *Recueil,* 1984, pp. 192 ss., sentencia de 26 de noviembre de 1984.
[24 ter] CIJ, *Recueil,* 1986, p. 96.

> La parte que invoca una costumbre de esta naturaleza debe probar que se ha constituido de tal manera que se ha hecho obligatoria para la otra parte. El Gobierno de Colombia debe probar que la regla de que se prevalece está de acuerdo con un uso constante y uniforme practicado por los Estados en cuestión, y que este uso traduce un derecho perteneciente al Estado que concede el asilo y un deber que incumbe al Estado territorial[25].

Este pasaje del Tribunal tiene mucha importancia no sólo porque admite la posibilidad de principio de las costumbres regionales, sino también porque señala su rasgo jurídico peculiar, que, como ha dicho SOERENSEN, no es otro que la inversión de la carga de la prueba respecto a la costumbre general[26]. Pues así como esta última obliga a todos los Estados, con excepción de aquellos que la hayan repudiado durante su proceso formativo, las costumbres regionales vinculan tan sólo a los Estados que mediante sus actos hayan cooperado a la gestación de la norma. Con la particularidad de que mientras el Estado que pretende sustraerse a una costumbre general debe probar el hecho de que la ha rechazado en su período de formación, el Estado que alega frente a otro una costumbre particular viene obligado a demostrar que este último ha contribuido con sus actos al nacimiento de la regla consuetudinaria regional. Si en el caso *Haya de la Torre* hubiese demostrado Colombia que Perú había contribuido con su conducta a la gestación de la pretendida costumbre de calificación unilateral y definitiva del delito, el Tribunal hubiese tenido que aplicar la regla en cuestión.

b) Junto a las costumbres regionales, y con base también en la jurisprudencia del Tribunal de La Haya, hay que hablar de las costumbres bilaterales, formadas entre dos Estados y obligatorias para ambos.

Efectivamente, en la sentencia de 27 de agosto de 1952 acerca de *los derechos de los súbditos norteamericanos en Marruecos,* el Tribunal, frente a la alegación de los Estados Unidos de que su jurisdicción consular en Marruecos se fundaba en una costumbre particular, declaró:

> El sexto argumento de los Estados Unidos es que su jurisdicción consular y otros derechos de capitulaciones en Marruecos se fundan sobre la costumbre y el uso.
>
> [...]
>
> La segunda consideración se refiere a la cuestión de la prueba. El Tribunal ha declarado, en el caso del derecho de asilo respecto al establecimiento de una costumbre local propia de los Estados de América Latina...: «La parte que invoca una costumbre de esta naturaleza debe probar que se ha constituido de tal manera que se ha hecho obligatoria para la otra parte...»
>
> [...] En el caso presente no se ha suministrado prueba suficiente que permita al Tribunal concluir que se había establecido el derecho al ejercicio de una juridicción consular fundado sobre la costumbre o sobre el uso, de tal manera que se hubiese convertido en obligatorio para Marruecos[27].

Es de hacer notar que en dicha sentencia el Tribunal establece la misma inversión de la carga de la prueba que para la costumbre regional.

---

[25] CIJ, *Recueil,* 1950, p. 276.

[26] Véase M. SOERENSEN, «Principes...», cit., p. 42, y D'AMATO, «The concept of special custom in International Law», en *A.J.I.L.,* vol. 63, 1969, pp. 211-223.

[27] CIJ, *Recueil,* 1952, p. 200.

Pero es en la sentencia de 12 de abril de 1960, recaída en el *asunto del derecho de paso* entre la India y Portugal, donde el Tribunal hace ciertas consideraciones generales sobre la costumbre bilateral, diciendo:

> En tanto que esta pretensión de Portugal a un derecho de paso se formula por este país sobre la base de una costumbre local, se alega en nombre de la India que ninguna costumbre local puede constituirse únicamente entre dos Estados. Es difícil ver por qué el número de Estados entre los que puede constituirse una costumbre local sobre la base de una práctica prolongada deba de ser necesariamente superior a dos. El Tribunal no ve razón para que una práctica prolongada y continua entre dos Estados, práctica aceptada por ellos como reguladora de sus relaciones, no constituya la base de derechos y obligaciones recíprocas entre estos dos Estados[28].

En mi opinión, también nos pone en presencia al Tribunal de La Haya ante una costumbre bilateral cuando, en el *asunto de la controversia relativa a derechos de navegación y derechos conexos (Costa Rica c. Nicaragua)*, resuelto por sentencia de 12 de julio de 2009, admite la petición de Costa Rica de que sobre una base consuetudinaria sus nacionales disfrutan de derechos de pesca con fines de subsistencia en un río (el San Juan) sometido a la soberanía de Nicaragua.

6.5. La importancia de la costumbre en el Derecho Internacional contemporáneo

En el cuadro general de las fuentes del Derecho Internacional es hoy mayor, como hemos visto, la importancia cualitativa y cuantitativa de los tratados que la de la costumbre. Pero precisamente por el predominio que ha adquirido en ella el elemento espiritual u *opinio iuris,* la costumbre ha sabido amoldarse a las exigencias de la sociedad internacional de nuestros días y sigue, por tanto, teniendo gran importancia. No es casual en este sentido que, como señala Jiménez de Aréchaga, si el Tribunal Permanente de Justicia Internacional y también el Tribunal Internacional de Justicia en la década de los años cincuenta y en la primera parte de los años sesenta se ocuparon preferentemente de casos concernientes a la aplicación e interpretación de tratados, el Tribunal Internacional haya tenido que ocuparse últimamente de casos que envolvían la aplicación de normas consuetudinarias[29]. En su importante sentencia de 27 de junio de 1986, recaída en el *caso relativo a las actividades militares y paramilitares en Nicaragua y contra ella (Nicaragua contra Estados Unidos de América)*, el Tribunal ha aplicado reglas consuetudinarias que también tenían formulación convencional (las relativas a la proscripción del uso y amenaza de la fuerza, enunciadas en la Carta de las Naciones Unidas)[30]. El Tribunal se vio obligado a ello ante la reserva que hizo Estados Unidos en su declaración unilateral de aceptación de la jurisdicción tendente a excluir la aplicación de los tratados multilaterales. La sentencia confirma, pues, la relevancia y la fecundidad de la costumbre en el Derecho Internacional contemporáneo.

---

[28] CIJ, *Recueil,* 1960, p. 39, y CIJ, *Recueil,* 2009.
[29] E. Jiménez de Aréchaga, *International Law...,* cit., p. 9.
[30] CIJ, *Recueil,* pp. 14 ss.

Aunque la codificación internacional potencia a los tratados como fuente del Derecho Internacional, la costumbre ha sabido aprovecharse de las inmensas ventajas que representa la existencia de un foro —organización internacional o conferencia diplomática— en que los Estados enuncian expresamente la *opinio iuris.* Y de ahí que la codificación produzca efectos declarativos, cristalizadores y generadores de la costumbre, según ya vimos.

Las normas consuetudinarias han sabido amoldarse, de otra parte, a la aceleración histórica de la época que vivimos. Surgida la necesidad social, las reglas se consolidan hoy en muy poco tiempo, incluso en muy pocos años. Los requisitos, en cuanto a la antigüedad de la práctica, se han suavizado notablemente. Y es de nuevo aquí la *opinio iuris* expresada del modo dicho la que, formada previamente a la práctica, facilita el ritmo acelerado en la formación de la costumbre.

En fin, y también por el singular peso específico de la *opinio iuris,* la costumbre tiene hoy en cuenta las exigencias de la universalización y democratización de la sociedad internacional. Si en el Derecho Internacional Clásico la norma consuetudinaria era la obra de unos pocos, las grandes potencias, cuyos intereses quedaban reflejados, la costumbre quiere ser actualmente la obra de todos, grandes y pequeños, y para todos, países industrializados y países en desarrollo. Pero hay que señalar que en estas transformaciones de la costumbre ha sido determinante la acción de los países en desarrollo. En este orden de ideas el profesor DUPUY se ha referido a la función revisionista de la costumbre con las siguientes palabras, bellas y acertadas:

> Esta anterioridad de la conciencia sobre el hecho está en el corazón de la costumbre revolucionaria: la condición común y desheredada de los que la reclaman hace inútil la repetición prolongada a través de una larga historia. Se podría decir que estos países están animados no por el sentido del tiempo, sino por el de la duración bergsoniana: tienen, en efecto, la convicción de soportar su miseria o su pobreza desde siempre; el tiempo de la colonización les parece tiempo que se les ha quitado; su tiempo interior, hecho de humillación y de orgullo, por excesivos que puedan parecer estos sentimientos, justifica a sus ojos actitudes de ruptura con las reglas recibidas hasta entonces como universales[31].

Y es que si la costumbre, como fuente del Derecho, es esencialmente evolutiva, han sabido cambiar también sus características y funciones al compás de las exigencias de la sociedad internacional y de la era histórica que nos ha tocado vivir. La costumbre, aun transformada, sigue siendo, así, una fuente de gran relevancia en el Derecho Internacional, por más que su importancia relativa sea inferior a la de los tratados. Y entre esas transformaciones una muy valiosa es la aparición de la costumbre escrita, en la medida que contribuye a incrementar la seguridad jurídica generada por la norma (ver apartado 10).

---

[31] R. J. DUPUY, «Cours Général de Droit International Public», en *R. des C.,* 1979, IV, t. 165, pp. 173-174.

7. LA JURISPRUDENCIA INTERNACIONAL

a) Como ya sabemos, el apartado 1.*d*) del artículo 38 del Estatuto del Tribunal de La Haya dice que éste aplicará «las decisiones judiciales como medio auxiliar para la determinación de las reglas de Derecho». El Estatuto alude aquí sin duda a la jurisprudencia internacional; pero ¿qué es exactamente la jurisprudencia?

Entre los jurisconsultos romanos, el vocablo «jurisprudencia» designaba la ciencia general del Derecho ligada a una amplia cultura general. Significativa es a este respecto la fórmula de ULPIANO: *divinarum atque humanarum rerum notitia, iusti atque iniusti scientia.* Y si bien los juristas anglosajones no se han apartado fundamentalmente de esta etimología, en la ciencia jurídica internacional y en la continental indica dicho vocablo el conjunto de reglas jurídicas que se desprenden de las decisiones judiciales. Los anglosajones prefieren de todos modos la expresión de *case law*.

Así entendida la jurisprudencia, son dos las cuestiones que van a retener nuestra atención: la de su valor normativo en el cuadro general de las fuentes jurídicas internacionales y la función que pueda desempeñar en nuestros días en el desarrollo del Derecho Internacional.

La Comisión de Derecho Internacional de Naciones Unidas se está ocupando actualmente de la codificación del tema titulado «Medios auxiliares para la determinación de las normas de Derecho Internacional», entre los que están las decisiones de cortes y tribunales, la doctrina, y cualquier otro medio generalmente utilizado para ayudar a determinar las normas de Derecho Internacional. En efecto, uno de los puntos de estudio es el de los criterios de evaluación del peso de esos medios auxiliares.

b) En cuanto a la primera cuestión —lugar que ocupa la jurisprudencia en el cuadro de las fuentes del Derecho Internacional— hay que decir que existe una animada polémica al respecto. Para unos autores —los más— la jurisprudencia no es fuente de reglas de Derecho, sino un medio auxiliar para la determinación de las mismas; para otros —los menos— sí lo es. No voy a exponer aquí *in extenso* la polémica. Me voy a limitar tan sólo a recoger algunas de las opiniones favorables a la consideración de la jurisprudencia como poder normativo autónomo. Entre estas opiniones, una de las más interesantes es la de SCELLE, quien ha escrito lo siguiente:

> La tercera fuente formal del Derecho es la jurisprudencia, obra también de agentes especializados (jueces, árbitros). Se desprende y se establece en un sentido determinado como consecuencia de una repetición de juicios, de casos concretos, por lo que se parece a la costumbre (costumbre judicial). Pero es fuente autónoma del Derecho en tanto que interpreta, es decir, hace flexible y adapta la regla legislativa a las necesidades sociales evolucionadas, y sobre todo porque en caso de silencio y oscuridad de la ley suple a ésta (art. 4 del Código Civil). No se contenta, pues, siempre con decir el Derecho; lo completa

> y, en tanto que las soluciones jurisprudenciales se imponen con cierta permanencia, forma parte del órgano jurídico en vigor[1].

Es ésta también a grandes rasgos la tesis de otro profesor francés, GIRAUD, quien, con base en ideas similares a las de SCELLE, ha calificado a la jurisprudencia de «costumbre jurisdiccional»[2]. Y en definitiva es ésta igualmente la tesis que sostuvimos nosotros en 1960[3], en virtud de un argumento *a fortiori*. Si la costumbre es fuente del Derecho —dijimos—, con mayor razón habrá de serlo la jurisprudencia. Pues si aquélla —la costumbre— resulta de los supuestos, no contemplados inicialmente por regla positiva, en que los miembros de una comunidad acudían voluntariamente a los principios jurídicos superiores para encontrar la solución adecuada al caso en cuestión, proviene la jurisprudencia de los supuestos en que la solución ha sido indagada en los principios superiores por un órgano calificado de la comunidad, cual es el judicial. Si la costumbre se forma en el proceso de actuación espontánea del Derecho a través de una repetición de actos que se saben conformes a los principios superiores, la jurisprudencia se establece en el proceso de actuación forzosa del Derecho a través de una repetición de soluciones extraídas también de los principios superiores. En definitiva, pues, en los casos de insuficiencia, oscuridad, invalidez aparente o silencio de una regla positiva, la jurisprudencia de los tribunales puede alumbrar normas positivas afines a las consuetudinarias. La jurisprudencia es al cumplimiento forzoso del Derecho lo que es la costumbre a su observancia espontánea.

c) Esta conclusión no es posiblemente compatible con el tenor literal del Estatuto del Tribunal Internacional de Justicia. Así, el artículo 38.1.*d)* considera únicamente a las «decisiones judiciales [...] como medio auxiliar para la determinación de las reglas de Derecho, sin perjuicio de lo dispuesto en el artículo 59», atribuyéndoles el mismo rango que a la doctrina de los publicistas. Y por su parte, el artículo 59 señala que

> la decisión del Tribunal no es obligatoria sino para las partes en litigio y respecto del caso que ha sido decidido.

El propio Tribunal ha precisado que el objeto de dicha disposición, artículo 59, es

> evitar que los principios jurídicos admitidos por el Tribunal en un asunto determinado sean obligatorios para otros Estados[4].

A mi juicio, sin embargo, y para determinar el valor de la jurisprudencia del Tribunal de La Haya, hay que atender más a su actitud que a la letra de su Estatuto. Y desde tal punto de vista hay que decir que el Tribunal se atiene a la consideración de su jurisprudencia como auténtica fuente del Derecho, ya que no tiene el menor inconveniente en aplicar ciertas reglas por él construidas y que invoca

[1] G. SCELLE, *Cours de Droit International Public,* París, 1948, p. 596.
[2] E. GIRAUD, «Le Droit International Public et la Politique», en *R. des C.,* III, vol. 110, 1963.
[3] J. A. PASTOR RIDRUEJO, *La jurisprudencia del Tribunal Internacional de Justicia,* libro homenaje al profesor LEGAZ-LACAMBRA, Santiago, 1960, pp. 1165 ss.
[4] CPJI, *Serie A,* n.º 7, p. 19.

no a título de principios generales del Derecho, costumbre o convenciones, sino como su propia jurisprudencia. Ejemplo particularmente ilustrativo[5] es la trayectoria seguida por el Tribunal en orden a la prohibición del recurso a los trabajos preparatorios para desvirtuar el texto claro de un tratado. Así, en el dictamen de 12 de agosto de 1922, el Tribunal se plantea por primera vez la cuestión del valor interpretativo de los trabajos preparatorios, y no la aborda directamente. En el de 21 de noviembre de 1925 dice ya, para un caso concreto, que no es necesario acudir a los trabajos preparatorios para interpretar un texto claro. En la sentencia de 7 de septiembre de 1927 da una formulación abstracta a la regla. Dos meses más tarde, en el dictamen de 8 de diciembre dice que «mantiene el principio aplicado en sus decisiones anteriores». La sentencia de 24 de junio de 1932 habla de «jurisprudencia constante», y en el dictamen de 15 de noviembre del mismo año se refiere a la regla dada por él (*posée par elle*). Y posteriormente, ni el Tribunal Permanente ni el Tribunal Internacional de Justicia dejan de hacer uso de la regla.

d) ¿Qué balance arroja hoy la jurisprudencia en el desarrollo progresivo del Derecho Internacional? Era ésta la segunda cuestión que nos iba a ocupar.

En su opinión individual en el caso del *Canal de Corfú*, el juez ÁLVAREZ, fundándose en la resolución 171 (II) de la Asamblea General de las Naciones Unidas, sostuvo que las funciones del Tribunal Internacional de Justicia eran las tres siguientes:

> *a*) La antigua, que consiste en la aclaración del Derecho existente y en su precisión y confirmación.
>
> *b*) La de modificar, conforme a las condiciones actuales de la vida internacional, los preceptos en vigor, pero que hayan caído en *desuetudo*.
>
> *c*) La de crear y formular nuevos preceptos tanto para los antiguos problemas en que no existían reglas como para los nuevos problemas[6].

Otros dos autores, LAUTERPACHT y CHARLES DE VISSCHER, que, como ÁLVAREZ, han sido jueces del Tribunal Internacional de Justicia, señalaron también la importancia de la jurisprudencia en el desarrollo progresivo del Derecho Internacional. LAUTERPACHT advertía que la codificación —necesaria para la certidumbre jurídica— exige estabilidad y la creciente integración de la sociedad interestatal, y que dada la inexistencia de estas condiciones, era especialmente importante la función del Tribunal en el desarrollo del Derecho Internacional[7]. Tal era también, en síntesis, el parecer de CHARLES DE VISSCHER; para el eminente profesor belga, la realidad internacional se caracteriza por el predominio de las situaciones individuales sobre las generales, resultando así muy difícil la agrupación de los supuestos de hecho en categorías comunes. La codificación —agregaba—, con la secuela de seguridad jurídica que supone, se halla todavía lejana en el orden

---

[5] Véase mi trabajo *La jurisprudencia...*, cit., pp. 1180 ss. Es cierto que en algunos casos la actitud del Tribunal ha sido contraria a la expuesta. Pese a ello, hemos escogido este ejemplo porque demuestra como ningún otro la creencia del Tribunal en su propia jurisprudencia y lo propicio que se muestra a la formulación de reglas positivas jurisprudenciales.

[6] Opinión individual en el caso del Canal de Corfú. CIJ, *Recueil,* 1949, p. 40.

[7] H. LAUTERPACHT, *The development of International Law by International Court,* Londres, 1958, p. 7.

interestatal, y hoy sólo existe una fijeza y estabilidad relativas en la jurisprudencia del Tribunal de La Haya[8].

Estas opiniones fueron emitidas hace ya unos cuantos lustros, pero en nuestros días, contempladas con una cierta perspectiva, parecen excesivamente optimistas. Porque la verdad es que, en el desarrollo progresivo del Derecho Internacional, la función de la jurisprudencia del Tribunal de La Haya y de otros órganos judiciales y arbitrales está siendo muy pequeña, inferior en todo caso a la que sería deseable.

Es verdad que la doctrina enunciada en alguna de sus sentencias ha influido en el Derecho Internacional Positivo. Así, por ejemplo, la sentencia dictada en 18 de noviembre de 1951 en el *caso de las Pesquerías* entre el Reino Unido y Noruega[9] ha ejercido influencia manifiesta en la Convención de Ginebra de 29 de abril de 1958 sobre mar territorial y zona contigua, en especial sobre la manera de medir el mar territorial; y posteriormente en la Convención de 1982 sobre el Derecho del Mar; y la doctrina de la sentencia de 28 de noviembre de 1958 en el caso de la *aplicación de la Convención de 1902 sobre tutela de menores*[10] dejó sentir su impacto sobre la Convención que aprobó en 1960 la Conferencia de Derecho Internacional Privado de La Haya sobre conflicto de autoridades y ley aplicable en materia de protección de menores.

Pero no es menos cierto que el principio de voluntariedad de acceso a las jurisdicciones internacionales, derivado de la inexistencia de una auténtica jurisdicción obligatoria, ha motivado que la actuación del Tribunal y otros órganos jurisdiccionales haya sido en su conjunto muy reducida. Efectivamente, el Tribunal de La Haya y otros órganos de arreglo jurisdiccional no gozan del favor de los Estados. Los Estados socialistas, tradicionalmente hostiles al arreglo jurisdiccional de las diferencias por estimarlo incompatible con la soberanía estatal, persistieron en su actitud. Los Estados pertenecientes al llamado bloque occidental, y por más que su conducta se intente encubrir con artificios de técnica jurídica, ponen trabas también a la jurisdicción obligatoria. En cuanto a los nuevos Estados, es imposible desconocer el reproche de conservadurismo que dirigieron al Tribunal de La Haya a partir sobre todo de la sentencia dictada en 18 de julio de 1966 (*Asuntos del Sudoeste Africano,* Etiopía y Liberia contra África del Sur)[11].

Por todas estas razones, el Tribunal no conoció de las controversias internacionales que se suscitaron en el contexto de la gran escisión Este-Oeste. No tiene competencia siquiera respecto de todas las diferencias, incluso de orden jurídico, surgidas entre los Estados occidentales. Y cuando ha conocido de algún litigio insertado en la escisión Norte-Sur, no se puede decir que la fortuna le haya acompañado. Consiguientemente, tenía razón FRIEDMAN cuando decía en 1969 que «una apreciación general de la función de los tribunales internacionales en el desarrollo del Desarrollo Internacional no puede ser muy optimista»[12].

---

[8] CH. DE VISSCHER, *Théories et réalités en Droit International Public,* París, 1953, p. 421.

[9] CIJ, *Recueil,* 1951, pp. 116 ss.

[10] CIJ, *Recueil,* 1958, pp. 55 ss.

[11] CIJ, *Recueil,* 1966.

[12] W. FRIEDMAN, «General Course in Public International Law», en *R. des C.,* II, vol. 127, 1969, pp. 171-172.

Y tal estado de cosas no deja de ser paradójico y de compleja solución. Estamos en cierto modo ante un círculo vicioso. Porque si, como ha advertido el profesor CARRILLO SALCEDO, uno de los factores que mejor explican la situación de *impasse* en que se encuentra la jurisdicción obligatoria es la propia insuficiencia del desarrollo progresivo del Derecho Internacional[13], resulta difícil ver en estos momentos cómo la jurisprudencia puede contribuir a tal desarrollo progresivo. Y cobran entonces pleno sentido las palabras de FRIEDMAN de que «un reforzamiento de la función judicial sobre una base mundial no sería el comienzo, sino el resultado final de un cambio en la configuración política y social de la sociedad interestatal»[14].

[13] J. A. CARRILLO SALCEDO, *Soberanía...*, cit., p. 177.

[14] W. FRIEDMANN, «General Course...», cit., p. 172. Un estudio reciente sobre el valor de la jurisprudencia en M. C. ORTEGA CARCELEM, «Análisis del valor de la jurisprudencia en Derecho Internacional», en *R.E.D.I.*, 1988-2, pp. 55 ss.

8. LOS TRATADOS. SU RÉGIMEN A LA LUZ DE LA CONVENCIÓN DE VIENA DE 1969

a) Ya nos hemos referido a la capital importancia que tienen los tratados en el Derecho Internacional Contemporáneo como consecuencia del aumento de sus funciones respecto al Derecho Internacional Clásico. Acertó por ello plenamente la Comisión de Derecho Internacional cuando en su primer período de sesiones (1949) decidió incluir el tema como materia a codificar. Y aunque los trabajos comenzaron inmediatamente, la Comisión, ocupada por otros temas, sólo a partir de 1961 pudo abordar en profundidad el Derecho de Tratados. Tras unos años de intensa labor, en 1966 dio cima a su «Proyecto de artículos sobre Derecho de Tratados», recomendando a la Asamblea General de las Naciones Unidas la convocatoria de una conferencia internacional con miras a la adopción de la Convención pertinente. La Conferencia se reunió en Viena en las primaveras de los años 1968 y 1969, culminando sus labores con la adopción de la Convención sobre el Derecho de Tratados el día 23 de mayo de 1969. En su preámbulo, los Estados partes reconocen «la importancia cada vez mayor de los tratados como fuente del Derecho Internacional y como medio de desarrollar la cooperación pacífica entre las naciones, sean cuales fueren sus regímenes constitucionales y sociales».

b) Hay que decir que la Convención de Viena de 1969 no cubre todo el Derecho de Tratados. No se aplica, por lo pronto, a los tratados concluidos por Estados y organizaciones internacionales o por organizaciones internacionales entre sí por razones que examinaremos en seguida al tratar de la definición de los tratados, aunque la cuestión ha sido estudiada por la Comisión de Derecho Internacional que en 1982 completó un Proyecto de Artículos al respecto. La Conferencia de Plenipotenciarios fue convocada por la Asamblea General de las Naciones Unidas para la primavera de 1986 y el 21 de marzo de dicho año se adoptó la Convención al respecto. Tampoco se aplica a los acuerdos internacionales en forma no escrita por razones que también veremos enseguida. No regula además los efectos de la guerra sobre los tratados, omisión determinada por la Comisión de Derecho Internacional, que estimó que dicha materia «entrañaría inevitablemente un examen de los efectos de las disposiciones de la Carta relativas a la amenaza o al uso de la fuerza sobre la legitimidad del recurso a las hostilidades [...] y no consideró que este asunto pudiera estudiarse de manera conveniente en el contexto de su... trabajo sobre el Derecho de los Tratados». Tampoco figuran normas en la Convención sobre la sucesión de Estados en materia de tratados, ni sobre los efectos de la extinción de la personalidad internacional del Estado en la terminación de los tratados, por haber estimado la Comisión que pertenecían al tema de la sucesión de Estados y de Gobiernos. De todos modos, el día 23 de agosto de 1978 se concluyó también en Viena la Convención sobre sucesión de Estados en materia de tratados. Y por fin, tampoco encontramos en la Convención de 1969 reglas sobre la responsabilidad internacional de un Estado por incumplimiento de obligaciones convencionales. La cuestión envuelve aspectos de fondo, y la Comisión de Derecho Internacional decidió incluirlas en sus trabajos sobre la responsabilidad internacional de los Estados[1].

Es lo cierto que desde el año 2004 la Comisión de Derecho internacional trabajaba sobre los efectos de los conflictos armados en los tratados y que en el período de sesiones de 2011 aprobó en segunda lectura un proyecto de artículos sobre el tema, del que daremos somera noticia en el apartado 8.11. Y desde 2008, estudia también la Comisión la cuestión que llama «los tratados en el tiempo», como veremos en el apartado 8.7.

c) Con todo, la Convención de 1969 trata los aspectos básicos del Derecho de Tratados en una codificación que es declarativa e innovadora a la vez, por más que sea difícil en cada punto concreto trazar la diferencia entre una y otra[2]. Se tiene el sentimiento además de que, independientemente de su entrada en vigor, que ya ha tenido lugar, la Convención representa en puntos importantes el Derecho Internacional General en la materia. De otra parte, España se adhirió a la Convención el día 2 de mayo de 1972[3], y en 2016 eran 114 los Estados parte[4]. Por todas estas razones vamos a exponer el Derecho de Tratados ateniéndonos fundamentalmente a sus disposiciones y siguiendo de una manera general su sistemática. Todo ello sin perjuicio de examinar, al hilo de aquellas disposiciones, cuestiones más generales del Derecho de los Tratados y, por supuesto, las disposiciones pertinentes del Derecho español.

8.1. Definición de los tratados. Sus sujetos. Los acuerdos políticos y los acuerdos administrativos

a) Según el artículo 2.1.*a*) de la Convención de Viena, y a efectos de la misma, «se entiende por tratado un acuerdo internacional celebrado por escrito entre Estados y regido por el Derecho Internacional, ya conste en un instrumento único o en dos o más instrumentos y cualquiera que sea su denominación particular».

Tal disposición es fundamental a efectos de determinar qué entidades pueden ser sujetos de los tratados, así como el ámbito de aplicación de la Convención, y merece por ello un cuidadoso examen.

b) Se circunscribe, por lo pronto, el concepto de tratado a los *acuerdos internacionales entre Estados,* excluyéndose los concluidos entre Estados y organizaciones internacionales o entre organizaciones internacionales entre sí. Aunque en los primeros trabajos de la Comisión de Derecho Internacional no figuraba semejante exclusión, fue

---

[1] *Anuario de la Comisión de Derecho Internacional,* vol. II, 1966, pp. 194-195.
[2] Ibíd., p. 195.
[3] *Boletín Oficial del Estado* de 13 de junio de 1980.
[4] Un estudio de la Convención en A. Maresca, *Il Diritto dei Trattati. La Convenzione codificatrice di Vienna del 23 maggio 1969,* Milán, 1961. Una exposición y análisis del Derecho Internacional General anterior a la Convención en Lord McMair, *The Law of Treaties,* Oxford, 1961. Un amplio análisis, que incluye la práctica española, en A. Remiro Brotons, *Derecho Internacional Público. Derecho de los Tratados*, Madrid, 1987. También, J. M. Beneyto y C. Jiménez Piernas (dirs.), *Derecho de los Tratados*, Valencia, 2023.

la propia Comisión la que en un momento posterior la decidió, considerando que «los tratados concertados por organizaciones internacionales tienen muchas características especiales [...], y si intentara incluir en los presentes artículos disposiciones satisfactorias sobre estos tratados complicaría y retrasaría excesivamente su preparación»[5]. En la Conferencia, la delegación de los Estados Unidos propuso que la Convención rigiera también los acuerdos en que interviniesen organizaciones internacionales, pero como otras delegaciones, aun reconociendo la importancia de la cuestión, adujeron que tal inclusión alargaría y complicaría los trabajos, la propuesta fue retirada[6].

Con todo, los acuerdos internacionales concluidos por una organización internacional, aún no sometidos a la Convención, son tratados. Y según el artículo 3 de la Convención, el hecho de que ella no se aplique a los mismos no afecta: «*a*) al valor jurídico de tales acuerdos; *b*) a la aplicación a los mismos de cualquiera de las normas enunciadas en la presente Convención a que estuviesen sometidos en virtud del Derecho Internacional independientemente de esta convención; *c*) a la aplicación de la convención a las relaciones de los Estados entre sí en virtud de acuerdos internacionales en los que fuesen asimismo partes otros sujetos del Derecho Internacional». Recordemos que los tratados celebrados entre Estados y organizaciones internacionales o por organizaciones internacionales entre sí se rigen por la Convención de Viena de 21 de marzo de 1986, aún no en vigor.

c) Acabamos de ver que el artículo 3 de la Convención menciona acuerdos internacionales en los que fuesen partes «otros sujetos del Derecho Internacional». Como hemos dicho, entre estos sujetos están indudablemente *las organizaciones internacionales,* pero se plantea especialmente la cuestión de saber si los acuerdos concluidos entre un Estado y un *particular,* persona física o jurídica, son o no tratados. Acuerdos que se concluyen con frecuencia en nuestros días, particularmente en el ámbito de las relaciones económicas internacionales[7].

La cuestión no es académica, sino que puede tener consecuencias prácticas, como lo demuestra la sentencia del Tribunal de La Haya en el caso de la *Anglo-Iranian Oil Co.,* entre el Reino Unido y el Irán (22 de julio de 1952).

Efectivamente, para establecer la competencia del Tribunal, el Reino Unido invocaba la declaración por la que el Irán aceptaba aquélla para todas las controversias relativas a la aplicación de tratados o convenciones posteriores a 1932. Y a tales fines el Gobierno británico adujo el contrato de concesión entre el Gobierno del Irán y la *Anglo-Iranian,* que databa de 1933 y que en su opinión tenía «un doble carácter: por una parte, el de contrato de concesión entre el Gobierno del Irán y la sociedad, y de otro lado, un tratado entre los dos Gobiernos». Pero el Tribunal no pudo «aceptar la tesis de que el contrato [...] tenga un doble carácter. No es más que un contrato de concesión entre un Gobierno y una sociedad extranjera. El Gobierno del Reino Unido no es parte en el contrato»[8]. Consiguientemente, el Tribunal declaró que no tenía competencia. Y la enseñanza que se desprende de

---

[5] *Anuario de la Comisión de Derecho Internacional,* vol. II, 1966, p. 206.
[6] Doc. A/CONF.39/C.1/S.20.
[7] Véase P. WEIL, «Problèmes relatifs aux contrats passés entre un État et un particulier», en *R. des C.,* t. 128, 1969, pp. 95 ss.
[8] CIJ, *Recueil,* 1952, p. 112.

la sentencia es clara: un acuerdo entre un Gobierno y un particular extranjero no es un tratado internacional.

d) Problema distinto es el de si en los *Estados de estructura compleja,* especialmente en los Estados federales, pueden los entes integrantes (Estados federados, regiones, etc.) concluir tratados internacionales. En este punto, el Derecho Internacional hace un reenvío a los Derechos constitucionales internos. Serán éstos los que tengan la última palabra, y por ello, en el proyecto de artículos que la Comisión de Derecho Internacional preparó en 1966, el artículo 5.2 decía que «los Estados miembros de una unión federal podrán tener capacidad para celebrar tratados si esa posibilidad está admitida por la Constitución federal y dentro de los límites indicados por ésta»[9]. Pero en el segundo período de sesiones de la Conferencia (primavera de 1969) la disposición fue suprimida a propuesta de la delegación de Canadá, y no por discrepancias con su contenido, sino por el temor de los Estados federales de potenciar este tipo de tratados[10].

En lo que respecta a *España,* tras la Constitución de 1978 ya no es un Estado unitario, aunque tampoco federal. La estructura territorial del Estado es compleja, y se habla, como se sabe, del Estado de las Autonomías. Se planteó por ello durante el proceso constituyente la cuestión de si las Comunidades Autonómas podrían concluir tratados internacionales. Sólo el Grupo Vasco defendió en el Congreso una propuesta encaminada a tal fin, según la cual la atribución de las relaciones internacionales al Estado se entendería «sin perjuicio de que en aquellas materias comprendidas en el ámbito de la potestad normativa de los territorios autónomos éstos puedan concertar acuerdos con el consentimiento del Gobierno del Estado». Pero la enmienda fue derrotada en la Comisión respectiva por treinta y tres votos en contra, uno a favor y una abstención, y no volvió a ser planteada[11]. Y hoy únicamente el Estado español tiene el *ius ad tractatum,* porque, según el artículo 149.1.3.ª de la Constitución, las relaciones internacionales son de la competencia exclusiva del Estado. Así lo ha entendido el Tribunal Constitucional, particularmente en su sentencia de 26 de mayo de 1994, al interpretar la expresión «relaciones internacionales» de la citada disposición constitucional. De hecho, esa importante sentencia no ha visto inconveniente a que las Comunidades Autónomas puedan llevar a cabo actividades con proyección exterior, salvo las que impliquen el ejercicio de un *ius contrahendi,* originen obligaciones inmediatas y actuales frente a poderes públicos extranjeros, incidan en la política exterior del Estado y generen responsabilidad de éste frente a Estados extranjeros u organizaciones internacionales supracionales. Abundan en esta opinión otras sentencias del Tribunal Constitucional, como, por ejemplo, la dictada el 21 de septiembre de 2013, relativa a un acuerdo en materia de pesca entre el consejero de Agricultura y Pesca del País Vasco y el ministro de Pesca y Economía Marítima de la República Islámica de Mauritania. Un pronunciamiento interesante de esta sentencia es que, habiendo alegado el abogado del

---

[9] *Anuario de la Comisión de Derecho Internacional,* vol. II, 1966, pp. 210-211.

[10] Conferencia de las Naciones Unidas sobre el Derecho de Tratados, Segundo período de Sesiones, Documentos oficiales, pp. 6-8.

[11] Véase A. Remiro Brotons, «La actividad exterior del Estado y las Comunidades Autónomas», en *Estudios de la Constitución española de 1978,* Zaragoza, 1979, pp. 355 ss.

Estado no sólo la vulneración del artículo 149.1.3.ª de la Constitución, sino también la del artículo 93 —en cuanto viene a hacer al Gobierno garante del cumplimiento de las resoluciones de las organizaciones internacionales—, el Tribunal declara que esta última violación no tiene carácter autónomo dado que se trata de una consecuencia de la transgresión del artículo 149.1.3.ª

De todos modos, casi todos los Estatutos de Autonomía promulgados hasta el momento contienen algunas disposiciones sobre la situación de las Comunidades Autónomas en relación con los tratados internacionales[12]. Estas disposiciones se refieren bien a la iniciativa de las Comunidades para pedir al Estado la celebración de determinados tratados, bien al derecho a ser informadas respecto a la celebración de tratados que afecten a sus competencias, bien a la obligación de ejecutar los tratados, bien a limitaciones *ratione materiae* del derecho del Estado a celebrar tratados.

Ahora bien, aunque según la Constitución española de 1978 las Comunidades Autónomas no puedan concluir tratados ni ejercer los atributos que el Derecho Internacional atribuye al Estado en el plano exterior —derecho de legación activo y pasivo, participación en Organizaciones internacionales de carácter intergubernamental y otros—, parece que nada les impide tomar parte en mecanismos de concertación de la cooperación transfronteriza mediante acuerdos no jurídicos, basados en la buena fe, creadores de los llamados organismos de animación. Hay que decir, en efecto, que la ya citada sentencia del Tribunal Constitucional 165/1994, de 26 de mayo, da por buena la celebración por las comunidades autónomas de este tipo de acuerdos en cuanto se trate de la proyección exterior de sus competencias. Interesa señalar en todo caso que la ley de tratados de 2014 (capítulo II, arts. 52 ss.) permite expresamente que las Comunidades autónomas y los entes locales celebren acuerdos internacionales no constitutivos de tratados en materias propias de su competencia. Se trata de los llamados acuerdos administrativos y de los no normativos, instrumentos que se estudian en el apartado 8.3 de este libro[13].

e) Según la definición de la Convención de Viena de 1969, un acuerdo internacional para ser tratado debe celebrarse por *escrito.* Se excluyen así expresamente de su ámbito de aplicación los acuerdos verbales, y ello, según dijo la Comisión de Derecho Internacional, porque el vocablo «tratado» se emplea de ordinario para

---

[12] Véase A. Rodríguez Carrión, «Participación de las Comunidades Autónomas en la celebración de tratados internacionales», International Law Association (Sección Española), *Boletín Informativo,* n.º 8, octubre 1981; el libro *Constitución, Comunidades Autónomas y Derecho Internacional, VI Jornadas de Profesores de Derecho Internacional y Relaciones Internacionales,* Santiago de Compostela, 1982; A. Remiro Brotons, *La acción exterior del Estado,* Madrid, 1984, pp. 233 ss.; J. M. Peláez Marón, «La participación de las Comunidades Autónomas en la celebración y ejecución de los tratados internacionales», en *Revista de Derecho Público,* 1985, pp. 69 ss.; X. Pons Rafols y E. Sagarra Trias, *La acción exterior de la Generalitat en el nuevo Estatuto de Autonomía de Cataluña,* Universidad de Barcelona, 2006; y C. García, S. Morgades, y A. Rodrigo, «Las relaciones exteriores de la Generalitat en el Estatuto de Autonomía de Cataluña de 2006», *A.D.I.,* 2006, vol. XXII, pp. 23 ss. Véase también P. Fernández Sánchez, «El nuevo Estatuto de Autonomía de Andalucía y la acción exterior», Ibíd., pp. 53 ss.

[13] Ley orgánica 6/2006, de 19 de julio, *B.O.E.* n.º 172.

indicar un acuerdo por escrito, y además por razones de claridad y de sencillez[14]. En todo caso, según el artículo 3 de la Convención tal exclusión no afecta al valor jurídico de los acuerdos verbales ni a la aplicación a los mismos de las disposiciones de la Convención a que estuviesen sometidos con independencia de ella.

f) Sólo los acuerdos entre Estados *regidos por el Derecho Internacional* son tratados a efectos de la Convención. Se excluyen así los acuerdos entre Estados regulados por el Derecho Interno de alguna de las partes o algún otro Derecho Interno[15], como podría ser la compra por un Gobierno a otro Gobierno de un terreno o edificio para una embajada sujeto al Derecho Interno de uno de los Estados.

Y la exigencia de que el acuerdo para ser un tratado esté regido por el Derecho Internacional tiene otras consecuencias. Se sugirió efectivamente en la Conferencia de Viena que un acuerdo sólo debería considerarse como tratado si producía efectos jurídicos o creaba derechos y obligaciones. Se intentaba así excluir del concepto de tratado a las declaraciones de principios, comunicados o acuerdos entre caballeros (*gentlemen's agreements*). Pero la determinación de si tales acuerdos producen o no efectos jurídicos es cuestión que depende de cada caso concreto, por lo que la enmienda se desechó como superflua: la producción de efectos jurídicos o creación de derecho y obligaciones está implícita en la frase «regidos por el Derecho Internacional». Es necesario partir, en cualquier caso, de la presunción del carácter jurídicamente obligatorio de los acuerdos entre Estados, lo que quiere decir que la intención de desproveer de tales efectos a un acuerdo debe resultar expresa o implícitamente de sus disposiciones, particularmente del lenguaje de sus cláusulas[16].

Hay que poner de manifiesto, en todo caso, la importancia que alcanzan en la práctica internacional los acuerdos entre Estados —y entre otros sujetos internacionales— que no son tratados internacionales, como reflejan los actuales trabajos de codificación y desarrollo progresivo de la Comisión de Derecho Internacional de Naciones Unidas sobre la naturaleza y el alcance de los acuerdos internacionales jurídicamente no vinculantes. Se trata de los denominados acuerdos políticos, o declaraciones de intenciones o acuerdos entre caballeros o memorandos de entendimiento (MOU, *Memoranduns oj Understanding*) que, basados en la buena fe, no entrañan compromisos jurídicos regidos por el Derecho Internacional, sino que generan tan sólo obligaciones políticas y exigibles en este último plano. A veces tales acuerdos recaen sobre materias de importancia menor, como cooperación en cuestiones técnicas, culturales, militares, etc., y se concluyen directamente por los

---

[14] *Anuario de la Comisión de Derecho Internacional,* vol. II, 1966, p. 208.

[15] *Anuario de la Comisión de Derecho Internacional,* vol. II, 1966, pp. 208-367.

[16] Véase Conferencia de las Naciones Unidas sobre el Derecho de Tratados, Segundo Período de Sesiones, pp. 368 ss., Declaración del Presidente del Comité de Redacción. En cuanto a los Acuerdos políticos: P. M. EISEMANN, «Le gentlemen's agreements comme source du Droit International», en *R.G.D.I.P.,* 1979, pp. 326 ss.; R. R. BAXTER, «International Law in her infinite variety», en *International and Comparative Law Quarterly,* 1980; M. VIRALLY, «La distinction entre textes internationaux à portée juridique et textes qui en sont depourvues», en *Annuaire de l'Institut de Droit International,* 1982-1983, vol. 60, pp. 166 ss.; F. MUENCH, «Non-binding agreements», en *Encyclopedia of Public International Law,* Amsterdan, Nueva York, Oxford, vol. 7, 1984, pp. 353 ss.; O. SCHACHTER, «The Twilight Existence of Nonbinding Agreements», en *A.J.I.L.,* 1977, pp. 296 ss.; y M. C. ORTEGA CARCELEM, *La identificación de las normas jurídicas internacionales escritas,* Tesis defendida en la Facultad de Derecho de la Universidad Autónoma de Madrid, 1988.

departamentos ministeriales correspondientes. En otras ocasiones, los acuerdos, políticos versan sobre temas de gran importancia y se celebran por los gobiernos; es el caso, por ejemplo, del Acta Final de Helsinki, de la que ya hemos hablado en el apartado 4.3, y de otros documentos adoptados en el proceso de continuación de la Conferencia de Seguridad y Cooperación en Europa. Diríase que el contexto de estos acuerdos es la creciente tendencia a prescindir del formalismo en la regulación de cuestiones internacionales, característica que también se manifiesta en la acción de grupos informales de Estados, como por ejemplo el G-20, cuando señalan líneas de comportamiento en temas tan importantes como el sistema financiero internacional. Señalemos, por fin, que estos acuerdos pueden plantear problemas de ejecución en los Derechos internos, como veremos más adelante, al no poderse introducir en ellos en tanto que tratados internacionales.

g) Antes de la Convención de Viena era corriente en la doctrina y en la práctica la distinción entre tratados, de una parte, *y acuerdos en forma simplificada,* de otra. Los tratados (*treaties*) eran celebrados por los órganos estatales investidos de competencias al respecto (normalmente firma en representación del ejecutivo y ratificación posterior con autorización del legislativo, siendo esta última la que expresaba el consentimiento del Estado en obligarse). La celebración era mediata, en cuanto que se descomponía en varios actos: negociación, firma y ratificación. Y el instrumento era único. Por el contrario, los acuerdos en forma simplificada (*agreements*) se concluían por el ministro de Asuntos Exteriores o el jefe de la respectiva misión diplomática, no estaban sujetos a ratificación, sino que obligaban por la firma, y podían manifestarse en más de un instrumento jurídico (canje de notas).

La Convención de Viena ha prescindido de esta clasificación y designa como tratados a ambos tipos de acuerdos porque, como dijo la Comisión de Derecho Internacional, «las diferencias [...] radican casi exclusivamente en el procedimiento de celebración y entrada en vigor. Las normas de Derecho relativas a la validez, la eficacia y los efectos, la ejecución y el compelimiento (*sic*), la interpretación y la extinción se aplican a toda clase de instrumentos internacionales»[17]. Claro que cuando la Convención regula la celebración y la manifestación del consentimiento en obligarse por los tratados ha tenido que recoger las peculiaridades de aquellas dos formas de acuerdo, como veremos en su momento.

8.2. La celebración de los tratados. Derecho Internacional Público

a) Bajo la rúbrica de «Celebración de tratados», regula la Convención de Viena en la sección 1.ª de la Parte II una serie de actos mediante los cuales cobra vida un tratado: adopción del texto —que se supone precedida de la negociación—, autenticación y manifestación del consentimiento del Estado en obligarse. Se refiere también la Convención en el mismo lugar a los órganos estatales competentes desde el punto de vista del Derecho Internacional para la realización de aquellos

[17] *Anuario de la Comisión de Derecho Internacional,* vol. II, 1966, p. 207.

actos. Antes de ocuparnos de tales cuestiones queremos exponer unos principios generales inspirados por la buena fe que regulan todo el proceso de celebración de los tratados.

b) El proceso de celebración de los tratados se halla regido por un principio de gran arraigo en el Derecho Internacional, cual es el de la *buena fe.* Y este principio hace que durante aquélla surjan obligaciones de comportamiento a cargo de los Estados negociadores[18].

Por lo pronto, las propias negociaciones deben estar presididas por el principio de buena fe. Como ha dicho el Tribunal de La Haya en la repetida sentencia sobre los *casos de la Plataforma continental del Mar del Norte,* los Estados negociadores «tienen la obligación de comportarse de tal manera que la negociación tenga sentido, lo que no sucede cuando una de ellas insiste en su propia posición sin contemplar modificación alguna»[19]. Y si la negociación viene exigida por un acuerdo anterior o por la resolución de un órgano internacional que invita a las partes a negociar, la mala fe durante la negociación, evidenciada por el comportamiento general de un Estado en el curso de ésta, puede engendrar su responsabilidad internacional[20].

De otro lado, si un Estado ha convenido en celebrar negociaciones para la celebración de un tratado, debe abstenerse de cualquier acto encaminado a malograr el objeto del mismo mientras las negociaciones se prosiguen. Esta norma figuraba en el artículo 15 del proyecto de la Comisión de Derecho Internacional[21], y aunque la Conferencia no la retuvo, cabe considerar que constituye una regla de Derecho Internacional Consuetudinario en cuanto corolario obligado del principio de la buena fe. Por ejemplo, en la III Conferencia de las Naciones Unidas sobre el Derecho del Mar, el Grupo de los 77 sostuvo que la promulgación de una legislación unilateral para la explotación de la zona internacional de los fondos marinos mientras estaban en marcha las negociaciones no haría sino violar la norma de la buena fe en las mismas[22].

Existe también la obligación de no frustrar el objeto y el fin de un tratado antes de su entrada en vigor. Dice en este sentido el artículo 18 de la Convención de Viena:

> Un Estado deberá abstenerse de actos en virtud de los cuales se frustren el objeto y el fin de un tratado: *a*) si ha firmado el tratado o ha canjeado instrumentos que constituyen el tratado a reserva de ratificación, aceptación o aprobación mientras no haya manifestado su intención de llegar a ser parte en el tratado; *b*) si ha manifestado su consentimiento en obligarse por el tratado durante el período que preceda a la entrada en vigor del mismo y siempre que ésta no se retarde indebidamente.

Digamos, para acabar con estos aspectos generales de la celebración de tratados, que, según el artículo 74 de la Convención, «la ruptura o ausencia de relaciones diplomáticas o consulares entre dos o más Estados no impedirá la celebración de tratados entre dichos Estados. Tal celebración por sí misma no prejuzgará acerca de la situación de las relaciones diplomáticas y consulares».

---

[18] J. D. GONZÁLEZ CAMPOS y otros, *Curso de Derecho Internacional Público,* vol. I, Universidad de Oviedo, 1983, pp. 129 ss.

[19] CIJ, *Recueil,* 1969, p. 47.

[20] GONZÁLEZ CAMPOS, *op. cit.,* p. 148. Véase la jurisprudencia que cita.

[21] *Anuario de la Comisión de Derecho Internacional,* vol. II, 1966, p. 222.

[22] Doc. A/CONF.62/89.

c) En lo que se refiere a los *actos* de celebración de un tratado, la Convención de Viena trata de la adopción del texto, autenticación del mismo y manifestación del consentimiento en obligarse por el tratado. Claro que previamente es necesaria la negociación del tratado. En este sentido, el artículo 2.1.*e*) dice que se entiende por Estado negociador aquel que ha participado en la elaboración y adopción del texto. Y ya sabemos que existe la obligación de proceder de buena fe en las negociaciones en el sentido indicado en el párrafo anterior.

La *adopción* del texto de un tratado, según dice la Comisión de Derecho Internacional, tenía lugar antiguamente «por acuerdo de todos los Estados participantes en las negociaciones, y cabe decir que la unanimidad era la regla general. El desarrollo de la práctica de redactar tratados en grandes conferencias internacionales o en organizaciones internacionales ha llevado, sin embargo, a un empleo tan normal del procedimiento del voto de la mayoría que, al parecer de la Comisión, se apartaría de la realidad el establecer la norma de la unanimidad para la adopción de los textos de los tratados redactados en conferencias o en organizaciones. La unanimidad sigue siendo la regla general para los tratados bilaterales y para los tratados redactados por un pequeño número de Estados; pero para los tratados multilaterales hay que establecer una norma general diferente, aunque los Estados interesados, si así lo deciden, podrán aplicar la regla de la unanimidad en determinados casos»[23].

Y de acuerdo con el proyecto de la Comisión, consecuente con las ideas transcritas, el artículo 9 de la Convención de Viena está así redactado:

> 1. La adopción del texto de un tratado se efectuará por consentimiento de todos los Estados participantes en su elaboración, salvo lo dispuesto en el párrafo 2.
> 2. La adopción del texto de un tratado en una conferencia internacional se efectuará por mayoría de dos tercios de los Estados presentes y votantes, a menos que los Estados decidan por igual mayoría aplicar una regla diferente.

Regla diferente ha sido, en efecto, la adoptada en la III Conferencia de las Naciones Unidas sobre el Derecho del Mar, iniciada en 1973 y finalizada en 1982, en la que fue el consenso o acuerdo general el método principal de adopción del texto, apareciendo el voto como sistema subsidiario, al que sólo era posible recurrir cuando se agotaren los esfuerzos para alcanzar el consenso y en virtud de un procedimiento muy complejo desde el punto de vista procesal. Razones políticas militaron en favor de esta solución. El voto mayoritario no interesaba a la amplia mayoría del Grupo de los 77 —Estados en desarrollo—, que aun sabiendo que las votaciones darían lugar a textos favorables a sus intereses y aspiraciones, no ignoraban que ello podía implicar la negativa de los Estados desarrollados a adoptar o ratificar el texto. Y los Estados desarrollados, plenamente conscientes de su posición minoritaria en muchos temas, estaban igualmente interesados en el método del consenso[24]. Claro que ello significa la necesidad de compromiso tras negociaciones. Y la cantidad y complejidad de los intereses de los Estados respecto al mar es la que determinó

---

[23] *Anuario de la Comisión de Derecho Internacional,* vol. II, 1966, p. 214.

[24] Véase J. A. PASTOR RIDRUEJO, «Consideraciones sobre la III Conferencia de las Naciones Unidas sobre el Derecho del Mar», en *Anuario de Derecho Internacional,* III, 1976, pp. 281-296.

la lentitud y extrema dificultad de las negociaciones que necesitaron nada menos que once períodos de sesiones (entre 1973 y 1982). Y lamentablemente no resultó posible al final un consenso general por la manifiesta oposición de la delegación de los Estados Unidos a la Parte XI de la Convención —régimen y mecanismo de la zona internacional de los fondos marinos— habiendo sido necesario adoptar la Convención por votación, aunque se trata realmente de un instrumento negociado por consenso pero adoptado por votación.

En todo caso, y volviendo al tema de la adopción, si la adopción del texto del tratado tiene lugar en una organización internacional, entrarán en juego, según el artículo 5 de la Convención, las normas pertinentes de aquélla en tanto que *ius specialis* en la materia[25], y lo normal será la adopción por mayoría de votos.

La *autenticación* es el acto por el cual se establece el texto definitivo de un tratado y en el que se certifica que ese texto es el correcto y auténtico; es necesario para que los Estados negociadores, antes de decidir si van a ser partes o no del tratado, sepan cuál es el contenido inalterable del mismo[26]. Según el artículo 10 de la Convención:

> El texto de un tratado quedará establecido como auténtico y definitivo:
> *a*) mediante el procedimiento que se prescriba en él o que convengan los Estados que hayan participado en su elaboración; o
> *b*) a falta de tal procedimiento, mediante la firma, la firma *ad referendum* o la rúbrica puesta por los representantes de esos Estados en el texto del tratado o en el acta final de la conferencia en que figure el texto.

En la actualidad es frecuente que la autenticación se efectúe en forma de resolución de un órgano de una organización internacional o de acto especial realizado por una autoridad competente de aquélla. Se trata de supuestos en que, según el artículo 5, rigen las normas pertinentes de la organización[27].

En lo que respecta a los *modos de manifestación del consentimiento del Estado en obligarse por un tratado,* y a fin de entender las disposiciones al respecto de la Convención de Viena, hay que empezar refiriéndose a la ratificación y a la evolución histórica de este instituto.

En los orígenes del Derecho Internacional, y de acuerdo con la teoría enunciada por GROCIO, la ratificación se concebía sobre una base civilista y más precisamente sobre la institución del mandato. La ratificación no era otra cosa que la confirmación por el jefe del Estado —mandante— de los plenos poderes —mandato— conferidos a su representante —mandatario—. Pero esta ratificación no añadía nada al tratado, que era obligatorio desde el momento de la firma. Mas dados los inconvenientes prácticos de esta concepción, que implicaba el riesgo de que los agentes diplomáticos pudiesen comprometer irrevocablemente al Estado, se introdujo rápidamente la costumbre de incluir una cláusula que reservaba al soberano el derecho de dar por sí mismo valor obligatorio al tratado por una formalidad distinta de la firma. Consiguientemente, la doctrina de la época (BYNKERSHOEK, MABLY) estableció la necesidad de la ratificación incluso a falta de cláusula expresa[28]. Posteriormente,

---

[25] J. D. GONZÁLEZ CAMPOS, *op. cit.,* p. 133.
[26] *Anuario de la Comisión de Derecho Internacional,* vol. II, 1966, pp. 214-215.
[27] *Anuario de la Comisión de Derecho Internacional,* vol. II, 1966, p. 215.
[28] C. H. ROUSSEAU, *Principes généraux de Droit International Public,* Paris, 1944, p. 189.

con la aparición del constitucionalismo, la ratificación de los tratados adquiere una nueva dimensión. Su finalidad es ya la de realizar el control parlamentario de las relaciones exteriores, y significa el acto de autorización del parlamento al poder ejecutivo para que éste pueda expresar en el ámbito internacional su manifestación en obligar al Estado por un tratado. De ahí que se distinga entre una ratificación constitucional o en el ámbito interno y una ratificación internacional[29].

A lo largo del siglo XIX se estimaba, pues, que los tratados, para obligar internacionalmente al Estado, debían de ser ratificados. Pero el incremento de las relaciones entre los Estados, sobre todo en las esferas económicas y técnicas, implicaron el empleo cada vez mayor de acuerdos en forma simplificada, que eran obligatorios únicamente por la firma o por el simple intercambio de instrumentos sin necesidad de ratificación. Surgieron además otras formas de manifestación del consentimiento del Estado en obligarse por un tratado, como la adhesión, aprobación y aceptación. Ocurría, de otro lado, que, según la mayoría de las constituciones, no todos los tratados, sino sólo los que se referían a determinadas materias, debían ser ratificados. Hoy día la práctica internacional demuestra inequívocamente que existen diversas formas para que un Estado se obligue por un tratado, y esta situación ha sido recogida por el artículo 11 de la Convención de Viena, así redactado:

> El consentimiento de un Estado en obligarse por un tratado podrá manifestarse mediante la firma, el canje de instrumentos que constituyan un tratado, la ratificación, la aceptación, la aprobación o la adhesión, o en cualquier otra forma que se hubiese convenido.

Y según se desprende de los artículos 12 a 15, son los Estados negociadores los que determinan y escogen libremente cuál va a ser el modo concreto de expresión de obligarse por el tratado. Es cuestión que depende de su voluntad, y ésta puede expresarse bien en el propio tratado, bien de otra manera.

d) Existe, pues, pluralidad de modos de manifestación del consentimiento en obligarse por un tratado y, además, libertad de los Estados negociadores para elegir uno u otro de estos modos. Y en el marco de estos principios de pluralidad y libertad han surgido, dentro de la práctica de las organizaciones internacionales o de la gestión de tratados multilaterales, modos de manifestación del consentimiento por la vía del silencio o de la no objeción. Es lo que la doctrina especializada llama *prolepsis*. Se trata de resoluciones de órganos de instituciones internacionales que entran en vigor para los Estados miembros cuando éstos no las objetan en un plazo determinado. Se trata igualmente de resoluciones de la conferencia de Estados partes en un tratado que entran en vigor para los Estados en cuestión si éstos no manifiestan oposición en el plazo señalado[29 bis].

---

[29] *Anuario de la Comisión de Derecho Internacional,* vol. II, 1966, p. 215.

[29 bis] Véase A. PASTOR PALOMAR, *Las formas de manifestación del consentimiento para obligarse por tratados internacionales: análisis de la práctica española*, Ministerio de Asuntos Exteriores, Madrid, 2001. En cuanto a la práctica en la materia de los Estados europeos, es de sumo interés la obra preparada por el Consejo de Europa COUNCIL OF EUROPE, *Treaty-Making Expresión of consent by States to be bound by treaties,* Kluwer Law International, 2001.

e) Hemos expuesto hasta aquí de manera sumaria y sintética cuáles son los actos de celebración de los tratados, y vamos a ocuparnos ahora de los *órganos estatales competentes* para realizarlos. La cuestión está regulada en el artículo 7 de la Convención de Viena, y en él se contiene una distinción fundamental: 1) competencias concedidas directamente por el Derecho Internacional, y 2) competencias en virtud de una representación expresa o implícita.

Efectivamente, según el párrafo 2 del artículo 7, ciertos órganos del Estado tienen competencias para la realización de determinados actos, concedidas directamente por el Derecho Internacional. Se trata, en primer término, de los jefes de Estado, jefes de Gobierno y ministros de Asuntos Exteriores, que pueden realizar todos los actos relativos a la celebración de un tratado, esto es, negociarlo, adoptarlo, autenticarlo y manifestar el consentimiento en obligarse por él mediante cualquiera de los modos que establece la Convención. Encontramos después a los jefes de misión diplomática, competentes sólo para la adopción de un tratado entre el Estado acreditante y el Estado receptor. Y tenemos el caso, por fin, de los representantes del Estado en una conferencia u organización internacional, que únicamente son competentes para adoptar un tratado concluido en el seno de aquéllas.

Fuera de estos supuestos, y según el párrafo 1 del artículo 7, cualquier otra persona, y para cualquier acto de celebración de un tratado, debe presentar los plenos poderes adecuados (representación expresa), aunque si resulta de la práctica de los Estados interesados o de otras circunstancias que aquéllos tenían la intención de considerar a una persona como representante del Estado, no se necesitan plenos poderes (representación implícita). En todo caso, un acto de celebración de un tratado realizado por una persona que no tenga competencias conferidas directamente por el Derecho Internacional o que no se beneficie de la representación expresa o implícita puede ser confirmado ulteriormente (art. 8).

f) Pero también *los Derechos internos* regulan la actividad de los órganos estatales que intervienen en la celebración de los tratados, y ello puede dar lugar a dos núcleos de problemas: de terminología, en primer lugar, y de conflictos entre el Derecho interno y el Derecho Internacional, en segundo lugar.

Respecto a los problemas de terminología, ocurre que a ciertos vocablos se les da sentido distinto en el Derecho Internacional y en los Derechos internos. Ahora bien: como dice REUTER, la Convención de Viena ha suprimido con habilidad y elegancia el problema de vocabulario, pues no define términos tales como «ratificación», «aceptación» o «aprobación», sino que se limita a decir que constituyen el acto por el cual un Estado hace constar en el ámbito internacional su consentimiento en obligarse por un tratado [art. 2.1.*b*)]. En tales condiciones es posible el recurso a cualquier terminología siempre que su significación sea clara: todo se reduce a las intenciones del Estado[30].

En lo que concierne a las consecuencias internacionales de las posibles violaciones del Derecho interno en la manifestación de la voluntad del Estado, es cuestión

---

[30] P. REUTER, *Introduction au Droit des Traités,* París, 1972, pp. 68-69.

que preocupó a la Comisión de Derecho Internacional y a la Conferencia de Viena, y según el artículo 46 de la Convención:

> 1. El hecho de que el consentimiento de un Estado en obligarse por un tratado haya sido manifestado en violación de una disposición de su Derecho interno concerniente a la competencia para celebrar tratados no podrá ser alegado por dicho Estado como vicio de su consentimiento, a menos que esa violación sea manifiesta y afecte a una norma de importancia fundamental de su Derecho interno.
> 2. Una violación es manifiesta si resulta objetivamente evidente para cualquier Estado que proceda en la manera conforme a la práctica usual y de buena fe.

8.3. La celebración de tratados y otros acuerdos internacionales en el Derecho español

a) Las normas de *Derecho español sobre celebración de tratados* tienen, como es lógico, distinto rango, y figuran hoy en la Constitución de 1978 y básicamente en la Ley 25/2014, de 27 de noviembre, de Tratados y otros Acuerdos Internacionales. Es de hacer notar que, como se desprende del título de la ley y como se verá más adelante, sus disposiciones se refieren no sólo a los tratados sino también a otros instrumentos internacionales como los acuerdos no normativos o *MOUS* (*Memoranda of understanding*) y a los llamados acuerdos administrativos. La ley es larga y detallada, llena sin duda un vacío, reitera disposiciones constitucionales, y a mi entender merece en su conjunto una valoración favorable. En los párrafos siguientes nos ocupamos de sus disposiciones más relevantes[31].

b) A efectos de realizar cualquier acto internacional relativo a un tratado y, en particular, para negociar, adoptar y autenticar su texto, así como para manifestar el consentimiento de España en obligarse, se requiere estar en posesión de una plenipotencia o pleno poder. Pero no necesitan esa autorización ni el Rey, ni el Presidente del Gobierno, ni el Ministro de Asuntos Exteriores y Cooperación, ni las personas mencionadas en el párrafo 2.º del artículo 7 de la Convención de Viena, ya citado, a los que la ley de 2014 añade el supuesto del jefe de misión especial para los tratados entre España y cualquiera de los Estados a que se envíe la misión y en lo que se refiere al contenido de ésta.

c) La manifestación del consentimiento de España en obligarse ha de hacerse según la forma prevista por los negociadores, aunque en el caso de los tratados contemplados en los artículos 93 y párrafo 1.º del artículo 94 de la Constitución

---

[31] Se citan los siguientes estudios relativos a la situación anterior a la ley de tratados: A. Remiro Brotons, *Lecciones de Derecho Internacional Público*, Murcia, 1981, pp. 58 ss.; L. I. Sánchez Rodríguez, *El proceso de celebración de los tratados internacionales y su eficacia interna en el sistema constitucional español. Teoría y práctica*, Madrid, 1984; J. A. Yturriaga, «El Decreto 801/1972 sobre ordenación de la actividad de la administración del Estado en materia de tratados internacionales», *A.E.D.I.*, 1974, pp. 361 ss. Sobre la ley de tratados, véase especialmente J. Martín Pérez de Nanclares, «La ley de tratados y otros acuerdos internacionales: una nueva regulación para disciplinar una práctica internacional difícil de ignorar», *R.E.D.I.*, 2015, 1, pp. 13 ss.; y P. Andrés Sáenz de Santamaría; J. Díez-Hochleitner; y J. Martín Pérez de Nanclares, *Comentario a la ley de tratados y otros acuerdos internacionales*, Madrid, 2015. Más recientemente, J. M. Beneyto y C. Jiménez Piernas (dirs.), *Derecho de los Tratados*, Valencia, 2023.

(de los que se habla enseguida), los negociadores españoles sólo podrán convenir los modos de manifestación del consentimiento que permitan la previa autorización de las Cortes. En todo caso, corresponde al Consejo de Ministros acordar el repetido consentimiento.

d) El artículo 93 de la Constitución se refiere a «la celebración de los tratados por los que se atribuya a una organización o institución internacional el ejercicio de las competencias derivadas de la Constitución». Se estaba pensando aquí en la adhesión de España a las comunidades europeas: Comunidad Económica Europea, Comunidad Europea del Carbón y del Acero y Comunidad Europea de Energía Atómica. Y para dicha celebración se necesita la autorización de las Cortes «mediante Ley Orgánica», que según el artículo 81.2 de la Constitución exige «mayoría absoluta del Congreso en una votación final sobre el conjunto del proyecto». Aunque el artículo 93 habla con técnica defectuosa de la «celebración», hay que pensar que la autorización de las Cortes mediante Ley Orgánica sólo se requiere para la manifestación del consentimiento del Estado en obligarse por los tratados instituyentes de aquellas comunidades. La autorización parlamentaria no ha tenido lugar para las negociaciones ni tampoco para la adopción del tratado de adhesión de España a las Comunidades el 12 de junio de 1985.

El artículo 94.1 enumera una serie de casos en que la prestación del consentimiento del Estado para obligarse por medio de tratados requiere la previa autorización de las Cortes. Estos casos son:

a) Tratados de carácter político.
b) Tratados o convenios de carácter militar.
c) Tratados o convenios que afecten a la integridad territorial del Estado o a los derechos y deberes fundamentales establecidos en el título I.
d) Tratados o convenios que impliquen obligaciones financieras para la Hacienda Pública.
e) Tratados o convenios que supongan modificación o derogación de alguna ley o exijan medidas legislativas para su ejecución.

En cuanto a los restantes tratados, y según el párrafo 2 de dicho artículo 94, el Congreso y el Senado serán inmediatamente informados de su conclusión.

Los casos en los que las Cortes no han autorizado la prestación del consentimiento son extraordinarios, puede citarse el del Acuerdo entre el España y Azerabaiyán para el intercambio y la protección mutua de la información clasificada, adoptado el 14 de diciembre de 2021. Este tratado no fue rechazado por su contenido, sino por motivaciones políticas basadas en el conflicto entre Azerbaiyán y Armenia por el territorio de Nagorno Karabaj[31 bis].

e) Como es lógico, pueden plantearse problemas de calificación de un tratado a efectos de determinar si la prestación del consentimiento de España en obligarse requiere la autorización de las Cortes o si sólo se exige la información del Gobierno a las Cámaras. Pueden surgir dudas asimismo sobre si la autorización del legisla-

[31 bis] *Diario de Sesiones del Congreso de los Diputados*. Pleno y Diputación Permanente, n.º 221, de 3 de noviembre de 2022.

tivo debe someterse al régimen ordinario del artículo 94 de la Constitución —que requiere aprobación por mayoría en cada Cámara (art. 74.24)— o al régimen extraordinario del artículo 93, que exige una Ley Orgánica.

Efectivamente, en lo que respecta a algunos de los supuestos del párrafo 1 del artículo 94 de la Constitución, la calificación de un tratado a efectos de subsunción en aquellos supuestos, puede plantear problemas. Así, el inciso *a*) del párrafo 1 se refiere a los «tratados de carácter político», pero si se tiene en cuenta que la celebración de cualquier tratado comporta ejercicio de soberanía estatal y que, por consiguiente, todo tratado tiene inevitablemente un cierto carácter político, resultaría posible someter todos los tratados a autorización parlamentaria. Lo prudente y razonable es, sin embargo, requerir esa autorización para los tratados con alguna importancia política, criterio que por su carácter vago deja juego a la discrecionalidad de los órganos calificadores. Cabe también que resulte problemática la aplicación del inciso *d*) del párrafo mencionado, que se refiere a «tratados o convenios que impliquen obligaciones financieras para la Hacienda Pública». Porque cabe entender, en efecto, que si las obligaciones o gastos en cuestión pueden ser atendidas con arreglo al presupuesto ordinario, ya aprobado por ley, no parece necesaria la autorización parlamentaria; sólo si fuese preciso iniciar un expediente de concesión de crédito extraordinario, que forzosamente requiere una ley, sería necesaria aquella autorización[32]. Ahora bien, dado que las leyes que aprueban los presupuestos ordinarios del Estado tienen carácter anual, ¿qué ocurrirá cuando la ejecución de los tratados exceda del plazo de un año y necesite del presupuesto ordinario de años sucesivos? Lo lógico y prudente en este último supuesto es someter a autorización de las Cortes la manifestación del consentimiento de España a obligarse por el tratado en cuestión. Ha dicho el Consejo de Estado en este orden de ideas en su dictamen 4.479/1998, que si la obligación asumida por España no es financiera en sí misma pero su cobertura desborda las previsiones presupuestarias y puede originar compromisos de asignaciones adicionales futuras o la tramitación de créditos extraordinarios o suplementos de crédito, se requiere la autorización parlamentaria a tenor del apartado *e*) del párrafo 1 del artículo 94 (necesidad de adopción de medidas legislativas para la ejecución del tratado). En fin, por su propia naturaleza, también el supuesto del inciso *e*) —«tratados o convenios que supongan modificación o derogación de alguna ley o exijan medidas legislativas para su ejecución»— puede originar dudas en su aplicación.

---

[32] Así lo entendió el Consejo de Estado en su dictamen n.º 43.008, de 2 de abril de 1981. Pero en un dictamen posterior, el n.º 46.016, de 5 de julio de 1984, sentó una posición completamente distinta, al interpretar la expresión «obligaciones financieras para la Hacienda Pública» como referida a «cualquier clase de compromiso de crédito público tanto activo como pasivo [...] incluidos los compromisos de subsidios a potencias extranjeras y los compromisos de avales del Estado y de seguros de cambio»; para las obligaciones que sean propiamente de gasto, habrían de incluirse en el inciso *e*) del párrafo 1 del artículo 94 de la Constitución, en el sentido de que los tratados que las estableciesen sólo necesitarían autorización parlamentaria por requerir por vía de ley un crédito extraordinario o un suplemento de crédito. Sobre estos problemas: A. DASTIS QUECEDO, «La noción de tratados que implican obligaciones financieras para la Hacienda Pública (En torno a ciertos problemas prácticos de la aplicación del artículo 94 de la constitución)», en *R.E.D.I.*, 1986-1, pp. 135 ss. Véase en general la práctica del Consejo de Estado en: J. CARDONA LLORENS, «La autorización parlamentaria de los tratados: los primeros seis años de práctica constitucional», en *A.D.I.*, 1983-1984, pp. 113 ss.

En el régimen político anterior, si se planteaba la duda de si un tratado debía de pasar por las Cortes, la última palabra la tenía el Gobierno[33]. En el régimen constitucional actual, puesto que se tratará de un conflicto entre el Gobierno y las Cortes sobre la interpretación de los artículos 93 y 94 de la Constitución, parece conveniente deferir la cuestión al Tribunal Constitucional para solución definitiva. En todo caso, nada ayuda a resolver estos problemas el artículo 22 de la Ley Orgánica del Consejo de Estado de 22 de abril de 1980, a cuyo tenor la Comisión permanente de dicho Consejo debe ser oída para determinar si la prestación del consentimiento de España en obligarse por un tratado debe ser objeto de autorización de las Cortes. La disposición no es ciertamente feliz por varias razones. La primera es que introduce un pesado trámite administrativo que ciertamente no contribuye a agilizar el proceso interno de la prestación del consentimiento de España en obligarse. La segunda es que, pese a la existencia del informe del Consejo de Estado, puede existir un conflicto real de calificación del tratado entre el Gobierno y las Cortes. Y aún hay una tercera razón: según la letra del citado artículo 22, la Comisión permanente del Consejo de Estado no debe informar sobre el régimen ordinario (art. 94 de la Constitución) o extraordinario (art. 93) de la autorización del legislativo.

Para agilizar el trámite nos parece acertada la sugerencia del profesor REMIRO BROTONS de que en los casos de tratados que no ofrezcan dudas al Gobierno sobre la necesidad de autorización de las Cortes pueda aquél prescindir de la audiencia de la Comisión permanente del Consejo de Estado[34]. Y pudiera sostenerse también que esta última debería informar sobre el régimen ordinario o extraordinario a que debería sujetarse la autorización del legislativo.

f) En lo que concierne al modo de formalización interna de la prestación del consentimiento de España en obligarse por los tratados comprendidos en el citado párrafo 1.º del artículo 94, hemos de decir que no es una ley ni tampoco un decreto ley. Así, en el caso de la adhesión de España a determinados acuerdos del Fondo Monetario Internacional, lo que por pretendidas razones de urgencia hizo el Gobierno fue la aprobación del Real Decreto-ley de 9 de octubre de 1998, modo de proceder que conllevó la omisión de la autorización de las Cortes, pese a que los compromisos asumidos implicaban obligaciones financieras para la hacienda pública. Con la finalidad de salvar esta omisión dando entrada en el caso al poder legislativo se promulgó posteriormente la ley de 21 de abril de 1999, que reproducía casi al pie de la letra el texto de aquel Real Decreto-ley. Pero en sentencia de 9 de junio de 2005, el Tribunal Constitucional declaró la inconstitucionalidad de esta solución[34 bis].

g) El artículo 95 contempla, por su parte, el caso de un tratado que contenga disposiciones contrarias a la Constitución, en cuyo caso su celebración requerirá

[33] A. REMIRO BROTONS, *Las Cortes y la política exterior española (1942-1976),* Valladolid, 1977, pp. 28 ss.
[34] A. REMIRO BROTONS, «La autorización parlamentaria de la conclusión de los tratados: el problema de la calificación», en *R.E.D.I.*, 1980.
[34 bis] Véase sobre este caso A. SALINAS DE FRÍAS, «La reafirmación del necesario control parlamentario de la actividad convencional del ejecutivo. Comentario a la sentencia 155/205, de 9 de junio, del Tribunal Constitucional», en *R.E.D.I.*, n.º 1, 2005, pp. 121 ss.

la previa revisión constitucional. Si existen dudas sobre la incompatibilidad, el párrafo 2 de dicho artículo faculta al Gobierno o a cualquiera de las Cámaras a requerir al Tribunal Constitucional para que declare si existe o no contradicción. Es éste un supuesto de inconstitucionalidad intrínseca, o material, o por razón del contenido del tratado para el que además del control *a priori* —o previo a su celebración— que establece el artículo citado de la Constitución, existe un control *a posteriori* regulado en la Ley orgánica del Tribunal Constitucional de 3 de octubre de 1979. De estos aspectos nos ocuparemos con más extensión al hablar de las relaciones entre el Derecho Internacional convencional y el Derecho español. Queremos señalar ahora en todo caso que el párrafo 2 del artículo 95 ha sido objeto hasta el momento de dos aplicaciones. La primera es la realizada con ocasión de la ratificación por España del importante Tratado de la Unión Europea (firmado en Maastricht el 9 de febrero de 1992 y en vigor desde el 1 de noviembre de 1993). Efectivamente, el artículo G.B, apartado 10, de ese tratado enuncia como elemento integrante de la nueva figura de la ciudadanía europea el derecho de todo nacional de un Estado miembro al sufragio activo y pasivo en las elecciones municipales del Estado miembro en que resida en las mismas condiciones que los nacionales de este último Estado. Y ante la eventual contradicción de ese artículo con el 13.2 de la Constitución, el Gobierno decidió por acuerdo de 24 de abril de 1992 consultar al Tribunal Constitucional sobre esa posible incompatibilidad, al amparo dcl artículo 95.2 de la Constitución. Por declaración de 1 de julio de 1992, el Tribunal confirmó que esa contradicción era cierta, indicando además que el procedimiento de reforma constitucional era el del artículo 167 de la norma fundamental. La reforma, adoptada por consenso en las Cortes el 27 de agosto de 1992 y consistente en la adición de las palabras «y pasivo» después del vocablo «activo» en el mencionado precepto constitucional[34 ter], permitió que nuestro país ratificara sin ninguna clase de problemas internos el Tratado sobre la Unión Europea el día 30 de diciembre de 1992.

El 13 de diciembre de 2004, el Tribunal Constitucional ha aplicado por segunda vez el párrafo 2.º del artículo 95 de la Constitución, para declarar la conformidad con ella del texto del Tratado Constitucional de la Unión Europea adoptado en Dublín en junio de ese mismo año (tratado que como resultado de los referéndums celebrados en Francia y Países Bajos nunca llegó a entrar en vigor). Interesa destacar lo que se dice en esa declaración: que el objetivo del control previo de la constitucionalidad de los tratados es doble. Primero, la protección jurisdiccional de la Constitución; y segundo, la garantía de la seguridad y estabilidad de los compromisos internacionales asumidos por España en orden a la salvaguarda de la responsabilidad internacional del Estado[34 quáter].

Pero aquí nos interesa especialmente un aspecto distinto de la inconstitucionalidad de los tratados: la de carácter extrínseco o formal, es decir, la resultante de las posibles violaciones de las normas constitucionales españolas relativas a la celebración de tratados. Sería el caso, por ejemplo, de un tratado que debiera estar subsumido en el párrafo 1 del artículo 94 de la Constitución, pero que el

---

[34 ter] *B.O.E.* de 28 de agosto de 1992.
[34 quáter] *B.O.E.* de 4 de enero de 2005.

Gobierno lo ha sustraído de la autorización de las Cortes por haberlo calificado como incluido en el párrafo 2 del mismo artículo. O sería también el caso de un tratado que por implicar cesión a una organización internacional de competencias derivadas de la Constitución debiera estar sujeto a los requisitos del artículo 93, no obstante lo cual la autorización de las Cortes se hubiera prestado de conformidad con el párrafo 1 del artículo 94. Pues bien, la hipótesis de inconstitucionalidad extrínseca de un tratado no ha sido regulada en la Constitución y ha habido que esperar para ello a la Ley orgánica del Tribunal Constitucional, cuyo artículo 29 permite, en efecto, interponer un recurso de inconstitucionalidad fundado en aquella causa. Bien entendido que se trata de un recurso *a posteriori,* que sólo se puede formular cuando el tratado haya sido publicado en el *Boletín Oficial del Estado,* lo que supone, según el párrafo 1 del artículo 96 de la Constitución, que ya está en vigor. Y si prospera el recurso de inconstitucionalidad surge entonces el espinoso problema de desligar a España, en el plano internacional, del tratado en cuestión.

Señalemos de todos modos que el profesor REMIRO BROTONS[35] ha sugerido la posibilidad de establecer el control *a priori* de la constitucionalidad extrínseca de los tratados contemplados en el artículo 93 de la Constitución. Exigiendo dichos tratados la autorización de las Cortes mediante ley orgánica sería posible, en efecto, impugnar la constitucionalidad de dicha ley con carácter previo sobre la base del artículo 79 de la Ley orgánica del Tribunal Constitucional. Pero este tipo de recurso no alcanzaría a los tratados contemplados en el párrafo 1 del artículo 94, ya que respecto a ellos la autorización parlamentaria se manifiesta mediante un acto singular del que ya hemos hablado líneas atrás: aprobación por mayoría en cada Cámara, según el artículo 74.2 de la Constitución.

h) Según el artículo 63.2 de la Constitución, «al Rey corresponde manifestar el consentimiento del Estado para obligarse internacionalmente por medio de tratados, de conformidad con la Constitución y las leyes». Hay que entender que en dicha disposición el término «tratado» sólo se refiere a los concluidos en forma solemne y que requieran autorización de las Cortes para la manifestación del consentimiento del Estado español en obligarse, pues no cabe pensar que en los acuerdos en forma simplificada en que aquel consentimiento se manifieste por la firma o por el canje de instrumentos tenga que intervenir siempre el Rey. Tal no ha podido ser la intención de la Constitución, y es de esperar que la próxima ley de tratados precise este punto. En todo caso, un análisis de la práctica, que ha realizado el profesor SÁNCHEZ RODRÍGUEZ[36] demuestra lo siguiente: *a*) respecto a los tratados internacionales en que la manifestación del consentimiento en obligarse se hace mediante ratificación o adhesión y han sido objeto de autorización parlamentaria interviene siempre el Rey, que es quien firma los correspondientes instrumentos de ratificación o adhesión; *b*) en los tratados en

---

[35] A. REMIRO BROTONS, «La Constitucionalidad de los tratados internacionales y su control por el Tribunal Constitucional», en la obra *El Tribunal Constitucional,* Instituto de Estudios Fiscales, Madrid, 1982, pp. 2246-2248.

[36] L. I. SÁNCHEZ RODRÍGUEZ, *op. cit.* en nota 31, pp. 124 ss.

que la manifestación del consentimiento se hace por ratificación o adhesión pero que no han sido objeto de autorización parlamentaria, interviene también el Rey, seguramente atendiendo al criterio de la forma de celebración; *c*) en los tratados internacionales concluidos en forma simplificada que son objeto de autorización parlamentaria, no interviene el Rey, siendo la forma de celebración del tratado la que determina esta falta de intervención; y *d*) en los tratados internacionales concluidos en forma simplificada que no son objeto de autorización parlamentaria, tampoco interviene el Rey.

Entendemos que esta práctica ha sido avalada por el auto del Tribunal Constitucional de 11 de abril de 1991. Se trataba de saber si un canje de notas hispano-alemán que extendía el Convenio bilateral de extradición a los delitos fiscales, no provisto de sanción real, formaba parte del Derecho español. La sección segunda de la Audiencia Nacional, por auto de 16 de julio de 1990, había entendido que no, en cuanto que la celebración del canje de notas habría vulnerado lo dispuesto en el artículo 63.2 de la Constitución, y denegó por consiguiente una solicitud de extradición apoyada en aquel canje. Revocado dicho auto por la Sala de lo Penal en pleno de la Audiencia Nacional[36 bis], y planteado recurso de amparo ante el Tribunal Constitucional, la sección primera de su Sala primera acuerda la inadmisión del recurso, entendiendo que la tesis de la necesidad de la intervención real en el canje de notas que nos ocupa resulta desmesurada y no puede encontrar fundamento en la Constitución. «Ni su artículo 63.2 —dice textualmente— obliga a que sea el Rey, siempre y en todo caso, quien preste el consentimiento del Estado para obligarse internacionalmente; ni su artículo 94.1 fuerza la intervención regia siempre que las Cortes autoricen la realización de un tratado internacional».

Por lo demás, como ha señalado el profesor JUSTE RUIZ[37] una meditada interpretación del texto en cuestión debe llevarnos a la conclusión de que su sentido no es atribuir al Monarca la competencia sustantiva para decidir la vinculación del Estado español por medio de tratados, sino la mera facultad formal de «manifestar» esa vinculación que habrá sido decidida previamente «de conformidad con la Constitución y con las leyes»; la competencia sustantiva corresponde al Gobierno y a las Cortes en los términos establecidos por la Constitución. Las facultades del Rey en el punto que nos ocupa se corresponden básicamente con las que le confiere el artículo 91 en orden a la sanción y promulgación de las leyes.

i) Digamos también que España no es ajena a la práctica de celebración de acuerdos políticos o no normativos a la que nos hemos referido en el apartado 8.1 al hablar de la definición de los tratados. Es de alabar el hecho de que este tipo de instrumentos haya sido objeto de regulación en la ley de tratados de 27 de noviembre de 2014. En realidad, estos acuerdos no sólo se celebran sobre temas menores o de escasa relevancia, sino también sobre materias de gran importancia política, como es el caso, entre otros, de los sucesivos entendimientos entre España y el Reino Unido acerca de la colonia de Gibraltar.

[36 bis] Véase el comentario a los autos mencionados en M. P. ANDRÉS SÁENZ DE SANTA MARÍA, en *R.E.D.I.*, 1991-1, pp. 158 ss.

[37] J. JUSTE RUIZ, «El Derecho Internacional Público en la Constitución española de 1978», en *Anuario de Derecho Internacional,* IV, 1977-1978, pp. 29-31.

En lo que se refiere a los efectos de estos instrumentos, hay que decir que los artículos 2 y 43 de la ley de 2014 indican que no constituyen fuente de obligaciones internacionales, aunque hubiese sido más apropiado decir que no generan *obligaciones internacionales jurídicamente exigibles*. Es esta nuestra opinión porque, sobre la base del principio capital de la buena fe, los acuerdos no normativos sí que crean obligaciones de comportamiento en los planos moral y político.

Según el artículo 44 de la Ley de 2014 es amplia la lista de órganos públicos de España con competencia para establecer los acuerdos no normativos con otros órganos públicos de sujetos internacionales, a saber: el Gobierno, los departamentos ministeriales, los órganos, organismos y entes de la Administración General del Estado, las Comunidades Autónomas, las Ciudades de Ceuta y Melilla, las Entidades Locales, las Universidades públicas y cualesquiera otros sujetos de Derecho Público con competencia para ello. El artículo 11.4 de la Ley 2/2014, de la Acción y del Servicio Exterior del Estado, también dispone que las Comunidades Autónomas, las Ciudades Autónomas y las entidades que integran la Administración local podrán celebrar estos acuerdos políticos. Y lógicamente, de conformidad con el artículo 46 de la Ley de 2014, los repetidos acuerdos escapan de los trámites propios de la celebración de tratados, teniendo libertad los celebrantes para decidir el procedimiento.

Reiterando la idea de que tales acuerdos no son tratados y que solo generan compromisos de índole política, basados en la buena fe, señalemos que el fundamento jurídico de su celebración reside en esta Ley de 2014, así como en el instrumento jurídico que regule las competencias del órgano en cuestión. En el caso del Gobierno, la base principal es el artículo 97 de la Constitución porque atribuye a este la dirección de la política exterior. En consecuencia, el artículo 46 de la Ley de 2014 prevé la toma de conocimiento de la celebración de los acuerdos no normativos cuando su importancia lo aconseje, conforme a la valoración conjunta de los Ministros competentes por razón de la materia y del Ministro de Asuntos Exteriores. Además, a fin de evitar que un proyecto de acuerdo no normativo se celebre indebidamente con esa naturaleza —pudiendo tratarse de un tratado o de un acuerdo internacional administrativo—, el artículo 45 de la Ley de 2014 prevé el trámite de un informe emitido por el servicio jurídico respectivo del órgano que los celebre. En efecto, puede suceder que los comportamientos previstos en el proyecto de acuerdo no normativo coincidan por su naturaleza con los supuestos del artículo 94.1 de la Constitución, en cuyo caso el informe del servicio jurídico deberá cuidar que el lenguaje del texto se corresponda con la asunción de obligaciones políticas, o no jurídicas.

Por lo demás, en el párrafo 4.º del artículo 11 de la Ley de 25 de marzo, de acción y del servicio exterior del Estado, se autoriza a las comunidades y ciudades autónomas y a las entidades de la Administración general del Estado a celebrar acuerdos políticos o no normativos sobre materias de su competencia con órganos análogos de otros sujetos de Derecho internacional, instrumentos no generadores de obligaciones jurídicas vinculantes.

j) Dejemos ahora sucinta constancia de los llamados acuerdos administrativos, figura que se inserta en el contexto de ejecución de los tratados. Porque, en efecto, y como ha dicho el Consejo de Estado en su dictamen número 55.253 de

22 de noviembre de 1990, existen actos de ejecución de un tratado, no realizados de modo unilateral sino convenidos por órganos de las administraciones de los Estados partes competentes en la materia, que no son constitutivos de un nuevo convenio internacional. Obviamente, a estos acuerdos no se aplican las normas constitucionales y legales sobre la celebración de tratados por España, aunque por exigencias de la seguridad jurídica sí deben ser elevados al Consejo de Ministros para su conocimiento y publicación en el *Boletín Oficial del Estado*[37 bis]. El artículo 2.*b*) de la Ley 25/2014, de 27 de noviembre, de Tratados y otros Acuerdos Internacionales, define a los acuerdos internacionales administrativos como los de carácter internacional no constitutivos de tratados, que se celebran por los órganos o entes previstos en el tratado que ejecutan o concretan, cuyo contenido habitual es de naturaleza técnica —cualquiera que sea su denominación—, y que se rigen por el Derecho Internacional, no por un ordenamiento jurídico interno. Por consiguiente, el objeto de estos acuerdos no es el de desarrollar o enmendar un tratado previo, sino el de ejecutarlo o concretarlo[38]. Y ese tratado previo les ofrece, de un lado, cobertura formal para su celebración por ciertos órganos y, de otro lado, cobertura material en cuyos límites se ejecutan las disposiciones establecidas en dicho tratado. No suponen la asunción de nuevas obligaciones jurídicas, sino la aplicación de las existentes. Un ejemplo claro es el acuerdo administrativo entre las autoridades competentes del Reino de España y las de los Estados Unidos de América para el intercambio de informes país por país, de 13 y 19 de diciembre de 2017[39], que se basa en el artículo 27 del Convenio para evitar la doble imposición y prevenir la evasión fiscal respecto de los impuestos sobre la renta, entre España y los Estados Unidos de América, de 22 de febrero de 1990[40]. Conviene explicar que esta técnica de aplicación de tratados es perfectamente compatible con la Convención de Viena de 1969, en concreto, con el artículo 2.2 que tiene en cuenta que el Derecho interno de un Estado pueda distinguir entre tratados y otros acuerdos internacionales, y con el artículo 31.3.*a*) que contempla como medios de interpretación de un tratado a los acuerdos ulteriores entre las partes acerca de su interpretación o aplicación. Ciertamente, estos acuerdos ulteriores pueden adoptar la forma de un tratado, de un acuerdo administrativo, o de un acuerdo no normativo, como se desprende de lo indicado por la Comisión de Derecho Internacional de Naciones Unidas en el Proyecto de conclusiones sobre los acuerdos ulteriores y la práctica ulterior en relación con la interpretación de tratados[41]. Parece evidente que todo tratado es un acuerdo internacional, pero no todo acuer-

---

[37 bis] Sobre el concepto, la celebración, la tramitación interna, la publicación y los efectos de estos acuerdos de aplicación o interpretación de tratados, véase A. PASTOR PALOMAR, «De los acuerdos internacionales administrativos», en P. ANDRÉS, J. DÍEZ-HOCHLEITNER, J. MARTÍN (dirs.), *Comentarios a la Ley de Tratados y otros Acuerdos Internacionales*, Cizur, 2015, pp. 791-831.

[38] Para la diferencia conceptual entre acuerdos internacionales administrativos y acuerdos de enmienda, véase, A. PASTOR PALOMAR, «La enmienda y modificación de los tratados internacionales. La práctica de España y de la Unión Europea», en J. M. BENEYTO y C. JIMÉNEZ PIERNAS (dirs.), *Derecho de los Tratados*, Valencia, 2023, pp. 455-507.

[39] *B.O.E.* n.º 313, de 26 de diciembre de 2017.

[40] *B.O.E.* n.º 306, de 22 de diciembre de 1990.

[41] Cf. *Anuario de la Comisión de Derecho Internacional*, 2018, vol. II, segunda parte, documento A/73/10, p. 30.

do internacional es un tratado; y los acuerdos internacionales que posean naturaleza convencional por derivarse de un tratado previo, pueden constituirse como tratado o como acuerdo de aplicación —denominado acuerdo internacional administrativo en la práctica española—. En este sentido, recuérdese que la Convención de Viena recoge otros acuerdos vinculados a un tratado previo que tampoco han de considerarse necesariamente como tratados, por ejemplo, el acuerdo de corrección de errores en el texto de un tratado regulado en el artículo 79 de dicha Convención.

De aquí que la tramitación en España de un acuerdo internacional administrativo sea más sencilla y distinta a la del tratado; en efecto, los signatarios tienen autonomía para designar el procedimiento de tramitación y, según el artículo 40 de la Ley de 2014 el Consejo de Ministros, a propuesta del Ministro de Asuntos Exteriores, tomará conocimiento de la celebración de los acuerdos administrativos cuando su importancia o alcance así lo aconseje. Por otro lado, estos acuerdos deben publicarse en el *Boletín Oficial del Estado* y pasan a forma parte del ordenamiento interno.

Finalmente, en la práctica española debe evitarse la calificación y tramitación de un acuerdo internacional como si tuviera carácter administrativo cuando pueda ser un tratado, porque podrían vulnerarse los preceptos de la Constitución que exigen la celebración de un tratado incluso autorizado por las Cortes. Por ello, resultan fundamentales tanto el papel consultivo de la Asesoría Jurídica Internacional del Ministerio de Asuntos Exteriores previsto en el artículo 39 de la Ley de 2014, como que el Gobierno se atenga al informe preceptivo y no vinculante de dicho órgano.

k) Señalemos finalmente que España, en tanto que miembro de la Unión Europea, ha perdido el *treaty-making power* o capacidad de celebración de tratados en cuantas materias que, por ser objeto de una política común, hayan supuesto transferencia de competencias soberanas a instituciones de la Unión (por ejemplo, acuerdos comerciales o de pesca marítima). Efectivamente, tal transferencia de competencias opera no sólo hacia el interior de los ordenamientos jurídicos nacionales, sino también hacia el exterior, y es, por tanto, la comunidad en cuestión la que concluye los tratados con terceros. Y a esta incidencia competencial resultante de nuestra pertenencia a la Unión Europea hay que añadir una repercusión de orden procedimental, que tiene finalidad preventiva. Así, según la decisión del Consejo 74/93, de 22 de julio de 1974, cuando los Estados miembros se propongan celebrar con terceros Estados acuerdos de cooperación económica o industrial, deben antes celebrar consultas con la Comisión para adecuar esos acuerdos a las políticas comunes.

8.4. LAS RESERVAS

a) El profesor DIEZ DE VELASCO había definido las reservas como «una declaración de voluntad de un Estado que es o va a ser parte en un tratado en el momento de la firma, en el de la ratificación o en el de la adhesión, y que una vez que ha sido autorizada expresa o tácitamente por los demás contratantes forma parte integrante del tratado mismo»[42]. Esta definición coincide en lo esencial con la contenida en el artículo 2.1.*d*) de la Convención de Viena de 1969, según la cual «se entiende por reserva una declaración unilateral, cualquiera que sea su enunciado o denominación, hecha por un Estado al firmar, ratificar, aceptar o aprobar un tratado o adherirse a él con objeto de excluir o modificar los efectos jurídicos de ciertas disposiciones del tratado en su aplicación a ese Estado».

Así entendidas las reservas, tienen únicamente sentido respecto de los tratados multilaterales. Pues, como dice la Comisión de Derecho Internacional, «las reservas a los tratados bilaterales no plantean problema alguno, porque equivalen a una nueva propuesta que hace que se reanuden las negociaciones entre los dos Estados [...] Si llegan a un acuerdo, aceptando o rechazando la reserva se celebrará el tratado; de lo contrario no se celebrará»[43].

b) Como ha dicho REUTER, aunque desde un punto de vista formal la reserva es un incidente en el procedimiento de celebración de un tratado, en su significación más profunda y en la reciente evolución de su régimen se trata de una institución vinculada al problema de la participación —y de la participación lo más amplia posible— en un tratado[44]. Bajo esta última perspectiva, la cuestión de las reservas se sitúa entre dos polos de atracción, representados, de una parte, por el principio de integridad del tratado, y de otra, por el principio de su universalidad. La integridad del tratado postula una política muy restrictiva en materia de reservas, que se traduce jurídicamente en la necesidad de que la reserva sea aceptada por la unanimidad de los Estados interesados. Por su parte, la universalidad del tratado propicia una política más liberal en el problema de las reservas, dentro de la cual cada Estado negociador puede por separado aceptar o rechazar las reservas.

Desde el punto de vista histórico hay que decir que el sistema de la integridad del tratado se corresponde con el Derecho Internacional Clásico, en el que las conferencias diplomáticas adoptaban los textos por unanimidad y en un momento en que la sociedad internacional no tenía caracteres ni pretensiones de auténtica universalidad. En el Derecho Internacional Contemporáneo han cambiado los presupuestos: las conferencias internacionales adoptan el texto del tratado por mayoría de dos tercios, y además la sociedad internacional se ha universalizado de una manera real. La protección de las minorías discrepantes y el objetivo de la máxima aceptación del tratado han impuesto una actitud más liberal y flexible que la del Derecho Internacional Clásico en materia de reservas[45].

---

[42] M. DIEZ DE VELASCO, «El séptimo dictamen del Tribunal Internacional de Justicia: Las reservas a la Convención de Genocidio», en *Revista Española de Derecho Internacional,* IV, n.º 3, 1951, p. 1032; sobre las reservas en general véase muy especialmente F. HORN, *Reservations and interpretative declarations to multilateral treaties*, North-Holland, 1988; también en la bibliografía española el excelente libro de la profesora R. RIQUELME CORTADO, *Las reservas a los tratados. Lagunas y ambigüedades de la Convención de Viena*, Murcia, 2004; de la misma autora, «La definición de reservas a examen, ¿Confirmación o desdibujamiento de sus elementos esenciales?», en *El Derecho internacional: normas, hechos y valores. «Liber amicorum», José Antonio Pastor Ridruejo,* Madrid, 2005, pp. 621 ss.

[43] *Anuario de la Comisión de Derecho Internacional,* vol. II, 1966, p. 223.

[44] P. REUTER, *Introduction...,* cit., pp. 88-89.

[45] Ibíd., p. 91.

Efectivamente, cuando en el año 1951 se debate la cuestión en la Asamblea General de las Naciones Unidas, se expusieron opiniones divergentes. «Un grupo de Estados era partidario de la doctrina de la unanimidad, aunque algunos de ellos se inclinaban porque en vez de requerir el consentimiento unánime se exigiese la aceptación de una mayoría de dos tercios de los Estados interesados. Pero otro grupo de Estados se oponía resueltamente a la doctrina de la unanimidad y prefería un procedimiento flexible, según el cual cada Estado podía separadamente aceptar o rechazar las reservas. Según esos Estados, tal procedimiento constituiría una garantía para las minorías a las que no favoreciera la votación y haría posible una aceptación más general de las Convenciones»[46].

Es interesante señalar, por lo demás, que en su Dictamen de 18 de abril de 1951, acerca de las reservas a la Convención sobre prevención y castigo del crimen de genocidio, el Tribunal Internacional de Justicia declaró que el principio de la integridad de la Convención, por el cual la admisibilidad de la reserva depende del asentimiento expreso o tácito de todas las partes contratantes, no parece haber llegado a ser norma de Derecho[47]. Y la Convención de Viena de 1969 ha adoptado una posición muy liberal en materia de reservas, según veremos enseguida. Como ha dicho REUTER, «se ha querido generalizar al máximo la participación en los tratados y defender a las minorías de la opresión de las mayorías»[48]. Claro que la normativa general de dicha convención está en íntima relación con la regla contenida en el artículo 9.2, según la cual «la adopción del texto de un tratado en una conferencia internacional se efectuará por mayoría de dos tercios de los Estados presentes y votantes». Pero cuando, como ha ocurrido en la III Conferencia de las Naciones Unidas sobre el Derecho del Mar, el sistema de adopción de decisiones es el consenso o acuerdo general, la política en materia de reservas se ha complicado enormemente, como demuestran las dificultades encontradas al respecto en los debates que la Conferencia dedicó al tema. Pues si en tales debates se expresó la opinión de que permitir las reservas socavaría el principio del consenso y perturbaría el *package deal* o arreglo global, también se dijo que, en la medida en que la futura Convención no se aprobase por consenso, había que admitir algún tipo de reservas, bien autorizándolas exclusivamente para ciertas disposiciones, bien prohibiéndolas para artículos básicos, con lo que quedarían permitidas las no prohibidas. Sin embargo, la posición que ha prevalecido finalmente en la Convención es muy próxima a la que imperaba cuando las conferencias internacionales adoptaban los tratados por unanimidad: el artículo 309 dice, en efecto, que «no se podrán hacer reservas ni excepciones a esta Convención, excepto las expresamente autorizadas por otros artículos de la Convención». Y a lo largo de su articulado apenas si se encuentran disposiciones que admitan reservas en sentido propio. En este punto, pues, se ha dado preferencia al principio de la integridad del tratado —exigido por la idea del *package deal*— y no al de la universalidad. Las enmiendas formales que tendían a la admisión de reservas o fueron retiradas o rechazadas por el plenario de la Conferencia[49].

---

[46] Palabras textuales de la Comisión de Derecho Internacional (*Anuario,* vol. II, 1966, p. 225).
[47] CIJ, *Recueil,* 1951, pp. 15 ss.
[48] P. REUTER, *Introduction...,* cit., p. 91.
[49] Véase el apartado 38.3 de este libro.

c) Pero veamos en qué normas concretas se traduce la posición liberal que en materia de reservas ha adoptado la Convención de Viena de 1969.

La disposición general sobre la posibilidad de presentar reservas está recogida en el artículo 19, así redactado:

> Un Estado podrá formular una reserva en el momento de firmar, ratificar, aceptar o aprobar un tratado o adherirse al mismo, a menos:
> *a*) que la reserva esté prohibida por el tratado;
> *b*) que el tratado disponga que únicamente pueden hacerse determinadas reservas, entre las cuales no figure la reserva de que se trate o,
> *c*) que en los casos no previstos en los apartados *a*) y *b*) la reserva sea incompatible con el objeto y el fin del tratado.

Por consiguiente, las posibilidades de un tratado en cuanto a *política de reservas* son las cuatro siguientes: 1) prohibir todas las reservas; 2) prohibir las reservas a ciertas disposiciones, en cuyo caso se entienden autorizadas implícitamente las no prohibidas; 3) autorizar únicamente determinadas reservas, en cuyo supuesto hay que considerar prohibidas las reservas no autorizadas; 4) guardar silencio sobre la cuestión, pudiendo formularse entonces las reservas compatibles con el objeto y el fin del tratado[50].

El artículo 20 de la Convención establece un régimen muy detallado para que una reserva pueda surtir efectos. Por lo pronto, tratándose de una reserva expresamente autorizada por el tratado, no exige la aceptación ulterior de los demás Estados contratantes, a menos que el tratado así lo disponga (art. 20.1). Es decir, en este supuesto la reserva es efectiva sin más. En otros casos, la reserva para ser efectiva, necesita aceptación, que puede ser expresa o tácita (ya que, según el párrafo 5 del art. 20, se considerará que una reserva ha sido aceptada por un Estado cuando éste no ha formulado ninguna objeción a la reserva dentro de los doce meses siguientes a la fecha en que haya recibido la notificación de la reserva o en la fecha en que haya manifestado su consentimiento en obligarse por el tratado si ésta es posterior). Y la aceptación de una reserva por otro Estado contratante «constituirá al Estado autor de la reserva en parte en el tratado en relación con ese Estado si el tratado ya está en vigor o cuando entre en vigor para esos Estados» [art. 20.4.*a*)]. Pero si lo que hace el otro Estado contratante en vez de aceptar la reserva es objetarla, ello «no impedirá la entrada en vigor del tratado entre el Estado que haya hecho la objeción y el Estado autor de la reserva, a menos que el Estado autor de la objeción manifieste inequívocamente la intención contraria» [art. 20.4.*b*)]. En todo caso, «un acto por el que un Estado manifieste su consentimiento en obligarse por un tratado y que contenga una reserva surtirá efecto en cuanto acepte la reserva al menos otro Estado contratante» [art. 20.4.*c*)].

Es este régimen el que pone de relieve el liberalismo de la Convención de Viena en materia de reservas, porque el sentido de conjunto de las disposiciones es favo-

---

[50] Variantes contempladas en el «Proyecto de variantes de los textos del Preámbulo y las Cláusulas finales preparado por el secretario general», Doc. 1/CONF.62/L.13 Véase en «Tercera Conferencia de las Naciones Unidas sobre el Derecho del Mar», *Documentos oficiales,* vol. VI, Nueva York, 1977, pp. 148-149.

rable al Estado autor de las reservas y no a los Estados que deseen objetarlas. Efectivamente, la objeción ha de ser expresa y debe formularse en un plazo de tiempo definido; la objeción ha de ser inequívoca en cuanto a la intención de no considerar parte en el tratado al Estado autor de la reserva, y además basta que un solo Estado acepte la reserva para que el Estado que la hace sea parte en el tratado.

Pero el párrafo 2 del artículo 20 contempla un caso en el que se da primacía a la integridad de la Convención, ya que «cuando del número reducido de Estados negociadores y del objeto y del fin del tratado se desprenda que la aplicación del tratado en su integridad entre todas las partes es condición esencial del consentimiento de cada una de ellas en obligarse por el tratado, una reserva exigirá la aceptación de todas las partes». Y el párrafo 3 del mismo artículo considera también un caso especial: el de los tratados constitutivos de una organización internacional; para que en tal supuesto la reserva sea efectiva «exigirá la aceptación del órgano competente de esa organización».

d) Vistos los requisitos que deben reunir las reservas para que surtan *efectos jurídicos,* vamos a ver cuáles son exactamente éstos, de acuerdo con el artículo 21 de la Convención. Según dicho artículo:

> 1. Una reserva que sea efectiva con respecto a otra parte en el tratado de conformidad con los artículos 19, 20 y 23:
>
> *a*) modificará, con respecto al Estado autor de la reserva en sus relaciones con esa otra parte, las disposiciones del tratado a que se refiere la reserva en la medida determinada por la misma, y
>
> *b*) modificará en la misma medida esas disposiciones en lo que respecta a esa otra parte en el tratado en sus relaciones con el Estado autor de la reserva.
>
> 2. La reserva no modificará las disposiciones del tratado en lo que respecta a las otras partes en el tratado en sus relaciones *inter se.*
>
> 3. Cuando un Estado que haya hecho una objeción a una reserva no se oponga a la entrada en vigor del tratado entre él y el Estado autor de la reserva, las disposiciones a que se refiere ésta no se aplicarán entre los dos Estados en la medida determinada por la reserva.

e) El resultado del régimen expuesto es una posible descomposición de las obligaciones del tratado en varios círculos e incluso su extinción, a saber: 1) entre el Estado que hace una reserva y el Estado o Estados que la aceptan rige el tratado, debiendo considerarse modificadas las disposiciones objeto de la reserva en el sentido de la misma; 2) entre el Estado que hace la reserva y el Estado o Estados que la objetan sin manifestar la intención inequívoca de considerar al primer Estado como no parte en el tratado, rigen sólo las disposiciones del tratado que no han sido objeto de la reserva; 3) entre el Estado que hace la reserva y el Estado o Estados que la objetan, expresando la intención inequívoca de no considerar parte en el tratado al primer Estado, el tratado no rige; 4) entre el resto de los Estados rige el tratado en su integridad.

Régimen liberal, pues, insistimos, el que en materia de reservas ha establecido la Convención de Viena. Entre los dos polos de atracción de los que hemos hablado al iniciar el tema, el de la integridad y el de la universalidad de los tratados, la Convención de 1969 se ha inclinado por el segundo a costa del primero, lo que parece corresponderse con las exigencias de una sociedad internacional que es universal, pero se halla profundamente dividida según sabemos.

f) Las reservas a los tratados no sólo plantean problemas en el plano internacional, sino también en el del *Derecho interno* de los Estados. La cuestión fundamental es si en los tratados en los que la manifestación del consentimiento en obligarse ha de ser autorizada por el Parlamento debe éste también autorizar la formulación de las reservas, o si tal formulación corresponde exclusivamente al ejecutivo. En España, el profesor REMIRO BROTONS ha sostenido con toda lógica que la naturaleza unilateral de las reservas y el momento de su formulación jurídica en el orden internacional hacen factible la participación de las Cortes en la determinación de su número y contenido[51]. Y de hecho, según los Reglamentos del Congreso y del Senado, ambas Cámaras deben aprobar las reservas propuestas por el Gobierno si el tratado requiere autorización de Cortes, y los parlamentarios pueden proponer reservas a los tratados que el Gobierno remita a las Cortes a efectos de autorizar la manifestación del consentimiento de España en obligarse. Sería del todo deseable que en una futura ley de tratados se confirme y articule de forma adecuada la intervención del legislativo español en materia de reservas a los tratados.

8.5. ENTRADA EN VIGOR Y APLICACIÓN PROVISIONAL

a) La manifestación del consentimiento de los Estados contratantes en quedar obligados por el tratado no constituye el punto final del proceso de su celebración. Tal momento final es realmente el de la *entrada en vigor,* a partir de la cual el tratado comienza a obligar a los Estados partes.

La norma básica sobre entrada en vigor figura en el artículo 24.1 de la Convención: «Un tratado entrará en vigor de la manera y en la fecha que en él se disponga o que acuerden los Estados negociadores». La disposición particular que para ella sienta la propia Convención de Viena de 1969 es que entrará en vigor el trigésimo día a partir de la fecha en que haya sido depositado el trigésimo quinto instrumento de ratificación o adhesión.

El artículo 24.2 establece la regla residual: «A falta de tal disposición o acuerdo, el tratado entrará en vigor tan pronto como haya constancia del consentimiento de todos los Estados negociadores en obligarse por el tratado.»

Pero cabe perfectamente que un Estado manifieste su consentimiento en obligarse por el tratado después de que éste haya entrado en vigor; en tal caso, y según el artículo 24.3 de la Convención, el tratado entra en vigor para tal Estado en la fecha en que se manifieste dicho consentimiento, a no ser que se disponga otra cosa.

b) Y nada impide en principio la *aplicación provisional* de un tratado antes de su entrada en vigor, pues según el párrafo 1.º del artículo 25 de la Convención de Viena «un tratado o una parte de él se aplicará provisionalmente antes de su entrada en vigor: *a*) si el propio tratado así lo dispone; *b*) si los Estados negociadores han convenido en ello de otro modo».

---

[51] A. REMIRO BROTONS, «Las reservas a los tratados internacionales y las competencias de las cámaras legislativas», en *Revista Española de Derecho Internacional,* 1979, pp. 65 ss.; sobre la práctica española en materia de reservas, véase J. QUEL LÓPEZ, *Las reservas a los tratados internacionales. Un examen de la práctica española,* Bilbao, 1991.

Es la urgencia en regular determinadas situaciones la que justifica la aplicación provisional de los tratados. El cumplimiento de los requisitos constitucionales internos supone a veces demoras en la entrada en vigor de los tratados y los Estados salvan este inconveniente aplicando los tratados de manera provisional; de hecho la práctica y la doctrina vinculan la cuestión de la aplicación provisional de los tratados a aquellos que requieren autorización parlamentaria para la manifestación del consentimiento en obligarse, aunque ello no es obstáculo para que la aplicación provisional se pueda establecer respecto a otros tratados.

Hay que decir por lo que respecta a España que la Constitución guarda silencio sobre la aplicación provisional de los tratados, pero al ser nuestro país parte en la Convención de Viena de 1969, ha constituido su artículo 25 la base jurídica para la puesta en práctica de esa modalidad de aplicación. Pero la ley de tratados de 2014 se ocupa ya de la regulación específica de la figura, disponiendo en su artículo 15 que la competencia para autorizar la aplicación provisional de un tratado corresponde al Consejo de Ministros. Añade la misma disposición con toda lógica que no cabe esa autorización respecto a los tratados previstos en el artículo 93 de la Constitución (los que atribuyan a una organización internacional competencias derivadas de la Constitución), requiriendo ley orgánica la autorización del legislativo. Lógicamente, si no se llega a dar la autorización parlamentaria en el caso de los tratados contemplados en el párrafo 1.º del artículo 94 (los que exigen autorización de las Cortes para la manifestación del consentimiento en obligarse), termina sin más la aplicación provisional, hecho que procede notificar inmediatamente a los otros Estados contratantes[52].

8.6. Observancia y aplicación de los tratados

a) El principio básico que rige la observancia de los tratados, enunciado por el artículo 26 de la Convención bajo la rúbrica *Pacta sunt servanda,* es que «todo tratado en vigor obliga a las partes y debe ser cumplido por ellas de buena fe». En este principio es decisiva la referencia a la buena fe, que figura también en el mismo contexto en el artículo 2.2 de la Carta de las Naciones Unidas y en la Declaración sobre los principios del Derecho Internacional que rigen las relaciones de amistad y cooperación entre los Estados, adoptada por la Asamblea General el día 24 de octubre de 1970. Referencia a la buena fe que es operativa, como lo demuestra la jurisprudencia internacional. Así, en el caso de los *derechos de los nacionales de los Estados Unidos en Marruecos,* el Tribunal Internacional de Justicia, en su sentencia de 27 de agosto de 1952, dijo con relación a los artículos 95 y 96 del Acta de Algeciras:

> La potestad de efectuar las evaluaciones corresponde a las autoridades de aduanas, pero es una potestad que ha de ejercerse razonablemente y de buena fe.

---

[52] M. P. Andrés Sáenz de Santa María, «La aplicación provisional de los tratados internacionales en el Derecho español», en *Revista Española de Derecho Internacional,* vol. XXXIV, n.º 1, 1982, pp. 42 ss. Véase, en general, P. Picone, *L'applicazione in via provvisoria degli accordi internazionali,* Nápoles, 1973; y D. Vignes, «Une notion ambigue: la mise en application provisoire des traités», en *Annuaire français de droit international,* 1972, pp. 181 ss.

b) De otro lado, los tratados deben observarse aunque sean contrarios al Derecho interno de alguno de los Estados partes. El Tribunal de La Haya ya se había manifestado categóricamente a este respecto, diciendo que un Estado no podía sustraerse a las obligaciones que le imponen los tratados, invocando su Derecho Constitucional o las leyes internas[53]. Esta norma se reproduce en el artículo 27 de la Convención, que salva, sin embargo, lo dispuesto en el artículo 46, que ya conocemos. Pues, efectivamente, según este último artículo, en el caso de que cuando un Estado expresa su consentimiento en obligarse por un tratado se haya violado manifiestamente y en materia de importancia fundamental para su Derecho interno una disposición sobre celebración de tratados, tal Estado podrá pedir la nulidad del tratado.

c) En cuanto a la aplicación de los tratados en el tiempo, el artículo 28 formula la regla general de la irretroactividad, es decir, su no aplicación «respecto de ningún acto o hecho que haya tenido lugar con anterioridad a la entrada en vigor del tratado para esa parte ni de ninguna situación que en esa fecha haya dejado de existir».

Pero hay que decir que, según tal disposición, el principio de la no retroactividad no se viola por la aplicación del tratado a cuestiones que siguen existiendo en la fecha de su entrada en vigor, y aun cuando se hubiesen originado antes de tal momento. Se trata de los llamados *facta pendentia.* En este sentido, por ejemplo, aunque la Comisión europea de derechos humanos no se consideraba competente para conocer sobre actos legislativos, ejecutivos o judiciales cumplidos y declarados definitivos antes de la entrada en vigor de la Convención de Roma, sí se ha declarado competente en el caso de nuevos procedimientos o de ejecución repetida de dichos actos después de la entrada en vigor de la Convención[54].

Pero la norma general de la no retroactividad puede ser descartada, según el artículo 28, cuando en el tratado o de otra manera hagan constar los Estados partes la intención en tal sentido. Ello ya había sido reconocido por la jurisprudencia, concretamente por el Tribunal de La Haya en el *caso Mavrommatis,* en el que se estimó que el protocolo XII del Tratado de Lausana tenía como característica especial que sus efectos se extendiesen a situaciones jurídicas que databan de una fecha anterior a su entrada en vigor[55].

d) En lo que se refiere a la aplicación territorial del tratado, la práctica de los Estados, la jurisprudencia y la doctrina son de la opinión de que los tratados se aplican a la totalidad del territorio de cada Estado parte[56], por lo que el artículo 29 de la Convención enuncia tal regla general, salvo que una intención en contrario se desprenda de él o conste de otro modo. Así, algunos tratados celebrados por el Reino Unido sobre cuestiones internas se limitan expresamente a la Gran Bretaña e Irlanda del Norte, y no se refieren a las Islas Anglonormandas ni a la Isla

---

[53] J. A. PASTOR RIDRUEJO, *La jurisprudencia...,* cit., pp. 25-28.
[54] *Anuario de la Comisión de Derecho Internacional,* vol. II, 1966, p. 233.
[55] CPJI, *Serie A,* n.º 2, p. 34.
[56] *Anuario de la Comisión de Derecho Internacional,* vol. II, p. 234.

de Man. Y del mismo modo, los Estados cuyo territorio incluye una zona franca pueden juzgar ventajoso excluir a dicha zona del ámbito de aplicación de un tratado comercial[57]. Lo esencial, pues, en este punto es la voluntad de las partes, pero si ésta no consta, hay que presumir, como hemos dicho, que el tratado se aplica a la totalidad del territorio de los Estados partes.

e) Problema del mayor interés es el de la aplicación de tratados sucesivos que contienen disposiciones referentes a la misma materia. La cuestión es regulada en el artículo 30 de la Convención.

El párrafo 1 de dicho artículo comienza reconociendo primacía al artículo 103 de la Carta de las Naciones Unidas, que establece que las obligaciones contraídas por los Estados en virtud de ella prevalecen sobre cualesquiera otras obligaciones de un tratado distinto entre Estados miembros en caso de incompatibilidad entre unas y otras. La Comisión de Derecho Internacional decidió hacer esta referencia al artículo 103 de la Carta, dada la importancia de la misma en el Derecho Internacional Contemporáneo y habida cuenta de que los Estados miembros de las Naciones Unidas constituyen una parte importante de la Comunidad Internacional[58].

El párrafo 2 del artículo 30 contempla el supuesto de que la cuestión de la relación entre tratados haya sido regulada expresamente, diciendo que, «cuando un tratado especifique que está subordinado a un tratado anterior o posterior o que no debe ser considerado incompatible con ese otro tratado, prevalecerán las disposiciones de este último». Un ejemplo sería el artículo 30 de la Convención de Ginebra de 29 de abril de 1958 sobre alta mar, según el cual «las disposiciones de esta convención no afectarán a las convenciones u otros acuerdos internacionales ya en vigor en cuanto a las relaciones entre los Estados partes de ellos».

Si la relación entre dos tratados sucesivos concernientes a la misma materia en que sean partes los mismos Estados no ha sido regulada por ellos, y el tratado anterior continúa vigente por no haber terminado, éste sólo se aplicará en la medida en que sus disposiciones sean compatibles con el tratado posterior (art. 30.3). Pero si las disposiciones del tratado ulterior son hasta tal punto incompatibles con las del anterior que los dos tratados no pueden aplicarse simultáneamente, hay que considerar terminado el tratado anterior según el artículo 59. Estamos, pues, en este segundo supuesto ante un caso de derogación tácita, según dijo el juez ANZILOTTI, en su opinión individual, en el *asunto de la Sociedad de Electricidad de Sofía y Bulgaria*[59].

Mas es posible también que en el supuesto de dos tratados sucesivos concernientes a la misma materia no todos los Estados partes en el primero lo sean en el segundo. Para tal supuesto, y según el párrafo 4 del artículo 30, en las relaciones entre los Estados partes en ambos tratados, el anterior sólo se aplicará en la medida en que sus disposiciones sean compatibles con el tratado posterior, y en las relaciones entre un Estado que sea parte de un tratado y otro que lo sea en ambos, los derechos y obligaciones recíprocos se regirán por el tratado en que los dos Estados sean partes.

---

[57] Ibíd., p. 234.
[58] Ibíd., p. 235.
[59] CPJI, *Serie A/B*, n.º 77, p. 92.

El interés de la materia es grande, como lo demuestran las negociaciones habidas en la III Conferencia de las Naciones Unidas sobre el Derecho del Mar acerca de la relación entre la nueva Convención adoptada y las cuatro Convenciones de Ginebra sobre el Derecho del Mar de 29 de abril de 1958. Allí, efectivamente, y en las sesiones del plenario informal sobre las cláusulas finales de la nueva Convención, muchas delegaciones de países en desarrollo, que no son parte en las Convenciones de Ginebra e impugnan sus disposiciones, desearon que éstas se derogasen expresamente. En cambio, países desarrollados partes en las Convenciones de Ginebra no querían tal cláusula abrogatoria, pues al amparo del artículo 30 que hemos examinado, y que se presenta como Derecho Internacional General, entendieron que, a falta de una disposición abrogatoria, las Convenciones de Ginebra serían aplicables entre los países partes de ellas y en la medida en que sus disposiciones no fuesen incompatibles con las de la nueva Convención.

8.7. Interpretación

a) Como dijo la Comisión de Derecho Internacional al preparar el proyecto de artículos que sirvió de base a la Convención de Viena, «la interpretación de tratados es hasta cierto punto un arte, no una ciencia exacta»[60], pese a lo cual redactó un número relativamente pequeño de reglas «que parecen constituir el fundamento general de la interpretación de los tratados»[61].

Para ello, la propia Comisión comenzó percatándose de la existencia entre los juristas de tres criterios básicos en orden a la interpretación de los tratados, a saber:

1.º El criterio objetivo, en el que el texto del tratado aparece como expresión auténtica de la voluntad de las partes, haciéndose hincapié en la primacía del mismo para la interpretación, aunque admite en cierto grado la prueba extrínseca de las intenciones de las partes y de los objetivos y fines del tratado.

2.º El criterio subjetivo, que acude a la intención de las partes como elemento distinto del texto, y que admite con liberalidad el recurso a los trabajos preparatorios y a cualquier otra manifestación de la intención de los Estados contratantes.

3.º El criterio teleológico, que atribuye importancia fundamental a los objetos y fines declarados y manifiestos del tratado y que es propenso, sobre todo en el caso de tratados multilaterales, a interpretaciones del texto que van más allá de las intenciones originales de las partes, tal como han sido expresadas en el texto, o que incluso difieren de esas intenciones.

Pues bien: la Comisión, siguiendo al Instituto de Derecho Internacional[62] y al sentido general de la jurisprudencia[63], se ha inclinado por el criterio objetivo

---

[60] *Anuario de la Comisión de Derecho Internacional,* vol. II, 1966, p. 240.

[61] Ibíd.

[62] *Annuaire de l'Institut de Droit International*, vol. 44, t. I, 1952, p. 199.

[63] Véase J. A. Pastor Ridruejo, *La Jurisprudencia...*, cit., pp. 67 ss.; y E. Pérez Vera, «Los problemas de interpretación en el Convenio de Viena sobre el Derecho de los Tratados», en *Anuario de Estudios Jurídicos*, Escuela Social de Granada, vol. II, 1973, pp. 77 ss.

completado por el teleológico. En la Conferencia de Viena, y pese al intento de dar alguna entrada al criterio subjetivo, se adoptaron las reglas propuestas por la Comisión, y así, el artículo 31 de la Convención, redactado bajo la rúbrica de «Regla general de interpretación», dice:

> 1. Un tratado deberá interpretarse de buena fe conforme al sentido corriente que haya de atribuirse a los términos del tratado en el contexto de éstos y teniendo en cuenta su objeto y fin.
> 2. Para los efectos de interpretación de un tratado, el contexto comprenderá, además del texto, incluidos sus preámbulos y anexos:
> *a*) todo acuerdo que se refiera al tratado y haya sido concertado entre todas las partes con motivo de la celebración del tratado;
> *b*) todo instrumento formulado por una o más partes con motivo de la celebración del tratado y aceptado por las demás como instrumento referente al tratado.
> 3. Juntamente con el contexto habrá de tenerse en cuenta:
> *a*) todo acuerdo ulterior entre las partes acerca de la interpretación del tratado o de la aplicación de sus disposiciones;
> *b*) toda práctica ulteriormente seguida en la aplicación del tratado por la cual conste el acuerdo de las partes acerca de la interpretación del tratado;
> *c*) toda norma pertinente de Derecho Internacional aplicable en las relaciones entre las partes.
> 4. Se dará a un término un sentido especial si consta que tal fue la intención de las partes.

Es decir, los elementos primordiales para interpretar un tratado son el sentido corriente de los términos, el contexto, el objeto y fin del tratado, el acuerdo entre las partes (interpretación auténtica), la conducta de éstas (interpretación cuasiauténtica) y las normas de Derecho Internacional. ¿Cabrá recurrir a medios complementarios, especialmente a los trabajos preparatorios?

El artículo 32 dice a este respecto:

> Se podrá recurrir a medios de interpretación complementarios, en particular a los trabajos preparatorios del tratado y a las circunstancias de su celebración, para confirmar el sentido resultante de la aplicación del artículo 31 o para determinar el sentido cuando la interpretación dada de conformidad con el artículo 31:
> *a*) deje ambiguo u oscuro el sentido, o
> *b*) conduzca a un resultado manifiestamente absurdo o irrazonable.

b) Si en un pasado remoto era el latín la lengua diplomática y en ella aparecían redactados muchos tratados, desde 1919 es corriente la redacción de tratados en dos o más idiomas, y desde 1945, con la aparición de las Naciones Unidas, que tiene cinco lenguas oficiales, los tratados auspiciados por ella se redactan en esas cinco lenguas fehacientes y últimamente también en árabe. La propia Convención de Viena de 1969 tiene cinco textos auténticos, a saber: el chino, español, francés, inglés y ruso (art. 85).

Y para resolver los problemas de interpretación de los tratados autenticados en dos o más idiomas, el artículo 33 enuncia las siguientes reglas:

> 1. Cuando un tratado haya sido autenticado en dos o más idiomas, el texto hará igualmente fe en cada idioma, a menos que el tratado disponga o las partes convengan que en caso de discrepancia prevalecerá uno de los textos.
> 2. Una versión del tratado en idioma distinto de aquel en que haya sido autenticado el texto será considerado como texto auténtico únicamente si el tratado así lo dispone o las partes así lo convienen.
> 3. Se presumirá que los términos del tratado tienen en cada texto auténtico igual sentido.

4. Salvo en el caso de que prevalezca un texto determinado conforme a lo previsto en el párrafo 1, cuando la comparación de los textos auténticos revele una diferencia de sentido que no pueda resolverse con la aplicación de los artículos 31 y 32, se adoptará el sentido que mejor concilie esos textos, habida cuenta del objeto y del fin del tratado.

c) En el período de sesiones de 2008, la Comisión de Derecho internacional, decidió ocuparse, bajo el epígrafe «los tratados en el tiempo», de cuestiones relativas a la interpretación de tratados por comportamientos o circunstancias posteriores a su entrada en vigor. Cambiado el título del tema por el más adecuado de «Los acuerdos ulteriores y la práctica ulterior en relación con la interpretación de los tratados», la Comisión, dejando a salvo la aceptación generalizada de las reglas de la Convención de Viena de 1969 sobre interpretación de los tratados, aprobó provisionalmente en su período de sesiones de 2013 cinco proyectos de conclusiones al respecto.

d) En lo que respecta al ámbito interno español hay que tener en cuenta el apartado 2 del artículo 2 de la Ley Orgánica del Consejo de Estado (Ley Orgánica 3/1980, de 22 de abril) a cuyo tenor dicho órgano, que es el supremo organismo consultivo del Estado, debe ser consultado sobre «las dudas y discrepancias que surjan en la interpretación o cumplimiento de los tratados, convenios o acuerdos internacionales en que España sea parte», y bien entendido que según el artículo 3.2 de la misma ley «los dictámenes del Consejo de Estado no serán vinculantes salvo que la ley disponga lo contrario». Entendemos en todo caso que los órganos del Estado español —judiciales, consultivos y administrativos— deben interpretar los tratados de acuerdo con las reglas de la Convención de Viena de 1969, ya que España ha manifestado su consentimiento en obligarse por ella y ha sido publicada en el *Boletín Oficial del Estado* por lo que, de acuerdo con el artículo 96.1 de la Constitución, forma parte del ordenamiento interno español. De hecho, distintas sentencias del Tribunal Supremo (por ejemplo, las de 19 de enero de 1999 y 24 de marzo del mismo año) se refieren a la Convención de Viena para la interpretación de los tratados.

Mas hay que añadir que no siempre es ésa la actitud de los tribunales españoles y en este sentido se ha señalado[64] que el Tribunal Supremo, siguiendo una jurisprudencia bastante reiterada, muestra una cierta reticencia a recurrir a los criterios propios del ordenamiento jurídico internacional, contenidos fundamentalmente en la Convención de Viena, que es Derecho español, inclinándose por unos criterios generales o específicos del Derecho interno. Concretamente, y por citar un ejemplo elocuente, la sentencia de 7 de marzo de 1983 invoca el artículo 3.1 del Código Civil para interpretar el Tratado de Amistad y Cooperación entre España y los Estados Unidos «conforme a sus palabras, según el contexto y atendiendo a su espíritu y finalidad»[65], cuando es obvio que el Tribunal Supremo pudiera y debiera haber invocado y aplicado ese criterio interpretativo sobre la base del artículo 31 de la Convención de Viena.

---

[64] P. Cervilla, «Jurisprudencia española de Derecho Internacional Público», *R.E.D.I.*, 1985-2, p. 475.

[65] Véase el extracto de la sentencia en ibíd.

8.8. EFECTOS PARA TERCEROS

a) Según el artículo 2.1.*h*) de la Convención de Viena, «se entiende por tercer Estado un Estado que no es parte en el tratado»... Y sobre los efectos de los tratados para terceros Estados, el artículo 34 sienta la regla general de que «un tratado no crea obligaciones ni derechos para un tercer Estado sin su consentimiento»... Se trata de la conocida máxima *pacta tertiis nec nocent nec prosunt,* que proviene del Derecho Privado Romano, pero que en Derecho Internacional no se justifica meramente por ese concepto general del Derecho de los contratos, sino por la soberanía e independencia de los Estados[66]. Y la norma tiene un claro apoyo en la práctica, jurisprudencia y doctrina[67].

b) Pero según se desprende del propio artículo 34, los tratados sí pueden producir efectos para terceros, imponiendo obligaciones o concediendo derechos, con el consentimiento de ellos. No hay en tal supuesto excepciones o derogaciones al principio *pacta tertiis,* porque al mediar el consentimiento de los terceros en un acuerdo colateral, nos hallamos claramente dentro del mecanismo convencional. Además, en virtud del principio de la efectividad, los tratados producen algunos efectos para terceros en los siguientes casos: reglas de tratados que den lugar a normas consuetudinarias, tratados que representan la gestión de intereses comunes por un conjunto de Estados suficientemente representativos y tratados instituyentes de organizaciones internacionales[68]. Examinaremos todos estos supuestos en que un tratado surte efectos para terceros en los siguientes apartados.

c) Efectivamente, el artículo 35 de la Convención se ocupa de los tratados en que se prevén *obligaciones para terceros Estados,* diciendo que:

> Una disposición de un tratado dará origen a una obligación para un tercer Estado si las partes en el tratado tienen la intención de que tal disposición sea el medio de crear la obligación y si el tercer Estado acepta expresamente por escrito esa obligación.

Ya el Tribunal de La Haya había sustentado esta idea en el *asunto de las zonas francas de la Alta Saboya y del País de Gex,* donde dijo:

> Por cuanto, en todo caso, el artículo 435 del Tratado de Versalles no obliga a Suiza, que no es parte en ese Tratado, excepto en la medida en que este país lo haya aceptado; como esta medida se determina en la nota del Consejo Federal suizo de 5 de mayo de 1919 [...]; como mediante este acto, y sólo mediante él, el Gobierno suizo ha accedido a la inclusión de las disposiciones del artículo 435, a saber: con sujeción a las condiciones y reservas que se establecen en dicha nota[69].

Según el párrafo 1 del artículo 37, la obligación prevista en un tratado para un tercer Estado no podrá ser revocada ni modificada sino con el consentimiento de las partes en el tratado y del tercer Estado, a menos que conste que habían convenido otra cosa al respecto.

---

66 *Anuario de la Comisión de Derecho Internacional,* vol. II, 1966, p. 240.
67 Ibíd.
68 *Annuaire de l'Institut de Droit International,* vol. 44, t. I, 1952, p. 199.
69 Véase J. A. PASTOR RIDRUEJO, *La Jurisprudencia...,* cit., pp. 67 ss.

d) De las disposiciones de un tratado en que se establecen *derechos para terceros Estados* se ocupa el artículo 36, así redactado:

> 1. Una disposición de un tratado dará origen a un derecho para un tercer Estado si con ella las partes en el tratado tienen la intención de conferir ese derecho al tercer Estado o a un grupo de Estados al cual pertenezca, o bien a todos los Estados, y si el tercer Estado asiente a ello. Su asentimiento se presumirá mientras no haya indicación en contrario, salvo que el tratado disponga otra cosa.
> 2. Un Estado que ejerza un derecho con arreglo al párrafo 1 deberá cumplir las condiciones que para su ejercicio estén suscritas en el tratado o se establezcan conforme a éste.

Ya el Tribunal de La Haya, en el mencionado *caso de las zonas francas de la Alta Saboya y el País de Gex* había dicho que:

> No cabe presumir a la ligera que las estipulaciones favorables a un tercer Estado se han adoptado con el objeto de crear a su favor un verdadero derecho. Nada impide, sin embargo, que la voluntad de los Estados soberanos tenga este objeto y este efecto. La existencia de un derecho adquirido en virtud de un instrumento concertado entre otros Estados es, pues, una cuestión que ha de decidirse en cada caso particular; habrá de determinarse si los Estados que han estipulado en favor de un tercer Estado se han propuesto crear en su favor un verdadero derecho, que este último ha aceptado como tal[70].

Es de hacer notar que, así como en el caso de imposición de obligaciones para un tercer Estado se necesita la aceptación expresa y por escrito de éste, en el supuesto de concesión de derechos se presume el asentimiento del tercer Estado.

Además, según el párrafo 2 del artículo 36, el derecho no podrá ser revocado, ni modificado por las partes si consta la intención de que el derecho no fuera revocable ni modificable sin el consentimiento del tercer Estado.

e) En todo caso, el principio *pacta tertiis* no impide que una norma enunciada en un tratado pueda convertirse en consuetudinaria y obligar en tanto que tal a terceros Estados, según el proceso que ya describimos al hablar de la interacción entre la costumbre y los tratados. Por ello la Comisión de Derecho Internacional formuló una reserva de carácter negativo para impedir la interpretación de que aquel principio rechaza la legitimidad del proceso en cuestión. Y es así cómo el artículo 38 dice que:

> Lo dispuesto en los artículos 34 a 37 no impedirá que una norma enunciada en un tratado llegue a ser obligatoria para un tercer Estado como norma consuetudinaria de Derecho Internacional reconocida como tal.

f) Existe un tipo especial de *tratados que representan la gestión de intereses comunes* por un conjunto de Estados suficientemente representativos. Son los tratados que por establecer regímenes objetivos tienden por naturaleza a producir efectos *erga omnes;* por ejemplo, los tratados de paz y los que instauran arreglos políticos y territoriales, los de desmilitarización y neutralización de territorios y regiones, los de cesión de territorios, delimitación de fronteras, y otros. Como ejemplos concretos recientes podríamos citar el Tratado de Estado Austríaco de 1955, el Tratado sobre la Antártida de 1 de diciembre de 1959, el Tratado de desnuclearización de la América Latina y otros.

---

70 CPJI, *Serie A/B,* n.º 46, p. 148.

Ya en 1920 el Comité de Juristas que se ocupó del *asunto de las Islas Aland* hizo una aplicación particular de esta teoría. Según el Comité, efectivamente, el régimen de desmilitarización instituido por el Tratado de París de 1856 tenía un interés europeo general, obligando así a Finlandia, que no era parte en dicho Tratado. En apoyo de esta solución invocó el Comité la práctica de las grandes potencias a partir de 1815, tendente a «establecer un verdadero Derecho objetivo, verdaderos estatutos políticos, cuyos efectos se hacen sentir incluso fuera del círculo de las partes contratantes»[71].

Pero hoy, más que en la función de gobierno de las grandes potencias, los efectos *erga omnes* de los tratados en cuestión encuentran fundamento, como dice el profesor CARRILLO SALCEDO, en la verificación de que uno o más de los Estados partes tienen competencia especial para concertar tratados sobre la materia, completada con la consideración de la relevancia jurídica del principio de efectividad[72].

g) En íntima relación con el supuesto anterior encontramos los *tratados instituyentes de organizaciones internacionales,* en cuanto que éstas pueden poseer una personalidad efectiva que nunca es objeto de reconocimiento expreso por terceros Estados y que desde luego no puede ser desconocida por ellos. Forzoso es citar a este respecto el dictamen del Tribunal Internacional de Justicia de 21 de abril de 1951 sobre *reparación de los daños sufridos al servicio de las Naciones Unidas,* donde dijo que

> cincuenta Estados, que representan una amplia mayoría de los miembros de la Comunidad Internacional, tenían el poder, conforme al Derecho Internacional, de crear una entidad con personalidad objetiva, y no simplemente una personalidad reconocida por ellos solos[73].

Y precisamente por la efectividad de la Organización de las Naciones Unidas se pueden oponer a Estados no miembros —no partes en la Carta— los sistemas de seguridad colectiva y mantenimiento de la paz y seguridad internacionales, según resulta del artículo 2.6 de la Carta, así redactado:

> La Organización hará que los Estados que no sean miembros de las Naciones Unidas se conduzcan de acuerdo con estos principios en la medida que sea necesaria para mantener la paz y seguridad internacionales.

8.9. ENMIENDA Y MODIFICACIÓN

a) La práctica convencional demuestra que algunos tratados emplean el término «revisión» cuando se trata de cambiar el tratado en su totalidad, mientras que el vocablo «enmienda» se refiere tan sólo al cambio de alguna o algunas disposiciones del tratado. Pero cabe perfectamente que la variación de alguna disposición del tratado afecte a un punto esencial que cambie el sentido general del mismo. No existe, de otro lado, ninguna diferencia entre los procedimientos

---

[71] *Société des Nations, Journal Officiel, Supplément spécial,* 1920, n.º 3, pp. 177 ss.
[72] J. A. CARRILLLO SALCEDO, *La soberanía...,* cit., pp. 237-238.
[73] CIJ, *Recueil,* 1951, p. 185.

jurídicos seguidos en la materia, por lo que en su proyecto de artículos la Comisión de Derecho Internacional decidió unificar el régimen bajo la palabra «enmienda» y desechando la de «revisión», habida cuenta de las connotaciones políticas que cobró el término bajo el Pacto de la Sociedad de Naciones[74].

La enmienda se concibe así en el régimen de la Convención de Viena como el cambio en alguna o algunas disposiciones del tratado que afecta a *todos* los Estados partes. Y junto a esta figura, la modificación se refiere a un acuerdo celebrado únicamente entre *algunas* de las partes para modificar el tratado.

b) En lo que se refiere a la *enmienda de los tratados,* el artículo 39 establece la regla general de que requiere el acuerdo de las partes, al que se aplicarán las normas generales sobre celebración de tratados, salvo que el tratado disponga otra cosa.

Para los tratados multilaterales, el artículo 40 formula unas reglas específicas de carácter supletorio, pues, según el párrafo 1 de dicho artículo, el tratado puede disponer otra cosa. La primera de dichas reglas —párrafo 2 del art. 40— establece que toda propuesta de enmienda ha de ser notificada a todos los Estados contratantes, los cuales tendrán derecho a participar en la decisión sobre las medidas que han de adoptarse en relación con la propuesta (por ejemplo, la reunión de una Conferencia internacional) y en la negociación y celebración del nuevo acuerdo. El párrafo 3 del artículo 40 dispone que todo Estado facultado para llegar a ser parte en el tratado originario lo está también para ser parte en el tratado enmendado, norma que beneficia a los Estados que aún no manifestaron su consentimiento para obligarse por el primer tratado. Pero según el párrafo 4 del artículo 40, una vez celebrado el acuerdo de enmienda, éste sólo obliga a los Estados que lleguen a ser partes en él por haber manifestado su consentimiento al respecto, y no a los demás Estados partes. Los Estados partes conservan, pues, la libertad de aceptar o no las enmiendas y, por consiguiente, de obligarse por ellas. Y para las relaciones entre los Estados partes en el tratado enmendado y los que sólo lo sean en el originario se aplica la regla ya conocida del artículo 30 de la Convención sobre tratados sucesivos concernientes a la misma materia.

Cabe, de todos modos, que un Estado llegue a ser parte en el tratado después de la entrada en vigor de la enmienda, en cuyo caso, y si dicho Estado no ha manifestado una intención diferente, el párrafo 5 del artículo 40 dispone que el repetido Estado será parte en el tratado en su forma enmendada, menos en sus relaciones con los Estados que no hayan aceptado la enmienda, que se regirán por las disposiciones del tratado originario.

Existe, por tanto, también aquí, como en el caso de las reservas, una posibilidad de multiplicación de los regímenes obligacionales que se derivan del tratado.

c) Ya hemos dicho que, según la Convención de Viena, *la modificación* de los tratados multilaterales consiste en la celebración de acuerdos para modificarlos entre algunas de las partes únicamente. Cabe tal modificación, según el artículo 41, cuando la prevea el tratado o cuando no esté prohibida, supuesto este último

---

[74] *Anuario de la Comisión de Derecho Internacional,* vol. II, 1966, p. 254.

en el que deben concurrir dos condiciones: que la modificación no afecte al disfrute de los derechos que a las otras partes concede el tratado ni al cumplimiento de sus obligaciones y que no se refiera a ninguna disposición cuya modificación sea incompatible con la consecución efectiva del objeto y del fin del tratado en su conjunto. Y según el párrafo 2 del artículo 41, en este segundo supuesto de modificación no prohibida, cuando el tratado no disponga otra cosa, las partes interesadas deberán notificar a las demás su intención de celebrar el acuerdo y la modificación propuesta.

8.10. Nulidad

La Parte V de la Convención de Viena se ocupa de regular la nulidad, terminación y suspensión de la aplicación de los tratados, y constituye sin duda el aspecto más significativo de la codificación y desarrollo progresivo de la materia. Antes, efectivamente, sobre la base del Derecho privado de los contratos, los precedentes eran dispersos y las soluciones inciertas; ahora la seguridad jurídica es mayor incluso para Estados no partes en la Convención.

Por lo que respecta a la nulidad de los tratados según la Convención, sus consecuencias son extremadamente severas, ya que las disposiciones de un tratado nulo carecen de fuerza jurídica *ab initio,* y todo Estado parte puede exigir de otro que en la medida de lo posible establezca en sus relaciones mutuas la situación que habría existido si no se hubiesen ejecutado actos de conformidad con el tratado (*statu quo ante*) (art. 49, párrafos 1 y 2). Consiguientemente, las causas de nulidad se establecen en la Convención con carácter de *numerus clausus,* esto es, taxativamente, diciendo al respecto el párrafo 1 del artículo 42 que «la validez de un tratado o del consentimiento de un Estado en obligarse por el tratado no podrá ser impugnada sino mediante la aplicación de la presente Convención». De otro lado, la severidad de aquellas consecuencias explica que la nulidad no pueda nunca ser apreciada y declarada unilateralmente por un Estado parte, sino que el Estado que la alegue deberá notificar su pretensión a las demás partes, y si hubiese objeción se inicia un procedimiento de solución pacífica de la controversia, que más tarde estudiaremos. Precisamente, en la Convención de Viena, y en aras a la seguridad jurídica, muchas delegaciones subordinaban la aceptación de las disposiciones sustantivas de la Parte V sobre nulidad, terminación y suspensión de los tratados a la instauración de un mecanismo adecuado de arreglo de diferencias. Y la dificultad en encontrar tal mecanismo puso en peligro a la propia Convención, aunque finalmente se superaron las dificultades en el sentido que expondremos.

Y hechas estas precisiones sobre la nulidad de los tratados, estudiemos ya una por una las ocho *causas* de nulidad que establece la Convención.

a) *Violación de las disposiciones del Derecho interno concernientes a la competencia para celebrar tratados*

Los efectos de la violación del Derecho constitucional interno sobre celebración de tratados en la validez de los mismos recibieron diversas respuestas por parte de los juristas[75], pero la Convención, siguiendo a la Comisión de Derecho Internacional, ha adoptado en el artículo 46 una posición muy estricta que se enuncia de manera negativa:

> 1. El hecho de que el consentimiento de un Estado en obligarse por un tratado haya sido manifestado en violación de una disposición de su Derecho interno concerniente a la competencia para celebrar tratados no podrá ser alegado por dicho Estado como vicio de su consentimiento, *a menos* que esa violación sea manifiesta y afecte a una norma fundamental de su Derecho interno.
> 2. Una violación es manifiesta si resulta objetivamente evidente para cualquier Estado que proceda en la materia conforme a la práctica usual y de buena fe.

b) *Inobservancia de una restricción específica de los poderes para manifestar el consentimiento del Estado*

El artículo 47 dice al respecto que:

> Si los poderes de un representante para manifestar el consentimiento de un Estado en obligarse por un tratado determinado han sido objeto de una restricción específica, la inobservancia de esa restricción por tal representante no podrá alegarse como vicio del consentimiento expresado por él, a menos que la restricción haya sido notificada con anterioridad a la manifestación de ese consentimiento a los demás Estados negociadores.

c) *Error de hecho*

Como dice la Comisión de Derecho Internacional, son raros los casos en que se han alegado errores de fondo como vicios de consentimiento que afectan a la validez de los tratados; casi todos son errores geográficos y en los mapas[76]. Y en los asuntos de *Groenlandia Oriental y el Templo de Preah Vihear,* el Tribunal de La Haya aclara las condiciones en que el error no vicia el consentimiento, pero no las condiciones en que sí lo anula[77]. Fue el mismo Tribunal quien en el asunto *Mavrommatis* dio a entender que el error sólo vicia el consentimiento de un Estado si versa sobre una cuestión que constituya una base esencial de tal consentimiento[78]. El artículo 48 de la Convención dice al respecto que:

> 1. Un Estado podrá alegar un error en un tratado como vicio de su consentimiento en obligarse por el tratado si el error se refiere a un hecho o a una situación cuya existencia diera por supuesta ese Estado en el momento de la celebración del tratado y constituyera una base esencial de su consentimiento en obligarse por el tratado.
> 2. El párrafo 1 no se aplicará si el Estado de que se trate contribuyó con su conducta al error o si las circunstancias fueron tales que hubiera quedado advertido de la posibilidad de error.
> 3. Un error que concierna sólo a la redacción del texto de un tratado no afectará a la validez de éste; en tal caso se aplicará al artículo 79.

---

[75] *Anuario de la Comisión de Derecho Internacional,* vol. II, 1966, pp. 263-264.
[76] Ibíd., p. 266.
[77] CPJI, *Serie A/B,* n.º 53, pp. 71 y 91; CIJ, *Recueil,* 1961, p. 30.
[78] CPJI, *Serie A,* n.º 11.

d) *Dolo*

El concepto de dolo existe en la mayoría de los ordenamientos jurídicos, aunque su alcance no es el mismo en todos ellos. En Derecho Internacional los precedentes son escasos y no permiten determinar el sentido exacto de tal concepto. Por ello, en su proyecto de artículos, la Comisión de Derecho Internacional no definió el dolo, dejando a la práctica y a la jurisprudencia la fijación de su alcance preciso, aunque para caracterizarlo de un modo general empleó la expresión de conducta fraudulenta, expresión —dijo— que «tiene por objeto comprender toda declaración falsa, toda presentación inexacta de los hechos y otros procedimientos engañosos por los cuales se induzca a un Estado a manifestar en un tratado un consentimiento que, de no ser así, no habría manifestado»[79]. Y con una redacción sustancialmente idéntica a la propuesta por la Comisión, el artículo 49 de la Convención de Viena dice:

> Si un Estado ha sido inducido a celebrar un tratado por la conducta fraudulenta de otro Estado negociador, podrá alegar el dolo como vicio de su consentimiento en obligarse por el tratado.

e) *Corrupción del representante de un Estado*

Según el artículo 50:

> Si la manifestación del consentimiento de un Estado en obligarse por un tratado ha sido obtenida mediante la corrupción de su representante, efectuada directa o indirectamente por otro Estado negociador, aquel Estado podrá alegar esa corrupción como vicio de su consentimiento en obligarse por el tratado.

Como dijo la Comisión de Derecho Internacional, el término «corrupción» se utiliza para indicar que únicamente los actos concebidos con el propósito de ejercer una influencia fundamental en la disposición del representante para concertar el tratado pueden alegarse como vicio de consentimiento, y no cualquier pequeño favor o cortesía con motivo de la celebración del tratado[80].

f) *Coacción sobre el representante de un Estado*

Dispone el artículo 51 que:

> La manifestación del consentimiento de un Estado en obligarse por un tratado que haya sido obtenida por coacción sobre su representante mediante actos o amenazas dirigidos contra él carecerá de todo efecto jurídico.

Es de destacar, con la Comisión de Derecho Internacional, que lo que aquí se considera son «todas las formas de intimidación de que sea objeto un representante personalmente y no como órgano del Estado».

---

[79] *Anuario de la Comisión de Derecho Internacional*, vol. II, 1966, p. 268.
[80] Ibíd., pp. 268-269.

g) *Coacción sobre un Estado por la amenaza o el uso de la fuerza*

Ya sabemos que en el Derecho Internacional Clásico la guerra estaba permitida en cuanto forma suprema de la autotutela jurídica, pero que en el Derecho Internacional Contemporáneo, y de acuerdo con el artículo 2.4 de la Carta de las Naciones Unidas, se prohíbe el recurso y amenaza de la fuerza contra la independencia política o integridad territorial de cualquier Estado. Y ello justifica hoy la nulidad de los tratados conseguidos por tal medio. En tal supuesto, efectivamente, se vulnera una norma de *ius cogens* en la propia celebración del tratado, y, por tanto, el artículo 52 establece que:

> Es nulo todo tratado cuya celebración se haya obtenido por la amenaza o el uso de la fuerza en violación de los principios de Derecho Internacional incorporados en la Carta de las Naciones Unidas.

La Comisión de Derecho Internacional se planteó el problema, grave en consecuencias jurídicas y políticas, de la irretroactividad del artículo. Y valiéndose del principio enunciado en el *caso de la Isla de Palmas,* según el cual «un acto jurídico debe apreciarse a la luz del Derecho de la época» entendió que no era aplicable a los tratados celebrados cuando se reconocía el derecho al uso y amenaza de la fuerza. Otro problema es el de determinar con exactitud en qué momento cambiaron las normas sobre el *ius ad bellum,* es decir, en qué momento se prohibió la guerra, y la Comisión no creyó que debiera ir más allá de hacer una referencia a los principios de la Carta de las Naciones Unidas[81].

h) *Incompatibilidad con una normal imperativa de* ius cogens *internacional*

Si en el artículo 52 se contemplaba la vulneración de una norma específica de *ius cogens* en la propia celebración del tratado, el artículo 53 dice que:

> Es nulo todo tratado que en el momento de su celebración está en oposición con una norma imperativa de Derecho Internacional General. Para los efectos de la presente Convención, una norma imperativa de Derecho Internacional General es una norma aceptada y reconocida por la Comunidad Internacional de Estados en su conjunto como norma que no admite acuerdo en contrario y que sólo puede ser modificada por una norma ulterior de Derecho Internacional que tenga el mismo carácter.

Expuesta ya la significación y la problemática del *ius cogens* al hablar de la fundamentación del Derecho Internacional, nos remitimos a todo lo que allí dijimos[82].

i) *Las consecuencias de la declaración de nulidad de un tratado*

Son muy severas, como ya hemos apuntado, y la Convención las regula de manera muy concreta y detallada.

El artículo 69.1 establece la regla fundamental de que «las disposiciones de un tratado nulo carecen de fuerza jurídica», efecto invalidante éste que tiene lugar

---

[81] Ibíd., pp. 270-271.
[82] Véase apartado 3.4 de este libro.

ab initio, por lo que, según el párrafo 2 del artículo 69, todo Estado parte puede exigir de otro que en sus relaciones mutuas establezca en lo posible la situación que habría existido si no se hubiesen ejecutado actos en relación con el tratado (*statu quo ante*); de todos modos, los actos ejecutados de buena fe, antes de alegarse la causa de nulidad, no resultarán ilícitos por el mero hecho de aquélla. Ahora bien: en los supuestos de dolo, corrupción, coacción sobre el representante del Estado o sobre el propio Estado, el Estado al que sean imputables los actos que han viciado el consentimiento no puede exigir el restablecimiento de la situación anterior al tratado (art. 69.3). Y tratándose de un acuerdo multilateral, las disposiciones en cuestión sólo se aplican obviamente a las relaciones entre el Estado cuyo consentimiento está viciado y los demás Estados partes (art. 69.4).

La nulidad *ab initio* de un tratado que según el artículo 53 esté en oposición con una norma imperativa de Derecho Internacional General vigente en el momento de su celebración (art. 53) constituye un caso especial de nulidad, cuyas consecuencias se establecen en el artículo 71. Dicho artículo impone a los Estado partes no sólo la obligación de eliminar en lo posible las consecuencias de todo acto ejecutado conforme al tratado, sino también la de ajustar sus relaciones mutuas a la norma de *ius cogens.*

En todo caso, y según el artículo 43, la declaración de nulidad de un tratado «no menoscaba en nada el deber de un Estado de cumplir toda obligación enunciada en el tratado a la que esté sometido en virtud del Derecho Internacional independientemente de este tratado».

Tiene interés el problema de si la nulidad del tratado debe afectar a la totalidad del mismo o sólo a algunas de sus disposiciones. En principio, según el artículo 44, la causa de nulidad únicamente puede alegarse respecto a la totalidad del tratado. No obstante, si la causa de nulidad se refiere tan sólo a determinadas disposiciones, podrá alegarse la nulidad únicamente respecto de ellas si concurren tres condiciones: si en lo que respecta a su aplicación las cláusulas son separables del resto del tratado; si se desprende de él o consta de otro modo que la aceptación de esas cláusulas no ha constituido para el otro o los otros Estados partes una base esencial de su consentimiento en obligarse por el tratado en su conjunto, y si la continuación del cumplimiento del resto del tratado no es injusto. En todo caso, si la causa de nulidad es la coacción sobre el representante del Estado, la coacción sobre el Estado por la amenaza o el uso de la fuerza, o la incompatibilidad con una norma de *ius cogens,* no se admite la divisibilidad de las disposiciones del tratado a los efectos que nos ocupan.

La Convención se ocupa asimismo del problema de la *subsanación* de un tratado nulo, admitiéndola para algunos casos y rechazándola para otros. El artículo 45, efectivamente, la admite para las siguientes causas de nulidad: violación de una norma de Derecho interno concerniente a la competencia para celebrar tratados, inobservancia de la restricción específica de los poderes para manifestar el consentimiento del Estado, error, dolo y corrupción del representante del Estado. Pero se rechaza la subsanación para los demás casos de nulidad. Y de todos modos, la subsanación, que priva al Estado del derecho a alegar la nulidad de un tratado, exige que, después de conocida la causa de nulidad, el Estado en cuestión haya convenido expresamente que el tratado es válido o se haya comportado de tal manera que deba considerarse que ha dado su aquiescencia a su validez.

8.11. Terminación

Si la nulidad de un tratado tenía lugar *ab initio* y exige la reposición del *statu quo ante,* la terminación produce efectos menos severos en cuanto que únicamente exime a las partes de seguir cumpliendo el tratado desde el momento de la misma, sin afectar a ningún derecho, obligación o situación jurídica de las partes creadas en virtud del tratado durante el período de su vigencia. De otro lado, si la nulidad recubre situaciones que desde algún punto de vista pudieran considerarse patológicas, la terminación del tratado es en muchos casos un hecho normal previsto por las partes. Precisamente por ello, y como regla general el artículo 54 respeta la voluntad de los Estados partes en esta materia.

En todo caso, y al igual que ocurre con la nulidad, la terminación de un tratado sólo tiene lugar por las *causas* que de manera tasada establece la Convención, según se desprende del artículo 42.2. Causas que, por consiguiente, tienen carácter de *numerus clausus.*

a) La primera causa de terminación o retirada de un tratado estriba, efectivamente, en *la voluntad de las partes,* que según el artículo 54 puede tener lugar conforme a las disposiciones del tratado o en cualquier momento por consentimiento de todas las partes después de consultar a los demás Estados contratantes.

Se puede plantear el problema de saber si un tratado multilateral cuya entrada en vigor se hace depender del hecho de que un número mínimo de Estados consientan ser partes en el mismo termina porque el número de partes llegue a ser inferior a aquel número mínimo. El artículo 55 de la Convención se pronuncia por su no terminación, a no ser que el tratado disponga otra cosa.

Otro problema que ha resuelto la Convención es el de si cabe la denuncia o retirada de un tratado que no contenga disposiciones sobre su terminación y no prevea la denuncia o retirada. En tal supuesto, de acuerdo con el artículo 56, la denuncia o la retirada sólo son posibles si consta que fue intención de las partes admitirlas o si el derecho a ello puede inferirse de la naturaleza del tratado; en cualquier caso, la intención de la denuncia debe ser notificada al menos con doce meses de antelación. Estas reglas son importantes porque son muchos los tratados que no contienen cláusulas al respecto; saber si cabe la denuncia o retirada será siempre cuestión de cada caso concreto de acuerdo con los criterios enunciados.

En todo caso, en lo que respecta al Derecho español, hay que tener en cuenta que, según el artículo 96.2 de la Constitución de 1978, «para la denuncia de los tratados y convenios internacionales se utilizará el mismo procedimiento previsto para su aprobación en el artículo 94». Esto quiere decir que si las Cortes han autorizado la manifestación del consentimiento de España en obligarse por el tratado, al ser subsumible en alguno de los supuestos enunciados en el párrafo 1 del mencionado artículo 94, la denuncia del instrumento requiere asimismo autorización del poder legislativo. Pero ¿qué ocurre con los tratados celebrados por nuestro país antes de la entrada en vigor de la Constitución de 1978? ¿Habrá que recalificarlos, a efectos de su denuncia, conforme a los criterios del párrafo 1 del artículo 94? Nosotros entendemos que sí y que, consiguientemente, la denuncia de esos tratados exigirá autorización legislativa siempre que tengan encaje en alguna de las previsiones del párrafo 1 del artículo 94 de la Constitución vigente. Así lo da a entender la utilización de la palabra «previsto» en lugar de «utilizado» en el párrafo 2 del artículo 96, y así se desprende además de la doctrina del Consejo de Estado[83].

b) Otra causa de terminación de un tratado puede ser la *celebración de otro tratado posterior sobre la misma materia* entre todos los Estados partes. En tal caso, para que termine el primer tratado es necesario, bien que se desprenda del tratado posterior o conste de otro modo que ha sido intención de las partes que la materia se rija por ese tratado, bien que las disposiciones del tratado posterior sean hasta tal punto incompatibles con las del tratado anterior que uno y otro no puedan aplicarse simultáneamente (art. 59). Es lo que el juez ANZILOTTI denominó, como ya vimos, derogación tácita. Con independencia de ella cabe, por supuesto, la derogación expresa.

c) La *violación grave de un tratado* puede dar lugar también a su terminación, entendiéndose por violación grave a este respecto, según el párrafo 3 del artículo 60, bien un rechazo del tratado no admitido por la propia Convención, bien la violación de una disposición esencial para la consecución del objeto o del fin del tratado.

Si el tratado es bilateral, su violación grave por una de las partes faculta a la otra para alegar tal violación como causa de terminación del tratado. Si éste es multilateral, los otros Estados partes, procediendo por unanimidad, estarán facultados para dar por terminado el tratado, bien en las relaciones entre ellos y el Estado infractor, bien entre todas las partes. Todo ello sin perjuicio de la posibilidad de suspensión total o parcial del tratado en los términos y condiciones que veremos más adelante (art. 60).

En su dictamen de 21 de junio de 1971 sobre el *caso Namibia,* el Tribunal de La Haya consideró estas reglas como codificadoras del Derecho Internacional Consuetudinario, aplicándolas a la resolución 2.145 (XXI) de la Asamblea General de las Naciones Unidas, que declaraba terminado el mandato concedido sobre el territorio del Sudoeste africano por la Sociedad de las Naciones a África del Sur[84].

d) También puede alegarse como causa de terminación o retirada de un tratado la *imposibilidad subsiguiente de cumplimiento* «si esa imposibilidad resulta de la desaparición o destrucción definitivas de un objeto indispensable para el cumplimiento del tratado» (art. 60.1). Se trata de una aplicación del principio jurídico *ad impossibilia nemo tenetur* y la Comisión de Derecho Internacional citó como hipótesis la de inmersión de una isla, la desecación de un río o la destrucción de un dique o de una instalación hidroeléctrica indispensables para la ejecución de un tratado[85]. Naturalmente, si la imposibilidad deriva de la violación del tratado o de otra obligación internacional por una parte respecto a otra, la parte a que resulte imputable la violación no podrá alegar la terminación del tratado (art. 60.2).

---

[83] Informe n.º 51.678, de 17 de marzo de 1988. Véase E. CONDE PÉREZ, *La denuncia de los tratados. Régimen de la Convención de Viena sobre el Derecho de Tratados de 1969 y la práctica estatal,* Congreso de los Diputados, Madrid, 2007.

[84] CIJ, *Recueil,* 1971, p. 47.

[85] *Anuario de la Comisión de Derecho Internacional,* vol. II, 1966, p. 280.

e) Supuesto distinto del anterior, que también faculta para alegar la terminación o retirada del tratado, es el *cambio fundamental de las circunstancias.* Según el artículo 62 de la Convención, para que dicho cambio pueda motivar la terminación del tratado es preciso que reúna cinco condiciones: tres de carácter objetivo y dos de índole subjetiva. Las de carácter objetivo son las siguientes: en cuanto a su naturaleza, el cambio ha de ser fundamental; en cuanto a su objeto, debe ocurrir con respecto a las circunstancias existentes en el momento de la celebración del tratado; en lo que respecta a sus consecuencias, ha de modificar radicalmente el alcance de las obligaciones que todavía hayan de cumplirse en virtud del tratado. Las condiciones subjetivas del cambio son las dos que siguen: no debió ser previsto en el tratado, y debe versar sobre las circunstancias que constituyeran una base esencial del consentimiento de las partes en obligarse por el tratado. Por consiguiente, aunque la Comisión de Derecho Internacional declarase expresamente que formulaba la doctrina como regla jurídica objetiva, el artículo reposa sobre una base en parte subjetiva, que utiliza dos presunciones de la voluntad de las partes[86].

Pero, según el párrafo 2 del artículo 62, existen dos supuestos en que no cabe alegar el cambio fundamental de las circunstancias para dar por terminado un tratado o retirarse de él, a saber: si el tratado establece una frontera, o si el cambio fundamental resulta de una violación, por la parte que lo alega, de una obligación nacida del tratado o de toda otra obligación internacional con respecto a cualquier otra parte en el tratado. La primera excepción tiene una razón de ser muy clara, pues, como dijo la Comisión de Derecho Internacional, si el principio del cambio fundamental de las circunstancias pudiese ser invocado respecto a los tratados que establecen una frontera, sería una fuente de peligrosas fricciones más que un instrumento para el cambio pacífico[87]. La segunda excepción deriva del principio *nemo commodum capere potest ex iniuria propia.*

Por lo demás, el cambio fundamental de las circunstancias puede ser alegado no sólo en los tratados perpetuos, sino también en los tratados a término. Como ha dicho la Comisión de Derecho Internacional, también un tratado a término puede sufrir las consecuencias de aquel cambio, y de hecho han sido alegadas en la práctica en relación con dicha especie de tratado[88].

f) *La aparición de una nueva norma internacional de «ius cogens»* es causa de la nulidad y terminación de todo tratado que esté en oposición con dicha norma, según el artículo 64 de la Convención. Si el artículo 53 contemplaba efectivamente el caso de un tratado que en el momento de su celebración fuese incompatible con una norma imperativa del Derecho Internacional, lo que provocaba su nulidad, el artículo 64 trata del llamado *ius cogens superveniens,* que no hace el tratado nulo *ab initio,* sino sólo desde la fecha en que aparezca la nueva norma imperativa. «Pueden servir de ejemplo —dice la Comisión de Derecho Internacional— los antiguos tratados que reglamentaban la trata de esclavos, cuya ejecución dejó luego de ser

---

[86] Ibíd., p. 282, J. A. PASTOR RIDRUEJO, «La doctrine "rebus sic stantibus" à la conférence de Vienne de 1968 sur le droit des traités», en *A.S.D.I.,* vol. XXV, 1968, pp. 90-91.
[87] *Anuario de la Comisión de Derecho Internacional,* vol. II, 1966, p. 283.
[88] Ibíd., p. 283.

compatible con el Derecho Internacional como consecuencia del reconocimiento general de la ilegitimidad absoluta de todas las formas de esclavitud»[89].

g) Según la opinión general, la *ruptura de relaciones diplomáticas o consulares* entre Estados partes en un tratado no provoca por sí sola la terminación del mismo; el tratado sigue en vigor y las partes continúan obligadas por él, y así lo proclama de modo general el artículo 63 de la Convención. Cabe, sin embargo, que la existencia de esas relaciones diplomáticas o consulares sean indispensables para la aplicación del tratado, en cuyo caso, según el propio artículo 63, sí quedan afectadas las relaciones entre las partes.

h) ¿Conlleva el estallido de un conflicto armado algún tipo de efectos sobre la continuación del vigor de los tratados? ¿Provoca ese estallido la terminación o suspensión de los mismos? El tema ha sido estudiado por la Comisión de Derecho internacional que, en su período de sesiones de 2011, aprobó un proyecto de artículos sometido a la Asamblea General para que estudie la posibilidad de adoptar una convención. Damos cuenta en las líneas que siguen de los rasgos de mayor relevancia del proyecto, señalando primeramente que su normativa es de aplicación en toda situación de conflicto armado, tenga éste carácter internacional o interno. En cuanto al principio general que rige en la materia es el de la estabilidad o continuidad de los tratados, toda vez que se dispone que el estallido de un conflicto armado no da lugar *ipso facto* a su terminación o a la suspensión de su aplicación. Claro que este principio general conoce excepciones. No se aplica si el tratado contiene alguna disposición específica en contrario. Tampoco resulta aplicable el principio si la interpretación del tratado según las reglas del Derecho internacional da a entender que es susceptible de terminación, retiro o suspensión. Pero en un anexo al proyecto figura una lista indicativa —por tanto, no exhaustiva— de tratados que en razón a su materia continúan aplicándose, total o parcialmente, en el transcurso de un conflicto armado. En la lista aparecen hasta doce tipos de tratados y entre ellos destacamos los que tienen que ver con la protección de los derechos humanos y los relativos a la protección de las víctimas de los conflictos armados (Derecho internacional humanitario).

i) *Las consecuencias jurídicas de la terminación de un tratado* son más sencillas que las que derivan de la nulidad. En primer término, según lo dispuesto en el artículo 70, hay que estar a lo dispuesto en el propio tratado o a lo que las partes hayan convenido. En otro caso, el propio artículo 70 dice que la terminación eximirá a las partes de la obligación de seguir cumpliendo el tratado, y no afectará a ningún derecho, obligación o situación jurídica de las partes creadas por la ejecución del tratado antes de su terminación. La denuncia o retirada produce estos mismos efectos.

De todos modos, si opera el *ius cogens superveniens* por aplicación del artículo 64, el párrafo 2 del artículo 71 establece una regla particular, porque, aunque la terminación del tratado no afectará a ningún derecho, obligación o situación

[89] Ibíd., p. 285.

jurídica creados por la ejecución del tratado antes de su terminación, tales derechos, obligaciones o situaciones sólo podrán mantenerse en adelante en la medida en que su mantenimiento no esté por sí mismo en oposición con la nueva norma imperativa de Derecho Internacional General. Por lo demás, a la terminación de un tratado se aplican algunas de las reglas que ya expusimos al tratar de la nulidad: obligación de cumplir las obligaciones enunciadas en el tratado terminado al que esté obligado un Estado parte en virtud del Derecho Internacional con independencia del tratado (art. 43) y disposiciones del artículo 44 en lo que respecta a la divisibilidad de las disposiciones del tratado. De otro lado, si la causa de terminación es la violación grave del tratado o el cambio fundamental de las circunstancias, se pierde el derecho a darlo por terminado o retirarse de él si se ha convenido expresamente que el tratado continúa en vigor, o el Estado en cuestión se ha comportado de tal manera que debe considerarse que ha dado su aquiescencia a su continuación en vigor (art. 45).

j) Ésta es la detallada regulación que de la importante cuestión de la terminación de los tratados hace la Convención de Viena. Y aunque según su artículo 42.2, como sabemos, las causas de tal terminación constituyen *numerus clausus,* queremos ocuparnos brevemente de una no prevista en la Convención, pero que sin duda alguna es operativa en virtud del Derecho Internacional General de naturaleza consuetudinaria (y recordemos que según el preámbulo las normas de este último carácter «continuarán rigiendo las cuestiones no reguladas en las disposiciones de la presente Convención»). Nos estamos refiriendo a la *desuetudo,* esto es, a la conducta de las partes de la que cabe inferir un consentimiento implícito en la terminación del tratado. Existen, en efecto, manifestaciones de esta figura en la práctica interestatal así como en la jurisprudencia internacional y en las jurisprudencias nacionales. Señalemos en todo caso, con VAMVOUKOS, que la institución no coincide con la terminación de los tratados por cambio fundamental de circunstancias (doctrina *rebus sic stantibus*), ya examinada en este apartado, porque aunque la *desuetudo* puede verse acompañada, y de hecho lo está frecuentemente, por aquel tipo de cambio, no es el repetido cambio un elemento esencial de la figura[90].

8.12. SUSPENSIÓN

La suspensión de un tratado no significa otra cosa que la exención a los Estados partes de la obligación de cumplirlo durante un período determinado, sin que queden afectadas de otro modo las relaciones jurídicas que el tratado haya establecido entre ellos. Al igual que ocurría con la nulidad y terminación, las *causas* de suspensión de un tratado tienen carácter de *numerus clausus,* ya que ella sólo puede tener lugar por aplicación de las disposiciones del tratado en cuestión o de las establecidas en la propia Convención de Viena (art. 42).

---

[90] A. VAMVOUKOS, *Termination of treaties in International Law. The doctrine of rebus sic stantibus and desuetude,* Oxford, 1985, p. 302. La práctica, jurisprudencia internacional y jurisprudencias nacionales en ibíd., pp. 266 ss. Sobre los tratados y los conflictos armados, véase C. M. DÍAZ BARRADO, «Tratados internacionales y conflictos armados: una cuestión siempre pendiente», en *R.E.D.I.*, n.º 2, 2012, pp. 11 ss.

a) De la misma manera que en la terminación, el principio básico que rige la suspensión de los tratados es la *voluntad de las partes,* y en este sentido el artículo 57 de la Convención dice:

> La aplicación de un tratado podrá suspenderse con respecto a todas las partes o a una parte determinada:
> *a*) conforme a las disposiciones del tratado, o
> *b*) en cualquier momento, por consentimiento de todas las partes previa consulta con los demás Estados contratantes.

Ahora bien: en el supuesto de un tratado multilateral, el artículo 58 admite que dos o más Estados parte puedan celebrar un acuerdo para suspender temporalmente la aplicación de las disposiciones de aquél en sus relaciones mutuas en dos casos: si tal posibilidad está prevista por el tratado o si tal suspensión no está prohibida por aquél; pero entonces no debe afectar al disfrute de los derechos que a las demás partes corresponden en virtud del tratado ni al cumplimiento de sus obligaciones y no debe ser incompatible con el objeto y el fin del tratado. Y salvo que en el supuesto de suspensión prevista en el tratado éste disponga otra cosa, las partes interesadas en la suspensión deberán notificar a las demás su intención de celebrar el acuerdo y las disposiciones del tratado cuya aplicación se proponen suspender.

b) *La celebración de un tratado posterior entre todas las partes sobre la misma materia* podía dar lugar, según vimos, a la terminación del tratado anterior, pero según el párrafo 2 del artículo 59 puede originar también suspensión «si se desprende del tratado posterior o consta de otro modo que tal ha sido la intención de las partes».

c) También *la violación grave de un tratado* puede *servir* de causa para alegar, además de la terminación de un tratado, su suspensión total o parcial de acuerdo con el artículo 60. Pues tal violación faculta a las otras partes, procediendo por acuerdo unánime, a la suspensión del tratado en las relaciones entre ellas y el autor de la violación o en las relaciones entre todas las partes. Faculta también a una parte especialmente perjudicada por la violación para alegar ésta como causa de suspensión en las relaciones entre ella y el autor de la violación. Y faculta a cualquier parte que no sea el Estado infractor para alegar la violación como causa de suspensión respecto a sí misma si el tratado es de tal índole que una violación grave de sus disposiciones por un Estado parte modifica radicalmente la situación de cada Estado parte con respecto a la ejecución ulterior de sus obligaciones en virtud del tratado.

d) De conformidad con el artículo 61, si *la imposibilidad de cumplir un tratado* en el sentido ya expuesto al hablar de la terminación es temporal, podrá alegarse únicamente como causa para suspender su aplicación.

e) *El cambio fundamental de las circunstancias,* operado en las condiciones del artículo 62 que ya conocemos, puede ser alegado también como causa para la suspensión de un tratado (art. 62.3).

f) *Las consecuencias de la suspensión* de un tratado son relativamente sencillas, pues, según el artículo 72, salvo que el tratado o los Estados partes dispongan otra cosa, eximirá a las partes afectadas por la suspensión de cumplirlo en sus relaciones mutuas durante el período en cuestión, y no afectará de otro modo a las relaciones jurídicas que el tratado haya establecido entre las partes. Y durante el período de suspensión, los Estados partes deberán abstenerse de todo acto encaminado a obstaculizar la reanudación de la aplicación del tratado. Y no se menoscaba en nada el deber de un Estado de cumplir toda obligación enunciada en un tratado a la que esté sometido en virtud del Derecho Internacional con independencia del tratado (art. 43). Si la causa de la suspensión es la violación grave del tratado o el cambio fundamental de las circunstancias, se pierde el derecho a alegar la suspensión si se ha convenido expresamente que el tratado continúa en vigor o si un Estado se ha comportado de tal manera que deba considerarse que ha dado su aquiescencia a su continuación en la aplicación (art. 45). Sobre la divisibilidad de las disposiciones de un tratado a efectos de su suspensión rigen las disposiciones que ya conocemos del artículo 44.

8.13. Garantías procesales para la nulidad, terminación y suspensión

a) La determinación de si un tratado es nulo, ha terminado o está suspendido en virtud de las causas que establece la Convención no puede dejarse al arbitrio de la parte interesada. Si ello fuese así, las normas que regulan aquellas causas, lejos de contribuir al ideal de la justicia en las relaciones internacionales, supondrían un grave atentado a la seguridad de los tratados. Este riesgo ya fue puesto de relieve en la Comisión de Derecho Internacional por muchos de sus miembros, y por ello la Comisión estimó indispensable establecer un procedimiento para impedir la determinación arbitraria de la nulidad, terminación o suspensión de un tratado. Pero a la hora de señalar los principios rectores de tal procedimiento, mientras algunos miembros preconizaron la jurisdicción obligatoria del Tribunal Internacional de Justicia, otros miembros adujeron que tal solución maximalista suponía desconocer el estado actual de la práctica internacional, que no permite ir más allá de lo dispuesto en el artículo 33 de la Carta de las Naciones Unidas, que proclama la libertad de medio para la solución de las controversias. Y en aras del realismo, y a fin de lograr una solución que recibiese el consenso general, esta última fue la propuesta de la Comisión[91]. Solución que consistía únicamente en la obligación de resolver pacíficamente las controversias internacionales, pero dejando a los Estados partes libertad en la elección del medio adecuado para ello: negociación, investigación, mediación, arbitraje, arreglo judicial, recurso a organismos o medios regionales u otros pacíficos de su libre elección, según lo dispuesto en el citado artículo 33 de la Carta de las Naciones Unidas.

---

[91] *Anuario de la Comisión de Derecho Internacional,* vol. II, 1966, pp. 286-287. Véase sobre esta cuestión Sinclair, *The Vienna Convention on the Law of Treaties,* Manchester University Press, 1973, pp. 131 ss.

La obligación de resolver pacíficamente las controversias internacionales sobre la base de la libertad de medio no tiene, sin embargo, más que una incidencia negativa: prohibir la solución por medios no pacíficos. Cabe, sin embargo, que en la aplicación de aquel principio una controversia quede sin resolver si las partes no se ponen de acuerdo sobre el medio en cuestión o eligen un medio que no comporte solución obligatoria. Por ello, en la Conferencia de Viena muchos Estados, fundamentalmente los occidentales, insistieron en la necesidad del arreglo arbitral o judicial obligatorio, subordinando la aceptación de disposiciones básicas de la Parte V —entre ellas el *ius cogens*— a la instauración a tal sistema. Por el contrario, los Estados socialistas y muchos del Tercer Mundo no querían sobrepasar los términos cautelosos del artículo 33 de la Carta de las Naciones Unidas.

Esta discrepancia estuvo a punto de hacer fracasar la Conferencia de Viena, pero al final se impuso una solución de compromiso que a grandes rasgos es la siguiente: jurisdicción obligatoria para todas las controversias relativas al *ius cogens* y recurso obligatorio a la conciliación para las controversias derivadas de los restantes artículos de la Parte V. Pero los órganos de conciliación, como veremos en otro lugar, elaboran informes que no son obligatorios para los Estados partes en la controversia.

b) Efectivamente, el artículo 65 de la Convención regula la primera fase del procedimiento a seguir cuando se alegue la nulidad, terminación o suspensión de un tratado, imponiendo al Estado interesado la obligación de notificar su pretensión a los demás Estados partes en el tratado. Si después de un plazo que, salvo en los casos de especial urgencia, no habrá de ser inferior a tres meses a partir de la recepción de la notificación, ningún Estado parte formula objeciones, el Estado interesado podrá adoptar la medida propuesta. Pero cabe que se hayan formulado objeciones a la nulidad, terminación o suspensión, en cuyo caso surge una controversia, a la que deberá buscarse una solución por cualquiera de los medios enunciados en el artículo 33 de la Carta de las Naciones Unidas.

Pero la libertad de elección de medio inherente a dicho artículo o la posible elección de un medio que no comporte solución obligatoria puede motivar que la controversia no se resuelva. Y para tal supuesto el artículo 66 regula la segunda fase del procedimiento. Porque pasados doce meses desde la fecha de la objeción sin que se llegue a una solución, si la controversia versa sobre la aplicación o interpretación de los artículos 53 o 64 (*ius cogens*), cualquiera de las partes puede someterla al Tribunal Internacional de Justicia, a menos que las partes convengan de común acuerdo someterla al arbitraje; y si la controversia se refiere a la aplicación o interpretación de alguno de los restantes artículos de la Parte V, cualquiera de las partes podrá iniciar el procedimiento de conciliación que se regula en el Anexo a la Convención.

Y aunque desde un punto de vista ideal este mecanismo de solución de controversias no sea del todo satisfactorio y pueda dejar descontento a un espíritu inconformista, desde una perspectiva realista que tome en consideración el estado actual de la sociedad internacional no deja de significar un progreso. Hay que recordar aquí que otras grandes convenciones codificadoras de los últimos lustros, auspiciadas también por la Organización de las Naciones Unidas, como las cuatro Convenciones de Ginebra sobre el Derecho del Mar de 1958, la

Convención de Viena de 1961 sobre relaciones diplomáticas y la Convención de Viena de 1963 sobre relaciones consulares no pasaron de incluir un protocolo de firma facultativa independiente de la Convención, que aceptaba la jurisdicción obligatoria del Tribunal Internacional de Justicia o de un organismo arbitral.

8.14. Depósito, registro y publicación

a) La institución del *depósito* de los tratados cobra relieve durante el siglo pasado, precisamente a raíz de la importancia de los tratados multilaterales. Dado que en ellos el número de Estados partes podía ser grande, era necesario que los actos relativos a tales tratados, y en especial aquellos por los que los Estados manifestaban su consentimiento en obligarse, quedasen centralizados a efectos de comunicación a los demás Estados contratantes. Y esta tarea era asumida normalmente por el Estado en cuyo territorio se había celebrado el tratado, que actuaba así de depositario. Más tarde, con la aparición de las organizaciones internacionales fue habitual confiar el depósito a ellas mismas o a su principal funcionario administrativo, y esta práctica ha recibido un considerable impulso en el siglo XX. El artículo 76 de la Convención de Viena ha tomado en consideración estos datos de la práctica y dice por ello que la designación del depositario podrá efectuarse por los Estados negociadores en el tratado o de otro modo, y que el depositario podrá ser uno o más Estados, una organización internacional o el principal funcionario administrativo de tal organización.

b) Según el párrafo 2 del mismo artículo, *las funciones del depositario* de un tratado son de carácter internacional, estando obligado a actuar imparcialmente en el desempeño de ellas. La determinación concreta de las funciones del depositario se hace en el artículo 77, así redactado:

> 1. Salvo que el tratado disponga o los Estados contratantes convengan otra cosa al respecto, las funciones del depositario comprenden en particular las siguientes:
> *a*) custodiar el texto original del tratado y los plenos poderes que se le hayan remitido;
> *b*) extender copias certificadas conformes del texto original y preparar todos los demás textos del tratado en otros idiomas que puedan requerirse en virtud del tratado y transmitirlos a las partes en el tratado y a los Estados facultados para llegar a serlo;
> *c*) recibir las firmas del tratado y recibir y custodiar los instrumentos, notificaciones y comunicaciones relativos a éste;
> *d*) examinar si una firma, un instrumento o una notificación o comunicación relativos al tratado están en debida forma y, de ser necesario, señalar el caso a la atención del Estado que se trate;
> *e*) informar a las partes en el tratado y a los Estados facultados para llegar a serlo de los actos, notificaciones y comunicaciones relativos al tratado;
> *f*) informar a los Estados facultados para llegar a ser partes en el tratado de la fecha en que se ha recibido o depositado el número de firmas o de instrumentos de ratificación, aceptación, aprobación o adhesión necesarios para la entrada en vigor del tratado;
> *g*) registrar el tratado en la secretaría de las Naciones Unidas;
> *h*) desempeñar las funciones especificadas en otras disposiciones de la presente Convención.
>
> 2. De surgir alguna discrepancia entre un Estado y el depositario acerca del desempeño de las funciones de éste, el depositario señalará la cuestión a la atención de los Estados signatarios y de los Estados contratantes o, si corresponde, del órgano competente de la organización internacional interesada.

Como ha dicho REUTER, este último párrafo establece una cierta irresponsabilidad del depositario[92] y el profesor GONZÁLEZ CAMPOS explica esta solución en base al carácter no homogéneo de la sociedad internacional, en la que cada Estado debe apreciar, en lo que concierne, la regularidad de los actos de los demás Estados, señalando que además tal solución se ha impuesto en la práctica en las dos últimas décadas[93].

c) En lo que concierne al *registro* de los tratados hay que referirse en primer lugar al artículo 18 del Pacto de la Sociedad de Naciones, que inspirado en el principio político de la diplomacia abierta, preconizado por el presidente WILSON como una de las bases de la paz, disponía que todos los tratados o acuerdos internacionales concluidos en el futuro por un miembro de la organización deberían ser inmediatamente registrados por el secretario y publicados por él lo antes posible, añadiendo que ninguno de estos tratados o acuerdos sería obligatorio antes de su registro. Tras el registro, el tratado era publicado en el llamado *Recueil des Traités.*

Animada del mismo propósito de combatir la diplomacia secreta, el artículo 102 de la Carta de las Naciones Unidas impone a los miembros la obligación de registrar en la secretaría todos los tratados y acuerdos concertados por ellos después de la entrada en vigor de la Carta. La secretaría los debe publicar lo antes posible, lo que vienen haciendo en su *Recueil des Traités.* Pero en el sistema de la Carta, y según el párrafo 2 del artículo 102, la sanción por incumplimiento de la obligación de registro es menos severa que en la Sociedad de las Naciones, ya que la Carta se limita a declarar la imposibilidad de invocar el tratado o acuerdo en cuestión ante órgano alguno de las Naciones Unidas. No se produce, pues, la falta de obligatoriedad que existía en el sistema ginebrino.

Las condiciones de aplicación del artículo 102 han sido establecidas en la resolución de la Asamblea General 97 (I), de 14 de diciembre de 1946, que además del registro obligatorio, según aquel artículo, prevé el archivo e inscripción voluntaria para los tratados y acuerdos concluidos por Estados no miembros de las Naciones Unidas. Es interesante señalar que, según la práctica de la Secretaría de las Naciones Unidas, cabe también el registro de los llamados acuerdos políticos o declaraciones de intenciones, e incluso el de declaraciones (actos) unilaterales, en el entendido de que la inscripción no prejuzga en modo alguno la naturaleza del instrumento[94].

Éstas son las reglas esenciales que rigen hoy sobre el registro y publicación de los tratados. El artículo 80 de la Convención de Viena se limita a decir en su párrafo 1 que los tratados, después de su entrada en vigor, se transmitirán a la Secretaría de las Naciones Unidas para su registro o archivo e inscripción, según el caso, y para su publicación.

---

[92] P. REUTER, *Introduction...*, cit., p. 79.

[93] J. D. GONZÁLEZ CAMPOS, *Curso...*, cit., p. 182.

[94] Comunicación de la Secretaría de las Naciones Unidas de 1967. Véase en M. M. WHITEMAN, *Digest of International Law*, Washington, vol. 14, 1970, p. 125.

9. LA CODIFICACIÓN DEL DERECHO INTERNACIONAL

a) Hemos expuesto en los apartados precedentes el régimen jurídico de los tratados a la luz de la Convención de Viena de 23 de mayo de 1969, importante convención codificadora, y llega el momento de estudiar una de las funciones de más valor, aunque no la única, que desempeñan los tratados en el Derecho Internacional Contemporáneo. Función a la que ya hemos hecho algunas referencias al hablar de la costumbre, y que no es otra que la codificación del Derecho Internacional. Vamos a ocuparnos, pues, en las líneas que siguen de la codificación oficial o por vía de tratados, dejando de lado la llamada codificación privada, realizada individualmente por autores o colectivamente por asociaciones científicas[1], entre las que destacan el *Institut de Droit International* (desde 1873), la *International Law Association* (desde 1873), la *Harvard Research in International Law* (desde 1927) y, en el ámbito iberoamericano, el *Instituto Hispano-Luso-Americano de Derecho Internacional* (desde 1951); baste decir que la codificación privada puede influir en la oficial y ésta en la privada. Pero es la codificación oficial la que genera directamente reglas positivas de Derecho Internacional. Reglas, es verdad, que en cuanto plasman en disposiciones convencionales están sujetas al principio *pacta tertiis nec nocent nec prosunt,* pero que, como sabemos, pueden producir efectos declarativos, cristalizadores o generadores de la costumbre, que rebasan el círculo de los Estados partes en la convención codificadora.

b) La codificación oficial se inicia a finales del siglo XVIII y hasta la primera guerra mundial tiene lugar bajo el impulso de uno o varios Estados, habiendo conseguido sus principales logros en el Derecho diplomático, ríos internacionales, abolición de la esclavitud, Derecho de la Guerra (*ius in bello*) y en la solución pacífica de las controversias internacionales[2]. Habría que citar particularmente a este respecto la obra llevada a cabo por el Congreso de Viena (1814-1815), por la I Conferencia de la Paz de La Haya (1899) y por la II Conferencia de la Paz celebrada en la misma ciudad (1907), de cuyos logros daremos cuenta en otros lugares de este *Curso.* Con la Sociedad de las Naciones, la codificación se beneficia ya de algo tan importante como un marco institucional. La organización ginebrina pudo crear así en 1924 un Comité de expertos encargado del estudio sistemático y la codificación del Derecho Internacional. Y bajo los auspicios de aquella organización se celebró en La Haya, en el año 1930, una Conferencia de codificación para tratar de temas tales como la nacionalidad, mar territorial y responsabilidad internacional de los Estados. Mas en virtud de diversas causas, entre las que hay que contar los defectos en la labor preparatoria por falta de la debida consulta

[1] DHOKALIA, *The Codification of Public International Law*, Manchester University Press, 1970, pp. 62 ss.
[2] DHOKALIA, *op. cit.*, pp. 201 ss.

a los gobiernos, así como el carácter extremadamente ambicioso del programa, únicamente en el tema de la nacionalidad se consiguió algún éxito.

Había quedado claro, sin embargo, que la codificación necesitaba de un marco institucional y que las organizaciones internacionales lo suministraban de manera adecuada. Por ello, constituidas las Naciones Unidas en 1945, una de las funciones que se encomiendan a la Asamblea General es la de promover estudios y hacer recomendaciones para impulsar el desarrollo progresivo y la codificación del Derecho Internacional [art. 13.1.*a*) de la Carta]. Y a fin de cumplir este cometido, la Asamblea creó por resolución 174 (II), de 21 de noviembre de 1947, la Comisión de Derecho Internacional y aprobó su Estatuto[3]. Sobre la base de los trabajos de la Comisión se ha llevado a cabo una considerable tarea codificadora a escala mundial: las cuatro Convenciones de Ginebra de 1958 sobre el Derecho del Mar, la Convención de Viena de 1961 sobre relaciones diplomáticas, la de Viena de 1963 sobre relaciones consulares, la de Viena de 1969 sobre Derecho de Tratados; la de Viena de 1978 sobre sucesión de Estados en materia de tratados, la de Viena de 8 de abril de 1983 sobre sucesión de Estados en materia de bienes, archivos y deudas de Estado; la de Viena de 21 de marzo de 1986 sobre Derecho de Tratados entre Estados y organizaciones internacionales o entre organizaciones internacionales, la de 21 de mayo de 1997 sobre régimen jurídico de los cursos de agua internacionales para fines distintos de la navegación y la de 2 de diciembre de 2004 sobre inmunidades jurisdiccionales de los Estados y sus bienes. De los temas que tiene entre manos la Comisión en los primeros años del comienzo del siglo XXI iremos dando cuenta a lo largo del curso.

c) En el artículo 15 del Estatuto de la Comisión de Derecho Internacional se contiene la distinción entre *codificación y desarrollo progresivo* del Derecho Internacional. La codificación en sentido estricto significa la más precisa sistematización y formulación de las normas de Derecho Internacional en aquellas materias en que ya existía amplia práctica de los Estados, así como precedentes y doctrina. Por su parte, el desarrollo progresivo consiste en la elaboración de proyectos de convenciones sobre temas que no hayan sido regulados todavía por el Derecho Internacional o respecto de los cuales los Estados no hayan aplicado en la práctica normas suficientemente desarrolladas. Estamos, pues, ante dos formas de la codificación en sentido amplio, para cada una de las cuales el Estatuto establece procedimientos distintos en los trabajos de la Comisión.

Pero aunque a nivel formal sea posible semejante distinción, la Comisión no se ha podido conformar a ella en la práctica, habiendo seguido un procedimiento único consolidado para ambos casos. Y en los informes que acompaña a sus proyectos de artículos señala que su labor corresponde a la vez a la codificación y al desarrollo progresivo del Derecho Internacional, sin que pueda determinar siempre a qué categoría pertenece cada disposición[4].

---

[3] Véase *La Comisión de Derecho Internacional y su obra,* Naciones Unidas, Nueva York, 1981.

[4] *Anuario de la Comisión de Derecho Internacional,* vol. II, 1966, p. 195.

d) El proceso de la codificación en el ámbito universal de las Naciones Unidas consta de varias fases, la primera de las cuales es la *selección y determinación de la prioridad de los temas.* Aunque según su Estatuto la Comisión dispone de cierta iniciativa a este respecto, debe someter sus recomendaciones a la Asamblea General, que a través de su sexta comisión o comisión jurídica es el órgano que tiene la última palabra. Elegido un tema viene después la fase de *preparación de proyectos de artículos,* tarea que realiza la Comisión. Para ello, tras una discusión general de la materia se designa un relator especial o ponente, el cual presenta a la Comisión informes periódicos. Debatidos éstos, la Comisión redacta un proyecto provisional de artículos sobre el tema en cuestión, que se somete a la Asamblea General y se comunica a los Gobiernos, aspecto este último muy importante que no tuvo debidamente en cuenta la Sociedad de Naciones. Efectivamente, conocidas las opiniones de los Gobiernos, la Comisión está en condiciones de proceder a un examen más político y realista de la cuestión, en el que tomará en consideración y tratará de armonizar los intereses en conflicto. Redacta así un proyecto definitivo de convención que somete a la Asamblea General. Y este órgano de las Naciones Unidas puede, bien tomar nota del proyecto y comunicarlo a los Estados, bien convocar una conferencia internacional de plenipotenciarios para la adopción de la convención, bien transmitirlo a la sexta comisión o comisión jurídica para eventual adopción de una convención en su seno[5].

e) Convocada la *conferencia de plenipotenciarios,* ésta cuenta en sus labores con algo tan importante como es un *proyecto de base.* Las propuestas de artículos de éste y las eventuales enmiendas son debatidas y sometidas a votación. Y según la práctica habitual de las últimas décadas, como ya vimos, la *adopción* del conjunto de la convención se realiza por mayoría de dos tercios. El sistema de la unanimidad propio del Derecho Internacional Clásico, y tal como era entendido en éste, ha sido descartado. Adoptada la Convención, el paso siguiente es la manifestación del consentimiento de los Estados en obligarse por ella, y finalmente la entrada en vigor[6].

f) Sin embargo, la más importante conferencia codificadora que ha tenido lugar hasta ahora en la historia del Derecho Internacional, aun auspiciada por las Naciones Unidas, se ha desarrollado por cauces diferentes de los expuestos. Nos referimos a la III Conferencia de las Naciones Unidas sobre el Derecho del Mar, cuyo propósito era adoptar una convención global en la materia que pudiera ser objeto de una aceptación universal. Pues resultaban tan numerosos, importantes y complejos los intereses en juego, que los Estados estimaron que la codificación del Derecho del Mar debía realizarse sobre bases distintas a las habituales en la Organización de las Naciones Unidas.

Por lo pronto, la labor preparatoria, y en especial la redacción de la propuesta de base o proyecto de convención, no se encomendó a la Comisión de Derecho

---

[5] DHOKALIA, *op. cit.*, pp. 201 ss.

[6] Véase DAUDET, *Les Conférences des Nations Unies pour la Codification du Droit International*, París, 1968.

Internacional, sino a un órgano político —esto es, intergubernamental—, creado por la Asamblea General que era la llamada Comisión de Fondos Marinos. Órgano político, y no técnico, integrado por representantes de los Gobiernos que debían seguir las instrucciones de éstos teniendo en cuenta sus intereses, y que adoptaba además las decisiones por consenso. Y fueron tales las dificultades que encontró el órgano preparatorio que, tras seis períodos de sesiones celebradas entre 1971 y 1973, no pudo elaborar más que una amplia lista de temas y cuestiones. No consiguió redactar, sin embargo, un proyecto único de convención que pudiera servir de base a los trabajos de la Conferencia futura.

Inaugurada la Conferencia a finales de 1973, tropezó en primer lugar con el problema del método de adopción de decisiones. Y su reglamento, aprobado en el siguiente período de sesiones (verano de 1974) se aparta del sistema del artículo 9 de la Convención de Viena y adopta el del consenso o acuerdo general, estableciendo el voto como método subsidiario, al que sólo es posible recurrir en virtud de un procedimiento muy complejo desde el punto de vista procesal. Y es que en el método de consenso convergían los intereses de los dos principales grupos de Estados, a saber: Estados desarrollados y Estados en desarrollo o Grupo de los 77. Estos últimos sabían, en efecto, que el sistema de votación daría lugar a textos que reflejasen sus concepciones y acogiesen sus intereses, pero ello implicaba el riesgo de que los Estados desarrollados no aceptasen la futura Convención y no se obligasen por ella en su día. En cuanto a estos Estados, eran plenamente conscientes de su posición minoritaria en la mayor parte de los temas y estaban también interesados en el método del consenso. Método que requiere negociaciones con vista a llegar a un compromiso presidido por la idea del *package deal* o arreglo global: la negociación debe comprender todo el paquete de temas.

En el desarrollo de la Conferencia, la falta de una propuesta de base dio lugar a dificultades no sólo políticas, sino también técnicas. Por ello, desde el tercer período de sesiones (Ginebra, primavera de 1975) se elaboraron sucesivos textos de negociación. Textos que prepara el presidente de la Comisión respectiva o un equipo formado por el presidente de la Conferencia y los de las Comisiones, y en el que éstos recogen en un articulado único aquellas disposiciones que a su entender ofrezcan mayores perspectivas de consenso. Y textos que en modo alguno se pueden considerar como negociados y que no menoscaban la posición de ninguna delegación[7].

Pero superadas así algunas de las dificultades técnicas persistieron las políticas y sólo en el undécimo período de sesiones, celebrado en Nueva York en la primavera de 1982, fue posible adoptar la Convención, aunque no por consenso sino por votación, registrándose en ella el muy significativo voto en contra de los Estados Unidos y las abstenciones de muy importantes países industrializados. Las condiciones de adopción de la Convención arrojan una gran incertidumbre sobre la operatividad en el futuro de su parte XI —zona internacional de los fondos marinos—, pero en todo caso los grandes parámetros de algunas instituciones nacidas en el seno de la Conferencia han cristalizado ya, e incluso antes de que

[7] J. A. PASTOR RIDRUEJO, *Consideraciones...*, cit., pp. 281 ss.

acabase, en normas de Derecho Internacional consuetudinario, como es el caso de la zona económica exclusiva o el del régimen de los Estados archipelágicos.

g) *La entrada en vigor* de la convención codificadora se hace depender de la existencia de un determinado número de manifestaciones del consentimiento de los Estados en obligarse por ella; manifestaciones que normalmente consisten en la ratificación o en la adhesión. Y si hasta dicho momento el marco institucional en el que se desenvolvía la codificación impulsaba de manera considerable la labor, para la entrada en vigor resucitan crudamente los esquemas y concepciones básicas de la sociedad internacional de yuxtaposición. En efecto, la soberanía de los Estados reaparece plenamente y en las Naciones Unidas no existe ningún mecanismo para alentar a los Estados a obligarse por el tratado. De este modo, la convención codificadora puede tardar muchos años en entrar en vigor o puede entrar sólo respecto a un número reducido de Estados, o incluso cabe que no entre en vigor nunca. Podremos comprobar, en efecto, a lo largo del *Curso,* el desigual éxito de las convenciones codificadoras auspiciadas por las Naciones Unidas.

h) Pero estas consideraciones no deben llevarnos a subestimar el impacto de la codificación en el Derecho Internacional Contemporáneo. Aparte de las Convenciones que ya están en vigor, hemos dicho en otro lugar que la Conferencia de codificación es un foro especialmente idóneo para la expresión de la *opinio iuris,* y que ésta puede incluso dar un impulso a la práctica hasta llegar a la formación de normas consuetudinarias. Es lo que ha ocurrido con el ya citado ejemplo de la zona económica exclusiva, que, aun antes de adoptada la Convención sobre el Derecho del Mar, y aunque ésta no se hubiese adoptado o no entrase en vigor nunca, siempre encontraría apoyo en normas consuetudinarias. Normas que responden a las exigencias de universalización, socialización y democratización de la sociedad y del Derecho Internacional Contemporáneos. Y de otro lado, una Convención codificadora puede producir efectos declarativos, cristalizadores y generadores de la costumbre, según sabemos, y ello incluso con independencia de su entrada en vigor. Ello ocurre, por ejemplo, con muchas disposiciones de la Convención de Viena sobre Derecho de Tratados, que antes de su vigencia eran invocadas constantemente por los Estados sobre la base de que constituye el Derecho Internacional General en la materia[8].

i) No sería justo silenciar otra importante manifestación de la codificación del Derecho Internacional a escala universal que encuentra un marco distinto al de las Naciones Unidas. Es la codificación del Derecho humanitario bélico, o Derecho Internacional humanitario, impulsada por el Comité Internacional de la Cruz Roja y en la que el Gobierno suizo hace de depositario. En 1949 se

[8] Como se dice en el «Proyecto de variantes de los textos del Preámbulo y las Cláusulas finales preparado por el secretario general» para la III Conferencia de las Naciones Unidas sobre el Derecho del Mar, aunque la Convención de Viena de 1969 no esté en vigor, «en muchos aspectos representa las opiniones de los Estados en cuanto al Derecho existente». Véase Documento A/CONF.62/L.13 en «Tercera Conferencia de las Naciones Unidas sobre el Derecho del Mar», *Documentos oficiales,* vol. VI, Nueva York, 1977, p. 146.

concluyeron efectivamente cuatro grandes convenciones sobre el Derecho humanitario de la guerra, ya en vigor, que han sido completados con los Protocolos de Ginebra de 10 de junio de 1977, también vigentes. A estos instrumentos, y a otros, nos referiremos en la parte correspondiente de este *Curso*. Por su parte, el Derecho general del espacio encuentra en la Organización de las Naciones Unidas un cauce de codificación específico, según veremos en el apartado 40.

Y digamos además que existen también manifestaciones regionales de la codificación oficial internacional. Habría que citar la que se lleva a cabo en el ámbito europeo occidental por el Consejo de Europa; en la órbita americana, la efectuada dentro del sistema interamericano, y, por fin, la obra del Comité jurídico consultivo afroasiático[9]. En el Consejo de Europa, por ejemplo, hasta 2016 el número de acuerdos y convenciones concluidos bajo sus auspicios ascendía a 212[10]; de algunos de ellos nos ocuparemos en diferentes lugares de este libro.

j) Tenemos que mencionar finalmente una interesante modalidad de la codificación internacional de reciente aparición. Es la constituida por los denominados «tratados de protección de intereses generales de la Comunidad Internacional»[11]. Nota característica común de estos acuerdos en su aspecto sustantivo es que las obligaciones que generan no son propiamente de unos Estados hacia otros sino en interés de la entera Comunidad Internacional, y de ahí su vocación de universalidad. Y en lo que concierne a la participación en estos instrumentos y con vistas a que esa participación sea lo más amplia posible, hay que hace notar que se da en ellos una flexibilización de la manifestación del consentimiento. Un buen ejemplo de los tratados que estamos considerando es el Acuerdo adoptado en París, 12 de diciembre de 2015, sobre el cambio climático[12].

---

[9] DHOKALIA, *op. cit.*, pp. 133 ss. y 266 ss.

[10] Sitio internet del Consejo de Europa.

[11] Ver el trabajo de ÁNGEL J. RODRIGO y de M. ABEGON, «El concepto y efectos de los tratados de protección de intereses generales de la Comunidad Internacional», *R.E.D.I.*, vol. 72, 2017, pp. 167 ss.

[12] Ver el Acuerdo en el apartado 43.1.

10. LOS COMPORTAMIENTOS UNILATERALES DE LOS ESTADOS

Bajo la denominación genérica de comportamientos unilaterales de los Estados nos referimos a tres supuestos diferenciados. El primero es el de los actos unilaterales en sentido propio, o manifestaciones de voluntad de un solo Estado que crean para él obligaciones jurídicamente exigibles en el plano del Derecho Internacional (apartado 10.1). El segundo supuesto es el del *estoppel,* en virtud del cual ciertos comportamientos de un Estado producen el resultado de privación o pérdida de derechos (apartado 10.2). Encontramos, por fin, el caso de la aquiescencia, cuyo efecto característico es que el silencio o pasividad de un Estado frente a comportamientos de otro Estado normalmente merecedores de protesta suponen consentimiento (apartado 10.3). Nota común a los tres supuestos referidos es su fundamento en el principio esencial de la buena fe.

10.1. ACTOS UNILATERALES EN SENTIDO PROPIO

a) Al hablar de la costumbre nos hemos referido a ciertos actos unilaterales de los Estados. La práctica o elemento material descansa en una serie de actos unilaterales repetidos y uniformes. Cabía, de otro lado, que un Estado se opusiese a una costumbre durante su período de formación, y tal oposición debe expresarse también en uno o varios actos unilaterales, como la protesta. Y en lo que concierne a los tratados es mayor el número y la variedad de actos unilaterales que intervienen entre su celebración y entrada en vigor, desde la negociación hasta las diversas formas de manifestación del Estado en obligarse, además de las notificaciones y otros actos a los que ya hemos hecho alusión.

Pero en todos estos casos se trata de actos unilaterales destinados a producir efectos jurídicos en relación con uno u otros actos unilaterales o multilaterales. No son actos unilaterales autónomos o independientes, sino que sus consecuencias jurídicas se producen en el contexto de otros actos.

Señalemos que la Comisión de Derecho Internacional estudió desde 1997, a efectos de una eventual codificación, el régimen de los actos unilaterales. Se ha debatido entre los miembros de la Comisión la posibilidad de construir una teoría general. Personalmente y con apoyo en los datos de la jurisprudencia creo en esa posibilidad. Comparto además el punto de vista del relator especial de que la determinación de los principios inspiradores del régimen en cuestión contribuirá a dar mayor estabilidad a las relaciones internacionales. Hay que decir de todos modos que el intento codificador no ha plasmado en una convención, sino en la enunciación por la Comisión en su período de sesiones de 2006 de una serie de principios rectores, la meta máxima a la que, dada la inmensa y variada fronda de los actos o declaraciones unilaterales, se ha podido llegar en estos inicios del siglo XXI.

b) La práctica internacional nos demuestra la existencia de actos unilaterales de los Estados que producen efectos jurídicos obligatorios con independencia de otros actos. Se trata de actos que crean no normas generales sino obligaciones particulares para el Estado del que emanan, pero que en todo caso tienen cabida en la teoría de las fuentes del Derecho Internacional. Es el caso de la declaración que hizo el presidente de la República francesa el día 25 de julio de 1974, según el cual la campaña de experiencias nucleares en la atmósfera que realizaba Francia en el Océano Pacífico sería la última, declaración seguida por la que el 11 de octubre del mismo año realizó el ministro de Defensa cuando anunció que no habría este tipo de experiencias en 1975. Pues bien: en su sentencia de 20 de diciembre de 1974 —*asunto de los Ensayos nucleares*—, el Tribunal de La Haya declaró que en virtud de estas declaraciones, Francia había asumido una obligación de comportamiento que producía efectos jurídicos respecto a toda la Comunidad Internacional, sin que fuese necesaria ninguna contrapartida, aceptación ulterior, réplica o reacción de otros Estados[1].

Es, pues, esta especie de actos unilaterales la que vamos a estudiar ahora, actos que SUY ha caracterizado con los tres elementos siguientes: el acto debe emanar de un solo sujeto de Derecho; no puede depender en cuanto a su eficacia de otro acto jurídico; no puede nunca producir obligaciones para los terceros[2]. A ello habría que añadir la producción de efectos jurídicos obligatorios y exigibles para el Estado del que emana el acto, consecuencia que descansa en el principio de la buena fe. Como ha dicho de manera expresiva el Tribunal de La Haya en el asunto citado:

> Uno de los principios básicos que presiden la creación y la ejecución de las obligaciones jurídicas, cualquiera que sea su fuente, es el de la buena fe. La confianza recíproca es una condición inherente a la cooperación internacional, sobre todo en una época en que en muchos campos esta cooperación es cada vez más indispensable. Al igual que ocurre con la regla del Derecho de los Tratados *pacta sunt servanda,* el carácter obligatorio de un compromiso internacional asumido por declaración unilateral descansa sobre la buena fe. Los Estados interesados pueden, pues, tener en cuenta las declaraciones unilaterales y confiar en ellas; están autorizados a exigir que se respete la obligación así creada[3].

Resulta obvio por lo demás que el acto unilateral ha de tener un objeto lícito; esto es, que el compromiso asumido por el Estado no puede ser contrario a las normas del *ius cogens* internacional. Si esta última noción despliega efectos en el ámbito convencional, determinando la nulidad o terminación de los tratados

---

[1] CIJ, *Recueil,* 1974, pp. 254 ss.

[2] E. SUY, *Les actes juridiques unilatéraux en Droit International Public,* París, 1962, p. 44. Véase en general sobre los actos unilaterales de los Estados: G. VENTURINI, «La portée et les effets juridiques des attitudes et des actes unilatéraux des États», en *R. des C.,* 1964-2, pp. 367 ss.; J. DEHAUSSY, «Les actes juridiques unilatéraux en Droit International Public: à propos d'une théorie restrictive», en *J. D. I.,* 1965, pp. 45 ss.; A. RUBIN, «The international legal effects of unilateral declaration», en *A.J.I.L.,* 1977, pp. 1 ss.; J. D. SICAULT, «Du caractère obligatoire des engagements unilatéraux en Droit International Public», *R.G.D.I.P.,* 1979-3, pp. 634 ss.; M. I. TORRES CAZORLA, «La historia jamás contada de los actos unilaterales de los Estados: de los ensayos nucleares al asunto de la República Democrática del Congo contra Ruanda», *R.E.D.I.,* 2006, 1, pp. 257 ss.; V. RODRÍGUEZ CEDEÑO y M. I. TORRES CAZORLA, «Contribución al estudio de los actos unilaterales de los Estados. ¿Una labor de codificación posible?», *Liber amicorum en homenaje al profesor Dr. Didier Opperti Baddan,* Fundación de Cultura Universitaria, Uruguay, 2005, pp. 757 ss., y *Los actos unilaterales de los Estados,* Tecnos, Madrid, 2010; y F. JIMÉNEZ GARCÍA, *Los comportamientos recíprocos en Derecho Internacional. A propósito de la aquiescencia, el estoppel y la confianza legítima,* Madrid, 2002.

[3] CIJ, *Recueil,* 1974, p. 268.

contrarios a ella, es lógico que tenga también eficacia en el campo de los compromisos unilaterales. La virtualidad del *ius cogens* internacional supera claramente el terreno de los tratados y así lo ha entendido la Comisión de Derecho Internacional al enunciar en su período de sesiones de 2006 los grandes principios sobre los actos unilaterales.

c) Pero para la producción de efectos jurídicos obligatorios, los actos unilaterales han de reunir determinados requisitos de capacidad, forma y consentimiento.

En lo que se refiere a la *capacidad,* el acto debe emanar de un órgano del Estado con facultades para comprometer a éste en el plano internacional. Es pertinente a este respecto tener en cuenta lo que dispone el artículo 7 de la Convención de Viena sobre Derecho de tratados, que, como sabemos, concede a los jefes de Estado, jefes de Gobierno y ministros de Asuntos Exteriores competencias directas para todos los actos de celebración de un tratado, incluso la manifestación del consentimiento en obligarse por el mismo, pues si tienen tales poderes, resulta lógico que dichas personas puedan comprometer también a su Estado por un acto unilateral. Y la jurisprudencia internacional avala esta afirmación. Así, en el asunto de *Groenlandia Oriental,* el Tribunal de La Haya dijo, con relación a una declaración del ministro noruego de Asuntos Exteriores, señor IHLEN, en la que había manifestado que no pondría dificultades al arreglo del problema, que «semejante respuesta a una petición del representante diplomático de una potencia extranjera, hecha por el ministro de Asuntos Exteriores en nombre del Gobierno, en asunto que es de su competencia, obliga al país al que pertenece el ministro»[4]. En cuanto al jefe del Estado, hay que tener en cuenta lo que declaró el Tribunal de La Haya en el asunto de los *Ensayos nucleares:* «No hay duda de que, habida cuenta de sus funciones, las comunicaciones o declaraciones públicas, verbales o escritas, que emanen de él en tanto que jefe del Estado, representan en el campo de las relaciones internacionales actos del Estado francés»[5].

Hay que decir que, en nuestros días, ciertas personas distintas de las mencionadas, actúan en nombre del Estado en el plano de las relaciones internacionales y emiten declaraciones en el ámbito de sus competencias. Se trata particularmente de los jefes de las misiones diplomáticas ante otros Estados o de las misiones acreditadas ante organizaciones internacionales; se trata igualmente de ministros o altos funcionarios. Está también el supuesto de que las declaraciones se formulen por otras personas y se deduzca de la práctica de los Estados interesados o de otras circunstancias que existe la intención de considerar a las persona en cuestión como habilitada para actuar a nombre del Estado. ¿Tienen estas personas capacidad para comprometer a su Estado por actos unilaterales? El problema es debatido pero, con buen sentido, el tercer informe del relator de la Comisión de Derecho Internacional en la materia (presentado en el año 2000) da una respuesta positiva a la pregunta. Este punto de vista se reitera en los principios generales en la materia que formula la Comisión en su período de sesiones de 2006.

---

[4] CPJI, *Serie A/B,* n.º 53, p. 71.

[5] CIJ, *Recueil,* 1974, p. 269.

En cuanto a la *forma* de la manifestación de la voluntad del Estado, se desprende de la sentencia del Tribunal de La Haya en el asunto de los *Ensayos nucleares* que ha de ser pública, pero a partir de aquí ningún otro requisito impone el Derecho Internacional. Como dijo el Tribunal de La Haya en el *caso del Templo de Preah Vihear,* «el Derecho Internacional... insiste particularmente en las intenciones de las partes», y cuando no se prescribe forma particular, «las partes son libres de escoger las que les gusten, siempre que la intención resulte de ella claramente»[6]. Y en el repetido *asunto de los Ensayos nucleares,* el Tribunal abunda en estas consideraciones: «Que una declaración sea verbal o escrita no implica ninguna diferencia esencial [...] La forma no es decisiva»[7].

En los principios generales enunciados por la Comisión de Derecho Internacional en su período de sesiones de 2006 se insiste de todos modos en que la declaración, sea escrita o verbal, ha de constar en términos claros y específicos. Se señala también que en caso de duda sobre su alcance, el acto ha de interpretarse restrictivamente y se añade que en la interpretación ha de atribuirse peso principal al texto juntamente con el contexto y las circunstancias de su formulación (Doc.A/Cn.4/L.703).

En lo que respecta al *consentimiento,* es esencial que el Estado del que emana el acto unilateral quiera realmente comprometerse. Hay que traer de nuevo a colación aquí la sentencia del Tribunal de La Haya en el *caso de los Ensayos nucleares:* «Cuando es intención del Estado autor de la declaración vincularse conforme a sus términos, esta intención confiere a la declaración el carácter de un compromiso jurídico, y el Estado interesado está obligado jurídicamente desde entonces a seguir una línea de conducta conforme con su declaración»[8]. En su jurisprudencia posterior el Tribunal de La Haya ha insistido en esta línea argumental, aunque aplicada en su vertiente negativa. Así, en su sentencia de 27 de junio de 1986 (*caso de las actividades militares y paramilitares en Nicaragua y contra ella; Nicaragua contra Estados Unidos de América*), examinó una comunicación de la Junta de Reconstrucción Nacional de Nicaragua a la Organización de Estados Americanos en la que indicaba sus objetivos, pero el Tribunal no encontró nada en la comunicación «que permita concluir en la intención de hacer nacer un compromiso jurídico»[8 bis]. Del mismo modo, una Sala del Tribunal, por sentencia dictada el 22 de diciembre de 1986 (*caso de la controversia fronteriza entre Burkina Faso y la República de Malí*) señaló que «para apreciar las intenciones del autor de un acto unilateral es preciso tener en cuenta todas las circunstancias de hecho en que se produce el acto»[8 ter]; en el caso en cuestión Burkina Faso alegaba que una declaración a la prensa del Jefe del Estado de Malí diciendo que su Gobierno se inclinaría ante una decisión de la Comisión de Mediación constituida en el seno de la Organización de la Unidad Africana obligaba a Malí, pero la Sala entendió que la declaración se inscribía en el contexto de las negociaciones o conversaciones entre las Partes

[6] CIJ, *Recueil,* 1961, p. 31.
[7] CIJ, *Recueil,* 1974, pp. 267-268.
[8] CIJ, *Recueil,* 1974, p. 267.
[8 bis] CIJ, *Recueil,* 1986, p. 132.
[8 ter] CIJ, *Recueil,* 1986, p. 574.

y que, aun revistiendo la forma de un acto unilateral, no podía interpretarla en el sentido de que generase efectos jurídicos respecto a la controversia en cuestión[9].

d) ¿En qué medida son *revocables* los actos unilaterales?

La cuestión se ha planteado a la hora de determinar la competencia del Tribunal de La Haya en el *caso sobre las actividades militares y paramilitares en Nicaragua y contra ella* (sentencia de 26 de noviembre de 1984, competencia y admisibilidad de la demanda)[10]. Efectivamente, Estados Unidos había hecho una declaración unilateral aceptando la jurisdicción del Tribunal el día 14 de agosto de 1946; en ella se decía que permanecería en vigor durante cinco años y posteriormente hasta pasados seis meses desde la fecha en que se notificase la intención de ponerle fin. El día 6 de abril de 1984, el Gobierno estadounidense notificó que la declaración del 14 de agosto de 1946 no sería aplicable a las controversias con cualquier Estado de América Central o derivada de acontecimientos en América Central o que se refiriesen a ella, indicándose que la notificación surtiría efectos inmediatamente. Pero el 9 de abril de 1984, Nicaragua depositó en la Secretaría del Tribunal una demanda contra los Estados Unidos, basándose en la mutua aceptación por vía unilateral de la competencia. Pues bien, impugnada por Estados Unidos dicha competencia sobre la base, entre otras, de la declaración hecha tres días antes de la presentación de la demanda por Nicaragua, surgía la cuestión de si por un acto unilateral posterior cabía modificar el tenor y la eficacia de un primer acto unilateral. El Tribunal afirmó no obstante su competencia invocando, entre otras cosas, que:

> Ciertamente los Estados Unidos tienen el derecho, inherente a todo acto unilateral de un Estado, de cambiar el tenor de su declaración o de ponerle fin; han asumido sin embargo una obligación irrevocable respecto a otros Estados que aceptan la cláusula facultativa, al declarar formal y solemnemente que todo cambio semejante no surtiría efectos sino tras la expiración de seis meses de preaviso[11].

Y el Tribunal añade que

> [...] el derecho de poner fin inmediatamente a declaraciones de duración indefinida está lejos de haber sido establecido. Parece que la exigencia de la buena fe impone la aplicación por analogía del tratamiento previsto por el Derecho de Tratados, que prescribe un plazo razonable para la retirada o la renuncia en los tratados que no tengan cláusula alguna de duración[12].

El principio de la buena fe y el criterio de la razonabilidad son determinantes, pues, en opinión del Tribunal de La Haya, para decidir la cuestión de los efectos de la revocación o modificación de los actos unilaterales. Y pienso que, básicamente, no se aleja de este punto de vista el sustentado por la Comisión de Derecho Internacional en los principios generales que enunció en su período de sesiones de 2006. Allí se dice, en efecto, que las declaraciones unilaterales no pueden ser revocadas de modo arbitrario, señalando los siguientes criterios para apreciar si se da o no esa nota de arbitrariedad: término o términos de la declaración que se

[9] CIJ, *Recueil,* 1986, pp. 571-574.
[10] CIJ, *Recueil,* 1984, pp. 192 ss.
[11] Ibíd., p. 419.
[12] Ibíd., p. 420.

puedan referir a la revocabilidad; medida en que el destinatario de la declaración ha confiado en ella; y medida en que haya podido producirse un cambio fundamental de las circunstancias (Doc.A/Cn.4/ L.703).

e) Hechas las consideraciones generales sobre los actos unilaterales, algunos autores examinan en particular ciertos actos, como la notificación, la protesta, la promesa, la renuncia y el reconocimiento[13]. Se dice en este sentido que la protesta es el acto por el que un sujeto de Derecho manifiesta la intención de no considerar conforme a Derecho un hecho dado, salvaguardando así sus derechos violados o amenazados. La notificación es el acto por el que se pone en conocimiento de un tercero un hecho, situación, acción o documentación del que se pueden derivar efectos jurídicos, y que será en consecuencia considerado como jurídicamente conocido por aquel a quien se dirigió. La promesa es la manifestación de la voluntad del Estado encaminada a observar un determinado comportamiento de hacer o de no hacer respecto a una situación concreta. La renuncia es la manifestación de voluntad dirigida a no hacer valer una pretensión jurídica o un derecho. Y el reconocimiento constituye por fin la manifestación de voluntad de aceptar las consecuencias jurídicas de un determinado hecho o situación creada por otro sujeto internacional.

Pero es indudable que la protesta y la notificación no son actos unilaterales en sentido propio; falta en ellos el requisito esencial de la intención de obligarse por parte del Estado de que emanan. En cuanto a la promesa, reconocimiento y renuncia, comportan, sí, el elemento de la intención de obligarse y son auténticos actos unilaterales. Sin embargo, como dice el profesor GONZÁLEZ CAMPOS, «si en el acto jurídico unilateral, sea cual sea su manifestación (promesa, renuncia, reconocimiento), existe un común fundamento obligatorio, la buena fe, y el nacimiento de la obligación se basa en el consentimiento del Estado, que debe ser apreciado en cada caso concreto para poder establecer la intención de obligarse en una situación determinada, carece de relevancia el examen individualizado de las diversas manifestaciones de ese consentimiento de acuerdo a su finalidad. A los fines del fenómeno de la creación del Derecho en el sistema jurídico internacional, lo que importa es el proceso en que tales obligaciones se crean, de forma unilateral y también fundamentalmente que la creación de tales obligaciones por un Estado faculta a los demás Estados interesados para exigir que el autor de la declaración unilateral se comporte en el sentido de la obligación que ha asumido libremente»[14].

10.2. EL *ESTOPPEL*

a) Los actos unilaterales de que acabamos de tratar suponen manifestaciones de voluntad creadoras de obligaciones para el Estado del que proceden y generadores de derechos en favor de terceros Estados. Pero junto a tales actos encontramos en otros casos determinados comportamientos estatales —incluso de abstención o por vía de silencio— que privan al Estado del que provienen del derecho a volver

---

13 E. SUY, *Les actes...*, cit., pp. 47 ss.
14 J. D. GONZÁLEZ CAMPOS, *Curso...*, cit., p. 86.

contra sus propios actos cuando con ellos lesionen derechos o expectativas de otros Estados que han sido generados por aquellos comportamientos. Estamos ahora ante la doctrina de los actos propios de los Derechos hispánicos, o de la *forclusión* del Derecho francés, y que en el Derecho Internacional ha sido recibida bajo la fórmula anglosajona del *estoppel*[14 bis], bien entendido que los efectos de la institución, al igual que los de los actos unilaterales en sentido propio, encuentran su fundamento en el principio capital de la buena fe. Se entiende, efectivamente, que según el Derecho Internacional un Estado está obligado por sus propios actos, habida cuenta de la obligación general de obrar de buena fe y del correspondiente derecho de otros Estados a fiarse de la conducta del primero. Una sala del Tribunal de La Haya se ha referido recientemente a dos de los elementos principales del *estoppel* con las siguientes palabras: «En la medida en que Nicaragua se apoya en el *estoppel,* la Sala se limita a decir que algunos elementos esenciales que se requieren para que haya *estoppel* no le parece que se hayan producido, a saber, una declaración que ha hecho a otra parte, o una posición que ha tomado respecto a ella, y el hecho de que esta otra parte se apoye en tal declaración o posición en detrimento propio o en ventaja de la parte que la haya hecho o tomado»[15]. Pero en realidad, como ha señalado entre nosotros el profesor PECOURT GARCÍA, son tres los elementos que entran en la noción del *estoppel,* a saber: 1.º) una situación creada por la actitud de un Estado (actitud primaria); 2.º) una conducta seguida por otro Estado (actitud secundaria) que está basada directamente en la primera actitud; 3.º) la imposibilidad por parte del Estado que adoptó la actitud primaria de hacer alegaciones contra la misma o de manifestarse en sentido contrario[16]. El *estoppel* tiene, por tanto, carácter de límite, de restricción; cumple realmente una función de privación o pérdida de derechos. Es éste un rasgo diferencial importante respecto a los actos unilaterales en sentido propio que, como sabemos, aún basados al igual que el *estoppel* en la buena fe, implican manifestaciones de voluntad creadoras de nuevas obligaciones y derechos.

b) El Tribunal de La Haya ha hecho uso en distintas ocasiones, aunque no siempre *eo nomine,* de la doctrina del *estoppel.* En el *caso de los empréstitos serbios y brasileños* (sentencia de 12 de julio de 1929) se planteó la cuestión de si la actitud de los portadores de los títulos de la deuda, que eran ciudadanos franceses, les habría privado en virtud del *estoppel* del derecho a obtener el pago de la deuda por su valor en oro; pero el Tribunal entendió que la aplicación del principio al caso carecía de base porque los tenedores de los títulos no habían hecho declaraciones claras e inequívocas sobre las que pudieran fundarse los Estados deudores[17]. En otros casos, sin embargo, el Tribunal ha aplicado en último análisis la doctrina del

---

[14 bis] Véase E. PECOURT GARCÍA, «El principio del estoppel en Derecho Internacional Público», en *R.E.D.I.,* 1962, pp. 97 ss.; F. MOSCONI, «La dottrina dell'estoppel in Diritto Internazionale», en *Diritto Internazionale,* 1962, pp. 380 ss.; J. V. LOUIS, «L'estoppel devant la Cour Internationale de Justice», en *Révue de Droit International et de Droit Comparé,* 1965, pp. 212 ss.; y CH. DOMINICE, «A propos du principe de l'estoppel en Droit des Gens», en *Recueil d'Etudes de Droit International en hommage à Paul Guggenheim,* Ginebra, 1968, pp. 327 ss.

[15] CIJ, *Recueil,* 1990, p. 30, «Asunto relativo a la controversia fronteriza terrestre, insular y marítima. El Salvador contra Honduras. Solicitud de Nicaragua a fines de intervención».

[16] E. PECOURT GARCÍA, *op. cit.* en nota 14 bis, p. 151.

[17] CPJI, *Serie A,* n.os 20 y 21, pp. 20 ss., 38 ss.

estoppel aunque sin mencionarla por su nombre. La ha tenido en cuenta, por lo pronto, en cuantas ocasiones ha afirmado su competencia en virtud del *forum prorrogatum,* es decir cuando la ha fundamentado en cualquier declaración o actitud de un Estado que, con independencia de un compromiso, cláusula compromisaria u otro vínculo convencional, implique un elemento de consentimiento, no admitiendo una impugnación posterior de la competencia[17 bis]. El espíritu de la doctrina del *estoppel* está también presente en la sentencia de 18 de noviembre de 1960 dictada en el *caso relativo a la sentencia arbitral del Rey de España de 23 de diciembre de 1906* (Honduras contra Nicaragua), al afirmar el Tribunal que Nicaragua había reconocido la validez de la sentencia real por sus declaraciones expresas y por su comportamiento y que consiguientemente había perdido el derecho a impugnarla[18]. Y lo mismo puede decirse de la sentencia de 15 de junio de 1962, dictada en el *caso del Templo de Preah Vihear* (Tailandia contra Camboya), en la que el Tribunal consideró que Tailandia no podía negar ser parte en una Convención de 1904 sobre fronteras cuando durante mucho tiempo invocó y disfrutó los beneficios del acuerdo[19]. El Tribunal utiliza nuevamente este argumento en su sentencia de 13 de diciembre de 2007 (*Excepciones preliminares en el asunto de la controversia territorial y marítima, Nicaragua contra Colombia*), estimando que Nicaragua había perdido el derecho a negar la validez de un tratado concluido con Colombia en 1928 cuya vigencia había reconocido durante más de cincuenta años[20].

c) Un caso en que hay consideración expresa del *estoppel,* si bien para descartar su operatividad, es el de la sentencia de 26 de noviembre de 1984 (*caso de las actividades militares y paramilitares en Nicaragua y contra ella, Nicaragua contra Estados Unidos de América,* competencia y admisibilidad de la demanda)[21]. En dicho asunto el Tribunal se ha ocupado entre otros puntos de la alegación estadounidense según la cual Nicaragua estaría impedida por *estoppel* de invocar contra Estados Unidos la jurisdicción obligatoria. Según los Estados Unidos, efectivamente, desde 1943 Nicaragua les habría inducido constantemente a pensar que no estaba obligada por la cláusula facultativa de jurisdicción obligatoria, y que se habrían fiado de las indicaciones así suministradas por Nicaragua en aquellos casos en que el hecho era importante para su actividad diplomática. Pero el Tribunal ha entendido que existen pruebas sustanciales de que desde 1946 Nicaragua se ha declarado constantemente sometida a la jurisdicción del Tribunal. Recuerda además el Tribunal la noción de *estoppel* que dio en el *caso de la Plataforma continental del Mar del Norte*[22] según la cual dicha figura «puede ser inferida de un comportamiento, de declaraciones, etcétera, de un Estado que no solamente testifiquen de una manera clara y constante la aceptación por ese Estado de un régimen particular, sino que igualmente hayan llevado a otro o a otros Estados, fundándose sobre aquella actitud, a modificar su

---

[17 bis] Véase J. A. PASTOR RIDRUEJO, *La jurisprudencia del Tribunal Internacional de La Haya (sistematización y comentarios),* Madrid, 1962, pp. 449 ss.

[18] CIJ, *Recueil,* 1960, pp. 213 ss.

[19] CIJ, *Recueil,* 1962, pp. 30 ss.

[20] CIJ, *Recueil,* 2007.

[21] CIJ, *Recueil,* 1984, pp. 392 ss.

[22] CIJ, *Recueil,* 1969, p. 26.

posición en su detrimento o a sufrir un perjuicio». El Tribunal no considera que la invocación por Nicaragua de la cláusula facultativa sea contraria en modo alguno a la buena fe o a la equidad, concluyendo, pues, que no le es aplicable el *estoppel* invocado por los Estados Unidos de América, al no entrar la actitud del primer país en la definición de *estoppel*[22 bis].

También en la sentencia dictada por el Tribunal de La Haya el día 11 de junio de 1998, en el *asunto relativo a la frontera terrestre y marítima entre Camerún y Nigeria, excepciones preliminares,* se toma en consideración de manera explícita la institución del *estoppel.* En efecto Nigeria pretendía impugnar la competencia del Tribunal, y, ante su pretensión de que el comportamiento de Camerún habría engendrado una situación de *estoppel* que le impediría el planteamiento de la controversia ante aquél, la sentencia recordó las condiciones fijadas por la jurisprudencia para la existencia de la figura, a saber: primeramente, que el Estado contra el que se invoca el *estoppel* haya adoptado un comportamiento o hecho declaraciones que testimonien de una manera clara y constante una toma de posición; y, en segundo lugar, que el Estado que alega la figura debe demostrar que, fiado en la actitud del otro Estado, ha modificado su posición en detrimento propio o ha sufrido algún perjuicio. En el caso de autos, el Tribunal concluyó que no se cumplían esas condiciones[23].

10.3. La aquiescencia

a) En estrecha relación con la cuestión del *estoppel* se encuentra la relativa al valor de la *aquiescencia,* figura de gran raigambre en el Derecho Internacional en cuanto que es frecuentemente utilizada en la práctica y jurisprudencia. Porque, en efecto, y según hemos visto, si la protesta está dirigida a la preservación y salvaguarda de los derechos de un Estado frente a las actitudes y reclamaciones de otros Estados, ¿cuál será el significado jurídico de la inacción, pasividad o silencio ante comportamientos normalmente merecedores de protesta?

Al tratar de este interesante problema la doctrina parte comúnmente del principio *qui tacet consentire videtur si loqui debuisset ac potuisset* («El que calla parece que consiente si pudiera y debiera hablar»). La aquiescencia o el silencio aparecen así como una especie de inacción calificada desde el punto de vista jurídico, de la que se derivan efectos en el plano del Derecho Internacional. Se entiende, en efecto, que el Estado que calla ante una reclamación o comportamiento de otro Estado normalmente merecedor de protesta o de otra forma de acción tendente a la preservación de los derechos impugnados, consiente la situación; y se presume por ende que ésta le es oponible. Claro que, según resulta de las consideraciones del Tribunal de La Haya en el *caso de las Pesquerías* (sentencia de 18 de diciembre de 1951, Reino Unido contra Noruega), la aquiescencia así entendida requiere notoriedad de los hechos, tolerancia general de la Comunidad Internacional y la abstención prolongada del Estado particularmente interesado[24].

[22 bis] CIJ, *Recueil,* 1984, p. 415.
[23] CIJ, *Recueil,* 1998.
[24] CIJ, *Recueil,* 1951, p. 139.

b) Pero, ¿es la aquiescencia algo distinto del *estoppel*? Poniendo de relieve que ambas figuras, al igual que los actos jurídicos unilaterales en sentido propio, encuentran su fundamento en el principio general de la buena fe, conviene recordar ahora dos de los elementos constitutivos de la noción del *estoppel,* el concerniente a la situación creada por la actitud de un Estado (actitud primaria) y el referido a la necesidad de la existencia de un perjuicio o detrimento para otro Estado; se trata de la actitud secundaria motivada por la actitud primaria del Estado ante el que se invoca el *estoppel.* Pues bien, a diferencia de la aquiescencia, la actitud primaria no tiene que consistir forzosamente en silencio o inactividad sino que puede revestir la forma de un comportamiento positivo; y en cuanto a la actitud secundaria no tiene por qué concurrir en la aquiescencia. De ahí, por tanto, la singularidad técnico-jurídica de esta última figura frente a la institución del *estoppel.*

c) Señalemos finalmente que el campo de actuación preferente, aunque no exclusivo, de la aquiescencia es el de los contenciosos de soberanía territorial[25]. En prueba de esta última afirmación, podemos referirnos a la cuestión de la ciudad de *Olivenza,* una localidad de la provincia de Badajoz situada junto a la frontera española con Portugal y que estuvo sometida a la soberanía de este país hasta el 6 de junio de 1801, fecha en que la cede por tratado a España. Es cierto que Portugal impugnó la soberanía española en el primer cuarto del siglo XIX y en la década de los noventa del siglo pasado pero guardando silencio durante el largo tiempo intermedio. Para el profesor FERNÁNDEZ LIESA, autor de un documentado estudio sobre la materia, estamos ante un silencio calificado constitutivo de aquiescencia[26].

---

[25] Sobre la aquiescencia, véase D. W. BOWET, «Estoppel before International Law and its Relations to Acquiescence», en *B. Y. B. I. L.,* 1956, pp. 115 ss.; M. WAELBROECK, «L'acquiescement en Droit des Gens», *Rivista de Dirito Internazionale,* 1961, pp. 38 ss.; y J. BENTZ, «Le silence comme manifestation de volonté en Droit International Public», en *R. G. D. I. P.,* 1963, pp. 44 ss. Ver la interesante monografía del profesor F. JIMÉNEZ GARCÍA, *Los comportamientos recíprocos en Derecho Internacional. A propósito de la aquiescencia, el estoppel y la confianza legítima,* Ed. Dilex, S. L., Madrid, 2002.

[26] C. FERNÁNDEZ LIESA, *La cuestión de Olivenza a la luz del Derecho Internacional Público,* Tirant lo Blanch, 2004.

11. LAS RESOLUCIONES DE LAS ORGANIZACIONES INTERNACIONALES

a) Ya hemos señalado la importancia creciente de las resoluciones de las organizaciones internacionales en el Derecho Internacional Contemporáneo, en cuanto que implican un elemento importante de institucionalización en la elaboración de las normas internacionales. Desde un punto de vista jurídico-formal, tales resoluciones obtienen su autoridad normativa del tratado instituyente de la organización. Bien entendido que esta dimensión no impide que las resoluciones en cuestión puedan ser consideradas en ciertos casos como fuentes autónomas del Derecho Internacional; también los requisitos de validez y eficacia de los tratados se rigen por normas consuetudinarias —que han sido codificadas en la Convención de Viena de 1969—, y ello no es obstáculo a que se les considere fuentes distintas de la costumbre internacional. Hay que señalar de otra parte la nada desdeñable influencia de algunas de aquellas resoluciones en la formación de normas consuetudinarias generales.

b) Un estudio comparativo de los tratados instituyentes de las organizaciones internacionales muestra por lo pronto que determinadas resoluciones de sus órganos son obligatorias para éstos y para sus funcionarios, constituyendo lo que se llama el Derecho interno de la organización. Así, por ejemplo, el Reglamento de la Asamblea General de las Naciones Unidas, el del Consejo de Seguridad, el Estatuto de Funcionarios adoptado por la Asamblea General el día 2 de febrero de 1952 y otros.

Junto a estas resoluciones encontramos otras que, según disposiciones específicas de los tratados instituyentes, obligan directamente a los Estados miembros. Así, conforme al artículo 17 de la Carta de las Naciones Unidas, apartado 2, «los miembros sufragarán los gastos de la organización en la proporción que determine la Asamblea General», y según el artículo 25 de la misma Carta «los miembros... convienen en aceptar y cumplir las decisiones del Consejo de Seguridad de acuerdo con esta Carta». Precisamente en el dictamen del Tribunal de La Haya de 21 de junio de 1971 (*asunto de Namibia*) se ha invocado y hecho aplicación de este artículo 25. El Tribunal ha dicho concretamente que:

> Las decisiones tomadas por el Consejo en los párrafos 2 y 5 de la resolución 276 (1970), en relación con el párrafo 3 de la resolución 264 (1969) y con el párrafo 5 de la resolución 269 (1969), han sido adoptadas conforme a los fines y principios de la Carta y a sus artículos 24 y 25. Son, por consiguiente, obligatorias para todos los Estados miembros de las Naciones Unidas, que están, por tanto, obligados a aceptarlas y a aplicarlas[1].

---

[1] CIJ, *Recueil*, n.º 115, 1971, p. 53.

Por su gran interés en el campo de las fuentes del Derecho internacional, es imposible no mencionar aquí la resolución 1.373 del Consejo de Seguridad, de 28 de septiembre de 2001, adoptada al calor de la alarma producida en la Comunidad Internacional por los atentados terroristas del 11 de septiembre de 2001. En efecto, aprobada la resolución en el marco del capítulo VII de la Carta, y obligatoria por consiguiente para los Estados miembros, su parte dispositiva impone a éstos importantes y detalladas obligaciones en el campo de la lucha contra el terrorismo. Estamos realmente ante un supuesto en que, según los esquemas habituales del Derecho Internacional, las obligaciones en cuestión son asumidas en el ámbito de los tratados internacionales. Lo que ha hecho en este caso el Consejo de Seguridad de las Naciones Unidas es atribuirse funciones legislativas, irrumpiendo de lleno en el ámbito convencional.

Pero donde indudablemente ha llegado más lejos la elaboración institucionalizada de normas internacionales obligatorias para los Estados miembros, e incluso sus nacionales, es en el seno de las antiguas Comunidades supranacionales europeas —antigua Comunidad Europea del Carbón y del Acero, Comunidad Europea y Comunidad Europea de Energía Atómica, hoy Unión Europea—, a cuyos órganos se les han conferido poderes para dictar normas obligatorias para los Gobiernos, empresas e individuos, y algunas de las cuales se aplican directamente en los órdenes jurídicos nacionales de los Estados miembros sin necesidad de acto alguno de recepción. Se trata de los reglamentos, directivas y decisiones, cuyo estudio detallado no es de este lugar.

c) Ocurre, sin embargo, que a la mayor parte de las resoluciones de las organizaciones internacionales no se les reconoce obligatoriedad para los Estados miembros en los tratados instituyentes. En tales hipótesis, y en línea de principio, hay que concluir que las resoluciones en cuestión no constituyen fuentes independientes y autónomas del Derecho Internacional.

Existe, de todos modos, un tipo especial de resoluciones que requiere a este respecto un examen más profundo. Se trata de las resoluciones de la Asamblea General de las Naciones Unidas que contienen enunciación de principios jurídicos, resoluciones que toman la forma de declaraciones.

Si, como hemos dicho, la obligatoriedad de las resoluciones de las organizaciones internacionales depende de lo dispuesto por el tratado básico, hay que afirmar que aquellas resoluciones de la Asamblea General no son *per se* obligatorias para los Estados miembros. La Asamblea General no es un legislativo mundial, porque ninguna competencia le atribuye en este sentido la Carta de la Organización. Pero ello no supone que las resoluciones en cuestión dejen de producir efectos en la formación del Derecho Internacional. Como ha dicho JIMÉNEZ DE ARÉCHAGA, estas declaraciones pueden constituir una fuente del Derecho Internacional de manera similar a la formación del *consensus* en las conferencias para la codificación y desarrollo progresivo del Derecho Internacional[2]. Y para saber en cada caso cuáles puedan ser aquellos efectos hay que distinguir por lo pronto tres tipos entre las resoluciones citadas de la Asamblea General:

---

[2] E. JIMÉNEZ DE ARÉCHAGA, *International Law...*, cit., p. 31.

1) Resoluciones declarativas o confirmatorias de normas consuetudinarias en vigor. A este grupo pertenece la resolución 95 (I), de 11 de diciembre de 1946, sobre los principios de Derecho Internacional enunciados en el Estatuto del Tribunal de Nuremberg.

2) Resoluciones que desarrollan y precisan algunos de los grandes principios de la Carta, como la resolución 1.514 (XV), de 14 de diciembre de 1960, que contiene la declaración relativa a la concesión de independencia a los pueblos y países coloniales, y sobre todo la resolución 2.625 (XXV), de 24 de octubre de 1970, sobre la declaración de los principios de Derecho Internacional relativos a las relaciones de amistad y cooperación entre los Estados.

3) Resoluciones que contienen nuevos principios de Derecho Internacional, como, por ejemplo, la 1.962 (XVIII), de 13 de diciembre de 1963, sobre los principios jurídicos que deben regir la actividad de los Estados en la exploración y utilización del espacio ultraterrestre, o la resolución 2.749 (XXV), de 17 de diciembre de 1970, sobre los principios que rigen el fondo de los mares y de los océanos y su subsuelo más allá de los límites de la jurisdicción nacional.

Pues bien: las resoluciones del primer tipo —declarativas o confirmatorias de normas consuetudinarias ya vigentes— tienen respecto al Derecho Internacional General el mismo valor que las convenciones declarativas. Es decir, si de una parte pueden contribuir a la precisión del sentido de la práctica o elemento material de la costumbre, de otra parte su adopción por unanimidad o amplia mayoría puede ser prueba de la *opinio iuris* o elemento espiritual.

¿Cabría equiparar del mismo modo las resoluciones del segundo y tercer tipo —las que desarrollan los principios de la Carta y las creadoras de nuevos principios jurídicos— a las convenciones innovadoras? ¿Se puede sostener que, al igual que estas últimas, constituyen el punto de partida de nuevas normas consuetudinarias?

No han faltado autores que hayan sustentado tal punto de vista. Así, GIRAUD entiende que las dos especies de resoluciones que nos ocupan pueden dar lugar a una regla consuetudinaria si los Estados se conforman a ellas en la práctica y si existe la opinión de que deban conformarse, y es éste también, entre otros, el parecer de DI QUAL[3].

Entendemos, sin embargo, que las opiniones citadas reflejan la verdad, aunque no toda la verdad. Pues si bien es cierto que las resoluciones en cuestión pueden dar lugar al nacimiento de normas consuetudinarias, esto es, pueden ser el punto de partida de las mismas, ocurre que aquellas resoluciones pueden ser también el punto final de la formación del Derecho Consuetudinario. Es decir, pueden cristalizar una regla consuetudinaria de Derecho Internacional que hasta entonces se encontrase en estado emergente o *in status nascendi.* Es muy significativo a este respecto lo que ha ocurrido con la formación del Derecho del Espacio ultraterrestre.

Las actividades espaciales de los Estados comienzan en 1957, concretamente el día 4 de octubre, que es cuando la Unión Soviética consigue poner en órbita el primer *sputnik.* Como es bien sabido, se suceden a partir de aquella fecha los ingenios

[3] E. GIRAUD, *op. cit.*, p. 465; DI QUAL, *Les effets des résolutions des Nations Unies*, París, 1967, pp. 249 ss.

espaciales soviéticos y americanos, y un año después, en 1958, JENKS pudo decir que «el principio de la libertad del espacio descansa ya ahora sobre una práctica sólidamente establecida y una aceptación mundial»[4]. Y, efectivamente, por cuenta de una de las potencias espaciales, los Estados Unidos, el presidente EISENHOWER hizo el 22 de septiembre de 1960 una declaración ante la Asamblea General de las Naciones Unidas en la que está implícito e incluso desarrollado el principio de la libertad del espacio, y por la otra potencia espacial, la Unión Soviética, el *premier* KRUSCHOV pudo decir que la Unión Soviética y los Estados Unidos se habían entendido sobre los primeros principios de la legislación espacial. Y se refería KRUSCHOV a la resolución de la Asamblea General de las Naciones Unidas de 20 de diciembre de 1961, adoptada por unanimidad, en la que también está implícito e incluso desarrollado el principio de la libertad del espacio. A esta resolución siguieron otras, adoptadas igualmente por unanimidad, como la de 14 de diciembre de 1962 sobre cooperación internacional en el uso pacífico del espacio ultraterrestre, la de 17 de octubre de 1963 sobre desnuclearización del espacio y los cuerpos celestes y la importantísima de 13 de diciembre de 1963 sobre los principios jurídicos que regulan la actividad de los Estados en el uso y exploración del espacio ultraterrestre. Y aunque GOEDHUIS haya dicho que esta última resolución supuso la aparición instantánea de la norma, es lo cierto, como señala JIMÉNEZ DE ARÉCHAGA, que lo que hizo fue cristalizar unas reglas que se encontraban en estado emergente o *in status nascendi*[5].

Y hay que destacar que para la consolidación de estas normas consuetudinarias no importó la falta de antigüedad y generalidad de la práctica. Lo esencial fue el consenso de la Comunidad Internacional, o lo que es lo mismo, el elemento espiritual de la costumbre u *opinio iuris* colectiva, manifestada a través de un foro universal.

d) Mas para determinar si una resolución de la Asamblea General de las Naciones Unidas refleja la *opinio iuris* general hay que tener en cuenta las condiciones de su adopción. Sólo una adopción unánime, o mayoritaria pero suficientemente representativa, daría lugar a la formación de esa clase de *opinio iuris*. Esto lo ha dicho de manera diáfana la sentencia arbitral de 12 de enero de 1977 en el *asunto Texaco-Calasiatic contra Gobierno de Libia*. Un párrafo de esta sentencia es particularmente significativo:

> En función de las condiciones de voto anteriormente señaladas y al revelar una *opinio iuris communitatis*, la resolución 1.803 (XVII) refleja, a juicio de este Tribunal, el estado del Derecho consuetudinario existente en la materia. En efecto, es a partir de la votación de una resolución que afirma la existencia de una norma consuetudinaria cuando los Estados expresan claramente su opinión. La aquiescencia en este caso de una mayoría de Estados pertenecientes a los distintos grupos representativos indica inequívocamente el reconocimiento universal de las reglas establecidas, es decir, en lo que se refiere a nacionalizaciones e indemnizaciones, la legítima aplicación de las reglas en vigor en el Estado que lleva a cabo la nacionalización pero de conformidad con el Derecho Internacional[6].

---

[4] W. JENKS, *The Common Law of Mankind,* Londres, 1958, p. 87.

[5] GOEDHUIS, «Reflections on the Evolution of Space Law», en *Nederlands Tidjsschrift voor International Recht,* vol. XIII, Issue 2, 1966, p. 113; E. JIMÉNEZ DE ARÉCHAGA, *International Law,* cit., pp. 31-32.

[6] Véase la sentencia en *J. D. I.,* 1977, n.º 2, pp. 374 ss. El extracto en el párrafo 87.

Por lo demás, en su sentencia de 27 de junio de 1986 en el *caso relativo a las actividades militares y paramilitares en Nicaragua y contra ella (Nicaragua contra Estados Unidos de América)* y para la determinación del contenido de las reglas consuetudinarias aplicables al litigio, y en especial para la comprobación del elemento espiritual u *opinio iuris,* el Tribunal de La Haya ha dicho lo siguiente:

> Esta *opinio iuris* puede deducirse, entre otras causas, y aún con la prudencia necesaria, de la actitud de las Partes y de los Estados respecto a ciertas resoluciones de la Asamblea General, particularmente de la resolución 2.625 (XXV) titulada «Declaración relativa a los principios de Derecho Internacional concernientes a las relaciones de amistad y cooperación entre los Estados de conformidad con la Carta de las Naciones Unidas». El efecto de un consentimiento en el texto de tales resoluciones no puede ser interpretado como una simple reiteración o una simple especificación del compromiso convencional asumido en la Carta. Por el contrario, puede ser interpretado como una adhesión al valor de la regla o de la serie de reglas declaradas por la resolución y tomadas en sí misma[7].

En la misma sentencia el Tribunal entiende que una descripción de la resolución de la Asamblea General 3.314 (XXIX) que define la agresión «puede ser considerada como la expresión del Derecho Internacional Consuetudinario»[8].

e) A mi juicio, pues, la mayor incidencia de las resoluciones de la Asamblea General de las Naciones Unidas en las fuentes del Derecho Internacional ha consistido en algo que ya señalamos al hablar de la costumbre, esto es, en un desplazamiento del centro de gravedad de ella hacia el elemento espiritual u *opinio iuris.* Y son las exigencias de universalización, democratización y socialización del Derecho de Gentes las que han producido este fenómeno. Hoy lo importante ya no es siempre la práctica o elemento material de la costumbre, que en ocasiones —como en la exploración del espacio ultraterrestre— sólo está al alcance de Estados poderosos y superdesarrollados. En la actualidad, lo decisivo es la *opinio iuris vel necessitatis* o convicción jurídica. Pero, y éste es el rasgo de mayor interés, no sólo la de las grandes potencias, sino la de todos los Estados de la Comunidad Internacional, independientemente de su poder y del grado de desarrollo económico. Y esta *opinio iuris generalis* se manifiesta de manera adecuada a través de las resoluciones de la Asamblea General de las Naciones Unidas.

Es de hacer notar, desde un punto de vista técnico, que las normas consuetudinarias que tienen como punto de arranque una resolución de la Asamblea General de las Naciones Unidas pueden ser consideradas como normas de formulación escrita. Su contenido es por ello más preciso que el de las costumbres tradicionales, que son normas no escritas. Y también es mayor el grado de seguridad jurídica que generan. Por leve que sea, estamos ante una manifestación del progreso del Derecho Internacional en el terreno de las fuentes jurídicas.

f) Y no queremos acabar este apartado sin unas breves referencias a la idea del llamado *soft law,* integrado por resoluciones con valor prospectivo o programático, por auténticas normas de «incitación» fundadas en nociones racionales, científicas

---

[7] CIJ, *Recueil,* 1986, p. 103.
[8] CIJ, *Recueil,* 1986, p. 103.

o técnicas[9]. Se trata, por ejemplo, de resoluciones adoptadas en materia del medio ambiente en la que, ante los peligros que la degradación del mismo hace correr a la humanidad, las resoluciones son prospectivas ya que, impotentes para confirmar una costumbre aún no consolidada, se esfuerzan en suscitarla. Pero el *soft law* tiene también una gran importancia en el Derecho Internacional del Desarrollo, en el que se presenta como una dialéctica entre la legitimidad y la legalidad y en el que las resoluciones en cuestión, votadas por los países del tercer mundo, encuentran un apoyo no despreciable en la mala conciencia de otros países que no se atreven a impugnarlas abiertamente.

El *soft law* no tiene de todos modos la virtualidad de crear por sí solo normas positivas, y por tanto obligatorias, de Derecho Internacional. En este sentido, no tiene cabida en el artículo 38 del Estatuto del Tribunal Internacional de Justicia. Pero de ahí a afirmar que no produce efecto alguno va mucha distancia. Entre los efectos jurídicos obligatorios y la ausencia absoluta de efectos existe una amplia gama intermedia, rica en matices, de la que no se puede desinteresar el jurista. Es precisamente en el contexto del Derecho Internacional Económico donde SEIDL-HOHENVELDERN ha puesto de relieve cuáles son estos efectos intermedios[10]. Así —dice— si una resolución que posea carácter de Derecho blando es adoptada por un órgano de una organización internacional, se convierte en obligatoria para los órganos de ella. Por ejemplo, en virtud de la Declaración Universal de los Derechos Humanos adoptada por la Asamblea General de las Naciones Unidas el día 10 de diciembre de 1948, la Organización no podía ya pagar diferentes salarios por el mismo trabajo. De otro lado, la aceptación positiva —no la mera aquiescencia— del *soft law* puede legalizar acciones tomadas en conformidad con sus principios. En este sentido, por ejemplo, un Estado desarrollado que haya aceptado el principio de que los Estados en desarrollo deben fortalecer su cooperación económica, no puede quejarse fundadamente de una violación del Derecho Internacional si aquella cooperación conduce a una discriminación de las importaciones procedentes de los Estados desarrollados. Además, la aceptación de un principio del *soft law* puede comportar el efecto de que el Estado en cuestión no pueda actuar de manera contraria a él a menos que se produzca un cambio fundamental de circunstancias. Ocurre también que el hábito de las resoluciones de los órganos de las Naciones Unidas de citar continuamente otras resoluciones que contienen idénticos principios de *soft law* puede producir una especie de desvanecimiento de los rechazos hechos cuando se adoptó la resolución. Finalmente, la sola existencia de códigos de *soft law* provocará que en la mayor parte de los debates científicos o políticos, ambas partes en contienda recurran a las fórmulas ya acuñadas; incluso la parte que proteste contra el contenido de una regla determinada basará sus protestas en la formulación que figura en el código en cuestión. El *soft law* se convierte así en un importante marco de referencia dialéctica.

---

[9] Véase R. J. DUPUY, *Cours,* cit., pp. 182-183. En idioma español se ha hablado de un «derecho suave», «derecho blando» o «prederecho». Véase C. SEPÚLVEDA, «La Diplomacia Parlamentaria y la formación del Nuevo Orden Jurídico Internacional», en *Estudios Homenaje al profesor Miaja de la Muela,* Tecnos, Madrid, 1979, p. 783.

[10] I. SEIDL-HOHENVELDERN, «International Economic Soft Law», en *R. des C.,* 1979-II, vol. 163, pp. 194 ss.

12. EL VALOR DE LA DOCTRINA

a) Ya sabemos que el artículo 38 del Estatuto del Tribunal Internacional de Justicia se refiere en su apartado *d*). 1, a «las doctrinas de los publicistas de mayor competencia de las distintas naciones como medio auxiliar para la determinación de las reglas de Derecho», atribuyéndoles, pues, al menos formalmente, la misma autoridad que a las decisiones judiciales. La fórmula del Estatuto procede de la propuesta del barón DESCAMPS, presidente del Comité de los Diez, que redactó el Estatuto del Tribunal Permanente, y como transacción entre la opinión de lord PHILLIMORE, quien alegaba que la doctrina era fuente internacionalmente reconocida del Derecho Internacional, y la de otros miembros tendentes a reducir o minimizar su función[1].

La Comisión de Derecho Internacional afirma en sus trabajos actuales de codificación que debe tenerse en cuenta, como medio auxiliar para la determinación de las normas de Derecho Internacional, «especialmente aquella doctrina que refleje de manera general los puntos de vista concordantes de personas con competencia en Derecho Internacional, de los diferentes sistemas jurídicos y regiones del mundo». Y al evaluar la representatividad de la doctrina, esa Comisión entiende que habría que incluir, *inter alia*, «la diversidad lingüística y de género».

La fórmula del Estatuto constituye realmente un residuo de la importancia que tuvo la doctrina en el desarrollo del Derecho de Gentes. Renacido el arbitraje, efectivamente, a finales del siglo XVIII, diversos factores explican que los árbitros hubiesen de acudir frecuentemente a la doctrina: su propia inexperiencia, pues los árbitros eran muchas veces juristas no especializados en Derecho Internacional, y también el escaso desarrollo del Derecho Positivo, ya que si las convenciones eran escasas, la práctica o elemento material de la costumbre era reducida, poco coherente y escasamente conocida. Dijeron por ello con razón LAPRADELLE y POLITIS, a principios del siglo XX, en la introducción a su *Recueil des Arbitrages Internationaux* (1905, p. XLVII), que la primera parte de la época moderna del arbitraje se caracteriza por la influencia predominante de la doctrina en las sentencias. Las citas de diversos autores, como GROCIO, VATTEL, BYNKERSHOECK, LEE, BURLAMAQUI y otros, salpicaban realmente el texto de las decisiones.

Pero muy posiblemente fuese extemporánea la importancia atribuida a la doctrina en el Estatuto del Tribunal Permanente de Justicia Internacional (1920), pues ya las decisiones de éste la invocan en muy raras ocasiones; sólo las opiniones individuales de los jueces muestran una mayor propensión a inspirarse en pareceres doctrinales.

Y resulta desde luego desmesurada la referencia que hace a la doctrina el Estatuto del actual Tribunal de La Haya (1945). Y es que si de una parte el incesante desarrollo del Derecho Internacional consuetudinario, convencional e

[1] Procès *Verbaux*, pp. 333 ss.

institucional reduce las lagunas y, por consiguiente, la necesidad del recurso a la doctrina, ocurre además que la universalización de la Comunidad Internacional y las profundas divisiones que la han aquejado —escisión ideológico-política Este-Oeste y escisión económico-social Norte-Sur— dificultan tremendamente aquel recurso. Si en tiempos pasados resultaba viable la invocación de la doctrina era porque el Derecho de Gentes presentaba una homogeneidad básica como consecuencia de su carácter eurocéntrico. Hoy una jurisdicción universal y de composición colegiada como el Tribunal de La Haya, en el que los jueces deben representar a «las grandes civilizaciones y los principales sistemas jurídicos del mundo» (art. 9 de su Estatuto), encontraría mayores dificultades para apoyarse en una opinión doctrinal, como no fuese en la de algún organismo científico de codificación privada de composición asimismo universal.

Claro que nos referimos al apoyo exclusivo del dispositivo de la sentencia en la opinión de algún o algunos autores. Las citas genéricas de la doctrina en sustento de la práctica de los Estados y jurisprudencia internacional son aún posibles. Es esto lo que hizo el Tribunal de La Haya en su sentencia de 6 de abril de 1955 (*asunto Nottebohn*) cuando al invocar la norma de la nacionalidad efectiva, y tras referirse a la jurisprudencia interna e internacional, agrega: «Tal es también la tendencia que domina en la doctrina de los publicistas y en la práctica»[2]. También la sentencia de 11 de septiembre de 1992 (*asunto de la controversia fronteriza terrestre, insular y marítima,* El Salvador *c.* Honduras) contiene una cita específica a la opinión de dos prestigiosos profesores británicos para apuntalar la idea de que el Golfo de Fonseca constituye una bahía histórica poseedora de las características de un mar cerrado[3].

b) Pero las consideraciones de este apartado no deben llevarnos ni mucho menos a subestimar la importancia que hoy sigue teniendo la doctrina en la aplicación y elaboración del Derecho Internacional. Como explicó el juez LACHS[4], la influencia del profesor de la disciplina y sus enseñanzas excede de la esfera pedagógica y se extiende a la aplicación del Derecho Internacional por los tribunales, en el sentido ya visto, y a las referencias que hacen a la doctrina las opiniones individuales y disidentes de los jueces; la doctrina se utiliza también en la correspondencia diplomática; además, los profesores asesoran con frecuencia a los Gobiernos, especialmente en los casos de controversias ante órganos jurisdiccionales (judiciales y arbitrales); ocurre asimismo que son nombrados en ocasiones árbitros y jueces; y participan finalmente en la elaboración del Derecho Internacional, bien como miembros de la Comisión de Derecho Internacional, bien como integrantes de las delegaciones de los Estados en órganos de Organizaciones Internacionales y en conferencias de codificación del Derecho Internacional. En definitiva, pues, la doctrina de los publicistas, aun no siendo fuente autónoma del Derecho Internacional, contribuye a su

[2] CIJ, *Recueil,* 1955, p. 22. Véanse otras citas en M. LACHS, *The Teacher in International Law,* La Haya, 1982, pp. 168 ss.
[3] CIJ, *Recueil,* 1992, párr. 394.
[4] M. LACHS, *op. cit.* en nota 2, pp. 167 ss.

formación y aplicación y en este sentido desempeña un papel nada desdeñable. Los autores de este libro saben muy bien por propia experiencia que jueces y abogados internacionales buscan afanosamente en las obras doctrinales la existencia de normas —sobre todo consuetudinarias— que van a invocar o aplicar y la manera de interpretarlas.

13. REFERENCIA A LA EQUIDAD

a) De modo muy general, la equidad es «el sentimiento de lo que exige la justicia en el caso concreto, habida cuenta de todos los elementos del mismo y hecha abstracción de las exigencias puramente técnicas del Derecho Positivo»[1].

Pues bien: el apartado 2 del artículo 38 del Estatuto del Tribunal de La Haya, dispone al respecto que:

> La presente disposición no restringe la facultad del Tribunal para decidir un litigio *ex aequo et bono* si las partes así lo convinieran.

Y SOERENSEN, que ha estudiado la génesis de esta fórmula en el Comité de los Diez que redactó el Estatuto, ha dicho que la expresión *ex aequo et bono* parece haber sustituido sin cambiar el sentido a la de «principios de justicia», términos estos últimos que a su vez habían sido identificados por FROMAGEOT con la equidad[2].

Ahora bien: como el término equidad ha sido empleado por la doctrina y jurisprudencia internacional en sentidos distintos, debemos determinar a cuál de ellos se refiere el artículo 38 del Estatuto.

b) Vamos a tomar como punto de partida de este análisis la resolución adoptada en materia de equidad por el Instituto de Derecho Internacional en su sesión de Luxemburgo de 1937. La resolución es la siguiente:

> El Instituto,
> Habiendo procedido al examen desde el punto de vista doctrinal, y sin limitarse a la interpretación de los textos vigentes en la materia, del papel de la equidad en la obra del juez internacional emite la opinión:
> 1.º Que la equidad es normalmente inherente a una sana aplicación del Derecho, y que el juez internacional, lo mismo que el interno, está llamado por su propia misión a tener cuenta de ella en la medida compatible con el respeto del Derecho;
> 2.º Que el juez internacional no puede inspirarse en la equidad para dictar sentencia, sin estar ligado por el Derecho en vigor, más que si todas las partes le otorgan una autorización expresa y clara a este fin[3].

El primer supuesto a que se refiere la resolución del Instituto es el que SOERENSEN llama *infra ius,* y otros autores *secumdun legem,* y en el cual la equidad interviene en tanto que elemento de interpretación. Como ha dicho concretamente SOERENSEN:

> Se admite generalmente en la doctrina que el juez internacional, al aplicar las reglas jurídicas al caso concreto, goza de cierta libertad de adaptación e interpretación de las reglas conforme a las necesidades del caso. Los autores de todos los matices, incluso de los más positivistas, consideran como parte normal de la función judicial que intervengan consideraciones de

---

[1] *Dictionnaire de la Terminologie du Droit International,* Sirey, París, 1960, p. 260.
[2] M. SOERENSEN, *Les Sources du Droit International,* Copenhague, 1946, p. 193.
[3] *Annuaire de l'institut de Droit International,* t. XXXVII, 1937.

equidad en el sentido de que el juez, entre varias interpretaciones o aplicaciones posibles de una regla positiva, escoja aquella que tenga mejor en cuenta la situación individual de las partes en litigio y el conjunto de sus derechos y deberes. Se destaca, sin embargo, que la equidad así entendida, aunque produzca el efecto de flexibilizar el Derecho rígido, no actúa más que dentro de los límites del Derecho positivo, que no interviene sino *infra ius*[4].

En este primer sentido, pues, y como advierte el propio SOERENSEN, la equidad no constituye una base independiente de la decisión, y los jueces pueden servirse de ella aunque no estén expresamente autorizados por las partes.

c) El segundo supuesto de la resolución del Instituto es menos claro en su tenor liberal, especialmente en virtud del inciso «sin estar ligado por el Derecho en vigor». A juicio de SOERENSEN, el inciso en cuestión hace suponer que existen reglas jurídicas que regulan la cuestión controvertida, pero cuya aplicación conduciría a resultados injustos o no equitativos y que, por consiguiente, pueden ser desechados por el juez; éste estatuiría así *contra legem*[5] siempre, naturalmente, con el consentimiento expreso de las partes en el proceso.

De este modo, la resolución del Instituto no aludiría a una tercera forma de manifestación de la equidad: la *praeter legem,* que supone la inexistencia o insuficiencia del Derecho en vigor, que sería completado precisamente mediante el recurso a la equidad. Silencio de la resolución que se explica por las discrepancias surgidas entre los miembros del Instituto sobre la necesidad o no del consentimiento expreso de los Estados para la actuación de esta modalidad de la equidad.

d) Cuando el apartado 2 del artículo 38 del Estatuto del Tribunal de La Haya exige el consentimiento de los Estados interesados para dictar una decisión *ex aequo et bono* está contemplando la equidad *contra legem.* Lo que quiere decir que el Tribunal se puede servir de la equidad *infra ius* e incluso de la *praeter legem* sin necesidad de aquel consentimiento expreso. Así lo entiende SOERENSEN sobre la base de una declaración semioficial de ANZILOTTI en su calidad de presidente del Tribunal Permanente, y también en virtud de la jurisprudencia de este último Tribunal[6].

Es esto, efectivamente, lo que resulta de la jurisprudencia del actual Tribunal de La Haya. Vamos a comprobar, seguidamente, que en la sentencia de 20 de febrero de 1969 ha hecho uso de la equidad *infra ius* o interpretativa, y en la de 5 de febrero de 1970, de la equidad *praeter legem;* en un caso y en otro sin que mediase consentimiento expreso de los Estados interesados.

En la sentencia de 20 de febrero de 1969 —*casos de la plataforma continental del Mar del Norte*—, tras comprobar que la regla de la equidistancia-circunstancias especiales del artículo 6 de la Convención de Ginebra de 1958 sobre plataforma continental, no es aplicable en tanto que norma consuetudinaria, se pregunta el Tribunal por la norma pertinente. Y del desarrollo histórico del régimen jurídico de la plataforma continental deduce que la norma en cuestión prevé «que la delimitación sea objeto de acuerdo entre los Estados interesados y que este acuerdo tenga lugar según principios equitativos». Bien entendido que

---

[4] M. SOERENSEN, *op. cit.,* p. 197.
[5] Ibíd., p. 198.
[6] Ibíd., pp. 200 ss.

no se trata de aplicar la equidad simplemente como una representación de la justicia abstracta, sino de aplicar una regla de Derecho que prescribe el recurso a principios equitativos[7].

Y más adelante dice el Tribunal:

El Tribunal trata ahora de la regla de la equidad. Ya se ha precisado el fundamento jurídico de esta regla en el caso particular de la delimitación de la plataforma continental entre Estados limítrofes. Hay que destacar, sin embargo, que esta regla descansa también sobre una base más amplia. Cualquiera que sea el razonamiento jurídico del juez, sus definiciones deben ser justas por definición, y en este sentido equitativas. Sin embargo, cuando se habla del juez que dicta justicia o dice el Derecho, se trata de justificación objetiva de sus decisiones no más allá de las reglas, sino dentro de las reglas (*within the rules*), y en este campo es precisamente una regla de Derecho la que exige la aplicación de principios equitativos. No se trata, pues, en este caso de una decisión *ex aequo et bono,* lo que no sería posible sino en las condiciones del artículo 38, apartado 2, del Estatuto del Tribunal. De otro lado, no sería la primera vez que el Tribunal adopta semejante posición, como resulta de su dictamen en el asunto de las sentencias del Tribunal Administrativo de la OIT por demanda contra la UNESCO (CIJ, *Recueil,* 1956, p. 100)[8].

Estamos, pues, ante la equidad *infra ius* o *secundum legem* o equidad interpretativa[9], que en el caso de la plataforma continental del Mar del Norte encuentra un título particular y otro general de intervención y que desde luego aplica el Tribunal sin el consentimiento expreso de las partes en litigio. En la sentencia de 22 de diciembre de 1986 (*caso de la controversia fronteriza entre Burkina Faso y la República de Malí*), una Sala del Tribunal de La Haya ha aludido *expresis verbis* a la equidad *infra legem:* «Está claro —ha dicho— que, en el caso presente, la Sala no puede estatuir *ex aequo et bono.* No habiendo recibido de las Partes la misión de proceder a un ajuste de sus intereses respectivos, debe igualmente descartar la posibilidad de aplicar en el caso de autos todo recurso a la equidad *contra legem.* La Sala tampoco aplicará la equidad *praeter legem.* Tomará sin embargo en consideración la equidad tal como se expresa en su aspecto *infra legem,* es decir la forma de equidad que constituye un método de interpretación del Derecho y que constituye una de sus cualidades»[10].

En cuanto a las consideraciones de equidad que hace la sentencia del Tribunal de La Haya de 5 de febrero de 1970 —*caso de Barcelona Traction* entre Bélgica y España—, entiendo que encajan en la *praeter legem.* El problema decisivo en la sentencia era efectivamente si el Estado de la nacionalidad de los accionistas —en el caso, Bélgica— tenía derecho de protección diplomática por las repercusiones que para dichos accionistas hubieran podido resultar de los presuntos daños causados por otro Estado —en el caso, España— a una sociedad que, como Barcelona Traction, tiene la nacionalidad de un tercer Estado —Canadá en el caso concreto—.

Pues bien, dice el Tribunal que

---

[7] CIJ, *Recueil,* 1969, pp. 46-47.

[8] CIJ, *Recueil,* 1969, p. 48.

[9] A. MIAJA DE LA MUELA, «La equidad en las decisiones de los Tribunales Internacionales», en *Anales de la Universidad de La Laguna,* VI, 1968-69, p. 39. Véanse las críticas que en este punto dirige al Tribunal MAREK, «Le problème des sources du Droit International dans l'arrêt sur le plateau continental de la Mer du Nord», en *R.B.D.I.,* 1970-71, pp. 67 ss., y las del profesor W. FRIEDMAN, «The North Sea Continental Shelf Cases», en *American Journal of International Law,* vol. 64, 1970, pp. 229 ss.

[10] CIJ, *Recueil,* 1986, pp. 567-568.

> en ausencia de un tratado aplicable en la materia entre las partes, esta cuestión fundamental debe ser decidida conforme a las reglas fundamentales de la protección diplomática[11],

si bien, respecto al problema en controversia, agrega el Tribunal más adelante que «el Derecho Internacional no ha fijado sus propias reglas»[12], por lo que ha de referirse a las reglas de Derecho interno en materia de sociedades anónimas. Lo que interesa destacar es que el Tribunal reconoce así que está en presencia de una laguna de Derecho.

Y más adelante, entre otros distintos motivos que podrían justificar la legitimación del Gobierno belga para proteger a los accionistas de la sociedad canadiense *Barcelona Traction,* el Tribunal examina la cuestión desde el punto de vista de la equidad, estimando que en esta materia

> las consideraciones de equidad no pueden exigir otra cosa que la posibilidad de que intervenga un Estado protector, trátese en virtud de la regla general expuesta anteriormente del Estado nacional de la sociedad o, a título de subsidiario, del Estado nacional de los accionistas que reclaman la protección[13],

y concluyendo, en fin, que

> en las circunstancias especiales de este asunto, el Tribunal no opina que consideraciones de equidad puedan conferir legitimación (*qualité pour agir*) al Gobierno belga[14].

En definitiva, pues, el Tribunal ha recurrido aquí a la equidad con el propósito de llenar una laguna del Derecho Positivo, laguna cuya existencia ha reconocido antes expresamente. Estamos, por tanto, ante la equidad *praeter legem,* utilizada desde luego sin previo planteamiento de la necesidad del consentimiento por los Estados interesados.

Es decir, para el Tribunal de La Haya, ni la aplicación de la equidad *secundum legem* ni la *praeter legem* exigen el consentimiento previo de los Estados partes. El Tribunal se sirve de ellas como manifestaciones inherentes al ejercicio normal de su función judicial. Por ello, cuando el apartado 2 del artículo 38 de su Estatuto requiere el consentimiento de los Estados interesados, está contemplando exclusivamente la equidad *contra legem.*

e) Señalemos de todos modos el escaso favor de que goza la equidad *contra legem* en la práctica interestatal sobre solución de controversias internacionales. Hasta ahora, en efecto, nunca se ha sometido ninguna controversia al Tribunal de La Haya para que sea resuelta según los términos del párrafo 2 del artículo 38 del Estatuto, es decir *ex aequo et bono* o según la equidad *contra legem.* En lo que concierne al arreglo arbitral, sí se registra algún caso como el de las Comisiones Mixtas Venezolanas de 1902 y 1903 que, según los protocolos instituyentes, debían dictar sus fallos «sobre la base de la equidad absoluta, sin tener en cuenta las objeciones

---

[11] CIJ, *Recueil,* n.º 36, 1970, p. 33.
[12] CIJ, *Recueil,* n.º 38, 1970, p. 34.
[13] CIJ, *Recueil,* n.º 94, 1970, p. 48.
[14] CIJ, *Recueil,* n.º 101, 1970, p. 50.

de naturaleza técnica o las reglas de la legislación local». Pero como se ha hecho notar[15], en éste y en algunos casos semejantes, a lo más que se llegó en las decisiones arbitrales fue a la admisión de la «posibilidad teórica de un arreglo *ex aequo et bono* contrario al Derecho»; no se dictó sentencia alguna basada en la equidad *contra legem.* Y es que, realmente, si la incertidumbre reinante en muchos casos respecto al Derecho Internacional positivo es causa importante de las resistencias de los Estados al arreglo jurisdiccional de las controversias, estas resistencias se acrecientan si la sentencia ha de dictarse en criterios tan inseguros como los que suministra la equidad *contra legem.* Los tipos de equidad realmente operativos en Derecho Internacional son la equidad *secundum legem* y la *praeter legem.*

[15] CH. ROUSSEAU, *Principes Généraux du Droit International Public,* París, 1944, pp. 948 ss.

14. ORDEN DE PRELACIÓN DE FUENTES Y PLENITUD DEL DERECHO INTERNACIONAL

a) Nos referimos ahora al problema planteado por aquellas normas de contenido incompatible y positivadas por fuentes distintas. Si para un supuesto concreto la norma convencional prevé una solución distinta de la consuetudinaria, ¿qué norma —y, en definitiva, qué fuente— habrá de prevalecer? Éste es el problema del orden de prelación de fuentes.

La opinión comúnmente admitida es que, en línea de principio, las distintas fuentes tienen la misma fuerza jurídica y, por consiguiente, valor derogatorio recíproco. En un conflicto entre ellas prevalecerá la de formación posterior. La cuestión de la jerarquía entre una y otra fuente se resolverá atendiendo a un criterio cronológico: *ius posterior derogat iuri priori.* Todo ello sin perjuicio de la relevancia en este punto de la *lex specialis*, que, lógicamente, prevalece sobre las normas generales.

Bien entendido que interviene en esta materia toda la problemática del *ius cogens.* Las normas internacionales imperativas priman incondicionadamente sobre cualesquiera otras, con independencia de sus respectivos modos de positivación. Así, del artículo 54 de la Convención de Viena sobre Derecho de Tratados resulta que una norma de *ius cogens* «sólo puede ser modificada por una norma ulterior de Derecho Internacional General que tenga el mismo carácter». En este sentido, un tratado posterior no puede derogar a una norma consuetudinaria de *ius cogens,* y una costumbre particular tampoco puede derogar a una norma convencional imperativa.

b) ¿Valen las precedentes consideraciones para el Tribunal Internacional de Justicia o debe respetar éste en caso de incompatibilidad de fuentes el orden en que se enumeran en el artículo 38 de su Estatuto?

Una breve referencia a los trabajos preparatorios del Estatuto del primer Tribunal de La Haya va a arrojar luz sobre el problema.

En el proyecto adoptado por el Comité de los Diez se decía que la aplicación de las distintas fuentes debía hacerse «por orden sucesivo», si bien se desprende de los debates que se trataba de una graduación natural o del orden lógico en que las distintas fuentes se presentarían al espíritu del juez.

Considerada de nuevo la cuestión en los órganos pertinentes de la Asamblea de la Sociedad de Naciones se decidió, sin embargo, la supresión del inciso «por orden sucesivo», resultando del correspondiente informe que el mismo había sido considerado inútil. Y como ha dicho SOERENSEN tras el estudio de estos debates:

> La opinión que acabó así por triunfar se inspira sin duda de manera más o menos consciente en la idea de que la actividad judicial no se deja encerrar en moldes demasiado estrechos y que el juez hará el uso que mejor le parezca de las diferentes fuentes, sin preocuparse demasiado de las reglas prescritas al respecto[1].

---

[1] SOERENSEN, *op. cit.,* p. 238.

El artículo 38 del Estatuto se limita, pues, a señalar al Tribunal un orden de consulta natural o lógico entre las distintas fuentes. No suministra criterios para resolver los conflictos entre ellas, cuestión que queda regida por los principios generales que hemos señalado antes. Como dice el profesor DIEZ DE VELASCO, la igualdad de rango «es más conforme con la práctica judicial, con la propia estructura primitiva, comparada con los ordenamientos internos, del Derecho Internacional, y su evidente falta de formalismo rígido en la creación de las normas y en su aplicación»[2].

c) Las anteriores consideraciones deben ser completadas con la idea de la plenitud del Derecho Internacional, esto es, que desde el punto de vista del intérprete no existen *lagunas* o vacíos normativos. En nuestra disciplina, como en los Derechos internos, no es posible el *non liquet.* Ante una controversia concreta sometida a decisión de una jurisdicción internacional o frente a cualquier problema que se presente a informe de un asesor jurídico, siempre se puede, y sobre todo siempre se debe, buscar una solución en el Derecho Internacional. Lo normal y razonable es que se consulte primeramente, a tales efectos, el Derecho convencional, es decir, los tratados en vigor entre las partes; si éstos nada dicen, debe el intérprete indagar la solución en las normas consuetudinarias, particulares y generales, bien entendido que, tanto en el caso de los tratados como en el de las costumbres, la aplicación ha de hacerse teniendo en cuenta criterios de equidad *secundum legem.* En el caso de que las referidas consultas fuesen infructuosas, hay que recurrir a los principios generales del Derecho y, si éstos no suministran la solución, a la equidad *praeter legem.* Y por estas vías siempre se encontrará una respuesta al caso planteado[3]. Puede sostenerse en definitiva que en Derecho Internacional rige el viejo principio *lex semper loquitur* (la ley siempre habla).

Pero las precedentes consideraciones sobre la plenitud del Derecho Internacional se hacen desde la perspectiva del intérprete, obligado como sabemos por el principio de prohibición del *non liquet*, ya que dicho intérprete nunca dejará de encontrar guías o criterios integradores —principios generales del Derecho, equidad *praeter legem*, analogía— para la solución de un caso. Desde el punto de vista del legislador, sin embargo, la situación es distinta, porque resulta obvio que en esta última dimensión el Derecho Internacional positivo tiene muchos vacíos e incertidumbres, y de ahí la gran tarea que debe aún llenar la codificación de nuestra disciplina.

---

[2] M. DIEZ DE VELASCO, *Instituciones...*, cit., p. 80.

[3] Sobre las lagunas en Derecho Internacional, véase principalmente L. SIORAT, *Le problème des lacunes en Droit International,* París, 1959; J. STONE, «Non liquet and the function of Law in the international community», en *B. Y. B. I. L.*, 1959, pp. 124 ss.; y G. FITZMAURICE, «The problem of non-liquet: prolegomena to a restatement», en *Mélanges à Ch. Rousseau,* París, 1974, pp. 89 ss.

CAPÍTULO III

LAS RELACIONES ENTRE EL DERECHO INTERNACIONAL Y LOS DERECHOS INTERNOS

15. IMPORTANCIA DE LA CUESTIÓN

a) La importancia de las relaciones entre el Derecho Internacional y los Derechos internos de los Estados radica en el hecho de que la eficacia real del primero depende en muy amplia medida de la fidelidad con que los Derechos nacionales se conformen a las normas internacionales y les den efecto. Y ello en virtud de dos consideraciones principales que desarrollamos a continuación.

Ocurre en primer lugar que en el actual modelo de sociedad internacional los Estados son los destinatarios por excelencia de las normas del Derecho Internacional. Tales normas van dirigidas a ellos y son primordialmente los Estados los que deben acatarlas y cumplirlas. Pero los Estados son personas morales que, como tales, actúan por medio de sus órganos, y éstos, sean legislativos, ejecutivos o judiciales, están sujetos también al Derecho interno del Estado. Es esencial en este sentido que el Derecho nacional facilite el cumplimiento del Derecho Internacional y más aún que, en caso de conflicto, el Derecho del Estado no sea obstáculo para la observancia de las normas internacionales. Porque hay que tener muy en cuenta que el Derecho Internacional no se aplica únicamente en el ámbito externo, esto es, en el plano de las relaciones interestatales; también ha de observarse en el interior de los Estados, es decir, en las relaciones entre los Estados y los particulares sometidos a su jurisdicción; particulares que pueden incluso exigir judicialmente el respeto del Derecho Internacional. Pues bien, es en este último plano donde cobra especial importancia el problema de las relaciones entre el Derecho Internacional y los Derechos internos.

Y hay que tener en cuenta asimismo la debilidad institucional de la presente sociedad internacional en el sentido explicado por SCELLE cuando formula la ley de desdoblamiento funcional[1]. Efectivamente, según dicha ley, el Derecho Internacional carece de órganos propios para el cumplimiento adecuado de sus funciones. Y esta insuficiencia se remedia por un desdoblamiento de las funciones de los órganos del Estado, que no sólo cumplen funciones internas, sino también internacionales. Ello explica el papel relevante del Estado en la formación de las reglas internacionales según hemos visto al tratar de la costumbre y los tratados. Y ello explica también la importancia de los órganos del Estado y su Derecho en el proceso del cumplimiento de las normas internacionales. En este contexto

[1] G. SCELLE, *Cours de Droit International Public (Le Fédéralisme International)*, París, 1947-1948, pp. 101 ss.

se sitúa el reenvío de normas internacionales a normas internas, o viceversa, así como también el supuesto de normas internacionales no ejecutables por sí mismas (*no self-executing*), que requieren para su cumplimiento el desarrollo por normas internas.

Las manifestaciones del reenvío son frecuentes en la práctica. Un ejemplo de reenvío de normas internas a normas internacionales lo tendríamos en el artículo 19 de la Ley penal y disciplinaria de la Marina Mercante[2], que castiga la infracción de «las normas internacionales de la guerra marítima en forma que pueda representar algún peligro para los intereses o neutralidad de España». La pena la impone el Derecho interno, pero la definición del tipo la hace el Derecho Internacional. Un ejemplo de reenvío de normas internacionales a normas internas lo tenemos en la norma de Derecho Internacional que exige el agotamiento de los recursos internos del Estado reclamado como requisito para el ejercicio de la protección diplomática; son efectivamente los Derechos internos los que prescriben cuáles son los recursos en cuestión[3].

Y, como hemos dicho, existen también normas internacionales que no son *self-executing,* sino que precisan de desarrollos legislativos posteriores en los Derechos internos. Así, por ejemplo, los artículos 49, 50, 129 y 146, respectivamente, de las cuatro Convenciones de Ginebra de 12 de agosto de 1949 sobre Derecho Humanitario Bélico disponen en su primer apartado:

> Las altas partes contratantes se comprometen a tomar todas las medidas legislativas necesarias para fijar las sanciones penales adecuadas que hayan de aplicarse a las personas que cometieran o diesen orden de cometer cualquiera de las infracciones graves a la presente Convención que quedan definidas en el artículo siguiente.

La fijación del tipo delictivo la hace el Derecho Internacional, pero la determinación de la pena se deja al Derecho interno. Y en los casos de comisión de tales delitos son tribunales estatales los que inician y organizan el proceso penal. En España, concretamente, son los artículos 608 a 614 del Código Penal de 1995 («delitos contra las personas y bienes protegidos en caso de conflicto armado») más los añadidos por la Ley orgánica 15/2003 y por la del mismo carácter de 22 de julio de 2010, los que en cumplimiento de obligaciones convencionales asumidas por nuestro país señalan las penas a los tipos delictivos en cuestión.

b) La importancia de las relaciones entre el Derecho Internacional y los Derechos internos se ha acrecentado en nuestros días como consecuencia del aumento de las funciones del primero. El Derecho Internacional Contemporáneo ya no tiene únicamente la función clásica de regular las relaciones entre Estados y distribuir las competencias entre ellos, sino que, como ya vimos, tiende además al desarrollo de los pueblos e individuos, lo cual exige una cooperación en muchas materias que antes asumían exclusivamente los Estados y se regulaban por los Derechos internos. Ya dijimos en este orden de ideas que la interdependencia

---

[2] *B.O.E.* de 25 de diciembre de 1955; la Ley es de 22 de diciembre del mismo año.

[3] Véase J. P. Rougeaux, «Les renvois du Droit International au Droit Interne», en *R.G.D.I.P.*, 1977-2, pp. 361 ss.

inherente a la civilización comporta un aumento progresivo del contenido del Derecho Internacional a costa del de los Derechos internos.

Es cierto que la cooperación internacional se ha institucionalizado en múltiples campos, y en tales condiciones el reforzamiento institucional ha hecho cobrar nuevas dimensiones a la cuestión de las relaciones entre el Derecho Internacional y los Derechos internos. El reforzamiento institucional supone que aquellas relaciones se contemplen bajo una óptica nueva, y algunas organizaciones internacionales como las Comunidades Europeas pueden adoptar ya decisiones que surten efectos directos en los Derechos internos, estableciendo además órganos jurisdiccionales que admiten el acceso de los particulares. Pero el reforzamiento institucional no ha tenido lugar en todos los casos, ni mucho menos, y al versar progresivamente el Derecho Internacional sobre materias reguladas tradicionalmente en los Derechos internos de los Estados, las posibilidades de conflicto son hoy mayores que en el pasado y el Derecho Internacional necesita más que nunca apoyarse en los Derechos nacionales. Estamos, pues, ante una materia de singular importancia en la disciplina.

16. LAS RELACIONES FUNDAMENTALES ENTRE EL DERECHO INTERNACIONAL Y LOS DERECHOS INTERNOS

Queremos tratar aquí dos problemas básicos: si el Derecho Internacional es aplicable sin más en el ámbito jurídico interno de los Estados o si necesita, por el contrario, algún acto especial de recepción o conversión, y qué ordenamiento debe prevalecer en caso de conflicto. Expondremos a grandes rasgos las posiciones doctrinales más importantes y hablaremos también del punto de vista sustentado por los órganos internacionales. Dejaremos para un apartado posterior las respuestas que dan a dichos problemas los ordenamientos internos, y en especial el Derecho español.

16.1. DEBATE DOCTRINAL: DUALISMO Y MONISMO

Desde que en el año 1899 publicara TRIEPEL su conocida obra *Völkerrecht und Landesrecht* (Derecho Internacional y Derecho interno) ha existido un animado debate doctrinal sobre el carácter fundamental de las relaciones entre ambos ordenamientos. Las teorías formuladas han sido variadas[1], y nosotros aquí vamos a exponer sucintamente —en tanto que puntos de referencia— las de mayor importancia y con más reflejo en los Derechos constitucionales internos. Hablaremos por ello del dualismo y del monismo, aunque haremos alguna alusión a las doctrinas llamadas coordinadoras por haber tenido especial aceptación entre los autores españoles de los años cuarenta y cincuenta del siglo pasado.

En la concepción de TRIEPEL, el *dualismo* arranca de dos premisas. La primera es que el Derecho Internacional y el Derecho interno tienen distintas fuentes. La segunda es que regulan relaciones diversas en cuanto que el primero rige las que tienen lugar entre Estados y el segundo las que se desarrollan entre individuos o entre el Estado y sus súbditos. Y la conclusión primordial que de estas premisas obtiene el dualismo es que las normas internacionales son irrelevantes en los ordenamientos internos, necesitando para su aplicación en ellos de un acto especial de recepción. Derecho Internacional y Derechos internos se conciben así como órdenes diversos, separados e independientes.

Por el contrario, los autores que se adscriben al *monismo* proclaman la unidad esencial de todos los ordenamientos jurídicos. Hay que referirse aquí por fuerza a la concepción normativista de KELSEN, según la cual todas las normas jurídicas derivan su validez y su fuerza obligatoria de otras normas superiores desde el punto de vista jerárquico hasta llegar a la norma fundamental o *grundnorm*[2]. Y

[1] Véase una sistematización en WALZ, *Völkerrecht und Staatliches Recht,* 1933.

[2] H. KELSEN, «Les rapports de système entre le Droit interne et le Droit International», en *R. des C.*, IV, vol. 14, 1926, pp. 227 ss.

si en el año 1926 sostuvo KELSEN que la norma fundamental podía ser colocada bien en el Derecho interno, bien en el Derecho Internacional, dependiendo ello de factores éticos o políticos, posteriormente entendió que se debía de insertar en el Derecho Internacional. En este sentido dijo VERDROSS, discípulo de KELSEN, que la norma que en definitiva fundamentaba todo el Derecho se insertaba en el ordenamiento internacional, siendo éste precisamente el que delegaba en favor de los Estados una determinada competencia legislativa dentro de la esfera de su libre apreciación[3]. El Derecho Internacional sería así superior al Derecho interno y éste quedaría subordinado al primero. Y lo que es más importante desde el punto de vista práctico: la norma internacional no necesitaría de ninguna especie de acto de recepción para ser aplicada en los ordenamientos internos y prevalecería sobre éstos en caso de conflicto.

Diremos finalmente que, como intento de superación de las posturas dualista y monista, aparecieron otras teorías de matiz conciliador, entre las que destacan las llamadas *doctrinas coordinadoras.* Este último conjunto de doctrinas es monista sin duda alguna, puesto que su base de partida es la unidad de todos los sistemas normativos. Mas a diferencia de las posturas monistas que acabamos de examinar, las doctrinas coordinadoras no hablan de subordinación del Derecho interno al Derecho Internacional, ni de delegación de éste en favor de aquél, sino de coordinación entre uno y otro sobre la base de normas superiores, que serían precisamente las de Derecho Natural (LUNA, MIAJA DE LA MUELA, AGUILAR NAVARRO, TRUYOL, HERRERO y, fuera de España, la última posición de VERDROSS)[4].

16.2. POSICIÓN DEL DERECHO INTERNACIONAL

Expuestas sucintamente las principales doctrinas sobre el carácter fundamental de las relaciones entre el Derecho Internacional y los Derechos internos, hay que decir que el Derecho Internacional Positivo no toma partido por los postulados básicos del dualismo o del monismo. Es ésta una cuestión que deja a los Derechos internos, y como veremos en seguida, son efectivamente las constituciones de los Estados las que determinan si el cumplimiento del Derecho Internacional en los Derechos internos necesita o no de un acto de recepción y, en su caso, cuál deba ser éste.

Pero es indiscutible que, desde el punto de vista del Derecho Internacional, es éste el que prevalece en caso de conflicto sobre los Derechos internos. Es básica a este respecto la regla del artículo 27 de la Convención de Viena sobre Derecho de Tratados, que dispone que un Estado no puede invocar las disposiciones de su

---

[3] A. VERDROSS, «Le Fondement du Droit International», en *R. des C.,* I, vol. 16, 1927, pp. 257 ss.

[4] A. LUNA, «Fundamentación del Derecho Internacional (Anteproyecto de ponencia al I Congreso del Instituto Hispano-Luso-Americano de Derecho Internacional)», en *Actas del Congreso,* t. I, Madrid, 1951, pp. 428 ss.; A. MIAJA DE LA MUELA, *Introducción al Derecho Internacional Público,* Madrid, 1955, pp. 184 ss.; M. AGUILAR NAVARRO, *Derecho Internacional Público,* cit., t. I, vol. I, pp. 207 ss.; A. TRUYOL Y SERRA, *Fundamentos de Derecho Internacional Público,* Madrid, 1977, pp. 115-116; A. HERRERO RUBIO, *Derecho Internacional Público,* Valladolid, 1956, pp. 90 ss.; A. VERDROSS, *Derecho Internacional Público,* trad. española, Madrid, 1957, pp. 31-32.

Derecho interno como justificación del incumplimiento de los tratados (salvo lo dispuesto en el art. 46, que ya conocemos).

En el mismo sentido el artículo 4.º del Proyecto de artículos (2001) de la Comisión de Derecho Internacional sobre responsabilidad internacional de los Estados señala que sólo el Derecho Internacional puede ser tenido en cuenta para calificar a un hecho de ilícito y generador, por tanto, de responsabilidad internacional; la eventual calificación del hecho como lícito por el Derecho interno del Estado es irrelevante. No se trata de una regla innovadora sino declarativa del Derecho Internacional general.

Y la jurisprudencia internacional se ha pronunciado también de modo categórico al respecto. Así, ha estimado en primer lugar el Tribunal de La Haya que los Estados deben de adoptar cuantas medidas legislativas les vengan impuestas por los tratados:

> Pero esta cláusula no hace sino poner de relieve un principio evidente por sí mismo, conforme al cual un Estado que ha contraído válidamente obligaciones internacionales está obligado a introducir en su legislación las modificaciones necesarias para asegurar la ejecución de los compromisos asumidos[5].

De otro lado, ha proclamado con insistencia el Tribunal de La Haya que un Estado no puede invocar su constitución o sus leyes internas para sustraerse a las obligaciones dimanantes del Derecho Internacional:

> Se debe observar, sin embargo, que si, por una parte, conforme a los principios generalmente admitidos, un Estado no puede respecto a otro Estado prevalerse de las disposiciones constitucionales de este último, sino solamente del Derecho Internacional y de los compromisos internacionales válidamente contraídos, por otra parte, e inversamente, un Estado no puede invocar respecto a otro Estado su propia constitución para sustraerse a las obligaciones que le imponen el Derecho Internacional o los tratados en vigor[6].
>
> En todo caso, una ordenanza de neutralidad, acto unilateral de un Estado, no puede prevalecer sobre las disposiciones del Tratado de Paz[7].
>
> Por otra parte, es un principio generalmente reconocido del Derecho de Gentes que en las relaciones entre las potencias contratantes de un tratado las disposiciones de una ley interna no pueden prevalecer sobre las del tratado[8].
>
> Bastaría recordar el principio fundamental de Derecho Internacional de la preminencia de este Derecho sobre el Derecho interno[8 bis].

Respecto al orden jurisdiccional, el Tribunal de La Haya no considera posible que una sentencia interna pueda invalidar a una sentencia de carácter internacional:

> Si considerando que la fábrica no pertenece a la *Oberschlesische,* el Tribunal negase la existencia de un daño en detrimento de esta sociedad, se pondría en contradicción con uno de los motivos sobre los que fundó su sentencia número 7, y admitiría que una sentencia nacional puede invalidar indirectamente una sentencia dada por una instancia internacional, lo que es imposible[9].

---

[5] CPJI, *Serie B,* n.º 10, p. 20.
[6] CPJI, *Serie A/B,* n.º 44, p. 24.
[7] CPJI, *Serie A,* n.º 1, p. 29.
[8] CPJI, *Serie B,* n.º 17, p. 32.
[8 bis] CIJ, *Recueil,* 1988, p. 34.
[9] CPJI, *Serie A,* n.º 17, pp. 33-34.

Y enfrentado el Tribunal con la cuestión de saber si un tratado puede crear derechos y obligaciones para los particulares, aplicables por los tribunales nacionales, comienza rindiendo tributo a la concepción dualista y parece pronunciarse por una respuesta negativa. Pero esto sólo lo hace, como apunta LAUTERPACHT, *pour mieux sauter,* puesto que entiende a continuación que la intención de los Estados partes puede ser la de adoptar reglas determinadas que creen directamente derechos y obligaciones para los particulares y susceptibles, por tanto, de aplicación por los tribunales nacionales[10].

> Se puede admitir fácilmente que, según un principio de Derecho Internacional bien establecido, el *Beantenabkommen,* acuerdo internacional, no puede como tal crear derechos y obligaciones para particulares. Pero no se puede discutir que en la intención de las partes el objeto mismo de un acuerdo internacional puede ser la adopción por las partes de reglas determinadas que creen derechos y obligaciones para individuos y susceptibles de ser aplicados por los tribunales nacionales[11].

Además, cuantas veces han estatuido las jurisdicciones internacionales sobre la responsabilidad internacional de un Estado por actos legislativos o por los ejecutados conforme a sus Derechos internos, han proclamado en definitiva la superioridad del Derecho Internacional. Pero, como señala el profesor DIEZ DE VELASCO, «ello no quiere decir que las normas internas contrarias al Derecho Internacional y las decisiones judiciales que en ellas se basen incurran en vicio de nulidad automático. En la mayoría de los casos, y salvo disposición expresa en contrario, son plenamente eficaces y aplicables por los tribunales y autoridades internos, aunque engendren responsabilidad internacional»[12]. Y se refiere el citado profesor, como muy significativa, a la cláusula contenida en bastantes tratados de arbitraje y recogida en el artículo XXXII del Acta General para el Arreglo pacífico de las Controversias Internacionales de 26 de septiembre de 1928, revisada por la Asamblea General de las Naciones Unidas el 28 de abril de 1949, que dice así:

> Si la sentencia judicial o arbitral estableciese que una decisión tomada o medida ordenada por una autoridad judicial o una autoridad cualesquiera de una de las partes litigantes se encuentra en todo o en parte en oposición con el Derecho Internacional, y si el Derecho constitucional de dicha parte no permite, o sólo permite imperfectamente, borrar las consecuencias de esa decisión o medida, las partes convendrán que debe concederse por la sentencia judicial o arbitral una satisfacción equitativa a la parte lesionada.

[10] H. LAUTERPACHT, *The Development...,* cit., p. 174.
[11] CPJI, *Serie B,* n.º 15, pp. 17-18.
[12] M. DIEZ DE VELASCO, *Instituciones...,* cit., 1976, p. 158.

17. LA APLICACIÓN DEL DERECHO INTERNACIONAL POR LOS ÓRGANOS INTERNOS DE LOS ESTADOS

Ya hemos dicho que el Derecho Internacional no tiene criterio sobre los postulados básicos del dualismo o del monismo. Son los Derechos internos de los Estados los que generalmente a nivel constitucional determinan para cada sistema los principios al respecto. Es ésta una muestra más del relativismo del Derecho Internacional. Pero en la práctica estas reglas son distintas según se trate del Derecho Internacional General Consuetudinario, del Derecho convencional con base en tratados o del Derecho institucional emanado de las organizaciones internacionales. Haremos, pues, un breve muestreo en el Derecho constitucional comparado para examinar luego con más detenimiento el Derecho español.

17.1. DERECHO CONSTITUCIONAL COMPARADO

a) Tratándose de la aplicación en el Derecho interno del *Derecho Internacional General* de naturaleza consuetudinaria, ha señalado PAUL DE VISSCHER que existen cuatro grupos de cláusulas constitucionales, a saber: 1) El de las cláusulas que entrañan la adopción obligatoria, aunque no automática, de las reglas del Derecho Internacional General; 2) El que comporta la adopción automática en el orden interno de tales reglas; 3) El que supone tal adopción automática, proclamando además la superioridad del Derecho Internacional General sobre el Derecho interno e instaurando un procedimiento para controlar la conformidad de éste con el primero, y 4) El integrado por aquellas disposiciones que enuncian de manera formal e individualizada ciertas reglas del Derecho Internacional General[1]. Vamos a examinar por separado, y con referencias más selectivas que exhaustivas, cada uno de estos cuatro grupos.

Cláusula que pertenece al primer grupo, en cuanto implica la obligación de incorporar al Derecho interno las reglas del Derecho Internacional General, es la del artículo 7.º de la Constitución republicana española de 1931, conforme a la cual «el Estado español acatará las normas universales del Derecho Internacional General, incorporándolas a su Derecho Positivo».

En el segundo grupo encontramos la norma consuetudinaria inglesa formulada así: *International Law is a part of the Law of the Land.* Norma que supone efectivamente la incorporación automática al Derecho interno de todo el Derecho Internacional General. La regla forma parte asimismo del Derecho de los Estados Unidos y ha sido recogida, entre otras, por el artículo 10 de la Constitución italiana de 1948, el artículo 5 de la Constitución de la antigua República Democrática

[1] PAUL DE VISSCHER, «Les tendences internationales des constitutions modernes», en *R. des C.*, vol. 80, 1952, p. 520.

Alemana de 1968, el artículo 28 de la Constitución de Grecia de 9 de junio de 1975, el artículo 8 de la Constitución de Portugal de 2 de abril de 1976, la Constitución de 1993 del Principado de Andorra, y por otras Constituciones. En realidad, este sistema es seguido por la casi totalidad de los Estados, cuyos tribunales aplican, sin necesidad de acto especial alguno de recepción, el Derecho Internacional consuetudinario. Respecto a la cuestión de la jerarquía de la costumbre internacional en el interior de los ordenamientos jurídicos internos, hay constituciones que la equiparan a la ley (las de Austria y Portugal), con la consecuencia de que puede ser derogada por una ley posterior en aplicación al principio *lex posterior derogat priori,* mientras que otras constituciones (Italia, Japón, República Federal de Alemania, Grecia) dan a las normas consuetudinarias internacionales un rango superior al de la ley interna, lo que implica que una de estas leyes nunca puede derogar a una costumbre internacional[1 bis].

El tercer grupo es el representado por el artículo 25 de la Constitución de la República Federal de Alemania de 1949; disposición que incorpora como Derecho federal todo el Derecho Internacional General, haciéndolo prevalecer sobre las leyes y asignándole el efecto de producir inmediatamente derechos y deberes para los habitantes del territorio. Y en cuanto Derecho federal, queda sometido al control del tribunal constitucional, que puede verificar así la conformidad del Derecho interno al Derecho Internacional. Como ha escrito PAUL DE VISSCHER, juzgando este sistema, «constituye el grado más avanzado de internacionalismo que se pueda conseguir», puesto que «al mecanismo de sanciones sumistrado por el propio Derecho Internacional, y consistente en la puesta en marcha de la responsabilidad internacional, se añade muy felizmente un mecanismo de sanciones internas, cuya puesta en práctica preventiva limitará considerablemente el desencadenamiento de la responsabilidad internacional»[2].

Existe, por fin, el grupo de cláusulas constitucionales que enuncian formalmente y de manera individualizada ciertas reglas de Derecho Internacional General, como la prohibición de la guerra o la obligatoriedad de resolver pacíficamente las controversias internacionales. Por ejemplo, el artículo 29 de la Constitución de la antigua Unión Soviética de 7 de octubre de 1977 disponía que «las relaciones de la Unión Soviética con otros Estados se basan en la observancia de los siguientes principios: igualdad soberana; renuncia mutua al uso o amenaza de la fuerza; inviolabilidad de las fronteras; integridad territorial de los Estados; solución pacífica de las controversias; no intervención en los asuntos internos; respeto a los derechos humanos y libertades fundamentales; la igualdad de derechos de los pueblos y su derecho a la autodeterminación; cooperación entre los Estados; y cumplimiento de buena fe de las obligaciones derivadas de los principios generalmente reconocidos y reglas de Derecho Internacional, y de los tratados internacionales concluidos por la Unión Soviética»[3]. También el artículo 7 de la Constitución portuguesa de

---

[1 bis] Véase A. CASSESE, «Modern constitutions and International Law», en *R. des C.,* 1985-III, pp. 369-370.

[2] P. DE VISSCHER, *op. cit.* en nota 1, p. 532.

[3] Véase G. TUNKIOV, «The new USSR Constitution and International Law», en *Estudios de Derecho Internacional. Homenaje al profesor Miaja de la Muela,* Madrid, 1979, vol. I, pp. 505 ss.

1976 menciona una serie de principios de Derecho Internacional por los que se regirá Portugal en las relaciones internacionales.

b) En cuanto al *Derecho convencional,* señala PAUL DE VISSCHER[4] que, en la mayoría de los Estados, el Derecho constitucional no establece la adopción automática del tratado, sino que su integración en el Derecho interno se realiza mediante un acto especial de recepción que más que a las consideraciones teóricas de las doctrinas dualistas obedece a las exigencias de la técnica constitucional de la separación de poderes, y muy particularmente a las relaciones entre el poder ejecutivo y el poder judicial. Este acto de recepción puede ser, bien la mera publicación del tratado —sistema francés—, bien la orden de ejecución —sistema italiano—, que en los distintos Estados puede adoptar la forma de ley, decreto u orden, bien entendido que tal acto de recepción es independiente de la manifestación de la voluntad del Estado en obligarse internacionalmente por el tratado. Ambos sistemas son dualistas porque en los dos es menester la recepción del tratado en el Derecho interno; tal recepción no se produce sin más porque el tratado esté en vigor. Ahora bien, la simple publicación supone un dualismo templado, moderado; la orden de ejecución comporta un dualismo fuerte o radical.

Problema particularmente interesante en este punto es el de la jerarquía, dentro del Derecho interno, del tratado respecto de la ley. Sobre tal cuestión las tendencias constitucionales son varias. Así, la Constitución francesa de 1958 concede a los tratados publicados una autoridad superior a la que tienen las leyes, aunque con reserva de la aplicación por la otra parte. En el mismo sentido, la Constitución del Principado de Andorra señala expresamente que los tratados y acuerdos internacionales no pueden ser modificados o derogados por las leyes. Por su lado, la Constitución holandesa va más lejos, pues reconoce que un tratado, aprobado en el Parlamento por mayoría de dos tercios, puede incluso derogar disposiciones constitucionales, estableciendo en todo caso que los tratados publicados prevalecen sobre las leyes anteriores y posteriores. Y la Ley Fundamental de la República Federal de Alemania proclama la superioridad de los tratados sobre las leyes, instituyendo además un control jurisdiccional. En cambio, en los sistemas en que se introduce el tratado por vía de ley, tratados y leyes internas tienen la misma jerarquía normativa, y por ello, si bien el tratado posterior deroga a una ley anterior, también una ley posterior puede derogar a un tratado anterior, aunque en el plano del Derecho Internacional esta última derogación desencadenaría la responsabilidad del Estado.

¿Supone la aplicación provisional de los tratados su introducción en los Derechos internos? Ciertos sectores de opinión se han manifestado en sentido negativo por entender que en la hipótesis señalada el compromiso de ejecución sólo vincula al poder ejecutivo. Sin embargo, el estudio realizado por PICONE de la práctica de algunos ordenamientos estatales conduciría a la opinión contraria: los tratados aplicados provisionalmente sí se reciben en los ordenamientos internos. Además, como ha explicado la profesora ANDRÉS SÁENZ DE SANTA MARÍA, en

[4] *Op. cit.* en nota 1, p. 520.

la Conferencia de Viena sobre Derecho de Tratados el Comité de Redacción y algunas delegaciones expresaron el parecer de que la aplicación provisional está comprendida dentro del principio *pacta sunt servanda,* y esta opinión sólo tiene sentido partiendo del supuesto de la integración; en caso contrario sería superflua[5]. Y la recepción de los tratados en cuestión debe ser entendida a todos los efectos, incluso en lo que respecta al rango en los ordenamientos internos.

c) Tenemos finalmente el supuesto del *Derecho institucional,* es decir, del emanado de resoluciones de organizaciones internacionales que, según el tratado instituyente, son obligatorias para los Estados miembros. ¿Cuál es el efecto de tales resoluciones en los Derechos internos?

Las disposiciones constitucionales al respecto son más bien escasas. Hay que citar especialmente el artículo 67 de la Constitución de los Países Bajos, a cuyo tenor los artículos relativos a la fuerza jurídica interna de los tratados tendrán aplicación análoga respecto a las decisiones de las organizaciones que dependen del Derecho Internacional. También es digno de mención el Decreto francés de 14 de marzo de 1953 (n.º 53-192) referente a la publicación de compromisos internacionales, uno de cuyos artículos dispone que están exceptuados de tal publicación «los reglamentos procedentes de una organización internacional cuando estos reglamentos se publiquen íntegramente en el *Boletín Oficial* de esta organización, ofrecido al público, y cuando esta publicación sea suficiente, en virtud de las disposiciones expresas de una convención que obligue a Francia, para que estos reglamentos sean oponibles a particulares». Es obvio que tal disposición contempla expresamente las disposiciones de las Comunidades Europeas, aplicables directamente en los Derechos internos de los Estados miembros. Muy explícita a este respecto es la disposición del párrafo 3 del artículo 8 de la Constitución portuguesa de 2 de abril de 1976, según la cual «las normas emanadas de los órganos competentes de las organizaciones internacionales de las que Portugal sea parte regirán directamente en el orden interno, si así se encuentra expresamente establecido en los tratados constitutivos».

17.2. Derecho español

a) La aplicación en el seno del Derecho español del conjunto de las *normas consuetudinarias* del Derecho Internacional General no ha sido nunca objeto de regulación por normas constitucionales o de otra índole. La Constitución de 1978 calla igualmente sobre este punto. Sin embargo, bloques sectoriales de normas consuetudinarias internacionales sí han sido incorporados de manera expresa a nuestro Derecho interno. Tal incorporación ha tenido lugar bien por vía constitucional, bien por vía legal. Por ejemplo, y como veremos enseguida, el artículo 96.1 de la Constitución consagra la recepción de las normas generales de Derecho Internacional sobre derogación, modificación o suspensión de los tratados. Por

---

[5] Véase M. P. Andrés Sáenz de Santa María, «La aplicación provisional de los tratados internacionales en el Derecho español», en *Revista Española de Derecho Internacional,* vol. XXXIV, n.º 1, 1982, pp. 72-73; y P. Picone, «L'applicazione in via provisoria degli accordi internazionali», Nápoles, 1973, pp. 218 ss.

su parte, el artículo 21.2 de la Ley Orgánica del Poder Judicial introduce en el Derecho español las inmunidades jurisdiccionales resultantes de las normas de Derecho Internacional Público.

Pero el silencio constitucional no ha sido óbice para que los tribunales españoles hayan aplicado el Derecho Internacional Consuetudinario, no incorporado expresamente, sin exigir acto especial alguno de recepción; el sistema, por tanto, puede ser calificado de monista. No vamos a hacer aquí un examen detallado de la práctica y la jurisprudencia, sino que nos vamos a contentar con la exposición de algunas decisiones judiciales.

La sentencia de 16 de diciembre de 1927[6] declara, efectivamente, que el artículo 22 del Tratado hispano-marroquí de 1861 no fue derogado por el Convenio de 27 de noviembre de 1912 entre España y Francia, «por cuanto los pactos internacionales, al igual que los concertados entre particulares, no pueden perder su fuerza obligatoria sino por la expresa voluntad de aquellas que los concertaron, salvo, como es natural, la de aquellos tratados cuya vigencia se fijó previamente para una fecha fija o cuando se estableció; pero en modo alguno pueden estimarse derogados por los conciertos que haga una de las partes contratantes con una tercera potencia que no intervino en los anteriormente estipulados». Este pasaje de la sentencia aplica de manera inequívoca la norma consuetudinaria *pacta tertiis nec nocent nec prosunt.* Por su parte, la sentencia del Tribunal Supremo de 19 de junio de 1967[7] aplica a la mensuración del mar territorial español la regla según la cual «el mar territorial se mide a partir de la línea de la baja mar a lo largo de las costas», y aun cuando invoca la Convención de Ginebra de 29 de abril de 1958 sobre mar territorial y zona contigua, lo hace en tanto que expresión de una norma consuetudinaria, ya que a tal Convención «actualmente se atiene el Derecho Internacional». Efectivamente, en la fecha de la sentencia, la repetida Convención no había sido ratificada por España. El Tribunal constitucional aplica asimismo la costumbre internacional sin exigir acto alguno de recepción, por ejemplo en las sentencias de 1 de julio de 1992 y 28 de septiembre de 1995.

Claro que la imprecisión y la incertidumbre de la costumbre internacional, inherentes a su carácter de norma no escrita, pueden implicar dificultades para su aplicación por un tribunal interno. Es esto lo que sucedió en la sentencia del Tribunal Supremo de 5 de enero de 1965, en la que se rechaza la inmunidad de jurisdicción penal de la esposa de un miembro de la misión diplomática de los Estados Unidos en España. Para ello, el Tribunal Supremo aplica el artículo 334 de la Ley Orgánica del Poder Judicial de 1870, diciendo, respecto a la costumbre internacional alegada en el recurso, que «se fundamenta en meras opiniones de tratadistas de Derecho Internacional»[8]. Es obvio que en esta clase de situaciones

---

[6] *Jurisprudencia Civil,* t. 179, 1927, p. 475. Sobre la posición del Tribunal Constitucional en los temas de este apartado, véase J. D. GONZÁLEZ CAMPOS, «Algunas referencias a la costumbre y los tratados internacionales en la jurisprudencia del Tribunal Constitucional», en *El Derecho internacional: normas, hechos y valores.* «Liber amicorum José Antonio Pastor Ridruejo», Madrid, 2005, pp. 507 ss. Un tratamiento de la cuestión en J. A. PASTOR RIDRUEJO y A. PASTOR PALOMAR, «Public International Law before Spanish Domestics Courts», en C. JIMÉNEZ PIERNAS (ed.), *The Legal Practice in International Law and European Community Law. A Spanish Perspective,* Nijhoff, 2007, pp. 521 ss.

[7] *Aranzadi,* n.º 3.161, 1967.

[8] *Aranzadi,* n.º 2, 1965. Véase la nota crítica de J. D. GONZÁLEZ CAMPOS en la *R.E.D.I.,* n.º 4, 1966, pp. 550 ss.

los jueces pueden dirigirse al Ministerio de Asuntos Exteriores o a cualquier otra institución o persona cualificada a fin de obtener ayuda en la identificación y contenido y sentido exacto de la norma consuetudinaria en cuestión. Pero de acuerdo a los artículos 13 y 14 de la Ley Orgánica del Poder Judicial, ninguna institución oficial o persona puede interferir en la función del juez, haciéndole llegar por iniciativa propia un punto de vista al respecto. Si esto ocurriera cabría iniciar las actuaciones judiciales pertinentes por falta de respeto a la independencia del poder judicial.

Ninguna disposición de carácter general regula en la Constitución de 1978 los posibles conflictos entre una costumbre internacional y una ley interna. Norma de carácter particular es la del artículo 96.1 de la propia Constitución, según la cual las disposiciones de los tratados internacionales válidamente celebrados «sólo podrán ser derogadas, modificadas o suspendidas en la forma prevista en los propios tratados o de acuerdo con las normas generales del Derecho Internacional». Es decir, en materia de terminación, modificación y suspensión de tratados prevalece la costumbre internacional sobre las leyes internas. Se puede sostener por analogía que esta solución es aplicable en todos los casos, lo que implicaría que en el Derecho español la costumbre internacional general tiene un rango supralegal.

No es fácil de imaginar una contradicción entre una costumbre internacional y una disposición de la constitución. Pero si se llegase a producir semejante conflicto, es indudable que en el interior del ordenamiento jurídico español prevalecería la constitución, y ello por interpretación analógica de su artículo 95, al que enseguida nos referiremos, según el cual la celebración de un tratado contrario a la constitución requiere la previa revisión de la misma. Ello sin perjuicio de que si en el plano de las relaciones internacionales España no da cumplimiento a la norma consuetudinaria en cuestión, quedaría comprometida su responsabilidad internacional. Estaríamos realmente ante un supuesto de esquizofrenia jurídica, porque las soluciones serían diferentes en el campo nacional y en el internacional.

b) La aplicación de los *tratados* en el Derecho interno español se rige hoy por el artículo 1.5 del Código Civil, tal como fue modificado por el Decreto de 31 de mayo de 1974, y, sobre todo, por el artículo 96.1 de la Constitución de 1978[8 bis].

Efectivamente, el artículo 1.5 del Código Civil dispone que «las normas jurídicas contenidas en los tratados internacionales no serán de aplicación directa en España en tanto no hayan pasado a formar parte del ordenamiento interno mediante su publicación íntegra en el *Boletín Oficial del Estado*». Y similar es la disposición del artículo 96.1 de la Constitución, según la cual «los tratados internacionales válidamente celebrados, una vez publicados oficialmente en España, formarán parte del ordenamiento interno». Señalemos que el requisito de la publicación es imprescindible para que un tratado o la cláusula de un tratado forme parte del Derecho español y, por consiguiente, sea aplicable por un juez interno. En este sentido, la sentencia del Tribunal Constitucional de 29 de junio de 1998 entendió

[8 bis] Véase R. Paniagua Redondo, «La recepción, publicación y rango normativo de los tratados internacionales en el ordenamiento jurídico español», en *Revista Jurídica de Cataluña,* 1991-4, pp. 9 ss.; y A. J. Iglesias Velasco, «Reflexiones sobre la implementación de los tratados internacionales por los tribunales domésticos: especial referencia a España», *A.D.I.*, n.º 29, 2013, pp. 165 ss.

que la retirada de una reserva —equiparable a la cláusula de un tratado— no pasó a formar parte del Derecho español por no haber sido publicada oficialmente, sin que fuera suficiente la circunstancia de que la Audiencia Nacional hubiese tenido conocimiento de la misma por otros medios.

La disposición constitucional citada agrega que «sus disposiciones [las de los tratados válidamente celebrados y publicados oficialmente] sólo podrán ser derogadas, modificadas o suspendidas en las formas previstas en los propios tratados o de acuerdo con las normas generales de Derecho Internacional». Esta disposición constitucional se reitera en el párrafo 1.° del artículo 28 de la ley de tratados de 2014 y ambas normas dan a entender de manera inequívoca que la derogación, modificación o suspensión de un tratado no puede realizarse a efectos internos por vía de ley. Se proclama de tal modo la supremacía de los tratados sobre las disposiciones internas que tengan rango inferior al constitucional, sean anteriores o posteriores al tratado. Y el artículo 31 de la ley de tratados proclama que dichos instrumentos prevalecen sobre cualquier otra norma del ordenamiento interno salvo las de rango constitucional. La jurisprudencia española es del mismo parecer. Particularmente ilustrativa es la consideración que hace el Tribunal Supremo en la sentencia de 22 de mayo de 1989:

> Como certeramente se indica en la sentencia recurrida, el Convenio, al haber pasado a formar parte del ordenamiento jurídico español, tiene plena vigencia en nuestro país, sin poder entenderse derogado por el Estatuto de los Trabajadores de posterior publicación, porque, al garantizar la Constitución española el principio de legalidad y jerarquía normativa (art. 9.3), ha de primar el citado Convenio[9].

Hay que señalar de todos modos que en la jurisprudencia del Tribunal Supremo no siempre se acude a la disposición constitucional citada para fundamentar la aplicación de los tratados internacionales en el orden interno, sino que en ocasiones se recurre únicamente, y por supuesto insuficientemente, el artículo 1.5 del Código Civil[10]. Demos cuenta también de la confusión, ya tópica en los tribunales españoles, entre el doble efecto que los tratados internacionales pueden tener dentro del Derecho interno: el aplicativo propiamente dicho por vía del artículo 96 de la Constitución, de una parte; y el interpretativo, por la vía del artículo 10.2 del mismo cuerpo normativo, de otra parte. Efectivamente, y como veremos más adelante, este último artículo de la Constitución ordena interpretar las normas relativas a los derechos fundamentales y libertades reconocidas por ella «de conformidad con la Declaración Universal de los derechos humanos y los tratados y acuerdos internacionales sobre las mismas materias ratificados por España». Ejemplo de aquella confusión lo suministra la sentencia del Tribunal Supremo de 6 de diciembre de 1984, en que se trataba de determinar si las garantías penales y procesales establecidas en los artículos 5 y 6 de la Convención europea para la protección de

[9] *Aranzadi*, n.° 3.867. En este sentido, otra sentencia del Tribunal Supremo es la de 7 de julio de 2000. Del Tribunal Constitucional, sentencias de 30 de enero de 1985; 14 de febrero de 1991; 28 de septiembre de 1995; y muchas otras.

[10] M. P. Andrés Sáenz de Santa María en «Jurisprudencia española en materia de Derecho Internacional Público», *R.E.D.I.*, 1985-2, 467.

los derechos humanos y libertades fundamentales eran de aplicación dentro de la justicia militar de nuestro país. Pues bien, de manera indebida, la disposición constitucional que tuvo en cuenta el Tribunal Supremo fue la del artículo 10.2 y no, como hubiera sido correcto, la del artículo 96.1[11].

Pero de ningún modo un tratado puede prevalecer sobre la Constitución. Así se proclama expresamente en el artículo 31 de la ley de tratados y así lo dice la declaración del Tribunal Constitucional de 13 de diciembre de 2004 relativa a la compatibilidad entre el tratado por el que se establece una constitución para Europa y la constitución española. Y ni siquiera se puede celebrar un tratado contrario a la Constitución, a no ser, según el artículo 95.1, que medie la previa revisión de la misma, lo cual debe realizarse por las mayorías previstas en los artículos 167 y 168 de la Constitución. En todo caso, el Gobierno o cualquiera de las Cámaras puede requerir al Tribunal Constitucional para que declare si existe o no contradicción entre el tratado y la Constitución. Es éste un control *a priori* de la constitucionalidad de los Estados. Según la Ley Orgánica del Tribunal Constitucional de 3 de octubre de 1979, existe también un control *a posteriori* de la constitucionalidad de los tratados tanto en sus aspectos intrínsecos (contenido) como extrínsecos (procedimiento interno de celebración). Pero para interponer el recurso de inconstitucionalidad es preciso que el tratado haya sido publicado en el *Boletín Oficial del Estado,* lo cual supone que ya está en vigor. Y si el tratado es declarado inconstitucional, surge entonces el espinoso problema de cómo se puede desligar España, en el plano internacional, del tratado en cuestión. En fin, sobre este punto hay que tomar también en consideración el párrafo 2 del artículo 55 de la Ley Orgánica del Tribunal Constitucional, en virtud del cual, si al resolver un recurso de amparo el tribunal encuentra que una determinada ley vulnera un derecho o una libertad fundamental, la inconstitucionalidad de la ley puede ser pronunciada en una nueva sentencia. Tal disposición es relevante en lo que concierne a la constitucionalidad de los tratados porque, en su sentencia de 3 de octubre de 1991, el tribunal constitucional ha considerado que el vocablo «ley» incluye asimismo a un tratado.

Recapitulando, el sistema español actual sobre aplicación interna de los tratados puede ser calificado como de dualista moderado y razonable. Dualista porque exige un acto de recepción. Y moderado y razonable porque tal recepción se hace por la simple publicación, no por la orden de ejecución del tratado mediante una ley. Por ello, y por proclamar la supremacía de los tratados sobre las disposiciones internas con rango inferior al constitucional, el sistema merece una valoración positiva desde el punto de vista del Derecho Internacional.

Sin embargo, en la perspectiva del Derecho interno, el sistema constitucional en vigor sobre aplicación de los tratados podría plantear problemas de Derecho intertemporal a los jueces y tribunales. Tratándose, en efecto, de justiciables acaecidos en el lapso de tiempo que medie entre la entrada en vigor del tratado en el plano internacional y su integración en el Derecho español por la publicación en el *Boletín Oficial del Estado,* es dudoso que los jueces españoles puedan aplicar un tratado que no formaba parte aún del Derecho interno. Pero ocurre, de otro lado, que la no aplicación de un tratado en vigor puede dar lugar a responsabilidad internacional,

[11] Véase el comentario de M. P. ANDRÉS SÁENZ DE SANTA MARÍA, en ibíd., pp. 472 ss.; el extracto de la sentencia en ibíd., p. 472.

ya que, según el artículo 27 de la Convención de Viena, «una parte no podrá invocar las disposiciones de su Derecho interno como justificación del incumplimiento de un tratado». Así las cosas, con el fin de despejar aquellas dudas y evitar la posible responsabilidad internacional de España, sería de desear que en la proyectada ley de tratados se incluya una disposición que resuelva estos problemas de Derecho intertemporal, disponiendo, por ejemplo, que los efectos de la publicación deben de retrotraerse al momento de la entrada en vigor del tratado para España.

Cuestión distinta es si los tratados que se aplican provisionalmente son recibidos en el Derecho interno español y pueden por tanto ser aplicados por los tribunales. Disposición importante a este respecto es la contenida en el artículo 30 del Decreto 801 de 24 de marzo de 1972 sobre ordenación de la actividad de la administración en materia de tratados. Según dicho artículo, efectivamente, el texto del tratado del que se haya convenido la aplicación provisional debe publicarse en el *Boletín Oficial del Estado.* Pues bien, como dice la profesora ANDRÉS SÁENZ DE SANTA MARÍA el sentido de tal publicación se conecta con la recepción del tratado en el plano interno. Y admitida tal integración, ello sólo puede ser con los mismos efectos que los tratados que estén en vigor. De lo contrario se llegaría a la existencia de dos categorías diferentes de tratados en nuestro ordenamiento, situación que es incompatible con las disposiciones constitucionales en materia de relaciones de sistemas; además, España podría incurrir en responsabilidad internacional por incumplimiento de un tratado que se ha obligado a aplicar provisionalmente[12]. Ello es así, indicutiblemente, mas sobre este punto falta la prueba de fuego de la jurisprudencia. No conocemos ningún caso en que un juez o tribunal español haya aplicado un tratado no en vigor pero del que se haya convenido la aplicación provisional. En cuanto a los acuerdos políticos celebrados por el Gobierno español o por departamentos ministeriales es obvio que, al no ser tratados y al no generar compromisos jurídicamente exigibles, no pueden ser introducidos en el Derecho español por la vía de la publicación en el *Boletín Oficial del Estado.* Si algunos de esos instrumentos entrañan obligaciones para nuestro país en materias reservadas a normas con rango legal —lo que no es infrecuente—, su aplicabilidad en el ordenamiento español necesitaría de la promulgación de una ley o de la celebración de un tratado.

c) En lo que se refiere, por fin, a la aplicación en el Derecho interno español de las *decisiones de las organizaciones internacionales* que sean obligatorias según el tratado instituyente, ninguna norma constitucional o legal contempla la cuestión con carácter general, por lo que parece lógico reconducir el problema a la aplicación interna de los tratados y a las disposiciones del Derecho español que la regulan. Ello supone la necesidad de publicación oficial de las resoluciones de las organizaciones internacionales en el *Boletín Oficial del Estado.* Esta doctrina ha sido avalada por el Consejo de Estado en su dictamen número 984/93/927/93, de 9 de septiembre de 1993, emitido con motivo de la resolución 827 del Consejo de Seguridad de las Naciones Unidas, de 25 de mayo del mismo año. Dicha resolución, obligatoria para los Estados en cuanto adoptada en el marco del capítulo VII de la Carta de las

---

[12] M. P. ANDRÉS SÁENZ DE SANTA MARÍA, *op. cit.* en nota 5, pp. 73-75.

Naciones Unidas, crea el Tribunal Internacional Penal para el castigo de los crímenes internacionales perpetrados en el territorio de la antigua Yugoslavia, y uno de los artículos de su Estatuto impone a los Estados ciertas obligaciones que tienen clara incidencia en los Derechos internos (por ejemplo y entre otras, entrega al Tribunal Internacional de personas acusadas que se pudiesen encontrar en el territorio del Estado requerido). A juicio del Consejo de Estado, la incorporación de la resolución que nos ocupa al Derecho español se hace por su publicación en el *Boletín Oficial del Estado*, sin perjuicio de que aquellas de sus disposiciones que no sean *self-executing* (ejecutables por sí mismas) requieran la promulgación de una ley a efectos de su ejecución. De acuerdo con esa doctrina, la resolución del Consejo de Seguridad se publicó en el *Boletín Oficial del Estado*, de 24 de noviembre de 1993 «a efectos de su incorporación al ordenamiento jurídico español». Y, para dar efecto en el interior de nuestro ordenamiento a las disposiciones no *self-executing* de la resolución mencionada, España se vio obligada a promulgar la Ley Orgánica 15/1994, de 1 de junio, «para la cooperación con el Tribunal Internacional para el enjuiciamiento de los presuntos responsables de violaciones graves del Derecho Internacional humanitario cometidas en el territorio de la ex-Yugoslavia»[13]. Lo mismo se hizo en lo que concierne al Tribunal Internacional Penal para Ruanda, creado por la resolución 955 (1994) del Consejo de Seguridad de Naciones Unidas. En otros casos, sin embargo, resoluciones de organizaciones internacionales con incidencia directa en los derechos de los ciudadanos han sido introducidas en el Derecho español mediante la aprobación de disposiciones específicas, comúnmente órdenes ministeriales. Tal es el caso de la resolución 661 (1990) del mismo Consejo de Seguridad relativa a restricciones comerciales con la República de Irak.

Y respecto a la cuestión importante de cuál sea el efecto exacto en Derecho español de las resoluciones de los órganos internacionales de control de los derechos humanos sin naturaleza jurisdiccional, hay que tener en cuenta la sentencia del Tribunal Supremo de 17 de junio de 2018. Y es que en orden a la mayor protección efectiva de la víctima de la violación, la sentencia reconoce que la resolución internacional constituye el presupuesto habilitante para formular una demanda de reparación patrimonial ante la administración española[14]. Tiene también interés en este marco de consideraciones la sentencia del Tribunal Supremo de 12 de febrero de 2020, que niega a los dictámenes del Comité de derechos humanos de las Naciones Unidas el título habilitante para la revisión de sentencias que sí se reconoce en la legislación española a las sentencias del Tribunal europeo de derechos humanos.

Para las resoluciones de las organizaciones internacionales a las que se hayan atribuido el ejercicio de competencias derivadas de la Constitución existe, sin embargo, una norma particular en el párrafo segundo del artículo 93 de dicho cuerpo normativo, según el cual «corresponde a las Cortes Generales y al Gobierno, según los casos, la garantía del cumplimiento de esos tratados y de las resoluciones emanadas de los organismos internacionales o supranacionales titulares de la cesión».

---

[13] *B.O.E.* n.º 131, de 2 de junio de 1994.

[14] Sobre el tema, véase el libro publicado en 2019 por la Universidad Rey Juan Carlos de Madrid y coordinado por el profesor CARLOS FERNÁNDEZ DE CASADEVANTE. El libro se titula *Los efectos jurídicos en España de las decisiones de los órganos internacionales de control en materia de derechos humanos de naturaleza no jurisdiccional.*

Semejante disposición está pensada para las resoluciones y actos normativos de las antiguas Comunidades Europeas, hoy Unión Europea, aunque evidentemente puede tener un ámbito de aplicación más amplio. Y es que, efectivamente, las *directivas* de los órganos comunitarios «vinculan a todo Estado miembro en cuanto al resultado a alcanzar, dejando a las instancias nacionales la competencia en cuanto a la forma y los medios» (art. 189 del Tratado de Roma instituyente de la Comunidad Económica Europea). En este sentido, una directiva comunitaria sobre armonización de legislaciones, por ejemplo, exige un desarrollo normativo dentro de los Estados miembros de la Comunidad y corresponde a los Derechos internos de éstos determinar si tal desarrollo debe tener lugar por vía de ley, con intervención, por tanto, del poder legislativo, o únicamente mediante la potestad reglamentaria de la administración. Cobra así sentido la referencia que hace el artículo 93 de nuestra Constitución a las Cortes y al Gobierno para garantizar el cumplimiento de los tratados y las resoluciones comunitarias. Y también los reglamentos comunitarios, aun cuando sean obligatorios en todos sus elementos y directamente aplicables en los Estados miembros (art. 189 del Tratado de Roma), pueden exigir un complemento normativo interno en la doble manifestación apuntada, aunque desde luego no necesitan publicación en el *Boletín Oficial del Estado* para su obligatoriedad, primacía y aplicación directa en España desde el 1 de enero de 1986. Y es que, realmente, ninguno de los actos normativos de las instituciones comunitarias ni siquiera los producidos antes de la adhesión de España y que forman parte del llamado acervo comunitario, han menester para su aplicación en nuestro ordenamiento de la publicación contemplada en el artículo 96 de la Constitución. El fundamento jurídico de esta aseveración se encuentra sin duda, como bien ha explicado la profesora MANGAS MARTÍN, en la propia Constitución, concretamente en el párrafo 1 del artículo 93; sabemos, en efecto, que este último artículo prevé la posibilidad de que mediante tratado se atribuyan a una organización internacional competencias derivadas de la Constitución, en cuyo caso la autorización del consentimiento en obligarse debe ser realizada mediante ley orgánica. Pues bien, entre aquellas competencias se cedió por el tratado de adhesión la relativa a la publicación de los actos comunitarios, cesión autorizada por una norma constitucional, la del artículo 93 que, en esta materia, tiene carácter de *lex specialis* respecto al artículo 96 [15]. En definitiva, pues, la exigencia comunitaria de no publicación de los actos de las instituciones —el llamado Derecho derivado— es enteramente conforme a la Constitución española.

Ahora bien, lo que sí se echa en falta en el párrafo 2 del artículo 93 de la Constitución es una referencia al poder judicial, a los tribunales nacionales, porque aunque el garante último de la correcta aplicación del Derecho de la Unión sea el Tribunal de Justicia de las Comunidades, son las jurisdicciones internas de los Estados miembros las que velan ordinaria y comúnmente por dicha aplicación. La laguna no es grave, de todos modos, pues resulta indiscutible la facultad y la obligación que tienen los tribunales españoles de controlar la aplicación del Derecho de la Unión y ejercer su jurisdicción al respecto.

---

[15] A. MANGAS MARTÍN, *Derecho Comunitario Europeo y Derecho Español,* 2.ª ed., Madrid, 1987, pp. 59 ss.

18. LA APLICACIÓN DEL DERECHO INTERNO POR LOS ÓRGANOS INTERNACIONALES

Si suscribiésemos una opinión muy difundida, conforme a la cual las disposiciones internas no son para el Derecho Internacional más que simples hechos, no se podría hablar propiamente de la aplicación de las normas internas por los órganos internacionales. Pero con EVRIGENIS[1], y sobre la base de la jurisprudencia internacional, vamos a sostener que el Derecho interno puede ser tomado en consideración por una instancia internacional no sólo como hecho, esto es, como premisa menor del silogismo judicial, sino también en tanto que Derecho o, lo que es lo mismo, como premisa mayor de aquel silogismo.

Es indudable, en primer lugar, que el Derecho interno puede presentarse ante una jurisdicción internacional en calidad de mero hecho a efectos de verificar su conformidad con el Derecho Internacional y desencadenar responsabilidad en caso de incompatibilidad. Los pasajes siguientes del Tribunal de La Haya ilustran suficientemente de tal actitud:

> Cabe preguntarse si no constituye una dificultad el hecho de que el Tribunal deba ocuparse de la Ley polaca de 14 de julio de 1920. Sin embargo, no parece ser éste el caso. Respecto al Derecho Internacional y al Tribunal que es su órgano, las leyes nacionales son simples hechos, manifestaciones de la voluntad y de la actividad de los Estados al mismo título que las decisiones judiciales o las medidas administrativas. El Tribunal no está llamado ciertamente a interpretar la ley polaca como tal, pero nada se opone a que se pronuncie sobre la cuestión de saber si, al aplicar dicha ley, obra o no Polonia de conformidad con las obligaciones que la Convención de Ginebra le impone respecto a Alemania[2].
>
> Sin embargo, incluso si el Tribunal tuviese que examinar la compatibilidad del artículo 6 del Código Penal turco con el Derecho Internacional, y si estimase que la nacionalidad de la víctima no constituía en todo caso base suficiente para la competencia penal del Estado del que la víctima es súbdito, llegaría al mismo resultado por las razones que se acaban de exponer[3].

Pero si hemos afirmado que el Derecho Internacional puede inhibirse en favor del Derecho interno a través de un reenvío, deberemos admitir igualmente la posibilidad de que un tribunal internacional pueda ocuparse de normas estatales en tanto que normas jurídicas, o como premisa mayor del silogismo judicial, y no como hechos o premisa menor de aquel silogismo. Y así lo hizo el Tribunal de La Haya en los *asuntos de los empréstitos serbios y brasileños* (sentencia de 12 de julio de 1929), en que con carácter principal aplicó los Derechos de uno y otro país. Afirmó el Tribunal a este respecto que «no sería del todo exacto decir que únicamente las cuestiones de Derecho Internacional pueden ser objeto de una decisión suya», declarando más adelante que su deber «de ejercer la jurisdicción no se ve afectado, a falta de una disposición del Estatuto a este respecto, por el

---

[1] EVRIGENIS, *La Cour Internationale de Justice et le Droit Interne,* Tesalónica, 1958.
[2] CPJI, *Serie A,* n.º 7, p. 19.
[3] CPJI, *Serie A,* n.º 10, p. 24.

hecho de que la diferencia recaiga sobre una cuestión de Derecho interno más que sobre un punto de puro hecho. La fórmula muy amplia del artículo 36 en su apartado primero, que considera especialmente los casos en los que, como en el caso de autos, el Tribunal conoce en virtud de un compromiso, vienen en apoyo de esta conclusión»[4].

Y en estas mismas sentencias, el Tribunal no se sintió autorizado a realizar su propia interpretación del Derecho interno, sino que consideró, por el contrario, que debía seguir la de la jurisprudencia nacional mientras no fuese ésta incierta o dividida[5].

Pero si en el caso citado aplicó el Tribunal de La Haya el Derecho interno con carácter principal, en el *asunto de la Universidad Peter Pazmany* tuvo que examinar el Derecho húngaro para resolver la cuestión previa de si aquella Universidad tenía la consideración de persona moral[6].

---

4 CPJI, *Serie A,* n.os 20-21, pp. 18-20.
5 CPJI, *Serie A,* n.os 20-21, pp. 46-47 y 123-125.
6 CPJI, *Serie A/B,* n.º 61, pp. 229-231.

CAPÍTULO IV

EL INDIVIDUO EN EL DERECHO INTERNACIONAL

19. EL PROBLEMA DE LA SUBJETIVIDAD INTERNACIONAL DEL INDIVIDUO

a) Hemos expuesto en el capítulo primero de este *Curso* que el Derecho Internacional Clásico se apoyaba básicamente en una sociedad internacional de estructura interestatal y que tenía además una función eminentemente relacional y competencial: regular las relaciones entre los Estados y distribuir las competencias entre ellos. Pues bien, semejante planteamiento conducía en términos generales a no considerar más que a los Estados como sujetos del Derecho Internacional, y en la doctrina era corriente la afirmación de que los individuos eran sólo objetos de dicho ordenamiento. Los postulados de las doctrinas dualistas, en cuanto a las relaciones entre el Derecho Internacional y los Derechos de los Estados, convergían también en esta conclusión. La rígida separación entre el Derecho Internacional y los Derechos internos mantenían al individuo al margen del Derecho Internacional y alejado de él. Sólo si éste se convertía en Derecho interno podía ser invocado por el individuo o, en sentido más amplio, por los particulares, personas físicas o jurídicas.

Pero las transformaciones experimentadas en la segunda mitad del siglo XX por el Derecho Internacional han creado condiciones más favorables para el reconocimiento de una cierta subjetividad del individuo. Efectivamente, el Derecho Internacional contemporáneo, aun anclado fundamentalmente en una estructura interestatal de yuxtaposición, se está humanizando y socializando, en definitiva moralizando, y ha añadido a las funciones relacionales y competenciales la del desarrollo integral de los individuos y pueblos mediante una cooperación que en muchos casos es institucionalizada. De otro lado, los rígidos planteamientos de las doctrinas dualistas han sido superados, como sabemos, por las constituciones de los Estados, y además la jurisprudencia internacional admite que un tratado puede crear directamente derechos y obligaciones para los particulares si tal es la intención de los Estados partes[1]. De ahí que hoy se reconozca, junto con la subjetividad internacional del Estado, la de las Organizaciones internacionales, y que en ciertos supuestos se hable con fundamento de la subjetividad internacional de los particulares, personas físicas o jurídicas. Incluso se plantea el problema de la subjetividad internacional de los pueblos[2], al que nos referiremos en el capítulo V.

---

[1] CPJI, *Serie B,* n.º 15, pp. 17-18.

[2] Véase en la doctrina española, E. RUILOBA, «Una nueva categoría en el panorama de la subjetividad internacional: el concepto de pueblo», libro *Homenaje al profesor A. Miaja de la Muela,* I, Madrid, 1979, pp. 303 ss.

b) Ocurre, sin embargo, que la subjetividad internacional es una categoría técnica y por consiguiente, para determinar con precisión si el particular —persona física o jurídica— es hoy sujeto del Derecho Internacional, y en qué medida lo sea, conviene determinar con el mayor rigor posible y en un plano técnico-jurídico aquel concepto de la subjetividad internacional.

A tal fin, vamos a atenernos fielmente a las ajustadas ideas de SOERENSEN, según las cuales es sujeto del Derecho Internacional quien sufre directamente responsabilidad por una conducta incompatible con la norma, y aquel que tiene legitimación directa para reclamar contra toda violación de la norma[3]. Son éstos los rasgos irreductibles de la subjetividad internacional, lo que quiere decir que no todos los entes beneficiados por una norma o todos aquellos a los que la norma imponga una conducta son sujetos del Derecho Internacional. Hace falta algo más de acuerdo con el punto de vista del profesor SOERENSEN. Se necesita una legitimación activa para reclamar por incumplimiento del Derecho o una legitimación pasiva para sufrir responsabilidad por tal incumplimiento. La subjetividad internacional se configura, pues, como una categoría técnica de acusado matiz procesal.

c) Así las cosas, se puede comprobar que en la actualidad el Estado sigue siendo el sujeto por excelencia del Derecho Internacional, en cuanto que está ampliamente capacitado para reclamar por la violación de dicho ordenamiento y también porque es susceptible de responsabilidad internacional. Ello se corresponde con el intenso protagonismo fáctico del Estado en una sociedad internacional en que, pese a sus importantes transformaciones, continúan dominando fuertemente los esquemas de una estructura de yuxtaposición.

De otro lado, es hoy también indiscutible la subjetividad internacional de las Organizaciones internacionales, que sufren responsabilidad y la pueden reclamar de otros sujetos, lo que se conforma con el carácter parcial y fragmentariamente organizado de la sociedad internacional, en la que aquéllas desempeñan funciones específicas y un cierto protagonismo. Haremos un análisis más profundo de estas cuestiones en otro lugar de este *Curso.*

Se plantea asimismo en el Derecho Internacional contemporáneo el problema de la subjetividad de los pueblos. La cuestión es incierta en el plano técnico-jurídico, y de ella nos ocuparemos en el capítulo quinto de este libro.

Y cabe registrar por fin que, dentro del proceso de humanización del Derecho de Gentes, corresponde en nuestros días al individuo un pequeño grado de subjetividad internacional, al tener en determinados supuestos —que examinaremos en el apartado 20— legitimación activa ante instituciones internacionales para reclamar por la violación de sus derechos, y al poseer también en casos muy limitados —que analizaremos en el apartado 21— legitimación pasiva para sufrir directamente las consecuencias de la violación del Derecho Internacional.

d) En el Derecho Internacional existen, por lo tanto, diversas categorías o niveles de subjetividad internacional. Como ha dicho el Tribunal de La Haya

[3] M. SOERENSEN, *Principes,* cit., pp. 127 ss.

en su dictamen sobre *reparación de los daños sufridos al servicio de las Naciones Unidas*:

> los sujetos de Derecho, en un sistema jurídico, no son necesariamente idénticos en cuanto a la naturaleza o a la extensión de sus derechos; y su naturaleza depende de las necesidades de la Comunidad[4].

Si las necesidades de la sociedad internacional han cambiado, y la transformación ha provocado la aparición de nuevas funciones en su sistema jurídico, como ha sido el caso en el Derecho Internacional Contemporáneo, es lógico que tal transformación incida en la técnica de la subjetividad.

Y en la práctica convencional se ha admitido asimismo que existen sujetos del Derecho Internacional distintos de los Estados. Efectivamente, el artículo 3 de la Convención de Viena de 23 de mayo de 1969 sobre Derecho de Tratados se refiere a los acuerdos internacionales celebrados entre Estados y otros sujetos de Derecho Internacional, en términos que examinamos al hablar de los tratados. Del mismo modo la Comisión de Derecho Internacional preparó la codificación y el desarrollo progresivo respecto a los tratados concluidos entre Estados y organizaciones internacionales o entre organizaciones internacionales. Y la Conferencia de Viena de 1986 adoptó el 21 de marzo de ese año la Convención en cuestión.

e) Aun planteada la cuestión de la subjetividad internacional del individuo en un plano técnico-jurídico, en el plano axiológico continuamos proclamando nuestra fidelidad a la concepción personalista del Derecho en general y del Derecho Internacional Público en particular: los fines humanos constituyen la meta del ordenamiento jurídico. El profesor CHARLES DE VISSCHER ha distinguido perfectamente ambas perspectivas, a propósito de la subjetividad internacional del individuo, con las siguientes palabras:

> La concepción personalista no implica [...] la adhesión actual a las doctrinas que tienden a hacer del individuo un sujeto directo del orden internacional. Es ésta una cuestión enteramente contingente: depende del grado de eficacia que podría revestir un día la acción del individuo aislada de la del Estado, y es éste un punto sobre el que no conviene hacerse demasiadas ilusiones. Lo que la concepción personalista se propone afirmar es el lugar supremo del interés humano en el orden de los valores; es la necesidad para los Estados de hacer en él punto de convergencia de su colaboración, de buscar en él un principio de colaboración más concreto, más directamente accesible que la idea general de justicia, no menos imperativo por su significación civilizadora y alcance universal[5].

Claro que los planos axiológico y técnico-jurídico no son del todo impermeables. Pues es precisamente en el proceso de humanización del Derecho Internacional contemporáneo donde se ha reconocido al individuo un grado de subjetividad internacional que, por pequeño que sea desde una perspectiva global, no había poseído antes en la historia. Hoy más que nunca el individuo es el beneficiario directo e inmediato de muchas normas internacionales, pero no sólo es esto. En algunos casos, que examinaremos en los apartados siguientes, el individuo

---

[4] CIJ, *Recueil*, 1949, p. 178.
[5] CH. DE VISSCHER, *Théories*, cit., p. 162.

puede reclamar directamente por violación de sus derechos, e incluso con carácter excepcional ha sido objeto asimismo de reclamaciones directas de responsabilidad internacional. En el Derecho Internacional contemporáneo, el individuo posee, pues, una subjetividad cierta, aunque limitada, que tiene lugar dentro de marcos convencionales, como vamos a comprobar en los apartados siguientes.

20. LA SUBJETIVIDAD ACTIVA DEL INDIVIDUO: LA POSIBILIDAD DE RECLAMAR Y EL ACCESO A LAS JURISDICCIONES INTERNACIONALES

a) Ya en el Derecho Internacional Clásico existían normas que se preocupaban de la suerte y del bienestar de los individuos y en este sentido pueden citarse, además de las relativas al trato de los extranjeros en general, las referentes a la protección de la persona humana contra prácticas odiosas como la esclavitud, trata de blancas y otras. Y el acusado proceso de humanización que impregna al Derecho Internacional Contemporáneo ha hecho que aumente el número de normas que tienen como beneficiarios directos a los individuos, especialmente en el campo del respeto y protección de sus derechos y libertades fundamentales, según veremos en este mismo capítulo.

b) Ahora bien, la circunstancia de ser beneficiario de una norma no implica sin más el poder reclamar por su violación y es, como sabemos, tal posibilidad de reclamación la que determina la subjetividad internacional activa.

Hay que decir en este sentido que, en línea de principio, si un Estado comete un hecho ilícito internacional en perjuicio de un extranjero, persona física o jurídica, la presente situación del Derecho Internacional no habilita al perjudicado para entablar una reclamación en el plano internacional contra el Estado infractor. Efectivamente, en línea de principio, el particular no puede dirigir una reclamación directa en la esfera internacional contra el Estado autor del hecho ilícito ni puede llevarlo ante una jurisdicción u otro órgano internacional. Es muy significativo a este respecto lo que dispone el artículo 34 del Estatuto del Tribunal de La Haya según el cual sólo los Estados pueden ser partes en los casos de que conozca dicho Tribunal.

Por ello, en los supuestos en que un particular extranjero sea víctima de una violación del Derecho Internacional por parte de un Estado, aquel no tiene en principio otro recurso que reclamar en el plano del Derecho interno del Estado infractor, y si en él no obtiene satisfacción, acudir al Estado de su nacionalidad para que sea éste el que reclame, bien directamente, bien ante un órgano internacional competente. Si el Estado de la nacionalidad del ofendido lo hace así, ejercita lo que se llama la protección diplomática. Y hay que tener en cuenta que como ha dicho el Tribunal de La Haya en *dictum* muy preciso, al poner en movimiento en favor de uno de sus nacionales la protección diplomática «ese Estado hace valer, a decir verdad, su propio derecho, el derecho que tiene a hacer respetar en la persona de sus súbditos el Derecho Internacional»[1]. Por consiguiente, aún en los casos de protección diplomática, la responsabilidad internacional se sigue configurando como una relación de Estado a Estado —entre el Estado reclamante y el Estado infractor—,

[1] CPJI, *Serie A,* n.º 2, p. 12.

lo que tiene dos importantes consecuencias. La primera es el carácter discrecional según el Derecho Internacional y la mayoría de los Derechos internos del ejercicio de la protección diplomática, que depende de consideraciones de oportunidad política. La segunda consecuencia es la disponibilidad por el Estado de la reparación obtenida, a la que puede renunciar, sobre la que puede transigir y de la ue puede incluso beneficiarse. En fin, son estas cuestiones que aquí nos limitamos a apuntar, pero que estudiaremos con mayor detenimiento y profundidad al tratar de la protección diplomática y del deber de reparación.

Sí queremos señalar ahora la significación de tal estado de cosas. De un modo general la situación del particular, persona física o jurídica, en el Derecho Internacional es harto precaria, al estar mediatizado por el Estado de su nacionalidad. Tal situación se corresponde con la situación actual de la sociedad internacional que, pese a las transformaciones que ha experimentado en las últimas décadas, continúa siendo básicamente una estructura de yuxtaposición de Estados soberanos, en la que son éstos los sujetos por excelencia y los protagonistas decisivos.

c) Existe, pese a todo, como sabemos, en la sociedad internacional, un proceso, modesto y sectorial, de institucionalización, que comenzó en el Derecho Internacional clásico y que se ha acentuado en el Derecho Internacional contemporáneo. Pues bien, este proceso ha permitido articular convencionalmente unas fórmulas y unos cauces que posibilitan en casos concretos el acceso directo de individuos ante instancias internacionales que controlan la aplicación de determinadas normas del Derecho de Gentes. Tales fórmulas y cauces permiten hablar con fundamento de una subjetividad limitada del individuo dentro de un marco convencional.

Efectivamente, no han faltado casos en la práctica convencional internacional en que, de modo excepcional, se ha admitido el *locus standi* o derecho de acceso del particular ante órganos jurisdiccionales. Así, en la Conferencia de la Paz de La Haya de 1907 se adoptó una Convención que creaba un Tribunal Internacional de Presas y en ella se preveía que las reclamaciones podían ser entabladas por un Estado neutral o por un particular neutral o beligerante; pero a falta del número suficiente de ratificaciones, la Convención no entró en vigor. También el Tribunal de Justicia Centroamericano, creado por la Convención de 20 de diciembre de 1907 entre las cinco Repúblicas de América Central, admitía el acceso de los individuos perjudicados, y de hecho fueron cinco las reclamaciones presentadas con tal carácter. Por su parte, los tratados de paz subsiguientes a la primera guerra mundial instituyeron los llamados Tribunales arbitrales mixtos, que podían conocer de las reclamaciones de los particulares a Estados ex enemigos[2].

d) En la sociedad internacional organizada, y más concretamente en el ámbito del Derecho interno de las organizaciones internacionales, existen normas que regulan las relaciones entre éstas y sus funcionarios. Normas que son invocables por las personas en cuestión ante órganos jurisdiccionales específicos de la organización. Es, entre otros, el caso del Tribunal Administrativo de las Naciones Unidas, verdadero órgano judicial, como dijo el Tribunal de La Haya en su

[2] Véase el apartado 62.2 de este libro y bibliografía allí citada.

dictamen de 13 de julio de 1954[3], competente para conocer de los litigios entre la Organización y sus funcionarios. Por consiguiente, ante él, los funcionarios de las Naciones Unidas, así como los de otras organizaciones internacionales que giran en su órbita, pueden demandar a la respectiva organización. Y hay que decir también que el Tribunal de Justicia de la Unión Europea puede conocer de los litigios entre las instituciones de la Unión y su personal en relación con el trabajo y la Seguridad Social[4].

En el seno de la Unión Europea existe también el control de la legalidad de determinados actos de sus órganos y el recurso en cuestión puede ser entablado por un Estado miembro, el Consejo, la Comisión, y también por personas físicas o jurídicas directamente afectadas.

También en la Convención de 1982 sobre el Derecho del Mar se admite la posibilidad de que los particulares —personas físicas o jurídicas— tengan acceso a jurisdicciones internacionales, como veremos al tratar de la cuestión de la solución de controversias nacidas de la interpretación o aplicación de la Convención (apartado 38.14).

Pero el paso de mayor significación en orden al reconocimiento de una cierta subjetividad del individuo fue el realizado por la Convención europea de los derechos del hombre, firmada en Roma el día 4 de noviembre de 1950. Efectivamente, en virtud de una declaración facultativa los Estados partes podían aceptar la competencia de la Comisión de los derechos del hombre para que conozca las reclamaciones de individuos o asociaciones privadas que se consideren víctimas de una violación por aquel Estado. Cierto es que la Comisión, como veremos más adelante, no era un órgano jurisdiccional, poseyendo únicamente poderes de encuesta y conciliación y que, si no conseguía un arreglo amistoso entre las partes, podía deferir la solución de la controversia al Comité de Ministros del Consejo de Europa o al Tribunal Europeo de los Derechos del Hombre, órganos ante los que el particular no tenía *locus standi.* Pero lo revolucionario es que ante la Comisión el individuo o la asociación privada podían reclamar incluso contra su propio Estado. Entrado en vigor el Protocolo 11 a la Convención, el particular tiene acceso directo al Tribunal. El acceso del individuo se reconoce también por la Convención americana de los derechos del hombre (1969) ante la Comisión Interamericana de Derechos Humanos y por el Protocolo de 1998 creador del Tribunal Africano de derechos humanos ante este órgano jurisdiccional. En fin, son éstos aspectos que examinaremos con mayor detenimiento al tratar de la protección internacional de los derechos humanos (apartado 22).

Hay que decir también que el Protocolo facultativo del Pacto internacional de derechos civiles y políticos, aprobado por la Asamblea General de las Naciones Unidas el día 16 de diciembre de 1966, faculta a los individuos que se consideren perjudicados por una violación de los derechos enunciados en el Pacto a presentar una comunicación escrita al Comité de Derechos Humanos de las Naciones Unidas. Pero los poderes de este Comité son aún menores que los de la Comisión

---

[3] CIJ, *Recueil,* 1954, pp. 53-54.

[4] El Tribunal de la Función Pública se disolvió el 1 de septiembre de 2016, asumiendo sus competencias el Tribunal General.

europea, pues lo único que puede hacer es transmitir tal comunicación al Estado presuntamente infractor, el cual, en un plazo de seis meses, deberá presentar explicaciones o declaraciones por escrito en las que se aclare el asunto e indicar las medidas que eventualmente haya adoptado al respecto. El Comité, tras tomar nota de estas explicaciones y de todas las informaciones escritas del individuo, presentará sus observaciones a él y al Estado en cuestión. Pero nada más. Estudiaremos estas cuestiones con más detalle al tratar de la protección internacional de los derechos humanos.

21. LA SUBJETIVIDAD PASIVA: LA RESPONSABILIDAD INTERNACIONAL DEL INDIVIDUO POR LOS DELITOS INTERNACIONALES EN SENTIDO PROPIO. LOS TRIBUNALES PENALES INTERNACIONALES Y LA CORTE PENAL INTERNACIONAL. LA JURISDICCIÓN PENAL UNIVERSAL

a) De un modo general y como diremos en su momento (apartado 52) la responsabilidad por infracción del Derecho Internacional la sufren los Estados y es de tipo compensatorio. Pero se habla en nuestra disciplina de los *delicta iuris gentium,* delitos contra el Derecho de Gentes, que engendran responsabilidad penal para los individuos y que son cosa distinta de los hechos ilícitos de los Estados que se dividen a su vez, como veremos al hablar de la responsabilidad internacional[1] en crímenes y delitos internacionales. Y es que el Derecho Internacional establece determinados tipos delictivos para comportamientos individuales gravemente contrarios a las exigencias éticas elementales de la convivencia internacional. Se trata de la piratería marítima, de ciertos actos ilícitos cometidos a bordo de aeronaves, de la violación del Derecho Internacional Humanitario (*ius in bello*), de los crímenes contra la paz (vulneración del *ius ad bellum*), del genocidio y otros crímenes contra la humanidad.

Hay que señalar además que cuando los instrumentos internacionales sobre protección de los derechos del hombre proclaman la irretroactividad de las leyes penales se refieren a actos tipificados como delitos, bien por el Derecho nacional bien por el Derecho Internacional (Declaración Universal de la Asamblea de las Naciones Unidas, art. 11.2; Convención Europea de 1950, art. 7.1; Pacto Internacional de las Naciones Unidas sobre derechos civiles y políticos, art. 15.1; etc.), con lo que se reconoce inequívocamente la existencia de delitos internacionales que generan responsabilidad. Por lo demás, en su período de sesiones de 1996, la Comisión de Derecho internacional aprobó un «Proyecto de crímenes contra la paz y seguridad de la humanidad», documento que ha perdido interés ante la adopción, el 17 de julio de 1998, del Estatuto de la Corte Penal Internacional, que contiene una definición detallada de los crímenes que nos ocupan. Enseguida hablaremos de esta Corte.

Pero, hasta ahora, en la mayor parte de los casos la acción del Derecho Internacional ha sido incompleta, pues no ha pasado de la fijación del tipo delictivo. La determinación e imposición de las penas se dejan comúnmente a los sistemas jurídicos internos. Y es que en el pasado las resistencias políticas de los Estados a la creación de tribunales penales internacionales han sido grandes, por lo que, carente el Derecho Internacional de las instituciones adecuadas para hacer efectiva la responsabilidad penal, entra en juego la ley del desdoblamiento funcional que enunciara SCELLE, y son los Derechos internos de los Estados los que señalan

[1] Véanse los apartados 54.1 y 54.2 de este libro.

las penas y los que confían a los tribunales nacionales su imposición a los culpables en cada supuesto concreto. En la mayor parte de los casos la sanción de los delitos internacionales es interna[2].

b) Por lo que respecta a la piratería, efectivamente, el artículo 15 de la Convención de Ginebra de 29 de abril de 1958 sobre alta mar, define con precisión el tipo delictivo, en términos que han sido reiterados en la Convención de 1982 sobre el Derecho del Mar. Pero las penas no son impuestas por un tribunal internacional, sino por los tribunales del Estado que haya realizado el apresamiento del buque o aeronave pirata (art. 19 de la Convención de Ginebra de 1958, y art. 105 de la Convención de 1982). La responsabilidad internacional del individuo se hace efectiva, pues, ante los tribunales internos.

c) Exactamente lo mismo ocurre con los delitos relacionados con la navegación aérea internacional previstos en el Convenio de Tokio de 14 de septiembre de 1963 sobre infracciones y otros actos cometidos a bordo de aeronaves, en el Convenio de La Haya de 16 de diciembre de 1970 para la represión del apoderamiento ilícito de aeronaves, y en el Convenio de Montreal de 23 de septiembre de 1973 para la represión de los actos ilícitos contra la seguridad de la aviación civil. Los Convenios definen los tipos delictivos, pero la responsabilidad penal se hace efectiva ante tribunales internos. Haremos más adelante un somero análisis de estos convenios, basados en el principio *aut dedere aut punire* (entregar o castigar).

d) En lo que concierne a los delitos cometidos en violación del Derecho de la Guerra en general, el Tratado de Versalles de 1919 preveía el enjuiciamiento del Káiser Gillermo II por un tribunal interaliado, y por tanto de naturaleza internacional, bajo la acusación de «ofensa suprema a la moral internacional y a la santidad de los tratados». Pero como es bien sabido, el Gobierno de los Países Bajos se negó a efectuar la extradición del Káiser, y el enjuiciamiento no se llevó a cabo.

Tras la segunda guerra mundial fue, sin embargo, distinta la suerte corrida por los grandes criminales de guerra de los países del Eje. El Estatuto de Londres de 8 de agosto de 1945, concluido entre los Estados Unidos, Unión Soviética, el Reino Unido y Francia tipificó determinados delitos bajo las categorías siguientes: crímenes contra la paz, crímenes de guerra, crímenes contra la humanidad y conspiración y complot. Y sobre dicha base actuaron, para los grandes criminales de guerra, los Tribunales de Nuremberg y Tokio, que eran auténticos tribunales internacionales. Otros criminales de guerra fueron castigados por tribunales internos. Sin entrar en este momento en valoraciones éticas y jurídicas sobre la actuación de dichos tribunales, hay que decir que en Nuremberg y Tokio sí se exigió y se hizo efectiva de manera directa responsabilidad internacional individual por delitos internacionales. A esta cuestión nos referimos en el apartado 66.3 de este libro, con ocasión del examen del *ius in bello*.

---

[2] Véase G. SCELLE, *Cours du Droit International Public (Le Fédéralisme International)*, París, 1947-1948, pp. 101 ss. Sobre la responsabilidad internacional penal del individuo en general, véase el libro de M. CASTILLO DAUDI y S. SALINAS ALCEGA, *La responsabilidad penal del individuo ante los Tribunales internacionales*, Valencia, 2007.

Pero el posterior Derecho Humanitario Bélico de naturaleza convencional —las cuatro Convenciones de Ginebra de 12 de agosto de 1949 y los Protocolos Adicionales de Ginebra de 10 de junio de 1977— ha vuelto al sistema general. Las normas convencionales fijan los tipos delictivos, más la determinación de las penas y su imposición en cada caso concreto se confían a los sistemas jurídicos internos.

e) La Convención para la prevención y sanción del delito de genocidio, adoptada por la Asamblea General de las Naciones Unidas el día 9 de diciembre de 1948, además de establecer los tipos delictivos, prevé para su sanción bien el juicio ante el tribunal competente del Estado en cuyo territorio se haya cometido el acto, bien el juicio ante el tribunal penal internacional que sea competente respecto de los Estados partes que hayan reconocido su jurisdicción (art. VI). La Convención de 30 de noviembre de 1973 para la eliminación y sanción del crimen de *apartheid* contiene una previsión idéntica. Pero estos tribunales especiales no han sido establecidos. En la actualidad, y como veremos enseguida, el genocidio es castigado por las jurisdicciones penales internacionales creadas en la década final del siglo pasado. Y aunque nada tenga que ver con la responsabilidad penal de los individuos, nos parece oportuno decir aquí que el artículo IX de la Convención de 1948 sienta las bases de un particular control judicial del genocidio, en la medida en que establece la jurisdicción obligatoria del Tribunal Internacional de Justicia sobre las controversias entre los Estados partes relativas a su aplicación o ejecución, incluso si se trata de la responsabilidad de un Estado en la materia. De hecho, ha sido esta cláusula la que permitió someter al Tribunal el caso relativo a la *aplicación de la Convención para la prevención y represión del delito de genocidio (Croacia c. Serbia)*, resuelto por sentencia de 3 de febrero de 2015.

f) Sin embargo, la gravedad de las infracciones al Derecho Internacional Humanitario cometidas desde 1991 con ocasión del mortífero conflicto armado que azotó a las Repúblicas desgajadas de la antigua Yugoslavia, particularmente a la de Bosnia-Herzegovina, determinó la adopción por el Consejo de Seguridad de las Naciones Unidas, el día 25 de mayo de 1993, de la resolución 827, por la que se crea un Tribunal Penal Internacional *ad hoc* para el castigo de los presuntos responsables (personas físicas) de aquellos crímenes[3]. Hay que señalar que el Consejo se sintió autorizado para crear por vía de autoridad y como si fuese un órgano legislativo ese Tribunal al entender que la situación en la antigua Yugoslavia constituía una amenaza a la paz y seguridad internacionales, lo que

[3] Véase A. Pellet, «Le tribunal criminel international pour l'ex-Yougoslavie. Poudre aux yeux ou avancée décisive?», *R.G.D.I.P.*, 1994-1, pp. 7 ss.; M. Castillo, «La compétence du tribunal pénal pour la Yougoslavie», ibíd., pp. 61 ss.; R. Buesa, «El Tribunal Internacional para juzgar los crímenes cometidos en la ex-Yugoslavia y la sanción internacional de los crímenes contra la paz y la seguridad de la humanidad», en *Cursos de Derechos Internacional de Vitoria-Gasteiz*, 1994, pp. 155 ss.; P. Weckel, «Tribunal international des crimes de guerre en Yousgoslavie», en *A.F.D.I.*, 1993, pp. 232 ss.; F. J. Quel López, «Reflexiones sobre la contribución del Tribunal Penal Internacional para la antigua Yugoslavia al desarrollo del Derecho Internacional Humanitario», *A.D.I.*, 1997, pp. 467 ss.; y V. Peskin, *International Justice in Rwanda and the Balkans. Virtual Trials and the Struggle for State Cooperation*, Cambridge University Press, 2008. Los textos básicos del Tribunal, incluyendo su Estatuto y Reglamento, pueden verse en *International Tribunal for the prosecution of persons responsible for serious violations of International Humanitarian Law committed in the territory of the former Yugoslavia since 1991 - Basic Documents*, La Haya, 1995.

le permitió actuar en el marco del Capítulo VII de la Carta. Sobre la misma base habilitante, la resolución 955, de 8 de noviembre de 1994, creó el Tribunal Penal Internacional para el castigo de los crímenes internacionales cometidos en Ruanda[4]. Por la resolución 1.966 de diciembre de 2010, el Consejo de Seguridad pidió a ambos tribunales que hiciesen lo posible por completar sus trabajos antes del 31 de diciembre de 2014, al tiempo que creaba para cada uno de ellos un mecanismo internacional encargado del ejercicio de las funciones residuales. El 31 de diciembre de 2017, tras haber dictado 83 sentencias de condena y 19 de absolución, el Tribunal para Bosnia-Herzegovina dio por terminadas sus actividades.

g) Y paso histórico de extraordinario relieve en este orden de cosas es la adopción, el 17 de julio de 1998, por una Conferencia de las Naciones Unidas celebrada en Roma, del Estatuto de una Corte Internacional Penal, de naturaleza permanente, para el castigo de los crímenes internacionales más graves, a saber: el genocidio, los crímenes contra la humanidad, los crímenes de guerra, y la agresión (art. 5). Hay que señalar respecto a este último tipo delictivo que su definición se ha hecho en la Conferencia de Revisión celebrada en Kampala (Uganda) en la primavera de 2010 y que su enjuiciamiento sólo tiene lugar a partir del mes de enero de 2017. Es importante destacar que todo Estado parte en el Estatuto acepta la competencia de la Corte para dichos crímenes (art. 12), en el entendido de que, si actúa aquella a iniciativa del Fiscal, el crimen ha tenido que ser cometido en el territorio de un Estado parte o a bordo de un buque o aeronave registrado en un Estado parte, o por un nacional de un Estado parte.

Conviene apuntar ahora el caso de Palestina, dados los más recientes enfrentamientos armados entre Israel y la organización Hamás. Desde el 1 de abril de 2015 el Estatuto entró en vigor para Palestina, y el Fiscal inició un examen preliminar de la situación en los territorios ocupados en orden a determinar la apertura de una investigación. Además, Palestina remitió al Fiscal la situación desde el 13 de junio de 2014, quien determinó que se cumplían las condiciones para abrir dicha investigación y solicitó a la Sala de Cuestiones Preliminares que clarificase el ámbito territorial del ejercicio de la jurisdicción de la Corte. Por otro lado, el 17 de noviembre de 2023, tras los ataques de Hamás del 7 de octubre, varios Estados partes remitieron la situación al Fiscal. El siguiente hito relevante fue que el 20 de mayo de 2024 el Fiscal de la Corte solicitó a la Sala de Cuestiones Preliminares órdenes de detención contra ciertos miembros de Hamás, el Jefe del Gobierno de Israel, y su Ministro de Defensa, ante la posible comisión de crímenes de guerra y de crímenes de lesa humanidad cometidos en Israel y en Gaza. Obviamente, esas solicitudes —severamente criticadas por Israel— poseen una gran trascendencia para la determinación de la responsabilidad internacional penal de esos individuos en el marco de uno de los conflictos armados de mayor complejidad política, jurídica, histórica y analítica.

El Tribunal tiene también competencia si el Consejo de Seguridad de las Naciones Unidas, actuando en el ámbito del capítulo VII de la Carta, remite al Tribunal una situación en la que se hayan podido cometer los crímenes internacionales en cuestión

[4] La cooperación de España con estos tribunales, en Leyes Orgánicas 15/1994, de 1 de junio, y 4/1998, de 8 de julio.

(art. 13). De hecho, por resolución de 31 de marzo de 2005, el Consejo sometió la muy grave situación en Darfur (Sudán) a la Fiscalía de la Corte a efectos de depurar responsabilidades por la perpetración de crímenes internacionales. Y en el procedimiento incoado al efecto, el 4 de marzo de 2009, la Sala de Cuestiones Preliminares de la Corte dictó mandato de detención del Jefe del Estado de Sudán, Omar al Bashir. De otro lado, por resolución de 26 de febrero de 2011, el Consejo de Seguridad remitió a la Corte la situación en Libia (represión del levantamiento popular contra la dictadura del coronel Gadafi), individualizando a las personas que debían ser imputadas. Lamentablemente, sin embargo, algunos militantes rebeldes ejecutaron al coronel mediante ignominioso linchamiento el 20 de octubre de 2011, imposibilitando así respecto a su persona la acción de la Corte Penal. Y hay que dar cuenta asimismo del dato siguiente relativo a la segunda década del siglo XXI y es que, carente de jurisdicción para juzgar los graves crímenes perpetrados en Siria e Irak, y a falta de una decisión del Consejo de Seguridad remitiéndole el examen de esos hechos, la actuación del Tribunal se concentra en el continente africano.

Obviamente, la Corte no pretende desplazar ni sustituir a las jurisdicciones nacionales; tiene naturaleza complementaria respecto a los tribunales penales internos. La idea se expresa de manera clara en el preámbulo de su Estatuto, y en coherencia con ella sus disposiciones establecen determinadas causas de inadmisibilidad de un caso, a saber: si la cuestión es objeto de proceso en el Estado competente, a menos que no demuestre voluntad de juzgarlo o sea manifiestamente incapaz de hacerlo; si el caso ha sido investigado por el Estado competente y éste ha decidido no perseguir a la persona en cuestión, a menos que la decisión resulte de falta de voluntad o de manifiesta incapacidad; y si la persona de que se trata ha sido ya juzgada por el caso, con resultado condenatorio o absolutorio. Este último es el principio llamado *ne bis in idem* (arts. 17 y 20).

Por lo demás, la regulación del Estatuto abarca muchos otros temas y es sumamente detallada, comprendiendo materias tales como los principios generales de Derecho Penal, composición y administración del Tribunal, reglas sobre la investigación y el proceso, el juicio oral, las penas (en ningún caso la pena de muerte), los recursos de apelación y revisión, la cooperación de los Estados y la asistencia judicial, la ejecución de las penas (para la que se cuenta con la cooperación de los Estados), la financiación y otras cuestiones. Por Ley Orgánica 18/2003, de 18 de diciembre (*B.O.E.* de 11 de diciembre de 2003) España estableció las bases de cooperación con la Corte. Su sede está en La Haya.

Estando en vigor el Estatuto desde el 1 de julio de 2002, y elegidos los jueces en febrero de 2003, el Tribunal se encuentra ya en funciones y en 2020 son partes en su Estatuto 123 Estados. Señalemos las muy significativas ausencias de los Estados Unidos de América, Rusia, China y la India. En cualquier caso, con la loable finalidad de evitar situación tan nefasta como la impunidad por los crímenes más graves —los *delicta iuris gentium*—, los Estados han dado un impulso considerable a la justicia penal internacional. La mayor sombra en este alentador panorama es la oposición tenaz al Estatuto de los Estados Unidos de América. Pero cabría alimentar la esperanza de que, con el transcurso del tiempo, la dinámica de la institución y su marcada inspiración en el valor moralización hagan cambiar el modo de ver las cosas al Estado más poderoso del planeta[5]. En fin, si la Corte Penal Internacional, creada por un tratado multilateral de amplia participación goza de mayor legitimidad democrática que los tribunales instituidos por resoluciones del Consejo de Seguridad, en estos últimos la cooperación de todos los Estados es obligatoria; no ocurre lo mismo respecto a Estados no partes en el Estatuto de Roma, que no tienen en rigor el deber de cooperación con la Corte Penal Internacional. En cualquier caso, y como bien ha explicado a los veinte años de la adopción del Estatuto de Roma la profesora CONCHA ESCOBAR, la Corte no ha salido todavía de la fase de construcción.

Y hay que añadir en relación a la cruenta guerra desencadenada en febrero de 2022 por Rusia contra Ucrania que, aun no siendo partes en su Estatuto ninguno de esos países, la Corte ha aceptado la competencia solicitada por Ucrania respecto de crímenes cometidos en su territorio. Y ante la imposibilidad de que esa situación fuese remitida por el Consejo de Seguridad de Naciones Unidas dado el derecho de veto de Rusia, se ha activado la jurisdicción de la Corte por el Fiscal *motu proprio* y la remisión colectiva de Estados partes en el Estatuto. Ello ha permitido que el 17 de febrero de 2023, la Corte haya emitido una orden de detención contra Putin y otra importante funcionaria de su gobierno, al ser presuntamente responsables del crimen de guerra de traslados forzosos de niños ucranianos a territorio ruso. Sin embargo, no va a ser fácil que Putin sea puesto a disposición de la Corte que, además y de acuerdo con su Estatuto, no puede celebrar juicios en rebeldía.

h) Además de los tribunales citados, que son jurisdicciones internacionales en sentido propio y en todos sus elementos, se han creado en los últimos años nuevos modelos jurisdiccionales, los llamados *tribunales penales híbridos o mixtos o internacionalizados.* Obviamente, su finalidad es evitar la impunidad en la mayor medida posible mediante el castigo de los crímenes internacionales. Se trata de las Salas Especiales de los Tribunales nacionales de Camboya, del Tribunal especial para Sierra Leona, de las Salas de delitos graves de Timor Oriental y de los tribunales de Kosovo. Notas comunes de estos tribunales son el carácter mixto de su composición (ya que en ellos actúan jueces y fiscales nacionales e internacionales) y la naturaleza doble de su competencia (pues están habilitados para sancionar delitos comunes y crímenes internacionales). Los rasgos diferenciales

---

[5] La bibliografía es abundantísima. Véase, entre nosotros, la obra colectiva *Creación de una jurisdicción penal internacional*, edición a cargo de C. ESCOBAR HERNÁNDEZ, Colección Escuela Diplomática, n.º 4, Madrid, 2000; análisis muy detallados e interesantes de la Corte en I. LIROLA DELGADO y M. M. MARTÍN MARTÍNEZ, *La Corte penal internacional,* Barcelona, 2001; C. QUESADA ALCALÁ, *La Corte penal internacional y la soberanía estatal*, Valencia, 2005; M. D. BOLLO AROCENA, *Derecho Internacional Penal. Estudio de los crímenes internacionales y de las técnicas para su represión,* Servicio Editorial Universidad del País Vasco, 2004; y O. TRIFFTERER (ed.), *Commentary of the Rome Statute of the International Criminal Court*, 2009. En cuanto a los tribunales penales híbridos, mixtos o internacionalizados, véase entre la abundante bibliografía el estudio comparativo de S. DE BERTODANO, «Current Developments in International Courts», en *Journal of International Criminal Justice,* 2003, 1, pp. 226 ss.; E. SALAMANCA AGUADO, «Los tribunales penales internacionalizados: nuevos modelos de lucha contra la impunidad», en V. BOU FRANCH (dir.), *Tribunales penales y crímenes internacionales,* Tirant lo Blanch, Valencia, 2007; «El Tribunal especial para El Líbano», en *R.E.D.I.*, 2007, 1, pp. 412 ss.; y C. ESCOBAR HERNÁNDEZ, «20.º Aniversario del Estatuto de Roma. La Corte Penal Internacional en construcción: Nuevos retos veinte años después de la Conferencia de Roma», en *R.E.D.I.*, 2018, vol. 2, pp. 209 ss.

atañen esencialmente a su base jurídica. Así, las Salas especiales de Camboya encuentran su fundamento en la legislación nacional. El Tribunal especial para Sierra Leona fue creado por acuerdo entre este país y las Naciones Unidas. En lo que atañe a la Sala de delitos graves de Timor Oriental y a los Tribunales de Kosovo, hay que decir que fueron establecidos por las respectivas Misiones Especiales de las Naciones Unidas en el marco del cumplimiento de sus respectivos mandatos. También difieren las fuentes de financiación de estas cuatro jurisdicciones. Los gastos del personal internacional de las dos citados en último lugar corren a cargo de los presupuestos de esas Misiones Especiales. La financiación del Tribunal especial para Sierra Leona y la de las Salas especiales de Camboya se alimenta enteramente de las contribuciones voluntarias de la comunidad internacional. En acuerdo concluido el día 6 de febrero de 2007 entre las Naciones Unidas y el Líbano se creó un tribunal especial de carácter internacional, con el encargo de juzgar el atentado que causó la muerte de su primer ministro, Rafik Hariri, y de otras personas.

i) Una modalidad particularmente interesante de hacer efectiva la responsabilidad penal del individuo por la comisión de crímenes internacionales es el ejercicio de la llamada *jurisdicción penal universal*, institución concebida con el loable propósito de poner fin a la lacra de la impunidad por los crímenes más graves, y en el entendido de que no está prohibida por el Derecho Internacional aunque tampoco prescrita por sus normas. Se trata de la atribución de competencia por tratados internacionales o leyes internas a tribunales estatales para juzgar y sancionar esa clase de delitos cuando se perpetran por extranjeros (y también y por supuesto por nacionales) fuera del territorio nacional. No son numerosos los Estados que prevén en su legislación procesal ese tipo de jurisdicción. España es uno de ellos según la Ley Orgánica de 14 de marzo de 2014, que modifica por segunda vez la redacción del artículo 23 de la Ley Orgánica del Poder Judicial. La redacción anterior era la prevista en otra Ley Orgánica, la número 1/2009, y si esta última ya reducía el alcance del primitivo artículo 23, en mayor medida recorta ese alcance la Ley de 2014, promulgada sin duda para aplacar el descontento de Estados muy importantes como los Estados Unidos de América y la República Popular China, que veían cómo alguno de sus nacionales, incluso de cargos políticos del mayor nivel, eran objeto de actuaciones judiciales en España. Nota a destacar en la normativa de 2014 es la previsión de su aplicación inmediata a procedimientos judiciales ya en curso, lo que ha conllevado la puesta en libertad de presuntos autores de delitos relacionados con el narcotráfico. Digamos en todo caso, que antes de la entrada en vigor de la Ley de 2009, y como ha señalado el profesor PIGRAU SOLER, el ejercicio por los tribunales españoles de la jurisdicción penal universal seguía una trayectoria confusa o errática. Algo parecido está ocurriendo tras la entrada en vigor de la Ley de 2014, ya que algunos jueces se niegan a aplicar dicha ley por estimar que sus disposiciones contradicen lo preceptuado por tratados internacionales de Derecho internacional humanitario. Pero hay que señalar que la sentencia del Tribunal Constitucional de 20 de diciembre de 2018 rechaza el recurso de inconstitucionalidad de la ley presentado por cincuenta parlamentarios del grupo socialista, afirmando además que ninguna clase de norma de Derecho internacional establece la obligatoriedad de la jurisdicción universal.

Pongo de relieve por lo demás en términos generales —es decir, para todos los supuestos de ejercicio de jurisdicción penal universal— algo que me parece importante a fin de contrarrestar la objeción tópica de que, en muchos casos, ese ejercicio es ineficaz por no conllevar el cumplimiento efectivo de las penas. Es verdad que en la mayoría de los casos las sentencias de condena basadas en la repetida jurisdicción son inejecutables o difícilmente ejecutables, dada la objeción a la entrega de los condenados que verosímilmente pondrán las autoridades del país de perpetración de los hechos y de nacionalidad o residencia de los culpables. Con todo, es imposible ignorar que esas sentencias producen efectos en absoluto desdeñables. Uno es que, en la práctica, se confina a los acusados en el país de nacionalidad o residencia y se les impide viajar al exterior, porque si lo hacen quedan expuestos a las consecuencias de las órdenes internacionales de arresto y detención. Otro efecto a tener en cuenta es el baldón moral que estigmatizará en el futuro a los condenados. En suma, y reiterando el carácter subsidiario de la jurisdicción penal universal, estimamos que se trata de una institución que en casos determinados puede aliviar los altamente efectos nocivos de la impunidad[6].

j) Digamos finalmente, en lo que concierne al *Derecho español*, que el título XXVI del Código Penal vigente[7] lleva la rúbrica de «Delitos contra la Comunidad Internacional». El primer capítulo del título tipifica los «delitos contra el Derecho de Gentes» (arts. 605 y 606); el segundo, los «delitos de genocidio» (art. 607); y el tercero, los «delitos contra las personas y bienes protegidos en caso de conflicto armado» (arts. 608 a 614). Se trata, en todos los casos, del cumplimiento de obligaciones internacionales mediante la imposición de penas a delitos tipificados en tratados en los que es parte España. Así, la Ley 12/2009, de 30 de octubre,

---

[6] A. Pigrau Solé, «A propósito de la sentencia 237/2005 del Tribunal Constitucional, de 26 de septiembre de 2005, en el caso de Guatemala y de su interpretación por la Audiencia Nacional», *R.E.D.I.*, vol. LVII, 2005-2, pp. 893 ss.; «Desvirtuando la jurisdicción universal en España: del caso Guatemala a la Ley Orgánica 18/2003, de cooperación con la Corte Penal Internacional», en *Soberanía del Estado y Derecho internacional. Homenaje al profesor Juan Antonio Carrillo Salcedo,* Sevilla, 2005, tomo II, pp. 1059 ss.; C. Ruiz Miguel y R. Bermejo García, «Una sentencia incongruente, restrictiva e irresponsable (Nota a la sentencia 237/2005 del Tribunal Constitucional)», *R.E.D.I.*, vol. LVII, 2005-2, pp. 911 ss.; J. E. Esteve Molto, «El auto de admisión a trámite de 10 de enero de 2006 de la Audiencia Nacional. La aplicación de la jurisdicción universal al caso del genocidio del Tíbet», *A.D.I.*, 2006, vol. XXII, pp. 579 ss.; A. Remiro Brotons, «Crímenes internacionales, jueces estatales», *P.E.*, marzo-abril 2010, pp. 59 ss.; E. Chalamisch, «Jurisdicción universal y política mundial: el caso español», ibíd., pp. 69 ss.; J. Ferrer Llovet, «The principle of Universal Criminal Jurisdiction in Spanish Practice (2003-2009)», *S.Y.I.L.*, 2009, pp. 63 ss.; M. T. Comellas Aguirrezábal, «El debate contemporáneo sobre el principio de jurisdicción universal», en *Liber Amicorum profesor José Manuel Peláez Marón*, Universidad de Córdoba, 2012, pp. 167 ss.; J. E. Esteve Moltó, «La Ley Orgánica 1/2014 de reforma de la jurisdicción universal: entre el progresivo avance de la globalización comercial y de la deuda y la no injerencia en los asuntos internos de China», *A.E.D.I.*, 2014, pp. 139 ss.; y M. Robles Carrillo, «El principio de jurisdicción universal: estado actual y perspectivas de evolución», *R.E.D.I.*, 2014, vol. 2, pp. 81 ss.

[7] Ley Orgánica 10/1995, de 23 de noviembre (*B.O.E.* n.º 281, de 24 de noviembre de 1995); y M. T. Comellas Aguirrezábal, «La jurisdicción universal en España tras la reforma de 2009: ¿racionalización del principio o un paso atrás en la lucha contra la impunidad?», en *A.D.I.*, n.º 26, 2010, pp. 61 ss.; y J. E. Esteve Moltó, «La aplicación por el Pleno de lo Penal de la Audiencia Nacional de los nuevos límites a la jurisdicción universal: un paso hacia la impunidad», *R.E.D.I.*, 2010, 2, pp. 321 ss.

reguladora del derecho de asilo y la protección subsidiaria[8], excluye de la condición de refugiados a las personas extranjeras sobre las que existan motivos fundados para considerar que han cometido un delito contra la paz, un delito de guerra, o un delito contra la humanidad. Por su parte, la Ley Orgánica 15/2003 modifica algunas de las disposiciones del Código Penal de 1995 sobre este tipo de delitos a fin de ponerlas al día con el Derecho internacional, particularmente con el Estatuto de Roma creador de la Corte penal internacional. Así, la ley extiende los supuestos de imprescriptibilidad a nuevas figuras delictivas, como el genocidio, crímenes contra la humanidad y crímenes de guerra; da una definición distinta de la tortura y otros tratos y penas crueles, inhumanos o degradantes; introduce el tipo de delitos contra la administración de justicia de la Corte penal internacional; se tipifican los delitos de lesa humanidad; se actualiza la definición de los crímenes de guerra; se aborda el tema de la responsabilidad penal de los superiores por los delitos que hayan cometido los subordinados; y se hace desaparecer la circunstancia eximente de responsabilidad por cumplimiento de órdenes recibidas cuando se trate del delito de genocidio y de los crímenes contra la humanidad. Y la Ley Orgánica 5/2010, de 22 de junio, ha continuado añadiendo figuras delictivas contempladas en las convenciones de Derecho internacional humanitario obligatorias para nuestro país[9].

---

[8] Véase *B.O.E.* de 31 de octubre de 2009.
[9] *B.O.E.* de 23 de junio de 2010.

22. EL DERECHO INTERNACIONAL DE LOS DERECHOS HUMANOS

a) Diversos documentos de la historia constitucional británica, aprobados en el siglo XVII, establecieron determinados derechos y libertades fundamentales de los ciudadanos británicos, pero serán las declaraciones surgidas a fines del siglo XVIII de las revoluciones americana y francesa las que proclamen con carácter de generalidad y no sólo para sus nacionales los derechos del hombre. Se trata de la Declaración de derechos (*Bill of rights*) de Virginia de 12 de junio de 1776 y de la Declaración de los derechos del hombre y del ciudadano adoptada por la Asamblea constituyente francesa el día 26 de agosto de 1789[1]. Desde entonces, la mayor parte de las constituciones de los Estados enuncian en su parte dogmática una serie de derechos humanos y libertades fundamentales, y en su parte orgánica y procesal establecen medios para el control del respeto de tales derechos y libertades. En la fase del Derecho Internacional clásico, pues, la protección de los derechos del hombre quedaba encomendada sustancialmente a los Estados, y el Derecho Internacional sólo preveía al respecto mecanismos muy excepcionales como el derecho de asilo o la intervención por causa de humanidad.

b) Sin embargo, en los umbrales del Derecho Internacional contemporáneo, el enorme poder de los *mass media* en orden a la conformación de la opinión pública mundial, y la existencia de foros internacionales para la cristalización de esa opinión, hicieron adquirir conciencia de dos hechos evidentes. Primero, que en muchas ocasiones era el propio Estado el primer y más importante violador de los derechos del hombre, como había demostrado la experiencia de los regímenes autoritarios entre las dos guerras mundiales. Y segundo, que existía una relación innegable entre el respeto a los derechos humanos dentro de los Estados y el mantenimiento de la paz en la comunidad internacional; las circunstancias del desencadenamiento de la segunda guerra mundial eran también muy elocuentes en este punto. En suma, finalizada la confrontación en 1945, los derechos humanos pasaron a integrar las exigencias más elementales de la convivencia en la sociedad internacional, y de ahí que el respeto de los mismos sea una aspiración fundamental del Derecho Internacional contemporáneo, hasta el punto de que se entiende hoy comúnmente que las

---

[1] Ver entre la amplísima bibliografía, A. TRUYOL Y SERRA, *Los derechos humanos,* Tecnos, Madrid, 1982, p. 17. Véase también G. PECES-BARBA, *Tránsito a la Modernidad y Derechos Fundamentales,* Mezquita, Madrid, 1982: P. SIEGAART, *The International Law of Human Rights,* Oxford, 1984; T. MERON, *Human Rights in International Law,* Oxford, 1986; A. CANÇADO TRINDADE, *A proteção internacional dos direitos humanos. Fundamentos jurídicos e instrumentos básicos*, São Paulo, 1991; A. CASESE, *Los derechos humanos en el mundo contemporáneo*, Barcelona, 1991; J. ORAA, *Human Rigths in States of Emergency in International Law*, Oxford, 1992; C. VILLÁN DURÁN, *Curso de Derecho internacional de los derechos humanos*, Madrid, 2002; J. FERRER LLORET, *Responsabilidad internacional del Estado y derechos humanos,* Tecnos/Universidad de Alicante, 1998; y M. CASTILLO DAUDÍ, *Derecho internacional de los derechos humanos,* Tirant lo Blanch, Valencia, 2006.

normas internacionales sobre protección de los derechos del hombre forman parte en sus aspectos básicos y esenciales —no, por tanto, en todos— del *ius cogens* internacional[2]. En este sentido ha dicho el Tribunal de La Haya en el *asunto Barcelona Traction* que «los principios y las reglas relativos a los derechos fundamentales de la persona humana» representan «obligaciones de los Estados hacia la comunidad internacional en su conjunto»[3], u obligaciones *erga omnes,* y que constituyen en realidad, como se ha puesto justamente en relieve[4], obligaciones derivadas del *ius cogens.* En idéntica filosofía se inspiraba el Proyecto de artículos de 1996 de la Comisión de Derecho Internacional sobre la responsabilidad internacional de los Estados al considerar que constituye un crimen internacional —figura distinta y de mayor gravedad que el simple hecho ilícito internacional— «una violación grave y en gran escala de una obligación internacional de importancia esencial para la salvaguarda del ser humano, como las que prohíben la esclavitud, el genocidio, el *apartheid*» (art. 19).

c) Conviene señalar lo que de novedoso e incluso revolucionario tiene este planteamiento. De una manera general el Derecho Internacional clásico no se preocupaba por el trato que dispensaba el Estado a sus propios súbditos. Era ésta una cuestión que dejaba básicamente a la jurisdicción interna de los Estados. El Derecho Internacional clásico únicamente señalaba un estándar mínimo que el Estado debía observar respecto a particulares extranjeros —personas físicas o jurídicas—, y en caso de vulneración de tal estándar, articulaba la sanción por el mecanismo de la responsabilidad internacional del Estado infractor y la protección diplomática del Estado de la nacionalidad de la víctima. Mediante la protección diplomática, este último Estado podía reclamar, si lo estimaba políticamente oportuno, al Estado infractor, y siempre que el particular perjudicado hubiese agotado los recursos internos de éste. En el Derecho Internacional contemporáneo ha cambiado este planteamiento, y a lo que se aspira mediante la protección internacional de los derechos del hombre es a la imposición de obligaciones a los Estados respecto a todos los individuos, nacionales o extranjeros, y a que los individuos puedan reclamar directamente contra el Estado infractor ante instancias internacionales en caso de vulneración de sus derechos.

d) Ha surgido así en el Derecho internacional un nuevo sector o capítulo, el *Derecho internacional de los derechos humanos*, cuyas normas dejan traslucir nítidamente algo tan importante como la incorporación de valores morales y humanos a la disciplina. Y fue la Declaración universal de derechos humanos formulada por la Asamblea General de las Naciones Unidas el 10 de diciembre de 1948, la que lanzó la estrategia de la comunidad internacional para la protección de los derechos fundamentales; estrategia integrada por tres componentes íntimamente relacionados: codificación, mecanismos de control y prevención[4 bis].

---

[2] Véase J. A. Pastor Ridruejo, *La determinación del contenido del «ius cogens»,* Anteproyecto de ponencia del IX Congreso del Instituto Hispano-Luso-Americano de Derecho Internacional, Madrid, 1972, pp. 7 ss.

[3] CIJ, *Recueil,* 1970, p. 31.

[4] A. Miaja de la Muela, *Aportación de la sentencia del Tribunal de La Haya en el caso Barcelona Traction (5 de febrero de 1970) a la jurisprudencia internacional,* Cuadernos de la Cátedra «J. B. Scott», Valladolid, 1970, pp. 73-74.

[4 bis] Véase J. A. Pastor Ridruejo, «Una estrategia integrada para la protección internacional de los derechos humanos», en *Hector Gros Espiell Liber Amicorum*, Bruselas, 1997, vol. II, pp. 1007 ss.

e) El primer componente es la codificación, o lo que es lo mismo, la asunción que hacen los Estados en instrumentos internacionales del deber de respetar y hacer respetar los derechos fundamentales que esos mismos instrumentos enumeran y definen. En la mayor parte de los casos los instrumentos revisten forma de tratados, aunque no faltan supuestos en que los derechos se enuncian en instrumentos de naturaleza distinta, carentes de obligatoriedad en el plano jurídico aunque sí vinculantes desde la perspectiva política y moral. Son los casos, entre otros, del Acta final de Helsinki de 1 de agosto de 1975 o de la Carta de derechos fundamentales de la Unión Europea, proclamada por el Consejo, Comisión y Parlamento en Niza en diciembre del año 2000. Hay que precisar sin embargo que el Tratado de Lisboa de 13 de diciembre de 2007, en vigor desde el 1.º de diciembre de 2009, ha incorporado por referencia la Carta de Niza, atribuyéndole así efectos jurídicos obligatorios. Por lo demás, la codificación tiene lugar normalmente en el marco de organizaciones internacionales, universales o regionales. Como veremos, unas veces se refiere a la generalidad de los derechos; otras veces tiene carácter sectorial. Rasgo común a todos los instrumentos codificadores es el carácter absoluto u objetivo y no recíproco de las obligaciones asumidas por los Estados, puesto que sus beneficiarios no son realmente los otros Estados partes sino los individuos. Todas estas consideraciones las desarrollaremos en las páginas que siguen, pero lo que sí queremos dejar claro ahora que es este componente de la estrategia integrada el que ha alcanzado hasta el momento mayor éxito.

f) El segundo componente de la referida estrategia es el constituido por los mecanismos de control, esto es, por las instituciones y procedimientos establecidos comúnmente en los instrumentos codificadores con la finalidades de comprobar las violaciones de los derechos humanos, castigar a las personas físicas responsables, asegurar la reparación y disuadir de la perpetración de ulteriores violaciones. El número de estos mecanismos es elevado y su tipología extremamente variada, hasta el punto de que no resulta fácil construir una teoría general al respecto. Con las cautelas exigidas por esas realidades y en términos muy generales podríamos decir que esos mecanismos responden básicamente a dos modelos: el intergubernamental y el independiente. Los mecanismos pueden ser calificados de intergubernamentales cuando las instituciones de control están integradas por representantes de los Estados, composición que ciertamente no es la ideal desde el punto de vista del respeto de los derechos fundamentales, dado que los Estados se muestran proclives a politizar en el plano de las relaciones internacionales las cuestiones que tienen que ver con el respeto de aquellos derechos. Los mecanismos pueden ser caracterizados como independientes cuando sus integrantes actúan a título personal, sin tener relación alguna de dependencia con los Estados. Al asegurar el mayor nivel posible de independencia y despolitización, está claro que la modalidad óptima de estos mecanismos es la jurisdiccional. En cualquier caso este segundo elemento de la estrategia integrada presenta ahora mismo y en su conjunto grandes desigualdades, vacíos y deficiencias.

g) El tercer elemento es el de carácter preventivo. Teniendo en cuenta la imperfección y debilidad de los mecanismos de control y también la precariedad de las reparaciones, es indiscutible que desde un punto de vista ideal nos hallamos ante el elemento de mayor interés de la estrategia integrada. Por lo demás, la prevención reviste modalidades de intensidad y eficacia diferentes, aunque ninguna desdeñable. Una modalidad es la llamada promoción de los derechos humanos y la asistencia técnica en la materia, esto es, la difusión de su conocimiento y la sensibilización entre autoridades nacionales y ciudadanos de la importancia de su respeto. Otra muy distinta consiste en las medidas cautelares que pueden indicar u ordenar los mecanismos de protección, particularmente los de índole jurisdiccional, que en algunos casos evitan violaciones. Está finalmente la modalidad mayor del elemento preventivo, que es la cooperación para el desarrollo. Pues si es indiscutible que la miseria constituye el caldo de cultivo óptimo para las violaciones —como resulta obvio y ha sido reconocido por la Asamblea General y la antigua Comisión de derechos humanos de las Naciones Unidas— y está claro por tanto que son los países más pobres los que ofrecen marcos estructurales especialmente idóneos para las situaciones de violaciones graves, masivas y sistemáticas de los derechos humanos, la mejor forma de prevenirlas es la erradicación de la pobreza. Esa finalidad se consigue mediante la cooperación y ayuda al desarrollo. Y es indiscutible que la responsabilidad primordial de esta cooperación recae sobre los países industrializados y que sus beneficiarios son los que se encuentran en vías de desarrollo. Pero dada la actual situación del Derecho internacional del desarrollo, en el que abundan las normas de *soft law* y existen importantes vacíos y lagunas, no hay que confiar en los efectos milagrosos globales y a corto y medio plazo de la puesta en práctica de este tercer elemento, aunque tampoco hay que cejar en el empeño de incitar a los países ricos a dispensar la mayor ayuda solidaria posible en favor de los que se encuentran en situación de subdesarrollo.

h) Es importante recordar en esta tentativa de introducción general al Derecho internacional de los derechos humanos que su gran principio rector es el de la subsidiariedad, lo que quiere decir que el protector primordial y principal de los derechos fundamentales es el Estado, no la comunidad internacional. La normativa y las instituciones del Derecho internacional de los derechos humanos solo entran en acción subsidiariamente; es decir cuando en esa protección fallan las autoridades y mecanismos nacionales[4 ter].

Desde el punto de vista de la ciencia política, la razón de ser de este principio es muy clara y radica en la cercanía del Estado y sus instituciones a los ciudadanos. Son en efecto los Estados las instancias políticas que hoy por hoy y durante muchos siglos por delante asumen la función de velar por los intereses generales y permanentes de una comunidad humana asentada en un territorio. Y entre esos intereses se encuentra el respeto y satisfacción de los derechos humanos. Son por tanto las conductas de las autoridades nacionales las que cuantitativa y

[4 ter] Véase J. A. PASTOR RIDRUEJO, «Le principe de subsidiarité dans la Convention européenne des droits de l'homme», en *Internationale Gemeinschaft und Menschenrechte. Festschrift für Georg Ress zum 70. Geburtstag am 21. Januar 2005,* Carl Heymanns Verlag, 2007, pp. 1077 ss. Sobre el funcionamiento del principio de subsidiariedad en la protección de los derechos fundamentales por la Unión Europea, véase N. PASTOR PALOMAR, «El principio de subsidiariedad y su incidencia en el respeto de los derechos fundamentales en la Unión Europea», *A.D.I.*, 2006, vol. XXII, pp. 459 ss.

cualitativamente presentan mayor incidencia en ese respeto y protección. Estamos en cualquier caso ante un gran principio estructural, puesto que para la protección de los derechos fundamentales regula la estructura de las relaciones entre los Ordenamientos nacionales y el Derecho internacional. Por lo demás, y como vamos a comprobar, el principio de subsidiariedad tiene manifestaciones tanto en el plano normativo y sustantivo —primer elemento de la estrategia integrada— como en el institucional y procesal —segundo elemento de la referida estrategia—.

En el plano normativo y sustantivo, es indudable que desde un punto de vista ideal el contenido del Derecho internacional de los derechos humanos debería coincidir con el de los ordenamientos nacionales. La naturaleza de esos derechos y el principio de su universalidad así lo exigiría. Pero esa coincidencia no se da en todos los casos ni en todos los detalles, aunque el fenómeno de la incorporación de los tratados internacionales —también de los relativos a los derechos humanos— a los ordenamientos internos conlleva la consecuencia de que los jueces y autoridades estatales deban tener en cuenta la lista y formulación de los derechos enunciados en las convenciones internacionales. Con independencia de ello, hay que hablar en este plano normativo de una construcción jurisprudencial del Tribunal europeo de derechos humanos que constituye una manifestación autónoma del principio de subsidiariedad . Es la doctrina del margen de apreciación, que aplica el Tribunal cuando en la formulación de un derecho existen espacios de indefinición y si para colmar esos vacíos no existe consenso o posición común entre los Estados partes en la Convención. En tales supuestos el Tribunal europeo delega la solución en las autoridades nacionales, que se supone son las mejor colocadas al respecto. De este modo la jurisdicción de Estrasburgo llega a conclusiones de no violación[4 quáter]. Estamos ante una manifestación clara de la subsidiariedad porque el punto de vista que prevalece es el del Derecho nacional y el de las instancias nacionales.

En el plano institucional y procesal —segundo elemento de la estrategia integrada— y tratándose de procedimientos activados por las víctimas de las violaciones, la subsidiariedad tiene dos manifestaciones particularmente nítidas. La primera es la necesidad de agotar los recursos internos como condición de admisibilidad de la demanda por la institución internacional, lo que revela la preferencia que se concede a las instancias nacionales para que en el marco de sus ordenamientos sean ellas mismas las que reparen las violaciones. La segunda manifestación es corolario de la anterior, y consiste en el deber de establecer en el interior de los ordenamientos nacionales recursos eficaces para reparar las violaciones.

i) Digamos también que el Derecho internacional de los derechos humanos no es una rama fragmentada del conjunto del Derecho internacional sino únicamente una resultancia del proceso de expansión y especialización de la disciplina,

---

[4 quáter] Véase P. MAHONEY, «Marvelous Richness of Diversity or Individuous Cultural Relativism», en *H.R.L.J.*, 1998, vol. 19, pp. 1 ss.; M. O'BOYLE, «The margin of Appreciation and Derogation under article 15: Ritual Incantation or PrincipleW», ibíd., pp. 23 ss.

motivada en este caso por la progresiva implantación en su ámbito de valores como la moralización y la humanización. Especialización la hay, ciertamente, porque, como hemos dicho, en el plano normativo los instrumentos convencionales no se basan en la idea común de la reciprocidad de las obligaciones asumidas —no se dan propiamente ni de modo exclusivo de Estado a Estado—, sino que tienen carácter objetivo o absoluto, toda vez que sus auténticos beneficiarios son las personas humanas cualesquiera sea su nacionalidad. Y el aserto de que el Derecho internacional de los derechos humanos no es una disciplina independizada del árbol común del Derecho internacional ha venido a ser reconocido en un *dictum* de la sentencia del Tribunal Internacional de Justicia de 30 de noviembre de 2010 (Affaire *Ahmadou Sadio Diallo, République de Guinée* c. *République Démocratique du Congo*). En efecto, cuando la sentencia aplica el Pacto de las Naciones Unidas sobre derechos civiles y políticos toma en cuenta la jurisprudencia del órgano especial de supervisión creado por el Pacto, a saber, el Comité de derechos humanos, y ello, en palabras del propio Tribunal, con el fin de asegurar la necesaria claridad y la coherencia indispensable del Derecho internacional, así como de preservar la seguridad jurídica[4 quinquies]. En lo que atañe al plano institucional y procesal, y en consonancia con la anterior idea, es verdad que en el Derecho internacional de los derechos humanos abundan los mecanismos proclives al reconocimiento de la subjetividad internacional del individuo en cuanto que le conceden *ius standi* o derecho de acceso. Pero semejante derecho no constituye ninguna novedad en el Derecho internacional. Por citar un ejemplo, podemos recordar que ya la Corte centro-americana de Justicia establecida por el tratado de Washington de 1907 admitía que personas particulares pudiesen demandar a Estados. No estamos de acuerdo, en suma, con la opinión de que el Derecho internacional de los derechos humanos constituya una rama desgajada del tronco común del Derecho internacional.

j) Abordamos ahora sucintamente la debatida cuestión de la universalidad de los derechos humanos. ¿Deben gozar todos los habitantes del planeta de los mismos derechos y libertades fundamentales o, por el contrario, depende la lista y nivel de su disfrute de factores que tengan que ver con la historia, religión, cultura o grado de desarrollo de los distintos países o regiones de países? La declaración final de la Conferencia de las Naciones sobre derechos humanos celebrada en Viena en 1993 no deja de presentar ambigüedades sobre este punto, pues si declara de una parte que el carácter universal de los derechos y libertades no ofrece dudas, deja constancia de otra parte de la importancia de las particularidades nacionales y regionales así como la de los diversos patrimonios históricos, culturales y religiosos. A mi entender, existen derechos cuya vigencia universal en todos los supuestos y circunstancias es imposible desconocer. Se trata fundamentalmente de aquellos que los instrumentos convencionales generales sobre salvaguarda de los derechos humanos consideran absolutamente inderogables, incluso en casos de guerra o de circunstancias excepcionales que pongan en peligro la vida de la nación. Entre ellos figuran el derecho a la vida, la prohibición

[4 quinquies] CIJ, *Recueil*, 2010, párrafo 66 de la sentencia.

de la tortura y la prohibición de la esclavitud y trabajos forzados. Estamos ante el núcleo más duro y resistente de los derechos fundamentales. En cuanto a otros derechos y libertades, debemos referirnos aquí a la doctrina jurisprudencial del Tribunal europeo de derechos humanos conocida con la expresión del «margen de apreciación». De acuerdo a esta doctrina, y como hemos visto líneas atrás, si la definición convencional de un derecho deja espacios de indefinición y si para llenar este vacío no existe consenso o posición común entre los Estados partes en el sistema, hay que considerar que son esos Estados los mejor situados para adoptar la solución adecuada al caso concreto. Bajo esas estrictas condiciones estamos ante una concesión al particularismo. Concesión que el Tribunal europeo de derechos humanos hace en ocasiones —siempre, repetimos, bajo las estrictas condiciones señaladas— aunque en ningún caso cuando se trata de los derechos que según la Convención de Roma de 1950 —que como veremos es la que establece el Tribunal— son inderogables en todas las circunstancias y situaciones, a saber: derecho a la vida, prohibición de la tortura y de la esclavitud y trabajos forzados.

k) Necesitados de apoyo institucional para su funcionamiento eficaz, es lógico que los sistemas internacionales de protección de los derechos humanos estén anclados en organizaciones internacionales. El primer sistema que vamos a examinar es el creado en el ámbito de la Organización de las Naciones Unidas (apartado 22.1) y que tiene por tanto alcance mundial. Analizaremos seguidamente los sistemas regionales, concretamente el europeo (apartados 22.2 y 3), el americano (apartado 22.4) y el africano (apartado 22.5), que funcionan respectivamente en los ámbitos de tres organizaciones regionales de cooperación política general, a saber, el Consejo de Europa, la Organización de Estados Americanos y la Unión Africana, antigua OUA. Lamentablemente, no existe sistema regional de protección de los derechos humanos en Asia, el continente más poblado del planeta. La gran disparidad de sistemas políticos y de ideologías existente entre los Estados asiáticos explican esta ausencia.

22.1. Plano universal: la obra de las Naciones Unidas en materia de Derechos Humanos

a) La Carta de las Naciones Unidas reafirma en el Preámbulo «la fe en los derechos fundamentales del hombre, en la dignidad y el valor de la persona humana, en la igualdad de derechos de hombres y mujeres»; en el artículo 1 declara como propósito la cooperación internacional «en el desarrollo y estímulo del respeto a los derechos humanos y a las libertades fundamentales de todos»; en el artículo 55.*c*) establece que la Organización promoverá «el respeto universal a los derechos humanos y a las libertades fundamentales de todos»; y en el artículo 62.2 se señala como función del Consejo Económico y Social la de «hacer recomendaciones con el objeto de promover el respeto a los derechos humanos y a las libertades fundamentales de todos, y a la efectividad de tales derechos y libertades».

En los primeros años de vigencia de la Carta de las Naciones Unidas se planteó el problema de si estas disposiciones de la Carta imponían realmente obligaciones jurídicas de comportamiento a los Estados miembros en materia de derechos humanos. El artículo 56 establecía el compromiso de los Estados miembros de «tomar medidas, conjunta o separadamente, en cooperación con la Organización, para la realización de los propósitos consignados en el artículo 55». Y dicho artículo 56 era diversamente interpretado, pues mientras algunos sostenían que el único compromiso que en virtud de él asumían los Estados miembros era el de cooperar internacionalmente, otros entendían, desde una perspectiva más progresista, que el artículo 56 obligaba también a los Estados miembros a adoptar medidas en el plano interno[5]. Hoy la controversia está superada y es manifiestamente clara la segunda de ambas interpretaciones, pues como dijo el Tribunal de La Haya en su dictamen de 21 de junio de 1971 en el asunto *Namibia.*

> Conforme a la Carta de las Naciones Unidas, el ex mandatario se había comprometido a observar y respetar los derechos humanos y libertades fundamentales sin distinción de razas, en un territorio que posee un *status* internacional. El hecho de establecer y aplicar... distinciones, exclusiones, restricciones y limitaciones basadas exclusivamente en motivos de raza, color, ascendencia, u origen nacional o étnico, que son una negación de los derechos humanos fundamentales, constituye una flagrante violación de los propósitos y principios de la Carta[6].

Si pues los Estados miembros de la Organización han contraído en la Carta la obligación de respetar los derechos humanos, no se puede sostener que tal materia sea de jurisdicción interna en el sentido del párrafo 7 del artículo 2 de la misma. Según esta última disposición las Naciones Unidas no pueden intervenir en asuntos que sean esencialmente de la jurisdicción interna de los Estados, pero en materia de derechos del hombre, los Estados miembros han asumido compromisos internacionales. La cuestión ha pasado a ser objeto del interés de la sociedad internacional y del Derecho de Gentes y en ella no se puede alegar la excepción de jurisdicción interior de los Estados. La práctica de las Naciones Unidas se ha orientado indudablemente por esta vía.

b) Pero la Carta de las Naciones Unidas no contenía una enumeración y una definición de los derechos humanos y libertades fundamentales, y este vacío iba a ser llenado muy pronto por medio de una Declaración de la Asamblea General.

Efectivamente, las resoluciones 5 (I) del Consejo Económico y Social de 16 de febrero de 1946 y 9 (II) y 12 (II) de 21 de junio del mismo año crearon como órgano auxiliar la Comisión de Derechos Humanos, a la que se encomendó, entre otras cosas, la preparación de un proyecto sobre una Declaración de Derechos Humanos. Este proyecto fue finalmente sometido a la Asamblea General, que aprobó la *Declaración Universal de Derechos Humanos* el día 10 de diciembre de 1948, por 48 votos a favor y 8 abstenciones (Unión Soviética y otros Esta-

---

[5] Véase E. JIMÉNEZ DE ARÉCHAGA, *El Derecho Internacional Contemporáneo,* Tecnos, Madrid, 1980, pp. 207 ss.

[6] CIJ, *Recueil,* 1971, p. 45.

dos socialistas, más Arabia Saudita y África del Sur); dos delegaciones estaban ausentes (Honduras y Yemen).

La Declaración enumera y define los más importantes derechos civiles, políticos, económicos, sociales y culturales, pero no instaura ningún derecho de reclamación de los particulares ante instancias internacionales ni establece ningún otro mecanismo jurídico de control. Ello no hubiera sido aceptable en aquel entonces desde el punto de vista político. Además, en una perspectiva formal y positivista, y en cuanto plasmada en una resolución de la Asamblea General, la Declaración no es *per se* obligatoria para los Estados miembros de las Naciones Unidas. Pese a ello cabe decir que su peso político-jurídico y su significación moral son grandes. La Declaración presenta un indiscutible valor programático y en este sentido hay que afirmar que ha tenido un impacto capital en otras importantes resoluciones de la Asamblea General, Consejo de Seguridad, Consejo Económico y Social y otros órganos de las Naciones Unidas. Ha ejercido también indudable influencia en Convenciones que están en vigor, adoptadas en el seno de la Organización, y en otros tratados multilaterales y bilaterales. Ha influido por fin en las Constituciones nacionales y en las leyes internas[7]. Es muy significativo a este respecto lo que dispone el artículo 10.2 de la vigente Constitución española, según el cual:

> Las normas relativas a los derechos fundamentales y a las libertades que la Constitución reconoce, se interpretarán de conformidad con la Declaración Universal de los derechos humanos y los tratados y acuerdos internacionales sobre las mismas materias ratificados por España.

Quiero señalar, con ideas del profesor LIÑÁN NOGUERAS[8], que esta norma constitucional posee indudable interés, en cuanto ofrece *per se* vías de complementación en unos casos y de precisión en otros a la hora de dar efectividad a los derechos humanos y libertades fundamentales reconocidos en la Constitución. Y con el citado profesor hay que subrayar que la interpretación emanante de los textos internacionales en cuestión tiene una dinámica importante a través de los órganos de interpretación y aplicación que aquellos instituyen. En todo caso, los tribunales españoles han hecho uso repetido de esta disposición constitucional[9].

En suma, como ha dicho el profesor TRUYOL, «la Declaración es indudablemente la expresión de la conciencia jurídica de la humanidad, representada en la ONU y, como tal, fuente de un Derecho Superior, un *higher law*, cuyos principios no pueden desconocer sus miembros»[10]. Y lo que es más importante: fue la

---

[7] Véase *United Nations Action in the Field of Human Rights,* U.N., Nueva York, 1980, pp. 14 ss. Sobre la influencia de la Declaración en las Constituciones internas, véase particularmente E. SCHWELB, *Human Rights and the International Community,* Chicago, 1964, pp. 50 ss.; y sobre este último punto y en general, A. BLANC ALTEMIR (ed.), *La protección internacional de los derechos humanos a los cincuenta años de la Declaración Universal,* Tecnos, Madrid, 2001.

[8] D. LIÑÁN NOGUERAS, «La protección internacional de los derechos humanos en la Constitución Española (Comentarios al art. 10.2)», en *Boletín Informativo de la International Law Association,* Sección española, Madrid, n.º 9, marzo de 1982.

[9] Entre otras, sentencias del Tribunal Supremo de 14 de julio de 1982, 24 de julio de 1982, 3 de marzo de 1984, etc. (véase *Repertorio Jurisprudencial Aranzadi,* 1982, n.os 5.410 y 4.697; ibíd., 1984, n.º 1.365); y sentencias del Tribunal Constitucional de 5 de julio de 1982 y 20 de diciembre de 1982 (*Boletín de Jurisprudencia Constitucional,* 1982, pp. 631 ss.; 1983, pp. 51-57).

[10] A. TRUYOL, *Los derechos humanos,* cit., p. 31. Véase en general J. D. GONZÁLEZ CAMPOS, «La protección de los derechos humanos en las Naciones Unidas», en la obra *ONU, año XX,* Tecnos, Madrid, 1966, pp. 249 ss.; y T. MERON, *Human Rights Law making in United Nations,* Oxford, 1986. La

Declaración la que puso en marcha la estrategia de la comunidad internacional para la protección de los derechos humanos (véase el apartado 22).

c) En todo caso, con independencia de los Pactos de Derechos Humanos de los que nos ocuparemos en seguida, la Organización de las Naciones Unidas ha realizado un importante esfuerzo codificador a través de una obra convencional muy amplia y encomiable en materia de derechos del hombre, propiciando la adopción de una serie de convenciones sectoriales entre las que destacan las siguientes: Convención para la prevención y sanción del delito de genocidio, adoptada por la Asamblea General en su resolución 260 (III) de 9 de diciembre de 1948; Convención sobre la imprescriptibilidad de los crímenes de guerra y de los crímenes de lesa humanidad, adoptada por la Asamblea General en su resolución 2.391 (XXIII) de 26 de noviembre de 1968; Convención internacional sobre eliminación de todas las formas de discriminación racial, adoptada por la Asamblea General en su resolución 2.160 A (XX) de 21 de diciembre de 1965; Convención para eliminación y sanción del crimen de *appartheid,* adoptada por la Asamblea General en resolución 3.068 (XXVIII) de 30 de noviembre de 1973; Convención sobre el Estatuto de los Refugiados, adoptada el 28 de julio de 1951 por una Conferencia convocada por la Asamblea General y el Consejo Económico y Social; Protocolo relativo al Estatuto sobre refugiados, abierto a la firma el 31 de enero de 1967; Convención sobre el Estatuto de los Apátridas, adoptada el 13 de septiembre de 1954 en una Conferencia convocada por la Asamblea General y el Consejo Económico y Social; Convención sobre reducción de los casos de apatridia, adoptada en Conferencia convocada por la Asamblea General y el Consejo Económico y Social el día 30 de agosto de 1961; Convención sobre los derechos políticos de la mujer, adoptada por resolución de la Asamblea General 640 (VII) de 20 de diciembre de 1952; Convención sobre la nacionalidad de las mujeres casadas, adoptada por resolución de la Asamblea General 1.040 (XI) de 29 de enero de 1957; Convención sobre el consentimiento para el matrimonio, la edad mínima para contraer matrimonio y el registro de matrimonios, adoptada por la resolución 1.763 (XVII) de 7 de noviembre de 1962 de la Asamblea General; la Convención sobre eliminación de todas las formas de discriminación contra las mujeres, adoptada por resolución de la Asamblea General de 1978; la Convención sobre el Derecho Internacional de rectificación, adoptada por la resolución 630 (VII) de 16 de diciembre de 1962 de la Asamblea General; el Protocolo de enmienda a la Convención sobre la esclavitud de 1926, adoptado por la resolución 794 (VIII) de 23 de octubre de 1953 de la Asamblea General; la Convención suplementaria sobre la abolición de la esclavitud, la trata de esclavos y las instituciones y prácticas análogas a la esclavitud, adoptada por una Conferencia de plenipotenciarios el día 7 de septiembre de 1956; y la Convención para la represión de la trata de personas y la explotación de la prostitución ajena, adoptada por la resolución 317 (IV) de 2 de diciembre

bibliografía es por supuesto amplísima, pero por su interés no queremos dejar de citar el libro de R. Joaquín A. Mejía, *La exigibilidad de los derechos económicos, sociales y culturales en el ámbito convencional de la ONU,* Yoro (Honduras), 2011.

de 1949. Digamos también que en su trigésimo noveno período de sesiones la Asamblea General adoptó la importante Convención contra la tortura y otros tratos o penas crueles, inhumanos o degradantes (resolución A/39/46, de 10 de diciembre de 1984), y que el 20 de noviembre de 1989 se adoptó en el mismo foro la Convención sobre Derechos del Niño[11]. Mencionemos igualmente que el día 6 de febrero de 2007 se abrió a la firma la Convención para la protección de todas las personas contra las desapariciones forzadas.

Con independencia de estas convenciones, existen otras Declaraciones de la Asamblea General que tienen un indiscutible valor programático y que han contribuido a crear un estado de conciencia internacional en pro de la protección de los derechos del hombre.

Hay que decir asimismo que en el seno de la Organización Internacional del Trabajo —organismo especializado de las Naciones Unidas— se han adoptado importantes convenciones en materia de derechos económicos y sociales, fundamentalmente en el campo laboral. Otros organismos especializados de las Naciones Unidas que en los campos de sus respectivas competencias se han ocupado de los derechos humanos son la UNESCO, la Organización Mundial de la Salud y la Organización para la alimentación y agricultura (FAO). Examinaremos los procedimientos en cuestión en el capítulo VIII de este libro (apartado 85).

d) Paso de extraordinaria importancia en materia de protección internacional de los derechos humanos fue el que dieron las Naciones Unidas, el día 19 de diciembre de 1966, con la aprobación por la Asamblea General de dos importantes instrumentos convencionales: el *Pacto internacional sobre derechos económicos, sociales y culturales;* y el *Pacto internacional sobre derechos civiles y políticos.* Ambos están en vigor, el primero desde el día 3 de enero de 1976, y el segundo desde el 23 de marzo del mismo año[12]. Uno y otro tienen ancho ámbito de vigencia (en 2014 son 161 los Estados partes en el primer Pacto, y 167 los que participan en el segundo) y han sido ratificados por España[13].

Ya hemos señalado que la Declaración universal adoptada por la Asamblea General el 10 de diciembre de 1948 tenía valor eminentemente programático. Y uno de los órganos de las Naciones Unidas, la Comisión de Derechos Humanos, se puso muy pronto a la realización del programa. En el año 1956 había terminado la elaboración de los proyectos de los pactos; estos fueron discutidos en la 3.ª Comisión de la Asamblea durante largo tiempo, hasta que en diciembre de 1966 fueron aprobados por el plenario. En la discusión de los proyectos, los Estados socialistas y los del Tercer Mundo manifestaron sus preferencias por los derechos económicos, sociales y culturales. Los Estados occidentales, por el contrario, atribuían prioridad a los derechos civiles y políticos. La transacción era obvia y consistió en la adopción simultánea y paralela de los dos pactos.

---

[11] Acerca de los mecanismos de protección, véase el excelente análisis de N. OCHOA RUIZ, *Los mecanismo convencionales de protección de los derechos humanos en las Naciones Unidas*, Madrid, 2004.

[12] En la primavera de 2016, son 164 los Estados partes en el Pacto sobre derechos económicos, sociales y culturales; 168 los Estados partes en el Pacto sobre derechos civiles y políticos; y 114 los Estados partes en el Protocolo facultativo de este último instrumento.

[13] El 27 de abril de 1977. Véase *B.O.E.* de 30 de abril de 1977.

No vamos a emprender aquí un análisis detallado de los derechos protegidos en cada uno de los Pactos; su título ya da una idea elocuente de los mismos. Señalaremos únicamente que uno y otro enuncian el derecho de autodeterminación de los pueblos y el derecho de cada pueblo a disponer de sus riquezas naturales. Mayor interés ofrece a nuestro juicio la cuestión de los mecanismos de control. Los procedimientos que en este punto establece cada pacto son distintos y se corresponden en todo caso con la especial naturaleza de los derechos protegidos; haremos, pues, previamente, algunas consideraciones a este último respecto.

A la naturaleza de los derechos económicos, sociales y culturales se refiere el párrafo 1 del artículo 2 del Pacto correspondiente, que dice así:

> Cada uno de los Estados partes en el presente Pacto se compromete a adoptar medidas, tanto por separado como mediante la asistencia y cooperación internacional, especialmente, económicas y técnicas, hasta el máximo de los recursos de que disponga, para lograr progresivamente la plena efectividad, por todos los medios apropiados, inclusive en particular la adopción de medidas legislativas, de los derechos aquí reconocidos.

En el artículo transcrito hay a nuestro juicio tres notas claves sobre la naturaleza de los derechos económicos, sociales y culturales. La primera es la obligación de adopción de medidas para su disfrute, lo que evoca la idea de prestaciones positivas; la segunda es la factibilidad («hasta el máximo de los recursos de que disponga»), o lo que es lo mismo, el condicionamiento de la obligación por las posibilidades; la tercera es la progresividad. Estamos realmente ante lo que en Derecho Internacional se llaman obligaciones de comportamiento, que sólo implican el compromiso de poner los medios para alcanzar un resultado y que dejan amplios márgenes de discrecionalidad a su destinatario. Consiguientemente, el control de su cumplimiento no puede ser muy estricto.

Y justamente la especial naturaleza de los derechos económicos, sociales y culturales determina que los medios de protección sean intergubernamentales y radiquen en la sumisión de informes. Efectivamente, según el artículo 16, los Estados partes se comprometen a presentar informes sobre las medidas adoptadas y los progresos realizados en orden a la satisfacción de los derechos en cuestión. Informes que, presentados por etapas, se dirigen al Secretario General de las Naciones Unidas, quien los transmite al Consejo Económico y Social para examen; y este órgano los puede remitir a su vez a la Comisión (hoy Consejo) de Derechos Humanos para estudio y recomendaciones de carácter general, no particulares. Hay que señalar que que por su resolución 1.985/17, de 28 de mayo, el Consejo Económico y Social creó un Comité de derechos económicos, sociales y culturales, con el mandato de examinar los referidos informes aunque no facultado para recibir y examinar peticiones individuales. Sin embargo, desde 1990 el Comité estudiaba la posibilidad de adoptar un Protocolo Facultativo que admita este tipo de peticiones —además de comunicaciones interestatales e investigaciones confidenciales—, instrumento finalmente aprobado por la Asamblea General el 10 de diciembre de 2008. En la primavera de 2016, el Protocolo había sido ratificado por 21 países, entre ellos España (el 23 de septiembre de 2010), y entró en vigor el 5 de mayo de ese año[13 bis]. En todo caso, en el actual procedimiento,

[13 bis] Sobre la importancia del Protocolo, véase el trabajo de la profesora R. RIQUELME CORTADO en *R.E.D.I.*, 2014, vol. 2, pp. 11 ss.

un resumen de los informes, las preguntas y las observaciones se hace constar en informe presentado al Consejo Económico y Social y a la Asamblea General; informe este último de carácter público y en esta publicidad, y en la presión moral y política que ella pueda generar, reside la eficacia del sistema.

En cuanto a los derechos civiles y políticos, dice el párrafo 1 del artículo 2 del Pacto respectivo:

> Cada uno de los Estados partes en el presente Pacto se compromete a respetar y garantizar a todos los individuos que se encuentren en su territorio y estén sometidos a su jurisdicción los derechos reconocidos en el presente Pacto, sin distinción alguna de raza, color, sexo, idioma, religión, opinión política o de otra índole, origen nacional o social, posición económica, nacimiento o cualquier otra condición social.

Ello quiere decir que la actitud que se espera del Estado respecto a los derechos que ahora nos ocupan es la de respeto y la de garantía. No es, pues, del todo exacta la afirmación que se ha hecho a veces de que los derechos civiles y políticos sólo requieren respeto —es decir, abstenciones— por parte del Estado; también exigen garantías de su respeto y esta idea evoca prestaciones positivas en los órdenes legislativo, ejecutivo y judicial. Pero en todo caso, y a diferencia del supuesto anterior, la obligación de respeto y garantía no está sujeta a condicionamientos ni modulaciones, y se presta por ello no sólo a control por vía de informes, sino también a protección por medio de reclamaciones. Nos encontramos ahora frente a obligaciones de resultado y el control de su cumplimiento puede ser más estricto y eficiente.

Y es así como la especial naturaleza de los derechos civiles y políticos determina los medios de protección. Los procedimientos son tres, de ellos uno obligatorio y dos opcionales. El obligatorio consiste en la presentación de informes; los opcionales se ponen en marcha en virtud de reclamaciones. Pero en materia de control el Pacto no sólo contiene disposiciones procesales, sino también institucionales, ya que crea un órgano, el Comité de Derechos Humanos, al que asigna funciones específicas. Este órgano es distinto de la antigua Comisión de Derechos Humanos, de la que hablaremos más adelante; si ésta tiene carácter intergubernamental, el Comité se integra por dieciocho personas que actúan a título personal y que son elegidas por una conferencia de los Estados partes en el Pacto.

El primer procedimiento de control consiste en la obligación que según el artículo 40 del Pacto asumen los Estados partes de presentar informes sobre las disposiciones adoptadas para dar efecto a los derechos reconocidos y sobre los progresos realizados en cuanto al disfrute de los mismos. Los informes se presentan al Secretario General de las Naciones Unidas quien los transmite al Comité para su examen. El Comité los discute y estudia y los remite con los comentarios generales que estime oportunos a los Estados partes. Estos podrán estar representados en la discusión del informe que hayan sometido y hacer observaciones a los comentarios generales. Un resumen de estas actividades se hace público en el informe del Comité al Consejo Económico y Social y a la Asamblea General (art. 45).

El segundo procedimiento se pone en marcha por la reclamación que hace un Estado parte de que otro Estado parte no ha cumplido las obligaciones del Pacto (art. 41), siempre que uno y otro hayan aceptado la competencia del Comité de

Derechos Humanos a este respecto. No estamos, pues, ante un procedimiento cuya obligatoriedad derive automáticamente de la manifestación del consentimiento en obligarse por el Pacto, sino que requiere la aceptación *ad hoc* e independiente de la competencia del Comité. Si la reclamación reúne determinados requisitos de admisibilidad, el Comité puede prestar sus buenos oficios entre los dos Estados con miras a alcanzar una solución amistosa; si ésta no se consigue el Comité presentará un informe de los hechos y de las exposiciones verbales y escritas de los Estados partes. Y cabe entonces que actúe una comisión de conciliación que emite a su vez un informe que, por supuesto, no es obligatorio (art. 42). En todo caso, el Comité debe incluir en su informe al Consejo Económico y Social y a la Asamblea General un resumen de estas actividades (art. 45). España ha aceptado a partir del 17 de abril de 1985 la competencia del Comité en virtud del artículo 41 del Pacto, es decir, para los casos de reclamaciones procedentes de otros Estados que hayan hecho la misma declaración[14].

El tercer procedimiento se basa en reclamaciones individuales de las personas que hayan sido víctimas de las violaciones del Pacto, y tiene, como el anterior, carácter opcional, pues para su viabilidad es preciso que el Estado demandado haya manifestado su consentimiento en obligarse por el Protocolo Facultativo del Pacto (113 Estados en 2011), que establece la competencia del Comité de Derechos Humanos a estos efectos. La reclamación individual está sometida a determinados requisitos de admisibilidad, y cumplidos éstos a satisfacción del Comité, la demanda se transmite al Estado demandado para que presente observaciones. El Comité examina las demandas en sesiones confidenciales y el procedimiento acaba con la presentación de observaciones al Estado parte y al individuo. Pero dado que, según el artículo 6 del Protocolo el Comité debe incluir en su informe anual al Consejo Económico y Social y a la Asamblea General un resumen de sus actividades en esta materia, y habida cuenta de que tal informe es público, la eficacia del sistema radica de nuevo en la presión moral y política que dicha publicidad pueda engendrar. En todo caso, el Comité de Derechos Humanos ha podido construir ya un interesante cuerpo jurisprudencial, tanto en cuestiones de admisibilidad como en cuestiones de fondo[15].

e) No acaban aquí los mecanismos institucionales de la Organización de las Naciones Unidas en pro de la defensa de los derechos humanos. Aparte de la labor general de la Asamblea General —a través fundamentalmente de su tercera comisión— y del Consejo Económico y Social, cuyas actuaciones en este terreno tienen perfiles no sólo humanitarios sino también políticos, están las actividades de la antigua Comisión de Derechos Humanos, órgano de carácter intergubernamental creado por el Consejo Económico y Social, y compuesto por 53 representaciones de Estados miembros.

Otro instrumento importante de la Asamblea General es el de la solicitud de opiniones consultivas al Tribunal Internacional de Justicia vinculadas a los dere-

---

[14] La aceptación de España en el *B.O.E.* de 17 de abril de 1985.

[15] Véase J. Dhommeux, «Le Comité des Droits de l'Homme. Dix ans de jurisprudence (25 août 1977-9 juillet 1987)», en *A.F.D.I.*, 1987, pp. 447 ss.; y D. McGoldrick, *The Human Rights Committee. Its role in the developmment of the International Covenant on Civil and Political Rights*, Oxford, 1991.

chos humanos, como la resolución 77/276, de 29 de marzo de 2023, por la que se pregunta al órgano judicial sobre las obligaciones que tienen los Estados frente al cambio climático, lo que puede redundar en la progresiva configuración de un derecho del individuo al medio ambiente saludable.

En una primera y larga fase (1946-1967) la Comisión concentró principalmente sus trabajos en la elaboración de instrumentos internacionales. Es cierto que desde el primer momento llegaron a la Comisión comunicaciones sobre violaciones de los derechos humanos, pero en su primera sesión (1946) estimó que «no estaba habilitada para tomar medida alguna» respecto a esas comunicaciones, punto de vista que fue aprobado por el Consejo Económico y Social en 1947. Pero esta situación iba a cambiar a partir de 1967, pues en dicho año este Consejo adopta la resolución 1.235 (XLII), completada en 1970 por la 1.503 (XLVIII), estableciendo una y otra un procedimiento en virtud del cual la Comisión puede conocer de comunicaciones sobre violaciones masivas y flagrantes de los derechos humanos en países determinados; procedimiento de carácter confidencial, basado en la cooperación del Estado afectado y que ha permitido a éste desviarlo de su objetivo primordial[16]. El Consejo de Derechos Humanos, del que enseguida hablaremos, intenta reactivar el procedimiento bajo la denominación de «procedimiento de denuncias» (resolución 5/1).

Más importancia han presentado sin duda otros procedimientos iniciados por la Comisión, los llamados *procedimientos públicos especiales,* basados en la resolución 8 (XXIII) de la propia Comisión y en la resolución 1.235 (XLII) adoptada en 1967 por el Consejo Económico y Social, aplicables asimismo a situaciones de violaciones masivas y flagrantes de los derechos humanos. Procedimientos que se dividen en dos categorías, por países y por fenómenos, y que se caracterizan por la institución de órganos especiales de investigación, bien colectivos (grupos de trabajo), bien individuales (relatores especiales, enviados especiales, representantes especiales, expertos). Estos órganos llevan a cabo una encuesta sobre la situación de los derechos humanos de un país o sobre un fenómeno determinado de violación de derechos humanos (ejecuciones sumarias, tortura y otros), que se concreta en un informe, sobre cuya base la Comisión (desde 2006, el Consejo, como veremos) adopta una resolución. La resolución no es, por supuesto, obligatoria desde el punto de vista jurídico, aunque, apoyada en la publicidad de todo el procedimiento y en la representatividad de la Comisión, ejerce una presión política y moral que puede contribuir al restablecimiento de la situación. Es lo que la doctrina especializada denomina la «movilización de la vergüenza». Resulta imposible ignorar que al ser la Comisión un órgano intergubernamental, compuesto de representantes de los gobiernos de los Estados miembros, su acción se tiñe en buena parte de motivaciones políticas y no sólo humanitarias. Manifestación importante de esa politización es la selectividad de que hace gala la Comisión al elegir los países que son objeto de un procedimiento

---

[16] Véase J. B. MARIE, *La Commission des Droits de l'homme de l'O.N.U.,* París, 1975, y, también suya, «La pratique de la Commission des Droits de l'homme de l'O.N.U. en matière de violation des droits de l'homme», en *Revue Belge de Droit International,* vol. X, 1980, 2, pp. 369-370; M. J. BOSSUYT, «The Development of Special Procedures of the United Nations Commission on Human Rights», en *Human Rights Law Journal,* 1985, pp. 179 ss.

público especial, bien entendido que estamos ante una selectividad negativa o por omisión más que positiva o por inclusión. Queremos decir con ello que la Comisión ha tenido razón en los procedimientos públicos que ha incoado, porque se trataba de situaciones que sin duda los merecían, pero que por razones políticas ha dejado de instituir procedimientos respecto a otras situaciones que requerían una acción semejante. En este orden de ideas, la acción de la Comisión ha adolecido a veces del estigma de la doble moral o del doble estándar. Pese a ello, una valoración global de los procedimientos públicos especiales arroja resultados favorables, ya que en su conjunto han contribuido a desencadenar una serie de presiones sobre los países sujetos a procedimiento que han demostrado ser eficaces. Así, cuando termina en 1990 el procedimiento público especial entablado respecto a Chile desde 1975, las nuevas autoridades reconocieron expresamente en la propia Comisión que el procedimiento había ayudado al restablecimiento en el país de la democracia y el respeto a los derechos humanos[17]. Por su resolución 5/1, el Consejo de Derechos Humanos —del que hablamos a continuación— mantiene los rasgos esenciales de estos procedimientos, a los que denomina sin más «procedimientos especiales».

En cuanto al desempeño de funciones por la Comisión de derechos humanos y en relación con la idea de su tendencia a la politización, debemos referirnos a la valoración crítica pero justa que hizo el Secretario General de las Naciones Unidas en su informe de 2005 sobre el Fortalecimiento de la Organización. Se deja constancia en él, efectivamente, de la disminución de la credibilidad y profesionalismo de la Comisión de derechos humanos, porque existen Estados que una vez miembros de ella se preocupan más de hacer frente a las críticas que de proteger los derechos fundamentales de todos. Lo cierto es que por la resolución 60/25 de la Asamblea General, de 15 de marzo de 2006, respaldada por el voto favorable de 170 delegaciones, se acordó sustituir la Comisión por un Consejo de Derechos humanos, integrado por 47 delegaciones de Estados miembros y con previsión de varias reuniones anuales en lugar de una sola como hacía la antigua Comisión. Punto importante de la resolución es que la participación de los países miembros del Consejo que violen masiva y sistemáticamente los derechos humanos podrá ser suspendida por la Asamblea General. Otras disposiciones de interés a señalar en cuanto concebidas para evitar o paliar la selectividad que impregnó los trabajos de la antigua Comisión, son las concernientes a la instauración de un llamado examen periódico universal de la situación de los derechos humanos en todos y cada uno de los países miembros de las Naciones Unidas. En el sexto período de sesiones del Consejo (otoño de 2007) se fijó el calendario de ese examen para el período comprendido entre

---

[17] J. A. PASTOR RIDRUEJO, «La acción de la Comisión de Derechos Humanos de las Naciones Unidas ante las violaciones de los derechos del hombre», en *Anuario de Derechos Humanos,* 1982, pp. 317 ss.; «La protección de los derechos humanos en las Naciones Unidas: aspectos humanitarios y políticos», en *Cursos de Derecho Internacional de Vitoria-Gasteiz,* 1989, pp. 17 ss.; y «Les procédures publiques spéciales de la Comission des Droits de l'Homme des Nations Unies», en *R. des C.,* 1991, vol. 228.

[17 bis] Sobre las negociaciones relativas a la creación del Consejo y sobre sus características y funciones, véase C. ZANGHI, «El nuevo Consejo de Derechos Humanos», *R.E.D.I.*, vol. LVII, 2005-2, pp. 695 ss.; y E. LÓPEZ JACOISTE, «El nuevo Consejo de Derechos Humanos de la ONU: ¿una reforma cosmética?», *R.E.D.I.,* 2006, 1, pp. 569 ss.

2008 y 2010. En fin, también se debe valorar positivamente la mayor flexibilidad de que disfruta el Consejo en orden a la convocatoria de sesiones de urgencia. Aun reconociendo que el nuevo órgano puede ser más eficaz que el anterior, la duda es si conseguirá escapar de los malos hábitos y de la politización que aquejaron a este último[17 bis].

22.2. La protección de los Derechos Humanos en el viejo continente: la obra del Consejo de Europa

a) El Consejo de Europa, organización internacional de Europa occidental creada el día 5 de mayo de 1949, constituye fundamentalmente una comunidad ideológica, basada en el triple pilar de democracia parlamentaria, Estado de Derecho y respeto a los derechos del hombre. Precisamente por ello y por la homogeneidad política reinante entre los Estados miembros así como por el generalmente alto nivel de respeto hacia tales derechos, es en el ámbito de dicha organización donde más lejos se ha llegado en el campo de la protección internacional de los derechos del hombre.

De un modo general, la obra del Consejo de Europa en este terreno puede dividirse en dos grandes categorías bien definidas: derechos civiles y políticos, de una parte, y derechos económicos, sociales y culturales, de otra. La primera categoría de derechos está protegida en la *Convención de salvaguardia de los derechos del hombre y de las libertades fundamentales,* firmada en Roma el día 4 de noviembre de 1950, y que ha sido completada por once protocolos adicionales, en la que es parte España[18]. La segunda categoría de derechos es objeto de protección en la *Carta Social Europea,* firmada en Turín el día 18 de octubre de 1961, en la que también es parte España[19]. Y si lo realmente importante en materia de protección internacional de los derechos del hombre viene constituido por los mecanismos de control y garantía puestos a disposición de los particulares ante instancias internacionales, hay que decir que la Convención de Roma ha llegado mucho más lejos que la Carta de Turín, estado de cosas que se explica por la especial naturaleza de los derechos protegidos. Y es que realmente, tanto desde el punto de vista político como técnico-jurídico, los derechos civiles y políticos se prestan a un tipo de protección mucho más eficaz, satisfactorio y avanzado que los derechos económicos, sociales y culturales, como tendremos ocasión de comprobar en las líneas que siguen, en las que vamos a estudiar separadamente y con algún detenimiento la Convención de Roma y la Carta de Turín.

Los instrumentos citados son los tradicionales y los más importantes y conocidos de la obra del Consejo. Pero no hay que silenciar que en la última década del siglo pasado, la incorporación de nuevos países con problemas particulares en materia de derechos humanos impulsó la creación de dos nuevos mecanismos

[18] Ratificado por España el 4 de octubre de 1979. *B.O.E.* de 10 de octubre de 1979.

[19] *B.O.E.* n.º 153, de 26 de junio de 1980. La ratificación es del 29 de abril anterior. Véase *Council of Europe. Legal Affairs,* «Charte Showing Signatures and ratifications of Conventions and Agreements Concluded within the Council of Europe», Estrasburgo, 1987, p. 21.

protectores de naturaleza muy distinta a los mencionados en el párrafo anterior. Estamos en efecto ante procedimientos que versan sobre *situaciones* más que sobre violaciones aisladas y específicas. Se trata en primer lugar de la acción de la Asamblea parlamentaria, que desde 1993 y sobre una base pragmática y empírica vela a través de resoluciones por que los nuevos Estados —los del centro y este de Europa admitidos al Consejo en aquella década— respeten los compromisos que asumieron al entrar acerca de la instauración de la democracia y del estado de Derecho (*rule of law*)[19 bis]. Y hablamos en segundo lugar de la creación por resolución del Comité de Ministros del día 7 de mayo de 1999 de la figura del Comisario europeo de derechos humanos, instancia no judicial, que además de fomentar la promoción y sensibilización en la materia, redacta y presenta informes al Comité de Ministros y a la Asamblea parlamentaria. Está claro que esos informes no versan sobre violaciones aisladas y específicas sino sobre situaciones y que para la erradicación o mejora de las mismas generan presión política y moral[19 ter].

b) Efectivamente, en el sistema de la *Convención de Roma* y sus protocolos adicionales se protegen fundamentalmente derechos civiles y políticos, aunque se salvaguardan también algunos de carácter social y cultural.

De esta limitación en cuanto a los *derechos protegidos* fueron plenamente conscientes los Estados que elaboraron la Convención de Roma, pues aun cuando ésta se inspire, y así se hace constar en el preámbulo, en la Declaración Universal de las Naciones Unidas, aquellos Estados expresan su propósito de «asegurar la garantía colectiva de ciertos derechos enunciados en la Declaración universal». No, por tanto, de todos los derechos proclamados por la Asamblea General de las Naciones Unidas, sino tan sólo algunos de ellos, que son fundamentalmente los derechos civiles y políticos. Ha dicho por ello el Tribunal de los Derechos humanos, en el *asunto Golder* que la Convención tiene carácter selectivo[20].

En este sentido, un estudio de la Convención de 1950 y sus protocolos adicionales, nos muestra que los *derechos protegidos* son en síntesis los siguientes: derecho a la vida (art. 2); prohibición de la tortura, penas o tratos crueles, inhumanos o degradantes (art. 3); prohibición de la esclavitud o servidumbre, así como determinados trabajos forzosos u obligatorios (art. 4); derecho a la libertad y seguridad (art. 5); derechos jurisdiccionales en materia civil y garan-

---

[19 bis] Véase Y. GAMARRA CHOPO, *Doce años de esfuerzo por la democracia en Europa. El mecanismo de control de la Asamblea parlamentaria del Consejo de Europa, 1993-2005*, Granada, 2006.

[19 ter] N. STOFFEL VALLOTTON, «El Comisario de derechos humanos del Consejo de Europa: la aparición de un nuevo órgano de promoción y control de los derechos humanos», en *Estudios de Derecho internacional en homenaje al profesor Ernesto J. Rey Caro*, Córdoba (Argentina), 2002, pp. 799 ss.

[20] *Yearbook of the European Convention on Human Rights*, vol. 14, pp. 416 ss. Sobre la Convención, véase F. G. JACOBS, *The European Convention on Human Rights*, Oxford, 1975; P. A. FERNÁNDEZ SÁNCHEZ, *El Convenio Europeo de Derechos Humanos y su ámbito de aplicación*, Sevilla, 1987; Sir J. FAWCET, *Application of the European Convention on Human Rights*, Oxford, 1987; J. A. CARRILLO SALCEDO, «El sistema jurisdiccional europeo de protección de los derechos humanos: la Comisión y el Tribunal Europeo de Derechos Humanos», en *Derechos Humanos*, Consejo del Poder Judicial, Madrid, 1988, pp. 23 ss.; *El Convenio europeo de derechos humanos*, Tecnos, Madrid, 2003; A. PASTOR PALOMAR, «El Convenio europeo de 4 de noviembre de 1950», en *Derecho Internacional de los derechos humanos*, libro coordinado por C. FERNÁNDEZ DE CASADEVANTE, Madrid, 2000, pp. 129 ss.

tías procesales en el proceso criminal (art. 6); prohibición de la irretroactividad de las leyes penales (art. 7); derecho de protección de la vida privada y familiar, domicilio y correspondencia (art. 8); derecho a la libertad de pensamiento, conciencia y religión (art. 9); libertad de opinión, expresión e información (art. 10); libertad de reunión pacífica, asociación y fundación de sindicatos (art. 11); y derecho a contraer matrimonio y fundar una familia (art. 12). El primer protocolo adicional, de 20 de marzo de 1952, establece el derecho a la propiedad (art. 1), el derecho a la instrucción (art. 2) y la obligación para los Estados de organizar a intervalos razonables elecciones libres con escrutinio secreto (art. 3). El cuarto protocolo adicional, de 16 de septiembre de 1963, establece por su parte la prohibición de privación de libertad por la única razón de no poder ejecutar una obligación contractual (art. 1); el derecho a la libre circulación en el país de residencia y a abandonar cualquier país, incluso el propio (art. 2); la prohibición de expulsión de un ciudadano propio o no admitirle en el país (art. 3); y la prohibición de expulsiones colectivas de extranjeros (art. 4). El sexto Protocolo se refiere a la abolición de la pena de muerte. El séptimo enuncia los siguientes derechos: garantías procesales en caso de expulsión de extranjeros, doble grado de jurisdicción en materia penal, indemnización en caso de error judicial, a no ser juzgado o castigado dos veces por el mismo delito e igualdad entre cónyuges. Por su parte, el Protocolo número 12 hace de la discriminación una violación autónoma de la Convención. España se ha adherido a este último Protocolo el día 25 de enero de 2008 (*B. O. E.* de 14 de marzo siguiente) y lógicamente tal adhesión provocará un aumento de las demandas contra nuestro país. Asimismo, el Protocolo número 13 relativo a la abolición de la pena de muerte en todas las circunstancias (*B. O. E.* de 30 de marzo de 2010).

Es de señalar que en la Convención y en sus Protocolos existen limitaciones a los derechos garantizados. De ellas unas son específicas en cuanto que están autorizadas en los artículos que definen los derechos; han de ser establecidas por vía de ley y deben de constituir medidas necesarias, en una sociedad democrática, para la seguridad pública, la protección del orden, de la salud o moral pública, o la protección de los derechos y libertades de los demás. La posibilidad de derogación general está prevista en el artículo 15 en caso de guerra o de otro peligro público que amenace la vida de la nación bien entendido que tal derogación general no puede alcanzar el derecho a la vida y otros derechos básicos.

c) Es interesante destacar la manera cómo se ha interpretado la Convención en caso de duda sobre el sentido exacto de un artículo y más concretamente sobre la existencia o no de un derecho específico. En tales supuestos surge la cuestión de si habrá de interpretarse la Convención en un sentido restrictivo, favorable a la soberanía del Estado, o en un sentido extensivo, favorable a los derechos de los individuos.

Y resulta del mayor interés, en el marco de la configuración de un derecho a un medio ambiente saludable, la sentencia de 9 de abril de 2024 en el asunto *Verein Klimaseniorinnen Schweiz y otros c. Suiza*, porque el Tribunal determinó la existencia de una violación del artículo 8 del Convenio de Roma (derecho al respeto a la vida privada y familiar de la persona), así como del artículo 6 (derecho a un proceso equitativo), ante la falta de adopción por el Estado de medidas positivas de lucha contra el cambio climático.

La cuestión de si debe reconocerse un derecho a la persona humana, no declarado expresa y nítidamente en algún artículo de la Convención, se ha suscitado particularmente en relación con el derecho de acceso a los tribunales. El artículo 6, efectivamente, proclama unas garantías procesales mínimas para los procedimientos civiles y criminales, pero su tenor literal no contempla el derecho de acceso a los tribunales. ¿Deberá reconocerse tal derecho cuando se invoque dentro de los cauces procesales de la propia Convención? En el caso *Golder,* la Comisión se pronunció de manera clara en favor de la existencia de tal derecho[21], y llevado el asunto ante el Tribunal, éste declaró que el derecho de acceso ante un tribunal constituye un elemento inherente al derecho enunciado en el artículo 6[22]. Prevaleció, pues, una interpretación extensiva de la Convención.

La cuestión se ha planteado también con respecto al artículo 14 de la Convención que proclama el principio de no discriminación. La duda surgida al respecto era la siguiente: si para que exista infracción del artículo 14 se necesita violación de alguno de los otros artículos de la Convención relativos a los derechos protegidos, o si cabía por el contrario una violación autónoma del principio de no discriminación. En el *asunto relativo a ciertos aspectos del régimen lingüístico de la enseñanza en Bélgica,* el Tribunal se pronunció por la posibilidad de violación autónoma del artículo 14, es decir llevó a cabo una interpretación igualmente extensiva de la Convención[23].

Y en este tipo de interpretación, favorable a los derechos del hombre y contrario a la soberanía del Estado, cabría apreciar una cierta manifestación del carácter de *ius cogens* que tienen las normas internacionales sobre la protección de los derechos del hombre[24].

En fin, desde el inicio de sus actuaciones en 1959, el Tribunal ha sentado en su jurisprudencia los grandes principios de interpretación de la Convención, a saber y fundamentalmente: autonomía de las nociones de «litigios sobre derechos y obligaciones de carácter civil» y «acusaciones en materia penal» (art. 6 de la Convención); atribución de un margen de apreciación a las jurisdicciones

---

[21] *Yearbook,* cit.

[22] Vid. R. PELLOUX, «L'affaire Golder devant la Cour européenne des droits de l'homme», en *Annuaire Français de Droit International,* 1975, pp. 330 ss.

[23] *Affaire rélative à certains aspects du régime linguistique de l'ensignement en Belgique (fond),* Cour européenne des droits de l'homme, D. H., Serie A, sentencia de 23 de julio de 1968; véase CHUECA SANCHO, «No discriminación en la Convención europea de derechos humanos», en *Revista Instituciones Europeas,* 1979, vol. 6, n.º 1, pp. 29 ss.

[24] J. A. PASTOR RIDRUEJO, «La Convención europea de los derechos del hombre y el *ius cogens* internacional», en *Libro Homenaje al profesor Miaja de la Muela,* Madrid, 1979, pp. 581 ss. Sobre los grandes principios jurisprudenciales de interpretación de la Convención, véase J. A. PASTOR RIDRUEJO, «La reciente jurisprudencia del Tribunal europeo de derechos humanos: temas escogidos», en *Cursos de Derecho Internacional y Relaciones Internacionales de Vitoria-Gasteiz*, 2007, pp. 239 ss. Sobre la obligatoriedad de las medidas cautelares adoptadas por el Tribunal Europeo de Derechos Humanos», véase el artículo del mismo autor en *Soberanía del Estado y Derecho Internacional. Homenaje al profesor Juan Antonio Carrillo Salcedo,* Sevilla, 2005, pp. 1001 ss. En cuanto a las sentencias piloto, J. ABRISKETA URIARTE, «Las sentencias piloto: el Tribunal Europeo de Derechos Humanos, de Juez a Legislador», *R.E.D.I.*, 1213,1, pp. 73 ss.

y otras autoridades nacionales; obligaciones positivas de los Estados; derechos efectivos y no ilusorios; interpretación evolutiva de la Convención; y principio de proporcionalidad, lo que quiere decir que para dar por buenas las interferencias en el disfrute de derechos y libertades fundamentales (derecho a la vida privada y familiar, libertades de pensamiento, opinión, conciencia, religión, expresión, reunión y asociación: arts. 8 a 11 de la Convención) debe existir una relación razonable de proporcionalidad entre el medio empleado y el fin perseguido.

En el marco de la dialéctica derechos humanos *versus* soberanía del Estado, sólo en el supuesto de aplicación de la doctrina del margen de apreciación se inclina el Tribunal por la defensa de esta soberanía. En el resto de los principios jurisprudenciales, la opción es por interpretaciones de la Convención favorables a los derechos humanos. Es este también el caso de la sentencia de la Gran Sala de 4 de febrero de 2005 (*Mamatkutlov y Abdurasulovic contra Turquía*), en la que dando un importante giro jurisprudencial el Tribunal atribuye efectos jurídicos obligatorios a la indicación de medidas provisionales, y ello pese a una doble circunstancia: primera que la facultad de indicar ese tipo de medidas no figura en la Convención sino en el Reglamento elaborado y aprobado por los jueces; y segunda que al negociar la Convención los Estados no consintieron que se incluyese en ella la previsión de indicación de medidas cautelares. Desde mi punto de vista, la indicación de tales medidas sólo produce obligatoriedad moral y política. Entiendo además que, dado el valor preventivo de las mismas, sería altamente deseable prever su efecto jurídico vinculante en un Protocolo adicional a la Convención.

Procedimiento muy interesante es el relativo a las llamadas «sentencias piloto», aplicado por el Tribunal a partir de la sentencia recaída el 22 de junio de 2004 en el caso *Broniowski c. Polonia*. Se trata, en efecto, de hacer frente a una situación sistémica contraria a la Convención y que es originada por la legislación estatal o por una práctica administrativa generalizada, estado de cosas que implica que la violación de un derecho convencional afecte no sólo a una sino a varias e incluso a muchas personas. Ante esa situación, lo que se propone la sentencia piloto es identificar los defectos de la legislación nacional o de la práctica administrativa en cuestión, requiriendo al Estado demandado a que adopte medidas generales compatibles con la Convención y precisando en su caso los puntos más concretos que han de ser incluidos en aquella legislación. Y es importante señalar que desde el punto de vista procedimental, cada sentencia piloto produce el efecto de la suspensión de los procesos sobre casos idénticos, los llamados «casos clónicos». Hagamos notar que justamente por esta consecuencia, la práctica que nos ocupa puede contribuir a aliviar la agobiante carga de trabajo que desde hace años y, como diremos enseguida, pesa sobre el Tribunal. Y digamos también por todas estas razones que es muy acertado el título que pone la profesora JOANA ABRISKETA al riguroso trabajo que dedica al tema: «Las sentencias piloto: el Tribunal europeo de derechos humanos, de juez a legislador».

d) Y vamos a examinar ya los mecanismos de protección de los derechos humanos que estableció la Convención de Roma en su versión original de 1950, hoy enmendada. A este respecto la Convención creó dos órganos: la Comisión europea de los derechos del hombre y el Tribunal Europeo de los derechos del hombre. La Convención prevé también la intervención del Secretario General del Consejo de Europa y del Comité de Ministros. Las competencias de control del Secretario General aparecen en el artículo 57 de la Convención, según el cual todo Estado parte está obligado a suministrar, a requerimiento de aquél, las explicaciones pertinentes sobre la manera en que su Derecho interno asegura la aplicación efectiva de cualquier disposición de la Convención, sistema que ha sido llevado a la práctica en pocas ocasiones. A las competencias del Comité de Ministros nos referiremos posteriormente.

La *Comisión* estaba formada por tantos miembros como Estados partes en la Convención, y como veremos desempeñaba funciones de encuesta y conciliación, teniendo también la facultad de llevar un asunto al Tribunal. Pero interesa determinar cómo se ponían en marcha las funciones de la Comisión.

A este respecto la Convención de Roma distinguía dos supuestos: 1.º) denuncia que hace un Estado parte de cualquier infracción de las disposiciones de aquella que crea poder imputar a otro Estado parte (art. 24); 2.º) demanda presentada por cualquier persona física, organización no gubernamental o grupo de particulares que se considere víctima de violación por un Estado parte de alguno de los derechos reconocidos en la Convención (art. 25). Ahora bien, así como la Comisión tenía competencia automática para conocer de las denuncias de los Estados partes en virtud del artículo 24, tal competencia automática no la reconocía la propia Convención para los supuestos de reclamaciones según el artículo 25. En este segundo supuesto —reclamaciones de personas físicas, organizaciones no gubernamentales o grupos de particulares— la Comisión sólo tenía competencia en el caso de que el Estado parte la haya reconocido por acto expreso independiente de la ratificación o adhesión.

Tanto en el supuesto del artículo 24 como en el del artículo 25 la Comisión no podía ser requerida más que si había habido previo agotamiento de los recursos internos, tal como se entiende este requisito según el Derecho Internacional General. Pero en el supuesto del artículo 25 —reclamaciones de personas físicas, organizaciones no gubernamentales o grupos de particulares— las demandas estaban además sometidas a otros requisitos de admisibilidad, a saber: no deben de ser anónimas, no deben de ser esencialmente idénticas a otras reclamaciones ya examinadas por la Comisión u otra instancia internacional de encuesta y conciliación (a no ser que contengan hechos nuevos), y no deben de ser incompatibles con la Convención o manifiestamente mal fundadas o abusivas (art. 27).

Si la Comisión llegaba a admitir la demanda, lo primero que tenía que hacer es determinar los hechos. Para ello procedía a un examen contradictorio con los representantes de las partes y, si había lugar, a una encuesta, en cuyo caso los Estados interesados debían de proporcionar las facilidades necesarias. Después, la Comisión intentaba un arreglo amistoso —función de conciliación—, pero siempre inspirándose «en el respeto a los derechos del hombre tal como los reconoce la presente Convención» (art. 27). El arreglo amistoso plasmaba en un informe, limitado a una breve exposición de hechos y de la solución adoptada (art. 30). Pero cabía que la Comisión no llegase a un arreglo amistoso, en cuyo caso redactaba un informe en el que se hacían constar los hechos y en el que se emitía un dictamen sobre si existía o no violación de la Convención (art. 31). El informe se transmitía al Comité de Ministros del Consejo de Europa y entonces eran dos las posibilidades que se abrían: llevar el asunto al Tribunal o intervención del propio Comité de Ministros. Efectivamente, en los tres meses siguientes a la transmisión de aquel informe, se podía someter la cuestión al Tribunal siempre que el Estado parte interesado, o los Estados parte interesados, hubiesen reconocido la competencia del Tribunal conforme al artículo 46. Reconocimiento optativo, que era independiente de la ratificación de la Convención o de la adhesión a ella. El asunto podía ser llevado al Tribunal por la Comisión, por el Estado parte de nacionalidad de la víctima, por el Estado parte que hubiese presentado el caso ante la Comisión, y por el Estado parte demandado (art. 48). Pero no por el individuo lesionado en sus derechos, al que la Convención no reconocía *ius standi* ante el Tribunal. Y el Tribunal, compuesto por un número de jueces igual al de Estados miembros del Consejo de Europa, dictaba sentencia motivada, obligatoria y definitiva, en la que podía declarar que la medida o decisión tomada por una autoridad de un Estado parte era total o parcialmente incompatible con la Convención, y si el Derecho interno de tal Estado no permitía suprimir más que de manera imperfecta las consecuencias de tal medida o decisión podía conceder a la parte lesionada una reparación equitativa (art. 50). Sin embargo, si en los tres meses siguientes a la remisión del informe de la Comisión al Comité de Ministros, no se hubiera sometido el asunto al Tribunal, dicho Comité podía determinar, por voto mayoritario de dos tercios, si había habido o no violación de la Convención, y en caso afirmativo decidir las medidas que debían de ser tomadas por el Estado parte interesado. Tal decisión era obligatoria (art. 32).

Son éstos, en apretada síntesis, los mecanismos de protección que articulaba la versión original de la Convención de Roma[25]. Mecanismos realmente avanzados en cuanto que contemplan la posibilidad de recurso de un particular ante un órgano internacional de control, como es la Comisión.

e) Pero en el inicio de la década de los noventa el mecanismo estaba realmente saturado, hasta el punto de que en 1993 la duración media de tramitación de un caso era de cinco años y ocho meses (cuatro años y tres meses en la Comisión, un año y cinco meses en el Tribunal), lo que ciertamente no concordaba con la regla de la propia Convención que exige a los Estados partes un plazo razonable en la sustanciación de los procedimientos judiciales. Y a esta circunstancia se añadía el hecho de que en 1950 el mecanismo de protección fue diseñado para un número reducido de Estados y no para el supuesto que ahora se presentaba de una participación mucho más amplia (cerca de cuarenta Estados), resultante

[25] Véase M. DIEZ DE VELASCO, *Órganos de protección de la Convención Europea de los derechos del hombre,* Temis, 1959, pp. 95-118. Hay que señalar que hasta fines de 1983 fueron 12 las reclamaciones de Estado a Estado presentadas ante la Comisión y que el número de reclamaciones individuales fue muchísimo mayor, hasta el punto de que sólo en 1982 fue de 590 y en 1983 de 499 (véase H. PETZOLD, *La Convention éuropenne des Droits de l'Home,* Colonia, 1984, pp. 503 ss.) cifras que dan fe del éxito de la Convención. Un análisis vívido pero riguroso del Tribunal y de lectura aconsejable es el libro de su antiguo presidente, J. P. COSTA, *La Cour européenne des droits de l'homme. Des juges pour la liberté,* Dalloz, París, 2013. Sobre los casos principales resueltos por el Tribunal hasta el año 2000, véase V. BERGER, *Jurisprudence de la Cour européenne des Droits de l'Homme,* París, 2000.

en particular de la incorporación al sistema de los Estados de Europa central y oriental. De ahí que para preservar y mejorar la eficacia del mecanismo, el día 11 de mayo de 1994 se firmase en Estrasburgo el Protocolo número once a la Convención. El Protocolo, que es un instrumento de enmienda, reestructurada el mecanismo en los términos que vamos a analizar[26].

Rasgo principal de la reforma desde el punto de vista institucional es la fusión de la Comisión y del Tribunal en un solo órgano: el Tribunal que, eso sí, funciona no de manera ocasional sino de modo permanente. Y, para decidir un caso, el Tribunal se puede reunir en comités (de tres jueces), en salas (de siete jueces) o en gran sala (de diecisiete jueces). Otro rasgo igualmente destacable es que el Tribunal puede recibir directamente reclamaciones de particulares contra un Estado parte, y además sin que se necesite consentimiento *ad hoc* de éste; basta con que participe en la Convención (tal como resulta enmendada por el Protocolo que examinamos). Este rasgo merece igualmente una valoración positiva.

Presentada una reclamación por un Estado o un particular, se considera en primer término la cuestión de su admisibilidad (los requisitos sustantivos de ésta no han variado) a cuyos efectos al juez ponente puede proponer el examen de la cuestión bien por un Comité de tres jueces (que por unanimidad puede declarar la inadmisibilidad), bien por una Sala de siete jueces. Admitida la reclamación, la Sala se pone a disposición de las partes para llegar a un arreglo amistoso, siempre sobre la base del respeto de los derechos humanos. Si este arreglo no se consigue, la Sala dicta sentencia de fondo, que en principio es definitiva.

Pero, excepcionalmente, el caso puede someterse a una gran sala (de diecisiete jueces), bien por renuncia *motu proprio* de una sala, bien a petición de una de las partes. El primer supuesto tiene lugar, de conformidad con el artículo 30, cuando en un procedimiento pendiente, y antes de que se dicte sentencia, la sala estime, sin objeción de ninguna de las partes, que el asunto plantea una cuestión grave que afecta a la interpretación de la Convención o sus protocolos o cuando su resolución resulta contradictoria con una sentencia previa. El segundo supuesto tiene carácter de recurso porque se da, según el artículo 43, cuando dentro de los tres meses siguientes a la sentencia de la sala una parte pide, con carácter excepcional, que se envíe el asunto a decisión de la gran sala. Pero para que esta gran sala llegue a conocer del caso es necesario que, previamente, un colegio o panel de cinco jueces haya determinado que el caso plantea una cuestión grave que afecta a la interpretación o aplicación de la convención o sus protocolos o una cuestión grave de importancia general.

---

[26] Véase J. A. CARRILLO SALCEDO, «Vers la reforme du mecanisme de contrôle institué par la Convention Européenne des droits de l'homme», en *R. G. D. I. P.*, 1993, 3; H. GOLSONG, «On the Reform of the Supervisory System of the European Convention on Human Rights», en *H. R. L. J.*, 1992, pp. 265 ss.; y A. DRZEMCZEWSKI y J. MEYER-LADEWIG, «Principal characteristics of the new ECHR control mechanism, as established by Protocol No. 11, signed on 11 May 1994. A single European Court of Human Rigths is to replace the existing Commission and Court in Strasbourg», en *H. R. L. J.*, 1994, pp. 81 ss. El texto del Protocolo y el informe explicativo pueden verse en este último número del *H. R. L. J.*, pp. 86 ss. El instrumento de ratificación de España es de 28 de noviembre de 1996 (*B. O. E.* de 26 de junio de 1998). En cuanto al Protocolo 16, véase NURIA PASTOR PALOMAR, «La entrada en vigor del Protocolo número 16 al Convenio europeo de derechos humanos», *Revista General de Derecho Europeo*, 2019, pp. 47 ss.

La reforma descrita es efectiva desde el 1 de noviembre de 1998, día en que entró en vigor el Protocolo 11. En esa fecha se constituyó y empezó a funcionar el nuevo tribunal, cuyo futuro se contemplaba bajo una óptica combinada de esperanzas e incertidumbres. Esperanzas porque el órgano único ahorra recursos humanos y financieros, porque el carácter estable del Tribunal debería acortar la duración de los procedimientos, y porque se admite el recurso directo del individuo. Incertidumbres por el aumento incesante de las reclamaciones, entre ellas y aunque no únicamente, las provenientes de ciudadanos de los países de la Europa central y oriental. ¿Podrá el Tribunal despachar las reclamaciones al mismo ritmo de su entrada? Hasta el momento no está siendo así y el retraso se acumula de manera importante e inquietante. En medios autorizados se hablaba de la reforma de la reforma. Ésta ha llegado con la entrada en vigor el 1.º de junio de 2010 del Protocolo número catorce a la Convención, abierto a la firma el 13 de mayo de 2004, instrumento que con la finalidad de agilizar la tramitación de las demandas y permitir su sustanciación en plazos razonables introduce una serie de enmiendas. Entre ellas destacan las siguientes: que un juez único (en lugar de un comité de tres jueces) pueda pronunciarse definitivamente sobre las demandas manifiestamente inadmisibles; que los comités de tres jueces (con potestad hasta ahora de decretar la inadmisibilidad de las demandas) estén habilitados para decidir sobre su fondo en los casos en que haya jurisprudencia consolidada del Tribunal; que el Comité de Ministros del Consejo de Europa pueda por unanimidad reducir a cinco jueces la composición de una sala (ahora de siete, como sabemos); y el establecimiento de una nueva causa de inadmisibilidad que estribaría en el hecho de que la violación no haya conllevado un perjuicio importante para la víctima. Sin embargo, la opinión de los sectores de opinión más autorizados es que semejante reforma, aunque ciertamente pueda incrementar la productividad del Tribunal, no está a la altura de las necesidades y no va a ser la salvadora del sistema. Ello es así, pues lo que hace básicamente el Protocolo número 14 es redistribuir la misma carga de trabajo entre el mismo número de jueces, e incluso con una disminución de las garantías, al rebajar el número de los componentes de las instancias que deben tomar las decisiones. De hecho, la reunión de jefes de Estado y de Gobierno del Consejo de Europa, celebrada en Varsovia en la primavera de 2005, tomó conciencia de esta situación y creó un comité de expertos para el estudio y propuesta de una reforma en profundidad que permita al Tribunal el cumplimiento cabal de sus funciones, dictando decisiones y sentencias en plazos razonables[27]. Hay que dar a conocer una iniciativa posterior, la impulsada por Suiza en febrero de 2010, que sirvió para la celebración de una reunión interministerial en Interlaken. Estas conversaciones han tenido continuidad en Izmir (Turquía en 2011) y en Brighton (Reino Unido en 2012). Es sumamente deseable que el plan de acción en ellas trazado dé los mejores frutos posibles, aunque es imposible ignorar que el éxito de la reforma depende en

[27] Véase entre la abundante bibliografía, J. A. PASTOR RIDRUEJO, «El Tribunal europeo de derechos humanos: la reforma de la reforma», en *Persona y Derecho,* vol. 44, 2001, pp. 51 ss.; «El Protocolo n.º 14 a la Convención europea de derechos humanos. ¿Estamos ante la reforma que necesita el Tribunal?», *R.E.D.I.*, 2004, n.º 1, pp. 142 ss.; y L. CAFLISCH, «L'efficacité du systhème européen de protection des droits de l'homme», en *El Derecho internacional: normas, hechos y valores. «Liber amicorum»*, José Antonio Pastor Ridruejo, Madrid, 2005, pp. 41 ss.

última instancia de la generosidad y voluntad política de los Estados miembros del Consejo de Europa. Generosidad y voluntad que han tenido una tímida manifestación los días 26 de junio y 2 de junio de 2013, fechas en que se abrieron a la firma, respectivamente, los Protocolos de reforma 15 y 16. En el primero de ellos, y entre otras cosas, se rebaja de 6 a 4 meses desde la última decisión definitiva interna el plazo para la presentación de una demanda ante el Tribunal. En cuanto al segundo, hay que señalar la facultad que se concede a los Estados de solicitar opiniones consultivas (no obligatorias, por tanto) al Tribunal en casos pendientes ante las jurisdicciones nacionales. En los inicios del año 2018 ha entrado en vigor el Protocolo 16 para los Estados que lo han ratificado, aunque no para España. Ambos Protocolos están en vigor.

Es el caso que siendo necesaria la ratificación del Protocolo 14 por todos los Estados partes en la Convención, la tardanza de Rusia en manifestar su consentimiento al respecto motivó que, como hemos dicho, sólo el 1 de junio de 2010 entrase en vigor el Protocolo. Señalemos también que dando cumplimiento a lo dispuesto por el Tratado de Lisboa de 13 de diciembre de 2007, en vigor desde el 1.º de diciembre de 2009, la Unión Europea ha de adherirse a la Convención. Pero esta adhesión se está revelando sumamente compleja desde el punto de vista jurídico, y a principios de 2023 aún no ha tenido lugar. En efecto, elaborado por la Comisión un proyecto de acuerdo al respecto, un dictamen del Tribunal de Justicia de la Unión de 28 de diciembre de 2014, lo declaró incompatible con el Tratado de Lisboa y el Protocolo número 8 de ese instrumento. Procede por tanto la preparación de un nuevo proyecto de acuerdo de adhesión que se ajuste a la normativa indicada en la opinión consultiva.

f) Respecto a los efectos y ejecución en el Derecho español de una sentencia condenatoria, hay que mencionar lo dispuesto en el artículo 5 bis de la Ley Orgánica de 21 de julio de 2015, según el cual cabe recurso de revisión ante el Tribunal Supremo contra una resolución judicial firme, con arreglo a las normas procesales de cada orden jurisdiccional, cuando el Tribunal Europeo de Derechos Humanos haya declarado que dicha resolución ha sido dictada en violación de alguno de los derechos reconocidos por la Convención, y ello siempre que la violación, por su naturaleza y gravedad, entrañe efectos que persistan y no puedan cesar de ningún otro modo que no sea mediante esta revisión. Estamos a nuestro entender ante una disposición encomiable, inspirada en la idea del incremento de la seguridad jurídica, valor necesario —según indica el legislador español en el preámbulo de la ley— en materia tan sensible como la protección de los derechos fundamentales.

g) La *Carta Social Europea* protege los derechos económicos y sociales. En la Parte I se enuncian unos objetivos de política legislativa en la materia, y en la Parte II se proclaman los siguientes derechos específicos: derecho al trabajo (art. 1); derecho a condiciones de trabajo equitativas (art. 2); derecho a la seguridad y la higiene en el trabajo (art. 3); derecho a una remuneración equitativa (art. 4); derecho a la libertad sindical (art. 5); derecho a la negociación colectiva (art. 6); derechos de los niños y adolescentes a la protección (art. 7); derecho de las trabajadoras a protección (art. 8); derecho a la orientación profesional (art. 9); derecho a la formación profesional (art. 10); derecho a la protección de la salud (art. 11); derecho a la seguridad social (art. 12); derecho a la asistencia social y médica (art. 13); derecho al beneficio de los servicios sociales (art. 14); derechos de las personas físicas o mentalmente disminuidas (art. 15); derechos de la familia (art. 16); derechos de la madre y del niño (art. 17); derecho al ejercicio de una actividad lucrativa en el territorio de los Estados partes (art. 18); y derechos de los trabajadores emigrantes y sus familias (art. 19).

Pero ni en el aspecto sustantivo ni en el procesal la Carta de Turín ha llegado a niveles de protección comparables con los de la Convención de Roma. Sustantivamente, los Estados no tienen que comprometerse a la aceptación global de las disposiciones de la Parte II. Procesalmente, el mecanismo de protección no conoce el sistema de reclamaciones individuales ni el de órganos con jurisdicción y sentencias obligatorias. La Carta Social Europea sólo establece una protección intergubernamental por vía de informes que deben de presentar los Estados partes[28]. Dichos informes se remiten al Secretario General del Consejo de Europa para su examen por un Comité de Expertos. Las conclusiones de este Comité son enviadas a la Asamblea Consultiva de la Organización, la cual comunicará al Comité de Ministros su opinión al respecto. Este último órgano puede, por mayoría de dos tercios, formular las recomendaciones que estime pertinentes a los Estados partes (arts. 21 a 29 de la Carta). Este sistema de protección se vio completado por el Protocolo Adicional a la Carta Social Europea de 9 de noviembre de 1995, en el que se establece un sistema de reclamaciones colectivas, cuya entrada en vigor fue el 1 de julio de 1998 y para España el 1 de diciembre de 2022[29].

Mas en el marco del Consejo de Europa se ha dado un nuevo impulso a la promoción y protección de los derechos económicos, sociales y culturales. Fruto de ese impulso es la llamada Carta Social Europea revisada, adoptada el 3 de mayo de 1996, que enuncia nuevos derechos y cuyo destino final es el de sustituir progresivamente a la Carta original de Turín de 1961. En lo que concierne a los mecanismos de control y garantía se mantienen los del instrumento últimamente citado y se añaden otros mejorados. El mayor interés de estos últimos radica en el hecho de dar mayor participación a la Asamblea Parlamentaria del Consejo de Europa en el examen de los informes de los expertos. La Carta Social Europea revisada entró en vigor de manera general en julio de 1999 y para España en julio de 2021[30].

En cualquier caso la técnica de protección basada en reclamaciones individuales y en decisiones obligatorias se compagina mal con los derechos sociales, económicos y culturales. Tratándose de derechos civiles y políticos, su vulneración afecta a individuos concretos y determinados. Una persona, privada arbitrariamente de libertad, puede exigir por vía judicial la reparación del perjuicio. El daño es identificable, mensurable en cuanto conectado al derecho concreto

---

[28] Véase A. MARÍN LÓPEZ, *La Carta Social Europea*, Granada, 1963.
[29] *B.O.E.* de 2 de noviembre de 2022.
[30] *B.O.E.* de 11 de junio de 2021.

de un determinado individuo, y por ende susceptible de una reparación concreta ordenada por un tribunal. Además, los Estados con hábitos e instituciones democráticas, tradicionalmente respetuosos de los derechos humanos, saben de antemano que el riesgo político que corren por los recursos individuales es mínimo. Pero no ocurre lo mismo con los derechos económicos, sociales y culturales, como, por ejemplo, el derecho al trabajo, o a la seguridad social, o a la formación profesional. Si un Estado no ha sabido o no ha podido crear condiciones satisfactorias de empleo, o éstas sufren los efectos de una crisis económica generalizada, o si no ha sido posible crear estructuras adecuadas de seguridad social, o instituciones de formación profesional con capacidad suficiente, ¿serían viables recursos individuales en solicitud de un puesto de trabajo, de una prestación de la seguridad social, o de una plaza en un establecimiento de enseñanza profesional? Las dificultades de técnica jurídica para articular estos recursos serían grandes, aunque no insalvables. Lo que resultaría insuperable, sin duda, sería la resistencia política de los Estados para la aceptación de recursos individuales en reclamación de derechos cuya satisfacción depende de condiciones vinculadas a la política general del Estado y sometidos además a factores coyunturales. Si un Estado no tiene éxito en su política social o económica, o ésta se ve afectada por una crisis mundial, como es el caso de los años que corren, ¿como concebir una protección internacional por vía de reclamaciones individuales y decisiones obligatorias, quc tendrían lugar cn cadcna, de los derechos económicos y sociales? Señalemos sin embargo, como se dice en el apartado 22.1, que en el marco de las Naciones Unidas se adoptó el 10 de diciembre de 2008 un Protocolo facultativo al Pacto de derechos económicos, sociales y culturales que admite las reclamaciones individuales.

Y estas dificultades se acrecientan en lo que respecta a los nuevos derechos humanos o derechos de la solidaridad, tales como el derecho al medio ambiente, a la calidad de vida, derechos de los consumidores y otros, algunos de los cuales han sido reconocidos en la vigente Constitución española.

h) Dentro de la obra del Consejo de Europa en materia de derechos humanos hay que menciona, asimismo, la *Convención marco para la protección de las minorías nacionales*, adoptada el día 10 de noviembre de 1994, abierta a la firma el 1 de febrero de 1995 y ratificada por España el 1 de septiembre de 1995 (pero no en vigor en la fecha del cierre de la presente edición del *Curso* por falta del número suficiente de ratificaciones). Subrayemos que se trata de una convención-marco, circunstancia que se debe a la diversidad de situaciones y variedad de problemas a resolver, por lo que hay que confiar a las legislaciones nacionales la puesta en práctica y el desarrollo de los principios generales enunciados. Realmente, las reglas de la Convención tienen carácter programático. No son directamente aplicables, sino que enuncian objetivos que deben alcanzar los Estados partes. Señalemos también que el instrumento no contiene una definición de «minorías nacionales», por lo que se entiende que son los Estados partes los que determinan en principio el alcance preciso de esta expresión. Digamos por fin que el instrumento establece un mecanismo de control coherente con la naturaleza de los compromisos asumidos, y por tanto sumamene frágil, ya que consiste en la obligación de los Estados partes de presentar informes al Secretario General del Consejo de Europa sobre las medidas legislativas y de otra clase que tomen sobre el tema, medidas que son valoradas por el Comité de Ministros asistido por un comité consultivo creado al efecto[31].

i) En este rápido repaso de la obra del Consejo de Europa, no podemos dejar de mencionar la *Convención europea para la prevención de la tortura y de las penas o tratos inhumanos o degradantes*, adoptada el 26 de noviembre de 1987 y en la que es parte España. La Convención ha creado un órgano específico de control, el Comité de prevención de la tortura, que realiza visitas a los locales donde hay personas privadas de libertad. La técnica de protección es por tanto eminentemente preventiva. Conviene referirse igualmente a la obra del Consejo de Europa en materia de *bioética*. Así, el día 4 de abril de 1997, se abrió a la firma en Oviedo (España) la *Convención para la protección de los derechos humanos y la dignidad del ser humano con respecto a las aplicaciones de la biología y medicina*, basada en la idea general de que el interés y el bienestar del ser humano prevalecen sobre el interés exclusivo de la sociedad o de la ciencia. Precisemos que la convención tiene carácter de tratado marco, puesto que ella misma prevé la celebración de protocolos adicionales de desarrollo. El tema sensible de la clonación humana fue tratado específicamente en el Protocolo adicional a la Convención, abierto a la firma en París el 12 de enero de 1998. En este último instrumento se prohíbe toda intervención que tenga por objeto crear un ser genéticamente idéntico a otro ser humano vivo o muerto; es decir la clonación reproductiva. La situación es distinta en lo que se refiere a la clonación terapéutica, pues según se hace constar en el informe explicativo del instrumento se decidió dejar a la discreción de cada ordenamiento nacional la determinación de lo que es un «ser humano». De este modo, la clonación terapéutica únicamente quedará prohibida en los países en que se reconozca expresa o implícitamente que los embriones humanos son seres humanos. Protocolos adicionales concluidos posteriormente son los relativos al trasplante de órganos y tejidos (2002), a la investigación biomédica (2005) y a las pruebas genéticas (2008). Por lo demás, los mecanismos de control de la observancia de la Convención son sumamente frágiles: posibilidad de que un Estado pida al Tribunal europeo de derechos humanos una opinión consultiva sobre la interpretación de alguna de sus disposiciones; facultad del Secretario general del Consejo de Europa de pedir explicaciones a los Estados parte acerca del modo como su legislación garantiza la aplicación efectiva de la Convención; y obligación de esos Estados de garantizar en el marco de sus ordenamientos internos la protección jurisdiccional adecuada a fin de impedir y hacer cesar las violaciones.

---

[31] Véase P. Tavernier, «A propos de la Convention cadre du Conseil de l'Europe pour la protection des minorités nationales», en *R.G.D.I.P.*, 1995, pp. 385 ss. Sobre minorías en general, véase Y. Ben Achour, «Souveraineté étatique et protection internationale des minorités», en *R. des C.*, 1994, vol. 245, pp. 325 ss.

22.3. La protección de los Derechos Humanos en la Organización sobre Seguridad y Cooperación en Europa

a) Ya hemos hablado en otro lugar (apartado 4.3) de la Conferencia sobre Seguridad y Cooperación en Europa (CSCE y, desde el 1 de enero de 1995 —de acuerdo con el Documento de Budapest de 6 de diciembre de 1994— OSCE u Organización para la seguridad y cooperación en Europa, aunque esta nueva denominación no cambia la naturaleza de la institución), cuyo resultado más tangible hasta 1990 es el Acta Final de Helsinki de 1 de agosto de 1975, firmada por treinta y cinco Estados (todos los Europeos del Este y del Oeste menos Albania, más Canadá y los Estados Unidos). Pues bien, como dijimos allí, la paz y la distensión eran los objetivos fundamentales de la Conferencia. En el Acta Final de Helsinki, efectivamente, los Estados participantes reafirman su intención de «lograr condiciones en las que sus pueblos puedan vivir en una paz auténtica y duradera» y se declaran convencidos «de la necesidad de realizar esfuerzos para conseguir que la distensión sea un proceso continuo y cada vez más viable y general de dimensión universal».

Pero la distensión tenía un carácter global y profundo, que rebasaba los aspectos puramente militares, de seguridad y desarme, para incidir de lleno en el campo del respeto a los derechos del hombre y la cooperación humanitaria. Sin respeto a los derechos del hombre no habría auténtica distensión. Y ello no solamente por que la guerra constituye la más grave y flagrante violación de los derechos del hombre, sino también, porque como ha dicho CHARLES DE VISSCHER existe un vínculo estrecho e indiscutible entre el respeto a los derechos humanos y libertades fundamentales en el interior del Estado y el mantenimiento de la paz entre los Estados[32].

Tales ideas están presentes de modo claro en el Acta Final de Helsinki. Así, cuando el principio VII del Decálogo trata de los derechos humanos, dice que «su respeto es un factor esencial de la paz». Y de otro lado, uno de los aspectos más destacables del Acta es el equilibrio entre los principios que reafirman la soberanía del Estado y el *statu quo* (I, III, IV, VI que se refieren respectivamente a la igualdad soberana, inviolabilidad de las fronteras, integridad territorial y no intervención en los asuntos internos) y el principio VII que trata del respeto a los derechos del hombre. Y hay que tener en cuenta que, según se dispone en el Acta de Helsinki, cada uno de los principios enunciados debe ser interpretado teniendo en cuenta a los demás.

En una óptica política hay que decir que el tema de los derechos humanos fue introducido en las negociaciones y llevado al Acta Final por iniciativa de las delegaciones occidentales y precisamente como contrapeso del principio de la inviolabilidad de las fronteras, que beneficiaba lógicamente a los Estados de Europa Oriental.

---

[32] CH. DE VISSCHER, *Théories*, cit., 1960, pp. 127 ss. Sobre los derechos humanos en el Acta de Helsinki, véase J. A. PASTOR RIDRUEJO, «Los derechos humanos en la Conferencia de Seguridad y Cooperación en Europa», en *Revista de Fomento Social*, n.º 139, julio-septiembre 1980, pp. 315-324; T. BUERGENTHAL, *Human Rights, International Law and the Helsinki Accord*, Nueva York, 1977; y H. GROS ESPIELL, «Los derechos humanos de las relaciones Este-Oeste. La Declaración de Helsinki», en *Revista de Estudios Internacionales*, 1983-2, pp. 209 ss.

b) En el principio VII del Acta de Helsinki, los Estados participantes en la Conferencia se comprometen en efecto a respetar los derechos humanos, civiles, políticos, económicos, sociales y culturales y otros derechos y libertades, haciéndose mención específica de algunos de ellos como la libertad de pensamiento, conciencia, religión y creencia, así como de los derechos de las minorías nacionales. En cuanto a los puntos de referencia para la definición y precisión de estos derechos son la Carta de las Naciones Unidas, la Declaración Universal de la Asamblea General y también los acuerdos pertinentes por los que esté obligado cada Estado, incluyendo los Pactos de las Naciones Unidas. Resulta, pues, que el *standard* de definición de los derechos humanos que establece el principio VII del Acta de Helsinki es muy alto.

c) Pero como ya ha hemos dicho, lo que realmente importa en la protección internacional de los derechos del hombre no es la enumeración y la definición de ellos, sino la eficacia de los recursos que se pongan a disposición de los particulares ante instancias internacionales de control y garantía. Y desde esta óptica hay que decir que en el Acta Final de Helsinki no existía el menor atisbo de semejante mecanismo institucional, y ni siquiera de un control intergubernamental por vía de informes.

Mas de ahí a negar todo valor y operatividad al principio VII del Acta Final de Helsinki y a su cesto tercero sobre cooperación humanitaria y en otros campos va mucha diferencia. Pues hasta 1988, en un plano más político que jurídico, los Estados signatarios del Acta encontraron base en ella para ejercer un *droit de regard* sobre el respeto de los derechos humanos por otros Estados participantes. Los Estados participantes se consideraron efectivamente legitimados para observar y se sintieron asimismo en cierta medida legítimamente observados en materia de derechos del hombre.

En el ejercicio de este *droit de regard* la iniciativa fue de los Estados occidentales, pues no en vano la obligación del respeto de los derechos humanos se incluyó en el Acta Final a instancias de ellos. Es así como en el proceso de continuidad de la Conferencia —reunión de Belgrado de 1977-1978, de Madrid de 1980-1983 y de Viena de 1986-1989—, en el que debe procederse a «un intercambio a fondo de opiniones sobre la aplicación de las disposiciones del Acta Final» el tema de los derechos humanos fue traído a debate por las delegaciones occidentales. Pero ello provocó réplicas y contraacusaciones de los Estados de Europa del Este, motivando en definitiva, tanto en Belgrado como en Madrid, un clima de confrontación y no de cooperación. La atmósfera de confrontación se repitió en la reunión de expertos celebrada en Ottawa en mayo de 1985. Ello era una consecuencia inevitable del *droit de regard* resultante del Acta de Helsinki, pero no una consecuencia globalmente negativa porque, en todo caso, semejante derecho, que es recíproco, puede motivar en los Estados que se sientan observados unos mayores niveles de respeto de los derechos humanos, y en los *mass media* y en la opinión pública mundial una mayor sensibilización por el problema, como de hecho ya ha ocurrido. En todo caso, como dijo el Embajador RUPÉREZ[33] a los diez años

---

[33] *Ya,* 31 de julio de 1985.

de la firma, el Acta de Helsinki «ha sido y seguirá siendo leída y frecuentemente utilizada como una carta de los derechos humanos. Ha sido éste un efecto no previsto por las autoridades de los países euro-orientales, que han contemplado con desconcierto cómo al amparo del Acta de Helsinki se han justificado disidencias, exigido mejores tratos, denunciado represiones, pedido alteraciones de comportamientos políticos, reglamentarios y administrativos. El acta final, en esta perspectiva, es ya, y lo fue desde fecha muy temprana después de su firma, un punto necesario de referencia».

d) Pero, como no podía ser menos, el desvanecimiento de la escisión Este-Oeste ha repercutido de manera muy favorable en el fortalecimiento de los mecanismos de protección de los derechos humanos dentro del marco de la CSCE. Ya el documento final de la reunión de continuidad de Viena, adoptado el 15 de enero de 1989 —es decir, antes del hundimiento de los regímenes de socialismo real—, se vio beneficiado por las políticas de *perestroika* y *glasnost* soviéticas, y en este orden de ideas pudo establecerse un dispositivo gradual de verificación de los derechos humanos, impensable años atrás, que comporta las cuatro etapas siguientes: 1.ª) Todo Estado participante puede pedir informaciones y hacer alegaciones a cualquier otro Estado participante sobre cuestiones relativas a la dimensión humana de la CSCE. 2.ª) Cualquier Estado participante puede pedir a otro Estado participante la celebración de una reunión bilateral para examinar situaciones y casos específicos, con miras a su solución; la fecha y lugar de la reunión se fijarán de común acuerdo. 3.ª) Un Estado participante que lo estime necesario puede señalar a la atención de otros Estados participante situaciones o casos, incluidos los que se hayan suscitado en las reuniones bilaterales. 4.ª) Todo Estado participante que lo juzgue necesario puede informar a las reuniones de la CSCE sobre dimensión humana así como a las reuniones principales de continuidad de la Conferencia de los datos que posea respecto a sus peticiones de información y sus alegaciones, y de las respuestas a las mismas, así como también de los resultados de las reuniones bilaterales. Subrayemos que este dispositivo gradual no pasa de tener carácter intergubernamental, pero que, gracias a su flexibilidad y a la idea subyacente de promoción del diálogo y la cooperación, puede producir resultados positivos.

e) Ya desmoronados los regímenes de socialismo real, la reunión de la CSCE sobre dimensión humana celebrada en Copenhague[34], adopta el 29 de junio de 1990 un documento de capital importancia en el tema que nos ocupa, y no sólo porque es el primero en reflejar la existencia en el Viejo Continente de una concepción única y uniforme sobre los derechos humanos, que es la imperante en los países occidentales, sino también porque amplía el catálogo de derechos y libertades y además mejora en algunos puntos el mecanismo establecido en Viena. En este último aspecto, los Estados participantes asumen el compromiso de contestar

---

[34] Véase E. DECAUX, «La réunion de Copenhague de la Conférence sur la dimension humaine de la CSCE», en *R. G. D. I. P.*, 1990-4; N. FERNÁNDEZ SOLA, *La dimensión humana en la Conferencia sobre seguridad y cooperación en Europa*, Zaragoza, 1993; y F. CASTRO RIAL GARRONNE, «El mecanismo de dimensión humana de la CSCE», en *Hacia un nuevo orden internacional y comunitario. Libro homenaje al profesor Díez de Velasco*, Madrid, 1993, pp. 197 ss.

lo más rápidamente posible, y a lo más tardar en un plazo de cuatro semanas, a las peticiones de información y a las alegaciones que presente otro Estado participante; se fija asimismo un plazo de tres semanas para la celebración de las reuniones bilaterales que se soliciten; y se establece por fin la obligación de no evocar en dichas reuniones cuestiones que no figuren en el orden del día. Sin embargo, ningún progreso significativo se consigue en el delicado tema del trato a las minorías. El día 21 de noviembre de 1990, y como ya sabemos, los jefes de Estado o de gobierno de los Estados participantes firman la Carta de París para la Nueva Europa, que significa el funeral solemne y oficial de la guerra fría y la asunción al máximo nivel por los Estados participantes de la concepción sobre derechos humanos de la Europa occidental, aunque no se consigue ningún avance en la cuestión capital de los mecanismos de control. En la reunión de expertos de la CSCE sobre minorías nacionales que se celebra en Ginebra en el verano de 1991, se adopta un informe, de 19 de julio, que contiene una farragosa exposición de principios, pero que tampoco comporta progreso específico alguno en lo que atañe a los dispositivos de verificación internacional. Los Estados participantes se limitan a tomar nota de «que los mecanismos adecuados de la CSCE pueden contribuir a hacer frente a las cuestiones relativas a las minorías nacionales».

f) Viene después la reunión de dimensión humana que se celebra en Moscú entre los días 10 de septiembre y 4 de octubre de 1991, y en la que se adopta un documento que supone mejoras de cierta entidad respecto al aprobado en Copenhague en junio de 1990. Así, se acortan los plazos previstos para las fases primera y segunda del mecanismo establecido en Viena en 1989, en el sentido de que las respuestas habrán de darse antes de diez días y las reuniones bilaterales deberán celebrarse en la semana siguiente a la correspondiente petición. Y, lo que es más importante, se establece un sistema de expertos y relatores de la CSCE, con facultades de investigación y con la función primordial de facilitar la solución de una cuestión, en particular relativa a la dimensión humana, que actúan bien a petición del Estado interesado, bien por decisión del Comité CSCE de Altos Funcionarios a solicitud de cualquier Estado participante. Otro rasgo a destacar del documento de Moscú es la admisión de que «los compromisos contraídos en el campo de la dimensión humana de la CSCE son asuntos de preocupación legítima y directa de todos los Estados participantes», tesis que pone punto final a la doctrina de «no injerencia», alegada profusamente en el pasado dentro del marco que nos ocupa. En fin, en la reunión del Consejo de Ministros de Asuntos Exteriores que se celebra en Praga el 29 de febrero de 1992 se acuerda que el Estado acusado de violaciones graves y masivas de los derechos humanos no pueda oponerse a la aplicación de los mecanismos antes descritos, paso éste de extraordinaria importancia por lo que supone de ruptura de la regla del consenso en el contexto de la CSCE. Es la regla del llamado consenso menos uno.

g) En la sesión del Consejo de Ministros CSCE que acabamos de mencionar se crea una Oficina de instituciones democráticas y de dimensión humana, a la que el documento final de la Cumbre de Helsinki de 1992 (de 10 de julio) hace foro de las reuniones bilaterales en la materia. El mismo documento crea un Alto comisionado para minorías nacionales, aunque lo configura como un instrumento de prevención de conflictos en la fase más temprana posible respecto a las tensiones provocadas por las cuestiones de minorías y le dota, por tanto, de funciones que se ubican mucho más en el campo de la seguridad que en el terreno propiamente humanitario. El documento precisa, en efecto, que el Alto comisionado no examinará violaciones de los compromisos CSCE con respecto a una persona individual perteneciente a una minoría nacional. En cualquier caso, la fragilidad esencial de la CSCE impregna de debilidad a los mecanismos de verificación de los compromisos asumidos en materia de dimensión humana. Mecanismos intergubernamentales, sumamente endebles, basados en difusos controles de tipo moral y político, y que poco o nada están haciendo para aliviar la suerte de tantas y tantas víctimas de la irracional y mortífera violencia desatada en zonas de la parte central y oriental del supuestamente civilizado Viejo Continente. El camino está iniciado, de todos modos, y lo que hay que esperar y desear es la mejora progresiva de aquellos mecanismos.

h) A nadie se le oculta la gravedad de la cuestión de las minorías nacionales en los llamados PECOS o países de Europa central y oriental y ello explica los esfuerzos de la CSCE para la protección de los derechos humanos a los grupos en cuestión aunque, como vamos a ver, si son interesantes los resultados conseguidos por esos esfuerzos en el terreno de la codificación y sensibilización, resultan en cambio muy precarios en el plano de los mecanismos de control. En efecto, proclamada en el Acta de Helsinki y reiterada en la Carta de París para la Nueva Europa la obligación de los Estados participantes de respetar los derechos de las minorías nacionales y explicitados y desarrollados esos derechos en los documentos de Copenhague de 1990 y Ginebra de 1991, no ha podido establecerse mecanismo alguno mínimamente significativo para la protección de los derechos en cuestión. Es verdad que el documento de Helsinki de 10 de julio de 1992 crea un Alto Comisionado de la CSCE para las minorías, pero no es menos cierto que se trata de una institución investida de funciones esencialmente políticas de prevención de conflictos en la fase más temprana posible respecto a las tensiones provocadas por las cuestiones de minorías. El propio documento de Helsinki dice que el Alto Comisionado no examinará violaciones de los compromisos CSCE con respecto a una persona individual perteneciente a una minoría nacional.

i) Bajo la conceptuación de «dimensión humana», las instituciones de la OSCE vienen desempeñando en los últimos años del siglo pasado y en los primeros del presente una loable y diversificada labor para la promoción y respeto de los derechos humanos. Desde el punto de vista geográfico tales actividades se localizan preferentemente en los países del Este de Europa y del centro de Asia sucesores de la antigua Unión Soviética, que son sin duda los más necesitados de promoción y vigilancia del respeto de los derechos humanos; así, en la primavera de 2014, la OSCE ha centrado sus actividades en Ucrania. Bajo un prisma temático, campos de acción sobresaliente de la OSCE son los concernientes a las libertades de movimiento y religión, prevención de la tortura, y tráfico de seres humanos. La promoción de la democracia a través del seguimiento de las elecciones ocupa igualmente un lugar importante en la acción de las instituciones de la OSCE. Las críticas formuladas por la Organización respecto al resultado del referéndum turco de abril de 2017 son muestra del cabal ejercicio de esta función. Otro tanto puede decirse de los reproches dirigidos a Rusia y Hungría por las elecciones celebradas en ambos países en los inicios de 2018. También en 2014 y 2015, la Organización ha velado por el respeto del Derecho internacional humanitario en las hostilidades que tienen lugar en Ucrania y se esfuerza en mediar con vistas al fin de esas hostilidades.

22.4. La protección de los Derechos del Hombre en América: la obra de la Organización de Estados Americanos

a) La Carta de la Organización de Estados americanos, firmada en Bogotá el día 30 de abril de 1948, proclama entre sus principios el del respeto a los derechos fundamentales de la persona humana [art. 5.*j*)]; y el propósito de proteger estos derechos a nivel internacional determinó la firma en San José de Costa Rica, el día 22 de noviembre de 1969, de la Convención Americana sobre derechos humanos. La Convención entró en vigor el día 18 de julio de 1978 y hoy son partes en ella 24 Estados de América del centro, del sur y países anglófonos del Caribe, a saber: Argentina, Barbados, Bolivia, Brasil, Colombia, Costa Rica, Chile, Dominica, Ecuador, El Salvador, Granada, Guatemala, Haití, Honduras, Jamaica, Méjico, Nicaragua, Panamá, Paraguay, Perú, República Dominicana, Surinam, Trinidad y Tobago y Uruguay[35]. Como puede comprobarse, las ausencias son notables y significativas.

b) En lo que respecta a los *derechos protegidos,* el capítulo II de la Convención se refiere a los derechos civiles y políticos, y el capítulo III a los derechos económicos, sociales y culturales. Pero el tratamiento de una y otra categoría de derechos humanos es muy distinto en la Convención, pues mientras el capítulo II contiene una amplia enunciación y definición de derechos civiles y políticos, el capítulo III, integrado por un solo artículo, el 26, no incluye más que el compro-

[35] Véase A. Chueca Sancho, «Los derechos humanos protegidos en la Convención Americana de San José de 1969», en *Revista Española de Derecho Internacional,* 1980, pp. 33 ss.; del mismo autor, «La jurisprudencia de la Corte Interamericana de Derechos Humanos», en *Anuario de Derechos Humanos,* Madrid, 1985, pp. 573 ss.; véase también C. García Bauer, «La Convención Americana sobre los derechos humanos», en el libro *Estudios de Derecho Internacional. Homenaje al profesor Miaja de la Muela,* I, Madrid, 1979, pp. 521 ss.; R. Piza y G. Trejos, *Derecho Internacional de los derechos humanos: la Convención americana*, San José de Costa Rica, 1989; R. Nieto Navia (ed.), *La Corte y el sistema interamericano de derechos humanos*, San José de Costa Rica, 1994; A. A. Cançado Trindade, «Current State and Perspectives of the Inter-American System of Human Rights Protection at the Dawn of the New Century», *Tulane Journal of International and Comparative Law*, vol. 8, 2000, pp. 5 ss.; H. Faúndez Ledesma, *El Sistema Interamericano de Protección de los Derechos Humanos. Aspectos Institucionales y Procesales*, San José de Costa Rica, 1996; M. E. Ventura Robles (ed.), *Sistematización de la jurisprudencia contenciosa de la Corte Interamericana de Derechos Humanos.* San José de Costa Rica, 1996; E. Rey Cantor, *Medidas provisionales y medidas cautelares en el sistema interamericano de derechos humanos,* Bogotá, 2008; y P. A. Acosta Alvarado, *El derecho de acceso a la justicia en la jurisprudencia interamericana*, Bogotá, 2007. Es del mayor interés la memoria del seminario celebrado en San José en noviembre de 1999, publicada en el año 2001 con el título *El Sistema interamericano de protección de los derechos humanos en el umbral del siglo* XXI.

miso de los Estados parte de adoptar medidas para la plena efectividad de los derechos que se derivan de las normas económicas, sociales y sobre educación, ciencia y cultura que se enuncian en la Carta de la Organización y Protocolo de Buenos Aires; y ello «en la medida de los recursos disponibles, por vía legislativa u otros medios apropiados». Es decir, aunque superficialmente pudiera concluirse que el ámbito de los derechos protegidos por la Convención de San José es muy amplio, en cuanto que cubriría no sólo los derechos civiles y políticos, sino también los económicos, sociales y culturales, lo cierto es, como se ha señalado, que la inclusión de esta última categoría de derechos es «más programática que real, más efectuada en el terreno de los principios todavía por desarrollar que orientada hacia la solución de los problemas actuales»[36]. Sin embargo, el Protocolo de San Salvador de 17 de noviembre de 1988, enuncia derechos económicos, sociales y culturales.

En el contexto del deber de los Estados de preservar el medio ambiente, o del derecho de la persona a un medio ambiente saludable, nos parece muy significativa la sentencia de la Corte Interamericana de Derecho Humanos, de 22 de marzo de 2024. En este asunto la Corte estableció la violación por Perú del derecho a un medio ambiente saludable de los habitantes de la zona de La Oroya que, debido a la actividad de una empresa privada, sufrieron la contaminación del aire, el agua y el suelo. Y la Corte afirmó que la protección del medio ambiente era una norma internacional imperativa, lo que puede tener consecuencias en la opinión consultiva solicitada en enero de 2023 por Chile y Colombia, a propósito de la emergencia climática y los derechos humanos.

Existen por lo demás en el sistema interamericano convenciones sectoriales, como las relativas a la sanción y prevención de la tortura (1985), abolición de la pena de muerte (1990), desaparición forzosa de personas (1994); y eliminación de todas las formas de discriminación contra personas discapacitadas. Mención especial merece la Declaración americana de derechos y deberes del hombre adoptada en abril de 1948 (antes, pues, que la Declaración universal de Naciones Unidas) y que se invoca ante Estados no partes en la Convención de San José.

c) El *mecanismo de protección* de la Convención de San José se basa en dos órganos: la Comisión interamericana de los derechos humanos, y la Corte Interamericana Derechos Humanos.

La Comisión existía en la Organización de Estados Americanos antes de la entrada en vigor de la Convención en tanto que órgano de promoción y verificación de los derechos humanos en el continente, función esta última del mayor interés y que sigue desempeñado en la actualidad mediante la redacción de informes anuales sobre la situación general de los derechos humanos en determinados Estados. Se trata de un control de tipo político, similar en sus grandes líneas al que desplegaba la Comisión de Derechos Humanos de las Naciones Unidas (hoy Consejo de Derechos Humanos) cuando «moviliza la vergüenza» respecto de ciertos países a través de los procedimientos públicos especiales. Y, de acuerdo con la Convención de San José, la Comisión está facultada para recibir reclama-

[36] A. CHUECA SANCHO, *Los derechos,* cit., p. 50.

ciones de individuos, grupos de personas y entidades no gubernamentales, bien entendido que la competencia a este respecto la establece automáticamente la Convención y no necesita reconocimiento especial del Estado demandado. Ello supone un progreso respecto a la fase originaria de la Convención de Roma. También un Estado parte puede demandar a otro por infracción de la Convención, pero para ello sí se necesita reconocimiento *ad hoc* de la competencia de la Comisión por los dos Estados en cuestión.

Digamos en cuanto al procedimiento que cualquier persona o grupo de personas puede presentar una denuncia ante la Comisión. En el caso de que la reclamación cumpla los requisitos de admisibilidad (básicamente similares a los del sistema europeo), se procede a la consideración del fondo del asunto. Si en este trámite la Comisión aprecia que hay una o más violaciones, emite un informe preliminar y privado en el que indica las propuestas y recomendaciones que debe tomar el Estado denunciado en un plazo determinado. Si no se cumplen estas medidas o si la Corte no fuese competente por no haberlo consentido el Estado demandado (hasta el momento sólo lo han hecho 25), se emite un informe definitivo con conclusiones y recomendaciones, señalando un nuevo plazo para su cumplimiento. Vencido este plazo, se evalúa si ha de comunicarse el informe a la Asamblea de Jefes de Estado y de Gobierno de la Organización de Estados americanos o si se le da publicidad por cualquier otro medio. Pero solamente se somete el caso a la Corte si el Estado demandado ha dado su consentimiento para ello. La Corte puede indicar medidas provisionales de cumplimiento obligatorio, y si concluye que se ha violado la Convención decreta las respectivas reparaciones que pueden consistir en medidas de restitución, de indemnización, de reparación, de satisfacción y de garantías de no repetición.

d) Pero a la hora de valorar la *operatividad* de la Convención de San José respecto a la protección real de los derechos del hombre en América, hay que tener en cuenta factores de importancia fundamental. En este sentido conviene registrar primeramente la significativa ausencia de ratificaciones o adhesiones por parte de Estados americanos de gran población y peso político.

De otro lado, como hemos visto, incluso entre los Estados partes, la operatividad de la Convención es limitada si no se ha aceptado la competencia de la Corte. Y es que realmente, en el ámbito de la Organización de Estados Americanos, la labor más interesante en materia de derechos humanos estriba en los informes de la Comisión en los casos —frecuentes por desgracia— de violaciones graves, masivas y persistentes de los derechos del hombre. Lamentablemente, en América del Centro y del Sur, la situación de subdesarrollo económico y social, la en ocasiones desigual distribución de la riqueza nacional y la falta de estabilidad política confieren unas características muy peculiares a la situación de los derechos del hombre. Pero hay que encomiar en cualquier caso la labor de promoción y verificación respecto a situaciones y reclamaciones que lleva a cabo la Comisión y también la actividad desplegada por la Corte de San José tanto en su función contenciosa como en su función consultiva. Debemos dejar constancia, en efecto, que pese a las limitaciones del sistema (entre otras, las derivadas de su raquítica financiación), las sentencias y opiniones consultivas de la Corte tienen gran calidad desde el punto de vista jurídico y están contribuyendo a conformar el orden público americano en materia de derechos fundamentales.

22.5. El sistema regional africano

En el continente africano, la institución internacional de cooperación política general es la *Organización de la Unidad Africana*, creada por la Carta de Addis-Abeba de 25 de mayo de 1963. La Unión Africana sucedió a la OUA mediante el Acta Constitutiva de Lomé, de 11 de julio de 2000. Hay que decir que desde el punto de vista de los propósitos y principios, el énfasis de la Carta se puso en la libre determinación de los pueblos (cosa lógica, pues buena parte de África aún no se había descolonizado) y en otros principios de Derecho internacional, pero no en la protección de los derechos humanos. Eso explica que solo en los comienzos de la década de los ochenta del siglo pasado se preocupase la Organización por crear un sistema regional de protección internacional de los derechos humanos. Se trata de la *Carta africana de los derechos del hombre y de los pueblos,* adoptada en la ciudad de Nairobi el 24 de junio de 1981 por la Asamblea de Jefes de Estado y de Gobierno de la Organización y, antes, por la conferencia ministerial celebrada en Banjul (Gambia).

La Convención entró en vigor el 21 de octubre de 1986. Rasgo característico de la Carta es que junto a la tradicional enumeración de derechos (arts. 1 a 26) incluye asimismo deberes de los individuos hacia su familia y sociedad, al Estado y otras comunidades legalmente reconocidas y la comunidad internacional (arts. 27 a 29). La Carta regula también las medidas de salvaguardia (arts. 30 a 50) estableciendo como órgano de control la llamada Comisión, que puede recibir comunicaciones de Estados y otras comunicaciones. En el primer caso, la Comisión intenta un arreglo amistoso entre los Estados interesados y si no lo consigue redacta un informe que se envía a dichos Estados y a la Asamblea de Jefes de Estado y de Gobierno de dicha Organización. En el segundo caso —otras comunicaciones—, si la Comisión considera que revelan la existencia de un cuadro de violaciones serias o masivas de los derechos humanos y de los pueblos, llamará la atención de aquella Asamblea.

El sistema ha sido completado con la adopción, en el mes de junio de 1998, de un Protocolo que crea el Tribunal africano de derechos humanos y de los pueblos, institución jurisdiccional con sede en Arusha (Tanzania), que puede conocer de los casos que le someta la Comisión, el Estado parte que hubiese llevado un caso a la Comisión, el Estado parte demandado ante la Comisión, el Estado parte de nacionalidad de la víctima y las organizaciones intergubernamentales africanas. Para todos estos supuestos la competencia del Tribunal es obligatoria o automática. Pero, si las reclamaciones son presentadas por individuos o por organizaciones no gubernamentales dotadas de estatuto de observadoras ante la Comisión, el Tribunal sólo es competente si el Estado parte interesado ha consentido por acto *ad hoc* su competencia. Pero los Estados son muy remisos en aceptar esta competencia, como lo demuestra el hecho de que en 2025 sólo hubiesen manifestado el consentimiento al respecto 8 de los 34 Estados partes en el instrumento constitutivo. Señalemos finalmente que el Tribunal quedó constituido a partir del 25 de enero de 2004, fecha de entrada en vigor del instrumento constitutivo[37]. Este tribunal será sustituido, junto con el Tribunal Africano de Justicia de la Unión Africana, por la Corte Africana de Justicia y de Derechos Humanos, siempre que entre en vigor el Protocolo de Sharm El-Sheikh de 2008.

La adopción y entrada en vigor de la Carta de Nairobi y la posterior creación del Tribunal no dejaron de significar un paso adelante en lo que se refiere a la situación de los derechos fundamentales en África. Y ello, básicamente, en la medida en que dejaba traslucir el interés de los gobiernos hacia el mayor disfrute y respeto de esos derechos. Pero dado el escaso número de ratificaciones de los instrumentos más importantes y también por la falta de la debida concienciación del pueblo y de los agentes jurídicos —abogados principalmente— sobre las posibilidades a su alcance, hay que decir que el sistema está muy por debajo de lo que requiere el continente en materia de derechos fundamentales. Y doy algunos ejemplos. Desde que en 2006 comenzó a funcionar el Tribunal, hasta diciembre de 2024, se contabilizan 366 solicitudes de asuntos contenciosos (253 resueltas) y 16 de asuntos consultivos. Puede destacarse que en mayo de 2025 se ha solicitado al Tribunal una opinión consultiva relativa a las obligaciones estatales frente al cambio climático.

---

[37] Véase el texto de la Carta en «New Perspectives and Conceptions of International Law. An Afro-European Dialogue», en *Osterreischische Zeitschrift für Offentliches Recht and Völkerrecht,* Supplementum 6, 1982. Véase también F. Castro-Rial Garrone, «La Carta africana de los derechos humanos y de los pueblos», en *Revista Española de Derecho Internacional,* 1984, n.º 2, pp. 491 ss.; F. Ougergouz, «La Commision Africaine des droits de l'homme et des peuples: présentation et bilan d'activités», en *A.F.D.I.,* 1989, pp. 557 ss.; C. M. Eya Mchma, *Développement et droits de l'homme en Afrique*, París, 1991. Véase L. San Martín, «Comentarios acerca de la creación de un Tribunal africano de derechos humanos y de los pueblos», *A.D.I.,* 1999, pp. 505 ss. Véase, también, R. Bermejo García, «Los derechos humanos en África», *A.D.I.,* n.º 28, 2012, pp. 8 ss. Para la puesta al día de este tema, nos hemos servido del informe presentado en noviembre de 2011 al Colegio de Abogados de Madrid por la letrada Elvira Pastor Palomar.

23. EL RÉGIMEN DE EXTRANJERÍA

Una parcela de normas del Derecho Internacional que tienen por beneficiarios directos a los particulares, personas físicas o jurídicas, es la constituida por el denominado régimen de extranjería. Efectivamente, el Derecho Internacional no se ha desinteresado nunca del trato que los Estados deben de dispensar a los particulares extranjeros, sino que, por el contrario, formula unas exigencias al respecto. Exigencias de carácter mínimo —el llamado estándar internacional— que derivan de normas consuetudinarias, formadas sobre la base de la práctica de los Estados, y reconocidas además por la jurisprudencia internacional. Claro que tales exigencias han sido de hecho confirmadas, precisadas e incluso desarrolladas por una espesa red de tratados bilaterales, como los tratados de paz y amistad, comercio y establecimiento. Y en áreas regionales cabría hablar también de tratados multilaterales, como el Convenio Europeo de establecimiento de 13 de diciembre de 1955, auspiciado por el Consejo de Europa, e incluso de normas institucionales como las dictadas en el seno de la Unión Europea[1].

Hay que decir, sin embargo, que desde el momento en que el Derecho Internacional se preocupa de la protección de los derechos fundamentales del hombre y dado que la mayor parte de tales derechos se atribuyen a toda persona humana con independencia de su nacionalidad, imponiendo al respecto obligaciones a los Estados, el régimen de extranjería se enriquece y beneficia de las normas sobre respeto a los derechos humanos. Lo que ocurre, como sabemos, es que los mecanismos de control internacional del respeto a estos derechos son desiguales y en muy pocos casos satisfactorios. Son contados los supuestos en que se conceden a los individuos posibilidades de recurso directo ante instancias internacionales de control y por ello, de un modo general, la responsabilidad internacional en caso de vulneración de los derechos de los particulares extranjeros se hace efectiva mediante la protección diplomática del Estado de la nacionalidad del perjudicado, como veremos en el apartado 25.

A efectos de una mejor exposición del régimen de extranjería, vamos a distinguir las siguientes cuestiones: admisión y expulsión de los extranjeros, derechos de los extranjeros, y régimen de la propiedad privada extranjera.

23.1. ADMISIÓN Y EXPULSIÓN DE EXTRANJEROS

a) En lo que respecta a la *admisión* de ciudadanos extranjeros en el territorio de un Estado, y aunque el *ius communicationis* del que hablara FRANCISCO DE VITORIA pareciera exigir otra cosa, no se puede decir que exista hoy una norma positiva en el Derecho Internacional que obligue a tal admisión. Parece por el

[1] Véase V. ABELLÁN HONRUBIA, *Normas comunitarias europeas y legislación española sobre establecimiento de personas físicas y sociedades,* Madrid, 1974.

contrario que un Estado puede denegar la entrada de extranjeros y someterla en su caso a los requisitos que juzgue convenientes. La no admisión de extranjeros no se considera hoy sin más un hecho ilícito internacional que desencadene responsabilidad. Si tenemos en cuenta la práctica de los Estados es fácil fundamentar aquella afirmación. La admisión de extranjeros es cuestión que entra dentro de la competencia discrecional de los Estados.

¿Y si en la política de admisión de extranjeros un Estado efectuase una discriminación respecto a los súbditos de otro u otros Estados determinados? Aquí la respuesta debe ser más matizada. Si la negativa deriva del hecho de que no existen relaciones diplomáticas o consulares con el Estado de la nacionalidad del extranjero o de la imposibilidad de garantizar la seguridad de los ciudadanos en cuestión, no habría violación del Derecho Internacional. Mas si la negativa obedeciese a otros motivos, puediera pensarse con el profesor DIEZ DE VELASCO que sería contraria al Derecho Internacional contemporáneo, que prohíbe en principio las discriminaciones[2]. Y en todo caso estaríamos con seguridad ante un acto inamistoso, que pudiera dar lugar a retorsiones.

Por lo demás, la práctica de los Estados demuestra que la admisión de ciudadanos extranjeros puede someterse a determinados requisitos. Tratándose de turistas y otros visitantes tales requisitos pueden consistir en la posesión del pasaporte y un visado, aunque cabe la dispensa de ellos a los súbditos de determinados Estados, sin que tal práctica se considere discriminatoria. Si los que desean entrar en el territorio de un Estado son inmigrantes, los requisitos suelen ser más severos: se pueden establecer cupos o contingentes y cabe subordinar la entrada a la posesión de un contrato de trabajo u otros requisitos. Tampoco tal conducta es discriminatoria.

En *España,* existe un régimen especial para la entrada de ciudadanos de Estados miembros de las Comunidades Europeas, consistente en la «presentación de tarjeta de identidad o de pasaporte en período de validez, en que conste la nacionalidad del titular». Así lo dispone el Real Decreto de 6 de febrero de 2007, sobre entrada, permanencia y trabajo en España de ciudadanos de Estados miembros de las Comunidades Europeas[2 bis]. El Decreto se dicta en cumplimiento de disposiciones comunitarias (en este caso directivas y decisiones que forman parte del acervo comunitario). Semejante regulación no entraña, por supuesto, un régimen discriminatorio según el Derecho Internacional.

b) Ninguna norma de Derecho Internacional prohíbe la *expulsión* de extranjeros del territorio de un Estado, pero la libertad de éste encuentra ciertos límites. Por lo pronto la expulsión no debe ir acompañada de daños, vejaciones o sufrimientos innecesarios, que pudieran considerarse inhumanos[3]. Es pertinente en este sentido lo que dijo la sentencia arbitral en el *caso Maal,* en el que se concedió una indemnización «únicamente por las afrentas» ya que el interesado fue

---

[2] M. DIEZ DE VELASCO, *Instituciones,* cit., ed., 1980, p. 368.

[2 bis] *B.O.E.* n.º 139, de 11 de junio de 1986.

[3] S. ODA, *El individuo en el Derecho Internacional. Manual de Derecho Internacional Público,* ed. por SOERENSEN, México, 1973, pp. 462-463.

arrestado, desnudado y ridiculizado en público antes de la expulsión del país[4]. Además, el Estado que realiza la expulsión del extranjero debe dar explicaciones de los motivos determinantes de la medida (*casos Boffolo y Paquet*)[5]. Finalmente, el Estado debe atenerse a las disposiciones de su ley interna y debe articular y conceder un trámite de audiencia y un derecho de recurso en favor del súbdito extranjero. En este sentido, el artículo 13 del Pacto de las Naciones Unidas sobre derechos civiles y políticos dispone lo siguiente:

> El extranjero que se halle legalmente en el territorio de un Estado parte en el presente Pacto sólo podrá ser expulsado de él en cumplimiento de una decisión adoptada conforme a la ley; y, a menos que razones imperiosas de seguridad nacional se oponga a ello, se permitirá a tal extranjero exponer las razones que lo asistan en contra de su expulsión, así como someter su caso a revisión ante la autoridad competente o bien ante la persona o personas designadas especialmente por dicha autoridad competente, y hacerse representar con tal fin ante ellas.

Señalemos que, en sentencia de 14 de julio de 1982, el Tribunal Supremo de España ha aplicado esta disposición del Pacto de Derechos Civiles y Políticos de las Naciones Unidas, en virtud de lo previsto por los artículos 10.2 y 96.1 de la Constitución, anulando la orden de expulsión de un súbdito británico por no haberse otorgado audiencia previa en el expediente al extranjero afectado[6].

c) En el período de sesiones del año 2004, la Comisión de Derecho internacional decidió incluir el tema de la expulsión de extranjeros en su programa de trabajo. Es de destacar que en el debate celebrado entre los miembros en la sesión del año 2005 se hizo notar que el derecho soberano de expulsión estaba reconocido generalmente en Derecho internacional, aunque también sujeto a ciertos límites en relación principalmente con la exigencia del respeto a los derechos humanos. En su período de sesiones de 2012, la Comisión aprobó en primera lectura un conjunto de 32 proyectos de artículos en el que, tras recogerse estos principios, se señalaba también, entre otras cosas, la necesidad de que la expulsión se haga en virtud de resolución conforme a la ley y se especificaba una serie de supuestos en que la expulsión está prohibida en términos de principio. El texto de los artículos aprobados, muy detallados, fue remitido a los gobiernos para comentarios y observaciones. La Comisión aprobó el texto en 2014.

23.2. Derechos de los extranjeros

a) Muy frecuentemente los derechos de los particulares extranjeros vienen establecidos en *tratados internacionales,* tales como los de paz y amistad, o los de comercio, o los de establecimiento. En esta cuestión hay que atenerse, por tanto, en primer lugar, a lo dispuesto en los regímenes convencionales bilaterales o multilaterales. Y conviene señalar a este respecto que en dichos regímenes hay

---

[4] Ralston, *Venezuelan Arbitration of 1903,* 1904, p. 263.
[5] *Rec. Sent. Arb. N. U.,* vol. X, p. 528, y Ralston, ibíd., p. 705.
[6] *Repertorio Jurisprudencia Aranzadi,* 1982, n.º 5.410.

una tendencia creciente hacia la asimilación de los derechos de los nacionales y extranjeros, en virtud de la llamada cláusula de tratamiento nacional, conforme a la cual los súbditos de cada Estado parte disfrutan en el territorio de otro Estado parte de los mismos derechos que los nacionales. Es frecuente también la inserción en tales tratados de la denominada cláusula de la nación más favorecida, mediante la cual un Estado parte concede automáticamente a los súbditos de otro Estado parte los derechos que haya otorgado convencionalmente a los nacionales de un tercer Estado.

b) Con independencia de los derechos resultantes para los extranjeros de los regímenes convencionales, se plantea la cuestión de si el *Derecho Internacional General* contiene reglas sobre el trato de extranjeros.

En el mundo jurídico hispano-americano se ha sostenido la llamada tesis del tratamiento nacional[7], conforme a la cual los extranjeros gozarían en el territorio de un Estado de los mismos derechos que los nacionales, pero no de derechos superiores. El trato de extranjeros quedaría así supeditado al Derecho interno: dependería de lo que dicho Derecho dispusiese para los nacionales.

Mas no es ésta ciertamente la doctrina que resulta de la jurisprudencia internacional, la cual ha aplicado reiteradamente la tesis del llamado *estándar mínimo* o norma internacional de justicia. Como dijo a este respecto la Comisión General de Reclamaciones Estados Unidos-Méjico en el *caso Neer,* «la legalidad de los actos gubernamentales debe ser examinada a la luz de estándares internacionales[8]. Y en el *caso Roberts,* el presidente de la Comisión General de Reclamaciones Estados Unidos-Méjico declaró:

> Los hechos que afectan a la igualdad de trato de extranjeros y nacionales pueden tener importancia al juzgar la legitimidad de una reclamación motivada por el maltrato a un extranjero. Pero en último análisis esta igualdad no es el criterio para saber si los actos de las autoridades se ajustan al Derecho Internacional. En términos generales ese criterio es el de si los extranjeros han sido tratados de acuerdo con las normas elementales de la civilización[9].

Ello quiere decir que los criterios sobre trato de extranjeros los suministra directamente el Derecho Internacional, y que por consiguiente tales criterios no están supeditados a lo que disponga el Derecho interno sobre el trato a los nacionales. Aunque el Derecho interno establezca para los nacionales un régimen inferior al del estándar mínimo internacional, el Estado debe comportarse con los extranjeros sujetándose a las exigencias impuestas por el estándar mínimo del Derecho Internacional.

---

[7] C. CALVO, *Le Droit International Théorique el Pratique,* 1896, v. VI, pp. 231 ss. El principio del tratamiento nacional fue endosado por la «Primera Conferencia Internacional Americana», celebrada en Washington en 1889 y 1890, e incorporado más tarde a diversos instrumentos convencionales panamericanos. Véase F. V. GARCÍA AMADOR, *Principios de Derecho Internacional que rigen la responsabilidad,* Madrid, 1961, pp. 85-86.

[8] *Rec. Sent. Arb. N.U.,* vol. IV, p. 61: véase también *caso Hopkins,* ibíd., p. 47; *caso Dillon,* ibíd., vol. IV, p. 369; *caso Frankie,* ibíd., vol. IV, p. 603. En la doctrina véase especialmente A. VERDROSS, «Les règles internationales concernant le traitement des étrangers», *R. des C.,* vol. 37, 1931, p. 330, ROTH, *The minimum standard of international law applied to aliens,* Leiden, 1949; G. SCHWARZENBERGER, «The standard of civilization in International Law», en *Current Legal Problems,* 1955, pp. 212 ss.

[9] *Rec. Sent. Arb. N.U.,* vol. VI, p. 80.

c) Mayor complejidad reviste la determinación exacta de las exigencias concretas del trato a los extranjeros resultantes del estándar mínimo. Con el profesor DIEZ DE VELASCO podemos decir que en la fase actual de la evolución del Derecho Internacional, dentro del referido estándar encontramos los siguientes derechos: 1.º) protección de la vida e intereses contra las acciones de violencia colectiva organizada en contra de extranjeros; 2.º) derecho a no ser detenido arbitrariamente y a que se proceda a una investigación en tiempo razonable, dando al interesado la posibilidad de ser oído; 3.º) derecho a no ser torturado y a que no se le someta a tratamientos inhumanos; 4.º) tener asegurado el libre acceso a los tribunales y no ser discriminado ante ellos por razón de la nacionalidad; y 5.º) la facultad de ejercicio de determinantes derechos civiles básicos, como son los relativos a las relaciones paterno-filiales y, en general, a los admitidos en la mayoría de los Estados como derechos de la familia[10].

Puede comprobarse que tales exigencias resultan también de la obligación de respetar los derechos fundamentales de la persona humana. Y es que hoy las obligaciones internacionales en este último sector, por imperfectas que sean muchas veces en el plano del control y de las sanciones, y en la medida en que no impliquen distingos legítimos entre nacionales y extranjeros, vienen a enriquecer y fortalecer a las normas del Derecho Internacional General sobre trato de extranjeros.

Hay que decir por lo demás que determinados derechos, como los derechos políticos, se conceden usualmente solo a los nacionales, sin que ello signifique ninguna clase de discriminación.

d) Por lo que respecta, finalmente, a *España,* el párrafo 1 del artículo 13 de la Constitución de 1978 señala que «los extranjeros gozarán en España de las libertades públicas que garantiza el presente Título (Título I: "De los derechos y deberes fundamentales") en los términos que establecen los tratados y la ley». Por su parte, el párrafo 2 del mismo artículo 13 establece que «solamente los españoles serán titulares de los derechos reconocidos en el artículo 23 (derecho a participar en los asuntos públicos y de acceso a las funciones y cargas públicas), salvo lo que, atendiendo a criterios de reciprocidad, pueda establecerse por tratado o ley para el derecho de sufragio activo en las elecciones municipales». En cumplimiento del mandato constitucional, se promulgó la Ley orgánica 7/1985, de 1 de julio, sobre derechos y libertades de los extranjeros en España[11], sustituida por la Ley Orgánica 4/2000, de 11 de enero, sobre derechos y libertades de los extranjeros en España y su integración social, reformada a su vez por la Ley Orgánica 8/2000, de 22 de diciembre. Las anteriores leyes han sido reemplazadas por la Ley Orgánica 2/2009, de 11 de diciembre, que ha incorporado la jurisprudencia del Tribunal Constitucional en la materia así como la normativa comunitaria, tomando en consideración además las nuevas realidades de la inmigración. Un tratamiento especial y más favorable —aunque no discriminatorio según el Derecho Internacional— es el que se dispensa en nuestro país a nacionales de Estados miembros

---

[10] M. DIEZ DE VELASCO, *Instituciones,* cit., vol. I, 1985, p. 441.
[11] *B.O.E.* de 12 de diciembre de 2009.

de las Comunidades Europeas, de acuerdo al Real Decreto 1.099/1986, de 26 de mayo, sobre entrada, permanencia y trabajo en España de ciudadanos de Estados miembros de las Comunidades Europeas[11 bis] el Real Decreto ha sido promulgado para dar cumplimiento a directivas y decisiones comunitarias adoptadas en virtud del artículo 189 del Tratado instituyente de la Comunidad Económica Europea. Es interesante también tener en cuenta la Ley 12/2009, de 30 de octubre, reguladora del derecho de asilo y de la protección subsidiaria[12], que estudiaremos de manera sucinta en el apartado siguiente. No entramos en mayores detalles del régimen de extranjeros en España, ya que su estudio se hace tradicionalmente en la disciplina de Derecho Internacional Privado.

23.3. Régimen de la propiedad privada extranjera

a) Desde los comienzos de la revolución industrial se produce el fenómeno de las inversiones privadas en países extranjeros, habiéndose suscitado muchos problemas ante las medidas expropiatorias adoptadas por las autoridades del Estado territorial respecto de dichas inversiones y en general respecto de las propiedades de los extranjeros. Hoy los problemas se han acrecentado al haberse ampliado la corriente de inversiones privadas en el extranjero, articuladas en muchos casos mediante la constitución de sociedades nacionales del Estado receptor del capital pero dependientes económicamente de grandes sociedades multinacionales que son las que ejercen el control, y al haberse extendido la práctica de las nacionalizaciones no sólo en los antiguos Estados socialistas, sino también en muchos del tercer mundo, en base al principio de la soberanía permanente del Estado sobre sus recursos naturales[13], y como consecuencia de los cambios operados en la estructura económico-social de muchos de ellos.

b) Se puede decir que el Derecho Internacional clásico admitía de un modo general la legitimidad de las medidas expropiatorias de la propiedad privada extranjera siempre y cuando se realizasen de acuerdo con el Derecho interno del Estado territorial y se sujetasen además a otros requisitos: la expropiación había de ser acordada por causa de interés público, sin discriminación justificada y debía de ir seguida de una indemnización completa, adecuada, efectiva, rápida y no discriminatoria[14]. Pero en último análisis, las onerosas condiciones de la indemnización equivalían a la reparación de un hecho ilícito que desencadenase responsabilidad internacional. Aunque la expropiación no fuese considerada en sí como un acto contrario al Derecho Internacional, sus consecuencias eran las propias de un hecho ilícito.

[11 bis] *B.O.E.* n.º 139, de 11 de junio de 1986.

[12] *B.O.E.* de 31 de octubre de 2009.

[13] Resolución 1.803 (XVII) de la Asamblea General de las Naciones Unidas acerca de la soberanía permanente sobre los recursos naturales, de 14 de diciembre de 1962; resolución 2.158 (XXI) acerca de la soberanía permanente sobre los recursos naturales, de 25 de noviembre de 1966.

[14] Véase sobre la reparación E. Pecourt García, *La propiedad privada ante el Derecho Internacional,* Colección de Estudios internacionales, Madrid, 1966, pp. 121-122; Bindscheler, «La protection de la propriété privée en Droit International Public», *R. des C.,* 1956, II, vol. 90, pp. 173 ss.

c) En el Derecho Internacional contemporáneo la situación ha cambiado, como consecuencia de la instauración del principio básico de la soberanía permanente del Estado sobre sus recursos naturales. Como ha dicho el profesor JIMÉNEZ DE ARÉCHAGA, «el calificativo permanente está destinado a indicar que la soberanía respecto de estos recursos y riquezas permanece intacta en manos del Estado territorial, que no puede nunca perder su capacidad jurídica de modificar el destino o el método de explotación de esos bienes, cualesquiera hayan sido los arreglos hechos en el pasado para su explotación y administración. Se reconoce así el derecho de cada Estado de nacionalizar esos recursos o actividades económicas, aunque el Estado del que es sucesor, o un gobierno anterior, se hayan comprometido, por tratado o por contrato, a explotarlos en otra forma o aun a no proceder a la nacionalización de esas riquezas»[15]. En estas condiciones, las medidas de expropiación o nacionalización de la propiedad privada extranjera merecen un tratamiento diferente del que establecía el Derecho Internacional clásico. La indemnización ha de ser distinta de la reparación debida como consecuencia de la realización de un hecho ilícito internacional. Y es así como la resolución de la Asamblea General de las Naciones Unidas 1.803 (XVII) de 14 de diciembre de 1962, acerca de la soberanía permanente sobre los recursos naturales, dispone que en los casos de nacionalización, expropiación o requisa «se pagará al dueño la indemnización correspondiente con arreglo a las normas en vigor en el Estado que adopte esas medidas en el ejercicio de su soberanía y en conformidad con el Derecho Internacional».

Puede comprobarse, efectivamente, que la resolución citada omite, al hablar de la reparación, los requisitos de completa, adecuada, efectiva, rápida y no discriminatoria, que imponía el Derecho Internacional clásico, contentándose con una referencia al Derecho Interno del Estado autor de las medidas y al Derecho Internacional. Pero esta última referencia no dejaba de ser ambigua, pues surgía la duda de cuáles eran los criterios del Derecho Internacional en materia de reparación. Los Estados industrializados, que son los exportadores de capital, sostuvieron cuando se elaboraba la Carta de los Derechos y Deberes Económicos de los Estados, que tales criterios exigían una indemnización «adecuada o justa, rápida y efectiva»[16]; es decir, se aferraban al Derecho Internacional clásico. Pero los componentes del Grupo de los 77 o de Estados en desarrollo tenían otro punto de vista, y temerosos de la ambigüedad que creaba la referencia al Derecho Internacional, consiguieron que en aquel instrumento se eliminase toda referencia al mismo. Y así, en el artículo 2.2.*c*) de la Carta de Derechos y Deberes Económicos de los Estados, adoptada por resolución de la Asamblea General de las Naciones Unidas 3281 (XXIX) de 12 de diciembre de 1974, se dispone que todo Estado tiene derecho a:

> Nacionalizar, expropiar o transferir la propiedad de bienes extranjeros, en cuyo caso el Estado que adopte esas medidas deberá pagar una compensación apropiada, teniendo en cuenta sus leyes y reglamentos aplicables y todas las circunstancias que el Estado con-

---

[15] E. JIMÉNEZ DE ARÉCHAGA, *El Derecho Internacional Contemporáneo,* Tecnos, Madrid, 1980, pp. 353-354.

[16] Véase E. JIMÉNEZ DE ARÉCHAGA, *El Derecho,* cit., p. 358.

sidere pertinentes. En cualquier caso en que la cuestión de la compensación sea motivo de controversia, ésta será resuelta conforme a la ley nacional del Estado que nacionaliza y por sus tribunales, a menos que todos los Estados interesados acuerden libre y mutuamente que se recurra a otros medios pacíficos sobre la base de la igualdad soberana de los Estados y de acuerdo con el principio de libre elección de los medios.

Hay que subrayar con el profesor JIMÉNEZ DE ARÉCHAGA que semejante disposición se basa en la doctrina del enriquecimiento injusto aunque esta doctrina —y es importante señalarlo— opera en un doble sentido, ya que permite tomar en cuenta no sólo el posible enriquecimiento indebido operado en la economía del Estado que procede a la nacionalización, sino también el enriquecimiento injusto que hayan podido obtener los inversores extranjeros durante un período de monopolio cuando, por ejemplo, durante el régimen colonial, disfrutaban de una posición económica privilegiada[17]. Las referencias de la Carta de Derechos y Deberes Económicos de los Estados a una «compensación apropiada, teniendo en cuenta sus leyes y reglamentos aplicables y todas las circunstancias que el Estado considere pertinentes» justifican dicha explicación.

De todos modos la solución que comentamos parece excesivamente inclinada del lado de los Estados en desarrollo —que son los receptores del capital— y en perjuicio de los Estados desarrollados —que son los exportadores del capital—. Ello es así por la omisión de toda referencia al Derecho Internacional y porque la controversia que pueda surgir en cuanto a la compensación, se resuelve en principio conforme a la ley del Estado territorial y por sus tribunales. Para que la controversia pueda ser resuelta a nivel internacional por alguno de los medios que señala el artículo 33 de la Carta de las Naciones Unidas, hace falta el acuerdo de todos los interesados, lo que implica que el Estado que ha procedido a la nacionalización pueda oponerse incluso a que la controversia sea tratada a nivel internacional con vistas a su solución, recabando su arreglo exclusivo dentro de su organización judicial interna. Realmente esta solución nacionalista no favorece ni alienta las inversiones privadas en países extranjeros, que necesitan un marco de mayor seguridad jurídica.

d) Pero conviene completar este apartado con unas consideraciones sobre el valor jurídico de las disposiciones de la Carta de derechos y deberes económicos de los Estados. Concebida y deseada por los Estados en desarrollo como una manifestación del Derecho Internacional del desarrollo, y adoptada por una resolución de la Asamblea General de las Naciones Unidas, la obligatoriedad de la Carta va a depender, según lo expuesto en otro lugar[18], de las condiciones de su adopción. Y hay que recordar en este orden de ideas que la resolución se adoptó por 118 votos a favor, 6 en contra y 10 abstenciones y que el p. 2 (c) del artículo 2, transcrito más arriba lo fue por 104 votos a favor, 16 en contra y 6 abstenciones, con la particularidad de que los votos contrarios y las abstenciones provinieron

---

[17] E. JIMÉNEZ DE ARÉCHAGA, *El Derecho,* cit., p. 359; véase también J. CASTAÑEDA, «La Carta de Derechos y deberes Económicos de los Estados desde el punto de vista del Derecho Internacional», en el libro *La soberanía de los Estados sobre sus recursos naturales,* UNAM, México, 1980, p. 31.

[18] Véase apartado 11.

de los países industrializados de economía de mercado. Justamente por ello, la sentencia arbitral de 19 de enero de 1977, recaída en el asunto *Texaco-Calasiatic contra Gobierno libio,* rehúsa valor jurídico obligatorio al artículo 2, que, dice, «debe analizarse como una declaración más política que jurídica en la órbita de la estrategia ideológica del desarrollo y, como tal, sostenida únicamente por los Estados no industrializados». Y agrega la sentencia: «La falta de conexión del proceso de indemnización con el Derecho Internacional y su exclusivo sometimiento a disposiciones nacionales no puede ser considerada por este tribunal sino como una formulación *de lege ferenda,* que para numerosos países desarrollados es incluso *contra legem.* Asimismo varios países en desarrollo, aunque votaron en favor de la Carta de derechos y deberes económicos de los Estados, han lamentado en sus explicaciones de voto el que no se hubiera hecho referencia alguna al Derecho Internacional»[19].

Cabe entender, en definitiva, que la Carta de derechos y deberes económicos de los Estados constituye en su conjunto una manifestación del *soft law* internacional[20].

[19] Véase la sentencia en *J.D.I.,* 1977, n.º 1, pp. 374 ss. Los extractos citados en párrafos 88.
[20] Véase apartado 11.

24. EL DERECHO DE ASILO Y LA PROTECCIÓN A LOS REFUGIADOS

a) El llamado *derecho de asilo* tiene dos manifestaciones: el asilo territorial y el asilo diplomático. Una y otra figura persiguen en último análisis la misma finalidad, que es la protección que dispensa un Estado a una persona no nacional que es objeto de persecución en virtud de motivos políticos o ideológicos por las autoridades de otro Estado. De ahí la conexión evidente y estrecha de ambas figuras con la preocupación internacional por proteger los derechos humanos y las libertades fundamentales. Ahora bien, si el asilo territorial se presta en el propio territorio del Estado receptor, y constituye por tanto una facultad inherente al ejercicio de la soberanía, el asilo diplomático se lleva a cabo a través de una misión diplomática del Estado protector acreditada en el territorio de otro Estado, por lo que implica una limitación a la soberanía territorial. Vamos a ocuparnos por separado de cada una de estas manifestaciones del derecho de asilo.

b) El *asilo territorial* tiene lugar, efectivamente, en el territorio del Estado protector y consiste en acoger a la persona, nacional de un Estado distinto, que es objeto de persecución política o ideológica. Así las cosas, estamos en presencia de uno de los derechos humanos enunciado en la Declaración Universal de la Asamblea General, de 10 de diciembre de 1948, cuyo artículo 14 dice:

> 1. En caso de persecución, toda persona tiene derecho a buscar asilo, y a disfrutar de él, en cualquier país.
> 2. Este derecho no podrá ser invocado contra una acción judicial realmente originada por delitos comunes o por actos opuestos a los propósitos y principios de las Naciones Unidas.

Cuando se redactaron los Pactos de las Naciones Unidas sobre derechos humanos, se hicieron propuestas para la inclusión en ellos de un artículo relativo al derecho de asilo. Pero las propuestas no prosperaron habida cuenta de las dificultades para conseguir un acuerdo sobre las categorías de personas que podrían beneficiarse de tal derecho. El Pacto sobre derechos civiles y políticos nada dispone, pues, al respecto. Sin embargo, la resolución 2.312 (XXII) de la Asamblea General, de 14 de diciembre de 1967, contiene una Declaración sobre el Derecho de asilo territorial. Y como algunas delegaciones seguían insistiendo en la necesidad de una regulación convencional de la figura, las Naciones Unidas convocaron en Ginebra una conferencia internacional con vistas a la adopción de una Convención sobre el derecho de asilo territorial. Reunida la conferencia entre el 10 de enero y el 4 de febrero de 1977 fue imposible adoptar la Convención[1]. Resulta, pues, que el instrumento internacional más relevante sobre el asilo territorial es hoy la Declaración de la Asamblea General de 1967.

---

[1] Véase *United Nations Action in the Field of Human Rights,* Naciones Unidas, Nueva York, 1983, p. 161. Sobre el asilo territorial: M. MIÉLE, «La protezione internazionale diretta del diritto de asilo

Se desprende de la Declaración que el asilo territorial no supone limitación alguna a la soberanía territorial sino, por el contrario, un ejercicio de la misma. Esta precisión técnica es acertada. Por lo demás la Declaración enuncia una serie de principios fundamentales, que son los siguientes: 1.º) la concesión del asilo es un acto humanitario y pacífico y, en tanto que tal, no puede ser considerado por otro Estado como inamistoso; 2.º) si un Estado considera difícil conceder el asilo o continuar en su concesión, otros Estados, individual o conjuntamente a través de las Naciones Unidas considerarán, con espíritu de solidaridad internacional, las medidas adecuadas para aligerar la carga del primer Estado; 3.º) principio llamado del *non refoulement,* según el cual ninguna persona podrá ser rechazada en la frontera, expulsada o devuelta al país en que es objeto de persecución.

En íntima relación con el asilo territorial está la cuestión de la *protección de refugiados,* tema que ha sido objeto de una importante acción por parte de las Naciones Unidas porque, en efecto, además de la creación del Alto Comisario de las Naciones Unidas para los refugiados [resolución de la Asamblea General 319 (IV) de 3 de diciembre de 1949], se adoptaron, en el seno de la Organización, dos importantes instrumentos: la Convención relativa al Estatuto sobre refugiados, de 28 de julio de 1951, y el Protocolo relativo al Estatuto de los refugiados, de 31 de enero de 1967[2].

En lo que respecta a *España,* hay que decir que el 14 de agosto de 1978 se adhirió a los instrumentos convencionales sobre refugiados mencionados en el párrafo anterior[3] y que, además, el 30 de octubre de 2000 se aprobó la nueva ley reguladora del derecho de asilo y la condición de refugiado[4]. El asilo se considera en ella como «protección graciable dispensada por el Estado en el ejercicio de su soberanía» (art. 1.1) y su concesión se atribuye al Gobierno a propuesta de la Comisión interministerial creada en el Ministerio del Interior (arts. 7 y concordantes). Según se hace constar en la exposición de motivos de la ley «la protección primaria y esencial consiste en no devolver a la persona al Estado perseguidor y, por tanto, desestimar las peticiones de extradición». Es éste el principio del *non refoulement,* que se contiene en el artículo 12. Otros derechos derivados de la concesión de asilo son: autorización de residencia definitiva o temporal en España; expedición de los documentos de viaje e identidad necesarios; autorización para desarrollar actividades laborales, profesionales o mercantiles; y cualesquiera otras medidas que puedan recogerse en los Convenios internacionales, referentes a los asilados, que sean suscritos por España (arts. 2 y concordantes). Señalemos por fin que la ley admite la posibilidad de expulsión de los asilados «por actividades graves o reiteradas contra la seguridad interior o exterior del

---

politico dell'individuo», en el libro *Estudios de Derecho Internacional homenaje a D. Antonio de Luna,* Madrid, 1968, pp. 363 ss.; E. VITTA, «Asilo territoriale e diritti dell'huomo», en el libro *Homenaje al profesor Miaja de la Muela,* Madrid, 1979, pp. 597 ss.; A. GRAHL-MADSEN, *Territorial Asylum,* Estocolmo, 1980; y el opúsculo del «Centre d'étude et de recherche de Droit International et de relations internationales» de la Academia de Derecho Internacional de La Haya sobre *Le droit d'asile,* especialmente las exposiciones de E. ZOLLER y R. PLENDER, Nijhof, 1989.

[2] *Op. cit.* en nota 1, pp. 157 ss.

[3] *B.O.E.* de 21 de octubre de 1978. Véanse los textos de los instrumentos en N. TORRES UGENA, *Textos normativos de Derecho Internacional Público,* Madrid, 1985, pp. 545 ss.

[4] *B.O.E.* de 27 de marzo de 1984. Véase M. L. ESPADA RAMOS y M. MOYA ESCUDERO, «La ley reguladora de asilo y condición del refugiado de 26 de marzo de 1984. ¿Nacionalismo o internacionalismo?», en *Revista de Estudios Internacionales,* enero-marzo, 1985, pp. 73 ss.

Estado», aunque nunca a «otro país donde hubiese motivos para temer persecución o castigo» (art. 19.1). La legislación expuesta ha sido reemplazada por la Ley Orgánica 2/2009, de 11 de diciembre, que ha incorporado la jurisprudencia del Tribunal Constitucional, así como la normativa comunitaria, tomando en consideración además las nuevas realidades de la inmigración.

c) El *asilo diplomático* consiste en la protección dispensada por un Estado a la persona objeto de persecución política o ideológica que se refugia en los locales de la misión diplomática acreditada en otro Estado. Y el rasgo característico de esta figura no estriba en el hecho de que las autoridades del Estado receptor deban abstenerse de penetrar en dichos locales, sino en las garantías que ofrece para asegurar la salida al extranjero del asilado. Veremos, efectivamente, al tratar de los privilegios e inmunidades diplomáticos, que los locales de la misión, así como la residencia de su jefe y los agentes diplomáticos, disfrutan de inviolabilidad, y que este privilegio comporta la imposibilidad de entrada de los agentes del Estado receptor[5]. Pero esto no es el derecho de asilo sino tan sólo su presupuesto. La nota determinante de la institución que nos ocupa consiste en el salvoconducto o permiso que debe otorgar el Estado territorial al asilado para que salga del país. No es lógico, en efecto, que dicha persona se quede de por vida en los locales de la misión diplomática que le sirven de refugio.

Realmente, el derecho de asilo diplomático es una institución de Derecho Internacional Iberoamericano y no de Derecho Internacional General. La Convención de Viena de 18 de abril de 1961 sobre relaciones diplomáticas no la recoge, como explicaremos en su lugar. Estamos sólo ante una costumbre internacional de ámbito regional[6]. Ahora bien, el régimen de la institución ha sido codificado en diversos instrumentos convencionales de ámbito regional iberoamericano, siendo el más importante la Convención de Caracas de 28 de marzo de 1954, adoptada en la Décima Conferencia Interamericana.

En lo que concierne a *España* hay que decir que ha practicado o reconocido en ocasiones el asilo diplomático —particularmente durante la guerra civil 1936-1939— pero que de todos modos la institución no se impone a nuestro país con carácter obligatorio. España no está en el círculo de países afectados por la costumbre internacional regional de que antes hemos hablado. La cuestión se planteó cuando, en mayo de 1983, el sargento Mikó, de las Fuerzas Armadas de Guinea Ecuatorial, se refugió en los locales de la misión diplomática española en Malabo, y que al cabo de los días fue entregado a la autoridades territoriales. Interpelado al respecto en el Congreso el Ministro de Asuntos Exteriores por un diputado de la oposición, la respuesta niega que España esté vinculada por la institución del asilo diplomático y justifica las medidas tomadas por nuestra Embajada en Gui-

---

[5] Véase el apartado 47.5 de este libro. Sobre el asilo diplomático: J. J. CAICEDO CASTILLA, «El derecho de asilo», en *R.E.D.I.*, 1957-3, pp. 446 ss.; M. DIEZ DE VELASCO, «El derecho de asilo diplomático en la Convención de Caracas de 1954», en el libro *Estudios de Derecho Internacional. Homenaje al profesor Camilo Barcia Trelles*, Zaragoza, 1958, pp. 291 ss.; C. RONNING, *Diplomatic Asylum. Legal norms and political realities in Latin American Relations*, La Haya, 1965; y F. FRANCIONI, *Asilo diplomático*, Milán, 1973.

[6] Véase apartado 6.4 de este libro.

nea en base a la figura del refugio temporal practicado por razones humanitarias. Transcribimos los párrafos más interesantes de la respuesta:

> Aunque en ciertos casos el Estado español ha practicado el asilo diplomático en aquellos países que lo aceptan, como es el caso de los países hispanoamericanos, España, como el resto de los Estados europeos, no reconoce la figura de asilo diplomático como un derecho. Es más, en la doctrina y en la jurisprudencia del Derecho Internacional, se establece que, salvo en el supuesto de aquellos países que aceptan el asilo expresamente, la pretensión de ejercerlo va en contra de la soberanía del Estado en que se pretende realizar. Con independencia de lo indicado, está igualmente reconocida internacionalmente la práctica de que las misiones diplomáticas de todos los países del mundo puedan acoger a las personas que buscan refugio en ellas.

En la respuesta se agrega que lo que se dispensó al sargento ecuatoguineano no fue el asilo diplomático sino el «refugio temporal», «un resguardo momentáneo a las personas perseguidas por razones políticas o cuya vida esté en peligro». Y se añade: «La misma práctica internacional que reconoce la figura del refugio temporal establece que, cuando cesa el peligro inmediato que se cierne sobre la figura del refugiado, y existe expectativa racional de que será objeto de un juicio justo y regular, cesan los motivos que justifican el refugio.» Y termina la nota: «Una vez que tras la visita a Guinea del Sr. Ministro de Asuntos Exteriores, las autoridades guineanas dieron las necesarias garantías en relación con un tratamiento humanitario y la oportuna defensa judicial para el Sr. Mikó, no existe ninguna razón de prolongar la estancia de éste en la Embajada de España»[7].

[7] Véase la pregunta en C. M. GONZÁLEZ y M. D. ROBREDO en «Crónica Parlamentaria de Asuntos Exteriores», *Revista de Estudios Internacionales,* enero-marzo 1984, p. 178. La respuesta en I. CASTAÑO GARCÍA, ibid., pp. 200 ss.

25. LA PROTECCIÓN DIPLOMÁTICA DE LOS PARTICULARES

25.1. LA PROTECCIÓN DIPLOMÁTICA COMO DERECHO PROPIO DEL ESTADO

a) Si un Estado comete un hecho ilícito internacional en perjuicio de un particular extranjero, persona física o jurídica, la presente situación del Derecho Internacional no permite en línea de principio al perjudicado entablar una reclamación en el plano internacional contra el Estado infractor. Al particular no le queda otro recurso que reclamar en el plano interno de este Estado, y si en él no obtiene satisfacción, lo único que puede hacer es acudir al Estado de su nacionalidad para que sea éste el que reclame en el plano internacional. Y si tal Estado lo hace así, ejercita lo que se llama la protección diplomática.

Bien entendido que, como ha dicho el Tribunal de La Haya en un *dictum* muy preciso,

> al hacerse cargo de la causa uno de los suyos, al poner en movimiento en su favor la protección diplomática [...] ese Estado hace valer, a decir verdad, su propio derecho, el derecho que tiene a hacer respetar en la persona de sus súbditos el Derecho Internacional[1].

Este *dictum* pone de relieve que en los casos de ejercicio de protección diplomática de particulares, la responsabilidad internacional sigue siendo una relación de Estado a Estado. Precisión no sólo académica, sino que tiene, por el contrario, dos importantes consecuencias en el Derecho Internacional, a saber: carácter discrecional del ejercicio de la protección diplomática y disponibilidad por el Estado de la reparación obtenida.

b) Según el Derecho Internacional, efectivamente, el Estado no tiene la obligación de ejercer la protección diplomática de sus nacionales, y esto lo ha recordado el Tribunal de La Haya en el caso de *Barcelona Traction,* aunque se ha apresurado a añadir que el Derecho interno sí puede imponer tal obligación al Estado y que incluso puede asegurarla mediante las correspondientes sanciones[2]. En la realidad de los Derechos internos, sin embargo, aunque en algunas constituciones recientes se apunta la tendencia a la obligatoriedad de la protección diplomática, el derecho de los particulares no ha sido articulado de manera eficaz[3].

---

[1] CPJI, *Serie A,* n.º 2, p. 12. Véase también: CPJI, *Serie A,* n.º 20/21, pp. 17-18; CIJ, *Rec.,* 1955, p. 24. Véase, en general, L. GARCÍA ARIAS, «Sobre el derecho de protección diplomática», en el libro *Estudios de Historia y Doctrina del Derecho Internacional,* Madrid, 1964, pp. 609 ss.; J. F. FLAUSS (dir.), *La protection diplomatique. Mutations contemporaines et pratiques nationales,* Bruselas, 2003; y E. CRESPO NAVARRO, *Nuevas formas de protección del individuo en Derecho Internacional,* Valencia, 2005.

[2] CIJ, *Rec.,* 1970, p. 44.

[3] Véase A. MAKAROV, «Consideraciones sobre el Derecho de protección diplomática», en *R.E.D.I.,* 1955, vol. VIII, pp. 512 ss. Las constituciones más recientes son de Estados socialistas. También el artículo 14 de la Constitución portuguesa de 1976.

De hecho, el ejercicio de la protección diplomática depende de consideraciones de oportunidad política. Los Gobiernos la ponen en marcha cuando entienden que puede favorecer, o al menos no contrariar, los fines de su política general; en caso contrario se abstienen[4].

c) La otra consecuencia del carácter interestatal de la responsabilidad en los casos de protección diplomática es la disponibilidad por el Estado de la reparación obtenida. Desde el punto de vista del Derecho Internacional, el Estado puede renunciar a ella, transigir sobre la misma e incluso beneficiarse directamente. En los casos de daños a particulares, el Derecho Internacional se desentiende del destino final de la reparación concedida al Estado. Esto lo veremos particularmente al tratar de la reparación.

d) Las consideraciones que acabamos de hacer sobre la protección diplomática ponen de relieve hasta qué punto es precaria la situación del particular en el Derecho Internacional general, toda vez que la defensa de sus derechos e intereses está mediatizada por la acción soberana del Estado de su nacionalidad. Y es que estamos ante una institución fuertemente impregnada por la concepción de la sociedad internacional como una sociedad de Estados yuxtapuestos, y al continuar dominando este modelo en el mundo de hoy, la protección diplomática sigue desempeñando un papel relevante en el Derecho internacional contemporáneo. Mas sería injusto no recordar aquí que en el campo de los derechos humanos, como ya sabemos, se han articulado regímenes particulares que hacen posible la acción internacional directa de los individuos incluso contra su propio Estado; son éstas importantes y felices derogaciones al régimen común de la protección diplomática. No se puede silenciar tampoco otra interesante evolución, y es que cuando se trata de inversión de capitales extranjeros se han instaurado hoy medios de cobertura más ágiles y eficaces que la protección diplomática. Se trata, por una parte, de un sistema de seguros públicos, frente a los riesgos no comerciales y, por otra parte, de la articulación de procedimientos de solución de controversias que permiten a los particulares recurrir directamente ante un órgano arbitral (Convención sobre la solución de controversias relativas a inversiones entre Estados y nacionales de otros Estados, Washington, 18 de marzo de 1965)[4 bis]. Es importante agregar con el profesor DÍEZ-HOCHLEITNER que en el campo de las inversiones y tratándose de personas jurídicas, desde que se concluyó en 1965 el

---

[4] CH. DE VISSCHER, *Théories et réalités en Droit International Public,* París, 1960, p. 342.

[4 bis] Véase un análisis de la Convención en A. MIAJA DE LA MUELA, «Aspectos jurídicos de las diferencias entre Estados y personas privadas extranjeras», en *R.E.D.I.*, 1969, 1, pp. 9 ss.; M. DIEZ DE VELASCO, «Reflexiones sobre la protección diplomática», en *Pensamiento jurídico y sociedad internacional. Estudios en honor del profesor D. Antonio Truyol Serra,* Madrid, 1986, tomo I, pp. 377 ss.; J. DÍEZ-HOCHLEITNER, «Protección diplomática vs. arbitraje de inversiones», en *El Derecho internacional: normas hechos y valores. «Liber amicorum» José Antonio Pastor Ridruejo,* Madrid, 2005, pp. 469 ss.; y E. CRESPO NAVARRO, «El proyecto de artículos de la Comisión de Derecho Internacional sobre la protección diplomática. La protección de las personas físicas», *R.E.D.I.*, 2005, 1, pp. 221 ss.; y «La naturaleza de la protección diplomática en el caso Couso: la compleja relación entre Derecho internacional y Derecho interno», *R.E.D.I.*, vol. 72, 2020, pp. 197 ss.; y M. A. ALCOCEBA GALLEGO, «Límites a la discrecionalidad del Estado español en el ejercicio de la protección diplomática», *R.E.D.I.*, vol. 72/2, 2020, pp. 163 ss.

mencionado Convenio de Washington asistimos a un verdadero desplazamiento de la institución de la protección diplomática por el recurso al arbitraje internacional; desplazamiento consolidado y ensanchado en los últimos años con la creciente celebración de los llamados APRIs o acuerdos internacionales sobre protección de inversiones. Hay que decir de todos modos que en buen número de casos la ejecución de las sentencias arbitrales en los Derechos nacionales tropieza con importantes dificultades, y que sólo se consigue a través de negociaciones. De esa manera, como ha señalado el profesor DÍEZ-HOCHLEITNER, los laudos en cuestión vendrían a constituir títulos de negociación más que de ejecución.

Del tema de la protección diplomática se está ocupando desde 1997 la Comisión de Derecho Internacional que en su período de sesiones de 2004 adoptó en primera lectura un proyecto de 19 artículos. En 2006 se aprobó el texto en segunda lectura y se sometió a la Asamblea General con la recomendación de adopción de un instrumento convencional. El proyecto es fundamentalmente declarativo puesto que codifica en lo esencial las normas consuetudinarias en la materia, aunque no deja de contener elementos menores de desarrollo progresivo[4 ter]. De otro lado, y como bien señala la Comisión en su informe, el proyecto sólo contiene reglas secundarias, esto es, las relativas al modo y condiciones de ejercicio de la protección diplomática; no se ocupa, lógicamente, de las normas primarias o de fondo, que son las relativas al trato a extranjeros que hemos examinado en los apartados precedentes.

e) En lo que respecta al *Derecho español,* ninguna norma establece la obligatoriedad de la protección diplomática. Y desde el siglo pasado la jurisprudencia ha puesto de relieve la nota de su discrecionalidad[5]. Como dice muy concretamente la sentencia del Tribunal Supremo de 16 de noviembre de 1974, la protección es «una relación de Estado a Estado dentro de un marco de oportunidad». La misma sentencia ha estimado que el ejercicio o la falta de ejercicio de la protección diplomática no es fiscalizable por la jurisdicción contencioso-administrativa, por entender que cae dentro de la excepción prevista en el artículo 2.*b)* de la ley reguladora de tal jurisdicción de 27 de diciembre de 1956 que se refiere, entre otros, a los actos políticos de gobierno que afecten a las relaciones internacionales. Claro que tal apoyo legal no es del todo correcto porque en España la protección diplomática no la decide el Gobierno sino el Ministerio de Asuntos Exteriores y Cooperación según el Real Decreto 342/2012, de 10 de febrero, sobre la estructura orgánica básica del Ministerio[5 bis]. En todo caso, según el artículo 21.5 de la Ley Orgánica del Consejo de Estado, de 22 de abril de 1980, este alto organismo debe ser consultado por el Gobierno en todos los casos de ejercicio de la protección diplomática. La utilidad del asesoramiento técnico del más alto

[4 ter] Véase H. TORROJA MATEU, *El derecho del Estado a ejercer la protección diplomática,* Bosch Editor, Barcelona, 2007, pp. 189 ss.; y «La "protección diplomática" de los "derechos humanos" de los nacionales en el extranjero ¿Situaciones jurídicas subjetivas en tensión?», en *R.E.D.I.,* 2006, 1, pp. 205 ss.

[5] Sentencia del Tribunal Supremo de 24 de junio de 1857 (*Jurisprudencia administrativa,* t. VII, 1857, p. 83; sentencia del Tribunal Supremo de 21 de diciembre de 1907, ibíd., t. 74, 1907, p. 456).

[5 bis] *B.O.E.* de 11 de febrero de 2012.

organismo consultivo de la nación es indudable, pero teniendo en cuenta que los dictámenes del Consejo de Estado son conocidos y comentados por la doctrina, esto es, que llegan a hacerse públicos, resulta por lo menos discutible la oportunidad de semejante consulta. Si, por ejemplo, el dictamen concluye que no es procedente la protección diplomática por falta de fundamento de la reclamación o por otro motivo (no agotamiento de los recursos internos), y el Ministerio de Asuntos Exteriores decide pese a ello ejercer la protección, la posición jurídica de España se va a ver debilitada a la par que robustecida la del Estado al que se dirija la reclamación. Muy verosímilmente, en el trámite previo de negociaciones o posteriormente ante un órgano de solución de controversias, este último Estado no dejará de oponer a nuestro país el dictamen negativo del más alto organismo consultivo de la nación.

Pero otra cuestión es si la administración responde patrimonialmente de los perjuicios causados al particular español por el no ejercicio o por el ejercicio ineficaz de la protección diplomática. La referida sentencia de 1974, amparada en el artículo 40 de la Ley de Régimen Jurídico de la Administración del Estado y en el artículo 2 de la, a la sazón, vigente Ley reguladora de la jurisdicción contencioso-administrativa, ha entendido que sí en un supuesto en que no se había ejercido la protección diplomática, concediendo la pertinente reparación a los particulares perjudicados[6].

Es también muy interesante la sentencia del Tribunal Supremo de 29 de diciembre de 1986[6 bis] por la que, en aplicación de lo dispuesto en los artículos 106.2 de la Constitución, 40 de la Ley de Régimen Jurídico de la Administración del Estado y otras disposiciones, se declara la responsabilidad patrimonial de la Administración en favor de los armadores de dos buques pesqueros españoles que habían sido apresados por las autoridades de Mauritania en el mes de diciembre de 1979 y que se hundieron a los dieciséis meses de quedar fondeados en el puerto de Nouakchott. Los elementos de hecho que pesaron en el ánimo del Tribunal fueron que en el momento del apresamiento se estaba negociando un nuevo acuerdo de pesca entre España y Mauritania, sin que España pudiese invocar «un *status* derivado de un convenio claro, firme y vigente», lo que en previsión de conflictos obligaba a nuestras autoridades a tomar las máximas precauciones y cautelas; que la Embajada de España en Mauritania envió un télex a la Asociación de Pescadores manifestando que no «habrá problema» para la pesca española en la zona en que tuvo lugar el apresamiento; y a esto añade la sentencia «la destacable inacción de las autoridades españolas, ulterior a los apresamientos, sin gestiones efectivas encaminadas a la recuperación de los pesqueros y a la adecuada protección de los nacionales, cometidos esenciales del Estado conforme a la Constitución». Aunque el caso que nos ocupa se refiere propiamente a la asistencia y protección consular más que a la diplomática —petición de reparación por un daño ya causado a nacionales—, estamos ante una interesante posición jurisprudencial, de la que no cabe deducir,

[6] *Aranzadi,* 1974, n.º 4.510. Véase al respecto M. P. ANDRÉS SÁENZ DE SANTA MARÍA, «Discrecionalidad en el ejercicio de la protección diplomática y responsabilidad del Estado en el orden interno», en *Anuario de Derecho Internacional,* III, 1976, pp. 321 ss.

[6 bis] Véase en *R.E.D.I.*, 1988-2, pp. 175 ss.

a nuestro juicio, la obligatoriedad constitucional de aquella protección, pero que advierte en todo caso del serio riesgo de responsabilidad patrimonial que corre la Administración por no ejercicio o ejercicio inadecuado de la referida protección.

En su sentencia de 28 de septiembre de 1995, el Tribunal Constitucional ha reafirmado en un *obiter dictum* la doctrina de que si no se ejerce la protección diplomática solicitada por el particular, siendo la misma procedente, siempre se podrá ejercitar una acción indemnizatoria ante los juzgados y tribunales españoles por la lesión sufrida en sus bienes y derechos (art. 106.2 de la Constitución). Efectivamente, el párrafo 2 del artículo 106 de la Constitución dice que los particulares tendrán derecho a ser indemnizados por toda lesión que sufran en cualquiera de sus bienes y derechos salvo en los casos de fuerza mayor, siempre que la lesión sea consecuencia del funcionamiento de los servicios públicos. Dicha disposición ha sido desarrollada por los artículos 139 a 144 de la Ley 30/1992, de 26 de noviembre, de Régimen Jurídico de las Administraciones Públicas y del Procedimiento Administrativo Común.

En la misma línea de la mayor protección posible del ciudadano español lesionado por hechos imputables a un Estado extranjero se sitúa la sentencia de la sala de lo contencioso administrativo de la Audiencia Nacional de 11 de diciembre de 2019, relativa a la muerte por fuego estadounidense en la guerra de Irak de 2003 del periodista José Couso. Efectivamente, tras comprobar la sala la inexistencia de cualquier tipo de gestión por parte de España para reparar el daño causado a la familia del señor Couso y señalar que su muerte era constitutiva de un ilícito penal, condena al Estado a una reparación patrimonial en favor de esa familia.

f) Respecto a los convenios de indemnización global o *lump-sum agreements* (acuerdos por los que, en caso de confiscaciones o expropiaciones masivas de propiedades extranjeras, se conceden indemnizaciones globales, inferiores siempre al valor del perjuicio, que reparte el Estado de nacionalidad de los lesionados), es de sumo interés un *obiter dictum* de la sentencia de la Sala de lo contencioso-administrativo del Tribunal Superior de Justicia de Madrid de 28 de septiembre de 1994. Se trataba de una reclamación contencioso-administrativa entablada por los herederos de un español cuyos bienes habían sido expropiados por las autoridades de Marruecos. El 8 de noviembre de 1979, España concluyó con ese país un convenio de indemnización global, que contemplaba el abono de una cantidad para repartir como indemnización entre los antiguos propietarios afectados. Por resolución de 14 de abril de 1989, la Comisión interministerial creada al efecto acordó la entrega al recurrente de una determinada cantidad, inferior por supuesto al valor de los terrenos que le fueron expropiados. El Tribunal Superior de Justicia de Madrid declaró inadmisible el recurso por razones de orden procesal, no sin declarar, en una consideración a mayor abundamiento y a efectos de los dispuesto en el artículo 106.2 de la Constitución, que:

> por otra parte no existe nexo de causalidad entre la actividad de la Administración del Estado y el presunto daño o lesión que se dice sufrida por el particular, ya que la materia del Convenio constituye, en su calificación de *lump-sum agreement*, o acuerdo a tanto alzado, un caso de ejercicio de la protección diplomática por apropiación de bienes de subditos nacionales situados en país extranjero, en el que se llega a una cifra global de indemnización para ulterior distribución por el Estado reclamante entre sus ciudadanos

perjudicados, permitiendo la práctica internacional que el importe fijado en cada caso, como indemnización a tanto alzado, sea solamente una fracción, incluso modesta, del valor de mercado de los bienes apropiados, expropiados o confiscados, en la época anterior a tal actuación [...].

En el caso en cuestión, por sentencia de 17 de febrero de 1998, el Tribunal Supremo desestimó la demanda de los particulares, entendiendo que la diferencia entre el valor real de los bienes expropiados y la suma consignada en el convenio como finiquito «no se debió a un sacrificio particular de la posición de los expropiados en aras del interés general, sino a una imposibilidad objetiva de lograr mediante un proceso de negociación el reconocimiento de una suma superior».

25.2. La renuncia a la protección diplomática. La «cláusula Calvo»

Se ha planteado la cuestión en la práctica y en la jurisprudencia internacional de cuál sea el efecto en el plano del Derecho Internacional de la renuncia por un particular a la protección diplomática del Estado de su nacionalidad. Efectivamente, a finales del siglo XIX y principios del XX, la frecuencia y el volumen de las inversiones de capital privado europeo y norteamericano en los países de Iberoamérica motivaron numerosas reclamaciones internacionales, que en no pocos casos dieron lugar a abusos y fricciones. Idearon entonces los países receptores de capital diversas fórmulas para poner coto a tales hechos. Tales fórmulas fueron denominadas genéricamente con la expresión de «cláusula Calvo»[7] y de ellas nos interesa retener aquí dos: la contenida explícitamente en un contrato por la que el inversionista extranjero renunciaba a la protección diplomática para toda reclamación derivada de las relaciones contractuales, consintiendo ser tratado como nacional; y la cláusula que sometía todas las diferencias que pudiesen nacer del contrato a un arbitraje privado entre el inversionista y el Estado, con renuncia a la protección diplomática.

Respecto a la validez de tal renuncia, se ha dicho en el plano doctrinal que al ser la protección diplomática un derecho del Estado, no es operativa la actitud del particular, que no es el titular de tal derecho. Pero frente a ello se ha alegado que lo que pone en marcha la protección diplomática es la solicitud del particular al Estado de su nacionalidad, y que por consiguiente la renuncia a tal solicitud sí tendría incidencia en la protección diplomática. Claro que este último argumento tiene un flanco débil, pues parece que el Estado puede ejercer la protección diplomática por su propia iniciativa[8].

Mayor interés que este debate doctrinal presenta a nuestro juicio el tratamiento de la cuestión por la jurisprudencia. En ella encontramos un caso claro, referente a la primera formulación de la cláusula Calvo que hemos recogido. Se trata de la decisión dictada en 1926 por la Comisión General de reclamaciones Estados Unidos-Méjico en el asunto *North America Dredging Co.,* decisión que

---

[7] Véase C. Sepúlveda, *Derecho Internacional Público,* México, 1964, pp. 192 ss.; F. V. García Amador, *Principios de Derecho Internacional que rigen la responsabilidad,* Madrid, 1963, pp. 354 ss.

[8] Véase K. Lipstein, «The place of the Calvo clause in International Law», en *B. Y. B. I. L.,* 1945, pp. 130 ss.; Feller, «Some observations on the Calvo clause», en *A. J. I. L.,* 1933, vol. 27, pp. 461 ss.

no accede a la reclamación sobre la base fundamental de que la compañía perjudicada no había agotado los recursos internos mejicanos, bien entendido que para ello la Comisión pone el énfasis no en el Derecho Internacional General sino en la estipulación del contrato en la que el particular accedía a ser tratado como nacional y renunciaba a la protección diplomática. Y la Comisión dijo también que la reclamación sería procedente si se probase la violación de cualquier regla o principio de Derecho Internacional, como por ejemplo una denegación de justicia. La sentencia pone con ello un límite claro a la validez de la cláusula: ésta únicamente opera respecto a las reclamaciones derivadas de las relaciones contractuales, no para otras violaciones del Derecho Internacional[9].

En fin, en nuestros tiempos es la modalidad que hemos recogido en segundo lugar de la «cláusula Calvo» la que reviste interés, ya que en cierto modo ha sido resucitada por la Convención de Washington de 18 de marzo de 1965 sobre solución de controversias relativas a las inversiones entre Estados y ciudadanos de otros Estados y también por la celebración de acuerdos interestatales sobre protección de inversiones a que nos hemos referido en el apartado 25.1.

25.3. La nacionalidad del perjudicado como requisito de la protección diplomática

a) Según una norma consuetudinaria general, reiterada constantemente por la jurisprudencia internacional, en principio un Estado sólo puede ejercer la protección diplomática de sus nacionales. En palabras del Tribunal de La Haya «en ausencia de acuerdos particulares, es el vínculo de la nacionalidad entre el Estado y el individuo el único que da al Estado el derecho de protección diplomática»[10]. Acuerdos particulares son los que, previstos los artículos 22 y 23 del Tratado de funcionamiento de la Unión Europea, contemplan la posibilidad del ejercicio de la protección diplomática o consular de un nacional de alguno de los Estados miembros de la Unión por otro Estado también miembro si el Estado del que es ciudadano no tiene representación diplomática u oficina consular en el Estado en cuestión. Pero como el ejercicio de semejante protección requiere asentimiento del tercer Estado, so pena de resultarle inoponible, el Tratado de funcionamiento de la Unión Europea recoge de modo muy pertinente la necesidad de entablar «las negociaciones internacionales requeridas para garantizar dicha protección» [art. 20.*c*)].

b) No obstante, por exigencias elementales de la seguridad jurídica la nacionalidad del perjudicado está sujeta a unas condiciones de continuidad. Se requiere por lo pronto tal nacionalidad en el momento de producirse el daño, mas debe continuar la misma en el momento en que se ejercite la protección diplomática y, si ésta hace valer ante una jurisdicción internacional, hasta el momento en que se dicte la sentencia.

---

[9] *Rec. Sent. Arb. N.U.*, vol. IV, pp. 28 ss.

[10] CPJI, *Serie A/B*, n.º 76, pp. 16-17. Sobre la continuidad de la nacionalidad, véase E. Wyler, *La règle dite de la continuité de la nationalité dans le contentieux international*, París, 1990.

c) Cabe, sin embargo, que el particular perjudicado tenga doble nacionalidad, situación que presenta problemas específicos. Si la doble nacionalidad es la del Estado reclamante y la del Estado reclamado, este último puede oponerse fundadamente a la protección diplomática, como lo reconoce el artículo 4 de la Convención de La Haya de 1930 sobre ciertas cuestiones relativas a los conflictos de leyes de nacionalidad. Fue esta, de otra parte, la situación que se contempló en el caso *Canevaro,* resuelto por el Tribunal Permanente de Arbitraje en 1912. Se trataba de un súbdito italiano de origen, que se trasladó al Perú donde, sin perder la primitiva, adquirió la nacionalidad del domicilio. Más tarde, el Gobierno italiano intentó la protección diplomática de dicho señor frente al Perú, ante lo que le Tribunal declaró que la protección no era admisible, fundándose en el criterio de la nacionalidad efectiva, que era la peruana, pues el interesado vivía en Perú y allí había sido incluso candidato a unas elecciones locales[11]. Supuesto distinto es aquel en que la doble nacionalidad es la del Estado que ejerce la protección diplomática y la de un tercer Estado que no es el Estado reclamado. Por lo general la jurisprudencia se ha guiado también en estos casos por el criterio de la nacionalidad efectiva.

d) Y tal criterio ha orientado asimismo a la jurisprudencia internacional en los supuestos de adquisición de nacionalidad por naturalización. Sentencia ilustrativa a este respecto es la dictada por el Tribunal de La Haya en 1955 en el *caso Nottebohm.* Se trataba de un súbdito alemán de origen que a muy corta edad se traslada a Guatemala, donde reside. Y poco tiempo antes de que empezara la segunda guerra mundial adquiere de manera anómala la nacionalidad de Liechtenstein. Cuando después de la guerra este Principado, por intermedio de Suiza, intenta la protección diplomática del particular frente a Guatemala, el Tribunal de La Haya la declara inadmisible, porque la naturalización no respondía a los requisitos de la nacionalidad efectiva, esto es a «un vínculo jurídico que tiene por fundamento un hecho social de relación, una solidaridad efectiva de existencia, de intereses, de sentimientos, junto a una reciprocidad de derechos y deberes»[12].

25.4. La protección diplomática de las personas jurídicas

En la precedente exposición sobre la protección diplomática venimos hablando del particular y no del individuo. Ello es así porque también las personas jurídicas, especialmente las sociedades mercantiles, pueden ser víctimas de una violación del Derecho Internacional y necesitar por tanto de la protección diplomática del Estado de su nacionalidad. La práctica de los Estados demuestra, en efecto, que son muy frecuentes estos supuestos de reclamación.

La primera cuestión que surge al respecto es la de determinar cual sea el criterio decisivo de la nacionalidad. En la doctrina se han tenido en cuenta, fundamentalmente, dos. Para el primer criterio sería determinante el control real

[11] Véase en *Revue Générale de Droit International Public,* 1913, pp. 228 ss.
[12] CIJ, *Rec.,* 1955, p. 20.

de la sociedad, o lo que es lo mismo, la nacionalidad del grupo mayoritario de accionistas. Conforme al segundo, lo decisivo sería la legislación que ha presidido la constitución de la sociedad, que coincidiría normalmente con el lugar de su sede. El Tribunal de La Haya ha dado preferencia a este segundo criterio, que a su juicio constituye la regla tradicional en la materia, señalando además que los criterios sobre el vínculo tienen un carácter relativo y no han sido aceptados de manera general[13].

Problema diferente es el de la protección diplomática de los accionistas de una sociedad que tienen nacionalidad distinta a la de ésta. En este punto hay que distinguir dos situaciones básicas. Primera, perjuicios en los intereses de los accionistas resultantes de los daños causados directamente a la sociedad. Segunda, daños causados directamente a los accionistas, como expropiación de acciones, impedimentos en el ejercicio de sus derechos y otros.

En el primer supuesto sólo el Estado de la nacionalidad de la sociedad puede ejercer la protección diplomática. Ello resulta claramente de la sentencia del Tribunal de La Haya de 1970 en el caso *Barcelona Traction,* en el que Bélgica reclamaba a España una reparación por los perjuicios que sufrieron accionistas belgas a consecuencia de daños sufridos por la sociedad canadiense por presuntos actos ilícitos de autoridades españolas judiciales y administrativas. El Tribunal rechazó la demanda por estimar que Bélgica carecía de *ius standi*[14]. Idéntica ha sido la postura del Tribunal en la sentencia de 24 de mayo de 2007, recaída en el *caso de Ahmadou Sodio Diallo (República de Guinea contra la República Democrática del Congo)*. En él, la primera de esas Repúblicas intentaba el ejercicio de la protección diplomática de un nacional, socio de dos compañías mercantiles congoleñas, por daños causados a las sociedades. A tal efecto se invocó por Guinea un pretendido «derecho de sustitución», que no fue aceptado por el Tribunal al no encontrar manifestaciones de su arraigo en el Derecho internacional general de naturaleza consuetudinaria.

Claro que si, dentro del mismo tipo de reclamación, la sociedad ha desaparecido y ningún Estado puede, por consiguiente, ejercer su protección diplomática, cabe sostener la posibilidad de protección independiente de los accionistas por el Estado de su nacionalidad. En la sentencia citada el Tribunal reconoció que en tal supuesto puede surgir un derecho de acción independiente para ellos y su Gobierno[15].

En fin, y continuando con la primera situación, si la sociedad perjudicada tiene la nacionalidad del Estado autor del acto ilícito, hay que admitir la posibilidad de la protección diplomática de los accionistas por el Estado de su nacionalidad, so pena de colocarles en un estado de auténtica indefensión.

La segunda situación se refiere a los daños causados directamente a los accionistas como tales. Es lógico que sea posible en tal supuesto la protección diplomática del Estado de su nacionalidad, como ha reconocido el Tribunal de La Haya en el caso de *Barcelona Traction.*

---

[13] CIJ, *Rec.,* 1970, p. 42.
[14] Ibíd., pp. 4 ss.
[15] Ibíd., p. 41.

25.5. La obligación de los particulares de agotar los recursos internos del Estado demandado

Según una regla consuetudinaria de Derecho Internacional bien establecida, los particulares perjudicados deben agotar los recursos internos del Estado demandado para que sea viable la protección diplomática del Estado de su nacionalidad. La jurisprudencia del Tribunal de La Haya es muy explícita al respecto. Así, en la sentencia de 21 de marzo de 1959, dictada en el caso *Interhandel,* el Tribunal ha dicho:

> La regla según la cual se deben agotar los recursos internos antes de acudir a un procedimiento internacional es una regla bien establecida del Derecho internacional consuetudinario; ha sido generalmente observada en los casos en que un Estado ha hecho suya la causa de sus súbditos cuyos derechos han sido lesionados en otro Estado en violación del Derecho internacional. Antes de recurrir a la jurisdicción internacional, se ha considerado necesario en semejante caso que el Estado en que se ha sometido la lesión pueda remediarla por sus propios medios, en el cuadro de su orden jurídico interno[16].

Se ha discutido por la doctrina si la regla es de carácter sustantivo o procesal. Esto es, si el no agotamiento de los recursos internos impide que aparezca el hecho ilícito internal —tesis sustantiva—, o si, por el contrario, se limitaría a la no admisibilidad de la protección diplomática —tesis procesal—. En el informe de 1980 de la Comisión de Derecho Internacional ha prevalecido el primer punto de vista, sin duda por influencia del relator en la materia, profesor AGO, que desde tiempo atrás venía defendiendo tal idea. Sin embargo, en la resolución adoptada por el Instituto de Derecho Internacional, en su sesión de Granada (1956), se dio naturaleza procesal a la regla[17].

El fundamento de la regla fue puesto de relieve por el Gobierno español en el caso *Barcelona Traction.* Es la idea del respeto de la independencia y soberanía de los Estados, y más particularmente de su poder jurisdiccional, cuyos actos se presumen conformes al Derecho Internacional. La instancia internacional ante la que se presenta la reclamación presume, en efecto, que las autoridades judiciales de un país ejercen su actividad de conformidad con el Derecho Internacional y no reconoce su propia competencia más que si se le aportan pruebas en contrario[18]. Pruebas que requieren el agotamiento por los particulares de los recursos internos del país demandado. Como ha dicho el profesor JIMÉNEZ DE ARÉCHAGA, el ejercicio prematuro de la protección diplomática que no diese oportunidad a los órganos del Estado demandado para hacer justicia, constituiría una afrenta a su soberanía e independencia[19].

La regla alcanza a todo tipo de reclamaciones internacionales. No sólo a las que se entablen ante un órgano judicial o arbitral, sino también a las que se

---

[16] CIJ, *Rec.,* 1959, pp. 27-28; CPJI, *Serie A/B,* n.º 76, p. 18; CIJ, *Rec.,* 1953, pp. 22-23. Véase la monografía de E. RUILOBA SANTANA, *El agotamiento de los recursos internos como requisito de la protección internacional del individuo,* Valencia, 1978, pp. 201 ss.

[17] *Annuaire,* 1956, pp. 314 ss.

[18] *Contre-mémoire,* pp. 389 ss.

[19] E. JIMÉNEZ DE ARÉCHAGA, *El Derecho Internacional Contemporáneo,* Tecnos, Madrid, 1980, p. 347.

presenten ante una comisión de conciliación o de cualquier otro modo. Como ha dicho el Tribunal de La Haya, «cualquier distinción entre las diversas reclamaciones o los diversos tribunales, en lo que respecta a la regla del agotamiento de los recursos internos, es infundada»[20].

Por el propio carácter de la regla, ésta no se aplica en los casos en que el hecho ilícito haya perjudicado directamente al Estado o a uno de sus órganos como un agente diplomático. O lo que es lo mismo, en palabras del Instituto de Derecho Internacional en la resolución citada, «a una persona que disfrute de una protección internacional especial». Ello se vincula con la idea de la inmunidad jurisdiccional del Estado y sus agentes ante los tribunales extranjeros. Si aquéllos están exentos de dicha jurisdicción es lógico que no estén obligados a agotar los recursos internos.

Según la repetida resolución del Instituto de Derecho Internacional, la regla tampoco se aplica si ha sido descartada por acuerdo entre los Estados interesados. No estamos, en efecto, ante una norma del *ius cogens* internacional, sino ante una disposición de carácter dispositivo, que puede ser excluida por las partes[21]. Es el caso del artículo 11 del «Convenio sobre responsabilidad internacional por daños causados por objetos espaciales» de 29 de marzo de 1972, del que nos ocuparemos más adelante.

Queda por fin la cuestión de si hay obligación de agotar los recursos internos cuando el sistema jurídico del Estado reclamado no ofrece las garantías elementales de una adecuada administración de justicia. La respuesta correcta la ha dado, a nuestro juicio, la tantas veces citada resolución del Instituto de Derecho Internacional cuando condiciona la aplicación de la regla a la existencia en el Derecho interno del Estado reclamado de recursos verosímilmente eficaces y suficientes.

25.6. El pretendido requisito de la conducta correcta del perjudicado

Se ha sostenido por un sector doctrinal (Witenberg, Rousseau y, entre nosotros, García Arias) que la conducta incorrecta del reclamante, por violación del Derecho interno del Estado reclamado o del Derecho Internacional, motivaría la inadmisibilidad de la protección diplomática[22].

De ser cierta tal doctrina, brindaba al Gobierno español en el asunto de *Barcelona Traction* la posibilidad de oponerla a la protección diplomática del Gobierno belga, basándose en el comportamiento ilegal y fraudulento de la sociedad. Y a tal fin se realizaron los estudios pertinentes por los colaboradores del Gobierno español.

---

[20] CIJ, *Rec.*, 1953, p. 29.

[21] Véase E. Ruiloba Santana, *op. cit.* en nota 16, pp. 281 ss.

[22] J. C. Witenberg, *L'Organisation judiciaire, la procédure et la sentence internationales*, París, Pedone, 1937, pp. 159-160; Ch. Rousseau, *Derecho Internacional Público*, Barcelona, 1961, p. 360; L. García Arias, «Sobre el derecho de protección diplomática», en *Anuario del I.H.L.A.D.I.*, vol. I, 1959, pp. 129 ss.

Como resultado de tales estudios, apareció que ni la jurisprudencia internacional ni la práctica de los Estados permitían afirmar de manera segura que la conducta incorrecta del particular motivase la inadmisibilidad de la protección diplomática. Había, sí, algunos escasos precedentes jurisprudenciales de fines del siglo XVIII y principios del XIX referidos a capturas de buques que se dedicaban al transporte de esclavos. Fuera de ellos, ningún otro dato permitía sostener aquella doctrina[23].

Aquellos estudios demostraron algo obvio: que la conducta incorrecta del particular tenía en cambio incidencia sobre el fondo de la reclamación y sobre el montante de la reparación. Sobre el fondo de la reclamación porque un acto presuntamente ilícito podía estar justificado por el comportamiento ilegal o fraudulento del particular. Y también sobre la cuantía de la reparación, porque si una parte de los daños derivan de la conducta del particular y no del hecho ilícito internacional, tales daños deberían ser descontados de la reparación.

Resultaba asimismo que la conducta incorrecta del reclamante tenía cierto peso como argumento general de ambiente o atmósfera. Es cierto que las jurisdicciones internacionales tienen que fallar sobre la base de las reglas del Derecho Internacional, pero no es menos verdad que para la subsunción en ellas de los hechos del caso y para la aplicación a éste de las normas, se dejan guiar por la idea general que desde un punto de vista ético se han hecho del asunto. Es la idea de la equidad *infra legem.* Concretamente, en el caso *Nottebohm,* aunque la sentencia se basa en la regla de la nacionalidad efectiva, el Tribunal de La Haya no fue insensible a la conducta fraudulenta del presunto perjudicado, y ello explica el duro lenguaje del fallo respecto a tal conducta[24]. Esta consideración movió al Gobierno español a utilizar la conducta de la sociedad *Barcelona Traction,* profusamente expuesta en sus alegaciones orales y escritas, como argumento general de ambiente o atmósfera, pero sin articular tal exposición como causa de inadmisibilidad de la protección diplomática.

25.7. La protección y la asistencia consular: diferencias con la protección diplomática

a) De la protección a los intereses de los particulares nacionales de un Estado en el extranjero no sólo se ocupan las misiones diplomáticas sino también las oficinas consulares, como veremos en otro lugar al tratar de las respectivas funciones de unas y otras. Por ello se habla junto a la protección diplomática de la protección consular. De otra parte, entre las funciones consulares, están asimismo las de asistencia a los nacionales en el extranjero. A fin de despejar todo equívoco queremos hacer unas consideraciones que permitan distinguir la protección diplomática propiamente dicha de la protección y la asistencia consular.

---

[23] Tal es la opinión de J. A. Salmon, «Des mains propres comme condition de recevabilité des réclamations internationales», en *A.F.D.I.,* 1964, pp. 225 ss.

[24] CIJ, *Rec.,* 1955. Véase C. Jiménez Piernas, *La conducta arriesgada y la responsabilidad internacional del Estado,* Murcia, 1988, pp. 271 ss.

b) *La protección diplomática* consiste en una reclamación en solicitud de una reparación por los daños, no susceptibles de indemnización en vía interna, que haya sufrido un nacional a consecuencia del hecho ilícito internacional de otro Estado. La protección diplomática la ejerce el Estado de la nacionalidad pero es el Derecho interno de éste el que determina qué órgano de dicho Estado la lleva a cabo. Normalmente, tal órgano es el Gobierno a través del Ministerio de Relaciones Exteriores, pero la gestión concreta de la reclamación la efectúa bien alguno de los servicios centrales de tal Ministerio ante la misión diplomática del Estado autor del acto ilícito, bien la misión diplomática del Estado reclamante ante el Gobierno del Estado del que procede la infracción del Derecho Internacional. En España, según el Real Decreto 342/2012, de 10 de febrero, que reestructura el Ministerio de Asuntos Exteriores y Cooperación es dicho Ministerio quien toma la decisión del ejercicio de la protección diplomática, pero la reclamación la llevan a cabo bien los servicios centrales del Ministerio bien la misión diplomática acreditada en el Estado autor del hecho ilícito.

Y la reclamación se dirige al Estado infractor, concretamente a su Gobierno y se presenta bien ante el Ministerio de Relaciones exteriores bien ante la misión diplomática acreditada en el Estado reclamante. Pero la reclamación nunca se dirige contra el órgano del Estado infractor autor del acto ilícito. En todo caso para que la reclamación sea admisible se necesita el agotamiento por los particulares lesionados de los recursos internos del Estado infractor, en las condiciones que ya conocemos. Ha de tratarse, pues, de una reclamación contra un acto definitivo.

c) *La protección consular* consiste también en una reclamación contra las consecuencias de un acto de un órgano del Estado infractor que sea contrario al Derecho Internacional o a su Derecho interno, y la presenta el funcionario consular que sea jefe de la respectiva oficina, normalmente por su propia iniciativa, aunque sometido siempre a las instrucciones y orientaciones de su Gobierno. Pero a diferencia de lo que ocurre en la protección diplomática, en la protección consular la reclamación no se presenta ante el Gobierno del Estado infractor sino directamente ante el órgano del que emane el acto ilícito, que puede ser un órgano local del Estado, competente dentro de la circunscripción consular, o un órgano de entes o autoridades territoriales e incluso, según tendencia reciente que recoge el artículo 38 de la Convención de Viena de 24 de abril de 1963 sobre Relaciones Consulares, un órgano central del Estado receptor, «siempre que sea posible y en la medida en que lo permitan sus leyes, reglamentos y usos y los acuerdos internacionales correspondientes». En todo caso, para que sea admisible la protección consular no se requiere el previo agotamiento de los recursos internos del Estado infractor. Ello resulta de la propia esencia de la protección consular, que se ejerce ante órganos cuyas resoluciones no son normalmente definitivas sino susceptibles de recursos. Realmente la protección consular es coetánea a la acción que los particulares deben de intentar, mediante el ejercicio de los recursos internos, ante los órganos del Estado receptor. Hay, pues, una cierta complementariedad entre el ejercicio de la protección consular y la acción de los particulares en defensa de sus derechos.

d) Pero junto a la protección consular existe también la llamada *asistencia consular*. Precisamente, cuando el artículo 5 de la Convención de Viena de 24 de abril de 1963 sobre Relaciones Consulares enumera las funciones consulares, incluye entre ellas la genérica de prestar ayuda y asistencia a los nacionales del Estado que envía, y otras de auxilio en casos específicos (menores o incapacitados, caso de sucesión *mortis causa,* supuesto de comparecencia en juicio, etc.). Y el rasgo esencial de la función consular de asistencia a nacionales es que no se dirige contra infracciones del Derecho Internacional o del Derecho interno realizados por el Estado receptor. Para que tenga lugar la asistencia sólo exige la situación de necesidad o desgracia de un ciudadano del Estado que envía, y no una violación del Derecho interno o del Derecho internacional. Estudiaremos más adelante con mayor detalle estas cuestiones[25].

---

[25] Véanse, en general, los apartados 47.3 y 50.3 de este *Curso* y bibliografía allí citada.

CAPÍTULO V

LOS PUEBLOS ANTE EL DERECHO INTERNACIONAL

26. LA POSICIÓN DE LOS PUEBLOS EN EL DERECHO INTERNACIONAL CONTEMPORÁNEO. EL CONCEPTO DE PUEBLO

a) Expusimos en el capítulo primero de este libro (apartado 4.4) las características del Derecho Internacional clásico, diciendo que se trataba de un ordenamiento esencialmente liberal, cuya función era relacional y competencial: regular las relaciones entre los Estados y distribuir las competencias entre ellos. Y semejante concepción implicaba que el Derecho Internacional se desentendiese de la suerte de los pueblos sometidos a dominación extranjera. Pero no era sólo esto, ya que algunas de sus manifestaciones sirvieron de base incluso para la expansión colonial y el imperialismo. Sintomática es a este respecto la celebración de la Conferencia de Berlín de 1885 en la que las potencias europeas establecieron un marco jurídico y político para el reparto y colonización de los territorios africanos[1].

Cierto es que en una fase adelantada del Derecho Internacional Clásico —siglo XIX y principios del XX— cobró un fuerte impulso el principio de las nacionalidades, pero los destinatarios de este principio no eran los pueblos —hoy del Tercer Mundo— sujetos a dominación colonial, sino sólo ciertas colectividades europeas —las llamadas minorías— que llegaron a beneficiarse de él en algunos de los tratados de paz que pusieron fin a la primera guerra mundial. No hay que olvidar que el Derecho Internacional Público era en aquel entonces de carácter marcadamente eurocéntrico.

Sin embargo, desde 1945, estamos asistiendo a un proceso de transformación profunda del Derecho Internacional. Es, como dijimos, el tránsito del Derecho Internacional Clásico al Derecho Internacional Contemporáneo, caracterizado este último por su contenido humanista y social y por la nueva función de procurar el desarrollo integral de los individuos y pueblos sin excepción alguna. Bien entendido que la concepción contemporánea del Derecho de Gentes se presenta fundamentalmente y en su conjunto como una tendencia o aspiración, aunque no deja de tener manifestaciones ciertas en la realidad. Y entre estas manifestaciones hay que hablar de la situación de los pueblos en el Derecho internacional, que ya no son como antes meros objetos del ordenamiento, susceptibles de dominación extranjera, sino titulares de muy importantes derechos y entre estos derechos brilla con luz propia el de la libre determinación. Derecho —hay que decirlo— de gran importancia jurídica y política, porque es el que ha suministrado las bases

[1] Véase ENGELHARDT, «Étude de la Déclaration de la Conférence de Berlin relative aux occupations», *Revue de Droit Internationale et Législation comparée,* 1886, pp. 579 ss.

de la descolonización y ha conducido a una sociedad internacional auténticamente universal, como vimos en el capítulo I (apartado 4.2).

b) Pero a efectos del principio de libre determinación y de otros derechos que el Derecho Internacional contemporáneo concede a los pueblos, conviene acotar con el mayor rigor posible el concepto de éstos. Para ello nos vamos a servir del estudio realizado entre nosotros por el profesor RUILOBA SANTANA[2]. ¿Qué debe entenderse exactamente por «pueblos»?

En el sentir del profesor RUILOBA el vocablo «pueblo» designa la misma realidad que la palabra «nación». Son únicamente matices y connotaciones diversas las que acompañan a una y otra voz. La palabra «nación» evoca al Estado nacional surgido a principios de la Edad moderna y la idea de nación alcanzó su momento culminante en el siglo XIX y principios del XX como soporte del Estado y en función del principio de las nacionalidades. Pero caída en crisis aquella ideología, surge en el Derecho Internacional contemporáneo el concepto de pueblo, aunque para designar a la misma realidad que la contemplada por la palabra nación: la comunidad humana sobre la que se asienta el Estado. Si, pues, los conceptos de nación y pueblo designan las mismas realidades, podemos llegar a la determinación de lo que es un pueblo sirviéndonos de las teorías formuladas acerca de la nación.

Sobre la idea de la nación existieron dos concepciones: la objetiva (alemana) y la subjetiva (francesa). La primera concepción —la alemana— atendía a los datos objetivos de la comunidad humana, especialmente a la raza y la lengua; la voluntad colectiva de sus componentes no contaba o se relegaba a un plano muy secundario. La segunda concepción —la francesa—, por el contrario, ponía el énfasis en la voluntad de la comunidad afectada de constituirse como nación.

Una y otra concepción tenían, sin embargo, sus inconvenientes y sustentadas en sentido puro y radical se prestaban a fuertes críticas. Si se llevaba la concepción objetiva a sus últimas consecuencias, produciría el resultado de destruir la actual división del mundo en Estados, con la consiguiente desestabilización de las relaciones internacionales. Y ello de manera antidemocrática, en cuanto no se tendría en cuenta la voluntad de las comunidades humanas afectadas. De otro lado, la concepción subjetiva no dejaba de apoyarse en ciertos elementos objetivos, si bien de carácter espiritual. La voluntad de vivir en común no es en modo alguno casual y arbitraria, sino que resulta de ciertos elementos objetivos que existen en la realidad, y dicha voluntad está siempre condicionada y limitada por éstos. Si no fuese así y se entendiese la concepción subjetiva de forma absoluta y extrema, se consagraría el derecho de cualquier comunidad, por pequeña que fuese, a la independencia nacional, consecuencia que también tendría efectos desestabilizadores en los ámbitos políticos internos y en las relaciones internacionales.

De ahí que se haya tendido a adoptar una postura ecléctica y equilibrada sobre el concepto de nación y por consiguiente sobre el de pueblo. Posición que dé en-

---

[2] E. RUILOBA SANTANA, «Una nueva categoría en el panorama de la subjetividad internacional: el concepto de pueblo», en *Estudios de Derecho Internacional. Homenaje al profesor Miaja de la Muela,* Tecnos, Madrid, 1979, vol. I, pp. 303 ss.

trada con sentido integrador a los elementos objetivos y subjetivos. Los elementos objetivos que sirven de apoyo a una delimitación del concepto de pueblo son de variada índole: territorio geográficamente diferenciado, unidad de raza, lengua común, cultura común, religión común, tradiciones y costumbres comunes, pasado común, sentimiento de patria y conciencia nacional, bien entendido que esta enumeración no es ni jerarquizada ni exhaustiva y que la presencia de uno u otro elemento no es necesaria. La ausencia de un elemento puede compensarse por la importancia de otro u otros. Lo esencial es que haya una cierta medida de diferenciación material y objetiva, provenga de donde provenga. Y al lado de estos elementos objetivos, debe darse el requisito subjetivo, consistente en la voluntad colectiva de constituir una nación independiente, elemento éste necesario pero no suficiente, ya que debe ir acompañado de los elementos objetivos, que lo condicionan y limitan con sentido integrador. E insistimos en el sentido integrador porque, como veremos, es de gran importancia para determinar el alcance del principio de la libre determinación de los pueblos, que se debe conjugar con el de la unidad nacional e integridad territorial de los Estados.

27. EL PRINCIPIO DE LA LIBRE DETERMINACIÓN DE LOS PUEBLOS

27.1. Formulación y contenido del principio

a) Durante el siglo XIX y en los primeros lustros del siglo XX se hablaba del principio de las nacionalidades, que era una poderosa idea-fuerza, aunque de ámbito de aplicación exclusivamente europeo. El principio fue determinante en la remodelación del mapa político del Viejo Continente en el siglo XIX, con la aparición de dos grandes unidades nacionales como Italia y Alemania, y recibió asimismo consagración convencional en algunos de los tratados que pusieron fin a la primera guerra mundial (1914-1918), en los que se protegían a minorías nacionales.

Al término de dicha guerra, el presidente norteamericano Wilson lanzó el concepto de *self-determination* o autodeterminación, que era una concreción del principio de las nacionalidades y al igual que éste pensado fundamentalmente para Europa. En efecto, el punto 4 del Mensaje del presidente estadounidense de 12 de febrero de 1918 decía:

> Todas las aspiraciones nacionales bien definidas deberán recibir la satisfacción más completa que pueda ser otorgada sin introducir nuevos o perpetuar antiguos elementos de discordia o de antagonismo susceptibles de romper con el tiempo la paz de *Europa* y, en consecuencia, la del mundo.

De todos modos no se consideraba en aquel entonces que el principio de autodeterminación de los pueblos tuviese consagración positiva en el Derecho Internacional. El dictamen del Comité de Juristas sobre el *caso de las Islas Aaland,* encargado en 1920 por el Consejo de la Sociedad de las Naciones, es elocuente al respecto. Debiendo considerar tal Comité la competencia del Consejo acerca de la pretensión sueca de que Finlandia accediese al deseo de los habitantes de tales islas de incorporarse a Suecia, dijo:

> Aunque el principio de que los pueblos deban poder disponer de sí mismos ocupe un lugar importante en el pensamiento político moderno, sobre todo después de la guerra mundial, conviene hacer notar que no se encuentra inscrito en el Pacto de la Sociedad de las Naciones. Y la consagración de este principio en cierto número de tratados internacionales no basta para que sea considerado como una de las reglas positivas del Derecho de Gentes[1].

Pero, aunque el Pacto de la Sociedad de Naciones no proclamase el principio de la libre determinación de los pueblos, sí hay en dicho Pacto de alguna manera un nuevo enfoque y una distinta consideración de algunas situaciones coloniales. No de

---

[1] Véase *Journal Officiel de la Société des Nations,* octubre 1920, supplément spécial, p. 3.

todas, sino sólo de las existentes en las colonias de los países vencidos en la primera guerra mundial, como Alemania y Turquía. Efectivamente, en el Pacto se establece un régimen jurídico peculiar para dichas colonias, que es el de los llamados *mandatos.* No vamos a hacer aquí un examen a fondo de tal institución, aunque sí queremos poner de relieve que su administración se confiaba a ciertos Estados que, bajo la supervisión de la Sociedad de Naciones, ejercían una función internacional en nombre de aquélla, con la obligación de informar y siempre bajo el principio de que el bienestar y desarrollo de los pueblos constituía un «encargo sagrado de la civilización»[2]. El régimen de las demás colonias continuó como en el pasado.

b) Finalizada la segunda guerra mundial, la situación de los pueblos sometidos a dominación colonial se planteó en términos muy distintos en la Conferencia de San Francisco que en 1945 redactó la Carta de las Naciones Unidas. Los dos grandes vencedores, que ya se configuraban como superpotencias —los Estados Unidos y la Unión Soviética—, compartían una común animadversión hacia el colonialismo y no sólo por intereses de poder, sino también por razones ideológicas. Los americanos habrían sido en el pasado una colonia británica y era lógico que considerasen la colonización como algo recusable. Por su parte, los soviéticos entendían que la colonización era un fenómeno típicamente capitalista. Y a ello hay que añadir la participación de algunas colonias en la contienda[3]. Pero dos de los Estados vencedores, que en las Naciones Unidas iban a adquirir una situación de privilegio dentro del Consejo de Seguridad en tanto que miembros permanentes y con derecho de veto, eran el Reino Unido y Francia, ambos con muy importantes intereses coloniales, en cuyo mantenimiento estaban interesados. Aparte de ello participaron en la Conferencia de San Francisco otras potencias coloniales como Bélgica y los Países Bajos.

De ahí que, en presencia de estas concepciones contrapuestas, se llegase en la Conferencia de San Francisco a un compromiso en cuanto a la situación de los pueblos y territorios sometidos a dominación colonial. Tal solución consistió en el establecimiento de dos regímenes distintos. Uno era el del capítulo XI de la Carta, bajo el título de «Declaración relativa a territorios no autonómos», aplicable de un modo general a las colonias de los países vencedores o a las de los Estados no enemigos. El otro régimen era el de los capítulos XII y XIII, que instauraban un régimen internacional de administración fiduciaria, aplicable a los territorios sometidos a los mandatos creados por la Sociedad de las Naciones, a los segregados de los Estados enemigos como consecuencia de la segunda guerra mundial, y a aquellos territorios puestos voluntariamente bajo tal régimen por los Estados responsables de su administración (art. 77 de la Carta).

Y como es lógico existían diferencias entre uno y otro régimen, que se pueden resumir del siguiente modo: 1.ª) Mientras los territorios no autónomos son

---

[2] Véase CIJ, *Recueil,* 1950, pp. 132 y 133: *Statut international du Sudouest africain (Avis consultatif).* Sobre el régimen de mandatos, véase G. DIENA, «Les mandats intternationaux», en *R. des C.,* vol. 5, 1924.

[3] Veáse MIAJA DE LA MUELA, «La emancipación de los pueblos coloniales y el Derecho Internacional», en *Anales de la Universidad de Valencia,* vol. XXXIX, Cuaderno I, 1965, pp. 49 ss.; del mismo autor, «La descolonización en la Organización de las Naciones Unidas», en el libro *ONU, año XX,* Tecnos, Madrid, 1966, pp. 287 ss.

regidos por sus respectivas metrópolis en virtud de títulos jurídicos preexistentes y derivados del Derecho Internacional General, los territorios sujetos a administración fiduciaria se encomiendan a los Estados administradores por acuerdos internacionales realizados de conformidad con la Carta de las Naciones Unidas; 2.ª) En los territorios no autónomos las potestades constituyente y legislativa seguían en manos del Estado metropolitano, mientras que en los sometidos a administración fiduciaria el régimen jurídico fundamental derivaba de los acuerdos; 3.ª) La Carta de la Organización no estableció ningún órgano para controlar la gestión en los territorios no autónomos; si bien los Estados administradores tenían la obligación según el artículo 73.*e*) de transmitir regularmente al Secretario General «la información estadística y de cualquier otra naturaleza técnica que verse sobre las condiciones económicas, sociales y educativas de los territorios por los cuales son respectivamente responsables»; mientras que para los territorios sometidos a administración fiduciaria se establecía el Consejo de Administración Fiduciaria con funciones de supervisión y control, que se señalan en el artículo 87 de la Carta[4]. Pero esta última diferencia había de ser atenuada prontamente, pues ya en su primer período de sesiones (1946), la Asamblea General creó una Comisión *ad hoc* sobre transmisión de información (resolución 66 C1), y a recomendación de ésta, se estableció una «Comisión sobre territorios no autónomos» y más tarde la «Comisión de los Veinticuatro»[5].

Y es que la solución transaccional que en esta materia realizó la Carta de las Naciones Unidas se vio pronto desbordada por la dinámica irresistible de la Organización y por la evolución de la propia sociedad internacional. Dinámica anticolonialista que, impulsada por diversos factores y reforzada y enriquecida por sus propios logros y notables éxitos, llevó en pocas décadas a la liquidación prácticamente total de las situaciones coloniales y a la universalización o mundialización de la sociedad internacional. No nos parece que sea éste el lugar adecuado para exponer este proceso; su estudio debe realizarse con el de las Naciones Unidas, cuya actividad ha sido decisiva al respecto[6]. Pero sí creemos necesario exponer y valorar ahora el gran principio sustantivo de carácter jurídico-político que ha sido motor de ese importantísimo movimiento. Se trata del principio de la libre determinación de los pueblos.

c) La Carta de las Naciones Unidas contiene referencias expresas al principio de la libre determinación de los pueblos. Así, según el artículo 1.2, uno de los propósitos de la Organización es «fomentar entre las naciones relaciones de amistad basadas en el respeto al principio de la igualdad de derechos y al de la libre determinación de los pueblos [...]»; encontramos también una mención del principio en el artículo 55 y se puede entender asimismo que está implícitamente contenido en los capítulos XI, XII y XIII de la Carta.

---

[4] Véase A. MIAJA DE LA MUELA, *La Emancipación*, cit., pp. 57 ss.

[5] Véase J. A. YTURRIAGA BARBERÁN, «Desarrollo de las disposiciones de la Carta relativas a los territorios no autónomos a través de la práctica de la ONU», *R.E.D.I.*, 1963, pp. 33 ss.

[6] Véase el libro de J. A. YTURRIAGA BARBERÁN, *Participación de la ONU en el proceso de descolonización*, Colección de Estudios Internacionales, CSCI, Madrid, 1966; y M. VIRALLY, «Droit International el décolonisation devant les Nations Unies», en *A.F.D.I.*, 1963, pp. 508 ss.

Los primeros comentaristas de la Carta no creyeron que estas referencias permitiesen sostener que el principio de la libre determinación de los pueblos constituyese una norma del Derecho Internacional positivo, sino todo lo más un postulado político[7]. Pero estas dudas habían de durar poco, pues la poderosa dinámica anticolonialista de la Organización y de la sociedad internacional había de consagrar muy pronto el principio de libre determinación como norma positiva de Derecho Internacional, que debía recibir aplicación. Efectivamente, el día 14 de diciembre de 1960, la Asamblea General de las Naciones Unidas adoptó —por ochenta y nueve votos a favor, ninguno en contra y nueve abstenciones— la importantísima resolución 1.514 (XV) que contiene la «Declaración sobre la concesión de la independencia a los países y a los pueblos coloniales», llamada tradicionalmente la «Carta Magna de la Descolonización». Los términos dispositivos de la resolución son los siguientes:

> 1. La sujeción de los pueblos a una subyugación, dominación y explotación extranjeras constituye una denegación de los derechos humanos fundamentales, es contraria a la Carta de las Naciones Unidas y compromete la causa de la paz y de la cooperación mundiales.
> 2. Todos los pueblos tienen el derecho de libre determinación; en virtud de este derecho, determinan libremente su condición política y persiguen libremente su desarrollo económico, social y cultural.
> 3. La falta de preparación en el orden político, económico, social o educativo no deberá nunca servir de pretexto para retrasar la independencia.
> 4. A fin de que los pueblos dependientes puedan ejercer pacíficamente y libremente su derecho a la independencia completa, deberá cesar toda acción armada o toda medida represiva de cualquier índole dirigida contra ellos, y deberá respetarse la integridad de su territorio nacional.
> 5. En los territorios en fideicomiso y no autónomos y en todos los demás territorios que no han logrado aún su independencia deberán tomarse inmediatamente medidas para traspasar todos los poderes a los pueblos de esos territorios, sin condiciones ni reservas, en conformidad con su voluntad y sus deseos libremente expresados, y sin distinción de raza, credo ni color, para permitirles gozar de una libertad y una independencia absolutas.
> 6. Todo intento encaminado a quebrantar total o parcialmente la unidad nacional y la integridad territorial de un país es incompatible con los propósitos y principios de la Carta de las Naciones Unidas.
> 7. Todos los Estados deberán observar fiel y estrictamente las disposiciones de la Carta de las Naciones Unidas, de la Declaración Universal de Derechos Humanos y de la presente Declaración sobre la base de la igualdad, de la no intervención en los asuntos internos de los demás Estados y del respeto a los derechos soberanos de todos los pueblos y de su integridad territorial.

Y la formulación del principio de libre determinación de los pueblos aún fue objeto de mayores desarrollos y precisiones en la ya conocida resolución de la Asamblea General 2.625 (XXV), adoptada el día 24 de octubre de 1970, que contiene la «Declaración de los principios de Derecho Internacional referentes a las relaciones de amistad y cooperación entre los Estados de conformidad con la Carta de las Naciones Unidas»[8]. En tal resolución, bajo el título de «El prin-

---

[7] Véanse las opiniones en E. JIMÉNEZ DE ARÉCHAGA, *El Derecho Internacional Contemporáneo*, Tecnos, Madrid, 1980, pp. 124-125.

[8] Sobre la elaboración del principio en el Comité especial, véase, E. PÉREZ VERA, *Naciones Unidas*, cit., pp. 78 ss. Como muy bien señala la citada profesora, se trata de uno de los principios que intentan regular el cambio en la sociedad internacional.

cipio de la igualdad de derechos y de la libre determinación de los pueblos», se establece lo siguiente:

> En virtud del principio de la igualdad de derechos y de la libre determinación de los pueblos, consagrado en la Carta de las Naciones Unidas, todos los pueblos tienen el derecho de determinar libremente, sin injerencia externa, su condición política y de procurar su desarrollo económico, social y cultural, y todo Estado tiene el deber de respetar ese derecho de conformidad con las disposiciones de la Carta.
>
> Todo Estado tiene el deber de promover, mediante acción conjunta o individual, la aplicación del principio de la igualdad de derechos y de la libre determinación de los pueblos, de conformidad con las disposiciones de la Carta, y de prestar asistencia a las Naciones Unidas en el cumplimiento de las obligaciones que se le encomiendan por la Carta respecto de la aplicación de dicho principio, a fin de:
>
> *a*) Fomentar las relaciones de amistad y la cooperación entre los Estados, y
>
> *b*) Poner fin rápidamente al colonialismo, teniendo debidamente en cuenta la voluntad libremente expresada de los pueblos de que se trate; y teniendo presente que el sometimiento de los pueblos a la subyugación, dominación y explotación extranjeras constituye una violación del principio así como una denegación de los derechos humanos fundamentales, y es contraria a la Carta.
>
> Todo Estado tiene el deber de promover, mediante acción conjunta o individual, el respeto universal de los derechos humanos y las libertades fundamentales y la efectividad de tales derechos y libertades de conformidad con la Carta.
>
> El establecimiento de un Estado soberano e independiente, la libre asociación o integración con un Estado independiente o la adquisición de cualquier otra condición política libremente decidida por un pueblo constituyen formas del ejercicio del derecho de libre determinación de ese pueblo.
>
> Todo Estado tiene el deber de abstenerse de recurrir a cualquier medida de fuerza que prive a los pueblos antes aludidos en la formulación del presente principio de su derecho a la libre autodeterminación y a la libertad y a la independencia. En los actos que realicen y en la resistencia que opongan contra esas medidas de fuerza con el fin de ejercer su derecho a la libre determinación, tales pueblos podrán pedir y recibir apoyo de conformidad con los propósitos y principios de la Carta.
>
> El territorio de una colonia o de otro territorio no autónomo tiene, en virtud de la Carta, una condición jurídica distinta y separada de la del territorio del Estado que lo administra; y esa condición jurídica distinta y separada conforme a la Carta existirá hasta que el pueblo de la colonia o el territorio no autónomo haya ejercido su derecho a la libre determinación de conformidad con la Carta y, en particular, con sus propósitos y principios.
>
> Ninguna de las disposiciones de los párrafos precedentes se entenderá en el sentido de que autorice o fomente acción alguna encaminada a quebrantar o menoscabar, total o parcialmente, la integridad territorial de Estados soberanos e independientes que se conduzcan de conformidad con el principio de la igualdad de derechos y de la libre determinación de los pueblos antes descrito y estén, por tanto, dotados de un gobierno que represente a la totalidad del pueblo perteneciente al territorio, sin distinción por motivos de raza, credo o color.
>
> Todo Estado se abstendrá de cualquier acción dirigida al quebrantamiento total o parcial de la unidad nacional e integridad territorial de cualquier otro Estado o país.

d) Transcritas las anteriores formulaciones del principio de la libre determinación de los pueblos, queremos poner de relieve en primer lugar que así como en la resolución 1.514 (XV) de 1960 el principio de libre determinación se configuraba como un derecho de los pueblos, según la Declaración de 1970 tal principio se formula simultáneamente como un *derecho de los pueblos y un deber de los Estados.*

La caracterización del principio en uno u otro sentido fue objeto de viva discusión en el seno del Comité especial que redactó la resolución 2.625 (XXV). En dicho Comité, efectivamente, mientras algunas delegaciones occidentales deseaban articular el principio únicamente como deber de los Estados, los países del tercer mundo y los socialistas prentendían formularlo como un derecho de los pueblos. Y como ha señalado el profesor CARRILLO SALCEDO, la primera posición suponía atenerse a una interpretación clásica del Derecho Internacional, porque en opinión de sus defensores el Ordenamiento Internacional no tiene como destinatarios a los pueblos, sino a los Estados soberanos e independientes[9]. La segunda postura era más progresista y suponía considerar la cuestión a la luz de los postulados del Derecho Internacional Contemporáneo[10]. La fórmula que finalmente se adoptó fue de compromiso y consistió, como hemos dicho, en articular el principio de libre determinación tanto como un derecho de los pueblos como un deber de los Estados.

e) Resulta de la resolución 2.625 (XXV) que el principio de la libre determinación de los pueblos tiene un alcance muy amplio, puesto que se refiere no sólo al estatuto político de aquéllos, sino también a su desarrollo social y cultural. Pero sin duda la dimensión política es la más importante y llamativa y tiene a su vez dos proyecciones, una interna y otra externa.

La proyección interna del principio consiste en el derecho a un sistema político democrático y representativo, ya que, como dice el párrafo 3 del artículo 21 de la Declaración Universal de los Derechos Humanos, la voluntad del pueblo constituye el fundamento de la autoridad de los poderes públicos, voluntad que ha de expresarse en elecciones periódicas, por sufragio universal y voto secreto. Entendemos que los levantamientos de los pueblos de Túnez, Egipto, Libia, Yemen, Siria y otros países árabes, surgidos en los inicios de 2011, se ubican en la faceta interna del derecho a la libre determinación, en la medida en que, ansiosos de libertad y dignidad, persiguen el derrocamiento de las dictaduras y la instauración de regímenes de democracia auténtica. Claro que, contra lo que sería deseable, el derecho no se hizo valer por cauces institucionales y ordenados, sino por vías de hecho y de manera harto desorganizada.

En cuanto a la proyección externa del principio, hay que señalar que, cuando la resolución 1.514 (XV) formuló el derecho a la libre determinación, puso el énfasis en los pueblos sometidos a dominación colonial, sin que estuviese claro que beneficiase a otros pueblos. Sin embargo, la resolución 2.625 (XXV) enuncia el principio en términos generales, esto es, no sólo en favor de los pueblos coloniales, sino también en beneficio de toda clase de pueblos.

Y hay que añadir en este orden de ideas que la resolución 1.541 (XV) de la Asamblea General, adoptada dos días después de la resolución 1.514 (XV), no contemplaba más que tres manifestaciones del ejercicio del derecho a la libre determinación: creación de un nuevo Estado, libre asociación con otro Estado, y la integración a otro Estado. Sin embargo, puesto que la resolución 2.625 (XXV) enuncia al derecho en términos generales —esto es, para toda clase de pueblos—, se vio obligada a añadir otra manifestación o resultando: la adquisición de cualquier otro estatuto político libremente decidido por el pueblo. Todo esto significa que la autodeterminación no debe desembocar forzosamente en la independencia, ya que su ejercicio puede conducir a situaciones distintas.

f) Uno de los rasgos más llamativos de la década final del siglo XX fue lo que se ha llamado el «tribalismo postmoderno», que consistiría en la creación

[9] J. A. CARRILLO SALCEDO, *Soberanía,* cit., p. 52, y E. PÉREZ VERA, *Naciones Unidas,* cit., p. 81.
[10] CIJ, *Recueil,* 2010, p. 30, par. 80.

de una atmósfera, tanto jurídica como política, tendente a la ruptura de Estados existentes y a la creación de nuevos Estados.

Y hay que reconocer que el ejercicio del derecho a la libre determinación puede implicar la consecuencia de la transformación de un pueblo en un Estado soberano. En estas condiciones, surge la gran cuestión de si los pueblos gozan de un derecho ilimitado o absoluto de secesión. Si fuese así, el principio de la libre determinación, lejos de contribuir a la justicia y la paz en la comunidad internacional, podría convertirse en un factor de desestabilización de las relaciones internacionales.

No es esto, sin embargo, lo que resulta de las dos resoluciones citadas de la Asamblea General, ya que ambas contienen una cláusula de salvaguarda en favor del respeto de la unidad nacional e integridad territorial de los Estados. Y la resolución 2.625 (XXV) ha objetivado estos límites asignándoles un criterio de legitimidad, puesto que sólo los Estados dotados de un gobierno enteramente representativo, sin ninguna clase de discriminación, pueden alegar la salvaguarda en cuestión. Creemos que en el plano internacional resulta posible invocar esta salvaguardia frente a los intentos secesionistas de la Generalitat de Cataluña de los años 2012 y siguientes, dado el carácter democrático, representativo y no discriminatorio del sistema político que rige en España y del que se benefician los catalanes. Debemos añadir que una posición muy discutible en cuanto al derecho de secesión es la sustentada por el Tribunal Internacional de Justicia en su opinión consultiva de 22 de julio de 2010 sobre la *conformidad con el Derecho internacional de la declaración unilateral de independencia relativa a Kosovo*. Por lo pronto, el Tribunal asegura en el dictamen de manera dogmática y precipitada que en el Derecho internacional nunca se han considerado como transgresiones las declaraciones unilaterales de independencia. Y en cuanto al principio de integridad territorial, invocado a este respecto por varios Estados, se afirma en el dictamen que su alcance está limitado a la esfera de las relaciones interestatales, apoyándose para ello en el principio enunciado en la resolución de la Asamblea General 2.625 (XXV) —que a juicio del Tribunal es de Derecho consuetudinario— sobre prohibición de la amenaza y el uso de la fuerza contra la integridad territorial de los Estados. Conviene precisar, sin embargo, que la alta jurisdicción de La Haya olvida que en esa importante resolución la idea de la integridad territorial aparece también como límite o cortapisa al principio de libre determinación de los pueblos, y que en este contexto la exigencia afecta no sólo a las relaciones internacionales sino también y sobre todo a las existentes entre un pueblo y un Estado[10 bis].

[10 bis] Véase R. BERMEJO GARCÍA, «La declaración unilateral de independencia de Kosovo a la luz de la Opinión Consultiva de la Corte Internacional de Justicia de 22 de julio de 2010 y de las declaraciones, opiniones individuales y disidentes en la misma», en *A.D.I.*, n.º 26, 2010, pp. 7 ss. En el artículo se vierten críticas convincentes sobre el dictamen de la Corte. El volumen LXIII, 1.º de 2011 de la *R.E.D.I.*, se dedica monográficamente al estudio de la opinión consultiva en artículos mayoritariamente críticos. Son los siguientes: C. ESCOBAR HERNÁNDEZ, «La posición del Reino de España en el procedimiento consultivo: una aproximación general»; C. JIMÉNEZ PIERNAS, «Los principios de soberanía e integridad territorial y de autodeterminación de los pueblos en la opinión consultiva sobre Kosovo: una oportunidad perdida»; P. ANDRÉS SAÉNZ DE SANTAMARÍA, «Tu *quoque,* Corte? La banalización de los poderes del Consejo de Seguridad en la opinión consultiva sobre la conformidad con el

Pero, si la salvaguarda es clara en su formulación abstracta y genérica, su aplicación en casos concretos es más complicada y problemática. En mi opinión, teniendo en cuenta la letra y el espíritu de las resoluciones mencionadas, existen al menos dos situaciones en las que, jurídicamente, no es razonable negar a un pueblo el derecho de secesión.

Se trataría en primer lugar de la hipótesis del pueblo de un territorio que fue en el pasado Estado independiente, y que luego ha sido objeto de anexión forzosa por otro Estado. Sería el caso de las Repúblicas bálticas, Estonia, Letonia y Lituania, invadidas por el ejército de la Unión Soviética en 1940. Es verdad que, cuando en el verano de 1991 los pueblos respectivos proclamaron y obtuvieron la recuperación de la independencia, no invocaron expresamente el principio de la libre determinación, pero no es menos cierto que, en rigor y en último análisis, ejercieron el derecho en cuestión. En cualquier caso, es imposible sostener desde el punto de vista jurídico que la Unión Soviética hubiese podido oponer a la independencia de los países bálticos la salvaguardia de la unidad nacional o la integridad territorial. De hecho, ningún Estado impugnó en 1991 el derecho de los pueblos bálticos a recuperar la independencia.

La segunda hipótesis en la que no operaría la salvaguarda que nos ocupa sería la de un Estado, constituido por dos o más pueblos distintos, en el que el sistema político no fuese representativo sino autoritario, y en el que existiese una situación extrema de violaciones graves, masivas y persistentes de los derechos humanos. El pueblo oprimido tendría derecho a la independencia, pero el verdadero problema consistiría entonces en evitar los probables excesos revolucionarios; esto es, en reconducir por cauces jurídicos razonables el ejercicio del derechos a la libre determinación.

g) Abordamos ahora el tema de la relación del derecho de los pueblos a la libre determinación con el principio *uti possidetis,* relativo a la adquisición de la soberanía territorial. Según este principio, que analizaremos más adelante como modo de adquisición de la soberanía territorial, los contenciosos territoriales entre Estados de reciente independencia se resuelven de conformidad con los títulos, internos o internacionales, provenientes de la época colonial.

Ocurre, sin embargo, que, cuando las potencias coloniales establecieron las fronteras entre territorios sometidos a sus respectivas administraciones, se preocuparon más de sus intereses de poder que del bienestar de los pueblos, ya que no tuvieron inconveniente en romper en ciertos casos la unidad étnica de las colectividades humanas que habitaban el territorio colonial. Y los Estados de reciente independencia, sabedores de la importancia extraordinaria del principio de la estabilidad e intangibilidad de las fronteras, aceptaron las heredadas de las potencias coloniales, aun en perjuicio en muchos casos de la unidad de los pueblos.

Puede, por tanto, existir un conflicto entre dos valores contradictorios, a saber: el interés de un pueblo por habitar un solo territorio estatal, de una parte, y

---

Derecho internacional de la declaración unilateral de independencia relativa a Kosovo»; J. CARDONA, «La relevancia (o no) de la administración internacional de Kosovo en la opinión consultiva de la Corte Internacional de Justicia, de 22 de julio de 2010: perplejidad de un lector» y C. ESPÓSITO, «El discreto ejercicio de la opinión consultiva de la Corte Internacional de Justicia en el asunto *Kosovo*».

la estabilidad de las fronteras, de otra. Ante este conflicto, el Derecho Internacional no ha dudado en sacrificar el primer valor en beneficio del segundo. Sus normas se inclinan hoy sin duda por la estabilidad del territorio estatal. Consiguientemente, y por sorprendente que pueda parecer, el principio *uti possidetis* constituye un límite importante al juego del principio de la libre determinación de los pueblos. Señalemos de todos modos que la intangibilidad de las fronteras tiene efectos pacificadores muy importantes, y que la paz es un factor de primer orden en el respeto de los derechos del hombre y de los pueblos.

h) Aunque la formulación que del principio de la libre determinación de los pueblos hace la resolución 2.625 (XXV) tiene carácter genérico y se aplica tanto a los pueblos sometidos a dominación colonial como a otros pueblos, hay en ella una referencia al estatuto jurídico internacional de los territorios coloniales y no autónomos, que queremos poner de relieve. Se trata de la precisión de que tales territorios poseen, según la Carta, una condición jurídica distinta y separada de la del territorio del Estado que lo administra; condición que persiste hasta que el pueblo de la colonia o territorio no autónomo hayan ejercido su derecho de libre determinación, de acuerdo con la Carta.

Como ha señalado el profesor CARRILLO SALCEDO[11], se trata de una cuestión en que la resolución 2.625 (XXV) ha llevado a cabo un desarrollo progresivo del Derecho Internacional, pues ni la Carta ni las resoluciones de la Asamblea General anteriores a la 2.625 (XXV) la abordaban. La novedad de esta última resolución reside, como advierte el citado profesor, en que ni la noción de «misión sagrada de civilización» ni los títulos históricos de la potencia administradora pueden prevalecer sobre el derecho de los pueblos a su libre determinación. Y esta condición jurídica propia de todo territorio no autónomo produce consecuencias tanto para las potencias administradoras como para terceros Estados. Para las potencias administradoras porque ya no pueden imponer respecto a los repetidos territorios la excepción de jurisdicción interna, sino que sus mismos títulos territoriales, válidos según el Derecho Internacional clásico, quedarían afectados jurídicamente por el derecho de los pueblos a su libre determinación. Y consecuencias también para los terceros Estados, porque también ellos están obligados a respetar la condición jurídica distinta y separada de dichos territorios (salvo en el caso de los enclaves coloniales).

i) Si, pues, los territorios coloniales y no autónomos tienen una condición jurídica distinta e independiente frente al territorio de las metrópolis, se llega a la conclusión inevitable, como dice la profesora PÉREZ VERA, de que las relaciones entre uno y otro son internacionales, con lo cual el uso de la fuerza entre ambos debería regirse por las normas pertinentes del Derecho Internacional[12]. Surge entonces la cuestión de si las Potencias administradoras pueden ejercer la fuerza en los territorios coloniales y no autónomos para prolongar esta situación y si, en tal supuesto, pueden los pueblos de dichos territorio ejercitar el derecho de legítima defensa y recibir ayuda de terceros Estados. Y de hecho fue este un punto muy

---

[11] J. A. CARRILLO SALCEDO, *Soberanía,* cit., 1976, pp. 73-75.
[12] E. PÉREZ VERA, *Naciones Unidas,* cit., pp. 84 ss.

debatido en el seno del Comité especial que elaboró la resolución 2.625 (XXV). Los Estados socialistas y los afroasiáticos pretendían consagrar una prohibición general del uso de la fuerza por parte de las potencias administradoras, al tiempo que preconizaban un derecho inherente de legítima defensa de los pueblos sometidos al yugo colonial, en el que podrían recibir ayuda lícita de otros Estados. Pero las delegaciones de las potencias occidentales replicaban que las potencias administradoras tenían la responsabilidad de mantener el orden público en los territorios no autónomos y coloniales, cuyo respeto era indispensable para el progreso de los pueblos hacia su libre determinación. Y en cuanto al derecho de legítima defensa de los pueblos y a la ayuda que en el ejercicio del mismo pudieran recibir de otros Estados, argumentaban las delegaciones occidentales que sólo los Estados soberanos eran titulares de tal derecho, y que la inclusión de éste en el contexto del principio de libre determinación sería contraria a otros principios examinados por el Comité especial; además, se indicó, una interpretación excesivamente amplia del concepto de legítima defensa perturbaría gravemente la paz internacional.

En el compromiso al que se llegó finalmente en la resolución 2.625 (XXV) se reconoce de una parte el deber de todo Estado de abstenerse de recurrir a cualquier medida de fuerza que prive a los pueblos de su derecho de libre determinación, y se establece de otra parte que en los actos frente a esas medidas de fuerza que tengan como fin el ejercicio del derecho a la libre determinación los pueblos podrán pedir y recibir apoyo de conformidad con los propósitos y principios de la Carta de las Naciones Unidas. Hubo, pues, cesiones de ambos grupos, aunque mayores por parte de los occidentales, que reconocieron la existencia de una normativa específica para el uso de la fuerza en las situaciones coloniales. Pero también las delegaciones afroasiáticas dieron muestra de flexibilidad en cuanto que consintieron que el régimen especial del uso de la fuerza quedase limitado por la relación directa que los actos en cuestión deben de tener respecto al ejercicio del derecho de libre determinación, así como la eliminación del concepto de legítima defensa. Además, la referencia a los propósitos y principios de las Naciones Unidas restringirá de hecho los supuestos en que los pueblos pueden pedir y recibir apoyo.

j) Queremos decir finalmente que hoy ya no se puede sostener que el principio de la libre determinación de los pueblos sea solamente un postulado moral o político como dio a entender en 1920 el Comité de Juristas que se ocupó del *asunto de las islas Aaland.* No cabe duda, por el contrario, de que en el Derecho Internacional contemporáneo el principio forma parte del Derecho positivo, como reconoció el Tribunal de La Haya en su dictamen de 21 de junio de 1971 en el *asunto Namibia*[13]. Allí dijo:

> 52. Además la evolución ulterior del Derecho Internacional respecto a los territorios no autónomos, tal como ha sido consagrada por la Carta de las Naciones Unidas, ha hecho de la autodeterminación un principio aplicable a todos estos territorios... Otra etapa importante de esta evolución ha sido la Declaración sobre la concesión de independencia a los pueblos coloniales [resolución 1.514 (XV) de la Asamblea General, de 14 de diciembre

[13] CIJ, *Recueil*, 1971, p. 31. *Conséquences juridiques pour les États de la présence continue del'Afrique du Sud en Namibie (Sud-ouest africain) nonobstant la résolution 275 (1970) du Conseil de Sécurité.*

de 1960] aplicable a todos los pueblos y a todos los territorios que no han accedido aún a la independencia.

Y es que, como ya vimos al tratar de las fuentes del Derecho Internacional, las declaraciones de principios jurídicos contenidas en las resoluciones de la Asamblea General pueden llegar a tener valor y eficacia de normas positivas. Si un excesivo rigor metodológico exigiera reconducir tales normas a las fuentes señaladas en el artículo 38 del Estatuto del Tribunal de La Haya, habría que pensar en la costumbre internacional. Una costumbre internacional formada a ritmo rápido y conforme a las exigencias de democratización y socialización de la sociedad internacional de nuestra época y en cuya formación sería factor decisivo la existencia de un foro universal, como la Asamblea General, en el que los Estados encontrarían el medio idóneo para expresar la *opinio iuris colectiva,* o elemento espiritual de la costumbre. *Opinio iuris* a la que se ha conformado la práctica general de los Estados y de la propia Organización de las Naciones Unidas, siendo, pues, indiscutible la existencia de una norma consuetudinaria de origen institucional que consagra el derecho de los pueblos a su libre determinación. Norma que tiene indudable carácter de *ius cogens* en el sentido de los artículos 53 y 64 de la Convención de Viena de 23 de mayo de 1969 sobre Derecho de Tratados en lo que concierne a sus aspectos básicos y esenciales. Y norma que además tiene consagración convencional de gran alcance al estar enunciada en el artículo 1 de los dos Pactos de las Naciones Unidas sobre derechos humanos de 1966, hoy en vigor.

k) Señalemos, para acabar, que el principio de la libre determinación de los pueblos, surgido en el seno de las Naciones Unidas y aplicado bajo el impulso de sus órganos, constituye una de las manifestaciones más importantes de la efectividad y trascendencia de la labor de la Organización nacida en San Francisco, pues tal principio ha sido determinante para liquidación casi total del colonialismo y para la subsiguiente universalización de la sociedad internacional. Su aplicación ha sido también decisiva para la remodelación del mapa político en la Europa Central y Oriental. Aunque hay que advertir también que aún existen en nuestros días territorios o pueblos que han escapado a la descolonización y que algunas resoluciones al respecto de los órganos de las Naciones Unidas han sido desoídas por las potencias coloniales, como confirma por lo demás el informe del Comité de los 24 de últimos años.

27.2. REFERENCIA ESPECIAL A GIBRALTAR Y PLAZAS DE SOBERANÍA ESPAÑOLA EN EL NORTE DE ÁFRICA

a) Descolonizadas las posesiones españolas en el continente americano y en la región del Océano Pacífico a lo largo del siglo XIX, y la zona norte de Marruecos, Guinea Ecuatorial y el Sahara (aunque este último de manera harto problemática) en la segunda mitad del siglo XX, existen hoy dos situaciones que afectan a nuestro país merecedoras de un breve análisis a la luz del principio de autodeterminación. Se trata, de una parte, de Gibraltar y, de otra, de las plazas de soberanía en el norte de África, a saber, Ceuta, Melilla, Peñones de Vélez de la Gomera y Alhucemas e Islas Chafarinas. Los supuestos son distintos desde el punto de vista jurídico, aunque en una perspectiva rigurosamente política se prestan a vinculaciones interesadas[14].

b) En lo que concierne a *Gibraltar,* un breve repaso histórico nos enseña que, con motivo de la guerra de Sucesión a la corona española de principios del siglo XVIII, fue ocupado por tropas británicas en nombre de uno de los pretendientes, el archiduque Carlos de Austria, y que por el artículo X del Tratado de Utrecht de 13 de julio de 1713, el rey de España, Felipe V, cede «a la Corona de la Gran Bretaña la plena y entera propiedad de la ciudad y castillo de Gibraltar, juntamente con su puerto, defensa y fortaleza que le pertenecen, dando la dicha propiedad absolutamente para que la tenga y goce con entero derecho y para siempre [...]». Es preciso recordar también que durante el siglo XIX Inglaterra fue ocupando progresivamente, ante la incuria de nuestras autoridades, parte del territorio no cedido, a saber, el istmo que separa Gibraltar del resto de la península, y que en 1908 construye una verja en su extremo norte y en 1938 —en plena guerra civil española— instala en el interior del istmo un aeropuerto cuya prolongación penetra incluso en aguas de la Bahía de Algeciras. Estos datos históricos y geográficos tienen importancia a efectos jurídicos, toda vez que el conjunto de la reivindicación española se descompone realmente en dos: una es la reivindicación propiamente descolonizadora a título de integridad territorial sobre la ciudad, el puerto y el peñón, cuya soberanía ostenta el Reino Unido en virtud de un título convencional; otra es la reivindicación territorial sobre el istmo, que nunca ha sido cedido por España y que el Reino Unido fue ocupando progresivamente por la vía de los hechos.

---

[14] Véase, sobre los dos supuestos: A. REMIRO BROTONS, *Derecho Internacional Público, 1, Principios fundamentales,* Madrid, 1982, pp. 145 ss.; MINISTERIO DE ASUNTOS EXTERIORES, OFICINA DE INFORMACIÓN DIPLOMÁTICA, *Reivindicación española de Gibraltar,* Madrid, 1987; J. DIEZ-HOCHLEITNER, «Les relations hispano-britaniques au sujet de Gibraltar: État actuel», en *A.F.D.I.,* 1989, pp. 168 ss.; H. S. LEVIE, «Gibraltar», en *E.O.P.I.L.* vol. 12, 1990, pp. 128 ss.; y S. J. LINCOLN, «The legal status of Gibraltar: whose rock is it anyway?», en *Fordham International Law Journal*, vol. 18, november 1994, number 1; C. IZQUIERDO SANS, «Gibraltar ¿el fin de una controversia?», en *R.E.D.I.*, 2002, vol. 2, pp. 617 ss.; P. ANDRÉS SÁENZ DE SANTAMARÍA y C. IZQUIERDO SANS, «Eppur si muove, un nuevo enfoque en las negociaciones sobre Gibraltar (A propósito de los comunicados conjuntos de 27 de octubre y 16 de diciembre de 2004)», en *R.E.D.I.*, 2004, 2, pp. 741 ss.; A. DEL VALLE GÁLVEZ e I. GONZÁLEZ GARCÍA (eds.), *Gibraltar 300 años,* Servicio de Publicaciones de la Universidad de Cádiz, 2004; A. DEL VALLE GÁLVEZ, «Los acuerdos del foro de diálogo sobre Gibraltar: la apuesta por la normalización», *ARI,* 2007, Real Instituto Elcano, pp. 23 ss.; I. GONZÁLEZ GARCÍA, «La nueva estrategia para Gibraltar: El foro tripartito de diálogo y los acuerdos de 2006», en *R.E.D.I.*, 2006, 2, pp. 821 ss.; J. VERDÚ BAEZA, *Gibraltar. Controversia y Medio Ambiente*, Dykinson, Madrid, 2008; M. A. ACOSTA SÁNCHEZ, «Encuentros y desencuentros hispano-británicos en las aguas en torno a Gibraltar: ¿son posibles acuerdos de cooperación práctica?, *A.D.I.*, n.º 28, 2012, pp. 233 ss.; A. DEL VALLE GÁLVEZ, «El contencioso territorial con España», en el libro *Unión Europea-Marruecos ¿Una vecindad privilegiada?*, dirigido por Antonio Remiro, Academia Europea de Ciencias y Artes, Madrid, 2013, pp. 369 ss.; «¿De verdad cedimos el Peñón? Opciones estratégicas de España sobre Gibraltar a los 300 años del Tratado de Utrecht», *R.E.D.I.*, 2013, 2, pp. 117 ss.; y J. VERDÚ BAEZA, «La controversia sobre las aguas de Gibraltar: el mito de la costa seca», *R.E.D.I.*, 2014, pp. 81 ss; y P. A. FERNÁNDEZ SÁNCHEZ, «La controversia sobre la titularidad jurídico-internacional de los espacios marítimos adyacentes a Gibraltar», *R.E.D.I.*, 2015, 2, pp. 13 ss. En cuanto a las plazas de soberanía en África, véase A. TRONCOSO, *Ceuta y Melilla, veinte siglos de historia*, Madrid, 1981, y documentación allí citada. Es del mayor interés el estudio interdisciplinario editado por I. GARCÍA RODRÍGUEZ, *Las ciudades de soberanía española. Respuestas para una sociedad multicultural,* Servicio de Publicaciones de la Universidad de Alcalá de Henares, 2000.

Constituida en 1945 la *Organización de las Naciones Unidas,* el Reino Unido suministraba sobre Gibraltar la información prevista en el artículo 73.*e*) de la Carta, y en el año 1963 dos países (Bulgaria y Camboya) pidieron la inclusión del territorio en el orden del día del Comité de los 24. En 1964 dicho Comité adoptó un consenso que se convirtió en 1965 en la resolución 2.070 (XX) de la Asamblea General; resolución que, tras comprobar la existencia de un desacuerdo entre España y el Reino Unido, invita a ambos países a iniciar sin demora negociaciones sobre el estatuto de Gibraltar, conforme a la resolución 1.514 (XV), y tomando en consideración los intereses de la población. Por resolución 2.353 (XXI) de 1967, la Asamblea General condena la organización por el Reino Unido de un referéndum en el territorio y, dato importante, alude por vez primera al párrafo 6.º de la resolución 1.514 (XV). La alusión tiene relevancia porque dicha disposición se refiere, según sabemos, a la unidad nacional e integridad territorial, declarando incompatible con los principios de la Carta todo intento encaminado a quebrantar uno u otro principio. En el año 1968, la resolución 2.429 (XXIII) de la Asamblea General requirió al Reino Unido a que pusiese fin a la situación colonial antes del día 1 de octubre de 1969, pero lo que hizo la potencia administradora fue otorgar en mayo de ese año una nueva Constitución a Gibraltar, en la que se proclamaba que «el Gobierno de Su Majestad no concertará acuerdo alguno en virtud del cual el pueblo gibraltareño pase a depender de la soberanía de otro Estado contra su voluntad, libre y democráticamente expresada». A partir de entonces, la Asamblea General no ha hecho otra cosa que adoptar resoluciones año tras año en las que se expresa la esperanza de que las negociaciones puedan resolver el problema de modo definitivo.

En todo caso, las resoluciones de la Asamblea General han tenido la virtud innegable de impulsar el proceso de *negociaciones bilaterales* entre España y el Reino Unido. En el seno de una primera ronda negociadora, celebrada en 1966, cabe registrar la propuesta británica de someter la controversia por compromiso al Tribunal Internacional de Justicia; propuesta no aceptada por España, que siempre ha preferido llegar a un arreglo por el cauce político de las negociaciones indicadas por las Naciones Unidas. En fin, esta primera ronda fracasó ante la afirmación británica de que había adquirido legalmente la soberanía sobre el istmo —no cedido por el Tratado de Utrecht, según sabemos— a través de la prescripción. La reacción española consistió en el bloqueo de todas las comunicaciones con Gibraltar y en el establecimiento de una zona prohibida al sobrevuelo, que comprendía el espacio aéreo que se levanta sobre el denominado Campo de Gibraltar y parte de las aguas de la Bahía de Algeciras. Lo cierto es que esta última medida no disuadió al Reino Unido de hacer volar a aeronaves de su pabellón por dicha zona, lo que motivó numerosas protestas de parte española, que en última instancia no pasaban de ser *paper claims* (reclamaciones sobre el papel), ya que nuestro país no estaba dispuesto a hacerlas efectivas en la realidad.

Después de la transición española a un régimen democrático homologable con el de los países europeos de nuestro entorno geográfico y cultural, y en una atmósfera que se suponía, por tanto, más favorable para algún tipo de entendimiento, aunque fuese parcial, con el Reino Unido, se reanudan en Lisboa, en la primavera de 1980, las negociaciones bilaterales. Fruto de esta nueva ronda negociadora fue la Declaración de Lisboa de 10 de abril de 1980, suscrita por los respectivos ministros de Asuntos Exteriores, en la que se manifiesta el deseo de resolver todas las diferencias sobre Gibraltar de acuerdo con las resoluciones pertinentes de las Naciones Unidas; el Gobierno británico advirtió, sin embargo, y de manera clara hasta dónde estaba dispuesto a llegar, pues recordó su compromiso de respetar los deseos de la población de Gibraltar, tal como figura en la Constitución de 1969.

La aplicación de la Declaración de Lisboa se fue retrasando a causa de las discrepancias de interpretación de los términos acordados, pero en el mes de diciembre de 1982 el gobierno español surgido de las elecciones del mes de octubre decide por motivos humanitarios la apertura peatonal de la verja, y en marzo de 1983 el Ministro español de Asuntos Exteriores hace saber que nuestro gobierno no levantará las medidas restrictivas si de parte británica no se ofrecen contrapartidas. El gobierno del Reino Unido va aceptando paulatinamente la interpretación española de la Declaración de Lisboa, y el 27 de noviembre de 1984 los respectivos Ministros de Asuntos Exteriores estipulan la Declaración de Bruselas, en la cual se acepta por vez primera la inclusión en el proceso negociador de las cuestiones de soberanía, se levantan las medidas restrictivas españolas (excepto en comunicaciones aéreas) y se institucionalizan reuniones periódicas de los ministros para supervisar las negociaciones. En cumplimiento de lo acordado, el 5 de febrero de 1985 se procedió, por parte española, a la apertura de la verja.

Hay que señalar en el proceso negociador la Declaración de Londres de 2 de diciembre de 1987, convenida por los respectivos Ministros de Asuntos Exteriores, sobre el uso conjunto del aeropuerto. La aplicación de la declaración requería según sus propios términos que las autoridades gibraltareñas adoptasen en su terminal las medidas necesarias sobre controles de inmigración y aduanas. Pero durante muchos años nada hicieron esas autoridades y la declaración de 1987 no llegó a aplicarse. Sólo el 18 de septiembre de 2006 se dio un paso adelante en la materia, pues tal día se consiguió en Córdoba la conclusión, junto a otros, de un acuerdo a tres bandas —España, el Reino Unido y la Colonia—, que viene a remplazar las previsiones de la declaración de 1987 por otro régimen que ha permitido el uso conjunto del aeropuerto. Efectivamente, unos meses después del acuerdo de Córdoba comenzaron los vuelos entre Madrid y el istmo por aeronaves de bandera española. Es de hacer notar en todo caso que la declaración de 1987 y el acuerdo de 2006 contienen una cláusula según la cual su aplicación se entiende sin perjuicio de las posiciones de España y el Reino Unido acerca de la controversia sobre la soberanía en el istmo en que se ha construido el aeropuerto. Idéntica cláusula de salvaguardia aparece en actos de las instituciones comunitarias sobre liberalización del transporte aéreo (Decisión del Consejo 87/602, de 13 de diciembre de 1987; y Directiva 89/463, de 18 de julio de 1989) y en otros instrumentos. La cláusula es importante desde los puntos de vista jurídico y político porque supone el reconocimiento formal, tanto a nivel bilateral como multilateral, del carácter controvertido de la soberanía del istmo, es decir, de la franja de territorio no cedida por el Tratado de Utrecht sino ocupada posteriormente por Inglaterra.

En el marco del proceso de Bruselas y gobernando en España el partido popular, tiene lugar en el verano de 2001 una nueva ronda de negociaciones, en la que se discute a fondo la cuestión de la soberanía. En dicha ronda se estuvo a punto de la conclusión de un acuerdo que estableciera en Gibraltar la soberanía compartida de España y el Reino Unido —punto en el que concidían las dos delegaciones—, pero la discrepancia surgida en torno a la duración de ese acuerdo impidió el entendimiento final. El Reino Unido quería la vigencia ilimitada del arreglo, mientras que España pretendía limitarla a solo cincuenta años, de modo que transcurrido este tiempo Gibraltar pudiese ser objeto de una nueva reivindicación para su reintegración a la exclusiva soberanía española. El arreglo de la controversia sería por tanto temporal.

El gobierno socialista español surgido de las elecciones de marzo de 2004 entabla nuevas negociaciones con el del Reino Unido en el verano y otoño de ese mismo año, pero con una óptica diferente a la que presidió las celebradas anteriormente, especialmente en 2001. En efecto, en los comunicados hispano-británicos de 27 de octubre y 16 de diciembre del año 2004, se aparca el vidrioso y controvertido tema de la soberanía y se atiende fundamentalmente al desarrollo de la cooperación local e interregional en la zona. Y a esos efectos, en el segundo de los comunicados se crea un foro de diálogo a tres bandas (gobierno español, gobierno británico y gobierno gibraltareño), independiente del proceso de Bruselas. En ese foro los acuerdos se toman por unanimidad, de modo que el gobierno de Gibraltar consigue por fin voz, voto y veto. Se entienden por tanto sus expresiones de alegría y satisfacción pues ha visto consagrada la aspiración de participar no como oyente sino de manera efectiva en las negociaciones y en el proceso de toma de decisiones.

Debemos mencionar de nuevo los acuerdos de Córdoba del 18 de septiembre de 2006, concertados a nivel ministerial en el foro de diálogo establecido en 2004. Ya nos hemos referido al más llamativo de todos ellos, que es el relativo al uso conjunto del aeropuerto, pero no podemos silenciar los concernientes al pago de pensiones debidas a trabajadores españoles; a la mejora de la fluidez del tráfico rodado en la verja; a la posibilidad de marcación telefónica directa a Gibraltar; y finalmente a la difusión en la colonia de la lengua y cultura españolas. Acuerdos todos ellos que, como bien ha dicho el profesor DEL VALLE GÁLVEZ, dan fe de que ha comenzado la normalización de las relaciones *transfronterizas* entre España y Gibraltar. Pero es importante hacer notar que la normalización únicamente atañe a estas últimas relaciones. El contencioso sobre la soberanía sigue en pie.

Caractericemos ya sucintamente el proceso negociador expuesto. Desde el punto de vista instrumental hay que destacar en él que los términos graduales de entendimiento no plasman en tratados internacionales sino en acuerdos de naturaleza política (pactos entre caballeros), que, basados en la buena fe, sólo generan obligaciones en el plano político. Continuemos afirmando que no se divisa en el horizonte inmediato una solución favorable a los puntos de vista españoles sobre la cuestión de la soberanía y que, en cualquier caso, nuestro país debe convencerse de que un éxito razonable de la reivindicación pasa por la circunstancia de que España consiga atraerse a la población gibraltareña haciendo uso combinado de realismo, generosidad e imaginación (la llamada «ósmosis» de las poblaciones). El tiempo dirá si el foro de diálogo tripartito creado en diciembre de 2004 favorece a medio o largo plazo la mencionada «ósmosis» y facilita de tal modo la ansiada reintegración del territorio a la soberanía de nuestro país. Ojalá sea así aunque yo, personalmente, no me siento demasiado optimista. Es difícil que la colonia renuncie a un protagonismo que siempre ha buscado desesperadamente y que le han concedido los mencionados acuerdos de 2004. Y hacemos otras dos observaciones críticas.

La primera es para expresar una duda sobre la pertinencia de la insistencia que mostró España en las negociaciones de 2001 a fin de señalar el límite temporal de cincuenta años a la cosoberanía hispano-británica y el consiguiente rechazo de una soberanía conjunta ilimitada desde el punto de vista temporal. Duda porque, teniendo en cuenta que el transcurso del tiempo es en detrimento de la reivindicación española y a favor de las posiciones británica y gibraltareña, no es seguro ni mucho menos que dentro de cincuenta años se hubiese podido conseguir por las autoridades españolas algo mejor que lo rechazado en 2001.

La segunda observación tiene que ver con los arreglos de 2004 y 2006. Es loable sin duda la atención y el interés mostrado hacia la cooperación local e interregional, de la que cabe esperar que se beneficien los españoles que habitan en el llamado campo de Gibraltar y también y por supuesto los pobladores de la colonia británica. Pero la concesión de voz y voto al gobierno gibraltareño en el foro de diálogo supone un retroceso importante en la posición tradicional española, en merma por supuesto de la dignidad nacional, sin que esté claro que los beneficios de semejante concesión vayan a ser mayores, en una valoración de conjunto, que los inconvenientes. Estamos efectivamente ante un precedente desfavorable en lo que atañe a las cuestiones relacionadas con la soberanía, pues con toda probabilidad también en ellas pretenderán voz y voto las autoridades Gibraltar. Apuntalemos esta afirmación recordando que en la reunión del Foro Tripartito celebrada en diciembre de 2010, el ministro principal de la colonia intervino indebidamente en cuestiones relativas a la pretendida soberanía del Reino Unido en aguas de Gibraltar[15]. Cabe cuestionar además la oportunidad de semejante concesión ante la abundancia y gravedad de los tráficos ilícitos que, en perjuicio de intereses españoles, se generan en el territorio de la colonia. Señalemos, sin embargo, que este foro no se reúne desde 2009, y parece que en 2013 el Gobierno español del Partido Popular lo ha dado por finiquitado.

Y otro apunte. En la primavera de 2006 se negoció entre el Gobierno del Reino Unido y las autoridades gibraltareñas una nueva constitución. El texto reconoce el derecho de autodeterminación de los habitantes de la colonia, aunque supeditado a los tratados existentes. Este condicionamiento es importante para los intereses españoles, puesto que según el Tratado de Utrecht de 1713 en caso de «cualquier venta, enajenación, empeño o trueque» del territorio tiene preferencia la Corona española.

Añadamos a las anteriores consideraciones que el *brexit* británico resultante del referéndum de 23 junio de 2016, supone serios perjuicios para la colonia y entre ellos el derecho de veto que se supone tendrá España para la aplicación a Gibraltar de cualquier acuerdo entre la Unión Europea y el Reino Unido. Perjuicios que de todos modos quedarían aliviados de aceptarse la propuesta de soberanía sobre el territorio compartida con el Reino Unido formulada por España en la Cuarta Comisión de la Asamblea General de las Naciones Unidas en el otoño de 2016. Consumado el *brexit* el día 1 de febrero de 2020 y no aplicándose desde tal fecha el Derecho de la Unión Europea a Gibraltar, España y el Reino Unido han celebrado cuatro Memoranda

---

[15] Ver «La proyección internacional de España», en *R.E.D.I.*, 2010, 2, p. 308.

de Entendimiento (MOUs o acuerdos no normativos) relativos a los derechos de los ciudadanos, la cooperación medio ambiental, la cooperación policial y aduanera, y el comercio del tabaco y otros productos. Hay que mencionar también el Acuerdo entre España y el Reino Unido sobre fiscalidad y protección de intereses financieros en relación con Gibraltar en vigor desde el 4 de marzo de 2021 (*B. O. E.* de 13 de marzo siguiente). Interesa señalar que en la introducción se dice que ni el instrumento ni su aplicación implican modificación de las respectivas posiciones de las partes en las cuestiones de soberanía y jurisdicción.

c) Las *plazas de soberanía española en el norte de África* son, como ya hemos apuntado, las ciudades de Ceuta y Melilla, los Peñones de Vélez de la Gomera y Alhucemas y las Islas Chafarinas. Y aportemos unos datos, geográficos e históricos, necesarios para el análisis jurídico.

Geográficamente no cabe considerar a los territorios en cuestión como enclaves, ya que están contiguos a la masa más importante del territorio español —la peninsular—, sólo separados de ella por un corto espacio de mar, como lo están también y a mayor distancia otros territorios españoles (Islas Baleares, Islas Canarias). Históricamente, y dejando de lado el caso de las Islas Chafarinas (ocupadas por España en 1848, bajo el reinado de Isabel II, cuando estaban totalmente despobladas), el resto de las plazas y posesiones africanas fue incorporado a la soberanía española a finales del siglo XV, es decir, antes de la existencia de Marruecos como grupo político soberano; España, pues, nunca las ha arrebatado al país vecino.

Es lo cierto, sin embargo, que a partir de la década de los años sesenta del siglo pasado Marruecos viene desplegando una estrategia diplomática en pro de la incorporación de los territorios en cuestión sobre la base de su pretendida naturaleza de enclaves coloniales. Así, en 1961, el rey de Marruecos explicita su pretensión con motivo de la celebración en Belgrado de la Conferencia de jefes de Estado de los países no alineados y, prescindiendo de discursos en otros foros y declaraciones a los medios de comunicación, digamos que en 1975 el país vecino somete la cuestión al Comité de los 24, sin duda alguna como elemento de presión respecto a la cuestión del Sahara, que aún estaba bajo administración de España. Marruecos no llevó hasta el final su solicitud, pero a partir de entonces no ha desaprovechado cuantas ocasiones estima oportunas para recordar su reivinciación de los territorios españoles en el norte de África. En 1987 el rey de Marruecos llegó incluso a pedir a España la creación de una célula de reflexión al respecto, manifestación reiterada a principios de 1994.

En el discurso del trono de 30 de julio de 2002, pronunciado inmediatamente después de la desocupación por Marruecos del controvertido islote de Perejil, el rey Mohamed VI afirmó que su país tiene derecho legítimo a reclamar de España «que ponga fin a la ocupación de Ceuta y Melilla y de las islas vecinas». Nótese el matiz: más que en la sustancia de la reivindicación puso énfasis el Monarca alahuita en el derecho de reclamación. El Ministerio español de Asuntos Exteriores se apresuró a replicar que el discurso del rey marroquí no aportaba elementos nuevos. En fin, la visita que efectuaron los Reyes de España en 2 y 3 de noviembre de 2007 a esas dos ciudades fue calificada por el Rey de Marruecos como un acontecimiento deplorable que pretendía revivir la nostalgia de tiempos pasados, sirviéndole de apoyo para solicitar al Gobierno español la apertura de negociaciones sobre la cuestión de la soberanía. Las negociaciones se volvieron a pedir en el discurso pronunciado el 18 de mayo de 2010 ante el parlamento por el primer ministro de Marruecos.

Demos cuenta también de la declaración que hizo España, el 3 de noviembre de 2008, en relación con la ratificación por Marruecos de la Convención de 1982 sobre Derecho del Mar. En esa declaración se afirma la soberanía sobre Ceuta, Melilla, el Peñón de Alhucemas, el Peñón de Vélez de la Gomera y las Islas Chafarinas y sus respectivas zonas marítimas, al tiempo que se manifiesta que las leyes y reglamentos de Marruecos no son oponibles a España excepto en la medida en que sean compatibles con la referida Convención (Referencia C.N. 712.2008, Treaties 4, Depositary Notification). Se elimina así cualquier indicio de aquiescencia de nuestro país a la correspondiente declaración marroquí.

En una perspectiva rigurosamente jurídica, nuestro país dispone de argumentos serios y consistentes en favor de la españolidad de Ceuta, Melilla y los otros territorios y en contra de su naturaleza de enclaves coloniales. Por lo pronto, y como hemos dicho antes, estamos ante territorios contiguos a España, en modo alguno constitutivos de enclaves; fueron además incorporados a la soberanía española antes de que Marruecos existiese como grupo político soberano; la población ha sido y continúa siendo mayoritariamente española; la reivindicación es anexionista y ajena, por consiguiente, al Derecho de la descolonización, y no encuentra base alguna en el Derecho Internacional. Surge la duda grave, sin embargo, de si estos argumentos llegarán a convencer en foros intergubernamentales, como el Comité de los 24 y la Asamblea General de las Naciones Unidas, en que la lectura del principio de autodeterminación discurre mayoritariamente por cauces muy distintos. Una nueva presentación del caso ante las Naciones Unidas podría terminar en una resolución favorable a los puntos de vista marroquíes. Las cosas son así y no hay por qué ocultarlas.

Marruecos ha sostenido también que la situación que consideramos es idéntica a la de Gibraltar, desde el punto de vista histórico, jurídico y político. Aquí también el Gobierno español puede subrayar las diferencias, al menos en los aspectos históricos y jurídicos, aunque no tanto en el siempre fluido —en cuanto depende de la actitud de las partes— plano político. Históricamente las situaciones son distintas, porque España ocupa las plazas y territorios del norte de África desde que se constituyera como Estado soberano y antes, desde luego, de que Marruecos adquiriese tal carácter. Desde el punto de vista jurídico, las situaciones son también diferentes, porque, por lo pronto, la controversia hispano-británica se descompone realmente en dos, como ya hemos dicho; la controversia descolonizadora versa sobre la ciudad, el puerto y el peñón, que estaban indiscutiblemente bajo soberanía española antes de su ocupación por las fuerzas inglesas y su cesión convencional; en cambio, Marruecos nunca ha sido soberano de los territorios que reclama; en cuanto a la controversia sobre el istmo, es de naturaleza territorial y se basa en la ocupación ilegal del Reino Unido. Pero, en fin, la tesis de Marruecos es interesada políticamente, pues supone la clara advertencia de que la recuperación de Gibraltar y el istmo constituye el *plazo máximo* en que está dispuesto a tolerar la soberanía española en Ceuta, Melilla, Peñones e Islas Chafarinas.

28. OTROS DERECHOS DE LOS PUEBLOS

a) El derecho a la libre determinación que acabamos de examinar es el principal derecho de los pueblos, pero ello no significa que en el actual ordenamiento internacional sea éste el único derecho que poseen. Vamos a comprobar seguidamente que en otros ámbitos también se reconocen derechos a los pueblos: derecho a expresar su voluntad en cuanto ésta es soporte de la soberanía, derecho a la pervivencia del grupo, derechos económicos, y derecho a beneficiarse del *ius in bello* (Derecho de la guerra) en caso de pueblos aún sometidos a dominación colonial[1]. Bien entendido que esta relación de otros derechos de los pueblos tiene carácter más antológico que exhaustivo.

b) Las conexiones entre el derecho de los pueblos a su libre determinación y los derechos humanos fundamentales son obvias y ya nos hemos referido a ellas en el apartado anterior. No en vano los Pactos de las Naciones Unidas de 1966 sobre derechos económicos, sociales y culturales, de una parte, y sobre derechos civiles y políticos, de otra parte, proclaman en su artículo primero, párrafo primero, que

> Todos los pueblos tienen el derecho de libre determinación. En virtud de este derecho establecen libremente su condición política y proveen asimismo a su desarrollo económico, social y cultural.

Pero es que además, según reconoce el artículo 21.3 de la Declaración Universal de derechos humanos proclamada por la Asamblea General en 1948:

> La voluntad del pueblo es la base de la autoridad del poder público; esta voluntad se expresará mediante elecciones auténticas que habrán de celebrarse periódicamente, por sufragio universal e igual y por voto secreto u otro procedimiento equivalente que garantice la libertad del voto.

Es, pues, el pueblo el titular de la soberanía, y esta titularidad comporta el derecho del pueblo a expresar periódicamente su voluntad al respecto mediante elecciones auténticas. Lo que ocurre es que las propias exigencias de semejante manifestación de voluntad —sufragio universal, igual y libre— hacen que tal derecho pueda ser considerado no sólo como un derecho colectivo de los pueblos, sino también como un derecho particular de cada individuo que compone el pueblo.

c) El Derecho Internacional Contemporáneo reconoce también a los pueblos un derecho tan elemental como el de su propia *supervivencia* como grupo social. Es obvio en este sentido que cuando la Convención para la prevención y represión

[1] Véase, en general, E. RUILOBA SANTANA, *Una nueva categoría,* cit., pp. 316 ss.

del crimen de genocidio, adoptada por la Asamblea General el día 9 de diciembre de 1948, se refiere a los actos «perpetrados con la intención de destruir, total o parcialmente a un grupo nacional, étnico, racial o religioso» está velando por la supervivencia de determinados grupos entre los que se encuentran los pueblos, protegiéndoles de los actos encaminados a su destrucción. Y en este orden de ideas también hay que tener en cuenta la Convención sobre eliminación de todas formas de discriminación racial, adoptada asimismo por la Asamblea General el día 25 de diciembre de 1965, en la que el término discriminación abarca «toda distinción, exclusión, limitación o preferencia que, fundada sobre la raza, el color, la ascendencia o el origen nacional o étnico que tiene por fin o por efecto destruir o comprometer el reconocimiento, el goce o el ejercicio, en condiciones de igualdad, de los derechos del hombre y de las libertades fundamentales». Y aquí, de nuevo, se pone de manifiesto la estrecha conexión entre los derechos del hombre y los de los pueblos, pues la protección del grupo comporta la protección individual de todos y cada uno de sus componentes.

d) En la esfera económica el Derecho Internacional Contemporáneo reconoce también «el derecho de los pueblos y de las naciones a la soberanía permanente sobre sus riquezas y recursos naturales», que «debe ejercerse en interés del desarrollo nacional y del bienestar de la población del respectivo Estado». Tal es la formulación del principio que se hace en la resolución 1.803 (XVII) de la Asamblea General de las Naciones Unidas de 14 de diciembre de 1962 acerca de la soberanía permanente sobre los recursos naturales. Resoluciones posteriores sobre la misma cuestión establecen, sin embargo, la titularidad del derecho bien en favor de los países [resolución 2.158 (XXI) de 25 de noviembre de 1966] bien en favor de los Estados [resolución 3.171 (XXVIII) de 17 de diciembre de 1973].

La Carta de Derechos y Deberes Económicos de los Estados, adoptada por la Asamblea General el día 12 de diciembre de 1974 en su resolución 3.281 (XXIX), atribuye en su artículo 2 la soberanía permanente sobre los recursos naturales a los Estados. Pero una resolución anterior del mismo año, la 3.201 (S-VI) de 1 de mayo habla del «derecho de todos los Estados, territorios o pueblos sometidos a la ocupación extranjera, a la dominación foránea o colonial o al *apartheid* a la restitución de sus recursos naturales y a la total indemnización por la explotación, el agotamiento y el deterioro de sus recursos naturales y todos los demás recursos de esos Estados, territorios y pueblos».

De todas estas resoluciones cabe concluir que la titularidad de la soberanía permanente sobre los recursos y riquezas naturales recae indistintamente sobre los Estados y los pueblos. Y la titularidad de los pueblos tiene una connotación sustantiva, y es que hoy, como vimos al ocuparnos de la propiedad privada extranjera (apartado 23.3), el régimen de la indemnización en los supuestos de nacionalizaciones, se rige por el principio del enriquecimiento injusto. Y este principio opera en dos sentidos, en cuanto que permite tomar en consideración no sólo el posible enriquecimiento efectuado en la economía del Estado territorial, sino también el lucro o las ganancias excesivas obtenidas por el inversor extranjero cuando en la época colonial disfrutaba de una situación privilegiada. Y como dice el profesor RUILOBA SANTANA[2], el fundamento de esta última consideración no puede ser otro que el de la existencia de un derecho de los pueblos coloniales sobre sus riquezas y recursos naturales desde antes que se hubiesen constituido en Estados independientes. En otro caso, difícilmente se podría pedir indemnización por la usurpación de un derecho que no existía o, mejor, que no correspondía al reclamante en el período de la pretendida usurpación.

e) También en el ámbito económico y dentro de la esfera particular del nuevo Derecho del Mar, existen tendencias a conferir en casos determinados derechos a los pueblos de un territorio. Efectivamente, según la resolución III adoptada por la III Conferencia de las Naciones Unidas sobre el Derecho del Mar el día 30 de abril de 1982:

> *a*) En el caso de un territorio cuyo pueblo no haya alcanzado la plena independencia u otro régimen de autonomía reconocido por las Naciones Unidas, o de un territorio bajo dominación colonial, las disposiciones concernientes a derechos e intereses con arreglo a la Convención se aplicarán en beneficio del pueblo del territorio con miras a proveer su bienestar y desarrollo;
> *b*) En el caso de una controversia entre Estados relativa a la soberanía sobre un territorio al que sea aplicable la presente resolución y respecto de la cual las Naciones Unidas hayan recomendado medios de solución, las partes en esa controversia celebrarán consultas acerca del ejercicio de los derechos a que hace referencia el apartado *a*). En esas consultas, los intereses del pueblo del territorio de que se trate constituirán una consideración fundamental. Esos derechos se ejercerán teniendo en cuenta las resoluciones pertinentes de las Naciones Unidas y sin perjuicio de la posición de ninguna de las partes en la controversia. Los Estados interesados harán todo lo posible por concertar arreglos provisionales de carácter práctico y no pondrán en peligro ni dificultarán el logro de una solución definitiva de la controversia.

f) Los pueblos que recurren a la fuerza armada en su intento de alcanzar la libre determinación tienen también el derecho de beneficiarse de las normas del *ius in bello* o Derecho Internacional Humanitario.

Efectivamente, ya la Asamblea General de las Naciones Unidas había adoptado diversas resoluciones tendentes a que los grupos que combatían contra el colonialismo pudieran beneficiarse del *ius in bello.* Se trata entre otras de la resolución 3.103 (XXVII) de 12 de diciembre de 1973 y la 3.328 (XXVIII) de 16 de diciembre de 1974. Y la Conferencia de Derecho Humanitario Bélico que ha adoptado los dos Protocolos de Ginebra de 1977 completó esta evolución, pues el artículo 1.4 del Protocolo I, que es el que se aplica a los conflictos armados de carácter internacional, incluye entre tal categoría de conflictos a aquellos

> en que los pueblos luchan contra la dominación colonial y la ocupación extranjera y contra los regímenes racistas, en el ejercicio de los derechos de los pueblos a la libre determinación, consagrado en la Carta de las Naciones Unidas y en la Declaración sobre los principios de Derecho Internacional referentes a las relaciones de amistad y a la cooperación entre los Estados de conformidad con la Carta de las Naciones Unidas.

Pero los combates de los movimientos de liberación nacional para alcanzar la independencia adoptan usualmente la forma particular de *guerrilla,* y los gue-

---

[2] Ibíd., p. 320.

rrilleros ni forman parte del ejército de un Estado ni se distinguen siempre fácilmente de los no combatientes o población civil. Era necesario, por consiguiente, ensanchar el concepto de fuerzas armadas así como el de combatientes.

El concepto de fuerzas armadas ha sido ampliado en el Protocolo I de 1977, cuyo artículo 43.1 dice que:

> Las fuerzas armadas de una Parte en conflicto se componen de todas las fuerzas, grupos y unidades armados y organizados, colocados bajo un mando responsable de la conducta de sus subordinados ante esa Parte, aun cuando ésta esté representada por un gobierno o una autoridad no reconocidos por la Parte adversa. Tales fuerzas armadas deberán estar sometidas a un régimen de disciplina interna que haga cumplir, *inter alia,* las normas de Derecho Internacional aplicables a los conflictos armados.

Y a fin de incluir a los *guerrilleros* entre los combatientes, el artículo 44.3 dispone que:

> Con objeto de promover la protección de la población civil contra los efectos de las hostilidades, los combatientes están obligados a distinguirse de la población civil en el curso de un ataque o de una operación militar preparatoria de un ataque. Sin embargo, dado que en los conflictos armados hay situaciones en las que, debido a la índole de las actividades, un combatiente no puede distinguirse de la población civil, dicho combatiente conservará su estatuto de tal, siempre que en esas circunstancias, lleve sus armas abiertamente:
> *a*) durante todo el enfrentamiento militar; y
> *b*) durante todo el tiempo en que sea visible para el enemigo mientras está tomando parte en un despliegue militar previo al lanzamiento de un ataque en el que va a participar.

Nos ocuparemos de estas cuestiones de manera más extensa en otro lugar de este libro[3], con ocasión del examen del *ius in bello* en general.

[3] Véase en el apartado 66.4 de este *Curso*.

29. RECAPITULACIÓN: ¿TIENEN LOS PUEBLOS SUBJETIVIDAD INTERNACIONAL?

Dijimos al hablar de la posición del individuo en el Derecho Internacional que la subjetividad internacional era una categoría técnico-jurídica de marcado perfil procesal. Efectivamente, de acuerdo con las ideas certeras de SOERENSEN, son sujetos de Derecho Internacional aquellos entes que además de ser destinatarios de las normas tienen legitimación para reclamar por su incumplimiento o pueden incurrir en responsabilidad si son ellos quienes las infringen.

Pues bien, en esta perspectiva técnico-jurídica, los pueblos no son sujetos del Derecho Internacional porque ni tienen legitimación activa para reclamar ni incurren en responsabilidad internacional. Sólo los Estados y las Organizaciones Internacionales y en contados casos los individuos, son hoy sujetos del ordenamiento internacional.

Hemos podido comprobar no obstante en los apartados precedentes de este capítulo que el Derecho Internacional contemporáneo concede importantes derechos a los pueblos: el de la libre determinación y otros. Más aún: uno de los rasgos característicos de la concepción contemporánea del Derecho de Gentes es el de su humanización y socialización. En la actualidad el Derecho Internacional, lejos de desentenderse como en el pasado de la suerte de los individuos y pueblos, tiene además de las funciones clásicas —relacionales y competenciales— la de promover el desarrollo integral de los individuos y pueblos. Y lo que importa es esto. En una perspectiva sustantiva y sociológica las consideraciones que realmente cuentan y tienen peso son las axiológicas y funcionales y no las técnico-jurídicas.

Porque además, la falta de subjetividad técnico-jurídica de los pueblos en nada importante afecta a la efectividad de sus derechos. La mayoría de los pueblos están constituidos hoy en Estados soberanos e independientes y en este caso son los Estados los que, dotados de plena subjetividad internacional, hacen valer los derechos de los pueblos. Realmente, en estos casos, la titularidad del derecho, como ocurre con la soberanía permanente sobre los recursos naturales, recae indistintamente en el pueblo y en el Estado. Y si se trata de pueblos no constituidos aún en Estados soberanos, la eficacia de sus derechos, principalmente del derecho de autodeterminación, recibe el apoyo político de la sociedad internacional y de la organización más representativa de ella que es la Organización de las Naciones Unidas. Como es bien sabido, el impulso de esta Organización al movimiento descolonizador de la segunda mitad del siglo XX ha sido decisivo.

CAPÍTULO VI

EL ESTADO

SECCIÓN PRIMERA

EL ESTADO COMO SUJETO DEL DERECHO INTERNACIONAL

30. LA SOBERANÍA DEL ESTADO EN EL DERECHO INTERNACIONAL CONTEMPORÁNEO

30.1. GENERALIDADES

a) Dijimos en el capítulo primero que en la actualidad la estructura de la sociedad internacional sigue concebida de modo general como una sociedad de Estados yuxtapuestos, no obstante lo cual presenta rasgos de sociedad basada en intereses comunes y es también parcialmente organizada[1]. Y semejante estructura ejerce un fuerte impacto en el Derecho Internacional de nuestros días, en el que persisten importantes manifestaciones de la concepción clásica de dicho ordenamiento. El Estado continúa ostentando una posición clave de protagonismo en las relaciones internacionales y sujeto por excelencia del Derecho Internacional.

En la sociedad internacional el Estado se comporta fundamentalmente como un ente de poder y desde la aparición de la sociedad internacional moderna al poder del Estado se le ha designado con el calificativo de «soberano». Fue BODINO, efectivamente, quien en el siglo XVI acuñó el término de «soberanía» para caracterizar a los Estados independiente. En su concepción la soberanía era la *summa in cives ac subditos legibusque soluta potestas,* bien entendido que aunque semejante poder del Estado se desligaba de las leyes, aparecía sujeto, sin embargo, al Derecho Divino, Natural y de Gentes[2]. No se trataba, pues, en esta concepción prístina de la soberanía, de un poder absoluto e ilimitado del Estado.

Dejando de lado otras concepciones e interpretaciones de la soberanía del Estado que en definitiva se reconducen a la fundamentación voluntarista o antivoluntarista del Derecho Internacional, interesa poner de relieve a mi juicio los siguientes puntos: 1.º) en el plano jurídico la soberanía no es un poder ilimitado del Estado; 2.º) en el plano de los hechos, la soberanía estatal cobra frecuentemente perfiles políticos, pero tampoco desde este punto de vista es un poder ilimitado

[1] Véase el apartado 4.1 de este libro.
[2] J. BODINO, *De Republica, I,* caps. I y VIII.

del Estado; 3.º) jurídicamente, la soberanía implica la igualdad de los Estados, como veremos en el apartado 30.2; 4.º) también en el prisma jurídico la soberanía comporta la independencia de los Estados, y el deber de no intervención, según explicaremos en el apartado 30.3; 5.º) el principio de la soberanía sigue teniendo carácter constitucional en el Derecho Internacional de nuestros días, lo que comporta la consecuencia del relativismo, por más que el medio colectivo en que vive inmerso el Estado introduzca algunos límites a este relativismo; 6.º) en su dimensión jurídica, la soberanía del Estado tiene carácter funcional y se traduce en la posesión y ejercicio de una serie de competencias cuyos aspectos generales estudiaremos en el apartado 30.5.

b) El Derecho Internacional no puede dar cabida a una concepción absoluta de la soberanía. Es cierto que ha habido doctrinas —las llamadas teorías voluntaristas ya expuestas sucintamente al hablar del fundamento del Derecho Internacional— que pretendían basar la obligatoriedad de éste en la propia voluntad de los Estados. Pero tal idea ha sido criticada con toda razón y fundamento. Como dijeran dos eminentes tratadistas británicos OPPENHEIM y LAUTERPACHT, «la propia noción del Derecho Internacional como cuerpo de reglas de conducta obligatorias para los Estados independientemente de su legislación y Derecho interno implica la idea de su sumisión al Derecho Internacional y hace imposible aceptar su pretensión de soberanía absoluta en la esfera del Derecho Internacional»[3]. Y estas palabras son representativas del punto de vista de muchos otros autores. Porque, efectivamente, un sistema normativo que puede ser hecho y deshecho a voluntad de los destinatarios no puede cumplir la función de asegurar unas bases mínimas de convivencia en el grupo social del que proviene. Y, lo que es más importante, al haber aceptado los Estados la existencia de normas de *ius cogens,* que pueden determinar la nulidad o la terminación de los acuerdos contrarios a él, están admitiendo a la vez la existencia de límites jurídicos que prevalecen sobre su voluntad soberana. La admisión de la idea del *ius cogens* tiene el inmenso valor de constituir un rechazamiento de la fundamentación voluntarista del Derecho Internacional y de la concepción de la soberanía ilimitada del Estado. Los Estados han dado por buena una posición antivoluntarista en cuanto a la fundamentación del Derecho Internacional.

c) Pero es imposible desconocer que el comportamiento del Estado en las relaciones internacionales es las más de las veces político y no jurídico. En otras palabras, la conducta internacional del Estado responde con mucha frecuencia a la consecución y satisfacción de sus intereses de poder y no a las pautas que impone el Derecho Internacional.

Pero en esta perspectiva política, la soberanía, el poder de los Estados tampoco es ilimitado[4]. La soberanía de los Estados, incluso de los más poderosos, encuentra en el plano político limitaciones resultantes de la coexistencia entre ellos y de la soberanía concurrente de otros Estados en un mundo cada vez más

---

[3] L. OPPENHEIN y H. LAUTERPACHT, *International Law, A. Treatise,* 7.ª ed., Londres, 1948, p. 119.
[4] Véase C. PARRY, *La función del Derecho en la Comunidad Internacional. Manual de Derecho Internacional Público,* ed. por SOERENSEN, trad. española, México, 1973, p. 63.

pequeño e interdependiente. La historia más reciente de las relaciones internacionales confirma la anterior afirmación y no parecen necesarios los ejemplos concretos. Incluso por cuestiones de imagen en la opinión pública internacional, pero no únicamente por ellas, los Estados se ven constreñidos a una cierta moderación. Ni las grandes potencias ni siquiera la superpotencia pueden resolver a su entero gusto los problemas que les conciernen, ni de un modo general pueden comportarse a su libre antojo, aunque como es lógico los pequeños Estados encuentran mayores limitaciones que los grandes al despliegue de su poder.

En ocasiones, esta manifestación del perfil político de la soberanía de los Estados tiene lugar en violación, más o menos flagrante, del Derecho Internacional. Y la precariedad de este ordenamiento en el plano de las sanciones, debido al carácter fundamentalmente descentralizado de la sociedad internacional, implica la imposibilidad de reacciones efectivas. Muchas violaciones del Derecho Internacional, incluso las más graves, quedan sin sanción, y es ésta una de las grandes servidumbres del mismo.

Pero incluso el propio Derecho Internacional de nuestros días, resultante en lo fundamental de una sociedad internacional de Estados yuxtapuestos y por tanto descentralizada, deja gran margen al juego de la soberanía de los Estados en su perfil político. Ello se manifiesta muy particularmente en el campo crucial de la solución pacífica de las controversias.

Efectivamente, según el artículo 2.3 de la Carta de las Naciones Unidas los Estados tienen la obligación de solucionar las controversias internacionales que surjan entre ellos por medios pacíficos. Pero este importante principio del Derecho Internacional contemporáneo no tiene en la realidad de las cosas más que una proyección prohibitiva: excluir el arreglo no pacífico de las controversias, lo que ya resultaba de la norma que prohíbe la amenaza y el uso de la fuerza. Porque existe también el principio resultante del artículo 33 de la Carta y enunciado en la Declaración de Principios de Derecho Internacional que rigen las relaciones de amistad y cooperación entre los Estados (resolución de la Asamblea General 2.625 (XXV) según el cual en aquel arreglo los Estados tienen libertad en la elección de medio: negociación, investigación, mediación, conciliación, arbitraje, arreglo judicial, recurso a los organismos o sistemas regionales u otros medios. Cabe, por consiguiente, que los Estados no se pongan de acuerdo en cuanto al medio para solucionar una controversia concreta o que escojan un medio de solución que no comporte solución obligatoria. De tal manera es posible que la controversia continúe sin solución. El principio que impone el arreglo pacífico de las controversias falla, pues, en su dimensión positiva. Se trata, realmente, de una obligación de comportamiento y no de resultado.

Se habla a este respecto de controversias políticas y controversias jurídicas. Y la diferencia entre una y otra clase de controversias no estriba en la esencia o naturaleza de la misma, como a veces se ha sugerido, sino en la actitud que los Estados adoptan respecto de ella[5]. Es cuestión en la que entra en juego la voluntad soberana de los Estados. Ante determinadas controversias los Esta-

---

[5] Véase particularmente H. G. DARWIN, *International Disputes. The legal aspects, European Publications,* Londres, 1972, p. 21.

dos adoptan, en efecto, una actitud política, en el sentido de que no confían la solución de la misma a un tercero imparcial que pueda dictar una decisión obligatoria, sino que se reservan la libertad de acción y decisión ante el punto de vista de un posible tercero. Ello ocurre cuando el medio elegido para la solución de controversias es la negociación, o la investigación de los hechos, o los buenos oficios, o la mediación o la conciliación. Estamos entonces, obviamente, ante las llamadas diferencias políticas, que versan las más de las veces sobre cuestiones que afectan a los intereses fundamentales de los Estados o a su honor y dignidad. Pero ante otras controversias los Estados adoptan una actitud jurídica, esto es, confían su solución a un tercero imparcial que dicta sobre la base del Derecho una decisión obligatoria. Es el caso del arreglo arbitral o judicial. Los Estados están vinculados por la decisión, ya que han renunciado de antemano a la libertad de acción ante ella. Son, obviamente, las llamadas controversias jurídicas, que las más de las veces recaen sobre cuestiones que no afectan a los intereses fundamentales de los Estados.

Pues bien, es manifiesto que cuando los Estados dan a una controversia la consideración de política, están haciendo uso de su soberanía, dentro del amplio margen que al juego de ésta concede el Derecho Internacional de nuestros días.

30.2. La igualdad soberana de los Estados

La formulación jurídica del principio de la soberanía de los Estados pone el énfasis en algo inherente a tal principio: la igualdad entre ellos. Se trata del principio de la igualdad soberana de los Estados, de firme arraigo en el Derecho Internacional contemporáneo, proclamado expresamente en el artículo 2.1 de la Carta de las Naciones Unidas y desarrollado y precisado en la resolución 2.625 (XXV) de la Asamblea General de las Naciones Unidas que contiene la Declaración de principios de Derecho Internacional que rigen las relaciones de amistad y cooperación entre los Estados, con las siguientes palabras:

> Todos los Estados gozan de la igualdad soberana. Tienen iguales derechos e iguales deberes y son por igual miembros de la comunidad internacional, pese a las diferencias de orden económico, social, político o de otra índole.
>
> En particular, la igualdad soberana comprende los elementos siguientes:
>
> *a*) Los Estados son iguales jurídicamente;
>
> *b*) Cada Estado goza de los derechos inherentes a la plena soberanía;
>
> *c*) Cada Estado tiene el deber de respetar la personalidad de los demás Estados;
>
> *d*) La integridad territorial y la independencia política del Estado son inviolables;
>
> *e*) Cada Estado tiene el derecho a elegir y a llevar adelante libremente su sistema político, social, económico y cultural;
>
> *f*) Cada Estado tiene el deber de cumplir plenamente y de buena fe sus obligaciones internacionales y de vivir en paz con los demás Estados.

Y conviene poner de relieve con la profesora Pérez Vera que el principio transcrito es uno de los que, en la resolución 2.625 (XXV), suponen la aceptación de la estructura política de la sociedad internacional y que está mucho más cerca de la codificación declarativa que del desarrollo progresivo del Derecho Internacional[6]. En todo caso, el principio en cuestión enuncia la igualdad jurídica de carácter formal y no puede pasar por alto la desigualdad real entre los Estados. Ha dicho McWHINNEY en este sentido, empleando términos orwellianos, que algunos Estados son «más iguales que otros»[7]. ¿En qué beneficia, por ejemplo, a la inmensa mayoría de los Estados el principio proclamado en el artículo 1.2 del Tratado General del Espacio según el cual el espacio ultraterrestre está abierto a la exploración y utilización por todos los Estados sin discriminación y en condiciones de igualdad? ¿No evoca ese artículo con cruda ironía la astronómica distancia existente entre la igualdad formal y la desigualdad real entre los Estados? Además, en el seno de las Organizaciones Internacionales hay manifestaciones inequívocas de la desigualdad real entre sus miembros. Así, en el Consejo de Seguridad de las Naciones Unidas, Estados Unidos y Rusia junto a tres grandes potencias (el Reino Unido, Francia y China) tienen asiento permanente (art. 23.1 de la Carta) y derecho de veto (art. 27.3). Cabe encontrar manifestaciones del mismo fenómeno en algunos de los organismos especializados de las Naciones Unidas (Banco Mundial, Organización de la Aviación Civil Internacional, etc.) e incluso en el Consejo de Unión Europeo. Se trata de casos en que las desigualdades reales entre los Estados son objeto de consagración formal en los tratados instituyentes de organizaciones internacionales. Pero es que incluso, como dice el profesor REMIRO BROTONS, «en otros planos el tratamiento desigual de situaciones estructuralmente desiguales es una forma de combatirlas y no de reflejarlas. Así ocurre con la *desigualdad en la necesidad:* el Derecho Internacional del desarrollo [...], hace de la *desigualdad compensatoria,* tratamiento comercial privilegiado y renuncia por los desarrollados a la reciprocidad de ventajas, uno de sus puntos cardinales»[8].

30.3. EL PRINCIPIO DE NO INTERVENCIÓN. LA INTERVENCIÓN Y LA ASISTENCIA HUMANITARIAS. LA RESPONSABILIDAD DE PROTEGER

a) La igualdad soberana —en el plano formal— entre los Estados no tiene realmente, desde el punto de vista sociológico, otro significado que el de acentuar la ausencia en la sociedad internacional de una autoridad política superior a aquellos[9]; en este sentido constituye un corolario jurídico de la actual estructura de la sociedad internacional, que como sabemos es básicamente de yuxtaposición de Estados. Precisamente por ello la igualdad soberana de los Estados comporta la independencia de los mismos y la prohibición que pesa sobre todo Estado de injerirse en los asuntos de los otros. Estamos ante otro gran principio de Derecho

---

[6] E. PÉREZ VERA, *Naciones Unidas y los principios de la Coexistencia Pacífica,* Tecnos, Madrid, 1973, p. 45.

[7] E. MCWHINNEY, «International Law Antimonies of an era of transition», en el libro *Estudios deDerecho Internacional. Homenaje al Profesor Miaja de la Muela,* Tecnos, Madrid, 1979, vol. I, p. 407.

[8] A. REMIRO BROTONS, *Derecho Internacional Público. 1. Principios fundamentales,* Tecnos, Madrid, 1982, p. 84.

[9] M. GIULIANO, T. SCOVAZI y T. TREVES, *Diritto Internazionale, I, La Societá internazionale e il Diritto,* Milán, 1983, p. 47.

Internacional: el relativo al deber de no intervención en los asuntos de otros Estados, implícito en la Carta de las Naciones Unidas y proclamado expresamente en la Declaración sobre principios de Derecho Internacional que rige las relaciones de amistad y cooperación entre los Estados [resolución 2.625 (XXV) de la Asamblea General de las Naciones Unidas], en los siguientes términos:

> Ningún Estado o grupo de Estados tiene derecho de intervenir directa o indirectamente, y sea cual fuere el motivo, en los asuntos internos o externos de cualquier otro. Por lo tanto, no solamente la intervención armada, sino también cualesquiera otras formas de injerencia o de amenaza atentatoria de la personalidad del Estado, o de los elementos políticos, económicos y culturales que lo constituyen, son violaciones del Derecho Internacional. Ningún Estado puede aplicar o fomentar el uso de medidas económicas, políticas o de cualquier otra índole para coaccionar a otro Estado a fin de lograr que subordine el ejercicio de sus derechos soberanos y obtener de él ventajas de cualquier orden. Todos los Estados deberán también abstenerse de organizar, apoyar, fomentar, financiar, instigar o tolerar actividades armadas, subversivas o terroristas encaminadas a cambiar por violencia el régimen de otro Estado y de intervenir en una guerra civil de otro Estado. El uso de la fuerza para privar a los pueblos de su identidad nacional constituye una violación de sus derechos inalienables y del principio de no intervención. Todo Estado tiene el derecho inalienable a elegir su sistema político, económico, social y cultural, sin injerencia en ninguna forma por parte de ningún otro Estado. Nada en los párrafos precedentes deberá interpretarse en el sentido de afectar las disposiciones de la Carta de las Naciones Unidas relativas al mantenimiento de la paz y la seguridad internacionales.

Dentro de aquella Declaración, se trata de un principio de los que aspiran a regular el cambio social en la comunidad internacional[10]. Y entre esta categoría de principios hay que recordar el que prohíbe «recurrir a la amenaza o al uso de la fuerza contra la integridad territorial o la independencia política de cualquier Estado» (Carta, art. 2.4, y Declaración citada), que es el que prohíbe las formas más extremas de intervención. De este último principio nos ocuparemos con más detalle al hablar del *ius ad bellum,* que hoy ha sido institucionalizado.

b) Formulado y explicitado en una resolución de la Asamblea General de las Naciones Unidas, como hemos visto, el principio de no intervención tiene claro arraigo consuetudinario, es decir, constituye una norma de Derecho Internacional General. En su sentencia de 27 de junio de 1986 (*caso concerniente a las actividades militares y paramilitares en Nicaragua y contra ella; Nicaragua contra Estados Unidos de América*), el Tribunal de La Haya no ha podido ser más elocuente al respecto: «El principio de no intervención supone el derecho de todo Estado soberano de conducir sus asuntos sin injerencia exterior; aunque los ejemplos de violación del principio no sean raros, el Tribunal estima que forma parte del Derecho Internacional Consuetudinario [...] La existencia del principio de no intervención en la *opinio iuris* de los Estados se apoya en una práctica importante y bien establecida. De otra parte se ha presentado este principio como un corolario del principio de igualdad soberana de los Estados»[11].

c) En lo que se refiere el contenido del principio, ha dicho el Tribunal en la sentencia mencionada que «según las formulaciones generalmente aceptadas, este principio prohíbe a todo Estado o grupos de Estados intervenir directa o

---

[10] E. Pérez Vera, *Naciones Unidas,* cit., p. 60.
[11] CIJ, *Recueil,* 1986, p. 106.

indirectamente en los asuntos internos o externos de otro Estado. La intervención prohibida debe, pues, recaer sobre materias respecto de las cuales el principio de soberanía de los Estados permite a cada uno de ellos decidir libremente. Ello ocurre con la elección del sistema político, económico, social y cultural y con la formulación de la política exterior. La intervención es ilícita cuando utiliza medios de coerción respecto a esas elecciones, que deben permanecer libres. Este elemento de coerción, constitutivo de la intervención prohibida y que forma parte de su propia esencia, es particularmente evidente en el caso de una intervención que utiliza la fuerza, bien bajo la forma directa de una acción militar, bien bajo la forma indirecta de apoyo a actividades armadas subversivas o terroristas en el interior de otro Estado»[12]. De este enjundioso *dictum* del Tribunal, cabe deducir que la intervención prohibida consta de dos componentes: 1) debe versar, en cuanto al fondo, sobre cuestiones en que el Estado tiene libertad soberana de decisión según el Derecho Internacional (las llamadas «competencias discrecionales», como veremos enseguida); 2) debe comportar, en cuanto a la forma, un elemento de coerción.

El Tribunal se pregunta también en la sentencia mencionada por la posible existencia de una modificación fundamental del principio que nos ocupa, según la cual todo Estado dispondría de un derecho general de intervención, directa o no, con o sin empleo de la fuerza armada, para apoyar a la oposición interna de otro Estado, cuya causa parecería particularmente digna en razón a los valores políticos o morales con los que se identificaría. La respuesta es contundente: el Derecho Internacional Contemporáneo no prevé aquella facultad general de intervención; ni la práctica ni la *opinio iuris* permiten sostener la existencia de la regla en cuestión[13]. El Tribunal concluyó por consiguiente que el apoyo suministrado por los Estados Unidos, hasta fines de septiembre de 1984, a las actividades militares y paramilitares de los *contras* en Nicaragua, bajo forma de asistencia financiera, entrenamiento, suministro de armas, información y ayuda logística, constituye una violación indudable del principio de no intervención[14].

d) En todo caso el principio de no intervención es de los que más y mejor se prestan a divergentes apreciaciones políticas, e incluso a manipulaciones, por parte, sobre todo, de las grandes potencias y las superpotencias. La historia de los últimos lustros demuestra, en efecto, que las superpotencias han clasificado las intervenciones en dos modalidades: legítimas e ilegítimas. Legítimas eran las propias, por supuesto, y en ellas la intervención se presentaba como una ayuda a la independencia soberana del Estado de que se trate, amenazada por el otro bloque. Ilegítimas eran las de la superpotencia antagónica, que constituirían auténticas agresiones a la independencia[15]. Estamos, en fin, ante un principio tan solemnemente afirmado como continuamente manipulado cuando no flagrantemente violado, bien entendido que el sentido de las violaciones es por lo común unidireccional: Estados poderosos en detrimento de Estados con menos poder,

[12] CIJ, *Recueil,* 1986, p. 108.
[13] CIJ, *Recueil,* 1986, pp. 108-109.
[14] CIJ, *Recueil,* 1986, p. 124.
[15] Véase A. REMIRO BROTONS, *op. cit.* en nota 8, pp. 95 ss.

más difícilmente lo contrario. Los intereses políticos de los grandes han pasado realmente por encima de la aplicación del principio.

e) Ha de señalarse en este último orden de ideas que el ámbito y condiciones de aplicación del principio de no intervención han sufrido embates importantes en los últimos tiempos. Así, con ocasión de las graves violaciones de los derechos humanos perpetradas en el pueblo kurdo tras la guerra del Golfo del invierno de 1991, el presidente francés MITTERRAND abogó en su alocución de 14 de julio del mismo año por «una especie de deber de injerencia en el interior de un país cuando una parte de su población es víctima de persecución», al tiempo que desde la Casa Blanca estadounidense se evocaba la idea de una intervención benevolente para terminar con violaciones graves y masivas de los derechos humanos. La idea se insertaba en el marco del Nuevo Orden Mundial postulado por la superpotencia y las grandes potencias, y por consiguiente era sumamente imprecisa desde el punto de vista jurídico en cuanto a sus manifestaciones prácticas de carácter concreto. Conviene, empero, preguntarse hasta qué punto resultan compatibles sus posibles consecuencias con las normas en vigor del Derecho Internacional Contemporáneo.

Hay que distinguir a este respecto entre intervenciones inmateriales y materiales. Las primeras no comportan acción física ni presencia de ninguna clase en el territorio del país en el que se interviene y son, en principio, lícitas. Ya sabemos, en efecto, que el respeto a los derechos humanos ha dejado de ser materia de jurisdicción interna de los Estados y que por consiguiente una organización internacional puede tratar e incluso censurar la situación de los derechos humanos en un país sin que por ello se vulnere el principio de no intervención. La acción de las Naciones Unidas a través de los procedimientos especiales que hemos analizado en otro lugar se basa justamente en tal idea. No ocurre lo mismo, por el contrario, si la intervención es material y supone actuación física o uso de la fuerza en el territorio del Estado en cuestión. Tal tipo de actuación comporta en sí misma el desconocimiento de la soberanía territorial del país en que se interviene y puede conllevar también el uso de la fuerza. Es cierto que en el Derecho Internacional Clásico se tendía a admitir la licitud de las intervenciones por causa de humanidad, pero no nos parece que la obligación o posibilidad de intervenir en los supuestos apuntados cuente hoy con el asentimiento general, ni siquiera mayoritario, de la comunidad internacional. No puede hablarse, a nuestro juicio, de un principio general del Derecho Internacional Contemporáneo que legitime las intervenciones humanitarias cuando éstas tengan carácter físico o material. Muchos Estados temen con razón que una intervención pretendidamente encaminada al respeto de los derechos humanos más elementales, decidida unilateralmente por un Estado o por un grupo de países, pueda convertirse fácilmente en instrumento de cobertura del despliegue de la política de poder de la superpotencia y las grandes potencias, y dar lugar en este contexto a comportamientos impregnados de ese estigma tan usual en las relaciones internacionales como es la doble moral o el doble estándar; es decir, a intervenciones en unos casos y pasividad en otros, según convenga a los intereses de los grandes. A nuestro juicio, la idea del derecho o del deber de injerencia, loable en términos de principio cuando tenga propósitos auténticamente humanitarios, ha de manejarse con suma circunspección en cuanto a sus aplicaciones concretas.

f) ¿Significa esta conclusión que queda excluida toda posibilidad de intervención material en un país que viola de manera grave, masiva, persistente y sistemática los derechos humanos en un conflicto armado o con independencia de él?[15 bis]

A mi juicio, si se trata de una intervención realizada o autorizada por la comunidad internacional organizada, es decir, de una intervención decidida por el Consejo de Seguridad de las Naciones Unidas al amparo del capítulo VII de la Carta, aquella posibilidad no queda excluida. La comunidad internacional institucionalizada tiene el derecho, e incluso el deber, de emprender o autorizar semejante intervención. Y lo que es más: está comenzando a hacerlo. Efectivamente, en la década final del siglo XX y en la entrada del milenio, el Consejo de Seguridad interpreta de una manera amplia y flexible el concepto de «amenaza de la paz» empleado por el artículo 39 de la Carta, y ello con la finalidad de hacer caer determinadas resoluciones dentro del capítulo VII, y de atribuirles así fuerza jurídica obligatoria para todos los Estados. Por ejemplo, por su resolución 794, de 3 de diciembre de 1992, el Consejo autorizó una intervención con uso de la fuerza para restablecer el orden en Somalia y asegurar de tal modo la eficacia de la ayuda humanitaria contra la hambruna. Del mismo modo, y por citar otro ejemplo, la resolución 948, de 31 de julio de 1994 autorizó el empleo de la fuerza en Hahití con el fin de restablecer la democracia y hacer respetar los derechos humanos. Existen, por supuesto, casos similares, entre los que destaca el contemplado por la resolución 1.973 del Consejo de Seguridad de 17 de febrero de 2011 creando en el espacio aéreo libio una zona de exclusión y autorizando la adopción de todas las medidas que sean necesarias para la protección de las personas civiles.

E incluso, teniendo en cuenta el genocidio masivo perpetrado en Ruanda en 1994, cabría admitir la legitimidad de una intervención humanitaria, realizada unilateralmente por un Estado o por un grupo de Estados, en el caso de los llamados *failing States,* o Estados en descomposición o desfallecimiento. Sería posible argumentar, en efecto, que si el Estado en descomposición es incapaz de prevenir o de evitar la perpetración de un crimen tan grave y monstruoso como el genocidio, es decir, si no está en condiciones de desempeñar la función estatal básica de mantenimiento del orden público a niveles mínimamente razonables, ya no es un Estado. Y podría sostenerse entonces que ha perdido el derecho a invocar en su favor el principio de no intervención, que beneficia

---

[15 bis] Véase M. BETTATI y B. KOUCHNER, *Le devoir d'ingérence,* París, 1987; M. BETTATI, «Un droit d'ingérence?», en *R.G.D.I.P.,* 1991-3, pp. 369 ss. En cuanto a las intervenciones humanitarias en el Derecho Internacional Clásico, A. ROUGIER, «La théorie de l'intervention d'humanité», en *R.G.D.I.P.,* 1910, pp. 468 ss.; E. C. STOWELL, «Intercession against the persecution of jews», en *A.J.I.L.*, 1936, pp. 102 ss.; J. F. ESCUDERO ESPINOSA, *Aproximación histórica a la noción de intervención humanitaria en el Derecho Internacional,* León (España), 2002; y C. GUTIÉRREZ ESPADA, «¿No existe acaso justificación jurídica posible para las intervenciones armadas por causa de humanidad?», en *Cursos de derechos humanos de Donostia-San Sebastián,* vol. V, 2005, pp. 203 ss.

justamente a los Estados. Es obvio en cualquier caso que la licitud de semejante intervención unilateral estaría sometida a dos requisitos rigurosos: la existencia de una situación extrema de violaciones graves, masivas y sistemáticas de los derechos humanos, en primer lugar, y la inacción de la comunidad internacional organizada, en segundo lugar. Consiguientemente, el derecho de intervención se extinguiría en el momento en que el Consejo de Seguridad tomase la decisión de intervenir.

Obviamente, las anteriores consideraciones no serían aplicables a la intervención armada de la OTAN en Yugoslavia con ocasión del conflicto de Kosovo de la primavera de 1999. Ni tal intervención estaba apoyada en resolución alguna del Consejo de Seguridad, ni la República Federal Yugoslava era un *failing State.* Como explicaremos más adelante (apartado 82.2), la referida acción comportó una violación del Derecho Internacional, sin que, a mi juicio, la finalidad humanitaria de la misma constituyese una causa suficiente de justificación o de exclusión de responsabilidad.

g) En los inicios de siglo y de milenio, ante los casos de graves violaciones del Derecho internacional —como el genocidio, los crímenes de guerra, la limpieza étnica y los crímenes contra la humanidad— la Organización de las Naciones Unidas ha puesto mayor énfasis en el concepto de la responsabilidad de proteger a las poblaciones que en la institución de la intervención humanitaria. La idea figuraba en un informe del Secretario General de 28 de noviembre de 2005, fue endosada por la Cumbre del Milenio del otoño de ese mismo año, y conoció mayores desarrollos en la resolución 1.674 adoptada por el Consejo de Seguridad el 28 de abril de 2006. Añadamos que en el discurso pronunciado por Benedicto XVI en la Asamblea General, el 18 de abril de 2008, se hace hincapié en la importancia del principio de la responsabilidad de proteger, del que se dice que está en los orígenes del antiguo *ius gentium* y en la doctrina del fundador del Derecho Internacional, el español FRANCISCO DE VITORIA. Es con todo de lamentar que desde el estricto punto de vista del Derecho internacional positivo, principio tan solidario y de tanta relevancia ética como el de la «responsabilidad de proteger», presente contornos sumamente imprecisos[15 ter]. ¿Sobre qué actores internacionales recaería esa responsabilidad? Podría pensarse en los Estados particularmente interesados por la situación, pero dejando de lado los perfiles no siempre claros de esta figura, tratándose de violaciones graves y masivas de los derechos humanos esta acotación no es satisfactoria. Entiendo que esa responsabilidad pesa especialmente sobre las instituciones internacionales, y si se requiere una respuesta con uso de la fuerza, la institución en cuestión sería el Consejo de Seguridad de Naciones Unidas, y ello pese al enorme grado de discrecionalidad y politización del que adolece en la adopción de decisiones. De hecho, si ubicamos la reacción del Consejo en los casos libio (2011) y sirio (2012) en el principio de «responsabilidad de proteger» (véase el apartado 64.2) advertimos inmediata-

---

[15 ter] C. GUTIÉRREZ ESPADA y M. J. CERVELL HORTAL, *Nacimiento, auge y decadencia de la responsabilidad de proteger*, Granada, 2014.

mente la discrecionalidad de la que hablamos. En suma, hoy por hoy, la idea de la «responsabilidad de proteger» se sitúa en el marco programático del *soft law* y no, como sería deseable, en el contexto estricto del *hard law*.

h) Por lo que respecta a la figura de la *asistencia humanitaria,* debemos decir que se trata de un tema muy interesante desde el punto de vista teórico y, lamentablemente, muy de moda. Señalemos para empezar que, como dijo el Tribunal Internacional de Justicia en la sentencia mencionada de 27 de junio de 1986:

> No es dudoso que el suministro de una ayuda estrictamente humanitaria a personas o a fuerzas que se encuentren en otro país, cualesquiera sean sus afiliaciones políticas o sus objetivos, no puede ser considerada como una situación ilícita o contraria al Derecho Internacional desde cualquier otro punto de vista[15 quáter].

Y el Tribunal añadió:

> Un elemento esencial de la ayuda humanitaria es que debe de ser prestada sin discriminación alguna. Según el Tribunal, para que no tenga carácter de intervención condenable en los asuntos internos de otro Estado, la asistencia humanitaria no sólo debe limitarse a los fines consagrados por la práctica de la Cruz Roja, a saber: «prevenir y aliviar los sufrimientos de la guerra»; debe también y sobre todo ser prodigada sin discriminación a toda persona en situación de necesidad en Nicaragua, y no sólo a los *contras* o a las personas próximas.

Por tanto, según estos importantes *dicta* del Tribunal Internacional de Justicia, la intervención humanitaria no es una intervención prohibida, sino por el contrario una acción internacionalmente lícita, siempre que cumpla dos condiciones: la finalidad de prevención y alivio de los sufrimientos de los seres humanos, y su ejercicio sin discriminación alguna.

i) Cuestión distinta es la de si el Derecho Internacional permite la imposición de la asistencia humanitaria. Dicho de otro modo, se trata de saber si el Estado territorial tiene la obligación estricta de consentir en su territorio una ayuda humanitaria que no desea.

Pues bien, si tenemos en cuenta la práctica de las Naciones Unidas, la respuesta es que no existe en rigor semejante obligación. Así, el 8 de diciembre de 1988, la Asamblea General adoptó la resolución 43/31, relativa a la asistencia sanitaria humanitaria a las víctimas de catastrofes naturales y situaciones urgentes similares. Y la resolución no impone nada, ni podía hacerlo dada la falta de obligatoriedad jurídica de las resoluciones de la Asamblea General. Lo único que hace, tras reiterar la soberanía de los Estados afectados y su papel principal en la asistencia humanitaria, es invitarlos a facilitar su prestación por las organizaciones internacionales y no intergubernamentales que actúen con una finalidad estrictamente humanitaria.

Por su parte, la resolución del Consejo de Seguridad 688, adoptada el 5 de abril de 1991 en el marco de la guerra del Golfo, tras reafirmar la soberanía territorial del Irak y condenar la represión a poblaciones en numerosas partes de su territorio (incluyendo la población kurda), insiste para que Irak permita el acceso inmediato de las organizaciones internacionales a cuantos tengan necesidad de su

---

[15 quáter] CIJ, *Recueil*, 1986, p. 242.

ayuda en cualquier parte del país. Así pues, el Consejo de Seguridad no se sintió autorizado a imponer en términos de Derecho Internacional la asistencia humanitaria. Se limitó e ejercer una fuerte presión política y moral sobre las autoridades iraquíes para que autorizasen dicha asistencia.

En cualquier caso, las dos resoluciones citadas son muy interesantes y útiles, puesto que tienden a estimular y alentar la asistencia humanitaria y a integrarla en la acción de las Naciones Unidas, haciéndola así más eficaz y racional[15 quinquies].

j) Tema que tiene que ver con la asistencia humanitaria es el de la protección en caso de desastre, estudiado desde 2007 por la Comisión de Derecho internacional. Aprobados hasta la sesión de 2011 algunos proyectos de artículos y sus comentarios, de ellos resulta que los Estados tienen deber de cooperar para el remedio de los desastres, aunque el deber en cuestión se somete al inciso «según proceda», lo que deja a los Estados un importante margen de apreciación a la hora de su cumplimiento. Se enuncia asimismo bajo la condición de «según proceda» la obligación del Estado afectado de buscar asistencia externa, cuya prestación requiere consentimiento de ese Estado, por más que el consentimiento en cuestión no deba ser denegado arbitrariamente. Comprobamos, pues, como en estrictos términos de Derecho internacional, la efectividad de la asistencia humanitaria en caso de desastres está fuertemente condicionada por el principio de la soberanía estatal.

30.4. Relevancia de la soberanía en el Derecho Internacional

En todo caso, y en una perspectiva jurídica y política a la vez, la soberanía del Estado constituye un factor determinante y de primer orden en la actual configuración de la sociedad internacional y del Derecho de Gentes. Ha dicho el Tribunal de La Haya en este orden de ideas que en el principio fundamental de la soberanía del Estado reposa todo el Derecho Internacional[16]. Ya sabemos, en efecto, que la estructura de la sociedad internacional continúa siendo básicamente de Estados soberanos yuxtapuestos[17] y este hecho comporta que la soberanía estatal siga desempeñando un papel relevante en el Derecho Internacional de nuestros días, hasta el punto de que, como ha dicho el profesor Carrillo Salcedo, constituye un auténtico principio constitucional, lo que determina la importante consecuencia del relativismo del ordenamiento jurídico en cuestión. Hay que agregar de todos modos, con ideas del citado profesor, que el Estado soberano no vive aislado sino inserto en un medio social, la sociedad internacional, y que este medio colectivo y en proceso de institucionalización impone ciertos límites tanto a la soberanía estatal como al relativismo del Derecho Internacional. La relevancia

[15 quinquies] Véase R. Bermejo García, «El derecho/deber de injerencia humanitaria en el Derecho Internacional actual», *III Jornadas de Derecho Internacional Humanitario. El derecho de injerencia por razones humanitarias,* Sevilla, 1995; P. M. Dupuy, «El derecho a la asistencia humanitaria en el Derecho Internacional contemporáneo», ibíd., pp. 75 ss.; y R. Ojinaga Ruiz, *Emergencias humanitarias y Derecho Internacional,* Valencia, 2005.

[16] CIJ, *Recueil,* 1986, p. 133.

[17] Véase el apartado 4.1 de este libro.

de este medio colectivo —agrega el profesor CARRILLO— permite rechazar las tentativas de explicar y comprender el Derecho Internacional única y exclusivamente desde el Estado soberano, y proponer, en cambio, una interpretación del Derecho Internacional en función de la comunidad internacional y de los límites que ésta impone a los rasgos de subjetivismo, discrecionalidad, voluntarismo y relativismo que la soberanía imprime al Derecho Internacional[18].

30.5. LA PROYECCIÓN JURÍDICA DE LA SOBERANÍA: LAS COMPETENCIAS DEL ESTADO

a) En su dimensión estrictamente jurídica, la soberanía del Estado tiene un carácter acusadamente funcional, porque si el Derecho Internacional reconoce soberanía a los Estados es precisamente para que éstos realicen sus funciones. Las funciones del Estado consisten en velar por los intereses generales y permanentes de una comunidad humana asentada sobre un territorio, y la justificación y el fundamento último de la soberanía reside en el cumplimiento de tal función. Porque es obvio que para desempeñarla adecuadamente el Estado necesita tener ciertos poderes o competencias cuyo conjunto, desde el punto de vista jurídico, es la soberanía.

Fue un eminente internacionalista francés, JULES BASDEVANT, quien en 1936[19] pusiera de relieve esta justificación funcional de la soberanía, que él aplicó a la soberanía territorial, la más importante y genuina manifestación de aquélla. Y comprobaremos más adelante que semejante justificación no constituye una mera racionalización doctrinal, sino que es operativa en el tema capital de la adquisición de la soberanía territorial del Estado, en el que el principio decisivo es el de la efectividad del ejercicio de las funciones estatales, aunque este principio se modula por el de la relatividad en el ejercicio de dichas funciones, lo que quiere decir que la intensidad y las características del ejercicio en cuestión han de ser apreciadas tomando en cuenta las circunstancias del caso concreto[20]. Y la justificación funcional de la soberanía entra asimismo en juego a la hora de determinar si cabe ejercerla sobre determinados espacios, como la Luna y los cuerpos celestes[21].

b) Las competencias inherentes a la soberanía son concedidas a los Estados por el Derecho Internacional. Efectivamente, al hablar de las funciones de este ordenamiento dijimos que una de ellas era la competencial, es decir, la de distribuir las competencias entre los Estados. Es justamente el importante principio de la igualdad soberana de los Estados, analizado en el apartado anterior, el que hace imperativa la distribución de competencias entre ellos. Alguien podría objetar ciertamente que semejante afirmación es antihistórica alegando que el Estado soberano es anterior al Derecho Internacional. Este ordenamiento, según lo concebimos hoy, surgió como sabemos a principios de la Edad Moderna,

---

[18] J. A. CARRILLO SALCEDO, *Soberanía del Estado y Derecho Internacional,* 2.ª ed., Madrid, 1976, pp. 289 ss., y *El Derecho Internacional en un mundo en cambio,* Tecnos, Madrid, 1984, pp. 191-192.

[19] J. BASDEVANT, «Régles générales du Droit de la Paix», en *R. des C.,* 1936, vol. 58, pp. 614 ss.

[20] Véase el apartado 36 de este libro.

[21] Véase el apartado 40.4 de este libro.

una vez constituidos los primeros Estados nacionales. Pero en todo caso aquella observación tendría en cuenta aspectos meramente cronológicos, toda vez que la existencia de diversos Estados en el planeta y la consiguiente necesidad de distribuir las competencias entre ellos es una exigencia de los hechos y, por tanto, histórica. Se trata, insistimos, de un corolario del principio de la igualdad soberana de los Estados.

c) Las competencias del Estado se dividen en regladas y discrecionales.

Efectivamente, cuando el Derecho Internacional atribuye competencias a los Estados puede imponerles además criterios o límites respecto al ejercicio de las mismas, es decir, reglamentando su ejercicio. Por ejemplo, el Derecho Internacional confiere competencia a los Estados para regular la nacionalidad de la comunidad humana asentada en su territorio, pero cabe que en este punto los Estados hayan asumido obligaciones convencionales que limitan el ejercicio de aquella competencia[22]. Del mismo modo, el Derecho Internacional concede competencias al Estado, en forma de soberanía territorial, sobre una franja de mar inmediatamente adyacente a sus costas que se denomina mar territorial, pero esta soberanía, según dispone el párrafo 3 del artículo 2 de la Convención de 1982 sobre el Derecho del Mar, «se ejerce con arreglo a esta convención y otras normas de Derecho Internacional». Se trata, pues, de soberanía con límites y entre éstos destaca la obligación de consentir a los buques que enarbolen pabellón de cualesquiera Estado el paso inocente. Pues bien, en la medida en que el Derecho Internacional asigna límites o impone criterios a los Estados en el ejercicio de sus competencias puede hablarse de *competencias regladas* o no discrecionales.

Por el contrario, cuando el Derecho Internacional se circunscribe a atribuir competencias a los Estados sin señalarles cortapisas o imponerles criterios respecto al ejercicio de las mismas, esto es, sin reglamentar este ejercicio, se habla de *competencias discrecionales,* o exclusivas, o asuntos de jurisdicción interna. Por ejemplo, los Estados tienen libertad en la orientación general de su política de inmigración y de ahí que unos Estados sean al respecto más liberales que otros sin que por ello se infrinja el Derecho Internacional. De igual modo, y como ha dicho el Tribunal de La Haya, el principio de soberanía de los Estados deja a éstos en libertad de elección de sus sistema político, económico, social y cultural y en la formulación de la política exterior[23]. Estamos de nuevo ante asuntos de jurisdicción interna, en que las competencias del Estado son discrecionales, y en las que opera el principio de no intervención antes analizado.

Esta distinción entre competencias regladas y discrecionales del Estado es particularmente importante en la vida de las organizaciones internacionales precisamente para poner un límite a las actuaciones de éstas frente a la soberanía de los Estados. Es esta la significación que tuvo la figura de la «competencia exclusiva» del párrafo 8 del artículo 15 del Pacto de la Sociedad de Naciones y la que tiene el párrafo 7 del artículo 2 de la Carta de las Naciones Unidas[24], según el cual:

---

[22] CPJI, *Serie B*, n.º 4, p. 24.

[23] CIJ, *Recueil,* 1986, p. 258.

[24] Véase E. Pecourt García, *La Soberanía de los Estados ante las Organizaciones Internacionales,* Barcelona, 1962.

> Ninguna disposición de Esta Carta autorizará a las Naciones Unidas a intervenir en los asuntos que son esencialmente de la jurisdicción interna de los Estados, ni obligará a los miembros a someter dichos asuntos a procedimientos de arreglo conforme a esta Carta; pero este principio no se opone a la aplicación de las medidas coercitivas previstas en el capítulo VII.

Queremos señalar en todo caso con el Tribunal de La Haya que «la cuestión de saber si una determinada materia entra o no en el dominio exclusivo de un Estado es una cuestión esencialmente relativa; depende del desarrollo de las relaciones internacionales»[25]. En este orden de ideas cabe afirmar que la interdependencia creciente entre los Estados está ampliando cada vez más el ámbito de las competencias regladas y reduciendo el de las competencias exclusivas o discrecionales, esto es, el campo de sus libertades soberanas.

d) Para apreciar debidamente en qué consisten las competencias del Estado y para entender cuáles son sus principales manifestaciones parece útil recurrir a una construcción muy extendida entre los tratadistas de Derecho Internacional en lo que concierne a los elementos del Estado. Según tal idea, simplista en principio pero con evidente valor descriptivo y sistemático, el Estado se compone de tres elementos: órganos de poder, población y territorio[26].

Pues bien, en el ejercicio de las competencias o poderes del Estado entra en juego siempre el primer elemento, ya que no es concebible que dejen de intervenir los órganos del Estado, a través de cualquiera de sus ramas, ejecutiva, legislativa o judicial. Pero en el ejercicio de competencias del Estado puede no ser decisivo el segundo elemento, es decir, la población propia, porque hay competencias que se ejercen también sobre los extranjeros que se encuentran en el territorio estatal. Sería el caso, por ejemplo, y entre muchísimos otros, del inspector de aduanas que examina el equipaje de las personas que pretenden entrar en el país: la competencia se ejerce sobre una base territorial, sin distinción entre nacionales o extranjeros. Se trata de competencias en que la base determinante de su ejercicio es el territorio del Estado, independientemente de la nacionalidad de las personas afectadas, y se habla por ello en la doctrina de *competencias territoriales.* Y es posible asimismo que la base del ejercicio de las competencias no sea el territorio del Estado sino la condición de súbditos o nacionales de las personas afectadas, pudiendo ser ejercidas aquellas fuera del territorio. Por ejemplo, cuando un funcionario consular presta asistencia en el extranjero a un nacional del Estado acreditante o cuando ejerce otras funciones consulares sobre la base de la nacionalidad de las personas. Estamos entonces ante las llamadas *competencias personales.*

Bien entendido que tanto desde el punto de vista cuantitativo como cualitativo las más importantes competencias del Estado tienen carácter territorial, hasta el punto que al conjunto de ellas se le llama tradicionalmente soberanía territorial.

---

[25] CPJI, *Serie B*, n.º 4, p. 24.

[26] El artículo 1.º de la Convención Panamericana sobre los Derechos y Deberes de los Estados, firmada en Montevideo el 22 de diciembre de 1933, dice así: «El Estado como persona internacional debe reunir las condiciones siguientes: 1.ª) población permanente; 2.ª) territorio determinado; 3.ª) gobierno; 4.ª) capacidad de entrar en relaciones con otros Estados.»

La soberanía territorial es la más genuina manifestación de la soberanía del Estado y de ella nos ocuparemos con mayor amplitud en la sección siguiente.

e) En todo caso, en ciertos espacios excluidos de la soberanía estatal —que la doctrina llama espacios comunes—, como el alta mar, el espacio ultraterrestre y la luna y los cuerpos celestes, los Estados desarrollan actividades de diversa índole y por tanto ejercen también competencias, que no son competencias territoriales ni personales en el sentido expuesto en este apartado, aunque al no tener un soporte espacial se asemejan más a las segundas que a las primeras. Así, en alta mar los buques están sometidos a la jurisdicción exclusiva del Estado del pabellón y es éste el que determina su nacionalidad (art. 91 de la Convención de 1982 sobre el Derecho del Mar); y en el espacio ultraterrestre y la luna y los cuerpos celestes los Estados retienen su jurisdicción y control sobre los objetos lanzados y su personal (art. 8 del Tratado General del Espacio de 1967). En la sección 2.ª del presente capítulo nos ocuparemos no sólo de las competencias del Estado de base territorial, sino también de las que tienen otro soporte.

31. LA CONTINUIDAD EN LA IDENTIDAD DEL ESTADO

a) Como hemos visto en el epígafe anterior al hablar de la proyección jurídica de la soberanía (competencias estatales), son tres los elementos que en el plano teórico integran la noción de Estado, a saber, órganos de poder, territorio y población. Y cuando alguno de estos elementos experimenta transformaciones surge el problema de determinar si el Estado continúa siendo idéntico desde el punto de vista de sus derechos y obligaciones internacionales. Señalemos que, en una perspectiva histórica, la cuestión de la continuidad del Estado aparece en el siglo XIX con ocasión del nacimiento de nuevas unidades nacionales (el Reino de Italia entre 1860 y 1870 y el Imperio alemán en 1871). Con el transcurso del tiempo se acrecientan los problemas de esta índole; por ejemplo, con la Revolución rusa de 1917 y la disolución de los Imperios austríaco y otomano tras la primera guerra mundial (1914-1918). Después de la segunda guerra mundial se presentan igualmente problemas de continuidad como resultado de la reordenación territorial efectuada en Europa y otras regiones, cambio de la estructura sociopolítica en ciertos países, consolidación del fenómeno de Estados divididos y, en fin, el surgimiento de Estados de reciente independencia. Pues bien, es actitud común en la doctrina proclamar el principio de la continuidad en la identidad del Estado, aunque para determinar con rigor y precisión el alcance del principio conviene tener en cuenta distintas situaciones según los cambios se hayan producido en los órganos de poder, en el territorio o en la población[1].

b) Los cambios en los órganos de poder tienen lugar principalmente en el supuesto de golpe de Estado con vulneración de la legalidad establecida. Respecto a dicha hipótesis, existen datos en la práctica interestatal, jurisprudencias internas y jurisprudencia internacional, que permiten hablar de la tesis de la continuidad de la identidad del Estado. Entre esos datos sobresale la sentencia arbitral dictada el 18 de octubre de 1923 por el expresidente norteamericano TAFT en el *asunto de las reclamaciones británicas contra el Gobierno del general Tinoco* (*Reino Unido contra Costa Rica*), en la que se considera como principio de Derecho Internacional bien establecido que un cambio de gobierno no produce efecto alguno en las obligaciones internacionales del Estado[2]. No cabe desconocer, sin embargo, que en el supuesto que nos ocupa el principio de la continuidad ha sido objeto de resistencias importantes en la práctica de los Estados; así, tras la Revolución socialista de 1917, la Unión Soviética denunció en bloque los tratados secre-

[1] Véase K. MAREK, *Identity and Continuity of States in Public International Law*, Ginebra, 1954; J. L. KUNZ, «Identity of States under International Law», en *A.J.I.L.*, 1955, pp. 68 ss.; G. CANSACCHI, «Identité et continuité des sujets internationaux», en *R. des C.*, 1970-II, vol. 130, pp. 7 ss.; y W. FIEDLER, «Continuity», en *E.O.P.I.L.*, vol. 10, 1987, pp. 65 ss.

[2] *Rec. Sent. Arb. N.U.*, vol. I, pp. 377 ss.

tos antes celebrados por Rusia y se consideró desvinculada de la deuda pública externa contraída por el régimen del zar, actitud radical que de todos modos fue rechazada por las potencias occidentales. Después de 1945, también los regímenes de los Estados socialistas del Este de Europa y el de la República Popular China impugnaron el principio de la continuidad, en el que veían un instrumento de la lucha contrarrevolucionaria, pero en otros Estados la actitud fue de respeto al principio, pues los regímenes democráticos de Italia y República Federal de Alemania aceptaron la responsabilidad de obligaciones contraídas, respectivamente, por los Estados fascista y nacionalsocialista.

c) Cambios en los órganos de poder se producen asimismo en el caso de ocupación bélica del territorio de un Estado, y en tal supuesto el punto de partida es que la soberanía sólo la ejerce la potencia ocupante *de facto* y temporalmente, razón por la que los acuerdos entre aquélla y el gobierno instalado con su ayuda o cualquier cesión o anexión de territorio no son oponibles al Estado soberano del territorio ni a ningún otro Estado. Y es que, como veremos al hablar de los modos de adquisición de la soberanía territorial[3], en el Derecho Internacional contemporáneo el territorio de un Estado no puede ser objeto de adquisición por otro Estado que se derive del uso o amenaza de la fuerza. Hay que mencionar, a mayor abundamiento, que el artículo 4 del Protocolo de Ginebra de 1977 sobre protección a las víctimas de la guerra en caso de conflicto armado de carácter internacional establece expresamente que la ocupación de un territorio no afecta al estatuto jurídico del mismo.

d) Señalemos que en la más reciente práctica internacional se ha producido un supuesto sumamente interesante de continuidad en la identidad del Estado. Es el caso de la República de la Federación Rusa, que se considera ella misma y es considerada por la Comunidad Internacional no como un Estado nuevo, sino justamente como el continuador de la personalidad jurídica internacional de la Unión Soviética[4], lo que, entre otras cosas, le ha permitido conservar las embajadas de ese país y, además y sin necesidad de modificar la Carta de las Naciones Unidas, ocupar el puesto de miembro permanente del Consejo de Seguridad que antes correspondía a la Unión Soviética. Así lo decidieron la mayor parte de las Repúblicas ex soviéticas en la reunión de Alma Ata de 21 de diciembre de 1991 constitutiva de la Comunidad de Estados Independientes (que no es un Estado,

---

[3] Véase apartado 36.

[4] El día 27 de enero de 1992, el Ministerio de Asuntos Exteriores de la Federación Rusa escribía una carta al Secretario General de las Naciones Unidas en la que transcribía el texto de una nota presentada a todas las Representaciones Permanentes de los Estados miembros. En la nota decía: «La Federación Rusa continúa ejerciendo los derechos y cumpliendo los compromisos que derivan de los tratados concluidos por la Unión de Repúblicas Socialistas Soviéticas. Consiguientemente, el Gobierno de la Federación Rusa desempeñará las funciones antes desempeñadas por el Gobierno de la Unión Soviética en tanto que depositario de los correspondientes tratados multilaterales. En relación con ello, el Ministerio pide que la Federación Rusa sea considerada parte en todos los acuerdos internacionales en vigor, en lugar de la Unión Soviética.» Véase M. BOTHE y C. SCHMIDT, «Sur quelques questions de succesion posées par la dissolution de l'URSS et celle de la Yugoslavie», en *R.G.D.I.P.*, 1992, 4, pp. 811 ss.

sino tan sólo una estructura de coordinación) y así lo aceptó la Comunidad Internacional organizada. Justamente por ello, la República de la Federación Rusa no ha sido objeto de reconocimiento como Estado nuevo, a diferencia de lo ocurrido con las otras Repúblicas constitutivas de la Comunidad de Estados Independientes (CEI). Si estas últimas son sucesoras de la Unión Soviética, Rusia es algo más; es continuadora. Por el contrario, la pretensión de la República Federal de Yugoslavia (Serbia y Montenegro o Pequeña Yugoslavia) de ser la continuadora de la personalidad jurídica internacional de la República Socialista Federativa de Yugoslavia (antigua Yugoslavia) no recibió el asentimiento de la Comunidad Internacional organizada. Así, y como dato sumamente significativo, el Consejo de Seguridad de las Naciones Unidas adoptó el día 19 de septiembre de 1992 la resolución 777, en la que, tras dejar constancia de esa falta de asentimiento, considera que «la República Federal de Yugoslavia (Serbia y Montenegro) no puede asumir automáticamente el lugar de la antigua República de Yugoslavia en las Naciones Unidas y, por lo tanto, recomienda que la Asamblea General decida que la República Federal de Yugoslavia (Serbia y Montenegro) deberá solicitar su admisión como miembro de las Naciones Unidas y no participará en los trabajos de la Asamblea General». Sustancialmente idéntico es el tenor de la resolución 47/1, de 22 de septiembre de 1992, de la Asamblea General[5].

Pedida finalmente la admisión, una vez derribado el régimen dictatorial del Sr. Milosevic, Yugoslavia entró en las Naciones Unidas, tras recomendación del Consejo de Seguridad y resolución de la Asamblea General, el 2 de noviembre de 2000. Desde principios de 2003, el país se denominaba Serbia y Montenegro. En 2006, tras la celebración del pertinente referéndum, Montenegro se desgaja de Serbia y se constituye en Estado independiente.

e) Las alteraciones del territorio de un Estado, o, lo que es lo mismo, los cambios de soberanía en un territorio determinado, plantean una serie de problemas específicos, que tienen tratamiento propio en nuestra disciplina bajo la rúbrica de sucesión de Estados. En la práctica más reciente es el caso de las ex repúblicas soviéticas constitutivas de la Comunidad de Estados Independientes distintas de la República de la Federación Rusa; ex repúblicas que no son continuadoras de la Unión Soviética, sino sólo sucesoras. Más adelante analizaremos este tipo de problemas[6]. En cuanto a los cambios acaecidos en la población, los más significativos tendrán lugar normalmente en los casos de transferencias de territorios, y el problema pertenece de nuevo a la teoría de la sucesión de Estados. Son concebibles, por supuesto, alteraciones en la población independientes de los cambios territoriales, en virtud de éxodos masivos o movimientos migratorios, pero tales alteraciones no afectan lo más mínimo al principio de la continuidad de la identidad del Estado o los Estados afectados.

---

[5] Véase A. DASTIS QUECEDO, «La crisis de Yugoslavia en las Naciones Unidas», Nota informativa en *R.E.D.I.*, 1992-2, pp. 686 ss.

[6] Véase apartado 34.

32. EL RECONOCIMIENTO DE ESTADOS

a) Un Estado soberano puede surgir en la sociedad internacional de muy diversas maneras. Por ejemplo, y sin pretender desde luego agotar todos los supuestos, por vía de desmembración de un Estado anterior, como ocurrió en 1971 con Bangladesh, que se separó de Pakistán; o por la división en dos de un Estado, como aconteció después de la segunda guerra mundial con Alemania, que quedó dividida en la República Federal de Alemania y la República Democrática Alemana; o por la fusión de varios Estados en uno solo, como fue el caso de Italia en 1860; o en virtud de la descolonización —pacífica o violenta— como tuvo lugar en el continente americano a fines del siglo XVIII y principios del XIX y en los continentes asiático y africano en la segunda mitad del siglo XX[1]. Pues bien, ocurre a veces que cuando aparece un nuevo Estado, los Gobiernos de otros Estados lo reconocen como tal. Y se plantea entonces la cuestión de determinar el significado y las consecuencias jurídicas de este acto de reconocimiento, así como la de precisar cuál es la situación del nuevo Estado respecto a los Estados que no lo hayan reconocido.

En los últimos tiempos, el triunfo de los movimientos nacionalistas en la antigua Unión Soviética y Yugoslavia ha determinado la aparición de muchos nuevos Estados, lo que ha obligado a los gobiernos a desempolvar y poner al día, como veremos enseguida, la figura que nos ocupa. Pero en este contexto se imponen dos precisiones conceptuales. La primera es que si un Estado recupera su antigua calidad de tal, es decir, recobra su independencia (caso de las Repúblicas Bálticas en agosto de 1991, incorporadas por la fuerza a la Unión Soviética en 1940), lo que se reconoce es esa recuperación de independencia; no hay propiamente reconocimiento de un Estado nuevo. La segunda precisión es que, si un Estado es considerado como continuador de la personalidad jurídica internacional de otro (caso de la República de la Federación Rusa respecto a la Unión Soviética), no es objeto de reconocimiento como nuevo Estado. Lo que sí se puede reconocer es el hecho de esa condición de Estado continuador.

Las cuestiones apuntadas han preocupado amplia y tradicionalmente a la doctrina, y los autores han dado sus respuestas formulando teorías en torno a dos grandes núcleos de cuestiones. El primer núcleo concierne al carácter político o jurídico del reconocimiento. El segundo se refiere al valor declarativo o constitutivo del mismo.

---

[1] Véanse éstos y más supuestos en J. VERHOEVEN, *La Reconnaissance internationale dans la pratique contemporaine,* Pedone, París, 1975, pp. 11 ss. Sobre la especial situación de las Repúblicas bálticas, véase R. KHERAD, «La reconnaissance internationale des États baltes», en *R.G.D.I.P.*, 1992, 4, pp. 843 ss. Acerca de la práctica en la época de la distensión, J. QUEL, «La práctica reciente en materia de reconocimiento de Estados: problemas en presencia», en *Cursos de Derecho Internacional de Vitoria-Gasteiz*, 1992, pp. 41 ss.; y J. VERHOEVEN, «La reconnaissance internationale: déclin ou renouveau?», en *A.F.D.I.*, 1993, pp. 7 ss.

b) Cierto sector doctrinal, efectivamente, ha entendido que el reconocimiento de un Estado por otro tiene carácter político, lo que significa que es discrecional, en cuanto que el Derecho Internacional no obligaría a reconocer a un nuevo Estado incluso si cumpliese a satisfacción los requisitos exigidos al respecto: un Gobierno que ejerciese control completo sobre una población estable y un territorio delimitado. El reconocimiento se otorgaría, pues, con finalidad política. Otros autores opinan sin embargo que, una vez que un nuevo Estado reuniese los requisitos pertinentes, debería ser objeto de reconocimiento por los restantes Estados. El Derecho Internacional impondría, por tanto, una obligación de reconocer y el reconocimiento sería un acto jurídico.

El otro núcleo de cuestiones que ha preocupado a la doctrina apunta a los efectos declarativos o constitutivos del reconocimiento. Hay autores, efectivamente, que no atribuyen al reconocimiento de Estados más que efectos declarativos. En este sentido el reconocimiento se limitaría a comprobar una situación ya existente con anterioridad. Otros autores atribuyen al reconocimiento un valor constitutivo. El nuevo Estado pasaría a existir desde el punto de vista jurídico precisamente como consecuencia del reconocimiento.

Pero, obviamente, existe una correlación clara y estrecha entre los dos núcleos de cuestiones señalados. El reconocimiento como acto político y discrecional tiende hacia sus efectos declarativos. El reconocimiento como acto jurídico y obligatorio apunta hacia su valor constitutivo.

En todo caso conviene que verifiquemos en la práctica de los Estados el valor de estas doctrinas, a fin de determinar cuáles son los criterios del Derecho Internacional positivo al respecto.

c) La práctica contemporánea de las relaciones internacionales demuestra que no hay obligación jurídica de reconocer a los nuevos Estados. En este sentido, ningún Estado incurriría en responsabilidad internacional por el hecho de no reconocer a un Estado nuevo en el que concurriesen los requisitos pertinentes de Gobierno, población y territorio. España, por ejemplo, sólo en enero de 1986 —inmediatamente después de su entrada en las Comunidades Europeas—, reconoció al Estado de Israel, sin que por ello se le pudiese imputar violación alguna del Derecho Internacional. El reconocimiento de Estados es realmente un acto libre y discrecional, que se ejerce con finalidad política[2]. Ha dicho en este sentido el Instituto de Derecho Internacional, en su sesión de Bruselas de 1936, que

> el reconocimiento de un Estado nuevo es el acto *libre* por el cual uno o varios Estados constatan la existencia sobre un territorio determinado de una sociedad humana políticamente organizada, independiente de cualquier otro Estado existente, capaz de observar las prescripciones del Derecho Internacional y manifiestan consiguientemente su voluntad de considerarlo como miembro de la Comunidad Internacional[3].

Ahora bien, el hecho de que el reconocimiento de Estados sea un acto libre y discrecional, no impide que, en ejercicio de su libertad soberana, los gobiernos

[2] J. VERHOEVEN, *op. cit.*, pp. 576 ss.; P. J. NKAMBO MUGERWA, «Sujetos de Derecho Internacional», en el *Manual de Derecho Internacional Público*, ed. por M. SOERENSEN, México, 1973, pp. 278 y 285.

[3] *Annuaire*, 1936, vol. 39, t. II, pp. 175 ss. (La cursiva es mía.)

de otros Estados condicionen el reconocimiento al hecho de que el nuevo Estado satisfaga ciertos requisitos de carácter jurídico. Así, el día 16 de diciembre de 1991, los Ministros de Asuntos Exteriores de los doce Estados miembros de la entonces Comunidad Europea reunidos en el marco de la cooperación política adoptaron una serie de criterios que debían satisfacer los nuevos Estados surgidos en la antigua Europa del Este y en la Unión Soviética para ser objeto de un reconocimiento formal. Los requisitos, insistimos, son de carácter jurídico, a saber: respeto a las disposiciones de la Carta de las Naciones Unidas, Acta Final de Helsinki y Carta de París para la Nueva Europa; garantía de los derechos de las minorías y otros grupos de acuerdo con los compromisos suscritos en el seno de la CSCE; respecto a la inviolabilidad de las fronteras, que sólo pueden ser cambiadas por medios pacíficos y de común acuerdo; aceptación de los compromisos pertinentes en materia de desarme, no proliferación nuclear y seguridad y estabilidad regional; y compromiso de solucionar por acuerdo, incluso cuando sea apropiado mediante recurso al arbitraje, todas las cuestiones relativas a la sucesión de Estados y controversias regionales. Criterios cuya apreciación se hizo en algunos casos con alta dosis de flexibilidad, de tal modo que apareció nuevamente el componente político, aún mitigado, en la práctica del reconocimiento de Estados. Y ese componente se ha manifestado de forma muy acusada con ocasión de la declaración de independencia de Kosovo, hecha unilateralmente el 17 de febrero de 2008. Semejante declaración vulneraba a nuestro entender el Derecho internacional (principios de inviolabilidad de las fronteras y de integridad territorial de los Estados), y ello explica que la posición común de los 27 ministros de asuntos exteriores de los Estados miembros de la Unión Europea, adoptada en Bruselas el día siguiente, consistiese únicamente en señalar el carácter único y no constitutivo de precedente de esa independencia, dejando en libertad a los Estados miembros para reconocer o dejar de reconocer a Kosovo como Estado soberano. Hasta el momento España no ha reconocido a la nueva entidad y no mantiene relaciones con las autoproclamadas autoridades kosovares. Sin embargo, España reconoció en enero de 2024 la validez del pasaporte kosovar para la entrada en el espacio Schengen sin visado y para estancias de corta duración. Kosovo presenta muchas de las características de un *failing State* o Estado fallido, circunstancia que vendría a sumarse a las razones legales esgrimidas por los Estados que no lo han reconocido. Entre esas razones está el principio de integridad territorial citado más arriba; principio que como hemos afirmado en el apartado 27.1 ha sido interpretado por el Tribunal Internacional de Justicia en su opinión consultiva de 22 de julio de 2010 de modo excesivamente restrictivo y harto discutible, al referirlo únicamente a la prohibición de la amenaza y uso de la fuerza, siendo así que en el Derecho internacional figura también como límite al derecho de los pueblos a la libre determinación. De otro lado, el reconocimiento por Rusia en agosto de 2008 como Estados independientes de dos territorios (Osetia del Sur y Abjasia) bajo la soberanía —al menos formal— de Georgia, se impregna también y de manera intensa de tintes políticos, y como en el caso de Kosovo vulnera los principios de inviolabilidad de las fronteras e integridad territorial de los Estados. Lo mismo puede concluirse del reconocimiento ruso de las Repúblicas separatistas (Oblasts) de Donetsk y Luhansk con motivo de la invasión rusa de Ucrania. Además, simultáneamente a este reconocimiento Rusia celebró con esas entidades un tratado de defensa colectiva e invocó el ejercicio de la legítima defensa colectiva para justificar su agresión en el territorio ucraniano. En consecuencia, la libertad de reconocimiento, que se expone a continuación, queda limitada cuando existe una situación que supone una violación grave del Derecho internacional como es el caso de la agresión a Ucrania.

d) Del carácter de acto libre y discrecional del reconocimiento de Estados se desprende que, en principio, sus efectos son declarativos. Así lo dice expresamente la resolución citada del Instituto de Derecho Internacional:

> La existencia del Estado nuevo con todos los efectos jurídicos que se atribuyen a esta existencia no queda afectada por la negativa de reconocimiento de uno o varios Estados.

Y es que, efectivamente, la propia existencia de un Estado produce importantes efectos jurídicos oponibles *erga omnes.* En ese sentido, y por aplicación clara del principio de efectividad, todo Estado nuevo en el que concurran los requisitos pertinentes —Gobierno que ejerza control completo sobre una población estable y un territorio delimitado— tiene derecho, con independencia de que haya sido o no objeto de reconocimiento, a que se respeten su soberanía territorial y otros atributos básicos del Estado. Como se dice en el artículo 9 de la Carta de la Organización de Estados Americanos:

> La existencia política del Estado es independiente de su reconocimiento por los demás Estados. Aun antes de ser reconocido, el Estado tiene el derecho de defender su integridad e independencia, proveer a su conservación y prosperidad y, por consiguiente, de organizarse como mejor lo entendiere, legislar sobre sus intereses, administrar sus servicios y determinar la jurisdicción y competencia de sus tribunales. El ejercicio de esos derechos no tiene otros límites que el ejercicio de los derechos de otros Estados conforme al Derecho Internacional.

e) Pero resulta indudable que, en determinados campos en que el Derecho Internacional concede un margen de discreción y libertad soberana de actuación a los Estados, el reconocimiento o no reconocimiento de un Estado nuevo sí puede producir algunos efectos jurídicos. Se plantea particularmente la cuestión de si un Estado puede litigar ante los tribunales internos de otro Estado que no lo haya reconocido y si, en su caso, puede alegar ante ellos inmunidad de jurisdicción.

La práctica, como es lógico, puede variar de un Estado a otro, pero la tendencia general es que un Estado carece de *ius standi* ante los tribunales del Estado que no lo ha reconocido[4]. En este caso particular podría entenderse que el reconocimiento tiene valor constitutivo. En cambio, y en cuanto a la inmunidad de jurisdicción de los Estados no reconocidos, la tendencia general es favorable hacia dicha inmunidad[5].

---

[4] P. J. NKAMBO MUGERWA, *op. cit.*, p. 282.
[5] Ibíd.
[5 bis] Véase J. SALMON, «La proclamation de l'État Palestinien», en *A.F.D.I.*, 1988, pp. 37 ss.; y N. K. CALVO BOLLER, «Les éléments constitutifs de l'Etat et la déclaration du Conseil National Palestinien du 15 novembre 1988», en *R.G.D.I.P.*, 1992, 4, pp. 777 ss.

f) Si se constituyese un *Estado ficticio*, esto es, un Estado que careciese de los elementos sustanciales —gobierno que ejerciese control efectivo sobre un territorio determinado y la población que en él se asienta—, sería más patente, si cabe, el carácter político y discrecional del reconocimiento. Desde el punto de vista doctrinal se ha llegado a sostener incluso que tal reconocimiento sería ilícito y desencadenaría, por consiguiente, la responsabilidad internacional de su autor, aunque en la práctica de las relaciones internacionales los efectos del reconocimiento de un Estado ficticio, tanto beneficiosos como perjudiciales, tienen lugar básicamente en el plano político.

Un caso de Estado ficticio, objeto de múltiples reconocimientos de carácter político, fue el del Estado palestino, proclamado por decisión del Consejo Nacional Palestino en 15 de noviembre de 1988[5 bis]. Digamos también que, en el caso que nos ocupa, algunos reconocimientos han revestido perfiles originales y novedosos de sumo interés; así, la Unión Soviética reconoció la proclamación, y Austria, dando un paso hacia adelante, la legitimidad de la proclamación. Sin embargo, los Estados miembros de la Unión Europea, y entre ellos España, concertados en el mecanismo de cooperación política europea, no estimaron políticamente oportuno el reconocimiento del Estado palestino. Desde el 29 de noviembre de 2012 han cambiado las cosas, pues la resolución 67/19 adoptada ese día por la Asamblea General de las Naciones Unidas (por 138 votos a favor, 9 en contra y 41 abstenciones) admitió a Palestina en la Organización como «Estado no miembro observador».

Y mediante la Resolución de la Asamblea General A/RES/ES-10/23, de 10 de mayo de 2024, se ampliaron los derechos de Palestina como Estado no miembro observador. Podría interpretarse que los numerosos Estados que votaron a favor de la resolución han reconocido a Palestina como Estado, efecto que de todos modos no se produciría respecto a los Estados que, de manera expresa o implícita, se opongan a esa consecuencia específica del reconocimiento. Por lo que respecta a España, sabido es que votó a favor de esa resolución y que mediante el Acuerdo del Consejo de Ministros de 28 de mayo de 2024 se aprobó la declaración del reconocimiento del Estado de Palestina, según las líneas fronterizas de 1967 y los acuerdos que puedan venir de las partes, con Cisjordania y Gaza conectadas por un corredor y con Jerusalén Este como su capital y unificadas bajo el gobierno legítimo de la Autoridad Nacional Palestina.

g) Por lo demás el reconocimiento de un Estado puede adoptar diversas modalidades. Puede ser, primeramente, individual o colectivo. Queremos señalar, sobre esta última distinción, que los reconocimientos de los Estados surgidos del desmoronamiento de la Unión Soviética y la República Federativa Socialista de Yugoslavia por parte de los Estados miembros de las Comunidades Europeas no fueron propiamente colectivos, sino únicamente concertados en el marco de la cooperación política europea[5 ter]. Desde otro punto de vista los reconocimientos pueden ser expresos o implícitos. Esta última distinción es muy interesante y de ella nos vamos a ocupar en las líneas que siguen.

En cuanto al reconocimiento expreso de un Estado nuevo, hay que recordar que el Derecho Internacional es eminentemente no formalista. Lo único exigible al respecto, por evidentes razones de seguridad jurídica, es que exista una exteriorización mínima de la manifestación de voluntad de un Estado de reconocer a otro[6]. Cabe, por supuesto, el reconocimiento expreso de un Estado por vía de tratado, como es el caso del celebrado el 1 y 3 de junio de 1993 entre España, Francia y Andorra, en virtud del cual los dos primeros Estados reconocieron al tercero (art. 1).

La cuestión del reconocimiento implícito es mucho más compleja, pues se trata de saber de qué comportamientos de un Estado cabe inferir la voluntad de reconocer a un Estado nuevo. Algunos comportamientos no ofrecen dudas pero, como vamos a ver, otros sí las suscitan. No ofrece duda que el establecimiento de relaciones diplomáticas con un nuevo Estado implica reconocimiento de éste[7], como también lo implicaría un mensaje de congratulación al nuevo Estado[8], y el hecho de votar en una Organización internacional en favor de la admisión de un nuevo Estado candidato. Por ejemplo, cuando España y muchos otros países occidentales votaron en septiembre de 1991 a favor de la admisión de Corea del Norte en la Organización de las Naciones Unidas, reconocieron implícitamente a ese país. Pero no equivale a reconocimiento implícito el hecho de participar en una misión de paz de Naciones Unidas (caso de España respecto al territorio de Kosovo). En cuanto a la celebración de un tratado bilateral con el nuevo Estado, se entendía tradicionalmente que suponía reconocimiento del mismo[9], pero hoy la práctica internacional no permite sentar una conclusión tan segura y definitiva. Como ha dicho un especialista en la materia, el profesor belga VERHOEVEN, la práctica contemporánea inclinaría a un autor imparcial a descartar toda presunción a este respecto, ya que los reconocimientos implícitos deducidos de los tratados bilaterales se han convertido en la excepción, si es que alguna vez han sido la regla[10]. Realmente, la conclusión de tratados bilaterales sólo significa en principio el reconocimiento del *treaty-making power* (capacidad para concluir tratados) del nuevo Estado[11]. Y hay otros actos de un Estado que indudablemente no significan reconocimiento, como el mantenimiento transitorio de relaciones diplomáticas, o el establecimiento de representaciones oficiosas o relaciones consulares, o la participación junto al nuevo Estado en una Organización internacional o en un tratado multilateral[12].

Digamos en fin que la tendencia de España es la del reconocimiento implícito, manifestado las más de las veces por el establecimiento de relaciones diplomáticas. Ésta ha sido la posición de nuestro país en cuanto a los nuevos Estados surgidos en la Europa central y oriental en la última década del siglo pasado.

[5 ter] Véase J. CHARPENTIER, «Les déclarations des Douze sur la reconnaissance des nouveaux États», en *R.G.D.I.P.*, 1992, 2, pp. 343 ss.

[6] J. VERHOEVEN, *op. cit.*, p. 349. Sobre el carácter no formalista del Derecho Internacional, véase CIJ, *Recueil*, 1961, p. 31.

[7] P. J. NKAMBO MUGERWA, *op. cit.*, p. 289; VERHOEVEN, *op. cit.*, pp. 362 ss.

[8] P. J. NKAMBO MUGERWA, *op. cit.*, p. 289.

[9] P. ej. CH. ROUSSEAU, *Derecho Internacional Público*, trad. española de JIMÉNEZ ARTIGUES, Barcelona, 1960, p. 289.

[10] J. VERHOEVEN, *op. cit.*, p. 395.

[11] M. LACHS, «Recognition and modern methods of international cooperation», *B.Y.B.I.L.*, vol. 35, 1959, pp. 252 ss.

[12] NKAMBO MUGERWA, *op. cit.*, p. 288.

33. RECONOCIMIENTO DE GOBIERNOS

a) La práctica internacional demuestra la existencia de actos de reconocimiento realizados por el gobierno de un Estado al gobierno de otro Estado. La práctica enseña también que tales reconocimientos se pueden reconducir a tres situaciones básicas: 1.ª) reconocimiento de gobiernos locales, esto es, de gobiernos que no ejercen control sobre todo el territorio de un Estado, sino solamente sobre parte de él (caso de insurrección o levantamiento armado); 2.ª) reconocimiento de gobiernos en el exilio (Méjico, por ejemplo, reconoció durante mucho tiempo y con posterioridad a 1939 al gobierno de la II República española); 3.ª) reconocimiento de gobiernos que han surgido en violación de la legalidad constitucional vigente en un Estado[1]. En los párrafos que siguen nos ocupamos brevemente de cada una de estas modalidades de reconocimiento de gobiernos.

b) En lo que concierne a la primera modalidad, hay que señalar que el reconocimiento de *gobiernos locales* está inspirado en la práctica, fundamentalmente, por consideraciones de orden político (la afinidad ideológica con el gobierno insurrecto), aunque desde el punto de vista del Derecho Internacional se entiende que aquel reconocimiento sólo puede hacerse cuando la adquisición de control efectivo sobre el territorio sea tal que pueda preverse razonablemente el triunfo de la insurrección y un control total por ella del territorio; se entiende asimismo que, si el conflicto se prolonga en el tiempo, cabe un reconocimiento limitado, como régimen *de facto,* del gobierno revolucionario.

c) El caso de *gobiernos en el exilio* es el de aquellos gobiernos que reclaman la suprema autoridad sobre un Estado que o bien está bajo control efectivo de otras autoridades, o bien se proyecta crear en el territorio de otro u otros Estados existentes. El reconocimiento de un gobierno en el exilio es, por supuesto, un acto político y, por tanto, discrecional, en el entendido, sin embargo, de que tal reconocimiento, sobre todo por parte del Estado de residencia, es de la mayor importancia para que el gobierno en el exilio pueda ejercer algunos atributos internacionales (celebración de tratados, establecimiento de relaciones diplomáticas) con los Estados que lo hayan reconocido. Conviene decir, en una perspectiva histórica, que la culminación de la figura de gobiernos en el exilio tuvo lugar en el Reino Unido durante la segunda guerra mundial. Hoy, sin embargo, la figura se está desvaneciendo, habiendo aparecido en su lugar, en el contexto de la aplicación del principio de la libre determinación de los pueblos, los movimientos de liberación nacional. La doctrina ha puesto buen cuidado en señalar las diferencias entre una y otra figura, ya que las organizaciones internacionales y los Estados que reconocen y apoyan a los movimientos de liberación nacional difícilmente

[1] J. VERHOEVEN, *op. cit.* en nota 1 del apartado 32, p. 71.

llegan al reconocimiento de sus órganos ejecutivos como gobiernos en el exilio y, por tanto, como titulares de ciertos atributos internacionales, aunque en el caso de la OLP (Organización para la Liberación de Palestina) la situación ha sido por lo menos ambigua, puesto que ciertos Estados han mantenido relaciones diplomáticas o cuasidiplomáticas con ella. Digamos, en fin, que desde el punto de vista del Derecho Internacional el reconocimiento de gobiernos en el exilio debe ser conciliado con principios básicos de la disciplina, como el de respeto a la soberanía territorial, prohibición de intervenir en los asuntos internos de otros Estados y efectividad. De otro lado, la doctrina del *estoppel* impediría el reconocimiento simultáneo de un gobierno en el exilio y el de su rival que ejerce control efectivo en el territorio[2].

d) Cuando el cambio de gobierno de un Estado tiene lugar en vulneración de la legalidad constitucional establecida, o, lo que es lo mismo, de manera revolucionaria a través de un *golpe de Estado,* se habla por la doctrina de gobierno *de facto* o de hecho como contrapuesto al gobierno legal o *de iure.* Bien entendido que esta terminogía sólo es adecuada y correcta desde el punto de vista del Derecho interno del Estado que sufre el cambio de gobierno. No lo es, desde luego, en la perspectiva del Derecho Internacional, que no tiene criterio alguno valorativo de los sistemas políticos internos. De hecho, la comunidad internacional está formada por Estados con sistemas políticos muy variados y ninguno de tales sistemas merece al Derecho Internacional una conceptuación superior a los demás. Más aún, es hoy indiscutible que la igualdad soberana y la independencia de los Estados y el principio de la libre determinación de los pueblos comportan el derecho a elegir libremente el sistema político, como se reconoce en la Declaración de principios de Derecho Internacional que rigen las relaciones de amistad y cooperación entre los Estados de conformidad con la Carta de las Naciones Unidas [resolución 2.655 (XXV) de la Asamblea General]. Y en su sentencia de 26 de junio de 1986 en el *caso relativo a las actividades concernientes a las actividades militares y paramilitares en Nicaragua y contra ella,* ha dicho el Tribunal de La Haya que el principio de soberanía de los Estados deja a éstos libertad de elección en cuestiones tales como el sistema político, económico, social y cultural[3]. Dicho esto, hay que añadir que el Derecho internacional de los derechos humanos, la rama de mayor nobleza de la disciplina, se inclina decididamente por los regímenes políticos basados en los principios de la democracia parlamentaria y representativa. No hay más que leer el artículo 21 de la Declaración Universal de los Derechos Humanos aprobada por la Asamblea General de las Naciones Unidas el 10 de diciembre de 1948 y los artículos concordantes de los instrumentos convencionales en la materia, para justificar esta afirmación.

Y esta asepsia o neutralidad del Derecho Internacional general hacia los sistemas políticos internos explica la inexistencia de normas positivas sobre los requisitos que debe reunir un gobierno *de facto* para ser reconocido. Es cierto que a

---

[2] Véase M. HERDEGEN, «Government-in-exile», en *Encyclopedia of Public International Law,* vol. X, Amsterdan, Nueva York, Oxford, 1987, pp. 210 ss.

[3] CIJ, *Recueil,* 1986, p. 109.

este respecto se han formulado una serie de doctrinas, pero éstas no pasan de ser exposiciones de los criterios políticos que debiera seguir el gobierno de un Estado a la hora de reconocer a los gobiernos de otros Estados surgidos en violación de la legalidad constitucional. Exponemos muy sucintamente las más características y representativas de dichas doctrinas.

e) Existe, en primer lugar, la llamada doctrina de la legalidad, que ha tenido especial arraigo en el hemisferio americano. Así, en el año 1907, el político ecuatoriano Dr. TOBAR enunció la doctrina que lleva su nombre y que preconiza el no reconocimiento de los gobiernos transitorios nacidos de las revoluciones hasta que quede demostrado que gozan del apoyo de sus pueblos. En 1913, el presidente norteamericano WILSON expresó ideas similares y de hecho entre dicho año y 1931 los Estados Unidos aplicaron esta doctrina en sus relaciones con otros países del continente.

Otra importante doctrina que ha inspirado la práctica de los Estados en la materia es la llamada doctrina ESTRADA, enunciada por el canciller mejicano del mismo nombre en el año 1930. Según ella, la práctica del reconocimiento es denigrante por herir a la soberanía de otras naciones y suponer una actitud crítica de sus asuntos internos. Anunció por ello ESTRADA que en el futuro el Gobierno de Méjico se limitaría a mantener o retirar, según lo estimase procedente, sus agentes diplomáticos y a continuar aceptando o rechazando a los agentes diplomáticos del país en cuestión. Esta doctrina, que supone en último análisis la sustitución del reconocimiento expreso por el reconocimiento implícito y en la que subyace una intención anti-intervencionista, fue desarrollada y dotada de contenido en la resolución XXXV de la IX Conferencia de Estados Americanos, celebrada en Bogotá en el año 1948[4]. Digamos también que la doctrina ESTRADA inspira la política del Gobierno español en materia de reconocimiento de gobiernos *de facto*. Dijo a este respecto el 12 de octubre de 1969, con ocasión de la Fiesta de la Hispanidad, el a la sazón ministro español de Asuntos Exteriores, Sr. CASTIELLA, que la doctrina ESTRADA, «respetada constantemente por España», ha dado frutos «siempre altamente beneficiosos para la convivencia entre nuestros pueblos y cuya práctica, por estar inspirada en el más sano realismo, constituye un instrumento de verdadera coexistencia entre regímenes diferentes y de mutuo respeto entre todas las naciones»[5]. Un supuesto de no aplicación estricta por España de la doctrina ESTRADA es la reacción ante el golpe de Estado perpetrado en Honduras en el año 2009, toda vez que el gobierno llamó a consultas al embajador en el país centroamericano. Claro que, en la práctica, el funcionamiento de la doctrina ESTRADA favorece el reconocimiento (por supuesto implícito) de los gobiernos nacidos en vulneración de la normativa constitucional. La experiencia demuestra,

---

[4] Véanse los excelentes análisis del profesor mejicano C. SEPÚLVEDA en sus obras: *Curso de Derecho Internacional Público,* Porrúa, Méjico, 1964, pp. 209 ss., y «Reconocimiento de Gobiernos en América. Evolución y estado actual», en *Anuario del Instituto Hispano-luso-americano de Derecho Internacional,* vol. 3, 1967, pp. 115 ss.

[5] Véase en J. D. GONZÁLEZ CAMPOS, L. I. SÁNCHEZ RODRÍGUEZ y M. P. ANDRÉS SÁENZ DE SANTA MARÍA, *Materiales de Prácticas de Derecho Internacional Público,* Oviedo, 1984, pp. 237-238, y M. AKEHURST, *Introducción al Derecho Internacional Público,* Madrid, 1979, nota del prof. MEDINA ORTEGA, pp. 92-94.

en efecto, que después de un golpe de Estado pocos son los casos en que se rompen relaciones diplomáticas o se retira la representación, y esto significa, desde el punto de vista jurídico, reconocimiento (implícito) del gobierno inconstitucional aunque a nivel político cabe expresar juicios de censura o descontento sobre la nueva situación rebajando, por ejemplo, el nivel de la representación diplomática o de cualquier otra manera.

Forma especial de reconocimiento de un gobierno es la practicada en los inicios de febrero de 2019 por España y otros países de ideario democrático a un ciudadano de Venezuela autoproclamado presidente de su país. La fórmula es atípica pues la finalidad del reconocimiento no fue la de atribuir al nuevo gobierno el ejercicio de la plenitud de funciones propias del cargo, sino la única de conseguir la convocatoria y celebración de elecciones presidenciales que permitiesen desalojar de su cargo a Nicolás Maduro.

Y en esta exposición de las doctrinas básicas al respecto, encontramos por fin la de la efectividad, de la que es exponente muy calificado el británico LAUTERPACHT[6], y según la cual habría obligación de reconocer a los Gobiernos que ejercen un control efectivo sobre un territorio y la población que en él se asienta. Esta doctrina ha inspirado la práctica del Gobierno del Reino Unido y la de algunos otros y parece la más adecuada desde el punto de vista del Derecho Internacional por el grado de seguridad jurídica que introduce.

f) Aunque según hemos visto el acto de reconocimiento de un gobierno de facto tiene naturaleza e intencionalidad política, el no reconocimiento puede producir algunos efectos jurídicos. Se entiende así que un gobierno no puede litigar en nombre de su Estado ante los tribunales del Estado extranjero que no lo haya reconocido. En lo que respecta a la inmunidad jurisdiccional del Estado ante tribunales internos de otro, se entiende que alcanza incluso al Estado cuyo gobierno no ha sido objeto de reconocimiento. Sin embargo, el gobierno no puede reclamar la propiedad de los bienes del Estado sitos en otro Estado que no lo haya reconocido [7]. Es indudable en todo caso que, por aplicación del principio de la efectividad, los atributos básicos del Estado cuyo gobierno no ha sido reconocido, y entre ellos el respeto a la soberanía territorial, son oponibles *erga omnes*.

g) Digamos por fin que el reconocimiento de un gobierno *de facto* puede ser expreso o implícito. Respecto al reconocimiento expreso reiteramos lo dicho al hablar del reconocimiento de Estados. El Derecho Internacional es eminentemente no formalista y lo único que se exige al respecto, por razones de seguridad jurídica, es que se exteriorice mínimamente la manifestación de voluntad en que consiste el reconocimiento. En lo que respecta al reconocimiento implícito, éste resulta de los mismos comportamientos que significan reconocimiento de un Estado, y que ya conocemos. Digamos por fin que, obviamente, el reconocimiento de un Estado implica reconocimiento del Gobierno que se encuentra a su cabeza.

---

[6] H. LAUTERPACHT, *Recognition in International Law,* Cambridge, 1948, especialmente pp. 74 ss.
[7] P. J. NKAMBO MUGERWA, *op. cit.*, pp. 273 ss.

34. LA SUCESIÓN DE ESTADOS

34.1. Cuestiones generales

a) La práctica internacional demuestra la existencia de múltiples y variados supuestos en que sobre un territorio determinado cambia el Estado titular de la soberanía. Es el caso, por ejemplo, de que parte del territorio de un Estado pase a formar parte del territorio de otro Estado, como ocurrió con las provincias francesas de Alsacia y Lorena que, anexionadas por Alemania tras la guerra franco-prusiana de 1870 (Tratado de Francfort de 10 de mayo de 1871) fueron reintegradas a la soberanía francesa en virtud del artículo 51 del Tratado de Versalles de 1919. Es asimismo el supuesto de los Estados de reciente independencia aparecidos dentro del proceso descolonizador en territorios antes dependientes. Aquí los ejemplos son muy numerosos, particularmente en el siglo pasado, y no merece la pena citar ninguno en concreto. Es asimismo la hipótesis de Estados que se unifican, como la Confederación alemana en 1871, o la unión de Tanganika y Zanzíbar en 1964 para dar lugar a la República de Tanzania. Es también el caso de la separación de Estados, como ocurrió con el Imperio austro-húngaro que tras la primera guerra mundial dio lugar a los dos Estados independientes de Austria y Hungria. Los ejemplos se han acrecentado en nuestros días, con la reunificación de Alemania a partir del 3 de octubre de 1990, y la aparición de nuevos Estados entre los restos de la Unión Soviética y la República Federativa Socialista de Yugoslavia. Un caso reciente de división de Estado es el de la República Checoslovaca, que a partir del 1 de enero de 1993 se escindió en la República Checa y la República Eslovaca. Recordemos de todos modos que, si un Estado continúa la personalidad jurídica internacional de otro —caso de la República de la Federación Rusa respecto a la Unión Soviética—, los problemas suscitados no entran en las consideraciones del presente epígrafe; no se trata del fenómeno de la sucesión de Estados, sino del de la continuidad en la identidad del Estado, que ya hemos examinado.

Los supuestos considerados originan una problemática tan rica como compleja desde el punto de vista del Derecho Internacional. ¿Obligan al nuevo soberano del territorio los tratados concluidos por el anterior soberano? ¿Se transfiere al nuevo soberano la titularidad de los bienes públicos y de los registros y archivos judiciales? ¿Pasan al nuevo soberano las deudas contraídas por el antiguo? ¿Cuál es la nacionalidad de los habitantes del territorio que ha cambiado de soberanía? Pues bien, estos y otros problemas han sido considerados tradicionalmente por la doctrina bajo la rúbrica general de «Sucesión de Estados», siendo muy abundante la literatura científica aparecida al respecto[1].

---

[1] Véase particularmente: E. Castren, «Aspects récents de la succession d'États», *R. des C.*, 1951, vol. 78, pp. 385 ss.; L. Caflisch, «The Law of State Succession: Theorical Observations», en

b) La expresión «Sucesión de Estados» ha sido objeto de críticas desde el punto de vista terminológico[2], pero no nos parece que sea ésta una cuestión que valga la pena examinar ahora habida cuenta de que la más reciente práctica internacional ha consagrado y precisado dicha terminología. Efectivamente, la Convención de Viena de 23 de agosto de 1978 sobre sucesión de Estados en materia de tratados y la Convención de Viena de 8 de abril de 1983 sobre sucesión de Estados en materia de bienes, archivos y deudas de Estado, mantienen la expresión, y no sólo en el título, sino también en el articulado. Es más, ambos instrumentos dan una definición de la misma, diciendo que la sucesión de Estados es «la sustitución de un Estado por otro en la responsabilidad de las relaciones internacionales de un territorio» [art. 2.1.*b*)]. La definición en cuestión proviene de la Comisión de Derecho Internacional y fue preferida por ella a la de «sustitución en la soberanía respecto al territorio» por parecerle más ajustada, «ya que —dijo textualmente— es la fórmula corrientemente utilizada en la práctica de los Estados y resulta la más adecuada para abarcar de un modo neutral cualquier caso concreto, independientemente del estatuto particular del territorio de que se trate (territorio nacional, territorio en fideicomiso, mandato, protectorado, territorio dependiente, etc.). La palabra "responsabilidad" —agrega la Comisión— debe leerse en conjunto con las palabras "de las relaciones internacionales de un territorio" y no encierra ninguna noción de la responsablidad del Estado»[3].

Por lo demas, al antiguo soberano del territorio se le llama «Estado predecesor», y al nuevo, «Estado sucesor».

c) Estamos en todo caso ante una materia particularmente sensible a la evolución del Derecho Internacional y que hay que estudiar dentro del contexto del tránsito del Derecho Internacional clásico al Derecho Internacional contemporáneo. Ello es del todo lógico, pues abarcando la sucesión de Estados, entre otros supuestos, a la aparición de Estados de reciente independencia dentro del proceso descolonizador, no era previsible que éstos aceptasen sin más el cuerpo de normas clásicas en la cuestión, que en muchos casos resultaban perjudiciales a sus intereses. Y la voz de los nuevos Estados se ha hecho oír en el proceso codificador de

Netherlands Tidjschrift voor International Recht, 1963, pp. 337 ss.; K. ZEMANEK, «State Succession after decolonization», *R. des C.* 1965, vol. 116, pp. 187 ss.; M. FLORY, «Décolonisation et succession d'États», en *A.F.D.I.*, 1966, pp. 577 ss.; D. P. O'CONELL, *State Succession in Municipal Law and International Law,* 2 vols., Cambridge, 1967; del mismo autor, «Recents Problems of the State Succession in relation to news States», *R. des C.,* 1970, vol. 130, pp. 95 ss.; M. BEDJAQUI, «Problèmes récents de succession d'États dans les États nouveaux», *R. des C.,* 1970, vol. 130, pp. 455 ss.; V. ABELLÁN, «Reflexiones sobre la llamada sucesión colonial», en *Libro Homenaje al profesor Sela Sampil,* Oviedo, 1970, pp. 561 ss.; M. RONZITITI, *La succesione internazionale tra Stati,* cit. Sobre los aspectos más recientes, véase muy especialmente M. P. ANDRÉS SÁENZ DE SANTAMARÍA, «Problemas actuales de la sucesión de Estado», en *Cursos de Derecho Internacional de Vitoria-Gasteiz*, 1993, pp. 157 ss. En lo que se refiere a la práctica más reciente entre los Estados europeos, es de particular interés la obra preparada bajo los auspicios del Consejo de Europa por J. KLABBERS, M. KOSKENIEMI, O. RIBBELINK y A. ZIMMERMANN (eds.), *State Practice Regarding State Sucesión and Issues of Recognition,* Kluwer Law International, 1999.

[2] J. GONZÁLEZ CAMPOS, «Algunas consideraciones sobre los problemas de la Sucesión de Estados», en *R.E.D.I.*, 1963, vol. XVI, n.º 3, pp. 564 ss.

[3] *Anuario de la Comisión de Derecho Internacional,* 1974, vol. II, Primera Parte, Naciones Unidas, Nueva York, 1975, p. 176.

la materia, auspiciado por las Naciones Unidas, hasta el punto de que existe un régimen singular para los Estados de reciente independencia.

Efectivamente, ya en su primer período de sesiones (1949) la Comisión de Derecho Internacional incluyó el tema de la «Sucesión de Estados y de Gobiernos» entre las materias seleccionadas para codificación, pero fue sólo en el año 1962 —en plena avalancha descolonizadora— cuando, teniendo en cuenta una resolución de la Asamblea General de las Naciones Unidas tendente a conceder prioridad al tema, decidió incluir la cuestión en su programa de trabajo[4]. En el año 1974 la Comisión aprobó definitivamente un proyecto de artículos sobre sucesión de Estados en materia de tratados[5] y en el año 1975 la Asamblea General convocó una Conferencia diplomática que, reunida en la primavera de 1977 y en el verano de 1978, adoptó la Convención de Viena de 23 de agosto de 1978 sobre sucesión de Estados en materia de tratados, a la que ya nos hemos referido. De otro lado, la Comisión de Derecho Internacional aprobó en julio de 1981 un proyecto de artículos sobre la sucesión de Estados en materia de bienes, archivos y deudas de Estado, decidiendo a la vez recomendar a la Asamblea General la convocatoria de una Conferencia diplomática para la adopción de la oportuna Convención[6]. Celebrada la Conferencia en Viena, ésta adoptó el 8 de abril de 1983 la Convención sobre sucesión de Estados en materia de bienes, archivos y deudas de Estado.

d) Pero la sucesión de Estados no plantea problemas únicamente en materia de tratados, bienes, archivos y deudas de Estados. También los origina en otros sectores que no han sido objeto de la codificación internacional, como la nacionalidad de los habitantes del territorio o en la condición de un Estado como miembro de una Organización internacional. De todas estas cuestiones nos ocupamos por separado en los apartados que siguen.

e) Teniendo en cuenta la escasa participación en las convenciones codificadoras mencionadas y los márgenes de libertad que conceden sus disposiciones a los Estados contratantes, no es de extrañar que se adopten soluciones muy variadas y a veces enfoques muy distintos en el campo de los tratados y particularmente en lo que se refiere a la sucesión en bienes y deudas de Estado. Así se ha puesto de relieve en un informe de 1999 elaborado bajo los auspicios del Consejo de Europa.

34.2. Sucesión de Estados en materia de tratados

a) La sucesión de Estados en materia de tratados está hoy regulada en la Convención de Viena de 23 de agosto de 1978, de la que ya hemos hecho mención y de cuyas líneas esenciales nos vamos a servir para la exposición y el análisis del

[4] Ibíd., p. 162.
[5] Ibíd., p. 166.
[6] Informe de la Comisión de Derecho Internacional sobre la labor realizada en su 33.º período de sesiones, 4 de mayo al 24 de julio de 1981, Asamblea General, Documentos Oficiales: Trigésimo sexto período de sesiones, Suplemento n.º 10 (A/36/10), Naciones Unidas, Nueva York, 1981, pp. 6 ss.

tema[7]. Convención que no sólo codifica el Derecho Internacional, en el sentido de plasmar en reglas convencionales normas que resultaban de la práctica de los Estados, sino que realiza asimismo el desarrollo progresivo en la cuestión, sin que sea fácil determinar con exactitud en qué casos se codifica y en qué supuestos existe desarrollo progresivo. Esto es lo que dijo la Comisión de Derecho Internacional respecto al Proyecto de Artículos que sirvió de base a la Convención[8]. Señalemos por lo demás que la Convención entró en vigor el 6 de noviembre de 1996, aunque únicamente para quince Estados. En 2015 son partes 22 Estados.

La Convención acusa en todo caso, como veremos, las transformaciones del Derecho Internacional, particularmente las derivadas de la aparición de Estados de reciente independencia dentro del proceso descolonizador de las últimas décadas. Efectivamente, en el primer considerando del preámbulo se alude al hecho de «la profunda transformación de la comunidad internacional generada por el proceso de la descolonización» y en el articulado figura un régimen singular para los Estados de reciente independencia.

b) En lo que respecta a las *disposiciones generales* de la Convención (Parte I, arts. 1 a 14), nos parece oportuno destacar aquí las que se refieren a su *ámbito de aplicación.*

La Convención se aplica únicamente a los efectos de la sucesión de Estados en materia de tratados entre Estados. No, por tanto, a los efectos de una sucesión de Estados respecto de tratados en que son partes otros sujetos de Derecho Internacional, en particular las Organizaciones internacionales[9]. Es preciso de otro lado para la aplicación de la Convención que la sucesión de Estados se haya producido «de conformidad con el Derecho Internacional y, en particular, con los principios de Derecho Internacional incorporados en la Carta de las Naciones Unidas» (art. 6). En cuanto al ámbito temporal de la aplicación de la Convención, ésta «sólo se aplicará respecto de una sucesión de Estados que se haya producido después de la entrada en vigor de la Convención, salvo que se haya convenido en otra cosa» (art. 7.1), si bien caben declaraciones de un Estado sucesor para aplicar de manera definitiva o provisional la Convención respecto a su propia sucesión aun si ésta se ha producido antes de la entrada en vigor (art. 7, párrafos 2, 3 y 4).

En sus disposiciones generales la Convención se ha ocupado también de la importante cuestión de los llamados tratados «territoriales», o «dispositivos», o «reales», o «localizados», que son aquellos que guardan relación con problemas como las fronteras internacionales, los derechos de tránsito por vías navegables internacionales o sobre el territorio de otro Estado, el aprovechamiento de los

---

[7] Véase A. Borrás, «La sucesión de Estados en materia de tratados internacionales y el Convenio de Viena de 23 de agosto de 1978», en *R.E.D.I.*, vol. XXXIII, 1981, 1, pp. 51 ss.; A. Leoncini, *Descolonizzazione africana e successione nei tratatti internazionali,* Milán, 1969; A. Gonçalvez Pereira, *Lasuccession d'États en matiere de traités,* París, 1969; O. Udokang, *Succession of News States to International treaties,* Nueva York, 1972; L. F. Chen, *State Succession to Unequal Treaties,* Hamden, Connecticutt, 1974; C. Gutiérrez Espada, «Consideraciones sobre algunas cuestiones del Derecho de los Tratados a la luz del Convenio de Viena sobre sucesión de Estados en materia de tratados», en *Anuario Español de Derecho Internacional,* 1981.

[8] *Anuario,* cit., p. 174.

[9] Ibíd., 8, p. 174.

ríos internacionales, la desmilitarización o neutralización de determinadas localidades, etc. ¿Están afectados dichos tratados por la sucesión de Estados? Una respuesta afirmativa introduciría una considerable dosis de inestabilidad en las relaciones internacionales, y de ahí que tanto la doctrina tradicional como la más reciente mantengan la tesis de que los tratados territoriales constituyen una categoría especial a la que no afecta la sucesión de Estados; y lo mismo resulta de la jurisprudencia internacional y de la práctica de los Estados[10]. Estas ideas fueron aceptadas por la Comisión de Derecho Internacional cuando elaboró el proyecto de artículos que sirvió de base a la Convención y han tenido reflejo en los artículos 11 y 12 de la misma. Así el artículo 11 establece que:

> Una sucesión de Estados no afectará de por sí: *a*) a una frontera establecida por un tratado; ni *b*) a las obligaciones y los derechos establecidos por un tratado y que se refieran al régimen de una frontera.

Por su parte el artículo 12 dispone:

> 1. Una sucesión de Estados no afectará de por sí: *a*) a las obligaciones relativas al uso de cualquier territorio, o a las restricciones en su uso, establecidas por un tratado en beneficio de cualquier territorio de un Estado extranjero y que se consideren vinculadas a los territorios de que se trate; *b*) a los derechos establecidos por un tratado en beneficio de cualquier territorio y relativos al uso, o las restricciones en el uso, de cualquier territorio de un Estado extranjero y que se consideren vinculados a los territorios de que se trate.
> 2. Una sucesión de Estados no afectará de por sí: *a*) a las obligaciones relativas al uso de cualquier territorio, o a las restricciones en su uso, establecidas por un tratado en beneficio de un grupo de Estados o de todos los Estados y que se consideren vinculadas a este territorio; *b*) a los derechos establecidos por un tratado en beneficio de un grupo de Estados o de todos los Estados y relativos al uso de cualquier territorio, o a las restricciones en su uso, y que se consideren vinculadas a este territorio.
> 3. Las disposiciones del presente artículo no se aplican a las obligaciones derivadas de tratados del Estado predecesor que prevean el establecimiento de bases militares extranjeras en el territorio al cual se refiere la sucesión de Estados.

Queremos señalar que el transcrito párrafo 3 del artículo 12 no figuraba en el Proyecto de Artículos de la Comisión, habiendo sido introducido en la Convención por la Conferencia de plenipotenciarios.

c) Expuestas algunas de las disposiciones generales de la Convención de Viena de 1978, vamos a analizar ahora los *efectos* propiamente dichos de la sucesión de Estados sobre los tratados.

Cabe en primer lugar que la sucesión de Estados no dé lugar a la aparición de un Estado de nuevo. Es la hipótesis que la Convención (Parte II, art. 15) denomina *sucesión respecto de una parte del territorio* y que corresponde al ejemplo, puesto en el comienzo, de la reintegración de Alsacia y Lorena a la soberanía francesa. Este supuesto no implica la aparición de un Estado nuevo y la cuestión de determinar qué tratados se aplican al territorio objeto de la transferencia de soberanía es relativamente simple y ha sido resuelta de acuerdo con la norma llamada de «la movilidad del ámbito territorial del tratado», consagrada en la doctrina y en la práctica de los Estados. La norma supone que los tratados celebrados por el Estado sucesor comienzan automáticamente a aplicarse al territorio

---

[10] Ibíd., pp. 198 ss.

transferido desde la fecha de la sucesión, a partir de la cual dejan también de aplicarse los celebrados por el Estado predecesor. En cuanto a la justificación de la norma está en el principio enunciado en el artículo 29 de la Convención de Viena de 1969 sobre Derecho de Tratados (véase apartado 8.5), según el cual un tratado es obligatorio para cada una de las partes en la totalidad de su territorio salvo cuando consta una intención diferente[11]. La Convención de Viena de 1978 ha adoptado este criterio de la «movilidad del ámbito territorial de los tratados» en su artículo 15, así redactado:

> Cuando una parte del territorio de un Estado, o cuando cualquier territorio de cuyas relaciones internacionales sea responsable un Estado y que no forme parte del territorio de ese Estado, pase a ser parte del territorio de otro Estado: *a*) los tratados del Estado predecesor dejarán de estar en vigor respecto del territorio al que se refiera la sucesión desde la fecha de la sucesión de Estados; y *b*) los tratados del Estado sucesor estarán en vigor respecto del territorio a que se refiera la sucesión de Estados desde la fecha de la sucesión de Estados, salvo que se desprenda del tratado o conste de otro modo que la aplicación del tratado a ese territorio sería incompatible con el objeto y el fin del tratado o cambiaría radicalmente las condiciones de su ejecución.

d) Mayor complejidad jurídica, y sobre todo política, presenta la hipótesis de que la sucesión de Estados dé lugar a la aparición de un Estado nuevo. ¿Obligan al Estado sucesor los tratados celebrados por el Estado predecesor?

Las respuestas a este interrogante han oscilado entre dos polos de atracción: de una parte, el principio de la continuidad de los tratados, y de otra el principio de la *tabula rasa.* El principio de la continuidad aboga por la aplicación al Estado sucesor de los tratados celebrados por el Estado predecesor. El principio de la tabla rasa tiende a la no obligatoriedad para el Estado sucesor de los tratados celebrados por el Estado predecesor. Todo esto circunscrito al terreno de la teoría porque no estamos ante principios puros, de aplicación radical en la práctica, sino, como hemos dicho, ante polos de atracción que encuentran matizaciones y excepciones en la realidad.

Resulta lógico en todo caso que los *Estados de reciente independencia* surgidos en el proceso descolonizador se sientan atraídos de un modo general por el principio de la tabla rasa. Pero ¿cuál es el sentido exacto de ese principio? La Comisión de Derecho Internacional lo ha precisado diciendo que «la metáfora de la tabla rasa es una forma cómoda de expresar la idea básica de que un Estado de reciente independencia empieza su vida internacional libre de toda obligación de seguir manteniendo en vigor los tratados por la simple razón de que anteriormente eran aplicables respecto de su territorio. Mas, incluso cuando se acepta esa idea básica, la metáfora parece, habida cuenta de la práctica actual de los Estados, a la vez demasiado amplia y demasiado categórica [...]. Demasiado amplia porque sugiere que, en lo que respecta a los Estados de reciente independencia, los tratados anteriores quedan totalmente eliminados y sin ninguna relación con su territorio. El hecho mismo de que los tratados anteriores con frecuencia se prorroguen o se renueven indican que la metáfora de la tabla rasa no expresa toda la verdad. La metáfora es demasiado categórica porque no indica claramente si significa sólo

---

[11] Ibíd., p. 210.

que el Estado de reciente independencia no está obligado a reconocer ninguno de los tratados de su predecesor como aplicable en sus relaciones con otros Estados, o si quiere decir que el Estado de reciente independencia tampoco tiene ningún derecho a exigir que se le considere parte en alguno de los tratados de su predecesor o a ser parte en los mismos. Como ya se ha señalado, el Estado de reciente independencia puede empezar con tabla rasa respecto de toda obligación de continuar ligado por los tratados de su predecesor, sin que por ello se desprenda necesariamente que el Estado de reciente independencia no tiene ningún derecho a ser parte en ellos»[12].

En virtud de estas consideraciones, la Comisión de Derecho Internacional propuso en su proyecto de artículos para la sucesión de Estados de reciente independencia el principio de tabla rasa en cuanto a la obligación del Estado sucesor de mantener en vigor un tratado —bilateral o multilateral— del Estado predecesor. Y en lo que respecta al derecho del Estado sucesor a ser parte en los tratados del Estado predecesor, se acepta de un modo general para los tratados multilaterales. Los tratados bilaterales sólo continuarán en vigor si así se conviene expresamente entre los Estados interesados o si éstos se comportan de tal manera que debe entenderse que han convenido en ello. Y estas reglas sobre la sucesión de Estados de reciente independencia han pasado a la Parte III de la Convención (arts. 16 a 30).

e) Si la sucesión de Estados da lugar a la aparición de un nuevo Estado fuera del contexto del proceso descolonizador, a través de la unificación y separación de Estados, el principio general que domina los efectos de la sucesión en materia de tratados es el de la continuidad.

En lo que concierne a los casos de *unificación,* la Comisión de Derecho Internacional «en vista de la práctica [...] y de la opinión de la mayoría de los autores... llegó a la conclusión de que debería considerarse que una unificación de Estados entrañaba en principio el mantenimiento en vigor *ipso iure* de los tratados de esos Estados»[13], por lo que en su proyecto de artículos propuso una solución inspirada en la continuidad, aunque con excepciones basadas en distintos fundamentos: el acuerdo de los Estados interesados, la compatibilidad de los tratados en vigor antes de la unificación con la situación resultante de ella, los efectos del cambio en la aplicación del tratado y el ámbito territorial de esos tratados conforme a sus propias disposiciones. Esta solución ha pasado al artículo 31 de la Convención, así redactado:

> 1. Cuando dos o más Estados se unan y formen de ese modo un Estado sucesor, todo tratado en vigor en la fecha de la sucesión de Estados respecto de cualquiera de ellos continuará en vigor respecto del Estado sucesor, a menos: *a*) que el Estado y el otro Estado parte o los otros Estados parte convengan en otra cosa, o *b*) que se desprenda del tratado o conste de otro modo que la aplicación del tratado respecto del Estado sucesor sería incompatible con el objeto y fin del tratado o cambiaría radicalmente las condiciones de su ejecución.

---

[12] Ibíd., pp. 213-214.
[13] Ibíd., p. 262.

2. Todo tratado que continúe en vigor de conformidad con el párrafo 1 se aplicará sólo respecto de la parte del territorio del Estado sucesor respecto de la cual estaba en vigor el tratado en la fecha de la sucesión de Estados, a menos: *a*) que, en el caso de un tratado multilateral que no corresponde a la categoría mencionada en el párrafo 3 del artículo 17, el Estado sucesor haga una notificación de que el tratado se aplicará respecto de la totalidad de su territorio; *b*) que, en el caso de un tratado multilateral que corresponda a la categoría mencionada en el párrafo 3 del artículo 17, el Estado sucesor y los otros Estados partes convengan otra cosa, o *c*) que, en el caso de un tratado bilateral, el Estado sucesor y el otro Estado parte convengan otra cosa.

3. El apartado *a*) del párrafo 2 no se aplicará si se desprende del tratado o consta de otro modo que la aplicación del tratado respecto a la totalidad del territorio del Estado sucesor sería incompatible con el objeto y el fin del tratado o cambiaría radicalmente las condiciones de su ejecución.

f) En el caso de *separación* de partes de un Estado para formar uno o más Estados, continúe o no en existencia el Estado predecesor, el principio dominante es también el de la continuidad, y en él se basaron las soluciones contenidas en el proyecto de la Comisión de Derecho Internacional[14]. Soluciones que han pasado a la Convención de Viena de 1978, cuyos artículos 34 y 35 están así redactados:

Art. 34. 1. Cuando una parte o partes del territorio de un Estado se separen para formar uno o varios Estados, continúe o no existiendo el Estado predecesor: *a*) todo tratado que estuviera en vigor en la fecha de sucesión de Estados respecto de la totalidad del territorio del Estado predecesor continuará en vigor respecto de cada Estado sucesor así formado; *b*) todo tratado que estuviera en vigor en la fecha de la sucesión de Estados respecto solamente de la parte del territorio del Estado predecesor que haya pasado a ser un Estado sucesor continuará en vigor sólo respecto de ese Estado sucesor.

2. El párrafo 1 no se aplicará: *a*) si los Estados interesados convienen en otra cosa, o *b*) si se desprende del tratado o consta de otro modo que la aplicación del tratado respecto del Estado sucesor sería incompatible con el objeto y el fin del tratado o cambiaría radicalmente las condiciones de su ejecución.

Art. 35. Cuando, después de la separación de una parte del territorio de un Estado, el Estado predecesor continúe existiendo, todo tratado que en la fecha de la sucesión de Estados estuviera en vigor respecto del Estado predecesor continuará en vigor respecto del resto de su territorio, a menos: *a*) que los Estados interesados convengan en otra cosa; *b*) que conste que el tratado se refiere sólo al territorio que se ha separado del Estado predecesor, o *c*) que se desprenda del tratado o conste de otro modo que la aplicación del tratado respecto del Estado predecesor sería incompatible con el objeto y el fin del tratado o cambiaría radicalmente las condiciones de su ejecución.

Dejando de lado el caso de la República de la Federación Rusa —que, como hemos dicho, es continuadora y no sucesora de la Unión Soviética— y dado que la Convención no está en vigor, se plantea el problema de si los artículos transcritos serían aplicables a las otras ex repúblicas soviéticas que son ahora Estados independientes. En otros términos, ¿constituyen los artículos en cuestión la expresión del Derecho Internacional consuetudinario de alcance general? La cuestión se planteó en el Comité de Asesores Jurídicos Internacionales de los Estados miembros del Consejo de Europa, reunido en Estrasburgo el día 16 de enero de 1992[15], y, aunque alguno de los participantes entendió que dichos artículos representaban la *opinio iuris* general, el sentimiento que prevaleció fue

[14] Ibíd., pp. 263 ss.
[15] CAHDI, *Conseil de l'Europe,* Rapport, 16 de enero de 1992.

el que sus disposiciones no podían ser tomadas sino como puntos de referencia. Conviene añadir, sin embargo, que los referidos artículos se inspiran en el principio de la continuidad de los tratados, que es el que parece más adecuado para evitar vacíos jurídicos y el mejor encaminado a la estabilidad de las relaciones convencionales. Principio que ha sido aceptado de otro lado por las Repúblicas sucesoras de la Unión Soviética en la Declaración de Alma Ata de 21 de diciembre de 1991.

g) La amplitud y complejidad de los problemas que la sucesión de Estados en materia de tratados suscita en la práctica y la necesaria vaguedad de algunos de los conceptos que emplea la Convención de 1978 (son abundantes, por ejemplo, las referencias al objeto y el fin del tratado) hacían aconsejable un mecanismo lo más eficaz y acabado posible de *solución de controversias.* Pero aquí los Estados se han mostrado una vez más celosos guardianes de su soberanía, y el sistema establecido (Parte VI, arts. 41 a 45) no es satisfactorio desde un punto de vista ideal. Es incluso menos satisfactorio que el de la Convención de Viena de 1969 sobre Derecho de tratados que, como sabemos, estableció la jurisdicción obligatoria para la solución de las controversias relacionadas con el *ius cogens* internacional.

Efectivamente, suscitada una controversia en relación con la aplicación o interpretación de la Convención de 1978, cualquier parte en ella puede solicitar la apertura de un proceso de consulta y negociación (art. 41). Si la controversia no se resuelve en un plazo de seis meses a partir de aquella petición, cualquiera de las partes puede someterla al procedimiento de conciliación regulado en el Anexo a la Convención. Pero nada más, puesto que el recurso a la solución judicial o al arbitraje sólo tiene lugar mediante común acuerdo entre las partes (art. 44), o por el juego recíproco de declaraciones unilaterales y facultativas de los Estados partes aceptando la sumisión de la controversia al Tribunal Internacional de Justicia o alternativamente al arbitraje (art. 43). En definitiva, pues, no se ha pasado del recurso obligatorio a un procedimiento de conciliación, y el informe de una comisión de conciliación no es obligatorio para los Estados partes en la controversia.

h) Señalemos finalmente que los problemas de sucesión de Estados en materia de tratados resultantes de la absorción de la República Democrática Alemana (RDA) por la República Federal de Alemania (RFA) se regulan en los artículos 10 a 12 del Tratado sobre establecimiento de la unidad alemana, firmado en Berlín por esos dos países el 31 de agosto de 1990 y en vigor desde el 3 de octubre del mismo año. El artículo 10 dispone la entrada en vigor en el antiguo territorio de la RDA del Derecho Comunitario Europeo y de los tratados relacionados con él; el artículo 11 dice que los tratados concluidos por la RFA seguirán en vigor y que se aplicarán en el territorio de la antigua RDA con excepción de los indicados en un anexo; el artículo 12 proclama por fin que los tratados celebrados por la RDA serán examinados conjuntamente con las partes contratantes a fin de determinar si siguen en vigor, si deben adaptarse o si han de expirar.

34.3. Sucesión de Estados en materia de bienes, archivos y deudas de Estado

a) Como ya hemos dicho, la Comisión de Derecho Internacional aprobó de modo definitivo en 1981 un Proyecto de artículos en la materia habiendo decidido asimismo proponer a la Asamblea General de las Naciones Unidas la convocatoria de una conferencia de plenipotenciarios para la adopción de la pertinente Convención. En el otoño de 1982 la Asamblea convocó la conferencia para la primavera siguiente.

Reunida la Conferencia en la capital de Austria entre el 1 de marzo y el 8 de abril de 1983, adoptó el día últimamente citado la llamada Convención de Viena sobre la sucesión de Estados en materia de bienes, archivos y deudas de Estado. En la primavera de 2016, sólo 7 Estados eran parte en la Convención, que no está en vigor[16]. La Convención se adoptó por una votación que arrojó el siguiente resultado: 54 votos a favor, 11 en contra y 11 abstenciones. De un modo general, fueron las delegaciones de los Estados del Grupo de los 77 y de los Estados socialistas los que votaron positivamente; los Estados occidentales o votaron en contra o se abstuvieron. España se abstuvo[17]. Hemos querido reseñar estos datos para poner de relieve las escasas perspectivas de aceptación general de la Convención, no obstante lo cual nos parece oportuno exponer y analizar la materia al hilo de sus disposiciones. Señalemos por lo demás que la Convención acusa las transformaciones de la sociedad internacional acaecidas en las últimas décadas, particularmente las resultantes del proceso descolonizador, y de ahí que las soluciones propuestas para los casos de sucesión de Estados que afecten a los Estados de reciente independencia surgidos dentro de tal proceso difieran en ocasiones de las normas aplicables a otros casos de sucesión, como comprobaremos en seguida.

b) En lo que respecta a los *bienes de Estado,* ha regido tradicionalmente en el Derecho Internacional la norma de la sucesión. Como dijo el Tribunal de La Haya en el *caso de la Universidad Péter Pázmány,* estamos ante «un principio de Derecho común de la sucesión de Estado a Estado»[18]. La norma es confirmada por la Convención (arts. 9 y siguientes) si bien con las particularidades que en seguida vamos a señalar para los distintos supuestos de sucesión de Estados. Es interesante destacar que, según la generalidad de la práctica, el paso de los bienes del Estado predecesor al Estado sucesor tiene lugar sin compensación[19], y así lo reitera el artículo 11 de la Convención, salvo lo dispuesto en otros artículos y a menos que se convenga otra cosa al respecto. Pero veamos cómo

---

[16] Datos tomados de la página web de Naciones Unidas.

[17] Doc. A/Conf. 117/14. Sobre la Convención, véase J. Monnier, «La Convention de Vienne sur la succesion d'États en matière des biens, archives et dettes d'État», en *A.F.D.I.,* 1984, pp. 281 ss.; y A. Font Blázquez, «La Conferencia de Viena sobre la sucesión de Estados en materia de bienes, archivos y deudas de Estado», en *R.E.D.I.*, 1984-1, pp. 39 ss.; y T. Ushakova, *La sucesión de Estados en materia de bienes, archivos y deudas: el caso de la URSS*, Madrid, 2006.

[18] CPJI, *Serie A/B,* n.º 71, p. 237.

[19] Informe, cit., p. 51.

se aplican en la Convención los principios expuestos a los distintos casos de sucesión de Estados.

Tratándose de la hipótesis, que ya conocemos, del *traspaso de una parte del territorio de un Estado,* que según sabemos no supone la aparición de un nuevo Estado, el paso de los bienes del Estado predecesor al sucesor se determinará por acuerdo entre ellos, y a falta de tal acuerdo pasan al Estado sucesor los bienes inmuebles del predecesor sitos en el territorio en cuestión así como los bienes muebles vinculados a la actividad del Estado predecesor en relación con el territorio (art. 14). En esta hipótesis, pues, prima el acuerdo de los Estados interesados, sin que ello implique de todos modos el deber de negociar o llegar a un acuerdo[20].

Si el supuesto de sucesión de Estados ha dado lugar a la aparición de un *Estado de reciente independencia,* el paso de los bienes al Estado sucesor se regula con arreglo a unos criterios que formula el artículo 15, a saber: los bienes inmuebles del Estado predecesor situados en el territorio a que se refiera la sucesión pasan al Estado sucesor; también pasan aquellos inmuebles que, habiendo pertenecido al territorio en cuestión, estén situados fuera de él y se hayan convertido durante el período de la dependencia en bienes del Estado predecesor; pasan asimismo otros bienes inmuebles del Estado predecesor, situados fuera del territorio pero a cuya creación haya contribuido éste, y precisamente en proporción a la aportación de dicho territorio; pasan igualmente los bienes muebles del Estado predecesor vinculados a su actividad en relación con el territorio; se transfieren también los bienes muebles que habiendo pertenecido al territorio se hayan convertido durante el período de la dependencia en bienes de Estado del Estado predecesor; y pasan por fin otros bienes muebles del Estado predecesor a cuya creación haya contribuido el territorio dependiente, precisamente en proporción a dicha aportación. Éstas son las prolijas reglas que establece el artículo 15 para los casos de Estados de reciente independencia, y queremos señalar el carácter principal —es decir, no subsidiario— de los criterios contenidos en tales reglas. Porque así como en la hipótesis del traspaso de la parte de un territorio los criterios establecidos por el artículo 14 sólo operan a falta de acuerdo, en el supuesto que nos ocupa los acuerdos entre el Estado predecesor y el interesado se consideran en una óptica distinta, puesto que se establece (párrafo 4 del art. 15) que tales «acuerdos no podrán menoscabar el principio de la soberanía permanente de cada pueblo sobre sus riquezas y recursos naturales». Y la Comisión de Derecho Internacional explica esta distinta relevancia del acuerdo entre los Estados interesados en uno y otro caso, señalando que en la hipótesis de los Estados de reciente independencia las circunstancias muy especiales que acompañan a su nacimiento, conducen a resultados «que casi siempre son claramente desfavorables para la parte que consigue la independencia debido a la desigualdad y falta de equilibrio de sus relaciones jurídicas y políticas con el anterior territorio metropolitano»[21].

En lo que respecta a la *unificación de Estados,* pasan al Estado sucesor los bienes de Estado de los Estados predecesores (art. 16). Si se produce la *separación*

---

[20] Ibíd., pp. 62-63.
[21] Ibíd., p. 77.

de parte o partes del territorio de un Estado para formar un nuevo Estado rigen, a falta de acuerdo, las siguientes reglas: pasan al Estado sucesor los bienes de Estado inmuebles del Estado predecesor situados en el territorio a que se refiera al sucesión; también pasan los bienes muebles vinculados a la actividad del Estado predecesor en relación con ese territorio; y pasan por fin al Estado sucesor en una proporción equitativa los demás muebles (art. 17). Si lo que tiene lugar es la *disolución* de un Estado porque las partes de su territorio pasen a formar dos o más Estados rigen, a falta de acuerdo, las siguientes reglas: pasan al Estado sucesor en cuyo territorio se encuentren los bienes de Estado inmuebles del Estado predecesor; si tales bienes están situados fuera del territorio del Estado predecesor, pasarán a los Estados sucesores en proporciones equitativas; pasan al Estado sucesor de que se trate los bienes muebles del Estado predecesor vinculados a su actividad en relación con los territorios a que se refiera la sucesión; los demás bienes muebles del Estado predecesor pasan a los Estados sucesores en proporciones equitativas (art. 18).

c) En relación con la cuestión que acabamos de examinar surge la cuestión de si el Estado sucesor está obligado a respetar los *derechos adquiridos* por particulares, especialmente extranjeros, antes de la sucesión. La norma clásica en la materia tal como la formuló en los años veinte del siglo pasado el Tribunal de La Haya, era la del respeto de tales derechos[22], incluso en los casos de concesiones[23], pero es indudable que tal criterio tenía que sufrir el embate de la descolonización. Hoy la cuestión tiene que ser contemplada a la luz del principio de la soberanía permanente de los pueblos y de los Estados sobre los recursos naturales, proclamado en importantes resoluciones de la Asamblea General de las Naciones Unidas[24] y muy particularmente en la 3.281 (XXIX), que adopta la Carta de Derechos y Deberes Económicos de los Estados. Si, conforme al artículo 2.2.*c*) de dicha Carta, todo Estado tienen el derecho de «nacionalizar, expropiar o transferir la propiedad de bienes extranjeros, en cuyo caso el Estado que adopte esas medidas deberá pagar una compensación apropiada, teniendo en cuenta sus leyes y reglamentos aplicables y todas las circunstancias que el Estado considere pertinente...», habría que concluir que en los casos de sucesión de Estados, particularmente cuando surge un Estado de reciente independencia, no existiría obligación de respetar los derechos adquiridos. Pero estamos obviamente en un terreno movedizo e incierto. La Carta en cuestión es objeto de diversas apreciaciones en cuanto a su valor jurídico, y si los Estados del Grupo de los 77 ven en ella de un modo general un conjunto de normas con fuerza de obligar, muchos Estados industrializados tienen un punto de vista distinto.

Ningún criterio directo y expreso contiene la Convención sobre este delicado y espinoso tema. El artículo 6 elude realmente la cuestión al decir que «nada de lo dispuesto en la presente Convención se entenderá de manera que prejuzgue de

---

[22] CPJI, *Serie B*, n.º 6, pp. 35 ss.
[23] CPJI, *Serie A*, n.º 7, pp. 31 ss.
[24] Resoluciones 1.803 (XVII), 2.158 (XXI) y 3.171 (XXVIII). La Carta de derechos y deberes económicos de los Estados figura en la resolución 3.281 (XXIX) de 12 de diciembre de 1974. Véase J. A. Carrillo Salcedo, *Textos Básicos de Naciones Unidas*, Tecnos, Madrid, 1982, pp. 204 ss.

modo alguno ninguna cuestión relativa a los derechos y obligaciones de personas físicos o jurídicas». Por su parte, como ya sabemos, el artículo 15 fija un límite a los acuerdos que se celebren entre el Estado predecesor y el Estado sucesor de reciente independencia en el sentido de que no cabe regular la sucesión en los bienes de Estado de manera distinta a los criterios sustantivos que enuncia si se menoscaba el principio de la soberanía permanente de cada pueblo sobre sus riquezas y recursos naturales.

d) *Los archivos de Estado* constituyen sin duda bienes de Estado, no obstante lo cual son objeto de un tratamiento específico en el contexto de la sucesión de Estados. Y ello principalmente por dos razones que apunta la Comisión de Derecho Internacional. La primera razón es que tales archivos «pueden resultar indispensables tanto al Estado sucesor como al Estado predecesor y su carácter no permite dividirlos o desglosarlos». La segunda razón es que «tienen la particularidad de poder ser reproducidos, lo que no sucede en el caso de otros bienes inmuebles o muebles que son objeto de la sucesión de Estados»[25]. Y estas dos características de indivisibilidad y reproducibilidad son tenidas en cuenta en el régimen convencional.

La directriz general que inspira dicho régimen es el paso de los archivos de Estado del Estado predecesor al sucesor, lo que salvo acuerdo en contrario o lo dispuesto por disposiciones particulares tiene lugar sin compensación (art. 23).

Tratándose de la hipótesis de sucesión de *traspaso de una parte del territorio de un Estado,* el paso de los archivos del Estado predecesor al sucesor se rige por acuerdo entre ellos, y a falta del mismo, por los criterios subsidiarios que formula el artículo 27, según los cuales deben pasar al Estado sucesor la parte de los archivos de Estado que para una administración normal del territorio deban encontrarse en su poder y la que concierna de manera exclusiva o principal al territorio. En todo caso, según el mismo artículo 27, el Estado predecesor proporcionará al sucesor los medios de prueba más fehacientes que guarden relación con títulos territoriales concernientes al territorio o con sus fronteras o que sean necesarios para aclarar el sentido de los documentos que pasen al Estado sucesor; también proporcionará a éste, previa solicitud y a sus expensas, reproducciones apropiadas de sus archivos de Estado vinculados a los intereses del territorio. Por su parte el Estado sucesor proporcionará al predecesor, previa solicitud y a expensas del último, reproducciones apropiadas de los archivos de Estado que pasen al Estado sucesor.

Para el caso de *Estados de reciente independencia,* el artículo 28 establece los siguientes criterios: pasan al Estado sucesor los archivos que, habiendo pertenecido al territorio, se hubieran convertido durante el período de la dependencia en archivos de Estado del Estado predecesor, y la parte de los archivos de Estado del Estado predecesor que deban encontrarse en el territorio para una administración normal del mismo. Respecto a la parte de los demás archivos del Estado predecesor de interés para el territorio su paso o reproducción apropiada se determinará

[25] Informe, cit., p. 102.

por vía de acuerdo. Y como en el supuesto anterior, el Estado predecesor deberá proporcionar al sucesor los medios de prueba más fehacientes disponibles en sus archivos que guardan relación con títulos territoriales del Estado de reciente independencia o con sus fronteras o que sean necesarios para aclarar el sentido de los documentos que pasen al Estado sucesor. En todo caso, los acuerdos que se celebren entre el Estado predecesor y el sucesor no podrán menoscabar el derecho de los pueblos de este último al desarrollo, a la información sobre su historia y a su patrimonio cultural.

En la hipótesis de *unificación de Estados,* pasan al sucesor los archivos de Estados de los predecesores, rigiéndose la adjudicación por el Derecho interno del Estado sucesor (art. 29). Si se trata de la separación de parte o partes del territorio de un Estado para formar Estados nuevos rige en principio el acuerdo y, a falta de él, se enuncian unos criterios semejantes a los enunciados en el artículo 27 para el supuesto del traspaso de la parte de un territorio. Lo mismo puede decirse del caso de disolución de un Estado para la formación de dos o más: rige en principio el acuerdo y, en su falta, criterios parecidos a los de la separación (art. 31). Pero tanto en el caso de separación como de disolución, los acuerdos en la materia no pueden menoscabar el derecho de los pueblos al desarrollo, a la información sobre su historia y a su patrimonio cultural.

e) En lo concerniente a la sucesión en las deudas de Estado hay que comenzar refiriéndose a la sentencia dictada por el árbitro E. BOREL, el 18 de abril de 1925, en el *caso de la deuda pública otomana.* Se trataba de saber si las deudas contraídas por el Imperio turco podían ser repartidas entre los Estados y territorios secesionados de él después de la primera guerra mundial, y el árbitro declaró:

> No cabe considerar como reconocido en el Derecho Internacional positivo el principio de que el Estado que adquiere parte del territorio de otro Estado deba al mismo tiempo asumir una porción correspondiente a la deuda pública de este último. Semejante obligación sólo puede resultar de un tratado en que el Estado interesado la asuma y únicamente existe en las condiciones y límites estipulados en ese tratado[26].

El árbitro estimó, pues, que el Derecho Internacional General no establecía la sucesión en las deudas públicas y que tal sucesión sólo se producía en las condiciones estipuladas convencionalmente. Pero la práctica convencional, anterior y posterior al laudo, ha sido muy diversa incluso para los supuestos de descolonización[27].

En la regulación de la Convención de Viena de 1983 encontramos por lo pronto una definición de las deudas de Estado: toda obligación financiera de un Estado para con otro Estado, para con una organización internacional o para cualquier otro sujeto de Derecho Internacional, nacida de conformidad con el Derecho Internacional (art. 33). Se excluyen así las deudas públicas de un órgano no estatal como las de las colectividades locales que, al no haber sido asumidas

---

[26] *Rec. Sent. Arb. N.U.,* vol. I, p. 571.
[27] Informe, cit., pp. 212 ss.

nunca por el Estado predecesor no pueden serlo tampoco por el Estado sucesor[28]. Es interesante destacar también la regla enunciada en el artículo 36 según la cual una sucesión de Estados no afectará en cuanto tal a los derechos y deberes de los acreedores. Ello quiere decir, como señala la Comisión de Derecho Internacional, que la sucesión no tiene el efecto de vincular al acreedor o el de atribuir a éste el derecho de dirigirse contra el Estado sucesor.

Por lo demás, según el artículo 37, si la sucesión consiste en el *traspaso de una parte del territorio de un Estado* a otro Estado, el paso de la deuda de Estado se determina por vía de acuerdo y, a falta de él, se produce el paso al Estado sucesor en una proporción equitativa, habida cuenta en particular de los bienes, derechos e intereses que pasen al Estado sucesor en relación con esa deuda de Estado. En el caso de *Estados de reciente independencia* surgidos en el proceso descolonizador la solución es distinta porque ninguna deuda del Estado predecesor pasará al sucesor, a menos que un acuerdo entre ellos disponga otra cosa por razón del nexo entre la deuda de Estado vinculado a su actividad en el territorio y los bienes, derechos e intereses que pasen al sucesor, y bien entendido que tal acuerdo no puede menoscabar el principio de la soberanía permanente de cada pueblo sobre sus riquezas y recursos naturales y que su cumplimiento no puede poner en peligro los equilibrios económicos fundamentales del Estado (art. 38). En la hipótesis de *unificación* de Estados, la deuda de los Estados predecesores pasa al sucesor (art. 39). Si el supuesto es de *separación* de parte o partes del territorio de un Estado para formar un nuevo Estado, y a menos que convenga otra cosa por vía de acuerdo, la deuda pasará al Estado sucesor en una proporción equitativa, habida cuenta de todas las circunstancias pertinentes (art. 40). Si se produce la *disolución* de un Estado y las partes de su territorio forman dos o más Estados, y a menos que los Estados sucesores convengan otra cosa, la deuda pasa a ellos en proporciones equitativas, habida cuenta de todas las circunstancias pertinentes (art. 41).

f) Por lo demás, la Convención de 1983 ha establecido en cuanto al *arreglo de controversias* un sistema semejante al que figura en la Convención de 1978 sobre sucesión de Estados en materia de tratados, examinado páginas atrás. En este sentido, no ha sido posible ir más allá del establecimiento del recurso obligatorio a un órgano de conciliación (art. 43). La solución no es, ciertamente, la ideal, aunque en una óptica realista no deje de constituir un progreso al haber limitado el principio de libertad de medio que para la solución de las controversias internacionales enuncia el artículo 33 de la Carta de las Naciones Unidas.

g) Aunque como hemos dicho sean muy pocos los Estados que han ratificado la Convención de 1983 y pese a que el instrumento no esté en vigor, algunos autores del informe sobre la práctica auspiciado en 1999 por el Consejo de Europa, han puesto de relieve que para el arreglo de los problemas suscitados por la sucesión en los bienes y deudas de Estado, se han concluido sobre bases

[28] Ibíd., pp. 169 ss.

ad hoc acuerdos amistosos de carácter equitativo. Solución que es justamente la preconizada por la mencionada Convención.

34.4. Sucesión respecto a la nacionalidad de los habitantes del territorio

a) La sucesión de Estados en materia de nacionalidad de los habitantes del territorio no habia sido objeto, a diferencia de las cuestiones tratadas en los apartados precedentes, del esfuerzo codificador general de las Naciones Unidas. Sólo a partir de 1995 se ocupó del tema la Comisión de Derecho Internacional, dividiendo el trabajo en dos partes, según se tratase de los efectos de la sucesión en personas naturales o en personas jurídicas. Respecto a las primeras —las personas naturales—, la Comisión adoptó en 1999 un proyecto de artículos que parte de dos principios generales. El primero es que aunque la cuestión de la nacionalidad pertenece a la competencia exclusiva de cada Estado, ello tiene lugar dentro de los límites que fija el Derecho Internacional. El segundo principio se inspira, lógicamente, en la idea de la prevención de la apatridia en la medida en que consagra el derecho de toda persona afectada por una sucesión de Estados a tener una nacionalidad, al menos la de uno de los Estados concernidos, el predecesor o el sucesor. Es de destacar con todo que el proyecto de artículos consagra la presunción de que la persona que reside en el territorio del Estado sucesor adquiere la nacionalidad de este último Estado. En lo que se refiere a la suerte del proyecto, digamos que la Asamblea General de las Naciones Unidas tomó nota del mismo y recomendó su aplicación a los gobiernos. En cuanto a las personas jurídicas, la Comisión se limitó en 1999 a dejar constancia de la falta de interés de los gobiernos por el tema. Existe en cualquier caso una abundante práctica en la materia, orientada de un modo general por el principio lógico de que los habitantes del territorio deben seguir la nacionalidad del Estado sucesor. Nosotros vamos a sistematizar y analizar someramente dicha práctica teniendo en cuenta los diferentes supuestos de sucesión considerados en los apartados anteriores.

b) Si se trata de la hipótesis de la *sucesión respecto a una parte del territorio* que no comporta la aparición de un Estado nuevo, la práctica convencional se guía por el principio de que los habitantes deben ostentar la nacionalidad del Estado sucesor, si bien se establece en favor de ellos un derecho de opción individual ejercitable en plazo determinado en favor de la nacionalidad del Estado predecesor. Así, cedidos a Francia por Italia en virtud del Tratado de Paz de 1947, los territorios de *Tende* y *La Brigue,* se estipuló el cambio de nacionalidad de los habitantes pero con reconocimiento de un derecho individual de opción. A veces lo que se tiene en cuenta es la voluntad general de los habitantes expresada por medio de un plebiscito, pero el resultado de éste se refiere propiamente al hecho en sí de la sucesión y no a la nacionalidad de los habitantes. Es el caso, por ejemplo, del plebiscito sobre el Sarre, previsto en el Tratado de Versalles (art. XXXVI del Anexo sobre la cuenca del Sarre), y cuya celebración a los quince años de vigencia del Tratado dio lugar a una reintegración del territorio a la soberanía alemana.

c) En el supuesto de *Estados de reciente independencia* dentro del proceso descolonizador, la tendencia general ha sido la de dejar al Derecho interno del nuevo Estado la determinación de las cuestiones de nacionalidad de los habitantes del antiguo territorio dependiente[29]. Pero esta tendencia general conoce algunas peculiaridades. Así hay que tener en cuenta la *British Nationality Act* del año 1948 que distinguía entre dos tipos de ciudadanía: la del Estado de reciente independencia en que hubiese nacido el individuo —ciudadanía primaria— y la ciudadanía británica —ciudadanía secundaria—. En los casos de aparición de Estados independientes anteriores a 1948 (India, Ceilán) era la constitución de esos Estados la que regulaba la ciudadanía primaria. Respecto a los Estados que alcanzaron la independencia con posterioridad a 1948, la respectiva «Acta de independencia» confiaba a cada uno de ellos la determinación de la nacionalidad de los habitantes del territorio. La ley británica de 1948 ha sido sustituida por la de 30 de octubre de 1981, que distingue tres clases de nacionalidad británica: ciudadanos británicos, ciudadanos de los territorios británicos dependientes y ciudadanos británicos en el extranjero.

La práctica española en esta cuestión no es uniforme. Cuando se independizó el antiguo protectorado de Marruecos nada se estableció al efecto. No obstante, en el Tratado de retrocesión del Territorio de Ifni, de 4 de enero de 1969[30], se estipuló que quienes hubieran adquirido la nacionalidad española por alguno de los medios establecidos en el Código Civil español conservarían la misma en todo caso; en cambio, para quienes hubiesen nacido en el territorio y se hubiesen beneficiado de la nacionalidad española se les concedió un plazo de tres meses para optar por ella, pasando a ser ciudadanos marroquíes de no hacerlo así. En la descolonización de Guinea Ecuatorial, nada se previó en el Convenio de 12 de octubre de 1969[31], pero en la Constitución guineana se establece que el régimen relativo a la nacionalidad se determinará por una ley institucional.

d) En los casos de *unificación* de Estados el sentido de la práctica es que los habitantes de los territorios objeto de la sucesión adquieren la nacionalidad del Estado sucesor, y lo mismo ocurre en los supuestos de *disolución.*

34.5. SUCESIÓN EN LA CALIDAD DE MIEMBRO DE UNA ORGANIZACIÓN INTERNACIONAL

a) Cuando la sucesión de Estados supone la aparición de un Estado nuevo, ¿ostenta el Estado sucesor la condición de miembro en una organiza-

---

[29] Véase J. DE BURLET, *Nationalité des personnes phisyques et décolonisation. Essai de contribution à la théorie de la succession d'États,* Bruiylant, Bruselas, 1975; un tratamiento actualizado del tema en M. ISABEL TORRES CAZORLA, *La sucesión de Estados y sus efectos sobre la nacionalidad de las personas físicas*, Universidad de Málaga, 2001.

[30] Véase M. DIEZ DE VELASCO, «Algunas cuestiones relativas a la sucesión de Estados en la recientedescolonización española», en *Anuario del Instituto Hispano-Luso-Americano de Derecho Internacional,* 1973, vol. 4, pp. 611 ss.

[31] Publicado en el *B.O.E.* de 28 de febrero de 1972.

ción internacional que antes poseía el Estado predecesor? El problema se ha planteado en la práctica, particularmente en relación con la Organización de las Naciones Unidas, y el sentido general de aquélla es que no existe sucesión y que el Estado sucesor debe cumplir los requisitos establecidos en el tratado instituyente de la organización internacional en cuestión sobre admisión de nuevos miembros. Pero conviene que analicemos siquiera sea brevemente los distintos supuestos.

b) En el caso de *sucesión respecto a una parte del territorio* sin aparición de un Estado nuevo no se plantea, obviamente, problema alguno. En el supuesto de los *Estados de reciente independencia* surgidos del proceso descolonizador, todos ellos han solicitado y obtenido su admisión en las Naciones Unidas, sin que importase para nada la circunstancia de que el Estado metropolitano era miembro de las Naciones Unidas. En la hipótesis de *separación* de Estados, como fue el caso de Bangladesh, que se separó del Pakistán en 1971, el nuevo Estado tuvo que solicitar su admisión en las Naciones Unidas. Tampoco hay, pues, aquí sucesión en la condición de miembro. Y lo mismo ocurre en los casos de disolución, como fue lo acontecido con la Federación del Malí que dio lugar a la aparición de la República del Malí y del Senegal; ambos hubieron de solicitar su admisión en las Naciones Unidas.

Esta tendencia general de la práctica está modulada, sin embargo, en algunos casos, por la antigua calidad de miembro de los Estados predecesores o del Estado sucesor, en cuyos supuestos no hay necesidad de solicitar una nueva admisión en las Naciones Unidas. Esto es lo que ocurrió con Tanzania en el año 1964 puesto que, resultante de la fusión de dos Estados que ya eran miembros de las Naciones Unidas —Tanganika y Zanzíbar— no se consideró necesaria una nueva admisión. Y es también lo que aconteció con la República Árabe Unida que, disuelta en el año 1969, para dar lugar a la separación de Siria, no tuvo este Estado que solicitar la admisión ya que antes había sido miembro de las Naciones Unidas incluso de carácter originario[32].

c) En relación con los acontecimientos de finales del siglo pasado en la Europa del Este hay que recordar que la República de la Federación Rusa es la continuadora —que no la sucesora— del puesto de la Unión Soviética en las Naciones Unidas y también, por tanto, en el Consejo de Seguridad. En cuanto a Bielorrusia (ahora llamada Belarus) y Ucrania, no tuvieron necesidad de ser admitidas en la Organización Mundial puesto que ya tenían puesto en ella desde sus mismos orígenes. Las demás repúblicas integrantes de la CEI han necesitado, sin embargo, ser admitidas en la Organización, lo que está en línea con el principio general antes apuntado de que no hay sucesión en la condición de miembro de una Organización Internacional. En lo que respecta a la República Federal de Yugoslavia (Serbia y Montenegro), el Consejo de Seguridad y la Asamblea General entendieron que no era la continuadora de la antigua Re-

---

[32] Véase un análisis más profundo en J. D. GONZÁLEZ-CAMPOS, «Notas sobre la práctica de las Organizaciones Internacionales respecto a los efectos de la sucesión de Estados en el estatuto de miembro de la Organización», en *R.E.D.I.*, vol. XV, n.º 3, 1962, pp. 465 ss.

pública Federativa Socialista de Yugoslavia y que, por tanto, debía de solicitar la admisión en la Organización de las Naciones Unidas. Pedida esta admisión, la República Federal de Yugoslavia (integrada por Serbia y Montenegro) fue admitida en 2002. En 2006 Montenegro se ha independizado de Serbia y ha sido admitido en la Organización de las Naciones Unidas.

SECCIÓN SEGUNDA

LAS COMPETENCIAS DEL ESTADO

35. LA SOBERANÍA TERRITORIAL

a) Ya dijimos que tanto desde el punto de vista cuantitativo como cualitativo las más importantes competencias del Estado tienen carácter territorial y que al cúmulo o conjunto de ellas se le llama soberanía territorial. No es casual en este orden de ideas que sea el adjetivo «territorial» el que usualmente acompañe al sustantivo «soberanía». Pues bien, la soberanía territorial del Estado tiene en Derecho Internacional tres características importantes que dominan todo su régimen, a saber: plenitud, exclusividad e inviolabilidad.

b) La primera característica es la *plenitud*. La función de la soberanía territorial es, en efecto, la de permitir al Estado el cumplimiento de sus funciones. Y al consistir éstas en asegurar la satisfacción de los intereses permanentes y generales de una comunidad humana, se entiende que la soberanía territorial es plena y que las limitaciones a la misma no se presumen. Como ha dicho al respecto el Tribunal de La Haya, el fundamento jurídico de tales limitaciones debe ser establecido en cada caso particular[1]. Precisión importante en este orden de ideas es la que hace la sentencia del mismo Tribunal de 13 de julio de 2009 en el *asunto de la controversia relativa a derechos de navegación y derechos conexos (Costa Rica c. Nicaragua),* al declarar que el hecho de que no puedan presumirse las limitaciones a la soberanía territorial de un Estado no significa que las limitaciones establecidas por disposiciones convencionales deban ser interpretadas *a priori* de modo restrictivo. En cualquier caso, esta nota de plenitud de las competencias no se da en las organizaciones internacionales, que sólo tienen los poderes que expresa o implícitamente les atribuyen los Estados miembros en los tratados instituyentes. Se trata de las llamadas competencias de atribución, como veremos en el lugar oportuno (apartado 71).

c) En segundo lugar, la soberanía territorial es *exclusiva,* en el sentido de que en el territorio de un Estado no se permite el ejercicio de competencias territoriales por otro Estado, a no ser, claro es, que medie el consentimiento del primero. Ha dicho a este respecto el árbitro MAX HUBER en el asunto de la *Isla de Palmas*:

> Independencia con respecto a una porción del globo es el derecho de ejercer en él, con exclusión de cualquier otro Estado, las funciones propias de un Estado. El desarrollo de la organización nacional de los Estados durante los últimos siglos y, como corolario, el

[1] CIJ, *Recueil,* 1950, p. 274 y CIJ, *Recueil*, 2009.

> desarrollo del Derecho Internacional, han establecido este principio de la competencia exclusiva del Estado con respecto a su propio territorio, de tal manera que se hace de él punto de partida para solucionar la mayoría de las cuestiones que conciernen a las relaciones internacionales[2].

Pero la soberanía territorial no tiene sólo un aspecto excluyente, sino que, de acuerdo asimismo con las ideas de MAX HUBER en el asunto citado, supone también, como corolario, un deber, concretamente:

> la obligación de proteger, dentro de su territorio, los derechos de los otros Estados, en particular el derecho a la integridad y a la inviolabilidad tanto en la paz como en la guerra, junto a losderechos que los otros Estados pueden reclamar para sus nacionales en territorio extranjero[3].

Tal doctrina fue reiterada por el Tribunal de La Haya en el *caso del canal de Corfú* cuando afirmó la existencia de «la obligación de todo Estado de no permitir la utilización de su territorio a fines de actos contrarios a los derechos de otros Estados»[4].

d) La soberanía territorial es por fin *inviolable* porque existe en Derecho Internacional la obligación del respeto a la soberanía e integridad territorial de otros Estados. Como dijo el Tribunal de La Haya en el citado *caso del canal de Corfú* «entre Estados independientes, el respeto a la soberanía territorial es una de las bases esenciales de las relaciones internacionales»[5]. El principio está presente en la Carta de las Naciones Unidas (art. 2.4) y en la Declaración de Principios de Derecho Internacional que rigen las relaciones de amistad y cooperación entre los Estados, adoptada por la Asamblea General el día 25 de octubre de 1970 [resolución 2.625 (XXV)]; y el Acta de Helsinki de 1 de agosto de 1975, concluida en el seno de la Conferencia de Seguridad y Cooperación en Europa, formula expresamente los principios de inviolabilidad de las fronteras e integridad territorial de los Estados.

e) Para completar este análisis de la soberanía territorial del Estado queremos hacer unas breves consideraciones sobre su soporte físico que, obviamente, es el territorio.

Desde una perspectiva jurídico-formal se ha definido el territorio como «el espacio al que se limita la validez del orden jurídico del Estado»[6]. Pero, como dice el profesor JIMÉNEZ DE ARÉCHAGA, esta definición no logra desentrañar la esencia del poder sustantivo que el Estado posee respecto a su propio territorio, tal como ha sido reconocido por las resoluciones de la Asamblea General de las Naciones Unidas relativas a la soberanía permanente del Estado sobre los recursos naturales de su territorio. Además, y de nuevo con ideas del citado profesor, aquella definición jurídico-formal desconoce el hecho de que las leyes de

---

[2] *Rec. Sent. Arb. N.U.*, vol. II, p. 838.
[3] Ibíd., p. 839.
[4] CIJ, *Recueil,* 1949, p. 22.
[5] Ibíd., p. 35.
[6] H. KELSEN, *Teoría General del Estado,* Madrid, 1934, p. 183.

los Estados se pueden aplicar más allá de sus fronteras y tienen, en ciertos casos, efectos extraterritoriales[7]. En el *caso del Lotus* el Tribunal de La Haya ha sido muy explícito al respecto:

> [El Derecho Internacional], lejos de prohibir de una manera general a los Estados extender sus leyes y su jurisdicción a personas, actos y bienes fuera de su territorio, les deja una amplia libertad a este respecto, que no está limitada más que en algunos casos por reglas prohibitivas[8].

No parece correcta, pues, aquella definición del territorio. Y, realmente, éste no necesita una definición en el Derecho Internacional, dado su carácter estable y generalmente preciso. A nuestro juicio basta con señalar que la soberanía territorial del Estado se extiende no sólo sobre el espacio constituido por tierra firme, sino también, sobre el mar territorial y el espacio aéreo. Por ello, el territorio del Estado, en el sentido del Derecho Internacional, tiene un carácter amplio que comprende a todos esos espacios. Estamos en todo caso ante un muy importante elemento del Estado, el más fijo, el que le da mayor sentido político y sociológico de estabilidad y continuidad.

f) Por lo demás, y como señala el profesor REMIRO BROTONS, las constituciones de los Estados «que se espuman autocomplacientes en declaraciones sobre la unidad, inalienabilidad e intangibilidad del territorio, no suelen definirlo, a menos que se trate de Estados federales o de Estados con límites calientes, en cuyo caso son frecuentes las precisiones constitucionales, hechas con ánimo de conservación, reivindicación o sujeción de movimientos centrífugos»[9]. En la historia constitucional española, y dejando a salvo la Constitución de Cádiz de 1812, no se ha definido el territorio estatal. Tampoco lo hace la vigente Constitución de 1978, en la que, pese a las frecuentes alusiones al territorio español y a la consagración de la idea de su integridad, no existe la definición mencionada. En cualquier caso el territorio español comprende no sólo los espacios terrestres propiamente dichos, sino también, por disposición expresa del Derecho interno, las aguas interiores y el mar territorial (art. 1 de la Ley de 4 de enero de 1977), así como el espacio aéreo que se levanta por encima del territorio terrestre, aguas interiores y mar territorial (art. 1 de la Ley de 21 de julio de 1960 reguladora de la navegación aérea).

---

[7] E. JIMÉNEZ DE ARÉCHAGA, *El Derecho Internacional Contemporáneo,* Tecnos, Madrid, 1980, pp. 215-216.

[8] CPJI, *Serie A,* n.º 10, p. 19.

[9] A. REMIRO BROTONS, *La acción exterior de Estado,* Tecnos, Madrid, 1984, p. 54. Véase también del mismo autor, *Territorio nacional y Constitución,* 1978, Madrid, 1978.

36. LA ADQUISICIÓN DE LA SOBERANÍA TERRITORIAL

a) Cuestión realmente importante, que ha originado múltiples controversias entre Estados, buen número de decisiones jurisprudenciales y abundante literatura científica[1], es la relativa a la adquisición de la soberanía territorial. ¿Cómo se adquiere la soberanía territorial? ¿Cuáles son los criterios determinantes y decisivos si dos Estados se disputan la soberanía sobre un mismo territorio? Para tratar la cuestión ha sido actitud extendida entre los autores presentar los modos de adquisición del territorio siguiendo los patrones del Derecho Privado Romano relativos a la adquisición del dominio. Se ha hablado por ello de modos originarios y modos derivativos de adquisición de la soberanía territorial.

A nosotros nos parece útil tal clasificación como punto de arranque sistemático y expositivo, si bien cuidaremos de poner de relieve cuáles son las reglas de Derecho Internacional que regulan realmente la materia. Reglas basadas, como vamos a comprobar, no en las pautas de los Derechos Privados internos, sino en el principio fundamental de la efectividad complementado por el de la relatividad de la efectividad. El principio de la efectividad, de gran raigambre en el Derecho Internacional, significa en este punto que es el ejercicio efectivo de funciones estatales en un territorio determinado el que hace nacer la soberanía sobre él. La relatividad de la efectividad modula y flexibiliza el principio anterior, en el sentido de que la intensidad y las características de las funciones estatales han de ser apreciadas sobre la base de las circunstancias del caso concreto. Vamos a ver que uno y otro principio tienen gran arraigo en la jurisprudencia internacional, constituyendo auténticas normas consuetudinarias en el tema de la adquisición de la soberanía territorial del Estado tanto a través de modos originarios como mediante modos derivativos. Sin embargo, en las disputas territoriales entre Estados de reciente independencia, el principio dominante es el del *uti possidetis iuris* —respeto a los títulos internos o internacionales de la época colonial—, no desempeñando la efectividad más que un papel subsidiario.

b) Los *modos originarios* de adquisición de la soberanía territorial operan básicamente en tres supuestos: que el territorio se encuentre en el origen histórico del Estado, en los casos de adquisición de tierra *nullius* o no sometida a la soberanía anterior de otro Estado; e hipótesis de accesión.

Lo más frecuente es que el territorio se encuentre en el propio origen del Estado, y en este supuesto actúa, sin duda de ninguna clase, el principio de la

[1] Véase particularmente: M. MIELE, *L'aggiudicazione di territori nel Diritto Internazionale*, Milán, 1940; CH. E. HILL, *Claims to territory in International Law and Relations*, Oxford, 1944; R. LANGER, *Seizure of territory (the Stimson doctrine and related principles in legal theory and diplomatic practice)*, Princeton, 1947; D. H. JOHNSON, «Acquisitive prescription in International Law», *B.Y.I.L.*, 1950, pp. 322 ss.; R. PINTO, «La prescription en Droit International», en *R. des C.*, 1955, I, vol. 87, pp. 391 ss.; G. SCHWARZENBERGER, «Title to Territory», en *A.J.I.L.*, 1957, pp. 308 ss., y R. Y. JENNINGS, *The acquisition of territory in International Law,* Manchester, 1963.

efectividad en el ejercicio de las funciones estatales, pues en virtud de él la soberanía resulta oponible a todos los Estados. Más incluso en este caso pueden surgir problemas que conciernen, las más de las veces, a la determinación exacta del territorio en zonas periféricas litigiosas: cuestiones de límites, por ejemplo, o de soberanía sobre enclaves, o sobre islas situadas entre las costas de dos Estados respecto a las cuales uno y otro alegan títulos históricos. Habría que citar a este respecto la sentencia del Tribunal de La Haya en el *asunto de las Islas Minquiers y Ecreheous,* sitas en el Canal de la Mancha, resuelto por sentencia de 17 de noviembre de 1953[2], sobre las cuales Francia y el Reino Unido pretendían tener títulos históricos. El Tribunal entendió que era el Reino Unido quien había ejercido funciones estatales sobre las islas de manera adecuada para mantener la soberanía que se derivaba de los títulos históricos y en tales condiciones concluyó que a él pertenecía la soberanía. La base de la decisión fue, pues, el criterio de la efectividad. Como ha dicho una especialista en la materia, la profesora BASTID, comentando la sentencia, en este asunto aparece junto al esfuerzo de investigación histórica la preocupación del Tribunal por apoyarse en la realidad del ejercicio de las funciones estatales[3].

Entre los modos originarios encontramos en segundo lugar el supuesto de la adquisición de *terra nullius,* o de territorio no sometido anteriormente a la soberanía de otro Estado, modo que si en el pasado y especialmente en la era de los descubrimientos fue ampliamente utilizado, ha dejado de tener importancia en nuestros días en que realmente no hay tierras por descubrir. Pues bien, en este supuesto la jurisprudencia internacional se ha dejado llevar asimismo por el principio de la efectividad en el ejercicio de las funciones estatales.

Un caso muy claro en la aplicación de este principio para un territorio *nullius* lo encontramos en la sentencia dictada el 4 de abril de 1928 por el árbitro MAX HUBER, en el *asunto de la Isla de Palmas.* Se trataba, efectivamente, de un contencioso entre los Estados Unidos y los Países Bajos sobre la soberanía territorial de la isla. Los Estados Unidos basaban su pretensión en la cesión por España, en virtud del artículo 3.º del Tratado de París de 1898, de todos los derechos que aquélla poseía en el Archipiélago Filipino; sostenían también que la anterior soberanía española sobre la isla se basaba en el descubrimiento. Los Países Bajos alegaban por su parte que la Compañía de las Indias Orientales estableció la soberanía holandesa sobre la isla en el siglo XVII. Y el árbitro comprobó que aunque la isla fue descubierta, efectivamente, por los españoles, no quedó la menor constancia del desembarco o de contacto alguno con los nativos y tampoco del ejercicio de actos de ejecución o administración; y que, por el contrario, la Compañía de las Indias Orientales estaba investida de poderes públicos para la adquisición y administración de las colonias y que la soberanía fue ejercida en nombre de los Países Bajos durante los siglos XVIII y XIX. El árbitro estimó en el fallo que el descubrimiento por España no dio lugar más que a un *inchoate title* y

---

[2] CIJ, *Recueil,* 1953, pp. 47 ss.

[3] S. BASTID, «Les problémes territoriaux dans la jurisprudence de la Cour Internationale de Justice», en *R. des C.,* 1962 (III), vol. 107, p. 450.

que la soberanía correspondía a los Países Bajos, que habían ejercido de manera efectiva funciones estatales en la isla[4].

El descubrimiento no pasa, por consiguiente, de constituir un *inchoate title,* cuyas consecuencias estribarían según OPPEHEIM-LAUTERPACHT en impedir durante un lapso de tiempo razonable la ocupación del territorio por otros Estados, pasado el cual el título se desvanecería[5].

Otro interesante modo originario de adquisición de la soberanía territorial es la *accesión,* es decir, la aparición de masas terrestres incorporadas a las ya existentes, que tiene lugar bien de modo artificial (obra del hombre), bien de modo natural (en virtud de procesos geológicos, como el aluvión, delta y formación de islas). La soberanía sobre estas masas terrestres se adquiere *ipso facto* por el Estado soberano del territorio principal, en aplicación del principio *accesorium sequitur principale,* sin necesidad de proclamación alguna. Un supuesto de aluvión marítimo que beneficia a España, además de a Marruecos, es la lengua de arena que se ha consolidado entre el Peñón de Vélez de la Gomera y la costa continental africana, cuya soberanía hay que entender que corresponde por partes iguales a los dos Estados, toda vez que el pequeño istmo ha venido a formarse en aguas que antes eran mar territorial de uno y otro país, y semejante espacio marítimo se delimita, según veremos, por la línea media o equidistante.

c) Entre los *modos derivativos* de adquisición de la soberanía territorial hay que referirse a la cesión, conquista y prescripción.

De cesiones por título convencional hay muchos precedentes en el Derecho Internacional, bien en tratados de paz, bien incluso a título oneroso mediante contrapartidas que pueden incluso llegar hasta el pago de un precio en dinero, como fue el caso del Tratado firmado en Madrid el día 30 de junio de 1899 entre España y Alemania, por el que la primera cedía a la segunda la soberanía sobre las Islas Carolinas, Marianas y Palao a cambio de una indemnización pecuniaria de 25 millones de pesetas[6]. En todo caso, a la cesión debe seguir el ejercicio por el adquirente de funciones estatales, pues sólo entonces se adquiere realmente la soberanía territorial. En este sentido ha dicho el Tribunal de La Haya que la soberanía sobre el territorio cedido continúa en el anterior soberano hasta que se verifique «la completa desaparición de todo vínculo político con el Estado cedente, aunque el tratado relativo a la cesión hubiera entrado en vigor»[7].

La conquista, como medio de adquisición de la soberanía territorial, tuvo gran importancia en el Derecho Internacional clásico, cuando la guerra estaba permitida al ser una función natural del Estado y una prerrogativa de su soberanía. Sin embargo, ya en las postrimerías de esta concepción del Derecho Internacional cambió la consideración de la conquista como modo de adquirir el territorio, al compás de la nueva conceptuación de la guerra. Así, el 7 de enero de 1932, el a la sazón Secretario de Estado norteamericano H. STIMSON dirigió una nota verbal

---

[4] *Rec. Sent. Arb. N.U.,* vol. II, pp. 828 ss.

[5] OPPENHEIM-LAUTERPACHT, *International Law. A Treatise,* vol. I, Londres, 1948, p. 510.

[6] Véase en L. GARCÍA ARIAS, *Corpus Iuris Gentium,* Zaragoza, 1968, pp. 342 ss.

[7] CPJI, *Serie A*, n.º 7, p. 30.

a China y Japón manifestando que Estados Unidos no reconocía la ocupación por la fuerza del territorio de Manchukuo que Japón había efectuado en la guerra contra China, toda vez que la situación contravenía el Pacto general de renuncia a la guerra o Pacto Briand-Kellog de 27 de agosto de 1928 (ver el epígrafe 64.1). Es ésta la llamada desde entonces *doctrina Stimson*, que en la década de los años treinta fue aplicada de modo sistemático. Y lógicamente, la conquista está repudiada en el Derecho Internacional Contemporáneo, toda vez que éste prohíbe el recurso a la amenaza y uso de la fuerza conforme al párrafo 4.º del artículo 2 de la Carta de las Naciones Unidas, según veremos al hablar del *ius ad bellum*. Es muy explícita en este sentido la Declaración de Principios de la Asamblea General contenida en la resolución 2.625 (XXV), de 24 de octubre de 1970, cuando, en el contexto del principio de proscripción del uso y amenaza de la fuerza, dice:

> El territorio de un Estado no será objeto de ocupación militar derivada del uso de la fuerza en contravención de las disposiciones de la Carta. El territorio de un Estado no será objeto de adquisición por otro Estado derivada de la amenaza o uso de la fuerza. No se reconocerá como legal ninguna adquisición territorial derivada de la amenaza o el uso de la fuerza.

Señalemos que el Consejo de Seguridad de las Naciones Unidas ha aplicado en varias ocasiones semejante doctrina. Así, por ejemplo, la resolución 242, de 22 de noviembre de 1967, declaró nula e ineficaz la adquisición por Israel, tras la guerra de los Seis Días, de la ciudad vieja de Jerusalén, Cisjordania, Franja de Gaza, Altos del Golán y Península de Sinaí (aunque esta última fue devuelta a soberanía egipcia tras el acuerdo de *Camp David* de 1977). Por su parte, la resolución 662, de 9 de agosto de 1990, estableció que la anexión de Kuwait por Irak carece de fundamento jurídico y es nula.

Entre los modos derivativos de adquirir la soberanía territorial se ha hablado por fin de la *prescripción*[8]. En tal supuesto el territorio ha pertenecido en un principio y de manera indiscutible a un Estado, pero otro Estado habría adquirido la soberanía por el ejercicio efectivo de funciones estatales durante cierto tiempo. A diferencia de los regímenes de Derecho privado sobre los modos de adquisición de la propiedad, tal lapso de tiempo no se puede cuantificar y habría de ser apreciado según criterios flexibles que tuviesen en cuenta las circunstancias del caso. De todos modos, la prescripción sí requeriría la ausencia de todo tipo de protesta por el anterior soberano —es decir, la aquiescencia—, por lo que la efectividad de las funciones estatales sería requisito necesario, aunque no único. Y en estas condiciones cabe hacerse la pregunta de si es útil y tiene valor autónomo semejante construcción de la prescripción como modo de adquirir la soberanía territorial, dado que el fenómeno contemplado estaría cubierto por el principio de la efectividad unido a la falta de protesta o aquiescencia.

Un supuesto en el que planea la figura de la prescripción —o, mejor, la ocupación efectiva seguida de aquiescencia del anterior soberano— es el de la controversia sobre el istmo que separa la ciudad, puerto y peñón de Gibraltar del resto de la Península Ibérica. Si, como dijimos en su momento, los primeros fueron

[8] D. H. N. JOHNSON, *op. cit.*; PINTO, *op. cit.*

cedidos convencionalmente por España a Inglaterra en virtud del Tratado de Utrecht de 13 de julio de 1713, el istmo fue objeto de ocupación ulterior por los británicos. La cuestión de si España ha prestado su aquiescencia a tal ocupación es objeto de apreciación diferente por cada uno de los gobiernos en liza: el inglés entiende que sí, el español sostiene que no.

d) Hemos comprobado la importancia del principio de la efectividad en todas las manifestaciones de adquisición de la soberanía territorial. Pero la jurisprudencia, al apreciar las condiciones de aplicación de tal principio en cada caso concreto, lo ha modulado teniendo en cuenta el principio complementario de «relatividad de la efectividad». Según este último principio, la intensidad del ejercicio de las funciones estatales debe ser apreciada sobre la base de las circunstancias del caso concreto[9]. Así, en el *asunto de Groenlandia Oriental* entre Dinamarca y Noruega, el Tribunal de La Haya declaró que en el supuesto de territorios débilmente ocupados no cabría exigir la misma manifestación del ejercicio de derecho soberanos que en el caso de territorios ocupados permanentemente por una población numerosa. Y en dicho litigio, el Tribunal afirmó la soberanía de Dinamarca sobre el territorio tomando en consideración, entre otras razones, el carácter ártico y no accesible de las regiones no colonizadas de Groenlandia, así como la falta de pretensión de la soberanía noruega antes del año 1931[10]. Del mismo modo, en la sentencia de 20 de junio de 1959 en el *caso relativo a la soberanía sobre ciertas parcelas fronterizas,* entre Bélgica y Holanda, el Tribunal de La Haya, partiendo de la existencia de un título convencional determinante de la soberanía a favor de Bélgica, negó que ciertos actos administrativos holandeses realizados sobre un territorio permitiesen desplazar una soberanía establecida por vía de tratado. La sentencia fue, pues, favorable a Bélgica[11]. Comentando esta sentencia, ha dicho la profesora BASTID que para el Tribunal la adquisición de la soberanía territorial contraria a un título supone circunstancias muy particulares y condiciones mucho más rigurosas que cuando el ejercicio de funciones estatales permite adquirir por ocupación e incluso consolidar un título imperfecto; la comparación con la sentencia dictada en el *caso de las Islas Minquiers y Ecreheous* es particularmente reveladora a este respecto[12]. En la sentencia de 17 de diciembre de 2002 (*asunto relativo a la soberanía sobre Palau Ligitan y Palau Sipadan, Indonesia contra Malasia*) el mismo Tribunal se apoyó en el principio de la efectividad para atribuir la soberanía sobre esas dos pequeñas islas a Malasia; principio cuya aplicación moduló con la doctrina de la relatividad de la efectividad, dado que se trataba de islas de extensión reducida, deshabitadas o no permanentemente habitadas[12 bis]. El principio de relatividad de la efectividad recibió nueva aplicación en el *asunto de la controversia territorial y marítima entre Nicaragua y Honduras en el Mar Caribe*, resuelto por sentencia del Tribunal Internacional de Justicia de 8 de octubre de 2007. En efecto, el Tribunal atribuyó a Honduras la soberanía sobre determinadas islas en base a unas efec-

[9] M. SOERENSEN, «Principes de Droit International Public», *R. des C.,* 1960, vol. 101, p. 101.
[10] CPJI, *Serie A/B,* n.º 53.
[11] CIJ, *Recueil,* 1959, pp. 209 ss.
[12] S. BASTID, *op. cit.* en nota 3, p. 465.
[12 bis] CIJ, *Recueil*, 2002, párrafos 134 ss.

tividades relativamente modestas, pero demostrativas de la intención y voluntad de este último país de actuar en calidad de soberano, efectividades que no habían suscitado ninguna protesta de parte de Nicaragua[12 ter]. La doctrina de la relatividad de la efectividad se recoge también en los párrafos 80 y siguientes de la sentencia dictada por el mismo Tribunal el 19 de noviembre de 2012 en el asunto de la *Controversia territorial y marítima (Nicaragua c. Colombia).* Consideración de interés en este orden de cosas es la que hace el Tribunal en el párrafo 80 de su sentencia de 18 de diciembre de 2015 (*Ciertas actividades realizadas por Nicaragua en la región fronteriza. Costa Rica c. Nicaragua; y construcción de una carretera por Costa Rica a lo largo del Río San Juan, Nicaragua c. Costa Rica*). Allí se dice, en efecto, que las efectividades no pueden afectar al título resultante de un tratado y de sentencias arbitrales.

e) Señalemos, para completar este sucinto análisis de la adquisición de la soberanía territorial, que en algunos contenciosos fronterizos prevalecen incondicionalmente los títulos sobre el principio de la efectividad. Se trata de las controversias sobre límites entre Estados de reciente independencia como resultado del proceso de descolonización. Tales controversias son indiscutiblemente y en último análisis de soberanía territorial, mas a ellas se les aplica el principio llamado del *uti possidetis iuris*; principio que impone el respeto de los límites, internos o internacionales, establecidos en títulos procedentes de la época colonial. Así, en el *caso de la controversia fronteriza terrestre, insular y marítima* entre El Salvador y Honduras, resuelto por sentencia de 11 de septiembre de 1992, el Tribunal de La Haya aplica el principio *uti possidetis* tanto para la indagación del título territorial como para el emplazamiento de las fronteras[13]. De este último aspecto nos ocuparemos con algún detalle en el apartado 37 siguiente, pero lo que queremos aclarar ahora es que a los contenciosos de la índole mencionada sólo ante la inexistencia o imprecisión de los títulos les es de aplicación el principio de efectividad. En su sentencia de 22 de diciembre de 1986 (*caso de la controversia fronteriza entre Burkina Faso y la República de Malí*), una Sala del Tribunal de La Haya, que aplicó el *uti possidetis iuris,* hubo de enfrentarse con los problemas suscitados por la relación de este principio con el de la efectividad. Y la Sala, tras admitir que el papel desempeñado por este último principio en el asunto era complejo, distinguió al efecto varias eventualidades. «En el caso —dijo— de que el hecho corresponda exactamente al derecho, en que una administración efectiva se añada al *uti possidetis iuris,* la "efectividad" no interviene en realidad más que para confirmar el ejercicio del derecho nacido del título jurídico. En el caso de que el hecho no corresponda al derecho, en que el territorio objeto de la controversia sea administrado efectivamente por un Estado distinto al que posee el título jurídico, se debe dar preferencia al beneficiado por el título. En la eventualidad de que la "efectividad" no coexista con ningún título jurídico, se la debe tomar inevitablemente en consideración. Existen por fin casos en que el título jurídico no es capaz de hacer aparecer de manera precisa la extensión territorial sobre la

---

[12 ter] CIJ, *Recueil*, 2007, párrafos 174 ss.
[13] CIJ, *Recueil,* 1992, pp. 386 ss.

que versa. Las "efectividades" pueden entonces desempeñar un papel esencial para indicar cómo se interpreta el título en la práctica»[14]. Así pues, para la Sala del Tribunal de La Haya, y en el contexto de la aplicación del *uti possidetis iuris,* el principio de efectividad confirma el título si concuerda con él; debe ser tomado en consideración a falta de título; desempeña un papel esencial ante la imprecisión del mismo; pero no puede prevalecer sobre el título. La función de la efectividad aparece, por tanto, como residual. Estamos ante un interesante desarrollo jurisprudencial en materia de atribución de la soberanía territorial, que ha arrojado luz diáfana en el tema de las relaciones entre el principio de la efectividad y del *uti possidetis iuris*. Añadamos que en sentencia de 12 de julio de 2005 una Sala del Tribunal ha vuelto a aplicar el repetido principio en el *asunto de la controversia fronteriza (Benin/Níger)* y ello tanto en lo concerniente al trazado de la frontera entre los dos países como en lo relativo a la soberanía sobre determinadas islas situadas en el río Níger. Un punto interesante de la sentencia es el que atañe a la delimitación de la soberanía territorial en dos puentes sobre el mencionado río construidos en un sector fronterizo. Esa delimitación nada tenía que ver con el principio *uti possidetis,* dado que la construcción de los puentes se efectuó extinguido el período colonial, por lo que la Sala aplicó el criterio de la extensión vertical y hacia arriba de la frontera existente en el propio río[15]. Este criterio de delimitación parece equitativo. Por lo demás, en la sentencia arriba citada de 11 de septiembre de 1992, sobre la controversia entre El Salvador y Honduras, el Tribunal Internacional de Justicia ha aplicado el principio *uti possidetis* a la cuestión de la soberanía sobre espacios marinos.

Nota importante a señalar en relación con el principio *uti possidetis* es que su aplicación requiere que las autoridades coloniales centrales hayan procedido en su momento a una delimitación entre las provincias o circunscripciones concernidas. Ello es lógico, y así lo dijo muy claramente el Tribunal Internacional de Justicia en la sentencia de 8 de octubre de 2007 dictada en el *asunto de la controversia territorial y marítima entre Nicaragua y Honduras en el Mar Caribe*[16]. En esa decisión, el Tribunal no pudo atribuir las islas en disputa a ninguno de los Estados contendientes sobre la base del principio *uti possidetis iuris* porque no se había demostrado que, antes de su independencia, la Corona española las hubiese asignado a una u otra de las respectivas provincias coloniales. Como hemos dicho líneas atrás, el Tribunal debió zanjar la cuestión tomando en consideración el principio de las efectividades poscoloniales (por más que se tratase de efectividades de orden menor), punto de apoyo que benefició a Honduras.

Interesa en fin recalcar que según ha declarado el Tribunal de La Haya en la sentencia mencionada en el párrafo anterior, el principio *uti possidetis iuris* es aplicable en principio para la delimitación de las bahías históricas y mares territoriales.

---

[14] CIJ, *Recueil,* 1986, pp. 586-587. Véase M. SHAW, *Title to Territory in Africa,* Oxford, 1986; y L. I. SÁNCHEZ RODRÍGUEZ, «*Uti possidetis:* la reactualización jurisprudencial de un viejo principio [a propósito de la sentencia del TIJ (Sala) en el asunto Burkina Fasso/República de Malí]», en *R.E.D.I.,* 1988-2, pp. 121 ss.

[15] CIJ, *Recueil,* 2005, pp. 90 ss.

[16] CIJ, *Recueil,* 2007, párrafos 158 ss.

37. LAS FRONTERAS Y LAS RELACIONES DE VECINDAD. LA COOPERACIÓN TRANSFRONTERIZA

a) Las características de plenitud, exclusividad e inviolabilidad de la soberanía territorial hacen imperiosa la necesidad de señalar con exactitud el contorno espacial donde aquella se ejerce; es decir, la determinación de las fronteras. Bien entendido que dado el sentido amplio del territorio del Estado, que comprende no sólo la tierra firme, sino también, el espacio aéreo y las aguas sometidas a soberanía, las fronteras son hoy algo más que una línea. Constituyen realmente un plano vertical que se levanta por encima de la tierra firme o de las aguas objeto de la soberanía territorial, descendiendo también por debajo de la superficie de éstas.

La determinación precisa de las fronteras tiene lugar a través de un proceso complejo, que comprende las operaciones siguientes: elección de principios generales, trazado de los límites sobre un mapa y demarcación en el terreno.

En cuanto a los principios generales, los tratados sobre fronteras contienen referencias a los siguientes: delimitación mediante las crestas más elevadas de las montañas y picos, la línea central del río en las vías de agua no navegables, el *thalweg* o línea de mayor profundidad en los ríos de carácter navegable, la línea media en los lagos, etc. Otras veces se escogen líneas astronómicas, como meridianos y paralelos.Y tratándose de Estados surgidos de la descolonización, ha sido común la adopción del principio *uti possidetis,* que tiene en cuenta los límites de las divisiones administrativas internas o internacionales establecidas por la potencia colonial. Tal principio está firmemente arraigado en Hispanoamérica, en donde se han respetado las divisiones administrativas de la Corona española. Y en este siglo el principio ha pasado a los Estados africanos surgidos de la descolonización. Concretamente, en la primera sesión ordinaria de la Asamblea de Jefes de Estado y de Gobierno de la Organización de la Unidad Africana, se adoptó una declaración conforme a la cual «todos los Estados miembros se comprometen a respetar los límites existentes en el momento de la consecución de la independencia nacional»[1]. Es importante agregar que en el *caso de la controversia fronteriza entre Burkina Faso y la República del Malí,* una Sala del Tribunal Internacional de Justicia, en sentencia de 22 de diciembre de1986, ha entendido que en la determinación de las fronteras internacionales de antiguas delimitaciones administrativas establecidas durante la época colonial, el concepto del *uti possidetis iuris* es un principio de alcance general vinculado a la descolonización, donde quiera que se produzca, y cuyas finalidades son precisamente pacificadoras. Rindiendo elocuente y justo homenaje a la contribución de la América hispana a la formación del principio, el Tribunal de La Haya ha dicho concretamente:

> Puesto que, como se ha señalado, las dos Partes han solicitado expresamente a la Sala que dirima su controversia sobre la base, particularmente, del «principio de intangibilidad de las

---

[1] *Doc. AHG/Res.* 16/1 de la OUA.

fronteras heredadas de la descolonización», la Sala no puede ignorar el principio del *uti possidetis iuris,* cuya aplicación tiene justamente por consecuencia el respeto de las fronteras heredadas. Aunque a los fines del presente caso no sea necesario demostrar que se trata de un principio de Derecho Internacional bien establecido en materia de descolonización, la Sala desea recalcar su alcance general, en razón a la importancia excepcional que reviste para el continente africano y también para las dos partes. Conviene observar a este propósito que el principio del *uti possidetis* parece haber sido invocado y aplicado primeramente en la América española, habida cuenta de que es en este continente donde se ha asistido por vez primera al fenómeno de una descolonización que comporta la formación de una pluralidad de Estados soberanos en un territorio que había pertenecido anteriormente a una sola metrópoli. Sin embargo, este principio no reviste el carácter de una regla particular, inherente a un sistema determinado del Derecho Internacional. Constituye un principio general, ligado lógicamente al fenómeno de la accesión a la independencia, donde quiera que se manifieste. Su finalidad evidente es evitar que la independencia y la estabilidad de los nuevos Estados sean puestas en peligro por luchas fraticidas nacidas de las disputas fronterizas tras la retirada de la potencia administradora[1 bis].

En lo que se refiere a la segunda operación —trazado de los límites sobre un mapa— puede hacerse bien en el propio tratado, al que se incorpora el mapa como anexo, bien posteriormente por una Comisión de Límites establecida en el propio tratado.

Finalmente, la demarcación del terreno se realiza de manera contradictoria por una Comisión de Límites o por las autoridades locales. La demarcación se hace constar por señales visibles, como el amojonamiento[2].

b) Rasgo importante a destacar de las fronteras desde el punto de vista jurídico, y que se explica políticamente por el deseo de evitar los potencialmente peligrosos conflictos al respecto, es el de su *estabilidad,* nota que se manifiesta muy particularmente en las fronteras creadas por tratado. Puede afirmarse, en efecto, que una vez establecidas por tal vía, las vicisitudes que pueda sufrir el tratado no afectan a las fronteras; éstas adquieren una vida independiente de la del tratado y no están sujetas a la suerte de éste. Así, en primer lugar, y como ya sabemos, no cabe invocar el cambio fundamental de las circunstancias como causa de terminación de un tratado que establezca una frontera (art. 62 de la Convención de Viena de 1969 sobre Derecho de Tratados). En segundo lugar, y como también sabemos, una sucesión de Estados en un tratado no afecta a una frontera establecida por ese tratado (art. 11 de la Convención de Viena de 1978 sobre sucesión de Estados en materia de tratados que recoge lo resultante de la jurisprudencia internacional y la práctica interestatal). Finalmente, tampoco afecta a la frontera la eventual terminación del tratado. Sobre este último punto ha sido muy claro el Tribunal Internacional de Justicia en su sentencia de 3 de febrero de 1994 (*Asunto de la controversia territorial, Jamahiria Árabe de Libia contra Chad*). Habiendo determinado el Tribunal que la frontera entre los dos países era la establecida por el tratado de 10 de agosto de 1955 entre Libia y Francia (de la que Chad es Estado sucesor) y habiendo comprobado que de acuerdo con sus disposiciones

---

[1 bis] CIJ, *Recueil,* 1986, p. 565.

[2] Sobre las fronteras españolas véase: J. M. CORDERO TORRES, *Fronteras Hispánicas, Geografía, Historia, Diplomacia y Administración,* Madrid, 1960, y J. R. REMACHA, «La Frontera Pirenaica», en *Anuario de Derecho Internacional,* Universidad de Navarra, vol. III, 1975, pp. 251 ss. Sobre las fronteras en general, K. H. KAIKOBOAD, «Some observations on the doctrine of continuity and finality of boundarys», en *B.I.B.Y.L.*, 1983, pp. 119 ss.

el tratado era denunciable tras veinte años de vigencia, sienta el principio de la estabilidad de las fronteras con las siguientes palabras:

> No obstante estas disposiciones se debe considerar, a juicio del Tribunal, que el tratado ha establecido una frontera permanente. Nada indica en el tratado de 1955 que la frontera establecida sea provisional o transitoria; la frontera presenta por el contrario todas las marcas de definitiva. El establecimiento de esta frontera es un hecho que, desde el principio, ha tenido una existencia jurídica propia, independiente de la suerte del tratado de 1955. Una vez convenida, la frontera permanece, pues cualquier otro enfoque privaría de efecto al principio fundamental de la estabilidad de las fronteras, cuya importancia ha sido subrayada repetidamente por el Tribunal[2 bis].

c) Sin embargo, el trazado de una frontera entre dos Estados no logra romper la interdependencia de hecho que, por la fuerza de las cosas, existe inevitablemente entre dos regiones vecinas y en general entre los territorios contiguos de dos Estados limítrofes. Surgen así una serie de problemas importantes que se engloban por la doctrina bajo la denominación genérica de «relaciones de vecindad». Algunos autores se han referido a esta realidad hablando de «frontera zona» como noción distinta de «frontera límite». Sin entrar en la polémica doctrinal suscitada al respecto digamos que la expresión de «frontera zona» no tiene unos perfiles jurídicos precisos pero que sí sirve, en cambio, para delimitar los contornos geográficos del sector en que tienen lugar las relaciones de vecindad.

Los problemas que se hacen entrar en las relaciones de vecindad son de un doble orden. En unos casos, efectivamente, las relaciones de vecindad determinan cortapisas en el ejercicio de la soberanía territorial, de modo que su proyección jurídica adquiere rasgos marcadamente limitativos, prohibitivos. En otros casos, las relaciones de vecindad comportan manifestaciones intensas de cooperación a nivel internacional, y su proyección jurídica, materializada fundamentalmente en acuerdos internacionales, tiene una naturaleza muy distinta.

d) En lo que atañe al primer aspecto de las relaciones de vecindad —la de carácter limitativo de la soberanía— surge el problema de si el Derecho Internacional General contiene reglas similares a la que en los Derechos civiles internos regulan las relaciones entre fundos vecinos. Si en los ordenamientos estatales el propietario de un fundo debe abstenerse de toda utilización o aprovechamiento abusivo que pueda reportar perjuicios graves e injustificados en el fundo vecino, se suscita la cuestión en Derecho Internacional de si un Estado debe abstenerse de realizar en el territorio de que es soberano actos que puedan causar perjuicios sustanciales en el territorio del Estado limítrofe. La cuestión se plantea especialmente en relación con los cursos de agua internacionales y el estudio del tema lo haremos en el lugar correspondiente de este libro[3]. Veremos allí, efectivamente,

---

[2 bis] CIJ, *Recueil,* 1994, p. 37.

[3] Véase el apartado 41.2. Sobre las relaciones de vecindad, véase especialmente: J. ANDRASSY, «Les rélations internationales de voisinage», en *R. des C.,* 1951, vol. 79, pp. 77 ss.; C. CURTI GIALDINO, «Osservazioni sulla disciplina generale dei rapporti internazionali di vicinato», en el libro *Studi in onore di Manlio Udina,* t. I, Milán, 1957, pp. 247 ss.; I. POP, *Voisinage et bon voisinage en Droit International,* París, 1980; y el libro editado por la Asociación española de profesores de Derecho Internacional y Relaciones Internacionales, *Las relaciones de vecindad*, Bilbao, 1987.

que estos cursos de agua constituyen «recursos naturales compartidos» y que esta idea supone limitaciones a la soberanía territorial.

De otro lado, en el importante ámbito de la protección del medio ambiente, se plantea el problema de hasta qué punto las actividades que se desarrollan en el territorio de un Estado han de ser respetuosas con los derechos e intereses legítimos de personas que se encuentran en el territorio de otro Estado. La cuestión se planteó en el caso de la *Fundición Trail.* Se trataba de una fábrica sita en Canadá, en las inmediaciones de la frontera con los Estados Unidos, que despedía grandes humos en perjuicio de agricultores norteamericanos. Sometido el asunto a arbitraje, el Tribunal, en sentencia de 11 de marzo de 1941, declaró que Canadá había incurrido en responsabilidad internacional, porque

> de acuerdo con los principios de Derecho Internacional, así como de conformidad con el Derecho de los Estados Unidos, ningún Estado tiene el derecho de utilizar su territorio o de permitir que se utilice de manera que los humos provoquen un perjuicio en el territorio de otro Estado o a las propiedades o personas que en él se encuentran, si se trata de consecuencias serias y el perjuicio ha sido demostrado por pruebas claras y convincentes[4].

Y la conclusión que cabe obtener de esta sentencia arbitral, y de otros precedentes de la práctica y jurisprudencia internacional, en particular de los relativos a los cursos de agua internacionales, refuerza la idea expuesta al tratar de la soberanía territorial, de que ésta, aún siendo exclusiva, no es ilimitada. Precisamente, las exigencias de la buena vecindad imponen una limitación nítida: no caben utilizaciones del territorio que causen perjuicios sustanciales en el territorio de otros Estados. Y esta conclusión cobra especial valor de cara al desarrollo progresivo del Derecho Internacional en una época, como la nuestra, en que el medio ambiente está particularmente amenazado. En este orden de ideas adquiere pleno sentido el Principio 21 de la Declaración de Estocolmo sobre el medio ambiente, así redactado:

> De conformidad con la Carta de las Naciones Unidas y con los principios de Derecho Internacional, los Estados tienen el derecho soberano de explotar sus propios recursos en aplicación de su propia política ambiental, y la obligación de asegurar que las actividades que se lleven a cabo dentro de su jurisdicción o bajo su control no perjudican al medio de otros Estados o de zonas situadas fuera de toda jursidicción nacional.

En idénticas ideas se inspira el Acta Final de Helsinki, adoptada en 1975 por la Conferencia de Seguridad y Cooperación en Europa, cuando señala la necesidad de intensificar la cooperación bilateral, subregional y regional para conseguir acuerdos de protección del medio ambiente.

e) Pero las relaciones de vecindad no presentan únicamente esta vertiente limitativa de la soberanía territorial, sino que ofrecen también una interesante dimensión positiva de cooperación internacional, articulada por diversos cauces, y que recibe el nombre de «cooperación transfronteriza».

Y hay que señalar que esta manifestación de la cooperación internacional, tendente a la solución de los problemas causados por el hecho fronterizo —tráfico

[4] *Rec. Sent. Arb. N. U.*, vol. III, pp. 1965 ss.

de personas, en especial trabajadores; regímenes de control policial y aduanero; comunicaciones por carretera y ferrocarril; explotación de determinados recursos, etc.— no sólo se realiza en nuestros días a nivel interestatal, es decir, por acuerdos entre Estados, sino también a nivel regional y local, esto es, por acuerdos o entendimientos entre colectividades de esta índole. Y habida cuenta de la importancia que tiene hoy en Europa la cooperación transfronteriza regional y local y a fin de favorecerla y racionalizarla se concluyó, en el seno del Consejo de Europa, el día 21 de mayo de 1980, la *Convención-marco europea sobre cooperación transfronteriza entre autoridades y colectividades territoriales.* Señalemos que por tratarse de un acuerdo-marco la Convención no pasa de la enunciación de unos principios generales y del ofrecimiento de una amplia gama de modelos de acuerdos interestatales e interlocales. Digamos también que España ha ratificado el Convenio-marco en 1990[5], aun subordinando su aplicación efectiva a la celebración de acuerdos interestatales con la otra parte interesada. El día 10 de marzo de 1995 España y Francia firmaron en Bayona el tratado sobre cooperación transfronteriza entre entidades territoriales, en vigor desde el 24 de febrero de 1997. En cualquier caso, el Real Decreto 1.317/1997, de 1 de agosto, condiciona la producción de efectos en España de los convenios de cooperación transfronteriza suscritos por Comunidades Autónomas y entidades locales al amparo del Convenio Marco Europeo u otros tratados, a la comunicación, previa a su firma, a la Administración General del Estado, concretamente a la Secretaría de Estado para las Administraciones Territoriales del Ministerio de Administraciones Públicas (*B.O.E.* de 29 de agosto de 1997). Dicha Secretaría puede objetar que el proyecto no respeta los límites del Convenio Marco o de otros tratados y, si no lo hace así en el plazo de un mes, se entenderá que no existen objeciones.

Antes de la entrada en vigor del Convenio de 1980 para nuestro país, Comunidades Autónomas españolas lindantes con los Pirineos —Cataluña, Aragón, País Vasco y Navarra— constituyeron junto con otras regiones francesas y Andorra, el 5 de noviembre de 1983, la llamada «Comunidad de Trabajo de los Pirineos», con sede en la ciudad aragonesa de Jaca, que, mediante los métodos de coordinación o concierto, no propiamente por la conclusión de acuerdos, intenta alentar la cooperación transfronteriza en la región[6]. El texto instituyente de la

---

[5] *B.O.E.* de 16 de octubre de 1990.

[6] Véase M. Bernad Álvarez de Eulate, *La coopération transfonteliere dans les régions pyrénéennes et la Convention-cadre européenne sur la coopération transfonteliere des collectivités on autorités territoriales,* Estrasburgo, Consejo de Europa, 1982; del mismo autor, «La Comunidad de Trabajo de los Pirineos en el contexto europeo de cooperación transfronteriza», en *R.E.D.I.,* 1984-2, pp. 469 ss.; y «La coopération tranfrontalière régionale et locale», en *R. des C.*, 1993, vol. 243, pp. 297 ss.; A. Remiro Brotons, «El territorio, la frontera y las comunidades fronterizas: reflexiones sobre la cooperación transfronteriza», en el libro *I Semana de Cuestiones Internacionales (Cátedra Alonso V de Aragón),* Zaragoza, 1981, pp. 193 ss.; G. Albiol Biosca, «Las relaciones entre entidades territoriales limítrofes en el marco del Convenio europeo de 21 de mayo de 1980», en el libro *Constitución, Comunidades Autónomas y Derecho Internacional,* Santiago de Compostela, 1982; C. Fernández de Casadevante, *La cooperación transfronteriza en el Pirineo: su gestión por las Comunidades Autónomas,* Bilbao, 1990; M. A. Clotet, *La cooperación internacional de los municipios en el marco del Consejo de Europa,* Madrid, 1992; y J. Pueyo Losa y M. T. Ponte Iglesias, «La aplicación del tratado hispano-portugués sobre la cooperación transfronteriza de 2002. La práctica de la Comunidad Autónoma de Galicia», en E. J. Martínez Pérez (coord.), *La adaptación de los organismos de cooperación transfronteriza por las Comunidades Autónomas,* Valladolid, 2006, pp. 99 ss.

Comunidad, firmado en Pau el día 5 de noviembre de 1983 no es, por supuesto, un tratado internacional (nunca podría serlo pues los participantes carecen del *ius ad tractatum*) y ni siquiera puede decirse que esté sometido a ordenamiento jurídico alguno. Se trata de un acuerdo de caballeros o *gentelmen's agreement* concluido entre entidades territoriales, basado en la buena fe, que no genera compromisos jurídicos sino de orden político y moral. La Comunidad de Trabajo de los Pirineos no pasa, pues, de ser una asociación de hecho, lo cual no le impide el desempeño de un interesante papel de organismo de animación, de mecanismo de dinamización de la cooperación transfronteriza en la región pirenaica.

Debemos mencionar también la Comunidad de Trabajo Galicia-Región Norte de Portugal, creada por un acuerdo político o no normativo firmado el 31 de octubre de 1991 y revisado el 19 de mayo de 1999. Y al igual que en el caso de las relaciones de nuestro país con Francia, el 3 de octubre de 2002 se concluyó un tratado entre España y Portugal sobre cooperación transfronteriza entre entidades e instancias territoriales.

En cuanto a la posible incompatibilidad de la cooperación transfronteriza local con las competencias internacionales del Estado, queremos señalar que un simposio de profesores universitarios redactó en Jaca, bajo los auspicios del Consejo de Europa, el 31 de agosto de 1987, una «Declaración sobre los aspectos jurídicos de la cooperación tranfronteriza», y que en ella se pone énfasis particular en la idea de que los acuerdos entre autoridades regionales y locales «no afectan a las competencias del Estado en materia de relaciones internacionales en la medida en que no se sitúen en el nivel del Derecho Internacional, o bien estén desprovistos de efectos jurídicos (como es el caso de las declaraciones de intención), o bien establezcan obligaciones regidas por uno o varios Derechos internos»[7].

f) Tema que tiene que ver sin duda con las relaciones de vecindad es el relativo a los acuíferos y sistemas de acuíferos transfronterizos, de gran importancia en nuestros días al menos por tres razones: en primer lugar por la penuria e inmensa necesidad de agua dulce en el conjunto del planeta; en segundo lugar por la no existencia de un recurso alternativo a esa clase de agua; y en tercer lugar por el impacto de la utilización de los acuíferos en la protección y preservación del medio ambiente. Fue, pues, del todo acertada la decisión de la Comisión de Derecho Internacional de proceder al estudio de la cuestión, que si en un principio alcanzaba a otros recursos subterráneos compartidos como el gas y los hidrocarburos, desde 2006 se concentró en el tema de los acuíferos. En su sesión de 2008 la Comisión presentó un segundo proyecto de artículos y los principios básicos que en él se enuncian como punto de arranque de la regulación proyectada son los siguientes: la soberanía del Estado sobre la parte del acuífero que se encuentra en su territorio; la utilización de esa parte del acuífero de manera compatible con la exigencia de la distribución equitativa y razonable y el consiguiente

---

[7] Véase *Conseil de l'Europe, Symposium universitaire européen sur la coopération transfrontalière, Déclaration sur les principes juridiques de la coopération transfrontalière,* Estrasburgo, 1988. En el simposio participaron los siguientes profesores: D. Bardonnet (París, II), M. Bernad (Zaragoza), M. Bothe (Fráncfort), L. Condorelli (Ginebra), P. M. Dupuy (París II), A. Ch. Kiss (Estrasburgo) y J. A. Pastor (Complutense de Madrid).

deber de no causar daños sensibles a otros Estados del acuífero; la obligación de cooperar; y la necesidad de control, reducción y preservación del medio ambiente. En cuanto a cuál pueda ser el resultado final de este ejercicio discrepan los Estados en la Sexta Comisión de la Asamblea General. Si algunos abogan por una convención marco, los hay que prefieren una declaración de principios generales que sirva de guía en la celebración de acuerdos particulares, sin que falten los que se conformarían con la sola enunciación de unas directrices. En cualquier caso, la importancia de los intereses en juego hace prever un recorrido largo y espinoso a la tarea de codificar y desarrollar progresivamente el Derecho Internacional en la materia. Señalamos por lo demás algo obvio y es que el tema de la explotación de los acuíferos transfronterizos está en estrecha relación, fáctica y jurídica, con el de la utilización de los cursos de agua internacionales para fines distintos de la navegación[8]. Y añadamos que el hecho de que la Convención adoptada en 1997 sobre este último tema no haya entrado en vigor no hace sino acentuar la incertidumbre del resultado último de la labor codificadora de las Naciones Unidas en la cuestión de los acuíferos transfronterizos. Pero ello no quiere decir que la labor de la Comisión vaya a ser baldía. Todo lo contrario, porque sus trabajos harán salir a la luz variados problemas de orden jurídico a la vez que una serie de principios generales que puedan orientar la solución de esos problemas.

---

[8] Véase el apartado 41.2 de este libro. Y el trabajo de M. J. CERVELL HORTAL, «El Derecho Internacional y los recursos naturales compartidos», en *A.D.I.*, 2008, pp. 79 ss.

38. LAS COMPETENCIAS ESTATALES SOBRE LOS ESPACIOS MARÍTIMOS

El mar y los océanos han servido a la Humanidad, desde tiempos muy remotos, para diferentes usos: la comunicación y el comercio entre los pueblos, el descubrimiento y conocimiento del planeta, el despliegue de la potencia militar de los grupos políticos, la defensa de las costas y el territorio, la pesca y, mucho más tarde, el aprovechamiento de otros recursos económicos. Y a partir de los inicios de la sociedad internacional moderna, los Estados fueron precisando progresivamente a través de normas consuetudinarias cuáles eran sus respectivas competencias sobre los diversos espacios marítimos. Competencias de distinta naturaleza y articuladas mediante un esquema relativamente sencillo durante mucho tiempo, pues, en efecto, en el largo período del Derecho Internacional clásico el mar y los océanos se dividieron básicamente en dos espacios: un espacio de soberanía del Estado ribereño —el mar territorial— y un espacio común —el alta mar—, regido por el principio de libertad. En nuestra época, el incremento y diversificación de los usos del medio marino, impulsados por el crecimiento demográfico y económico y por el acelerado desarrollo de la tecnología, y los importantes intereses que los Estados tienen en ellos, así como la estrecha interrelación entre los distintos usos, han hecho mucho más compleja y diversificada la ordenación jurídica de los mares y océanos, y a la par que nuevos problemas han aparecido otros espacios marítimos, entre los que destacan la plataforma continental, la zona económica exclusiva, y la zona internacional de los fondos marinos.

De estos problemas y espacios vamos a ocuparnos en este largo apartado, no sin exponer antes las grandes líneas de la evolución del Derecho Internacional del Mar, desde los inicios de la sociedad internacional moderna hasta la importante Convención de las Naciones Unidas sobre el Derecho del Mar, adoptada y abierta a la firma en 1982. Convención a cuya luz examinaremos los temas, viejos y nuevos, del Derecho Internacional del Mar. Debemos añadir que existe una importante normativa española al respecto, que es la que figura en la ley de navegación marítima de 26 de julio de 2014 cuyas disposiciones se inspiran principalmente en la mencionada Convención de 1982 y que únicamente son aplicables en la medida en que no se opongan a ella y otros tratados internacionales y a las normas de la Unión Europea.

38.1. La evolución del Derecho del Mar. La III Conferencia de las Naciones Unidas sobre el Derecho del Mar y la Convención de 1982

a) En la evolución del Derecho Internacional del Mar podemos distinguir tres grandes fases: 1.ª) la que se extiende entre los inicios de la sociedad internacional moderna y el fin de la segunda guerra mundial; 2.ª) la que empieza en esta última fecha y dura aproximadamente hasta la mitad de la década de los años sesenta del siglo pasado; y 3.ª) la que comenzada en tales años culmina en 1982 con la adopción y apertura a la firma de la nueva Convención sobre el Derecho del Mar[1] y prosigue en la década de los años noventa siguientes.

En la primera fase prevalecieron los intereses de las comunicaciones y descubrimientos junto a otros de orden comercial, militar y colonial. Y en ella el régimen jurídico de los mares y océanos se articuló fundamentalmente sobre la distinción de dos espacios marítimos: el mar territorial y el alta mar o mar libre. El mar territorial tenía una extensión muy reducida, la exigida justamente por razones de seguridad de las costas y el territorio y tolerada por las grandes potencias marítimas, y en él el Estado ribereño ejercía soberanía, lo que le facultaba para reservar a sus nacionales el ejercicio de la pesca. Más allá del mar territorial se extendía el alta mar, regido por el principio de libertad, lo que favorecía los intereses de aquellas potencias. Se trataba, efectivamente, de un régimen inspirado en la salvaguarda de los intereses de los Estados poderosos, rasgo común por lo demás del Derecho Internacional clásico. Conviene señalar que durante esta larga fase, el Derecho Internacional del Mar tuvo carácter eminentemente consuetudinario. Es cierto que ya en sus postrimerías (1930) tuvo lugar en La Haya una Conferencia de plenipotenciarios auspiciada por la Sociedad de Naciones con el propósito, entre otros, de obtener un acuerdo general sobre la extensión del mar territorial. Pero la Conferencia no pudo alcanzar este objetivo aunque cabe considerar que, a partir de ella, la reducida extensión del mar territorial —tres millas náuticas—, impuesta por las grandes potencias marítimas, perdió carácter de norma indiscutida.

La segunda fase se inicia en 1945 —justamente en los albores del Derecho Internacional Contemporáneo— y en ella, junto a los intereses comerciales y militares, adquieren especial relieve los económicos. Los mares y océanos ofrecen, efectivamente, nuevas perspectivas de aprovechamiento a la comunidad internacional, pues si de una parte el crecimiento demográfico hace de la pesca una fuente importante de subsistencia de la población, de otra se descubren en la pla-

[1] Véase en general sobre la III Conferencia y la Convención de 1982: M. GIULIANO, *Lo Sviluppo e gli aspetti attuali del Diritto del Mare,* Cuadernos de la Cátedra «Dr. James Brown Scott», Valladolid, 1960; J. A. PASTOR RIDRUEJO, «Consideraciones sobre la III Conferencia de las Naciones Unidas sobre el Derecho del Mar», en *A.D.I.,* 1976, III, pp. 281-296; A. ARAMBURU MENCHACA, *La reforma del Derecho del Mar, en Symbolae, García Arias,* Zaragoza, 1976, pp. 223 ss.; ZACKLIN, *El Derecho del Mar en Evolución: La Contribución de los países americanos,* México, 1975; H. TONSSON, «The new Law of the Sea. Influence of the Latin American States on recent developments of the Law of the Sea», en *Proceedings of the Simposium on the Future of the Sea organized at Den Jelder By the Royal Neetherlands Naval College and the International Law Institute of Utrecht State University,* 26-27 june 1972, Nijhoff, La Haya, 1973; R. J. DUPUY, *The Law of the Sea, Current Problems,* Leyden, 1974; Societé française pour le Droit International, Colloque de Montpellier, *Actualités du Droit de la Mer,* Perone, París, 1973; Ministerio de Asuntos Exteriores, *III Conferencia de las Naciones Unidas sobre el Derecho del Mar,* Madrid, 1978; T. TREVES, *La Convenzione delle Nazione Unite Sul Diritto del Mare,* Milán, 1983; J. A. PASTOR RIDRUEJO, «La Convención de 1982 sobre el Derecho del Mar y los intereses de España», en el volumen *Cursos de Derecho Internacional de Vitoria-Gasteiz,* Bilbao, 1984, pp. 73 ss.; R. J. DUPUY y D. VIGNES, *Traité du Nouveau Droit de la Mer,* París, Bruselas, 1985; R. J. DUPUY y D. VIGNES (eds.), *A Handbook on the New Law of the Sea,* Académie de Droit International, Leyden, 1991; R. RIQUELME CORTADO, *España ante la Convención sobre el Derecho del Mar. Las declaraciones formuladas,* Murcia, 1990; y J. A. YTURRIAGA BARBERÁN, *Ámbitos de soberanía en la Convención de las Naciones Unidas sobre el Derecho del Mar. Una perspectiva española,* Madrid, 1993. La ley española de 2014 sobre navegación marítima en el *B.O.E.* de 27 de julio de 2014.

taforma continental recursos energéticos de gran importancia. Surgen así nuevas e importantes nociones, como la de los intereses especiales de los Estados ribereños respecto a la pesca en alta mar, y la de plataforma continental. Esta fase culmina con la adopción en Ginebra, dentro de la I Conferencia de las Naciones Unidas sobre el Derecho del Mar, de las cuatro Convenciones de 29 de abril de 1958: la de Mar Territorial y Zona Contigua; la de Plataforma Continental; la de Alta Mar; y la de Régimen de Pesca en Alta Mar. En esta Conferencia no se llegó sin embargo, a un acuerdo general sobre la extensión del mar territorial y, convocada a este efecto en 1960 la II Conferencia de las Naciones Unidas sobre el Derecho del Mar, tampoco en ella se pudo adoptar una regla general en la materia.

Queremos señalar que las Convenciones de 1958 estuvieron en vigor para algunos Estados, entre ellos España, que se adhirió a las mismas el día 25 de febrero de 1971[2].

Pero el régimen resultante de las convenciones de 1958 iba a sufrir enseguida el deterioro causado por la aceleración histórica de la época en que vivimos. Pues a mitad de la década de los años sesenta del siglo pasado, las Convenciones de 1958 empezaron a presentar síntomas manifiestos de envejecimiento, llegándose en diciembre de 1973 a la inauguración de la III Conferencia de las Naciones Unidas sobre el Derecho del Mar que, tras once períodos de sesiones, logró el día 30 de abril de 1982 la adopción de la Convención de las Naciones Unidas sobre el Derecho del Mar.

b) Con un telón de fondo siempre político, fueron factores económicos, estratégicos y tecnológicos los que desde la mitad de la década de los años sesenta determinaron la necesidad de una revisión amplia y profunda del Derecho Internacional del Mar[3]. Bien entendido que en la realidad estas tres categorías de factores no actúan aisladamente, sino que se cruzan e interpenetran, haciendo acto de presencia con mayor o menor fuerza en cada tema concreto. En todo caso, en un planteamiento político de conjunto no pueden entenderse los unos sin los otros. Y para apuntalar esta afirmación conviene referirse a la idea de solución paquete o *package deal* que presidió la elaboración de la nueva Convención sobre el Derecho del Mar. Como ha dicho LÉVY, «la intención de la comunidad internacional es tratar el conjunto de problemas para encontrarles una solución global, y ello a causa de la interrelación de los diferentes problemas y también en razón a una estrategia política, que tienda a preservar a las partes [...] el mayor margen de maniobra en el cuadro de las negociaciones»[4].

La idea del *package deal* está recogida en el «Acuerdo de Caballeros», aprobado por la Asamblea General e incluido como apéndice al Reglamento de la III Conferencia de las Naciones Unidas sobre el Derecho del Mar, según el cual:

---

[2] Véase *Multilateral Treaties Deposited with the Secretary General. Status as at 31 December 1994,* Nueva York, Naciones Unidas, 1995, pp. 831 ss.

[3] Véase QUENEUDEC, «La remise en cause du Droit de la Mer», en *Actualités du Droit de la Mer,* Pedone, París, 1973, pp. 14 ss., que también habla de factores económicos, estratégicos y tecnológicos.

[4] J. P. LÉVY, «Vers un nouveau Droit de la Mer», en *Révue Générale de Droit International Public,* 1975, n.º 4, p. 902. Véase la concepción estadounidense del *package deal* en *Tercera Conferencia de las Naciones Unidas sobre el Derecho del Mar, Documentos Oficiales,* vol. I, p. 179.

Teniendo presente que los problemas del espacio oceánico están estrechamente relacionados entre sí y deben considerarse como un todo, y la conveniencia de adoptar una Convención sobre el Derecho del Mar que logre la máxima aceptación posible.

La Conferencia debe hacer todos los esfuerzos posibles para que los acuerdos sobre los asuntos de fondo se tomen por consenso, y dichos asuntos no deberán someterse a votación hasta tanto no se hayan agotado todos los esfuerzos por llegar a un consenso[5].

c) En la necesidad de revisión del Derecho del Mar han influido en primer término *factores económicos*[6], siempre, desde luego, bajo una óptica política. Hay que recordar, en efecto, que tras el fin de la segunda guerra mundial, y especialmente después de 1960, el segundo gran proceso descolonizador de la historia supuso el acceso a la independencia de pueblos antaño sometidos a la dominación colonial y que hoy se han constituido en Estados independientes. Se trata de países en desarrollo que, impulsados muy legítimamente por el principio de la soberanía permanente sobre los recursos naturales, impugnaron un régimen —el resultante de las Convenciones de Ginebra de 1958— en cuya elaboración no intervinieron y que reputan contrario a sus intereses y aspiraciones. La ampliación del mar territorial a doce millas, y sobre todo el establecimiento de una zona económica exclusiva adyacente al mismo en que los Estados ribereños ejercerían derechos soberanos sobre los recursos vivos y no vivos del mar, del lecho y su subsuelo, son reivindicaciones que obedecen fundamentalmente a los factores económicos apuntados. Las reivindicaciones de los Estados sin litoral y de los Estados en situación geográfica desventajosa, así como las de los Estados archipelágicos, también responden en amplia medida a motivaciones económicas, si bien en las de estos últimos convergen asimismo intereses de seguridad y otros.

d) Han sido, en segundo lugar, factores puramente *estratégicos* los que han coadyuvado a un replanteamiento profundo del Derecho del Mar[7]. Factores que hundían sus raíces en la precaria situación de paz a nivel mundial, sostenida por el armazón de la llamada estrategia de la disuasión. Pues, efectivamente, las dos superpotencias, Estados Unidos y la Unión Soviética, y sus aliados militares en uno y otro bloque —la OTAN y el Pacto de Varsovia— necesitaban la mayor movilidad posible de algunos de sus efectivos bélicos, particularmente los submarinos termonucleares y la fuerza aérea. Y tal movilidad estaba obstaculizada por el Derecho en vigor, representado por normas consuetudinarias incorporadas a la Convención de Ginebra de 29 de abril de 1958 sobre mar territorial y zona contigua, que establece en los estrechos utilizados para la navegación internacional el régimen de paso inocente; régimen que no autoriza el paso de los submarinos en inmersión y que no permite el sobrevuelo de aeronaves militares. Pero como era justamente esto lo que más interesaba a las superpotencias y a sus aliados su

---

[5] *Documentos Oficiales de la III Conferencia de las Naciones Unidas sobre el Derecho del Mar,* vol. I, Doc. A/CONF. 62/SR 19.

[6] Véase E. PÉREZ VERA, «Los factores económicos en la revisión del Derecho del Mar», en el libro *La actual revisión del Derecho del Mar,* vol. I, Madrid, 1974, pp. 71 ss.

[7] Véase E. GOLMAYO, «Los factores estratégicos en el proceso de revisión del Derecho del Mar», en el libro *La actual revisión*, cit., pp. 113 ss., y J. GONZÁLEZ CAMPOS, «Navegación por el Mar territorial, incluidos los estrechos», ibíd., pp. 285 ss.

pretensión era instaurar un nuevo régimen de libre paso y sobrevuelo, como si los estrechos utilizados para la navegación internacional cubiertos por mar territorial fuesen corredores o pasillos de alta mar. Y también son factores estratégicos y de seguridad los que han incidido en la regulación de la investigación científica en la zona económica exclusiva, pues si las superpotencias y las grandes potencias marítimas están interesadas en un régimen lo más liberal posible, los Estados ribereños tercermundistas pretenden, por el contrario, la necesidad de autorización por parte del Estado costero.

e) En el proceso de revisión del Derecho del Mar encontramos en tercer lugar los factores *tecnológicos,* aunque como es obvio éstos no se presentan solos, sino vinculados a motivaciones económicas y siempre bajo un prisma político. En este orden de cosas hay que registrar que si el régimen convencional de 1958 tuvo en cuenta la posibilidad de explotar los recursos del suelo y subsuelo del mar en la plataforma continental —de un modo general hasta doscientos metros de profundidad—, hoy resulta posible el aprovechamiento de los recursos minerales que se encuentran en los fondos abisales de los océanos, esto es, a grandes profundidades y a largas distancias de la costa: los llamados nódulos polimetálicos. Se hacía así necesaria la regulación jurídica del aprovechamiento de los inmensos recursos de los fondos marinos más allá de la jurisdicción nacional, zona que fue declarada «patrimonio común de la humanidad» por la resolución de la Asamblea General de las Naciones Unidas 2.749 (XXV) adoptada el 17 de diciembre de 1970. Pero, respecto a dicha zona, se ha manifestado una profunda contraposición de intereses y actitudes entre los Estados en desarrollo y los Estados industrializados, contraposición que se ha traducido en distintas concepciones y articulaciones del concepto de «patrimonio común de la humanidad», y que cobra su auténtico sentido en el contexto del Nuevo Orden Económico Internacional al que aspira el Tercer Mundo[8].

f) También el medio ambiente en su conjunto puede ser considerado patrimonio común de la Humanidad[9], y en lo que respecta a la preservación del medio marino han convergido igualmente factores económicos y tecnológicos, pues si el crecimiento de la economía y el progreso de la tecnología están en la base del desarrollo industrial, éste es fuente importante de la contaminación de unos espacios que, como los mares y océanos, son cada vez más necesarios a la Humanidad.

g) La revisión del Derecho del Mar tuvo lugar en la III Conferencia de las Naciones Unidas sobre el Derecho del Mar, iniciada en 1973 y finalizada en 1982. Y nos parece interesante hacer ahora unas consideraciones sobre la Conferencia, empezando por sus antecedentes y preparación.

---

[8] Véase J. A. PASTOR RIDRUEJO, *La explotación de los fondos marinos más allá de la Jurisdicción Nacional,* Cuadernos de la Cátedra «James Brown Scott», Valladolid, 1975. Sobre la relación entre el Derecho del Mar y el Nuevo Orden Económico Internacional, véase M. A. MORRIS, «The New International Economic Order and the New Law of the Sea», en el volumen *The New International Economic Order,* Campus Verlag, Fráncfort, 1977, pp. 175 ss.

[9] A. CH. KISS, *Los principios generales del Derecho del Medio Ambiente,* Cuadernos de Cátedra, «James Brown Scott», Valladolid, 1975, pp. 111-115.

En la comunidad internacional existía acuerdo en cuanto a la necesidad de celebración de una nueva conferencia sobre el Derecho del Mar, pero había desacuerdo en lo que respecta a su alcance sustantivo, pues si los Estados desarrollados la querían de temario reducido, los pertenecientes a la gran mayoría que es el tercermundo —el llamado Grupo de los 77— la deseaban de temario global. Y tras intensos y espinosos debates fue esta última la fórmula que prosperó y, así, la Asamblea General adoptó el día 17 de diciembre de 1970 la resolución 2.750 C (XXV) en la que decide «convocar para 1973 [...] una conferencia sobre el Derecho del Mar que se ocuparía del establecimiento de un régimen internacional equitativo —incluido un mecanismo internacional— para la zona y los recursos de los fondos marinos y oceánicos y su subsuelo fuera de los límites de la jurisdicción nacional, de la definición precisa de la zona y *una amplia gama de cuestiones conexas*»; de hecho todas las que integran el Derecho Internacional del Mar. Y la preparación de la Conferencia se encargó a la ya existente Comisión de Fondos Marinos, cuya composición se amplió considerablemente, y que fue llamada Comisión Ampliada de Fondos Marinos.

h) La Comisión Ampliada de Fondos Marinos se reunió en seis períodos de sesiones entre 1971 y 1973 y en la primera de ellas aprobó el método del consenso para la adopción de sus decisiones; método que, sin embargo, podía ser sustituido en cualquier momento por una votación. Y es que los intereses de Estados desarrollados y Estados en desarrollo convergían en el consenso; los primeros eran plenamente conscientes de su posición minoritaria y sabían que una votación arrojaría resultados favorables a los segundos; el Tercer Mundo —articulado en el Grupo de los 77— tenía conciencia por su parte de que las decisiones adoptadas mediante votación, aunque verosímilmente serían favorables a sus puntos de vista, entrañarían el riesgo de que los Estados desarrollados no quisiesen en su día la celebración de la Conferencia o no aceptasen la Convención nacida de ella. Si se deseaba por todos los grupos de Estados un régimen que mereciese un asentimiento general y tuviese vocación de universalidad, resultaba necesario el compromiso, que sólo tras consultas y negociaciones podía conseguirse.

Hay que señalar también que la Comisión preparatoria era un órgano político y no técnico, ya que estaba integrada no por personas independientes sino por representantes de los Estados, que no exponían sus puntos de vista personales, sino los emanados de las instrucciones de sus Gobiernos. Las posibilidades de compromiso estaban así limitadas por la flexibilidad de dichas instrucciones y éstas no podían ser flexibles porque eran muchos y muy importantes los intereses en presencia, y los Estados no estaban dispuestos a sacrificarlos prematuramente. Y a todo esto hay que añadir que se trataba de una negociación global, presidida por la idea de la solución paquete o *package deal*[10].

Como resultado de todo ello, la Comisión preparatoria no pudo elaborar uno o varios proyectos de convención que sirviesen de base a los trabajos de la Conferencia. De hecho se limitó a preparar una lista de temas —laboriosamente

---

[10] Véase J. CUENCA ANAYA, «Antecedentes y preparación de la Conferencia sobre el Derecho del Mar», en el libro *La actual revisión*, cit., pp. 47 ss.

negociada—, a presentar propuestas de los Estados y en algunas cuestiones a someter proyectos de artículos aunque en forma alternativa en los puntos controvertidos, que eran numerosos e importantes[11]. Pero nada más.

i) La apertura de la Conferencia tuvo lugar a fines de 1973 y desde entonces hasta 1982 celebró once períodos de sesiones, algunos dobles, y también reuniones intersesionales de carácter informal. En el undécimo período de sesiones, se consiguió por fin la adopción de la Convención, que fue abierta a la firma en Montego Bay (Jamaica), el día 10 de diciembre de 1982.

En el segundo período de sesiones, celebrado en Caracas en el verano de 1974, la Conferencia adoptó su reglamento, en el que se instaura el consenso como método principal para la adopción de decisiones y la votación como método subsidiario, al que sólo es posible recurrir cuando se hayan agotado los esfuerzos para la consecución del consenso[12]. Las razones que militaron en favor de tal método son las ya expuestas al hablar de la Comisión preparatoria. Y hay que señalar que, aunque finalmente la Convención se adoptó por votación, en la Conferencia se negoció hasta el último momento bajo el espíritu del consenso y del *package deal* con vistas a llegar a un acuerdo general susceptible de aceptación universal. Y las negociaciones para alcanzarlo fueron largas y espinosas.

La larga duración y la extrema dificultad de las negociaciones obedecieron a causas eminentemente políticas, pues se trataba de una acomodación de intereses importantes y numerosos de todos los Estados que componen la Comunidad Internacional. Intereses importantes tanto en el aspecto económico como en el estratégico. E intereses numerosos ya que en la Conferencia se abordaron todas las cuestiones que de una u otra manera se relacionan con los múltiples usos que hoy brindan el mar y los océanos. Y la acomodación de intereses resultó sumamente compleja no sólo por la composición universal de la Conferencia, en la que han participado todos los Estados de la Comunidad Internacional, sino también por la aparición a lo largo de ella de abundantes grupos y contragrupos de intereses adversos con adscripciones heterogéneas[13]. Así, mientras en la cuestión de la explotación de los recursos de la zona internacional de los fondos marinos los grupos de intereses contrapuestos que tuvieron un protagonismo decisivo fueron el de los Estados desarrollados y el de los Estados en desarrollo —o Grupo de los 77—, en otras cuestiones, como por ejemplo, en la de la pesca dentro de la zona económica exclusiva, se contrapusieron otros dos grupos de intereses, el de los Estados costeros y el de los Estados sin litoral y en situación geográfica desventajosa, y tanto en uno como en otro Estados desarrollados y Estados en desarrollo hacían causa común. Del mismo modo, en el tema de la delimitación de la zona

[11] Véase *Informe de la Comisión sobre la utilización con fines pacíficos de los fondos marinos y oceánicos fuera de los límites de la jurisdicción nacional,* Asamblea General, Documentos oficiales; vigésimo quinto período de sesiones, Suplemento n.º 21 (A/8021); vigésimo sexto período de sesiones, Suplemento n.º 21 (A/8421); vigésimo séptimo período de sesiones, Suplemento n.º 21 (A/8721); vigésimo octavo período de sesiones, Suplemento n.º 21 (A/9021), vols. I, II, III, IV, V.

[12] Véase L. SOHN, «Voting Procedures in United Nations Conferences for the codification of International Law», en *American Journal of International Law,* vol. 69, abril 1975, pp. 333 ss. El Reglamento está en el Doc. A/CONF. 62/30.

[13] J. P. LÉVY, *Vers un nouveau,* cit. en nota 4, pp. 903 ss.

económica exclusiva y plataforma continental, surgieron dos grupos de intereses contrapuestos, el de los Estados favorables a la línea media o equidistante, y el de los Estados partidarios de los principios equitativos, estando integrado uno y otro por Estados costeros y Estados en situación geográfica desventajosa, y por Estados desarrollados y Estados en desarrollo. Y naturalmente, esta heterogeneidad en la composición de los diversos grupos de intereses no podía sino dificultar una negociación que, presidida por el signo del *package deal,* quería abarcar todas las cuestiones relacionadas con los usos del medio marino.

Otra dificultad con que tropezó la Conferencia fue de naturaleza más bien técnica, aunque resultaba de los obstáculos políticos a los que se enfrentó la Comisión preparatoria. Me estoy refiriendo a la falta de un documento de base o proyecto de artículos. Pero la Conferencia remedió pronto esta situación mediante un expediente original: los llamados textos de negociación. Se trataba de textos que revisten la forma de un proyecto articulado de convención y que en un principio fueron redactados bajo la responsabilidad personal de los presidentes de las comisiones principales y más tarde bajo la responsabilidad colectiva de un colegio integrado por el Presidente de la Conferencia, presidentes de las comisiones principales, relator, y presidente del Comité de Redacción. Textos que no tenían otra finalidad que la de ayudar a la negociación y que en modo alguno representaban un consenso de las delegaciones, aunque el criterio que debía guiar a sus redactores era el de presentar soluciones que ofrecieran las mejores perspectivas del consenso[14]. Hoy, finalizada la Conferencia, hay que poner de relieve la utilidad real de dichos textos para las negociaciones y la autoridad progresiva que con el transcurso del tiempo fueron adquiriendo, hasta convertirse realmente en la Convención adoptada.

j) En la segunda parte del IX período de sesiones, celebrada en Ginebra el verano de 1980, fueron mayores que nunca las perspectivas de alcanzar un consenso global y universal, pues las delegaciones consiguieron un acuerdo de principio sobre los puntos principales de la cuestión que estaba resultando más controvertida a lo largo de la conferencia: la explotación de los recursos de los fondos marinos internacionales.

Sin embargo, la nueva administración de los Estados Unidos surgida de las elecciones del otoño de 1980 manifestó en los inicios de 1981 su voluntad de proceder a una revisión profunda del consenso alcanzado sobre el régimen de la zona internacional de los fondos marinos. La revisión fue lenta y la delegación de los Estados Unidos no presentó realmente propuestas concretas durante el X período de sesiones celebrado en dos fases a lo largo de 1981. En la segunda fase de este período la Conferencia consiguió, sin embargo, un éxito notable al llegar a un consenso en el debatido tema de la delimitación de la zona económica exclusiva y plataforma continental.

---

[14] La decisión sobre la redacción de los primeros textos de negociación fue tomada por el plenario de la Conferencia en el tercer período de sesiones, celebrado en Ginebra en la primavera de 1975, concretamente en la sesión del día 18 de abril de 1975, Véase *Third United Nations Conference on the Law of the Sea, Official Records*, vol. IV, Nueva York, 1975, p. 26. En el sexto período de sesiones, los textos se consolidaron en uno para formar el «Texto integrado oficioso para fines de negociación» (Documentos A/CONF. 62/WP. 10 y Add, 1).

En el XI período de sesiones, celebrado en Nueva York en el invierno-primavera de 1982, la delegación de los Estados Unidos presentó por fin en forma concreta y articulada sus nuevas propuestas sobre el régimen de la zona internacional de los fondos marinos. Y aunque en la Conferencia se negoció intensamente hasta el último momento, no fue posible lograr el consenso al respecto y, el día 30 de abril de 1982, el texto de la Convención se adoptó por votación. El resultado del escrutinio fue el siguiente: 130 votos a favor, 4 en contra y 17 abstenciones[15]. Se puede decir de todos modos que estamos ante una Convención elaborada básicamente por consenso aunque adoptada por votación. Hay que destacar el hecho significativo de que uno de los votos contrarios fue el de la delegación de los Estados Unidos; según la explicación del voto tal actitud se debió a la disconformidad con importantes aspectos de la regulación del aprovechamiento de recursos en la zona internacional de los fondos marinos[16]. España se abstuvo en la votación por resultarle entonces inaceptable alguna de las disposiciones de la regulación del sobrevuelo en los estrechos utilizados para la navegación internacional[17]. La Convención se abrió finalmente a la firma en Montego Bay (Jamaica) el día 10 de diciembre de 1982, jornada en que fue firmada por 117 Estados e incluso ratificada por uno (Fiyi).

k) La Convención entra en vigor después de transcurridos doce meses del depósito del sexagésimo instrumento de ratificación o adhesión (art. 308). Y dada la amplia mayoría de votos favorables a la adopción de la Convención, así como el elevado número de firmas estampadas en diciembre de 1982, se presumía entonces que iba a entrar en vigor en un plazo verosímilmente breve. Sin embargo, sólo el 16 de noviembre de 1993 se alcanzó con el depósito de la ratificación de Guyana el número de sesenta ratificaciones o adhesiones, por lo que la Convención entró en vigor un año después. España, previa autorizacion del Consejo de Ministros de 28 de noviembre de 1984, la firmó el 5 de diciembre siguiente, haciendo una serie de declaraciones interpretativas de artículos determinados[18]. La ratificó, con inclusión del Acuerdo de 28 de julio de 1994 del que hablaremos enseguida, el día 15 de enero de 1997, entrando en vigor para nuestro país el 14 de febrero siguiente.

Pero el repudio de los Estados Unidos y otros Estados industrializados a la Parte XI de la Convención hacía pensar que ésta no iba a alcanzar la anhelada participación universal. Y cambiados en la década de los noventa, como veremos en el epígrafe 38.11, los supuestos políticos y económicos sobre los que se

[15] Votaron en contra Estados Unidos, Israel, Turquía y Venezuela. Se abstuvieron: Bélgica, Bulgaria, Bielorrusia, Checoslovaquia, República Democrática Alemana, República Federal de Alemania, Hungría, Italia, Luxemburgo, Mongolia, Países Bajos, Polonia, España, Tailandia, Ucrania, Unión Soviética y Reino Unido. Doc. A/CONF. 62/SR. 182. Sesión plenaria de la Conferencia de 30 de abril de 1982. En la sesión plenaria de la Conferencia que examinó en septiembre de 1982 las recomendaciones del Comité de Redacción, la Unión Soviética y los países de Europa Oriental manifestaron, sin embargo, su intención de firmar la Convención, cosa que, efectivamente, hicieron el día 10 de diciembre de 1982 en Montego Bay (Jamaica).

[16] Doc. A/Cont. 62/SR./182.

[17] Doc. A/Cont. 62/SR./182.

[18] Véase *Multilateral Treaties deposited with the Secretary General. Status as at 31 December 1994,* Naciones Unidas, Nueva York, 1995, pp. 850 ss.

negoció la Parte XI —el régimen de explotación de los recursos de los fondos marinos internacionales—, el Secretario General de las Naciones Unidas propició desde 1990 unas consultas oficiosas que terminaron, el 28 de julio de 1994, con la adopción por la Asamblea General del «Acuerdo relativo a la aplicación de la Parte XI de la Convención sobre Derecho del Mar de 10 de diciembre de 1982», instrumento que, pese a su denominación oficial, lleva a cabo una enmienda profunda de la repetida Parte XI, justamente para acomodarla a los principios de libre empresa y libre mercado y facilitar así la consecución del objetivo de la aceptación universal o al menos cuasiuniversal de la Convención. Y los hechos están demostrando que, a muy corto plazo, la participación general en la Convención está siendo una realidad, con lo cual la utilización por los Estados de los mares y océanos ganará en seguridad jurídica. En la primavera de 2016 son 167 los Estados partes en la Convención, cifra que da fe del éxito del instrumento. Pero faltan entre esos Estados algunas muy importantes potencias marítimas.

Y llegados a este punto hay que hacer la siguiente precisión. Aun antes de la entrada en vigor de la Convención, partes importantes de la misma tenían ya indiscutido arraigo consuetudinario y resultaban por consiguiente oponibles a todos los Estados con independencia de que manifestasen su consentimiento en obligarse. Era el caso, muy particularmente, de los grandes parámetros de su Parte V, relativa a la nueva institución de la zona económica exclusiva, porque en esta materia la III Conferencia permitió, en efecto, una rápida cristalización de normas consuetudinarias a través de un proceso inverso al tradicional. Pues si habitualmente la costumbre internacional se ha formado después de que una práctica inveterada haya reflejado la *opinio iuris* de los Estados, en el caso que nos ocupa lo fundamental y previo ha sido la formación de la *opinio iuris* en la Conferencia. Esta opinión dio un fuerte impulso a la práctica hasta llegar a la formación acelerada de normas consuetudinarias[19]. Hay que decir por fin que partes importantes del régimen establecido por la Convención para espacios marítimos tradicionales, como el de aguas interiores, mar territorial, zona contigua, alta mar, y otras, no se apartan del Derecho Internacional consuetudinario tal como había sido codificado en las Convenciones de Ginebra de 1958.

l) Si era razonable suponer que la Convención de 1982 ponía un punto de sosiego a la evolución del Derecho del Mar, la adopción del Acuerdo de 28 de julio de 1994 que enmienda la Parte XI de la Convención muestra que aquella suposición no era correcta. Y la adopción, el 4 de agosto de 1995, del llamado «Acuerdo sobre la aplicación de las disposiciones de la Convención sobre el Derecho del Mar de 10 de diciembre de 1982 relativas a la conservación y ordenación de las poblaciones de peces transzonales y las poblaciones de peces altamente migratorios», abierto a la firma el 4 de diciembre siguiente, hoy en vigor y en el que son partes 82 Estados, y que analizaremos en detalle en el epígrafe 38.8, es ilustrativa igualmente de la extrema sensibilidad a la evolución y al cambio que muestra la ordenación jurídica de los mares y océanos.

---

[19] Véase el apartado 6.3 de este libro.

m) En fin, el 2 de noviembre de 2001, se adopta en el seno de la Conferencia General de la UNESCO, la «Convención sobre la protección del patrimonio cultural subacuático», ya en vigor y ratificada por España el 25 de mayo de 2005. Hay que subrayar el interés de la Convención para nuestro país teniendo en cuenta los naufragios de navíos españoles que en siglos pasados portaban monedas de oro y otros valiosos objetos desde las colonias americanas a la metrópoli. Y hagamos notar que la Convención de 2001 no deroga disposición alguna de la Convención general de 1982, sino que se aplica en el contexto de ella y de otras normas de Derecho internacional[19 bis].

38.2. AGUAS INTERIORES

a) Nos referimos aquí exclusivamente a las aguas interiores del mar y no a los espacios acuáticos que existen dentro del territorio del Estado, como ríos, lagos, lagunas, etc. Porque, efectivamente, en el contexto del Derecho Internacional del Mar aguas interiores son, como ha señalado el profesor AZCÁRRAGA, las comprendidas dentro de la zona acuática que desde el mar territorial va hacia el interior del territorio del Estado, comprendiendo ensenadas, puertos, canales marítimos, estuarios, etc.[20]. Por su parte, el artículo 8.1 de la Convención de 1982 dice que «las aguas situadas en el interior de la línea de base del mar territorial forman parte de las aguas interiores del Estado», aunque deja a salvo las disposiciones de la Parte IV, relativas a los Estados archipelágicos, y que establecen un régimen particular para las aguas encerradas por aquellas líneas[21].

Las definiciones transcritas ponen de relieve la íntima relación que existe entre las aguas interiores y las líneas de base que sirven para medir la anchura del mar territorial. De ahí que tengamos que adelantar ahora por fuerza algunas consideraciones sobre esta última cuestión.

La anchura del mar territorial se mide, en efecto, a partir de una línea de base y la línea de base normal para tal fin es la línea de la baja mar a lo largo de la costa (art. 5 de la Convención de 1982). Pero esta regla de principio sufre modulaciones o excepciones en caso de existencia de ciertos accidentes geográficos como arrecifes, costas con profundas aberturas o escotaduras o en las que exista una franja de islas a su largo y en sus inmediaciones, desembocaduras de los ríos, bahías, puertos, radas y elevaciones en baja mar. Y ocurre que en virtud de dichas modulaciones y excepciones quedan a veces espacios de aguas marítimas entre la costa y la línea de base a partir de la cual se mide el mar territorial. Estos espacios

[19 bis] Publicada en el *B.O.E.* de 5 de marzo de 2009. Véase sobre el tema la monografía del profesor M. AZNAR GÓMEZ, *La protección internacional del patrimonio cultural subacuático con especial referencia al caso de España,* Tirant lo Blanch, Valencia, 2004.

[20] J. L. AZCÁRRAGA BUSTAMANTE, *Derecho Internacional Marítimo,* Ariel, Barcelona, 1970, p. 48. Sobre las aguas interiores en general, véase: F. CASTBERG, «Distinction entre les eaux territoriales et les eaux intérieures», en *Annuaire de l'Institut de Droit International,* 1954, I, pp. 113 ss.; G. GIDEL, *Les eaux interieures,* París, 1932; J. M. LACLETA MUÑOZ, «Aguas interiores y Bahías», en el libro *La actual revisión,* cit., pp. 203 ss., y J. L. MESEGUER SÁNCHEZ, «Mar interior», en *Nueva Enciclopedia Jurídica F. Seix,* t. XV, 1974, p. 862.

[21] Véase el apartado 38.10 de este libro.

tienen la naturaleza de aguas interiores por aplicación del citado artículo 8.1 de la Convención de 1982.

b) Así, en los casos de islas situadas en atolones o de islas bordeadas por arrecifes, la línea de base para medir la anchura del mar territorial es la línea de baja mar del lado del arrecife que da al mar (art. 6 de la Convención de 1982). Por consiguiente, las aguas marítimas comprendidas entre esa línea de base y las costas de la islas son aguas interiores.

c) En los casos de costas que tengan profundas aberturas y escotaduras o en las que haya una franja de islas a lo largo de la costa situadas en su proximidad inmediata, el Estado ribereño puede adoptar líneas de base rectas que unan los puntos apropiados, en el entendido de que tales líneas no deben apartarse de una manera apreciable de la dirección general de la costa y que las zonas de mar situadas del lado de tierra de esas líneas han de estar suficientemente vinculadas al dominio terrestre para estar sometidas al régimen de aguas interiores, y siempre que con tal sistema no se aisle el mar territorial de otros Estados del alta mar o de una zona económica exclusiva; en todo caso, para el trazado de tales líneas el Estado ribereño puede tener en cuenta los intereses económicos propios de la región de que se trate cuya realidad e importancia estén demostrados por un uso prolongado (art. 7 de la Convención de 1982).

Este sistema de líneas de base rectas fue establecido por Noruega para su costa en virtud del Real Decreto de 12 de julio de 1935. Impugnado el trazado por el Reino Unido, la controversia fue llevada al Tribunal Internacional de Justicia, el cual, por sentencia de 18 de diciembre de 1951 en el llamado *caso de las pesquerías*[22] admitió la compatibilidad del sistema con el Derecho Internacional General. La sentencia del Tribunal influyó ampliamente en la Convención de Ginebra de 29 de abril de 1958 sobre Mar Territorial y Zona contigua y en definitiva sobre el artículo 7 de la Convención de 1982.

d) Si un río desemboca directamente en el mar, la línea de base será una línea recta trazada a través de la desembocadura entre los puntos de la línea de la bajamar de sus orillas (art. 9 de la Convención de 1982).

e) También existen reglas especiales para la medición del mar territorial en los casos de bahías de cuyas costas es ribereño un solo Estado. En este sentido el artículo 10 de la Convención de 1982 dice que una bahía es toda escotadura bien determinada cuya penetración tierra adentro, en relación con la anchura de su boca, es tal que contiene aguas cerradas por la costa y constituye algo más que una simple inflexión de ésta; sin embargo, la escotadura no se considerará una bahía si la superficie no es igual o superior a la de un semicírculo que tenga por diámetro la boca de dicha escotadura. Si la distancia entre las líneas de baja mar de los puntos naturales de entrada de una bahía no excede de veinticuatro millas marinas, se podrá trazar una línea de demarcación entre las dos líneas de baja mar, y las aguas que queden así encerradas serán consideradas aguas interiores;

---

[22] CIJ, *Recueil,* 1951, pp. 116 ss.

pero si aquella distancia excede de veinticuatro millas marinas, se trazará dentro de la bahía una línea de base recta de veinticuatro millas, de manera que encierre la mayor superficie de agua que sea posible con una línea de esa longitud[23].

Estas reglas se enuncian exclusivamente para las bahías no históricas (art. 10.6 de la Convención de 1982), pero ¿qué son exactamente las bahías históricas?[24] En el *caso de las pesquerías anglo-noruegas* el Tribunal de La Haya dijo que «por aguas históricas se entiende usualmente las aguas que son consideradas interiores, pero que no tendrían tal carácter si no fuera por la existencia de un título histórico»[25] y fue realmente el juez READ quien, en su opinión disidente, aclaró que era necesario al respecto que el Estado ribereño hubiese ejercido soberanía sobre las aguas en cuestión sin protesta de otros Estados y durante un largo período[26].

f) Se entiende que los puertos forman parte de las aguas interiores, y según el artículo 11 de la Convención de 1982 las construcciones portuarias permanentes más alejadas de la costa que formen parte integrante del sistema portuario se consideran parte de la costa a efectos de delimitación del mar territorial. En cambio, las radas utilizadas normalmente para la carga, descarga y fondeo de buques, que de otro modo estarían situadas en todo o en parte fuera del trazado general del límite exterior del mar territorial, están comprendidas en el mar territorial (art. 12 de la Convención de 1982) y no son aguas interiores.

g) Respecto a las elevaciones en baja mar que estén sumergidas durante la pleamar, sus líneas de bajamar podrían ser utilizadas como líneas de base para medir la anchura del mar territorial si están total o parcialmente a una distancia del continente o de una isla que no exceda de la anchura del mar territorial (art. 13.1 de la Convención de 1982). Por consiguiente las aguas comprendidas entre la elevación en cuestión y el continente o la isla son aguas interiores.

h) Expuestas así las diferentes posibilidades de existencia de aguas interiores en función del método adoptado para la medición del mar territorial, debemos decir que sobre las aguas interiores el Estado ribereño ejerce soberanía territorial. Soberanía que, como veremos, también se reconoce sobre el mar territorial, si bien en este espacio existe la limitación del derecho de paso inocente de los buques que enarbolen pabellón de terceros Estados. En cambio, no existe derecho de paso inocente a través de las aguas interiores a no ser que, en el supuesto de trazado de líneas de base rectas conforme al artículo 7 de la Convención de 1982, queden encerradas como aguas interiores aguas que anteriormente no se consideraban como tales (art. 8.2 de la misma Convención), en cuya hipótesis pervive el derecho de paso inocente.

---

[23] Véase F. LAURIA, *Il regime giuridico delle baie e dei gulfi,* Nápoles, 1970.

[24] Véase M. BOURQUIN, *Les baies historiques,* Melanges Sauser-Hall, Neuchâtel, 1952, pp. 37-51; y J. L. AZCÁRRAGA BUSTAMANTE, «Régimen Jurídico de las Bahías Históricas», en *Anuario Hispano-luso-americano de Derecho Internacional,* Zaragoza, 1959, pp. 83-91.

[25] CIJ, *Recueil,* 1951, p. 130.

[26] CIJ, *Recueil,* 1951, p. 188.

i) En cuanto al régimen de acceso de buques extranjeros a los *puertos,* y dando por supuesto con el Tribunal de La Haya que el Estado ribereño lo puede reglamentar en virtud de su soberanía[27], hay que hacer mención de la Convención sobre el régimen internacional de los puertos marítimos, firmada en Ginebra el 9 de diciembre de 1923, y del Estatuto anejo[28].

El régimen del Estatuto alcanza a todos los buques, pertenezcan a particulares, colectividades públicas o al Estado, pero no a los de policía o control, ni en general a los que ejerzan bajo cualquier título el poder público (art. 13), ni tampoco a los buques de pesca ni a sus capturas (art. 14) ni a la navegación de cabotaje (art. 9). Y la disposición fundamental es que bajo condición de reciprocidad todo Estado contratante se compromete a asegurar a los buques de cualquier otro Estado contratante un tratamiento igual al de sus propios buques o buques de cualquier otro Estado, en los puertos marítimos colocados bajo su soberanía o autoridad, en lo que concierne a su libertad de acceso al puerto, su utilización y el completo disfrute de los beneficios que conceda a la navegación y a las operaciones comerciales de los navíos, sus pasajeros y mercancías (art. 2). De todos modos, cada Estado contratante se reserva la facultad de suspensión, tras notificación por vía diplomática, del beneficio de igualdad de trato a todo buque de un Estado que no aplicase de manera efectiva, en un puerto marítimo colocado bajo su soberanía o autoridad, las disposiciones del presente Estatuto a los buques de dicho Estado contratante, sus pasajeros o mercancías. Señalemos por fin que, a los fines del Estatuto, se entiende por puerto marítimo el frecuentado normalmente por buques marítimos y sea usado por el comercio exterior (art. 1).

j) En lo que concierne al *Derecho español* sobre aguas interiores, se debe tener presente la Ley 10/1977, de 4 de enero, sobre mar territorial, cuyo artículo 1.º dice que «la soberanía del Estado español se extiende, fuera de su territorio y de sus aguas interiores, al mar territorial adyacente a sus costas, delimitado de conformidad con lo preceptuado en los artículos siguientes». El artículo 2.º establece por su parte que el límite interior del mar territorial viene determinado por «la línea de la baja mar escorada y, en su caso, por las líneas de base rectas que sean establecidas por el Gobierno».

Previamente, el Decreto que desarrolló la Ley 20/1967, de 8 de abril había establecido líneas de base rectas, y en la disposición transitoria de la Ley 10/1977 se dispone que tales líneas constituyen el límite interior del mar territorial en tanto el Gobierno no haga uso de la facultad que le confiere el artículo 2.º de dicha Ley. Por Decreto 2.510/1977, de 5 de agosto[29], el Gobierno hizo uso de la autorización concedida en la Ley 20/1967, estableciendo nuevas líneas de base

---

[27] CIJ, *Recueil,* 1986, p. 111.

[28] Véase en *Societé des Nations, Recueil des Traités,* vol. 58, n.os 1, 2, 3 y 4, pp. 285 ss. La Convención está en vigor desde el 26 de julio de 1926. La lista de Estados partes aparece en *Traités multilateraux pour lesquels le Sécretaire Général exerce les fonctions de dépositaire. État au 31 décembre 1994, des signatures, ratifications, adhesions, etc.,* Naciones Unidas, Nueva York, 1995, pp. 994 ss. España aparece bajo la rúbrica de «Firmas o adhesiones aún no seguidas de ratificación».

[29] *B.O.E.* de 30 de septiembre de 1977.

rectas. Por consiguiente, las aguas comprendidas entre esas líneas de base y la costa son aguas interiores españolas.

En lo que respecta a escalas de buques de guerra extranjeros en puertos o fondeaderos españoles, rige hoy la Orden del Ministerio de Defensa 25/1985, de 23 de abril[30]. En dicha normativa, se distinguen tres tipos de escala: la accidental, la no oficial y la oficial. La escala accidental es la debida a arribada forzosa o fuerza mayor, no prevista con anterioridad; la Embajada correspondiente deberá, por nota verbal urgente al Ministerio de Asuntos Exteriores, elevar la petición de escala accidental dentro de la fecha de arribada del barco al puerto o fondeadero de que se trate. La escala no oficial es la debida a la petición de un Gobierno extranjero de entrada en puerto o fondeadero de un buque o buques por motivos operativos, logísticos o descanso de su dotación. La escala oficial, por fin, es la que corresponde a una invitación del Gobierno español o la que, a petición de un Gobierno extranjero, se le concede tal carácter, si existe un motivo muy especial para ello. En los tres casos, las escalas se solicitarán por vía diplomática a través de la correspondiente Embajada en Madrid, al Ministerio de Asuntos Exteriores español, el cual las trasladará a la Dirección General de Política de Defensa para conocimiento y efectos, y al Estado Mayor de la Armada para informe. Las autorizaciones serán concedidas por el Ministerio de Asuntos Exteriores. La mencionada regulación se refiere únicamente a las escalas en tiempo de paz y en circunstancias normales.

Hay que mencionar finalmente el tratado entre España y Portugal de 30 de mayo de 2017 (*B.O.E.* de 8 de agosto de 2018), ya en vigor, estableciendo la línea de cierre de las desembocaduras de los ríos Miño y Guadiana y delimitando los tramos internacionales de ambos ríos. El acuerdo es consciente de la necesidad de establecer líneas que separen las aguas interiores del mar territorial que puedan servir en el futuro para la delimitación de este espacio marítimo, así como el de la zona económica exclusiva y el de la plataforma continental. Es importante señalar que el acuerdo se muestra respetuoso de la Convención de 1982 sobre el Derecho del mar, en que son partes ambos países.

38.3. MAR TERRITORIAL

a) Según el artículo 2 de la Convención de 1982 sobre el Derecho del Mar, que en este punto incorpora normas consuetudinarias del Derecho Internacional General, la soberanía del Estado ribereño se extiende más allá de su territorio y de sus aguas interiores a la franja de mar adyacente designada con el nombre de mar territorial, bien entendido que de acuerdo al mismo artículo tal soberanía se ejerce con arreglo a la Convención y a otras normas de Derecho Internacional. Debe estar bien claro por tanto que el mar territorial es un espacio marítimo sometido a la soberanía territorial del Estado ribereño, por más que pese sobre él la importante limitación del paso inocente de los buques que enarbolen pabellón de otros Estados.

---

[30] *B.O.E.* de 14 de mayo de 1985. Véase J. DÍEZ HOCHLEITNER, «Régimen de la navegación de los buques de guerra extranjeros por el mar territorial español y de sus escalas en puertos españoles», en *R.E.D.I.*, 1986-2, pp. 543 ss.

b) Han sido intereses estatales de doble naturaleza —de seguridad y económicos— los que en la sociedad internacional moderna han determinado la aparición del mar territorial[31]. Intereses de la seguridad del Estado ribereño, en primer término, ya que la seguridad de las costas exige el ejercicio de la soberanía sobre una franja del mar adyacente a ellas, siendo precisamente estos intereses los que han condicionado durante mucho tiempo la extensión del mar territorial. E intereses económicos, en segundo lugar, pues la soberanía del Estado ribereño implica la facultad de reservar las actividades pesqueras y el aprovechamiento de otros recursos económicos a los nacionales; y como veremos ha sido esta segunda motivación factor importante de posteriores reivindicaciones de ampliación de la extensión del mar territorial.

c) Dejando de lado algunos precedentes, ciertamente interesantes, de las Edades antigua y media[32], la noción de mar territorial, en tanto que franja del mar adyacente a la costa y sometida a la soberanía del Estado ribereño, tardó en consolidarse en la práctica de los Estados y en el Derecho Internacional positivo. Pero antes de que ello ocurriese la doctrina clásica se preocupó por dos cuestiones: la posibilidad de ejercer *imperium* en la franja del mar adyacente al territorio y la extensión de esta franja. Así, cuando el holandés HUGO GROCIO se pregunta en el siglo XVII si puede adquirirse imperio sobre dicha porción del mar la respuesta es afirmativa, porque *ratione territorii, quatenus ex terra cogi possunt, qui in proxima maris parte versantur, nec minus quam in ipsa terra reperirentur* («por razón del territorio, en cuanto desde la tierra pueden ser forzados los que se hallen en paraje próximo del mar, no menos que si se hallasen en la misma tierra»)[33]. En este pasaje del GROCIO no se determina la extensión de la zona, pero hay en él una referencia al principio de efectividad que más tarde iba a ser desarrollada a tales efectos. Porque a principios del siglo XVIII, otro holandés, CORNELIUS VAN BYNKERSHOECK, afirmó que la franja de mar sobre la que cabía ejercer potestad llegaba hasta donde alcanzase la artillería: *quosque tormenta exploduntur*[34]. Y fue FERNANDO GALIANI quien a finales del siglo completó la idea, pues, admitiendo el principio del alcance de la artillería costera, calculó que en aquel entonces era de tres millas marinas[35]. Se ponían así, sobre la base del principio de efectividad, los cimientos doctrinales a la regla de las tres millas como extensión máxima de mar territorial.

---

[31] Véase sobre el doble fundamento del mar territorial: O. DE FERRON, *Le Droit International de la Mer,* Ginebra, 1958, t. I, pp. 37 ss.

[32] Véase en A. SÁNCHEZ DE BUSTAMANTE Y SIRVÉN, *El Mar territorial*, La Habana, 1930, pp. 13 ss.

[33] HUGONIS GROTII, *De Iure Belli ac Pacis, Libri Tres,* Edic. Amstelaedami, Ex. Officina Wetsteniam, CIC, IC, CCXX, *Liber* II, *Caput* III, XIII, p. 216. La trad. castellana la hemos tomado de J. TORRUBIANO, *Del Derecho de la Guerra y de la Paz de Hugo Grocio,* Reus, Madrid, 1925, vol. I, p. 324.

[34] CORNELIUS VAN BYNKERSHOECK, *De Dominio Maris Dissertatio,* 2.ª ed., *Caput,* II, p. 364. Hemos consultado esta edición en la colección *The Classics of International Law* ed. por James Brown Scott. Publicaciones de la «Carnegie Endowment for International Peace».

[35] FERDINANDO GALIANI, *De Doveri de Principi Neutrali verso I Principi guerregianti e di questi verso neutrali*, 1782, p. 422.

d) A lo largo del siglo XIX fue adquiriendo fuerza la idea de que la regla de las tres millas formaba parte del Derecho Internacional Positivo[36]. Impuesta por las grandes potencias marítimas, especialmente por Inglaterra, que contemplaban con recelo extensiones mayores del mar territorial reductoras de las zonas de alta mar en que se podía desplegar libremente el poder naval, la regla fue aplicada por la sentencia arbitral dictada en 1893 en el *caso de las focas del Mar de Bering*[37]. Pero hay que decir que incluso durante el siglo XIX la extensión de las tres millas encontró desviaciones y resistencias: los Estados escandinavos establecieron un mar territorial de cuatro millas, España y Portugal de seis, y Méjico de nueve[38]. La impugnación de la regla de las tres millas se acrecentó después de la primera guerra mundial y cuando en 1930 se celebra en La Haya, bajo los auspicios de la Sociedad de las Naciones, la Conferencia para la codificación del Derecho Internacional, fracasan los intentos de alcanzar un acuerdo general sobre la extensión del mar territorial. No obstante la Conferencia sí produjo algún resultado, pues como ha dicho GIDEL, en frase muy citada, la regla de las tres millas fue la gran vencida[39]. Después de la segunda guerra mundial, y por motivaciones esencialmente de orden económico, arrecian las pretensiones unilaterales de muy amplios mares territoriales, incluso con anchura de doscientas millas en algunos países iberoamericanos[40]. En la década de los años cincuenta, cuando la Comisión de Derecho Internacional preparó los trabajos de la I Conferencia de las Naciones Unidas sobre el Derecho del Mar, tuvo que contentarse con la afirmación de que el Derecho Internacional no permite extensiones de mar territorial superiores a las doce millas[41], y en la Convención de Ginebra sobre Mar Territorial y Zona Contigua, adoptada en dicha Conferencia, no se pudo establecer una solución fija sobre la extensión del mar territorial, aunque del artículo 24 de la misma resultaba que entre el mar territorial y la zona contigua el Estado costero no se podía sobrepasar el límite de las doce millas. Se celebra poco después, en 1960, la II Conferencia de las Naciones Unidas sobre el Derecho del Mar con el propósito de obtener un acuerdo general en la materia y en dicho foro una propuesta de Canadá y de los Estados Unidos tendente a fijar un mar territorial de seis millas más una zona adyacente de pesca de otras seis millas no pudo ser adoptada a falta tan sólo de un voto. Pero la tendencia expansionista de la jurisdicción en materia de pesca era irresistible, y así, en 1964, se firma en Londres el Convenio Europeo sobre pesca que reconoce a los Estados partes la posibilidad de extender hasta las doce millas la jurisdicción exclusiva en materia de pesca aunque con salvaguarda de derechos históricos entre las seis y las doce millas.

---

[36] Véase S. A. SWARZTRAUBER, *The Three-Mile Limit of Territorial Seas,* Annapolis, 1972, pp. 64 ss.

[37] «Award of the Tribunal of Arbitration constituted under the treaty concluded at Washington, the 29th of february, 1892, between the United States of America and Her Majesty the Queen of the United Kingdom of Great Britain an Ireland», *Fur Seal Arbitration Proceedings,* vol. I, p. 78.

[38] S. A. SWARZTRAUBER, *op. cit.*, pp. 89 ss.

[39] G. GIDEL, *Le Droit International Public de la Mer,* t. III, París, 1934, p. 151.

[40] Véase: República Oriental del Uruguay, Presidencia de la República, Secretaría, *América Latina y la Extensión del Mar Territorial. Régimen Jurídico,* Montevideo, 1971, pp. 83 ss.

[41] *Anuario de la Comisión de Derecho Internacional,* 1956, vol. II, Nueva York, 1957, p. 262.

e) A fines de la década de los años sesenta, los Estados Unidos y la Unión Soviética estaban de acuerdo en consentir la ampliación de la anchura del mar territorial hasta doce millas; pero como ello significaba que algunos estrechos utilizados para la navegación internacional que según la regla de las tres millas contenían pasillos o corredores de alta mar iban a estar cubiertos en el futuro por el mar territorial de uno o dos Estados ribereños, se subordinó aquella aceptación a la libertad de navegación y sobrevuelo en los estrechos en cuestión[42]. Es lo cierto que en la Comisión preparatoria de la III Conferencia de las Naciones Unidas sobre el Derecho del Mar la regla de las doce millas encontró apoyo general, y lo mismo ocurrió en la Conferencia. En el primer texto de negociación, el llamado «Texto Único Oficioso para fines de negociación», redactado al final del período de sesiones celebrado en Ginebra en la primavera de 1975, el artículo 2 de la Parte II ya disponía que todo Estado tiene derecho a establecer un mar territorial que no excediese de las doce millas[43]. La regla fue mantenida en los sucesivos textos y ha pasado el artículo 3 de la Convención de 1982, que dice así:

> Todo Estado tiene derecho a establecer la anchura de su mar territorial hasta un límite que no exceda de 12 millas medidas a partir de líneas de base determinadas de conformidad con esta Convención.

Dada la amplia aceptación de este límite en la Conferencia y la práctica actual de los Estados, cabe decir que estamos ante un principio de Derecho Internacional General, oponible *erga omnes.*

f) Ya nos hemos ocupado, al tratar de las aguas interiores, de los métodos establecidos por la Convención de 1982 para la *medición* de la anchura del mar territorial a partir de las líneas de base, y nos remitimos a lo allí expuesto. Pero con independencia de estos problemas de medición, que son necesarios para establecer la línea separatoria del mar territorial respecto, de una parte, a sus aguas interiores y, de otra, respecto a los espacios marítimos que se extienden más allá del mar territorial, surgen problemas especiales de delimitación entre los mares territoriales de dos Estados cuyas costas son adyacentes o están situadas frente a frente. El artículo 15 de la Convención de 1982, que sigue a este respecto lo dispuesto por el artículo 12 de la Convención de Ginebra de 1958 sobre Mar Territorial y Zona Contigua, establece, salvo acuerdo en contrario, el criterio de la línea media o equidistante, a no ser que por la existencia de derechos históricos o por otras circunstancias especiales resulte necesario delimitar el mar territorial de ambos Estados de otra forma.

Como ha dicho el Tribunal de La Haya el método lógico y más ampliamente aceptado para la aplicación de este artículo consiste en trazar primeramente y a título provisional una línea de equidistancia para examinar a continuación si

---

[42] J. CUENCA ANAYA, *Antecedentes,* cit. en nota 10, pp. 36-38.

[43] Ver el texto en *Tercera Conferencia de las Naciones Unidas sobre el Derecho del Mar*, vol. IV, Nueva York, 1975.

debe reajustarse esa línea a fin de tener en cuenta la existencia de circunstancias especiales[43 bis].

Queremos señalar que en la III Conferencia de las Naciones Unidas sobre el Derecho del Mar había al menos dos delegaciones que se oponían al criterio de equidistancia enunciado en el artículo 15 para delimitación del mar territorial: Venezuela y Turquía. Venezuela presentó una enmienda al artículo 309 —que es el que de un modo general prohíbe las reservas— tendente a que se admitiesen reservas al artículo 15 y a otros[44]. Turquía fue más lejos, pues pretendía la supresión pura y simple del artículo 309[45], con lo cual serían admisibles las reservas que resultasen compatibles con el objeto y fin de la Convención. En el último momento Venezuela retiró su enmienda en favor de la que Turquía, y sometida ésta a votación fue rechazada por 100 votos contra 19, con 26 abstenciones[46].

g) Según el artículo 2 de la Convención de 1982, el Estado ribereño ejerce soberanía sobre el mar territorial así como en el espacio aéreo que se levante por encima de él y el lecho y subsuelo del mar[47]. Esto significa la facultad de reglamentar y reservar a los nacionales el aprovechamiento de los recursos vivos y no vivos del mar, su lecho y subsuelo, y la de prohibir y reglamentar el sobrevuelo de aeronaves que ostenten pabellón de terceros Estados. Pero la soberanía sobre el mar territorial se ejerce con arreglo a la Convención y otras normas de Derecho Internacional (art. 2.3). Y la Convención ha confirmado y desarrollado el régimen tradicional de paso inocente en favor de los buques de todos los Estados, ribereños o sin litoral.

h) El *derecho de paso inocente* a través del mar territorial, en tanto que conciliación entre la soberanía del Estado ribereño y los intereses de la navegación de los buques de terceros Estados, tenía consagración en el Derecho Internacional General[48]. Afirmado en la Conferencia de La Haya de 1930 y precisado en los artículos 14 a 23 de la Convención de Ginebra de 29 de abril de 1958 sobre Mar Territorial y Zona Contigua, ha sido objeto de mayores precisiones en la Convención de 1982.

En esta Convención se define primeramente el paso propiamente dicho, que incluye la simple travesía por el mar territorial y la penetración en las aguas interiores y la salida de ellas, y se señala que debe ser rápido e ininterrumpido aunque se admite la detención y el fondeo justificados por ciertas causas (art. 18). Y se precisa luego el significado de inocente, que es el no perjudicial para la paz, el buen orden o la seguridad del Estado ribereño (art. 19.1). Y si hasta aquí la Convención de 1982 había seguido de un modo general las disposiciones del régimen de 1958, el párrafo 2 del artículo 19 contiene la novedad de objetivar una serie de supuestos en los que el paso no es inocente. Supuestos que no constituyen

---

[43 bis] Asunto de la *delimitación marítima y cuestiones territoriales entre Qatar y Barhain (Qatar* c. *Barahain)*, CIJ, *Recueil*, 2001.

[44] Doc. A/CONF. 62/L. 108.

[45] Doc. A/CONF. 62/L. 120.

[46] En la sesión del 26 de abril de 1982, Doc. A/CONF. 62/SR. 176.

[47] Véanse G. GIDEL, «La Mer Territoriale et la Zone contiguë», en *R. des C.*, vol. 48, 1934, II, pp. 24 ss.; y D. P. O'CONNELL, «The juridical nature of the territorial sea», en *British Yearbook of International Law*, 1971, pp. 303 ss.

[48] *Anuario de la Comisión de Derecho Internacional*, 1956, vol. II, Nueva York, 1957, p. 268.

numerus clausus sino *apertus* porque el último de ellos se refiere a «cualesquiera otras actividades que no estén directamente relacionadas con el paso» (inciso 1, del párrafo 2 del art. 19). Hay que entender en todo caso que la navegación en inmersión no es paso inocente, pues según el artículo 20 «en el mar territorial, los submarinos y cualesquiera otros vehículos sumergibles deberán navegar en la superficie y enarbolar su pabellón».

El Estado ribereño puede tomar en su mar territorial las medidas necesarias para impedir todo paso que no sea inocente (art. 25.1). Posee, además, potestad legislativa y reglamentaria en relación con el paso inocente. La Convención de 1958 delimitaba de manera muy vaga el ámbito de dicha potestad, pues la refería especialmente a los transportes y a la navegación. La Convención de 1982 es mucho más precisa en esta cuestión, puesto que su artículo 21 señala una serie de materias sobre las que cabe ejercer dicha potestad; entre tales materias figura la seguridad de la navegación y la reglamentación del tráfico marítimo [art. 21.1.*a*)] y en relación con la misma el artículo 22 autoriza al Estado ribereño a ordenar la navegación designando vías marítimas y prescribiendo dispositivos de separación de tráfico, tomando en cuenta varios factores y, entre ellos, las recomendaciones de la organización internacional competente.

Por lo demás, el Estado ribereño no debe poner dificultad al paso inocente de buques extranjeros (art. 24), ni establecer gravámenes por el solo hecho del paso, a no ser que se trate de remuneración por servicios determinados prestados a un buque (art. 26). Pero por razones indispensables para la protección de su seguridad el Estado ribereño puede suspender temporalmente en áreas determinadas aquel paso y la suspensión sólo tendrá efecto después de ser publicada en debida forma (art. 25).

En cuanto al ejercicio de la jurisdicción penal, la Convención de 1982 formula una serie de reglas. A este respecto conviene distinguir tres hipótesis: 1.ª) el simple paso por el mar territorial, en cuyo caso no se *debería* ejercer la jurisdicción penal para detener a ninguna persona o realizar ninguna investigación en relación con un delito cometido a bordo durante el paso, salvo en ciertos supuestos que se señalan expresamente (art. 27.1); 2.ª) paso por el mar territorial procedente de aguas interiores, en cuyo caso el Estado ribereño puede tomar cualesquiera medidas autorizadas por sus leyes para proceder a detenciones o investigaciones (art. 27.2); 3.ª) delito cometido antes de que el buque haya entrado en el mar territorial, si procede de un puerto extranjero y no penetra en aguas interiores, en cuyo caso el Estado ribereño no puede en principio realizar detenciones ni diligencias (art. 27.5).

i) ¿Pueden los *buques de guerra* ejercer el derecho de paso inocente?[49]

En esta importante cuestión confluyen intereses divergentes de orden estratégico y de seguridad: de una parte, los de las superpotencias y grandes potencias marí-

[49] Véase L. García Arias, «El tránsito inocuo de los buques de guerra», en el libro *Estudios de Historia y Doctrina del Derecho Internacional*, Madrid, 1964, pp. 281 ss.; R. Casado Raigón y C. Espaliu Berdud, «El paso inocente de buques de guerra extranjeros por mar territorial: alcance del régimen de la CNUDM», *R.E.D.I.*, vol. LVII, 2005-2, pp. 777 ss.; y C. Espaliu Berdud, *Le passage inoffensif des navires de guerre étrangers dans la mer territoriale. Porté du régime contenu dans la Convention des Nations Unies sur le Droit de la mer*, Bruylant, Bruxelles, 2006.

timas, que por razones obvias pretenden tener tal derecho; de otra, los de algunos Estados ribereños que, por motivos de seguridad, querrían someter el paso inocente de los buques de guerra a la previa notificación o incluso a su autorización.

En el comentario de la Comisión de Derecho Internacional al proyecto de artículos que sirvió de base a la Convención de 1958 sobre Mar Territorial y Zona contigua, se afirma que no cabe negar a los Estados ribereños el derecho de exigir autorización o notificación del paso inocente de los buques de guerra, y en consonancia con esta idea se propuso un artículo en virtud del cual cabía subordinar el paso a una autorización o notificación previa, si bien se señalaba que el Estado ribereño autorizará normalmente el paso mientras se cumplan los requisitos pertinentes[50]. Pero en el plenario de la I Conferencia de las Naciones Unidas sobre el Derecho del Mar este artículo no obtuvo la mayoría de dos tercios necesaria para ser incorporado a la Convención.

Como es lógico, en la III Conferencia de las Naciones Unidas sobre el Derecho del Mar volvió a plantearse el problema. A lo largo de ella, efectivamente, ciertos Estados ribereños pretendieron que se subordinase el paso inocente de los buques de guerra por el mar territorial a la previa notificación o autorización. Tal pretensión encontró, sin embargo, la firme resitencia de las superpotencias y las grandes potencias marítimas y nunca se incorporó a los sucesivos textos de negociación. En el XI período de sesiones, y justamente en los momentos anteriores a la adopción de la Convención, llegaron a presentarse enmiendas formales al respecto. Así, la delegación del Gabón quería que se incorporase un apartado al párrafo 1 del artículo 21 según el cual una de las materias en las que el Estado ribereño podía dictar leyes y reglamentos era «la navegación de buques de guerra, incluido el derecho de exigir autorización y notificación previas para el paso por el mar territorial»[51]. Otras 28 delegaciones formularon la enmienda L. 117 concebida en términos distintos, pues según ella había que añadir en el inciso *h*) del párrafo 1 del artículo 21 las palabras «de seguridad», de manera que el Estado ribereño tuviese potestad legislativa y reglamentaria para la prevención de las infracciones de sus leyes y reglamento en la materia[52]. Los autores de las enmiendas sufrieron fuertes presiones en las horas finales de la Conferencia y acabaron por retirarlas, aunque el presidente de la Conferencia leyó la siguiente declaración, que consta en actas:

> Los autores de la enmienda publicada con la signatura A/CONF. 62/L. 117, respondiendo al llamamiento del presidente, han aceptado no insistir en que la enmienda, presentada para aclarar el texto del proyecto de Convención, se someta a votación. No obstante, los autores quieren subrayar que la decisión no afecta al derecho de los Estados ribereños a tomar medidas para salvaguardar sus intereses en materia de seguridad de conformidad con los artículos 19 y 25 de esta Convención[53].

---

[50] Ibíd., pp. 272-273.

[51] Doc. A/CONF. 62/L. 97.

[52] Doc. A/CONF. 62/L. 117 y corr. 1. Proponían la enmienda las siguientes delegaciones: Argelia, Bahrein, Benin, Cabo Verde, Congo, China, Djibuti, Egipto, Filipinas, Guinea Bissau, Irán, Jamahiriya Árabe Libia, Malta, Marruecos, Omán, Pakistán, Papúa Nueva Guinea, República Árabe Siria, República Popular Democrática de Corea, Rumania, Santo Tomé y Príncipe, Sierra Leona, Somalia, Sudán, Surinane, Uruguay, Yemen, y Yemen Democrático.

[53] Sesión plenaria de 26 de abril de 1982. Doc. A/CONF. 62/SR. 176.

En todo caso, si un buque de guerra no cumple las leyes y reglamentos dictados por el Estado ribereño en materia de paso y no acata la invitación que se le haga para que los cumpla, dicho Estado puede exigirle que salga inmediatamente del mar territorial (art. 30); además, el Estado del pabellón incurrirá en responsabilidad internacional por cualquier pérdida o daño que sufra el Estado ribereño como consecuencia de aquel incumplimiento (art. 31), aunque todo ello sin perjuicio de las inmunidades de los buques de guerra y otros buques de Estado destinados a fines no comerciales (art. 32).

j) En lo que respecta a *España,* la tesis oficial y posición tradicional de un sector de la doctrina ha sido que la Real Cédula de 17 de diciembre de 1760 y la Real Orden de 1 de mayo de 1775 establecieron un mar territorial de seis millas; otro sector doctrinal entendía que ambos instrumentos instauraban una zona aduanera general. Pero como ha demostrado JOSÉ LUIS MESEGUER, ambas posiciones son erróneas, porque ni una ni otra disposición hacen referencia alguna a la defensa de los dominios de la Corona y menos todavía a las cuestiones de pesca. La primera se limita a establecer una zona de dos leguas, equivalente a seis millas, para la represión de contrabando de «tabacos y sal» que pudieran hacer los bastimentos menores ingleses; y la segunda a crear una zona de la misma extensión para reprimir el contrabando en general que pudieran intentar los ciudadanos franceses[54].

Realmente, España siguió desde finales del siglo XVIII una concepción pluralista de los espacios marítimos, en la que determinó la zona de defensa con arreglo a los criterios imperantes en el Derecho Internacional (alcance del cañón o tres millas), sin perjuicio de que para otros fines, fiscales o pesqueros, estableciese zonas de seis millas. Sin embargo, desde el siglo XIX la práctica interna española emplea la expresión de aguas jurisdiccionales para designar los espacios marítimos sobre los que el Estado español ejerce alguna clase de competencias, sean en forma de soberanía o se trate de competencias limitadas funcionalmente. Y como a algunos efectos —fiscales, pesca— las competencias se ejercían en una zona de seis millas, era fácil generalizar y dar el paso adelante: las aguas jurisdiccionales llegaban a todos los efectos, incluso a los defensivos, hasta las seis millas. Éste es el origen de la errónea tesis oficial y doctrinal que atribuye a España desde 1760 un mar territorial de seis millas[55].

Hoy, en virtud de la Ley 10/1977, de 4 de enero, la expresión «mar territorial» tiene consagración legal en España y designa la zona de mar adyacente a las costas, más allá del territorio y las aguas interiores, en que el Estado español ejerce soberanía, extendiéndose ésta sobre la columna de agua, el lecho, subsuelo y recursos del mar y el espacio aéreo suprayacente (art. 1). La anchura se fija en doce millas a partir de las líneas de base (art. 3), extensión que, como se dice en la exposición de motivos «es el límite establecido en la actualidad por la mayoría de los Estados y considerado conforme al Derecho Internacional

---

[54] J. L. MESEGUER SÁNCHEZ, *La extensión del mar territorial en España. Estudio Histórico,* tesis doctoral presentada en la Facultad de Derecho de la Universidad de Murcia el día 4 de abril de 1972.

[55] Véase J. L. MESEGUER SÁNCHEZ, *op. cit.*

vigente». En cuanto a la delimitación con Estados limítrofes o cuyas costas hagan frente a las españolas se adopta el criterio de la equidistancia (art. 4). Otros aspectos de esta ley los hemos expuesto al tratar de las aguas interiores españolas.

El paso de buques de guerra extranjeros por el mar territorial español se rige hoy por la normativa contenida en la Orden del Ministerio de Defensa 25/1985, de 23 de abril[56]. Según dicha normativa, «no se requiere autorización especial para el paso de buques de guerra extranjeros por el mar territorial español, en el que están obligados a respetar el "paso inocente" con arreglo a las normas consuetudinarias del Derecho Internacional» (art. 11). Se dispone también que «para poder efectuar algún ejercicio o cualquier otra operación fuera del simple paso, será preciso obtener la correspondiente autorización previa del Gobierno español, solicitada por vía diplomática» (art. 11).

38.4. Estrechos utilizados para la navegación internacional

a) El régimen jurídico de los estrechos utilizados para la navegación, tal como resultaba de la costumbre internacional vigente y de la codificación que de ella hizo la Convención de Ginebra de 1958 sobre Mar Territorial y Zona Contigua, era el de paso inocente por el mar territorial, aunque sin posibilidad de suspensión. Al interferir, sin embargo, dicho régimen con los intereses estratégicos de carácter hegemónico que las Superpotencias y sus aliados en uno y otro bloque —OTAN y Pacto de Varsovia— tenían a la sazón, fue ésta una de las cuestiones en que más fuertes e insistentes han sido durante los últimos lustros las pretensiones de cambio. Comprobaremos en seguida que, de hecho, la Convención de 1982 ha sido extremadamente sensible en su Parte III a dichas presiones.

b) Como señaló el profesor González-Campos, en el régimen tradicional eran tres los elementos relevantes para definir los estrechos que nos ocupan: el geográfico, el funcional y el jurídico[57].

Desde el punto de vista geográfico y según la caracterización de Bruel, son cuatro los rasgos determinantes de un estrecho, a saber: tratarse de un paso natural y no artificial; constituir una contracción del mar, en el sentido de que las aguas del estrecho sean más reducidas en extensión que las de las aguas marítimas adyacentes a uno y otro lado; separar dos espacios terrestres, sean estos dos continentes, continentes e isla o dos islas, y servir de unión a dos zonas de alta mar[58].

---

[56] *B.O.E.* de 14 de mayo de 1985.

[57] J. González Campos, «Navegación por el mar territorial, incluidos los estrechos», en el libro *La actual revisión del Derecho del Mar. Una perspectiva española,* Instituto de Estados Políticos, Madrid, 1974, I, primera parte, pp. 298 ss. Véase también A. Marín López, «El paso de los estrechos», en el libro *Cursos de Derecho Internacional de Vitoria-Gasteiz,* Bilbao, 1984, pp. 67 ss.; y A. G. López Martín, *La Navegación por los estrechos. Geoestrategia y Derecho*, Dykinson, Madrid, 2008.

[58] E. Bruel, *International Straits. A Treatise on International Law,* Copenhague, 1947, vol. I, pp. 18 ss.

Estas cuatro notas geográficas han sido aceptadas por el régimen tradicional, si bien el artículo 16.4 de la Convención de 1958 sobre Mar Territorial y Zona contigua amplió la última al referirse no sólo a los estrechos que unen una parte de alta mar y otra parte de alta mar, sino también a los que se conectan con el mar territorial de un Estado extranjero. Con esta adición se trataba de cubrir el caso del Estrecho de Tirán en el Mar Rojo.

El elemento funcional de la noción de estrecho estriba en su utilización para la navegación internacional. Este aspecto fue puesto de relieve en 1949 por el Tribunal de La Haya en el *caso del Estrecho de Corfú*[59] y figura también en la fórmula que utiliza el artículo 16.4 de la Convención de Ginebra de 1958. Bien entendido que en el régimen tradicional que ahora consideramos esta caracterización funcional no permite distinguir entre estrechos en los que la navegación interesa a toda la comunidad internacional por constituir vías de comunicación indispensables, y aquellos otros cuyo tránsito no tiene tal carácter. En el caso citado el Tribunal de La Haya no admitió semejante distinción[60].

El elemento jurídico de la caracterización de los estrechos se refiere por fin a su naturaleza de mar territorial. Semejante naturaleza resulta claramente de la Convención de Ginebra de 1958 sobre Mar Territorial y Zona contigua, en la que la definición y el régimen de los estrechos utilizados para la navegación internacional aparece justamente en la parte que trata del mar territorial y dentro de la sección que regula el paso inocente.

c) El régimen jurídico de los estrechos utilizados para la navegación internacional —inspirado fundamentalmente en la protección de los intereses de la navegación comercial— era el del paso inocente a través del mar territorial, aunque, a diferencia de este último, dicho paso no puede ser suspendido (art. 16.4 de la Convención de 1958). Ello suponía por tanto la aplicación a los estrechos de las reglas en cuestión, incluida la que figura en el artículo 14.6 de la Convención de 1958 que obliga a los buques submarinos a navegar en superficie y a mostrar su bandera; ello significa también que el Estado ribereño tiene soberanía sobre la columna de aire que se levanta por encima de las aguas del estrecho, con la consiguiente posibilidad de reglamentar y prohibir el sobrevuelo de aeronaves.

d) Sin embargo, el régimen tradicional del paso inocente en los estrechos utilizados para la navegación internacional obstaculizaba la movilidad del desplie-

---

[59] CIJ, *Recueil,* 1949, pp. 28-29. Dijo al Tribunal: «Cabe preguntarse si el criterio decisivo debe ser buscado en el volumen de tráfico que pasa por el estrecho o en la importancia más o menos grande de éste para la navegación internacional. Parece más bien que el criterio decisivo debe ser deducido de la situación geográfica del estrecho, en cuanto se ponga ésta en comunicación dos partes de alta mar, así como del hecho de que el estrecho sea utilizado para la navegación internacional.»

[60] Ibíd. Efectivamente, a las consideraciones transcritas en la nota anterior el Tribunal añadió las siguientes: «Tampoco podría tener por decisiva la consideración según la cual este estrecho no constituya una ruta necesaria entre dos partes de alta mar sino tan sólo un itinerario facultativo para la navegación entre el Mar Egeo y el Adriático.»

gue estratégico de carácter hegemónico de las Superpotencias —Estados Unidos y Unión Soviética— y sus aliados militares en uno y otro bloque —OTAN y Pacto de Varsovia—. Tal despliegue requería, en efecto, el paso de los submarinos en inmersión y el libre sobrevuelo de las aeronaves militares, y por ello, cuando se inicia el proceso de revisión del Derecho del Mar que ha conducido a la Convención de 1982, las superpotencias y las grandes potencias militares se pusieron de acuerdo para la instauración de un régimen de libre navegación y sobrevuelo en los estrechos utilizados en la navegación internacional[61]. Semejante pretensión se manifestó claramente en la Comisión preparatoria, aunque en ella encontró la oposición de los Estados ribereños de los estrechos, entre ellos España[62]. Reafirmada la pretensión en la Conferencia, ya en el primer texto de negociación —el llamado «Texto único oficioso para fines de negociación», Parte II[63], redactado en 1975 como resultado del tercer período de sesiones—, apareció el régimen que de un modo fundamental iba a figurar en la Convención de 1982. La resistencia inicial de los Estados ribereños de los Estrechos fue debilitándose gradualmente en los sucesivos períodos de sesiones frente a la fuerte presión de las Superpotencias y grandes Potencias y ante la neutralidad o pasividad de la inmensa mayoría del Grupo de los 77, y realmente fue sólo España la que mostró su disconformidad hasta el último momento respecto a alguna de las disposiciones del nuevo régimen, como veremos más adelante.

Pero las pretensiones de las Superpotencias y grandes potencias militares no alcanzaban a todos los estrechos utilizados para la navegación internacional, sino solamente a algunos de ellos. De ahí que la Convención tenga en cuenta distintas clases de estrechos y establezca no uno, sino varios regímenes diferenciados[64]: el de paso de tránsito, el de paso inocente, el de libertad de navegación y sobrevuelo, y el de respeto a los regímenes convencionales de larga data y aún vigentes. Realmente sólo en el primero —el de paso en tránsito— están presentes los intereses estratégicos de aquellos Estados.

Conviene destacar, por lo demás, que la Convención de 1982 se ha apartado desde el punto de vista sistemático de la estructura de la Convención de Ginebra de 1958 sobre Mar Territorial y Zona Contigua. Si esta última regulaba la navegación por los estrechos dentro de las disposiciones relativas al mar territorial, la nueva Convención dedica a la materia una parte autónoma: la Parte III, artículos 34 a 45. Se subraya con esta nueva sistemática el carácter específico del régimen de los estrechos. De todos modos, según el artículo 34, el régimen de paso a través de los estrechos establecido en la Parte III no afecta en otros aspectos a la condición jurídica de las aguas que los forman ni al ejercicio de los derechos de soberanía o jurisdicción de los Estados ribereños sobre tales aguas,

---

[61] Véase el *Aide Memoire* de la Embajada de los Estados Unidos en Montevideo al Gobierno del Uruguay, en el libro *La América Latina y la Extensión del Mar Territorial. Régimen jurídico,* Montevideo, 1971, pp. 70-75.

[62] Véase J. GONZÁLEZ CAMPOS, *Navegac.,* cit., pp. 331 ss.

[63] Doc. A/CONF. 62/WP. 8, Parte II.

[64] Véase S. C. TRUVER, *The Strait of Gibraltar and the Mediterranean,* Alphen aan der Rijh, 1980, quien señala que en la nueva ordenación se distinguen varios tipos de estrechos con distintos derechos y obligaciones para los Estados ribereños y los usuarios.

su lecho, subsuelo y espacio aéreo que se levante sobre ellos; bien entendido que tal soberanía y jurisdicción se ejerce con arreglo a la Parte III y otras normas de Derecho Internacional. Los estrechos utilizados para la navegación internacional continúan siendo, según los casos, mar territorial, zona económica exclusiva, o alta mar, por más que rijan en ellos las disposiciones de la repetida Parte III de la Convención y otras normas de Derecho Internacional.

e) El régimen de *paso en tránsito* se aplica a los estrechos utilizados para la navegación internacional entre una parte de alta mar o de una zona económica exclusiva y otra parte de alta mar o de una zona económica exclusiva (art. 37). Entre tales estrechos están los de mayor interés estratégico del mundo y, entre ellos, el Estrecho de Gibraltar. Según el régimen en cuestión, efectivamente, todos los buques y aeronaves gozarán del derecho de paso en tránsito, que no será obstaculizado (párrafo 1 del art. 38). Y se entiende por paso en tránsito el ejercicio, de conformidad con la Parte III de la Convención, «de la libertad de navegación y sobrevuelo exclusivamente para los fines del tránsito rápido e ininterrumpido por el estrecho entre una parte de alta mar o de una zona económica exclusiva y otra parte de alta mar o de una zona económica exclusiva. Sin embargo, el requisito del tránsito rápido e ininterrumpido no impedirá el paso por el estrecho para entrar en un Estado ribereño del estrecho, para salir de dicho Estado o para regresar a él, con sujeción a las condiciones que regulen la entrada a ese Estado» (art. 38, párrafo 2). Bien entendido que toda actividad que no constituya un ejercicio del derecho de paso en tránsito por un estrecho quedará sujeta a las demás disposiciones aplicables de la Convención (art. 38, párrafo 3). Y los Estados ribereños no obstaculizarán el paso en tránsito y darán a conocer de manera apropiada cualquier peligro que, según su conocimiento, amenace a la navegación o sobrevuelo en el estrecho. No habrá suspensión alguna de paso en tránsito (art. 41).

Por su parte, el artículo 39 de la Convención impone una serie de obligaciones específicas a los buques y aeronaves que ejerzan el derecho de paso en tránsito, entre ellas las de abstenerse de toda amenaza o uso de la fuerza de forma que se violen los principios de Derecho Internacional incorporados a la Carta de las Naciones Unidas. En lo que respecta concretamente a los buques se les obliga a cumplir los reglamentos, procedimientos y prácticas internacionales generalmente aceptados sobre seguridad en el mar y prevención, reducción y control de la contaminación. A las aeronaves se les obliga a observar el Reglamento del Aire establecido por la Organización de la Aviación Civil Internacional aplicable a las aeronaves civiles, señalándose que las aeronaves de Estado cumplirán normalmente tales medidas de seguridad (párrafo 3.º del art. 39).

Esta última disposición sobre las aeronaves de Estado merece un breve comentario, pues, a nuestro juicio, es particularmente lesiva para la seguridad del Estado ribereño del estrecho. Efectivamente, según el artículo 3.*b*) del Convenio de Aviación Civil Internacional, firmado en Chicago el día 7 de diciembre de 1944, «se considerarán aeronaves de Estado las que se usen para servicios militares, aduaneros o policiales». Resultaría por ello que los aviones militares de un tercer Estado que sobrevuelan un estrecho en el ejercicio del derecho de paso en tránsito, sólo normalmente estarían obligados a cumplir las medidas de seguridad establecidas por el Reglamento del Aire. Pero ¿quién califica si la situación es normal o no? ¿Por qué razón en situaciones excepcionales no deben cumplir las aeronaves militares con los requisitos de seguridad establecidos por el Reglamento del Aire incluyendo el requisito de identificación? ¿No se está perjudicando con ello la seguridad de la navegación aérea en zonas de gran densidad de tráfico, como son los estrechos utilizados para la navegación internacional? ¿No se están poniendo limitaciones excesivas a la soberanía y a las exigencias de defensa del Estado ribereño del estrecho en cuyo territorio podrían penetrar sorpresivamente aeronaves de guerra extranjeras? Consideraciones de este tipo están en la base de la resistencia de la delegación de España a la aceptación global del régimen de paso en tránsito y de la presentación de la enmienda formal de la que luego hablaremos.

En todo caso, cuando el 5 de diciembre de 1984 el Gobierno español firmó la Convención, manifestó en una declaración interpretativa hecha de conformidad con el artículo 310 de la Convención, en relación con el párrado 3.º del artículo 39, que la palabra «normalmente» significa «salvo fuerza mayor o dificultad grave»[65].

Por lo demás, el artículo 42 de la Convención autoriza a los Estados ribereños de los estrechos a dictar leyes y reglamentos relativos al paso en tránsito sobre una serie de materias que, entre otras, incluyen la seguridad de la navegación y la reglamentación del tráfico marítimo. Y si bien el artículo 41 autoriza a los Estados ribereños a designar vías marítimas y establecer esquemas de separación de tráfico para la navegación por los estrechos, y también para sustituir tales vías y esquemas, semejante facultad tiene limitaciones, porque las vías y dispositivos deben ajustarse a las reglamentaciones internacionales generalmente aceptadas y han de ser adoptados previamente por la organización internacional competente a propuesta y en concierto con el Estado o los Estados ribereños.

f) El régimen de *paso inocente* de la Convención de 1982 se aplica a los estrechos formados por una isla de un Estado ribereño de un estrecho y su territorio continental cuando del otro lado de la isla exista una ruta de alta mar o que atraviese una zona económica exclusiva, igualmente conveniente en lo que respecta a sus características hidrográficas y de navegación [arts. 45.1.*a*) y 38.1); p. ej., el Estrecho de Corfú y el Estrecho de Messina]; y a los estrechos situados entre una parte de alta mar o de una zona económica exclusiva y el mar territorial de otro Estado [art. 45.1.*b*); p. ej., el Estrecho de Tirán, entre el Golfo de Akaba y el Mar Rojo]. El paso inocente es justamente el que rige para el mar territorial, que ya hemos estudiado, aunque sin posibilidad de suspensión (art. 45). En este régimen existe, por tanto, la prohibición de la navegación en inmersión y del sobrevuelo.

En estos casos, efectivamente, no están comprometidos los intereses estratégicos de las superpotencias y las grandes potencias, ya que pueden hacer pasar sus efectivos bélicos —submarinos termonucleares o fuerza aérea— bien por la ruta alternativa de alta mar o zona económica exclusiva que quede del otro lado de la isla, bien por la parte de alta mar o zona económica exclusiva adyacente al mar territorial de que se trate.

---

[65] Véase N. TORRES UGENA, *Textos normativos de Derecho Internacional Público,* Madrid, 1985.

g) El artículo 36 de la Convención de 1982 contempla el caso de los estrechos utilizados para la navegación internacional por los que pasa una ruta de alta mar o que atraviese una zona económica exclusiva, igualmente conveniente en lo que respecta a características hidrográficas y de navegación. En otras palabras, en el artículo en cuestión se tiene en cuenta el supuesto de que no todo el estrecho esté cubierto por el mar territorial de uno o más Estados. Y para tal hipótesis se excluye la aplicación de la Parte III y se dispone la aplicación de las partes pertinentes de la Convención, incluyendo las disposiciones sobre libertad de navegación y sobrevuelo. Tampoco quedan afectados en este supuesto los intereses estratégicos de las superpotencias y las grandes potencias, que pueden hacer pasar libremente sus efectivos militares por la ruta de alta mar o de zona económica exclusiva.

h) El último régimen que establece la Convención es el de los estrechos en que el paso está regulado total o parcialmente por convenciones internacionales de larga data y aún vigentes. Según el artículo 35.*c*), efectivamente, ninguna de las disposiciones sobre estrechos contenidas en la Convención se aplica a tales regímenes. Es el caso de la navegación por los Estrechos Turcos, regulada por la Convención de Montreux de 1936, y de la que tiene lugar a través de los Estrechos Daneses, regulada por el Tratado de 14 de mayo de 1857. Se entiende que en estos casos los regímenes convencionales en cuestión dan satisfacción a los intereses estratégicos de las superpotencias y grandes potencias.

i) La pretensión de sustituir el régimen tradicional de paso inocente por un régimen nuevo que diese satisfacción a las necesidades de despliegue estratégico de la superpotencias y sus aliados en uno y otro bloque afectaba a la soberanía y a la seguridad de *España,* al incluir manifiestamente al Estrecho de Gibraltar. De ahí que ya en la Comisión preparatoria de la Conferencia la delegación española manifestase sus preferencias por el sistema en vigor de paso inocente y lo mismo hicieron otros Estados ribereños de estrechos, formándose un reducido grupo de intereses, el denominado de los «Estados estrecharios». La actitud española se reiteró en la fase inicial de la Conferencia y así, en el debate general celebrado en el segundo período de sesiones (Caracas, verano de 1974), el jefe de la delegación dijo que el régimen de paso inocente garantizaba los intereses de la navegación pacífica internacional al tiempo que expresaba su sorpresa por el hecho de que algunos Estados lo rechazasen; Estados —señaló— que han concebido la revisión del Derecho del Mar más desde un ángulo de sus objetivos estratégicos que desde los principios de cooperación pacífica, desarrollo y seguridad de todos los Estados; hoy —agregó— sería contrario al sentido de la historia y al desarrollo objetivo de la comunidad internacional que la seguridad nacional de los Estados ribereños fuese sacrificada en aras del inestable equilibrio de poder entre los más fuertes[66].

---

[66] *Tercera Conferencia de las Naciones Unidas sobre el Derecho del Mar. Documentos Oficiales,* vol. I, Nueva York, 1975, pp. 192 ss.

Pero el llamado grupo de Estados estrecharios sufrió fuertes presiones y su postura no recibió aliento ni apoyo del tercer mundo neutralista. El grupo fue perdiendo fuerza y consistencia en el transcurso de las negociaciones y por su parte la actitud inicial de la delegación española fue modulándose y flexibilizándose a lo largo de los sucesivos períodos de sesiones de la Conferencia. Efectivamente, en el IV período de sesiones (Nueva York, primavera de 1976), la delegación de España se mostró abierta a que la navegación marítima por los estrechos quedase sometida al régimen de paso en tránsito aunque continuó oponiéndose a la aplicación de dicho régimen al sobrevuelo de aeronaves. En la primera fase del VII período de sesiones (Ginebra, primavera de 1978) la delegación presentó una serie de sugerencias oficiosas a la Comisión II de la Conferencia[67], que realmente nunca fueron discutidas ni negociadas, aunque sí consiguió la inclusión en un momento posterior (segunda parte del IX período de sesiones, Ginebra, verano de 1980) de lo que hoy es una disposición general de la Convención: el artículo 304 sobre responsabilidad por daños, y que cubría sus preocupaciones al respecto en lo que concierne a las actividades relacionadas con el paso en tránsito.

En el caso que no habiendo recibido satisfacción la mayor parte de las pretensiones españolas relativas al paso en tránsito, la delegación se vio en la necesidad de presentar una serie de enmiendas formales ya en las postrimerías de la Conferencia[68]. Entre tales enmiendas la más importante tendía a la eliminación del adverbio «normalmente» en el inciso *a*) del párrafo 3.º del artículo 39. Las razones de esta enmienda ya las hemos explicado. Sometida a votación, fue rechazada por 55 votos en contra, 21 a favor y 60 abstenciones. La enmienda no pasó, por tanto, al texto de la Convención[69].

j) La conclusión final que se obtiene del precedente análisis es que la Convención de 1982 ha transformado de modo sustancial el régimen de los estrechos utilizados para la navegación internacional. En los estrechos de mayor importancia estratégica se ha sustituido el régimen tradicional de paso inocente por el régimen nuevo de paso en tránsito. Ello favoreció los intereses estratégicos globales de las superpotencias y sus aliados, pero causó perjuicio a la seguridad de los Estados ribereños de los estrechos.

Claro que, a nuestro juicio, no estamos aquí ante una de las materias en que la Convención sea el reflejo del Derecho Internacional Consuetudinario que rige en la actualidad. Por alto que pueda ser el número de Estados que la ratifiquen o se adhieran a ella, no parece que el régimen de paso en tránsito sea oponible a los Estados ribereños de los estrechos que no lleguen a ser partes en la Convención. Es oportuno traer a colación en este punto el principio sentado por el Tribunal de La Haya al tratar de la posibilidad de que una regla convencional pueda transformarse en norma consuetudinaria de Derecho Internacional General; el Tribunal dijo a este respecto que no basta una participación muy amplia y representativa

[67] Doc. C. 2/Informal Meeting/4, de 26 de abril de 1978.
[68] Doc. A/CONF. 62/L. 109.
[69] En la sesión plenaria de la Conferencia del 26 de abril de 1982, Doc. A/CONF. 62/SR. 176.

en la Convención; requirió además que tal participación comprendiese a los Estados particularmente interesados[70]. Y los Estados ribereños de los estrechos son, sin duda, Estados que entran en esta categoría. Hay que tener en cuenta además que, aún en la hipótesis de que el nuevo régimen tradujese el Derecho consuetudinario general —una costumbre nacida en el seno de la Conferencia— semejante normativa no obligaría a los Estados que se hayan opuesto a ella en el período de su formación[71].

k) Por lo que respecta a *España*, hay que decir finalmente que, a lo largo de la Conferencia y en el momento de adopción de la Convención, la delegación expresó sus reservas sobre la nueva regulación de paso en tránsito[72], y que incluso en lo que atañe a un aspecto crucial del régimen de sobrevuelo presentó una enmienda formal que obtuvo 21 votos a favor, 60 abstenciones y 55 en contra. A efectos, pues, de que no le fuese oponible la costumbre que pudiera formarse a partir de la regulación convencional, nuestro país parecía convertirse en un objetor persistente. Sin embargo, cuando a primeros de abril de 1986 aviones de guerra estadounidenses bombardearon las ciudades libias de Trípoli y Bengasi, en represalia a un acto de terrorismo imputado a agentes de Libia, después de despegar de una base sita en Inglaterra y penetrando en el Mar Mediterráneo por el espacio aéreo correspondiente al Estrecho de Gibraltar, el Presidente del Gobierno manifestó en conferencia de prensa que, en su interpretación «el sector aéreo español no ha sido utilizado» y que «el paso por una situación como la del Estrecho, que son aguas territoriales españolas, marroquíes, etc., es un paso que no vulnera el espacio aéreo español»[72 bis]. Estas palabras, explicables en el marco de la pertenencia de España a la OTAN (claramente favorable al régimen de paso en tránsito) y también para eludir cualquier responsabilidad por los mortíferos bombardeos a ciudades libias, supusieron un cambio radical en la actitud de nuestro país respecto al tema del sobrevuelo de los estrechos internacionales y le privaron de la condición de objetor persistente en el tema que nos ocupa. En cualquier caso, el Real Decreto de 4 de abril de 2007 (*B.O.E.* n.º 81, de 2007) sobre medidas aplicables a los buques en tránsito que realicen descargas contaminantes en aguas marítimas españolas, reconoce nítidamente el régimen de paso en tránsito por los estrechos utilizados para la navegación internacional en los que España ejerza jurisdicción. Esta disposición merece de todos modos un reparo de orden técnico y es que en esos estrechos, los Estados ribereños tienen soberanía y no jurisdicción.

---

[70] CIJ, *Recueil,* 1969, p. 42. Véanse las consideraciones que se hacen en el apartado 6.3 de este libro: «La interacción entre la costumbre y los tratados».

[71] Véanse las consideraciones que se hacen en el apartado 6.1 de este libro acerca del ámbito de obligatoriedad de la costumbre general.

[72] También en la explicación de voto después de la adopción de la Convención, en la 182 sesión plenaria de la Conferencia. Doc. A/CONF., 62/SR./182. Allí el jefe de la delegación española embajador LACLETA declaró que, según el Gobierno español, los textos aprobados por la Conferencia no constituían una codificación o expresión del Derecho Consuetudinario al menos en la cuestión de los estrechos.

[72 bis] Véase T. TREVES, «Codification du Droit International et pratique des États dans le Droit de la Mer», en *R. des C.*, 1990, vol. 223, p. 131.

38.5. ZONA CONTIGUA

a) El origen del espacio marítimo que se denomina zona contigua se encuentra en las *Hoverings Acts* británicas de principios del siglo XVIII. En virtud de ellas, efectivamente, se podían adoptar medidas más allá de las tres millas contra aquellas embarcaciones extranjeras que en vez de navegar siguiendo rutas normales lo hiciesen de modo equívoco, con el presumible propósito de burlar la legislación aduanera y fiscal. A finales del siglo XVIII los Estados Unidos de América establecieron igualmente una zona de protección aduanera y fiscal más allá de las tres millas, medida ésta que conoció posteriores desarrollos ya en el siglo XX con motivo de la implantación de la ley seca y la necesidad de combatir el contrabando de bebidas alcohólicas[73]. En 1928 el Instituto de Derecho Internacional adopta una resolución en la que se habla de una zona suplementaria contigua al mar territorial —de extensión no superior a nueve millas— en la que el Estado ribereño podía tomar las medidas necesarias para su seguridad, neutralidad, policía sanitaria, aduanera y de pesca[74]. Por su parte, en la Conferencia de La Haya de 1930 una mayoría importante de Estados se pronunció en favor de la zona contigua, aunque sus posiciones no eran homogéneas en cuanto a las competencias que podía ejercer en ella el Estado ribereño[75].

Estos y otros antecedentes de la práctica internacional permitieron a la doctrina científica, ya bien entrado el siglo XX, la construcción y sistematización de la noción. Destaca en este sentido la labor realizada por el iusmaritimista francés profesor GIDEL, quien definió la zona contigua como el espacio marítimo que se extiende más allá del límite exterior del mar territorial hasta una cierta anchura y en la cual el Estado ribereño ejerce sobre buques extranjeros competencias rigurosamente limitadas a ciertos fines[76]. No se trata, pues, de zona de soberanía como el mar territorial, sino de un espacio adyacente y exterior a él en el que el Estado costero posee ciertas competencias funcionales. La construcción de GIDEL sigue siendo válida en nuestros días si bien los desarrollos posteriores del Derecho Internacional permiten ya precisar la extensión de la zona y los poderes que ejerce en ella el Estado ribereño. Efectivamente, la Comisión de Derecho Internacional incluyó en su Proyecto de Artículos de 1956 una reglamentación al respecto[77] que sirvió de

---

[73] Véase en general: G. GIDEL, *Le Droit International Public de la Mer,* vol. VIII, *La mer territoriale et la zone contigue,* París, 1934; del mismo autor, «La mer territoriale et la zone contigue», *R. des C.,* 1934, II, vol. 48, pp. 137-278; H. ACCIOLY, *La zone contigue et le Droit de poursuite en haute mer,* Mélanges GIDEL, Sirey, París, 1961, pp. 1 ss.; A. HERRERO RUBIO, «Una noción decadente: la *"Zona Contigua"*», en *Estudios de Derecho Internacional Marítimo,* homenaje al profesor AZCÁRRAGA, Madrid, 1968, pp. 93 ss.; J. L. AZCÁRRAGA BUSTAMANTE, *Derecho Internacional Marítimo,* Barcelona, 1970, pp. 63 ss.; F. MARIÑO, «Alta Mar y Zona Contigua», en el libro *La actual revisión del Derecho del Mar. Una perspectiva española,* I, Primera Parte, Madrid, 1974, pp. 531 ss.; A. V. LOWE, «The development of the concept of the contiguous zone», en *B. Y. B. I. L.,* 1981, pp. 109 ss.; D. DE PIETRI, «La redefinición de la zona contigua por la legislación interna de los Estados», *R. E. D. I.*, 2010-1, vol. LXII, pp. 119 ss.; y M. J. AZNAR, «The Contiguous Zone as an Archaeological Maritime Zone», *en The International Journal of Maritime and Coastal Law*, 29, 2014, pp. 1 ss.

[74] *Annuaire,* 1928, vol. 34, pp. 627-667, 755-759. Es el artículo 12 de la resolución relativa al mar territorial en tiempo de paz.

[75] G. GIDEL, *op. cit.,* en *R. des C.*, p. 272.

[76] Ibíd., p. 241.

[77] *Anuario de la Comisión de Derecho Internacional,* 1956, vol. II, p. 291.

base al artículo 24 de la Convención de 29 de abril de 1958 sobre Mar Territorial y Zona Contigua. La institución que nos ocupa no suscitó apenas interés y desde luego ninguna polémica en la III Conferencia, en la que pasó sin pena ni gloria. La Convención de 1982 la regula en el artículo 33 inspirándose en los patrones del régimen convencional anterior aunque con algunas modificaciones en lo que respecta a su extensión y a su naturaleza residual, que enseguida señalaremos; modificaciones que resultaban necesarias para atemperar la institución a los nuevos desarrollos del Derecho del Mar, especialmente a la ampliación del mar territorial hasta doce millas y a la aparición de una zona económica exclusiva de hasta 200 millas.

b) En lo que respecta a la *anchura* de la zona contigua, dispone el artículo 24 de la Convención de 1958 que «no se puede extender más allá de las doce millas contadas desde la línea de base desde donde se mide la anchura del mar territorial». Pero tomando en consideración la tendencia registrada en la III Conferencia de las Naciones Unidas sobre el Derecho del Mar a la ampliación de los espacios marítimos sometidos a la soberanía o jurisdicción del Estado ribereño y habida cuenta más particularmente del acuerdo prontamente alcanzado en la misma sobre la posibilidad de establecer un mar territorial de doce millas, se hacía necesaria la ampliación de la anchura de la zona contigua. Y así el artículo 33 de la Convención de 1982 permite el establecimiento de una zona contigua de hasta 24 millas contadas desde las líneas de base a partir de las cuales se mide la anchura del mar territorial. Entendemos que la unánime aceptación en la Conferencia de esta nueva extensión de la zona contigua permite considerarla como norma consuetudinaria de Derecho Internacional General.

c) En cuanto a las *competencias* que el Estado ribereño puede ejercer sobre la zona contigua coinciden los regímenes convencionales de 1958 y 1982, pues aunque existen ciertamente leves diferencias terminológicas en el articulado de uno y otro, no hay, a nuestro juicio, diferencias sustantivas. Nos referimos por ello tan sólo a lo dispuesto en el artículo 33 de la Convención de 1982, según el cual en la zona contigua «el Estado ribereño podrá tomar las medidas de fiscalización necesarias para: *a*) prevenir las infracciones de sus leyes y reglamentos aduaneros, fiscales, de inmigración o sanitarios que se comentan en su territorio o en su mar territorial; *b*) sancionar las infracciones de esas leyes o reglamentos que se cometan en su territorio o en su mar territorial». Se trata, pues, de competencias rigurosamente especializadas. Hay que señalar sin embargo, como ha explicado el profesor MARIANO AZNAR que en las últimas décadas la práctica general de los Estados, tanto a nivel unilateral como convencional, ha hecho nacer una regla consuetudinaria que atribuye competencias legislativas y de ejecución a los Estados ribereños sobre los bienes y objetos arqueológicos situados bajo las aguas de la zona contigua.

d) Sin embargo, la zona contigua tiene distinta *naturaleza* residual en uno y otro régimen convencional. La Convención de 1958 disponía expresamente que se trataba de una zona de alta mar (párrafo 1 del art. 24) y semejante caracterización suponía que el régimen residual fuese el inspirado en el principio de libertad propio de este último espacio marítimo. Pero aquella calificación de la zona contigua y las consecuencias que implicaba no eran ya posibles en la Convención de 1982, pues, como veremos, su Parte V autoriza a los Estados ribereños a establecer una zona económica exclusiva de hasta doscientas millas contadas desde las líneas de base a partir de las cuales se mide el mar territorial y en la cual se poseen derechos soberanos para ciertos fines y jurisdicción a otros efectos. En el régimen de 1982, pues, la zona contigua se solapa con una porción de la zona económica exclusiva, una zona que, como veremos, no es alta mar. Congruentemente, el artículo 33 de la Convención ya no ha podido decir que la zona contigua forma parte de él. En la zona contigua el régimen residual que resulta de la Convención de 1982 no es ya el de alta mar, sino el de la zona económica exclusiva.

e) ¿Con arreglo a qué criterios tiene lugar la delimitación de la zona contigua cuando las costas de dos Estados están situadas frente a frente o son adyacentes? La convención de 1958 disponía que, salvo acuerdo en contrario, ninguno de los dos Estados en cuestión podía extender su zona contigua más allá de la línea media cuyos puntos sean todos equidistantes de los puntos más próximos de las líneas de base que sirvan de punto de partida para medir la anchura del mar territorial de cada Estado (art. 24, párrafo 3). La Convención de 1982 nada señala al respecto. Estamos, pues, ante un vacío normativo que puede provocar alguna incertidumbre. ¿Habrá de llenarse la laguna aplicando el criterio que sienta el artículo 15 de la Convención respecto a la delimitación del mar territorial —acuerdo, línea media o equidistante, circunstancias especiales— o recurriendo a la solución mucho más vaga que se sienta en los artículos 74 y 83 para la delimitación de la zona económica exclusiva y plataforma continental? Una interpretación sistemática de la Convención nos llevaría a dar preferencia a la norma sobre delimitación del mar territorial contenida en el artículo 15, toda vez que la zona contigua se regula justamente después del mar territorial y en la misma Parte: la Parte II cuyo epígrafe es «El Mar Territorial y la Zona Contigua».

f) En lo que concierne a *España,* la institución de la zona contigua cuenta con antecedentes remotos y manifiestos e incluso puede afirmarse que la Real Cédula de 1760, que ha sido considerada como el fundamento de un mar territorial de seis millas, estableció en realidad una zona fiscal. Nos remitimos a las investigaciones de MESEGUER, expuestas al tratar del mar territorial en la práctica española[78].

Como manifestación legislativa más reciente habría que referirse al Decreto 3.281/1968, de 26 de diciembre, por el que se modifica el artículo 33 de las Ordenanzas de Aduanas y según el cual la acción fiscal a efectos aduaneros y en orden a la represión del contrabando se ejerce en las aguas jurisdiccionales que, a efectos fiscales, comprenden una zona de mar adyacente a las costas españolas de doce millas a partir de la línea de baja mar escorada a lo largo de las costas de soberanía

---

[78] Véase el apartado 38.3 de este libro.

española. Pero establecido por la Ley 10/1977, de 4 de enero, un mar territorial español de doce millas, el Decreto de 1968 perdió su razón de ser. La Ley 27/1992, de 24 de noviembre, de Puertos del Estado y de la Marina Mercante, ha llevado a cabo en su artículo 7.1 y en la disposición adicional 2.ª el restablecimiento de la zona contigua española; esta vez, y de conformidad con lo que autoriza el Derecho Internacional General, entre las doce y veinticuatro millas a partir de las líneas de base desde las que se mide el mar territorial. Hay que valorar positivamente dicha disposición por cuanto amplía las posibilidades de acción del Estado en campos tan importantes y sensibles como el combate del narcotráfico y la inmigración ilegal, aunque cabe preguntarse si la ley en cuestión es la más indicada para el restablecimiento de la zona contigua española; quiza hubiese resultado más oportuna la promulgación de una ley específica sobre la materia.

38.6. PLATAFORMA CONTINENTAL

a) Antes de finalizada la primera mitad del siglo pasado, la conjunción de las necesidades energéticas y del rápido desarrollo de la tecnología llevó a la identificación y explotación de recursos naturales —principalmente yacimientos de hidrocarburos— que estaban situados en el subsuelo de las regiones marinas adyacentes a las costas. Si el subsuelo en cuestión se encontraba bajo el mar territorial era evidente que la soberanía a efectos de exploración y explotación de los recursos correspondía al Estado ribereño, pero el Derecho del Mar vigente a la sazón no permitía sentar con tanta seguridad y claridad la misma conclusión cuando el lecho y subsuelo del mar estaban situados más allá del mar territorial, es decir, en zonas de alta mar sometidas al principio de libertad. Y se daba la circunstancia de que la parte más importante de los recuros entonces explotables estaba ubicada en la porción sumergida de los continentes o prolongación del territorio continental inmerso bajo las aguas del mar; esto es, en la plataforma continental según el sentido estrictamente geológico del término, que comprende desde la costa hasta el inicio del talud que desciende bruscamente hacia las grandes profundidades de los océanos[79].

b) Fue el presidente de los Estados Unidos de América, HARRY S. TRUMAN quien, al formular en nombre de su país la primera reivindicación sobre la plataforma continental, puso en marcha el proceso de formación de este interesante capítulo del Derecho del Mar. Se trata de la conocida *Proclamation* de 28 de

[79] Véase en general: G. GIDEL, *La plataforma continental ante el Derecho,* Valladolid, 1951; J. L. AZCÁRRAGA, *La Plataforma submarina y el Derecho Internacional,* Madrid, 1952; «La plataforma continental: Naturaleza, anchura y delimitación», en el libro *La actual revisión del Derecho del Mar: una perspectiva española* I, Parte II, pp. 189 ss., Madrid, 1974; G. SCELLE, *Le Plateau continental en Droit International,* París, 1955; G. N. CELLATO, *L'evolution juridique de la doctrine du plateau continental,* París, 1955; F. DURANTE, *La plataforme litorale nel Diritto Internazionale,* Milán, 1955; G. KOJANEK, «Problemática giuridica a proposito della piatafforma continentale», en la revista *Communita Internazionale,* 1969, n.º 4, pp. 566 ss. y 1970, n.º 1, pp. 27 ss.; A. HERRERO RUBIO, «La plataforma continental ante el nuevo Derecho Internacional», en *Pensamiento Jurídico y Sociedad Internacional. Estudios en honor del profesor D. Antonio Truyol y Serra,* Madrid, 1986, n.º I, pp. 561 ss.

septiembre de 1945 por la que «el Gobierno de los Estados Unidos considera que los recursos naturales del suelo y del subsuelo de la plataforma continental en el alta mar contigua a las costas de los Estados Unidos pertenecen a los Estados Unidos y están bajo su jurisdicción y control», sin que queden «en modo alguno afectados el carácter de alta mar de las aguas suprayacentes a la plataforma continental ni el derecho a la libre e irrestricta navegación por ellas»[80]. A este acto unilateral iban a seguir rápidamente muchos otros[81], surgiendo de tal modo una práctica que sirvió de base a los trabajos de la Comisión de Derecho Internacional y al régimen que estableció al respecto la Convención sobre plataforma continental adoptada en Ginebra el 29 de abril de 1958 en la I Conferencia de las Naciones Unidas sobre el Derecho del Mar. Bien entendido que, como ha dicho el Tribunal de La Haya, las disposiciones fundamentales de esta Convención, que son las establecidas en los artículos 1 a 3 sobre definición de la plataforma y derechos básicos del Estado ribereño, no hicieron otra cosa que consagrar o cristalizar reglas de Derecho Internacional Consuetudinario, «reglas establecidas o al menos en vías de formación»[82].

c) En el *régimen de Ginebra de 1958* se da una definición de la plataforma continental que combina dos criterios: de profundidad uno y funcional otro. Según el artículo 1, efectivamente, la expresión «plataforma continental» designa el lecho del mar y el subsuelo de las zonas submarinas adyacentes a las costas, pero situadas fuera de la zona del mar territorial, hasta una profundidad de doscientos metros o, más allá de este límite, hasta donde la profundidad de las aguas suprayacentes permita la explotación de los recursos naturales de dichas zonas. Añade dicho artículo que el lecho del mar y el subsuelo de las regiones submarinas análogas, adyacentes a las costas de las islas, son también plataforma continental.

La Convención de 1958 caracteriza como derechos de soberanía los que el Estado ribereño ejerce sobre la plataforma continental a efectos de exploración y explotación de sus recursos naturales (art. 2, párrafo 1); derechos que son exclusivos en el sentido de que, a falta de ejercicio por el Estado ribereño, nadie los puede ejercer (art. 2, párrafo 3); derechos que además son independientes de la ocupación real o ficticia o de cualquier clase de declaración expresa por parte del Estado ribereño (art. 2, párrafo 3). Y para mayor precisión del alcance de los repetidos derechos, la Convención da una definición de los recursos naturales que son «los recursos minerales y otros recursos no vivos del lecho del mar y del subsuelo», así como «los organismos vivos, pertenecientes a especies sedentarias, es decir, aquellos que en el período de explotación están inmóviles en el lecho del mar o en su subsuelo, o sólo pueden moverse en constante contacto físico con dicho lecho y subsuelo» (art. 2, párrafo 4). En todo caso, los derechos del Estado ribereño sobre la plataforma continental no afectan al régimen de las aguas suprayacentes como alta mar ni al del espacio aéreo situado sobre dichas aguas.

---

[80] Véase la traducción española de la declaración en la colección *La actual revisión del Derecho del Mar: una perspectiva española,* II, Parte II, Madrid, 1974, pp. 305-306. Los textos y documentos han sido preparados por J. A. YTURRIAGA.

[81] Véanse en el libro citado *América Latina y la extensión del mar territorial,* pp. 85 ss.

[82] CIJ, *Recueil,* 1969, p. 39. Véase el apartado 6.3 de este libro.

Por lo demás, el artículo 5 concede al Estado ribereño el derecho a construir, mantener y hacer funcionar en la plataforma continental las instalaciones y otros dispositivos necesarios para explorarla y explotar sus recursos naturales, así como el de establecer zonas de seguridad de un radio de quinientos metros alrededor de tales instalaciones y dispositivos. Digamos también que el artículo 6 de la Convención señala unos criterios para delimitar las plataformas continentales de dos Estados cuyas costas sean adyacentes o se hagan frente. A falta de acuerdo, efectivamente, y salvo que circunstancias especiales justifiquen otra delimitación, ésta se determinará por la línea media cuyos puntos sean todos equidistantes de los puntos más próximos de las líneas de base desde donde se mide la extensión del mar territorial de cada Estado. No vamos a examinar ahora este importante problema, cuyo análisis dejamos para el tema de la zona económica exclusiva[83]. En la III Conferencia de las Naciones Unidas sobre el Derecho del Mar, efectivamente, la cuestión de la delimitación ha sido de las más difíciles y espinosas y se ha negociado y resuelto conjuntamente para ambos espacios marítimos —zona económica exclusiva y plataforma continental—.

d) La *Convención de 1982* dedica su Parte VI (arts. 76 a 85) a la regulación de la plataforma continental. Y si en la Convención de 1958 la institución se definía con arreglo a un sistema combinado de profundidad y funcional, en el nuevo régimen han cambiado los criterios a fin dc dar satisfacción a dos categorías de Estados. De una parte, efectivamente, se han tenido en cuenta los intereses de los países ribereños que no disponían de plataforma continental en sentido geológico o la poseían de escasa dimensión (como, por ejemplo, los Estados sudamericanos con costas al Océano Pacífico); a tales países se les reconoce ahora la facultad de ejercer derechos soberanos para explorar y explotar los recursos naturales del lecho y subsuelo del mar hasta una distancia de doscientas millas, con independencia de la profundidad y de que dichos espacios constituyan o no plataforma en sentido geológico. Pero la aplicación incondicionada del criterio de las doscientas millas hubiera supuesto el desconocimiento de los derechos adquiridos por los llamados Estados con plataforma amplia o de extensión superior a las doscientas millas (Argentina, Australia, Canadá, India, etc.), derechos que indudablemente poseían en virtud del régimen consuetudinario anterior, tal como fue codificado en 1958. De ahí que para contentar a uno y otro grupo de Estados la Convención de 1952 haya utilizado dos criterios alternativos para la definición de la institución: el de la plataforma continental en sentido geológico que sólo favorece a los Estados que posean plataformas amplias o de extensión superior a las 200 millas; y el de las doscientas millas, que beneficia a todos los Estados cuya situación geográfica lo permita (no por supuesto a los países sin litoral y a los de plataforma encerrada). Y es así cómo el párrafo 1 del artículo 76 de la Convención de 1982 dice que «la plataforma continental de un Estado ribereño comprende el lecho y el subsuelo de las áreas submarinas que se extienden más allá de su mar territorial y a todo lo largo de la prolongación natural de su territorio hasta el borde exterior del margen

---

[83] Véase el apartado 38.7 de este libro.

continental, o bien hasta una distancia de doscientas millas marinas contadas desde las líneas de base a partir de las cuales se mide la anchura del mar territorial, en los casos en que el borde exterior del margen continental no llegue a esa distancia».

e) Al igual que en el régimen de 1958, la Convención de 1982 reconoce al Estado ribereño derechos de soberanía sobre la plataforma continental a los efectos de su exploración y de la explotación de los recursos naturales (art. 77.1). Ocurre, sin embargo, que tales derechos corresponden igualmente al Estado ribereño en tanto que titular de un nuevo espacio marítimo nacido en la III Conferencia y consagrado en la Convención: la zona económica exclusiva [art. 56.1.*a*)]. Y al ser la anchura máxima de esta zona doscientas millas, resulta que en la citada extensión se da una superposión de regímenes: el de la plataforma continental y el de la zona económica exclusiva. Se trata de una peculiaridad sistemática de la que en el transcurso de la Conferencia fueron conscientes las delegaciones y que se ha salvado en el párrafo 3.° del artículo 56. Dicho artículo enuncia los derechos que corresponden al estado ribereño en la zona económica exclusiva y su párrafo 3.° dispone, en efecto, que los relativos al lecho del mar y su subsuelo se ejercerán de conformidad con la Parte VI, que es la que trata de la plataforma continental[84].

Por lo demás, y del mismo modo que en el régimen de 1958, los derechos sobre la plataforma son exclusivos e independientes y se ejercen sobre unos recursos naturales definidos de la misma manera que en aquel régimen (art. 77). Y tales derechos no afectan a la condición jurídica de las aguas suprayacentes ni a la del espacio aéreo que se levante sobre ellas (art. 78). En cuanto a las islas artificiales, instalaciones y estructuras que se construyan sobre la plataforma continental rigen las disposiciones que examinaremos al tratar de la zona económica exclusiva (art. 80).

f) La Convención de 1982 establece un régimen particular para la llamada *plataforma amplia,* es decir, para la que geológicamente rebasa la extensión de doscientas millas y llega hasta el denominado borde exterior del margen continental. El párrafo 3 del artículo 76 define al margen continental como «la prolongación sumergida de la masa continental del Estado ribereño» y dice que está constituido por el lecho y subsuelo de la plataforma, el talud y la emersión continental, sin comprender el fondo oceánico profundo con sus crestas oceánicas y su subsuelo. El propio artículo contiene reglas técnicas, laboriosamente negociadas, sobre la manera cómo el Estado ribereño puede establecer el borde exterior de dicho margen. Disposición muy interesante es la del artículo 82 que impone obligaciones especiales a los Estados con plataforma amplia puesto que, en efecto, deben efectuar pagos o contribuciones en especie a la Autoridad Internacional de los Fondos Marinos respecto de la explotación de los recursos no vivos en la parte de la plataforma que rebase las doscientas millas, una vez trancurridos los primeros cinco años de producción de un sitio minero. Sin embargo, de tal obligación estarán exentos respecto a un recurso mineral los Estados en desarrollo que sean importadores netos de ese recurso producido en su plataforma continental.

---

[84] Véase J. F. PULVENIS, «Zone économique exclusive et plateau continental: Unité ou dualité», en *Revue Iranienne des Relations Internationales,* n.os 11-12, 1978, pp. 103 ss.

g) El artículo 83 contiene reglas sobre la *delimitación* de la plataforma continental entre Estados con costas adyacentes o situadas frente a frente, que se apartan ostensiblemente de las enunciadas en el artículo 6 de la Convención de 1958. Tales reglas son idénticas a las que formula el artículo 74 para la delimitación de zonas económicas exclusivas y dejamos por tanto su análisis y valoración para un momento posterior[85].

h) En *España* la extensión de la plataforma continental en sentido geológico es muy pequeña. Tomando como límite máximo de ella el determinado por la línea isobática de los doscientos metros, que es el comúnmente admitido por los geólogos y uno de los reconocidos por la Convención de Ginebra de 1958, resulta que en los litorales del Norte y del Sur la plataforma oscila entre cuatro y quince millas de extensión; en el llamado Saco Gaditano entre las quince y treinta millas; en las costas levantinas entre treinta y cincuenta; en las Islas Baleares llega hasta las quince millas y en el Archipiélago Canario fluctúa entre las cinco y diez millas[86]. Consiguientemente el régimen nacido en la III Conferencia de las Naciones Unidas sobre el Derecho del Mar y consagrado en la Parte VI de la Convención de 1982, al establecer una plataforma mínima de doscientas millas de extensión, no podía sino favorecer los intereses españoles en este punto. Y de hecho la Ley 15/1978, de 20 de febrero, sobre zona económica exclusiva, ha extendido en el Océano Atlántico y en el Mar Cantábrico los derechos soberanos de España a efectos de la exploración y la explotación de los recursos naturales del lecho y subsuelo del mar hasta una distancia de doscientas millas náuticas contadas a partir de la línea de base desde la que se mide la anchura del mar territorial, y ha autorizado al Gobierno para acordar la misma extensión en otras costas.

En lo que concierne a la delimitación de la plataforma continental española respecto de los países con costas adyacentes o situadas frente a frente, España celebró en 1974 dos acuerdos: el de 29 de enero con Francia y el de 19 de febrero con Italia[87]. Nuestro país tiene aún pendientes problemas de delimitación con Francia y otros países, de los que nos ocuparemos al tratar de la zona económica exclusiva.

38.7. ZONA ECONÓMICA EXCLUSIVA

a) La zona económica exclusiva[88] es una importante institución nacida en la III Conferencia de la Naciones Unidas sobre el Derecho del Mar a impulsos de

[85] Véase el apartado 38.7 de este libro.

[86] Datos tomados de J. L. AZCÁRRAGA, *op. cit.*, en *La actual revisión,* cit., p. 22.

[87] Véase J. L. AZCÁRRAGA, «España suscribe, con Francia e Italia, dos convenios sobre delimitación de sus plataformas submarinas comunes», en *Revista Española de Derecho Internacional,* 1975, n.ºs 1-3, pp. 131 ss. El texto de los acuerdos en el libro de *La actual revisión,* cit., II, 1.ª parte, pp. 252 ss. 261 ss. Véase, en general, E. ORIHUELA CALATAYUD, *España y la delimitación de sus espacios marítimos,* Murcia, 1989.

[88] Véase: J. P. QUENEUDEC, «La Zone Economique», en *Revue Générale de Droit International Public,* 1975, n.º 2, pp. 321 ss.; J. L. MESEGUER SÁNCHEZ, «Temas de la III Conferencia sobre el Derecho del Mar: La Zona Económica Exclusiva», en *Información Comercial Española,* n.º 1.157; L. I.

las reivindicaciones de Estados ribereños tercermundistas en materia de pesca. Para entender, pues, el sentido de estas reivindicaciones y, en definitiva, la esencia de la institución, parece oportuno exponer y analizar someramente la *evolución del régimen internacional de la pesca marítima* hasta la consagración de aquella institución en la Conferencia.

En el Derecho Internacional Clásico la regulación de la pesca se articulaba sobre la base de la distinción de dos espacios marítimos: el mar territorial y la alta mar. En el mar territorial la soberanía del Estado ribereño le permitía reservar a sus nacionales el ejercicio de la pesca y prohibir las capturas de especies vivas a embarcaciones con pabellón de otro país. En el alta mar regía el principio de libertad de pesca. Y hay que tener en cuenta que el mar territorial tenía a la sazón una extensión muy reducida, lo que suponía que los nacionales de otros Estados pudiesen faenar en aguas de alta mar próximas al mar territorial e incluso a las costas. Señalemos que este régimen descansaba en un presupuesto científico y otro económico. Científicamente, en efecto, se presumía que las especies vivas del mar eran inagotables. Y desde el punto de vista económico la pesca se practicaba en aquel entonces con medios limitados, de carácter artesanal, que no permitían grandes cantidades de capturas; esta circunstancia contribuía al sostenimiento del presupuesto científico.

El primer intento de ruptura del régimen expuesto habría de venir no de un país en desarrollo sino de los Estados Unidos. Efectivamente, en la *Proclamation* sobre pesquerías del presidente TRUMAN, de 28 de septiembre de 1945[89], se reivindica un interés especial y derechos de regulación y control para la conservación de zonas de pesca en áreas de alta mar contiguas a las costas del país sobre la base del interés económico que ofrecían a la nación estos recursos. A este acto unilateral siguieron otros semejantes, especialmente en el continente americano[90].

Postura mucho más radical fue la sustentada en la Declaración de Santiago de 18 de agosto de 1952 por tres países sudamericanos ribereños del Pacífico: Chile, Ecuador y Perú[91]. En ella los Estados signatarios alegaron la obligación de asegurar a sus pueblos las necesarias condiciones de subsistencia y de procurarles los medios para su desarrollo económico; y proclamaron como norma de su política internacional marítima la soberanía y jurisdicción exclusivas hasta una distancia mínima de 200 millas contadas a partir de las costas.

SÁNCHEZ RODRÍGUEZ, *La Zona exclusiva de Pesca en el Nuevo Derecho del Mar,* Oviedo, 1977; W. C. EXTRAVOUR, *The Exclusive Economic Zone. A Study of the Evolution and Progresive Development of the International Law of the Sea,* Institut Universitaire des Hautes Etudes Internationales, Ginebra, 1979; A. HERRERO RUBIO, «La zona económica especial en la III Conferencia de Las Naciones Unidas sobre el Derecho del Mar», en el libro *Homenaje al Profesor Miaja de la Muela,* Madrid, 1979, vol. I, pp. 687 ss.; M. DIEZ DE VELASCO, «La tendencia a la nacionalización de los recursos vivos y no vivos del mar: la noción de Zona Económica Exclusiva en el nuevo Derecho del Mar», en *Revista de la Asociación Nacional de Abogados,* II Época, n.º 1, México, 1980, pp. 335 ss.; D. ATTARD, *The Exclusive Economic Zone in International Law,* Oxford, 1986.

[89] Véase el texto en español en la obra colectiva *México y el régimen del Mar,* México, 1974, p. 303.

[90] Véase el libro cit. *América Latina y la Extensión del Mar Territorial,* pp. 85 ss.

[91] El texto de la Declaración, en el libro cit. *La actual revisión del Derecho del Mar* II, Segunda parte, pp. 306-307. Los textos y documentos han sido preparados por J. A. YTURRIAGA.

Pero la codificación y desarrollo progresivo del Derecho Internacional que realizó en 1958 la I Conferencia de las Naciones Unidas sobre el Derecho del Mar no dio acogida, ni mucho menos, a esta última pretensión. Una de las convenciones adoptadas el 29 de abril de 1958, la Convención sobre pesca y conservación de los recursos vivos de alta mar, incorporó de un modo general los criterios más moderados de la *Proclamation* del presidente TRUMAN, reconociendo el interés especial del Estado ribereño y la posibilidad que tenía de adoptar medidas unilaterales para la conservación de los recursos vivos en zonas de alta mar adyacentes a su mar territorial.

b) Más en éste como en otros campos la descolonización masiva que se produjo en la década de los años sesenta no podía menos que dejar sentir sus efectos. La causa de las doscientas millas, que en la década de los años cincuenta fue considerada extravagante y revolucionaria, iba a recibir ahora un apoyo decisivo de los Estados de reciente independencia. Porque, además, habían cambiado los presupuestos que sirvieron de apoyo al régimen tradicional de la pesca. Científicamente ya no era sostenible que las especies vivas del mar fuesen inagotables y la experiencia era harto elocuente al respecto. Desde el punto de vista económico la pesca ya no se realizaba siempre con medios artesanales, sino también mediante sistemas industriales y a gran escala, lo que puso en evidencia la agotabilidad de las especies. De hecho, en los espacios de alta mar contiguos a los mares territoriales de muchos Estados en desarrollo, se estaban esquilmando por nacionales de otros Estados poblaciones enteras de especies vivas. Y al ser justamente las aguas suprayacentes a la plataforma continental en sentido geológico, el *habitat* más importante de las especies pesqueras, existía interés por parte de los Estados en desarrollo ribereños en hacer coincidir la extensión de la plataforma y la de la zona exclusiva de pesca.

Como consecuencia de todo ello, en la Comisión de Fondos Marinos preparatoria de la III Conferencia, los planteamientos fueron muy distintos a los de la I Conferencia. En aquella Comisión, mientras algunas delegaciones de países desarrollados —particularmente los de pesca a distancia— se mostraron dispuestos a reconocer a los Estados ribereños derechos preferenciales en materia de pesca más allá del mar territorial, los países tercermundistas, impulsados por la idea del desarrollo y alentados por el principio de la soberanía permanente sobre los recursos naturales, llegaron mucho más lejos en sus pretensiones. Algunos países de América del Sur resucitaron el espíritu de la Declaración de Santiago de 1952 y propugnaron soluciones territorialistas hasta las doscientas millas. Los países centro y sudamericanos ribereños del Caribe habían abogado en la Conferencia de Santo Domingo (5 a 9 de junio de 1972) por la institución de un mar patrimonial también de doscientas millas en el que el Estado costero ejercería derechos soberanos sobre los recursos renovables y no renovables de las aguas del mar, su lecho y subsuelo, e hicieron las propuestas correspondientes en la Comisión Preparatoria. Y por su parte los Estados africanos presentaron en dicha Comisión las conclusiones del «Seminario de Yaoundé» (20 a 30 de junio de 1972) que tendían al establecimiento de una zona económica exclusiva de hasta 200 millas en la que igualmente el Estado ribereño ostentaría derechos soberanos a efectos de la exploración y explotación de los recursos vivos y no vivos de las aguas del mar, su lecho y su subsuelo[92].

Iniciada la III Conferencia fueron las ideas africanas —que no discrepaban sustancialmente de la noción del mar patrimonial formulada por los países centro y sudamericanos ribereños del Caribe— las que cobraron más fuerza y lograron mayor número de apoyos. Surgía así de modo irresistible la institución de la zona económica exclusiva. Y si bien en un principio la noción encontró resistencias por parte de las grandes potencias marítimas, de los Estados de pesca a distancia y del grupo de países sin litoral o en situación geográfica desventajada, la oposición fue debilitándose y diluyéndose, generándose en la Conferencia una *opinio iuris* favorable a la misma. *Opinio iuris* que incluso dio un fuerte impulso a la práctica, pues fueron muchos los Estados desarrollados o en desarrollo que por vía legislativa interna establecieron la zona económica exclusiva[93]. Aun antes de acabada la Conferencia y adoptada la Convención se tenía el sentimiento de que la institución encontraba claro apoyo en el Derecho Internacional Consuetudinario. Hoy se puede afirmar que los grandes parámetros de la misma son oponibles a todos los Estados, manifiesten o no su consentimiento en obligarse por la Convención[94]. Como ha dicho una Sala del Tribunal de La Haya en la sentencia dictada el 12 de octubre de 1984 en el *caso de la delimitación de la frontera marítima en la región del Golfo de Maine* (Canadá contra Estados Unidos de América) en cuanto a «ciertas disposiciones de la Convención relativas a la plataforma continental y a la zona económica exclusiva» que «no han encontrado objeciones con ocasión de su adopción», «aunque lleven a veces la marca del compromiso que ha presidido su adopción, pueden ser consideradas como conformes actualmente al Derecho Internacional General en la materia»[95].

c) La Convención regula la zona económica exclusiva en su Parte V (arts. 55 a 87), determinando que su *anchura* máxima es de doscientas millas marinas contadas desde las líneas de base a partir de las cuales se mide la extensión del mar territorial (art. 57). Esta anchura no es arbitraria, sino que se ha fijado en atención al hecho de que coincide con el término medio de la extensión de la plataforma continental, constituyendo precisamente las aguas que se levanten por encima de ella el *habitat* más adecuado para las especies pesqueras de mayor importancia. Y en la zona económica exclusiva *el Estado ribereño tiene: a*) derechos de soberanía para los fines de exploración y explotación, conservación y ordenación de los recursos naturales, tanto vivos como no vivos, del lecho y el subsuelo del mar y de las aguas suprayacentes, y con respecto a otras actividades con miras a la

---

[92] Las propuestas concretas presentadas a la Comisión pueden verse en L. I. SÁNCHEZ RODRÍGUEZ, «Aprovechamiento de los recursos vivos del Mar», en el libro cit. *La actual revisión del Derecho del Mar,* I, Segunda Parte, pp. 41-51.

[93] Véase *United Nations Legislative Series. National Legislations and Treaties relating to the Law of the Sea.* Doc ST/LEG/SER.B/19 de 13 de junio de 1978, pp. 192 ss.

[94] Véase el apartado 6.2 de este libro.

[95] CIJ, *Recueil,* 1984, p. 294.

exploración y explotación económicas de la zona, tal como la producción de energía derivada del agua, de las corrientes y de los vientos; *b*) jurisdicción, con arreglo a las disposiciones pertinentes de la Convención, con respecto: i) al establecimiento y utilización de islas artificiales, instalaciones y estructuras; ii) a la investigación científica marina; iii) a la protección y preservación del medio marino; *c*) otros derechos y deberes previstos en la Convención (art. 56). Bien entendido que estos poderes del Estado ribereño no afectan a las libertades de navegación y sobrevuelo y de tendido de cables y tuberías submarinas ni a otros usos del mar internacionalmente legítimos relacionados con dichas libertades a que tienen derecho todos los Estados de conformidad con la Convención (art. 58, párrafo 1)[96].

d) Así pues, en la zona económica exclusiva, el Estado ribereño tiene derechos soberanos para la exploración, explotación, conservación y ordenación de los recursos pesqueros. Ahora bien, en la III Conferencia de las Naciones Unidas sobre el Derecho del Mar muchas delegaciones pidieron que se reconociesen mediante la oportuna reglamentación los *derechos de los nacionales de otros Estados a pescar en la zona.* Hay que destacar en este sentido las reivindicaciones del grupo de intereses formado por los Estados sin litoral y en situación geográfica desventajada, y también las de los llamados Estados de pesca a distancia cuyos nacionales se habían dedicado habitualmente a la pesca en sectores que habiendo formado parte antes del alta mar quedaban cubiertos ahora por la nueva zona.

El sistema general de acceso de otros Estados a la pesca en la zona económica exclusiva se articula en la Convención de la siguiente manera: el Estado ribereño determinará la captura máxima permisible de los recursos vivos en su zona económica exclusiva (art. 61.1). Dicho Estado determinará asimismo su propia capacidad de captura (art. 62.2). Y cuando no tenga capacidad para explotar toda la captura permisible, dará acceso a otros Estados al excedente (art. 62.2). La noción de excedente es, pues, la clave de bóveda del régimen de acceso de nacionales de otros Estados. Bien entendido que el acceso al excedente se da mediante acuerdos u otros arreglos (art. 62.2), por lo que, como ha dicho MESEGUER, estamos realmente ante un *pacto in contrahendo*[97].

Pero la Convención establece disposiciones especiales en esta cuestión para tres categorías de Estados: Estados de pesca habitual en la zona; Estados sin litoral; y Estados con características geográficas especiales (los que en la Conferencia se llamaron a sí mismos «en situación geográfica desventajosa»).

Tratándose de Estados cuyos nacionales se han dedicado habitualmente a la pesca en la zona (caso de los Estados de pesca a distancia) no era viable en la Conferencia reconocimiento alguno de los derechos adquiridos. La fórmula pugnaba no sólo con la esencia de la zona económica exclusiva, sino con la ideología de los Estados de reciente independencia, que veían en aquella noción vestigios colonialistas. Por consiguiente, el párrafo 3 del artículo 62 dispone

---

[96] Véase J. PUEYO LOSA, «La libertad de navegación por la zona económica exclusiva», en *Revista Española de Derecho Internacional,* 1977, n.os 2-3, vol. XXX, pp. 265 ss.

[97] J. L. MESEGUER SÁNCHEZ, *Temas,* cit., p. 1266.

únicamente que entre los factores que debe tener en cuenta el Estado ribereño para dar a otros Estados acceso a la zona económica exclusiva mediante acuerdos u otros arreglos figurará «la necesidad de reducir al mínimo la perturbación económica de los Estados cuyos nacionales han pescado habitualmente en la zona o han hecho esfuerzos sustanciales de investigación o identificación de las poblaciones».

Para los Estados sin litoral o con características geográficas especiales, la Convención establece un régimen ligeramente más favorable.

e) Ésta es, en apretada síntesis, la regulación que se contiene en la Convención de 1982 sobre el acceso de nacionales de otros Estados a la zona económica exclusiva. Y una valoración de conjunto permite afirmar que se inclina de manera manifiesta hacia la satisfacción y protección de los intereses de los Estados ribereños. Articulado el régimen de acceso sobre la noción clave del excedente, y siendo éste la diferencia resultante entre la captura permisible y la capacidad de captura, hay que tener en cuenta que uno y otro concepto son determinados unilateralmente por el Estado ribereño [«discrecionalmente», se dice en el artículo 297.3.*a*), relativo a solución de controversias]. Por ello, cuando se discutía en la Conferencia la cuestión de la solución de controversias, los Estados interesados en el acceso de sus nacionales a zonas económicas exclusivas ajenas, eran partidarios de la posibilidad de someter aquellas determinaciones unilaterales al arreglo jurisdiccional obligatorio, arbitral o judicial. Pero ni siquiera esto fue consentido por el grupo de Estados ribereños, cuyas delegaciones sostenían que con semejante pretensión se les estaba intentando quitar con una mano lo que se les daba con la otra. Las delegaciones de los Estados ribereños consiguieron exceptuar del sistema general de solución establecido en la Convención, que incluye el arreglo arbitral y el judicial, toda «controversia relativa a sus derechos soberanos con respecto a los recursos vivos en la zona económica exclusiva o a su ejercicio, incluidas sus facultades discrecionales para determinar la captura permisible, su capacidad de explotación, la asignación de excedentes a otros Estados y las modalidades y condiciones establecidas en sus reglamentos de conservación y ordenación» [art. 297.3.*a*)]. Para tales cuestiones la única obligación que se establece es la de someter la controversia a un procedimiento de conciliación regulado en la propia Convención [art. 297.3.*b*)]. Procedimiento que termina en un informe que contiene conclusiones sobre las cuestiones de hecho o de Derecho, pero sin obligatoriedad para las partes[98].

f) Expuestos y analizados los aspectos más importantes del régimen de la zona económica exclusiva, podemos preguntarnos ya cuál sea su *naturaleza.* La cuestión tiene, por supuesto, interés académico, pero también, y sobre todo, alcance práctico, pues de la conclusión a que lleguemos puede depender el régimen residual de la zona; esta última fue la perspectiva en que el problema se consideró por las delegaciones en la Conferencia. Porque, efectivamente, si la zona

---

[98] Véase S. ROSSENE, «Settlement of Fisheries Disputes in the Exclusive Economic Zone», en *American Journal of International Law,* 1979, n.º 1, vol. 73, pp. 89 ss.

económica exclusiva era considerada como alta mar —de la misma manera que lo fue la zona contigua en la Convención de 1958— resultaría que en aquellos aspectos en que la regulación específica de la zona no suministrase soluciones ni tuviese criterios habría de aplicarse de modo residual el régimen del mar libre. Así las cosas, era del todo lógico que a lo largo de la Conferencia muchas delegaciones —las de las grandes potencias marítimas y en general las de los Estados inicialmente adversarios de la institución— simpatizasen con la caracterización de la zona como alta mar. Pero evidentemente esta calificación no podía complacer a los Estados ribereños defensores de la zona económica exclusiva.

A nuestro juicio existen en la Convención de 1982 tres disposiciones que arrojan luz clara sobre el tema. Una es la contenida en el artículo 59, según el cual «en los casos en que esta Convención no atribuya derechos o jurisdicción al Estado ribereño o a otros Estados en la zona económica exclusiva, y surja un conflicto entre los intereses del Estado ribereño y los de cualquier otro Estado o Estados, el conflicto debería ser resuelto sobre una base de equidad y a la luz de todas las circunstancias pertinentes, teniendo en cuenta la importancia respectiva que revistan los intereses de que se trate para las partes, así como para la comunidad internacional en su conjunto». Se puede sostener ciertamente que los criterios indicados en la disposición transcrita para resolver los conflictos producidos por los vacíos del régimen convencional son muy vagos y generales. Se trata, una vez más, del precio del consenso. Pero del artículo resulta claramente que dichos vacíos no deben llenarse ni los conflictos resolverse según los principios inspiradores del régimen de alta mar. El régimen residual de la zona económica exclusiva no es, pues, el del mar libre, conclusión reforzada por el artículo 86 de la Convención, según el cual las disposiciones relativas a alta mar se aplican a todas las partes del mar no incluidas en la zona económica exclusiva, en el mar territorial o en las aguas interiores de un Estado, ni en las aguas archipelágicas de un Estado archipelágico.

Otra disposición de la Convención relevante en el punto que nos ocupa es la contenida en el artículo 55. Según él, «la zona económica exclusiva es un área situada más allá del mar territorial y adyacente a éste, sujeta al régimen jurídico específico establecido en esta parte, de acuerdo con el cual los derechos y jurisdicciones del Estado ribereño y los derechos y libertades de los demás Estados se rigen por las disposiciones pertinentes de esta Convención». Así pues, si el artículo 59 descarta la posible consideración de la zona económica exclusiva como alta mar, el artículo 55 configura la zona económica exclusiva como institución con naturaleza autónoma[99], o *sui generis*[100], o propia, y son las disposiciones pertinentes de la Convención y más particularmente las contenidas en la Parte V las que suministran el contenido específico de dicha naturaleza.

---

[99] M. DIEZ DE VELASCO, *La Tendencia,* cit., p. 345.

[100] J. CASTAÑEDA, «El nuevo Derecho del Mar», en el libro *Seis años de relaciones exteriores de México (1970-1976),* México, 1976, p. 195; J. A. VARGAS, «Contribuciones de la América Latina al Derecho del Mar», en *Estudios del Tercer Mundo,* marzo 1978, n.º 3, pp. 150-151. También el presidente de la Segunda Comisión de la Conferencia, Embajador Aguilar. Véase la nota introductoria del Doc. A/CONF. 62/WP. 8/Rev. 1/Parte II, párrafos 17 y 18 en *Tercera Conferencia de las Naciones Unidas sobre el Derecho del Mar,* Documentos Oficiales, vol. V, Nueva York, 1976, p. 166.

g) ¿Cómo se efectúa la *delimitación* de las zonas económicas exclusivas entre Estados cuyas costas son adyacentes o están situadas frente a frente? He aquí una de las cuestiones que, tratada conjuntamente con la de la delimitación de la plataforma continental, ha resultado más polémica y difícil en la III Conferencia de las Naciones Unidas sobre el Derecho del Mar, hasta el punto de que sólo al final de la segunda parte del X período de sesiones (Ginebra, verano de 1981) fue posible alcanzar un consenso al respecto. La naturaleza de los intereses en juego —se trataba de establecer los criterios y métodos del reparto de los nuevos espacios que los Estados han ganado al alta mar— explica las extremas dificultades de la cuestión.

Después de la primera parte del noveno período de sesiones (Nueva York, primavera de 1980), se procedió a una revisión del texto de negociación, que entonces era el llamado «Texto integrado oficioso para fines de negociación»[101], y en él se incluyó una disposición sobre delimitación: ésta debía hacerse por acuerdo entre los Estados interesados «de conformidad con el Derecho Internacional»; tal acuerdo —se agregaba— «se ajustará a principios equitativos, empleando la línea media o de equidistancia, cuando sea apropiado, y teniendo en cuenta todas las circunstancias prevalecientes en el área de que se trate» (arts. 74 y 83 de dicho texto). Pero si este texto suponía desde el punto de vista sustantivo una leve mejora de la posición de los Estados partidarios de la equidistancia —entre ellos España—, dada la función objetivadora del Derecho Internacional y porque quedaba reducido el juego de las circunstancias imperantes a las del área en cuestión, desde el punto de vista de la solución de controversias la nueva fórmula se inclinó por las tesis mayoritarias del grupo adverso —los partidarios del recurso a los principios equitativos—, puesto que, según el artículo 298.1.*a*).*i*), todo Estado parte en la Convención quedaba autorizado a efectuar una declaración con la finalidad de excluir las controversias sobre delimitación de los medios jurisdiccionales, siempre que aceptase el recurso obligatorio a la conciliación.

Este nuevo régimen —que no había sido negociado realmente— provocó con todo fuertes objeciones de los Estados favorables del recurso a los principios de equidad, y fue únicamente al final del décimo período de sesiones (Ginebra, verano de 1981), cuando al revisarse el texto que ya se denominaba Proyecto de Convención[102], se incorporó al mismo el actual contenido de los artículos 74 y 83 de la Convención relativos, respectivamente, a la zona económica exclusiva y a la plataforma continental. Según el párrafo 1.º de dichos artículos «la delimitación de la zona económica exclusiva (plataforma continental) entre Estados con costas adyacentes o situadas frente a frente se efectuará por acuerdo entre ellos sobre las base del Derecho Internacional, a que se hace referencia en el artículo 38 del Estatuto de la Corte Internacional de Justicia, a fin de llegar a una solución equitativa». En cuanto a las disposiciones sobre solución de controversias, cabe exceptuarlas de la jurisdicción obligatoria siempre que se acepte la obligatoriedad del recurso al procedimiento de conciliación [art. 298.1.ª*i*)].

---

[101] Doc. A/CONF. 62/WP. 10/Rev. 2.
[102] Doc. A/CONF. 62/L. 78.

Una valoración de la solución finalmente alcanzada permitiría afirmar que desde el punto de vista de los criterios sustantivos (párrafo 1 de los arts. 74 y 83) es verdaderamente transaccional. No hay mención de la línea media, pero la equidad se ha rebajado del nivel de los principios al plano de los resultados. Y éste era sin duda el papel mínimo que se había de conceder a la equidad a la luz de la jurisprudencia internacional[103]. Y la jurisprudencia internacional posterior a la adopción de la Convención ha tenido ocasión de hacer algunas consideraciones al respecto. Así, la sentencia de la Sala del Tribunal de La Haya de 12 de octubre de 1984 en el caso de la *delimitación de la frontera marítima en la región del Golfo del Maine (Canadá contra Estados Unidos)* ha dicho, a propósito de la fórmula de la Convención, que «se limita a expresar la exigencia del arreglo consensuado del problema y a recordar el deber de llegar a una solución equitativa. Aunque el texto sea singularmente sucinto, abre la puerta a la continuación del desarrollo resultante de la jurisprudencia internacional en la materia»[104]. Por su parte, la sentencia arbitral dictada el 14 de febrero de 1985 en el *caso de la delimitación de la frontera marítima Guinea/Guinea-Bissau,* retomando consideraciones de la sentencia antes citada, señala que «el Derecho Internacional Consuetudinario no puede suministrar en una materia como la de la presente sentencia "más que algunos principios jurídicos básicos que enuncian directivas a seguir con vistas a un fin esencial". El fin esencial que se fija el Tribunal consiste en llegar a una solución equitativa refiriéndose a los términos de los artículos 74, párrafo 1, y 83, párrafo 1 de la Convención de 10 de diciembre de 1982 sobre el Derecho del Mar. Se trata de una regla de Derecho Internacional reconocida por las partes y que se impone al Tribunal»[105]. Claro que si la asepsia y neutralidad de los criterios enunciados en los artículos 74 y 83 evitó que la cuestión de la delimitación se convirtiera en un escollo insalvable para la terminación de la Conferencia, aquellas características no han hecho otra cosa que posponer los problemas. Es el precio que hay que pagar por el consenso. Las dificultades se presentarán realmente cuando dos Estados negocien la delimitación de su zonas económicas exclusivas o sus plataformas continentales o cuando un órgano de solución de controversias tenga que pronunciarse al respecto. De todos modos, la sentencia del Tribunal Internacional de Justicia de 3 de febrero de 2009, dictada en el *asunto relativo a la delimitación marítima en el Mar Negro* (*Rumania* contra *Ucrania*) consolida una jurisprudencia que provee al problema de la delimitación de la plataforma continental y la zona económica exclusiva de una cierta dosis de seguridad jurídica. En efecto, al ocuparse del método de la delimitación, señala la sentencia que en estos casos el

---

[103] Especialmente, la sentencia del Tribunal Internacional de Justicia en los asuntos de la plataforma continental del Mar del Norte, CIJ, *Recueil,* 1969, pp. 5 ss.

[104] CIJ, *Recueil,* 1984, p. 294.

[105] *Tribunal Arbitral pour la délimitation de la frontière maritime Guinée Guinée-Bissau. Sentence du 14 fevrier 1985,* p. 43. La jurisprudencia internacional sobre este punto es abundante. También la doctrina. Entre los autores españoles, véase particularmente E. RUILOBA GARCÍA, *Circunstancias especiales y equidad en la delimitación de los espacios marítimos*, Real Instituto de Estudios Europeos, Zaragoza, 2001; y A. DE ALMEIDA NASCIMENTO, *El Derecho internacional de la delimitación de los espacios marinos de soberanía económica,* Tecnos y Universidad de Alicante, Madrid, 1999. ANTONIO PASTOR PALOMAR, *La delimitación marítima entre Estados. Formaciones insulares y bajios,* Universidad Rey Juan Carlos, Tirant lo Blanch, Valencia 2017.

Tribunal procede mediante etapas bien determinadas. La primera consiste en el establecimiento, mediante datos objetivos de carácter geométrico y adaptados a la geografía de la zona, de una línea de delimitación provisional. Si se trata de costas adyacentes, esa línea es la equidistante salvo que circunstancias especiales del caso no lo permitan. En el supuesto de costas situadas frente a frente, aquella línea es la mediana. En la segunda etapa, y a fin de modificar o confirmar la línea provisional, el Tribunal toma en consideración las circunstancias pertinentes que concurran en la zona por delimitar. Y en la tercera y última fase verifica si las conclusiones obtenidas hasta ese momento producen resultados equitativos, tal y como exigen los artículos 74 y 83 de la Convención de 1982[105 bis]. La sentencia de 27 de enero de 2014, dictada en el caso de la *Controversia marítima, Perú c. Chile*, tras refirmar (pars. 180 y 181) el criterio jurisprudencial de que estos dos últimos artículos reflejan el Derecho internacional consuetudinario, se sirve nuevamente de las tres etapas citadas. Pero a partir de ahí, y en cuanto al tratamiento específico de cada caso, señala justamente el profesor JIMÉNEZ PIERNAS, que la jurisprudencia del Tribunal se inscribe en el marco de su tendencia a buscar una justicia transaccional, ceñida al supuesto concreto, y que huye de las cuestiones de carácter general. Es igualmente del mayor interés la opinión del profesor citado cuando, teniendo en cuenta las decisiones arbitrales en la materia, pone de relieve la unidad del ordenamiento internacional.

h) La consagración de la zona económica exclusiva ha afectado de manera desfavorable los intereses pesqueros de *España.* Era nuestro país efectivamente, a comienzos de la década de los años setenta del siglo pasado, una gran potencia pesquera, la tercera por el tonelaje de su flota y la quinta por el volumen de capturas, correspondiendo las dos terceras partes de las especies capturadas a las realizadas en espacios entonces de alta mar y que si triunfaban las reivindicaciones en presencia iban a convertirse en zonas de pesca exclusivas de otros Estados. Por ello, en la Comisión de Fondos Marinos preparatoria de la Conferencia, la delegación española se alineó con el grupo de delegaciones que estaban dispuestas a admitir derechos preferenciales a los Estados ribereños en aguas adyacentes a sus costas, pero con la necesidad de obtener un ajuste equitativo de las necesidades e intereses en presencia, en especial los de otros Estados[106].

Pero en un momento en que la institución era totalmente irreversible e incluso considerada como del Derecho Internacional General y oponible por consiguiente a todos los Estados, es decir, cuando los intereses del sector pesquero español estaban ya irremediablemente afectados, España no podía sino obtener provecho del establecimiento de una zona económica exclusiva propia. Se dictó así la Ley 15/1978, de 20 de febrero, sobre la zona económica exclusiva. Conforme al artículo 1.1, «en una zona marítima denominada zona económica exclusiva que se extiende desde el límite exterior del mar territorial español hasta una distancia

---

[105 bis] CIJ, *Recueil,* 2009, pp. 37 ss., párrafos 115 ss. La opinión de C. JIMÉNEZ PIERNAS, «La jurisprudencia sobre ordenamiento internacional», en la publicación que recoge las ponencias presentadas en la *XXIV Jornadas de la Asociación Española de Profesores de Derecho Internacional y Relaciones Internacionales*, celebradas en Córdoba en 2011, pp. 241 ss.

[106] Véase el libro cit. *La actual revisión del Derecho del Mar,* II, Segunda Parte, pp. 367-374.

de doscientas millas náuticas, contadas a partir de las líneas de base desde las que se mide la anchura de aquél, el Estado español tiene derechos soberanos a los efectos de la exploración y explotación de los recursos naturales del lecho y del subsuelo marinos y de las aguas suprayacentes». En dicha zona «el ejercicio de la pesca queda reservado a los españoles y previo acuerdo con los Gobiernos respectivos, a los nacionales de aquellos países cuyos buques de pesca la hayan ejercido de manera habitual» (art. 3.1). «Los pescadores extranjeros no comprendidos en el párrafo anterior no podrán dedicarse a la pesca en la zona económica salvo que así se establezca en los tratados internacionales en los que España sea parte» (art. 3.2).

Y bien entendido que «el establecimiento de la zona económica no afecta a las libertades de navegación, sobrevuelo y tendido de cables submarinos» (art. 5.1). Hay que señalar por lo demás que según la disposición final 1.ª el establecimiento de la zona se limitaba a las costas españolas del Océano Atlántico, incluido el Mar Cantábrico, peninsulares e insulares, quedando facultado el Gobierno para acordar su extensión a otras costas españolas. Haciendo uso de tal habilitación, el ejecutivo promulgó el día 1 de agosto de 1997 el Real Decreto 1.315/1997 sobre creación de una zona pesquera en el Mar Mediterráneo, concretamente entre el Cabo de Gata y la frontera francesa, con la finalidad principal de evitar la pesca intensiva, cercana al agotamiento, de la especie del atún rojo por parte de buques de pesca con pabellones distintos a los de los Estados miembros de la Unión Europea[107]. Mayor importancia ha tenido desde el punto de vista de los intereses nacionales la extensión por el Real Decreto de 5 de abril de 2013 (*B. O. E.* de 17 de abril de 2013) de la zona económica al sector noroccidental del Mar Mediterráneo, extensión acordada por el Gobierno en virtud de la habilitación resultante de la citada Ley de 20 de febrero de 1978. Demos cuenta asimismo de la vigencia de la Ley 53/1982, de 13 de julio, sobre infracciones que en materia de pesca marítima cometan los buques extranjeros en las aguas bajo jurisdicción española y los buques españoles cualesquiera que sean el ámbito de su comisión y sus sanciones[108].

Hoy, al formar parte España de la Unión Europea y al ser objeto la pesca marítima de una política común, las capturas que efectúen los barcos que navegan bajo pabellón español deben atenerse a lo dispuesto en el Acta de Adhesión de 1985 y a lo resultante de los actos de las instituciones. Ello significa que en aguas sometidas a la soberanía o jurisdicción de los Estados miembros de la Comunidad los pesqueros españoles deben respetar las disposiciones internas comunitarias; y que en aguas bajo la soberanía o jurisdicción de terceros Estados la pesca española ha de sujetarse a los términos de los convenios negociados y concluidos por la Comunidad con esos Estados.

En fin, el 26 de marzo de 2001, España promulgó la Ley 3/2001, de pesca marítima del Estado, con propósitos omnicomprensivos en el ámbito nacional,

---

[107] *B. O. E.* de 26 de agosto de 1997. Un análisis del Real Decreto en A. PASTOR PALOMAR, «La nueva zona de protección pesquera de España en el Mar Mediterráneo», *Studia Carande. Revista de Ciencias Sociales y Jurídicas,* 1997, pp. 87 ss. Sobre la delimitación exacta de esta zona, véase el Real Decreto 431/2000, de 1 de agosto.

[108] *B. O. E.* de 30 de julio de 1982. El texto de la ley en C. GUTIÉRREZ ESPADA y A. CALVO CARAVACA, *Textos de Derecho Internacional Público,* Madrid, 1986, pp. 646 ss.

pero que apenas si presta atención a la dimensión internacional de la actividad pesquera[109].

En lo que concierne a la delimitación de la zona económica exclusiva, la delegación española fue muy activa en la Conferencia, y en ella se alineó en seguida con los Estados partidarios de la línea media, siendo su delegación la coordinadora del correspondiente grupo de intereses. Es, en efecto, aquel criterio el que conviene a los interes de España para la delimitación de sus espacios marinos con Francia en el Golfo de Vizcaya y, en el de León, con Argelia en el Mar Mediterráneo y con Marruecos en dicho mar y en el Océano Atlántico. Pero Francia, Argelia y Marruecos han sido lógicamente favorables en la Conferencia al recurso a los principios equitativos. Delimitada ya la plataforma continental con Francia en el Golfo de Vizcaya, según hemos visto, quedan pendientes las restantes delimitaciones de zona y plataforma en unos casos y sólo de plataforma en otros[110]. Y la delimitación de la zona económica española con la francesa en el Mar Mediterráneo parece particularmente necesaria y urgente, habida cuenta de que el día 12 de octubre de 2012 la República Francesa promulgó un decreto estableciendo en ese mar una zona económica exclusiva cuyos límites son señalados específicamente por una lista de segmentos y de puntos; límites que de todos modos, se dice en el decreto, pueden ser cambiados como consecuencia de los acuerdos que se concluyan con los Estados vecinos. Resulta más evidente, si cabe, la necesidad y la urgencia de esta delimitación tras la adopción por España del Real Decreto de 5 de abril de 2013 que, como hemos dicho más arriba, crea la zona económica exclusiva en el sector noroccidental del Mar Mediterráneo. Señalemos que en el Real Decreto se indica el criterio de la equidistancia para proceder a la delimitación. Y es que la Ley 15/1978 incorpora a efectos de delimitación el criterio de la línea media o equidistante (art. 2.1), a la que se define como «aquella cuyos puntos son equidistantes de los más próximos situados en las líneas de base trazadas de conformidad con el Derecho Internacional desde las que se mide la anchura del mar territorial de cada Estado».

38.8. Alta mar

a) Según principios de profundo y largo arraigo en el Derecho Internacional Consuetudinario el alta mar está regido por el principio de libertad. Es verdad, sin embargo, que en el transcurso de la historia se han registrado reivindicaciones más o menos precisas del dominio de los mares y océanos por algunos grupos políticos. Y fue precisamente la reacción contra tales pretensiones la que permitió a muy eminentes tratadistas de la doctrina clásica del Derecho de Gentes defender y justificar el principio de la libertad de los mares. Así, en el siglo XVI, frente a los pareceres de que las Repúblicas de Venecia o Génova o los Reinos de

[109] Sobre la ley, véase J. Juste Ruiz, «La Ley 3/2001, de 26 de marzo, de pesca marítima del Estado; análisis y evaluación», en *R.E.D.I.*, 2002, 1, pp. 95 ss.

[110] Véase E. Orihuela Calatayud, *España y la delimitación de los espacios marítimos,* Murcia, 1989.

España y Portugal podían conseguir por prescripción el dominio del mar se alzó la postura, honesta e independiente, de FERNANDO VÁZQUEZ DE MENCHACA; para el clásico español la prescripción era una institución de Derecho civil y «tal Derecho civil cesa cuando el asunto se ventila entre Príncipes o entre pueblos que en lo temporal no reconocen superiores»; su posición era que «desde el origen del mundo hasta el día presente» el mar «es y ha sido siempre de dominio común»[111]. El holandés HUGO GROCIO sostuvo asimismo con fuerza, a comienzos del siglo XVII, el principio de la libertad de los mares en su conocido libro *De mare liberum*[112], y aunque la afirmación estaba dirigida contra Portugal, contradecía también las tesis británicas y las de algunas Repúblicas italianas. La idea central y los argumentos de GROCIO originaron en aquel mismo siglo, réplicas de algunos tratadistas ingleses como WELWOOD, SELDEN y otros[113].

No vamos a entrar aquí en los recovecos de lo que se ha denominado la «gran batalla libresca» porque lo cierto es que el Derecho Internacional se orientó en seguida por el derrotero de la libertad del alta mar. El principio se codificó y precisó en la Convención sobre alta mar adoptada el 29 de abril de 1958 en la I Conferencia de las Naciones Unidas sobre el Derecho del Mar[114]. En la III Conferencia todos los Estados lo aceptaron y, así, la Convención de 1982 recoge en su Parte VII los grandes parámetros del régimen de 1958, que se pone al día y se desarrolla en algunos puntos. Pero si en el Derecho Internacional clásico y en la propia Convención de 1958 se entendía por alta mar «la parte del mar no perteneciente al mar territorial ni a las aguas interiores de un Estado», la Convención de 1982 ha tenido que reducir su ámbito espacial; en ella el alta mar comprende «todas las partes del mar no incluidas en la zona económica exclusiva, en el mar territorial o en las aguas interiores de un Estado, ni en las aguas archipelágicas de un Estado archipelágico» (art. 86). El alta mar comenzaba antes donde finalizaba el mar territorial, esto es, a las tres, seis o, como máximo, doce millas de la costa. Ahora empieza donde acaba la zona económica exclusiva de doscientas millas. Porque si en el régimen surgido de la III Conferencia se han respetado los principios básicos de la normativa anterior, después de ella la extensión física del alta mar ha quedado reducida. Éste es el impacto más significativo del nuevo régimen en la institución de alta mar. La zona de mar libre es hoy menos extensa de lo que era hace unos lustros, hasta el punto de que algún autor se ha permitido evocar la resurrección del espíritu de SELDEN[115].

---

[111] F. VÁZQUEZ DE MENCHACA, *Controversiarum illustrium, aliarumque usu frequentium* (1563). Véase la traducción castellana de F. RODRÍGUEZ ALCALDE, *Controversias fundamentales y otras de más frecuente uso,* Valladolid, 1931, t. IV, pp. 426-428.

[112] H. GROCIO, *De mare liberum, sive de iure quod Batavis competit ad ludicane commerciae disertatio,* Leyden, 1618. Véase la traducción castellana de V. BLANCO GARCÍA y L. GARCÍA ARIAS, *De la libertad de los mares,* Madrid, 1956.

[113] Véase, en general, L. GARCÍA ARIAS, *Historia del principio de la libertad de los mares,* Santiago de Compostela, 1946.

[114] Véase M. R. SIMONET, *La Convention sur la haute mer. Adoptée à Genève le 29 avril 1958 par la Conférence des Nations Unies sur le droit de la mer,* París, 1966. Sobre el alta mar en general: A. SOBRARZO, *Régimen jurídico de alta mar,* México, 1970; F. MARIÑO, «Alta mar y zona contigua», en el libro cit. *La actual revisión del Derecho del Mar,* Madrid, 1974, I, Parte Primera, pp. 531 ss., etc.

[115] W. FRIEDMAN, «Selden redivius-Towards a partition of the Seas», en *A.J.I.L.,* 1971, n.º 5, pp. 757 ss.

b) Según el artículo 87 de la Convención de 1982 —cuyo título es *Libertad del Alta Mar*— el alta mar estará abierta a todos los Estados. «La libertad del alta mar se ejercerá en las condiciones fijadas por esta Convención y por las otras normas de Derecho Internacional. Comprenderá, entre otras, para los Estados ribereños y los Estados sin litoral: *a*) la libertad de navegación; *b*) la libertad de sobrevuelo; *c*) la libertad de tender cables y tuberías submarinas [...]; *d*) la libertad de construir islas artificiales y otras instalaciones permitidas por el Derecho Internacional [...]; *e*) la libertad de pesca [...]; *f*) la libertad de investigación científica.» En todo caso «ningún Estado podrá pretender legítimamente someter cualquier parte de la alta mar a su soberanía» (art. 89).

Señalemos que las libertades enunciadas textualmente en la Convención no tienen carácter de *numerus clausus* sino de *numerus apertus.* La expresión «entre otras» es clara al respecto. En todo caso la libertad del alta mar no alcanza a la exploración y explotación de los recursos situados en los fondos marinos y su subsuelo que están por debajo de aquél. Esta última zona —«la Zona»— según el artículo 1.1 de la Convención y sus recursos constituyen patrimonio común de la Humanidad (art. 136), y se rigen por las diposiciones de la Parte XI y anexos correspondientes, en las que, ciertamente, no rige el principio de libertad[116].

c) La *libertad de navegación* beneficia a todos los Estados, ribereños o sin litoral, que tienen el derecho a que los buques que enarbolen su pabellón naveguen en alta mar (art. 90). En dicho espacio los buques estarán sometidos en principio a la *jurisdicción exclusiva del Estado del pabellón* (art. 92.1) y es éste el que determina la nacionalidad del buque, bien entendido que ha de existir una relación auténtica entre el Estado y el buque (art. 91.1). Así pues, las competencias de los Estados sobre los buques en alta mar no tienen un soporte espacial, sino que se basan en el pabellón y la nacionalidad; desde este punto de vista se asemejan más a las competencias personales del Estado que a las territoriales[117]. Por lo demás, los buques navegarán bajo el pabellón de un solo Estado y si lo hacen bajo los pabellones de dos o más Estados, utilizándolos a su conveniencia, no podrán ampararse en ninguna de esas nacionalidades frente a un tercer Estado, pudiendo ser considerados buques sin nacionalidad (art. 92).

d) La sumisión de un buque en alta mar a la jurisdicción exclusiva del Estado del pabellón es la regla de principio, no obstante lo cual el artículo 92.1 salva de ella los «casos excepcionales previstos de modo expreso en los tratados internacionales o en esta Convención». Casos, pues, que no se pueden presumir ni interpretar de manera extensiva. Y casos que nunca efectan a los buques de guerra ni a los pertenecientes a un Estado o explotados por él y utilizados únicamente para un servicio oficial no comercial, ya que unos y otros, cuando estén en alta mar, disfrutan de completa inmunidad de jurisdicción respecto de cualquier Estado que no sea el de su pabellón (arts. 95 y 96). Los *casos de excepción a la jurisdicción exclusiva del Estado del pabellón* se refieren al supuesto del

[116] Véase el apartado 38.11 de este libro.
[117] Véase el apartado 31 de este libro.

abordaje —en que la desviación al principio general es mínima— y a aquellos que se consideran como ejercicio de policía en alta mar: transporte de esclavos, piratería, transmisiones no autorizadas de radio o televisión y derecho de persecución. Veámoslos.

Un primer caso de excepción a la jurisdicción exclusiva del Estado del pabellón es, efectivamente, el de *abordaje* o cualquier otro incidente de la navegación que implique responsabilidad penal o disciplinaria para el capitán o para cualquier otra persona al servicio del buque, pues en tal supuesto se podrán incoar procedimientos penales o disciplinarios no sólo por las autoridades judiciales o administrativas del Estado del pabellón, sino también por las del Estado de nacionalidad de aquellas personas. Pero no por las de cualquier otro Estado (art. 97). Esta solución, que ya figuraba en la Convención de 1958 (art. 11), se aparta sensiblemente de la sentada por el Tribunal Permanente de Justicia Internacional en el asunto del *Lotus,* que no consideró contrarias al Derecho Internacional las actuaciones judiciales de un tribunal turco contra el capitán —de nacionalidad francesa— de un buque francés que colisionó en alta mar con otro buque turco[118].

En el supuesto de *transporte de esclavos,* la Convención concede a todo buque de guerra o aeronave militar derecho de visita cuando tenga motivo razonable para sospechar que otro buque se dedica a la trata de esclavos (art. 110). Por lo demás la Convención impone a los Estados la obligación de tomar medidas eficaces para impedir y castigar el transporte de esclavos y para impedir que se use ilegalmente su pabellón a tal fin; declara además que todo esclavo que se refugie en un buque, sea cual fuere su pabellón, quedará libre *ipso facto* (art. 99).

En materia de *piratería,* todos los buques de guerra o las aeronaves militares u otros al servicio de un gobierno y autorizados a tal fin, pueden apresar, en alta mar o en cualquier lugar no sometido a la jurisdicción de ningún Estado, un buque o aeronave pirata o capturado como consecuencia de actos de piratería que esté en poder de piratas, y detener a las personas e incautarse de los bienes que se encuentren a bordo. Los tribunales del Estado cuyo buque o aeronave haya efectuado el apresamiento podrán por su parte decidir las penas que deban imponerse y las medidas que deban tomarse respecto de los buques, las aeronaves o los bienes, sin perjuicio de los derechos de los terceros de buena fe (arts. 105 y 107). Y los buques de guerra y aeronaves militares tienen derecho de visita cuando existan motivos razonables de sospecha de que un buque se dedica a la piratería (art. 110). Por lo demás, la Convención define la piratería, que es un delito contra el Derecho de Gentes[119], así como al buque o aeronave pirata (arts. 101 y 103). Hay que señalar que el régimen expuesto constituye una auténtica excepción al principio de la jurisdicción exclusiva del Estado del pabellón porque, según el artículo 104, un buque o aeronave podrá conservar su nacionalidad no obstante haberse convertido en buque o aeronave pirata (art. 104). Importa añadir que en virtud del párrafo segundo del artículo 58 de la Convención, estas disposiciones sobre la piratería se aplican en la zona económica exclusiva. Digamos también que ante la gravedad

---

[118] CPJI, *Serie A,* n.º 9.

[119] Véase L. GARCÍA ARIAS, «La piratería como delito del Derecho de Gentes», en *Estudios de Derecho Internacional Marítimo,* Zaragoza, 1963, pp. 29 ss.

y reiteración de atentados piratas en espacios marítimos aledaños a las costas de Somalia, una serie de resoluciones del Consejo de Seguridad ha exhortado a los Estados —y por tanto autorizado— por períodos de tiempo determinados aunque prorrogables a combatir estos comportamientos «en el mar frente a las costas de Somalia». Se trata de las resoluciones 1838 (2008), 1846 (2008) y 1851 (2008). Esta última resolución, adoptada el 16 de diciembre de 2008, autoriza la acción incluso en Somalia. Dado que estas autorizaciones comportan la derogación del régimen común del Derecho Internacional, han sido adoptadas en el marco del capítulo VII de la Carta aunque con el consentimiento del Gobierno somalí. En ellas se precisa de modo muy pertinente que no constituyen precedentes.

También existe excepción al principio de la jursidicción exclusiva del Estado del pabellón en lo que respecta a las *transmisiones no autorizadas* de radio o televisión difundidas desde un buque o instalación en alta mar y dirigidas al público en general en violación de los reglamentos internacionales. Porque, efectivamente, toda persona que realice tal tipo de transmisiones podrá ser procesada por los tribunales de: *a*) el Estado del pabellón del buque; *b*) el Estado en que esté registrada la instalación; *c*) el Estado de su nacionalidad; *d*) cualquier Estado en que puedan recibirse las transmisiones, o *e*) cualquier Estado cuyos servicios autorizados de radiocomunicación sufran interferencias. Además, cualquiera de esos Estados podrá apresar en alta mar a toda persona o buque que efectúe las transmisiones en cuestión y confiscar el equipo emisor (art. 109). El apresamiento se puede efectuar después de ejercitado el derecho de visita por un buque de guerra o aeronave militar (art. 110). Estas disposiciones sobre transmisiones no autorizadas no figuraban en la Convención de 1958, y suponen desarrollo progresivo del Derecho Internacional.

El *derecho de persecución*[120] constituye asimismo excepción a la jurisdicción exclusiva del Estado del pabellón. Preceptúa en este sentido el artículo 111 que los buques de guerra o aeronaves militares u otros buques o aeronaves que lleven signos claros y sean identificables como buques o aeronaves al servicio del Gobierno y autorizados a tal fin, podrán emprender la persecución de un buque extranjero cuando las autoridades competentes del Estado ribereño tengan motivos fundados para creer que ha cometido una infracción de las leyes y reglamentos de este Estado. El derecho de persecución se aplicará también a las infracciones que se cometan en la zona económica exclusiva o sobre la plataforma continental de las leyes y reglamentos pertinentes del Estado ribereño. La persecución habrá de empezar mientras el buque extranjero o una de sus lanchas se encuentre en las aguas interiores, aguas archipelágicas, en el mar territorial o en la zona contigua del Estado perseguidor, y sólo podrá continuar fuera del mar territorial o de la zona contigua a condición de no haberse interrumpido. El derecho de persecución cesará en el momento en que el buque perseguido entre en el mar territorial del Estado del pabellón o en el de un tercer Estado. Si el buque es detenido o apresado fuera del mar territorial en circunstancias que no justifiquen el derecho de persecución, se le resarcirá de todo perjuicio o daño que haya sufrido por dicha detención o apresamiento.

---

[120] N. M. Poulantzas, *The right of hot pursuit in International Law*, Leyden, 1969.

En cuanto al *tráfico ilícito de estupefacientes o sustancias sicotrópicas* no hay, sin embargo, excepción al principio de la jurisdicción exclusiva del Estado del pabellón. Además de la obligación que impone a todos los Estados de cooperar para la represión de tal tráfico en alta mar realizado en violación de las convenciones internacionales, el artículo 108 señala que el Estado que tenga motivos razonables para creer que un buque que enarbola su pabellón se dedica al tráfico en cuestión podrá solicitar la cooperación de otros Estados para poner fin a tal tráfico. Tampoco estas disposiciones figuraban en la Convención de 1958.

e) ¿Tienen derecho las *organizaciones internacionales* a hacer navegar bajo pabellón propio a buques destinados a su servicio oficial?

En la década de los años cincuenta la Organización de las Naciones Unidas utilizó en dos ocasiones barcos con su pabellón: después de la guerra de Corea y de la expedición a Suez. Teniendo en cuenta estos precedentes, en la I Conferencia de las Naciones Unidas sobre el Derecho del Mar (1958), cuatro delegaciones propusieron la inclusión de un artículo según el cual las disposiciones sobre el derecho de libre navegación de los Estados y las relativas a la nacionalidad y bandera de los buques no prejuzgaban en nada la cuestión de los buques que estuviesen al servicio oficial de una organización intergubernamental y enarbolasen la bandera de la misma. Las delegaciones en cuestión aclararon que no solicitaban propiamente el derecho al pabellón de las organizaciones internacionales, sino sólo que no se excluyese tal derecho. Pese a la oposición de las delegaciones de Checoslovaquia y Unión Soviética, la propuesta fue adoptada y pasó a convertirse en el artículo 7 de la Convención por lo que algún autor ha concluido que «se reconoció de esta manera a las organizaciones internacionales el derecho al pabellón»[121]. El artículo 93 de la Convención de 1982 contiene la misma solución pero restringida literalmente a los buques que «estén al servicio oficial de las Naciones Unidas, de sus organismos especializados o del Organismo Internacional de la Energía Atómica».

f) En materia de *pesca* el alta mar está dominado asimismo por el principio de libertad y consiguientemente todos los Estados, ribereños o sin litoral, tienen derecho a que sus nacionales se dediquen en él a la pesca [arts. 87.1.*e*) y 116], bien entendido que la libertad de pesca está sometida a las obligaciones convencionales de los Estados y a ciertas reglas específicas que se contienen en la propia Convención. Así, tratándose de poblaciones pesqueras o de poblaciones de especies asociadas que se encuentren en la zona económica exclusiva de un Estado y en un área de alta mar adyacente a ella, el Estado ribereño y los Estados que pesquen esas poblaciones en alta mar procurarán, directamente o por conducto de las organizaciones subregionales o regionales apropiadas, acordar las medidas necesarias para la conservación de esas poblaciones en el área de alta mar (art. 63.2). De otro lado, los artículos 64 a 68 contienen disposiciones

---

[121] M. R. Simonnet, *op. cit.* en nota 114, p. 86. Véase F. Rosmarin, *Le droit ou pavillon des organisations internationales,* París, 1962, y M. Hinojo Rojas, «Le pavillon des organisations internationales», en *L'évolution et l'état actuel du droit international de la mer*, *Mélanges de droit de la mer offerts à Daniel Vignes,* Bruylant, Bruxelles, 2009, pp. 419 ss.

sobre especies altamente migratorias, mamíferos marinos, poblaciones anádromas y especies catádromas que se aplican tanto en la zona económica exclusiva como en alta mar [art. 116.*b*)]. En fin, todos los Estados tienen el deber de adoptar medidas para la conservación de los recursos vivos de alta mar en relación con sus respectivos nacionales o de cooperar con otros en su adopción (art. 117) y, en general, el deber de cooperar entre sí en la conservación y administración de los recursos vivos del alta mar (art. 118).

Pero el régimen de pesca en alta mar (que cubre un 8 por 100 del total mundial de capturas), basado como hemos visto en las obligaciones de conservar y cooperar, no deja de plantear problemas importantes de control, y está provocando en todo caso una profunda insatisfacción en los Estados con grandes fachadas oceánicas, hasta el punto de que algunos de ellos desplazaron un movimiento para ampliar sus competencias en materia de pesca más alla de las doscientas millas, esto es, en áreas de alta mar adyacentes a sus zonas económicas exclusivas. Es el caso, por ejemplo, de Argentina, que por Ley de 10 de septiembre de 1991 dispone que las normas nacionales en materia de conservación de los recursos se aplicarán más allá de las doscientas millas sobre las especies migratorias o sobre aquellas que intervienen en la cadena trófica de las especies de la zona económica argentina. Es también el caso de Chile, que por Ley de 28 de agosto de 1991, modificativa de la Ley General de Pesca de 22 de diciembre de 1989, ha instituido unilateralmente la novedosa noción del *mar presencial,* que es justamente una parte del alta mar que se define en términos geográficos precisos, y adyacente desde luego a la zona económica exclusiva del país. La pesca en dicho espacio marino queda sometida a las normas de la Ley General de Pesca en 1989. Los buques de pesca extranjeros que no se atengan a esas normas se ven expuestos al riesgo de que no se les autorice en puertos chilenos el desembarque de capturas e, incluso, la escala técnica. Y aunque tales sanciones no son contrarias al Derecho Internacional, ya que salvo acuerdo en contrario ningún Estado está obligado a conceder el acceso a sus puertos, resultan muy rigurosas en el terreno de los hechos, dada la lejanía de las aguas en cuestión[122]. Y es sobre todo el caso de la Ley canadiense de 12 de mayo de 1994, que incluso autoriza apresamientos y usos de la fuerza contra buques pesqueros de otros países en la zona Opan (Organización de Pesquerías del Atlántico Noroeste) de alta mar. Recordemos que fue esta ley la que sirvió de pretexto a las autoridades canadienses para apresar en dicha zona al buque pesquero español *Estai*, el 9 de marzo de 1995, en flagrante violación del Derecho Internacional, lo que movió a España a demandar a Canadá ante el Tribunal Internacional de Justicia (*Asunto sobre competencia en materia de pesquerías*). Aunque, según opinión ampliamente compartida, España tenía razón en cuanto al fondo, porque la ley canadiense es manifiestamente violatoria del Derecho

---

[122] Véase el artículo del almirante de la Marina de Chile J. MARTÍNEZ BUSCH, *El Mar presencial. Actualidad, desafíos y futuro. Un gran proyecto nacional para el siglo XXI,* Viña del Mar, 2 de mayo de 1991; F. ORREGO VICUÑA, «The presential sea: defining coastal' special interest in high seas fisheries and other activities», en *G. Y.B.I.L.*, vol. 35, 1992, pp. 264 ss.; y J. A. PASTOR RIDRUEJO, «La jurisdicción rampante de los Estados ribereños sobre la pesca en alta mar», en *Hacia un nuevo orden internacional y comunitario. Libro homenaje al profesor Diez de Velasco*, Madrid, 1993, pp. 151 ss.; R. CASADO RAIGÓN, *La pesca en alta mar*, Sevilla, 1994; F. ARMAS PFIRTER, «Straddling Stocks and Highly Migratory Stocks in Latin America Practice and Legislation: New Perspectives in Light of Current International Negotiations», en *Oceans Development and International Law*, vol. 26, 1995, pp. 127 ss.

Internacional, el Tribunal se declaró incompetente para el conocimiento de la controversia por sentencia, harto discutible, de 4 de diciembre de 1998[122 bis].

Sectores de opinión de pesca a distancia veían en estos y otros precedentes una gran ofensiva de los Estados con grandes fachadas marítimas para ampliar sus competencias más allá de las doscientas millas respecto a las especies altamente migratorias y a aquellas otras que viven en bancos a caballo entre la zona económica exclusiva y el alta mar. Es lo que se llamaba la jurisdicción rampante de los Estados ribereños (*creeping jurisdiction*) sobre la pesca en alta mar.

La ofensiva sirvió para que se convocase la denominada oficialmente «Conferencia de las Naciones Unidas sobre poblaciones de peces que se encuentran dentro y fuera de las zonas económicas exclusivas y las poblaciones de peces altamente migratorias». Abierta la conferencia en abril de 1993, terminó con la adopción, el 4 de agosto de 1995, de un instrumento convencional que lleva el largo y complejo título de *Acuerdo sobre la aplicación de las disposiciones de la Convención de las Naciones Unidas sobre el Derecho del Mar de 10 de diciembre de 1982 relativas a la conservación y ordenación de las poblaciones de peces transzonales y las poblaciones de peces altamente migratorios*. El Acuerdo está abierto a la firma desde el 4 de diciembre de 1995.

Del título transcrito y del artículo 4 del Acuerdo se desprende que la intención de éste no es la de enmendar las disposiciones de la Convención de 1982, sino, fundamentalmente, la de desarrollar, precisar y reforzar la obligación que pesa sobre los Estados de cooperar para la conservación y ordenación de la pesca en alta mar, finalidad que se articula especialmente por conducto de organizaciones internacionales o arreglos regionales y subregionales.

Por lo demás, el Acuerdo regula detalladamente cuestión tan sensible como la relativa a las facultades de ejecución —en alta mar— sobre los buques pesqueros, que corresponden en principio al Estado del pabellón. Pero es importante hacer notar que la competencia de este Estado no es exclusiva, porque el Acuerdo contempla el supuesto de que los Estados, por conducto de organizaciones o arreglos regionales o subregionales establezcan procedimientos para que inspectores de Estados partes, distintos del Estado del pabellón, puedan subir a bordo de los buques para realizar visitas o inspecciones. Si transcurren dos años desde la adopción del Acuerdo —4 de agosto de 1995— sin que se establezcan esos procedimientos en el marco de una organización o arreglo —es decir, desde el 4 de agosto de 1997— la visita e inspección se llevarán a cabo de conformidad con la regulación del propio Acuerdo, disposición esta última por lo menos sorprendente puesto que, en contravención del principio *pacta tertiis nec nocent nec prosunt* (art. 34 de la Convención de Viena de 1969 sobre Derecho de tratados), pretende imponer obligaciones a terceros Estados. En cuanto a las medidas de ejecución posteriores a la visita e inspección, competen también en principio al Estado de pabellón, aunque en caso de infracción grave —tal como se definen estas infracciones en el Acuerdo—, si ese Estado no da respuesta a inspecciones o visitas realizadas por agentes de otro Estado parte o no adopta las medidas pertinentes según el Acuerdo, esos inspectores de

[122 bis] CIJ, *Recueil*, 1999. Véanse los comentarios críticos publicados en la sección de jurisprudencia de la *R.E.D.I.*, vol. I, 1999, pp. 88 ss., a cargo de los profesores A. FERNÁNDEZ TOMÁS, F. J. QUEL LÓPEZ, F. JIMÉNEZ GARCÍA, R. CASADO RAIGÓN, J. JUSTE RUIZ y C. FERNÁNDEZ DE CASADEVANTE.

un tercer Estado podrán dirigir el buque al puerto más cercano que corresponda o a cualquier otro puerto especificado en los procedimientos acordados por la organización o arreglo regional o subregional competentes.

En suma, el Acuerdo de 1995 sucintamente expuesto constituye un logro más —esta vez multilateral— de la jurisdicción rampante de los Estados ribereños sobre la pesca en alta mar y, pese a las críticas concretas que se le pueden dirigir, hay que valorar positivamente en su articulado el papel relevante que se asigna a las organizaciones internacionales y a arreglos regionales y subregionales. Si ese logro redunda verdaderamente en el interés de la comunidad internacional por la conservación y ordenación de los recursos vivos del mar, quedará robustecida aquella valoración positiva. Además, y como ha señalado oportunamente el profesor iraní MONTAZ, sean cuales sean las críticas que el Acuerdo pueda suscitar de parte de los Estados de pesca de altura, tiene el mérito de constituir la única barrera contra el unilateralismo de los Estados ribereños[123].

El 19 de junio de 2023 se adoptó el Acuerdo sobre la conservación y el uso sostenible de la diversidad biológica marina en aguas más allá de la jurisdicción nacional, que España firmó junto a otro centenar de Estados, pero que no está en vigor. Este Acuerdo podría suponer una mayor protección del alta mar frente a la contaminación y las actividades pesqueras insostenibles.

g) ¿Implica la libertad del alta mar la posibilidad de realizar *experiencias con armas termonucleares u otro tipo de maniobras militares*?

La cuestión de las experiencias con armas termonucleares fue arduamente discutida en la I Conferencia de las Naciones Unidas sobre el Derecho del Mar (1958) y en ella se utilizaron los argumentos avanzados hasta entonces por la doctrina[124]. Los partidarios de la prohibición alegaban que la utilización del alta mar a los efectos señalados privaba a los otros Estados de la facultad de utilizarlo, porque la realización de experiencias nucleares equivaldría al establecimiento de un régimen de soberanía temporal en la zona afectada por la explosión. Se invocaban además los graves riesgos de contaminación que produciría la radioactividad en amplios espacios del mar y del aire. Las delegaciones contrarias a la prohibición minimizaban de un modo general los riesgos contaminantes de las experiencias. Es el caso que una propuesta tendente a impedir la utilización del alta mar para experiencias termonucleares no fue adoptada. La Conferencia aprobó en cambio, a propuesta británica, lo que se convirtió en el último párrafo del artículo 2 de la Convención de 1958, según el cual las libertades del alta mar señaladas en el artículo «y otras reconocidas por los principios generales del Derecho Internacional, serán ejercidas por todos los Estados con la debida consideración para con los intereses de otros Estados en su ejercicio de la libertad del alta mar».

---

[123] D. MONTAZ, «L'accord relatif à la conservation et à la gestion des stocks de poissons chevauchants et des grands migrateurs», *A.F.D.I.*, 1995, pp. 676 ss. Véase sobre la evolución posterior del régimen, A. REY ANEIROS, «Hacia un nuevo marco jurídico internacional de la pesca en alta mar: la *NAFO* en esta encrucijada», *R.E.D.I.*, 2010, 2, pp. 78 ss.

[124] Véase G. FISHER, «Droit International et expérimentation des armes nucléaires», en *Anuaire Français de Droit International,* 1956, pp. 308 ss.; G. GIDEL, «Explosions nucléaires expérimentales et liberté de la haute mer», en *Festschrift Spiropoulos,* 1957.

Regla sustancialmente idéntica aparece en el párrafo 2 del artículo 87 de la Convención de 1982. Y como dijo SOERENSEN, comentando la disposición de 1958, «ninguna actividad se prohíbe exclusivamente en ella a causa de sus cualidades inherentes. El criterio es más bien de orden cuantitativo»[125].

Hoy habría que tener en cuenta a este respecto el Tratado de prohibición de pruebas con armas nucleares en la atmósfera, en el espacio ultraterrestre y bajo el agua, firmado en Moscú el día 5 de agosto de 1963, por los Estados Unidos, Reino Unido y Unión Soviética, de aceptación muy general, cuyo artículo 1.º prohíbe la realización de explosiones de pruebas con armas nucleares en varios espacios, entre ellos el alta mar. La participación en el tratado es amplia, pero no universal. Y habría que tomarse en consideración asimismo el artículo 88 de la Convención de 1982 según el cual el alta mar será utilizado exclusivamente con fines pacíficos.

En cuanto a las maniobras militares con armas convencionales no estaban prohibidas en la Convención de 1958 ni tampoco lo están en la de 1982. El artículo 88 que acabamos de citar no es precisamente una cláusula de desmilitarización del mar. En todo caso la realización de tal tipo de maniobras encuentra dos límites: uno funcional, la finalidad pacífica de las mismas; y otro material: tener debidamente en cuenta los intereses de otros Estados en el ejercicio de sus libertades de alta mar.

h) En lo que concierne por fin al *Derecho español,* es interesante señalar que la libertad de navegación de los españoles, incluso en el alta mar, tiene consagración en el artículo 2 de la Ley de 22 de marzo de 1873 y en la Ley de 12 de mayo de 1956 sobre protección y renovación de la flota. Consiguientemente, toda medida limitativa o prohibitiva de esa libertad, como la que se planteó respecto a determinadas zonas del Golfo Pérsico con ocasión de la guerra entre Irán e Irak, debe establecerse por norma del mismo rango.

38.9. ISLAS

a) Según el artículo 10.1 de la Convención de Ginebra de 1958 sobre mar territorial y zona contigua «una isla es una extensión natural de tierra, rodeada de agua, que se encuentra sobre el nivel de ésta en pleamar». El artículo 121.1 de la Convención de 1982 da exactamente la misma definición. Y de ella queremos destacar tres notas. La primera es que una isla ha de constituir una elevación natural; las denominadas por comodidad del lenguaje islas artificiales no son islas en sentido propio y su régimen es distinto[126]. La segunda nota es que para ser tal una isla debe emerger de las aguas en pleamar; consiguientemente quedan excluidos de su régimen los bajíos, denominados por el artículo 13 de la Convención de 1982 «elevaciones en bajamar». La tercera nota es que, como ha dicho el Tribunal de La Haya en la sentencia de 19 de noviembre de 2012 recaída en el

---

[125] M. SOERENSEN, «Principes de Droit International Public», en *R. des C.*, vol. 101, p. 206.

[126] Véase, sobre islas artificiales, N. PARADAKIS, *The international legal regime of artificial islands,* Sijthoff, Leyden, 1977.

caso de la *Controversia territorial y marítima (Nicaragua c. Colombia)*, para ser considerada isla, no importa la extensión, por pequeña que sea, de la formación terrestre de que se trate (párrafos 21 ss.).

b) ¿Tienen las islas el mismo derecho que el territorio continental a la atribución de espacios marítimos?

En la I Conferencia de las Naciones Unidas sobre el Derecho del Mar esta cuestión no suscitó especiales dificultades y, así, la Convención de 1958 sobre mar territorial y zona contigua reconoció el derecho de las islas a tener mar territorial en condiciones normales (art. 10.2); y la Convención sobre plataforma continental les atribuyó derechos de soberanía para la exploración y explotación de los recursos naturales de tal espacio de acuerdo también al régimen general [art. 1.*b*)].

El problema no se iba a presentar sin embargo de manera tan sencilla y pacífica en la Comisión de Fondos Marinos que en el primer tercio de la década de los setenta preparó la III Conferencia[127]. Pues si, de una parte, se había producido a aquellas alturas el fenómeno masivo de la descolonización, lo que implicaba que los Estados de reciente independencia contemplasen con malos ojos la condición de las islas sometidas a dominación extranjera, a las que no estaban dispuestos a conceder sin más derechos a espacios marítimos; de otra parte, el envite era mayor: ya no se trataba de un mar territorial reducido, sino de uno de doce millas y, estaba sobre todo, el problema de la atribución de derechos soberanos hasta las doscientos millas sobre los recursos naturales de las aguas, y del lecho y subsuelo del mar. Y este nuevo clima motivó que se reavivasen viejos agravios de algunos Estados que, como Turquía y Túnez, tenían cerca de sus costas y desde luego en la plataforma que constituía la prolongación natural de su territorio islas bajo soberanía extranjera. En la Comisión preparatoria se presentaron, efectivamente, algunas propuestas que, a efectos de atribución de espacios marinos y bajo el manto de consideraciones de equidad, tomaban en consideración múltiples factores diferenciales de las islas: tamaño, población, contigüidad al territorio principal, el hecho de estar situadas en la plataforma continental de otro Estado, etcétera.

Pero estas propuestas suscitaron objeciones porque, como casi todas que se basan en un vago recurso a los principios equitativos para reformar la geografía, llevaban a un terreno sumamente incierto e inseguro. ¿De qué manera se cubriría la amplia variedad de situaciones insulares? ¿Cómo determinar en cada caso concreto los factores determinantes del espacio marino que había de reconocerse a una isla? ¿Y por qué arremeter en sentido discriminatorio contra las peculiaridades geográficas de ciertos Estados —los Estados mixtos, con territorio continental e islas— siendo así que el nuevo Derecho del Mar iba a reportar mayores beneficios a unos Estados —los Estados ribereños— que a otros —los Estados sin litoral y en situación geográfica desventajosa— precisamente a causa de su particular condición geográfica? ¿Dónde poner un límite a los intentos de reformar la geografía mediante la invocación de la equidad?

---

[127] Véase A. REMIRO BROTONS, «Archipiélagos e islas», en el libro cit. *La actual revisión del Derecho del Mar,* I, Primera Parte, pp. 488 ss.; y A. MARÍN LÓPEZ, «El régimen de las islas en el actual Derecho Internacional», en *R.E.D.I.,* vol. XXXVIII, 1986-1, pp. 151 ss.

Aunque en los inicios de la Conferencia se mantuvieron posiciones similares a las expuestas, el primer texto de negociación[128] (Ginebra, 1975) adoptó una solución sencilla y de buen sentido: en las islas, el mar territorial, la zona contigua, la zona económica exclusiva y la plataforma continental serán determinadas de conformidad con las disposiciones aplicables a otras extensiones terrestres; y sólo a las rocas no aptas para mantener habitación humana o vida económica propia se les niega el derecho a tener zona económica exclusiva y plataforma continental, aunque no así el mar territorial. La disposición suscitó protestas y resistencias de algunas delegaciones[129], pero se mantuvo en los textos sucesivos y se convirtió en el artículo 121 de la Convención sin que ninguna delegación presentase enmiendas formales en el momento de la adopción. Es posible afirmar, por consiguiente, que las reglas del artículo 121 de la Convención sobre atribución de espacios marítimos a partir de las islas reflejan la *opinio iuris generalis* y que en este sentido son oponibles a todos los Estados de la Comunidad Internacional. Hay que recordar en este orden de consideraciones que, según la sentencia del Tribunal de La Haya de 16 de marzo de 2001 (*asunto de la delimitación marítima y de las cuestiones territoriales entre Qatar y Bhrein*), «las islas, cualesquiera que sean sus dimensiones, disfrutan del mismo estatuto y, *consiguientemente, generan* los mismos derechos en el mar que los demás territorios que posean la cualidad de tierra firme».

Y queremos subrayar el impacto de las reglas referidas en los *intereses de España,* en particular con respecto a Rockall, Islas Salvajes e Isla de Alborán. En efecto, Rockall es un promontorio rocoso deshabitado, bajo soberanía británica, sito en el Océano Atlántico, y a partir del cual el Reino Unido ha establecido zona económica exclusiva en perjuicio de buques pesqueros extranjeros, entre otros de buques con pabellón de nuestro país; a nuestro entender, sin embargo, Rockall no es una isla sino una roca, en el sentido del artículo 121 de la Convención, y sólo tiene derecho a mar territorial. Las Islas Salvajes, por su parte, ubicadas en el Océano Atlántico entre las Islas Madeira y las Canarias, bajo soberanía portuguesa, no pasan de ser unas rocas, ya que están deshabitadas y en ellas sólo existe un faro automatizado; no parece, por tanto, que tengan derecho a generar zona económica exclusiva; de hecho, la nota verbal española de 19 de enero de 1990 no reconoce la validez de la delimitación efectuada unilateralmente por Portugal basándose en el trazado de la línea media entre las Canarias y las Salvajes. Por el contrario, la isla española de Alborán, sita en el Mediterráneo entre las costas peninsulares y las marroquíes, alberga un destacamento militar, y por esa razón debe ser considerada isla en el sentido de la Convención, es decir, con derecho no sólo a mar territorial, sino también a zona económica exclusiva y plataforma continental. Es cierto, como hemos dicho en el apartado 38.7, que España no ha establecido por el momento zona económica exclusiva en este sector del Mar Mediterráneo (aunque sí en la parte oriental una zona limitada de pesca), pero no es menos verdad que una eventual delimitación

[128] Doc. A/CONF. 62/WP. 8.

[129] Debate en la 90.ª Sesión plenaria de la Conferencia, celebrada el 12 de abril de 1978. Véanse las declaraciones de Argelia y Turquía. *Tercera Conferencia de las Naciones Unidas sobre el Derecho del Mar, Documentos Oficiales,* vol. IX, Nueva York, 1980, p. 14.

de espacios marítimos en la región debe tener en cuenta el derecho de nuestro país a medir su zona económica exclusiva a partir de la Isla de Alborán.

c) Con independencia de la problemática expuesta, la existencia de islas puede ser relevante a efectos de la delimitación de los mares territoriales, plataformas continentales o zonas económicas exclusivas de dos Estados cuyas costas sean adyacentes o se hagan frente[130]. En el régimen del artículo 15 de la Convención de 1982, cabe pensar en la posibilidad de considerar a las islas como circunstancias especiales a los fines de delimitar el mar territorial, sin que ello suponga afirmar ni mucho menos que toda isla es una circunstancia especial a tales efectos. Respecto a la delimitación de la zona económica exclusiva (art. 74) y plataforma continental (art. 83), la vaguedad de los criterios establecidos en la Convención no permite sentar conclusión alguna al respecto; lo esencial es que las islas tienen derecho a ambos espacios marítimos y que la delimitación no puede desconocer esta realidad.

38.10. Los Estados archipelágicos y los archipiélagos de Estado

a) En la I Conferencia de las Naciones Unidas sobre el Derecho del Mar fue escasa e incidental la atención que se prestó a los archipiélagos. De hecho sólo a efectos de la medición de la anchura del mar territorial mediante el sistema de líneas de base rectas[131] se les tuvo en cuenta (art. 4 de la Convención de 29 de abril de 1958 sobre mar territorial y zona contigua): se trataba de los archipiélagos costeros o «franja de islas a lo largo de la costa situadas en su proximidad inmediata». En aquel entonces no se pudo llegar más lejos. Los Estados archipelágicos que participaron en la Conferencia eran pocos y con escaso poder y lo que hicieron fue permanecer ajenos a las Convenciones, aunque algunos de ellos (Indonesia, Filipinas) consagraron el principio archipelágico mediante actos unilaterales internos[132].

b) En la Comisión preparatoria de la III Conferencia de las Naciones Unidas sobre el Derecho del Mar y en la propia Conferencia, el planteamiento iba a ser muy distinto. Producida ya la descolonización masiva y ante las expectativas en presencia de atribución de importantes espacios marítimos que eran antes alta mar, los Estados que en sí mismos y de manera íntegra estaban formados por varias islas constitutivas de un archipiélago —muchos de ellos de reciente independencia— intentan obtener el mayor provecho posible de su condición. Lanzan así en la Comisión preparatoria la idea del principio archipelágico; noción que

[130] Véase A. Remiro Brotons, *op. cit.* en la nota 2, pp. 498 ss.; L. F. E. Goldie, «The International Court of Justice's "natural prolongation" and the continental shelf problems of islands», en *Netherlands Yearbook of International Law,* 1973, pp. 260 ss.; y A. Rodríguez Carrión, «La sentencia arbitral de 30 de junio de 1977 entre el Reino Unido de Gran Bretaña e Irlanda del Norte y la República Francesa sobre delimitación de la plataforma continental», en *Revista Española de Derecho Internacional,* vol. XXX, n.os 2-3, 1977, pp. 423 ss.

[131] Véase el apartado 38.2 de este libro.

[132] A. Remiro Brotons, «Archipiélagos e islas», en el libro cit. *La actual revisión del Derecho del Mar,* I, Segunda Parte, pp. 435-440.

les permitía establecer los espacios marítimos no desde las costas de las islas, sino desde una especie de perímetro o cinturón circunvalatorio formado por líneas de base rectas en el que las aguas encerradas estarían sujetas a su soberanía. Bien entendido que como ha explicado el profesor JIMÉNEZ PIERNAS, en esta reivindicación no pesaban sólo motivaciones económicas, sino también políticas y de seguridad —hacia el interior y hacia el exterior— e incluso ecológicas, por más que estos factores no se presentasen de manera uniforme en todos los casos[133].

Por su parte, las grandes potencias marítimas hicieron oír su voz por medio de la delegación del Reino Unido, mostrándose dispuestas a aceptar el principio archipelágico; pero ante la posibilidad de que quedasen encerradas en virtud de tal principio rutas internacionales de navegación entre dos partes de alta mar o entre el alta mar y el mar territorial de un Estado, preconizaron que se aplicase al respecto la libertad de navegación y sobrevuelo en los términos que postulaban para los estrechos; en cuanto al resto de las aguas archipelágicas consentían la aplicación del régimen de paso inocente propio del mar territorial[134]. Bajo el pretexto de la libertad de navegación estaban haciendo valer realmente intereses estratégicos.

En la III Conferencia se llegó pronto a un acuerdo general sobre el régimen de los Estados archipelágicos; régimen que si bien da acogida a la reivindicación del principio archipelágico y a la posibilidad de atribución de los espacios marinos a partir de las líneas de base rectas, trazadas en torno al archipiélago, acusa no obstante los puntos de vista de las grandes potencias marítimas en lo que se refiere a los requisitos de aquellas líneas de base y a algunas importantes peculiaridades del régimen de navegación y sobrevuelo en las aguas encerradas. Articulado el régimen en el primer texto de negociación[135] ha pasado en sus líneas esenciales a lo que hoy es el capítulo IV de la Convención, titulado «Estados Archipelágicos» (arts. 46 a 54), que analizamos a continuación.

c) Por *Estado archipelágico* se entiende, según la Convención, un Estado constituido totalmente por uno o varios archipiélagos y que podrá incluir otras islas; y por *archipiélago,* un grupo de islas, incluidas partes de islas, las aguas que las conectan y otros elementos naturales, que estén tan estrechamente relacionados entre sí que tales islas, aguas y elementos naturales formen una entidad geográfica, económica y política intrínseca o que históricamente hayan sido considerados como tal (art. 46). Los Estados archipelágicos podrán trazar líneas de base archipelágicas rectas que unan los puntos extremos de las islas y los arrecifes emergentes más alejados del archipiélago (art. 47.1).

El trazado de estas líneas de base rectas está sujeto, sin embargo, a ciertos requisitos de carácter restrictivo, e incluso, a veces, arbitrario, que se señalan en el artículo 47: dentro de las líneas de base deben quedar comprendidas las principales islas y un área en la que la relación entre la superficie marítima y la terrestre, inclui-

---

[133] C. JIMÉNEZ PIERNAS, *El proceso de formación del Derecho Internacional de los Archipiélagos,* tesis doctoral, Editorial de la Universidad Complutense de Madrid, Servicio de Reprografía, 1982, t. I, pp. 506-507; y «Archipelagic Waters», en *The Max Planck Encyclopedia of Public International Law,* Oxford University Press, 2012, vol. I, pp. 553 ss.

[134] A. REMIRO BROTONS, *op. cit.* en nota 132, pp. 442 ss.

[135] Doc. A/CONF. 62/PW 8/Parte II.

dos los atolones, sea entre 1 a 1 y 9 a 1; la longitud de las líneas no puede exceder de cien millas marinas, salvo un 3 por 100 del número total de ellas que pueden llegar hasta ciento veinticinco millas; su trazado no se desviará de la configuración general del archipiélago; las líneas no se trazarán —salvo excepciones— hacia elevaciones que emerjan en baja mar ni a partir de éstas; el sistema no se aplicará cuando se aísle del alta mar o de la zona económica exclusiva el mar territorial de otro Estado; y si una parte de las aguas encerradas estuviese situada entre dos partes de un Estado vecino inmediatamente adyacente, se mantendrán y respetarán los derechos existentes y los intereses legítimos que tal Estado haya ejercido tradicionalmente y sus derechos estipulados en acuerdos con el Estado archipelágico.

d) La anchura del mar territorial, de la zona contigua, de la zona económica exclusiva y de la plataforma continental se medirá a partir de las líneas de base archipelágicas (art. 47). En cuanto a las aguas encerradas por tales líneas, se denominan aguas archipelágicas y sobre ellas el Estado archipelágico ejerce soberanía con independencia de su profundidad o de la distancia de la costa, soberanía que se extiende al espacio aéreo, así como al lecho y subsuelo de esas aguas y a los recursos contenidos en ellas (art. 49.1 y 2). El reconocimiento de tal soberanía puede, sin embargo, suscitar conflictos con otros Estados, especialmente con Estados vecinos. Y precisamente por ello el artículo 51 impone al Estado archipelágico la obligación de respetar los acuerdos existentes y la de reconocer, mediante la conclusión de acuerdos bilaterales, los derechos de pesca tradicionales y otras actividades legítimas de los Estados vecinos inmediatamente adyacentes en ciertas áreas situadas en las aguas archipelágicas. Los Estados archipelágicos deben respetar asimismo los cables submarinos existentes tendidos por otros Estados (art. 51).

e) Pero si en lo que respecta a la atribución de los espacios marinos a partir de las líneas archipelágicas han tenido acogida las demandas de los Estados archipelágicos, el *régimen de navegación y sobrevuelo por las aguas archipelágicas* se inspira, como vamos a ver, en los intereses del despliegue estratégico de las superpotencias y las grandes potencias, que en este punto ejercieron una presión paralela a la hecha respecto a los estrechos utilizados para la navegación internacional. Es cierto que según el artículo 52, los buques de todos los Estados gozan del derecho de paso inocente a través de las aguas archipelágicas de conformidad con lo preceptuado al respecto para el mar territorial y que consiguientemente tal derecho podrá ser suspendido temporalmente y en determinadas áreas por los Estados archipelágicos en virtud de razones indispensables de protección de su seguridad. Esto haría pensar en una equiparación de las aguas archipelágicas al mar territorial. Pero los artículos 53 y 54 van mucho más lejos, toda vez que consagran en determinadas vías marítimas y rutas aéreas que puede designar el Estado archipelágico y, en su defecto, en las rutas utilizadas normalmente para la navegación internacional, un régimen semejante en aspectos básicos al que la propia Convención estipula para el paso en tránsito en los estrechos utilizados para la navegación internacional[136].

---

[136] Véase J. PUEYO LOSA, *El archipiélago oceánico. Regulación jurídico-marítima-internacional,* Madrid, 1981, pp. 324 ss.; C. JIMÉNEZ PIERNAS, *op. cit.* en nota 133, pp. 893 ss.

f) Examinemos ahora la problemática de los *archipiélagos de Estado.* Porque, efectivamente, además de los Estados íntegramente archipelágicos (Filipinas, Indonesia, Fiyi, Mauricio, etc.) que son los que se van a beneficiar del régimen analizado, existen los llamados Estados mixtos, que no sólo ostentan soberanía sobre territorio continental, sino también sobre uno o más archipiélagos (Ecuador, España, India, Canadá, etc.). Y cuando en la Comisión preparatoria se hicieron presentes las primeras propuestas sobre Estados archipelágicos, algunas delegaciones de Estados mixtos mostraron interés por la aplicación del principio a sus situaciones particulares. Pero en este punto las grandes potencias marítimas iban a mostrarse inflexibles: para ellas la extensión del principio archipelágico a los archipiélagos de Estado tenía consecuencias indeseables en cuanto que iba a interferir en amplias áreas del alta mar[137].

Dentro ya de la Conferencia, algunas delegaciones insistieron en la aplicación del principio archipelágico a los archipiélagos de Estado e incluso la delegación ecuatoriana presentó una propuesta formal al respecto[138]. Pero a estas alturas, la oposición a la extensión del principio venía no sólo de las grandes potencias marítimas, sino también de los Estados archipelágicos y otros Estados. No obstante ello, el primer texto de negociación, resultante del III período de sesiones (Ginebra, 1975), incluyó una disposición al respecto, así redactada:

> Las disposiciones de la sección 1 se entenderán sin perjuicio de la condición jurídica de los archipiélagos oceánicos que formen parte integrante del territorio de un Estado continental[139].

La fórmula era ciertamente vaga e imprecisa, pero en el siguiente período de sesiones (el IV, Nueva York, primavera de 1976), las grandes potencias marítimas ni siquiera consintieron semejante disposición, que fue suprimida en los sucesivos textos de negociación. Y pese a la ulterior insistencia de la delegación del Ecuador por la cuestión, nada se ha dispuesto finalmente en la Convención sobre los archipiélagos de Estado. Estamos ante una discriminación que ha sido justamente criticada entre nosotros por los profesores REMIRO BROTONS, PUEYO y JIMÉNEZ PIERNAS[140], insostenible desde el punto de vista lógico y técnico, y que obedece realmente a los intereses de las grandes potencias marítimas y a las conveniencias de los Estados archipelágicos.

g) *España* es soberana de dos archipiélagos: el balear en el Mar Mediterráneo y el canario en el Océano Atlántico. Esta condición explica el interés que mostró la delegación española en la Conferencia por la extensión del principio archipelágico a los archipiélagos de Estado[141].

---

137 Véase A. REMIRO BROTONS, *op. cit.* en nota 132, pp. 486 ss.; J. PUEYO LOSA, *op. cit.* en nota 142, pp. 272 ss.; C. JIMÉNEZ PIERNAS, *op. cit.* en nota 133, pp. 740 ss.

138 Doc. A/CONF. 62/L. 51.

139 Doc. A/CONF. 62/WP8/Parte II, artículo 131 bajo el título de «Archipiélagos oceánicos pertenecientes a Estados Continentales».

140 Véanse las referencias de la nota 7.

141 Véase C. JIMÉNEZ PIERNAS, «Incidencia del principio archipelágico en la problemática marítima y autonómica de Canarias», en *Revista Española de Derecho Internacional,* vol. XXXIII, n.º 2, 1981, pp. 528 ss.

En lo que respecta a la práctica interna española, el Real Decreto de 5 de agosto de 1977[142] traza líneas de base rectas en las costas peninsulares e insulares; respecto a estas últimas las líneas rectas sólo se establecen entre islas que estén suficientemente cercanas: en las Baleares, entre Mallorca y Cabrera y entre Ibiza y Formentera; en las Canarias, entre Fuenteventura, Lanzarote, Alegranza, Graciosa, Montaña Clara y Lobos. No existe, pues, manifestación alguna del principio archipelágico, sino trazado normal y regular de líneas de base. Hay que señalar por lo demás que el Real Decreto en cuestión no se apoyaba en la Ley de 4 de enero de 1977, que ya estaba en vigor, sobre mar territorial español, sino en la Ley anterior de 8 de abril de 1967 sobre extensión de las aguas españolas a doce millas a efectos de pesca.

Expectativas distintas fueron las creadas por la Ley 15/1978, de 20 de febrero, sobre zona económica exclusiva española[143], al disponer en la segunda oración de su artículo 1.1 que:

> En el caso de los archipiélagos, el límite exterior de la zona económica se medirá a partir de las líneas de base rectas que unan los puntos extremos de las islas e islotes que, respectivamente, los componen, de manera que el perímetro resultante siga la configuración general de cada archipiélago.

Según sabemos, la ley sólo se aplica en el Océano Atlántico, incluido el Mar Cantábrico, por lo que únicamente comprendería el Archipiélago canario y no al balear. Pero para que la ley tenga efectividad es preciso que el Gobierno dicte, en uso de la facultad que le confiere la disposición final 3.ª, las disposiciones necesarias para su aplicación. Esto no lo ha hecho, y con razón, porque la normativa en cuestión hubiese sido contraria al Derecho internacional. Lo que sí hizo el Estado el 30 de diciembre de 2010 fue promulgar la llamada ley de aguas canarias (*B.O.E.* de 31 de diciembre de 2010), en la que se traza el perímetro general del archipiélago, aunque sólo a efectos del reparto de las competencias estatales y autonómicas. Es de señalar y alabar que la disposición adicional única dispone que el trazado del perímetro archipelágico no altera ni delimita los espacios marítimos de las Islas Canarias tal y como están establecidos por el ordenamiento español en virtud del Derecho internacional en vigor. En la hipótesis de que el referido perímetro hubiese servido para medir desde él la zona económica exclusiva y otros espacios marinos, la ley hubiese entrado en flagrante contradicción con lo dispuesto en la Convención de 1982 y en definitiva con el Derecho internacional general.

38.11. Los fondos marinos y oceánicos y su subsuelo, más allá de los límites de la jurisdicción nacional

a) Antecedentes: La Convención de 1958 sobre plataforma continental.— Cuando en la I Conferencia de las Naciones Unidas sobre el Derecho del Mar (1958) se elaboró la Convención sobre plataforma continental[144] no se tuvieron en cuenta las posibilidades de explorar y explotar los recursos minerales existentes en

[142] *B.O.E.* de 30 de septiembre de 1978.
[143] Véase el apartado 38.7 de este libro.
[144] Véase el apartado 38.6 de este libro.

los grandes fondos abisales de los océanos. Y es que tal posibilidad pertenecía en la época al mundo de la ciencia ficción. Es revelador en este sentido que un estudio publicado en enero de 1958 por la Secretaría de las Naciones Unidas hubiera previsto que únicamente a partir de 1978 sería posible la explotación de yacimientos de hidrocarburos a doscientos metros de profundidad, señalando además que una capa de sedimentos recubría una parte grande del fondo de los mares y que el espesor de la misma estorbaría considerablemente e incluso haría imposible la explotación de los yacimientos minerales subyacentes[145].

Pero estas previsiones del informe de la Secretaría de las Naciones Unidas, que eran conservadoras en exceso, se vieron muy pronto superadas por el rapidísimo avance tecnológico. En la década de los sesenta se realizaban ya prospecciones a trescientos metros de profundidad y a seiscientos metros bajo el suelo del mar. Quedó claro de otra parte que la capa de sedimentos a que se refería aquel informe no sólo no cubría todo el suelo del mar, sino que los propios sedimentos ofrecían un valor económico indudable[146]. Y se advirtió, sobre todo, la importancia de los llamados nódulos polimetálicos, acumulados en los fondos abisales de los Océanos Pacífico, Atlántico e Índico, nódulos de forma esférica y de distinto tamaño, ricos en diversos metales, aunque desde el punto de vista económico interesan especialmente por el manganeso y por los contenidos de cobre, níquel y cobalto que se pueden extraer de los mismos en forma rentable. Hoy se estima que las reservas submarinas de níquel son superiores en cuatro veces y media a las de tierra firme; las de cobre inferiores en la mitad; las de cobalto nueve veces superiores; y las de manganeso dos veces y media más abundantes[147]. El envite es, pues, de importancia extraordinaria desde el punto de vista económico e incluso estratégico.

Pues bien, cuando en la mitad de la década de los años sesenta se empezaron a vislumbrar estas realidades, salieron a la luz los inconvenientes del criterio funcional utilizado por la Convención de 1958 en la definición de la plataforma continental. Ya hemos explicado en otro lugar que, efectivamente, el artículo 1 de la Convención definió la plataforma con arreglo a dos criterios alternativos: el isobático y el funcional de la explotabilidad. La definición provenía de la propuesta que hizo la Comisión de Derecho Internacional y las razones que tuvo en cuenta este órgano para sugerir semejante definición se explicaron así:

> La Comisión había pensado en la posibilidad de adoptar para la plataforma continental un límite fijo, determinado por la profundidad de las aguas que la cubren. Parecía probable que un límite fijado en el punto en que el mar que cubre la plataforma continental alcanza doscientos metros de profundidad bastaría actualmente para todas las necesidades prácticas. Esta profundidad coincide también con la profundidad donde acaba la plataforma continental, en el sentido geológico del término, y comienza el talud continental, que desciende bruscamente hasta una gran profundidad. La Comisión estimó, de todas maneras, que este límite ofrecería el inconveniente de la inestabilidad. El desarrollo de la técnica podía ser tal que, en un porvenir próximo, fuese posible explotar los recursos del

---

[145] Doc. A/CONF. 13/25: «Desarrollo de la técnica de explotación de los recursos minerales de la plataforma continental».

[146] Véase M. VOELCKEL, «L'utilisation du fond de la mer», en *Annuaire français de Droit International,* 1968, p. 758.

[147] Datos tomados de F. BASTIANELLI, «Gli interessi italiani. Situazione e perspective del mercato di alcuni metalli non ferrosi. Ruolo strategico del "Deep sea Mining"», en el libro a cargo de T. TREVES, *Lo sfrutamento dei Fondi Marini Internazionali,* Milán, 1982, p. 54.

lecho del mar a una profundidad superior a los doscientos metros. Además, la plataforma continental podría muy bien comprender zonas submarinas situadas a una profundidad mayor de doscientos metros, pero que pudieran ser explotadas por medio de instalaciones colocadas en las zonas vecinas donde la profundidad no excede de ese límite. Por ello la Comisión decidió no fijar un límite de profundidad de doscientos metros[148].

Fueron, pues, dos los factores que movieron a la Comisión de Derecho Internacional a adoptar el criterio de explotabilidad que más tarde aceptó la Convención: 1.º) la posibilidad de explotar en el futuro, merced a los desarrollos de la técnica, zonas sitas a una profundidad superior a los doscientos metros; 2.º) la posibilidad de que en ciertos casos la plataforma en sentido geológico alcanzase profundidades mayores a los doscientos metros.

En la I Conferencia de las Naciones Unidas sobre el Derecho del Mar, algunos delegados señalaron los peligros de imprecisión e incertidumbre que encerraba el criterio de la explotabilidad. Y, efectivamente, una interpretación literal y legalista del concepto de plataforma continental contenido en la Convención hubiera provocado una repartición de los fondos abisales de los océanos entre los Estados más favorecidos por la geografía desde el momento en que quedó clara la explotabilidad de dichos fondos. Por citar un ejemplo, Portugal, con una larga costa abierta al Océano Atlántico y soberana de unas islas situadas en el centro del mismo (las Azores), hubiera podido atribuirse vastas zonas de aquellos fondos. Pero como advierte muy bien VOELCKEL, «ninguna delegación sostuvo [en la Conferencia de Ginebra] [...] que el criterio de explotabilidad podía dar derecho a una extensión indefinida de los límites de la plataforma continental y el principio de "adyacencia" previsto en el artículo primero de la Convención fue mencionado en las intervenciones de numerosos delegados. Uno solo de entre ellos, sin embargo, el delegado de la República Dominicana, destacó claramente que la definición propuesta de la plataforma continental implicaba a su juicio una condición de contigüidad y proximidad. Ninguno de los representantes de los otros Gobiernos manifestó su desacuerdo con la opinión allí expresada»[149]. Y vamos a ver ciertamente que la evolución posterior del Derecho Internacional confirmó la interpretación del representante dominicano.

b) La zona internacional de los fondos marinos como patrimonio común de la Humanidad.—En el verano de 1967, la delegación de Malta en las Naciones Unidas solicitó que se incluyera en el programa provisional de la XXII Sesión de la Asamblea General el tema titulado «Declaración y tratado relativos a la utilización exclusiva con fines pacíficos de los fondos marinos y oceánicos más allá de los límites de las jurisdicciones nacionales actuales y a la explotación de sus recursos en interés de la Humanidad»[150]. Tras examen por la mesa, el 6 de octubre siguiente, la Asamblea asignó el tema a la Primera Comisión, aunque modificando su enunciado en el sentido siguiente: «Examen de la cuestión de la reserva exclusiva para fines pacíficos de los fondos marinos y oceánicos y

---

[148] *Anuario de la Comisión de Derecho Internacional,* 1956, vol. II, p. 293.
[149] M. VOELCKEL, *op. cit.* en nota 146, p. 724.
[150] Véase J. CUENCA, «Antecedentes y preparación de la Conferencia sobre el Derecho del Mar», en el libro *La actual revisión del Derecho del Mar. Una perspectiva española,* Madrid, 1974, pp. 27 ss.

de su subsuelo en alta mar fuera de los límites de la jurisdiccional nacional actual, y del empleo de sus recursos en beneficio de la Humanidad». Y en la histórica fecha de 1 de noviembre de 1967, el embajador maltés, ALVID PARDO, hizo una declaración en la Primera Comisión en la que, partiendo de la premisa de que el progreso tecnológico de los últimos años permitía ya la exploración, explotación y uso de los fondos marinos a profundidades que no se sospecharon diez años antes, propugnaba la adopción de un tratado y la creación de un organismo internacional, sobre la base de los siguientes principios:

1.° El lecho del mar y el fondo del océano, más allá de los límites de la jurisdicción nacional, no son susceptibles de apropiación por ningún Estado.
2.° La exploración de esa zona se efectuará de acuerdo con los propósitos y principios de la Carta de las Naciones Unidas.
3.° Su exploración y explotación se llevará a cabo en interés de toda la Humanidad, tomando en cuenta especialmente las necesidades de los países en vías de desarrollo.
4.° La zona quedará reservada exclusivamente para fines pacíficos.

Tras los debates que ocasionó la intervención del embajador PARDO, la Asamblea creó la Comisión Especial de Fondos Marinos, y declaró el día 17 de diciembre de 1970 que los fondos marinos y oceánicos y su subsuelo, más allá de los límites de la jurisdicción nacional, así como sus recursos, constituyen patrimonio común de la Humanidad. Es la llamada «Declaración de Principios», contenida en la resolución 2.749 (XXV) adoptada por 108 votos a favor, 14 abstenciones y ninguno en contra.

c) Grupos de intereses en la Conferencia.—Había que plasmar, sin embargo, en un régimen articulado y preciso el importante principio de patrimonio común de la Humanidad referido a la zona internacional y sus recursos, y esta tarea fue encomendada a la Comisión ampliada de Fondos Marinos —preparatoria de la Conferencia— y a la propia Conferencia.

Sin embargo, el principio en cuestión no tenía en su amplia generalidad el mismo significado para todos los Estados. Pues, efectivamente, cuando primero en la Comisión preparatoria y luego en los primeros períodos de sesiones de la Conferencia se intentaba traducir en un régimen convencional el concepto de patrimonio común, unos pocos Estados lo interpretaban en función de los postulados del Derecho Internacional Clásico —un ordenamiento jurídico descentralizado, liberal y oligocrático—, mientras que la gran mayoría de ellos concebían el principio de acuerdo con los patrones del Derecho Internacional Contemporáneo —un conjunto normativo institucionalizado, social y democrático[151]—. La primera concepción era la de los Estados industrializados; la segunda, la de los Estados en desarrollo o Grupo de los 77. Se trata, pues, de dos grandes grupos de intereses, que se constituyeron según moldes ya conoci-

[151] J. A. PASTOR RIDRUEJO, *La explotación de los fondos marinos más allá de la jurisdicción nacional,* Valladolid, 1975, pp. 79 ss.

dos en la Comunidad Internacional, y más concretamente, en la Organización de las Naciones Unidas.

Según la primera interpretación —la del Derecho Internacional Clásico— la futura Autoridad Internacional de los Fondos Marinos sería una simple organización de coordinación, que se limitaría a otorgar licencias a los Estados partes y a las personas físicas o jurídicas bajo su control o a concluir contratos con ellos. Pero serían dichos Estados o personas las que explorarían y explotarían directamente y de modo exclusivo la zona, lucrándose con dichas actividades. Imperaría además, en cuanto a la comercialización de los minerales extraídos de la zona, el más descarnado liberalismo, ya que no se tendrían en cuenta debidamente las repercusiones desfavorables que la explotación de los recursos causasen en el mercado mundial de las materias primas, incluso si afectasen a países en desarrollo productores en tierra de los mismos minerales, sino que los precios vendrían determinados por el libre juego de la ley de la oferta y la demanda. La Autoridad Internacional de los Fondos Marinos tendría, por fin, una estructura oligocrática, al estar dominada por un órgano restringido —el Consejo— en el que los Estados industrializados ocuparían una posición de privilegio.

De acuerdo con la segunda concepción de las apuntadas —la del Derecho Internacional Contemporáneo— la Autoridad de los Fondos Marinos sería una organización internacional de las llamadas fuertes. En este sentido tendría amplias funciones, que comprenderían no sólo la explotación directa y exclusiva de la zona, sino también otras actividades y, entre ellas, la comercialización de los recursos con vistas a impedir la baja de los precios de los minerales de procedencia terrestre, en especial de los países en desarrollo. Y la estructura de la Autoridad sería democrática, en cuanto estaría controlada por la Asamblea u órgano universal, que adoptaría sus acuerdos por mayoría, y en el que cada Estado tendría un voto sin ninguna clase de discriminación.

Bien entendido que esta dialéctica —Estados industrializados *versus* Grupo de los 77— aun habiendo dominado de manera decisiva los debates y las negociaciones, no fue la única presente en la Conferencia respecto al tema que nos ocupa. Efectivamente, dentro del Grupo de los Estados industrializados no coincidían enteramente los intereses y puntos de vista de los países con economía de mercado y los que la tenían planificada. Y del mismo modo dentro del Grupo de los 77 los intereses de los países latinoamericanos, algunos de ellos en las fronteras del desarrollo, no eran exactamente los mismos que los de los países africanos y asiáticos. Digamos también que tanto en los países industrializados como en los que están en desarrollo, el hecho de ser productor terrestre, actual o potencial, de los minerales que se encuentran en la zona internacional de los fondos marinos, hacía nacer intereses particulares. Otro grupo de intereses vendría constituido por los Estados que son grandes consumidores o importadores de los minerales que se van a producir en la zona. Y existía también la categoría de Estados que se llamaron a sí mismos, ya avanzadas las negociaciones, Estados industrializados medios, que no tienen capacidad tecnológica para emprender actividades en la zona[152].

---

[152] Véase B. BUZÁN, *Seabed Politics*, Nueva York-Washington-Londres, 1976, pp. 117 ss., 149 ss., 180 ss., 221 ss., 240 ss.; B. H. OXMAN, «The United Nations Conference on the Law of the Sea:

Nos hemos referido hasta aquí a los grupos de intereses y a las posiciones de principio que las dos alineaciones principales mantuvieron en la Comisión preparatoria y en los inicios de la Conferencia. Posiciones, pues, de partida y, por tanto, negociables. Precisamente, por haber imperado en la Conferencia el método del consenso, aunque en el último momento hubiese que recurrir a la votación para la adopción de la Convención, se imponían en ella el compromiso y la negociación. Compromiso y negociación en que los Estados industrializados contaban en su haber con su mayor poder político, además de los recursos tecnológicos y financieros, y en el que el Grupo de los 77 tenía a su favor un factor cuantitativo: constituir la amplia mayoría. Pero para que este último factor tuviese fuerza real y fuese operativo necesitaba cohesión, y ésta fue alcanzada en el segundo período de sesiones de la Conferencia (Caracas, verano de 1974)[153] y mantenida hasta la adopción de la Convención.

d) *El sistema paralelo.*—No vamos a describir aquí los detalles ni el ritmo de las complicadas y a veces exasperantes negociaciones celebradas en la Conferencia sobre el tema que nos ocupa. Sí diremos que las mismas culminaron básicamente en la segunda parte del IX período de sesiones (Ginebra, verano de 1980), pues fue entonces cuando se llegó a un presunto acuerdo sobre el tema que pendía, que era la cuestión crucial del modo de adopción de decisiones en el Consejo de la Autoridad. En posteriores períodos de sesiones, sobre todo en el XI y último, se trató de dar acomodo, sin éxito, a las pretensiones de la nueva administración de los Estados Unidos y se negoció el régimen de la Comisión Preparatoria de la Autoridad, así como el de la protección de las inversiones preliminares.

Desde un punto de vista predominantemente sustantivo, la esencia del presunto consenso alcanzado en 1980 y reflejado en la Parte XI de la Convención y anexos correspondientes reside en el llamado «sistema paralelo». En efecto, cuestión arduamente discutida en la Comisión preparatoria y en los inicios de la Conferencia era la de «quién» y «cómo» podía explorar y explotar los recursos de la Zona. En la Comisión preparatoria la cuestión recibió tres tipos de respuestas: 1.ª) exploración y explotación directa y exclusiva por los Estados o por personas físicas o jurídicas bajo su control, a través de las licencias que otorgase la Autoridad Internacional de los Fondos Marinos, tesis sustentada por los más representativos de los Estados industrializados; 2.ª) exploración y explotación directa y exclusiva por la Autoridad, a través de su órgano operativo, que sería Empresa, concepción preconizada por la mayoría de las delegaciones del Grupo de los 77; 3.ª) sistemas mixtos, partidarios de la simultaneidad de la exploración y explotación por la Autoridad y los Estados o personas bajo su control, aunque con discrepancias respecto a quien tendría una cierta prioridad: si la Autoridad o los Estados particulares[154].

---

the 1976 New York sessions», en *American Journal of International Law,* abril 1977, vol. 71, n.º 2, pp. 251-252; A. DE SOTO, *Explotación de los recursos minerales de los fondos marinos fuera de la jurisdicción nacional: problemas que dividen a los países en desarrollo de los países desarrollados,* en el Documento E/CEPAL/L. 56, de 2 de junio de 1977, aparecido bajo el título *Economía de los Océanos*; y J. A. PASTOR RIDRUEJO, «Los Estados industrializados medios, nuevo grupo de interés en la III Conferencia de las Naciones Unidas sobre el Derecho del Mar», en *Revista de Estudios Internacionales,* vol. 1, n.º 4, octubre-diciembre 1980, pp. 951-933.

[153] J. A. PASTOR RIDRUEJO, *op. cit.* en nota 151, p. 50.

[154] J. A. PASTOR RIDRUEJO, «Régimen jurídico de los fondos marinos», en el libro cit. *La actual revisión del Derecho del Mar,* I, Segunda Parte, pp. 246-254.

Parece obvio que en ese punto crucial la transacción radicaba en alguna modalidad de los sistemas mixtos y, efectivamente, en el compromiso alcanzado se optó por un sistema paralelo de exploración y explotación de la zona. Sistema según el cual se concebía la explotación de los recursos de la zona por dos ramas paralelas aunque diferenciadas: la rama que podríamos llamar institucional, en primer lugar, y la rama que pudiera denominarse descentralizada, en segundo lugar. Una rama tenía, en efecto, carácter institucional desde el punto de vista internacional, toda vez que la explotación se realizaba —en condiciones de privilegio— por la Empresa de la Autoridad Internacional de los Fondos Marinos, organización internacional creada por la propia Convención. Bajo la óptica internacional, la otra rama tenía carácter descentralizado, ya que en ella la explotación de los recursos de la zona se dejaba a los Estados y personas físicas o jurídicas bajo control de los Estados que hubiesen celebrado un contrato con aquella Autoridad. Pero hay que añadir, respecto a esta segunda rama, que resultaba insuficiente la seguridad jurídica para las actividades de minería submarina emprendidas por los contratistas, y que se imponían además a los operadores obligaciones altamente onerosas tanto de carácter fiscal y financiero como en el campo de la transferencia de tecnología. Además la Convención establecía límites cuantitativos importantes a la producción para no perjudicar a los productores terrestres. Y, en fin, el sistema suponía la repartición de la zona en dos mitades: una que se reservaba a la explotación por la rama institucional, y la otra mitad para explotación por la rama descentralizada.

Desde el punto de vista institucional, conviene señalar que la Parte XI de la Convención creaba la Autoridad Internacional de los Fondos Marinos, una estructura sumamente compleja y costosa (con sede en Jamaica), a la que dotaba de un órgano intergubernamental plenario —la Asamblea—, otro también intergubernamental aunque restringido —el Consejo—, además de una Secretaría, la Empresa —el órgano operacional del que ya hemos hablado— y otras instituciones. Sin embargo, el reparto de poderes entre la Asamblea y el Consejo presentaba, en puntos importantes, zonas de indefinición, y por otro lado las reglas sobre composición y adopción de decisiones de este último órgano hacían sumamente incierto un funcionamiento eficiente de la Autoridad. En fin, el sistema paralelo instituido por la Parte XI era provisional, porque había de ser revisado a los quince años de iniciada la primera producción comercial de minerales[155].

[155] Sobre la Parte XI de la Convención en su versión original véanse, entre la amplísima bibliografía, la 5.ª ed. de este *Curso*, Madrid, 1994, pp. 418-453; y J. A. PASTOR RIDRUEJO, «La explotación de la zona internacional de los fondos marinos: reflexiones sobre el sistema paralelo», en *Revista de la Asociación de Abogados*, 2.ª época, México, 1980, pp. 379 ss.; T. TREVES, *Lo sfrutamento dei fondi marini internazionali*, Milán, 1982, pp. 12 ss.; G. ALBIOL BIOSCA, *El régimen jurídico de los fondos marinos internacionales*, Madrid, 1984, pp. 178 ss.; J. JUSTE RUIZ y M. CASTILLO DAUDI, «La explotación de la zona de los fondos marinos más allá de la jurisdicción nacional (el patrimonio común de la humanidad frente a las legislaciones nacionales)», en *A.D.I.*, 1983-1984, pp. 65 ss.; J. N. BARBENKUS, *Deep Seabed Resolution: Politics and Technology*, Nueva York, 1979; E. MIRAPEIX, «Mecanismo Internacional de los fondos marinos», en *La actual revisión del Derecho del Mar*, cit., Segunda Parte, pp. 269 ss.; A. GIARDINA, «L'International Sea-bed Authority: verso un nuevo esperimento de organizzazione internazionale», en *R.D.I.*, vol. 59, 1976, pp. 247 ss.; R. P. ANAN, «International Machinery for Sea-bed. Issues and Prospects», en *Indian Journal of International Law*, 1973, pp. 35 ss.; A. E. GENOT y J. P. HUNT, «La gestion internationale du fond des mers. Le problème de l'Autorité

En cualquier caso, la mencionada Parte XI se inspiraba fuertemente en patrones de intervencionismo institucional, tal como preconizaban los países en desarrollo, y se alejaba del principio de libre empresa y libre mercado propugnado por los países industrializados. Todo ello explica que, en el momento de adopción de la Convención, los Estados Unidos votasen en contra y otros Estados industrializados se abstuviesen. La Parte XI de la Convención nacía, así, herida de muerte, pues estaba claro que el sistema paralelo no podía funcionar sin la participación financiera y tecnológica de los Estados industrializados y sin las actividades de las personas físicas y jurídicas —contratistas u operadores privados— que se encontrasen bajo la jurisdicción y control de esos Estados. Y las consecuencias de esta herida infectaban todo el instrumento, ya que los repudios a su Parte XI por un importante grupo de Estados —los Estados altamente industrializados y también los Estados industrializados medios— hacían sumamente improbable la participación universal en la Convención, frustándose de tal modo uno de los grandes objetivos de la III Conferencia de las Naciones Unidas sobre el Derecho del Mar.

e) *La enmienda del sistema de explotación por el Acuerdo de 1994.*—Es el caso que ante la proximidad de la entrada en vigor de la Convención —16 de noviembre de 1994, un año después del depósito del sexagésimo instrumento de ratificación— y la consecuencia de la creación de una Autoridad Internacional de los Fondos Marinos, estructura costosa aunque absolutamente inútil al estar desasistida del apoyo financiero y tecnológico del mundo industrializado, el Secretario General de las Naciones Unidas intensificó unas consultas oficiosas que venían celebrándose bajo sus auspicios desde 1990 con la finalidad de lograr el mencionado objetivo de la aceptación universal del instrumento. Y ello requería la enmienda del núcleo duro de la Parte XI, que era, como estamos viendo, la causante principal de los rechazos.

Y a esta revisión coadyudaba el hecho de que, desde la adopción de la Convención en 1982, se habían reconsiderado a la baja las optimistas previsiones sobre la rentabilidad comercial de los minerales extraídos de los fondos marinos internacionales. Si a lo largo de la III Conferencia —celebrada, como sabemos, entre 1973 y 1982— las negociaciones sobre la Parte XI habían partido de la hipótesis de que tales minerales podían competir perfectamente en el mercado mundial de las materias primas con los mismos minerales de origen terrestre, en la década de los noventa la estimación había cambiado. Un informe preparado en 1994 para las Naciones Unidas por un grupo de expertos técnicos[156] dejaba claro que había disminuido la demanda de los metales obtenidos de la minería

---

Internationale», en *Thesaurus Aerosium*, vol. VII, Salónica, 1979, pp. 585 ss.; H. VILLANI, «Conciliazione e consensus nel Consiglio dell'Autorità Internazionli dei fondi marini», en *Lo sfrutamento*, cit. en esta nota; F. PAOLILLO, «Solución de controversias relacionadas con actos de organizaciones internacionales. El caso de la Autoridad Internacional de los Fondos Marinos», en *R.E.D.I.*, 1981-2, pp. 492 ss.; L. CAFLISCH, «Le règlement judiciaire et arbitraire des différends dans le nouveau Droit de la Mer», en *Festchrift für Rudolf Bindscheler*, Berna, 1980, pp. 351-357; E. SALAMANCA, *La Zona Internacional de los Fondos Marinos. Patrimonio común de la humanidad*, Madrid, 2003.

[156] Doc. LOS/PCN/BUR/R.32, de 1 de febrero de 1994.

submarina —entre otras razones por la recesión mundial y por la disminución de los gastos de defensa a consecuencia de los cambios políticos ocurridos en el mundo—, y que además se iba a producir verosímilmente un aumento de la oferta de los minerales de procedencia terrestre. Pues bien, teniendo en cuenta estos factores del mercado y los elevados costes de la minería de los fondos oceánicos, el informe sentaba la conclusión de que en ningún caso la minería comercial en cuestión tendría lugar antes del año 2000 y que tampoco resultaba probable que se produjese en la primera década del siglo XXI. Y, obviamente, la circunstancia de que las negociaciones sobre la Parte XI de la Convención hubieran tenido lugar en la III Conferencia sobre supuestos económicos que ahora se revelaban incorrectos facilitaba la revisión de la Parte XI en cuestión.

Es lo cierto que la última ronda de las consultas oficiosas auspiciadas por el Secretario General terminó con éxito el 3 de junio de 1994 y que ello permitió que el día 28 de julio de 1994, la Asamblea General adoptase la resolución 48/263, que incorporaba un instrumento convencional, el denominado «Acuerdo relativo a la aplicación de la Parte XI de la Convención de las Naciones Unidas sobre el Derecho del Mar de 10 de diciembre de 1982».

Aunque el Acuerdo que nos ocupa se denomine oficialmente de «aplicación», conviene no llamarse a engaño sobre su naturaleza y efectos, pues sus disposiciones hacen mucho más que interpretar, desarrollar o precisar, con fines aplicativos, la Parte XI de la Convención. Concebido para vencer el rechazo de Estados Unidos y otros Estados industrializados a participar en la Convención y conseguir la aceptación general de ésta, el Acuerdo enmienda en puntos importantes la Parte XI de la repetida Convención. Estamos, pues, sin duda de ninguna clase, ante *un instrumento de enmienda* y no simplemente aplicativo de la Convención. Y las enmiendas se inspiran por supuesto en los principios de libre empresa y libre mercado.

La parte sustantiva del Acuerdo, que figura en anexo, es sumamente compleja, y de ella destacamos como más relevantes los puntos siguientes:

1) Se consagra el criterio evolutivo en el funcionamiento de la Autoridad Internacional de los Fondos Marinos. En este sentido, se asignan a la Autoridad funciones limitadas durante el período inicial de no explotación y se rebajan muy considerablemente sus gastos de funcionamiento, particularmente durante ese período inicial.

2) La Empresa —el órgano operacional de la Autoridad, según sabemos— no se crea desde el primer momento, sino sólo cuando sea rentable la explotación de los recursos de la zona; y, colocada en condiciones de igualdad con los contratistas privados, sólo operará en principio por el sistema de *joint ventures*, es decir, mediante asociación con el sector privado.

3) Por lo que respecta a los aspectos institucionales y en particular a la adopción de decisiones, se dispone que las más importantes que pueda adoptar el órgano plenario —la Asamblea— se tomen previa recomendación del Consejo; se instaura el consenso como modo principal de adopción de decisiones en todos los órganos de la Autoridad; en cuanto a la cuestión clave del poder decisorio del Consejo, se aceptan los puntos más importantes recla-

mados por los Estados Unidos en la Conferencia; así, y entre otras cosas, se dispone que a efectos de votación los Estados estén repartidos en salas o cámaras que representen intereses especiales, cada una de las cuales tienen por sí sola derecho de veto; se asegura, en fin, la presencia continua de Estados Unidos en el Consejo en tanto que Estado que en la fecha de entrada en vigor de la Convención tiene la economía más importante del mundo en términos de producto industrial bruto. En suma, el Acuerdo ha hecho del Consejo el centro de gravedad de la Autoridad, y de los Estados industrializados el centro de gravedad del Consejo.

4) Por lo que toca a la provisionalidad del sistema, se limitan los poderes de la Conferencia de revisión, y las enmiendas se pueden adoptar en su caso por la Asamblea a recomendación del Consejo, quedando sometidas, por consiguiente, al veto de cualquiera de las cámaras de este último órgano, desvaneciéndose así los temores de que la Conferencia de Revisión pudiera imponer a Estados Unidos una reforma del sistema sin su consentimiento.

5) En cuanto a los techos o límites a la producción, se revocan las reglas rígidas de la Convención, dejándose al Consejo la decisión al respecto, y aceptándose los principios del libre mercado.

6) Se suprime el fondo automático de compensación a los productores terrestres perjudicados por la explotación submarina; habrá, sí, un fondo de asistencia económica a países en desarrollo, pero financiado con recursos propios de la Autoridad.

7) En lo que atañe a la transferencia de tecnología a la Empresa de la Autoridad, ya no impone obligatoriamente a los contratistas de la rama privada o no institucional, estableciéndose sólo la obligación genérica de cooperación al respecto.

8) En lo que toca a las cláusulas financieras de los contratos se suprimen las más gravosas; se suprime también la obligación de los Estados industrializados de financiar préstamos a la Empresa de la Autoridad para la explotación del primer sitio minero.

En síntesis, si se comparan las exigencias expresadas por los Estados Unidos y otros Estados industrializados durante la III Conferencia con los términos del Acuerdo de 1994, podremos comprobar que este último representa el triunfo clamoroso de los puntos de vista liberales sustentados por dichos Estados. Triunfo que encuentra sentido en el marco del robustecimiento del clima de libre mercado y libre empresa imperante en el mundo desde la década final del siglo XX, y que se explica asimismo por el realismo de que hicieron muestra en la negociación los más importantes de los Estados en desarrollo. En este orden de consideraciones, el Acuerdo constituye una victoria contundente del realismo sobre el idealismo; es decir, un triunfo nítido de los intereses de los únicos Estados que están en condiciones de hacer funcionar el sistema sobre las aspiraciones de los Estados en desarrollo hacia un Nuevo Orden Económico Internacional más justo y solidario. Cabe preguntarse ciertamente qué es lo que queda de verdad ahora mismo del concepto de «patrimonio común de la humanidad» —mencionado por cierto en la resolución de la Asamblea general de 28 de julio de 1994— en relación con la zona internacional de los fondos marinos y sus recursos, aunque habría que preguntarse también qué significación real y qué traducción en los hechos iba a tener ese principio en la redacción original de la Parte XI, una Parte cuyas disposiciones nunca hubieran sido aplicadas y nunca hubiesen generado beneficios económicos o de otra índole ni para los países industrializados ni para los países en desarrollo.

En cualquier caso, el régimen establecido por el Acuerdo de 1994 no es para hoy sino para el mañana, y no precisamente para el mañana más inmediato, sino para un futuro más lejano de bien entrado el presente siglo, cuando es posible que hayan cambiado de nuevo los condicionantes económicos y políticos que están en la base de la enmienda de la Parte XI de la Convención. Desde este punto de vista, no era urgente ni mucho menos la codificación en la década final del siglo XX del régimen de aprovechamiento de los fondos marinos internacionales. Lo que sí urgía a la comunidad internacional era la participación universal en la Convención de Derecho del Mar de 1982, y parece que a este objetivo, generador de seguridad jurídica en los usos de los mares y los océanos, sí provee satisfactoriamente el Acuerdo de 28 de julio de 1994[157].

38.12. PROTECCIÓN Y PRESERVACIÓN DEL MEDIO MARINO

a) La Parte XII de la Convención de 1982 (arts. 192 a 237) contiene una serie de disposiciones sobre protección y preservación del medio marino cuya finalidad es la de prevenir, reducir y controlar la contaminación de dicho medio procedente de cualquier frente. A tales efectos el artículo 1.1.4) de la Convención da una definición muy amplia de la contaminación, diciendo que por ella se entiende

> la introducción por el hombre, directa o indirectamente, de sustancias o de energía en el medio marino, incluidos los estuarios, que produzca o puede producir efectos nocivos tales como daños a los recursos vivos y a la vida marina, peligros para la salud humana, y obstaculización de las actividades marítimas, incluidos la pesca y otros usos legítimos del mar, deterioro de la calidad del agua del mar para su utilización y menoscabo de los lugares de esparcimiento.

b) El principio básico del régimen convencional figura en el artículo 192 que proclama la obligación de los Estados de proteger y preservar el medio marino. Se puede considerar con la delegación de España en la Comisión pre-

[157] Sobre el Acuerdo de 1994 véanse: T. TREVES, «L'entrée en vigueur de la Convention des Nations Unies sur le Droit de la Mer et les conditions de son universalisme», en *A.F.D.I.*, 1993, pp. 850 ss.; J. P. LEVY, «Les bons offices du secrétariat général des Nations Unies en faveur de l'universalité de la Convention sur le Droit de la mer», en *R.G.D.I.P.*, 1994-4, pp. 871 ss.; D. ZORRILLA, «Nota informativa sobre el Acuerdo relativo a la aplicación de la Parte XI de la Convención de las Naciones Unidas sobre el Derecho del Mar», en *R.E.D.I.*, 1994, pp. 437 ss.; D. VIGNES, «La fin du schisme des fonds marins. A propos de la réunion de l'Assamblée Générale des Nations Unies en session extraordinarie de 27, 28 et 29 juillet 1994 relative à la Convention sur le Droit de la Mer», en *R.B.D.I.*, 1995, pp. 153 ss.; P. GAUTIER, «Les etapes d'une modification singulière. De la Partie XI de la Conventon sur le Droit de la Mer», en *R.B.D.I.*, 1995, pp. 153 ss.; J. R. STEVENSON y B. H. OXMAN, «The future of the U.N. Convention on the Law of the Sea», en *A.J.I.L.*, 1994, pp. 477 ss.

paratoria de la Conferencia que el principio en cuestión tiene carácter de *ius cogens,* pues su justificación última se encuentra en el ámbito de los derechos y libertades de la persona humana, en concreto en el derecho fundamental del hombre al medio ambiente[158]. Ahora bien, principio tan general necesitaba desarrollo en un régimen articulado y mínimamente preciso y es justamente esto lo que ha hecho la Convención. Del complejo y omnicomprensivo régimen de esta última queremos destacar especialmente las disposiciones sobre la contaminación causada por buques, y para ello vamos a seguir un enfoque zonal, distinguiendo tres espacios marítimos fundamentales: mar territorial, zona económica exclusiva y alta mar.

c) El *mar territorial* es espacio sometido a la soberanía del Estado ribereño y, consecuentemente, el párrafo 4 del artículo 211 dispone que tal Estado podrá dictar leyes y reglamentos para prevenir, reducir y controlar la contaminación del medio marino causado por buques extranjeros, incluidos los buques que ejerzan el derecho de paso inocente. Y cuando el Estado ribereño tenga motivos fundados para creer que un buque que navega en el mar territorial ha violado tales leyes o reglamentos, o las reglas y estándares internacionales aplicables al respecto, podrá realizar la inspección física del buque en relación con la infracción y, cuando las pruebas lo justifiquen, iniciar un procedimiento que puede incluir la retención de aquel. Resulta, por tanto, que en el mar territorial el Estado ribereño tiene amplias facultades en el punto que nos ocupa y no sólo en el plano legislativo y reglamentario, sino también en el ejecutivo.

d) En lo que respecta a la *zona económica exclusiva,* la protección y preservación del medio marino es cuestión que entra en la jurisdicción del Estado ribereño [art. 56.1.*b*).iii)], por lo que éste puede dictar, respecto a tal zona, leyes y reglamentos que sean conformes y den efecto a las reglas y estándares internacionales generalmente aceptados y establecidos por conducto de la organización internacional competente o de una conferencia diplomática general (art. 211.5). Pero las facultades del Estado ribereño no acaban en el plano legislativo y reglamentario, sino que alcanzan asimismo al ejecutivo. Efectivamente, cuanto el Estado ribereño tenga motivos para creer que un buque que navega en su zona económica exclusiva o en su mar territorial ha cometido, en la zona económica exclusiva, una infracción de las reglas y estándares internacionales en cuestión o de las leyes y reglamentos de ese Estado, podrá exigir al buque información sobre su identidad, puerto de registro y otros extremos (art. 220.3); si la infracción ha tenido como consecuencia una descarga importante que cause o amenace causar una contaminación considerable al medio marino, podrá proceder además a una inspección física del buque si éste se niega a facilitar la información pertinente (art. 220.5); y si existe prueba objetiva y clara de que el buque ha cometido la infracción y ésta ha tenido como consecuencia aquel tipo de descarga o causa o amenaza

---

[158] Véase J. A. YTURRIAGA BARBERÁN, «Preservación del medio marino: perspectiva global», cit., *La actual revisión del Derecho del Mar,* I, Segunda Parte, p. 425.

causar graves daños a las costas o a los intereses conexos del Estado ribereño o cualesquiera recursos del mar territorial o de la zona económica exclusiva, el Estado en cuestión estará facultado para iniciar un procedimiento que puede incluir la retención del buque.

e) En *alta mar,* es el Estado del pabellón el que de modo general y de acuerdo con el principio que expusimos al hablar de este espacio, tiene competencia exclusiva en materia de protección y preservación del medio marino. Pero figura en la Convención un importante artículo —el art. 221— que en los casos de determinados accidentes marítimos reconoce competencias a un Estado distinto del pabellón en alta mar. Dispone, en efecto, el párrafo 1 de dicho artículo que:

> ninguna de las disposiciones de esta Parte menoscabará el derecho de los Estados con arreglo al Derecho Internacional, tanto consuetudinario como convencional, a tomar y a hacer cumplir más allá del mar territorial medidas que guarden proporción con el daño real o potencial a fin de proteger sus costas o intereses conexos, incluida la pesca, de la contaminación o amenaza de contaminación resultante de un accidente marítimo o de actos relacionados con ese accidente, de los que quepa prever razonablemente que tengan graves consecuencias perjudiciales.

Queremos hacer notar que la expresión «más allá del mar territorial» que utiliza el artículo transcrito cubre no sólo el mar territorial incluyendo los estrechos, sino también la zona económica exclusiva y el alta mar; y que las facultades reconocidas no consisten sólo en tomar medidas, sino también en hacerlas cumplir. El carácter excepcional de las medidas reconocidas en el artículo 221 —posibilidad de la intervención de un Estado en alta mar respecto a buques que no enarbolen su pabellón— pone de relieve el interés general de la comunidad internacional en la defensa del medio marino contra los accidentes más graves, idea que se conecta con el carácter de *ius cogens* que a la obligación general de proteger y defender dicho medio atribuyó la delegación española en la Comisión preparatoria.

f) Hay que señalar, por lo demás, que la problemática suscitada por la protección y preservación del medio marino es mucho más rica y compleja que lo que resulta de la precedente exposición y análisis. También lo es por consiguiente el régimen convencional, que cubre en efecto los siguientes extremos: cooperación mundial y regional (arts. 197 a 201); la asistencia técnica a los Estados en desarrollo (arts. 202 y 203); la vigilancia y evaluación ambiental (arts. 204 a 206); las reglas internacionales y la legislación nacional (arts. 207 a 212); la ejecución (arts. 213 a 222); las garantías (arts. 223 a 233); las zonas cubiertas de hielo (art. 234); responsabilidad (art. 235); inmunidad soberana (art. 236); y otros regímenes convencionales (art. 237).

Con independencia de estas disposiciones de la Convención de 1982, existen importantes convenios de ámbito regional tendentes a la protección y preservación del medio marino. Asimismo, el 4 de marzo de 2023, se ha adoptado, en el marco de la Convención de las Naciones Unidas sobre el Derecho del Mar de

1982, el texto de un proyecto de acuerdo jurídicamente vinculante relativo a la conservación y el uso sostenible de la diversidad biológica marina de las zonas situadas fuera de la jurisdicción nacional. Este instrumento reforzará los esfuerzos para proteger la diversidad biológica en consonancia con los objetivos de la Agenda 2030 para el Desarrollo Sostenible y el Marco Mundial para la Biodiversidad de Kunming-Montreal.

Obviamente, su análisis detallado no tiene cabida en un libro de las características de este *Curso.*

38.13. La investigación científica marina

a) El régimen de la investigación científica marina resultante de las Convenciones adoptadas en la I Conferencia de las Naciones Unidas sobre el Derecho del Mar (1958) era sencillo para aguas interiores, mar territorial y alta mar. En las aguas interiores y en el mar territorial sólo el Estado ribereño, en tanto que titular de la soberanía en dichos espacios podía regular, emprender o autorizar la investigación científica; en el alta mar, por el contrario, regía el principio de libertad. Más complicada era la regulación del tema en la Convención sobre plataforma continental, pues si el párrafo 1 del artículo 5 daba por supuesta la libertad de las «investigaciones oceanográficas fundamentales u otras investigaciones científicas que se realicen con intención de publicar los resultados», el párrafo 8 del mismo artículo exigía el consentimiento del Estado ribereño «para toda investigación que se relacione con la plataforma continental y que se realice allí», aunque señalaba que no se negará normalmente tal consentimiento «cuando la petición sea presentada por una institución competente, en orden a efectuar investigaciones de naturaleza puramente científica referentes a las características físicas o biológicas de la plataforma continental, siempre que el Estado ribereño pueda, si lo desea, tomar parte en esas investigaciones o hacerse representar en ellas y que, de todos modos, se publiquen los resultados».

b) En los debates y negociaciones de la III Conferencia de las Naciones Unidas sobre el Derecho de Mar y en los previamente celebrados en la Comisión preparatoria nadie puso en entredicho el derecho exclusivo del Estado ribereño a realizar, autorizar y regular la investigación científica en aguas interiores y en el mar territorial. Respecto al mar territorial este principio se ha reiterado expresamente en el artículo 245 de la Convención. Tampoco se puso en tela de juicio la libertad de investigación científica en alta mar, y esta libertad figura *expressis verbis* en el artículo 87 de la Convención, que es el que enuncia las libertades de dicho espacio marino. Los problemas iban a surgir realmente respecto al nuevo espacio aparecido en la Conferencia de la zona económica exclusiva.

c) En las negociaciones se hicieron presentes intereses no sólo científicos, sino también económicos, estratégicos y de seguridad. Y aparecieron, en efecto, sobre dicha base, tres tendencias sobre la regulación de la investigación científica en la zona económica exclusiva. La primera era la de los Estados ribereños en desarrollo que entendían que aquella investigación entraba en la competencia exclusiva del Estado costero, y que se negaban a admitir la distinción entre investigación fundamental y aplicada porque —decían— cualquier tipo de investigación, aunque en principio tenga carácter fundamental, puede ser aplicada a fines económicos, políticos o militares. La segunda postura era la de las grandes potencias marítimas que sostenían que la zona económica exclusiva era parte del alta mar y que en principio la investigación científica en ella debía ser libre aunque se mostraban dispuestos a aceptar algunas limitaciones. De acuerdo, por fin, a la tecera posición, la zona económica exclusiva constituía un espacio marítimo *sui generis,* en el que los derechos de los Estados ribereños y los otros Estados debían ser coordinados de una manera funcional, según la cual la investigación aplicada estaría sometida a la jurisdicción del Estado ribereño y la fundamental sería en principio libre[159].

d) Fueron distintas las orientaciones y los matices de los sucesivos textos de negociación[160], y finalmente la Convención estableció un complejo sistema sobre investigación científica en la zona económica exclusiva y plataforma continental basado en las siguientes ideas: jurisdicción del Estado ribereño, necesidad de su consentimiento, determinación de supuestos en que no lo puede rehusar discrecionalmente, y presunción del consentimiento en ciertos casos.

Efectivamente, el Estado ribereño tiene jurisdicción respecto a la investigación científica en la zona económica exclusiva y en la plataforma y, por consiguiente, derecho a regularla, autorizarla y realizarla, aunque siempre de conformidad con las disposiciones pertinentes de la Convención (art. 246.1). Y ésta exige, efectivamente, el consentimiento del Estado ribereño, si bien en circunstancias normales éste se otorgará para que otros Estados u organizaciones internacionales realicen, de conformidad con la Convención, proyectos de investigación marina exclusivamente con fines pacíficos y con objeto de aumentar el conocimiento científico del medio marino en beneficio de toda la Humanidad (art. 246.3). Sin embargo, el Estado ribereño podrá rehusar discrecionalmente el consentimiento cuando el proyecto de investigación: *a*) tenga importancia directa para la exploración y explotación de los recursos naturales vivos y no vivos; *b*) entrañe perforaciones en la plataforma continental, la utilización de explosivos o la introducción de sustancias perjudiciales en el medio marino; *c*) entrañe la construcción, el funcionamiento o la utilización de islas artificiales, instalaciones y estructuras; *d*) contenga información inexacta o el peticionario tenga obligaciones pendientes de un proyecto de investigación anterior (art. 246.5). Y no cabe rehusar discrecionalmente la autorización cuando el proyecto de investigación se vaya a realizar en la plataforma continental más allá de las doscientas millas,

---

[159] Véase R. PISILO MAZZESCHI, «La ricerca scientifica et il nuovo Diritto Internazionale del Mare», en el libro *La ricerca scientifica nell'evoluzioni del Diritto del Mare,* Milán, 1978, a cura di TULIO TREVES, pp. 29 ss.

[160] Véase R. PISILO MAZZESCHI, *op. cit.* en nota 159 anterior, pp. 29 ss.; y T. TREVES, «La ricerca nel testo composito informale di negoziato del 15 luglio 1977», en el libro cit. en nota 159 anterior, pp. 55 ss.

fuera de aquellas áreas en que el Estado ribereño esté realizando actividades de explotación u operaciones exploratorias (art. 246.6).

A efectos de la realización de la investigación científica marina, el Estado o la organización internacional peticionaria deben proporcionar al Estado ribereño la información que se especifica en el artículo 248; y pasados cuatro meses desde la recepción de la información, cabe presumir el consentimiento del Estado ribereño, a menos que dentro de tal plazo éste haga saber al peticionario que: *a*) rehúse su consentimiento en virtud de lo dispuesto en el artículo 246; *b*) la información no corresponda a los hechos manifiestamente evidentes; *c*) solicite información complementaria, o *d*) el peticionario tenga obligaciones pendientes respecto a un proyecto anterior de investigación (art. 252). Por lo demás, el Estado ribereño está autorizado a exigir la suspensión o cese de las actividades de investigación científica marina en los casos y condiciones que se señalan en al artículo 253 de la Convención.

e) El sistema que hemos expuesto someramente puede convertirse en un manantial inagotable de controversias entre el Estado ribereño y el Estado que se propone realizar la investigación, y ello exigía un sistema lo más acabado posible de solución de litigios sobre la base del recurso a la jurisdicción obligatoria. Pero fue esto algo por lo que no pasaron los Estados ribereños en desarrollo y consiguientemente, según el párrafo 2 del artículo 297 de la Convención, quedan sustraídas de los procedimientos generales establecidos en ella, incluyendo los jurisdiccionales, las controversias relativas a la investigación científica marina que se susciten con motivo de: i) el ejercicio por el Estado ribereño de un derecho o facultad discrecional de conformidad con el artículo 246; ii) la decisión del Estado ribereño de ordenar la suspensión o cese de un proyecto de investigación de conformidad con el artículo 253. Estas controversias serán sometidas, a petición de cualquiera de las partes, al procedimiento de conciliación previsto en el Anexo V de la Convención[161]. Así pues, en el régimen convencional sobre la investigación científica marina, es la regulación de la solución de controversias la que ha puesto de manera más ostensible la inclinación de la balanza en favor de los intereses y puntos de vista de los Estados ribereños en desarrollo.

f) En lo que respecta a *España,* la investigación científica marina en zonas sometidas a su jurisdicción se regula por el Real Decreto 799/1981, de 27 de febrero[162].

El ámbito de aplicación de la normativa abarca a las actividades de investigación científica marina que pretendan realizar los Estados extranjeros y las organizaciones

---

[161] Véase T. TREVES, *op. cit.* en nota 159 anterior, pp. 80 ss.

[162] *B.O.E.* de 8 de mayo de 1981. El R.D. en C. GUTIÉRREZ ESPADA y A. CALVO CARAVACA, *Textos de Derecho Internacional Público,* Madrid, 1986, pp. 651 ss. Sobre la práctica legislativa y convencionla española, véase M. PÉREZ GONZÁLEZ, «La investigación científica marina y el nuevo Derecho del Mar desde la perspectiva española», en *A.D.M.*, vol. V, 1986, pp. 45 ss.; e «Investigación científica marina y nuevo Derecho del mar», en *Mares y Océanos en un mundo en cambio: tendencias jurídicas, actores y factores*, XXI Jornadas de la Asociación española de profesores de Derecho internacional y relaciones internacionales, Valencia, 2007, pp. 298 ss.

internacionales directamente o bajo sus auspicios, en el mar territorial, zona económica exclusiva o plataforma continental de España. Tratándose del mar territorial, se requiere la autorización expresa de las autoridades competentes españolas. En el caso de investigaciones en la zona económica exclusiva y plataforma continental, se exige también aquella autorización, que se presume, sin embargo, si dentro de los cuatro meses siguientes a la presentación de la solicitud por vía diplomática, el Ministerio de Asuntos Exteriores no ha comunicado al Estado solicitante la denegación de la autorización o la necesidad del envío de información complementaria. En todo caso, las actividades en cuestión no constituirán fundamento para ninguna reivindicación de parte alguna del medio marino o sus recursos.

g) Señalemos finalmente la importante relación que guarda la investigación científica aplicada con otras actividades marítimas. Así, en materia de pesca, la investigación científica es un componente esencial en la articulación de la política de pesca marítima de la Unión Europea[163].

38.14. Solución de controversias

a) Las cuatro convenciones adoptadas en Ginebra el día 29 de abril de 1958 dentro de la I Conferencia de las Naciones Unidas sobre el Derecho del Mar no contenían en sus textos disposiciones sobre solución de controversias; la cuestión se llevó a un protocolo de firma facultativa, que establecía en última instancia la competencia del Tribunal Internacional de Justicia respecto de las controversias resultantes de la interpretación o aplicación de las convenciones. Cabía así la posibilidad de que un Estado parte en una o varias de las Convenciones en cuestión no lo fuese en el protocolo facultativo[164].

Sin embargo, la Convención de 1982 sobre el Derecho del Mar ha dado un paso importante en este terreno, porque es su propio texto el que contiene disposiciones sobre solución de controversias; disposiciones muy detalladas que figuran en la Parte XV, en la sección 5.ª de la Parte XI, y en los Anexos V, VI, VII y VIII y que están presididas por la idea de la jurisdicción obligatoria, ya que en ellas se proclama la obligación de principio de recurrir a una corte o tribunal si la controversia no ha podido ser resuelta por otros medios[165].

---

[163] Véase E. Conde Pérez, «La investigación científica pesquera como instrumento básico en la configuración de la política comunitaria de pesca», *Noticias de la Unión Europea,* junio de 1998, pp. 35 ss.

[164] Sobre la solución de controversias en general, véanse los apartados 57 a 62 de este libro.

[165] Véase J. A. Pastor Ridruejo, «La solución de controversias en la III Conferencias de las Naciones Unidas sobre el Derecho del Mar», en *Revista Española de Derecho Internacional,* vol. XXX, n.º 1, 1977, pp. 11 ss.; A. O. Adede, «Law of the Sea: The Scope of the Third Party, Compulsory Procedure for Settlement of Disputes», en *American Journal of International Law,* 1977, vol. 71, pp. 305 ss.; del mismo autor, «Law of the Sea: the Integration ot the System of Settlement of Disputes under the Draft Convention as a whole», ibíd., 1979, vol. 73, pp. 90 ss.; L. Caflisch, «Le reglement judiciaire et arbitral des différends dans le nouveau droit de la mer», en *Festschrift fur Rudolf Bindscheler,* Berna, 1980, pp. 351 ss.; A. Marín López, «La solución de controversias en el Convenio del Derecho del Mar de 1982», en *Pensamiento Jurídico y Sociedad Internacional. Estudios en honor de D. Antonio Truyol Serra,* Madrid, 1986, vol. II, pp. 749 ss.; y M. García García-Revillo, *El Tribunal Internacional del Derecho del Mar. Origen, organización y competencia*, Córdoba, 2005.

Las razones que están en la base de este nuevo enfoque son varias, y de ellas queremos destacar las siguientes. En primer lugar, la abundancia y, sobre todo, la profundidad de los cambios que respecto al Derecho del Mar anterior ha introducido la Convención; así, espacios antes regidos por el principio de libertad, han pasado a convertirse en áreas de soberanía o jurisdicción de los Estados ribereños, lo que originará buen número de controversias, sobre todo en materia de delimitación. En segundo término, el hecho de que la Convención, aun adoptada finalmente por votación, haya sido elaborada bajo el espíritu del consenso, lo que ha dado lugar en muchos casos a textos ambiguos, que motivarán a su vez interpretaciones diferentes en el momento de su aplicación. En tercer lugar, la circunstancia de que en la zona internacional de fondos marinos se vayan a llevar a cabo actividades de exploración y explotación de los recursos bajo un régimen muy complejo cuya aplicación necesita en todo caso un control jurisdiccional. Examinados ya los aspectos más sobresalientes de la cuestión del arreglo de controversias en temas concretos como la pesca en la zona económica exclusiva[166], la investigación científica[167] y la delimitación de espacios marinos[168], queremos analizar y valorar ahora las coordenadas generales de la Convención.

b) La disposición básica al respecto es la contenida en el artículo 286, según el cual toda controversia relativa a la interpretación o aplicación de la Convención, que no haya podido ser resuelta por otros medios, se someterá, a petición de cualquiera de las partes, a la corte o tribunal que sea competente. El artículo establece así la *jurisdicción obligatoria con carácter de principio,* lo que de manera expresa o implícita y con mayor o menor entusiasmo fue defendido por la mayoría de las delegaciones en la Conferencia.

c) En lo que respecta al *órgano jurisdiccional competente,* y ante las distintas preferencias que en el inicio de las discusiones mostraron las delegaciones, la Convención ha seguido la fórmula que se ideara en Montreux durante las negociaciones informales celebradas con ocasión del tercer período de sesiones de la Conferencia (primavera de 1975). La fórmula consistía en el establecimiento de varios foros dejando en libertad a las partes para la elección de uno u otro[169]. Y esto es lo que hace justamente el artículo 287, que se refiere al Tribunal Internacional del Derecho del Mar —creado por la Convención—, al Tribunal Internacional de Justicia, a un tribunal arbitral constituido de conformidad con el Anexo VII de la Convención, y a un tribunal arbitral especial constituido de conformidad con el Anexo VIII. Pero al propio tiempo dicho artículo señala la libertad de los Estados para elegir uno o varios de estos foros en el momento de firmar o ratificar la Convención o de adherirse a ella, o en un momento posterior, y bien entendido que si un Estado parte en una controversia no ha hecho oportunamente la declaración en cuestión, se presumirá que ha aceptado el procedimiento de arbitraje previsto en el Anexo VII (art. 287.3). Claro que puede ocurrir que las partes en una controversia

[166] Véase el apartado 38.7 de este libro.
[167] Véase el apartado 38.13 de este libro.
[168] Véase el apartado 38.7 de este libro.
[169] J. A. PASTOR RIDRUEJO, *op. cit.* en nota 165, p. 15.

no hayan aceptado el mismo foro, planteándose en tal supuesto la determinación del foro competente. La cuestión fue muy debatida en la Conferencia y al final se optó por someter la controversia al procedimiento de arbitraje, a menos que las partes convinieran otra cosa (art. 287.5). El arbitraje se configura así en la Convención como el procedimiento residual.

d) Pero hubiera sido utópico en las actuales circunstancias de la sociedad internacional esperar que absolutamente todas las controversias relativas a la interpretación o aplicación de la Convención estuviesen sometidas a la jurisdicción obligatoria. En las negociaciones el arreglo jurisdiccional obligatorio se aceptó como base de partida pero, lógicamente, hubo fuertes resistencias en importantes y numerosas delegaciones a someter a aquel tipo de solución las categorías de controversias que se consideraban más sensibles. En ese sentido, los Estados ribereños eran sumamente rehacios al sometimiento a una corte o tribunal de las controversias resultantes del ejercicio de sus derechos soberanos o su jurisdicción, alegando que lo que se les concedía por vía sustantiva se les podía arrebatar por vía jurisdiccional. Sin perjuicio de que detrás de estos razonamientos existiese realmente una manifiesta voluntad política de sustraer de la jurisdicción obligatoria las controversias resultantes del ejercicio de sus derechos soberanos o de su jurisdicción, conservando así en la mayor medida posible la libertad de acción y decisión, es el caso que ante la fuerte presión del grupo de intereses en cuestión, la Conferencia tuvo que admitir en este punto importantes limitaciones a la jurisdicción obligatoria.

Y lo mismo ocurrió con las controversias relativas a la delimitación de espacios marítimos entre Estados con costas adyacentes o situadas frente a frente; ante la negativa de los Estados partidarios del recurso a los principios equitativos y de la Unión Soviética y Estados de Europa Oriental fue imposible establecer la obligatoriedad del arreglo jurisdiccional. En resumen, la Conferencia se vio obligada a admitir importantes limitaciones y excepciones a la jurisdicción obligatoria, que socavan de manera considerable el alcance del principio establecido en el artículo 286 de la Convención.

e) Las *limitaciones* se establecen en el artículo 297 de la Convención, y de ellas ya nos hemos ocupado de las relativas a las actividades de investigación científica y pesca en la zona económica exclusiva. Con independencia de estas limitaciones, el párrafo 1 del artículo 297 señala los casos en que las controversias respecto al ejercicio por un Estado ribereño de sus derechos soberanos o de su jurisdicción se someten a la jurisdicción obligatoria. Estos casos son los siguientes:

> *a*) Cuando se alegue que un Estado ribereño ha actuado en contravención de lo dispuesto en esta Convención respecto de las libertades y los derechos de navegación, sobrevuelo o tendido de cables y tuberías submarinas o respecto de cualesquiera otros usos del mar internacionalmente legítimos especificados en el artículo 58.
>
> *b*) Cuando se alegue que un Estado, al ejercer las libertades, derechos o usos antes mencionados, ha actuado en contravención de las disposiciones de esta Convención o de otras normas de Derecho Internacional que no sean incompatibles con ella; o
>
> *c*) Cuando se alegue que un Estado ribereño ha actuado en contravención de reglas y estándares internacionales específicos relativos a la protección y preservación del medio

marino que sean aplicables al Estado ribereño y que hayan sido establecidas por esta Convención o por conducto de una organización internacional competente o en una Conferencia diplomática de conformidad con esta Convención.

f) Por su parte, el artículo 298 se refiere a *excepciones facultativas* a la jurisdicción obligatoria. Efectivamente, según el párrafo 1 de dicho artículo, los Estados podrán, al firmar o ratificar la Convención o al adherirse a ella, o en un momento ulterior declarar por escrito que no aceptan uno o varios de los procedimientos previstos en el artículo 287 con respecto a una o varias de las categorías de controversias que especifica el mismo artículo. Y estas categorías de controversias son las siguientes: 1.ª) las que versen sobre la interpretación o aplicación de los artículos 15, 74 y 83 concernientes respectivamente a la delimitación del mar territorial, zona económica exclusiva y plataforma continental o las relativas a bahías o títulos históricos, bien entendido, como ya sabemos, que la excepción sólo es eficaz si el Estado que ha hecho la declaración ha aceptado la sumisión de la controversia al procedimiento de conciliación previsto en el Anexo V de la Convención; 2.ª) las controversias relativas a actividades militares de buques y aeronaves de Estado dedicados a servicios no comerciales, y las relativas a actividades encaminadas a hacer cumplir las normas legales respecto del ejercicio de los derechos soberanos o de la jurisdicción exclusiva excluidas de la competencia de una corte o tribunal con arreglo a los párrafos 2 o 3 del artículo 297; 3.ª) las controversias respecto de las cuales el Consejo de Seguridad de las Naciones Unidas, ejerza las funciones que le confiere la Carta, a menos que dicho Consejo decida retirar el asunto de su orden del día o pida a las partes que lo solucionen por los medios previstos en la Convención.

g) Sin embargo, para algunas de las categorías de controversias que se han hecho escapar de la jurisdicción obligatoria, la Convención ha establecido la obligatoriedad del recurso a la conciliación. Tal ocurre, como hemos explicado más atrás, con las relativas a la pesca en la zona económica exclusiva, a la investigación científica en el mismo espacio, a la delimitación de espacios marítimos, y a bahías y títulos históricos. Y, efectivamente, en el Anexo V se regulan dos procedimientos de conciliación. Pero el informe de la comisión constituida al efecto, incluidas sus conclusiones y recomendaciones, no será obligatorio para las partes (art. 7 del Anexo V): puede tener efectos suasorios desde el punto de vista moral y político, pero nada más. Cabe, pues, que la sumisión de la controversia al procedimiento que nos ocupa no suponga el arreglo efectivo y definitivo de ella.

h) Para las controversias relacionadas con la exploración y explotación de la zona internacional de los fondos marinos, ninguna enmienda ha introducido el Acuerdo de 28 de julio de 1994, ya examinado en otro lugar. Rigen, pues, en la materia las disposiciones de la versión original de la Convención. Rasgo a destacar es que esta última ha creado, dentro del Tribunal Internacional del Derecho del Mar, la Sala de controversias de los fondos marinos, cuya jurisdicción es obligatoria además de especializada y en la que tienen *ius standi* o derecho de acceso no sólo los Estados, sino también la Autoridad Internacional de los

Fondos marinos, la Empresa y los particulares. Otro rasgo a señalar es que la Sala puede pronunciarse, en términos muy especiales, sobre la conformidad o disconformidad de los actos de la Autoridad con el régimen convencional.

i) Pese a todo, si se compara el sistema analizado con el establecido por las Convenciones de 1958 e incluso con los previstos en otras convenciones codificadoras auspiciadas posteriormente por las Naciones Unidas, hay que reconocer que la Convención de 1982 ha realizado sin duda un *progreso* en el campo de la solución de controversias. Regula la cuestión en el propio texto, establece como principio general la solución jurisdiccional obligatoria, crea nuevos órganos y procedimientos, e instaura un mecanismo especial de naturaleza jurisdiccional para las controversias derivadas de las actividades en la zona internacional de los fondos marinos. Es cierto que en cuestiones importantes ha prevalecido la perspectiva política y no la jurídica y que ello ha supuesto una reducción considerable del ámbito de la jurisdicción obligatoria, pero es verdad también que la obligatoriedad del recurso a la conciliación supone una mejora real y un paso adelante. La libertad de elección de medio en el campo de la solución pacífica de las controversias, resultante del artículo 33 de la Carta de las Naciones Unidas, ha quedado reducida en la Convención, y esto constituye indudablemente un avance respecto a la situación anterior.

j) Señalemos por fin, en lo que respecta a *España*, que el órgano jurisdiccional o foro primitivamente elegido a tenor del artículo 287 de la Convención fue el Tribunal Internacional de Justicia, institución cuya jurisdicción obligatoria ha aceptado nuestro país en términos generales (como veremos en su lugar) por declaración unilateral formulada de acuerdo con lo previsto en el artículo 36.2 de su Estatuto. Posteriormente, nuestro país añadió el Tribunal Internacional de Derecho del Mar[170].

---

[170] Véase M. García García-Revillo, «España y la jurisdicción del Tribunal Internacional del Derecho del Mar», *R.E.D.I.*, 2006, 1, pp. 289 ss.

39. LAS COMPETENCIAS ESTATALES SOBRE EL ESPACIO AÉREO

a) Dejando de lado precedentes doctrinales, el problema de determinar si el Estado posee soberanía sobre el espacio aéreo que se levanta por encima de su territorio, incluyendo en él las aguas interiores y el mar territorial, se planteó realmente a principios del siglo XX cuando, como consecuencia del desarrollo de la aviación, los Estados vieron amenazada desde el aire su seguridad.

En el plano doctrinal, fueron dos los polos de atracción de las distintas tesis: libertad del espacio aéreo, uno, y soberanía del Estado subyacente, otro.

En la órbita del primer polo hay que situar al autor belga NYS, que proclamó la libertad absoluta del aire y, por consiguiente, la imposibilidad de establecer en el espacio aéreo la soberanía del Estado. Más matizadas fueron las ideas del francés FAUCHILLE quien, partiendo del principio de la libertad del aire, sostuvo que tanto en tiempos de guerra como de paz, los Estados tenían sobre él los derechos necesarios para su conservación; ideas que fueron endosadas por la resolución que adoptó el Instituto de Derecho Internacional en su sesión de Gante de 1906[1]. Más tarde, el propio FAUCHILLE, declarando que la circulación aérea es libre, propuso que los Estados subyacentes pudieran tomar medidas para proteger su propia seguridad y la de las personas y bienes de los habitantes de su territorio. Tal idea pasó a la resolución adoptada por el Instituto de Derecho Internacional en su sesión de Madrid de 1911[2].

Pero en los países anglosajones, y fundamentalmente en el Reino Unido, la doctrina seguía senderos más realistas y se orientaba por el principio de la soberanía del Estado subyacente. Autores como WESTLAKE, HAZELTINE y RICHARD eran partidarios de tal soberanía[3]. Y en su sesión de Madrid de 1913, la Asociación de Derecho Internacional (ILA) aprobó una resolución en la que, partiendo de tal soberanía y admitiendo el poder reglamentario del Estado, se concedía la libertad de sobrevuelo.

Mientras tanto, la práctica de los Estados se orientaba por los caminos más seguros de la soberanía del Estado subyacente sobre el espacio aéreo. Así, el Reino Unido dicta en el año 1913 la *Aerial Navigation Act,* que autorizaba al Secretario de Estado a prohibir la navegación aérea en ciertas zonas por razones de seguridad y otras. Y el 26 de julio del mismo año, Francia y Alemania concluyen un acuerdo en el que, con sujeción a ciertas restricciones, se autorizaba de una manera provisional y sobre la base de la reciprocidad el sobrevuelo de las aeronaves de cada país en el territorio del otro. Acuerdo que de todos modos se basa inequívocamente en el principio de la soberanía, al que toma como punto de partida.

---

[1] *Annuaire*, 1906, vol. 21, pp. 293 ss.

[2] *Annuaire*, 1911, vol. 24, pp. 303 ss.

[3] Véase en D. JOHNSON, *Rigths in Air Space*, Londres, 1965, pp. 21 ss.; y, en general, N. MATEESCO MATTE, *Traité de Droit Aerien-Aeronautique*, París, 1961.

b) Este principio de la soberanía habría de encontrar consagración multilateral en el Convenio de París de 13 de octubre de 1919 que constituyó el marco jurídico de la aviación civil internacional en el período comprendido entre las dos guerras mundiales. Convenio multilateral importante, del que llegaron a ser partes 38 Estados, aunque con las ausencias destacables de Estados Unidos, Unión Soviética y Alemania.

El artículo 1.º de dicha Convención dice, efectivamente, que todo Estado tiene soberanía completa y exclusiva sobre el espacio aéreo que se levanta sobre su territorio, incluyendo en él al mar territorial. Pero en aras al favorecimiento de la navegación aérea, el artículo 2.º dispone que cada Estado contratante se compromete a conceder en tiempo de paz la libertad de paso inocente sobre su territorio a las aeronaves de los otros Estados contratantes, aunque, según el artículo 3.º, con ciertas limitaciones derivadas de razones militares o de los intereses de la seguridad pública. La Convención creó de otra parte la CINA («Comisión Internacional de Navegación Aérea») para mantener al día las disposiciones técnicas de la navegación aérea. Sin embargo, los servicios aéreos internacionales de itinerario fijo en el territorio o sobre el territorio de un Estado contratante, necesitaban la autorización especial de éste.

c) El principio de la soberanía estatal sobre el espacio aéreo estaba firmemente arraigado cuando finalizaba la segunda guerra mundial. Pero entonces empezaron a cobrar mayor actualidad e importancia los problemas comerciales y económicos de la navegación aérea, y para regularlos el presidente estadounidense ROOSEVELT convoca a fines del año 1944, próximo ya el fin de las hostilidades, una conferencia internacional que se reúne en Chicago y en la que el día 7 de diciembre de 1944 se firma la Convención sobre Aviación Civil Internacional.

En la Conferencia se llegó a un acuerdo sobre algunos problemas fundamentales. Y así, la Convención de Chicago formula una serie de principios básicos, a saber: la soberanía del Estado subyacente sobre el espacio aéreo (art. 1); aplicación exclusiva de la Convención a las aeronaves civiles, excluyendo por tanto las aeronaves de Estado, que son las utilizadas para servicios militares, aduaneros y policiales (art. 3); y libertad de sobrevuelo y escala técnica en el territorio de los Estados contratantes de las aeronaves extranjeras que no se dediquen a servicios aéreos internacionales de itinerario fijo (art. 5). La Convención crea también la Organización de la Aviación Civil Internacional (OACI).

Pero la regulación de los principios que habían de regir la aviación comercial internacional con itinerario fijo —los más importantes en la realidad— resultaba mucho más problemática, porque eran de gran envergadura los intereses económicos implicados, y naturalmente no resultaban idénticas las actitudes de Estados que tenían niveles muy desiguales de desarrollo de la navegación aérea.

En Chicago, la discusión sobre aquellos principios se centró en la manera cómo deberían concederse las llamadas cinco libertades del aire. Estas cinco libertades eran las siguientes: 1.ª) la libertad de sobrevuelo de territorio extranjero sin aterrizaje; 2.ª) la libertad de escala técnica en territorio extranjero; 3.ª) la libertad de desembarcar en territorio extranjero, pasajeros, correo y mercancías embarcadas en territorio de la nacionalidad de la aeronave; 4.ª) la libertad de embarcar en territorio extranjero pasajeros, correo y mercancías con destino a territorio de la nacionalidad de la aeronave; 5.ª) la libertad de embarcar en territorio extranjero pasajeros, correo y mercancías con destino a otro territorio extranjero.

En la Conferencia, los Estados Unidos pretendían la concesión automática por vía multilateral de las cinco libertades, lo que claramente convenía a los intereses comerciales de sus poderosas líneas aéreas nacionales. En el otro extremo, Australia y Nueva Zelanda propugnaban la internacionalización de la navegación aérea comercial. Por su parte, el Reino Unido y Canadá adoptaron una posición intermedia que ellos llamaron de «orden en el aire», y que consistía en que los países contratantes se concediesen recíprocamente las cuatro primeras libertades sobre una base multilateral, pero no la quinta, que se dejaría en su caso para acuerdos bilaterales.

Fue imposible conciliar puntos de vista tan contradictorios y la Convención principal de Chicago no pudo incluir disposiciones al respecto. Los Estados Unidos consiguieron, sin embargo, firmar un acuerdo particular con algunos Estados, que reconocía las cinco libertades. Y entre bastantes más Estados se firmó un Acuerdo sobre servicios internacionales de tráfico aéreo que reconocía las dos primeras libertades. En estas condiciones, las libertades propiamente comerciales, que son la tercera, cuarta y quinta, se dejaban a la conclusión de acuerdos bilaterales sobre tráfico aéreo[4]. Y es que, efectivamente, en la reglamentación mundial del tráfico aéreo, el bilateralismo triunfó sobre el multilateralismo. Y a esto hay que añadir que, dentro del bilateralismo, se manifestaron dos tendencias distintas: la liberal y la proteccionista. La corriente liberal era favorecida por los Estados poderosos en el sector, y en ella destaca, por su propia significación y por haber servido de modelo a algunos otros, el acuerdo concluido en Bermudas entre los Estados Unidos y el Reino Unido el día 11 de febrero de 1946. En él hay reconocimiento recíproco de las tres libertades comerciales —la tercera, cuarta y quinta—, aunque no de manera total e incondicionada, sino sólo respecto a líneas aéreas, itinerarios y rutas señaladas, y cuyas condiciones de mercado se conocían; además, la quinta libertad, la más problemática, se sujetaba a otros requisitos[5].

La segunda corriente —la proteccionista— fue preconizada por aquellos Estados, más débiles económica y tecnológicamente, que veían amenazada la viabilidad y rentabilidad de sus líneas aéreas por las de socios más potentes. Ciertos dominios británicos, como Australia y Nueva Zelanda, e importantes Estados de América del Sur, se inclinaron por las tesis proteccionistas[6].

A partir de la mitad de la década de los años setenta diversos factores —entre los que hay que citar el encarecimiento del precio del petróleo tras la guerra del *Jonkipur,* el desaforado exceso de competencia y el desorden jurídico— precipitaron la aparición de una profunda crisis en el transporte aéreo internacional y, en definitiva, un reforzamiento del bilateralismo y una acentuación del proteccionismo[7]. Así, y por citar un ejemplo muy significativo, el acuerdo de Bermudas de 1946

---

[4] D. JOHNSON, *op. cit.* en nota 3, pp. 58 ss.

[5] E. JIMÉNEZ DE ARÉCHAGA, *El Derecho Internacional Contemporáneo,* Madrid, 1980, pp. 289 ss.

[6] Véase M. G. FOLLIOT, *Les rélations aériennes internationales*, París, 1985, pp. 316 ss.; y J. POYO-GUERRERO y L. A. CONDE, *Derecho Aéreo. Notas para su estudio,* Madrid, 1991.

[7] M. G. FOLLIOT, *op.* y *loc. cit.* en nota anterior.

fue denunciado por el Reino Unido el día 22 de junio de 1976, sustituyéndose por otro—el llamado Bermudas II— que estaba orientado por criterios menos liberales que el primero. Tendencia, pues, restrictiva, que sin duda va a generalizarse en el futuro, entre los Estados en desarrollo, si se tiene en cuenta que es la única arma de que disponen los Estados en desarrollo para preservar las actividades de sus líneas nacionales frente a las muy poderosas de los Estados altamente industrializados[8].

d) Pero no es ésta, por el contrario, la tendencia que impera entre los Estados miembros de la Unión Europea, dentro de la cual ha tenerse en cuenta el proceso de liberalización y desregulación del transporte aéreo iniciado en el año 1987 en el marco de la política común de transportes y, en particular, sobre la base del artículo 84 del Tratado instituyente de la Comunidad Europea, que contempla la posibilidad de adoptar reglas especiales para esta modalidad de transporte. Dicho proceso se desencadena a consecuencia de varios factores. Un primer factor es el incremento de la competitividad en el mercado mundial como consecuencia de la liberalización del sector emprendida unos años antes por los Estados Unidos. Un segundo factor se encuentra en la afirmación en 1986 por el Tribunal de Justicia de las Comunidades Europeas, en su sentencia en el asunto *Nouvelles Frontières*[9], de la aplicabilidad al transporte aéreo de las libertades básicas (entre ellas el derecho de establecimiento y la libre prestación de servicios en el conjunto del territorio comunitario) y de las normas sobre libre competencia consagradas en el Tratado constitutivo de la CEE.

El proceso de liberalización y desregularización del transporte aéreo en la Comunidad se han desarrollado en tres etapas —1987, 1990 y 1992—, mediante un conjunto de medidas que ponen el acento en la libre prestación de los servicios de transporte aéreo en el conjunto del territorio comunitario por las compañías comunitarias y en el sometimiento de las mismas a las reglas de libre competencia. Cierto es, sin embargo, que con anterioridad la Comunidad había adoptado alguna medida respecto de este sector, si bien de importancia secundaria; baste mencionar una directiva de 1983 que liberaliza parcialmente los llamados «servicios aéreos regulares interregionales», es decir, los servicios regulares en territorio comunitario en recorridos superiores a cuatrocientos kilómetros, realizados por aeronaves con una capacidad no superior a setenta plazas o con un peso de despegue de menos de trescientas toneladas.

Entre las medidas relativas a la libre prestación de servicios actualmente en vigor, destaca el reglamento 2.408/92, que consagra el libre acceso de todas las compañías aéreas comunitarias a las rutas entre los Estados miembros, tanto para servicios regulares como no regulares, previendo asimismo la plena liberalización del cabotaje (servicios de transporte aéreo entre aeropuertos de un mismo Estado miembro) a partir del 1 de abril de 1987. El citado reglamento contempla, no obstante, diversos mecanismos de intervención pública que tienen por objeto evitar una excesiva concentración de las empresas europeas de transporte aéreo y atender

[8] J. JIMÉNEZ DE ARÉCHAGA, *El Derecho Internacional Contemporáneo*, Tecnos, Madrid, 1980, pp. 289-292.

[9] Sentencia de 30 de abril de 1986, as. 209/84, *Rec.*, p. 1425.

a las exigencias del transporte aéreo en tanto que servicio público (p. ej., servicios aéreos regulares con aeropuertos situados en regiones periféricas). Además, el mencionado reglamento faculta a los Estados miembros a imponer condiciones al transporte o, incluso, a limitar o denegar el tráfico cuando se produzcan problemas graves de congestión o de carácter medioambiental.

La aplicación del reglamento 2.408/92 al aeropuerto de Gibraltar se encuentra suspendida, en virtud de una disposición contenida en el propio reglamento, hasta tanto se haga efectivo el régimen de utilización conjunta contemplado en la Declaración conjunta adoptada en 1987 en Londres por los Ministros de Asuntos Exteriores de España y del Reino Unido, no habiendo prosperado los intentos de las autoridades gibraltareñas de obtener la anulación de dicha disposición por el Tribunal de Justicia de las Comunidades Europeas[10].

La Comunidad también ha procedido a la plena liberalización de las tarifas, tanto para los vuelos regulares o no regulares como para los fletes, a través de otro reglamento, el 2.409/82. Este reglamento contempla, sin embargo, una posible intervención de los Estados miembros y de la Comisión de las Comunidades Europeas respecto de tarifas excesivamente elevadas, así como en los supuestos en que se produzca una dinámica de descenso continuado de las tarifas que origine pérdidas generalizadas en las compañías.

Merecen asimismo una mención, siquiera breve, el reglamento 2.408/92, que establece un procedimiento y requisitos uniformes para la concesión por los Estados miembros de licencias a las compañías aéreas; el reglamento 2.408/92, sobre asignación de franjas horarias (*Slots*) a las compañías en los aeropuertos comunitarios, y el reglamento 2.95/91, que establece un sistema de compensación por denegación de embarque en los servicios regulares (caso, p. ej., de *overbooking*).

e) *España* es parte en la Convención de Chicago de 1944[11] —instituyente de la OACI— y ha concluido, de otro lado, numerosos convenios bilaterales sobre tráfico aéreo. En el aspecto interno conviene destacar la Ley reguladora de la navegación aérea de 21 de julio de 1960[12], cuyo artículo 1 dispone que «el espacio aéreo situado sobre el territorio español y su mar territorial están sujetos a la soberanía del Estado español». Por su parte, el artículo 6 de la ley considera territorio español a la aeronave de Estado española, cualquiera que sea el lugar en que se encuentre, al tiempo que somete a las demás aeronaves españolas a las leyes nacionales cuando vuelen por espacio libre o se hallen en territorio extranjero si a ello no se opusieren las leyes de policía y seguridad del país subyacente. El artículo 7 dispone que a las aeronaves extranjeras, mientras se encuentren en territorio de soberanía española o en espacio aéreo sujeto a ella, les serán aplicables las disposiciones de la ley, así como las penales, de policía y seguridad pública vigentes en España. Es de señalar que dicho artículo no distingue entre aeronaves comerciales y de Estado. Añadamos que existe ulterior normativa interna en materia tan importante como

---

[10] Sentencia de 29 de marzo de 1993 en el as. Gibraltar, as. C-298/89, *Rec.*, p. 3605.
[11] *B.O.E.* de 14 de marzo de 1947.
[12] *B.O.E.* de 23 de julio de 1960.

es la seguridad aérea. Se trata de la Ley de 7 de julio de 2003 y la de 4 de julio de 2011 creadora del programa estatal de seguridad operacional de la aviación civil.

Algunas de las disposiciones legales mencionadas se prestan a la crítica. Efectivamente, la consideración de las aeronaves de Estado españolas como territorio nacional, sea cual fuere el lugar donde se encuentren, supone hacer uso de una técnica jurídica desfasada y de una ficción recusable. Si lo que pretendía el legislador era asegurar la jurisdicción de los tribunales españoles sobre los hechos ocurridos a bordo de esas aeronaves y la aplicación de las leyes nacionales, bastaba con haberlo dicho así. Pero es que, además, con falta evidente de equilibrio y reciprocidad, semejante solución no se extiende en la ley a las aeronaves de Estado extranjeras que se encuentren en territorio o espacio aéreo español.

f) Queremos completar este apartado con unas someras noticias y consideraciones sobre la acción internacional emprendida para prevenir y sancionar los cada vez más preocupantes actos ilícitos contra la seguridad de la navegación aérea.

Dejando de lado las interesantes resoluciones de organismos privados de codificación del Derecho Internacional —Instituto de Derecho Internacional, Instituto Hispano-Luso Americano de Derecho Internacional— hay que decir que ha sido la Organización de la Aviación Civil Internacional (OACI) la que ha auspiciado la celebración de tres importantes convenios internacionales en la materia.

El primero de ellos es el Convenio de Tokio, de 14 de septiembre de 1963, sobre infracciones cometidas a bordo de aeronaves, en el que son partes 21 Estados, entre los que se encuentra España[13]. Un primer rasgo característico de este Convenio es que se aplica no sólo a infracciones de las leyes penales, sino también a aquellos actos que, constituyendo o no ese tipo de infracciones, puedan poner o pongan en peligro la seguridad de la aeronave o de las personas o bienes de la misma, o pongan en peligro el buen orden a la disciplina a bordo (art. 1). El segundo rasgo es que la competencia para conocer de las infracciones o actos corresponde al Estado de matrícula de la aeronave, aunque en supuestos señalados específicamente se admite que otro Estado parte pueda ejercer su jurisdicción penal incluso perturbando el vuelo (art. 3). Destacan por fin las facultades que se conceden al comandante de la aeronave para imponer al responsable medidas razonables, incluso de naturaleza coercitiva (arts. 6 ss.).

Encontramos en segundo lugar el Convenio de La Haya, de 16 de diciembre de 1970, sobre represión del apoderamiento ilícito de aeronaves, de ámbito de aplicación mucho más amplio, ya que en él son partes 109 Estados, entre los que también se encuentra España[14]. En este convenio late ya la clara preocupación por asegurar el castigo del responsable, imponiendo a los Estados partes o el juicio penal o la extradición. A estos fines, se establece la jurisdicción penal concurren-

[13] *B.O.E.* de 25 de diciembre de 1969. El Convenio y la lista de Estados partes al 30 de abril de 1985 en C. GUTIÉRREZ ESPADA y A. L. CALVO CARAVACA, *Textos de Derecho Internacional Público*, Madrid, 1986, pp. 680 ss. Sobre la materia en general: E. MCWHINNEY, «The illegal diversion of aircraft and International Law», en *R. des C.*, 1972-1, pp. 261 ss.; N. D. JOYNER, *Aerial Hijacking as an international crime*, Leiden, Nueva York, 1974; y S. SHUBBER, *Jurisdiction over crimes on board aircraft*, La Haya, 1973.

[14] *B.O.E.* de 15 de enero de 1973. El Convenio y la lista de Estados partes el 30 de abril de 1985 en C. GUTIÉRREZ ESPADA y A. L. CALVO CARAVACA, *op. cit.* en nota anterior, pp. 685 ss.

te de los Estados partes (art. 4), disponiéndose además que si el Estado parte en cuyo territorio se halle el presunto delincuente no procede a su extradición, someterá el caso a sus autoridades competentes a efectos de enjuiciamiento; dichas autoridades tomarán su decisión en las mismas condiciones que las aplicables a los delitos comunes de carácter grave, de acuerdo con la legislación de ese Estado (art. 7); además el delito en cuestión se considerará incluido entre aquellos que den lugar a extradición en los tratados celebrados entre los Estados partes (art. 8). El principio inspirador del Convenio es, pues, la opción entre el ejercicio de la jurisdicción penal o la extradicción: *aut dedere aut punire.*

Tenemos por fin el Convenio de Montreal, de 23 de septiembre de 1971, sobre represión de actos ilícitos contra la seguridad de la aviación, en el que son partes 103 Estados, entre los que asimismo figura España[15]. En este último convenio las disposiciones sobre el ejercicio de la jurisdicción penal, o en caso contrario, extradición (*aut dedere aut punire*), son similares a las del Convenio de La Haya de 1970 y lo característico en él es que trata de completar la enumeración de actos delictivos contra la seguridad de la aviación; en este sentido si los Convenios de Tokio y La Haya tenían en cuenta fundamentalmente el apoderamiento ilícito de una aeronave o el ejercicio de su control de manera ilícita, el Convenio de Montreal se refiere a ataques intencionales contra aeronaves, personas o bienes a bordo e incluso contra instalaciones o servicios de la navegación aérea (art. 1).

Señalemos para acabar que ninguno de los tres convenios se aplican a aeronaves utilizadas en servicios militares, de aduanas o de policía.

---

[15] *B.O.E.* de 10 de enero de 1974. El Convenio y la lista de Estados partes el 30 de abril de 1985 en C. GUTIÉRREZ ESPADA y A. L. CALVO CARAVACA, *op. cit.* en nota 13, pp. 688 ss.

40. LAS COMPETENCIAS ESTATALES SOBRE EL ESPACIO ULTRATERRESTRE: EL DERECHO DEL ESPACIO ULTRATERRESTRE

a) La posibilidad de lo que hoy llamamos viajes espaciales ha fascinado siempre al ser humano. En efecto, desde PLATÓN, CICERÓN y PLUTARCO hasta EDGAR ALLAN POE y JULIO VERNE, por citar tan sólo algunos nombres, espíritus esclarecidos han gustado de especular con la posibilidad de visitar otros planetas. También algunos juristas, ya muy adentrado el siglo XX, pero antes de que la Unión Soviética lanzara el primer *sputnik,* dejaron volar su imaginación, y así en 1932 VLADIMIR MANDL escribía una monografía sobre el Derecho del Espacio en la que planteará alguno de los problemas jurídicos suscitados por las actividades espaciales[1]. A este trabajo seguirán otros muchos, escritos también sobre bases imaginadas porque, en efecto, en aquel entonces el Derecho del Espacio tenía cierto carácter de ciencia-ficción.

b) La era espacial comienza realmente el día 4 de octubre de 1957, tres meses después del inicio del Año Geofísico Internacional, cuando la Unión Soviética logra poner en órbita su primer *sputnik* (Alpha, 1957). A partir de esa fecha se suceden y multiplican los lanzamientos de objetos espaciales soviéticos y estadounidenses, y con el tiempo, de algunos otros Estados, y así el Derecho del Espacio va a perder progresivamente el carácter de ciencia-ficción y a descansar sobre bases ciertas y reales. Bases reales, decimos, que culminan espectacularmente a las tres horas cincuenta y seis minutos del día 21 de julio de 1969, cuando un ser humano, el astronauta norteamericano NEIL ARMSTRONG, pisa la Luna por vez primera en la historia de la humanidad, en acontecimiento que a través de la televisión pudo ser contemplado instantáneamente desde la Tierra.

c) No nos parece que debamos relatar aquí todos y cada uno de los impresionantes logros de la aventura del espacio, pero sí resulta interesante señalar los tipos de beneficios que las actividades en él reportan al individuo y a los Estados.

Si a poco de comenzada la era espacial, concretamente el 17 de noviembre de 1958, el representante de los Estados Unidos en la Asamblea General de las Naciones Unidas pudo decir que las naciones no eran más que exploradoras y no colonizadoras del espacio[2], la situación es muy distinta en la hora actual. Ciertamente, la exploración del espacio y los cuerpos celestes ha continuado y se ha enriquecido, contribuyendo a aliviar la sed insaciable de conocimientos del hombre, pero con independencia de ella, el lanzamiento y colocación en aquél de satélites artificales suponen beneficios tangibles —actuales o potenciales— para

[1] V. MANDL, *Das Weltraumrecht; ein problem der Raumfahrt,* Manheim/Berlín/Leipzig, 1932.
[2] Véase en CH. CHAUMONT, *Le Droit de l'Espace*, París, 1960, p. 6.

la humanidad entera. Existen, en efecto, satélites meteorológicos, que permiten una observación global y permanente de la capa atmosférica que rodea a la Tierra. De otro lado, la utilización de satélites artificiales ha revolucionado y mejorado increíblemente el sistema mundial de las comunicaciones; su volumen y calidad son mayores, los costes son menores. Resulta hoy también posible la difusión de programas de televisión a través de satélites artificiales, cuya señal es susceptible de recepción directa por el público televidente, lo que evidentemente puede tener un impacto extraordinario en los mundos de la información, educación y cultura. Se habla además de satélites de navegación, que llevarán mayor seguridad a las rutas marítimas y aéreas. Cabe también la teleobservación de la Tierra desde el espacio, que permitira el descubrimiento de recursos naturales, la alarma y localización de movimientos sísmicos, la detección precoz de la contaminación de las aguas, etc. La tecnología espacial puede llevar igualmente a un mayor aprovechamiento de la energía solar. En fin, no se excluye que algún día pueda resultar rentable desde el punto de vista económico el aprovechamiento de los recursos naturales de los cuerpos celestes e incluso del propio espacio[3]. De hecho, el Acuerdo sobre la Luna y otros Cuerpos Celestes, adoptado por la Asamblea General de las Naciones Unidas el día 14 de diciembre de 1979, y que analizaremos más adelante, contempla tal posibilidad. Se puede decir, en suma, que aunque la humanidad no está aún colonizando el espacio sí lo está cxplorando y lo está también utilizando.

d) Hemos visto que esta exploración y esta utilización reportan beneficios actuales y potenciales a la humanidad. Pero mirando a la otra cara de la moneda, hay que agregar que también presentan inconvenientes. Aparte de que, lamentablemente, el espacio puede ser utilizado para fines no pacíficos, ocurre además que estamos en presencia de actividades intrínsecamente peligrosas o actividades ultrapeligrosas (*ultra-hazardous activities*). Lógicamente, todos estos aspectos —positivos y negativos— de las actividades espaciales requieren una regulación jurídica que, por afectar esencialmente a los intereses de la comunidad internacional en su conjunto, compete básicamente a los poderes normativos de este grupo social. El progreso tecnológico ha hecho crecer así rápidamente en el tronco viejo y añoso del Derecho de Gentes una joven rama con savia nueva que en modo alguno descansa hoy sobre supuestos imaginados, sino sobre bases reales: el Derecho del Espacio Ultraterrestre[4]. En los apartados que siguen nos proponemos exponer y

---

[3] Véase C. GUTIÉRREZ ESPADA, *La responsabilidad internacional por daños en el Derecho del Espacio*, Murcia, 1979, pp. 18 ss.

[4] Damos una somera lista bibliográfica: CH. CHAUMONT, *Le Droit de l'Espace*, París, 1960 (2.ª ed., 1970); M. LACHS, «The International Law of Outer Space», en *R. des C.*, vol. 113, 1964, pp. 7 ss.; del mismo autor, *The Law of Outer Space. An experience in contemporary law-making*, Leyden, 1972; del mismo autor, *El Derecho del Espacio Ultraterrestre*, México/Madrid/Buenos Aires, 1977; S. H. LAY y H. J. TAUBENFELD, *The Law relating to activities of man in Space*, Chicago, 1970; M. G. MARCOFF, *Traité de Droit International Public de l'Espace*, Friburgo, 1973; N. MATEESCO, *Droit Aerospatial. De l'exploration scientifique a l'utilisation commerciale*, París, 1976; G. P. ZHUKOV, «Tendences contemporaines du dévelopment du Droit Spatial International», en *R. des C.*, vol. 161, 1978, pp. 229 ss.; S. GOROVE, «International Space Law in Perspective-Some major issues, trends and alternatives», en *R. des C.*, 1983-III, pp. 353 ss.

analizar las manifestaciones y problemas principales de este nuevo capítulo del Derecho Internacional, que hoy no está sino en su comienzo.

e) Hagamos notar finalmente que el número de actores espaciales aumenta de manera rápida. Si en los inicios de la época espacial sólo dos Estados —las entonces dos superpotencias— realizaban actividades espaciales, hoy los actores se han multiplicado. Por ejemplo, la Agencia Espacial Europea, Ariane Espace, Japón, China, India, ciertos Estados miembros de la Unión Europea e incluso entidades privadas llevan a cabo tal tipo de actividades. Por otro lado, las actividades en cuestión se han diversificado considerablemente. Todo ello plantea un reto extraordinario al Derecho del Espacio.

40.1. Formación y fuentes del Derecho del Espacio ultraterrestre

a) Iniciadas, como sabemos, las actividades espaciales de los Estados el día 4 de octubre de 1957, un año después un autor prestigioso que muy pronto había de convertirse en especialista en la materia, JENKS, sostenía que «el principio de la libertad del espacio descansa ya ahora sobre una práctica sólidamente establecida y una aceptación mundial»[5]. Y lógicamente las declaraciones de los líderes de las dos potencias espaciales —Estados Unidos y Unión Soviética— eran partidarias de aquel principio[6]. Y a la práctica y a la *opinio iuris* de estos dos Estados había de unirse muy pronto, ya que no la práctica —lo que no era factible—, sí la *opinio* del resto de los Estados integrantes de la comunidad internacional, contribuyendo así a democratizar, socializar y universalizar el contenido de las normas. La Organización de las Naciones Unidas, y más particularmente su órgano plenario —la Asamblea General—, suministraba un foro adecuado para tal cometido y para desarrollar y concretar aquél y otros principios, y no sólo por vía institucional —a través de resoluciones—, sino también convencional. Hoy, en efecto, gracias a la acción de la Organización Mundial, cuenta la humanidad con un importante *corpus* normativo en materia de exploración y utilización del espacio ultraterrestre.

b) Efectivamente, por su resolución 1.348 (XIII), de 13 de diciembre de 1958, la Asamblea General creó un Comité *ad hoc* sobre utilización pacífica del espacio ultraterrestre, y el día 12 de diciembre del año siguiente la resolución 1.472 (XIV) lo sustituyó por un órgano permanente, la Comisión sobre la exploración y utilización del espacio ultraterrestre con fines pacíficos, cuya composición se ha ido sucesivamente ampliando. Pues bien, sobre la base de los trabajos de la Subcomisión de Asuntos Jurídicos de la Comisión últimamente citada, la Asamblea General adoptó el día 17 de octubre de 1963 la resolución 1.884 (XVIII), que insta a los Estados a no poner en órbita alrededor de la Tierra ningún objeto portador de armas nucleares u otra clase de armas de destrucción en masa, ni a emplazar tales armas en los cuerpos celestes, y algo después, el día 13 de diciembre de 1963,

---

[5] W. JENKS, *The Common Law of Mankind*, Londres, 1958, p. 83.

[6] Véanse, en BING CHENG, «Le traité de 1976 sur l'espace», en *Journal de Droit International*, 1968, pp. 6 ss.

la resolución 1.962 (XVIII), que contiene la importante «Declaración sobre los principios que deben regir las actividades de los Estados en la exploración y utilización del espacio ultraterrestre» y en la cual, y entre otras cosas, se proclama la libertad de exploración y utilización por todos los Estados, en condiciones de igualdad y de conformidad con el Derecho Internacional, del espacio ultraterrestre y los cuerpos celestes. Y aun cuando algún autor, como GOEDHUIS, haya sostenido que la adopción de esta última resolución supuso la aparición instantánea de las normas[7], parece más correcto estimar, como señala JIMÉNEZ DE ARÉCHAGA sobre la base de las manifestaciones de las delegaciones en la Asamblea General, que lo que hizo fue reflejar o cristalizar normas de Derecho Internacional aceptadas por los miembros de las Naciones Unidas[8].

c) Pero la acción normativa de las Naciones Unidas en el campo del Derecho del Espacio Ultraterrestre rebasó pronto el nivel institucional de las declaraciones de principios para pasar a tener rango convencional. Y así, sobre la base de los trabajos de la Comisión y la Subcomisión de Asuntos Jurídicos, la Asamblea General adoptó el día 19 de diciembre de 1966 la resolución 2.222 (XXI), que contenía el «Tratado sobre los principios jurídicos que deben regir las actividades de los Estados en la exploración y utilización del espacio ultraterrestre, incluso la Luna y los cuerpos celestes». Instrumento que incorporaba y desarrollaba los grandes principios enunciados en la Resolución de 1963, pero que tenía de un modo general la naturaleza de *acuerdo-marco* y como tal necesitado de posteriores desarrollos. El tratado fue abierto a la firma en Washington, Londres y Moscú el día 27 de enero de 1967 y entró en vigor el día 10 de octubre del mismo año[9]. En 2015 es de 103 el número de Estados partes. España se adhirió al tratado el día 27 de noviembre de 1968[10] y es por consiguiente parte en el mismo. Y aunque, de acuerdo con elprincipio *pacta tertiis nec nocent nec prosunt*[11], el tratado no obliga a Estados no partes, ni a aquellos que lo denuncien de acuerdo a sus disposiciones, hay que entender con el profesor JIMÉNEZ DE ARÉCHAGA que ningún Estado puede eludir los principios básicos contenidos en la Declaración de la Asamblea General de 1963 e incorporados al tratado, que tienen carácter de Derecho general consuetudinario vigente en materia de espacio ultraterrestre[12].

d) Hemos dicho que el Tratado de 27 de enero de 1967 —al que llamaremos en lo sucesivo tratado general del espacio— tiene de un modo genérico

---

[7] D. GOEDHUIS, «Reflections on the Evolution of Space Law», en *Nederlands Tidjschrift voor International Recht*, vol. XIII, Issue 2, 1966, p. 13.

[8] E. JIMÉNEZ DE ARÉCHAGA, *El Derecho Internacional Contemporáneo*, Tecnos, Madrid, 1980, p. 296.

[9] Véase particularmente sobre el tratado: BING CHENG, *op. cit.* en nota 6; H. G. DARWIN, «The Outer Space Treaty», en *British Yearbook of International Law*, 1967, pp. 278 ss.; D. GOEDHUIS, «An evaluation of the leading principles of the treaty on Outer Space of 27 January 1967», en *Nederlands Tidjschrift voor International Recht*, 1968, pp. 17 ss.; J. DUTHEIL DE LA ROCHÈRE, «La Convention sur l'internationalisation de l'espace», en *Annuaire Français de Droit International*, 1967, pp. 607 ss., etc.

[10] *B.O.E.* de 4 de febrero de 1969.

[11] Véase el apartado 8.7 de este libro.

[12] E. JIMÉNEZ DE ARÉCHAGA, *op. cit.* en nota 8, pp. 299-300.

naturaleza de acuerdo marco. Necesitaba posteriores desarrollos y precisiones y esta tarea ha sido desempeñada por otros tratados y acuerdos concluidos igualmente en el ámbito de la Organización de las Naciones Unidas y gracias a la labor preparatoria de los órganos de que antes hemos hecho mención. Así, efectivamente, se celebraron los siguientes acuerdos y tratados: Acuerdo sobre salvamento y devolución de astronautas y devolución de objetos lanzados al espacio ultraterrestre, de 22 de abril de 1968; Convenio sobre responsabilidad internacional por daños causados por objetos espaciales, de 28 de marzo de 1972; el Convenio sobre registro de objetos lanzados al espacio ultraterrestre, de 12 de noviembre de 1974; y Acuerdo que debe regir las actividades de los Estados en la Luna y otros cuerpos celestes, de 14 de diciembre de 1979. Éstos son, obviamente, los instrumentos de alcance y vocación universal. Existen, sin embargo, otros acuerdos de ámbito más reducido que establecen las bases para la cooperación internacional —institucionalizada o no— de base restringida. Al hilo de los diferentes temas, analizaremos y valoraremos el contenido de todos estos tratados y acuerdos.

e) Pero, como veremos enseguida, el Acuerdo de 1979 sobre la Luna constituyó un notorio fracaso, dada la escasez de ratificaciones y el rechazo que suscitó en las potencias espaciales. Esta circunstancia y las importantes disensiones sobre otras cuestiones dan lugar al abandono de la vía de tratados para la creación del Derecho del Espacio, y motivan la vuelta al método de las declaraciones de principios, de adopción más fácil, políticamente, que los tratados. Es así como el 10 de diciembre de 1982, la Asamblea General de las Naciones Unidas adopta la resolución A/37/92, sobre los principios que rigen la utilización por los Estados de satélites artificiales terrestres para los fines de la televisión directa internacional; el 3 de diciembre de 1986, la resolución A/41/65, sobre los principios que rigen la teledetección; el 14 de diciembre de 1992, la resolución A/47/68, sobre la utilización en el espacio de las fuentes de energía nuclear; y el 13 de diciembre de 1996, la resolución A/51/122, sobre la cooperación internacional en la exploración y utilización del espacio en beneficio e interés de todos los Estados.

Aunque estas resoluciones pueden contribuir a la formación de normas consuetudinarias generales, está claro que no son en sí mismas jurídicamente obligatorias. Por otro lado, sus disposiciones pecan frecuentemente de vaguedad y generalidad y no son *self-executing*.

f) Ocurre, en fin, que siguen sin regulación numerosas cuestiones relativas a la exploración y explotación del espacio ultraterrestre, tales como la delimitación de este espacio, el régimen de las basuras espaciales, el de los objetos aeroespaciales y los vuelos espaciales habitados, así como la comercialización de las actividades espaciales y su desmilitarización. Se habla justamente, por todo ello, de una crisis en la elaboración general del Derecho del Espacio[12 bis].

[12 bis] Véase C. Gutiérrez Espada, «La crisis del Derecho del Espacio, un desafío para el Derecho Internacional del nuevo siglo», *A.D.I.*, 1999, pp. 235 ss.

g) Nos hemos referido hasta ahora a lo que podría ser llamado el Derecho general del espacio ultraterrestre, surgido del seno de las Naciones Unidas. Pero, al lado de estas normas, existen en campos particulares reglamentaciones más específicas, de carácter preferentemente técnico, elaboradas en el interior de otras organizaciones internacionales, en particular la UNESCO y la Unión Internacional de Telecomunicaciones. Se puede decir, por ello, que las fuentes del Derecho del Espacio son hoy día verdaderamente plurales.

Conviene señalar también que los Estados no son por el momento más que exploradores y utilizadores del espacio ultraterrestre, no colonizadores ni explotadores. Justamente por ello el orden jurídico internacional del espacio no es hasta ahora más que un Derecho de exploración y utilización. Es verdad que el Acuerdo sobre la Luna de 1979 dibuja las grandes líneas de un régimen de explotación de sus recursos naturales, pero veremos que es tal régimen una de las causas principales del rechazo del Acuerdo por las potencias espaciales.

40.2. La definición del espacio ultraterrestre y el problema de la órbita geoestacionaria

a) En opinión doctrinal bastante difundida[13], la determinación del régimen jurídico del espacio ultraterrestre comporta la solución de un problema previo: el de la definición o delimitación de dicho espacio. Puesto que hoy rige una norma general e indiscutida que proclama la soberanía del Estado subyacente sobre el espacio aéreo que se levanta por encima de su territorio[14], y dado que en el espacio ultraterrestre rige el principio de libertad, se ha entendido, efectivamente, que es necesario delimitar con precisión ambos espacios. Se ha sostenido en este orden de ideas que la determinación del límite inferior del espacio ultraterrestre dependerá de la frontera superior del espacio aéreo. El techo de este último sería el suelo del espacio ultraterrestre, o, lo que es lo mismo, el espacio ultraterrestre empezaría allá donde acabase el espacio aéreo sobre el que el Estado ejerce soberanía. De hecho, los representantes de muchos Estados en la Organización de las Naciones Unidas son también de este parecer, y de ahí que uno de los temas de que se ocupa la Subcomisión de Asuntos Jurídicos de la Comisión del Espacio Ultraterrestre de la Asamblea General sea el de la delimitación del espacio ultraterrestre.

Son distintos los criterios de delimitación avanzados por la doctrina, y entre ellos damos cuenta de los más importante: una altura fija en kilómetros o millas, límite de la atmósfera, altura hasta la que es posible la navegación aérea, altura hasta donde se manifiesta el fenómeno de gravedad de la Tierra, etc. Otro sector doctrinal, sin embargo, señala que el establecimiento en el espacio en general de

[13] Puede verse una exposición y análisis de estas posturas en A. Gorbiel, *Legal definition of Outer Space*, Lodz (Polonia), 1980. El autor comparte el criterio señalado en el texto (pp. 72 ss.). Véase también sobre el problema: R. Monaco, «Sovranità statale e spazio superatmosferico», en *Rivista di Diritto Internazionale*, 1958, pp. 585 ss.; Durante, «Definizione e delimitazione dello spazio extra-atmosferico», en *Rivista di Diritto Internazionale*, 1971, pp. 377 ss.; y D. Goedhuis, «The problems of the Outer Space and Air Space», en *R. des C.*, 1982-I, pp. 367 ss.

[14] Véase el apartado 39 de este libro.

dos grandes sectores —el espacio aéreo sometido a soberanía estatal y el espacio ultraterrestre regido por el principio de la libertad y otros— daría lugar a la inseguridad jurídica. Dada la alta velocidad de los objetos espaciales —se alega— y la posibilidad de que pasasen en breves lapsos de tiempo de zonas de soberanía estatal a zonas de libertad, y sobre todo de un sector de soberanía estatal a otro sector de soberanía estatal distinta, resultaría difícil precisar con seguridad el régimen jurídico aplicable. Se preconiza por ello en contraposición al *enfoque zonal* inherente a la fijación de un techo del espacio aéreo que sería suelo del espacio ultraterrestre, un enfoque funcional, según el cual el ámbito de aplicación del Derecho del Espacio no se determinaría en función de zonas o sectores, sino sobre la base de la naturaleza de las actividades. Según este último enfoque, el Derecho del Espacio Ultraterrestre se aplicaría a toda actividad de carácter espacial, independientemente del lugar donde se realizase.

Pero la discusión entre el enfoque zonal y el funcional no sólo se ha suscitado en el ámbito de la doctrina, sino también en el de la codificación del Derecho del Espacio, concretamente en la Subcomisión de Asuntos Jurídicos de la Comisión del Espacio Ultraterrestre de la Asamblea General. Allí, en efecto, el tema figura inscrito en la agenda de trabajo y ha dado lugar a las siguientes posiciones entre las delegaciones. La de la Unión Soviética y Estados socialistas consideraron necesaria y urgente la delimitación inferior del espacio ultraterrestre. También la delegación de Italia ha propuesto una fórmula concreta al respecto, aunque sin hacer hincapié en la urgencia de la delimitación. Por su parte, las delegaciones de Estados Unidos, Reino Unido, Holanda y Japón no ven la necesidad de la delimitación, alegando que su ausencia no ha impedido hasta el momento la elaboración de un importante cuerpo de Derecho espacial ni ha planteado problema práctico alguno. Una tercera posición es la representada por delegaciones como las de Francia y Bélgica, que, sin oponerse frontalmente a la fijación de un límite del espacio ultraterrestre, entienden que ello sería insuficiente si no se acometía al mismo tiempo el estudio de definiciones de tipo funcional, tales como «objeto espacial», «vuelo espacial» y «actividad espacial»[15].

Nuestra postura al respecto, sustentada desde hace tiempo en las explicaciones orales a los alumnos, coincide con la expuesta por un especialista español en la materia, el profesor GUTIÉRREZ ESPADA. Dice, en efecto, este profesor, en palabras que recogemos textualmente, que «la delimitación del espacio ultraterrestre no es, por ahora, un problema urgente. El Derecho del Espacio Ultraterrestre no plantea un problema de *límites,* sino de *actividades.* La fijación de un límite no cumplirá la función que sus defensores confiesan perseguir: deslindar la zona en la que se aplican las normas de Derecho Espacial de la zona en que rige la soberanía del Estado. No la cumplirá al menos en los casos, los más importantes, que plantean dificultades reales. Porque no podemos pretender que por el solo hecho de que una determinada actividad se realice a doscientos kilómetros de altura deba estar sometida sin más al régimen de libertad. Sea cual sea la altura en que una actividad

---

[15] Datos tomados de C. GUTIÉRREZ ESPADA, «El vigésimo período de sesiones (1981) de la Subcomisión de Asuntos Jurídicos del Comité del Espacio», en *R.E.D.I.,* vol. XXXIII, 1981, n.º 2, pp. 568-569.

se desarrolle, los Estados subyacentes tenderán a controlarla de alguna manera, si la misma puede tener consecuencias sobre ellos. El caso de la órbita sincrónica me parece suficientemente ilustrativo a este respecto. Si embarcamos al Derecho del Espacio en una concepción marcadamente *zonal,* que hoy no tiene, corremos el riesgo de que algunos Estados se amparen en la naturaleza de espacio ultraterrestre (regido por el principio de libertad) de la zona en la que se realizan determinadas actividades para no desear afrontar su regulación jurídica, aunque esas actividades pueden incidir intensamente en los Estados subyacentes. El Derecho del Espacio se ha desarrollado vigorosamente hasta el momento sin una delimitación del espacio ultraterrestre, y nada hace pensar que no pueda seguir haciéndolo en el futuro»[16].

b) En íntima relación con los problemas suscitados por la delimitación del espacio ultraterrestre se ha tratado en la Subcomisión mencionada el tema de los derechos sobre la llamada *órbita geoestacionaria,* es decir, aquella órbita que, como su nombre indica, está situada justamente encima del ecuador a una distancia aproximada de 36.000 kilómetros de la Tierra y en la que los satélites artificiales en ella emplazados se mueven en sincronía con la rotación de la Tierra, de modo que permanecen inmóviles respecto a los lugares subyacentes en la superficie terrestre, disfrutando así de una situación privilegiada a efectos de telecomunicaciones, teleobservación y otros usos del espacio ultraterrestre, y bien entendido que, según los cálculos y previsiones, se trata de un recurso limitado al admitir tan sólo un número determinado de satélites. Se dice hoy, concretamente, que la órbita geoestacionaria tendría capacidad para albergar hasta 1.800 satélites sin peligro de colisión, dados los actuales sistemas de mantenimiento de posición[17].

Pues bien, también la cuestión del régimen de la órbitra geoestacionaria ha suscitado diferentes posiciones en la práctica de los Estados. Así, en la Declaración de Bogotá de 3 de diciembre de 1976[18], ocho países ecuatoriales (Brasil, Colombia, Congo, Ecuador, Indonesia, Kenia, Uganda y Zaire) reivindicaron plena y exclusiva soberanía sobre el segmento de aquella órbita suprayacente a su territorio, con el consiguiente derecho a exigir autorización previa y expresa de cualquier utilización de los respectivos segmentos por parte de otros Estados. Pero en la Subcomisión de Asuntos Jurídicos, tantas veces citada, las delegaciones de otros Estados se opusieron a este punto de vista (Estados Unidos, Reino Unido, Italia, Países Bajos), aunque dada la limitación de satélites a emplazar no se oponían a una regulación[19]. Nuestra opinión al respecto es que la soberanía, o si se quiere los derechos soberanos, deben ir acompañados de la efectividad de las funciones estatales. Y en estas condiciones resulta difícil imaginar cómo los

---

[16] C. GUTIÉRREZ ESPADA, *op. cit.* en la nota anterior, pp. 570-571.

[17] Véase particularmente: S. GOROVE, «The Geostationary Orbit: Issues of law and Policy», en *American Journal of International Law,* 1979, pp. 444 ss.; y L. V. CHRISTOL, «The Geostationary Orbital Position as a Natural Ressource of the Space Environment», en *Nederland Tidjschrift voor International Recht,* 1979, pp. 5 ss.; y L. PEREK, «Physics, Uses and Regulation in the Geostationary Orbit», en *20 Colloquium on the Law of Outer Space,* 1977, pp. 400-411.

[18] Véase en CH. ROUSSEAU, «Chronique des Faits Internationaux», en *Révue Générale de Droit International Public*, 1977, pp. 787 ss.

[19] Véase C. GUTIÉRREZ ESPADA, *op. cit.* en nota 15, p. 569.

Estados ecuatoriales signatarios de la Declaración de Bogotá de 1976 podrían hacer efectivas unas pretensiones, cuya legitimidad es, por otra parte, discutible dada la enorme distancia que separa a la órbita geoestacionaria de sus territorios y teniendo en cuenta, además, que el emplazamiento de satélites artificiales a tan gran altura no parece afectar a su seguridad ni a otros intereses en mayor medida que a los de los otros Estados. Pensamos en todo caso que el número limitado de satélites artificiales que la órbita geoestacionaria puede albergar hace urgente una solución negociada en el seno de las Naciones Unidas que tenga en cuenta los intereses de todos los Estados de la comunidad internacional. De hecho, los Estados ecuatoriales signatarios de la Declaración de Bogotá no han insistido en sus reivindicaciones; lo que pretenden ahora es el establecimiento de un régimen *sui generis* que garantice en la práctica a todos los países acceso equitativo a la órbita geoestacionaria y a las bandas de frecuencia concedidas a los servicios espaciales. En la actualidad la utilización de la órbita geoestacionaria es más intensa que nunca y, como veremos, la Unión Internacional de Telecomunicaciones (UIT, organismo especializado de las Naciones Unidas que estudiaremos en el apartado 85.10) ha establecido un régimen jurídico que regula el acceso de los satélites de comunicaciones a dicha órbita.

De otro lado, varias compañias estadounidenses están construyendo sistemas de satélites para comunicaciones móviles que se van a emplazar en órbitas distintas de la órbita geoestacionaria, especialmente en las llamadas «órbitas bajas», relativamente cercanas a la tierra. También se ha ocupado la UIT de regular el acceso de satélites a estas últimas órbitas.

40.3. El régimen jurídico general del espacio ultraterrestre

a) El artículo 1 del Tratado general del espacio ultraterrestre proclama que éste, al igual que la Luna y los cuerpos celestes, «pertenecen a toda la Humanidad». A buen seguro, si el tratado se hubiese elaborado algunos años más tarde, la expresión empleada hubiera sido la de «patrimonio común de la Humanidad», que es la que utiliza para la Luna y sus recursos naturales el párrafo 1 del artículo 11 del Acuerdo que debe regir las actividades de los Estados en la Luna y otros cuerpos celestes, de 14 de diciembre de 1979, y la que usa el artículo 136 de la Convención de 1982 sobre el Derecho del Mar para caracterizar los fondos marinos y oceánicos situados más allá de la jurisdicción nacional. Cabe, pues, decir que el espacio ultraterrestre, la Luna y los cuerpos celestes son *patrimonio común de la Humanidad*[20].

Pero interesa, sobre todo, señalar cuáles son los corolarios normativos de principio tan general como vago y, a nuestro juicio, teniendo en cuenta otras disposiciones del tratado, cabe hablar de los siguientes: 1.º, exploración y utilización del espacio ultraterrestre en interés de todos los países; 2.º, exclusión de la soberanía estatal;

---

[20] Véase N. Mateesco, *op. cit.* en nota 4, pp. 103 ss.; y J. González Campos, L. I. Sánchez Rodríguez y M. P. Andrés Sáenz de Santamaría, *Curso de Derecho Internacional Público*, Oviedo, 1983, pp. 542 ss.

3.°, libertad de exploración y utilización, y 4.°, desmilitarización. Desarrollemos y examinemos por separado cada uno de estos corolarios.

b) Al primer corolario se refiere expresamente el artículo 1 del tratado, que señala que «la *exploración y utilización* del espacio terrestre [...] deberá hacerse en provecho y en *interés de todos los países,* sea cual fuere su grado de desarrollo económico y científico [...]». Y en consonancia con esta idea, el artículo 3 del tratado obliga a los Estados a realizar aquellas actividades de conformidad con el Derecho Internacional, incluida la Carta de las Naciones Unidas, en interés del mantenimiento de la paz y la seguridad internacionales y del fomento de la cooperación y la comprensión internacionales. Por su parte, el artículo 9 dispone que en las repetidas actividades los Estados deberán guiarse por el principio de la cooperación y la asistencia mutua, teniendo debidamente en cuenta los intereses de los demás Estados; procederán a su exploración de tal forma que no se produzca una contaminación nociva ni cambios desfavorables en el medio ambiente de la Tierra como consecuencia de la introducción en él de materias extraterrestres, y cuando sea necesario adoptarán las medidas pertinentes a tal efecto; además, en caso de que una actividad o un experimento de un Estado pueda crear obstáculos capaces de perjudicar las actividades de otros Estados, hay obligación de celebrar consultas. Según el artículo 10, los Estados se comprometen a examinar en condiciones de igualdad las solicitudes formuladas por otros Estados para que se les den facilidades de observación del vuelo de objetos lanzados. En fin, de conformidad con el artículo 11, los Estados convienen en informar, en la mayor medida posible dentro de lo viable y factible, al Secretario General de las Naciones Unidas, así como al público y a la comunidad científica internacional, acerca de la naturaleza, marcha, localización y resultados de dichas actividades.

c) El segundo corolario de la consideración del espacio ultraterrestre como patrimonio común de la Humanidad es el que se refiere a la *exclusión de la soberanía* de los Estados. Efectivamente, según el artículo 2 del Tratado, «el espacio exterior [...] no podrá ser objeto de apropiación nacional por reivindicación de soberanía, uso u ocupación, ni de ninguna otra manera». Queremos señalar que a nuestro juicio este principio no implica *per se* la imposibilidad de apropiación de posibles recursos naturales del espacio ultraterrestre como gases o rayos cósmicos; el día que tales recursos sean explotables deberá regularse su aprovechamiento y el régimen de éste podría comportar, en principio, apropiaciones nacionales. En todo caso, aquel corolario de enunciado prohibitivo es el que suministra las bases de la libertad de acceso, exploración y utilización, de la que hablamos seguidamente.

d) El tercer corolario del principio de patrimonio común es, efectivamente, la *libertad de acceso, exploración y utilización por todos los Estados* que enuncia el párrafo 2 del artículo 1 del Tratado en los siguientes términos: «El espacio ultraterrestre [...] estará abierto para su exploración y utilización a todos los Estados sin discriminación alguna en condiciones de igualdad y en conformidad con el Derecho Internacional, y habrá libertad de acceso a todas las regiones de los cuerpos celestes.» No deja de resultar irónica proclamación tan solemne porque estamos ante uno de los supuestos en que es más palmaria la lejanía entre la igualdad formal o de Derecho y la igualdad real o de hecho; efectivamente, son muy pocos hoy los Estados con la capacidad financiera y tecnológica adecuada para ejercer aquellas libertades[21].

e) El cuarto corolario del principio de patrimonio común consiste en la *desmilitarización del espacio.* Así, el párrafo 1 del artículo 4 del Tratado dispone que «los Estados [...] se comprometen a no colocar en órbita alrededor de la Tierra ningún objeto portador de armas nucleares ni de ningún otro tipo de armas de destrucción en masa, a no instalar tales armas en los cuerpos celestes y a no colocar tales armas en el espacio ultraterrestre en ninguna otra forma».

Ahora bien, como se ha señalado con todo fundamento, esta desmilitarización no es total, sino parcial[22]. Porque, efectivamente, este artículo no prohíbe el tránsito a través del espacio ultraterrestre de misiles con cabeza termonuclear lanzados desde la Tierra y destinados a alcanzar objetivos terrestres, que son hoy las armas supremas de las superpotencias y grandes potencias militares. No se prohíbe tampoco el empleo en el espacio de armas convencionales.

Ocurre, además, que los satélites artificiales presentan un valor incalculable para las comunicaciones, navegación, y reconocimientos fotográficos, electrónicos y magnéticos, actividades todas ellas susceptibles de aplicaciones militares importantes. ¿Son lícitas estas aplicaciones? El artículo 4 del Tratado, ciertamente, no las prohíbe, no obstante lo cual cabe pensar con MARCOFF[23] que el criterio de su licitud hay que buscarlo en el artículo 1, cuando exige que las actividades de exploración y utilización del espacio ultraterreste deben hacerse en provecho y en interés de todos los Estados. Claro que criterio tan impreciso puede ser objeto de objetivación razonable en una apreciación doctrinal de carácter imparcial e independiente, o en la que pudiese realizar una jurisdicción internacional, pero no hay que olvidar que este tipo de cuestiones raramente son justiciables y difícilmente se someten a una determinación judicial o arbitral. En un tratamiento político, que es el que generalmente impera en esta clase de asuntos vinculados a intereses que los Estados consideran fundamentales, una aplicación razonable del criterio preconizado por MARCOFF será mucho más difícil.

Y en relación con la desmilitarización del espacio hay que recordar en todo caso otro instrumento internacional de alcance general, aunque no universal, que es el Tratado de Moscú de 5 de octubre de 1963, que prohíbe la realización de experiencias termonucleares, entre otros lugares, en el espacio ultraterrestre. Señalemos en todo caso con el profesor GUTIÉRREZ ESPADA que la adopción en 2006 por los Estados Unidos de América de la *National Space Policy* deja entender que la militarización del espacio es ya inevitable, y ello, fundamentalmente,

---

21 Sobre este corolario, véase M. G. MARCOFF, *op. cit.* en nota 4, pp. 327 ss.

22 M. G. MARCOFF, *op. cit.* en nota 4, pp. 394 ss.; BING CHENG, *op. cit.* en nota 9. Véase también C. GUTIÉRREZ ESPADA, «La aceleración de la carrera de armamentos en el espacio y su valoración jurídica», en el libro *La amenaza de guerra nuclear*, Madrid, 1984, pp. 141 ss.

23 M. G. MARCOFF, *op. cit.* en nota 4, pp. 383-384; C. GUTIÉRREZ ESPADA, «La militarización del espacio parece ya inevitable. La nueva *National Space Policy* (2006) de los Estados Unidos», *A.D.I.*, 2006, vol. XXII, pp. 91 ss.; «La nueva *National Space Policy* (2006) de los Estados Unidos de América», en *R.E.D.I.*, 2007, 1, pp. 379 ss.; y «La nueva *National Space Policy* (2010) de los Estados Unidos de América», *R.E.D.I.*, 2010, 2, pp. 311 ss.

por el despliegue del escudo antimisiles (sistema ABM). El 28 de junio de 2010 el presidente OBAMA publica la nueva política estadounidense en la materia en la que sin renunciar al mencionado escudo, hace de la cooperación internacional elemento principal de esa política.

40.4. EL RÉGIMEN JURÍDICO DE LA LUNA Y LOS CUERPOS CELESTES

a) El Tratado general del espacio ultraterrestre, que, como hemos dicho, presentaba de un modo general las características de un acuerdo-marco, contenía ya algunas disposiciones sobre la Luna y los cuerpos celestes. Estas disposiciones han sido desarrolladas y precisadas en el *Acuerdo que debe regir las actividades de los Estados en la Luna y otros cuerpos celestes,* adoptado por resolución de la Asamblea General de las Naciones Unidas de 14 de diciembre de 1979 (A/RES/34/68)[24]. El Acuerdo ha entrado en vigor, pero al 31 de diciembre de 2014 sólo eran partes en él 16 Estados, y únicamente Australia, Austria y Países Bajos de entre los países industrializados. Destaquemos la significativa ausencia de participación de los únicos Estados que han llevado a cabo actividades mínimamente significativas en la Luna, Estados Unidos y Rusia.

b) Ya el Tratado de 1967 equiparaba, a efectos de régimen jurídico, la Luna y otros cuerpos celestes. El artículo 1 del Acuerdo sobre la Luna, al regular su *ámbito de aplicación,* se mantiene en esta línea, toda vez que, según él, las disposiciones del Acuerdo se aplican también a otros cuerpos celestes del sistema solar distintos de la Tierra, salvo en los casos en que con respecto a algunos de ellos entren en vigor normas jurídicas específicas. La exposición y el análisis que siguen valen, pues, también para los cuerpos celestes del sistema solar.

c) De acuerdo con el artículo 11 del Acuerdo, la Luna es *patrimonio común de la Humanidad.* Y de este gran principio se deriva una serie de corolarios normativos más concretos, a saber: 1.º, exploración y utilización de la Luna en interés de todos los países; 2.º, exclusión de la soberanía de los Estados; 3.º, libertad de investigación científica, exploración y utilización; 4.º, desmilitarización, y 5.º, explotación de los recursos naturales de la Luna, de conformidad con un régimen internacional. Desarrollamos y analizamos a continuación cada uno de estos corolarios.

d) Efectivamente —y éste es el primer corolario de la consideración de la Luna como patrimonio común de la Humanidad—, la *exploración y utilización* de la Luna incumbirá a toda la Humanidad y se efectuará en provecho y en *interés de todos los países,* sea cual fuere su grado de desarrollo económico y científico (art. 4, p. 1). Consiguientemente, los Estados se guiarán por el principio de la cooperación y asistencia mutua (art. 4, p. 2), e informarán al Secretario General de las Naciones

[24] Véase sobre el acuerdo B. LEGER, «La lune: patrimoine commun de l'humanité», en *Annuaire Canadien de Droit International*, 1979, pp. 280 ss.; S. COURTEIX, «L'accord régissant les activités des États sur la lune et les autres corps célestes», en *Annuaire Français de Droit International*, 1979, pp. 203 ss.; y A. MARTÍNEZ CRANSS, «El Acuerdo que debe regir las actividades de los Estados en la Luna y otros cuerpos celestes», en *Anuario Mexicano de Relaciones Internacionales*, 1980, pp. 257 ss. La participación en el tratado en *Multilateral treaties deposited with the Secretary General. Status as at 31 December 1994*, United Nations, Nueva York, 1995, p. 900.

Unidas, así como al público y a la comunidad científica internacional, en toda la medida de lo posible y practicable, de sus actividades relativas a la exploración y utilización de la Luna (art. 5, p. 1); informarán también de cualquier fenómeno que descubran en el espacio ultraterrestre, incluida la Luna, que pueda poner en peligro la vida o la salud humanas, así como de cualquier indicio de vida orgánica (art. 5, p. 3). De otro lado, si un Estado tiene noticia de que otro proyecta operar simultáneamente en la misma zona de la Luna, o en la misma órbita alrededor de ella, comunicará sin demora al otro Estado las fechas y los planes de sus operaciones (art. 5, p. 2). Y al explorar y utilizar la Luna, los Estados tomarán medidas para que no se perturbe el actual equilibrio de su medio, ya por la introducción en él de modificaciones nocivas, por su contaminación perjudicial con sustancias que les sean ajenas o de cualquier otro modo; tomarán también medidas para no perjudicar el medio de la Tierra por la introducción de sustancias extraterrestres o de cualquier otro modo (art. 7, p. 1).

e) El segundo corolario de la conceptuación de la Luna como patrimonio común de la Humanidad consiste en la *exclusión de la soberanía*. Efectivamente, la Luna «no puede ser objeto de apropiación nacional mediante reclamaciones de soberanía, por medio del uso o la ocupación, ni por ningún otro medio» (art. 11, p. 2).Y tampoco caben derechos de propiedad de ninguna clase de titulares sobre la superficie o subsuperficie de la Luna, o parte de ellas o sus recursos naturales, bien entendido que para estos últimos se deja a salvo el régimen internacional que en el futuro pueda regir su explotación (art. 11, p. 3).

Y realmente, hasta el momento, ningún Estado ha reclamado derechos de soberanía o propiedad sobre la Luna. Así, cuando el día 13 de septiembre de 1959, el *Lunik II* soviético hizo impacto sobre la Luna llevando los emblemas del país[25], la Unión Soviética no presentó reclamación alguna. Del mismo modo, cuando el 21 de julio de 1969 el astronauta estadounidense Neil Armstrong pisó la Luna por vez primera en la historia de la humanidad, desplegó en su superficie no sólo el pabellón de su país, sino también el de todos los demás Estados miembros de las Naciones Unidas; y si bien poco después —el 18 de noviembre de 1969— el Congreso americano aprobaba una ley que, por razones de orgullo nacional, mandaba enarbolar en casos semejantes únicamente la bandera de los Estados Unidos, precisaba cuidadosamente que tal acto no debía ser interpretado como una declaración de apropiación nacional por proclamación de soberanía[26]. No ha existido, pues, el menor atisbo de reclamación de soberanía en la práctica de los Estados ni siquiera por parte de aquellos que, de algún modo, aunque en distinta medida, podían haber sentido la tentación de efectuarla. Y es que, hoy por hoy, ningún beneficio parece reportar la reivindicación de soberanía o de derechos soberanos sobre la Luna o los cuerpos celestes.

Con independencia de estas realidades políticas, cabe también buscar una justificación técnico-jurídica a la prohibición de soberanía estatal sobre la Luna.

---

[25] Véase CH. CHAUMONT, *op. cit.* en nota 4, pp. 104-105.
[26] Véase M. G. MARCOFF, *op. cit.* en nota 4, pp. 663-664.

Efectivamente, la soberanía del Estado tiene carácter acusadamente funcional[27], porque si el Derecho Internacional la reconoce es para que aquél realice sus funciones. Las funciones del Estado consisten en velar por los intereses generales y permanentes de una comunidad humana asentada sobre un territorio, y en nuestros días, al no poder establecerse tal comunidad en la Luna o en un cuerpo celeste, o lo que es lo mismo, al no poder desarrollar el Estado en ellos una parte mínimamente significativa de sus funciones, no ha lugar para la soberanía. Como ha dicho CHAUMONT en este contexto, «la competencia territorial no es una competencia abstracta, sino que se caracteriza por el cumplimiento de ciertos actos, constituidos esencialmente por el cumplimiento efectivo de funciones estatales»[28]. Y aun cuando el principio de la efectividad se modula por el de la relatividad del ejercicio de las funciones estatales, en el sentido de que la intensidad de tal ejercicio debe ser apreciada teniendo en cuenta las circunstancias del caso concreto, no parece que en nuestros días las actividades desplegadas en la Luna tengan la entidad suficiente para justificar una reclamación de soberanía.

Claro que en este punto entran en juego lo que LACHS ha llamado las incógnitas del espacio[29]. ¿Qué ocurrirá el día en que se colonice la Luna u otro cuerpo celeste? ¿Cuál será la situación jurídica de la soberanía estatal en la Luna en el momento en que un colectivo humano esté asentado en ella de manera estable? Puede pensarse que estamos dejando volar en exceso la imaginación al formular estas preguntas, pero el acontecimiento no resulta más fantástico hoy día de lo que antes del 21 de julio de 1969 parecía la simple visita de la Luna. En julio de 1989, el primer presidente BUSH habló de la instalación de una base permanente norteamericana en la Luna. En todo caso, desde el punto de vista de la técnica jurídica, la soberanía en la Luna o en un cuerpo celeste podría contar en tal ocasión con apoyos sólidos. Pero los factores decisivos serán, una vez más, los de orden político y la remodelación que pueda experimentar la norma del Derecho del Espacio Ultraterrestre excluyente de la soberanía en la Luna estará en función de dichos factores y del ajuste que entre los distintos intereses se pueda lograr.

f) El tercer corolario del principio de patrimonio común de la Humanidad aplicado a la Luna consiste en la *libertad de investigación científica, exploración y utilización.* Efectivamente, «la investigación científica en la Luna será libre para todos los Estados [...], sin discriminación de ninguna clase, sobre la base de la igualdad y de conformidad con el Derecho Internacional» (art. 6, p. 1). Tal libertad supone el derecho a extraer muestras de los minerales de la Luna y otras sustancias, que permanecerán a disposición de los Estados que las hayan hecho recoger, si bien tendrán en cuenta la conveniencia de poner parte de ellas a disposición de otros Estados interesados y de la comunidad científica internacional (art. 6, p. 5). De otro lado, los Estados tienen derecho a explorar y utilizar la Luna sin discriminación de ninguna clase, sobre una base de igualdad y de conformidad con el Derecho Internacional y con las disposiciones del Acuerdo (art. 11); podrán

---

27 Véase el apartado 31 de este libro.
28 CH. CHAUMONT, *op. cit.* en nota 4, pp. 104 ss.
29 M. LACHS, *R. des C.,* cit. en nota 4.

también desarrollar aquellas actividades en cualquier punto de la superficie de la Luna o bajo su superficie (art. 8, p. 1), y a estos fines podrán especialmente hacer aterrizar sus objetos espaciales y proceder a su lanzamiento y situar su personal, vehículos espaciales, equipo, material, estaciones e instalaciones, que se podrán mover y desplazar libremente sobre o bajo la superficie de la Luna (art. 8, p. 2). Tales actividades no deberán entorpecer las actividades desarrolladas por otros Estados, y en caso de que pudiesen constituir un obstáculo, los Estados interesados celebrarán consultas (art. 8, p. 3). Además, los Estados podrán establecer en la Luna estaciones habitadas e inhabitadas (art. 9, p. 1), pero de modo que no entorpezcan el libre acceso a todas las zonas del personal, vehículos y equipos de otros Estados que desarrollen actividades en la Luna (art. 9, p. 2). De todos modos, los Estados retendrán la jurisdicción y el control sobre el personal, los vehículos espaciales, el equipo, el material, las estaciones y las instalaciones de su pertenencia que se encuentren en la Luna, y el derecho de propiedad sobre ellos no resultará afectado por el hecho de que se hallen en la Luna (art. 12, p. 1).

g) El cuarto corolario del principio de patrimonio común de la Humanidad es la *desmilitarización de la Luna.* Desmilitarización que según los términos del artículo 3 del Acuerdo es total, por más que su control sea a todas luces insatisfactorio. Efectivamente, los Estados utilizarán la Luna con fines exclusivamente pacíficos (p. 1 del art. 3), y se prohíbe recurrir a la amenaza o al uso de la fuerza, así como a cualquier otro acto hostil o a la amenaza de estos actos en la Luna. Se prohíbe también utilizarla para cometer tales actos o para hacer tales amenazas con respecto a la Tierra, la Luna, naves espaciales, tripulaciones de ellas u objetos espaciales artificiales (p. 2 del art. 3). De otro lado, los Estados no pondrán en órbita alrededor de la Luna, ni en ninguna otra trayectoria hacia ella o a su alrededor, objetos portadores de armas nucleares u otro tipo de armas de destrucción en masa, ni colocarán o emplearán esas armas en o sobre la Luna (p. 3 del art. 3). Se prohíbe, además, establecer bases, instalaciones y fortificaciones militares, efectuar ensayos de cualquier tipo de armas y realizar maniobras militares en aquélla. No se prohíbe, sin embargo, la utilización de personal militar para investigaciones científicas ni para cualquier otro fin pacífico, ni la utilización de cualesquiera equipo o material necesarios para la exploración y utilización de la Luna con fines pacíficos (p. 4 del art. 3)[30].

Pero el control de estas disposiciones es, como hemos dicho, sumamente insatisfactorio, porque si bien el artículo 15 del Acuerdo establece un derecho de visita en favor de todos los Estados a vehículos, equipo, material, estaciones e instalaciones, su control no es otro que el que deriva de la celebración de consultas a fin de lograr una solución mutuamente aceptable de la eventual controversia; y si las consultas fracasan, impera el principio de la libre elección de medios, principio que muy bien puede resultar ineficaz e incluso perpetuar la controversia.

h) En fin, el quinto corolario del principio de patrimonio común es la *explotación de los recursos naturales de la Luna, de conformidad con el régimen internacional*

[30] Véase C. GUTIÉRREZ ESPADA, *op. cit.* en nota 22.

que se convenga. Así, en el párrafo 5 del artículo 11 del Acuerdo, los Estados se comprometen a establecer un régimen internacional, incluidos los procedimientos apropiados, que rija la explotación de los recursos naturales de la Luna, cuando esa explotación esté a punto de llegar a ser posible. Estamos, pues, ante un auténtico *pacto de contrahendo,* cuyas coordenadas se enuncian en el párrafo 7 del artículo 11, toda vez que entre las finalidades principales del régimen a crear deben figurar las siguientes: «*a*), el desarrollo ordenado y seguro de los recursos naturales de la Luna; *b*), la ordenación racional de esos recursos; *c*), la ampliación de las oportunidades para el uso de esos recursos; *d*), una participación equitativa de todos los Estados [...] en los beneficios obtenidos de esos recursos, teniendo especialmente en cuenta los intereses y necesidades de los países en desarrollo, así como los esfuerzos de los países que hayan contribuido directa o indirectamente a la exploración de la Luna». Evidentemente, el régimen en cuestión podría inspirarse en los grandes parámetros del establecido por la Convención de 1982 sobre el Derecho del Mar para los fondos marinos y oceánicos situados más allá de la jurisdicción nacional, que también son patrimonio común de la Humanidad, aunque con esto no estamos diciendo que se deban extremar las semejanzas; el régimen de aprovechamiento de los recursos naturales de la Luna, el día que sea posible y económicamente interesante, deberá reflejar unas peculiaridades técnicas y políticas que no tienen por qué coincidir en todos los puntos con las de la explotación de los fondos marinos internacionales.

i) El Acuerdo sobre la Luna tiene de todos modos un cierto carácter de *provisionalidad,* según resulta de su artículo 18, que prevé no sólo la inclusión del tema de su reexamen en el programa provisional de la Asamblea General de las Naciones Unidas una vez transcurridos diez años de su entrada en vigor a fin de considerar una eventual revisión a la luz de la manera como se haya aplicado hasta entonces, sino también una Conferencia de revisión después de cinco años de vigencia si la piden un tercio de los Estados partes y hay asentimiento de la mayoría de ellos.

j) Mas, para ser operativo, el Acuerdo sobre la Luna necesita la *participación* de las grandes potencias espaciales, particularmente la de los Estados Unidos de América. E importa decir que, en la actualidad, se registrán voces en dicho país contrarias a la participación. Voces que alegan que las disposiciones del Acuerdo son adversas al principio de libre empresa; que el principio de patrimonio común de la Humanidad, además de no estar suficientemente definido, va en detrimento de los intereses de los Estados más desarrollados; que se proclama una moratoria en la explotación de los recursos naturales, etc. Voces, en fin, que están comportando una actitud negativa del Senado estadounidense a la hora de autorizar la manifestación del consentimiento en obligarse por el Acuerdo[31], y, evidentemente, la no participación de la única potencia que ha conseguido por el momento colocar a astronautas en la Luna compromete negativamente la operatividad de aquél. De hecho, en la primavera de 2013, sólo 15 Estados son partes en el Acuerdo. Es

---

[31] Véase C. Q. CHRISTOL, *The modern International Law of Outer Space*, Nueva York, 1982, pp. 315 ss., especialmente p. 317.

sumamente significativo el hecho de que entre ellos no se cuenta ninguna potencia espacial.

40.5. RÉGIMEN DE LOS ASTRONAUTAS

a) El artículo 5 del Tratado general del espacio ultraterrestre dice que los Estados «considerarán a los astronautas como enviados de la Humanidad en el espacio ultraterrestre», y de tan grandilocuente principio extrae la consecuencia de sujetar a los Estados a obligaciones muy genéricas de ayuda y auxilio. Régimen algo más detallado y desarrollado es el que se establece en el *Acuerdo sobre salvamento y devolución de astronautas y devolución de los objetos lanzados,* de 22 de abril de 1968[32].

Según el Acuerdo, el Estado que tenga noticia del accidente de un astronauta debe ponerlo en conocimiento de las autoridades de lanzamiento, y si éstas no son conocidas, hacerlo público por todos los medios posibles; tiene obligación de notificarlo en todo caso al Secretario General de las Naciones Unidas, quien deberá difundir la información (art. 2). Si por accidente el personal de un objeto espacial llega al territorio de un Estado, éste hará lo posible para salvarlo y prestarle la asistencia necesaria, debiendo informar a las autoridades de lanzamiento y al Secretario General de las Naciones Unidas; las autoridades de lanzamiento pueden participar en el rescate, pero siempre bajo la dirección del Estado territorial (art. 3). Y si un Estado tiene conocimiento de que aquel personal ha llegado a alta mar o a un lugar que no esté sometido a la jurisdicción de ningún Estado, los Estados que estén en condiciones de hacerlo emprenderán la acción necesaria para el rescate de los astronautas e informarán al Secretario General de las Naciones Unidas y las autoridades de lanzamiento de las medidas emprendidas y de sus resultados; en cualquier caso los astronautas deben ser devueltos a las autoridades de lanzamiento (art. 4).

Esta última disposición es la que contempla el rescate de astronautas en el espacio ultraterrestre, Luna o cuerpos celestes y, obviamente, la obligación del rescate en tales circunstancias es muy matizada; sólo existe en la medida en que un Estado esté en condiciones de llevarlo a cabo. Se trata realmente de una obligación de comportamiento, no de resultado.

b) Por lo demás, el Estado en cuyo registro figura inscrito el objeto lanzado al espacio ultraterrestre retendrá su jurisdicción y control sobre todo el personal que vaya en él mientras se encuentre en el espacio ultraterrestre, en la Luna o en cuerpo celeste (art. 8 del Tratado general y art. 12.1 del Acuerdo sobre la Luna).

---

[32] Véase R. CARGILL HALL, «Rescue and Return of Astronauts on Earth and in Outer Space», en *American Journal of International Law*, 1969, vol. 2, pp. 197 ss.; y CH. KISS, «L'accord sur le retour et le sauvetage des astronautes et la restitution des objets lancés dans l'espace extra-atmosphérique», en *Annuaire Français de Droit International*, 1968, pp. 736 ss.

40.6. RÉGIMEN DE LOS OBJETOS ESPACIALES

a) En el régimen convencional vigente en materia del espacio ultraterrestre, los objetos lanzados al espacio no tienen nacionalidad, a diferencia de lo que ocurre con los buques o aeronaves[33]. No obstante ello, el artículo 8 del Tratado general del espacio señala que el Estado en cuyo registro figure el objeto lanzado al espacio ultraterrestre retendrá su *jurisdicción y control* sobre tal objeto, mientras se encuentre en el espacio ultraterrestre o en un cuerpo celeste. Además, en virtud del Convenio sobre registro de los objetos lanzados al espacio ultraterrestre, de 14 de enero de 1975, en vigor desde el 15 de septiembre de 1976 y del que España es parte[34], el Estado de lanzamiento debe inscribir aquel objeto en un *registro apropiado* —si son varios en el registro del Estado que se convenga—, existiendo, además, la obligación de comunicar un mínimo de datos al Secretario General de las Naciones Unidas para que los inscriba en un registro central, al que se podrá acceder plena y libremente; se ha conjugado, pues, el sistema nacional e internacional de registro[35].

b) La institución del registro de los objetos espaciales desempeña un papel importante en orden a la responsabilidad por los daños que causen los objetos espaciales (de la que nos ocuparemos más adelante) y también para la aplicación del Acuerdo sobre salvamento y devolución de astronautas y devolución de los objetos lanzados. Efectivamente, según el artículo 5 de dicho Acuerdo, el Estado que tenga conocimiento de que un objeto espacial o sus partes componentes han caído en territoriosometido a su jurisdicción, alta mar, o lugar que no esté bajo la jurisdicción de ningun Estado, debe notificar el hecho a las autoridades de lanzamiento y al Secretario General de las Naciones Unidas; si el descubrimiento tiene lugar en territorio del Estado, éste emprenderá las medidas de rescate que considere practicables, cuando así se lo pidan las autoridades de lanzamiento, y con asistencia de ellas; a petición de estas autoridades, el objeto o sus componentes les serán devueltos o serán puestos a su disposición; pero si el Estado territorial tiene razones para creer que los objetos en cuestión son peligrosos o deletéreos, podrá informar de ello a las autoridades de lanzamiento, las que tomarán inmediatamente medidas eficaces, bajo la dirección y control del Estado territorial, para eliminar los posibles peligros; en todo caso, los gastos correrán a cargo de las autoridades de lanzamiento.

40.7. LAS APLICACIONES DE LOS SATÉLITES ARTIFICIALES: COMUNICACIONES, TELEVISIÓN Y OBSERVACIÓN DE LA TIERRA

a) Los satélites artificiales lanzados por los Estados u otros entes tienen múltiples aplicaciones actuales o potenciales. De ellas vamos a analizar aquí, por

---

[33] Artículo 91.1 de la Convención de 1982 sobre el Derecho del Mar; artículo 17 de la Convención de Chicago de 1944 sobre aviación civil internacional.

[34] Adhesión de 20 de diciembre de 1978: publicación en el *B.O.E.* de 29 de enero de 1979.

[35] Véase C. GUTIÉRREZ ESPADA, «El convenio sobre registro de los objetos lanzados al espacio ultra-terrestre. Un comentario», en *Revista de Política Internacional*, septiembre-octubre de 1975, pp. 35 ss.

su especial interés y por la importancia de los problemas políticos que plantean, las siguientes: comunicaciones, difusión de programas de televisión susceptibles de recepción directa por el público y la observación de la Tierra.

b) En lo que concierne, en primer lugar, a las *comunicaciones,* la puesta en órbita de satélites artificiales estabilizados ha mejorado la calidad de aquéllas, aumentando su volumen y reduciendo sus costos, y resolviendo también de manera satisfactoria los problemas más importantes de las comunicaciones intercontinentales. Los satélites artificiales destinados a las comunicaciones están sometidos, por supuesto, a las normas y principios expuestos y analizados en los apartados precedentes, pero con independencia de ello queremos poner de relieve que el carácter mundial de su utilización requiere la cooperación internacional, y más concretamente la cooperación institucionalizada a través de organizaciones internacionales. Sin embargo, en este punto, hizo acto de presencia la división ideológico-política de la comunidad internacional[36]. Dada la incidencia política de las comunicaciones y la preponderancia técnica y financiera de los Estados Unidos en esta materia, la Unión Soviética no quiso participar en el sistema occidental, arrastrando en esta actitud a países que giraban dentro de su órbita. No fue posible, en efecto, constituir una sola organización internacional de telecomunicaciones por satélites. Y hoy existe, de una parte, la Organización occidental o *Intelsat,* creada por el Acuerdo de Washington de 1964, y cuya organización definitiva se contiene en el Acuerdo de 21 de mayo de 1971, y que actualmente comprende a 106 miembros, y, por tanto, a la mayoría de los Estados en desarrollo; existe, por otra parte, la organización *Interspoutnik,* creada por Tratado firmado en Moscú el 15 de noviembre de 1971, de la que son miembros los Estados resultantes de la antigua Unión Soviética y otros once miembros del antiguo Consejo para la Ayuda Económica Mutua (COMECON)[37]. Aunque hay que agregar que en los últimos tiempos, varios miembros de la *Interspountnik* como Cuba, Polonia, Rumania y la propia Unión Soviética comenzaron a utilizar la *Intelsat,* y que Estados socialistas como Angola, Etiopía, la República Popular China y Yugoslavia pertenecen a *Intelsat.* Además, en lo que concierne a las telecomunicaciones aplicadas a la navegación marítima, el bloque del Este y el del Oeste crearon una organización única de carácter técnico: la *Inmarsat*[38].

En relación con las comunicaciones hay que hablar tambien de las llamadas órbitas medias y bajas (*low and medium earth orbits*), mucho más cercanas a la Tierra que la órbita geoestacionaria. Efectivamente, ciertas compañías norteamericanas están emplazando en esas órbitas sistemas de satélites para las comunicaciones telefónicas móviles, que, si antes se servían exclusivamente de instalaciones terrenas, ahora tienen lugar asimismo a través del espacio. En tales condiciones, la Conferencia administrativa mundial de radiocomunicaciones de la UIT se vio obligada en 1995 a reglamentar la utilización de estas órbitas. No se consagró el

---

[36] Véase M. G. MARCOFF, *op. cit.* en nota 4, pp. 579 ss.; y N. MATEESCO, *Droit Aérospatial. La télécommunication par satellites,* París, 1982, pp. 83 ss.

[37] Véase M. G. MARCOFF, *op. cit.* en nota 4, pp. 595 ss.; y N. MATEESCO, *op. cit.* en nota 36, pp. 18 ss.

[38] N. MATEESCO, *op. cit.* en nota 36, p. 19.

principio de atribución *a priori*, y se considera que de una manera general la regulación favorece los intereses de las entidades privadas que explotan las órbitas en cuestión para la telefonía móvil[38 bis].

c) Otra importante aplicación de los satélites artificiales situados en la órbita geoestacionaria, que ya se ha convertido en realidad, es la *difusión* a través de aquéllos de *programas de televisión* cuya señal no llega a un punto concreto de la Tierra, sino en forma de haz a amplios sectores de ella; de este modo, los usuarios pueden recibir directamente tales programas mediante la sola instalación de una antena parabólica especial de costo reducido. Obviamente, el impacto de esta nueva tecnología en los ámbitos educativos, culturales e incluso políticos es grande[39].

La televisión directa través de satélites plantea especialmente dos problemas: uno de carácter fundamentalmente técnico, que es la asignación de frecuencias radio-eléctricas y, consiguientemente, la utilización de la órbita geoestacionaria, y otro de carácter esencialmente político, que es el control del Estado sobre el contenido de los programas que se reciben en su territorio.

En lo que se refiere al problema técnico, hay que decir que la Conferencia administrativa mundial de radiocomunicaciones, celebrada en Ginebra en 1977 en el marco de la Unión Internacional de Comunicaciones (UIT, agencia especializada de la Organización de las Naciones Unidas), se ocupó de la cuestión de la planificación de los servicios de satélites de radiodifusión, estableciendo al respecto un plan que comportaba la división del mundo en tres regiones: la primera, que abarcaba a Europa y África; la segunda, que comprendía las Américas, y la tercera, que cubría Asia, Australia y Nueva Zelanda. En el plan fue posible asignar frecuencias y posiciones orbitales nominales a los Estados de las regiones primera y tercera; más tarde se concedieron a los del hemisferio americano. Y se dispuso además que cuando un Estado atribuye una frecuencia determinada a una estación instalada en un satélite, debe comunicarla al Comité Internacional de Registro de Frecuencias —dependiente de la UIT—; y si este organismo comprueba la conformidad de la frecuencia con las convenciones y reglamentos en vigor, y particularmente con el Plan de 1977, procede a su registro sin que, a diferencia de las normas tradicionales en materia de radiocomunicaciones, rija el principio de la prioridad en el tiempo (primer llegado, primer servido). Es lógico que aquí no impere este criterio, porque su aplicación beneficiaría injustamente a las grandes potencias espaciales en detrimento de los Estados menos avanzados en este campo, que son la mayoría[40].

[38 bis] Véanse SA'ID MOSTERHAR, «Development of the Regime for the Low Earth Orbit and the Geostationary Orbit», en *Outlook on Space Law over the Next 30 Years. Essays Published for the 30th Anniversary of the Outer Space Treaty*, editado por G. LAFFERANDERIE, La Haya, 1997, pp. 81 ss.; M. BOURELY, «Mobile-Satellite Telecommunications», ibíd., pp. 385 ss.; y C. LLAMAS REY, *Comunicaciones móviles por satélites y los sistemas no geoestacionarios. Regulación internacional*, Tesis doctoral presentada en la Facultad de Derecho de la Universidad Navarra, diciembre de 1996.

[39] Véase D. D. SMITH, *Teleservices via Satellite*, Alphen aan den Rijn, 1978; ROTHBLATT, «Satellite Communication and Spectrum Allocation», en *American Journal of International Law*, 1982, I, pp. 65 ss.

[40] Véase particularmente N. MATEESCO, *op. cit.* en nota 36, pp. 126 ss.; y S. GOROVE, *op. cit.* en nota 4, pp. 392 ss.

El problema político concierne al control del contenido de los programas de televisión. Porque aquí no estamos ante la transmisión de la señal radioeléctrica de punto a punto que posibilita el control del Estado territorial en el lugar de recepción, sino ante la difusión de la señal a través de un haz que hace posible la recepción directa por el público. Se da la circunstancia, además, de que una misma imagen puede ser difundida con distintos soportes sonoros, es decir, en varias lenguas. La revolución tecnológica está permitiendo, pues, que en muy breve lapso de tiempo los televidentes de cualquier país vean inundadas las pantallas de sus receptores, e incluso en su propio idioma, por programas emitidos en otros Estados, sin que tal recepción deba contar para nada con los servicios e instalaciones del Estado territorial.

Las implicaciones de orden cultural y, en última instancia, político de estas innovaciones preocuparon a los Estados y, consiguientemente, es este uno de los temas de que trató la Subcomisión de Asuntos Jurídicos de la Comisión del Espacio Ultraterrestre de las Naciones Unidas. Allí fueron dos los principios contrapuestos que se invocaron. De un lado, efectivamente, las delegaciones de la antigua Unión Soviética y Estados de Europa oriental y muchas de los países en desarrollo pusieron énfasis en el principio de la soberanía del Estado territorial, y más particularmente en el derecho soberano a controlar las telecomunicaciones, alegando que la teledifusión directa por satélites haría peligrar los valores culturales, sociales, políticos y económicos del país. Y en consonancia con este punto de partida, subordinaron la difusión de aquel tipo de emisiones al consentimiento del Estado receptor o a consultas y acuerdos entre éste y el Estado transmisor. Otras delegaciones de países altamente desarrollados, principalmente la de los Estados Unidos, invocaron el principio de la libertad de expresión y, consiguientemente, se han mostrado partidarias de la mayor libertad en este punto. No faltaron posturas más matizadas y equilibradas, como las de las delegaciones de Canadá y Suecia, que tratan de armonizar y conciliar los dos principios en juego: el de la soberanía del Estado y el de la libertad de información[41]. En fin, la cuestión se saldó con la resolución de la Asamblea General, de 10 de diciembre de 1982 (A/37/82) sobre principios que rigen la utilización por los Estados de satélites artificiales terrestres a los fines de la televisión directa internacional. En dicha resolución se dice que las actividades en cuestión deberían ser compatibles con los derechos soberanos de los Estados, incluido el principio de no intervención, y con el derecho de cualquier persona a buscar, recibir y difundir informaciones e ideas proclamadas en los instrumentos pertinentes de las Naciones Unidas (p. 1), y se añade que aquellas actividades deberían favorecer la libre difusión y el intercambio de informaciones y conocimientos en los campos cultural y científico, contribuir al desarrollo de la educación y al progreso social y económico, en particular en los países en desarrollo, mejorar la calidad de vida de todos los pueblos y procurar una distracción dentro del respeto debido a la integridad política y cultural de los Estados (p. 2). Se proclama también la aplicabilidad del Derecho Internacional (p. 4), el derecho idéntico de todo Estado a llevar a cabo las actividades en cuestión (p. 5) y el deber

[41] E. Jiménez de Aréchaga, *op. cit.* nota 8, pp. 31 ss.; N. Mateesco, *op. cit.* en nota 36, pp. 248 ss.; C. Gutiérrez Espada, *op. cit.* en nota 15, pp. 559 ss.

de cooperación internacional (p. 6). Pero pese a la perceptible ambigüedad de sus términos, la resolución no pudo ser aprobada por unanimidad. 107 Estados votaron a favor (la inmensa mayoría de los Estados en desarrollo y los Estados socialistas), 13 en contra (Bélgica, Dinamarca, República Federal de Alemania, Islandia, Israel, Italia, España, Luxemburgo, Países Bajos, Noruega, Reino Unido y Estados Unidos), y otros 13 se abstuvieron (Australia, Austria, Canadá, Finlandia, Francia, Grecia, Irlanda, Líbano, Malawi, Marruecos, Nueva Zelanda, Portugal y Suecia)[42]. En estas condiciones, no cabe afirmar que la cuestión de la difusión de televisión directa por satélite haya recibido una solución satisfactoria, ni siquiera operativa, desde el punto de vista del Derecho Internacional, aunque hay que advertir que, en este como en otros campos, el progreso de la tecnología se produce a un ritmo mucho más rápido que el de la formación de las normas jurídicas; los hechos se adelantan al Derecho. Son en la actualidad mayoría los países que, sin esperar a una regulación internacional, autorizan la instalación de antenas parabólicas de televisión receptoras de la señal radioeléctrica que transmiten satélites situados en la órbita geoestacionaria. Es éste el caso de España.

d) Los satélites artificiales pueden ser utilizados también para la *teleobservación de la Tierra,* lo que da lugar a aplicaciones prácticas del mayor interés y utilidad, como las prospecciones meteorológicas y sísmicas, evolución de las cosechas agrícolas, detección de incendios forestales, información sobre plagas en la agricultura, determinación de la situación y deriva de los icebergs, detección de recursos naturales (minerales y biológicos), etc.[43]

Pero se da la circunstancia de que, si bien pueden ser observados, además de los espacios comunes, los territorios y zonas de soberanía de todos los Estados, son sólo las potencias espaciales las que están en condiciones de colocar en órbita satélites artificiales capaces de efectuar la observación. Esta situación ha generado importantes y espinosos problemas jurídicos, con amplia incidencia política, de los que se ha ocupado la Subcomisión de Asuntos Jurídicos de la Comisión del Espacio Ultraterrestre de la Asamblea General. Damos a continuación un somero apunte informativo de estos problemas que, en su mayor parte, no han sido resueltos todavía de manera satisfactoria.

Efectivamente, se comprobó pronto en aquel foro la imposibilidad de prohibir el hecho mismo de la teleobservación de territorios de Estados distintos al del lanzamiento del satélite. En un principio las delegaciones latinoamericanas eran partidarias de tal prohibición salvo que mediase el consentimiento del Estado observado, pero esta pretensión fue abandonada dadas las dificultades técnicas de su cumplimiento y la práctica imposibilidad de verificarlo, y habida cuenta, además, de que la prohibición obstaculizaría las propias actividades de la teleobservación de la Tierra, actividades que en principio son beneficiosas. En tales condiciones el debate se ha centrado sobre otros problemas, entre los que destacan

---

[42] Véase el texto completo de la resolución y las condiciones de su adopción en *La Comunità Internazionale*, vol. XXXVIII, 1983, n.º 1-2, pp. 163 y 421 ss.

[43] Véase S. N. HOSENBALL, *Free acquisitions and dissemination of date through remote sensing. Legal implications of remote sensing from outer space*, Leyden, 1976, pp. 105 ss.

el del acceso a los datos por parte del Estado observado, el de la divulgación de los datos referentes a los recursos naturales del Estado observado y el de la notificación de las actividades de teleobservación.

En la primera cuestión —acceso a los datos por el Estado observado— las delegaciones de la Unión Soviética y Estados de Europa oriental sostuvieron que debe supeditarse a la conclusión de un acuerdo entre el Estado observante y el Estado observado que regule la forma y el procedimiento del derecho de acceso. Por su parte, la delegación de los Estados Unidos se mostró muy flexible al respecto, ya que apoyó la propuesta de suprimir el requisito de la concertación entre observante y observado previa al acceso a los datos. En lo que respecta a la divulgación de los datos sobre los recursos naturales del Estado observado, la Unión Soviética adoptó una actitud flexible, aunque mostró preferencia por la fórmula que distingue entre datos que pueden ser objeto de divulgación y datos que no pueden ser difundidos; según tal fórmula, determinados datos primarios sólo pueden ser divulgados con el consentimiento expreso del Estado territorial. La delegación de los Estados Unidos, sin embargo, se opuso a cualquier tipo de restricción a la libre difusión de los datos. Las delegaciones de otros Estados como Austria, Reino Unido, Suecia y Argentina apoyaron esta fórmula. En cuanto al problema de la exigencia de la notificación de la teleobservación al Estado observado, la delegación de la Unión Soviética no aceptó que deba ser previa al inicio de aquélla, mientras que la de los Estados Unidos no se opuso a tal requisito[44].

En fin, el día 3 de diciembre de 1986 la Asamblea General consiguió la adopción por consenso de la resolución A/41/65 sobre los principios de la teledetección (expresión esta última que sustituye a la de teleobservación). Los principios son muy generales, ciertamente, y entre ellos destacan los siguientes: las actividades deben realizarse en beneficio e interés de todos los países, cualquiera que sea su nivel de desarrollo económico, social o científico o tecnológico y teniendo especialmente en cuenta las necesidades de los países en desarrollo; han de conformarse al Derecho Internacional; fomentarán la protección del medio ambiente y la de la humanidad contra las catástrofes naturales; y el acceso a los datos del Estado observado tendrá lugar sin discriminación y en condiciones de precios razonables[44 bis].

40.8. LA RESPONSABILIDAD INTERNACIONAL POR LOS DAÑOS QUE CAUSAN LOS OBJETOS LANZADOS AL ESPACIO ULTRATERRESTRE

a) Las actividades en el espacio entran en la categoría de las actividades llamadas ultrapeligrosas (*ultra-hazardous activities*). Como ha dicho un especialista español en la materia, el profesor GUTIÉRREZ ESPADA[45], las causas directamente productoras de los eventuales perjuicios son de variada índole: la caída de un ingenio espacial o de sus fragmentos; las averías causadas en los objetos espaciales por el uso incorrecto de radiofrecuencias desde estaciones terrestres de un

[44] C. GUTIÉRREZ ESPADA, *op. cit.* en nota 15, pp. 554 ss.

[44 bis] Véase C. A. COLLIARD, «Les principes régissant le télédétection spatiale», en *A.F.D.I.*, 1986, pp. 697 ss.

[45] C. GUTIÉRREZ ESPADA, *op. cit.* en nota 15, pp. 27 ss.

país distinto al de lanzamiento; daños a astronautas u objetos en la Luna u otros cuerpos celestes; contaminación y alteración del equilibrio natural; incidencias en el tiempo y en el clima; colisión de objetos espaciales, etc. De hecho, la caída de fragmentos de objetos espaciales ha sido detectada ya con relativa frecuencia[46]. Era necesario, pues, un régimen regulador de la responsabilidad internacional por los daños que causan los objetos lanzados al espacio.

Ya el Tratado general de 1967 contenía una somera regulación al respecto en sus artículos 6 y 7. Esta regulación ha sido precisada y desarrollada en el *Convenio sobre la responsabilidad internacional por daños causados por objetos espaciales,* de 28 de marzo de 1972, hoy en vigor y en el que España es parte[47]. Analizamos a continuación de modo somero el Convenio en cuestión[48].

b) El artículo 1 del Convenio contiene importantes definiciones que delimitan realmente el *ámbito de aplicación* de aquél. Por daño se entiende «la pérdida de vidas humanas, las lesiones corporales u otros perjuicios a su salud, así como la pérdida de bienes o los perjuicios causados a bienes de Estados o de personas físicas o morales, o de organizaciones internacionales gubernamentales». Estado de lanzamiento es el «que lance o promueva el lanzamiento de un objeto espacial» y aquel «desde cuyo territorio o desde cuyas instalaciones se lance un objeto espacial»; por fin, el término objeto espacial denota asimismo «las partes componentes de un objeto espacial, así como el vehículo propulsor y sus partes». Hay que tener en cuenta también que el Convenio no se aplica a la responsabilidad por los daños sufridos por los nacionales del Estado de lanzamiento y los experimentados por los nacionales de otro país mientras participen en las operaciones de un objeto espacial desde el momento del lanzamiento o en cualquier fase posterior al mismo hasta su descenso, o mientras se encuentren en las proximidades inmediatas de la zona prevista para el lanzamiento o la recuperación, como resultado de una invitación de dicho Estado de lanzamiento (art. 7).

c) En cuanto al *régimen de responsabilidad,* hay que decir, con el profesor GUTIÉRREZ ESPADA, que ha sido objeto de una *articulación dual:* responsabilidad absoluta y responsabilidad por culpa[49]. Efectivamente, para el supuesto de que los daños tengan lugar en la Tierra o en una aeronave en vuelo, la responsabilidad del Estado de lanzamiento es absoluta (art. 2). Pero si el daño se produce fuera de la superficie de la Tierra en un objeto espacial lanzado por otro Estado o en las personas o bienes a bordo, el Estado de lanzamiento responde únicamente de los daños producidos por su culpa o por culpa de las personas de que sea responsable (art. 3). Ambos regímenes entran en juego tanto en el caso de lanzamiento por un solo Estado como en el de que las actividades se realicen conjuntamente por varios Estados, en cuyo caso la responsabilidad es solidaria (art. 5), así como en el supuesto de que los daños se produzcan a

[46] Ibíd., p. 31, nota 44.
[47] Ratificación del 2 de enero de 1980; publicación en el *B. O. E.* de 2 de mayo de 1980.
[48] Véase en general C. GUTIÉRREZ ESPADA, *op. cit.* en nota 3, y J. D. THERAULAZ, *Droit de l'espace et responsabilité*, Lausana, 1971.
[49] C. GUTIÉRREZ ESPADA, *op. cit.* en nota 3, pp. 59 ss.

terceros por causa del accidente ocurrido entre dos objetos espaciales lanzados independientemente, en cuya hipótesis los Estados de lanzamiento responden de manera mancomunada y solidaria (art. 4).

Observemos, pues, que la piedra maestra del sistema es la distinción entre responsabilidad absoluta y responsabilidad por culpa. La responsabilidad absoluta obliga al causante de los daños a indemnizar a las víctimas ante la sola demostración por parte de éstas de que existe una relación de causalidad entre los perjuicios y los actos del Estado demandado; la víctima reclamante no tiene por qué probar que los daños se deben a una actuación dolosa o negligente y ni siquiera que el demandado ha incumplido una obligación internacional. Estamos ante la figura de la responsabilidad objetiva o por riesgo, de la que existen manifestaciones en la mayoría de los Derechos internos. Por su parte, la responsabilidad por culpa, que es la tradicional en nuestra disciplina, exige no sólo la prueba de la relación de causalidad, sino también la de que el demandado ha incurrido en dolo o negligencia, vulnerando una obligación internacional.

d) Por lo que se refiere a la *puesta en práctica de la responsabilidad,* el Convenio prevé reclamaciones de indemnización por vía diplomática (art. 9). La reclamación la puede presentar el Estado que haya sufrido los daños o cuyas personas físicas o morales los hayan experimentado; si, respecto a estas personas, el Estado de la nacionalidad no formula la reclamación, ésta puede ser hecha por el Estado en cuyo territorio hayan tenido lugar los daños; a falta de una y otra reclamación, otro Estado podrá presentarla respecto a los daños sufridos por sus residentes permanentes (art. 9). Obsérvese, pues, que se ha ensanchado en interés de las víctimas el ámbito de la *protección diplomática.* Si esta figura exige normalmente el vínculo de la nacionalidad, el Convenio que ahora examinamos admite la posibilidad de vínculos subsidiarios[50].

Aparte del establecimiento de plazos para la presentación de la reclamación (art. 10), otra peculiaridad del Convenio es la *dispensa de la obligación de agotamiento de los recursos internos* del Estado demandado, aunque lógicamente tal agotamiento puede ser intentado (art. 11). Se han avanzado justificaciones diversas a tal dispensa: la naturaleza de las actividades espaciales, la necesidad de agilizar y simplificar el procedimiento de reclamación, etc.; pero la causa fundamental de aquélla estriba en la falta de conexión previa entre la víctima y el Estado responsable de los daños[51]. Parecería excesivo, en efecto, obligar a un ciudadano canadiense que haya podido sufrir daños en sus bienes sitos en Canadá a consecuencia de la caída de los restos de un objeto soviético, a comparecer ante los tribunales internos del Estado de lanzamiento para intentar obtener reparación.

e) Pero cabe perfectamente que la reclamación no se resuelva mediante negociaciones diplomáticas, en cuyo caso los Estados interesados, a instancia de

---

[50] Véase C. GUTIÉRREZ ESPADA, «La protección diplomática, el agotamiento de los recursos internos y el arreglo de controversias en el Derecho positivo del espacio sobre responsabilidad», en *Revista General de Legislación y Jurisprudencia*, junio de 1977, pp. 535 ss.

[51] Ibíd.

cualquiera de ellos, deben de constituir una Comisión de reclamaciones dentro de un plazo fijo (art. 14), que ha de decidir sobre el fundamento de la reclamación y, en su caso, sobre el importe de la indemnización (art. 18), bien entendido que su decisión sólo es firme y obligatoria si las partes en la controversia así lo han convenido; en otro caso, la decisión tendrá carácter de recomendación, que las partes se obligan a atender de buena fe (p. 2 del art. 19).

f) Para completar este apartado queremos referirnos a un caso de la práctica resuelto de conformidad con el Convenio analizado. Se trata de los daños causados en el mes de enero de 1978 por la desintegración del satélite soviético *Cosmos 954,* que llevaba un reactor nuclear a bordo, y cuyos fragmentos cayeron en una zona desértica del territorio del Canadá. El Gobierno de este país formuló una reclamación al de la Unión Soviética pidiendo una indemnización de seis millones de dólares canadienses, que se basaba no sólo en el Convenio de 1972 —en el que los dos Estados eran partes—, sino también en los principios de la responsabilidad absoluta para los actos intrínsecamente peligrosos. En la nota de respuesta el Gobierno de la Unión Soviética manifestó su disposición a solventar la cuestión a la sola luz del Convenio, y la solución finalmente acordada fue el pago al Canadá en concepto de indemnización de la suma de tres millones de dólares del país[52].

40.9. EL RÉGIMEN APLICABLE A LAS ORGANIZACIONES INTERNACIONALES

a) Uno de los corolarios normativos de la consideración del espacio ultraterrestre, Luna y cuerpos celestes como patrimonio común de la Humanidad es, según sabemos, que su exploración y utilización ha de realizarse en interés de todos los países y que en tales actividades los Estados han de guiarse por los principios de cooperación y asistencia mutua. Y de hecho la creciente interdependencia entre los Estados, que en la materia que nos ocupa se manifiesta, si cabe, con mayor intensidad que en otras, unida a la complejidad de la tecnología y a las magnitudes financieras requeridas, ha llevado a los Estados a cooperar y no sólo convencionalmente, sino también, y sobre todo, a nivel institucional. En los apartados precedentes hemos hecho mención de algunas organizaciones internacionales que han canalizado dicha cooperación como el *Intelsat*, la *Interspoutnik* y el *Inmersat.* Pero el catálogo de organizaciones internacionales, en el campo de las actividades en el espacio, no se agota con las citadas; es mucho más amplio. Sin pretensión alguna de exhaustividad podemos citar la Agencia Espacial Europea, en cuyo seno se ha creado la *Eutelsat;* la *Arabsat,* creada dentro del marco de la Liga Árabe, etc.[53]

b) A diferencia de la Convención de 1982 sobre el Derecho del Mar, que admite en ciertas condiciones la participación de organizaciones internacionales,

---

[52] Véase en *International Legal Materials*, 1979, pp. 889 ss.; ibíd., 1981, pp. 689 ss.
[53] Véase N. MANTEESCO, *op. cit.* en nota 36, pp. 206 ss.

ni el Tratado general del espacio de 1967 ni ninguno de sus acuerdos o convenios de desarrollo prevén tal posibilidad. Pero como algunas organizaciones internacionales llevan a cabo actividades espaciales, y puesto que no hay razón para que no estén sometidas al régimen general, lo que ha hecho el artículo 13 del Tratado general del espacio con técnica jurídica incorrecta es saltar por encima de la personalidad de las organizaciones e imponer las obligaciones pertinentes a los Estados miembros. Dice, efectivamente, dicho artículo:

> Las disposiciones del presente Tratado se aplicarán a las actividades de exploración y utilización del espacio ultraterrestre, con inclusión de la Luna y de otros cuerpos celestes, que realicen los Estados partes en el Tratado, tanto en el caso de que esas actividades las lleve a cabo un Estado parte en el Tratado por sí solo o junto con otros Estados, incluso cuando se efectúen dentro del marco de organizaciones internacionales. Los Estados partes en el Tratado resolverán los problemas prácticos que puedan surgir en relación con las actividades que desarrollen las organizaciones intergubernamentales internacionales en la exploración y utilización del espacio ultraterrestre, con inclusión de la Luna y de otros cuerpos celestes, dentro del marco de la organización internacional pertinente o mediante negociaciones con uno o varios Estados miembros de dicha organización internacional que sean partes en el presente Tratado.

c) Sin embargo, los acuerdos y convenios que han desarrollado el Tratado general del espacio han resuelto el problema del régimen aplicable a las organizaciones internacionales con una técnica jurídica más correcta. Efectivamente, las referencias que hacen los respectivos acuerdos y convenios a los Estados (salvo las puramente instrumentales contenidas en las cláusulas finales) se aplican a cualquier organización intergubernamental internacional que se dedique a actividades espaciales si ésta declara que acepta los derechos y obligaciones previstos en el convenio o acuerdo y si una mayoría de sus Estados miembros son Estados partes en él y en el Tratado general del espacio. (Acuerdo sobre astronautas, art. 6; Convenio sobre responsabilidad, art. 22; Convenio sobre el registro, art. 5; Acuerdo sobre la Luna, art. 16.) La técnica empleada es, en efecto, más correcta que la del Tratado general del espacio, porque comporta la aplicabilidad directa de los regímenes convencionales a las organizaciones internacionales previa declaración de aceptación de los derechos y obligaciones.

d) Así pues, las organizaciones internacionales que lleven a cabo actividades espaciales y en las que concurran los requisitos señalados están sometidas al régimen convencional elaborado en el marco de la Organización de las Naciones Unidas. En este sentido, los astronautas y los objetos espaciales de las organizaciones internacionales se benefician de las disposiciones del Acuerdo sobre rescate y devolución; las organizaciones deben inscribir los objetos que lancen en el registro apropiado; pueden además explorar y utilizar la Luna y otros cuerpos celestes, y pueden, por fin, sufrir responsabilidad internacional por los daños que causen los objetos que lancen.

Ahora bien, en lo que concierne a esta última cuestión, la responsabilidad corre a cargo de manera conjunta y solidaria entre la organización internacional y sus Estados miembros que sean partes en el Convenio, teniendo en cuenta, sin embargo, que: *a*) la demanda de indemnización ha de presentarse en primer lugar contra la organización; *b*) que sólo si la organización deja de pagar la indemnización convenida o fijada dentro de un plazo de seis meses cabe invocar la responsabilidad de los Estados miembros partes en el Convenio (art. 22, p. 3, del Convenio). Además, si es la organización la que ha sufrido los daños, la demanda de indemnización ha de ser presentada por un Estado miembro parte en el Convenio (p. 4 del art. 22)[54].

[54] Sobre la posición de las organizaciones internacionales y sobre el régimen de su responsabilidad internacional, véase C. GUTIÉRREZ ESPADA, *op. cit.* en nota 3, pp. 249 ss.

41. LOS CURSOS DE AGUA INTERNACIONALES

41.1. RÉGIMEN DE LA NAVEGACIÓN

a) Los cursos de agua internacionales, o ríos internacionales en terminología tradicional, son los que constituyen la frontera entre dos Estados (por ejemplo, el tramo final del Bidasoa, entre España y Francia) o atraviesan el territorio de varios Estados (por ejemplo, el Rin o el Danubio en Europa). Y, si hoy tiene gran importancia la cuestión de los usos de esos cursos de agua para fines distintos de la navegación, en el pasado preocuparon fundamentalmente los problemas de navegación, que son los que consideramos sucintamente en este apartado[1].

b) Como dijo el Tribunal Permanente de Justicia Internacional en 1929 con relación a la navegación, cuando se preguntaba por los fundamentos del Derecho Fluvial Internacional, existe una comunidad de intereses entre los Estados ribereños, equivalente a una auténtica comunidad de Derecho, cuyos rasgos esenciales son la perfecta igualdad de todos los Estados ribereños en el uso de todo el recorrido del río y la exclusión de todo privilegio en favor de cualquiera de ellos.

c) Es lo cierto, efectivamente, que, bajo la influencia del clima de liberalismo económico que propugnaban a principios del siglo XIX las grandes potencias, el Congreso de Viena de 1815 consagró el principio de libertad de navegación por los ríos internacionales a favor de embarcaciones de todos los Estados, fuesen o no ribereños. El compromiso concreto que asumieron los Estados partes en el Acta Final del Congreso (9 de junio de aquel año) fue el de concluir convenciones que reglamentasen, sobre aquella base de libertad, la navegación por los cursos de agua que atravesasen sus territorios. Pero hay que decir que no todas las reglamentaciones convencionales particulares desarrollaron de manera uniforme el principio de la libre navegación, aunque sí fue prácticamente general la creación de una institución u organización internacional encargada de la gestión y vigilancia de la aplicación de los convenios particulares. De hecho, la primera organización internacional que surge en la historia, precisamente del Congreso de Viena de 1815, es la Comisión Central del Rin. Algo más tarde se crea la Comisión de Navegación del Danubio. En cualquier caso, lo importante hoy es atender a lo que para cada curso de agua se establezca en el régimen convencional particular concluido por los Estados interesados.

---

[1] Véanse, en general, B. WINIARSKY, «Principes généraux du Droit Fluvial International», *R. des C.*, 1933, vol. 45, pp. 79 ss.; C. A. COLLIARD, «Evolution et aspects juridiques du régime des fleuves internationaux», *R. des C.*, 1968, vol. 125, pp. 337 ss.; B. VITANY, *The international regime or river navigation,* La Haya, 1979. En cuanto a la jurisprudencia internacional: CPJI, *Serie A,* n.º 23; *Rec. Sent. Arb. N. U.*, vol. II, p. 389; ibíd., vol. III, p. 189; ibíd., vol. XII, pp. 301 y 304.

41.2. Los usos de los cursos de agua internacionales para fines distintos de la navegación

a) Las restricciones que el Derecho Internacional general impone a la soberanía territorial de los Estados encuentran una manifestación de importancia particular en el régimen jurídico de los usos de los cursos de agua internacionales para fines distintos de la navegación. La cuestión reviste en nuestros días gran relevancia si se tiene en cuenta, de una parte, que el agua es un recurso natural tan importante como poco abundante y, de otra parte, que los usos señalados, a diferencia de la navegación, tienen carácter privativo. Si un Estado detrae caudales de agua en su territorio, está privando a otros Estados ribereños de la utilización de esos caudales[2].

¿Está habilitado el Estado de aguas arriba a la utilización de los cursos de agua a su libre arbitrio, incluso si causa daños significativos o sensibles a los Estados de aguas abajo? He aquí la gran pregunta.

Conviene recordar a este propósito que, el 12 de diciembre de 1895, el Fiscal General de los Estados Unidos, J. Harmon, enunció una doctrina según la cual su país —Estado de aguas arriba— tenía completa libertad para desviar las aguas del río Grande sin preocuparse de los daños que tal desviación podía producir en México —país de aguas abajo—. Es la doctrina que se conoció desde entonces con el nombre de doctrina Harmon o de la soberanía absoluta, que favorecía a los Estados de aguas arriba a expensas de los intereses de los Estados de aguas abajo. Aunque incorporada a ciertas convenciones, doctrina tan radical no llegó nunca a imponerse.

Doctrina diametralmente opuesta, pero asimismo desequilibrada, es la de la integridad territorial absoluta, de acuerdo a la cual los Estados de aguas abajo estarían autorizados para exigir a los de aguas arriba la misma cantidad y calidad de agua que la asegurada por el curso natural del río. Esta doctrina ha sido invocada en la práctica por algunos Estados de aguas abajo, pero tampoco ha llegado a formar parte del Derecho Internacional positivo.

La teoría sin duda hoy consagrada por el Derecho Internacional es la de la soberanía territorial limitada de los Estados ribereños. Según ella, todo Estado ribereño puede utilizar la parte del curso de agua situada en su territorio en la medida en que el uso no cause un daño significativo a los otros ribereños. La doctrina postula, por tanto, la atribución equitativa de la utilización del río y sus recursos.

La Convención adoptada por la Asamblea General de las Naciones Unidas el 21 de mayo de 1997, sobre la base de los trabajos de la Comisión de Derecho Internacional, se funda indiscutiblemente en esta última teoría de la soberanía limitada.

---

[2] Véanse, en general, R. Zacklin y L. Caflisch, *The legal regime of international rivers and lakes,* La Haya, 1981. Para el examen de las teorías, L. Caflisch, «Règles générales du Droit des cours d'eau internationaux», *R. des C.,* 1989, vol. 219, pp. 48 ss. En cuanto a la codificación del régimen, P. J. Canelas de Castro, «O regime jurídico des utilizacões dos cursos de água internacionais no projecto da Comissão de Direito Internacional», *Revista Jurídica do Urbanismo e do Ambiente,* Portugal, 1996, n.º 5/6, pp. 141 ss.; y P. Francioni, «The codification of the Law of international watercourses: the draft articles adopted by the International Law Commission», *Anuario Español de Derecho Internacional,* 1997, pp. 3 ss.

Se trata de la Convención sobre el régimen de la utilización de los cursos de agua internacionales para fines distintos de la navegación. Y aunque el instrumento no pudo ser adoptado por consenso, al encontrar la oposición de ciertos Estados de aguas arriba, ningún Estado impugnó en el proceso de su elaboración el principio de la utilización equitativa y razonable del curso de agua internacional (art. 5), principio que excluye la doctrina de la soberanía absoluta y que forma parte hoy sin duda del Derecho Internacional general.

b) Como acabo de decir, la Convención no pudo ser aprobada por consenso. Su votación en la Asamblea General arrojó el siguiente resultado: 103 votos a favor, 3 en contra y 27 abstenciones. ¿Cuáles son las causas de la ausencia de consenso?

El Grupo de Trabajo de la Asamblea General se reunió durante dos semanas en octubre de 1996 y durante otras dos en la primavera de 1997. En este foro apareció pronto la oposición entre dos grupos de intereses: el de los Estados de aguas arriba y el de los Estados de aguas abajo. Entre los primeros había delegaciones radicales y delegaciones moderadas, pero posición común en todas ellas era la de subordinar la obligación de no causar daños significativos (art. 7) al principio de la utilización equitativa y razonable (arts. 5 y 6). Y entiendo personalmente que esta idea era justa puesto que, si la obligación de no causar daños significativos prevaleciese sobre el principio de utilización equitativa y razonable, quedarían prohibidos todos los daños significativos, incluso los que resultasen de una utilización equitativa y razonable.

En las postrimerías del período de sesiones del Grupo de Trabajo de la primavera de 1997, su presidente propuso una fórmula, supuestamente de compromiso, que se incorporó finalmente al párrafo 2 del artículo 7 de la Convención. Según la misma, cuando un Estado ribereño causa a otro un daño significativo, ambos Estados deberán adoptar las medidas adecuadas tomando en cuenta debidamente las disposiciones de los artículos 5 y 6 (principio de utilización equitativa y razonable), para atenuar o eliminar el daño y, en su caso, discutir la cuestión de la indemnización.

La fórmula es por lo menos ambigua, porque no establece de manera suficientemente clara la subordinación del deber de no causar daños significativos al principio de utilización equitativa y razonable. El texto no excluye que una utilización equitativa y razonable causante de daños significativos dé lugar a la adopción de medidas por parte del Estado de aguas arriba y engendre en definitiva responsabilidad internacional. Es explicable, por tanto, que no resultase satisfactoria para algunas delegaciones de esa categoría de Estados, y esta situación determinó la abstención de varias de ellas en la adopción del texto por el Grupo de Trabajo y la Asamblea General. Fue el caso de España. En la primavera de 2016, 36 Estados habían ratificado la Convención, que ya está en vigor.

c) Por lo demás, la Parte III de la Convención (arts. 12 ss.) regula el procedimiento a seguir en el caso de que un Estado ribereño del curso de agua proyecte medidas que sean susceptibles de producir efectos negativos y significativos en otros Estados ribereño. Hay que señalar particularmente que el Estado en cuestión debe notificar en tiempo oportuno a los otros Estados del curso de agua esos proyectos, y que durante un período determinado, que en principio es de seis meses, no los puede llevar a cabo ni permitir su realización sin el consentimiento de los otros Estados interesados. Nos encontramos, pues, ante un derecho de veto temporal, que pone de relieve claramente hasta qué punto está limitada la soberanía territorial de los Estados ribereños del curso de agua internacional.

d) El instrumento que nos ocupa es una Convención-marco, destinada a orientar a los Estados en la negociación de acuerdos particulares, bilaterales o multilaterales. Pese a ello, algunas de sus disposiciones están redactadas en términos sumamente precisos y detallados, y la Convención prevé incluso un mecanismo de solución de controversias. El mecanismo es desde luego modesto, porque como medio obligatorio no prevé más que la conciliación.

e) Indiquemos también que, a nuestro juicio, la Convención es más favorable para los Estados de aguas abajo que para los de aguas arriba. Esta circunstancia y las condiciones de adopción del instrumento dejan abierta la cuestión de su aceptación por esos últimos Estados y, en definitiva, de la operatividad de sus disposiciones. Que entre en vigor únicamente para los Estados sin cursos de agua internacionales o para los de aguas abajo es de escasa utilidad. Cabría incluso preguntarse si no estamos ante un supuesto de esfuerzo codificador frustrado, susceptible de dañar el proceso de la codificación universal del Derecho Internacional auspiciado por la Organización de las Naciones Unidas. En cualquier caso, como ha dicho el profesor Lucius CAFLISCH, uno de los mejores especialistas en la materia, el ejercicio no ha sido enteramente vano, puesto que ha permitido dar un paso sustancial hacia adelante al régimen jurídico de los cursos de agua internacionales[3].

f) Hemos dicho que España, país de aguas arriba respecto a Portugal, se abstuvo en la votación de la Convención que nos ocupa. Pero, en lo que concierne a las relaciones hidráulicas con el país vecino —que con mucho son las más importantes para el nuestro—, están en vigor varios instrumentos bilaterales. El último y el que mayor relación guarda con el tema de este epígrafe es el firmado en Albufeira (Portugal), el día 30 de noviembre de 1998, bajo el título de «Convenio sobre cooperación para la protección y el aprovechamiento sostenible de las aguas de las cuencas hidrográficas hispano-portuguesas»[4].

---

[3] L. CAFLISCH, «La Convention du 21 mai 1997 sur l'utilisation des cours d'eau internationaux à des fins autres que la navigation», *A.F.D.I.*, 1997, pp. 751 ss. Véanse también, sobre la Convención, S. C. MCCAFFREY y M. SINJELA, «The United Nations Convention on International Watercourses», *A.J.I.L.*, vol. 92, 1998, pp. 101 ss.; M. CASTILLO DAUDÍ, «La protección y preservación de los cursos de agua internacionales. El Convenio sobre el Derecho de los usos de los cursos de agua internacionales para fines distintos de la navegación, de 21 de mayo de 1997», *A.D.I.*, 1999, pp. 115 ss.; y A. M. AURA Y LARIOS DE MEDRANO, *La regulacion internacional del agua dulce. Práctica española*, Thomson-Aranzadi, 2008.

[4] Véase el texto del Convenio en *A.D.I.*, 1999, pp. 961 ss. Un análisis del conjunto del régimen en P. POZO SERRANO, «El régimen jurídico de los cursos de agua hispano-portugueses», *A.D.I.*, 1999, pp. 325 ss.; y A. M. AURA Y LARIOS DE MEDRANO, «La realización del principio de la utilización equitativa y razonable en la práctica fluvial hispano-lusa», *R.E.D.I.*, vol. LIX, 2007-2, pp. 697 ss.

42. LOS ESPACIOS POLARES

Para llevar a cabo la exposición y el análisis del singular régimen jurídico de los espacios polares[1], entendemos que es tarea previa determinar con la mayor precisión posible el área geográfica a que nos referimos. A este respecto se han formulado varios criterios. Uno es el llamado límite del crecimiento del árbol; otro, el del círculo polar, a partir del cual, y en dirección al polo respectivo, se dan las noches y los días de veinticuatro horas, y que está situado en el paralelo de 66 grados y treinta minutos; un tercer criterio, aplicable solamente a las regiones polares meridionales, es el de la denominada línea de la convergencia antártica, o límite donde las aguas frías se hunden bajo las más calientes que se desplazan hacia el sur.

De estos tres criterios, el del crecimiento del árbol tiene el inconveniente de su irregularidad, y sobre todo el de su inestabilidad, ya que cambia con el clima y éste a su vez, en términos generales, tiende a suavizarse. En virtud de estas razones, MOUTON acepta para el espacio ártico el criterio del círculo polar, aunque no para el antártico, pues en dicho espacio, que es más frío que el ártico, semejante criterio haría escapar de la consideración de polares a islas que indudablemente tienen tal carácter. El autor citado prefiere por ello para los espacios antárticos el criterio de la convergencia antártica[2], que ya hemos explicado.

Hechas estas precisiones, nos parece oportuno poner de relieve algunas importantes diferencias físicas que existen entre uno y otro espacio polar. En el ártico predomina el elemento marino rodeado de un cinturón continental, mientras que en el antártico prevalece la estructura continental helada rodeada de un amplio cinturón marítimo. De otro lado, las temperaturas son más frías en el segundo que en el primero[3]. Lógicamente, estas peculiaridades han ejercido alguna influencia en los respectivos regímenes jurídicos, cuyas líneas generales exponemos a continuación por separado a la luz de las realidades de nuestros días, especialmente de las transformaciones más recientes del Derecho del Mar.

---

[1] Sobre los espacios polares en general, véanse R. DOLLOT, «Le Droit International des espaces polaires», en *R. des C.*, vol. 163, 1949-II, pp. 121 ss.; R. DUPUY, «Le statut de l'Antarticque», en *A.F.D.I.*, 1958, pp. 196 ss., etc.; M. W. MOUTON, «The international regime of the polar regions», en *R. des C.*, vol. 107, 1962-II, pp. 175 ss.; D. PHARAND, «The legal status of the Artic regions», en *R. des C.*, vol. 163, 1979-II, pp. 59 ss.; J. KISS, *The Law of International Spaces*, Londres, 1973; F. ORREGO VICUÑA, *La Antártida y sus recursos. Problemas científicos, jurídicos y políticos*, Santiago de Chile, 1983; E. LUARD, «Who owns the Antartic?», en *Foreign Affairs*, 1984, pp. 1175 ss.; R. WOLFRUM y V. D. KLEM, «Antartica», en *E.O.P.I.L.*, vol. 12, 1990, pp. 10 ss.; y F. ORREGO VICUÑA, *Derecho Internacional de la Antártida*, Santiago de Chile, 1994.

[2] M. W. MOUTON, *op. cit.* en nota 1, pp. 176-177.

[3] Véase D. PHARAND, *op. cit.* en nota 1, p. 59.

42.1. El espacio ártico

a) Descritas a grandes trazos en el apartado precedente las características físicas del espacio polar ártico, parece oportuno poner de relieve con PHARAND la importancia que hoy posee en los órdenes estratégico, económico y respecto al transporte marítimo. La importancia estratégica deriva del hecho de estar situado aquel espacio entre los territorios de las antiguas superpotencias; además, la capa de hielo que cubre a los mares y océanos árticos puede imposibilitar o dificultar la detección de submarinos dotados de misiles termonucleares. La importancia económica reside en la existencia de yacimientos de petróleo y gas en las plataformas continentales de la región. Por su parte, la previsible explotación de estos recursos naturales puede provocar un desarrollo revolucionario del transporte marítimo[4].

Habida cuenta del criterio adoptado para la definición del espacio polar ártico —la línea del círculo polar—, debemos inquirir acerca del régimen jurídico de las siguientes zonas: las comprendidas dentro de los territorios continentales de los Estados árticos, las islas naturales que emergen en la región, las islas de hielo y, por fin, el propio Océano Ártico.

b) En lo que concierne a la primera categoría —*zonas situadas en el territorio continental de los Estados,* a saber: Estados Unidos de América (por el Estado de Alaska), Rusia, Canadá, Dinamarca (por Groenlandia) y Noruega—, ningún problema particular se plantea; baste decir que se trata de áreas sometidas al régimen común de la soberanía territorial. Es incuestionable, por consiguiente, el derecho a la atribución de espacios marítimos, como el mar territorial, la zona contigua, la zona económica exclusiva y la plataforma continental.

c) Por lo que respecta a las *islas naturales* que emergen en las aguas marítimas de la región hay que referirse, en una perspectiva histórica, a la llamada «teoría de los sectores». Fue el senador canadiense POIRIER quien formuló por vez primera dicha teoría ante el parlamento de su país el día 19 de febrero de 1907. La doctrina de los sectores fue enunciada más tarde por un Decreto del Comité Ejecutivo de la Unión Soviética de 15 de abril de 1920[5]. Según la teoría en cuestión:

> [...] en el futuro reparto de las tierras boreales, una nación cuyo territorio se extiende hoy hasta las regiones árticas tendrá o deberá tener derecho a todas las tierras bañadas por las aguas situadas entre una línea que se extiende hacia el norte desde su extremo occidental y otra desde su extremo oriental. Todas las tierras situadas entre estas dos líneas deberán pertenecer y pertenecerán al país cuyo territorio apunta al círculo ártico.

La teoría de los sectores, que tiende a sustituir la idea de la ocupación efectiva por la tesis de la contiguidad en lo que respecta a la adquisición de la soberanía territorial en las islas sitas en los mares y océano árticos, ha comportado que Rusia tenga hoy soberanía sobre todas las islas que se hallan al norte de su costa, incluso sobre dos islas cuya soberanía ha sido discutida en el pasado como la de Wrangel,

---

[4] D. PHARAND, *op. cit.* en nota 1, pp. 57-61.
[5] Sobre la teoría de los sectores, véase R. DOLLOT, *op. cit.* en nota 1, pp. 125 ss.

en el Mar de Chukchi, y la Tierra de Francisco José, en el Mar de Barents. Tal es la opinión de PHARAND, un autorizado especialista canadiense en la materia, quien por lo demás pone de relieve que ya no existen realmente contenciosos de soberanía territorial en la región ártica[6]. La soberanía sobre las islas se ostenta hoy, según los supuestos, por los cinco Estados árticos[7]. En todo caso, como señala de manera pertinente MOUTON[8], la teoría de los sectores ya no tiene importancia práctica alguna, en tanto que el *statu quo* parece haber sido consentido por otros Estados y la creciente exploración aérea no ha llevado al descubrimiento de nuevas islas.

Cabe preguntarse si la adquisición de la soberanía territorial sobre tales islas ha tenido lugar según los patrones comunes: efectividad en el ejercicio de las funciones estatales modulada por el criterio de la relatividad[9]. Porque ¿es posible el ejercicio de funciones estatales en territorios deshabitados apenas susceptibles de albergar habitación humana? La respuesta, con todo, es a nuestro juicio afirmativa, si se tiene en cuenta precisamente el criterio de la relatividad en el ejercicio de las funciones estatales, aplicado por el Tribunal Internacional de La Haya en el caso de *Groenlandia Oriental,* en donde se tomó en cuenta, entre otros factores, el carácter ártico y no accesible de ciertas regiones[10]. Realmente estaríamos ante un caso extremo de modulación de la efectividad por la relatividad en el ejercicio de funciones estatales. Y a ello habría que añadir la aquiescencia o, al menos, la ausencia de protestas de terceros Estados.

¿Y tienen derecho las islas en cuestión a la atribución de espacios marítimos, como mar territorial, zona económica exclusiva y plataforma continental? La respuesta a esta pregunta es de consecuencias importantes, y a la luz de lo que dispone el artículo 121 de la Convención de 1982 sobre el Derecho del Mar, puede ser la siguiente. Las islas tienen, en principio, derechos a la atribución de mar territorial, zona contigua, zona económica exclusiva y plataforma continental. Por su parte, las rocas no aptas para mantener habitación humana o vida económica propia sólo pueden tener mar territorial[11]. Ello puede ser causa de controversias. Además, el hecho de que las islas puedan ser consideradas circunstancias especiales a efectos de delimitación puede complicar los problemas de esta naturaleza[12].

d) Pero en el Océano Ártico existen también las llamadas *islas de hielo,* algunas de hasta 150 pies de espesor y 31 millas de circunferencia, que son utilizadas como estaciones de investigación científica por estadounidenses y rusos e incluso, de manera limitada, para la explotación de la plataforma continental. ¿Cuál es el *status* jurídico de tales islas? PHARAND considera que a la luz de la definición de islas contenida en la Convención de 29 de abril de 1958 sobre mar territorial y zona contigua y la que aparece en la Convención de 1982 sobre el Derecho del Mar[13] no

[6] D. PHARAND, *op. cit.* en nota 1, pp. 62 ss.
[7] D. PHARAND, *op. cit.* en nota 1, pp. 62 ss.
[8] M. W. MOUTON, *op. cit.* en nota 1, p. 244.
[9] Véase el apartado 35 de este libro.
[10] CPJI, *Serie A/B*, n.º 53.
[11] Véase el apartado 38.9 de este libro.
[12] Véase al respecto D. PHARAND, *op. cit.* en nota 1, pp. 68 ss.
[13] Véase el apartado 38.9 de este libro.

puede decirse que estemos ante islas naturales que tengan derecho a la atribución de espacios marítimos, aunque en la medida en que puedan ser utilizadas como islas artificiales a efectos de la exploración de los recursos de la plataforma continental y las aguas de la zona económica exclusiva, deberían ser tratadas en tanto que tales. Por lo demás, el autor mencionado entiende que hasta que se concluya una convención especial que regule el régimen de las islas de hielo, y particularmente la cuestión de la jurisdicción de los Estados, la manera más práctica y realista de solventar los problemas consistiría en considerarlas buques y aplicar en la medida posible el régimen jurídico pertinente[14].

e) Finalmente, en cuanto al *Océano Ártico* propiamente dicho, debe ser considerado jurídicamente como alta mar, regido consiguientemente por el principio de libertad. Señala PHARAND que la actitud de prácticamente todos los Estados árticos se conforma con semejante afirmación[15]. Ello supone que en el espacio aéreo que se levanta por encima del océano en cuestión rige igualmente el principio de libertad de sobrevuelo.

f) Es obvio que con el transcurso del tiempo, todo lo dicho respecto al régimen jurídico ártico deberá ponerse al día en función de los cambios que el calentamiento del planeta está produciendo en el espacio en cuestión. Se sabe bien, en efecto, que el cambio climático está produciendo un creciente deshielo en las aguas del polo.

42.2. EL ESPACIO ANTÁRTICO

a) Definido el espacio antártico en el apartado precedente de acuerdo al criterio de la convergencia antártica y expuestas también sus principales características físicas, queremos señalar ahora que, si bien su interés estratégico no es tan grande en principio como el del espacio ártico, su interés económico resulta de considerable importancia. A las actividades tradicionales de la caza de la ballena y de la foca, que se inician a fines del siglo XVIII, se han añadido con el transcurso del tiempo las capturas de otras especies pesqueras. Existen también en la actualidad perspectivas de aprovechamiento de los recursos minerales sitos en el continente, así como en la plataforma continental y en otros fondos marinos[16]. A todo ello hay que agregar el interés del espacio antártico desde el punto de vista de la investigación científica, que empieza a fines del siglo XIX y que se ha acrecentado en nuestros días[17]. Se subraya hoy finalmente el creciente valor estratégico de la Antártida, particularmente por lo que se refiere a la navegación por el Estrecho de Drake. Efectivamente, en caso de conflicto abierto de larga duración que comportase el

---

[14] D. PHARAND, *op. cit.* en nota 1, pp. 93 ss.

[15] Ibíd., pp. 84-85.

[16] Véanse G. A. KNOX, «Los recursos vivos del Océano Austral», en el libro editado por F. ORREGO VICUÑA, cit. en la nota 1, pp. 37 ss.; y T. GJELSVIK, «Los recursos minerales de la Antártida: avances en su identificación», ibíd., pp. 89 ss.

[17] Véase V. S. FUCHS, «La Antártida: su historia y desarrollo», en el libro editado por F. ORREGO VICUÑA, cit. en nota 1, pp. 29 ss.

cierre de pasos vulnerables como el Canal de Panamá o el Estrecho de Magallanes, aquella vía se convertiría en el único sustitutivo de la circulación oceánica entre el Atlántico y el Pacífico[17 bis].

b) Sobre sectores determinados del continente antártico se han registrado reclamaciones de soberanía territorial desde principios del siglo XX. En 1908 fue el Reino Unido; en 1923, Nueva Zelanda; en 1924, Francia; en 1933, Australia; en 1939, Noruega; en 1940, Chile, y en 1942, Argentina. Hay que decir que las reclamaciones del Reino Unido, Nueva Zelanda, Francia, Australia y Noruega han sido reconocidas mutuamente, y que las de Chile y Argentina versaban sobre sectores previamente reclamados, lo que ha originado contenciosos. Así, en 1955 el Reino Unido presentó sendas demandas ante el Tribunal Internacional de Justicia contra Chile y Argentina sobre la soberanía respecto a ciertas islas y territorios. Ante la inexistencia de todo vínculo de jurisdicción obligatoria, y a falta de un reconocimiento *ad hoc* de la competencia del Tribunal por parte de Chile y Argentina, los procedimientos no pudieron seguir adelante. Quedó constancia oficial en todo caso de la posición británica. Añadamos que ni Estados Unidos ni la antigua Unión Soviética han formulado reclamaciones de soberanía territorial, aunque tampoco han reconocido las de otros Estados. Parece de todos modos que la Unión Soviética era mucho menos categórica que los Estados Unidos respecto a la presentación de reclamaciones territoriales en el futuro[18].

c) Mediada la segunda mitad de los años cincuenta, la comunidad científica internacional propuso la celebración del «Tercer año polar», que de hecho se convirtió en el «Año Geofísico Internacional» (1957-1958). Dentro de él, todos los Estados que reivindicaban derechos en el continente antártico consintieron el libre acceso de los científicos de cualquier nacionalidad, así como el intercambio sin restricciones de los resultados de las investigaciones. Este nuevo clima de cooperación propició la firma en Washington, y por iniciativa de los Estados Unidos, el día 1 de diciembre de 1959 del Tratado sobre la Antártida por parte de Argentina, Australia, Bélgica, Chile, Francia, Japón, el Reino Unido, Nueva Zelanda, Noruega, Estados Unidos, África del Sur y la Unión Soviética. El Tratado entró en vigor el día 23 de junio de 1961 y al mismo se han adherido otros Estados, entre ellos España, el 18 de marzo de 1982[19]. El Tratado circunscribe su ámbito de aplicación espacial a la región situada al sur de los 60 grados de latitud sur, incluidas todas las barreras de hielo (art. 6). Analizamos a continuación los aspectos más característicos del régimen que establece para la región.

[17 bis] M. F. LABOUZ, «Les aspects strategiques de la question de l'Antarctique», en *R.G.D.I.P.*, 1986-3, pp. 579 ss.

[18] R. DOLLOT, *op. cit.* en nota 1, pp. 177 ss.; J. P. DUPUY, *op. cit.* en nota 1, pp. 196 ss.; M. W. MOUTON, *op. cit.* en nota 1, pp. 238 ss.; y B. A. BOCZEK, «The Soviet Union and the antartic Regime», en *American Journal of International Law*, 1984, pp. 834 ss.

[19] *B.O.E.* de 26 de junio de 1982. Sobre el Tratado véanse J. P. DUPUY, *op. cit.* en nota 1; R. HAYTON, «The Antartic Settlement of 1959», en *American Journal of International Law*, 1960, pp. 348 ss.; C. P. ECONOMIDES, «Le statut international de l'Antartique», en *Revue Hellenique de Droit International*, 1962, pp. 76 ss.; y R. E. GUYER, «The Antartic System», en *R. des C.*, vol. 139, 1973-II, pp. 139 ss.

Una primera disposición a destacar es la del artículo 4 del Tratado, que contiene realmente una cláusula de *congelación de las pretensiones de soberanía territorial* en la Antártida. Efectivamente, en virtud de ella, durante el período de vigencia del Tratado, «no se harán nuevas reclamaciones de soberanía territorial [...] ni se ampliarán las reclamaciones anteriormente hechas». En todo caso, y según el mismo artículo, ninguna disposición del Tratado se interpretará como una renuncia por cualquiera de los Estados partes a sus derechos de soberanía territorial o a las reclamaciones hechas valer anteriormente, o como una renuncia o menoscabo a cualquier fundamento de reclamación de soberanía territorial que pudiera tener, o como perjudicial a la posición de cualquiera de los Estados partes en lo concerniente a su reconocimiento o no reconocimiento del derecho de soberanía territorial.

Otra disposición digna de mención es la del artículo 1, que comporta la *desmilitarización* de la Antártida. Efectivamente, el espacio en cuestión «se utilizará exclusivamente para fines pacíficos», prohibiéndose, «entre otras, toda medida de carácter militar, tal como el establecimiento de bases y fortificaciones militares, la realización de maniobras militares, así como los ensayos de toda clase de armas». Por suparte, el artículo 5 prohíbe toda explosión nuclear en la Antártida y la eliminación de deshechos radiactivos en la región.

Disposición asimismo importante es la del artículo 2, que proclama la libertad de *investigación científica y la cooperación internacional* hacia ese fin, tal como se aplicaron durante el Año Geofísico Internacional. El artículo 3 contiene una serie de directrices al respecto.

Por lo demás, los Estados partes se reconocen en el artículo 7 el derecho de nombrar observadores, que gozan de entera libertad de acceso a todas y cada una de las regiones de la Antártida y a las estaciones, instalaciones, equipos, navíos y aeronaves, con el fin de promover los objetivos y asegurar la aplicación de las disposiciones del Tratado. Independientemente de ello, se prevé en el artículo 9 la *celebración periódica* de reuniones de representantes de los Estados partes designados en el Preámbulo —es decir, los Estados originariamente firmantes del Tratado—, más otros Estados (entre ellos España) a los que se ha concedido dicho estatuto consultivo por haber realizado en la Antártida actividades científicas importantes, con el fin de intercambiar informaciones, consultarse mutuamente y hacer recomendaciones a sus gobiernos (art. 9). Celebradas dichas reuniones desde el año 1961[20], hay que destacar, entre sus logros principales, la recomendación de 1964 sobre «Medidas convenidas para la protección de la fauna y de la flora en la Antártida», la Convención de Londres de 11 de febrero de 1972 sobre protección de las focas en la Antártida y la Convención de Canberra de 20 de mayo de 1980 sobre conservación de los recursos vivos marinos de la Antártida[21].

d) Pero el Tratado sobre la Antártida tenía naturaleza provisional, puesto que el párrafo 2 del artículo 12 prevé que, una vez expirado el plazo de treinta años a

---

[20] Véase A. VAN DER ESSEN, «Les reunions consultatives du traité sur l'Antarctique», en *R.B.D.I.*, 1980, pp. 20 ss.

[21] Véase F. ZEGGERS SANTA CRUZ, «La Convención de Canberra a la luz de los objetivos y políticas de negociación», en el libro editado por F. ORREGO VICUÑA, cit. en nota 1, pp. 213 ss.

partir de su entrada en vigor, cualquiera de las partes que pueda participar en las reuniones previstas en el artículo 9 estará facultada para pedir la celebración de una *Conferencia de revisión.* Dicho plazo expiró el día 21 de junio de 1991 sin que ningún Estado con derecho a ello solicitase la revisión. Hay que añadir a este dato que el día 4 de octubre de 1991 se firmó en Madrid un importante instrumento complementario, el Protocolo al Tratado Antártico sobre protección del medio ambiente, en el que se prohíbe cualquier actividad relacionada con los recursos minerales, salvo la investigación científica. Es de señalar que la prohibición puede ser levantada en cualquier momento por acuerdo unánime de las partes y que, en todo caso, transcurridos cincuenta años desde la entrada en vigor del Protocolo, cualquiera de los Estados con estatuto consultivo en el sistema antártico puede pedir la celebración de una conferencia de revisión, en la que son numerosas e importantes las dificultades procesales para levantar la prohibición. Puede afirmarse, por tanto, que el Protocolo ha establecido en la práctica un régimen muy cercano al de una prohibición indefinida de la explotación de los recursos minerales de la Antártida. De otro lado, y lógicamente, en la Asamblea General de las Naciones Unidas, muchos Estados en desarrollo que no son partes en el Tratado de 1959, y que se quejan del carácter aristocrático del sistema imperante, están mostrando un interés creciente por la Antártida, cuyos recursos querrían ver explorados y explotados en el futuro en interés de toda la humanidad[22].

[22] Véanse F. ORREGO VICUÑA, «La aplicación del Derecho del mar y de la zona económica exclusiva al continente Antártico», en el libro editado por él mismo, cit. en nota 1, pp. 331 ss.; M. T. INFANTE, «La plataforma continental antártica», ibíd., pp. 341 ss. Véase E. LUARD, *op. cit.* en nota 1, pp. 1183 ss. Sobre el Protocolo de Madrid de 1991, véanse C. VILLARINO MARZO, «El Protocolo de 1991 al Tratado Antártico sobre protección del medio ambiente», en *R.E.D.I.*, 1992-1, pp. 259 ss.; R. BERMEJO GARCÍA y V. BOU, «La celebración del Protocolo al Tratado Antártico sobre protección del medio ambiente: orígenes y negociaciones», en *A.D.I.*, 1993, pp. 155 ss.

43. LA PRESERVACIÓN DEL MEDIO AMBIENTE

43.1. El tránsito del enfoque interestatal y sectorial a la aproximación global y humanista

a) Prevalece en este *Curso* la consideración de la protección del medio ambiente desde una óptica global y universal, porque, como se dice en el preámbulo de la Declaración de Río (junio de 1992), la Tierra, hogar de la humanidad, constituye un todo marcado por la interdependencia. Está claro, pues, que el medio ambiente comprende por lo pronto zonas sometidas a la soberanía territorial de los Estados o a alguna otra modalidad de competencia estatal de orden espacial y que, además, está integrado por espacios que escapan de estos poderes estatales, como el alta mar y los que constituyen patrimonio común de la humanidad (zona internacional de los fondos marinos, espacio ultraterrestre y cuerpos celestes). Pero está claro igualmente que la preservación de este medio ambiente global es de la responsabilidad fundamental de los Estados, y de ahí que esta cuestión tenga cabida en un capítulo, como el presente, dedicado a la posición del Estado en el Derecho Internacional.

b) En un principio, se concibió el Derecho Internacional del medio ambiente desde una perspectiva interestatal y sectorial. Si, de una parte, este conjunto normativo se preocupó de las relaciones de vecindad entre los Estados y se basó jurídicamente en las limitaciones a la soberanía territorial, se concentró, de otra parte, en la protección de algunos recursos naturales especialmente amenazados.

Así, en lo que respecta a la perspectiva interestatal de las relaciones de vecindad, debemos recordar la doctrina enunciada por la sentencia arbitral dictada en 1941 en el asunto de la *Fundición Trail,* según la cual ningún Estado tiene derecho a utilizar su territorio o de permitir su utilización de manera que cause daños en el territorio de otro Estado. Se trata de una aplicación del principio general *sic utere tuo ut alienun non laedas.* Las obligaciones impuestas a los Estados ribereños que utilizan un curso de agua internacional para fines distintos de la navegación, ya examinadas en otro lugar, se apoyan en último análisis en ese mismo principio. Y hay que agregar, con independencia de estas manifestaciones, que los tratados bilaterales o multilaterales concluidos en esta primera fase del Derecho Internacional del medio ambiente tenía un carácter eminentemente sectorial, toda vez que tendían bien a la protección de ciertas especies de la flora y de la fauna en virtud de su importancia ecológica (por ejemplo, Convención de París de 19 de marzo de 1902 para la protección de los pájaros útiles a la agricultura), bien a la regulación de ciertas actividades para proteger el mar y los océanos (por ejemplo, Convención de Londres de 1954).

He aquí algunos datos muy selectivos sobre la primera etapa de la evolución del Derecho Internacional del medio ambiente. Más aún siendo útil y necesaria, esta concepción no conseguía la protección del conjunto del medio ambiente. Dicha concepción no ha desaparecido, aunque coexiste en la actualidad con el enfoque global y humanista del que hablamos a continuación[1].

c) Fue a principios de la década de los setenta del siglo pasado cuando esta última concepción dio sus primeros pasos. Así, entre el 5 y el 16 de junio de 1972, se celebró en Estocolmo la Conferencia de las Naciones Unidas sobre el medio ambiente, bajo la divisa de que «sólo tenemos una Tierra». El 16 de junio la Conferencia adoptó una importante declaración, completada por un plan de acción de 109 puntos y por la previsión del establecimiento del Programa de las Naciones Unidas para el Medio Ambiente (PNUMA). Es indudable que aquella declaración significó un progreso y produjo ciertos resultados, como, por ejemplo, la conclusión de un número importante de tratados, de alcance regional o universal. Entre estos últimos sobresale la Convención de Viena de 12 de marzo de 1985 para la protección de la capa de ozono y su Protocolo adicional, adoptado en Montreal el 16 de septiembre de 1987. Hay que destacar igualmente la Convención de Naciones Unidas sobre cambio climático, de 9 de mayo de 1992, y el Protocolo adicional adoptado en Kioto el 11 de diciembre de 1997. Este último instrumento, vigente en 2015 para 192 países, es de la mayor importancia para la preservación del medio ambiente, toda vez que trata de minimizar los efectos del cambio climático a través de la reducción progresiva de las emisiones de gases con efecto invernadero. En la Cumbre *Río + 20* de la que hablaremos enseguida se decidió prorrogar la vigencia del Protocolo de Kioto hasta 2020. Hay que dejar constancia, sin embargo, de dos hechos preocupantes; el primero es la ausencia de la primera potencia industrial del planeta, Estados Unidos, en la lista de Estados partes en Protocolo de Kioto; el segundo es que en el primer decenio del siglo XXI, el nivel total de emisiones no ha dejado de aumentar de modo preocupante y ello en perjuicio, fundamentalmente, de las generaciones venideras. La Conferencia sobre el cambio climático celebrada en Copenhague en diciembre de 2009 no consiguió los resultados deseables. Logros ligeramente más optimistas de cara al futuro son los producidos por la Cumbre de Cancún de diciembre de 2010. Pero ningún acuerdo relevante se tomó en la Cumbre de Durban (África del Sur) celebrada a fines de 2011. Lo único que se decidió en la reunión tras largas negociaciones fue la continuación del proceso con la mira puesta en la celebración de un acuerdo sustantivo en 2015 que debería entrar en vigor en 2021. Resultado parco, que se vio

---

[1] En cuanto a la evolución del Derecho Internacional del medio ambiente, véanse en general: A. KISS, «The Implications of Global Change for the International Legal System», en *Environmental Change and International Law. New Challenges and Dimensions,* Naciones Unidas, 1992, pp. 315 ss.; *Droit International de l'Environnment,* París, 1989; y J. JUSTE RUIZ, *Derecho Internacional del Medio Ambiente*, Madrid, 1999, pp. 16 ss. Para la Conferencia de Estocolmo, A. KISS y J. D. SICAULT, «La Conférence des Nations Unies sur l'envrironment», *A.F.D.I.*, 1972, pp. 603 ss. Sobre la Conferencia de Río de Janeiro, A. KISS y S. DOUMBLEBILLE, «La Conférence des Nations Unies sur l'environnment et le développment», *A.F.D.I.,* 1992, pp. 823 ss.; P. JIMÉNEZ DE PARGA, «La Conferencia de Johannesburgo sobre desarrollo sostenible de 26 de agosto a 4 de septiembre de 2002: algunas reflexiones», en *Revista Interdisciplinar de Gestión Ambiental*, noviembre de 2002; FAJARDO DEL CASTILLO, T., «El Acuerdo de París sobre el cambio climático: sus aportaciones al desarrollo progresivo del Derecho internacional y las consecuencias de la retirada de los Estados Unidos», *R.E.D.I.*, 2018, vol. 1, pp. 23 ss.; y SALINAS ALCEGA, S., «El Acuerdo de París de diciembre de 2015: la sustitución del multilateralismo por la multilateralidad en la cooperación climática internacional», *R.E.D.I.*, 2018.

empeorado por la retirada de Canadá del sistema. Pero no podemos dejar de mencionar aquí la Conferencia de Naciones Unidas sobre el cambio climático celebrada en París en diciembre de 2015, foro en el que el día 12 de ese mismo mes y año se aprobó un acuerdo, jurídicamente vinculante (esto es, con naturaleza de tratado), firmado por España junto a otros 170 países el 22 de abril de 2016 y ratificado el 2 de abril de 2016 (*B.O.E.* de 2 de febrero de 2017) el texto entró en vigor el 4 de noviembre de 2016. El acuerdo, al que se concedió muy justamente ese mismo año el premio Príncipe de Asturias, es de suma importancia para el futuro de la entera humanidad porque prevé un enfriamiento medio del planeta para fin de siglo de entre 1,5 y 2 grados. En Katowice (Polonia) se celebró en diciembre de 2018 una reunión de 200 países para desarrollar el Acuerdo de París, en la que se aprobó una parte del reglamento y en la que se dejó para la siguiente cumbre la regulación de temas sustantivos de la mayor relevancia. Confiemos en que los importantes y voluntariosos movimientos juveniles surgidos en los primeros meses de 2019 —también en España— en pro del respeto al Acuerdo de París impulsen la mayor y mejor puesta en práctica de sus normas. Pero en la Conferencia de diciembre de 2019 celebrada en Madrid (la COP25 que debía haber tenido lugar en Santiago de Chile) los resultados fueron decepcionantes pues no se consiguió el objetivo propuesto de reforzar los planes de reducción de emisiones. Los avances también han sido insatisfactorios en la celebrada en Glasgow en 2021 o en Sharm-el-Sheij en 2022, aunque como logro significativo de la COP 27 está la creación de un fondo específico de reparación a los países vulnerables; países que, encabezados por Vanuatu, han promovido la resolución 77/276, de 29 de marzo de 2023, de la Asamblea General de las Naciones Unidas, en la que solicita a la Corte Internacional de Justicia una opinión consultiva sobre las obligaciones de los Estados en el ámbito del cambio climático. El cambio climático y el aumento del nivel del mar han dado lugar a un importante dictamen[2], del Comité de Derechos Humanos de 22 de septiembre de 2022, en el *asunto Daniel Billy et al. c. Australia*, conocido como el caso de los Isleños del Estrecho de Torres[3]. Se trata del primer dictamen de un órgano de un tratado de Derechos humanos en el que se establece que la falta de diligencia del Estado, en la prevención de los efectos del cambio climático sobre el aumento del nivel del mar, vulnera los derechos de los denunciantes. La Comisión de Derecho Internacional cuenta con el tema de la subida del nivel del mar entre los que están en proceso de codificación y desarrollo progresivo. Y respecto a los litigios climáticos ante tribunales nacionales promovidos por la sociedad civil, es paradigmático el conocido como «l'Affaire du Siècle», en el que el 3 de febrero de 2021, la justicia francesa condena al Estado por incumplir sus compromisos de reducción de emisiones de gases de efecto invernadero. Mencionemos igualmente por su gran importancia el Acuerdo firmado en Kigali (Ruanda) el 16 de octubre de

[2] Comunicación 3624/2019, Dictamen CCPR/c/135/d/3624/2019, de 22 de septiembre de 2022.

[3] Un comentario al Dictamen puede encontrarse en I. A. Giménez y E. W. Petit de Gabriel, «Cambio climático y Derechos humanos: el caso de los Isleños del Estrecho de Torres», *Auiescencia Blog de Derecho Internacional*, 24 de octubre de 2022, disponible aquí: https://aquiescencia.net/2022/10/24/cambio-climatico-y-derechos-humanos-el-caso-de-los-islenos-del-estrecho-de-torres/

2016 para la reducción del uso del gas hidrofluorocarbono (HFC) empleado desde los años noventa del siglo pasado en refrigeración.

En cualquier caso, la proliferación convencional en la materia es alta. Entrado el siglo XXI, más de 400 instrumentos están en vigor, por lo que como dice de manera muy pertinente el Secretario General de las Naciones Unidas en su informe de 2005 sobre Fortalecimiento de la Organización, ha llegado el momento de preguntarse sobre la posibilidad de crear una estructura integrada que promulgue normas ambientales, debata cuestiones científicas y supervise el cumplimiento de los tratados.

d) En los inicios de la década de los noventa era claro que el proceso puesto en marcha por la Conferencia de Estocolmo de 1972 no estaba consiguiendo los resultados que se esperaban. Así, la extensión total de los bosques se había reducido, la de las tierras desérticas se había ensanchado, el planeta se había recalentado, y la biodiversidad había sufrido un retroceso considerable. Además, la población mundial había aumentado, sobre todo en los países en desarrollo. Estos datos alarmantes llevaron a la Organización de las Naciones Unidas a la convocatoria de otra reunión mundial, la Conferencia sobre medio ambiente y desarrollo, celebrada en Río de Janeiro en las primeras semanas del mes de junio de 1992. En ella se adoptó la Declaración de Río sobre medio ambiente y desarrollo, acompañada de un amplio programa de acción —la llamada Agenda 21—. Se aprobaron además dos instrumentos convencionales de extraordinaria importancia: la Convención ya mencionada sobre el cambio climático y la Convención sobre la biodiversidad biológica.

Indudablemente, fue la óptica global y universal la que inspiró los trabajos de Río de Janeiro. Otra nota a destacar es que en dichos trabajos se consideró la protección del medio ambiente como una parte importante del proceso de desarrollo. Y hay que señalar también, desde el punto de vista de los valores, que a este enfoque integrado se le asignó un sustento humanista o antropocéntrico, como lo da a entender elocuentemente el principio 1 de la Declaración cuando proclama que los seres humanos están en el centro de las preocupaciones relativadas al desarrollo sostenible, y que tienen derecho a una vida sana y productiva en armonía con la naturaleza. El enfoque humanista del que hablamos es particularmente perceptible en el interés que muestra la Declaración de Río por las generaciones futuras. Se trata, como veremos más adelante, de la idea de la solidaridad intertemporal o de la equidad intergeneracional, inspirada sin duda en el valor socialización.

e) Ya en el nuevo milenio, concretamente en el verano de 2002, se celebró en Johannesburgo (África del Sur), con participación universal y bajo los auspicios de las Naciones Unidas, una nueva Cumbre de la Tierra. El día de cierre de la reunión, 4 de septiembre de 2002, se adoptó una Declaración Política y un Plan de Acción, entre cuyos logros sobresalen algunos compromisos, como el de reducir en el mundo el número de personas que no disfrutan de agua potable, el relativo al saneamiento de las aguas residuales y los concernientes a la biodiversidad y recursos pesqueros. No se consiguieron, sin embargo, acuerdos concretos para potenciar las energías renovables. Estos resultados parecieron decepcionantes a la mayoría de las delegaciones de los países en desarrollo y de las organizaciones no gubernamentales, pero fueron objeto de una valoración moderadamente favorable por parte de los países miembros de la Unión Europea. A mi juicio, en Johannesburgo se dio un paso adelante pero un paso corto, que desde luego no está a la altura de las necesidades de la comunidad internacional en este punto.

f) En el mes de junio de 2012 se celebra en Río de Janeiro la Conferencia de Naciones Unidas sobre desarrollo sostenible *Rio + 20*, lastrada por la crisis económica global. En el documento final se reiteran la filosofía y los principios alcanzados en Río en el año 1992 pero no se prevén fuentes de financiación adicionales para las políticas de desarrollo sostenible. No es de extrañar que las ONG y en general los sectores de opinión más interesados en la preservación del medio ambiente calificasen los resultados de la reunión como vagos y poco ambiciosos cuando no de auténtico fracaso.

g) Señalemos, por lo demás, que la originalidad del Derecho Internacional del medio ambiente no reside tanto en su contenido como en sus técnicas de elaboración y aplicación. Así, por lo que respecta a su contenido, comprobaremos enseguida que la mayor parte de sus principios no son otra cosa que principios generales del Derecho Internacional aplicados al medio ambiente. Sin embargo, este sector del Derecho Internacional muestra una predilección clara por determinadas técnicas jurídicas, tanto en el campo de su elaboración (convenciones marco seguidas de protocolos adicionales e importancia de los principios y compromisos de *soft law*) como en el terreno de su aplicación y seguimiento (particularidades de los mecanismos de verificación y control). Estos procedimientos están proliferando en las convenciones ambientales de nueva generación, que ofrecen novedades del mayor interés, entre otras la búsqueda de la cooperación con los Estados rezagados en el cumplimiento de sus obligaciones más que la creación de mecanismos sancionadores de eficacia dudosa.

h) En fin, al rasgo señalado de la importancia de las normas de *soft law* en el Derecho del medio ambiente, el profesor JUSTE RUIZ, sin duda nuestro mejor especialista en la materia, añade otras dos notas para caracterizar este sector del Derecho Internacional, a saber: funcionalidad y multidimensionalidad. Funcionalidad, porque se trata de un *corpus jurídico* nacido para satisfacer un objetivo perentorio de la comunidad internacional, que es que el desarrollo de las actividades humanas y la explotación de los recursos naturales se lleven a cabo en un contexto de respeto al medio humano y preservación del equilibrio ecológico. Y multidimensionalidad, ya que el objeto de la disciplina —entorno global o medio humano— es indivisible, constituyendo un ámbito multifacético en el que confluyen elementos, valores e intereses de signo diferente[1 bis].

43.2. LOS PRINCIPIOS GENERALES

a) La Declaración de Río de 1992 proclama hasta 27 principios, pero su lectura demuestra que el interés de los mismos es desigual. A nuestro juicio, teniendo en cuenta dicha Declaración y la adoptada en Estocolmo en 1972, así como los instrumentos convencionales concluidos en la materia y las enseñanzas de la práctica, jurisprudencia internacional y doctrina de los publicistas, los principios fundamentales del Derecho Internacional del medio ambiente son los cinco que siguen: 1) la soberanía de los Estados sobre sus recursos naturales y la obligación de no causar daños al medio ambiente; 2) el desarrollo sostenible; 3) la buena vecindad y la obligación de cooperar; 4) el deber de prevención, y 5) el deber de reparación. Es obvio que entre estos cinco grandes principios existen profundas conexiones[4].

b) En cuanto al primer principio, hay que recordar que el artículo 21 de la Declaración de Estocolmo reafirma el derecho soberano de los Estados a explotar sus propios recursos según sus políticas de medio ambiente, señalando a la vez que tienen el deber de asegurar que las actividades ejercidas en los límites de su jurisdicción o bajo su control no causen daños al medio ambiente de otros Estados o de regiones que no dependen de ninguna jurisdicción nacional. El artículo 2 de la Declaración de Río se limitó a añadir las palabras «y desarrollo» a los términos «políticas de medio ambiente». Estamos, en cualquier caso, ante una manifestación particular del principio general *sic utere tuo ut alienum non laedas,* es decir, ante un principio que formaba parte del Derecho Internacional General con anterioridad a la Declaración de Estocolmo de 1992. A la obligación de orden sustantivo que resulta de este principio, hay que añadir otra de carácter procesal, que es la de llevar a cabo evaluaciones previas para determinar el daño que una actividad proyectada puede producir en el medio ambiente de otro Estado. Así lo ha dicho el Tribunal Internacional de Justicia en diversas sentencias (entre otras la dictada el 18 de diciembre de 2015 en los casos acumulados de *Ciertas actividades realizadas por Nicaragua en la región fronteriza, Costa Rica c. Nicaragua* y *Construcción de una carretera por Costa Rica a lo largo del Río San Juan, Nicaragua c. Costa Rica*, párrafos 100 ss.).

c) En lo que respecta al segundo principio —desarrollo sostenible—, conviene poner de relieve con el profesor JUSTE RUIZ que se trata de un paradigma que trasciende los límites de la ecología y del pensamiento puramente ambientalista; el paradigma pertenece esencialmente a la ciencia económica[2 bis]. Señalemos también con el profesor citado que se trata de una noción evolutiva y acumulativa. En realidad, el principio persigue algo tan importante como integrar la preser-

[1 bis] J. JUSTE RUIZ, *op. cit.* en nota 1, pp. 39 ss. Sobre los procedimientos de verificación del cumplimiento de las convenciones, véase T. TREVES y otros, *Non-compliance Procedures and Mechanism and the Effectiveness of International Environmental Agreements,* TMC Asser Press, The Hague, 2009.

[4] Un examen de los principios en D. HUNTER, J. SOMMER y S. VAUGHAN, *Concept and Principles of International Environmental Law: an Introduction,* United Nations Environnement Program, 1994; y Ph. SAND, *Principles of International Environmental Law,* vol. I, *Frameworks, Standards and Implementation,* Manchester University Press, 1995, pp. 183 ss. Sobre los aspectos de responsabilidad internacional por hechos ilícitos relativos al medio ambiente, véase J. JUSTE RUIZ, «Les considérations relatives à l'environnement dans les travaux de codification sur la responsabilité international de l'Etat», en *Mélanges en l'honneur de Michel Prieur. Pour un Droit commun de l'environnement,* Dalloz, París. y C.M. DÍAZ BARRADO, «Los objetivos del desarrollo sostenible: un principio de naturaleza incierta y varias dimensiones fragmentadas», *A.D.I.*, 2016, n.º 32, pp. 9 ss.

vación del medio ambiente en el proceso de desarrollo. En su sentencia de 25 de septiembre de 1997 (*asunto relativo al proyecto Gabcíkovo-Nagymaros,* Hungría c. Eslovaquia), el Tribunal Internacional de Justicia ha dicho que el concepto de desarrollo sostenible traduce la necesidad de conciliar el desarrollo económico con la preservación del medio ambiente[5].

En cualquier caso, si el principio que nos ocupa había alcanzado ya cierta popularidad desde 1987, es la Declaración de Río la que le ha dotado de sustancia a través de tres ideas clave: la ya aludida de la integración de la protección del medio ambiente en el proceso de desarrollo; la equidad intergeneracional, y las responsabilidades comunes pero diferenciadas de los Estados.

Partiendo de la primera idea clave, resulta de particular interés la noción de la equidad intergeneracional, que consiste, según el principio 3 de la Declaración, en la necesidad de que el derecho al desarrollo se ejerza de manera que satisfaga equitativamente las necesidades relativas al desarrollo y al medio ambiente de las generaciones presentes y futuras. Estamos, pues, ante una proyección intertemporal de la idea de la solidaridad y del valor de socialización.

Es también interesante la idea de las responsabilidades comunes aunque diferenciadas de los Estados, porque, si es verdad que el desarrollo sostenible plantea un reto a todos los países del mundo, no es menos cierto que son los Estados industrializados los que han contribuido en mayor medida a la degradación del medio ambiente. Dichos Estados poseen además tecnología y recursos financieros apropiados para su preservación. Parece justo, por consiguiente, imponerles en este campo obligaciones más severas y onerosas que las que pesan sobre los Estados en desarrollo. Es ésta la *ratio* de la idea de las responsabilidades comunes pero diferenciadas, que se enuncia en el principio séptimo de la Declaración de Río, y que se articula de modo concreto, por ejemplo, en la Convención sobre el cambio climático. La referida idea implica, por lo demás, la obligación de los Estados desarrollados de prestar asistencia y cooperación, técnica y financiera, en el campo del desarrollo sostenible, a los Estados en desarrollo.

Digamos que a la dimensión normativa del principio de desarrollo sostenible se ha añadido un amplio plan de acción —la llamada Agenda 21— y un modesto aparato institucional. En efecto, por su resolución 47/91, de 22 de diciembre de 1992, el Consejo Económico y Social de las Naciones Unidas creó la Comisión de desarrollo sostenible, con el mandato de alentar y verificar el cumplimiento de aquel plan de acción.

d) Nos ocupamos ahora del tercer principio general del Derecho Internacional del medio ambiente, que es el de buena vecindad y el deber de cooperación.

Bien conocido por el Derecho Internacional, el principio de buena vecindad es reafirmado por el artículo 74 de la Carta de las Naciones Unidas. Por su parte, la tantas veces citada Declaración de principios de Derecho Internacional adoptada en 1970 por la Asamblea General en su resolución 2.625 (XXV), proclama el deber de cooperación entre los Estados en diversos ámbitos de las relaciones internacio-

[2 bis] J. JUSTE RUIZ, *op. cit.* en nota 1.

[5] CIJ, *Recueil,* 1997, párrafo 147 de la sentencia.

nales. Se trata fundamentalmente de una vaga obligación de comportamiento y, en el campo del medio ambiente, la obligación tiene de un modo general este mismo carácter. El principio 9 de la Declaración de Río se ocupa en términos específicos de la cooperación relativa al intercambio de conocimientos científicos y técnicos, incluso en el caso de que éstos sean nuevos o innovadores.

e) El cuarto principio general del Derecho del medio ambiente consiste en el deber de prevención o precaución, aplicado usualmente en el ámbito de las relaciones de vecindad, enunciado en algunas convenciones sectoriales, y proclamado en términos generales por los artículos 2 y 15 de la Declaración de Río. Según el principio en cuestión, los Estados deben velar por que las actividades que dependan de su competencia o poder no causen daños al medio ambiente de otros Estados o al de los espacios situados fuera de las jurisdicciones estatales. En cuanto a su *ratio* o razón de ser, el Tribunal Internacional de Justicia la ha explicado muy claramente, en su ya citada sentencia de 25 de septiembre de 1997: es la naturaleza frecuentemente irreversible de los daños causados al medio ambiente y las limitaciones inherentes a los mecanismos de reparación. En su sentencia de 20 de abril de 2010 (*asunto relativo a las fábricas de pasta de papel en el río Uruguay*), el Tribunal de La Haya ha afirmado que el principio de prevención forma parte ahora del cuerpo de reglas del Derecho internacional general en materia de medio ambiente, precisando que su fundamento se ubica en el deber o criterio de diligencia debida (*due diligence*), según el cual los Estados no deben utilizar ni dejar utilizar su territorio para la realización de actos contrarios a los derechos de otros Estados.

f) El quinto principio general del Derecho Internacional del medio ambiente es el que establece la obligación de reparar los daños causados (también conocido con la expresión «el que contamina paga»). Cuestión de particular interés en relación con este principio es la de determinar si, en el campo del medio ambiente, la responsabilidad internacional se basa en los patrones tradicionales de responsabilidad por culpa, o si se inspira en el modelo de la responsabilidad objetiva y absoluta. En el primer caso —responsabilidad por culpa— sólo existe obligación de reparar si el autor ha violado el Derecho Internacional. En el segundo supuesto —responsabilidad absoluta y objetiva— basta la producción del daño para que exista obligación de repararlo. Si tomamos en consideración el hecho de que las actividades en dicho campo son con frecuencia extremadamente peligrosas (*ultra-hazardous activities*), existe la tendencia a configurar el deber de reparar sobre el modelo de la responsabilidad objetiva y absoluta. Producido el daño, el autor tiene obligación de repararlo con independencia de que haya violado o no las normas jurídicas. Es el caso, por ejemplo, de las convenciones concluidas en los ámbitos de la explotación de la energía nuclear o el transporte por mar de hidrocarburos. Añadamos que en su sentencia de 2 de febrero de 2018 dictada en el caso de *ciertas actividades realizadas por Nicaragua en la región fronteriza (Costa Rica c. Nicaragua). Indemnización por la República de Nicaragua a la República de Costa Rica, par. 39*, el Tribunal de La Haya se ocupa por primera vez del tema de la reparación por daños medioambientales, afirmando categóricamente la existencia de la obligación de repararlos, incluyendo en ella los gastos de restauración.

g) Hemos expuesto hasta aquí el contenido de los principios generales del Derecho internacional contemporáneo del medio ambiente, y llega el momento de analizarlos en su conjunto y de indagar si se trata de principios autónomos y de cuál pueda ser su naturaleza —*hard law* o *soft law*— y el carácter de los compromisos más concretos que acompañan a cada uno de esos principios.

Con la excepción del principio relativo al desarrollo sostenible, es fácil comprobar que los principios expuestos no son otra cosa que principios generales del Derecho Internacional aplicados al medio ambiente. Como ha dicho en 1997 el profesor Pierre-Marie DUPUY, el Derecho Internacional del medio ambiente no ha llegado aún a convertirse en un sector completamente autónomo del Derecho Internacional[6].

En lo que concierne a la naturaleza de esos principios, hay que señalar, por lo pronto, que una parte de los mismos se enuncian en convenciones internacionales. Estamos, pues, ante principios del Derecho Internacional positivo que constituyen *hard law*, Derecho puro y duro, o normas jurídicas obligatorias. Otros de los principios enunciados en las Declaraciones de Estocolmo y Río reiteran o expresan principios generales de Derecho Internacional, por lo que su obligatoriedad jurídica estricta tampoco ofrece duda alguna. Sin embargo, varios de los principios que figuran en ambas Declaraciones y de los compromisos concretos que los desarrollan o acompañan no son sino pautas de comportamiento de naturaleza prospectiva o programática, o, lo que es lo mismo, principios de *soft law*. Es particularmente el caso del principio del desarrollo sostenible y de los compromisos específicos que lo completan, cualquiera que sea su importancia para la calidad de vida de las generaciones presentes y futuras. En lo que atañe a dicho principio y sus compromisos de desarrollo, los Estados no han querido asumir por el momento obligaciones estrictas de orden jurídico. Han preferido contraer deberes más vagos que se sitúan en el plano político. Y lo que es peor: vamos a comprobar seguidamente que el repetido principio y sus compromisos adicionales no han sido cumplidos hasta ahora de manera satisfactoria.

h) Efectivamente, en el mes de junio de 1997, la Asamblea General de las Naciones Unidas celebró un período de sesiones extraordinario —la Segunda Cumbre de la Tierra— para verificar el respeto de los compromisos contraídos en la Declaración de Río y en los instrumentos convencionales adoptados en la ciudad brasileña. Pues bien, en la resolución adoptada el 28 de junio de 1997, la Asamblea General se vio forzada a reconocer que, desde 1992, el medio ambiente del planeta se había degradado considerablemente. Es decir, los efectos de la Declaración de Río no habían sido los que razonablemente cabía presumir. Como solución —triste solución— se decidió únicamente realizar mayores progresos con ocasión de la Tercera Cumbre, prevista para el año 2002. La conclusión que se impone no es ciertamente optimista. Está claro que, de cara al cambio de milenio, la situación del medio ambiente del planeta no era precisamente alentadora, y no está a la altura de las necesidades de las generaciones presentes ni de las futuras.

[6] P.-M. DUPUY, «Où en est le Droit International de l'environnment à la fin du siècle», *R.G.D.I.P.*, 1997-4, t. 101, p. 875.

43.3. Apreciación de conjunto: el medio ambiente como preocupación común de la humanidad

a) Sabemos que los fondos marinos y oceánicos más allá de la jurisdicción nacional forman parte del patrimonio común de la humanidad, tanto desde el punto de vista normativo como institucional, aunque esta idea haya sufrido un retroceso considerable en virtud del Acuerdo —ya estudiado— de 29 de julio de 1994 relativo a la aplicación de la Parte XI de la Convención de 1982 sobre Derecho del Mar. Sabemos también que el espacio ultraterrestre, la Luna y los cuerpos celestes del sistema solar, pertenecen también al patrimonio común de la humanidad, por más que esta noción, carente de apoyo institucional, no tenga más que una traducción extremadamente incompleta, incluso ilusoria, en la realidad de las cosas.

En lo que concierne al medio ambiente, el preámbulo de la Declaración de Río de 1992 considera que la Tierra es el hogar de la humanidad, y hace notar que constituye un todo marcado por la idea de interdependencia. El preámbulo habla también de la integridad del sistema mundial del medio ambiente y del desarrollo. No se pueden poner en duda el contenido y el significado de estas afirmaciones ni el hecho de que, desde un punto de vista ideal, postulan la consideración del medio ambiente como patrimonio común de la humanidad.

b) Sin embargo, ni desde el punto de vista normativo ni en una óptica institucional, resulta posible afirmar que el medio ambiente del planeta constituya en nuestros días patrimonio común de la humanidad.

Así, en cuanto al aspecto normativo, ya hemos puesto de relieve el carácter fragmentario e incompleto de las numerosas convenciones en vigor. De otro lado, buena parte de los grandes principios que rigen en la materia son enunciados en declaraciones de conferencias internacionales o de la Asamblea General de las Naciones Unidas. Además, un principio tan importante y fecundo en consecuencias como el de desarrollo sostenible sólo tiene naturaleza de *soft law*. Es también el caso de compromisos más concretos que han asumido los Estados en los foros mencionados.

En lo que atañe a la dimensión institucional de la idea de patrimonio común de la humanidad, si bien es verdad que existen estructuras sectoriales para la verificación del respeto de ciertos tratados, no es menos cierto que brilla por su ausencia una organización internacional universal dotada de poderes eficaces para la preservación del medio ambiente. Ciertamente, el llamamiento que el día 11 de marzo de 1989 hicieron en La Haya 24 países tendía a la creación de una Autoridad Mundial en el campo que nos ocupa, pero semejante institución nunca ha sido establecida. Por su parte, la Comisión de desarrollo sostenible creada por el Consejo Económico y Social de las Naciones Unidas tiene poderes muy escasos. En ningún caso la podemos considerar como la organización internacional que asegure en la práctica la idea del patrimonio común de la humanidad aplicada al medio ambiente.

c) En suma, el medio ambiente no constituye en la actualidad patrimonio común de la humanidad, tal como se entiende esta noción en Derecho internacional. Desde un punto de vista ideal, y puesto que el medio ambiente no conoce fronteras, sería deseable que formase parte de él, pero en la realidad de las cosas no es así. Lo más que se puede decir hoy es que, dado que su degradación creciente supone un desafío global y extraordinario a toda la humanidad —tanto a las generaciones presentes como a las futuras—, el medio ambiente es objeto de una preocupación común de ella o, si se quiere, de su interés global. Señalemos que esta idea concuerda con un *obiter dictum* de la sentencia del Tribunal Internacional de Justicia de 25 de septiembre de 1997 (*asunto relativo al proyecto Gabcíkovo-Magymaros*), según el cual:

> Es sobre todo en las dos últimas décadas cuando se ha considerado que la salvaguarda del equilibrio ecológico responde a un «interés esencial» de todos los Estados[7].

Y, así las cosas, se plantea la cuestión de si estas nociones de «interés global» o «interés esencial» de todos los Estados tienen consecuencias prácticas y concretas en el Derecho Internacional. Es verdad que la Comisión de Derecho Internacional ha entendido que la violación grave de una obligación internacional de importancia esencial para la salvaguarda y preservación del medio ambiente constituye un crimen internacional (art. 19 del proyecto de artículos de 1996 sobre responsabilidad de los Estados). Pero ya hemos hablado de la oposición de Estados muy poderosos a la noción de crimen internacional, y hemos dicho que es muy poco probable que dicha noción llegue a figurar en una convención internacional susceptible de aceptación general. Así pues, las fórmulas de «interés global» o «interés esencial» de todos los Estados son en su conjunto vagas y difusas por lo que concierne a sus consecuencias jurídicas. No forman parte hoy del *hard law*. Sin embargo, desde un punto de vista moral y político, y en cuanto nociones de *soft law*, es innegable su naturaleza prospectiva o programática, y tienen al menos la virtualidad de requerir la acción urgente de toda la comunidad internacional en pro de la protección del medio ambiente.

---

[7] CIJ, *Recueil*, 1997, párrafo 147 de la sentencia.

SECCIÓN TERCERA

LOS ÓRGANOS DEL ESTADO ENCARGADOS DE LAS RELACIONES INTERNACIONALES. LA INMUNIDAD DEL ESTADO FRENTE A LAS JURISDICCIONES DE OTROS ESTADOS

44. GENERALIDADES

a) Fue el iusinternacionalista francés SCELLE quien formulara de manera más acabada la ley del desdoblamiento funcional en el Derecho y en las relaciones internacionales[1]. Partiendo, efectivamente, de la insuficiencia orgánica de la actual sociedad internacional[2], que es esencialmente una sociedad de Estados soberanos yuxtapuestos y, por tanto, básicamente descentralizada, resulta que las funciones de tal sociedad no pueden ser desempeñadas en la mayoría de los casos por órganos propios, y esta insuficiencia se remedia por la acción de órganos nacionales. Estos últimos órganos experimentan, así, un auténtico desdoblamiento funcional, en el sentido de que no sólo llevan a cabo funciones estatales, sino también internacionales.

El desdoblamiento funcional tiene lugar a nivel normativo, ejecutivo y judicial. A nivel normativo, en primer lugar, y ya hemos analizado en otro lugar de este libro el papel preponderante de los Estados en la formación del Derecho Internacional[3]. A nivel ejecutivo, en segundo término, pues también la insuficiencia orgánica de la sociedad internacional provoca que en muchos supuestos sean los propios Estados los que velen directamente por la observancia del Derecho Internacional; la teoría de las sanciones en nuestra disciplina se halla fuertemente impregnada de esta realidad. Y a nivel judicial, por fin, porque aunque hay casos en que actúan terceros imparciales como las jurisdicciones internacionales, la solución jurisdiccional de las controversias tiene más bien carácter excepcional. La mayor parte de las diferencias entre Estados se sustancian por medios políticos, en los que los Estados conservan su libertad de acción y decisión. Ocurre, además, que en muchos supuestos, las normas internacionales son aplicadas por órganos judiciales nacionales, e incluso si se trata de violaciones al Derecho Internacional cometidas por un Estado en perjuicio de particulares extranjeros, existe la obligación de intentar previamente la reparación del daño ante los órganos internos[4].

Así pues, determinados órganos nacionales ejercen funciones internacionales y de ahí la importancia de la posición que ocupan de cara al Derecho Internacional.

---

[1] G. SCELLE, *Cours de Droit International Public (Le Fédéralisme International)*, París, 1947-1948, pp. 101 ss.
[2] Véanse en apartados 1 y 4.1 de este libro.
[3] Véanse en apartado 1 y el capítulo II de este libro.
[4] Véase el apartado 25.5 de este libro.

b) Con independencia de las consideraciones anteriores, hay que decir que la propia estructura de la sociedad internacional comporta una activa e intensa vida de relación entre los Estados. Relaciones que si existían ya a principios de la sociedad internacional moderna, cuando los Estados vivían simplemente yuxtapuestos, se incrementaron y fortalecieron al compás de la evolución de la referida sociedad, esto es cuando los Estados tomaron conciencia de la existencia de intereses comunes entre ellos y empezaron a cooperar a tal fin, y cuando con el transcurso del tiempo institucionalizaron a través de organizaciones internacionales aquella cooperación. Hoy es indudable la obligación que tienen los Estados de cooperar entre sí según la tantas veces citada resolución 2.625 (XXV) de la Asamblea General que contiene los «Principios de Derecho Internacional referentes a las relaciones de amistad y a la cooperación entre los Estados de conformidad con la Carta de las Naciones Unidas». Y pieza clave de esta cooperación, aunque no estrictamente exigida desde el punto de vista jurídico por aquel principio, son las relaciones diplomáticas, mantenidas a través de órganos específicos como las misiones diplomáticas y también por otros órganos. Relaciones que se han atemperado a las necesidades y que, por consiguiente, han evolucionado y se han enriquecido con el paso del tiempo dando lugar a la aparición de nuevas formas de diplomacia, como la diplomacia *ad hoc* y la denominada diplomacia multilateral[5]. Y en el terreno de la cooperación entre los Estados, aunque con proyección particular hacia la defensa de los nacionales, ocupan también lugar importante las relaciones consulares, aseguradas por órganos específicos que son las oficinas consulares. Todas estas manifestaciones han sido objeto en los últimos lustros de un importante esfuerzo codificador, auspiciado, una vez más, por las Naciones Unidas, y de él nos ocuparemos en los apartados siguientes.

c) Los órganos del Estado que intervienen en las relaciones internacionales pueden ser divididos en internos —o centrales— y externos. Entre los órganos internos hay que hablar, en rigor, de los integrantes de los poderes legislativo, judicial y ejecutivo, pero en esta sección sólo nos vamos a ocupar de aquellos que, formando parte del poder ejecutivo, tienen capacidad para comprometer al Estado en el plano del Derecho Internacional, y se ven reconocidos por este ordenamiento ciertos privilegios, inmunidades y facilidades. Son el Jefe del Estado, el Jefe del Gobierno y el Ministro de Asuntos Exteriores. Entre los órganos externos, es decir, aquellos encargados específicamente de la gestión en el exterior de las relaciones internacionales del Estado, trataremos de las misiones diplomáticas, misiones especiales, representaciones ante Organizaciones internacionales y Conferencias intergubernamentales, y oficinas consulares. Abordaremos, por fin, un importante privilegio de que disfrutan los Estados cuando actúan en el exterior, que es la inmunidad de jurisdicción y ejecución ante los tribunales de otros Estados, beneficio que, si tiempo atrás tendía a ser absoluto, conoce en nuestros días una serie creciente de excepciones.

---

[5] Véanse especialmente YTURRIAGA BARBERAN, J.A., *Los órganos de Estado para las relaciones exteriores. Compendio de Derecho Diplomático y consular.* Madrid, Colección Escuela Diplomática, 2015; y L. GARCÍA ARIAS, «Las antiguas y nuevas formas de diplomacia», en el libro *Estudios sobre relaciones internacionales y Derecho de gentes*, Madrid, 1971, pp. 261 ss.

d) En lo que respecta a *España*, hay que mencionar el capítulo I del título III de la Ley de acción y servicio exterior del Estado, de 24 de marzo de 2014, que contiene una detallada regulación de las funciones de los órganos del Estado encargados específicamente de la acción exterior. Esa regulación se refiere en primer lugar a las misiones diplomáticas permanentes que representan a España ante otros Estados, y en segundo lugar, a las representaciones permanentes ante la Unión Europea u otras organizaciones internacionales. Unas y otras se crean y suprimen por real decreto. En cuanto a las oficinas consulares, se habla de las integradas por funcionarios de carrera, cuya creación y supresión se hace por real decreto. Se mencionan también los consulados honorarios, que se crean y suprimen por orden del Ministerio de Asuntos Exteriores y Cooperación.

45. EL JEFE DEL ESTADO Y EL JEFE DEL GOBIERNO

a) Siendo el Estado una persona moral, es evidente que tiene que actuar por medio de sus órganos. El órgano supremo del Estado es el jefe del Estado que en determinados países, y según las respectivas Constituciones, puede ser también jefe del gobierno. Así las cosas se entiende que en las relaciones exteriores el jefe del Estado y el jefe del gobierno actúan en nombre del Estado y que, por consiguiente, pueden comprometerle internacionalmente[1], y ello tanto en el plano de los actos unilaterales como en el de los instrumentos convencionales.

Por lo que respecta a los actos unilaterales, en primer término, debemos recordar lo dicho en otro lugar[2]. Lo manifestado por el Tribunal de La Haya en el caso de los *Ensayos Nucleares*[3] indica claramente que el jefe del Estado tiene capacidad para comprometer a su país a través de un acto unilateral. ¿Tiene la misma capacidad el jefe del gobierno en aquellos casos en que el país cuente también con un jefe de Estado? A nuestro juicio, la respuesta es positiva en virtud de dos argumentos. El primero es que si, como vimos[4], el jefe del gobierno puede comprometer convencionalmente al Estado, no se ve por qué no pueda vincularle mediante un acto unilateral. La segunda razón es que si, además del jefe del Estado, también el ministro de Asuntos Exteriores puede asumir unilateralmente una obligación[5], no hay razón para negar tal facultad al jefe del gobierno, que indudablemente está por encima del ministro de Asuntos Exteriores. Es interesante, al respecto, lo que dispone el artículo 13 del Reglamento del Consejo de Seguridad de las Naciones Unidas, según el cual el jefe del gobierno no tiene necesidad de someter credencial alguna al Secretario General para actuar en aquél en nombre de su país.

En lo que concierne al plano convencional, en segundo término, también el jefe del Estado y el jefe del gobierno pueden comprometer al Estado respectivo. Ya sabemos[6], efectivamente, que el artículo 7 de la Convención de Viena de 1969 sobre Derecho de Tratados, concede directamente a los jefes de Estado y de gobierno competencias autónomas para llevar a cabo todos los actos de celebración de un tratado, incluyendo la manifestación del consentimiento en obligarse.

Claro que, en el plano constitucional interno respectivo, la capacidad del jefe del Estado y del jefe del gobierno para comprometer internacionalmente a su país, sea por acto unilateral o por instrumento convencional, puede conocer limitaciones, particularmente las derivadas de la necesidad de obtener previa autorización del poder legislativo. Para determinar el impacto de estas limitaciones en el plano

---

[1] Véase F. DEAK, «Organs of States in their external relations: inmunities and privileges of State organs and of the State», en el *Manual of Public International Law*, editado por M. SOERENSEN, Londres, 1968, pp. 383-384.
[2] Véase el apartado 10 de este libro.
[3] CIJ, *Recueil*, 1974, p. 269.
[4] Véase el apartado 8.2 de este libro.
[5] Véase el apartado 10 de este libro.
[6] Véase el apartado 8.2 de este libro.

del Derecho Internacional nos parece pertinente traer a colación lo dispuesto por el artículo 46 de la Convención de Viena de 1969 sobre Derecho de Tratados[7]. Según tal precepto, una violación del Derecho interno sólo podrá ser alegada por el Estado en cuestión como vicio de consentimiento si es manifiesta (esto es, resulta objetivamente evidente para cualquier Estado que proceda en la materia conforme a la práctica usual y de buena fe) y afecta a una norma de importancia fundamental de su Derecho interno. La disposición está formulada para el consentimiento manifestado por vía convencional, pero entendemos que la solución es también aplicable por analogía a los casos en que el consentimiento se haya expresado mediante un acto unilateral.

b) De otro lado, los jefes de Estado que se encuentren en un país distinto del suyo, disfrutan, según el Derecho Internacional General, de ciertos privilegios e inmunidades que si en el pasado tenían una fundamentación personal apoyada en la idea de la extraterritorialidad, hoy se justifican en base al principio de la igualdad soberana de los Estados[8]. La Convención sobre misiones especiales de 16 de diciembre de 1969 reconoce en su artículo 21.1 la existencia de estos privilegios e inmunidades. La Convención no precisa cuáles sean, pero entre ellos, y en primer lugar, está el privilegio de la *inviolabilidad,* lo que supone que el jefe del Estado no puede ser objeto de medida alguna de arresto o coerción ni en su persona ni en su residencia, propiedades, equipaje o correspondencia. La inviolabilidad comporta también la necesidad de una protección especial, tanto desde el punto de vista material como desde el punto de vista jurídico-penal.

Está, en segundo lugar, la *inmunidad de jurisdicción* penal, que es completa. Pero, tratándose de la Corte Penal Internacional, no hay inmunidad para los jefes de Estado y de gobierno. En cuanto a la jurisdicción civil por actos realizados en su condición de jefe de Estado, existe inmunidad; si los actos los realiza a título privado, la jurisprudencia interna está dividida. Los tribunales británicos y estadounidenses son favorables a dicha inmunidad, aunque la cuestión no está tan clara en otras como la italiana y la francesa. En lo que respecta a los privilegios e inmunidades del jefe del gobierno que no es el jefe de Estado, hay que entender con el profesor CAHIER[9] que cuando se halla en país extranjero tiene derecho también a ciertos privilegios e inmunidades, entre los que destacan la inviolabilidad de su persona y de su residencia y la completa inmunidad de jurisdicción penal. En todo caso, según el artículo 21.2 de la Convención sobre misiones especiales de 16 de diciembre de 1969, cuando el jefe de gobierno participe en una misión oficial

---

[7] Véase el apartado 8.2 de este libro.

[8] F. DEAK, *op. cit.*, en nota 1, p. 387. Sobre la cuestión, véase además PH. CAHIER, *Derecho diplomático contemporáneo*, Madrid, 1965, pp. 447 ss.; E. C. STOWELL, «Respect due to foreign sovereigns», en *American Journal of International Law*, 1937, pp. 373 ss.; Sir A. WATTS, «The legal position in International Law of Heads of State, Heads of Governments and Foreign Ministers», *R. des C.*, 1994, III, vol. 247, pp. 13 ss.; R. CARNERERO CASTILLA, *La inmunidad de jurisdicción penal de los jefes de Estado extranjeros*, Iustel, Madrid, 2007; J. J. URBINA, «Crímenes de guerra, justicia universal e inmunidades jurisdiccionales penales de los órganos del Estado», en *Anuario Mexicano de Derecho Internacional*, VIII, 2008, pp. 255 ss.; y M. J. CERVELL HORTAL, *Genocidio, responsabilidad internacional e inmunidad de los jefes de Estado*, Iustel, Madrid, 2013, 272 pp.

[9] PH. CAHIER, *op. cit.* en nota 8, pp. 459-560.

del Estado que envía gozará en el Estado receptor o en un tercer Estado, además de lo que otorga la presente Convención, de las facilidades y de los privilegios e inmunidades reconocidos por el Derecho Internacional.

Cuestión del mayor interés y actualidad es la de si las inmunidades jurisdiccionales de un jefe de Estado se prolongan en el tiempo. O, lo que es lo mismo, si se aplican al jefe del Estado que ha cesado en el desempeño de su cargo, particularmente si se trata de delitos cometidos cuando estaba en el ejercicio de sus funciones. Es el caso del general Augusto Pinochet, presidente de Chile durante el período de la dictadura militar (1973-1990), y detenido en el Reino Unido a expensas de una petición de extradición de la justicia española en 1998.

Un reputado especialista en la materia, Sir ARTHUR WATTS, antiguo asesor jurídico del *Foreing Office*, había sostenido en 1994, fundamentalmente sobre los datos de la práctica internacional, que en la situación mencionada de cese en el desempeño del cargo, se pierde la inmunidad de jurisdicción por las actividades privadas. En cuanto a los actos oficiales realizados por el antiguo jefe de Estado en el desempeño de sus funciones, afirma WATTS que la inmunidad de jurisdicción persiste; su situación es idéntica a la del jefe de misión diplomática según la Convención de Viena de 1961. En lo que concierne a la extradición, sostuvo WATTS que el antiguo jefe de Estado está sometido a la medida por los delitos cometidos cuando desempeñaba sus funciones.

En el caso del general Pinochet, la sentencia dictada el 24 de marzo de 1999 por la *House of Lords* británica se enfrentó justamente con un supuesto de petición de extradición por delitos cuya comisión se imputaba al interesado mientras ejerció el cargo de jefe de Estado. La sentencia se inclinó por la ausencia de inmunidad del general[9 bis], aunque posteriormente el ministro de Interior británico accedió a la liberación de Pinochet y a su regreso a Chile tomando en consideración razones humanitarias.

c) Hay que tener en cuenta, asimismo, que el día 14 de diciembre de 1973 la Asamblea General de las Naciones Unidas, por su resolución 3.166 (XXVIII) aprobó la *Convención sobre la prevención y castigo de delitos contra personas internacionalmente protegidas, incluidos los agentes diplomáticos,* en la que son partes 57 Estados, en vigor desde el 20 de febrero de 1977[10], y a la que se ha adherido España en 1985[11]. Pues bien, los jefes de Estado son, junto a los jefes de gobierno y ministros de Asuntos Exteriores y los agentes diplomáticos y agentes de las organizaciones internacionales personas protegidas en el sentido de la Convención (art. 1). Ésta, por lo demás, obliga a los Estados partes a tipificar en la legislación

[9 bis] *House of Lords, Regina v. Bartle and the Commissioner of Police for the Metropolis and Others Ex Parte Pinochet. Regina v. Evans and Another and the Commissioner of Police for the Metropolis and Others Ex Parte Pinochet (On appeal from a Divisional Court of the Queen's Bench Division).*

[10] *Multilateral Treaties deposited with the Secretary-General-Status as at 31 December 1987*, Naciones Unidas, Nueva York, 1988, p. 84. En esa fecha eran 66 los Estados partes.

[11] *B.O.E.* n.º 23, de 7 de febrero de 1986. Véase C. GUTIÉRREZ ESPADA, «A propósito de la adhesión española (1985) a la Convención sobre la prevención y el castigo de los delitos contra personas especialmente protegidas (contexto de un tratado internacional, reservas y objeciones, y arreglo de controversias)», en *R.E.D.I.*, vol. XXXVIII, 1986-1, pp. 9 ss.

interna como delito una serie de actos intencionados cometidos contra aquellas personas, estableciendo, además, medidas genéricas de cooperación tendentes a que los culpables no puedan encontrar, después de su acción, refugio seguro en Estado alguno.

d) En *España,* según la vigente Constitución de 1978, «el Rey es el Jefe del Estado» y «asume la más alta representación del Estado español en las relaciones internacionales» (art. 56.1). En consonancia con este principio, el artículo 63 enuncia las funciones específicas del Rey en el plano internacional. El artículo reza así:

> 1. El Rey acredita a los embajadores y otros representantes diplomáticos. Los representantes extranjeros en España están acreditados ante él.
> 2. Al Rey corresponde manifestar el consentimiento del Estado para obligarse internacionalmente por medio de tratados, de conformidad con la Constitución y las leyes.
> 3. Al Rey corresponde, previa autorización de las Cortes Generales, declarar la guerra y hacer la paz.

Ya hemos analizado en otro lugar el alcance del párrafo 2 del artículo 63, que realmente necesita un desarrollo legislativo. Lo adecuado sería que la tan esperada ley sobre tratados internacionales reservase al Rey la manifestación del consentimiento en obligar a España por medio del tratado cuando tal manifestación requiera la previa autorización de las Cortes y haya de depositarse un instrumento de adhesión o ratificación. Exigir la intervención real en otros tratados y acuerdos —los contemplados en el párrafo 2 del artículo 94 de la Constitución— para manifestar el consentimiento de España en obligarse podría afectar negativamente a la necesaria agilidad del proceso de celebración de tratados. En lo que respecta al párrafo 3 del artículo 63, hay que poner de relieve el carácter anacrónico y desfasado de su contenido. El Derecho Internacional contemporáneo prohíbe, efectivamente, el recurso a la amenaza y uso de la fuerza, según sabemos y explicaremos en detalle en el lugar correspondiente, aunque la Carta de las Naciones Unidas admite dos supuestos de guerra legal: la emprendida por la Organización en uso de sus facultades coercitivas, y la legítima defensa, individual o colectiva, cuando un Estado sea objeto de un ataque armado (art. 51 de la Carta). Siendo hoy la legítima defensa el único caso en que se permite a un Estado recurrir al uso de la fuerza, la declaración de guerra pugna de modo manifiesto con la necesidad de que la reacción del Estado agredido sea inminente. No es concebible ni razonable el hecho de supeditar el ejercicio del derecho de la legítima defensa a una previa declaración de guerra, que puede verse sometida a trámites constitucionales largos. Destaquemos, por lo demás, la decadencia del concepto de declaración de guerra en el vigente Derecho de los conflictos armados. Como veremos en su lugar, las normas de este sector del Derecho Internacional se aplican desde el momento en que existan hostilidades efectivas, estén o no precedidas de la formalidad de la declaración de guerra[11 bis].

[11 bis] Véase especialmente E. PÉREZ VERA, en *Comentarios a las leyes políticas. Constitución española de 1978*, dirigidos por O. ALZAGA VILLAAMIL, t. V, Madrid, 1983, pp. 310 ss.; y C. IZQUIERDO y L. PÉREZ-PRAT, «La guerra constitucional», en *P.E.,* vol. V, n.º 24, 1991.

Digamos, en otro orden de ideas por lo que respecta a la práctica española, que por resolución de la Sala de lo Penal de la Audiencia Nacional de 25 de abril de 1991 se concedió la inmunidad de jurisdicción penal al Obispo de Seo de Urgel en su calidad de Copríncipe de Andorra y, por tanto, de Jefe de Estado extranjero; la querella criminal estaba basada en presunto delito relacionado con el ejercicio de las funciones del obispo como Copríncipe de Andorra[11 ter].

Señalemos, por fin, que el jefe del Estado y el jefe del gobierno tienen competencia para realizar toda clase de actos relativos a la celebración de un tratado, incluyendo la manifestación del consentimiento de España en obligarse. Así lo dispone la ley de tratados internacionales de 14 de noviembre de 2014.

e) También el *Derecho español* se ha preocupado de otorgar una protección especial al jefe de un Estado extranjero y otras personas. Efectivamente, de acuerdo con el artículo 605 del Código Penal en vigor[12]:

> 1. El que matare al jefe de un Estado extranjero o a otra persona internacionalmente protegida por un tratado, que se halle en España, será castigado con la pena de prisión de veinte a veinticinco años [...].
> 2. El que causare lesiones de las previstas en el artículo 149 a las personas mencionadas en el apartado anterior, será castigado con la pena de prisión de quince a veinte años. [...]
> 3. Cualquier otro delito cometido contra las personas mencionadas en los números precedentes, o contra los locales oficiales, la residencia particular o los medios de transporte de dichas personas, será castigado con las penas establecidas en este Código para los respectivos delitos, en su mitad superior.

De otro lado, según el artículo 606.1:

> El que violase la inmunidad personal del Jefe de otro Estado o de una persona internacionalmente protegida por un tratado será castigado con la pena de seis meses a tres años.

Dos breves comentarios queremos hacer sobre estas disposiciones. El primero es que la expresión legal «persona internacionalmente protegida por un tratado» ha de entenderse con relación a los tratados en que España sea parte; en los apartados siguientes nos referimos a esta cuestión. El segundo es que ya no se habla como en la legislación anterior de «un jefe de Estado amigo», lo que sin duda constituye un progreso y está más en consonancia con el principio de igualdad soberana de los Estados.

f) En lo que respecta a los privilegios de que gozan en España los jefes de Estados y jefes de Gobierno extranjeros hay que citar las disposiciones de la ley de 27 de octubre de 2015 (*B. O. E.* de 28 de octubre). En efecto, el artículo 21 concede a esas personas el privilegio de inviolabilidad (no poder ser sometidos a medidas de detención y gozar de protección especial) cuando se hallen en territorio español durante toda la duración de su mandato con independencia de que se encuentren en

[11 ter] Procedimiento abreviado 49/90, Rollo Apel. 11/91. La resolución es confirmatoria del auto del Juzgado Central de Instrucción de 3 de octubre de 1990.

[12] Ley Orgánica 10/1995, de 23 de noviembre (*B. O. E.* de 24 de noviembre de 1995).

misión oficial o en visita privada. Disfrutan también de inmunidad de jurisdicción y ejecución en los términos establecidos por el artículo 22 de la ley.

Para los antiguos jefes de Estado y de Gobierno, el artículo 23 dispone que continuarán disfrutando de inmunidad penal únicamente en relación con los actos realizados durante su mandato en ejercicio de sus funciones oficiales, salvo si se trata de la comisión crímenes de genocidio, desaparición forzada, guerra y lesa humanidad. Según los artículos 24 y 25 de la ley, si se trata de actos privados realizados durante su mandato no existe inmunidad de jurisdicción, ni tampoco respecto a actos realizados antes del inicio del mandato.

46. EL MINISTRO DE ASUNTOS EXTERIORES

a) Al igual que el jefe del Estado y el jefe del gobierno, el ministro de Asuntos Exteriores tiene capacidad para *comprometer a su país en el ámbito internacional,* y ello tanto mediante acto unilateral como en virtud de un instrumento convencional. La posibilidad de comprometer al Estado a través de un acto unilateral fue reconocida por el Tribunal de La Haya en el caso de *Groenlandia Oriental,* respecto a la declaración del señor IHLEN, ministro noruego de Asuntos Exteriores, quien había manifestado que no pondría dificultades al arreglo del problema con Dinamarca sobre la soberanía territorial en aquella región. El Tribunal dijo, efectivamente, que «semejante respuesta a una petición del representante diplomático de una potencia extranjera, hecha por el ministro de Asuntos Exteriores en nombre del Gobierno, en asunto que es de su competencia, obliga al país al que pertenece el ministro»[1]. En cuanto a los instrumentos convencionales, ya sabemos que el artículo 7 de la Convención de Viena de 1969 sobre Derecho de Tratados concede directamente competencias autónomas al ministro de Asuntos Exteriores para, sin necesidad de plenos poderes, llevar a cabo todos los actos relativos a la celebración de un tratado, incuido el consistente en la manifestación del consentimiento del Estado en obligarse. En esta misma línea se sitúa el artículo 13 del Reglamento del Consejo de Seguridad de las Naciones Unidas, según el cual el ministro de Asuntos Exteriores de un país miembro puede ocupar su puesto en el Consejo sin necesidad de presentar credenciales al Secretario General.

b) Cuando el ministro de Asuntos Exteriores se encuentra fuera de su país en cumplimiento de una misión oficial, ¿tiene derecho a alguna clase de *privilegios e inmunidades*? La opinión de la doctrina no es unánime en esta materia. En la práctica internacional existe el importante precedente de un tribunal estadounidense que, siguiendo la sugerencia del Departamento de Estado, reconoció la inmunidad de jurisdicción del ministro de Asuntos Exteriores de Corea, durante su visita oficial al país en 1963[2]. Nosotros hemos venido opinando que si los agentes diplomáticos disfrutan hoy de importantes privilegios e inmunidades sobre una base funcional, esto es, para un mejor y más eficaz desempeño de sus funciones, y que si también sobre la misma base los integrantes de una misión especial gozan de privilegios e inmunidades, no hay razón para negarlos sin más al ministro de Asuntos Exteriores. En su sentencia de 14 de febrero de 2002 (*asunto relativo al mandato de detención de 11 de abril de 2000, República Democrática del Congo contra Bélgica*), y teniendo precisamente en cuenta la naturaleza de sus funciones, el Tribunal de La Haya ha estatuido que, durante toda la duración de su cargo, el Ministro de Asuntos Exteriores se beneficia en el extranjero de la inmunidad de

---

[1] CPJI, *Serie A/B*, n.º 53, p. 72. Véase el capítulo 10 de este libro.
[2] PH. CAHIER, *Derecho diplomático contemporáneo*, Madrid, 1965, p. 478.

jurisdicción penal y de una inviolabilidad, sin que sea posible distinguir entre actos realizados a título oficial o con carácter privado, ni los ejecutados antes del inicio de sus funciones o durante el desempeño de ellas[2 bis]. La sentencia precisa que según el Derecho Internacional General de naturaleza consuetudinaria, la inmunidad de jurisdicción cubre los crímenes de guerra y los contrarios a la humanidad. No obstante ello, según las resoluciones del Consejo de Seguridad creadoras de Tribunales penales internacionales y de acuerdo igualmente al Estatuto instituyente de la Corte Penal Internacional (Roma, 1998), no escapan los Jefes de Estado y de Gobierno a la jurisdicción de esas instituciones. En todo caso, el artículo 21.2 de la Convención de 16 de diciembre de 1969 sobre misiones especiales reconoce que el ministro de Asuntos Exteriores y demás personalidades de rango elevado cuando se encuentren en una misión especial del Estado que envía, gozarán en el Estado receptor o en un tercer Estado, además de lo que otorga la Convención, de las facilidades y de los privilegios e inmunidades reconocidos por el Derecho Internacional. Ello quiere decir que, según la Convención citada, el ministro de Asuntos Exteriores, sí disfruta de privilegios e inmunidades y que ellos se extienden, además, a otras personas de rango elevado. Recordemos que la *Convención sobre la prevención y castigo de delitos contra otras personas especialmente protegidas, incluidos los agentes diplomáticos,* de 14 de diciembre de 1973, otorga también una protección especial a los ministros de Asuntos Exteriores.

Señalemos, en fin, que las inmunidades jurisdiccionales benefician también a funcionarios gubernamentales de rango inferior al de ministro. La Comisión de Derecho Internacional estudia el tema desde su periodo de sesiones de 2013, actuando como relatora la profesora española CONCHA ESCOBAR.

c) En nuestro país, y como dijimos más atrás, según el artículo 10 de la ley de tratados de 28 de noviembre de 2014, el Ministro de Asuntos Exteriores y cooperación puede manifestar el consentimiento de España en obligarse por un tratado sin necesidad de plenos poderes. Y de conformidad con el artículo 4 de la misma ley, ese Ministro ejerce la competencia general en materia de tratados internacionales además de las atribuciones que no correspondan a otros ministerios.

d) En cuanto a los privilegios e inmunidades de que disfrutan en España los Ministros de asuntos exteriores extranjeros, la ya citada Ley de 28 de noviembre de 2015 los equiparan a los que benefician a los jefes de Estado y de Gobierno extranjeros, ya examinados en el apartado 45.

[2 bis] CIJ, *Recueil*, 2002, especialmente párrafo 54 de la sentencia.

47. LAS MISIONES DIPLOMÁTICAS

47.1. CODIFICACIÓN DEL DERECHO DE LAS RELACIONES DIPLOMÁTICAS: LA CONVENCIÓN DE VIENA DE 1961

a) Ha dicho el Tribunal de La Haya respecto al régimen de las relaciones diplomáticas que se trata de «un edificio jurídico pacientemente construido por la Humanidad en el curso de los siglos, cuya salvaguardia es esencial para la seguridad y bienestar de una comunidad internacional compleja como la actual»[1]. Y, efectivamente, ya en la Edad Antigua algunos grupos políticos enviaban misiones temporales a otros grupos políticos pero hay que esperar realmente a la Baja Edad Media para encontrar el fenómeno de las misiones diplomáticas permanentes. La existencia en la península italiana durante esa época de grupos políticos independientes —repúblicas, ciudades, ducados, estrecha e intensamente relacionados— propició la permanencia de aquellas representaciones. Se ha sostenido por algunos historiadores que las primeras misiones permanentes fueron establecidas por la República de Venecia; otros entienden que la primera misión diplomática permanente fue la encabezada por NICODEMUS DEI PONTREMOLI, enviado ante el señor de Florencia, COSME DE MÉDICIS, por el duque de Milán, FRANCESCO SFORZA. Lo cierto es que las misiones diplomáticas permanentes adquieran carta de naturaleza y se consolidan en la sociedad europea de Estados de los siglos XVI y siguientes, formándose así una práctica sobre las funciones y el *status* de las mismas que con el correr del tiempo y la adición de la *opinio iuris* —convicción de la obligatoriedad de la práctica— originó un cuerpo de normas consuetudinarias en la materia[2].

b) Una temprana codificación sectorial de las normas aplicables a las misiones diplomáticas tiene lugar a principios del siglo XIX, concretamente en el Congreso de Viena de 1815, que el día 19 de marzo de dicho año adopta un reglamento sobre una cuestión delicada y sensible: la clasificación y precedencia de los enviados diplomáticos. El reglamento se completa por el Protocolo adoptado el 21 de noviembre de 1818 en Aquisgrán. Ambos instrumentos fueron aceptados por los principales Estados europeos de la época: Inglaterra, Francia, Prusia, Rusia, Austria, Suecia, Noruega, España y Portugal.

---

[1] *Asunto del personal diplomático y consular de los Estados Unidos en Teherán*, CIJ, *Recueil*, 1980, p. 3.

[2] Véase en general PH. CAHIER, *Derecho diplomático contemporáneo*, Madrid, 1965, pp. 20 ss.; G. E. NASCIMIENTO E SILVA, *Diplomacy in International Law*, Leiden, 1972, pp. 16 ss.; M. GIULIANO, *Le relazione diplomatiche,* Milán, 1968; L. GARCÍA ARIAS, «Las antiguas y las nuevas formas de la diplomacia», en el libro *Estudios sobre relaciones internacionales y Derecho de gentes*, vol. I, Madrid, 1971, pp. 263 ss.; Lord GOORE-BOOTH (ed.), *Satow's Guide to Diplomatic Practice*, 5.ª ed., Sulfok, 1979; G. E. NASCIMENTO E SILVA, *Convenção sobre relações diplomáticas*, Río de Janeiro, 1989; E. VILARIÑO PINTOS, *Curso de Derecho diplomático y consular. Parte general y Derecho diplomático*, 3.ª ed., Madrid, 2007.

c) Codificación más ambiciosa sin duda desde el punto de vista sustantivo es la que se llevó a cabo mucho tiempo después, en el ámbito americano, por la VI Conferencia Interamericana de La Habana. La Conferencia culminó en la firma, el 21 de febrero de 1928, de una Convención sobre las agentes diplomáticos, ratificada por 15 Estados de América del Centro y del Sur.

d) Pero ha sido lógicamente en la segunda mitad del siglo XX, y ya bajo los auspicios de la Organización de las Naciones Unidas, cuando ha tenido lugar la manifestación de mayor alcance e importancia de la codificación del Derecho Internacional en el terreno que nos ocupa. En 1959 la Asamblea General convocó en Viena una Conferencia de Plenipotenciarios que había de reunirse entre el 2 de marzo y el 14 de abril de 1961[3]. El 18 de abril de dicho año, la Conferencia adoptó la Convención sobre relaciones diplomáticas, que entró en vigor el día 24 de abril de 1964, y en la que son parte en 2016 nada menos que 190 Estados[4]. España se adhirió a la Convención el día 21 de noviembre de 1967[5]. Queremos poner de relieve este amplísimo grado de aceptación de la Convención, que hoy tiene ámbito de vigencia universal. La Convención constituye, realmente, la más impresionante manifestación de la codificación y desarrollo progresivo del Derecho Internacional emprendida por las Naciones Unidas. En un campo como el de las relaciones diplomáticas, en que el comportamiento de los Estados se guía por el patrón de la reciprocidad, es alto, pues, el nivel de seguridad jurídica conseguido.

e) Vamos a realizar nosotros, por supuesto, el análisis del régimen de las relaciones diplomáticas sobre la base de la Convención de Viena de 1961; ello no podría ser de otro modo dado su ancho ámbito de vigencia. Pero quisiéramos antes indicar de modo escueto cuáles son los rasgos principales de la Convención. Y debemos decir a este respecto, primeramente, que sus disposiciones regulan únicamente las relaciones diplomáticas permanentes entre Estados y no, por consiguiente, las mantenidas entre Estados y organizaciones internacionales o por organizaciones internacionales entre sí[6]. Tampoco regula la Convención de 1961 el régimen de las misiones especiales, que son objeto de una Convención distinta, la adoptada por la Asamblea General de las Naciones Unidas el 16 de diciembre de 1969, que analizaremos más adelante. Observaremos, en segundo lugar, que la codificación llevada a cabo es fundamentalmente declarativa, aunque no faltan en ella, como veremos, aspectos innovadores, es decir, que comportan desarrollo progresivo del Derecho Internacional[7]. Pondremos de relieve, en tercer término, que el eje de la regulación no está constituido por las personas físicas que integran la misión diplomática, sino por la misión en sí, entendida como órgano institucional de las relaciones diplomáticas

[3] Véase J. A. PASTOR RIDRUEJO, «La Convención de Viena de 1961 sobre relaciones diplomáticas y la codificación del Derecho internacional», en *R.E.D.I.*, 1962, vols. 1-2, pp. 177 ss.; A. MARESCA, «La Convenzione di Vienna sulle relazione diplomatiche», en *La Comunità Internazionale*, abril de 1961, pp. 277 ss.; E. DENZA, *Diplomatic Law. Commentary on the Viena Convention on Diplomatic Relations*, Nueva York/Londres, 1976.

[4] Datos tomados del sitio internet de Naciones Unidas.

[5] *B.O.E.* de 24 de enero de 1968.

[6] J. A. PASTOR RIDRUEJO, *op. cit.* en nota 3.

[7] Ibíd.

y distinta conceptualmente de las personas físicas que la componen[8]. Estamos, por decirlo así, ante una despersonalización de las relaciones diplomáticas. La última característica que queremos subrayar está en íntima relación con la anterior y es que los privilegios e inmunidades diplomáticos no se conceden sobre una base personal sino funcional. El propio preámbulo de la Convención ha querido destacar esta idea cuando en su párrafo tercero reconoce que tales «inmunidades y privilegios se conceden no en beneficio de las personas, sino con el fin de garantizar el desempeño eficaz de las funciones de las misiones diplomáticas en calidad de representantes de los Estados». Se trata del principio *ne impediatur legatio.*

Ante la imposibilidad de analizar en profundidad todos los problemas suscitados por las relaciones diplomáticas permanentes entre Estados, en los apartados siguientes nos vamos a ocupar sucintamente de su establecimiento, de las funciones que desempeñan las misiones, de las personas físicas que forman parte de ellas, de los privilegios e inmunidades diplomáticas (de la misión y de las personas que las integran), para acabar con la cuestión de la terminación de las funciones de la misión.

47.2. El establecimiento de las misiones diplomáticas

a) La cuestión del establecimiento de relaciones diplomáticas está dominada por el principio general del *mutuo acuerdo* entre los Estados interesados; principio que, como vamos a ver, extiende su campo de acción no sólo al propio hecho de creación de la misión diplomática, sino también a la determinanción de su rango, a la posibilidad de establecer oficinas de la misión en localidades distintas de la sede principal, a la acreditación múltiple y, por fin, a la importante cuestión de fijar el número de personas que forman parte de la misión.

b) Al tratar el tema de reconocimiento de Estados, dijimos que, indudablemente, se trataba de un acto político y, por lo tanto, discrecional; no hay obligación jurídica de reconocer a un Estado nuevo[9]. Consecuentemente, y habida cuenta que el establecimiento de *relaciones diplomáticas* comporta reconocimiento de Estados, tampoco existe el deber de mantener relaciones diplomáticas. El llamado derecho de legación de los Estados no corresponde a obligaciones internacionales recíprocas y concretas de Estados particulares, sino que su efectividad depende en realidad del mutuo acuerdo entre las partes. Ya el artículo 8 de la Convención de La Habana de 1928 consagraba el principio y del mismo modo el artículo 2 de la Convención de Viena de 1961 dice que «el establecimiento de relaciones diplomáticas entre los Estados y el envío de misiones permanentes se efectúa por consentimiento mutuo». La obligación de los Estados de cooperar entre sí, enunciada en la Declaración contenida en la resolución 2.625 (XXV) de la Asamblea General de las Naciones Unidas no llega, pues, hasta el punto de imponer la cooperación mediante la obligatoriedad de las relaciones diplomáticas permanentes. En esta materia ha preponderado la concepción de la sociedad internacional como una sociedad de Estados soberanos yuxtapuestos en que la cooperación tiene una base voluntaria.

---

[8] Véase A. Maresca, *op. cit.* en nota 3.
[9] Véase el apartado 32 de este libro.

c) El principio del mutuo consentimiento entre el Estado acreditante y el Estado receptor impera también para la determinación del *rango de la misión*. Este rango depende del que posea el jefe de la misión, y dice a este respecto el artículo 15 de la Convención que «los Estados se pondrán de acuerdo acerca de la clase a que habrán de pertenecer los jefes de las misiones». Por lo demás, las distintas categorías de los jefes de la misión se indican en el artículo 14 y son las tres siguientes:

> *a*) Embajadores o nuncios acreditados ante los jefes de Estado, y otros jefes de misión de rango equivalente.
> *b*) Enviados, ministros e internuncios acreditados ante los jefes de Estado.
> *c*) Encargados de negocios acreditados ante los ministros de Relaciones Exteriores[10].

d) El mutuo acuerdo entre el Estado acreditante y el receptor determina, asimismo, la posibilidad de establecer oficinas de la misión en localidades del Estado receptor distintas de aquellas en que radique la propia misión (art. 12).

e) También depende del consentimiento mutuo la *múltiple acreditación*. Dice en este sentido el párrafo 1 del artículo 5 de la Convención que «el Estado acreditante podrá después de haberlo notificado en debida forma a los Estados receptores interesados, acreditar a un jefe de misión ante dos o más Estados, o bien destinar a ellos a cualquier miembro del personal diplomático, salvo que alguno de los Estados receptores se oponga expresamente». En este supuesto opera también, realmente, el principio del mutuo acuerdo, con la particularidad de que el consentimiento de los Estados receptores que son objeto de la acreditación múltiple se manifiesta implícitamente mediante la no oposición expresa. De otro lado, impera también el principio del consentimiento mutuo para los casos en que una misma persona acredite a dos o más Estados ante un solo Estado receptor. Según el artículo 6 de la Convención, efectivamente, «dos o más Estados podrán acreditar a la misma persona como jefe de misión ante un tercer Estado, salvo que el Estado receptor se oponga a ello».

f) Cuestión delicada y sensible desde el punto de vista político es la de determinar el *número de miembros de la misión*. ¿Rige aquí también el mutuo acuerdo o tiene libertad el Estado acreditante para fijar a su libre arbitrio aquel número? Es ésta una cuestión en la que pueden entrar en conflicto los intereses de las grandes potencias, de una parte, y los de los pequeños Estados, de otra. Efectivamente, en este punto, las grandes potencias están interesadas lógicamente en la mayor libertad posible, ya que, además de hallarse en condiciones de enviar numeroso personal, pueden tener interés en ejercer de tal modo mayor presión política. Por el contrario, los pequeños Estados están interesados en poner límite a aquel número de miembros con el fin de no sufrir ese tipo de presiones. El problema suscitó dificultades en la Conferencia de Viena, pero la polémica se saldó al final por una solución favorable a los pequeños Estados que, en esta materia, obtuvieron una victoria importante[11]. Dice, en efecto,

---

[10] Sobre las categorías de las misiones diplomáticas y su evolución, véase PH. CAHIER, *Derecho diplomático contemporáneo*, Madrid, 1965, pp. 98 ss.; G. E. NASCIMIENTO E SILVA, *Diplomacy in International Law*, Leiden, 1972, pp. 46 ss.

[11] Véase A. MARESCA, «La Convenzione di Vienna sulle relazione diplomatiche», en *La Comunità Internazionale*, abril 1961, pp. 247 ss.

el párrafo 1 del artículo 11, que «a falta de acuerdo explícito sobre el número de miembros de la misión, el Estado receptor podrá exigir que ese número esté dentro de los límites de lo que considere que es razonable y normal, según las circunstancias y condiciones de ese Estado y las necesidades de la misión de que se trate». Prima, pues, el punto de vista del Estado receptor, lo que supone, en definitiva, la necesidad de obtener su consentimiento para determinar el número total de funcionarios de la misión. Por tanto, también aquí rige el principio del acuerdo mutuo.

g) En *España*, la creación, modificación y supresión de una misión diplomática se realizan mediante Real Decreto, a iniciativa del Ministro de Asuntos Exteriores y a propuesta del Ministro para las Administraciones Públicas, según lo dispuesto en el artículo 42.5 de la Ley de 25 de marzo de 2014 sobre acción y servicio exterior del Estado. Estamos ante una competencia del Gobierno, en cuyas manos queda, pues, el establecimiento de relaciones diplomáticas con otros países y esa forma de reconocimiento de Estados. El artículo 3.2 del Real Decreto mencionado admite en términos de principio y a efectos internos el régimen de acreditación múltiple.

Es obvio por lo demás que, como declara la sentencia del Tribunal Constitucional de 26 de mayo de 1994, las Comunidades Autónomas carecen del *ius legationis,* en tanto que materia regida por el Derecho internacional. No pueden enviar, por consiguiente, misiones diplomáticas a los distintos sujetos del Derecho Internacional, aunque en la práctica si disponen de algunas delegaciones oficiosas en organizaciones internacionales, particularmente en la Unión Europea. Por su parte, el artículo 12 de ley de acción y servicio exterior del Estado de 25 de marzo de 2014 da por supuesta la existencia a efectos de promoción de las oficinas de las comunidades y ciudades autónomas en el exterior, limitándose a exigir que se dé información al Gobierno previamente a su establecimiento. Se añade que el Ministerio de Asuntos Exteriores y Cooperación informará la propuesta de acuerdo con las directrices, fines y objetivos de la política exterior, estrategia de la acción exterior y muy particularmente con el principio de unidad de acción en el exterior. Se dice también que en su caso las comunidades y ciudades autónomas, deberán informar el Ministerio de Hacienda y Administraciones Públicas y el de Comercio.

47.3. Las funciones de las misiones diplomáticas

a) La determinación de las funciones de la misión diplomática permanente es tarea importante, tanto desde el punto de vista político como científico. Políticamente, porque conviene saber cuáles son los límites que las actividades de la misión no deben rebasar, so pena de que el Estado receptor declare al jefe de la misión o a uno de sus miembros personas no gratas, y, además, porque es necesario precisar los tipos de funciones que el Estado receptor no puede rehusar a la misión[12] y para cuyo ejercicio debe dar facilidades según el artículo 25 de la Convención. Y desde el punto de vista científico porque son aquellas funciones las que dan un contor-

[12] Ph. Cahier, *op. cit.* en nota 10, pp. 184-185.

no preciso a la institución, sirviendo para distinguirla de las misiones especiales y de las oficinas consulares, y porque, además, los privilegios e inmunidades de la misión y los que disfrutan las personas físicas que la componen tienen, como hemos señalado en otro lugar, una base funcional; se conceden precisamente para el mejor desempeño de aquellas funciones.

b) Según el párrafo 1 del artículo 3 de la Convención de Viena:

> Las funciones de una misión diplomática consisten principalmente en:
> *a*) Representar al Estado acreditante ante el Estado receptor.
> *b*) Proteger en el Estado receptor los intereses del Estado acreditante y los de sus nacionales, dentro de los límites permitidos por el Derecho Internacional.
> *c*) Negociar con el Estado receptor.
> *d*) Enterarse por todos los medios lícitos de las condiciones y la evolución de los acontecimientos en el Estado receptor e informar sobre ello al Gobierno del Estado acreditante.
> *e*) Fomentar las relaciones amistosas y desarrollar las relaciones económicas, culturales y científicas entre el Estado acreditante y el Estado receptor.

Queremos destacar el adverbio «principalmente» que figura en el encabezamiento del párrafo transcrito y que da a entender claramente que la enumeración de funciones no constituye *numerus clausus,* sino *numerus apertus.* Tal redacción obedece sin duda al propósito de no impedir el desempeño en el futuro de otras funciones.

c) En cuanto a la función de *representación* parece oportuno señalar con MARESCA[13] que consiste, ante todo, en la manifestación extrínseca de que el Estado acreditante participa con espíritu de buenas relaciones en los acontecimientos internos y externos del Estado receptor; comporta, asimismo, la afirmación de la existencia del Estado acreditante como miembro de la comunidad internacional. La representación supone en gran medida un fenómeno de presencia a múltiples efectos. El carácter representativo de la misión conlleva la consecuencia de que el establecimiento de relaciones diplomáticas implique reconocimiento de Estados y que el mantenimiento de aquellas relaciones suponga reconocimiento de gobiernos, como ya vimos al estudiar estas materias.

d) A la función de *protección,* ya nos hemos referido en otro lugar de este libro; hemos señalado también cuáles son los rasgos distintivos entre la protección diplomática y la protección consular[14]. En todo caso, según la Convención, la protección diplomática debe llevarse a cabo «dentro de los límites permitidos por el Derecho Internacional». Este inciso, que no figuraba en el proyecto de artículos preparado por la Comisión de Derecho Internacional y que fue introducido gracias a una propuesta de la delegación de México en la Conferencia de Viena, supone una remisión a las normas del Derecho internacional sobre la protección diplomática, tales como la que exige el carácter ilícito del hecho desde el punto de vista del Derecho internacional, la que se refiere a la nacionalidad del particular perjudicado, y la que exige el previo agotamiento de los recursos internos en caso de daños a particulares[15].

---

13 A. MARESCA, *La Missione Diplomatica*, Milán, 1967, p. 150.
14 Véase el apartado 25.7 de este libro.
15 Véase PH. CAHIER, *op. cit.* en nota 10, p. 192.

e) La función de *negociación* es una de las más antiguas de las misiones diplomáticas y debe ser entendida en sentido amplio, pues no sólo comprende los actos previos a la adopción de un tratado, sino también el intento de solución de cualesquiera problemas y controversias que puedan existir entre el Estado acreditante y el Estado receptor[16]. Ya sabemos, por lo demás, que la Convención de Viena de 1969 sobre Derecho de Tratados concede directamente a los jefes de misiones diplomáticas, en virtud de sus funciones, competencias para la adopción de un tratado entre el Estado acreditante y el receptor[17].

f) La función de *observación e información* es de la mayor importancia y debe ser llevada a cabo en todo caso por medios lícitos. Puede revestir dificultades la determinación en ciertos supuestos de la licitud o ilicitud del medio, pero está fuera de duda que la corrupción y el espionaje no son lícitos[18]. Como es notorio, son relativamente frecuentes los casos en que Estados receptores han declarado personas no gratas y expulsado de su territorio a miembros de misiones diplomáticas que han rebasado aquel límite.

g) Finalmente, la función del *fomento de la cooperación* de las relaciones amistosas y otras entre el Estado acreditante y el Estado receptor constituye, como dice MARESCA[19], la esencia y la razón de ser de la misión diplomática y resume las otras funciones que se le atribuyen.

h) Pero en el ejercicio de sus funciones la misión diplomática encuentra dos límites importantes; uno deriva del deber de respeto a las leyes y reglamentos locales y el otro de la obligación de no inmiscuirse en los asuntos internos del Estado receptor. El párrafo 1 del artículo 41 de la Convención dispone, efectivamente, que:

> Sin perjuicio de sus privilegios e inmunidades, todas las personas que gocen de esos privilegios e inmunidades deberán respetar las leyes y reglamentos del Estado receptor. También están obligadas a no inmiscuirse en los asuntos internos de ese Estado.

El principio que prohíbe a las misiones diplomáticas inmiscuirse en los asuntos internos del Estado receptor es de sólido arraigo en el Derecho internacional —constituye realmente una manifestación del principio general de no intervención, ya examinado—, pero su aplicación en la práctica puede dar lugar a no pocas dificultades. ¿Cómo determinar en cada caso concreto si ha habido o no interferencia en los asuntos internos del Estado receptor? ¿Cabría acudir a estos efectos al concepto de «jurisdicción interna» a que se refiere el párrafo 7 del artículo 2.º de la Carta de las Naciones Unidas[20]?

Nosotros entendemos que no porque la noción de «asuntos internos» que emplea el párrafo 1 del artículo 41 de la Convención de Viena es de contenido más amplio que el que posee la de «jurisdicción interna» que aparece en el párrafo 7 del artículo 2.º de la Carta. O dicho de otro modo, pueden existir cuestiones que no sean de juris-

---

16 PH. CAHIER, *op. cit.* en nota 10, pp. 188-189; A. MARESCA, *op. cit.*, en nota 13, pp. 156-161.
17 Véase el apartado 8.2 de este libro.
18 PH. CAHIER, *op. cit.* en nota 10, p. 170.
19 A. MARESCA, *op. cit.* en nota 13, p. 156.
20 Véase el apartado 31 de este libro.

dicción interna en el sentido de la Carta, pero que sí sean asuntos internos según el artículo 41 de la Convención de Viena. Y ello es así porque esta última Convención regula relaciones bilaterales, mientras que el concepto de jurisdicción interna de la Carta cobra sentido frente al Derecho Internacional General y a la acción de una organización internacional universal. Está claro, en todo caso, como dice CAHIER[21], que «un jefe de misión, por ejemplo no podría tomar partido en una campaña electoral que se desarrolle en el Estado receptor, ni subvencionar a un partido político o inmiscuirse en querellas que dividan al Estado ni, naturalmente, fomentar la inestabilidad o participar en maquinaciones encaminadas a derribar al gobierno del Estado receptor. Un jefe de misión debe abstenerse de criticar al gobierno, mezclarse en su política exterior o emperorar las relaciones entre el Estado receptor y terceros Estados, pues ello entraña un atentado a la soberanía, cuyos límites no son otros que los establecidos en las reglas de Derecho Internacional».

En fin, para evitar al máximo posible las posibilidades de intervención en los asuntos internos del Estado receptor, el párrafo 2 del artículo 41 de la Convención dispone que «todos los asuntos oficiales de que la misión esté encargada por el Estado acreditante han de ser tratados con el Ministerio de Relaciones Exteriores de ese Estado, o por conducto de él, o con el Ministerio que se haya convenido». Se admite, cierto es, la relación con Ministerios distintos del de Asuntos Exteriores, pero para ello hace falta el consentimiento expreso del Estado receptor.

47.4. LAS PERSONAS FÍSICAS QUE FORMAN PARTE DE LA MISIÓN DIPLOMÁTICA

a) Del artículo 1.º de la Convención de Viena de 1961 se desprende que forman parte de la misión diplomática las siguientes categorías de personas: el jefe de la misión, los miembros del personal diplomático, los miembros del personal administrativo y técnico y los miembros del personal de servicio de la misión. Sólo el jefe de la misión y los miembros del personal diplomático son agentes diplomáticos en el sentido de la Convención, precisión importante a efectos de los privilegios e inmunidades. A estos mismos efectos, la Convención tiene en cuenta otras categorías de personas que no forman parte de la misión: los miembros de la familia de los agentes diplomáticos, los miembros de la familia del personal administrativo y técnico y los criados particulares de los miembros de la misión.

b) Por *jefe de la misión* se entiende, según el artículo 1.*a*) de la Convención, «la persona encargada por el Estado acreditante de actuar con carácter de tal». Una primera clasificación de los jefes de la misión fue efectuada por el Reglamento de Viena de 1815 y el Protocolo de Aquisgrán de 1818. El artículo 14 de la Convención de Viena de 1961 contiene una clasificación algo distinta, que ha querido tener en cuenta la evolución de la práctica en esta materia; según él:

> Los jefes de la misión se dividen en tres clases:
> *a*) Embajadores o nuncios acreditados ante los jefes de Estado y otros jefes de misión de rango equivalente.

---

[21] PH. CAHIER, *op. cit.* en nota 10, pp. 199-200.

b) Enviados, ministros o internuncios acreditados ante los jefes de Estado.
c) Encargados de negocios acreditados ante los ministros de relaciones exteriores.

A estas categorías hay que añadir la de encargado de negocios *ad interim* prevista en el artículo 19.1 para el caso de que quede vacante el puesto de jefe de misión o por si no puede desempeñar sus funciones. Advirtamos en todo caso que la clasificación del artículo 14 ha sido tachada por un sector doctrinal de inadecuada. Dice concretamente CAHIER que la clasificación es «anacrónica e inútil, puesto que no se corresponde con la diferencia de funciones ni de estatuto privilegiado [...]. Además, en un período en que la doctrina y la práctica reivindican continuamente el principio de igualdad jurídica de los Estados, parece evidente que es un error haber mantenido subdivisiones contrarias a dicho principio»[22]. Y el carácter artificial de la distinción queda confirmado por el párrafo 2 del propio artículo 14, según el cual, «salvo por lo que respecta a la precedencia y la etiqueta, no se hará ninguna distinción entre los jefes de misión por razón de su clase». La precedencia de los jefes de misión, dentro de cada clase, se establecerá siguiendo el orden de fecha y hora en que hayan asumido sus funciones (art. 16.1). Ello se entiende sin perjuicio de los usos del Estado receptor respecto a la precedencia del nuncio que representa a la Santa Sede (art. 16.3), lo que suele ocurrir en países de cultura y tradición cristianas.

En cuanto al nombramiento de los jefes de misión, el Estado acreditante deberá asegurarse de que la persona que se proponga acreditar como tal ha obtenido el asentimiento o plácet del Estado receptor, sin que éste se encuentre obligado a expresar los motivos de una eventual negativa al asentimiento (art. 14). Además, el Estado receptor puede en cualquier momento y sin tener que explicar los motivos de su decisión comunicar al Estado acreditante que el jefe de la misión es *persona non grata,* en cuyo caso el Estado acreditante deberá retirar a esa persona o poner término a sus funciones (art. 10.1).

c) Por *miembros del personal diplomático* se entiende, según el artículo 1.*d*) de la Convención de Viena, «los miembros del personal de la misión que posean la calidad de diplomáticos». La pertenencia a la carrera diplomática del Estado acreditante no es criterio determinante al respecto porque pueden ser nombrados agentes diplomáticos personas que no forman parte de ella, como los agregados militares, navales y aéreos, y, realmente, la única guía segura consiste en la llamada «lista diplomática» publicada por el Ministerio de Relaciones Exteriores del Estado receptor[23]. El nombramiento de estas personas no está sujeto a *plácet,* aunque tratándose de agregados militares, navales o aéreos, el Estado receptor puede exigir que se le sometan de antemano sus nombres para aprobación (art. 7). Pero dicho Estado puede declarar en cualquier momento a los miembros del personal diplomático personas *non grata,* sin necesidad de explicar los motivos, en cuyo caso el Estado acreditante debe retirar a la persona en cuestión o poner término a sus funciones en la misión, y todo ello incluso antes de su llegada al territorio (art. 9.1).

---

[22] PH. CAHIER, *op. cit.,* en nota 10, p. 121. Véase también J. M. LACLETA MUÑOZ, *Derecho diplomático y Cancillería,* Publicaciones de la Escuela Diplomática, Madrid, curso 1977-1978, p. 23.
[23] J. M. LACLETA MUÑOZ, *op. cit.* en nota 22, p. 29.

En cuanto a la nacionalidad de los miembros del personal diplomático, el artículo 8 de la Convención exige que sea, en principio, la del Estado acreditante, aunque admite que tengan la del Estado receptor si éste lo consiente y en el entendido de que tal consentimiento puede ser retirado en cualquier momento; también puede el Estado receptor reservarse tal derecho respecto a los nacionales de un tercer Estado que no ostentan al mismo tiempo la nacionalidad del Estado acreditante.

d) Los *miembros del personal administrativo y técnico* de la misión son los que en lenguaje vulgar constituyen el personal de oficina[24], tales como el canciller, archiveros, operadores de radio y télex, traductores, taquígrafos, mecanógrafos, etc. No necesitan plácet para ser nombrados aunque en cualquier momento, incluso antes de su llegada al territorio del Estado receptor, pueden ser declarados por éste personas no aceptables, en cuyo caso el Estado acreditante debe poner término a sus funciones o retirarlas (art. 9.1). Respecto a la nacionalidad de estas personas el párrafo 1 del artículo 37 de la Convención da por supuesto que puede ser la del Estado receptor. Podrá ser también, *a fortiori,* la de un tercer Estado.

e) Los *miembros del personal de servicio de la misión* son, según el artículo 1.*g*) de la Convención, los empleados en el servicio doméstico de aquélla, tales como los conductores, porteros, ordenanzas, jardineros, cocineros, etc.[25]. Obviamente no están sometidos a plácet, aunque en cualquier momento pueden ser declarados por el Estado receptor como personas no aceptables, en cuyo caso el Estado acreditante debe retirarlas o poner término a sus funciones en la misión (art. 9.1). En lo que concierne a la nacionalidad de estas personas, el párrafo 3 del artículo 37 de la Convención da por supuesto que puede ser la del Estado receptor. *A fortiori* podrá ser también la de un tercer Estado.

f) Las anteriores clasificaciones no sólo tienen interés a efectos de nombramiento y funciones, sino también en lo que respecta a los privilegios e inmunidades, cuestión que examinamos en el apartado siguiente.

47.5. Los privilegios e inmunidades diplomáticos

a) Los privilegios e inmunidades de que han disfrutado tradicionalmente las misiones y agentes diplomáticos han dado lugar, a través de los tiempos, a la formulación de distintas teorías sobre su *fundamento*[26], de las que queremos dar una

---

[24] Ibíd., p. 34.

[25] Ibíd., p. 35.

[26] Véase Ph. Cahier, *op. cit.* en nota 10, pp. 251 ss.; A. Maresca, *op. cit.* en nota 13, pp. 200-201; J. M. Lacleta Muñoz, *op. cit.* en nota 22, pp. 57 ss. También el Instituto de Derecho Internacional en sus sesiones de Viena (1924) y Nueva York (1929); véanse *Annuaire,* 1924, p. 17, e ibíd., 1929, vol. II, p. 307. Sobre los privilegios e inmunidades en general, véase también D. S. Michaels, *International privileges and inmunities. A case for universal Statute*, La Haya, 1971; R. R. Wilson: *Diplomatic privileges and inmunities,* Tucson, 1967; A. Martínez Morcillo, *Los privilegios e inmunidades diplomáticas,* Ministerio de Asuntos Exteriores, Madrid, 1982; y F. J. Quel, *Los privilegios e inmunidades de los agentes diplomáticos en el Derecho Internacional y en la práctica española*, Madrid, 1993.

breve noticia. Una primera teoría es la que se apoya en el carácter representativo del agente diplomático; el embajador representaba a su soberano, y al estar éste exento de las leyes de otro Estado la exención debía alcanzar a su representante. Teoría más difundida fue la de la extraterritorialidad, que se basaba en la ficción de que el agente diplomático no había abandonado el territorio de su Estado y de que la misión diplomática constituía territorio del Estado acreditante, enclavado en el Estado receptor. Dicha teoría, enunciada por GROCIO, no sólo tuvo gran predicamento doctrinal, sino que también inspiró a parte de la jurisprudencia interna. Pero en nuestros días, tanto la doctrina como la práctica de los Estados y la jurisprudencia interna asignan a los privilegios e inmunidades diplomáticos el fundamento funcional que ya a mitad del siglo XVIII adujera VATTEL[27]. Ya sabemos que es ésta la posición que adopta explícitamente la Convención de Viena de 1961 en su preámbulo. Los privilegios e inmunidades se conceden no en interés de las personas, sino para el mejor desempeño de las funciones por la misión diplomática. Se trata del principio *ne impediatur legatio,* de suma importancia para la interpretación de la Convención. Para un mejor y más ordenado análisis de la cuestión vamos a distinguir entre los privilegios e inmunidades concedidos a la misión diplomática, entendida como órgano institucional de las relaciones diplomáticas, y los que se otorgan a las personas físicas que componen la misión.

b) En lo que concierne a los *privilegios e inmunidades de la misión diplomática,* vamos a hablar, teniendo en cuenta la Convención de Viena de 1961, de los siguientes: inviolabilidad de la sede, archivos, documentos y correspondencia; libertad de comunicación; derecho a utilizar la bandera y el escudo del Estado acreditante, y exenciones fiscales y aduaneras. La misión diplomática disfruta también de la inmunidad de jurisdicción y ejecución, cuestiones a las que apenas si se refiere la Convención de Viena porque se reconducen, en definitiva, a la inmunidad del Estado, que examinaremos más adelante[27 bis].

Efectivamente, *los locales de la misión diplomática son inviolables.* Tras declararlo así de manera expresa, el párrafo 1 del artículo 22 de la Convención de Viena agrega que «los agentes del Estado receptor no podrán penetrar en ellos sin consentimiento del jefe de la misión». ¿Significa ello que la Convención haya admitido y regulado el derecho de asilo diplomático? A nuestro juicio, la respuesta es negativa por las razones que de manera abreviada exponemos a continuación. El *asilo diplomático,* ampliamente practicado en los países iberoamericanos, comporta que si una persona perseguida por un delito político en un país se refugia en una misión diplomática, las autoridades locales le conceden un salvoconducto especial

---

[27] Escribió VATTEL: «Establecidas una vez la necesidad y derecho de los Embajadores [...] se infiere de ello por una consecuencia cierta la seguridad perfecta y la inviolabilidad de los Embajadores y de los demás ministros; porque, si su persona no estuviese a cubierto de toda violencia, el derecho de los Embajadores sería precario y su éxito muy incierto; y es indudable que el derecho que hay para los fines va inherente con el derecho a los medios necesarios para conseguirlo.» Véase la traducción al castellano de la obra de VATTEL del licenciado MANUEL MARÍA PASCUAL HERNÁNDEZ, *El Derecho de Gentes o principios de la Ley Natural aplicados a la conducta y a los negocios de las naciones y los soberanos*, 1834, t. II, p. 324. Imprenta de D. Manuel Amarita, Madrid.

[27 bis] Véase J. SALMON y S. SUCHARITKUL, «Les missions diplomatiques entre deux chaises: inmunité diplomatique ou inmunité de l'État?», en *A.F.D.I.*, 1987, pp. 163 ss.

para salir desde ella a un país extranjero. Y lo característico y determinante de la figura del asilo es eso —la concesión del salvoconducto—, pues la imposibilidad de efectuar la detención del asilado en los locales de la misión es sólo, a efectos del asilo, un *prius* que se deriva de la inviolabilidad de aquellos locales. Para poder afirmar que la Convención ha regulado el asilo diplomático, hubiera sido necesario que alguna de sus disposiciones previese la concesión del salvoconducto. Esto no se ha hecho y la conclusión que se impone es que la Convención no ha regulado el asilo diplomático. Lo único que ha hecho es confirmar su presupuesto fáctico —la inviolabilidad de los locales de la misión— algo que ya estaba consagrado por el Derecho Internacional consuetudinario de carácter general. En efecto, como ha dicho el Tribunal de La Haya en el asunto del *personal diplomático y consular de los Estados Unidos en Teherán,* «el principio de la inviolabilidad de las personas de los agentes diplomáticos y de los locales de las misiones diplomáticas constituye uno de los fundamentos mismos de este régimen establecido *de larga data*»[28].

Pero la obligación del Estado receptor alcanza también a la protección especial que debe otorgar a los locales de la misión. Así, el párrafo 2 del artículo 22 de la Convención establece que «el Estado receptor tiene la obligación especial de adoptar todas las medidas adecuadas para proteger los locales de la misión contra toda intrusión o daño y evitar que se turbe la tranquilidad de la misión o se atente contra su dignidad». Si la obligación —antes examinada— del párrafo 1 del artículo 22 es de comportamiento de omisión, la que impone el párrafo 2 es de resultado[29].

Queremos señalar que en los últimos lustros, la norma sobre inviolabilidad de los locales de las misiones diplomáticas ha sido objeto de espectaculares *violaciones,* que en algunos supuestos han afectado a misiones diplomáticas españolas. Es el caso, por citar algunos, del asalto por particulares, en la madrugada del día 27 de septiembre de 1975, del edificio de la cancillería de la misión de España en Lisboa y del consulado general, así como de la residencia del embajador[30]; es también el supuesto de la entrada y ataque de la policía del Estado receptor en los locales de la Embajada de España en Guatemala, el día 31 de enero de 1980, que comportó numerosas pérdidas de vidas humanas, entre ellas la de un diplomático español[31]; se trata también de la ocupación, el día 4 de noviembre de 1979, de la Embajada de los Estados Unidos en Teherán por estudiantes revolucionarios, con la aprobación de las autoridades del Estado receptor, que comportó la retención como rehenes del personal diplomático y consular[32], etc. Y como ha señalado la profesora ANDRÉS SÁENZ DE SANTA MARÍA, tras un estudio de los casos citados y otros, siendo los particulares los que han protagonizado el mayor número de este tipo de ataques, la utilización de una hipótesis estructural de análisis pone de relieve que en ocasiones

---

[28] CIJ, *Recueil,* 1980, p. 40.

[29] *Anuario de la Comisión de Derecho Internacional,* vol. II, 2.ª parte, 1967, pp. 17 ss.; ibíd., vol. II, 2.ª parte, 1968, p. 80.

[30] Véase E. VILARIÑO PINTOS, «A propósito de los sucesos de septiembre de 1975 en los locales de la Misión diplomática y Consulado General de España en Lisboa», en *Revista Española de Derecho Internacional*, vol. XXIX, n.º 1, 1976, pp. 71 ss.

[31] Véase P. BURGOS RÓDENAS, «Análisis jurídico de los sucesos ocurridos en la Embajada de España en Guatemala», en *Revista de Estudios Internacionales*, vol. 7, n.º 1, 1980, pp. 107 ss.

[32] Véase J. A. PASTOR RIDRUEJO, «Los incidentes diplomáticos del Irán y el Derecho internacional», en *Razón y Fe*, n.º 984, enero 1979, pp. 61 ss.; C.I.J., *Recueil*, 1980, pp. 3 ss.

estas actuaciones encuentran su motivación en causas conectadas con la crisis de algún sector del ordenamiento internacional. «En esencia —agrega— son tres los sectores del ordenamiento cuya crisis y subsiguiente falta de solución han dado lugar a vulneración de la inviolabilidad de los locales diplomáticos: el principio de no intervención, la libre determinación de los pueblos y los derechos humanos[33]». Estamos realmente, para la profesora citada, ante un epifenómeno que encubre una crisis surgida en otros ámbitos del Derecho Internacional, y dado el escaso poder coercitivo del ordenamiento, lo que ocurre es que los particulares irrumpen en el plano internacional, arrogándose el papel de policías de aquel ordenamiento y llamando la atención sobre sus fallos más evidentes a través de una utilización instrumental y de signo negativo del principio de la inviolabilidad de las misiones diplomáticas. Señalemos en todo caso que en su resolución 41/78, de 26 de enero de 1987, la Asamblea General de las Naciones Unidas se manifiesta «profundamente preocupada por la persistencia de un gran número de casos de inobservancia de la inviolabilidad de las misiones y los representantes diplomáticos y consulares y por la grave amenaza que entrañan esas transgresiones para el mantenimiento de relaciones internacionales normales y pacíficas, que son necesarias para la cooperación entre los Estados».

Digamos por lo demás que, según el párrafo 3 del artículo 22 de la Convención «los locales de la misión, su mobiliario y demás bienes situados en ellos, así como los medios de transporte de la misión, no podrán ser objeto de ningún registro, requisa, embargo o medidas de ejecución»; y que de acuerdo al artículo 24 «los archivos y documentos de la misión son siempre inviolables, donde quiera que se hallen». Destaquemos que la inembargabilidad y la prohibición de medidas de ejecución en los bienes de la misión constituyen privilegios importantes y comportan la consecuencia de que, en los casos en que la misión esté sometida a la jurisdicción del Estado receptor —por ejemplo, respecto a contratos laborales con el personal administrativo y técnico o el personal de servicio—, la sentencia no se puede ejecutar en aquellos bienes. Señalemos además que la cuenta corriente de la misión utilizada para fines oficiales es también inembargable, por más que el numerario se encuentre físicamente fuera del recinto de la misión; el fundamento funcional de los privilegios e inmunidades, enunciado en el preámbulo de la Convención, así lo requiere. Sobre este punto, los tribunales españoles son partidarios de utilizar una distinción perteneciente al tema general de la inmunidad de jurisdicción y ejecución del Estado y de sus bienes (véase más adelante el apartado 51 de este *Curso*). Según este criterio jurisprudencial, se distingue en la cuenta bancaria de la misión entre, de un lado, el numerario destinado a los gastos ordinarios de desenvolvimiento, al que se considera *iure gestionis*; y, de otro lado, el numerario dedicado al desempeño de las funciones propiamente diplomáticas, que se califica como *iure imperii* o relacionadas con el ejercicio de la soberanía. Las jurisdicciones españolas entienden que sólo el numerario de esta segunda categoría estaría cubierto por la prohibición de embargo que resulta del párrafo 3.º del artículo 24 de la Convención. Así se dice particularmente

---

[33] M. P. Andrés Sáenz de Santa María, «La crisis de la inviolabilidad de las misiones diplomáticas. Una perspectiva estructural de análisis», en *Revista de Estudios Internacionales*, vol. 2, n.º 2, abril-junio, 1981, p. 301.

en las sentencias del Tribunal Constitucional 18/97 y 176/01. Pero como es muy posible que el montante total de una misma cuenta bancaria sirva para cubrir ambas especies de gastos, surge el problema de determinar qué cantidad es embargable en cuanto utilizada para los gastos corrientes de funcionamiento de la misión, y cuál no resulta embargable por destinarse a funciones propiamente diplomáticas. Las dos sentencias citadas del Tribunal Constitucional imponen al Estado de envío la carga de la prueba de que determinado numerario sirve para actividades *iure imperii* debiendo quedar por tanto exceptuado del embargo. Distinta y más razonable ha sido la posición del Tribunal Supremo en su sentencia de 25 de junio de 2012 cuando, al aplicar la doctrina de la distinción entre las dos especies de gastos, declara que no procede presumir que las cuentas embargadas están exclusivamente destinadas a actividades de gestión[33 bis].

Las misiones diplomáticas disfrutan también de la *libertad e inviolabilidad de las comunicaciones*. Efectivamente, según el artículo 27 de la Convención de Viena, «el Estado receptor permitirá y protegerá la libre comunicación de la misión para todos los fines oficiales». La misión puede emplear todos los medios adecuados al efecto, incluyendo el correo diplomático y los mensajes en clave o cifrados, aunque sólo con el consentimiento del Estado receptor puede instalar y utilizar una emisora de radio (p. 1 del art. 27). Por lo demás, la correspondencia oficial de la misión es inviolable (p. 2 del art. 27). Señalemos que por resolución 31/1976, de 13 de diciembre de 1976, la Asamblea General de las Naciones Unidas, preocupada por los casos de violación de las normas sobre correos diplomáticos y valijas no acompañadas, pidió a la Comisión de Derecho Internacional que se ocupara del tema[34]. En su período de sesiones de 1986, la Comisión aprobó provisionalmente, en primera lectura, el proyecto de artículos en la materia, que por resolución de la Asamblea General[34 bis] fue sometido a observaciones de los gobiernos. Destacan en el proyecto la disposición del artículo 17, que permite la inspección o registro del alojamiento temporal del correo diplomático —inviolable en principio— cuando haya motivos fundados para suponer que hay en él objetos cuya posesión, importación o exportación esté prohibida por la legislación del Estado receptor o de tránsito o sometido a sus reglamentos de cuarentena; y la del artículo 28.2, que permite al Estado receptor pedir que se someta la valija a inspección por medios electrónicos o técnicos, o incluso su apertura, si tiene razones fundadas para creer que contiene algo distinto a la correspondencia oficial o documentos u objetos destinados exclusivamente al uso oficial; si las autoridades del Estado que envían rechazan la petición, el Estado receptor podría exigir que la valija sea devuelta al lugar de origen. Se trata en uno y otro supuesto de disposiciones inspiradas en el deseo de evitar abusos en las comunicaciones diplomáticas, y que parecen muy oportunas en los tiempos que corren. Queda por saber el grado de aceptación de estas restricciones por algunos gobiernos.

[33 bis] Un comentario a la sentencia en L. I. SÁNCHEZ RODRÍGUEZ, en *R.E.D.I.*, 1992-2, pp. 565 ss.

[34] Véase *La Comisión de Derecho Internacional y su obra*, Naciones Unidas, Nueva York, 1981, pp. 100 ss.

[34 bis] A/RES/41/81, de 26 de enero de 1987.

De otro lado, la misión tiene *derecho a colocar la bandera y el escudo del Estado acreditante* en sus locales, incluyendo la residencia del jefe de la misión, y en los medios de transporte de éste (art. 20). Se trata de un derecho íntimamente conectado con la función de representación de la misión.

En cuanto a los *privilegios fiscales y aduaneros de la misión* hay que decir que, según el párrafo 1 del artículo 23, el Estado acreditante y el jefe de la misión están exentos de todos los impuestos y gravámenes nacionales, regionales o municipales sobre los locales de la misión de que sean propietarios o inquilinos, salvo de aquellos impuestos y gravámenes que constituyan el pago de servicios particulares prestados. Además, según el artículo 28, «los derechos y aranceles que perciba la misión por actos oficiales están exentos de todo impuesto y gravamen». Por su parte, el artículo 36.1.*a*) dispone que el Estado receptor, con arreglo a las leyes y reglamentos que promulgue, permitirá la entrada, con exención de toda clase de derechos de aduana, impuestos y gravámenes conexos, de los objetos destinados al uso oficial de la misión.

c) Analizados sucintamente los *privilegios e inmunidades* de las misiones diplomáticas, entramos ahora en el examen de los que la Convención de Viena otorga *las personas físicas que integran la misión.* Para ello es preciso recordar las categorías de tales personas[35], teniendo siempre en cuenta que, a efectos de privilegios e inmunidades se equiparan las categorías de jefe de la misión y demás miembros del personal diplomático; todos ellos son, según el artículo 1.*e*), «agentes diplomáticos».

d) En lo que respecta a los *agentes diplomáticos* hay que decir que disfrutan de inviolabilidad personal; inviolabilidad de residencia, documentación y correspondencia; inmunidad de jurisdicción; inmunidad fiscal; inmunidad aduanera, y exención de las leyes sobre seguridad social. A continuación examinamos brevemente y de manera sucinta estos privilegios e inmunidades.

Los *agentes diplomáticos* gozan, en primer lugar, de la inviolabilidad personal. Efectivamente, según el artículo 29 de la Convención de Viena:

> La persona del agente diplomático es inviolable. No puede ser objeto de ninguna forma de detención o arresto. El Estado le tratará con el debido respeto y adoptará todas las medidas adecuadas para impedir cualquier atentado contra su persona, su libertad o su dignidad.

Estamos realmente ante una norma de largo y profundo arraigo en el Derecho Internacional general, que la Convención de Viena no ha hecho sino confirmar. Como ha dicho el Tribunal de La Haya en el *asunto del personal diplomático y consular de los Estados Unidos en Teherán,* en palabras que ya hemos transcrito a propósito de la inviolabilidad de los locales de la misión, «el principio de la inviolabilidad de las personas de los agentes diplomáticos y de los locales de las misiones diplomáticas constituye uno de los fundamentos de este régimen establecido *de larga data* [...]»[36].

---

[35] Véase el apartado 47.4 de este libro.

[36] CIJ, *Recueil*, 1980, p. 40.

Señalemos que también esta norma ha sido objeto de violaciones en los últimos tiempos, particularmente mediante secuestros y asesinatos de diplomáticos y, sin duda de ninguna clase, en virtud de las causas estructurales apuntadas al hablar de la inviolabilidad de las misiones. De hecho, los atentados a la inviolabilidad de las misiones se ven acompañados en muchos casos de ataques a la inviolabilidad de los agentes diplomáticos, aunque cabe por supuesto atentar contra estos últimos sin violar la norma sobre inviolabilidad de los locales de la misión. Se trata en realidad de manifestaciones de un mismo fenómeno: ataques contra la institución diplomática. Recordemos, por lo demás, la *Convención sobre la prevención y castigo de delitos contra personas especialmente protegidas, incluidos los agentes diplomáticos,* de 14 de diciembre de 1973.

Los agentes diplomáticos disfrutan también de *inviolabilidad de residencia, documentación y correspondencia.* En efecto, según el artículo 30 de la Convención, «la residencia particular del agente diplomático goza de la misma inviolabilidad y protección que los locales de la misión» (p. 1). En cuanto a sus documentos y correspondencia, el párrafo 2 del mismo artículo dice que gozarán de inviolabilidad salvo en los casos en que estén sujetos a la jurisdicción civil y administrativa del Estado receptor.

En lo que concierne a la *inmunidad de jurisdicción* de los agentes diplomáticos, es absoluta si se trata de la jurisdicción penal (art. 31.1). Consiguientemente, si el agente diplomático comete un delito en el Estado receptor, lo único que puede hacer su gobierno es declararle *persona non grata* y obligarle a abandonar el país. En cuanto a la jurisdicción civil y administrativa, el agente diplomático disfruta también de inmunidad excepto en los casos siguientes, según el párrafo 1 del artículo 31:

> *a*) De una acción real sobre bienes inmuebles particulares radicados en el territorio del Estado receptor, a menos que el agente diplomático los posea por cuenta del Estado acreditante para fines de la misión;
>
> *b*) De una acción sucesoria en la que el agente diplomático figure, a título privado y no en nombre del Estado acreditante, como ejecutor testamentario, administrador, heredero o legatario;
>
> *c*) De una acción referente a cualquier actividad profesional o comercial ejercida por el agente diplomático en el Estado receptor fuera de sus funciones oficiales.

Claro que cabe la renuncia a la inmunidad de jurisdicción, siempre que la haga de modo expreso el Estado acreditante (art. 32, p. 1 y 2).

Es interesante señalar que, en su sentencia de 28 de septiembre de 1995, el Tribunal Constitucional ha tenido ocasión de pronunciarse sobre la compatibilidad de la inmunidad de jurisdicción civil del agente diplomático con el derecho a la tutela judicial efectiva enunciado por el artículo 24.1 de la Constitución española. El Tribunal considera que es compatible esa inmunidad con el derecho constitucional en cuestión, apoyándose en la consideración de que el derecho a la tutela judicial efectiva es un derecho prestacional, respecto del cual el legislador puede establecer límites siempre que éstos encuentren un fundamento objetivo y razonable y sean proporcionados a los fines perseguidos. Entiende en efecto la sentencia, en relación con el primer condicionamiento de esos límites, que, en el caso concreto, existen dos fundamentos objetivos y razonables; uno, el principio de la igualdad soberana de los Estados, sentado en el artículo 2.1 de la Carta de las Naciones Unidas; y otro, el principio de cooperación pacífica, que también se deriva de la Carta y está presente en el preámbulo de la Constitución. Y, en cuanto al segundo condicionamiento de los límites —proporcionalidad con los fines perseguidos—, el Tribunal hace un examen de sumo interés práctico de las vías que abre la Convención de Viena para la protección de los derechos e intereses del particular afectado: poner los hechos en conocimiento del Ministerio de Asuntos Exteriores para que éste solicite del Estado acreditante bien que compela al agente diplomático al cumplimiento de su obligación o bien que renuncie a la inmunidad; y, si el Estado acreditante no accede a ello, siempre puede el Estado receptor declarar *persona non grata* al agente diplomático, lo que implica el término de sus funciones, o negarse a reconocerle como miembro de la misión. El Tribunal señala también que, si los poderes públicos no adoptan las medidas adecuadas para proteger los derechos e intereses del particular, éste podrá eventualmente solicitar una indemnización, al amparo del artículo 106.1 de la Constitución, por la lesión sufrida en sus bienes y derechos. Destaquemos en cualquier caso la importancia de estos pronunciamientos, que se atienen a la doctrina sentada por el propio Tribunal Constitucional en su sentencia anterior de 1 de julio de 1992 (que examinaremos en el apartado 51, al hablar de la inmunidad jurisdiccional del Estado).

Conforme al párrafo 3 del artículo 31, el agente diplomático está también a cubierto de cualquier medida de ejecución, salvo en los casos previstos en los incisos *a*), *b*) y *c*) del párrafo 1. Pero es importante señalar que las inmunidades de jurisdicción y de ejecución no eximen al agente diplomático del deber de respetar las leyes y reglamentos del Estado receptor, según el párrafo 1 del artículo 41 de la Convención, examinado más atrás. Y esta precisión adquiere especial relieve en la práctica por lo que se refiere a la normativa reguladora del tráfico con vehículos de motor. Es indiscutible que esta normativa, incluso la de nivel municipal, vincula a los agentes diplomáticos y a otras categorías de personas integrantes de la misión, y les obliga asimismo a abonar las sanciones pecuniarias correspondientes a las eventuales infracciones. Otra cuestión es que, al disfrutar de inmunidad de ejecución, no se les pueda imponer coactivamente el pago de esas multas.

En lo que respecta a la *inmunidad fiscal* de los agentes diplomáticos, no está claro si antes de la entrada en vigor de la Convención de Viena de 1961 se apoyaba meramente en la cortesía internacional o constituía una norma consuetudinaria de Derecho Internacional, pues aunque doctrina muy autorizada era partidaria de la primera opinión, la Comisión de Derecho Internacional, en su comentario al proyecto de artículos que sirvió de base a la Convención, se inclinó por la segunda, si bien no dejaba de reconocer que el grado de exención fiscal variaba según los países[37]. Es lo cierto que el artículo 34 de la Convención proclama que el agente diplomático está exento de todos los impuestos y gravámenes personales o reales, nacionales, regionales o municipales, con las siguientes excepciones:

a) De los impuestos indirectos de la índole de los normalmente incluidos en el precio de las mercaderías o servicios;

---

[37] Véase J. A. PASTOR RIDRUEJO, *op. cit.* en nota 3, p. 183.

b) De los impuestos y gravámenes sobre los bienes inmuebles privados que radiquen en el territorio del Estado receptor, a menos que el agente diplomático los posea por cuenta del Estado acreditante y para los fines de la misión;

c) De los impuestos sobre las sucesiones que corresponda percibir al Estado receptor, salvo lo dispuesto en el párrafo 4 del artículo 39;

d) De los impuestos y gravámenes sobre los ingresos privados que tengan su origen en el Estado receptor y de los impuestos sobre el capital que graven las inversiones efectuadas en empresas comerciales en el Estado receptor;

e) De los ingresos y gravámenes correspondientes a servicios particulares prestados;

f) Salvo lo dispuesto en el artículo 23, de los derechos de registro, aranceles judiciales, hipotecas y timbre, cuando se trate de bienes inmuebles.

Sobre la *inmunidad aduanera* de los agentes diplomáticos, la Convención ha llevado a cabo una auténtica obra de desarrollo progresivo del Derecho Internacional. Antes, efectivamente, el Derecho Internacional General no obligaba a los Estados a eximir de derechos de aduana a aquellos agentes, y si se concedía el beneficio era tan sólo por razones de cortesía. La Comisión de Derecho Internacional, por su parte, consciente desde luego del carácter de tal práctica, consideró que dada su extensión había de ser aceptada como regla del Derecho de Gentes[38], proponiendo así lo que hoy es el artículo 36.*b*) de la Convención, según el cual quedan exentos de derechos aduaneros y de impuestos y gravámenes conexos los objetos destinados al uso personal del agente diplomático o de los miembros de su familia que formen parte de su casa, incluidos los efectos destinados a su instalación.

En cuanto a las *disposiciones sobre seguridad social* del Estado receptor, el artículo 33 de la Convención exime de ellas a los agentes diplomáticos, aunque sin perjuicio de la participación voluntaria si lo permite el Estado receptor y de lo dispuesto en acuerdos multilaterales o bilaterales. Se trata de nuevo de una materia en que la Convención ha llevado a cabo un desarrollo progresivo del Derecho Internacional[39].

Queremos señalar que las disposiciones anteriores se refieren a los casos, normales por lo demás, en que el agente diplomático tiene la nacionalidad del Estado acreditante u otra que no sea la del Estado receptor. Porque en el supuesto de que posea esta última sólo disfrutaría, según el artículo 38.1 de la Convención, de inmunidad de jurisdicción e inviolabilidad por los actos oficiales realizados en el desempeño de sus funciones.

En lo que se refiere, por fin, al *status de los familiares de los agentes diplomáticos* la práctica anterior a la Convención era la de equipararlo al de los propios agentes[40]. Esta norma es reiterada por el artículo 37.1 de la Convención en disposición que señala de manera suficientemente flexible su ámbito de aplicación: el *status* alcanza a los familiares que formen parte de la casa del agente diplomático siempre que, claro es, no sean nacionales del Estado receptor.

e) La determinación de los *privilegios e inmunidades de los miembros del personal administrativo y técnico* de la misión[41] suscitó algunas dificultades en el proceso

---

[38] Véase ibíd., p. 185.

[39] Véase ibíd., p. 185.

[40] Véase M. GIULIANO, «Les relations et inmunités diplomatiques», en *R. des C.*, vol. 100, 1960-II, p. 99; PH. CAHIER, *op. cit.* en nota 2, pp. 416 ss.

[41] Véase en apartado 47.4 de este libro.

de elaboración de la Convención de Viena de 1961. Antes de la entrada en vigor de ésta, efectivamente, existían serias dudas sobre cuál podía ser el *status* en cuestión toda vez que la práctica resultaba divergente hasta el punto de que cabía entender, con el profesor GIULIANO, que no existía en la materia norma alguna de Derecho Internacional[42]. El proyecto de artículos de la Comisión de Derecho Internacional que sirvió de base a la Convención propuso la extensión global de los privilegios e inmunidades de los agentes diplomáticos a los miembros del personal administrativo y técnico de la misión[43]. Este punto de vista pareció excesivamente generoso a algunas delegaciones en la Conferencia de Viena y encontró por tanto resistencias[44]. La fórmula que prosperó, finalmente, reflejada en el párrafo 2 del artículo 37 de la Convención, consiste en conceder a los miembros del personal administrativo y técnico que no sean nacionales del Estado receptor ni tengan en él residencia permanente los mismos privilegios que a los agentes diplomáticos, con las salvedades de que la inmunidad de jurisdicción civil y administrativa sólo alcanza a los actos realizados en el desempeño de sus funciones y que la franquicia aduanera únicamente se extiende a los objetos importados al efectuar la primera instalación. Estos privilegios se extienden a los familiares que formen parte de su casa.

f) Los miembros del *personal de servicio de la misión*[45] que no sean nacionales del Estado receptor ni tengan en él residencia permanente gozan de inmunidad por los actos realizados en el desempeño de sus funciones, de exención de impuestos y gravámenes por los salarios que perciban por sus servicios, así como de exención de las disposiciones sobre seguridad social del Estado receptor, aunque cabe la participación voluntaria en tal régimen si la permite dicho Estado, y sin perjuicio a este último respecto de lo dispuesto en acuerdos multilaterales o bilaterales (arts. 37.3 33 de la Convención).

g) Los *criados particulares de los miembros de la misión* no forman parte del personal de la misión[46] no obstante lo cual, para el caso de que no sean nacionales del Estado receptor ni tengan en él residencia permanente, la Convención les concede exención de impuestos y gravámenes sobre los salarios que perciban por sus servicios; además, el Estado receptor habrá de ejercer su jurisdicción sobre ellos de modo que no estorbe indebidamente el ejercicio de las funciones de la misión (art. 37.4). En cuanto a las disposiciones sobre la seguridad social del Estado receptor, estarán exentos siempre que no sean nacionales de él o no tengan en su territorio residencia permanente y estén protegidos por las vigentes en el Estado acreditante o en un tercer Estado (art. 33.2), y todo ello sin perjuicio de la participación voluntaria si lo permite el Estado receptor (art. 33.3).

h) El artículo 47 prohíbe al Estado receptor hacer *discriminaciones* entre los Estados en la aplicación de la Convención, aunque, según los términos expresos del

---

[42] M. GIULIANO, *op. cit.* en nota 40, pp. 153 ss.; véase también PH. CAHIER, *op. cit.* en nota 2, pp. 420 ss.

[43] *Anuario de la Comisión de Derecho Internacional*, II, 1958, pp. 105 ss.

[44] Véase A. MARESCA, *op. cit.* en nota 3, pp. 263 ss.

[45] Véase PH. CAHIER, *op. cit.* en nota 2, pp. 425 ss.

[46] Véase ibíd., pp. 427 ss.

artículo, no se considera como discriminatorio: *a*) que el Estado receptor aplique con criterio restrictivo una disposición de la Convención porque con tal criterio se aplique a su misión en el Estado acreditante; *b*) que mediante costumbre o acuerdo los Estados se concedan recíprocamente un trato más favorable que el exigido por la Convención. Ahora bien, es importante señalar que la aplicación restrictiva de una disposición de la Convención únicamente se admite allí donde alguno de sus artículos establezca márgenes discrecionales, de tal modo que la aplicación del criterio restrictivo sea conforme a la Convención. Lo que no hace el artículo 47 de la Convención es justificar las represalias, es decir, legitimar una violación de la Convención por el Estado receptor que se presente como respuesta a una previa violación del Estado acreditante respecto a la misión o miembros de ella del Estado receptor. Sólo admite las retorsiones. El comentario de la Comisión de Derecho Internacional al proyecto de artículos que sirvió de base a la Conferencia de Viena de 1961 es muy elocuente al respecto[47].

47.6. Terminación de las funciones de la misión diplomática

Son varias las causas por las que pueden terminar las funciones de una misión: ruptura de relaciones diplomáticas entre el Estado acreditante y el Estado receptor, conflicto armado entre ellos, desaparición de la personalidad jurídica del Estado acreditante o receptor (casos de extinción de Estados), no reconocimiento del Gobierno del Estado acreditante por el Gobierno del Estado receptor o viceversa, supresión de la misión (por razones económicas) sin ruptura de relaciones diplomáticas, etc.[48]. Se trata, como puede observarse, de hechos políticos de distinta naturaleza que la Convención de Viena no tenía por qué regular. Pero sí se ha ocupado en cambio la Convención de imponer algunas obligaciones al Estado receptor y de enunciar derechos del Estado acreditante para algunos de aquellos supuestos.

Así, para el supuesto de ruptura de relaciones diplomáticas o para aquellos en que se ponga término a una misión de modo definitivo o temporal, el artículo 45 señala que:

> *a*) El Estado receptor estará obligado a respetar y a proteger, aun en caso de conflicto armado, los locales de la misión, así como sus bienes y archivos;
> *b*) El Estado acreditante podrá confiar la custodia de los locales de la misión, así como sus bienes y archivos, a un tercer Estado aceptable para el Estado receptor;
> *c*) El Estado acreditante podrá confiar la protección de sus intereses y de los intereses de sus nacionales a un tercer Estado aceptable para el Estado receptor.

Y según el artículo 44:

> El Estado receptor deberá, aun en caso de conflicto armado, dar facilidades para que las personas que gozan de privilegios e inmunidades y no sean nacionales del Estado receptor, así como los miembros de su familia, sea cual sea su nacionalidad, puedan salir de su territorio lo más pronto posible. En especial, deberá poner a su disposición, si fuere necesario, los medios de transporte indispensables para tales personas y sus bienes.

---

[47] *Anuario de la Comisión de Derecho Internacional*, II, 1958, pp. 105 ss.
[48] P. Cahier, *op. cit.*, pp. 244 ss.

48. LA DIPLOMACIA *AD HOC*: LAS MISIONES ESPECIALES

a) Como dijo el profesor GARCÍA ARIAS, la diplomacia comenzó siendo una institución *ad hoc*, en cuanto que desde sus orígenes las misiones diplomáticas eran enviadas con un objeto determinado y sus funciones daban fin cuando era cumplida la tarea específica que les había sido fijada. Es cierto que desde finales de la edad media la diplomacia se hace permanente, pero al lado de ella se mantuvo otra diplomacia extraordinaria: la constituida por misiones temporales que los soberanos se enviaban por causa ceremonial o protocolaria. Al propio tiempo se desarrolló la actividad de mensajeros especiales de carácter secreto o semipúblico que negociaban, por lo general con propósitos políticos de alto nivel, como representantes personales de un monarca o de un ministro, a veces al margen de las misiones permanentes. Y en el siglo XIX se da el fenómeno, en forma cada vez menos esporádica, del envío de delegaciones oficiales de los Estados a Congresos y Conferencias internacionales, singularmente de carácter técnico, así como el de funcionarios que llevan a cabo negociaciones especializadas de corta duración, para cuyo cumplimiento en realidad no dependen del correspondiente embajador. Pero será en el siglo XX cuando dicho fenómeno se generalice y amplifique. Ya la misma diplomacia directa o de alto nivel —continúa diciendo el profesor GARCÍA ARIAS— es una suerte de diplomacia *ad hoc,* como lo es también la función que realizan los agentes itinerantes que, sobre todo, envían los presidentes de los Estados Unidos. Surgen también las comisiones de cooperación técnica de un Estado cerca de otro, que tienen misiones de larga duración o incluso son permanentes. Aparecen asimismo misiones especiales de los Estados cerca de organizaciones internacionales, que tienen carácter permanente. Y, por último, los distintos departamentos ministeriales de los Estados no sólo tienen agregados en las misiones diplomáticas permanentes, sino que crean servicios exteriores propios, envían funcionarios para negociar con colegas de otros Estados y sus titulares se desplazan con frecuencia para celebrar convenios especializados[1].

b) Es obvio que no todas estas nuevas formas de la diplomacia constituyen realmente manifestaciones de la diplomacia *ad hoc.* Para la Comisión de Derecho Internacional entrarían en ella sólo las tres categorías siguientes: delegados en Conferencias diplomáticas, enviados itinerantes y misiones especiales. En un momento posterior la Comisión entendió que los enviados itinerantes podían ser

---

[1] L. GARCÍA ARIAS, «Las antiguas y nuevas formas de la diplomacia», en el libro *Estudios sobre relaciones internacionales y Derecho de Gentes*, vol. I, Madrid, 1971, pp. 288 ss.; véase también M. BARTOS, «Le statut des missions spéciales de la diplomatie ad hoc», en *R. des C.*, vol. 108, 1963-I, pp. 463 ss.; M. WALTERS, *The «ad hoc» diplomatic. A study in municipal and international Law*, La Haya, 1963; J. NISSOT, «Diplomatie ad hoc: les missions spéciales», en *Revue Belge de Droit International*, 1968, n.º 2, pp. 416 ss.

asimilados realmente a las misiones especiales, pero que el supuesto de las delegaciones estatales en Conferencias diplomáticas tenía que ver no sólo con las misiones especiales, sino también con el de las relaciones entre Estados y organizaciones internacionales, decidiendo no estudiar por el momento tal tema. Es el caso que la Comisión elaboró en 1967 un proyecto de Convención sobre misiones especiales, que englobaba el supuesto de los enviados itinerantes[2] y la Asamblea General de las Naciones Unidas aprobó el día 8 de diciembre de 1969 por su resolución 259 (XXIV), sobre la base de aquel proyecto, la *Convención sobre misiones especiales,* abierta a firma y ratificación el 16 de diciembre siguiente. En la primavera de 2016 hasta 38 Estados son partes en la Convención que está en vigor[3]. España es parte en virtud de instrumento de adhesión de 31 de mayo de 2001. Vamos a estudiar obviamente el régimen de las misiones especiales a la luz del régimen establecido en la citada Convención.

La Convención define la *misión especial* como «una misión temporal, que tenga carácter representativo del Estado, enviada por un Estado ante otro Estado con consentimiento de este último para tratar con él asuntos determinados o realizar ante él un cometido determinado» [art. 1.*a*)]. En esta disposición se señalan los principales rasgos distintivos de la misión especial frente a la misión diplomática permanente: carácter temporal de la misión y funciones determinadas. Respecto a tales funciones, el artículo 3 dispone que «serán determinadas por consentimiento mutuo del Estado que envía y el Estado receptor».

El *envío* de una misión especial se hace depender, lógicamente, del consentimiento mutuo entre el Estado que envía y el Estado receptor (art. 2), sin que para dicho envío o la recepción constituya obstáculo la inexistencia de relaciones diplomáticas o consulares (art. 7). El consentimiento mutuo rige también, como acabamos de decir, para la determinación de las funciones de la misión y, asimismo, para la del número de sus miembros; efectivamente, según el artículo 8, «el Estado receptor podrá negarse a aceptar una misión especial cuyo número de miembros no considere razonable, habida cuenta de las circunstancias y condiciones del Estado receptor y de las necesidades de la misión de que se trate». En fin, del consentimiento mutuo depende asimismo el envío de la misma misión especial ante dos o más Estados (art. 4), que es realmente la figura del enviado itinerante, incluida en la de misión especial. El mutuo consentimiento es también necesario para enviar una sola misión especial común por dos o más Estados (art. 5) y para el envío de varias misiones especiales por dos o más Estados para tratar de cuestiones de interés común (art. 6).

En lo que concierne a la composición de la misión especial, el artículo 9 señala que «estará constituida por uno o varios representantes del Estado que envía, entre los cuales éste podrá designar un jefe. La misión podrá comprender

---

[2] Véase *La Comisión de Derecho Internacional y su obra*, Naciones Unidas, Nueva York, 1981, pp. 68 ss.

[3] Sobre la Convención, véase H. ARBUET VIGNALI, «La Convención sobre las Misiones Especiales», en *Revista Uruguaya de Derecho Internacional*, vol. I, 1972, pp. 179 ss.; A. BERNARDINI, *Introduzione alla Convenzione sulla Missioni speciali*, Padua, 1970; M. R. DONNARUMA, «La Convention du 8 décembre 1969 sur les missions spéciales», en *Revue Belge de Droit International*, I, vol. VIII, pp. 34 ss.; A. MARESCA, *Le missione speziali*, Milán, 1975.

además personal diplomático, personal administrativo y técnico, así como personal de servicio». Bien entendido que la misión especial puede estar encabezada por el jefe de Estado, jefe de gobierno o ministro de Asuntos Exteriores, en cuyo caso, según el artículo 21, gozarán del trato que les reconoce el Derecho Internacional además del establecido por la Convención y que más adelante examinaremos. Conviene señalar también que, según el artículo 12, «el Estado receptor podrá en todo momento y sin tener que exponer los motivos de su decisión, comunicar al Estado que envía que cualquier representante del Estado que envía en la misión especial o cualquier miembro del personal diplomático de ésta es persona no grata o que cualquier otro miembro del personal de la misión no es aceptable. El Estado que envía retirará entonces a esa persona o pondrá término a sus funciones en la misión, según proceda. Toda persona podrá ser declarada no grata o no aceptable antes de su llegada al territorio del Estado receptor».

En cuanto a los *privilegios e inmunidades* establecidos por la Convención, hay que afirmar que tienen un fundamento funcional. Como se señala en el preámbulo de aquélla, «el objeto de los privilegios e inmunidades relativos a las misiones especiales no es favorecer a individuos, sino garantizar el desempeño eficaz de las funciones de éstas en cuanto misiones que tienen carácter representativo del Estado». Y para un mejor análisis de la cuestión, vamos a distinguir entre los privilegios e inmunidades reconocidos a la misión especial, de una parte, y los que se conceden, de otra, a las personas físicas que la componen.

La *misión especial* tiene por lo pronto derecho a poseer una sede en el territorio del Estado receptor (art. 17). Pero la inviolabilidad de los locales de la misión no es tan amplia como en el caso de la misión diplomática permanente, pues aun cuando el párrafo 1 del artículo 25 proclama su inviolabilidad, agrega lo siguiente:

> Los agentes del Estado receptor no podrán penetrar en ellos sin consentimiento del jefe de la misión especial o, en su caso, del jefe de la misión diplomática permanente del Estado que envía acreditado ante el Estado receptor. Ese consentimiento podrá presumirse en caso de incendio o de otro siniestro que ponga en serio peligro la seguridad pública, y sólo en el caso de que no haya sido posible obtener el consentimiento expreso del jefe de la misión especial o, en su caso, del jefe de la misión permanente.

Existe por lo demás obligación especial del Estado receptor de adoptar todas las medidas adecuadas para proteger los locales de la misión en términos idénticos a los de la Convención de 1961 sobre relaciones diplomáticas (art. 23.1). De otro lado, los archivos y documentos son siempre inviolables donde quiera que se hallen (art. 26). Las misiones especiales disfrutan también de libertad e inviolabilidad de comunicaciones en términos similares a las misiones diplomáticas permanentes (art. 28), así como del derecho a usar la bandera y el escudo del Estado que envía tanto en los locales como en los medios de transporte utilizados para fines oficiales. En lo que respecta a las exenciones fiscales de los locales de la misión especial, se da del mismo modo que en el caso de la misión diplomática permanente, aunque sólo «en la medida compatible con la naturaleza y duración de las funciones ejercidas por la misión especial» (art. 24.1). Existe por fin franquicia aduanera por lo que respecta a los objetos destinados al uso oficial de la misión especial dentro de los límites de las leyes y reglamentos del Estado receptor (art. 33.1).

Y analicemos ya los privilegios e inmunidades de las *personas físicas que componen la misión,* a cuyo respecto debemos distinguir con la Convención las siguientes categorías: representantes del Estado que envía en la misión especial y miembros del personal diplomático; personal administrativo y técnico; personal de servicio de la misión, y personal al servicio privado de los miembros de la misión. De un modo general, y como punto de partida, los privilegios e inmunidades que favorecen a estas categorías de personas son similares a los establecidos para las categorías correspondientes de la Convención de Viena de 1961. Se hacen, sí, los ajustes adecuados a la naturaleza de las misiones especiales y en algunos casos se modifica y moderniza el lenguaje (no se habla, por ejemplo, de criados particulares de los miembros de la misión, sino de personal al servicio privado de los miembros de la misión).

Los representantes en la misión del Estado que envía y los miembros del personal diplomático disfrutan en primer lugar de inviolabilidad personal en los mismos términos que los agentes diplomáticos de una misión permanente (art. 29). Su alojamiento particular goza de idéntica inviolabilidad y protección que los locales de la misión especial (art. 30). En cuanto a la jurisdicción penal, la inmunidad es absoluta, no así en cuanto a la civil y administrativa, pues aparte de las excepciones previstas en la Convención de 1961 para los agentes diplomáticos, están afectados por otra más (acción por daño resultante de un accidente ocasionado por un vehículo utilizado fuera de las funciones oficiales de la persona de que se trate) (art. 31). En lo que se refiere a las disposiciones sobre seguridad social están en principio exentos (art. 32) y en lo que atañe a la inmunidad fiscal la situación es idéntica a la de la Convención de 1961 sobre relaciones diplomáticas (art. 33). Existe por fin franquicia aduanera, dentro de los límites de las leyes y reglamentos del Estado receptor, para los objetos destinados al uso personal de las personas que estamos considerando (art. 31.1). Los miembros de la familia que acompañen a estas personas, si no son nacionales del Estado receptor o no tienen en él residencia permanente, gozarán de los mismos privilegios e inmunidades (art. 39.1).

Los miembros del personal administrativo y técnico de la misión disfrutan de los mismos privilegios que los representantes del Estado que envía y personal diplomático, con dos excepciones: la inmunidad de jurisdicción civil y administrativa no se extiende a los actos realizados fuera del ejercicio de sus funciones y la franquicia aduanera sólo alcanza a los objetos importados en la primera entrada al Estado receptor (art. 36). Estos privilegios e inmunidades se aplican a los miembros de su familia que les acompañen, siempre que no sean nacionales del Estado receptor o tengan en él residencia permanente (art. 39.2).

Los miembros del personal de servicio de la misión especial disfrutan de inmunidad de jurisdicción por los actos realizados en el desempeño de sus funciones, de exención de impuestos y gravámenes por los salarios que perciban, y de exención en principio de las disposiciones sobre seguridad social vigentes en el Estado receptor (art. 37).

Finalmente, *el personal al servicio privado de los miembros de la misión* estará exentos de impuestos y gravámenes sobre los salarios que perciban por sus servicios, y el Estado receptor habrá de ejercer la jurisdicción sobre ellos de manera que no se estorbe indebidamente el desempeño de las funciones de la misión especial (art. 38).

49. LA DIPLOMACIA MULTILATERAL. LA REPRESENTACIÓN DE LOS ESTADOS ANTE LAS ORGANIZACIONES INTERNACIONALES DE CARÁCTER UNIVERSAL

a) Empleando terminología contemporánea podemos decir que en el mundo antiguo la diplomacia fue *ad hoc* y bilateral, y que desde finales del medievo adquiere carta de naturaleza en la sociedad internacional moderna la diplomacia permanente y asimismo bilateral. Pero junto a ella, y con ocasión de la celebración de importantes congresos políticos internacionales en que después de las grandes guerras se reunían representantes de varios soberanos para restablecer la paz y reajustar la situación territorial (Congreso de Westfalia en 1648, de Utrecht en 1713, de Viena en 1815, por citar algunos de los más importantes), fue haciendo acto de presencia la diplomacia multilateral[1]. Y este tipo de diplomacia, que requiere el concurso de las representaciones de varios Estados, se va consolidando desde principio del siglo XIX gracias a la creación de las primeras organizaciones internacionales (comisiones fluviales, uniones administrativas) y a la celebración de grandes congresos y conferencias (Congreso de París de 1856, Conferencia de Berlín de 1878, Conferencias de la Paz de La Haya de 1899 y 1907, etc.) destinados a establecer, bien arreglos políticos y territoriales, bien codificaciones parciales del Derecho Internacional. Por su parte, las transformaciones que ha experimentado la sociedad internacional a lo largo del siglo XX no podían sino enriquecer y fortalecer la diplomacia multilateral. La vida de relación entre los Estados es más activa e intensa que nunca, al compás de su creciente interdependencia y de la universalización de la sociedad internacional, y ello había de requerir la celebración constante de grandes conferencias internacionales, regionales o universales, políticas o técnicas. Además la cooperación entre los Estados se ha ido institucionalizando progresivamente y ello había de provocar la creación de nuevas organizaciones internacionales técnicas o políticas, algunas de ellas con vocación universal. Y en la diplomacia multilateral aparece por fin una nueva técnica: la llamada diplomacia parlamentaria[2].

---

[1] Véase L. GARCÍA ARIAS, «Las antiguas y nuevas formas de diplomacia», en el libro *Estudios sobre relaciones internacionales y Derecho de Gentes*, vol. I, Madrid, 1971, pp. 295 ss.; A. MARESCA, *La diplomazia plurilaterale*, Milán, 1979, pp. 161 ss.

[2] Término este acuñado en 1955 por el que fuera Secretario de Estado de los Estados Unidos, DEAN RUSK, quien asignó a la diplomacia parlamentaria los cuatro rasgos siguientes: 1) existencia de una organización permanente con amplios intereses, objetivos y responsabilidades internacionales y con temas fijados en un orden del día para ser tratados en un tiempo determinado; 2) un debate público desarrollado al alcance de los *mass media*, que lo difunden ampliamente en la opinión pública mundial; 3) reglas de procedimiento que rigen el desarrollo de los debates y que son susceptibles de manipulaciones tácticas para apoyar o para oponerse a un punto de vista; 4) conclusiones formales, normalmente expresadas en resoluciones, que son aprobadas por mayoría de votos, simple o calificada. Véase D. RUSK, «Parliamentary Diplomacy: Debate versus Negotiation», en *World Affairs Interpreter*, vol. 26, n.º 2, 1955, pp. 121 ss.; véase también P. C. JESSUP, «Parliamentary Diplomacy. An examination of the legal quality of the rules of procedure of organs of the United Nations», en *R. des C.*, vol. 89, 1956-I, pp. 186 ss.

De las consideraciones anteriores se desprende que la diplomacia multilateral encuentra dos grandes manifestaciones: la que tiene lugar a través de conferencias internacionales y la que se desarrolla mediante organizaciones internacionales[3].

b) Tratándose de *conferencias internacionales,* y en lo que se refiere al estatuto de las delegaciones de los Estados participantes, la actitud de los Estados huéspedes —aquellos en cuyo territorio se celebra la Conferencia— revela que consideran un deber reconocer ciertos privilegios, por más que éstos no aparezcan muy definidos[4]. CAHIER entiende que tal estatuto «debe seguir muy de cerca al de los representantes de los Estados ante organizaciones internacionales»[5]. No fue ésta, sin embargo, la actitud de España con ocasión de la reunión en Madrid (1980-1983) de la Conferencia sobre Seguridad y Cooperación en Europa. El Gobierno español ofreció y otorgó, en efecto, a los participantes en la reunión el estatuto establecido en la Convención de 1969 sobre misiones especiales, solución que ha sido criticada por el profesor CHUECA SANCHO[6], quien considera que hubiese sido más adecuada la aplicación de la Parte III de la Convención de Viena de 1975, sobre la representación de los Estados en sus relaciones con las organizaciones internacionales de carácter universal, instrumento del que nos ocuparemos enseguida. Pero promulgada y entrada en vigor la Ley Orgánica de 27 de octubre de 2015 (sobre privilegios e inmunidades de los Estados extranjeros, las organizaciones internacionales con sede u oficina en España y las conferencias y reuniones internacionales celebradas en España, *B.O.E.* de 28 de octubre), a las Organizaciones internacionales con sede u oficina en España y a las Conferencias y Reuniones internacionales celebradas en su territorio, es aplicable a falta de acuerdo específico lo dispuesto por su Título VI (arts. 42 a 48). El régimen, muy detallado, consagra la inviolabilidad de los locales que sirvan a la conferencia o reunión y concede privilegios e inmunidades, cercanos a los disfrutados por los agentes diplomáticos, a las personas que participan en la reunión o conferencia.

Pero ocurre que en buen número de casos las conferencias internacionales son convocadas por una organización internacional o bajo sus auspicios. En tales supuestos cabe que la organización en cuestión concluya una convención con el Estado huésped, como hizo la Organización de las Naciones Unidas con Austria en 1961 para la Conferencia de Viena sobre relaciones diplomáticas; según tal acuerdo, se extendió a la Conferencia la Convención General sobre privilegios e inmunidades de las Naciones Unidas de 1946[7]. Y la ya mencionada Convención de Viena de 1975 contiene hoy en su Parte III un régimen aplicable a delegaciones en órganos y conferencias, que analizaremos muy pronto.

c) En lo que respecta a la diplomacia multilateral que se desarrolla a través de *organizaciones internacionales,* son dos los problemas principales: el de las

---

[3] PH. CAHIER, *Derecho diplomático contemporáneo*, Madrid, 1965, pp. 497 ss.
[4] Ibíd., p. 532.
[5] Ibíd., pp. 533-534.
[6] A. CHUECA SANCHO, «Facilidades, privilegios e inmunidades de las delegaciones en la Conferencia de Madrid sobre la Seguridad y la Cooperación en Europa», en *International Law Association* (Sección española), *Boletín Informativo*, n.º 7, abril, 1981, pp. 1 ss.
[7] PH. CAHIER, *op. cit.* en nota 3, p. 533.

misiones permanentes de los Estados ante la organización y el de las delegaciones de los Estados en los distintos órganos[8].

El Estatuto de las misiones permanentes y de sus miembros se desprende de un cierto número de textos: legislación interna, tratados internacionales tales como los acuerdos de sede (entre la organización y el llamado Estado huésped) y diferentes reglas de Derecho consuetudinario. Como dice el profesor CAHIER, «debido a la semejanza de las delegaciones permanentes con las misiones diplomáticas permanentes, las reglas consuetudinarias que se aplican a las últimas se han extendido en gran medida a las primeras». Pero —añade— la identidad no es absoluta porque hay dos factores que conceden originalidad propia a las misiones permanentes ante organizaciones internacionales. El primero es que las relaciones son triangulares, en cuanto que afectan no sólo al Estado que envía y a la organización internacional de que se trate, sino también al Estado de sede de la organización (Estado «huésped»), que es el que debe conceder los privilegios e inmunidades. Otro factor es que al no ser Estados las organizaciones internacionales, no existen reglas fijas en cuanto a la creación, extensión, etc., de las misiones permanentes, dándose en este terreno mayor empirismo y flexibilidad que respecto a las misiones diplomáticas permanentes entre Estados[9].

Un segundo supuesto es el de los delegados ocasionales de los Estados que participan en las deliberaciones y adopción de decisiones de un órgano de la organización. Su estatuto deriva del tratado instituyente de la organización, de los convenios sobre privilegios e inmunidades y de los acuerdos de sede, instrumentos todos estos que, en opinión de CAHIER, han dado lugar a una práctica constante y uniforme que constituye el origen de una costumbre en vías de formación[10]. Tal estatuto tiene un fundamento funcional y comprende la inviolabilidad personal, la inmunidad de jurisdicción por actos realizados en el ejercicio de sus funciones y escasos privilegios fiscales y aduaneros.

d) La *obra codificadora de las Naciones Unidas* en materia de relaciones diplomáticas ha alcanzado también a manifestaciones importantes de la diplomacia multilateral. Efectivamente, por la resolución 1.289 (XIII), de 5 de diciembre de 1958, la Asamblea General invitó a la Comisión de Derecho Internacional a examinar la cuestión de las relaciones entre Estados y organizaciones internacionales una vez finalizado el estudio de las relaciones diplomáticas, relaciones consulares y diplomacia *ad hoc.* En 1962 la Comisión inició los trabajos al respecto, y en 1971 puedo completar un «Proyecto de artículos sobre la representación de Estados en sus relaciones con las organizaciones internacionales». Y a convocatoria de la Asamblea General, entre el 4 de febrero y el 14 de marzo de 1975 se reunió en Viena la Conferencia diplomática, que el día 13 de marzo de dicho año adoptó sobre la base de aquel proyecto la *Convención de Viena sobre la representación de los Estados en sus relaciones con las organizaciones internacionales de carácter universal*[11].

---

[8] Ibíd., pp. 543 ss.
[9] Ibíd., pp. 543-544.
[10] Ibíd., p. 567.
[11] Véase *La Comisión de Derecho Internacional y su obra*, Naciones Unidas, Nueva York, 1981, pp. 72 ss.

Convención que aún no está en vigor, pues, requiriendo su artículo 89 la existencia de 35 instrumentos de ratificación o adhesión para ello, en la primavera de 2016 sólo 34 Estados, entre los que no figura España, habían manifestado el consentimiento en obligarse[12]. Pero aportemos un dato más significativo: ninguno de los Estados en que tienen su sede numerosas e importantes organizaciones internacionales es parte en la Convención (Austria, Estados Unidos, Francia, Suiza, etc.). Y obviamente, es la participación de estos últimos Estados la que realmente interesa para la operatividad de la Convención. El éxito que ha acompañado a la obra codificadora de las Naciones Unidas en el ámbito tradicional de las relaciones diplomáticas no se puede predicar por ahora en lo que respecta a la diplomacia multilateral. No obstante ello, nos parece oportuno hacer un somero análisis de la Convención de 1975 y explicar las causas de la actitud de los Estados huéspedes hacia ella.

La Convención se aplica a la representación de los Estados en sus relaciones con cualquier organización de carácter universal y a su representación en conferencias convocadas por tal organización o bajo sus auspicios, cuando en la Convención sea parte el Estado huésped y el órgano competente de la organización en cuestión haya decidido aplicarla (arts. 2 y 90). Es pertinente decir a este respecto que por «organización internacional de carácter universal» se entiende las Naciones Unidas, sus organismos especializados, el Organismo Internacional de Energía Atómica y cualquier otra organización similar cuya composición y atribuciones son de alcance mundial (art. 2.1). Así pues, siguiendo la orientación de la Comisión de Derecho Internacional[13], las organizaciones regionales no entran en el ámbito de aplicación de la Convención. La mayoría de los miembros de la Comisión entendió, efectivamente, que las organizaciones regionales eran tan diversas que no cabía formular reglas uniformes respecto a ellas.

La Parte II de la Convención se refiere a las *misiones permanentes* de los Estados ante las organizaciones internacionales, y del régimen establecido queremos destacar algunos de los rasgos más originales o problemáticos. El primero es que, según el artículo 5, los Estados miembros podrán establecer misiones permanentes «si las reglas de la organización lo permiten». Es decir, así como la creación de una misión diplomática permanente requiere el mutuo acuerdo entre el Estado acreditante y el Estado receptor, el establecimiento de una misión permanente ante una organización internacional sólo necesita que las reglas de la organización lo consientan en términos de principio. La organización podría oponerse al principio mismo de las misiones permanentes, pero lo que no puede hacer es rehusar la creación de una misión en particular. En cuanto al Estado huésped, no puede oponerse tampoco al establecimiento de una misión. Otro

[12] Sobre la Convención, véanse PH. CAHIER, «La Convention de Vienne de 1975 sur la représentation des Etats dans leurs relations avec les organisations internationales de caractère universelle», en *Symbolae García Arias*, Zaragoza, 1973-1974; J. P. RITTER, «La Conférence et la Convention sur la représentation des Etats dans leurs relations avec les organisations internationales. Quelques questions particulieres», en *A.F.D.I.*, vol. XXI, 1975, pp. 471 ss.; A. EL ERIAN, «La Conférence et la Convention sur la représentation des États dans leurs relations avec les organisations internationales», en *A.F.D.I.*, vol. XXI, 1975, pp. 445 ss.; J. G. FENNESSY, «The 1975 Vienna Convention on the representation of States in their relations with international organisations of a universal character», en *A.J.I.L.*, vol. 60, n.º 1, 1976, pp. 62 ss.

[13] *Anuario de la Comisión de Derecho Internacional*, vol. I, 1964, pp. 220 ss.

punto a considerar, por su carácter controvertido, es el relativo al nombramiento de los miembros de la misión. ¿Cabe supeditar la efectividad del nombramiento al consentimiento del Estado huésped? ¿Puede éste, al menos, oponerse al nombramiento declarando a una persona no grata o no aceptable? En la Conferencia de Viena, las delegaciones de Canadá, Reino Unido y Estados Unidos presentaron enmiendas tendentes a admitir al derecho del Estado anfitrión a declarar no aceptable a una persona designada por el Estado que envía como miembro de la misión[14]. Las enmiendas fueron derrotadas, sin embargo, y el artículo 9 de la Convención dispone que el Estado que envía nombrará libremente a los miembros de una misión, sin más limitaciones que la del artículo 14 (número de miembros de la misión) y artículo 73 (necesidad de tener en principio la nacionalidad del Estado que envía). Y en íntima relación con la cuestión ahora considerada se presenta el problema de si, en caso de violación por un miembro de la misión permanente del Derecho interno del Estado huésped o si el miembro en cuestión realiza actividades que supongan interferencia en los asuntos internos o puedan comprometer la seguridad de aquél, puede el Estado huésped declararlo *persona non grata* y obligarle a abandonar su territorio. El artículo 77 permite en tales supuestos al Estado huésped la adopción de «las medidas que sean necesarias para su propia protección». ¿Comprenden tales medidas la declaración de *persona non grata*? CAHIER entiende que sí[15], a no ser que los actos imputables al miembro de la misión hayan sido cometidos cuando, por ejemplo, era miembro de una misión diplomática, pues ello significaría una reintroducción *a posteriori* de un *droit de regard* en el nombramiento. Otra cuestión a la que nos queremos referir es la concerniente a la inviolabilidad de los locales de la misión. En este punto, muy debatido en la Conferencia de Viena[16], en la que había delegaciones partidarias de la inviolabilidad absoluta y otras de la limitada, la Convención de 1975 (art. 23.1) ha consagrado el primer tipo de inviolabilidad —la más onerosa para el Estado huésped—, del mismo modo que la Convención de 1961 para las misiones diplomáticas permanentes, y a diferencia de la Convención de 1969 para el caso de las misiones especiales, cuyos locales sólo disfrutan de inviolabilidad limitada, según vimos en el apartado anterior.

La Parte III de la Convención trata de las *delegaciones en órganos y conferencias.* El envío de tales delegaciones por un Estado es posible, «de conformidad con las reglas de la organización» (art. 42.1). Respecto al nombramiento de los miembros de la delegación, la problemática que se plantea es idéntica a la del nombramiento de los miembros de la misión permanente. También es idéntica la solución, ya que, según el artículo 43, «el Estado que envía nombrará libremente a los miembros de la delegación» sin perjuicio de las disposiciones del artículo 46 (número de miembros de la delegación) y del artículo 73 (necesidad de tener en principio la nacionalidad del Estado que envía). Respecto a los casos en que un miembro de una delegación infrinja la legislación del Estado huésped o interfiera en sus asuntos internos, las facultades de dicho Estado son las ya analizadas para

---

[14] Véase PH. CAHIER, *op. cit.* en nota 12, p. 467.
[15] Véase ibíd., p. 467.
[16] Véase ibíd., p. 470.

el caso de los miembros de la misión permanente. En cuanto a la inviolabilidad de los locales de la delegación, la Convención no contiene disposición alguna, aunque cabe pensar con CAHIER[17] que, sobre la base de la teoría funcional —enunciada por lo demás en el preámbulo de la Convención—, constituye un privilegio que se basa en la costumbre internacional, bien entendido que esta afirmación no despeja la duda de si se trata de una inviolabilidad absoluta o limitada. Señalemos, por fin, que el alojamiento particular del jefe de la delegación y otros delegados goza de inviolabilidad y protección (art. 56), regla que, como ha señalado CAHIER, demuestra una falta cierta de realismo. «Encontrándose en un país por poco tiempo, los miembros de las delegaciones viven la mayor parte del tiempo en un hotel. ¿Se va a dejar quemar un hotel porque no sea posible entrar en una habitación en que se presenta un conato de incendio? Evidentemente, no; este artículo corre el riesgo de no ser respetado»[18].

En suma, en la Conferencia de Viena, que adoptó la Convención de 1975, hubo una clara confrontación entre dos grupos de intereses: el de los Estados anfitriones, que eran la minoría, y el de los Estados de envío, que eran la mayoría. Y no habiéndose realizado en ella los esfuerzos de negociación necesarios a fin de llegar a compromisos aceptables para los dos grupos en las cuestiones más sensibles y delicadas, en la votación prevalecieron de modo muy general los puntos de vista mayoritarios de los segundos con el consiguiente sacrificio de los intereses de los primeros. Pero contemplada con perspectiva de futuro, la victoria puede ser pírrica, pues la operatividad de la Convención necesita que los Estados perdedores —los Estados anfitriones— manifiesten el consentimiento en obligarse y, hoy por hoy, nada hace prever que este hecho vaya a producirse.

e) Digamos finalmente que en *España* la creación, modificación y supresión de las representaciones permanentes ante organizaciones internacionales se hace por Real Decreto, a iniciativa del Ministro de Asuntos Exteriores y a propuesta del Ministerio de Administraciones Públicas. Estamos, pues, ante una competencia del gobierno. La creación de delegaciones ante órganos de organizaciones internacionales y en conferencias internacionales es competencia del Ministerio de Asuntos Exteriores.

---

[17] Ibíd.
[18] Ibíd.

50. LAS OFICINAS CONSULARES

50.1. HISTORIA DE LA INSTITUCIÓN CONSULAR Y CODIFICACIÓN DEL DERECHO DE LAS RELACIONES CONSULARES

a) Las relaciones consulares han existido entre los pueblos desde hace siglos[1] y, realmente, tales relaciones tienen una historia mucho más larga y variada que la de las misiones diplomáticas permanentes. Se trata, en efecto, de una institución acusadamente dinámica, que ha sabido adaptarse perfectamente a las necesidades y vicisitudes del correr de los tiempos. Nacida al servicio del comercio entre los distintos pueblos, en sus cometidos han ido confluyendo otros factores: de navegación marítima, judiciales, políticos, diplomáticos y, más recientemente, de navegación aérea. El abigarrado haz de funciones que hoy desempeñan las oficinas consulares, que más adelante examinaremos[2], acusa, sin duda, la huella de este pasado tan largo como rico y diverso, y se explica en función de él[3].

De la institución consular existen, desde luego, precedentes en la Grecia clásica (los *prostates* y los *proxeni*). Ya en el siglo XII, algunas ciudades de Europa occidental, que tenían colonias comerciales en Constantinopla, se ven reconocido por el Imperio bizantino el derecho a nombrar magistrados que ejercían jurisdicción comercial, civil e incluso criminal, entre los integrantes de las respectivas colonias. A estos magistados se les dio el nombre de cónsules. El crecimiento del comercio durante y después de las cruzadas estimuló el desarrollo de la institución consular. Los comerciantes de algunas ciudades sitas en los actuales territorios de España, Francia e Italia podían elegir a uno de ellos como cónsul en ciudades orientales, y las funciones de estos cónsules fueron ampliándose progresivamente en virtud de capitulaciones entre reinos cristianos y monarcas musulmanes. Y esta práctica fue también corriente en ciudades occidentales.

La aparición del Estado soberano en el siglo XVI, justamente en los albores de la sociedad internacional moderna, con la consiguiente centralización del poder estatal y la consolidación de las misiones diplomáticas permanentes, provocó a la larga un importante y serio eclipse de la institución consular. Los establecimientos consulares fueron considerados de modo severamente desfavorable por algunos Estados, como lo demuestran las disposiciones al respecto de los Tratados de Ryswick (1697), Utrecht (1713) y Versalles (1739).

Sin embargo, a finales del siglo XVIII, el resurgimiento del comercio, industria y navegación motivó que los Estados dirigieran de nuevo su atención hacia la institución consular. En tratados comerciales y consulares se hicieron referencias

[1] Preámbulo de la Convención de Viena de 24 de abril de 1963 sobre relaciones consulares. Más adelante analizaremos la Convención.

[2] Véase el apartado 50.3 de este libro.

[3] Para la exposición del desarrollo histórico que sigue nos basamos principalmente en L. LEE, *Consular Law and Practice*, Londres, 1961, pp. 3 ss.

específicas a las funciones, privilegios e inmunidades de los cónsules (el primer acuerdo al respecto fue la Convención de El Pardo de 1769 entre España y Francia), y, de otro lado, los Estados de mayor comercio y navegación (Francia, Países Bajos, Estados Unidos, Inglaterra) promulgaron progresivamente estatutos internos que definían y regulaban las funciones consulares. Esta situación hizo decir a CHAUTEBRIAND que «el tiempo de los embajadores ha pasado, el de los cónsules ha vuelto». Y a esto hay que añadir que durante el siglo XIX se abrieron al comercio occidental las puertas del continente asiático, y las potencias del Occidente consiguieron establecer en algunos países un sistema de extraterritorialidad en virtud de capitulaciones (con China, en 1843; con Sián, en 1855 y 1856; con Japón, en 1858, etc.) que sometía a sus súbditos a la jurisdicción del cónsul respectivo.

En 1860 se concluye el Tratado franco-británico de comercio (el llamado tratado COBDEM), de importancia extraordinaria, pues señala el nacimiento de una nueva era de relaciones comerciales basadas en el principio de libre comercio y de la cláusula de la nación más favorecida. A través de ésta y de los tratados consulares celebrados a partir de aquella fecha[4], la institución consular ha alcanzado un alto grado de uniformidad jurídica y práctica.

b) La uniformidad que acabamos de mencionar hacía posible la *codificación del Derecho Internacional de las relaciones consulares.* Una primera manifestación de la codificación fue de ámbito regional; se trata de la Convención de La Habana sobre agentes consulares, concluida en 1928, y en vigor en 13 Estados de América del Centro y del Sur[5].

Pero era conveniente una codificación de ámbito mundial y ésta ha llegado, una vez más, de la mano de las Naciones Unidas. La Asamblea General convocó en Viena, entre el 4 de marzo y el 22 de abril de 1963, la respectiva conferencia de plenipotenciarios que, el día 24 del mismo mes y año, adoptó la *Convención sobre relaciones consulares.* Es importante señalar que la Convención está en vigor desde el día 19 de marzo de 1967 y que en 2016 son partes nada menos que 177 Estados[6], entre ellos España, que se adhirió el día 3 de febrero de 1970[7]. Este amplio grado de aceptación de la Convención nos permite afirmar que estamos ante una feliz y espléndida manifestación de la codificación y desarrollo progresivo del Derecho Internacional. Como en el caso de las relaciones diplomáticas es alto, por tanto, el nivel de seguridad jurídica alcanzado. Obviamente, vamos a hacer la exposición y el análisis del régimen jurídico de las relaciones consulares a la luz de la Convención[8], no sin antes señalar someramente los rasgos generales de la misma.

---

[4] Sobre los tratados consulares concluidos por España, véase especialmente J. NÚÑEZ HERNÁNDEZ, *Tratados consulares de España vigentes en 1 de enero de 1958*, Ministerio de Asuntos Exteriores, Madrid, 1958. Sobre Derecho consular español, véase, del mismo autor, *La función consular en el Derecho español*, Ministerio de Asuntos Exteriores, Madrid, 1980.

[5] Véase *League of Nations Treaty Series*, vol. 155, pp. 289 ss.

[6] Datos tomados del sitio internet de Naciones Unidas.

[7] *B.O.E.* de 6 de marzo de 1970.

[8] Sobre la Conferencia y la Convención, véase S. TORRES BERNÁLDEZ, «La Conférence des Nations Unies sur les rélations consulaires», *A.F.D.I.*, 1963, pp. 78 ss.; A. MARESCA, *La convenzione di Vienna sulle relazione consulare*, Padua, 1963; G. E. NASCIMENTO E SILVA, «The Vienna Conference on consular relations», en *The International and Comparative Law Quarterly*, 1964, pp. 1214 ss.; L. LEE, *Vienna Convention on consular relations*, Leiden, 1966. Sobre las relaciones consulares en general, véase

Debemos decir a este respecto, en primer lugar, que la Convención es fundamentalmente declarativa, aunque no deja de llevar a cabo, en algunos puntos, desarrollo progresivo del Derecho Internacional[9]. El segundo rasgo característico de la Convención es que su régimen se articula sobre la idea central de la oficina consular, entendida como órgano institucional de las relaciones consulares, e independiente desde el punto de vista conceptual de las personas físicas que componen la oficina[10]. Hay, por así decirlo, una despersonalización de las relaciones consulares. Digamos, por fin, en íntima relación con la nota anterior, que los privilegios e inmunidades que la Convención concede tienen un fundamento funcional y no personal. Señala a este respecto el preámbulo que «la finalidad de dichos privilegios e inmunidades no es beneficiar a particulares, sino garantizar a las oficinas consulares el eficaz desempeño de sus funciones en nombre de sus Estados respectivos». Se trata del principio *ne impediatur officium.*

En un *Curso* de las características del presente, resulta imposible analizar en profundidad la Convención de Viena de 1963, no obstante lo cual nos proponemos un examen sucinto de las siguientes cuestiones: establecimiento de relaciones consulares, funciones de las oficinas consulares, personas físicas que las integran, privilegios e inmunidades consulares, de la oficina y de las personas, y término de las funciones consulares.

50.2. EL ESTABLECIMIENTO DE RELACIONES CONSULARES

a) El principio básico que rige al establecimiento de relaciones consulares es el del *consentimiento recíproco* entre el Estado que envía y el Estado receptor[11]. Dice textualmente a este respecto el párrafo 1 del artículo 2 de la Convención de Viena de 1963 que «el establecimiento de relaciones consulares entre Estados se efectuará por consentimiento mutuo». Consiguientemente, el deber que tienen los Estados de cooperar entre sí no llega hasta el punto de obligarles a enviar o aceptar oficinas consulares. Ahora bien, el establecimiento de relaciones consulares tiene consecuencias de menor entidad que el mantenimiento de relaciones diplomáticas; si estas últimas significan reconocimiento de Estados, las relaciones consulares no comportan ineludiblemente tal consecuencia, precisamente por el carácter no representativo de las misiones consulares, del que luego nos ocuparemos[12]. El mantenimiento de relaciones consulares tampoco significa forzosamente reconocimiento de gobiernos. Hay que añadir que el consentimiento otorgado para el establecimiento de relaciones diplomáticas implicará, salvo indicación en contrario, consentimiento para relaciones consulares (art. 2, p. 2, de la Convención).

J. ZOUREK, «Quelques problemes theoriques du Droit Consulaire», en *Journal de Droit International*, 1963, pp. 4 ss.; A. MARESCA, *Las relaciones consulares,* Madrid, 1974.

[9] Véase A. MARESCA, «Considérations sur les derniers devéloppements du Droit diplomatique et consulaire», en *Révue de Droit International et de Sciences Diplomatiques et Politiques*, vol. 4, 1965, p. 325.

[10] A. MARESCA, *op. cit.* en nota 8, pp. 84 ss.

[11] Véase ibíd., pp. 79 ss.

[12] Véase el apartado 32 de este libro.

b) También depende del mutuo acuerdo el establecimiento de una oficina consular en el territorio del Estado receptor; la determinación de la sede del consulado, su clase y la circunscripción consular, así como las modificaciones de ellas; la apertura de un viceconsulado o agencia consular en una localidad del Estado receptor diferente de aquella en que radica la oficina consular; la apertura de una dependencia de la oficina consular fuera de la sede de ésta (art. 4); y el ejercicio de funciones consulares fuera de la circunscripción consular (art. 6). El consentimiento recíproco es, por fin, necesario para el establecimiento de oficinas consulares dirigidas por funcionarios consulares honorarios (art. 68, *in fine*) y para el de agencias consulares encabezadas por agentes consulares no designados como jefes de la oficina (art. 69).

c) El mutuo acuerdo impera, asimismo, para el cumplimiento de actos diplomáticos por funcionarios consulares, no así en lo que respecta a la actuación como representantes del Estado que envía ante una organización internacional, que sólo requiere previa notificación al Estado receptor (art. 17).

d) El ejercicio de funciones consulares en terceros Estados o por cuenta de un tercer Estado requiere igualmente el consentimiento de todos los Estados interesados (arts. 7 y 8), así como el nombramiento de la misma persona como funcionario consular por dos o más Estados (art. 18).

e) Rige, finalmente, el mutuo acuerdo entre el Estado que envía y el Estado receptor para la determinación del número de miembros de una oficina consular. Efectivamente, y al igual que en el caso de las misiones diplomáticas, los pequeños Estados lograron imponer sus puntos de vista. El artículo 20 de la Convención dispone, al respecto, que:

> El Estado receptor podrá, cuando no exista un acuerdo expreso sobre el número de miembros de la oficina consular, exigir que ese número se mantenga dentro de los límites que considere razonables y normales, según las circunstancias y condiciones de la circunscripción consular y las necesidades de la oficina consular de que se trate.

f) En *España* la creación, modificación y supresión de oficinas consulares se hace por orden del Ministerio de Asuntos Exteriores, sin perjuicio de las competencias que correspondan al Ministerio para las Administraciones Públicas en materia de organización (art. 47.2 de la Ley de 25 de marzo de 2014 sobre acción y servicio exterior del Estado). Los agentes consulares honorarios, de importancia creciente en la práctica española, se rigen por el Real Decreto 1.390/2007, de 29 de octubre.

50.3. FUNCIONES CONSULARES

a) Las oficinas consulares desempeñan un abigarrado cúmulo de funciones que, como hemos dicho más arriba[13], acusan el impacto del dinamismo de la

[13] Véase el trabajo de M. T. TORRES CAZORLA, «La reactivación de los consulados honorarios en la práctica española de las últimas décadas», en *R.E.D.I.*, vol. LK, 2008, 1, pp. 97 ss.

institución a través de su larga historia. Es muy frecuente que estas funciones se determinen en los llamados convenios consulares, que se concluyen entre el Estado que envía y el Estado receptor. Un instrumento regional en la materia, muy detallado, es la Convención Europea sobre Funciones Consulares concluida el 11 de diciembre de 1967 en el marco del Consejo de Europa y ratificada por España el 17 de marzo de 2011 (*B.O.E.* de 8 de abril de 2011). La Convención de Viena de 1963 respeta, por supuesto, la vigencia de estos convenios [art. 5.*m*)], pero con independencia de ellos suministra una larga y detallada enumeración de las funciones consulares (art. 5), para cuyo ejercicio debe dar facilidades el Estado receptor (art. 28). Señalemos en todo caso que las oficinas consulares no desempeñan funciones de representación del Estado que envía (la Convención habla por ello justamente de Estado de envío y no de Estado acreditante). Ello explica que el mantenimiento de relaciones consulares no signifique, ineludiblemente, reconocimiento de Estados ni de gobiernos[14].

b) Son abundantes, como hemos dicho, las funciones que asigna el artículo 5 de la Convención de Viena a las oficinas consulares y en esa enumeración no hay clasificación alguna. Sin embargo, las funciones consulares no pueden ser estudiadas debidamente si no se procede a su clasificación[15], y nosotros proponemos para un mejor análisis de la cuestión la distinción de las siguientes categorías de funciones: 1), las que coinciden en cierto modo con las funciones de las misiones diplomáticas; 2), asistencia a nacionales; 3), extensión de pasaportes, documentos de viaje y visados; 4) notariales y registrales; 5), cooperación judicial internacional; 6), en materia de navegación marítima y aérea, y 7), residuales.

c) Efectivamente, un primer grupo de funciones consulares es el constituido por aquellas que, con ciertas diferencias, desempeñan también las misiones diplomáticas[16]. Se trata de las funciones de protección, fomento de relaciones entre el Estado que envía y el Estado receptor, e información. Pero, aunque puedan existir solapamientos, se registran también diferencias que la práctica se encarga de subrayar. En lo que concierne a la función de *protección,* el inciso *a*) del artículo 5 de la Convención de 1963 incluye como función consular la de «proteger en el Estado receptor los intereses del Estado que envía y de sus nacionales, sean personas naturales o jurídicas, dentro de los límites permitidos por el Derecho Internacional». Ahora bien, como ya hemos apuntado en otro lugar, la protección diplomática supone una solicitud de reclamación que se presenta al Gobierno del Estado receptor en reparación de un daño consumado y, por tanto, definitivo; reclamación que requiere una violación del Derecho Internacional y el previo agotamiento de los recursos internos si el daño ha sido ocasionado a un nacional. En cambio, la protección consular comporta la reclamación ante el propio órgano del Estado receptor del que emane el acto ilícito, que puede ser un órgano local o territorial o incluso, si lo permiten las leyes del Estado

[14] Véanse los apartados 32 y 33 de este libro.
[15] Véase A. MARESCA, *op. cit.* en nota 8, p. 204.
[16] Véase el apartado 47.3 de este libro.

receptor o un acuerdo internacional (art. 38), un órgano central. Reclamación esta última que requiere una violación del Derecho Internacional o simplemente del Derecho interno del Estado receptor, aunque no el previo agotamiento de los recursos internos en caso de daños a particulares, porque realmente su ejercicio es coetáneo a la defensa que deben intentar los propios particulares[17]. Se da, pues, cierta complementariedad entre la protección consular y la acción de los particulares en defensa de sus derechos. En lo que atañe a la función de *fomento de relaciones* entre el Estado que envía y el Estado receptor, la Convención de 1963 [art. 5.*b*)] pone el énfasis en el desarrollo de las relaciones comerciales, expresión que no figura en el artículo 3 de la Convención de 1961 sobre relaciones diplomáticas, aunque entra, por supuesto, en el concepto de relaciones económicas, que sí emplea esta última. En cuanto a la función de *información,* ambas convenciones requieren la licitud de medios, pero la Convención de 1963 restringe *expressis verbis* el campo de aquélla a la vida comercial, económica, cultural y científica del Estado receptor, agregando que la información debe darse no sólo al Gobierno del Estado que envía, sino también proporcionando datos a las personas interesadas [art. 5.*c*)].

d) La *asistencia consular* consiste en la acción encaminada a facilitar a los nacionales la permanencia en el territorio del Estado receptor, y a diferencia de los casos de ejercicio de la protección consular no presupone un comportamiento de las autoridades locales contrario al Derecho Interno o al Derecho Internacional: no se manifiesta, por consiguiente, en forma de reclamación[18]. El artículo 5 de la Convención de Viena de 1963 proclama, en primer término, de manera genérica esta función («prestar ayuda y asistencia a los nacionales del Estado que envía, sean personas naturales o jurídicas») [apartado *e*)], para referirse luego a casos específicos de asistencia, a saber; «*g*) velar, de acuerdo con las leyes y reglamentos del Estado receptor, por los intereses de los nacionales del Estado que envía, sean personas naturales o jurídicas, en los casos de sucesión por causa de muerte que se produzcan en el territorio del Estado receptor»; «*h*), velar, dentro de los límites que impongan las leyes y reglamento del Estado receptor, por los intereses de los menores y otras personas que carezcan de capacidad plena y que sean nacionales del Estado que envía o tomar las medidas convenientes para su representación ante los tribunales y otras autoridades del Estado receptor, de conformidad con la práctica y con los procedimientos en vigor en este último, a fin de lograr que, de acuerdo con las leyes y reglamentos del mismo, se adopten las medidas provisionales de preservación de los derechos e intereses de esos nacionales, cuando, por estar ausentes o por cualquier otra causa, no pudieran defenderlos oportunamente». Se trata, en este último supuesto, de una representación *ex officio.* Es importante señalar en todo caso que, con la finalidad de facilitar la asistencia consular, el artículo 36 de la Convención enuncia una serie de reglas sobre comunicación de los funcionarios consulares con los nacionales del Estado que envía. Dichas reglas consagran la libertad de

---

[17] Véase A. MARESCA, *op. cit.* en nota 8, pp. 217 ss.
[18] Ibíd., pp. 220 ss.

comunicación e incluso la obligación que tienen las autoridades competentes del Estado receptor de informar sin retraso alguno a la oficina consular cuando en su circunscripción un nacional del Estado receptor sea arrestado, detenido o puesto en prisión preventiva, aunque supeditando dicha obligación a la solicitud del interesado. Se establece también el derecho de los funcionarios consulares a visitar al nacional en cuestión y a organizar su defensa ante los tribunales; se formula, asimismo, el derecho a visitar a los nacionales que cumplan una sentencia privativa de libertad (art. 36). Por la vulneración de las obligaciones que el mencionado artículo impone al Estado receptor, en su sentencia de 17 de julio de 2019 el Tribunal Internacional de Justicia condenó a Pakistán, y ello a pesar de que el perjudicado, ciudadano de la India, se hubiese dedicado a la práctica del espionaje en Pakistán (*caso Jadhav, India v. Pakistán*).

e) Es también función consular «extender *pasaportes y documentos de viaje* a los nacionales del Estado que envía, y visados o documentos adecuados a las personas que deseen viajar a dicho Estado» [apartado *d*) del art. 5 de la Convención]. Otra importante función consular es la notarial y registral, es decir, empleando los términos de la Convención de Viena la de «actuar en calidad de notario, en la de funcionario de registro civil, y en funciones similares y ejercitar otras de carácter administrativo, siempre que no se opongan a las leyes y reglamentos del Estado receptor» [art. 5, apartado *f*)].

f) Respecto a la *cooperación judicial internacional,* es función consular «comunicar decisiones judiciales y extrajudiciales y diligenciar comisiones rogatorias de conformidad con los acuerdos internacionales en vigor y, a falta de los mismos, de manera que sea compatible con las leyes y reglamentos del Estado receptor» [art. 5, apartado *j*)].

g) En materia de *navegación marítima y aérea,* es función consular «ejercer, de conformidad con las leyes y reglamentos del Estado que envía, los derechos de control o inspección de buques que tengan la nacionalidad de dicho Estado, y de las aeronaves matriculadas en el mismo y, también, de sus tripulaciones» [apartado *k*) del art. 5], y «prestar ayuda a los buques y aeronaves a que se refiere el apartado *k*) de este artículo y, también, a sus tripulaciones; recibir declaración sobre el viaje de esos buques, examinar y refrendar los documentos de a bordo, y sin perjuicio de las facultades de las autoridades del Estado receptor, efectuar encuestas sobre los incidentes en la travesía y resolver los litigios de todo orden que se planteen entre el capitán, los oficiales y los marineros, siempre que lo autoricen las leyes y reglamentos del Estado que envía».

h) Pero las funciones específicamente encomendadas a la oficina consular por la Convención de Viena no agotan la lista de las que aquéllas desempeñan en la *realidad.* Precisamente por ello, el apartado *m*) del artículo 5 enuncia una regla residual, aunque no menos importante que las del resto de la disposición[19]. Efec-

[19] Véase L. LEE, *op. cit.* en nota 8, pp. 54 ss.

tivamente, es también función consular, según el apartado mencionado, «ejercer las demás funciones confiadas por el Estado que envía a la oficina consular que no estén prohibidas por las leyes y reglamentos del Estado receptor o a las que éste no se oponga, o las que le sean atribuidas por los acuerdos internacionales en vigor entre el Estado que envía y el receptor». En este catálogo de funciones podríamos citar la de vigilar el cumplimiento de tratados, la autorización de la celebración de matrimonios, funciones referentes al servicio militar de los nacionales del Estado que envía o las relativas al voto, o a la seguridad social, o a la emigración, establecimiento, etc. Señalemos que algunas de estas funciones están implícitas en las enumeradas expresamente en el artículo 5 de la Convención.

i) Y no sólo las oficinas consulares desempeñan funciones consulares; también las pueden llevar a cabo las *misiones diplomáticas,* según las disposiciones de la Convención (art. 3) a través de las llamadas secciones consulares. Dice a este respecto el artículo 70 que el régimen de la Convención se aplicará también, en la medida que sea procedente, al ejercicio de funciones consulares por una misión diplomática. De todos modos, los privilegios e inmunidades de los miembros de la misión diplomática que desempeñen funciones consulares serán los concedidos por las normas relativas a las relaciones diplomáticas (art. 70).

50.4. Las personas físicas que forman parte de la oficina consular

a) Del artículo 1 de la Convención de Viena de 1963 se desprende que forman parte de la oficina consular las siguientes *categorías* de personas: el jefe de la oficina, los restantes funcionarios consulares, los empleados consulares y los miembros del personal de servicio. La Convención tiene en cuenta también otras categorías de personas a efectos de privilegios e inmunidades; ciertos familiares y los miembros del personal privado, empleados exclusivamente en el servicio particular de un miembro de la oficina [art. 1.*i*)].

b) El *jefe de la oficina consular* puede ser de alguna de las categorías siguientes: cónsul general, cónsul, vicecónsul o agente consular (art. 9). Esta clasificación se corresponde con la de oficinas consulares: consulado general, consulado, viceconsulado o agencia consular [art. 1.*a*)]. Señalemos que el jefe de la oficina consular entra en la categoría de funcionario consular —persona encargada del ejercicio de funciones consulares—, y que, por lo tanto, le es aplicable la clasificación de funcionarios consulares que establece el punto 2 del artículo 1: funcionarios consulares de carrera y funcionarios consulares honorarios. Se trata de una distinción con gran arraigo en la historia de la institución, en la que, junto a los cónsules *missi* —hoy los de carrera—, existían los cónsules *electi* —hoy los honorarios—, que, por lo general, son comerciantes nacionales del Estado receptor[20]. Esta distinción es importante en el régimen de la Convención,

[20] Véase A. Maresca, *op. cit.* en nota 8, pp. 85 y 195 ss., y L. Lee, *op. cit.* en nota 8, pp. 163 ss.

según veremos, a efectos de privilegios e inmunidades. En todo caso, el jefe de la oficina consular sólo será admitido en el ejercicio de sus funciones por una autorización del Estado receptor, llamada *exequatur,* que puede ser rehusada sin la obligación de expresar los motivos (art. 12). Cabe también la declaración de *persona non grata* en cualquier momento, sin que tampoco tenga el Estado receptor obligación de indicar las razones (art. 23).

c) Los *funcionarios consulares* son las personas encargadas del ejercicio de funciones consulares, entre ellas el jefe de la oficina [art. 1.*d*)] y como hemos señalado son de dos clases: de carrera y honorarios (art. 1.2). Pueden ser declarados personas no gratas en cualquier momento por el Estado receptor, sin obligación de indicar los motivos (art. 23).

d) Los *empleados consulares* son las personas encargadas del servicio administrativo o técnico de una oficina consular [art. 1.*d*)], y pueden ser declaradas en cualquier momento personas no aceptables por el Estado receptor sin deber de exponer las razones (art. 23).

e) Los *miembros del personal de servicio* son las personas empleadas en el servicio doméstico de una oficina consular [art. 1.*f*)]. Pueden ser declaradas personas no aceptables por el Estado receptor en cualquier momento sin necesidad de exponer las causas (art. 23).

50.5. LOS PRIVILEGIOS E INMUNIDADES CONSULARES

a) El preámbulo de la Convención de Viena asigna explícitamente a los privilegios e inmunidades consulares un fundamento funcional[21], aunque cabe preguntarse si la regulación convencional ha sido del todo consecuente con este principio. Porque ocurre, efectivamente, que el alcance de los privilegios e inmunidades es mayor para las oficinas consulares dirigidas por funcionarios consulares de carrera y personas físicas que la integran (cap. II de la Convención) que para las oficinas encabezadas por cónsules honorarios y personas físicas que forman parte de ellas (cap. III), siendo así que una y otra clase de oficinas consulares desempeñan las mismas funciones[22]. Y es que en la Conferencia de Viena, mientras las delegaciones de los países pequeños querían aprovecharse de la existencia de los cónsules honorarios y equiparar su *status* al de los cónsules de carrera, otras delegaciones veían en ellos una institución destinada a desaparecer. El resultado de esta dialéctica fue el mantenimiento y regulación de los cónsules honorarios, aunque reconociéndoles privilegios e inmunidades inferiores respecto a los cónsules de carrera[23]. Consiguientemente, el análisis del trato que debe dispensar el

---

[21] Véase el apartado 50.1 de este libro. Véase en general sobre la cuestión J. ZOUREK, «Le statut et les fonctions des Consuls», en *R. des C.,* vol. 2, 1962.
[22] Véase L. LEE, *op. cit.* en nota 8, p. 163.
[23] A. MARESCA, *op. cit.* en nota 8, p. 195. En cuanto a España, el Real Decreto 952/1984, de 25 de abril, aprueba el Reglamento de los Agentes Consulares Honorarios de España en el extranjero.

Estado receptor a las oficinas consulares y personas que las componen debe tener en cuenta aquella realidad.

b) Tratándose de *oficinas consulares dirigidas por funcionarios consulares de carrera,* hay que decir, en primer lugar, que disfrutan de inviolabilidad de los locales consulares, aunque en términos distintos de los locales de la misión diplomática. En este punto, existían antes de la Convención tres concepciones: la de la no inviolabilidad, la de la inviolabilidad absoluta (mantenida, sobre todo, por los Estados socialistas) y la de la inviolabilidad condicional (que condicionaba la inviolabilidad a la utilización exclusiva de los locales para el trabajo de la oficina consular). En la Conferencia de Viena, la batalla tuvo lugar únicamente entre los partidarios de la inviolabilidad absoluta y los de la inviolabilidad condicional[24] y se adoptó, finalmente, la fórmula que figura en el artículo 31 de la Convención, que establece la inviolabilidad de los locales consulares en los términos siguientes:

> Las autoridades del Estado receptor no podrán penetrar en la parte de los locales consulares que se utilicen exclusivamente para el trabajo de la oficina consular, salvo con el consentimiento del jefe de la oficina consular, o de una persona que él designe o del jefe de la misión diplomática del Estado que envía. Sin embargo, el consentimiento del jefe de la oficina consular se presumirá en caso de incendio, o de otra calamidad que requiera la adopción inmediata de medidas de protección.

Esta fórmula ha sido calificada de transaccional respecto a las mantenidas en la Conferencia de Viena[25], porque, aunque se retuvo el criterio de la exclusividad del uso de los locales para funciones consulares y se estableció, además, una presunción de consentimiento en los casos mencionados en el artículo transcrito, se excluyó, por otra parte, la posibilidad de entrada en dichos locales, de acuerdo a decisiones judiciales y autorizaciones del Ministerio de Asuntos Exteriores.

Por lo demás, y con sujeción a la disposición transcrita, el Estado receptor tiene la obligación especial de adoptar todas las medidas apropiadas para proteger los locales consulares contra toda intrusión o daño y para evitar que se turbe la tranquilidad de las oficinas consulares o se atente contra su dignidad (p. 3 del art. 31). Por su parte, los archivos y documentos consulares son siempre inviolables donde quiera que se encuentren (art. 33). Y el Estado que envía podrá izar su bandera y poner su escudo en el edificio de la oficina consular, teniendo en cuenta las leyes, reglamentos y usos del Estado receptor. De otro lado, los locales consulares están beneficiados de la exención de todos los impuestos y gravámenes nacionales, regionales y municipales, excepto de los que constituyan el pago de determinados servicios prestados (art. 32). Existe también exención fiscal para los derechos y aranceles correspondientes a las actuaciones consulares (art. 3). Digamos, finalmente, por lo que respecta a la oficina consular, que disfruta de libertad de comunicación para todos los fines oficiales en términos parecidos a la misión diplomática, si bien el Estado receptor puede pedir la apertura de la

---

[24] Véase L. LEE, *op. cit.* en nota 8, pp. 86 ss.

[25] Ibíd., pp. 91-92.

valija consular si tiene razones fundadas para creer que contiene algo que no sea la correspondencia o documentos oficiales u objetos destinados al uso oficial; de no ser abierta, será devuelta al lugar de origen (art. 35).

En lo que respecta a las *personas físicas* que forman parte de una oficina consular dirigida por un funcionario de carrera, el *jefe de la oficina y demás funcionarios consulares* gozan, por lo pronto, de inviolabilidad personal, aunque en grado menor que los agentes diplomáticos. Efectivamente, ya el Derecho Internacional general admitía que mientras la inviolabilidad personal de los segundos era absoluta, la de los primeros sólo tenía lugar dentro de ciertos límites[26], y esta diferencia ha sido tenida en cuenta en la Convención de 1963, según la cual los funcionarios consulares no podrán ser detenidos o puestos en prisión preventiva, sino cuando se trate de un delito grave y por decisión de la autoridad judicial competente o en virtud de sentencia firme, y excepto en dichos supuestos no podrán ser detenidos ni sometidos a ninguna otra forma de privación de libertad (art. 41). En cualquier caso, el Estado receptor deberá tratar a los funcionarios consulares con la debida deferencia, adoptando todas las medidas adecuadas para evitar atentados contra su persona, libertad o dignidad (art. 40). Pero ni el jefe de la oficina consular ni el resto de los funcionarios consulares disfrutan, según la Convención, de la inviolabilidad de su domicilio; las propuestas presentadas en este sentido en la Conferencia de Viena no obtuvieron la mayoría de votos necesarios para su adopción e incorporación a la Convención[27], aunque sí estableció ésta la regla de que el jefe de la oficina puede colocar en su residencia el escudo y la bandera del Estado que envía (art. 29), lo que, según MARESCA, si no es suficiente para asegurar la inviolabilidad en sentido estricto, implica siempre un deber de protección del Estado receptor[28]. En cuanto a la inmunidad de jurisdicción, los funcionarios consulares, incluidos el jefe de la oficina, están beneficiados cuando se trate de actos ejecutados en el ejercicio de las funciones consulares, aunque si se trata de la jurisdicción civil no hay exención cuando el procedimiento resulte de un contrato no concertado, explícita o implícitamente, como agente del Estado que envía, o de la acción de un tercero como consecuencia de daños causados por un accidente de vehículo, buque o avión ocurrido dentro del Estado receptor (art. 43)[29]. En esta cuestión, pues, la situación de los funcionarios consulares es menos ventajosa que la de los agentes diplomáticos, que gozan de inmunidad absoluta de la jurisdicción penal y una amplia inmunidad de la jurisdicción civil y administrativa. Sin embargo, en lo que respecta a las exenciones fiscales, se da en los mismos términos que para los agentes diplomáticos, aunque en atención a la particular naturaleza de las funciones consulares se añade el supuesto de los derechos de registro, aranceles judiciales, hipoteca y timbre (art. 49). Por lo que concierne a la franquicia aduanera existe para los objetos destinados al uso personal del funcionario consular, incluidos los destinados a la instalación, en el entendido de que los artículos de consumo no deben exceder de los necesarios

---

[26] A. MARESCA, *op. cit.* en nota 8, p. 143.
[27] Véase ibíd., p. 166.
[28] Ibíd., pp. 166-167.
[29] Véase L. LEE, *op. cit.* en nota 8, pp. 115 ss.

para el consumo directo (art. 50). Los funcionarios consulares gozan, en fin, de exención de prestaciones personales (art. 52). Pero los funcionarios consulares que sean nacionales del Estado receptor o tengan en él residencia permanente sólo gozan de inmunidad de jurisdicción y de inviolabilidad personal por los actos oficiales realizados en ejercicio de sus funciones, además de otros privilegios de menor entidad (art. 70.1). ¿Y cuál es la situación de los *familiares*? A diferencia de la Convención de Viena de 1961 sobre relaciones diplomáticas, que en este punto dispone como sabemos la aplicación de los privilegios e inmunidades de los agentes diplomáticos a los miembros de la familia que formen parte de su casa, la Convención de 1963 prescribe la asimilación en privilegios e inmunidades concretos: exención fiscal, franquicia aduanera, exención de prestaciones personales y otros de menor entidad[30].

Los *empleados consulares* o personas empleadas en el servicio administrativo y técnico de la oficina consular disfrutan en unos casos de los mismos privilegios e inmunidades que los funcionarios consulares y en otros casos de privilegios e inmunidades menores. Según la Convención de Viena, efectivamente, el tratamiento es idéntico en cuanto a la exención de la jurisdicción del Estado receptor por los actos realizados en el desempeño de las funciones consulares (art. 43), exenciones fiscales (art. 49) y de prestaciones personales (art. 52) y en algunos otros puntos. Pero no se benefician de la inviolabilidad personal —aún limitada— de los funcionarios consulares y en lo que respecta a la franquicia aduanera, sólo alcanza a los objetos importados al efectuar la primera instalación (art. 50.2). Además, si los empleados consulares son nacionales del Estado receptor o si tienen en él residencia permanente gozarán únicamente de las facilidades, privilegios e inmunidades que el Estado receptor les quiera conceder (art. 71.2). Los familiares que vivan en la casa de los empleados consulares se benefician de la exención fiscal (art. 49), exención de prestaciones personales (art. 52) y algunos otros[31].

Los *miembros del personal de servicio* (doméstico) de la oficina disfrutan de inmunidad fiscal por los impuestos que gravan sus salarios (art. 49.2), de exención de prestaciones personales (art. 52) y de otros privilegios menores[32].

Finalmente, los *miembros del personal privado* empleados exclusivamente en el servicio privado de los miembros de la oficina consular disfrutan de pequeños privilegios, como exención del permiso de trabajo para extranjeros (art. 47) y legislación sobre seguridad social (art. 48)[33].

c) En el supuesto de *oficinas consulares dirigidas por un funcionario consular honorario* los privilegios e inmunidades son menores tanto en lo relativo a la propia oficina como en lo concerniente a las personas físicas que la integran[34]. La sede de la oficina no disfruta ni siquiera de la inviolabilidad limitada reconocida a las oficinas consulares encabezadas por un funcionario consular de carrera, aunque

---

30 Véase A. MARESCA, *op. cit.* en nota 8, pp. 188-189.
31 Véase un análisis más amplio en A. MARESCA, *op. cit.* en nota 8, pp. 181 ss.
32 Véase ibíd., p. 186.
33 Véase ibíd., pp. 193-194.
34 Véase un análisis más amplio en L. LEE, *op. cit.* en nota 8, pp. 163 ss., y A. MARESCA, *op. cit.* en nota 8, pp. 195 ss.

la Convención impone al Estado receptor la obligación de adoptar las medidas adecuadas para proteger los locales contra toda intrusión o daño y para evitar que se turbe su tranquilidad o se atente contra su dignidad. Los archivos y documentos consulares son inviolables dondequiera que se encuentren, a condición de que estén separados de otros papeles y documentos, en especial de la correspondencia particular del jefe de la oficina (art. 61). De otro lado, la oficina disfruta de franquicia aduanera respecto a ciertos objetos —descritos específicamente— destinados a uso oficial (art. 62). Goza también de libertad de comunicación, con alguna pequeña excepción (art. 58) y tiene derecho a la colocación del escudo y bandera del Estado que envía (art. 58).

En cuanto al jefe de la oficina y demás funcionarios consulares, hay que señalar que no disfrutan de la inviolabilidad personal reconocida a los funcionarios consulares de carrera, aunque el Estado receptor tiene la obligación de concederles la protección que puedan necesitar en razón de su carácter oficial (art. 65). Sí gozan de inmunidad de jurisdicción por los actos realizados en el ejercicio de sus funciones (art. 58); sólo se benefician de exención fiscal respecto de las retribuciones que perciban del Estado receptor por el ejercicio de las funciones consulares (art. 66); están exentos de prestaciones personales (art. 67); y tienen por fin algunos otros privilegios e inmunidades (art. 58). Pero ninguno de los privilegios e inmunidades se extienden a los miembros de su familia (art. 58).

d) El artículo 72 de la Convención establece la *prohibición de discriminaciones* en la aplicación de la Convención en términos idénticos a los del artículo 47 de la Convención de Viena de 1961 sobre relaciones diplomáticas, ya estudiado. Aquel artículo autoriza, pues, la aplicación restrictiva de la Convención allá donde la propia Convención señale márgenes discrecionales, pero lo que no hace es legitimar las represalias, es decir, la respuesta a violaciones de la Convención por el Estado de envío con violaciones paralelas por parte del Estado receptor. Sólo admite las retorsiones.

50.6. Terminación de las relaciones consulares

a) Si el establecimiento de relaciones consulares se rige por el principio fundamental del mutuo acuerdo entre el Estado que envía y el Estado receptor, la ruptura del acuerdo en cuestión produce la terminación de las relaciones[35]. Aparte de ello, existen otras causas de terminación como el conflicto armado entre el Estado que envía y el receptor; y la extinción de la personalidad internacional de alguno de esos dos Estados (casos, por ejemplo, de anexión y unificación). La Convención de Viena de 1963 no regula de manera explícita estas causas, ni en rigor tenía por qué hacerlo, aunque presupone que el conflicto armado entre el Estado que envía y el Estado receptor comporta terminación de relaciones consulares. Y, de otra parte, dispone «que la ruptura de relaciones diplomáticas no entrañará *ipso facto* la de relaciones consulares» (art. 2.3).

---

[35] Véase A. Maresca, *op. cit.* en nota 8, pp. 471 ss.

b) Pero la Convención sí se cuida de regular algunas de las consecuencias de la ruptura de relaciones consulares. Así, el artículo 27 dice lo siguiente:

> Protección de los locales y archivos consulares y de los intereses del Estado que envía en circunstancias excepcionales.
>
> 1. En caso de ruptura de las relaciones consulares entre dos Estados:
>
> *a*) El Estado receptor estará obligado a respetar y a proteger, incluso en caso de conflicto armado, los locales consulares, los bienes de la oficina consular y sus archivos.
>
> *b*) El Estado que envía podrá confiar la custodia de los locales consulares, de los bienes que en ellos se hallen y de los archivos a un tercer Estado que sea aceptable para el Estado receptor.
>
> *c*) El Estado que envía podrá confiar la protección de sus intereses y de los intereses de sus nacionales a un tercer Estado, que sea aceptable para el Estado receptor.
>
> 2. En caso de clausura temporal o definitiva de una oficina consular, se aplicarán las disposiciones del apartado *a*) del párrafo 1 de este artículo. Además:
>
> *a*) Si el Estado que envía, aunque no estuviese representado en el Estado receptor por una misión diplomática, tuviera otra oficina consular en el territorio de ese Estado, se podrá encargar a la misma de la custodia de los locales consulares que hayan sido clausurados, de los bienes que en ellos se encuentren y de los archivos consulares y, con el consentimiento del Estado receptor, del ejercicio de las funciones consulares en la circunscripción de dicha oficina consular; o
>
> *b*) Si el Estado que envía no tiene misión diplomática ni otra oficina consular en el Estado receptor, se aplicarán las disposiciones de los apartados *b*) y *c*) del párrafo 1 de este artículo.

Por su parte, para los supuestos de conflicto armado, dispone el artículo 26:

> Salida del territorio del Estado receptor:
>
> Aun en caso de conflicto armado, el Estado receptor deberá dar a los miembros de la oficina consular y a los miembros del personal privado que no sean nacionales del Estado receptor y a los miembros de su familia que vivan en su casa, cualquiera que sea su nacionalidad, el plazo necesario y las facilidades precisas para que puedan preparar su viaje y salir lo antes posible, una vez que tales personas hayan terminado sus funciones. En especial, deberá poner a su disposición, si fuere necesario, los medios de transporte indispensables para dichas personas y sus bienes, con excepción de los adquiridos en el Estado receptor, cuya exportación esté prohibida en el momento de la salida.

51. LA INMUNIDAD DEL ESTADO FRENTE A LAS JURISDICCIONES DE OTROS ESTADOS

51.1. DE LA INMUNIDAD ABSOLUTA A LA RELATIVA

a) Hemos comprobado en los apartados precedentes la existencia de una serie de normas de Derecho Internacional que tienden a salvaguardar la autoridad y la actividad de un Estado en el territorio de otros Estados. Pues bien, en este amplio contexto nos vamos a referir seguidamente a un importante principio: el que proclama la inmunidad del Estado frente a las jurisdicciones internas de otros, o lo que es lo mismo, la imposibilidad en que se encuentra el tribunal de un Estado para decidir un litigio en que figure como demandado un Estado extranjero[1]. Principio que, en base a la máxima de origen feudal *par in parem non habet imperium,* se consolidó a lo largo del siglo XIX a través de decisiones de tribunales internos, aunque durante el siglo XX han surgido discrepancias en cuanto a su ámbito de aplicación. Porque, efectivamente, en el siglo XIX la orientación dominante del sistema económico era la del *laissez faire,* y ello suponía que, mientras los Estados actuaban en el terreno político, las actividades económicas se confiaban a los particulares; en estas condiciones, las demandas contra Estados ante los tribunales de otros Estados versaban sobre supuestos en que el Estado demandado había actuado en tanto que soberano. Y la respuesta de las jurisdicciones internas era siempre la de la inmunidad del Estado extranjero. Pero el siglo XX conoció una cierta erosión del liberalismo económico y la progresiva intervención del Estado en campos antes reservados a los particulares, como el del comercio exterior y, en general, las actividades económicas. ¿Iba a mantenerse para este segundo tipo de actuaciones el principio de la inmunidad jurisdiccional del Estado ante tribunales extranjeros? De hecho, con posterioridad a la primera guerra mundial, la práctica de los Estados se dividió. La mayoría de ellos continuó aplicando la teoría de la

[1] Véase PHILIMORE, «Immunité des États au point de vue de la juridiction et de l'exécution forcée», en *R. des C.,* III, 1925, pp. 417 ss.; R. QUADRI, *La giurisdizione sugli Stati Stranieri,* Milán, 1941; H. LAUTERPACHT, «The problem of Jurisdictional immunities of foreing States», en *B. Y. B. I. L.,* 1951, pp. 220 ss.; J. F. LALIVE, «L'immunité de juridiction des États et des Organisations internationales», en *R. des C.,* III, 1953, pp. 209 ss.; S. SUCHARITKUL, *State immunities and trading activities in International Law,* Londres, 1959; DUNBAR, «Controversial aspect of sovereign immunity in the Case Law of some States», en *R. des C.,* I, 1971, pp. 201 ss.; S. SUCHARITKUL, «Immunities of foreign States before national Authorities», en *R. des C.,* I, 1976, pp. 89 ss.; I. SINCLAIR, «The Law of sovereign immunity. Recent Developments», en *R. des C.,* II, 1980, pp. 121 ss.; A. CHUECA SANCHO, «La delimitación del concepto de Estado extranjero en las inmunidades del Estado», en *R.E.D.I.,* 1986-1, pp. 33 ss.; F. J. CARRERA HERNÁNDEZ, «La inmunidad de ejecución de los Estados en la Convención de Naciones Unidas sobre inmunidades jurisdiccionales de los Estados y sus bienes», en *R.E.D.I.,* 2006, 2, pp. 711 ss.; C. ESPÓSITO, *Inmunidad del Estado y derechos humanos,* Cívitas-Aranzadi, Madrid, 2007; J. FERRER LLORET, «La inmunidad de jurisdicción del Estado ante violaciones graves de los derecho humanos», *R.E.D.I.,* 2007, 1, pp. 29 ss.; «La inmunidad de ejecución de la Convención de 2004: un análisis de la práctica de España», *A.D.I.,* 2007, pp. 3 ss.; y F. J. CARRERA HERNÁNDEZ, «La inmunidad de ejecución de los Estados en la práctica jurisprudencial española», *A.D.I.,* 2007, pp. 63 ss.

inmunidad absoluta, que abarcaba a ambos tipos de actividades, mientras que en unos pocos Estados se distinguía entre actos *iure imperii* —los realizados por el Estado extranjero en calidad de soberano— y actos *iure gestionis* —los llevados a cabo en el terreno comercial o privado—, siguiendo una línea jurisprudencial que habían iniciado en el siglo XIX los tribunales belgas e italianos. Respecto a la primera clase de actos existía inmunidad de jurisdicción del Estado extranjero; no así en cuanto a los segundos. Se trata de la llamada doctrina restrictiva. Claro que la teoría en cuestión suscita dificultades de calificación, pues si en algunos casos resulta clara la distinción entre actos *iure imperii* y los actos *iure gestionis*, en otros supuestos la diferenciación no es tan fácil.

b) Es lo cierto que, aunque hasta épocas recientes la tesis de la inmunidad absoluta contaba todavía con numerosos y firmes partidarios (particularmente, y por razones obvias, los antiguos Estados socialistas como la Unión Soviética, Hungría, Polonia, Checoslovaquia, República Democrática Alemana, etc.), la teoría de la inmunidad restringida ha ganado progresivamente adeptos[2]. Cabe citar, en esta última línea, la *Convención europea sobre inmunidad de los Estados*, concluida bajo los auspicios del Consejo de Europa, abierta a la firma en Basilea el 16 de mayo de 1972, en vigor y en la que son partes el Reino Unido, Austria, Bélgica, Suiza, República Federal de Alemania, Luxemburgo, Países Bajos y Chipre. Convención inspirada en la idea de conseguir la mayor protección posible para los particulares que contratan con Estados extranjeros y que acoge, desde luego, la tesis de la inmunidad restringida[3]. La Convención ha inspirado la adopción en el Reino Unido en 1978 de la *State Immunity Act*. De otro lado, los Estados Unidos, cuya jurisprudencia mantuvo hasta la mitad de la década de los años sesenta la teoría de la inmunidad absoluta, promulgó en 1976 la *Foreing sovereign immunities Act*, convertida asimismo a la teoría de la inmunidad restringida. En fin, hoy, a la vista de la práctica divergente de los Estados, y a diferencia del pasado, ya no se puede sostener que la tesis de la inmunidad absoluta constituya una norma de Derecho Internacional general, porque ni existe en la actualidad una práctica uniforme (elemento material de la costumbre) y no cabe considerar tampoco que exista una *opinio iuris generalis* (elemento espiritual). Consiguientemente, el desconocimiento de la inmunidad en los casos de actos *iure gestionis* no desencadena la responsabilidad internacional del Estado del tribunal que condene a un Estado extranjero[4]. En fin, sobre aspectos importantes de las normas de Derecho internacional general vigentes en la materia, ha arrojado luz clara la sentencia del Tribunal Internacional de Justicia dictada el 3 de febrero de 2012 en el asunto *Inmunidades jurisdiccionales del Estado (Alemania contra Italia) con intervención de Grecia*. En el caso, el Tribunal tenía ante sí las decisiones de tribunales italianos

---

[2] Sobre la práctica estatal, véase «Materials on Jurisdictional Immunities of States and their property», en *United Nations Legislative Series*, Nueva York, 1982.

[3] Véase CH. KRAFT, «La Convention européenne sur l'immunité des États et son protocole additionnel», en *Annuaire Suisse de Droit International*, 1975, pp. 11 ss.; A. ORTIZ ARCE, «Las immunidades de jurisdicción de mercado (especial referencia al Convenio del Consejo de Europa de 16 de mayo de 1972)», en *Revista de Instituciones Europeas*, 2, 1979, pp. 539 ss.; M. O. WIEDERKEHR, «La Convention européenne sur l'immunité des États du 16 mai 1972», en *A.F.D.I.*, 1974, pp. 920 ss.

[4] La misma idea en GIULIANO-SCOVAZZI-TREVES, *Diritto Internazionale*, II, Milán, 1983, pp. 345 ss.

imponiendo a Alemania la obligación de reparar las atrocidades perpetradas en Italia por las tropas nazis durante la segunda guerra mundial. Y recordando la vigencia de la norma consuetudinaria de inmunidad de jurisdicción, reconoce el Tribunal que numerosos Estados y la Convención de 2004 (de la que hablaremos enseguida) limitan esa inmunidad a los actos *iure imperii*, excluyéndola de los *iure gestionis*. Luego, apoyado en los dos elementos de la costumbre (práctica estatal y *opinio iuris*), afirma la existencia de inmunidad de jurisdicción incluso en los casos de actuación *iure imperii* en el Estado del foro si se trata de actividades de las fuerzas militares que en el marco de un conflicto armado hayan producido muertes o perjuicios corporales o materiales. Y agrega la sentencia en ese orden de ideas que a un Estado no se le puede privar de la repetida inmunidad por la única razón de ser objeto de acusaciones de violaciones graves del Derecho internacional de los derechos humanos o del Derecho internacional humanitario. En cuanto a las decisiones judiciales italianas que habían accedido a la petición de *exequatur* de ejecución en Italia de sentencias griegas, dijo el Tribunal Internacional de Justicia que también violaban la inmunidad de jurisdicción de Alemania[4 bis].

51.2. La inmunidad de ejecución

a) Mas una cosa es la inmunidad de jurisdicción del Estado extranjero y otra la *inmunidad de ejecución*. Es evidente que si se sigue la teoría de la inmunidad absoluta no se presenta el problema de la ejecución de sentencias contra un Estado extranjero, a no ser que se renuncie a aquélla, pero la situación es distinta si la tesis adoptada es la de la inmunidad restringida. Suponiendo que, de acuerdo a esta última doctrina, o en los supuestos de renuncia a la inmunidad, un tribunal interno llegue a dictar una sentencia condenando a un Estado extranjero o suceda lo mismo mediante un laudo de un tribunal arbitral internacional, ¿permite el Derecho Internacional la ejecución de la sentencia? Aquí, de nuevo, la práctica es fluctuante y junto a casos en que se ha seguido el criterio de la inmunidad de ejecución, hay otros en que la ejecución se ha llevado a cabo[5].

b) De todos modos, y por razones idénticas a las expuestas al hablar de la inmunidad de jurisdicción, estas divergencias permiten afirmar que no existe una norma general del Derecho Internacional que proclame la inmunidad absoluta de ejecución del Estado extranjero[6]. La interesante sentencia del Tribunal Internacional de Justicia de 3 de febrero de 2012 citada anteriormente afirma por su parte que de la existencia de jurisdicción no resulta *ipso facto* que el Estado condenado pueda ser objeto de medidas de ejecución; y que la renuncia por un Estado a su inmunidad de jurisdicción no significa por sí misma abandono de la inmunidad de ejecución.

[4 bis] *C.I.J. Recueil*, 2012, pars. 59 ss.

[5] Véanse ejemplos en F. Deak, «Organs of States in their External relations. Immunities and privileges of State organs and of the State», en *Manual of International Law*, editado por Soerensen, Londres, 1968, pp. 440-441.

[6] La misma idea en Giuliano-Scovazzi-Treves, *op. cit.* en nota 4, pp. 550 ss.

c) En los últimos años, tras las modificaciones realizadas en el régimen jurídico de subvención de ciertas energías renovables, España ha sido uno de los Estados más demandados del mundo mediante el arbitraje internacional. Como consecuencia, España también está siendo demandada en procedimientos judiciales en Estados extranjeros, la mayoría de ellos Estados partes del Convenio del CIADI (al igual que España) conforme al cual todos los Estados contratantes reconocerán el laudo arbitral como obligatorio y lo harán ejecutar dentro de sus territorios el laudo arbitral. Dichos procedimientos se refieren a la ejecución de laudos arbitrales por impago de las compensaciones reconocidas a los inversores en los arbitrajes internacionales establecidos conforme al Tratado de la Carta de la Energía. Entre los principales puntos jurídicos discutidos en esos procedimientos nacionales están la identificación y el posible embargo de bienes estatales con los que poder ejecutar los laudos desfavorables para España. Por lo tanto, los tribunales nacionales tienen que determinar el alcance de la inmunidad de ejecución del Estado sobre la base de la distinción entre bienes *iure imperii* y bienes *iure gestionis*.

51.3. INMUNIDAD DE JURISDICCIÓN Y DERECHO A UN PROCESO EQUITATIVO

a) Puesto que los instrumentos internacionales sobre derechos humanos proclaman el derecho a un proceso equitativo, entendiéndose que en este derecho está comprendido el de acceso a un juez o tribunal, se puede plantear la cuestión de si la inmunidad de la jurisdicción de los Estados —y, en su caso, de las organizaciones internacionales— pugnan con el derecho en cuestión. El Tribunal Europeo de Derechos Humanos se enfrentó con este problema en dos casos, resueltos por sentencia de la Gran Sala de 18 de febrero de 1999. Se trata de los casos *Waite et Kennedy* c. *Allemagne* y *Beer et Reagan* c. *Allemagne*. En ellos, los demandantes alegaban la violación por Alemania del párrafo 1 del artículo 6 de la Convención Europea de Derechos Humanos —se trata de la disposición que enuncia el derecho a un juicio equitativo— porque las jurisdicciones nacionales habían declarado inadmisibles sus demandas contra la Agencia Espacial Europea. Ocurría efectivamente que los instrumentos fundacionales de esta organización internacional —en que era parte Alemania— proclamaban la inmunidad de jurisdicción y ejecución y que estas inmunidades habían sido aceptadas por la legislación interna. Como los tribunales alemanes se declararon incompetentes en aplicación de la inmunidad mencionada, los demandantes pretendían la condena de Alemania porque se les había rehusado en violación de la Convención el derecho de acceso a un juez o tribunal. Pero el Tribunal Europeo no lo entendió así, considerando fundamentalmente que el derecho en cuestión tiene limitaciones y que la resultante de las reglas internacionales sobre inmunidades de jurisdicción y ejecución persigue un fin legítimo, a saber, el buen funcionamiento de las organizaciones

---

[6 bis] Cour européene des droits de l'homme, *Recueil des arrêts et de décisions*, 1999-I, pp. 395 ss. Véase especialmente L. CAFLISCH, «Immunité de juridiction et respect des droits de l'homme», en *L'ordre juridique international, un sistème en quête d'équité et d'universalité, Liber Amicorum Georges Abi-Saab*, Nihjoff, La Haya/Londres/Boston, 2001, pp. 651 ss.; y la monografía de C. ESPÓSITO MASSICI, *Inmunidad del Estado y derechos humanos*, Cívitas, Aranzadi, 2007.

internacionales y la ampliación e intensificación de la cooperación internacional, siendo la inmunidad de jurisdicción una medida razonablemente proporcionada a la consecución de ese fin[6 bis].

b) Subráyese que, aun cuando en el supuesto examinado se trataba de las inmunidades jurisdiccionales de una organización internacional, la parte esencial de la *ratio decidendi* de las sentencias de la Gran Sala es perfectamente aplicable a las inmunidades jurisdiccionales de los Estados. Así, en el asunto *McElhinney* c. *Irlande*, resuelto por sentencia de la Gran Sala de 21 de noviembre de 2001, el Tribunal, apoyándose en la misma doctrina, concluyó en la no violación del artículo 6.1 de la Convención ante una aplicación por los tribunales irlandeses del principio de la inmunidad de jurisdicción de los Estados. El razonamiento fue que el fin de la inmunidad es legítimo (respeto del Derecho Internacional para favorecer la cortesía y las buenas relaciones entre Estados) y que la restricción guarda una relación razonable de proporcionalidad con ese fin. Veremos en este mismo apartado, al examinar la práctica española en la materia, que el Tribunal Constitucional español llegó a la conclusión de la compatibilidad de la inmunidad de jurisdicción de las misiones diplomáticas (que son órganos del Estado) con el derecho a la tutela judicial efectiva (que es lo mismo que el derecho a un proceso equitativo). Pero comprobaremos también que el razonamiento no fue exactamente el mismo que el utilizado por el Tribunal Europeo.

51.4. La Convención de las Naciones Unidas sobre las inmunidades jurisdiccionales de los Estados y de sus bienes

a) Las anteriores afirmaciones sobre la situación del Derecho Internacional general no resuelven, ni mucho menos, todos los problemas, porque la teoría de la inmunidad restringida de jurisdicción o de ejecución conoce muchas variantes en la práctica de los Estados, que introducen inseguridad y desorden además de causar fricciones. Y para evitar estos inconvenientes es altamente deseable la mayor uniformidad jurídica, y de ahí el interés y la conveniencia de la codificación de las reglas en la materia. De hecho la Comisión de Derecho Internacional de las Naciones Unidas dirigió su atención hacia el tema en 1977, y en 1978 decidió incluirlo en su programa de trabajo. En el seno de ella, sin embargo, aunque se manifestaran posturas favorables a la inmunidad restringida, se han registrado también defensas de la inmunidad absoluta. De todos modos, en su período de sesiones de 1991, la Comisión de Derecho Internacional aprobó el proyecto de artículos sobre inmunidades jurisdiccionales de los Estados, que la Asamblea General de las Naciones Unidas decidió someter a observaciones de los Gobiernos[7]. El proyecto se inspira en sus grandes líneas en la tesis de la inmunidad restringida. Como ha declarado en su comentario la Comisión, tras tomar nota de la existencia de varias excepciones, puede decirse que la inmunidad del Estado «es limitada o restringida

[7] A/RES/46/55, de 20 de diciembre de 1991.
[7 bis] *Anuario de la Comisión de Derecho Internacional*, 1986, vol. II, 2.ª parte, p. 29.

en el sentido de que no es “absoluta” ni hay que reconocerla en todo tipo de circunstancias sin tener en cuenta en qué calidad haya actuado el Estado o la clase de actividades atribuidas al mismo»[7 bis]. Tras posteriores e intensos trabajos, el 2 de diciembre de 2004 se adoptó en el seno de la Asamblea General un nuevo texto de la Convención, basado por supuesto en la misma filosofía de la inmunidad restringida, pero con disposiciones susceptibles de un mayor número de aceptaciones estatales. El texto se abrió a la firma por los Estados el 17 de enero de 2005. En la primavera de 2025 sólo 25 Estados habían ratificado la Convención, que no está en vigor.

b) Vale la pena con todo explicar concisamente las grandes líneas del instrumento, destacando para empezar que, como no podía ser menos a la altura de 2004, la Convención rechaza la idea de la inmunidad absoluta y se inspira en el patrón de la inmunidad restringida. Así, tras sentar como punto de partida el principio de inmunidad jurisdiccional (art. 5), enuncia en los artículos siguientes una serie de importantes excepciones, unas de orden procesal y otras de índole sustantiva. Las procesales son las siguientes: consentimiento expreso al ejercicio de jurisdicción; supuesto en que el Estado concernido haya iniciado el proceso, intervenido en él o realizado cualquier acto en relación con el fondo; o caso de presentación de una demanda reconvencional (arts. 7 a 9). En cuanto a las excepciones de naturaleza sustantiva a la inmunidad jurisdiccional, podemos decir que son aquellas que se suponen relativas a actuaciones *iure gestionis* de los Estados, a saber: transacciones mercantiles con una persona natural o jurídica: contratos de trabajo; lesiones a las personas y daños a los bienes; propiedad, posesión y uso de bienes; propiedad intelectual e industrial; participación en sociedades u otras colectividades; buques de propiedad del Estado o explotados por un Estado; y efectos de un convenio arbitral (arts. 10 a 11). Obviamente, se especifican detalladamente en todos esos artículos las condiciones en que resultan aplicables las excepciones mencionadas.

En cuanto a la cuestión de ejecución de las sentencias en caso de ejercicio de la jurisdicción, la Convención ha tratado de poner fin en su Parte IV (arts. 18 ss.) a las incertidumbres reinantes antes señaladas. Así, partiendo del principio de inmunidad, son tres los casos en que se permite la ejecución, a saber: el consentimiento del Estado propietario de los bienes, la asignación de bienes por el Estado concernido a la satisfacción de la demanda, y el supuesto de que se trate de bienes utilizados por el Estado para fines distintos de los fines oficiales no comerciales.

51.5. Las inmunidades jurisdiccionales en el Derecho español

a) Dada la relevancia de la práctica de los Estados —especialmente de la jurisprudencia interna— en el tema que nos ocupa, no puede faltar aquí una referencia somera a la *posición española* en materia de inmunidad jurisdiccional de los Estados. El punto de partida es hoy forzosamente lo dispuesto por el párrafo 2 del artículo 21 de la Ley Orgánica del Poder Judicial, que incorpora en bloque a nuestro Derecho interno las normas de Derecho Internacional Público en materia de excepciones o inmunidades jurisdiccionales. La incorporación se reitera en el párrafo 2 del artículo 36 de la nueva Ley de Enjuiciamiento Civil (Ley 1/2000, de 7 de enero), que señala que los tribunales españoles se abstendrán de conocer cuando se haya formulado demanda o solicitud de ejecución de sujetos o bienes que gocen de inmunidad de jurisdicción o ejecución conforme a las normas de Derecho Internacional. Pero tal incorporación no resuelve ni mucho menos todos los problemas, puesto que el estado del Derecho Internacional General en la materia que nos ocupa no ofrece en su conjunto, como hemos visto, la precisión deseable, particularmente en lo que se refiere a qué actos son realmente *iure imperii* y cuáles *iure gestionis.* Si la demanda judicial fuese contra el Estado español en el extranjero (inmunidad de jurisdicción pasiva) el Real Decreto 1057/2024, de 15 de octubre, dispone que no podrá hacerse renuncia a la inmunidad de jurisdicción sin previa decisión del titular del Ministerio de Asuntos Exteriores.

b) En busca de la necesaria seguridad jurídica en la materia, el 27 de octubre de 2015 se promulgó la Ley Orgánica 16/2015 sobre privilegios e inmunidades de los Estados extranjeros, las Organizaciones internacionales con sedes u oficina en España y las Conferencias y Reuniones internacionales celebradas en España (37). Por lo que respecta a los Estados, se dice en el preámbulo que aún adherida España a la Convención de 2004 se dicta la Ley, dado el escaso número de ratificaciones en vigor y teniendo en cuenta la poca probabilidad de que entre en vigor en un futuro inmediato. Pero como no podía ser menos, la Ley sigue las líneas generales del instrumento internacional de 2004. Parte así del principio de la inmunidad jurisdiccional (art. 4) para indicar enseguida de modo casuístico y muy detallado una serie de excepciones que se retoman de la mencionada Convención[8]. Son las siguientes: consentimiento expreso o tácito del Estado extranjero (arts. 5 a 7); procesos relativos a transacciones mercantiles (art. 9); procesos relativos a contratos de trabajo; procesos relativos a indemnización por lesiones y daños (art. 11); procesos relativos a la determinación de derechos y obligaciones respecto a los bienes (art. 12); procesos relativos a la determinación de derechos de propiedad intelectual e industrial (art. 13); procesos relativos a la participación en personas jurídicas y otras entidades de carácter colectivo (art. 14); procesos relativos a la explotación o cargamento de buques de Estados (art. 15); y procesos relativos a los efectos de un convenio arbitral (art. 16). La Ley proclama también la inmunidad de ejecución, tanto antes como después de la resolución judicial, salvo el supuesto de consentimiento del Estado extranjero (arts. 17 y 18). Por lo demás, el artículo 26 de la Ley permite denegar o limitar la inmunidad en virtud del principio de reciprocidad.

c) En lo que se refiere a la *jurisprudencia,* y dejando bien claro que la lista de sentencias que vamos a analizar no agota presumiblemente el número total de las recaídas en el tema que nos ocupa, pueden distinguirse las decisiones judiciales anteriores y posteriores a la Ley Orgánica 16/2015.

---

[8] *B. O. E.* de 28 de octubre de 2015.

Respecto a la jurisprudencia anterior a la entrada en vigor de dicha norma, hay que señalar la existencia de tres decisiones de la primera mitad de la década de los sesenta favorables a la inmunidad restringida.

Para el análisis de la práctica anterior a 1986 tenemos que servirnos esencialmente del estudio del profesor CHUECA SANCHO[9], quien, de todos modos, ante la dificultad de acceso a las fuentes —fundamentalmente por la no publicación de las resoluciones de los tribunales de primera y segunda instancia— pone de relieve la prudencia que debe guiar al investigador y habla sólo de una aproximación a la práctica.

Una primera sentencia que acoge la tesis de la inmunidad restringida es la dictada por la *Audiencia Territorial de Sevilla el día 9 de marzo de 1960*[10]. Tratábase de la demanda de unos particulares, concesionarios de un apartadero ferroviario, contra un destacamento militar de los Estados Unidos, en reclamación del pago de un canon por paso de vagones. El Juzgado de Primera Instancia número 5 de Sevilla, acepta la alegación de inmunidad, pero apelada la decisión ante la Audiencia, ésta señala que la organización militar de los Estados Unidos había sido demandada para que cumpliese «obligaciones de orden civil o mercantil que se estiman contraídas por tal organización en virtud de actuaciones como simple persona jurídica susceptible de derechos y obligaciones —no en funciones de soberanía— [...]». La Audiencia rechazó, pues, la alegación de inmunidad y aceptó su competencia, en virtud de una argumentación que admitía, en definitiva, la distinción entre actos *iure imperii* y actos *iure gestionis.*

Otra sentencia que acepta la teoría de la inmunidad restringida es la pronunciada por el *Juzgado Municipal número 24 de Madrid el día 4 de abril de 1963*[11]. Se trataba de la reclamación de una empresa inmobiliaria española contra el Gobierno de los Estados Unidos instando el desahucio de éste por falta de pago de la renta de un contrato de arrendamiento. Alegada la inmunidad de jurisdicción, el Juzgado la rechaza aduciendo que el Estado extranjero «tanto puede [...] actuar —igual en el orden interno que en el internacional— en uso del *iure imperii,* en ostensible manifestación de su soberanía, como ejercitando el *iure gestionis,* del propio modo que cualquier entidad privada, y sujeto así a idénticos resultados jurídicos que ésta». Es de señalar la preocupación que refleja la sentencia por la posición de los particulares y la necesidad de protegerla.

Y en esta línea de la inmunidad restringida, cabría citar también el auto del *Juzgado de Primera Instancia de Ateca de 17 de mayo de 1963,* que declara responsable civil subsidiario eventual a AFEX, una empresa estatal del Gobierno de los Estados Unidos, con personalidad jurídica autónoma, por daños que pudieran haber sido causados por un chófer de nacionalidad española, empleado civil, en accidente ocurrido en territorio español[12].

---

[9] A. CHUECA SANCHO, «Inmunidad jurisdiccional del Estado extranjero: una aproximación a la práctica española», en *Revista de la Facultad de Derecho de la Universidad Complutense de Madrid,* n.º 65, 1983, pp. 113 ss. Véase también M. MEDINA ORTEGA, «La inmunidad del Estado extranjero», en *R.E.D.I.*, II, 1964, pp. 241 ss., especialmente pp. 259 ss.

[10] Véase A. CHUECA SANCHO, *op. cit.* en nota 8, pp. 134-135.

[11] Véase M. MEDINA ORTEGA, *op. cit.* en nota 8, pp. 259-260.

[12] Véase ibíd., p. 262, nota 103.

Otras resoluciones de tribunales inferiores se han manifestado, por el contrario, a favor de la tesis de la inmunidad. Se trata del *auto del Juzgado de Primera Instancia número 4 de Madrid de 27 de abril de 1965,* que no admitió a trámite una demanda civil contra la República Argentina por cuanto el examen de la misma hubiese atentado contra la costumbre internacional; del *auto del Juzgado de Primera Instancia número 8 de Madrid,* declarándose incompetente ante una demanda ejecutiva contra la República de Argelia sobre la base del principio *par in parem non habet jurisdictionem;* del dictado el *19 de noviembre de 1968 por el Juzgado de Primera Instancia número 7 de Valencia,* declarando la incompetencia ante una demanda de orden civil contra la República Dominicana; del recaído en 1971 *en procedimiento seguido ante el Juzgado de Primera Instancia número 4 de Zaragoza* en la reclamación de un particular contra los Estados Unidos de América, y del *auto de la Audiencia Territorial de Valencia de 19 de noviembre de 1968* confirmando un auto de primera instancia desestimatorio de la competencia de la jurisdicción española que «no alcanza en forma alguna a comprender las demandas que se entablen contra un Estado soberano»[13]. No hemos podido averiguar el tipo de actuación, en estos cinco casos, de los Estados extranjeros demandados. Si la actuación hubiese entrado en la categoría *iure gestionis* estaríamos ante pronunciamientos favorables a la teoría de la inmunidad absoluta.

Queda, por fin, el análisis de las sentencias dictadas por el *Tribunal Supremo y el Tribunal Central de Trabajo,* recaídas siempre en cuestiones laborales. Una primera *sentencia del Tribunal Supremo es la de 30 de septiembre de 1959*[14] relativa a una reclamación de indemnización por el accidente de trabajo que sufrió un trabajador español al servicio de una empresa estadounidense constructora de bases aéreas. El Tribunal Supremo, fundamentando su argumentación en los acuerdos entre España y los Estados Unidos de 1953 y en el acuerdo de procedimiento número 23, decide que la reclamación debe llevarse ante el Comité Consultivo Mixto creado por dicho acuerdo; de hecho, el Tribunal no se pronunció sobre la cuestión de la inmunidad, aunque sustrajo la cuestión del conocimiento de la jurisdicción española. Otra *sentencia del Tribunal Supremo es la de 14 de julio de 1964*[15], concerniente a una reclamación laboral contra el Gobierno de los Estados Unidos, y en la que casa una sentencia de un tribunal inferior «por cuanto el juzgador de instancia, al dictar fallo condenatorio del Cuartel General de las Fuerzas Aéreas de los Estados Unidos en litigio sobre accidentes de trabajo lo hace del Gobierno de dicha nación», señalando que la jurisdicción española «resulta incompetente para conocer de las relaciones de carácter laboral contra aquel Gobierno». Una nueva *sentencia del Tribunal Supremo es la de 11 de julio de 1970*[16], en la que declara la incompetencia de la jurisdicción española para conocer de una reclamación de un trabajador español contra una entidad de la Seguridad Social francesa en base a normas

[13] Véase A. CHUECA SANCHO, *op. cit.* en nota 8, pp. 136-137 y 145.
[14] *Aranzadi,* 1959, n.º 3.429.
[15] *Aranzadi,* 1964, n.º 4.211. Véase nota crítica de J. D. GONZÁLEZ CAMPOS, en *R.E.D.I.,* 3, 1966, pp. 437-438.
[16] *Aranzadi,* 1970, n.º 3.489.

de Derecho interno «y de Derecho Internacional contenidas en los tratados y en las costumbres», agregando que «la jurisdicción española tiene diferentes límites personales y territoriales; así, con relación a las personas... conforme a las normas aludidas, los soberanos o jefes de los mismos y los jefes y miembros de misiones diplomáticas extranjeras». Señalemos, de todos modos[17], la cautela mostrada por el Tribunal («se estiman no están en general») que podría permitir en el futuro la adopción del criterio restrictivo sin incurrir en contradicción flagrante con la jurisprudencia anterior.

Otra sentencia del *Tribunal Supremo es la de 8 de noviembre de 1979*[18], que trataba de una reclamación por despido de una secretaria de la Embajada de Kuwait en España, y en la que se estima no haber lugar al recurso de casación interpuesto contra la sentencia de la Magistratura de Trabajo, que se declaró incompetente, habida cuenta de los límites personales basados en «normas de rango internacional o incluso del Derecho interno» y lo dispuesto por el artículo 31 de la Convención sobre relaciones diplomáticas que proclama la inmunidad de jurisdicción del jefe de la misión.

En cuanto al *Tribunal Central de Trabajo,* hay que referirse en primer lugar a la *sentencia de 9 de octubre de 1969*[19], relativa al despido de un profesor, de la nacionalidad del Estado demandado, de una escuela sita en España dependiente de un Estado extranjero (que incluso pagaba directamente los sueldos de los enseñantes). El Tribunal se declaró incompetente indicando que la actividad del Estado extranjero constituía «una función que, al ser cumplida por el Estado, suele conferírsele el carácter de función pública», añadiendo a mayor abundamiento que «aun cuando a dicha relación se le pudiese reputar como laboral, no es usual en Derecho Internacional que un Estado sea sometido a los Tribunales de otro para enjuiciar contiendas de esta índole»[20]. De otro lado, la *sentencia del mismo Tribunal de 25 de noviembre de 1976*[21] declara su incompetencia en una reclamación de dos ciudadanos españoles al Consulado General del Uruguay en España. El Tribunal señala en su argumentación que «es un principio básico de Derecho Internacional que un Estado soberano no puede ser sometido a los Tribunales de otro», puesto que «siendo la jurisdicción una derivación de aquella soberanía, el someter a un Estado a la jurisdicción de otro implicaría un cercenamiento de sus potestades soberanas, facultad que excede de la competencia de los Tribunales»; la sentencia invoca, por fin, la inmunidad de jurisdicción que el artículo 43 de la Convención de Viena sobre relaciones consulares concede al jefe de la oficina y a los funcionarios consulares. El Tribunal Central de Trabajo dictó en 1980 otras tres *sentencias —de fechas 17 de enero, 10 de diciembre y 11 de diciembre—*[22] en las que reitera la incompetencia de jurisdicción ante reclamaciones de trabajadores

---

[17] A. CHUECA SANCHO, *op. cit.* en nota 8, p. 140.
[18] *Aranzadi,* 1979, n.º 3.975.
[19] *Jurisprudencia Social,* 30, 1968, p. 200.
[20] A. CHUECA SANCHO, *op. cit.* en nota 8, p. 140.
[21] *Aranzadi,* 1976, n.º 5.536. Véase la nota crítica de L. I. SÁNCHEZ RODRÍGUEZ, en *R.E.D.I.*, 1, 1981, pp. 174-175, quien pone de relieve la confusión del juzgado entre dos materias distintas: la inmunidad de jurisdicción de agentes diplomáticos y funcionarios consulares y la inmunidad de ejecución del Estado.
[22] *Aranzadi,* 1980, n.º 169, 6.523 y 6.561.

al servicio de dos misiones diplomáticas y una oficina consular, fundándose de nuevo en la Convención de 1961 sobre relaciones diplomáticas y de 1963 sobre relaciones consulares.

Sin embargo, desde 1986, la jurisprudencia española se está mostrando particularmente receptiva a la tesis de la inmunidad restringida en cuanto que está afirmando la existencia de jurisdicción respecto a Estados extranjeros en litigios sobre despido de personal local contratado para prestar servicios en misiones diplomáticas y oficinas consulares. Dato clave en este viraje jurisprudencial es la sentencia del Tribunal Supremo de 10 de febrero de 1986[23], que estima el recurso de casación contra sentencia de una Magistratura de Trabajo de Madrid que se había declarado incompetente en procedimiento seguido contra la Embajada de Guinea Ecuatorial por despido de su conductor. La sentencia del Tribunal Supremo declara, en efecto, la competencia de la jurisdicción española, aun admitiendo la existencia de precedentes judiciales contrarios, para lo cual tiene en cuenta la distinción entre *acta iure imperii* y *acta iure gestionis* y la calificación del asunto litigioso como acto de gestión. En sentencia de 1 de diciembre de 1986, el Tribunal Supremo mantiene la misma línea argumental en procedimiento por despido entablado contra la República de Sudáfrica[24], y a partir de entonces una serie de sentencias de Magistraturas de Trabajo de Madrid y otras ciudades no han vacilado en ejercer jurisdicción en litigios semejantes seguidos contra misiones diplomáticas u oficinas consulares. Entre estas últimas sentencias, algunas invocan la jurisprudencia sentada en 1986 por el Tribunal Supremo, pero las más recientes se limitan a apoyar el ejercicio de jurisdicción en preceptos internos sin plantearse el problema de la inmunidad jurisdiccional del Estado. De todos modos, el Tribunal Central de Trabajo se venía manteniendo fiel a la idea de la inmunidad absoluta[25].

En la valoración de la nueva línea jurisprudencial del Tribunal Supremo hay que poner de relieve, primeramente, su no disconformidad con el Derecho Internacional, que, como hemos señalado de manera abundante en el presente epígrafe, hace concesiones crecientes a la tesis de la inmunidad restringida y que, en lo que concierne a los contratos laborales celebrados por Estados extranjeros, tiende a afirmar la licitud del ejercicio de jurisdicción (por ejemplo, en el art. 5 del Convenio de Basilea de 1972 y en el art. 12 del Proyecto de artículos elaborado en 1986 por la Comisión de Derecho Internacional). Es cierto que los casos mencionados se referían a contratos celebrados por misiones diplomáticas y oficinas consulares, pero, a falta de disposiciones expresas en las Convenciones de Viena de 1961 y 1963, la cuestión debe reconducirse a las normas sobre inmunidad jurisdiccional de los Estados, de los que son órganos aquellas misiones y oficinas.

Sentencia del mayor interés en el tema que nos ocupa es la dictada por el Tribunal Constitucional el 1 de julio de 1992. La sentencia en cuestión, ya analizada en otro lugar[26], proclama la inembargabilidad de las cuentas corrientes de embajadas

---

[23] *Aranzadi,* 1986, n.º 727.

[24] *Aranzadi,* 1986, n.º 7.231.

[25] Véase A. CHUECA SANCHO y J. DÍEZ-HOCHLEITNER, «La admisión de la tesis restrictiva de las inmunidades del Estado extranjero en la reciente práctica española», en *R.E.D.I.*, 1988, n.º 2, pp. 7 ss.

[26] La sentencia en el *B.O.E.* de 24 de julio de 1992, rectificada en el de 14 de octubre siguiente

y consulados incluso en el supuesto de que no todo el montante depositado sirva para la realización de las funciones oficiales de esas entidades. Pero con independencia del interés de la sentencia en esta cuestión específica hay que destacar en ella un pronunciamiento de alcance más general, y es que, a juicio del Tribunal, el derecho constitucional a la tutela judicial efectiva (art. 24.1 de la Constitución) no es incompatible con las manifestaciones de la inmunidad de jurisdicción y ejecución que tengan apoyo legal al no constituir una libertad, sino un derecho prestacional que debe ser regulado por la ley. En el caso de autos, el apoyo en cuestión es el suministrado por el artículo 21 de la Ley Orgánica del Poder Judicial, que, como ya sabemos, exceptúa del conocimiento de los tribunales españoles «los supuestos de inmunidad de jurisdicción y ejecución establecidos por las normas del Derecho Internacional Público». La argumentación del Tribunal Constitucional, reiterada en sentencia de 27 de octubre de 1994, es importante, insistimos, porque despeja de una vez por todas las dudas sobre la posible inconstitucionalidad de las normas internacionales en la materia que nos ocupa.

Con la entrada en vigor de la Ley Orgánica 16/2015 los tribunales españoles han producido otras decisiones que merece la pena destacar selectivamente. En la sentencia del Tribunal Constitucional 120/2021 de 31 de mayo de 2021[27] se desestimó un recurso de amparo, frente a la vulneración del derecho a la tutela judicial efectiva que habrían producido una sentencia del TSJ de Madrid y otra del Tribunal Supremo, que promovió la organización internacional denominada Comisión Internacional para la Conservación del Atún Atlántico (en adelante ICCAT)[28]. Los hechos subyacentes pueden resumirse en la presentación de una demanda contra la organización internacional por una funcionaria de la misma fundada en el despido, la extinción de contrato y la violación de sus derechos fundamentales. Subráyese que las inmunidades jurisdiccionales también afectan a las organizaciones y organismos internacionales[29] y que ICCAT tiene su sede en España con base en el Convenio vigente de 29 de marzo de 1971. Como sucede en este caso, cuando existe un acuerdo internacional aplicable, la Ley Orgánica 16/2015 se aplica complementaria y supletoriamente. Pues bien, el Tribunal Constitucional admitió a trámite el recurso de amparo porque concurría una especial trascendencia constitucional relativa a un derecho fundamental sobre el que no había doctrina anterior, a saber, la interpretación de las cláusulas de inmunidad de jurisidicción incluidas en los acuerdos de sede entre España y organismos internacionales, tras la promulgación de la Ley Orgánica 16/2015. Interesa destacar los siguientes argumentos de la doctrina constitucional expuesta aquí: a la inmunidad de jurisdicción queda acotada a la predicable de los Estados extranjeros y de su personal, en la que se ha declarado que las normas de Derecho Internacional Público, a las que remite el artículo 21.2 de la Ley Orgánica del Poder Judicial, «no

(suplemento). Ver la sentencia de 27 de octubre de 1994 en el *B. O. E.* de 29 de noviembre del mismo año.

[27] *BOE* de 7 de julio de 2021

[28] Véase para la determinación del estatuto jurídico internacional y en España del ICCAT, el trabajo de A. PASTOR PALOMAR, «El alcance del concepto de organización internacional en la ley orgánica sobre privilegios e inmunidades: los estatutos jurídicos especiales» en *Cuadernos de la Escuela Diplomática*, nº 55, 2016, p. 273.

[29] Como se explica en el apartado 74 de este curso.

imponen una regla de inmunidad absoluta de ejecución de los Estados extranjeros, sino que permiten afirmar la relatividad de dicha inmunidad». Y la «ratio de la inmunidad no es la de otorgar a los Estados una protección indiscriminada, sino la de salvaguardar su igualdad e independencia». En consecuencia, el Tribunal Constitucional añade que «la delimitación del alcance de tal inmunidad debe partir de la premisa de que, con carácter general, cuando en una determinada actividad o cuando en la afectación de determinados bienes no esté empeñada la soberanía del Estado extranjero, tanto el ordenamiento internacional como, por remisión, el ordenamiento interno desautorizan que se inejecute una sentencia». Así, «la relatividad de la inmunidad de la ejecución de los Estados extranjeros se asienta en la distinción entre bienes destinados a actividades *iure imperii* y bienes destinados a actividades *iure gestionis*» (fundamento jurídico 3). En el caso concreto de ICCAT, que es una organización internacional, el Tribunal Constitucional considera adecuada la aplicación del artículo 35 de la Ley Orgánica 16/2015, según el cual «cuando se trate de procedimientos de Derecho privado o de procesos del ámbito laboral relativos a miembros del personal de las organizaciones internacionales, estas no podrán hacer valer la inmunidad, salvo que acrediten disponer de un mecanismo alternativo de resolución de la controversia, ya esté previsto en el tratado constitutivo, los estatutos, el reglamento interno o en cualquier otro instrumento aplicable de las organizaciones internacionales». Además, se estima que del artículo 11 del Convenio de sede de 1971 no puede deducirse la inmunidad absoluta de ICCAT, y que debe aplicarse la distinción entre actos *iure imperii* y actos *iure gestionis*, de modo que «el despido de la trabajadora demandante en instancia, quien desarrolla tareas meramente administrativas, en ningún caso puede afectar a los fines propios de la organización», es decir, son actos *iure gestionis* y «del Convenio de sede no se desprende un tratamiento unívoco de la inmunidad, ni para todos los actos, ni para todas las personas que trabajan para ICCAT» (fundamento jurídico 4). Por último, el Tribunal Constitucional considera que los instrumentos internacionales constitutivos de ICCAT no establecen un mecanismo alternativo de solución de controversias relativas a miembros del personal sino que solo contienen «ciertos remedios, cuya virtualidad no es clara».

El Tribunal Supremo también ha tenido ocasión de pronunciarse sobre las inmunidades jurisdiccionales de otra organización internacional con sede en España: el Consejo Oleícola Internacional (COI), cuyo Acuerdo de sede fue firmado el 20 de noviembre de 2007[30]. En este caso se desestima un recurso de casación para la unificación de doctrina y se confirma la incompetencia de los tribunales españoles para conocer de la demanda en materia de prevención de riesgos laborales, por acoso moral y vulneración de la garantía de indemnidad. Como ocurrió con la Sentencia del Tribunal Constitucional comentada en el párrafo anterior, se trataba de interpretar el artículo 35 de la Ley Orgánica 16/2015. Concretamente, se plantea si el conocimiento del asunto corresponde, en lugar de a los tribunales españoles ante los que no se puede hacer valer la inmunidad en procesos en el ámbito laboral, al mecanismo alternativo de resolución de la controversia de la

---

[30] *BOE* de 6 de junio de 2008 y *BOE* de 20 de febrero de 2009

organización internacional; a saber, el Tribunal Administrativo de la Organización Internacional de Trabajo, que es el competente para conocer de los conflictos que surjan entre sus funcionarios y dicha organización, según el Acuerdo de sede y el Reglamento interno de Personal. El Tribunal Supremo constata que el COI solicitó «de forma explícita ser incluida en la lista de organizaciones internacionales que reconocen la competencia del Tribunal Administrativo de la OIT, por tanto es el competente tal y como se ha acordado por la sentencia recurrida» (fundamento jurídico tercero).

Otras decisiones de tribunales españoles han abordado la interpretación y aplicación de ciertos artículos de la Ley Orgánica 16/2015. Citamos selectivamente las dos siguientes. La Sentencia de la Audiencia Provincial de Madrid 524/2019, de 4 de noviembre, se pronunció sobre el concepto de transacción mercantil de los artículos 2, *n*) y 9 de dicha norma. En este asunto se entendió que «no aparecen excluidos los contratos administrativos de arrendamiento de obra o servicios (...) que se celebren por empresas españolas con terceros Estados» (fundamento jurídico primero)[31].

La Sentencia de la Sala de Social del Tribunal Superior de Justicia de Madrid 1029/2023, de 14 de diciembre, analizó la sentencia del Juzgado de lo Social nº 16 de Madrid que estimaba parcialmente la demanda de un trabajador contra la Embajada de la República de Mali en España, declarando la improcedencia del despido y condenando a la Embajada al abono de una indemnización; e igualmente examinó el Auto del mismo Juzgado que despachaba orden general de ejecución, de la sentencia frente a la Embajada, con cargo a la subvención dineraria (pago en metálico) de la Agencia Española de Cooperación Internacional para el Desarrollo, a favor del Ministerio de Malienses en el Exterior. El Tribunal Supremo dictó Sentencia, de 11 de octubre de 2023, estimando el recurso de casación interpuesto en nombre de la AECID contra la Sentencia del TSJ de Madrid, de 1 de diciembre de 2020, que confirmaba el embargo; es decir, se casó y anuló dicha Sentencia para declarar que el Auto era recurrible en suplicación; de este modo, el caso volvió mediante recurso de suplicación al TSJ de Madrid. Y este último tribunal estimó el recurso con base en los criterios relativos a la inmunidad de ejecución regulados, entre otros, en los artículos 2 *b*), 17 y 20 de la Ley Orgánica 16/2015, según se han interpretado en la jurisprudencia. En consecuencia, cabe destacar que «no pueden embargarse las devoluciones correspondientes al IVA, ni tampoco las subvenciones o donaciones que el Estado Español pueda efectuar a (un Estado extranjero), pero, conforme a la normativa transcrita y a la doctrina constitucional sí pueden embargarse las cuentas bancarias de la Embajada que no estén utilizadas o destinadas a ser utilizadas en el desempeño de las funciones de la misión diplomática, y la averiguación de tales cuentas y de sus movimientos puede llevarse a cabo por el juzgado (...) debiéndose tener en cuenta que corresponde a la Embajada, conforme a lo dispuesto en el artículo 217, 3 y 7 de la Ley de Enjuiciamiento Civil, la carga de acreditar, en su caso, que las cuentas se destinen al uso protegido por inmunidad. En corolario, la sentencia es ejecutiva sin perjuicio de su difícil ejecución y, en caso

[31] ECLI:ES:APM:2019:15168

de no encontrarse bienes susceptibles de embargo, y de mantener la ejecutada su posición incumplidora amparándose en normas de Derecho Internacional que nunca deberían esgrimirse para no cumplir las obligaciones adquiridas, debe tenerse en cuenta lo dispuesto en el artículo 243, 3 de la Ley Reguladora de la Jurisdicción Social, que permite que la ejecución se reinicie en cualquier momento mientras no se haya cumplido la obligación». Y se añade que «las ayudas y subvenciones de cooperación internacional tienen un sentido finalista explicitado en la subvención y van destinadas a sectores como la educación, la sanidad, el desarrollo agrícola, la protección de la población y otros que carecen de naturaleza comercial o similar» (fundamento de Derecho segundo)[32].

Finalmente, también resulta interesante mencionar la jurisprudencia concerniente a la contraexcepción del artículo 10.2, *d*) de la Ley Orgánica 16/2015. Esta disposición se enmarca en los procesos relativos a contratos de trabajo que, salvo acuerdo en otro sentido entre España y un Estado extranjero, constituyen una excepción a la posibilidad de invocación de la inmunidad de jurisdicción ante los órganos jurisdiccionales españoles. Ahora bien, a modo de contraexcepción, sí se podrá hacer valer la inmunidad de jurisdicción «cuando el proceso tenga por objeto el despido del trabajador o la rescisión del contrato y una autoridad competente del Estado extranjero comunique que dicho proceso menoscaba sus intereses de seguridad». Pues bien, en la Sentencia del Tribunal Supremo 898/2022, de 10 de noviembre de 2022[33], dictada en un recurso de casación para la unificación de doctrina, se sustancian unos hechos basados en el despido de un trabajador del Consulado General de la Republica del Ecuador en Madrid por incumplimiento contractual, esto es, por haber hecho uso de la acreditación que se le facilitó para acceder a la zona restringida de seguridad del aeropuerto para actividades diplomáticas y consulares de carácter oficial, sin el consentimiento ni la autorización de la embajada ni el consulado y para un asunto particular. En la Sentencia del Juzgado de lo Social de Madrid, de 30 de octubre de 2020, se estimó la contraexcepción de inmunidad de jurisdicción opuesta por Ecuador (confirmada por la Sentencia del Tibunal Superior de Justicia de Madrid, de 29 de marzo de 2021), lo que fue recurrido por el trabajador despedido quien, finalmente, formalizó el recurso de casación. En suplicación se cuestionó la aplicación de la Ley Orgánica 16/2015 por entenderse excluido el supuesto en su artículo 3, que contempla otros privilegios e inmunidades reconocidos por el Derecho internacional y no afectados por dicha Ley Orgánica. El Tribunal Supremo entendió que sí se aplicaba dicha norma, que el trabajador «no ejercía poderes públicos, ni pertenecía al cuerpo diplomático», que Ecuador envió una Nota Verbal al Ministerio de Exteriores de España «relativa a que el proceso menoscababa sus intereses de seguridad (...) sin señalar, identificar o mencionar de ninguna forma los elementos objetivos en que se apoya la pretensión», que «corresponde a la parte demandada la acreditación de que el demandante ocupa un puesto de trabajo que implica el ejercicio de funciones de tal naturaleza, que efectivamente haya tenido acceso a información que pudiera calificarse como sensible, y aportar elementos de juicio de los que

[32] ECLI:ES:TSJM:2023:14312.
[33] ECLI:ES:TS:2022:4317.

razonablemente pudiere inferirse que el objeto del proceso pudiere menoscabar los intereses de seguridad del Estado, que la mera alegación de esa circunstancia es insuficiente para entender aplicable la inmunidad de jurisdicción», si bien, el Supremo alude a que «la Embajada no está obligada a aportar una prueba que en sí misma pudiere compromenter la confidencialidad de datos sensibles para su seguridad, pero sí está obligada a acreditar las razones por las que la tramitación del proceso judicial ante los órganos judiciales españoles puede poner en entredicho sus legítimos intereses de seguridad, aportando a tal efecto unos mínimos elementos de juicio de los que pudiere desprenderse que la actividad laboral del trabajador ha estado de alguna forma relacionada con el conocimiento de datos confidenciales afectantes a la seguridad del Estado extranjero que pudieran quedar expuestos como consecuencia del litigio» (fundamento jurídico tercero). Como puede apreciarse, con la estimación de la casación el Tribunal Supremo ha aclarado el alcance de la aplicación de esta disposición[34].

[34] Véase un comentario de estas sentencias en P. JUÁREZ PÉREZ, «La delimitación judicial de la inmunidad de jurisdicción en el orden social», *Cuadernos de Derecho Transnacional*, v. 16-22, 2024, pp. 1014-1026

SECCIÓN CUARTA

EL HECHO ILÍCITO INTERNACIONAL DEL ESTADO Y SUS SANCIONES

Es inherente a todos los ordenamientos jurídicos padecer violaciones de sus normas y, obviamente, el Derecho Internacional no escapa a esta circunstancia, siendo en él los quebrantamientos abundantes, y en muchos casos altamente graves y espectaculares. Pero, si los Derechos internos han podido establecer para estos casos mecanismos institucionales de reacción y sanción muy perfeccionados, la situación es distinta en nuestra disciplina. El carácter básicamente no institucionalizado de la sociedad internacional motiva que los dispositivos de sanción tengan en el Derecho Internacional General rasgos muy acusados de descentralización y que, impregnados de relativismo, sean sumamente precarios. En la presente sección nos ocuparemos con cierta amplitud del más importante de esos dispositivos, que es la responsabilidad internacional, para estudiar finalmente de manera sucinta otras modalidades de las sanciones internacionales.

52. LA RESPONSABILIDAD INTERNACIONAL: GENERALIDADES

a) Ha dicho el Tribunal de La Haya en el *asunto de la Fábrica de Chorzow* que «es un principio de Derecho Internacional, e incluso una concepción general del Derecho, que toda violación de un compromiso implica obligación de reparar»[1]. Este importante *dictum,* reiterado en términos parecidos por otras jurisdicciones internacionales[2], pone de relieve la función eminentemente reparatoria de la responsabilidad internacional, así como la importancia de la institución en un ordenamiento tan pobre en sanciones como el nuestro. Es cierto que en la época actual se registran tendencias hacia la ampliación de la función de la responsabilidad internacional en los casos de graves violaciones de principios fundamentales del ordenamiento —los llamados crímenes internacionales, de los que nos ocuparemos más adelante—, porque en tales supuestos se aspira no sólo a la reparación del daño, sino también a la imposición de otras sanciones. Pero no es menos verdad que aquellas tendencias chocan con fuertes resistencias y pertenecen hoy básicamente al campo *de lege ferenda*[3]. En su conjunto, pues, la función esencial y más importante de la responsabilidad internacional sigue siendo hoy reparatoria. Lo

---

[1] CPJL, *Serie A*, n.º 17, p. 29.

[2] «Asunto de las reclamaciones británicas en la zona española de Marruecos. Informe de Max Huber», en *Rec. Sent. Arb. N. U.,* vol. II, p. 615; CPJL, *Serie A*, n.º 1, *Asunto del vapor Wimbledon.*

[3] Véase el apartado 54.2 de este libro.

que persigue la institución es la reparación de los daños causados por un Estado en violación del Derecho Internacional[4].

En lo que concierne a la *naturaleza* de la responsabilidad internacional, queremos decir que se trata siempre de una relación de Estado a Estado. La afirmación es obvia y no necesita, por tanto, explicación ni aclaración alguna en los casos en que el hecho ilícito de un Estado causa daños directos a otro Estado. Pero la afirmación es igualmente cierta en los supuestos en que las consecuencias del hecho ilícito de un Estado las sufren directamente nacionales de otros Estados. Como ha dicho al respecto el Tribunal de La Haya en el *asunto de las concesiones Mavrommatis en Palestina:*

> Es un principio elemental del Derecho Internacional el que autoriza al Estado a proteger a sus nacionales lesionados por actos contrarios al Derecho Internacional cometidos por otro Estado, del que no han podido obtener satisfacción por las vías ordinarias. Al encargarse de la causa de uno de los suyos, al poner en movimiento en su favor la acción diplomática o la acción judicial internacional, este Estado hace valer, a decir verdad, su propio derecho, el derecho que tiene a hacer respetar en la persona de sus súbditos el Derecho Internacional[5].

Y no estamos realmente ante una declaración retórica, sino, por el contrario, fértil en resultados en el plano de los hechos. La declaración implica que en los casos de protección diplomática de nacionales, el Estado hace valer un derecho propio, lo que comporta consecuencias tan importantes como el carácter discrecional del ejercicio de la protección diplomática y la disponibilidad por el Estado de la reparación obtenida[6]. Al primer punto ya nos hemos referido en el apartado correspondiente, y del segundo nos ocuparemos en el apartado 55.

b) Son relativamente numerosos los casos en que jurisdicciones internacionales —arbitrales y judiciales— han conocido de violaciones del Derecho Internacional que ponían en juego la responsabilidad internacional de un Estado y la consiguiente obligación de reparar. Estos pronunciamientos, más frecuentes en supuestos de daños a particulares extranjeros que en casos de daños directos a un Estado, han dado lugar a una interesante jurisprudencia internacional en la que cabe detectar la presencia de algunas normas consuetudinarias generales de

[4] Sobre la responsabilidad internacional en general, véase, entre la extensa bibliografía, CH. DE VISSCHER, *La responsabilité des États,* Leiden, 1924; R. AGO, «Le délit international», en *R. des C.,* I, 1939, pp. 419 ss.; *Scritti sulla responsabilità internazionale degli Stati,* I, II y III, Università de Camerino, 1979 y 1986; C. TH. EUSTAHIADES, «Les sujets de Droit International et la responsabilité internationale», en *R. des C.,* III, 1953, pp. 397 ss.; A. ACCIOLY, «Principes généraux de la responsabilité internationale d'apres la doctrine et la jurisprudence», en *R. des C.,* I, 1959, pp. 353 ss.; F. V. GARCÍA AMADOR, *Principios de Derecho internacional que rigen la responsabilidad,* Madrid, 1963; C. F. AMERASINGUE, *State responsability for injuries to aliens,* Oxford, 1967; E. RUILOBA SANTANA, «Consideraciones sobre el concepto y elementos del acto ilícito en Derecho internacional», en *Symbolae García Arias,* Zaragoza, 1973-1974, pp. 385 ss.; A. MARÍN LÓPEZ, «Aspectos actuales de la responsabilidad internacional», en *Libro-homenaje al profesor Miaja de la Muela,* II, Madrid, 1979, pp. 815 ss.; R. LILICH (ed.), *The International Law of State Responsability for injuries to aliens,* Charlottesville, 1983; J. BROWNLIE, *System of the Law of Nations. State Responsability,* Oxford, 1983; P. M. DUPUY, «Responsabilité internationale des Etats», en *R. des C.,* 1984-V, pp. 13 ss.; M. HINOJO ROJAS, *Perspectiva actual de la responsabilidad objetiva en Derecho Internacional Público,* Córdoba, 1994.

[5] CPJL, *Serie A,* n.º 2, p. 12.

[6] Véase el apartado 25.1 de este libro.

carácter indiscutido. Pero en éste como en muchos otros temas no han faltado los esfuerzos codificadores, bien privados[7], bien oficiales. Entre estos últimos hay que citar el intento realizado por la Conferencia de Codificación que, bajo los auspicios de la Sociedad de las Naciones, se celebró en La Haya en 1930. El esfuerzo se limitaba a la codificación del régimen de responsabilidad internacional por daños causados a particulares extranjeros, y aunque la Comisión respectiva aprobó algunos artículos sobre el fundamento de la responsabilidad y la caracterización del hecho ilícito, las importantes divergencias de las delegaciones sobre otras cuestiones le impidieron someter a la Conferencia conclusiones en la materia[8]. En su conjunto, pues, la Conferencia de 1930 no tuvo éxito y no logró la adopción de Convención alguna.

c) En lo que respecta a la obra codificadora auspiciada por la Organización de las Naciones Unidas, hay que decir que por la resolución 799 (VIII), de 7 de diciembre de 1953, la Asamblea General pidió a la Comisión de Derecho Internacional que, tan pronto como lo considerara oportuno, iniciara los trabajos sobre los principios de Derecho Internacional que rigen la responsabilidad entre los Estados. Sólo en su período de sesiones de 1996, pudo la Comisión aprobar un proyecto de artículos completo. A fines de julio de 2001, la Comisión presentó un nuevo proyecto de artículos, que es el que va a servir de base al presente análisis. Destaquemos, por lo demás, que ya en su versión de 1996 el proyecto gozaba en su conjunto de gran autoridad, hasta el punto de que el Tribunal Internacional de Justicia, en su sentencia de 25 de septiembre de 1997 (*asunto relativo al proyecto Gabcíkowo-Nagymaros, Hungría contra Eslovaquia*), ha considerado que algunos de sus artículos enuncian el Derecho Internacional general de naturaleza consuetudinaria[8 bis]. Así las cosas, el referido proyecto va a ser ampliamente utilizado en nuestro estudio[9].

Hay que decir, por lo pronto, que la labor de la Comisión de Derecho Internacional no se limita a la codificación en sentido propio —esto es, a la codificación declarativa—, sino que persigue también el desarrollo progresivo del Derecho Internacional[10]. Destacaba en este último sentido el contenido del artículo 19 del Proyecto de Artículos de 1996, que se refiere a los llamados crímenes internacionales[11]. Es cierto, de otro lado, que el proyecto sólo comprende la manifestación más tradicional de la responsabilidad internacional (la derivada de hechos ilícitos, es decir, la causada por hechos que suponen transgresión de una obligación internacional), pero no es menos verdad que la Comisión se ocupa desde el año 1978 en trabajos paralelos, aunque independientes, del estudio de la responsabilidad internacional por las

[7] Véase *Anuario de la Comisión de Derecho Internacional*, vol. II, 1969, pp. 132 ss.
[8] Véase ibíd., pp. 132 ss.
[8 bis] CIJ, *Recueil*, 1997.
[9] Véase *La Comisión de Derecho Internacional y su obra,* Naciones Unidas, Nueva York, 1981, pp. 85 ss. El texto del proyecto de 2001 se encuentra en el documento de la Asamblea General A/RES/56/83. El comentario del que fue relator especial figura en la publicación J. Crawford, *Los artículos de la Comisión de Derecho internacional sobre responsabilidad del Estado. Introducción, texto y comentarios,* Dykinson, Madrid, 2004.
[10] *Anuario de la Comisión de Derecho Internacional,* vol. II, 2.ª parte, 1980, pp. 25 ss.
[11] Véase el apartado 54.2 de este libro.

consecuencias perjudiciales de actos no prohibidos por el Derecho Internacional[12]. De todos modos, el examen de la responsabilidad desencadenada por hechos ilícitos tiene carácter general[13]; la Comisión, a diferencia de la codificación intentada en 1930 bajo los auspicios de la Sociedad de Naciones, no ha restringido su estudio a la responsabilidad del Estado por daños causados a particulares extranjeros. En fin, otro rasgo a señalar es que la Comisión no ha querido codificar lo que ella misma denomina las normas primarias, es decir, las que imponen obligaciones a los Estados cuya violación puede ser causa de responsabilidad internacional; se ocupa únicamente de las normas llamadas secundarias, esto es, de las que tienen por objeto establecer las consecuencias jurídicas de un incumplimiento de las obligaciones señaladas por las normas primarias[14]. Esta característica del trabajo de la Comisión impregna ciertamente de algún formalismo y abstracción al Proyecto de Artículos, aunque cabe señalar en su descargo que la codificación de las normas primarias hubiera encontrado en su camino dificultades técnicas considerables —preparar la codificación de prácticamente todo el Derecho Internacional— y, sobre todo, duras resistencias políticas, pues es difícilmente imaginable que los Estados se muestren dispuestos hoy por hoy a aceptar una Convención que enuncie en bloque todas las normas de Derecho Internacional. La desigual suerte, en lo que concierne a ratificaciones y adhesiones de los instrumentos ya adoptados avalan este aserto, que no necesita mayores explicaciones[15].

En cualquier caso, es importante señalar que los trabajos de la Comisión de Derecho Internacional, y la discusión de los mismos por los gobiernos en la sexta comisión de la Asamblea General, dan a entender que no se considera seriamente la adopción de una convención. Así, la resolución 26/83 de la Asamblea General, de 12 de diciembre de 2001, al tomar nota del Proyecto de artículos elaborado ese año por la Comisión, lo señala a la atención de los gobiernos «sin perjuicio de la cuestión de su futura aprobación o de otro tipo de medida, según corresponda». Es muy posible, en efecto, que los trabajos queden en una mera declaración de principios, lo cual no les priva completamente de utilidad, puesto que pueden ayudar a un órgano jurisdiccional a la identificación de una norma consuetudinaria. Así, por ejemplo, en el caso del *Proyecto Gabcíkovo-Nagymaros*, resuelto por sentencia de 25 de septiembre de 1997, el Tribunal Internacional de Justicia utilizó a tales fines el Proyecto de artículos adoptado por la Comisión en 1996[15 bis]. Del mismo modo, en su sentencia de 26 de febrero de 2007 sobre la *aplicación de la Convención para la prevención y sanción del crimen de genocidio,* el Tribunal ha aplicado en tanto que norma consuetudinaria general el artículo 4.º del Proyecto de Artículos de 2001, que es el que especifica lo que deba entenderse, a efectos del desencadenamiento de la responsabilidad internacional, por órgano del Estado. Ha sido fundamentalmente la toma en consideración de esa norma la que ha per-

[12] Véase el apartado 55 de este libro.
[13] *Anuario de la Comisión de Derecho Internacional*, vol. II, 2.ª parte, 1980, pp. 25 ss.
[14] Ibíd., pp. 25 ss.
[15] Véanse las observaciones del Gobierno español a la primera parte del Proyecto de Artículos de la *Comisión en Anuario de la Comisión de Derecho Internacional*, 1982, vol. II, 1.ª parte, pp. 18 ss. Tales observaciones fueron redactadas por el autor de este libro.
[15 bis] CIJ, *Recueil*, 1996, pars. 50 ss.; 83 ss.; y CIJ, *Recueil*, 2007, par. 388.

mitido al Tribunal exonerar a Serbia de la responsabilidad directa por el genocidio perpetrado en Srebrenica en julio de 1995.

d) Permítasenos ahora una breve disquisición terminológica. La versión oficial en español del Proyecto de la Comisión de Derecho Internacional habla de «hechos» ilícitos y no de «actos». En sus comentarios al Proyecto, el Gobierno español señala que «en el idioma español es más adecuada la palabra "actos" que la de "hechos", pues si, según el artículo 3, un requisito del acto ilícito es que sea atribuible al Estado según el Derecho Internacional, esa imputabilidad comporta un elemento de voluntariedad y, en el lenguaje jurídico español, el hecho voluntario de una persona física o moral recibe la denominación de "acto". El "hecho" es el género y el "acto" la especie. En la lengua española los Estados, como las demás personas morales y las personas físicas, no realizan "hechos", sino "actos"»[16]. De todos todos, y puesto que vamos a utilizar extensamente el Proyecto de Artículos de la Comisión, seremos respetuosos con su terminología, a fin de no sembrar la confusión. Terminología que tiene la ventaja de que el vocablo «hecho» cubre no sólo las acciones positivas, sino también las omisiones.

---

[16] Véase *Anuario de la Comisión de Derecho Internacional*, 1982, vol. II, 1.ª parte, p. 18. El embajador JOSÉ MANUEL LACLETA, que fue miembro español en la Comisión, también ha expresado en la propia Comisión y en la Sexta Comisión de la Asamblea General sus preferencias por la palabra «acto» (véase ibíd., vol. I, p. 234).

53. LA RESPONSABILIDAD INTERNACIONAL POR LOS HECHOS ILÍCITOS DE LOS ESTADOS

Abordamos ahora el estudio de la manifestación más tradicional, frecuente e indiscutida de la responsabilidad internacional: la que resulta de los hechos ilícitos de los Estados. Dice a este respecto el artículo 1 del Proyecto de Artículos de la Comisión de Derecho Internacional que «todo hecho internacionalmente ilícito del Estado genera su responsabilidad internacional». Y nosotros vamos a dividir el análisis de este tipo de responsabilidad internacional en dos grandes bloques. El primero se refiere al elemento objetivo del hecho ilícito, que es la violación de una obligación internacional (concepto en general, casos más graves de hechos ilícitos como los crímenes internacionales y causas que excluyen la ilicitud del hecho). El segundo bloque comprende los aspectos subjetivos, es decir, las condiciones de atribución del hecho. Es cierto que el artículo 2 del Proyecto mencionado incluye las facetas objetivas y subjetivas cuando define al hecho ilícito, inclusión conjunta que no puede ser más correcta desde el punto de vista normativo, porque sin la concurrencia de ambos aspectos no existe en la realidad hecho ilícito desencadenante de responsabilidad internacional. Dejando, sin embargo, bien sentada la afirmación anterior, creemos que, a efectos sistemáticos y de análisis, hay que proceder a una consideración separada de los problemas y cuestiones que entran en uno y otro elemento. Advertimos, por fin, que haremos un estudio separado de los hechos ilícitos provenientes de los órganos judiciales; tal tratamiento independiente obedece a las singulares características de las condiciones en que los actos de dichos órganos engendran responsabilidad internacional.

53.1. El hecho ilícito internacional

a) Ya hemos anunciado que de los dos elementos del hecho ilícito nos vamos a referir primeramente al objetivo, esto es, empleando el lenguaje del apartado *b*) del artículo 2 del Proyecto de la Comisión de Derecho Internacional, a un comportamiento del Estado que «constituye una violación de una obligación internacional». Bien entendido que, según el artículo 3 del mismo Proyecto, sólo el Derecho Internacional puede ser tenido en cuenta para calificar a un hecho de ilícito; la posible calificación del hecho como lícito que haga el Derecho interno del Estado no tiene relevancia alguna. El artículo en cuestión está en consonancia con lo dispuesto por el artículo 27 de la Convención de Viena de 1969 sobre Derecho de Tratados: un Estado no puede invocar las disposiciones de su Derecho interno como justificación del incumplimiento de los tratados. Y ya había dicho el Tribunal de La Haya que:

> Se debe observar, sin embargo, que si, de una parte, conforme a los principios generalmente admitidos, un Estado no puede respecto a otro Estado prevalerse de las disposiciones constitucionales de este último, sino solamente del Derecho Internacional y de

los compromisos internacionales válidamente contraídos, por otra parte, e inversamente, un Estado no puede invocar respecto a otro Estado su propia constitución para sustraerse a las obligaciones que le imponen el Derecho Internacional o los tratados en vigor[1].

b) Es irrelevante para la existencia de un hecho ilícito la fuente de la obligación internacional violada. Dice en este sentido el artículo 12 del Proyecto de la Comisión que:

> Hay violación de una obligación internacional por un Estado cuando un hecho de ese Estado no está en conformidad con lo que de él exige esa obligación, sea cual fuera el origen o la naturaleza de esa obligación.

Es evidente, pues, que la vulneración de la obligación derivada de una norma consuetudinaria o convencional constituye un hecho ilícito desencadenante de la responsabilidad internacional. Los ejemplos de uno y otro tipo son abundantes en la jurisprudencia internacional[2]. Pero ¿a qué se refiere exactamente la Comisión de Derecho Internacional cuando en el párrafo 1 del artículo transcrito habla de otro origen? Está claro, de otra parte, que el origen de las obligaciones puede ser un acto unilateral[3]o una resolución de un órgano de una Organización internacional que produzca efectos vinculantes para los Estados miembros según el tratado instituyente[4], e incluso la sentencia de una jurisdicción internacional.

¿Cabe hablar también de hecho ilícito cuando se incumple una obligación resultante de un «principio general del Derecho» en el sentido del artículo 38.1.*c*) del Estatuto del Tribunal de La Haya? La cuestión se plantea particularmente en relación con la figura del abuso de Derecho, cuya prohibición emanaría, en opinión de algunos autores, de un principio general del Derecho[5]. Es lo cierto que el Tribunal de La Haya se ha mostrado propicio en algunos casos a examinar la cuestión de la responsabilidad internacional desde la perspectiva del abuso de Derecho. Por ejemplo, en el *asunto relativo a ciertos intereses alemanes en la Alta Silesia Polaca* el Tribunal se preguntó por la posibilidad de que Polonia pudiese alegar respecto a Alemania un abuso del derecho que tenía este último Estado de enajenar los bienes situados en el territorio sometido a plebiscito antes de la transmisión de la soberanía. Pero la respuesta fue negativa[6], como también la fue en otros casos en que planeó la figura del abuso del Derecho[7], siendo en todo caso interesante el *dictum* de que «semejante abuso no se presume, sino que incumbe al que lo ha alegado la prueba de su alegación»[8].

---

[1] CPJI, *Serie A/B,* n.º 44, p. 24. También CPJI, *Serie A,* n.º 17, p. 29, y CPJI, *Serie B,* n.º 17, p. 32.

[2] Véase J. A. PASTOR RIDRUEJO, *La jurisprudencia del Tribunal Internacional de La Haya (Sistematización y comentarios),* Madrid, 1962, pp. 412 ss. y 415 ss.

[3] Véase el apartado 10 de este libro.

[4] Véase el apartado 11 de este libro.

[5] H. LAUTERPACHT, *The development of International Law by the International Court,* Londres, 1958, p. 162; J. D. ROULET, *Le caractère artificiel de la théorie de l'abus de droit en Droit International Public,* Neuchâtel, 1958, p. 153. Es cierto que el último autor se muestra sumamente crítico a la actuación de la figura en Derecho internacional, pero reconoce en todo caso que se trataría de un principio general de Derecho. Para GARCÍA AMADOR (*op. cit.* en nota 4 del apartado 52, pp. 47-48), el abuso de Derecho actuaría en los asuntos que son de la jurisdicción interna de los Estados.

[6] CPJI, *Serie A,* n.º 7, pp. 30 ss.

[7] CPJI, *Serie A/B,* n.º 46, p. 167; CPJI, *Serie A,* n.º 24, p. 12.

[8] CPJI, *Serie A,* n.º 7, p. 30.

c) En lo que se refiere al *elemento temporal,* hay que tener en cuenta las reglas que, de manera sumamente técnica y detallada, enuncia el Proyecto en sus artículos 13 a 15. De acuerdo con esas reglas, para que exista violación de una obligación internacional: *a*) la obligación debe estar en vigor para el Estado en cuestión en el momento en que se produce el hecho; *b*) si el hecho del Estado no es de carácter continuo, la violación tiene lugar en el momento en que se produce el hecho aunque sus efectos perduren; *c*) si el hecho tiene carácter continuo, la violación se extiende durante el período en que continúa ese hecho y sigue estando en contradicción con una obligación internacional; *d*) si la obligación del Estado es la de prevenir un acontecimiento determinado, la violación tiene lugar cuando se produce el acontecimiento, y se extiende durante el período en que éste continúa en tanto que contrario a la obligación; *e*) si se trata de una serie de acciones u omisiones consideradas en su conjunto como ilícitas, la violación se produce cuando tiene lugar la acción u omisión que, tomada con las demás acciones u omisiones, es suficiente para constituir el hecho ilícito; en tal caso, la violación se extiende durante el período que comienza con la primera de las acciones u omisiones de la serie y se prolonga mientras esas acciones u omisiones se repiten y se mantiene su disconformidad con la obligación internacional.

d) En fin, en los casos de hechos ilícitos resultantes de violación de obligaciones internacionales relativas al trato que se ha de acordar a particulares extranjeros, personas físicas o jurídicas, el artículo 44 del Proyecto proclama dos requisitos de la admisibilidad de las reclamaciones, en los términos ya vistos al tratar de la institución de la protección diplomática (apartados 25.3 y 25.5): *a*) los relativos a la nacionalidad; *b*) el agotamiento de los recursos internos efectivos y disponibles[9].

53.2. Los crímenes internacionales

a) Dentro de la categoría amplia de hecho ilícito internacional cabría distinguir dos especies según la naturaleza de la obligación internacional violada. Si la obligación vulnerada es «tan esencial para la salvaguardia de intereses fundamentales de la comunidad internacional que su violación esté reconocida como crimen por esa comunidad en su conjunto» (p. 2 del art. 19 del Proyecto de la Comisión de Derecho Internacional de 1996) se trata de la figura del *crimen internacional.* En los casos restantes la violación no pasa de constituir un delito internacional (p. 4 del mismo artículo). Estamos, pues, ante una importante distinción en el campo de la responsabilidad internacional de los Estados por hechos ilícitos. Distinción que figuraba en la parte primera del Proyecto de la Comisión de 1996, la que lleva por título «Origen de la responsabilidad internacional», pero de la que debían extraerse consecuencias en lo que toca al régimen de la responsabilidad, que ha de ser más riguroso en el caso de los crímenes internacionales que en el supuesto de los otros hechos ilícitos.

---

[9] Véase el apartado 24.5 de este libro y E. Ruiloba Santana, *El agotamiento de los recursos internos como requisito de la protección internacional del individuo,* Valencia, 1978, pp. 164 ss.

b) La distinción entre crimen y delito internacional a efectos de responsabilidad de los Estados es, sin duda, muestra manifiesta de la labor de desarrollo progresivo que, junto a la codificación propiamente dicha, intentaba llevar a cabo la Comisión de Derecho Internacional. Pero la distinción en sí existía ya en el Derecho Internacional contemporáneo. Se dijo en la Comisión, efectivamente, respecto a ejemplos concretos de crímenes internacionales que «están estrictamente fundados en reglas de Derecho Internacional actualmente existentes»[10]. Y es que ya antes había dicho el Tribunal de La Haya en la sentencia de 5 de febrero de 1970 recaída en el *caso Barcelona Traction* que:

> 33. [...] Se debe establecer, en particular, una distinción esencial entre las obligaciones del Estado hacia la Comunidad Internacional en su conjunto y las que nacen respecto a otro Estado en el campo de la protección diplomática. Por su propia naturaleza, las primeras conciernen a todos los Estados. Habida cuenta de la importancia de los derechos en causa, se puede considerar que todos los Estados tienen un interés jurídico en la protección de estos derechos; las obligaciones en cuestión son obligaciones *erga omnes*.
>
> 34. Estas obligaciones derivan, por ejemplo, en el Derecho Internacional contemporáneo, de la puesta fuera de la ley de los actos de agresión y del genocidio, como también de los principios y reglas concernientes a los derechos fundamentales de la persona humana, comprendiendo en ellos la protección contra la práctica de la esclavitud y la discriminación racial. Algunos de los correspondientes derechos de protección se han integrado en el Derecho Internacional general [...]; otros, son contenidos en instrumentos internacionales de carácter universal o casi universal[11].

El *dictum* del Tribunal no puede ser más claro. En el Derecho Internacional contemporáneo existen ya obligaciones de una importancia particular: las que tienen los Estados hacia toda la Comunidad Internacional u obligaciones *erga omnes*. El mérito de la Comisión de Derecho Internacional no estriba tanto, pues, en el reconocimiento de esta clase de obligaciones, sino en el intento de establecer, desarrollando la orientación del Tribunal, un régimen especial y más severo de responsabilidad para los casos de violación de las mismas. Justamente por ello, cuando la Comisión incluye ejemplos concretos de crímenes internacionales, precisa que lo hace «de conformidad con las normas de Derecho Internacional en vigor» (p. 3 del art. 19 del Proyecto de 1996).

c) Se deduce de la última afirmación que el Proyecto de Artículos de 1996 suministra ejemplos concretos de crímenes internacionales. Y, en efecto, el párrafo 3 del artículo 19 del Proyecto de 1996 decía lo siguiente:

> Sin perjuicio de las disposiciones del párrafo 2, y de conformidad con las normas de Derecho Internacional en vigor, un crimen internacional puede resultar, en particular:
>
> *a*) De una violación grave de una obligación internacional de importancia esencial para el mantenimiento de la paz y la seguridad internacionales, como la que prohíbe la agresión.
>
> *b*) De una violación grave de una obligación internacional esencial para la salvaguardia del derecho a la libre determinación de los pueblos, como la que prohíbe el establecimiento o mantenimiento por la fuerza de una dominación colonial.

---

[10] Palabras del Presidente del Comité de Redacción. Véase *Anuario de la Comisión de Derecho Internacional*, vol. I, 1976, pp. 250-251.

[11] CIJ, *Recueil*, 1970, p. 32.

c) De una violación grave y en gran escala de una obligación internacional de importancia esencial para la salvaguardia del ser humano, como las que prohíben la esclavitud, el genocidio, el *apartheid.*

d) De una violación grave de una obligación internacional de importancia esencial para la salvaguardia y la protección del medio humano, como las que prohíben la contaminación masiva de la atmósfera o de los mares.

Es obvio, en primer lugar, que la lista no constituye *numerus clausus,* sino *apertus.* La expresión «en particular» que figura en el encabezamiento del párrafo lo indica claramente. Es manifiesto, en segundo lugar, que existe una íntima conexión temática entre las normas creadoras de obligaciones cuya violación grave genera un crimen internacional y las normas de *ius cogens* que determinan la nulidad o terminación de los tratados contrarios a ellas. Ambos grupos de normas se refieren a las mismas materias: prohibición del uso de la fuerza, principio de la libre determinación de los pueblos, protección de los derechos humanos, prohibición de la contaminación masiva, etc.[12]. Estaríamos, en realidad, en uno y otro caso, ante intentos de moralización del Derecho Internacional.

d) Hemos dicho que la originalidad de la Comisión residía en el hecho de haber admitido la figura de los crímenes internacionales a efectos de la responsabilidad internacional en la parte primera del Proyecto de Artículos de 1996 que trata del «Origen de la responsabilidad». Pero ¿cuáles son, concretamente, estos efectos? ¿Cuáles van a ser los rasgos distintivos de la responsabilidad internacional generada por los crímenes internacionales frente a la desencadenada por el resto de los hechos ilícitos?

Teniendo en cuenta los elementos de juicio suministrados por la propia Comisión y por el debate del artículo 19 en la Sexta Comisión de la Asamblea General, así como observaciones de los Gobiernos hechas posteriormente[13], cabe pensar que la responsabilidad internacional derivada de la comisión de un crimen internacional habría de tener, al menos, dos consecuencias características. La primera es que la responsabilidad podría ser exigida por cualquier Estado miembro de la comunidad internacional (*actio popularis*), toda vez que se trata de la violación de una obligación esencial para la salvaguardia de sus intereses fundamentales u

---

[12] Véanse los apartados 3.4, 22, 25 y 38.12 de este libro.

[13] Véase J. A. CARRILLO SALCEDO, *La distinción entre crímenes y delitos internacionales. Una posible aportación iberoamericana a la codificación y desarrollo progresivo del Derecho de la responsabilidad internacional de los Estados,* Anteproyecto de ponencia al XII Congreso del «Instituto Hispano-luso-americano de Derecho Internacional», Madrid, 1979, pp. 7 ss. Sobre la figura de los crímenes internacionales, A. PEDAUYE GONZÁLEZ, «Los crímenes de los Estados», en *R.E.D.I.,* 1978-1979, pp. 25 ss., especialmente pp. 30 ss.; véase también P. M. DUPUY, «Observations sur le crime international de l'État», en *Révue Générale de Droit International Public,* vol. 84, 1980, pp. 553 ss.; M. GOUNELLE, «Sur la notion de "crime international" et sur l'évolution de la responsabilité internationale de l'État», en *Mélanges offerts a Paul Reuter,* París, 1981, pp. 315 ss.; E. FERNÁNDEZ PALACIOS, «La distinción entre crímenes y delitos internacionales», en *Revista de la Facultad de Derecho de la Universidad Complutense,* vol. 66, 1982, pp. 169 ss.; J. CARDONA LLORENS, «La responsabilidad internacional por violación grave de obligaciones esenciales para la salvaguardia de intereses fundamentales de la Comunidad Internacional (El "crimen internacional")», en *A.D.I.,* 1985, pp. 265 ss.; y J. H. H. WEILER, A. CASSESE y M. SPINEDI (eds.), *A Critical Analysis of the ILC's Draft Article 19 on State Responsibility,* Berlín, Nueva York, 1989. Véanse también las observaciones del Gobierno español al artículo 19 en *Anuario de la Comisión de Derecho Internacional,* 1982, vol. II, 1.ª parte, pp. 18 ss.

obligación *erga omnes.* La segunda consecuencia es que la responsabilidad habría de producir no sólo la obligación de reparar el daño, sino también la imposición de sanciones. Y la gravedad de estas consecuencias —sobre todo la de la segunda— explica que desde distintos medios —gubernamentales y doctrinales— se haya querido objetivar la operatividad de la figura del crimen internacional mediante requisitos institucionales. Porque la determinación de que un Estado ha cometido un crimen internacional no puede dejarse a la apreciación subjetiva y discrecional de las partes interesadas —y hay que recordar que partes interesadas serían todos los Estados que componen la comunidad internacional, de admitirse la *actio popularis*— so pena de hacer de la figura un arma política, semillero de discordias, fricciones y tensiones. Realmente aquella determinación debería ser hecha obligatoriamente por un tercero imparcial con poderes jurisdiccionales, como, por ejemplo, el Tribunal Internacional de Justicia, tal como han sugerido algunos gobiernos de Estados occidentales, que han supeditado la aceptación del artículo 19 del Proyecto de 1996 al establecimiento de esta garantía institucional. Pero en ciertos casos —violación grave de una obligación internacional de importancia esencial para el mantenimiento de la paz y seguridad internacionales, como la que prohíbe la agresión— el Tribunal de La Haya no sería el órgano adecuado para la determinación de la comisión del crimen y habría que dar entrada al órgano al que la Carta de las Naciones Unidas atribuye competencia en esta materia: el Consejo de Seguridad (cap. VII, arts. 39 ss.). Y, en fin, aun en los supuestos en que tuviese competencia el Tribunal, si el Estado autor del crimen no cumpliese voluntariamente las obligaciones impuestas en el fallo, es decir, las sanciones, sería imperativo recurrir al Consejo de Seguridad para llevar a efecto la ejecución de aquél (art. 94.2 de la Carta).

Pero si la jurisdicción obligatoria del Tribunal de La Haya o de cualquier otro órgano jurisdiccional encuentra las resistencias tradicionales en los Estados radicalmente hostiles a tal tipo de solución de las controversias, la intervención del Consejo de Seguridad despierta verosímilmente recelos y suspicacias, si no oposición abierta, en muchos Estados, porque en dicho órgano los miembros permanentes —es decir, las dos superpotencias, Estados Unidos y Rusia, y tres grandes potencias, el Reino Unido, Francia y la República Popular China— tienen derecho de veto (art. 27.3 de la Carta en relación con el art. 23.1), de tal modo que en la medida que fuese necesaria la intervención del Consejo, el sistema no funcionaría contra los miembros permanentes, ni contra sus aliados, amigos o protegidos. Y dados los intereses mundiales de carácter hegemónico de las dos superpotencias, se corre el riesgo de que el sistema, de ser establecido, no llegue a funcionar.

e) En el proyecto de artículos aprobado por la Comisión de Derecho Internacional en 1996 se acepta la idea de la *actio popularis,* puesto que, según su artículo 40, todo Estado es un Estado lesionado por un crimen internacional. De otro lado, y a diferencia de lo que ocurre en el caso del simple delito internacional, el Estado lesionado por un crimen internacional tiene derecho a la *restitutio in integrum* o reparación por naturaleza incluso si ésta es especialmente onerosa para el Estado autor del crimen. En cuanto a los terceros Estados, se les imponen algunas obligaciones, entre las que destaca la de no reconocer como lícita la situación creada por el crimen internacional. Pero es importante señalar que lo que no contempla el mencionado proyecto es la imposición de sanciones adicionales, distintas del deber de reparar el daño en las condiciones señaladas.

En lo que atañe a la solución de controversias, no contenía el Proyecto de Artículos de 1996 de la Comisión disposiciones específicas para el caso del crimen internacional. Se aplicaban a esta cuestión las disposiciones generales de la tercera parte del proyecto, y éstas son sumamente conservadoras, puesto que, dejando a salvo el problema de la aplicación de contramedidas (o represalias), sólo la conciliación se impone como procedimiento obligatorio. El recurso al arbitraje necesita el común acuerdo de las partes en la controversia.

f) Decíamos en las anteriores ediciones de este libro que mereciéndonos la figura del crimen internacional una valoración altamente favorable en su aspecto normativo, en tanto que elemento de moralización del Derecho Internacional —al igual que la noción emparentada del *ius cogens*—, sin la garantía de la jurisdicción obligatoria la figura, lejos de servir a la causa de la justicia y la paz en las relaciones internacionales, puede ser objeto de invocaciones unilaterales arbitrarias y abusivas y contribuir así a la desestabilización de las relaciones internacionales. Éste ha sido el punto de vista de muchas delegaciones estatales en la Sexta Comisión de la Asamblea General de las Naciones Unidas. Y, como ni los Estados ni la Comisión de Derecho Internacional están por la jurisdicción obligatoria en la materia, es de temer fundamentalmente que una regulación convencional que incluyese la figura del crimen internacional nunca sería objeto de aceptación general. La comunidad internacional en su conjunto, dispuesta hoy a la sanción internacional de carácter penal de los crimenes internacionales cometidos por los individuos, no está aún madura para la aceptación con todas sus consecuencias de la noción de crimen internacional del Estado.

No obstante —agregábamos en anteriores ediciones—, puesto que parece sumamente conveniente la adopción de una convención sobre la responsabilidad internacional de los Estados, y dada la calidad general del proyecto de artículos elaborado por la Comisión de Derecho Internacional así como su autoridad —avalada en puntos importantes por el Tribunal de La Haya—, la solución podría estar en el sacrificio de la figura del crimen internacional. Es muy triste decirlo, pero en nuestra disciplina hay que ser realista, y en el proceso de codificación del Derecho Internacional son preferibles los logros parciales a los fracasos totales.

g) Con todo, aunque el Proyecto de 2001 ha hecho desaparecer la expresión de «crimen internacional», se observa en sus disposiciones el intento de salvar en lo posible la figura y algunas de sus consecuencias. Para ello acude el documento a la noción de las normas de *ius cogens.* Así, en el Capítulo III, la Comisión trata de las «violaciones graves de obligaciones emanadas de normas imperativas de Derecho internacional general», atribuyendo consecuencias adicionales, y por supuesto agravadas, a ese tipo de violaciones, a saber: la obligación que pesa sobre todos los Estados de cooperar para poner fin por todos los medios lícitos a la violación; la de no reconocer como lícita cualquier situación creada por la violación; y la de no prestar ayuda o asistencia para mantener la situación (art. 41). De otro lado, un Estado que carezca de la condición de lesionado tiene derecho a invocar la responsabilidad del Estado infractor si «la obligación violada existe en relación con la comunidad internacional en su conjunto» [art. 48.1.*b*)]. Se puede considerar por tanto que en este último supuesto el Proyecto mantiene la esencia del concepto de la *actio popularis,* aunque esta expresión latina no figure en el artículo 48 ni en el comentario correspondiente de la Comisión. Recordemos por lo demás que la Convención de Viena de 1969 sobre Derecho de Tratados no contiene ningún criterio sustantivo para la identificación de las normas internacionales imperativas, lo que ciertamente rebaja considerablemente el grado de seguridad jurídica en la materia. Rebaja que es mayor si cabe en el marco del Proyecto de Artículos de la Comisión, que no prevé ningún tipo de jurisdicción obligatoria para la solución de controversia al respecto. Y habría que preguntarse en cualquier caso hasta qué punto las disposiciones del Capítulo III del documento serían aceptables para el conjunto de Estados de la comunidad internacional en caso de que se intente dar forma convencional al Proyecto de Artículos de 2001.

Estamos en suma ante una materia en que, como era de temer, la evolución del Derecho Internacional —o, si se quiere, su desarrollo progresivo— en pos del valor moralización no ha conseguido superar la importante barrera de los intereses soberanos de los Estados más poderosos del planeta.

53.3. Causas que excluyen la ilicitud

a) Nos referimos seguidamente a las causas que excluyen el carácter ilícito de un hecho del Estado que, sin la concurrencia de aquéllas, supondría la violación de una obligación internacional. Como ha dicho la Comisión de Derecho Internacional, son circunstancias que «tienen en común un aspecto esencial, consistente en que hacen definitiva o temporalmente inoperante la obligación internacional de cuya violación se trate, en los casos en que ocurre una de esas circunstancias»[14]. Quedan fuera de estas causas, por tanto, aquellas que se limitan a agravar o atenuar la responsabilidad. Las causas excluyentes de la ilicitud comportan, pues, la no comisión de un hecho ilícito y, por consiguiente, la inexistencia de responsabilidad. Es ésta la concepción que inspira al capítulo V de la Parte I del Proyecto de Artículos de la Comisión de Derecho Internacional, cuyo título es precisamente el de «Circunstancias que excluyen la ilicitud», y en el que se incluyen las siguientes: consentimiento; contramedidas; fuerza mayor; peligro extremo; estado de necesidad, y legítima defensa. Bien entendido que, según el artículo 26, no cabe invocar ninguna de estas causas a frente a violaciones de normas imperativas de Derecho Internacional General (*ius cogens*). Además, de conformidad con el artículo 27, la exclusión de la ilicitud del hecho se entiende sin perjuicio de la indemnización de cualquier pérdida efectiva causada por el hecho en cuestión. Esta última reserva se refiere a los casos en que el Estado autor del hecho tenga la obligación de indemnizar por conceptos distintos al de la responsabilidad internacional por hecho

---

[14] *Anuario de la Comisión de Derecho Internacional,* vol. II, 2.ª parte, 1979, p. 129.

ilícito[15], como, por ejemplo, en el caso de hechos no prohibidos por el Derecho Internacional que generen responsabilidad.

b) Respecto al *consentimiento* como circunstancia excluyente del carácter ilícito de un hecho, dice al artículo 20 del Proyecto de la Comisión:

> El consentimiento válido de un Estado a la comisión por otro Estado de un hecho determinado excluye la ilicitud de tal hecho en relación con el primer Estado en la medida en que el hecho permanece dentro de los límites de dicho consentimiento.

Como dijo la Comisión de Derecho Internacional, el artículo transcrito incorpora un principio sólidamente apoyado en una práctica y jurisprudencia constantes[16]. Y un ejemplo sería el consentimiento o la petición del gobierno del Estado, cuya soberanía se habría violado en otro caso cuando se ha intentado justificar el envío de tropas para ayudar a reprimir disturbios internos, una rebelión o una insurrección; en efecto, tal justificación ha sido invocada respecto a casos recientes en debates ante el Consejo de Seguridad y la Asamblea General de las Naciones Unidas, en los cuales ningún Estado ha impugnado la validez en sí del principio, aunque las divergencias versaron sobre si se había prestado o no el consentimiento[17]. En todo caso, según el principio general enunciado en el artículo 26 del Proyecto, esta causa de exclusión de la ilicitud del acto no opera cuando se viola una obligación internacional derivada de una norma de *ius cogens.* La Comisión de Derecho Internacional pone a este respecto el ejemplo hipotético de que un Estado soberano consienta la instauración *ex novo* de un régimen de protectorado o de otra forma de dependencia de ese Estado en relación con otro Estado, señalando que el carácter imperativo generalmente reconocido a la prohibición de atentar contra la independencia de los demás Estados y contra el derecho de los pueblos a disponer de sí mismos se opondrá claramente a tal aceptación[18]. Y es que, realmente, la coincidencia temática entre la figura de los crímenes internacionales y las normas imperativas de Derecho Internacional (*ius cogens*), hace difícil, si no imposible, que el consentimiento del Estado lesionado opere como causa de exclusión de la ilicitud en el caso de los crímenes internacionales. Por lo demás, la prestación del consentimiento del Estado en cuestión ha de ser válida, lo que quiere decir que si concurren en ella algunas de las causas que vician el consentimiento de las señaladas en la Parte V de la Convención de Viena de 1969 sobre Derecho de Tratados (error, dolo, coacción, etc.), el hecho será ilícito. Nos remitimos al análisis hecho en el apartado correspondiente a la nulidad de los tratados.

c) En lo que concierne a las *contramedidas,* llamadas también represalias, señala el artículo 22 del proyecto de la Comisión de Derecho Internacional:

> La ilicitud del hecho de un Estado que no esté en conformidad con una obligación internacional suya para con otro Estado quedará excluida en el caso y en la medida en que

---

15 *Anuario de la Comisión de Derecho Internacional,* vol. II, 2.ª parte, 1980, pp. 59-60.
16 *Anuario de la Comisión de Derecho Internacional,* vol. II, 2.ª parte, 1979, p. 133.
17 Ibíd., pp. 131-132.
18 Ibíd., p. 137.

ese hecho constituya una contramedida tomada contra ese otro Estado de acuerdo con lo dispuesto en el capítulo II de la tercera parte.

A juicio de la Comisión, estamos de nuevo ante un principio corroborado por la práctica de los Estados, la jurisprudencia internacional y la doctrina[19]. Y los ejemplos que pone en el comentario al artículo correspondiente son la interrupción por un Estado de las relaciones económicas con otro a las que esté obligado por un tratado de cooperación económica o de comercio, en cumplimiento de la decisión adoptada por una organización internacional como las Naciones Unidas; la interrupción de las comunicaciones ferroviarias, marítimas o aéreas regidas por alguno de los múltiples acuerdos de cooperación vigentes en esos campos, o también la adopción de medidas como la prohibición del suministro de armas u otros materiales establecida por un tratado, etc.[20]. Obviamente, dada la prohibición del recurso a la amenaza y uso de la fuerza, y habida cuenta de que las contramedidas deben ser legítimas según el Derecho Internacional, aquel recurso no está comprendido en la causa de exclusión de la ilicitud del hecho que ahora consideramos. Dejamos el examen del régimen detallado de las contramedidas para el apartado 56.

d) El artículo 23 del Proyecto de Artículos de la Comisión se refiere a la fuerza mayor en los siguientes términos:

1. La ilicitud del hecho de un Estado que no esté en conformidad con una obligación internacional de ese Estado queda excluida si ese hecho se debe a una fuerza mayor, es decir, a una fuerza irresistible o un acontecimiento imprevisto, ajenos al control del Estado, que hacen materialmente imposible, en las circunstancias del caso, cumplir con la obligación.

2. El párrafo 1 no es aplicable si:

a) la situación de fuerza mayor se debe, únicamente o en combinación con otros factores, al comportamiento del Estado que la invoca; o

b) el Estado ha asumido el riesgo de que se produzca esa situación.

Es de destacar que en el artículo transcrito la Comisión ha subsumido la figura del caso fortuito en la de fuerza mayor, que tiene sin duda un alcance más general. En cualquier caso, inspirándose en los criterios prevalecientes en la práctica y jurisprudencia internacionales, ha dado valor primordial al elemento esencial de ambos supuestos, que es la imposibilidad material de evitar un proceder no conforme a una obligación internacional. Por lo demás, los ejemplos se dan en varios sectores del Derecho Internacional: aeronaves de un Estado que por avería, pérdida de control del aparato o tempestad penetran en el espacio aéreo de otro Estado sin autorización; casos de arribada forzosa en la navegación marítima; tratamiento de la persona o de los bienes de extranjeros; impago de una deuda de Estado, etc.[21].

e) El artículo 24 del Proyecto de la Comisión trata del *peligro extremo* del modo siguiente:

---

[19] Ibíd., p. 143.
[20] Ibíd., p. 142.
[21] Ibíd., pp. 146 ss.

> 1. La ilicitud del hecho de un Estado que no esté en conformidad con una obligación internacional de ese Estado queda excluida si el autor de ese hecho no tiene razonablemente otro modo, en una situación de peligro extremo, de salvar su vida o la vida de otras personas confiadas a su cuidado.
> 2. El párrafo 1 no es aplicable si:
> *a*) la situación de peligro extremo se debe, únicamente o en combinación con otros factores, al comportamiento del Estado que la invoca; o
> *b*) es probable que el hecho en cuestión cree un peligro comparable o mayor.

Destaca la Comisión de Derecho Internacional que el peligro extremo e inminente que aquí se considera debe serlo para la persona de los órganos del Estado y no para la existencia del propio Estado o de alguno de sus intereses vitales. Y pone de relieve, asimismo, que en la práctica internacional se ha invocado y reconocido el peligro extremo como causa excluyente de la ilicitud de un hecho en casos que entrañaban la violación de la frontera de un Estado; por ejemplo, cuando el capitán de un buque de Estado que se encuentra en situación de peligro a causa de una tempestad, busca refugio en un puerto extranjero sin autorización; o cuando el piloto de una aeronave de Estado aterriza sin autorización en suelo extranjero para impedir una catástrofe; o la violación de una frontera terrestre para salvar una vida en peligro. A diferencia de los supuestos de fuerza mayor, en los que el sujeto individual no tiene opción, en la hipótesis de peligro extremo existe una opción; opción teórica o aparente, de todos modos, porque el sujeto sabe que perecerá si observa el comportamiento exigido por una obligación internacional[22].

f) El artículo 25 trata del *estado de necesidad* en los siguientes términos:

> 1. Ningún Estado puede invocar el estado de necesidad como causa de exclusión de la ilicitud de un hecho que no esté en conformidad con una obligación internacional de ese Estado a menos que ese hecho:
> *a*) sea el único modo para el Estado de salvaguardar un interés esencial contra un peligro grave e inminente; y
> *b*) no afecte gravemente a un interés esencial del Estado o de los Estados con relación a los cuales exista la obligación, o de la comunidad internacional en su conjunto.
> 2. En todo caso, ningún Estado puede invocar el estado de necesidad como causa de exclusión de la ilicitud si:
> *a*) la obligación internacional de que se trate excluye la posibilidad de invocar el estado de necesidad; o
> *b*) el Estado ha contribuido a que se produzca el estado de necesidad.

Como puso de relieve la Comisión de Derecho Internacional, la necesidad en cuestión es una necesidad de Estado; la situación grave de peligro que se aduce no es un riesgo para las personas físicas, cuyo comportamiento se atribuye al Estado, sino un peligro grave para la propia existencia del Estado, para su supervivencia política o económica, para preservar la posibilidad de funcionamiento de sus servicios esenciales, para el mantenimiento de su paz interna, para la supervivencia de una parte de su población, para la conservación ecológica de su territorio o de una parte de su territorio, etc.[23]

---

[22] Ibíd., pp. 160 ss.
[23] *Anuario de la Comisión de Derecho Internacional,* vol. II, 2.ª parte, 1980, pp. 33 ss.

Cuestión de singular importancia en el mundo de nuestros días es la de si el estado de necesidad puede justificar el uso de la fuerza. En la práctica interestatal no faltan, en efecto, ese tipo de invocaciones. Si se sostiene que la norma que proscribe el recurso a la amenaza y uso de la fuerza (enunciada en la Carta de las Naciones Unidas, como veremos al tratar del *ius ad bellum*) es imperativa (de *ius cogens*) en cuanto a todas sus manifestaciones, la respuesta sería negativa. Si, por el contrario, el aspecto imperativo o cogente de la norma sólo alcanzase a los usos de la fuerza constitutivos de actos de agresión, pero no a usos menores (para salvar vidas humanas, para impedir la actuación de bandas armadas desde el territorio de otro Estado, etc.) podría argumentarse que el estado de necesidad justifica el recurso a esos usos menores de la fuerza. Entre nosotros, el problema ha sido estudiado con rigor por el profesor GUTIÉRREZ ESPADA, quien, comprobando que la Comisión de Derecho Internacional ha dejado abierta la cuestión, sugiere la posibilidad de invocación del estado de necesidad para legitimar ciertos usos menores de la fuerza[23 bis]. Nos ocuparemos de la cuestión con mayor profundidad al tratar del *ius ad bellum* en el Derecho Internacional contemporáneo (apartado 64.2).

g) El artículo 21 del Proyecto trata, por fin, de la *legítima defensa* como causa excluyente de la ilicitud de un hecho. El contenido del artículo es el siguiente:

> La ilicitud del hecho de un Estado queda excluida si ese hecho constituye una medida lícita de legítima defensa, tomada de conformidad con la Carta de las Naciones Unidas.

Veremos, efectivamente, al analizar la norma de Derecho Internacional General de naturaleza imperativa que prohíbe el recurso al uso y amenaza de la fuerza, que el principio en cuestión cuenta con la excepción de la legítima defensa, según el artículo 51 de la Carta de las Naciones Unidas. Este último artículo plantea ciertamente problemas de interpretación, pero la Comisión de Derecho Internacional no ha querido resolverlos al proponer el artículo transcrito; la Comisión no ha deseado definir la legítima defensa ni codificarla, sino que se ha limitado a dejar constancia de que se trata de un principio reconocido en la Carta y en el Derecho Internacional contemporáneo y a sacar las conclusiones pertinentes a los efectos de las circunstancias que excluyen la ilicitud de un hecho de un Estado[24].

53.4. LAS CONDICIONES DE ATRIBUCIÓN DEL HECHO ILÍCITO

a) Para la existencia de un hecho ilícito de un Estado, no sólo se requiere el elemento objetivo que hemos examinado en el apartado 53.1 —violación de una obligación internacional—, sino también un elemento de índole subjetiva: que el comportamiento sea *atribuible,* según el Derecho Internacional, al Estado en cuestión

[23 bis] C. GUTIÉRREZ ESPADA, *El estado de necesidad y el uso de la fuerza en Derecho Internacional,* Madrid, 1987.

[24] Ibíd., pp. 50 ss.

[art. 2.*a*) del Proyecto de la Comisión de Derecho Internacional]. Pero como el Estado es una persona moral que actúa por medio de sus órganos, individuales o colectivos, hay que considerar hecho del Estado, según el Derecho Internacional, el comportamiento de todo órgano del Estado, ejerza funciones legislativas, ejecutivas, judiciales o de otra índole, con independencia de su posición en la organización del Estado y de su pertenencia al gobierno central o a una división territorial (art. 4). Pese a la claridad de estos principios, pueden surgir, sin embargo, problemas en casos particulares por lo que respecta a la atribución de un hecho al Estado a efectos del desencadenamiento de su responsabilidad internacional. De estos problemas tratan otros artículos del Proyecto, cuyo contenido explicamos someramente a continuación.

b) ¿Son atribuibles al Estado los comportamientos de *personas o entidades con personalidad jurídica independiente* que estén habilitadas para el ejercicio de prerrogativas del poder público? Se trata del supuesto de entidades caracterizadas por la especialidad de las funciones que desempeñan (bancos de emisión, empresas de transporte habilitadas para el ejercicio de funciones de policía, etc.). Pues bien, la Comisión de Derecho Internacional, partiendo del principio de la unidad del Estado desde el punto de vista del Derecho Internacional, recoge en el artículo 5 del Proyecto el principio reconocido para una y otra hipótesis por la práctica de los Estados y la jurisprudencia internacional[25]. El principio se formula así:

> Se considera hecho del Estado según el Derecho Internacional el comportamiento de una persona o entidad que no sea órgano del Estado según el artículo 4 pero esté facultado por el Derecho de ese Estado para ejercer atribuciones del poder público, siempre que, en el caso de que se trate, la persona o entidad actúe en esa capacidad.

c) Ocurre en algunas ocasiones que ciertas *personas, no investidas formalmente como órganos del Estado, actúan de hecho por cuenta de él.* Es el caso, en primer lugar, de particulares o grupos de particulares que, sin perder el carácter de tales, son utilizados como auxiliares de fuerzas de policía o de los institutos armados, o enviados como «voluntarios» a países vecinos, o encargados de llevar a cabo ciertas misiones en el extranjero (para secuestrar, por ejemplo, a criminales de guerra). Es el caso, en segundo lugar, de particulares o grupos de particulares que, por su propia inicitiva y por diversas razones, desempeñan funciones públicas; por ejemplo, durante la segunda guerra mundial, en países beligerantes o víctimas de una invasión, las administraciones locales huyeron ante el invasor o más tarde ante los ejércitos de liberación; en estas circunstancias, algunas personas asumieron espontáneamente, en interés de la colectividad, la gestión provisional de asuntos públicos; otro ejemplo sería cuando la carencia de órganos administrativos obedece a hechos naturales, como terremotos, inundaciones, etc.[26]. Pues bien, en virtud del principio de la efectividad, estos comportamientos se atribuyen al Estado, y es así como el artículo 8 del Proyecto de la Comisión de Derecho Internacional propone lo siguiente:

> Se considerará hecho del Estado según el Derecho Internacional el comportamiento de una persona o de un grupo de personas si esa persona o ese grupo de personas actúa

[25] *Anuario de la Comisión de Derecho Internacional,* vol. II, 1.ª parte, 1974, pp. 282 ss.
[26] Ibíd., pp. 287 ss.

de hecho por instrucciones o bajo la dirección o el control de ese Estado al observar ese comportamiento.

En este orden de consideraciones, el artículo 9 dispone lo siguiente:

Se considerará hecho del Estado según el Derecho internacional el comportamiento de una persona o de un grupo de personas si esa persona o ese grupo de personas ejerce de hecho atribuciones del poder público en ausencia o en defecto de las autoridades oficiales y en circunstancias tales que requieren el ejercicio de esas atribuciones

d) Puede acontecer, asimismo, que el comportamiento violatorio de una obligación internacional provenga de un *órgano prestado* a un Estado por otro Estado. Cabe pensar, por ejemplo, en la actuación de un destacamento de policía que un Estado pone a disposición de otro para ayudarle a hacer frente a disturbios internos, o en la de una sección de servicios sanitarios puesta a las órdenes de otro Estado para dominar una epidemia o afrontar las consecuencias de desastres naturales, o incluso en el comportamiento de órganos judiciales encargados en casos particulares de obrar como órganos judiciales de otro Estado[27]. Pues bien, se considera que tales comportamientos son atribuibles al Estado que se sirve de ellos, y dice en este sentido el artículo 6 del Proyecto que:

Se considerará hecho del Estado según el Derecho Internacional el comportamiento de un órgano puesto a su disposición por otro Estado, siempre que ese órgano actúe en el ejercicio de atribuciones del poder público del Estado a cuya disposición se encuentra.

e) Una de las cuestiones más debatidas a nivel doctrinal es la de saber si son atribuibles al Estado, a efectos de responsabilidad internacional, los comportamientos de órganos suyos que actuaron *excediéndose en su competencia o vulnerando las instrucciones* concernientes a su actividad (actos *ultra vires*). Y aunque la práctica interestatal anterior a finales del siglo XIX no permitía sentar conclusiones seguras al respecto, la práctica posterior y la jurisprudencia internacional se han inclinado por la imputabilidad de dichos comportamientos al Estado siempre que los órganos hayan actuado en el ejercicio de prerrogativas públicas. Teniendo en cuenta estos datos, así como las exigencias de la vida internacional moderna[28], la Comisión de Derecho Internacional ha propuesto el siguiente principio en el artículo 7 de su Proyecto:

El comportamiento de un órgano del Estado o de una persona o entidad facultada para ejercer atribuciones del poder público se considerará hecho del Estado, según el Derecho Internacional, si tal órgano, persona o entidad actúa en esa condición, aunque se exceda en su competencia o contravenga sus instrucciones.

f) Dentro del territorio de un Estado, *personas particulares* pueden realizar actos que perjudiquen los derechos de otro Estado (crímenes contra agentes diplomáticos o consulares y otros) o que comporten daños para la persona o bienes de extranjeros. Y aunque tales comportamientos estén en contradicción con una obligación internacional del Estado territorial, no desencadenan *per se* la responsabilidad internacional de dicho Estado. Pero ello no supone la inexistencia de todo

---

[27] Ibíd., pp. 291 ss.
[28] *Anuario de la Comisión de Derecho Internacional,* vol. II, 1975, pp. 65 ss.

tipo de obligaciones internacionales a cargo del Estado territorial respecto a los hechos de los particulares, porque el repetido Estado sí debe garantizar la protección de otros Estados y la de sus representantes y simples nacionales contra todo comportamiento que pueda provenir de particulares; tiene también la obligación de castigar o proceder a la extradición del autor del hecho; y cabe incluso que el Estado territorial haya observado una actitud complaciente o cierta complicidad con la conducta del particular. Pues bien, en todos estos supuestos —omisión del deber de protección, o de la obligación de castigo, o complacencia o complicidad— el Estado territorial falta a una obligación internacional que le incumbe e incurre, por consiguiente, en responsabilidad internacional, bien entendido que no estamos ante una responsabilidad vicaria o indirecta, sino frente a una responsabilidad por hecho propio; el Estado ha incumplido una obligación internacional que pesaba directamente sobre él. La práctica y la jurisprudencia internacional son muy explícitas en cuanto a la responsabilidad del Estado en los supuestos que ahora consideramos[29]. Hacemos notar en todo caso que, a diferencia de proyectos anteriores, el Proyecto de 2001 de la Comisión de Derecho internacional no contiene ninguna disposición al respecto. La omisión se justificó por el hecho de que la formulación negativa de la regla hacía innecesaria su inclusión en el proyecto de artículos. Desde mi punto de vista, la inclusión de la anterior formulación, si no estrictamente necesaria, sí resultaba conveniente por sus efectos clarificadores.

g) Otro fenómeno que se da en la realidad es el de *hechos de órganos de otro Estado,* es decir, de comportamientos de órganos de un Estado que actúan en tanto que tales en el territorio de otro Estado. Esta actuación puede tener lugar tanto con el consentimiento del Estado territorial (visitas de jefes de Estado extranjeros, ejercicio de las funciones de las misiones diplomáticas y oficinas consulares, conductas de autoridades de bases militares extranjeras), como sin el consentimiento de él (operaciones de fuerzas militares de ocupación, actividades de servicios de información de otro Estado, etc.). En ambas hipótesis es lógico que no se imputen al Estado territorial los comportamientos de los órganos extranjeros, aunque no hay que descartar la posibilidad de que en relación con ellos el Estado territorial incumpla una obligación internacional que le incumba directamente[30]. Pero, según las reglas que figuran en el Proyecto de Artículos de la Comisión, un Estado sí responde de los hechos ilícitos de otro Estado en los siguientes supuestos: sí le presta ayuda o asistencia en la comisión del hecho ilícito (art. 16); si dirige o controla a ese otro Estado en la comisión de tal hecho (art. 17); y, finalmente, si ejerce coacción a tales efectos sobre el otro Estado (art. 18).

h) Caso parecido al del apartado anterior es el de la actuación en el territorio de un Estado de un *órgano de una organización internacional,* aunque hay que precisar que si la actuación de un órgano de un Estado en el territorio de otro tiene carácter en cierto modo excepcional, las organizaciones internacionales, al no tener territorio, operan siempre en territorios ajenos. Es cierto que las organizaciones

[29] Ibíd., pp. 76 ss.
[30] Ibíd., pp. 89 ss.

internacionales, por su propia naturaleza, actúan normalmente de manera tal que no cometen hechos ilícitos desde el punto de vista del Derecho Internacional. Aun así, la práctica demuestra que se han dado casos concretos de atribución a una organización internacional de hechos de algunos de sus órganos a efectos de responsabilidad internacional, como, por ejemplo, con ocasión de la actuación de la Fuerza de las Naciones Unidas en el Congo[31]. Lógicamente, este tipo de hechos no se han imputado al Estado territorial y, por ello, el artículo 13 del Proyecto de 1996 de la Comisión de Derecho Internacional estaba redactado de la manera siguiente:

> No se considerará hecho del Estado, según el Derecho Internacional, el comportamiento de un órgano de una organización internacional que actué en esa calidad por el sólo hecho de que tal comportamiento haya tenido lugar en el territorio de ese Estado o en cualquier otro territorio sujeto a su jurisdicción.

i) ¿Son atribuibles al Estado, a efectos de responsabilidad internacional, los hechos de *movimientos insurreccionales*? El análisis de la práctica y de la jurisprudencia internacional demuestra que no[32], a no ser que, eventualmente, los órganos del Estado hayan dejado de cumplir las obligaciones de vigilancia, prevención o represión que les incumben.

Cabe, sin embargo, que el movimiento insurreccional triunfe, llegando a sustituir con sus propias estructuras a las del gobierno anterior del Estado en cuestión o que dichas estructuras pasen a convertirse en las de un Estado de reciente independencia. La historia nos ofrece muchos ejemplos de uno y otro caso, y para ellos, la Comisión de Derecho Internacional[33], apoyándose en algunas decisiones de la jurisprudencia internacional y en la práctica de los Estados, propone en el artículo 10 del Proyecto la siguiente redacción:

> 1. Se considerará hecho del Estado según el Derecho internacional el comportamiento de un movimiento insurreccional que se convierta en el nuevo gobierno del Estado.
> 2. El comportamiento de un movimiento insurreccional o de otra índole que logre establecer un nuevo Estado en parte del territorio de un Estado preexistente o en un territorio sujeto a su administración se considerará hecho del nuevo Estado según el Derecho Internacional.
> 3. El presente artículo se entenderá sin perjuicio de la atribución al Estado de todo comportamiento, cualquiera que sea su relación con el del movimiento insurreccional, que deba considerarse hecho de ese Estado en virtud de los artículos 4 a 9.

53.5. Estudio especial de los hechos ilícitos provenientes del Poder Judicial: la denegación de justicia

a) Dentro de la categoría genérica de hechos ilícitos internacionales, la figura específica de hechos ilícitos provenientes de comportamientos del poder judicial —que recibe el nombre genérico de «denegación de justicia»— merece, a nuestro juicio, un análisis separado. Ello es así por la propia complejidad de los actos judiciales, siendo distintas, por consiguiente, las condiciones en que tales actos pueden comportar violación de una obligación internacional y entrañar, por tanto, responsabilidad

---

31 Ibíd., pp. 93 ss.
32 Ibíd., pp. 98 ss.
33 Ibíd., pp. 107 ss.

internacional. No es lo mismo, efectivamente, el hecho de que un juez no tome acción de ninguna clase ante la demanda presentada por un extranjero en defensa de sus derechos o que la tramite con excesiva demora o en violación de las exigencias del juicio equitativo o principios del *due proces*, que la posible sentencia equivocada o incluso injusta que pueda dictar respecto a tal demanda. La jurisprudencia internacional ha tenido ocasión de dilucidar estas cuestiones y otras semejantes y de ella se desprende la afirmación que hemos hecho hace unos momentos: las condiciones del desencadenamiento de la responsabilidad internacional son de distinto rigor, según las características de los comportamientos judiciales. Vamos a emprender aquí nosotros un somero estudio de estos comportamientos, sirviéndonos para ello de la mencionada jurisprudencia y de los debates entre los Gobiernos belga y español en el litigio de *Barcelona Traction* solventado ante el Tribunal de La Haya[34]. En efecto, la parte más importante de los agravios que en dicho litigio dirigía el Gobierno de Bélgica a España consistía en pretendidas denegaciones de justicia imputables a jueces y tribunales españoles, y aunque la sentencia final, de 5 de febrero de 1970, no entró en el fondo de tales agravios, porque aceptó la excepción preliminar española de falta de *ius standi* del Gobierno belga[35], existen en los debates de las partes, y también en las opiniones individuales de algunos jueces, elementos del mayor interés respecto a la cuestión de la responsabilidad internacional por los actos judiciales[36].

---

[34] Véase J. A. Pastor Ridruejo, «La sentencia del Tribunal de La Haya de 5 de febrero de 1970 y la responsabilidad internacional por actos judiciales», en *R. E. D. I.*, 1970, pp. 413 ss.

En lo que concierne a la jurisprudencia vid. las consideraciones de Freeman, *The International responsability of States for denial of justice,* Londres-Nueva York-Toronto, 1938, pp. 187-195, y, como casos muy significativos, los casos *Fabiani* (Lafontaine, *Pasicrisie Internationale,* pp. 343-369); *Cotesworth and Powell* (ibíd., pp. 173-189), en el que, pese a existir un intento de sistematización (pp. 187 y 188: «The conditions of responsability»), no hay delimitación exacta de las distintas categorías de actos judiciales que entrañan responsabilidad internacional; el *caso Martini* (*Rec. Sent. Arb. N. U.*, vol. II, pp. 977 ss.); el caso *Salem* (ibíd., vol. II, pp. 1163 ss.), etc.

Sobre la práctica, vid. especialmente Lissitzyn, *op. cit. infra,* pp. 635-638.

En cuanto a la doctrina: Durand, «La responsabilité internationale des Etats par déni de justice», en *Révue Générale de Droit International Public,* 38, 1931, pp. 694-748; «The meaning of the term Denial of Justice», en *British Year Book of International Law,* 13, 1932, pp. 93-114; Ch. de Visscher, «Le déni de justice en Droit International», en *R. des C.*, 1935, vol. 52, pp. 369-442; Lissitzyn, «The meaning of the term Denial of Justice in International Law», en *American Journal of International Law,* 30, 1936, pp. 636-646; Tenekides, «Les jugements nationaux manifestement injustes, envisagés comme source de la responsabilité internationale des États», en *Révue Générale de Droit International Public,* 41, 1939, pp. 373-389; Freeman, *op. cit.*; García Amador, *Principios de Derecho Internacional que rigen la responsabilidad,* Madrid, 1963, especialmente pp. 97 ss.; H. Rolin, «Le contrôle international des Juridictions nationales», en *Revue belge de Droit International,* 1967, pp. 1 ss., especialmente pp. 10 ss.

Sobre los proyectos de codificación, vid.: *Actes de la Conférence pour la Codification du Droit International,* vol. IV; *Responsabilité des États en ce qui concerme les dommages causés sur leur territoire à la personne ou aux biens des étrangers,* série de Publications de la Société des Nations, Question Juridiques, 1930, vol. 17; *Anuario de la Comisión de Derecho Internacional,* 1956, vols. I y II; 1957, vols. I y II; 1958, vol. II; 1959, vols. I y II. En lo que concierne a los proyectos de codificación de las instituciones científicas privadas, vid.: *Annuaire de l'Institut de Droit International,* Sesión de Lausana, 1927; «Harvard Research in International Law», *Draft Convention on the Responsability of States for Damage done in their territory to the person or property-of foreigners,* 1929, y, de la misma institución, *Draft Convention on the International Responsability of States for injuries to Aliens,* 1961, 12th Draft with explanatory Notes; E. Jiménez de Aréchaga, «International Responsability of States for Acts of the Judiciary», en el libro *Essays in Honor of Philip C. Jessup. Transnational Law in a Changing Society,* 1976, pp. 171 ss.

[35] CIJ, *Rec.*, 1970, pp. 3 ss.

[36] J. A. Pastor Ridruejo, *op. cit.*, en nota 34, pp. 423 ss.

b) Un análisis de la jurisprudencia internacional, práctica de los Estados, proyectos de codificación y doctrina, muestra que los actos de los órganos judiciales pueden incurrir en responsabilidad internacional de tres maneras: 1.ª, por violación directa de una obligación internacional; 2.ª, por el hecho de que un juez o tribunal se niegue a recibir la demanda de un extranjero o dé trámite a la misma con retraso excesivo e injustificado; 3.ª, porque respecto a la demanda de un extranjero se dicte una sentencia o resolución judicial manifiestamente inadmisible desde el punto de vista de su contenido. Vamos a examinar por separado cada una de estas categorías para comprobar que en el tercer supuesto son más severos los requisitos necesarios para el desencadenamiento de la responsabilidad internacional y que, consiguientemente, es más riguroso el *onus probandi* del Estado reclamante. Existe, efectivamente, la presunción según la cual los actos judiciales internos se reputan conformes al Derecho Internacional[37], lo que implica que la carga de la prueba de la disconformidad incumbe al Estado reclamante que ejerce la protección diplomática del particular presuntamente perjudicado. Y es precisamente en este contexto donde cobran sentido e importancia los distintos requisitos que se exigen al respecto.

c) En primer lugar, efectivamente, la violación directa de una obligación internacional por un juez o tribunal genera la responsabilidad internacional del Estado. Sería el caso, por ejemplo, de que se someta a juicio penal a una persona que disfruta de inmunidad de jurisdicción criminal, como, un agente diplomático. En este supuesto es el propio hecho del ejercicio de la actividad judicial el que desencadena sin más la responsabilidad internacional del Estado, sin que corresponda al Estado demandante prueba alguna de que el juez ha obrado con mala fe o grave negligencia.

d) Existe, en segundo lugar, la denegación de justicia en sentido propio, que no es otra cosa que la negativa de un juez a ejercer sus funciones ante la demanda presentada por un extranjero, así como los retrasos excesivos e injustificados en dictar sentencia y el incumplimiento de las exigencias del *due process* o juicio equitativo. Como dijo el árbitro en el *caso Fabiani,* «la denegación de justicia comprende no sólo la negativa de una autoridad judicial a ejercer sus funciones y, particularmente, a estatuir respecto a las demandas que le son sometidas, sino también los retrasos obstinados de su parte en el pronunciamiento de sus sentencias»[38]. En este segundo supuesto, la responsabilidad se genera en virtud de los propios hechos, sin que el Estado demandante tenga obligación de probar la existencia de elemento subjetivo alguno de mala fe o grave negligencia en el juez.

e) Está en tercer término la figura de la responsabilidad internacional por el contenido de las decisiones judiciales lesivas para un extranjero. Y la primera cuestión que surge en esta materia es la de si cualquier sentencia equivocada o errónea en

---

[37] Véase caso *Putnam,* en *Rec. Sent. Arb. N. U.,* vol. IV, p. 153; *caso Green,* en MOORE, *International Arbitrations,* p. 3139, y *caso Salem,* en *Rec. Sent. Arb. N. U.,* vol. II, p. 1707. El principio en cuestión fue invocado por el Gobierno español en el caso *Barcelona Traction;* CIJ, *Memoires, plaidoiries et documents,* vol. IV, Contre-memoire, p. 515.

[38] H. LA FONTAINE, «Pasicrisie International», en *Histoire documentaire des arbitrages internationaux,* 1902, p. 356.

perjuicio de un extranjero da lugar a responsabilidad internacional. En este punto, la jurisprudencia internacional ha hecho una distinción importante. Es la distinción entre el simple error judicial (*mal-jugé*), que no da lugar a responsabilidad internacional, y los casos de injusticia notoria que sí entrañan aquella responsabilidad. El Tribunal Arbitral que resolvió en 1930 el caso *Martini* fue muy claro al respecto cuando, a efectos de determinar la existencia de responsabilidad internacional por el contenido de una decisión judicial, dijo que «incluso si el Tribunal Federal y de Casación se hubiese equivocado [...] esto sería solamente el *mal-jugé*. Pero esto no bastaría. Se requeriría el error grosero, inexcusable, voluntario y malevolente»[39]. Más recientemente, la opinión individual del juez TANAKA en la sentencia de fondo del *caso Barcelona Traction* se adhiere a esta idea al distinguir entre sentencias tan manifiestamente injustas que ningún juez honesto y competente hubiera podido dictar, que sí generan responsabilidad internacional, y sentencias simplemente erróneas o incluso injustas, que no generan aquella responsabilidad[40].

Ahora bien, ¿cuál es la línea de demarcación entre el simple error judicial (*mal-jugé*) y la injusticia notoria? En el *asunto de Barcelona Traction* el Gobierno español invocó, sobre la base de numerosa jurisprudencia internacional, que eran tres los requisitos que debían concurrir en una decisión judicial contraria a los intereses de un extranjero para generar responsabilidad internacional en razón de su contenido, a saber: 1.ª, un elemento subjetivo de mala fe e intención discriminatoria por parte del juez; 2.ª, que se trate de decisiones de última instancia, respecto de las cuales se hayan agotado todos los recursos previstos en el Derecho Interno; 3.ª, que la violación del Derecho Interno sea flagrante e inexcusable[41]. De manera coherente con estas alegaciones, y con apoyo igualmente en la jurisprudencia internacional, el Gobierno español sostuvo que a la hora de determinar la existencia de responsabilidad por el contenido de las decisiones judiciales, un tribunal internacional no tenía los mismos poderes que un tribunal interno de apelación o casación. Si este último tribunal puede tener en cuenta cualquier error en la apreciación de los hechos o en la aplicación del Derecho, un tribunal internacional sólo puede tomar en consideración las decisiones judiciales que reúnan las tres exigencias señaladas[42]. Ya hemos dicho que el Tribunal de La Haya no pudo entrar en el fondo del asunto al haber aceptado una excepción preliminar del Gobierno español; no se pronunció por tanto sobre el fundamento de las tesis españolas. Sin embargo, la opinión individual del juez TANAKA acepta expresamente la necesidad de existencia de la mala fe, requisito que —dice— debe ser apreciado moralmente desde el punto de vista del Derecho Natural[43]. En cuanto a los otros dos requisitos, hay que decir que están presentes de manera implícita en su construcción. El juez TANAKA reconoció también que los poderes de un tribunal internacional eran distintos de los de un tribunal de casación[44].

---

[39] *Rec. Sent. Arb. N.U.*, vol. II, p. 995. Véanse también: *caso Medina*, en LAPRADELLE y POLITIS, *Recueil des arbitrages internationaux*, vol. II, pp. 170 ss.; *caso Cotesworth and Powell*, en MOORE, *International Arbitrations*, p. 2083; *caso Chattin*, en *Rec. Sent. Arb. N.U.*, vol. IV, pp. 285 ss.; *caso Neer*, ibíd., pp. 61 ss.; *caso García y Garza*, ibíd., p. 123; *caso Gordon*, ibíd., p. 590, etc.
[40] CIJ, *Rec.*, 1970, p. 144.
[41] CIJ, *Memoires, Plaidoiries et Documents*, vol. IV, p. 507.
[42] Ibíd., p. 515.
[43] CIJ, *Rec.*, 1970, p. 159.
[44] Ibíd., p. 158.

54. LA CUESTIÓN DE LA RESPONSABILIDAD INTERNACIONAL POR HECHOS NO PROHIBIDOS POR EL DERECHO INTERNACIONAL. LA RESPONSABILIDAD INTERNACIONAL POR ACTIVIDADES ULTRAPELIGROSAS

a) Hemos analizado en los apartados precedentes la manifestación tradicional de la responsabilidad internacional: la originada por hechos del Estado que comportan la violación de una obligación internacional. Veremos en el apartado 56 que la consecuencia más importante de tal especie de responsabilidad internacional es la obligación de reparar el daño. Ahora bien, con independencia de los trabajos que lleva a cabo la Comisión de Derecho Internacional sobre la responsabilidad internacional por hechos ilícitos del Estado, desde 1978 está estudiado de manera separada lo que ella llama la «responsabilidad internacional por las consecuencias perjudiciales de actos no prohibidos por el Derecho Internaciona»[1]. La figura supondría el desencadenamiento de la obligación de reparar sin la necesidad de previo hecho ilícito de un Estado. En todo caso, la figura es compleja en cuanto que abarca comportamientos estatales de distinta naturaleza; es además discutible, porque respecto a algunos de dichos comportamientos puede surgir la duda de si están o no permitidos por el Derecho Internacional. Vamos a ver, en efecto, que la polémica se centra más en cuestiones de fondo que de responsabilidad. De todas estas cuestiones nos ocupamos en las líneas que siguen.

b) La práctica convencional demuestra, por lo pronto, que existen casos en que hay obligación de reparar a cargo de un Estado sin necesidad de previo hecho ilícito de éste. Así, por ejemplo, el artículo 110 de la Convención de 1982 sobre el Derecho del Mar faculta a un buque de guerra o a una aeronave militar a ejercer en alta mar el derecho de visita sobre buques o aeronaves extranjeros de los que tenga motivos razonables para sospechar que se dedican a la piratería, a la trata de esclavos, se utilizan para efectuar transmisiones no autorizadas, no tengan nacionalidad, o tengan realmente la misma nacionalidad que el buque de guerra o aeronave militar; pero si las sospechas resultan no fundadas y el buque o aeronave visitado no ha cometido ningún acto que las justifique, el buque o aeronave en cuestión será indemnizado por todo perjuicio o daños sufridos[2]. Es decir, estamos ante un caso claro de obligación de reparar sin previa existencia de hecho ilícito.

---

[1] Véase *La Comisión de Derecho Internacional y su obra,* Naciones Unidas, Nueva York, 1981, pp. 104 ss.; *Informe de la Comisión de Derecho International sobre el trabajo realizado en su trigésimosegundo período de sesiones,* Nueva York, 1980, cap. VII; *Informe de la Comisión de Derecho Internacional sobre el trabajo realizado en su trigésimo tercer período de sesiones,* Nueva York, 1981, cap. V.

[2] Véase el apartado 38.8 de este libro.

c) Supuestos de mayor interés cuantitativo y cualitativo son los relativos a los daños causados por las denominadas actividades ultrapeligrosas (*ultra-hazardous activities*)[3], propiciadas en la sociedad industrial de nuestros días por el veloz desarrollo de la tecnología y también por las necesidades de un consumo masivo y creciente de energía. Es el caso de las actividades en el espacio ultraterrestre, de las actividades nucleares con fines pacíficos, del transporte de sustancias peligrosas, como los hidrocarburos, y, en general, de cuantas actividades puedan causar daños en el medio ambiente. Para regular la reparación de los daños causados por tal tipo de actividades existen, efectivamente, una serie de regímenes convencionales particulares de los que se dice están basados en la idea de la responsabilidad objetiva, o sin culpa, o por riesgo.

Efectivamente, en lo que concierne a las actividades espaciales, hay que recordar la Convención de 27 de marzo de 1972, ya analizada en otro lugar de este libro[4], sobre responsabilidad internacional por los daños que causan los objetos lanzados al espacio ultraterrestre; algunos de tales daños deben ser reparados por el Estado de lanzamiento con independencia de que éste haya violado o no una obligación precisa y específica de las que rigen en el Derecho del Espacio.

En lo que respecta a la utilización pacífica de la energía nuclear existen también regímenes convencionales particulares, tales como los incluidos en el Convenio sobre la responsabilidad civil en materia de energía termonuclear (París, 1960) y Protocolo adicional (1964), en la Convención sobre la responsabilidad de los explotadores de buques nucleares (Bruselas, 1962), en la Convención de Viena sobre responsabilidad civil por daños nucleares (1963) y en el Convenio de Bruselas relativo a la responsabilidad civil en la esfera del transporte marítimo de sustancias nucleares (1971). En cuanto al transporte de hidrocarburos, hay que hablar del Convenio internacional de responsabilidad civil por daños causados por contaminación de las aguas del mar por hidrocarburos (Bruselas, 1969), del Convenio internacional sobre constitución de un fondo de indemnización de daños causados por la contaminación de hidrocarburos (Bruselas, 1971) y de la Convención internacional sobre la responsabilidad civil por daños de contaminación por hidrocarburos resultantes de la exploración y explotación de los recursos del fondo del mar (Londres, 1976). Bien entendido que los regímenes en materia de actividades nucleares con fines pacíficos y transportes de hidrocarburos establecen en su conjunto una responsabilidad objetiva —a cargo, en principio, de las empresas particulares que llevan a cabo las actividades— en el marco del Derecho interno que resulte aplicable; la obligación fundamental que asumen los Estados partes en los convenios y convenciones es la de asegurar la reparación en el ámbito de los Derecho Internos.

---

[3] Véase W. JENKS, «Liability for ultra-hazardous activies in International Law», en *R. des C.*, 1966, I, pp. 1189 ss.; P. M. DUPUY, *La responsabilité internationale des États pour les dommages d'origine technologique et industrielle*, París, 1976; I. HAND, «State liability for accidental transnational environmentel dammage by private persons», en *American Journal of International Law*, 1980, pp. 525 ss.; G. ARANGIO RUIZ, «Some international legal problems of the civil uses or nuclear energy», en *R. des C.*, 1962, III, pp. 624 ss., etc.

[4] Véase el apartado 40.8 de este libro.

d) Pero retomando la distinción que ha hecho la Comisión de Derecho Internacional en la materia de responsabilidad por hechos ilícitos entre normas primarias y secundarias[5] surge ahora la siguiente cuestión. En el caso de regímenes convencionales sobre responsabilidad por actividades ultrapeligrosas, ¿no existiría acaso una norma primaria de carácter genérico que obligaría al Estado en cuyo territorio o bajo cuyo control tienen lugar las actividades en cuestión a la adopción de las medidas necesarias para impedir la producción del daño a otros Estados o a sus nacionales? Es cierto que los regímenes convencionales de que se trata sólo regulan de manera explícita la obligación de reparar y sus modalidades prácticas, pero ¿no están partiendo de una *norma implícita* —que sería la norma primaria— que exigiría la adopción de las medidas necesarias para que no se produzca el daño? ¿Estaríamos realmente, en el caso de las actividades ultrapeligrosas, ante un supuesto auténtico de responsabilidad por hechos no prohibidos por el Derecho Internacional? Señalemos que interrogantes de esta índole se han planteado entre los propios miembros de la Comisión de Derecho Internacional cuando han discutido el tema de la responsabilidad internacional por actos no prohibidos por el Derecho Internacional[6].

e) Pero aún surge otra cuestión, de mayor interés práctico que la anterior. ¿Puede sostenerse la existencia en el Derecho Internacional general de una norma que prohibiría a los Estados realizar o consentir la realización en su territorio por personas o entidades sometidas a su jurisdicción de actos que puedan causar daños a otros Estados o a sus nacionales? En otros términos, ¿constituye el principio *sic utere tuo ut alienum non laedas* una norma operativa y positiva del Derecho Internacional general? La vigencia de semejante norma implicaría que, con independencia de la existencia o no de regímenes convencionales, todo daño causado a un Estado o sus nacionales como consecuencia de actividades realizadas en el territorio de otro Estado o por personas o entidades bajo su jurisdicción comportaría responsabilidad internacional por hecho ilícito, poniendo de alguna manera en entredicho la categoría sobre la que trabaja la Comisión de Derecho Internacional. Y semejante norma tendría, además, un considerable impacto en materia de protección y preservación del medio ambiente.

De hecho, y en lo que al medio humano respecta, el Principio número 21 de la «Declaración de Estocolmo sobre el medio humano», adoptada por la Conferencia de las Naciones Unidas de 1972, dice así:

> De conformidad con la Carta de las Naciones Unidas y con los principios de Derecho Internacional, los Estados tienen el derecho soberano de explotar sus propios recursos en aplicación de su propia política ambiental y la obligación de asegurarse que las actividades que se lleven a cabo dentro de su jurisdicción o bajo su control no perjudiquen al medio de otros Estados o de zonas situadas fuera de toda jurisdicción nacional.

Pero este principio no figura en un tratado obligatorio, sino en una resolución de una Conferencia internacional y, a nuestro juicio, no pasa de ser, hoy por hoy,

---

[5] Véase el apartado 53 de este libro.
[6] Véanse los documentos citados en la nota 1.

una manifestación del llamado *soft law*[7], una declaración de valor primordialmente programático. Bien entendido que con este aserto no estamos minusvalorando o minimizando, ni mucho menos, la importancia del principio, porque es lo cierto que el programa enunciado se está cumpliendo o se ha cumplido por medio de regímenes convencionales particulares en materia de actividades ultrapeligrosas y por muchos otros regímenes que, al efecto de la prevención de posibles daños, imponen a los Estados obligaciones estrictas para proteger y preservar el medio humano. La Parte XII de la Convención de 1982 sobre el Derecho del Mar, que trata de la preservación y protección del medio marino, es ejemplo elocuente, aunque no único, de la anterior afirmación.

f) Las consideraciones expuestas en este apartado muestran, en definitiva, que la cuestión de «la responsabilidad internacional por las consecuencias perjudiciales de hechos no prohibidos por el Derecho Internacional» versa realmente sobre aspectos de fondo —normas primarias sobre obligación de prevenir daños— y no sobre aspectos de responsabilidad internacional propiamente dicha —normas secundarias—. Ello ha sido reconocido en la misma Comisión de Derecho Internacional, como puso de relieve el relator del tema, profesor QUENTIN-BAXTER, al decir en su tercer informe que durante los períodos de sesiones de 1980 y 1981 «se ha manifestado un apoyo decidido, sin ninguna voz discordante, a la opinión de que este tema se refiere a las normas "primarias" que establecen obligaciones y de que no modifica en absoluto las normas "secundarias" de la responsabilidad de los Estados». Agrega el relator que en la Sexta Comisión de la Asamblea General la reacción ha sido casi, aunque no del todo, igualmente uniforme[8].

En todo caso, sobre los aspectos propiamente dichos de la responsabilidad derivada de los hechos considerados en este apartado, queremos subrayar la dificultad de la tarea codificadora. Como ha escrito con razón el profesor JIMÉNEZ DE ARÉCHAGA, «la dificultad de una codificación semejante radica en que este tipo de responsabilidad deriva tan sólo del Derecho Convencional, no tiene ninguna base en el Derecho Consuetudinario o en los principios generales y, al tratarse más bien de excepciones que de reglas generales, no puede ser extendida a materias no reguladas por instrumentos específicos»[9]. Es lo cierto que en el período de sesiones de 1992 la Comisión de Derecho Internacional tomó la sabia decisión de reconducir el tema hacia un aspecto más concreto y más propicio a la formulación de reglas precisas como es el de la prevención y reparación por daños transfronterizos[9 bis]. En su período de sesiones del año 2001, la Comisión aprobó un proyecto de artículos sobre prevención del daño transfronterizo resultante de actividades peligrosas. Como dice la propia Comisión, este texto constituye solamente un aspecto del tema más amplio de la responsabilidad internacional por las consecuencias perjudiciales

---

[7] Véase el apartado 11 de este libro.

[8] «Tercer informe sobre la responsabilidad internacional por las consecuencias perjudiciales de actos no prohibidos por el Derecho Internacional», *Doc. A/CN.4/360,* de 23 de junio de 1982.

[9] E. JIMÉNEZ DE ARÉCHAGA, *El Derecho Internacional Contemporáneo,* Madrid, 1980, pp. 324-325. Véase en general R. LEFEBER, *Transboundary Environmental Interference and the origin of State Responsibility,* Kluwer Law International, La Haya, 1996.

[9 bis] *Yearbook of the International Law Commission,* 1992, vol. II, Part Two, p. 351.

de actos no prohibidos por el Derecho internacional. En el período de sesiones de 2006 la Comisión pudo adoptar unos principios sobre el tema general. El título concreto del Proyecto de Artículos es el siguiente: «Proyecto de principios sobre asignación de pérdida en caso de daño transfronterizo resultante de actividades peligrosas». Es de destacar que el preámbulo sitúa los principios en el marco de la Declaración de Río de 1992 sobre el medio ambiente y que según el principio 3.º el objetivo del documento es el de garantizar una indemnización pronta y adecuada a las personas naturales o jurídicas y también a los Estados, que sean víctimas de un daño transfronterizo, incluidos los daños al medio ambiente. Por lo demás, la Comisión se reservó el derecho de volver a examinar, a la luz de los comentarios y observaciones de los Gobiernos, la forma definitiva que haya de darse al instrumento, sin excluir la posibilidad de que esa forma sea la de una convención marco.

g) Señalemos finalmente que en el *Derecho español* existe una regulación que encaja dentro de este apartado de responsabilidad internacional por hechos que no comportan violación de una obligación internacional. Se trata del Real Decreto-ley 11/1984, de 18 de julio, sobre indemnización por los daños causados a medios de transporte que se hallen en territorio español realizando viajes de transporte internacional[10].

Efectivamente, según la normativa mencionada, los daños y perjuicios que sufran los medios de transportes extranjeros de mercancías o colectivos de viajeros, su carga y ocupantes, que se hallen en territorio español realizando viajes de transporte internacional serán indemnizables por el Estado. Y bien entendido que los daños y perjuicios que se toman en consideración son los derivados directamente de acciones violentas, indiscriminadas o selectivas, realizadas por personas identificadas o no y en relación a un conflicto existente.

Es de señalar que por los hechos mencionados, que son hechos de particulares, España no incurriría en principio en responsabilidad internacional y, por consiguiente, en obligación de indemnizar, a no ser que, de acuerdo con los principios que rigen al respecto[11], las autoridades competentes hubieran faltado a sus obligaciones de la adecuada prevención o sanción de las actividades en cuestión. Pero esta posible violación por parte de España de las obligaciones que le competen no es tenida en cuenta en el Real Decreto-ley, en él se establece la responsabilidad del Estado con independencia del cumplimiento o incumplimiento de esas obligaciones. Estamos, en definitiva, ante un claro supuesto de responsabilidad objetiva, o sin culpa, cuya puesta en práctica se articula por cauces puramente internos.

---

[10] *B.O.E.* de 19 de julio de 1984. El Real Decreto-ley, en C. GUTIÉRREZ ESPADA y A. CALVO CARAVACA, *Textos de Derecho Internacional Público,* Madrid, 1986, pp. 153 ss.

[11] Véase apartado 54.4.

55. LA CONSECUENCIA FUNDAMENTAL DE LA RESPONSABILIDAD INTERNACIONAL: LA OBLIGACIÓN DE REPARAR Y SUS MODALIDADES

a) Hemos dicho más atrás que en el régimen general y tradicional, la responsabilidad internacional se ha configurado como una institución eminentemente reparatoria[1]. Como señaló el Tribunal de La Haya en el *asunto de la Fábrica de Chorzow,* «es un principio de Derecho Internacional, e incluso una concepción general del Derecho, que toda violación de un compromiso implica obligación de reparar»[2]. Y si bien es verdad que en nuestros días se intenta establecer para el caso de los crímenes internacionales un efecto adicional más grave —la imposición de sanciones—, ya hemos señalado las dificultades existentes para llevar a la realidad con todas sus consecuencias esta nueva figura[3]. La función de la responsabilidad internacional sigue siendo esencialmente reparatoria y de ahí la importancia que continúa teniendo la institución de la reparación del daño causado por la violación de una obligación internacional.

b) ¿Quiere decir esto que el daño sea un elemento nuevo en la figura del hecho ilícito internacional? Hemos visto más atrás, en efecto, que el hecho ilícito internacional estaba integrado por dos elementos; uno era objetivo: la violación de una obligación internacional; otro, subjetivo; la imputabilidad del hecho a un Estado[4]. Pues bien, el daño no es un elemento separable en la realidad del elemento objetivo, es decir, de la violación de una obligación internacional. Toda violación de una obligación de esta naturaleza supone un daño, y, como ha dicho la Comisión de Derecho Internacional, el daño es algo «necesariamente inherente a toda lesión de un derecho subjetivo internacional»[5]. Bien entendido que en el plano del Derecho Internacional el daño siempre lo sufre un Estado, aunque la violación de la obligación en cuestión haya comportado perjuicios para particulares. En este último caso se ha violado un derecho del Estado de la nacionalidad de los particulares, concretamente, y utilizando palabras del Tribunal de La Haya, el derecho que tiene ese Estado a «hacer respetar en la persona de sus súbditos el Derecho Internacional»[6]. Precisamente por eso, en el plano del Derecho Internacional, es el Estado el titular de la reparación. La reparación se debe siempre al Estado y de esta afirmación se deriva la consecuencia importante de la disponibilidad de la reparación por él en el caso de perjuicio a particulares, según veremos más adelante.

c) Por lo demás, la reparación asume distintas modalidades en atención a la naturaleza del daño. En el caso de que el daño sea susceptible de valoración

[1] Véase el apartado 52 de este libro.
[2] CPJI, *Serie A,* n.º 17, p. 29.
[3] Véase el apartado 54.2 de este libro.
[4] Véase el apartado 54.1 de este libro.
[5] *Anuario de la Comisión de Derecho Internacional,* 1971, vol. II, 1.ª parte, p. 239.
[6] CPJI, *Serie A,* n.º 22, p. 12; CIJ, *Recueil,* 1955, p. 24.

material, procede en principio la *restitutio in integrum* o reposición de las cosas a su estado primitivo. Si ello no es posible, entra en juego una forma subsidiaria de reparación, que es la llamada reparación por equivalencia en dinero o indemnización. En la medida en que el daño no sea susceptible de valoración patrimonial, la reparación adopta la forma de satisfacción. De todas estas modalidades de la reparación nos ocupamos por separado en los párrafos que siguen, bien entendido que estas distintas modalidades pueden concurrir y complementarse en la reparación de las consecuencias de un solo hecho ilícito[7].

d) En caso de que los daños resultantes de la violación de una obligación internacional sean susceptibles de valoración material, procede en primer lugar la reposición de las cosas a su estado primitivo o reparación por naturaleza o *restitutio in integrum.* Como ha dicho el Tribunal de La Haya en un *dictum* clásico:

> El principio esencial, que se deriva de la misma noción de acto ilícito y que parece desprenderse de la práctica internacional, especialmente de la práctica de los tribunales arbitrales, es que la reparación debe de extinguir en la medida de lo posible todas las consecuencias del acto ilícito y restablecer la situación que hubiese existido verosímilmente si dicho acto no hubiese sido cometido. Restitución en naturaleza o, si no es posible, pago de una suma correspondiente al valor que tendría la restitución en naturaleza [...][8].

Ahora bien, como ha señalado entre nosotros el profesor BERNAD ÁLVAREZ DE EULATE, aunque la *restitutio in integrum* es la forma ideal, en principio, de cumplir la obligación de reparar, no constituye la modalidad habitual en la práctica y jurisprudencia internacionales. Ello es así, agrega el profesor citado, por una serie de causas. Por imposibilidad material, en primer lugar (asesinato de una persona, desaparición o destrucción de los bienes), o por imposibilidad jurídica, en segundo lugar (si, por ejemplo, lo impide el Derecho interno). Otras veces, la restitución no ha tenido lugar por oposición del Estado demandado o por desinterés del perjudicado, que prefiere una indemnización, o por causas de otra índole. Pero sobre la base de un documentado estudio de la práctica y jurisprudencia, el profesor BERNAD, ha demostrado que, contra lo sugerido por algún sector doctrinal, existen bastantes casos en que la reparación ha asumido la forma de *restitutio in integrum:* restitución de personas, devolución de naves, de documentos, de cantidades, de derechos y de bienes de diferentes clases, anulación de medidas, etc. Casos que de todas maneras son inferiores en número a aquellos en que ha habido reparación por equivalencia[9].

e) Si no es posible la reparación por naturaleza procede, en línea subsidiaria, la reparación en dinero o por equivalencia o *indemnización.* En el *dictum* del Tribunal de La Haya transcrito en el párrafo precedente se agrega, en efecto:

---

[7] Sobre la reparación en general y sus modalidades, véase G. SALVIOLI, «La responsabilité des États et la fixation du préjudice en Droit Internacional Públic», en *R. des C.,* 1929, vol. 29; J. PERSONNAZ, *La réparation du préjudice en Droit International Public,* París, 1938; I. VASARHELUY, *Restitution in International Law,* Budapest, 1964.

[8] CPJI, *Serie A,* n.º 17, p. 47.

[9] M. BERNAD ÁLVAREZ DE EULATE, «La "restitutio in integrum" en la práctica y en la jurisprudencia internacionales», en *Temis,* n.os 29-32, 1971-1972, pp. 11 ss.

> Restitución en naturaleza o, si no es posible, pago de una suma correspondiente al valor que tendría la restitución en naturaleza; abono, si ha lugar, de perjuicios por las pérdidas sufridas y que no fueren cubiertas por la reparación en naturaleza o el pago que le sustituya; tales son los principios en que debe inspirarse la determinación de la suma debida a causa de un hecho contrario al Derecho Internacional[10].

La indemnización se rige, obviamente, por el principio de la causalidad. En este sentido, y guiándose por ciertos precedentes arbitrales, el Tribunal de La Haya ha distinguido, aunque no *eo nomine,* entre daños directos e indirectos, diciendo que no ha lugar a tener en cuenta los daños posibles pero eventuales o indefinidos ni los que no guarden relación con el hecho ilícito. Entre los daños eventuales no indemnizables considera, por ejemplo, la competencia comercial que se hubiese producido para el perjudicado o la reducción de sus posibilidades de influenciar el mercado. Y ha calificado como daños sin relación con el hecho ilícito —y por tanto no indemnizables— la contribución de un buque retenido arbitrariamente a los gastos generales de la sociedad propietaria, así como los derechos de cancillería y otros de rescate. Por lo demás, la indemnización comprende tanto al daño emergente como al lucro cesante[11].

Ya hemos dicho que, aun en los casos en que el hecho ilícito internacional haya perjudicado a extranjeros, es el Estado de la nacionalidad el titular del derecho a la reparación, hasta el punto de que, según el Derecho Internacional, y como dijo la sentencia arbitral de 1932 en el *caso de los armadores finlandeses,* dicho Estado tiene completo poder de disposición de la indemnización que haya obtenido en ejercicio de la protección diplomática[12]. En este sentido, el Estado en cuestión puede renunciar a la reparación, transigir sobre ella y podría incluso apropiársela. La práctica de los acuerdos de indemnización global resultantes de nacionalizaciones en bloque en perjuicio de particulares extranjeros confirma la anterior afirmación; en estos supuestos, efectivamente, la indemnización, que suele ser inferior a los perjuicios que realmente han sufrido los nacionales, es distribuida por el Estado reclamante[13]. Y es que, realmente, el Derecho Internacional se desinteresa de la suerte última de la reparación; se conforma con que sea entregada al Estado nacional de los perjudicados. Otra cosa puede resultar, sin embargo, del Derecho interno del Estado en cuestión.

f) En fin, en la medida en que el daño resultante del hecho ilícito sea de carácter moral y repercuta directamente en una persona, el Estado causante tiene el deber de repararlo aunque no existan elementos de prueba precisos, rigiendo en este punto los criterios de equidad y razonabilidad. Así lo ha dicho el Tribunal Internacional de Justicia en su sentencia de 19 de junio de 2012 (*Ahmadou Sadio Diallo. República de Guinea contra República Democrática del Congo*, párrafos 21 ss.). Si el daño lo sufre un Estado y no es susceptible de valoración patrimonial, por ejemplo, en el caso de que se atente contra el honor o dignidad del Estado, la forma adecuada de reparación es la

---

[10] CPJI, *Serie A,* n.º 17, p. 47.

[11] Véase J. A. PASTOR RIDRUEJO, *La Jurisprudencia del Tribunal Internacional de La Haya. Sistematización y Comentarios,* Madrid, 1962, pp. 430-431.

[12] *Rec. Sent. Arb. N.U.,* vol. III, pp. 1484-1485.

[13] Véase R. B. LILLICH y B. H. WESTON, *International clains: Their settlement by Lump Sum Agreements,* vols. I y II, Charlotteville, 1975.

llamada *satisfacción,* que adopta modalidades tales como la presentación de excusas oficiales por el hecho, el castigo de los funcionarios de menor categoría responsables o el reconocimiento del carácter ilícito del hecho por una jurisdicción internacional[14]. Así, en el *caso del Canal de Corfú,* y respecto a la violación de la soberanía territorial de Albania resultante del tránsito de buques de guerra británicos por aquel estrecho en disposición de combate, el Tribunal de La Haya se limitó a dejar constancia de la violación en cuestión, aunque para ello tuvo en cuenta la existencia de algunas circunstancias atenuantes. Las palabras del Tribunal son las siguientes:

> Además, el agente del Gobierno del Reino Unido [...] ha colocado la operación *retail* entre los procedimientos de autoprotección o *self-help*. Tampoco puede el Tribunal aceptar esta defensa. Entre los Estados independientes, el respeto a la soberanía territorial es una de las bases esenciales de las relaciones internacionales. El Tribunal reconoce que la inactividad completa del Gobierno albanés en el ejercicio de sus funciones al día siguiente de la explosión, así como el carácter dilatorio de sus notas diplomáticas, constituyen circunstancias atenuantes para el Gobierno del Reino Unido. Debe, sin embargo, para asegurar la integridad del Derecho Internacional, del que él es el órgano, hacer constar la violación de la soberanía de Albania por la acción de la marina de guerra británica[15].

Pero, aun habiéndose producido daños materiales, cabe que la forma de la reparación sea la satisfacción si es ésta la única demanda del Estado perjudicado. Así, en su sentencia de 30 de abril de 1990, el Tribunal Arbitral que conoció de la controversia en el *caso del Rainbow Warrior* declaró que la condena de Francia por violación de sus obligaciones internacionales hacia Nueva Zelanda constituía, en las circunstancias del caso, una satisfacción apropiada por los daños morales y materiales que sufrió este último país. En efecto, Nueva Zelanda sólo pidió al Tribunal Arbitral que se le concediera una satisfacción[16].

Otro asunto en el que la modalidad de reparación ha sido la satisfacción mediante la sola declaración de la violación, es el *relativo a dos fábricas de pasta de papel en el río Uruguay, Argentina c. Uruguay.* Efectivamente, comprobada por el Tribunal Internacional de Justicia la violación del deber de Uruguay de informar a Argentina del proyecto de construcción de las fábricas, la sentencia de 20 de abril de 2010 afirma que tal declaración constituye la satisfacción adecuada. Del mismo modo, en su sentencia de 2 de febrero de 2018 (*asunto de la Delimitación marítima en el Mar Caribe y el Océano Pacífico, Costa Rica c. Nicaragua, y frontera terrestre en la parte septentrional de la Isla Portillos, Costa Rica c. Nicaragua, pars. 77-78*), después de que el Tribunal de La Haya constate que Nicaragua ha violado la soberanía territorial de Costa Rica por haber instalado un campamento militar en territorio de este último país, agrega que la constatación de la violación constituye la reparación adecuada. Del mismo modo, en su sentencia de 2 de febrero de 2018 (*asunto de la Delimitación Marítima en el Mar Caribe y el Océano Pacífico, Costa Rica c. Nicaragua, y frontera terrestre en la parte septentrional de la Isla Portillos, Costa Rica c. Nicaragua, pars. 77-78*), después de que el Tribunal de La

---

[14] Véase E. JIMÉNEZ DE ARÉCHAGA, «International Responsibility», en el *Manual of Public International Law,* editado por M. SOERENSEN, Londres, 1968, p. 572.

[15] CIJ, *Recueil,* 1949, p. 35.

[16] El texto de la sentencia arbitral, en *R. G. D. I. P.,* 1990, pp. 838 ss. Véase también L. MIGLIORINO, «Sur la déclaration d'illiceité comme forme de satisfaction: à propos de la sentence arbitrale du 30 avril 1990 dans l'affaire du Rainbow Warrior», en ibíd. 1992, pp. 61 ss.

Haya constate que Nicaragua ha violado la soberanía territorial de Costa Rica por haber instalado un campamento militar en territorio de este último país, agrega que la constatación de la violación constituye la reparación adecuada.

Digamos que el proyecto de artículos aprobado en 2001 por la Comisión de Derecho Internacional regula en términos similares a los expuestos la cuestión de la reparación.

56. OTRAS SANCIONES POR EL HECHO ILÍCITO INTERNACIONAL DEL ESTADO. ESTUDIO ESPECIAL DE LAS CONTRAMEDIDAS

a) El régimen de la responsabilidad internacional que acabamos de examinar constituye una manifestación importante de las sanciones que contempla el Derecho Internacional, aunque no la única. Procede por tanto completar su estudio con una sucinta referencia a otras formas de sanción que existen en nuestra disciplina[1]. Cabe distinguir a este respecto entre sanciones no institucionalizadas y sanciones institucionalizadas.

b) Obviamente, las *sanciones no institucionalizadas* revisten especial importancia en un ordenamiento tan precario desde el punto de vista institucional como es el nuestro. Su modalidad más importante es la *autoprotección,* esto es, el comportamiento de un Estado que se considera perjudicado por la conducta de otro Estado, tendente a hacerse justicia u obtener por sí mismo la reparación que crea adecuada. La autoprotección cuenta hoy por supuesto con una limitación importante, que es la prohibición del uso y amenaza de la fuerza. La figura que nos ocupa, llamada también autotutela, reviste a su vez dos modalidades principales, que son las represalias y las retorsiones.

Las *represalias,* o contramedidas en la terminología de la Comisión de Derecho Internacional (art. 22 del Proyecto de la Comisión de Derecho Internacional)[2], consisten justamente en la acción del Estado perjudicado, contraria en sí misma al Derecho Internacional, pero que se convierte en lícita al constituir una reacción al hecho ilícito de otro Estado. Conviene señalar inmediatamente, sin embargo, que la licitud de las represalias depende de la observancia de una serie de condiciones. La primera de ellas, resultante de modo inequívoco de la jurisprudencia internacional[3], es la relación de proporcionalidad entre la violación cometida y la reacción subsiguiente, en el entendido de que no es exigible una correspondencia perfecta entre violación y reacción. Basta con que exista una cierta proporcionalidad o que no haya una desproporción excesiva; es la idea de la elasticidad de la proporcionalidad. En su sentencia de 25 de septiembre de 1997 (*asunto relativo al proyecto Gabcíkovo-Nagymaros*, Hungría/Eslovaquia) el Tribunal Internacional

---

[1] Véase entre la amplísima bibliografía y como más reciente: E. ZOLLER, *Peacetime unilateral remedies: An analysis of countermeausures,* Nueva York, 1984; L. A. SICILIANOS, *Les réactions décentralisées à l'illicite. Des contre-mesures à la légitime défense,* París, 1990; J. A. CARRILLO SALCEDO, en *Curso de Derecho Internacional Público,* Madrid, 1991, pp. 211 ss.; K. J. PARTSCH, «Reprisals», en *E. O. P. I. L.*, vol. 9, 1986, pp. 330 ss.; del mismo autor, «Retorsion», ibíd., pp. 335 ss.; C. FOCARELLI, *Le contromisure nel Diritto Internazionale*, Milán, 1994; J. ALCAIDE FERNÁNDEZ, «Contre-mésures et règlement des différends», en *R. G. D. I. P.*, n.º 2, 2004, pp. 347 ss.

[2] Véase apartado 54.3 de este Curso.

[3] *Caso Nauliaa,* en *Rec. Sent. Arb. N. U.,* vol. III, p. 1013; y *caso sobre el Acuerdo relativo a los servicios aéreos entre los Estados Unidos de América y Francia,* ibíd., vol. XVIII, pp. 482 ss., par. 83; *asunto relativo al proyecto Gabcíkovo-Nagymaros,* CIJ, 1997.

de Justicia estimó que la desviación del Danubio efectuada por Checoslovaquia no constuía una contramedida legítima, precisamente porque no guardaba proporción con el hecho ilícito de Hungría. Otra limitación es que no se admiten las represalias para responder a la violación de normas imperativas de Derecho Internacional (*ius cogens*), en especial de la que prohíbe el uso o amenaza de la fuerza. Veremos más adelante que, si la guerra era en el pasado la forma suprema de la autotutela, el Derecho Internacional Contemporáneo proscribe el recurso a la misma[4]. Dice en este sentido el principio II del Decálogo enunciado por la CSCE en el Acta Final de Helsinki (de 1 de agosto de 1975) que los Estados «se abstendrán igualmente en sus relaciones mutuas de cualquier acto de represalia por la fuerza». Se considera finalmente que sólo son lícitas las represalias si se han agotado todos los medios conducentes a la solución pacífica de la controversia, aunque esta exigencia debe ser interpretada a la luz de todas las circunstancias del caso: es decir, de manera sumamente flexible y en modo alguno rígida.

Estas ideas son recogidas en lo esencial por el Proyecto de artículos sobre responsabilidad de los Estados aprobado por la Comisión de Derecho Internacional en 2001. Desde el punto de vista técnico, se consideran en él las contramedidas como causa de exclusión de ilicitud de un hecho.

Las *retorsiones* son también medidas de autoprotección que adopta un Estado frente a los actos de otro Estado, lícitos o ilícitos, que le han causado perjuicios, pero que a diferencia de las represalias no comportan en sí mismas violación alguna del Derecho Internacional. Son todo lo más actos no amistosos desde el punto de vista político. No entran, pues, en la patología del Derecho Internacional, y su desencadenamiento y alcance se dejan a la discreción del Estado lesionado. El recurso a las retorsiones es frecuente en la práctica internacional, especialmente, en el campo de las relaciones diplomáticas y consulares (expulsión de agentes diplomáticos o funcionarios consulares). Recordemos que los artículos 47 y 72, respectivamente, de la Convención de Viena de 1961 sobre relaciones diplomáticas y de la Convención de Viena de 1963 sobre relaciones consulares consideran que las retorsiones no constituyen discriminaciones en la aplicación de sus disposiciones[5]. Las retorsiones son frecuentes también en el campo de las relaciones económicas internacionales mediante, por ejemplo, la imposición de embargos fuera de las obligaciones convencionales, o la no admisión de buques extranjeros a puertos, o el establecimiento de límites cuantitativos a la importación de ciertas mercancías.

Es clara por tanto en el plano conceptual la distinción entre represalias y retorsiones, aunque en supuestos concretos puede ser difícil encuadrar claramente una medida de respuesta dentro de una u otra figura (si son controvertidos, por ejemplo, la existencia o el contenido de una norma internacional). En todo caso, la puesta en práctica de las medidas de autoprotección consideradas no deja de presentar serios inconvenientes, ya que si de una parte está condicionada por el distinto nivel de poder de los Estados, dando entrada por consiguiente a la política de fuerza, puede originar de otra parte una indeseable y peligrosa espiral de acciones y reacciones que no tienda ciertamente a la solución de la controversia,

---

[4] Véase apartado 64.2 de este *Curso*.
[5] Véanse apartados 47.5 y 50.5 de este *Curso*.

sino a la agravación de la misma. El recurso a la autotutela, de carácter tan excepcional en el ámbito de los Derechos internos, constituye buena muestra del carácter primitivo y del relativismo del Derecho Internacional General a la vez que una consecuencia de las deficiencias institucionales de la Comunidad Internacional. Se ha dicho con razón, en este orden de cosas, que las contramedidas constituyen un «fermento de anarquía» en la sociedad internacional, por más que no sean la causa sino el síntoma de la misma[6].

El régimen sucintamente analizado es el de las represalias y retorsiones en general. En el caso especial de conflicto armado y en el marco del Derecho Internacional Humanitario se ejercen también ambas modalidades de sanción, pero con perfiles algo distintos a los señalados para el tiempo de paz.

c) Aun siendo básicamente descentralizada, sabemos que la Comunidad Internacional cuenta hoy con manifestaciones de una sociedad organizada, destacando en este aspecto la Organización de las Naciones Unidas, que es la única organización internacional de composición prácticamente universal y con fines políticos generales. Veremos, en el contexto que nos ocupa, que en virtud del capítulo VII de la Carta el Consejo de Seguridad puede adoptar sanciones contra un Estado, de cumplimiento obligatorio para el resto de los Estados, en los casos extremos de amenazas a la paz, quebrantamientos de la paz o actos de agresión. Por no ser repetitivos, baste de momento esta remisión a los apartados 64.2, 81.3 y 82.2 del presente *Curso*. Muchas otras organizaciones internacionales pueden asimismo adoptar sanciones en los temas específicos de su competencia. La práctica es muy rica y la cuestión es del mayor interés pero, obviamente, no la podemos analizar en un curso general de las características del presente.

---

[6] Ch. LEBEN, «Les contre-mesures interéatiques et les réactions à l'illicéité dans la société internationale», *A.F.D.I.*, 1982, pp. 9 ss.

SECCIÓN QUINTA

LA SOLUCIÓN PACÍFICA DE LAS CONTROVERSIAS INTERNACIONALES

57. CONCEPTO DE CONTROVERSIA INTERNACIONAL

a) Resulta del más somero análisis de la realidad internacional que las relaciones entre Estados no son siempre de armonía, entendimiento y cooperación, sino que muchas veces atraviesan por una situación de conflicto en virtud del desencadenamiento de una serie de factores perturbadores de distinta índole. Por su amplitud y por el cúmulo de situaciones heterogéneas que recubre, el concepto de conflicto internacional es de difícil definición. Se trata de una figura cuya elaboración pertenece a la disciplina de las Relaciones Internacionales y que ha merecido en ella gran atención en los últimos tiempos. De todos modos, los conflictos entre los Estados adoptan a veces la forma de «controversia internacional», noción esta que sí es asimilable por el Derecho Internacional y adquiere en él perfiles propios, hasta el punto de que existe toda una construcción sobre la solución de las controversias internacionales[1]. Previamente a la exposición y al análisis de esta construcción, nos parece necesario precisar qué es exactamente una controversia internacional, y ello lo vamos a hacer no sólo desde una perspectiva técnico-jurídica, sino también bajo un enfoque sociológico-político, pues a fin de cuentas el Derecho Internacional no puede ser comprendido sin la debida consideración interdisciplinaria de las realidades subyacentes.

b) Para determinar lo que sea exactamente una controversia internacional desde una perspectiva técnico-jurídica, nos parece oportuno reproducir aquí el siguiente extracto de la sentencia dictada por el Tribunal de La Haya en el asunto de las concesiones *Mavrommatis en Palestina:*

> Una controversia es un desacuerdo sobre un punto de Derecho o de hecho, una oposición de tesis jurídicas o de intereses entre dos personas. Pues bien, tal es ciertamente el carácter del litigio que separa actualmente a Gran Bretaña y Grecia. Esta última potencia hace valer su

---

[1] Véanse particularmente: L. DELBEZ, «L'évolution des idées en matière de règlement pacifique des conflicts», en *Révue Générale de Droit International Public,* 1951, pp. 5 ss.; A. MIAJA DE LA MUELA, «Solución de diferencias internacionales (teoría jurídica general)», en *Cursos y conferencias de la Escuela de Funcionarios Internacionales,* t. I, Madrid, 1955-1956, pp. 183 ss.; G. MORELLI, «Nozione ed elementi constitutivi della controversie internazionali», en *Rivista di Diritto Internazionale,* 1960, pp. 405 ss.; F. VALLAT, «The peaceful settlement of disputes», en el libro *Essays in honour of Lord McNair,* Cambridge,1965, pp. 165 ss.; MOSLER y BERNHARDT (eds.), *Judicial Settlement of international Disputes,* Berlín, 1974; D. BARDONNET (ed.), *Le règlement pacifique des différends internationaux en Europe: perspectives d'avenir,* Colloque, La Haya 6-8 septembre 1990, Académie de Droit International, 1991; P. PAZARTZIS, *Les engagements internationaux en matière de règlement pacifique des différends entre États,* París, 1992; L. CAFLISCH, «Cent ans de règlement de différends interétatiques», en *R. des C.*, t. 288, 2001.

propio derecho para que su nacional, M. Mavrommatis, que parece haber sido tratado por las autoridades británicas o las de Palestina de una manera contraria a ciertas obligaciones internacionales, cuyo respeto se impone, obtenga por este motivo una indemnización del Gobierno de Su Majestad Británica.

En el asunto de las concesiones Mavrommatis es cierto que la controversia ha sido, en primer lugar, la de un particular y un Estado, la de Mavrommatis y la Gran Bretaña; después, el Gobierno helénico ha tomado el asunto en sus manos; ha entrado en el terreno internacional, ha puesto en presencia a dos Estados; por ello existe la posibilidad de que dependa desde ahora de la competencia del Tribunal Permanente de Justicia Internacional[2].

Se desprende, pues, del extracto transcrito que una controversia es un desacuerdo sobre un punto de Derecho o de hecho, una oposición de tesis jurídicas o de intereses entre dos Estados. Bien entendido que, como ha precisado el Tribunal en el *asunto sobre la interpretación de los tratados de paz con Bulgaria, Hungría y Rumania* (dictamen de 30 de marzo de 1950), una controversia tiene una existencia objetiva, independientemente del reconocimiento formal de una parte. El *dictum* es el siguiente:

La existencia de una controversia internacional exige que sea establecida objetivamente. El simple hecho de que la existencia de una controversia sea discutida no prueba que esta controversia no exista. Se ha producido, pues, una situación en la que los puntos de vista de las dos partes en cuanto a la ejecución o no ejecución de ciertas obligaciones procedentes de los tratados están claramente en contra. En presencia de semejante situación, el Tribunal debe concluir que se han producido controversias internacionales[3].

De otro lado, en su dictamen de 26 de abril de 1988 (*aplicabilidad de la obligación de arbitraje en virtud de la sección 21 del acuerdo de 26 de junio de 1947 relativo a la sede de la Organización de las Naciones Unidas*), el Tribunal se enfrentó con la tesis de Estados Unidos según la cual ni la promulgación de una ley, ni su entrada en vigor, ni la decisión de aplicarla, ni el recurso a los tribunales para hacerla efectiva habrían sido suficientes para hacer surgir una controversia entre la Organización de las Naciones Unidas y los Estados Unidos, dado que la cuestión estaba aún pendiente de decisión judicial y ejecución por parte norteamericana y que, en su espera, no se tomarían otras medidas para el cierre de la misión de la OLP ante las Naciones Unidas. El Tribunal entendió, sin embargo, que la controversia había ya surgido y que era susceptible, por tanto, de sumisión a arreglo arbitral. La argumentación del Tribunal es la siguiente:

Si la existencia de una controversia presupone una reclamación que encuentra su base en un comportamiento o en una decisión de una de las partes, ello no requiere en modo alguno que cualquier decisión impugnada haya sido ejecutada materialmente. Más aún, una controversia puede nacer incluso si la parte en cuestión da seguridades de que no tomará ninguna medida de ejecución en tanto no se ordene por decisión de los tribunales nacionales[3 bis].

c) Pero conviene completar el concepto de controversia internacional desde una *perspectiva sociológico-política*, y para ello nos vamos a servir de las ideas del

---

[2] CPJI, *Serie A*, n.º 2, pp. 11 y 12. Véase también CIJ, *Recueil*, 1960, p. 34. Por su continua repetición, esta definición forma parte de la jurisprudencia consolidada del Tribunal. Véase al respecto la sentencia de 10 de febrero de 2005 recaída el *asunto concerniente a ciertos bienes (Liechtenstein c. Alemania). Excepciones preliminares*, CIJ, *Recueil*, 2005, p. 16.

[3] CIJ, *Recueil*, 1950, p. 74. Véase también CPIJ, *Serie A*, n.º 6, pp. 13-14; y CIJ, *Recueil*, 1988, p. 27.

[3 bis] Ch. LEBCIJ, *Recueil*, 1988, p. 30.

profesor CHARLES DE VISSCHER que ha contrapuesto las figuras de controversia y tensión. Para el profesor citado, efectivamente, una controversia internacional es un desacuerdo entre Estados sobre un objeto lo suficientemente circunscrito como para prestarse a pretensiones claras, susceptibles de un examen racional. La tensión es, en cambio, un desacuerdo entre Estados que, aun estando limitado en cuanto al empleo de los medios de acción, no presenta un objeto circunscrito o claramente definido; al enunciado de pretensiones claras propio de la controversia —agrega DE VISSCHER— se sustituye en la tensión la disposición mucho más netamente política de las partes de obtener provecho de las circunstancias o de disputas antiguas o de fallos o debilidades del adversario, y todo ello con la finalidad de ampliar el debate y modificar las relaciones de poder[4]. A este respecto cita DE VISSCHER las siguientes palabras de un diplomático alemán referidas a la crisis germano-polaca del verano de 1939:

> Lo que hubo de extraño en esta crisis del mes de agosto de 1939 es que el objeto de la discusión entre Alemania y Polonia no se encontraba claramente definido y no era susceptible de formulación en una exigencia concreta. Un aspecto del carácter de Hitler era el evitar la presentación de las cosas de una forma concreta; para él las divergencias de opiniones se reducían a cuestiones de poder, a pruebas de nervios y de fuerza.

d) Las tensiones son, por supuesto, fenómenos puramente políticos, lo cual no quiere decir que las controversias sean figuras asépticamente jurídicas. Ocurre realmente que en toda controversia se dan a la vez aspectos políticos y jurídicos; se trata de facetas que, lejos de ser antagónicas, coexisten en una misma controversia. Como ha dicho LAUTERPACHT en este contexto, «el Estado es una institución política y todas las cuestiones que le afectan como conjunto, en particular en sus relaciones con otro Estado, son por consiguiente políticas»[5]. De otra parte, dada la plenitud del Derecho Internacional y la consiguiente posibilidad de colmar las lagunas[6] —en las jurisdicciones internacionales, como en las internas, no existe el *non liquet*—, toda controversia es susceptible de una valoración jurídica. Lo que acontece es que ante determinadas controversias los Estados adoptan una actitud política, en el sentido de que intentan resolverlas por medios políticos, es decir, mediante procedimientos en que los Estados conservan soberanamente en todo momento su libertad de acción y decisión. Sin embargo, ante otras controversias la disposición de los Estados es jurídica, porque renuncian a esa libertad soberana de acción y decisión, y en uso de su soberanía consienten que la controversia sea dirimida por medios jurídicos o, mejor, jurisdiccionales, es decir, por un tercero imparcial que dicta, sobre la base del Derecho Internacional, una sentencia obligatoria. Trataremos con mayor profundidad y detalle esta importante cuestión una vez que hayamos expuesto y analizado las normas generales sobre solución de controversias.

---

[4] CH. DE VISSCHER, *Théories et réalités en Droit International Public*, París, 1960, pp. 94 ss. y 429 ss.
[5] H. LAUTERPACHT, *The Fonction of Law in International Community*, Oxford, 1933, p. 153.
[6] Véase ibíd., pp. 14 ss.; y apartado 14.

58. NORMAS GENERALES DE SOLUCIÓN

a) Respecto a la solución efectiva de una determinada controversia internacional, el Derecho Internacional Contemporáneo no impone a los Estados una obligación de resultado. O lo que es lo mismo, los Estados partes en una controversia no están obligados absolutamente a lograr un arreglo de la misma. No pesa sobre ellos sino una *obligación de comportamiento:* la de procurar llegar, de buena fe y con espíritu de cooperación, a una solución justa y rápida de la controversia. Ello es así porque en esta materia impera el principio de la libertad de elección del medio de arreglo, lo que puede comportar alguna de estas dos consecuencias: o que los Estados partes no se pongan de acuerdo en cuanto a medio alguno o que convengan un medio que no conlleve necesariamente la solución de la controversia. En todo caso, en el Derecho Internacional Contemporáneo, la libertad de elección de medio, aun siendo amplia, choca con un límite infranqueable: no cabe el recurso a medios no pacíficos. Analizamos a continuación estas grandes coordenadas de la solución de controversias en el Derecho Internacional Contemporáneo.

b) Efectivamente, los Estados partes en una controversia deben sólo «tratar de buscarle solución» (p. 1 del art. 33 de la Carta de las Naciones Unidas). Como se dice en la «Declaración sobre los Principios de Derecho Internacional referentes a las relaciones de amistad y cooperación entre los Estados, de conformidad con la Carta de las Naciones Unidas» [adoptada por la resolución 2.625 (XXV) de la Asamblea General, de 24 de octubre de 1970], «los Estados [...] procurarán llegar a un arreglo pronto y justo de sus controversias internacionales», debiendo abstenerse «de toda medida que pueda agravar la situación». Parecidos son los términos de la llamada Declaración de Manila, aprobada por la Asamblea General en su 37 período de sesiones (resolución 37/10, de 15 de noviembre de 1982), si bien allí se precisa que el deber de procurar llegar a un arreglo pronto y justo de la controversia debe cumplirse de buena fe y con espíritu de cooperación. Esta última precisión figuraba ya en el principio V del Decálogo del Acta Final de Helsinki de 1 de agosto de 1975 (adoptada por la Conferencia de Seguridad y Cooperación en Europa), que dice que los Estados «procurarán, de buena fe y con espíritu de cooperación, lograr una solución rápida y equitativa, basada en el Derecho Internacional». Es obvio, pues, que estamos sólo ante una obligación de comportamiento: procurar llegar, de buena fe y con espíritu de cooperación, a una solución rápida y justa de la controversia. Obligación, por lo demás, cuyo incumplimiento no es fácil de constatar y, por tanto, de difícil y problemática sanción. No existe obligación alguna de resultado, como sería la de llegar a una solución efectiva, además de rápida y justa, de la controversia. Ello es así en virtud del principio de la libertad de elección de medio, que analizamos a continuación.

c) La segunda norma general que rige en la cuestión de la solución de las controversias es, en efecto, la que proclama la libertad de la elección de medio. La vigencia de esta norma había sido ya comprobada por el Tribunal de La Haya, justamente en las postrimerías del Derecho Internacional Clásico. En el *asunto del Estatuto de Carelia Oriental* (sentencia de 23 de julio de 1923), efectivamente, dijo el Tribunal:

> Por lo demás, esta regla no hace sino reconocer un principio fundamental en el Derecho Internacional: el principio de la independencia de los Estados. Está perfectamente establecido en Derecho Internacional que ningún Estado puede ser obligado a someter sus controversias con otros Estados a la mediación, al arbitraje o a cualquier otro medio de solución pacífica sin su consentimiento[1].

Esta norma ha sido reiterada, en el Derecho Internacional Contemporáneo, por el párrafo 1.º del artículo 33 de la Carta de las Naciones Unidas, que dispone lo siguiente:

> Las partes en una controversia cuya continuación sea susceptible de poner en peligro el mantenimiento de la paz y la seguridad internacionales tratarán de buscarle solución, ante todo, mediante la negociación, la investigación, la mediación, la conciliación, el arbitraje, el arreglo judicial, el recurso a organismos o acuerdos regionales u otros medios pacíficos de su elección.

Y en la Declaración de Principios contenida en la resolución 2.625 (XXV) de la Asamblea General de las Naciones Unidas se dispone, entre otras cosas, que «el arreglo de las controversias internacionales se basará en la igualdad soberana de los Estados y se hará conforme al principio de la libre elección de medios. El recurso a un procedimiento de arreglo aceptado libremente por los Estados, o la aceptación de tal procedimiento, con respecto a las controversias existentes o futuras en que sean partes, no se considerará incompatible con la igualdad soberana». El principio se reitera en otros instrumentos mencionados en el párrafo anterior (Acta Final de Helsinki; Declaración de Manila).

Es grande el *impacto real* del principio de la libertad de elección de medio en la solución de las controversias internacionales. Ante una controversia concreta, el Derecho Internacional general no impone ningún medio particular de arreglo a los Estados y tampoco faculta a un Estado a imponer al otro Estado parte en la controversia un medio específico de arreglo. Se trata de una consecuencia extrema del principio de igualdad soberana de los Estados, al que en este contexto aluden los instrumentos antes citados. Efectivamente, en uso de la libertad soberana, los Estados partes en la controversia pueden convenir o no en un medio de solución. Y, así las cosas, o cabe que los Estados en cuestión no se pongan de acuerdo respecto a ningún medio en concreto —aunque en la realidad es sumamente difícil que no inicien algún tipo de consultas con vistas a negociaciones—, o es posible que escojan un medio de los llamados políticos, en los que conservan su libertad de acción y decisión respecto al resultado final, de modo que en uno y otro caso la controversia puede quedar sin solución.

---

[1] CPJI, *Serie B,* n.º 5, p. 27; véase también CIJ, *Recueil,* 1953, p. 59.

d) En el Derecho Internacional Clásico, la libertad de elección de medio para la solución de las controversias era absoluta. Cabía en este sentido el recurso, como *ultima ratio,* a la guerra. En el Derecho Internacional Contemporáneo, sin embargo, la libre elección de medios encuentra un *límite infranqueable en el principio que prohíbe el uso o amenaza de la fuerza.* Dice, en efecto, el párrafo 3 del artículo 2 de la Carta de las Naciones Unidas que:

> Los miembros de la Organización arreglarán sus controversias internacionales por medios pacíficos de tal modo que no se ponga en peligro ni la paz y seguridad internacionales ni la justicia.

Este principio, reiterado de manera formal y solemne en la Declaración de Principios de 1970 contenida en la resolución 2.625 (XXV) de la Asamblea General y en el Acta Final de Helsinki (principio quinto del Decálogo), en la Declaración de Manila y en otros importantes instrumentos internacionales es, realmente, la otra cara de la moneda del principio de *ius cogens,* que prohíbe el uso y amenaza de la fuerza (art. 2, p. 4, de la Carta de las Naciones Unidas). En su sentencia de 27 de junio de 1986 (*caso relativo a las actividades militares y paramilitares en Nicaragua y contra ella*) el Tribunal de La Haya ha señalado, en efecto, que se trata de un principio complementario del relativo a la proscripción del recurso al uso y amenaza de la fuerza y ha puesto énfasis especial en que «su respeto es indispensable en el mundo de hoy»[2].

e) Desde un punto de vista ideal, la abolición de la guerra como *ultima ratio* para la solución de las controversias internacionales hubiera debido ir acompañada del establecimiento en la sociedad internacional de una institución equiparable al proceso judicial obligatorio en el interior de los grupos políticos. En éstos, efectivamente, y desde hace muchísimo tiempo, la proscripción de la justicia privada fue seguida de la instauración del proceso judicial obligatorio; fue ésta una de las grandes conquistas de la civilización. Hubiera sido deseable una evolución paralela en la sociedad internacional; prohibida la guerra habría que haber instaurado la jurisdicción obligatoria o, lo que es lo mismo, el arreglo obligatorio de las controversias por terceros imparciales —árbitros, tribunales internacionales— que dictan decisiones vinculantes basadas en el Derecho Internacional, lo que hubiera comportado el fin de la libertad en la elección de medio. Pero no cabe extremar las analogías entre los Derechos internos y el Derecho Internacional. A diferencia de aquéllos, el Derecho Internacional se apoya en unos débiles supuestos institucionales, y éstos no permiten, hoy por hoy, la instauración de una auténtica jurisdicción obligatoria. Se ha abolido la justicia privada, pero no se ha instaurado una justicia institucional obligatoria. Es ésta una de las grandes paradojas del Derecho Internacional y una de las claves para entender su insatisfactoria situación. La soberanía de los Estados sigue constituyendo el arco de bóveda de nuestra disciplina y comporta, en el campo de la solución de controversias, el principio de libertad en la elección de los medios de arreglo. De ahí que la obligación básica en

---

[2] CIJ, *Recueil,* 1986, p. 145.

la materia no sea de resultado, sino de comportamiento. Los Estados no tienen el deber, según el Derecho Internacional general, de solucionar sus controversias por medios jurídicos y ni siquiera el de solucionarlas efectivamente. La consecuencia lógica es que el arreglo de muchas controversias lleve marcado a fuego el signo de la politización y que muchas otras sigan sin solución, comprometiendo así negativamente valores tan esenciales como la justicia y la paz en las relaciones internacionales.

f) En el apartado 60 hablaremos, de todos modos, de los esfuerzos emprendidos en la sociedad internacional para establecer la jurisdicción obligatoria, que han conseguido algunos logros sectoriales y restringidos aunque, desde luego, insuficientes, porque para la gran mayoría de las controversias la mayor parte de los Estados no consienten el arreglo jurisdiccional. Para una mejor comprensión de la cuestión queremos tratar antes el importante problema de la relación entre la naturaleza intrínseca de las controversias y los medios —políticos o jurídicos— de solución (apartado 59).

59. LA RELACIÓN ENTRE LA NATURALEZA DE LAS CONTROVERSIAS Y LOS MEDIOS DE SOLUCIÓN. CONTROVERSIAS POLÍTICAS Y CONTROVERSIAS JURÍDICAS

a) El análisis de la práctica internacional demuestra que en uso de la libertad soberana de elección de medio, los Estados han acudido a dos tipos de medios de solución de las controversias: medios políticos y medios jurídicos. Efectivamente, en unos casos los Estados convienen en resolver la controversia directamente por medio de la negociación o dando entrada a un tercero —buenos oficios, mediación, investigación, conciliación—, pero reservándose en todo caso la libertad soberana de acción y decisión respecto a la solución final de la controversia y dándose, además, la circunstancia de que dicha solución no ha de basarse necesariamente en el Derecho Internacional, sino que puede apoyarse en consideración de oportunidad política. Se habla entonces de medios políticos o no jurisdiccionales. En otros supuestos, sin embargo, los Estados consienten en confiar la solución de la controversia a un tercero imparcial —árbitro o tribunal internacional— para que dicte sentencia obligatoria y fundada en el Derecho Internacional. Estamos ahora ante los llamados medios jurídicos o medios jurisdiccionales.

b) En este orden de ideas, se ha hablado tradicionalmente por la doctrina de dos categorías de controversias internacionales: las políticas y las jurídicas. Las primeras se solucionarían por medios políticos y las segundas por medios jurídicos. Se ha distinguido también entre controversias no justiciables y justiciables, aunque hay que señalar que esta distinción no es unívoca[1]. Para unos la distinción coincidiría con la de controversias políticas o jurídicas; para otros, controversias justiciables serían aquellas para las que ya se ha consentido una solución jurisdiccional —arbitral o judicial—, y no justiciables las restantes. Ahora bien —y esto es lo que nos interesa ahora—, ¿qué es lo que determina que los Estados resuelvan determinadas categorías de controversias por medios políticos y otras por medios jurídicos? En otras palabras, ¿hay algo en la propia naturaleza de la controversia que motive su sometimiento a medios de solución políticos o jurídicos? ¿Existe alguna relación entre la naturaleza de la controversia y el medio de solución elegido? Para responder a estas preguntas nos parece necesaria una somera referencia a la evolución de la doctrina y la práctica internacional.

c) El origen de la distinción entre controversias políticas y controversias jurídicas está, seguramente, en las ideas de un clásico del Derecho Internacional, EMERICO DE VATTEL, quien en 1758 publicó su conocida obra *Le Droit des Gens ou Principes de la loi naturelle appliqués à la conduite et aux affaires des nations*

---

[1] H. LAUTERPACHT, *op. cit.*, en nota 5 del apartado 57, p. 20.

et des souverains[2]. Efectivamente, en el capítulo XVIII del libro II se ocupa VATTEL «de la manera de terminar los altercados entre las naciones», y en este contexto distingue entre controversias sobre derechos esenciales y controversias sobre derechos menos importantes. Pues bien, para los casos en que «se quiere arrebatar a alguna nación un derecho esencial, o alguno sin el cual no puede esperar sostenerse; si un vecino ambicioso amenaza la libertad de una república; si pretende someterla y esclavizarla...», VATTEL no recomienda el arbitraje. «Los suizos —dice VATTEL admirativamente— siempre tan dispuestos a abrazar los medios pacíficos o a someterse a los de derecho en contestaciones menos esenciales, deshecharon constantemente toda idea de composición con aquellos que atentaban a su libertad, y aún rehusaron someterse a juicio de árbitros o al de los emperadores»[3]. En la construcción de VATTEL, pues, no se hace *eo nomine* la distinción entre controversias políticas y jurídicas, sino sólo entre las que versen sobre «derechos esenciales» del Estado y las que se refieren a «derechos menos importantes». Pero hay algo del mayor interés en dicha construcción: se desaconseja el arbitraje —el único medio jurídico de la época— para las controversias relativas a «derechos esenciales».

Sobre la base de estas ideas, la doctrina posterior articuló, en términos más técnicos, la distinción entre dos categorías de controversias: las políticas —que no se prestaban a la solución arbitral, es decir, a una sentencia obligatoria dictada de conformidad con el Derecho Internacional por un tercero imparcial elegido de común acuerdo por las partes—, y las jurídicas que sí se adecuaban a tal tipo de solución. Pero, dando un paso hacia adelante, la doctrina relacionó los medios de solución con la naturaleza de la controversia. Controversias políticas serían, en términos generales, las de importancia mayor, como las relativas a la independencia, intereses vitales o al honor del Estado. Controversias jurídicas serían las restantes. Surgía así la teoría que LAUTERPACHT ha llamado de la «limitación inherente a la función jurisdiccional»[4]. Según dicha teoría, existirían controversias que, por su naturaleza política, no se prestarían a la solución jurisdiccional —arbitral o judicial— y sólo serían susceptibles de solución por los llamados medios políticos. Y hay que señalar que la teoría en cuestión ha tenido amplio reflejo en importantes instrumentos convencionales multilaterales y bilaterales sobre solución de controversias. Así, por ejemplo, las Convenciones de La Haya de 1899 y 1907 sobre solución pacífica de las controversias internacionales contenían un artículo (el 16 y 38, respectivamente) en el que los Estados partes reconocían que «en las cuestiones jurídicas y, en primer término, en las cuestiones sobre la interpretación o aplicación de los tratados [...]» es el arbitraje «el medio más eficaz y al mismo tiempo el más equitativo para resolver los conflictos que no se hayan podido resolver por la vía diplomática». Esta filosofía de la «limitación inherente a la función jurisdiccional» inspiró un alto número de tratados de arbi-

---

[2] Hemos empleado los textos de la traducción española del libro de VATTEL, hecha por el licenciado MANUEL MARÍA PASCUAL HERNÁNDEZ, *El Derecho de Gentes o Principios de la Ley Natural aplicados a la conducta y a los negocios de las naciones y los soberanos,* tomos I y II, Madrid, 1834, imprenta de D. Manuel Amarita.

[3] E. VATTEL, traducción citada en nota anterior, t. I, p. 536.

[4] H. LAUTERPACHT, *op. cit.* en nota 5 del apartado 57, pp. 3 ss.

traje en los años siguientes[5] y tuvo reflejo de una u otra manera en otros importantes instrumentos, como en el Pacto de la Sociedad de las Naciones de 1919 (art. 13), Estatuto del Tribunal Permanente de Justicia Internacional de 1920 (art. 36), Acta General para la solución pacífica de controversias internacionales (1928) e incluso en el vigente Estatuto del Tribunal Internacional de Justicia (art. 36).

d) Ahora bien, como explicó LAUTERPACHT en 1933[6], todas las controversias entre Estados, incluso las de origen insignificante, son políticas, y ello porque el Estado es una institución política, y todas las cuestiones que le afectan como conjunto son políticas, y, por tanto, importantes. Las controversias entre Estados son objetivamente importantes, porque afectan a un amplio número de individuos; y son subjetivamente importantes porque, frecuentemente, el hecho de que no se haya podido impedir el nacimiento de la controversia a través de negociaciones diplomáticas, amplía forzosamente su alcance. Y de otro lado, agrega LAUTERPACHT, todas las controversias entre Estados son jurídicas independientemente de su gravedad. No existiendo lagunas en el conjunto del Derecho Internacional, este ordenamiento tiene siempre respuesta incluso para las cuestiones más graves e importantes. De hecho, la historia del arbitraje internacional no confirma la idea de que las cuestiones importantes sean inadecuadas para la solución jurisdiccional, esto es, por medios jurídicos. Realmente, concluye LAUTERPACHT su análisis, es la voluntad de los Estados y no la gravedad de la cuestión la que determina la justiciabilidad de la controversia, esto es, la sumisión de la misma a una instancia arbitral o judicial. Como ha escrito CHARLES DE VISSCHER, «puesto que ningún criterio firme obtenido del objeto o de la naturaleza de la controversia permite distribuir *a priori* las controversias en controversias políticas y controversias jurídicas, es la actitud de las partes, en el orden del procedimiento, lo único decisivo. Su libertad afirmada de reservar su libertad de juicio respecto a las conclusiones de un procedimiento de solución denota una despolitización incompleta, si no en cuanto al objeto propiamente dicho de la controversia, sí al menos en cuanto a los intereses que pone en juego, tales como se le presentan en las consecuencias de la posible solución. En sentido inverso, el acuerdo de las partes para considerar estas conclusiones como obligatorias da testimonio, muy generalmente, de una despolitización completa»[7].

e) Así pues, es la actitud de los Estados y no la importancia intrínseca de una controversia lo que determina el medio de arreglo. Lo decisivo no es la naturaleza de la controversia, sino el medio de arreglo elegido. Más que de controversias políticas y jurídicas, conviene hablar de controversias que se someten a medios políticos o no jurisdiccionales de solución y controversias que se someten a medios jurídicos o jurisdiccionales de arreglo. Resulta, pues, que para un mismo tipo de controversias impera a veces la actitud jurídica de los Estados partes y en otras ocasiones la actitud política. Tratándose, por ejemplo, de la delimitación de la plataforma continental

---

[5] Véase H. LAUTERPACHT, *op. cit.* en nota 5 del apartado 57, pp. 39 ss.
[6] Ibíd., pp. 163 ss.
[7] CH. DE VISSCHER, *op. cit.* en nota 4 del apartado 57, p. 429.

de dos Estados no faltan casos de arreglo jurisdiccional (*sentencia del Tribunal de La Haya de 20 de febrero de 1969 en el asunto de la Plataforma Continental del Mar del Norte,* entre Dinamarca y los Países Bajos, de una parte, y la República Federal de Alemania, de otra; *sentencia arbitral de 30 de junio de 1977* entre el Reino Unido y Francia; *sentencia del Tribunal de La Haya de 24 de febrero de 1982* entre la Jamahiriya Árabe Libia y Túnez)[8], ni tampoco casos que versan sobre la delimitación en general de fronteras marítimas (Sentencia de la Sala especial del Tribunal de La Haya de 12 de octubre de 1984 en el *asunto de la delimitación de la frontera marítima en la región del Golfo del Maine,* entre Canadá y Estados Unidos; sentencia arbitral de 14 de febrero de 1985 sobre *la delimitación de la frontera marítima entre Guinea y Guinea-Bissau*)[9], no obstante lo cual, en la Convención de 1982 sobre el Derecho del Mar el único procedimiento obligatorio que se ha admitido para este tipo de controversias es la conciliación; ha prevalecido, pues, el enfoque político.

f) De la jurisprudencia del Tribunal de La Haya se desprende también claramente que la distinción entre controversias políticas y controversias jurídicas no descansa en la naturaleza intrínseca de la controversia sino en el modo de enfoque o aproximación a las mismas. En este sentido ha dicho el Tribunal que «es siempre competente desde el momento en que [las partes] aceptan su jurisdicción, pues no hay ninguna controversia que los Estados admitidos a comparecer ante el Tribunal no puedan someterle»[10].

Es más, en su sentencia de 9 de abril de 1949 recaída en el *caso del Canal de Corfú,* el Tribunal decidió no desistir de su examen «por la sola razón de que el mismo tuviese implicaciones políticas o comportase serios elementos del uso de la fuerza»[11]. De hecho, en el caso citado, el Tribunal llegó a dictar sentencia. Muy posteriormente, en el *caso del personal diplomático y consular de los Estados Unidos en Teherán* de 1980, el Tribunal dictó también sentencia de fondo pese al carácter altamente politizado de la controversia y la intervención que en ella había tenido el Consejo de Seguridad de las Naciones Unidas[12]. En el caso de las *actividades militares y paramilitares en Nicaragua y contra ella,* cuando en la sentencia de 26 de noviembre de 1984 termina afirmando su competencia y declarando la admisibilidad de la demanda, pasa también por alto el carácter sumamente político de la controversia y el hecho de que el Consejo de Seguridad esté ejerciendo sus funciones según la Carta. «Es al Tribunal —recuerda—, órgano jurídico principal de las Naciones Unidas, al que corresponde resolver toda cuestión jurídica que enfrente a las partes en una controversia»[13]. En fin, en su sentencia de 20 de diciembre de1988 (*caso relativo a acciones armadas fronterizas y transfronterizas,* Nicaragua contra Honduras), el Tribunal dice una vez más «no ignorar que toda controversia jurídica llevada ante él puede presentar

---

[8] CIJ, *Recueil,* 1969, pp. 5 ss.; *Court of Arbitration; The United Kingdon of Great Britain and Northern Ireland and the French Republic. Delimitation of continental shelf. Decision of 30 june 1977;* CIJ, *Recueil,* 1982, pp. 18 ss.

[9] CIJ, *Recueil,* 1984, pp. 246 ss.; *Tribunal Arbitral pour la délimitation de la frontière maritime Guinée/Guinée-Bissau. Sentence du 14 février 1985,* pp. 4 ss.

[10] CPJI, *Serie A,* n.º 5, p. 22.

[11] CIJ, *Recueil,* 1949, p. 31.

[12] CIJ, *Recueil,* 1980, pp. 3 ss.

[13] CIJ, *Recueil,* 1984, párrafo 93.

aspectos políticos. Pero, en tanto que órgano judicial, debe solamente determinar, de una parte, si la controversia sometida es de orden jurídico, es decir, si es susceptible de solución por aplicación de principios y reglas de Derecho Internacional y, de otra parte, si tiene competencia para conocer de ella [...]»[14].

g) Subrayando, pues, la relatividad de la distinción entre controversias jurídicas y políticas, habida cuenta de que en última instancia el trato dado a una controversia depende de la actitud de los Estados partes, no es posible ignorar que respecto a alguna categoría de controversias que ponen en juego intereses importantes de un Estado la disposición suele ser política. Así, tratándose de controversias sobre actividades militares no es corriente la sumisión a medios de arreglo jurisdiccionales. En este sentido, la Convención de 1982 sobre el Derecho del Mar autoriza las excepciones facultativas a la jurisdicción obligatoria respecto a las controversias relativas a actividades militares de buques y aeronaves de Estado, y aquellas en que el Consejo de Seguridad de las Naciones Unidas esté ejerciendo las funciones que le confiere la Carta [art. 298.1.*b*) y *c*)]. En este orden de consideraciones tiene algún sentido la calificación de una controversia como política atendiendo a la importancia de la materia, porque es dicha importancia la que determina la actitud o disposición de los Estados partes hacia un medio de solución político.

[14] CIJ, *Recueil,* 1988, p. 26.

60. LOS ESFUERZOS PARA ESTABLECER EL RECURSO OBLIGATORIO A LOS MEDIOS JURISDICCIONALES

a) No han faltado intentos en la sociedad internacional para imponer a los Estados el recurso obligatorio a los medios jurisdiccionales. Y es del mayor interés señalar que en la realidad histórica la jurisdicción obligatoria se ha presentado como una alternativa al uso de la fuerza. Ello fue así particularmente en las postrimerías del Derecho Internacional clásico y de ahí el énfasis particular que se puso durante la época de la Sociedad de las Naciones en la trilogía arbitraje-seguridad-desarme. Ello debiera ser así también en el Derecho Internacional contemporáneo, aunque sabemos que la proscripción del uso y amenaza de la fuerza no se ha podido ver acompañada de una norma general que imponga el recurso obligatorio a los medios jurisdiccionales de solución de las controversias.

b) Los intentos para establecer la obligatoriedad de los medios jurisdiccionales comienzan en una fase tardía del *Derecho Internacional clásico.* Hay que esperar, efectivamente, hasta la I Conferencia de La Paz de La Haya, celebrada en el año1899, para que se presente un proyecto —de origen ruso— tendente a la instauración del arbitraje obligatorio. El proyecto chocó, sin embargo, con la abierta oposición alemana, y consiguientemente, la Convención primera de las adoptadas en aquel foro, que se refería a la solución pacífica de las controversias internacionales, no pudo ir más allá del reconocimiento teórico del arbitraje como el medio más eficaz y equitativo para la solución de las controversias y de la creación del Tribunal Permanente de Arbitraje que, por supuesto, tenía una base voluntaria. Similar fue el resultado en cuanto el arbitraje obligatorio de la II Conferencia de la Paz de La Haya, celebrada en 1907[1].

Tras la primera guerra mundial, el Pacto de la Sociedad de Naciones (1919) concede al arbitraje y, en general, al arreglo jurisdiccional un papel importante en la solución de las controversias internacionales, pero de todos modos no consigue tampoco implantar el recurso obligatorio al mismo. Así, en caso de un desacuerdo entre los Estados partes en el Pacto susceptible de originar una ruptura, los Estados en cuestión están obligados: 1), a someterlo de común acuerdo al arbitraje o (según la enmienda en vigor desde el 26 de septiembre de 1924), al arreglo judicial; o bien, 2), a llevar la controversia al Consejo de la organización, en cuya hipótesis se inicia un procedimiento que puede acabar con recomendaciones del propio Consejo o la Asamblea si el Consejo defiere la cuestión a este último órgano. Nótese, de todos modos, que la obligación de recurso a un medio

[1] Véase W. I. HULL, «Obligatory arbitration and the Hague Conference», en *American Journal of International Law,* 1908, pp. 29 ss., y J. BROWN SCOTT, *Les Conférences de la Paix de La Haye de 1899 y 1907*, 2 vols., París, 1927.

jurisdiccional —arbitraje o arreglo judicial— era alternativa y que, además, se requería el acuerdo de los Estados partes en la controversia[2].

De otro lado, el Pacto de la Sociedad de Naciones (art. 14) preveía la creación de un órgano judicial, el Tribunal Permanente de Justicia Internacional o primer Tribunal de La Haya. Constituido éste en 1920, no fue posible establecer el sometimiento obligatorio a su jurisdicción de todas las controversias surgidas entre los Estados partes en su Estatuto, tal como había propuesto la Comisión de Juristas que preparó el proyecto en cuestión, dada la oposición de las grandes potencias. Lo único que se consiguió fue la inclusión de una disposición, según la cual los Estados partes y los Estados miembros de la Sociedad de Naciones podían declarar en cualquier momento que reconocían como obligatoria *ipso facto* y sin acuerdo especial la jurisdicción del Tribunal en todas las controversias de orden jurídico que tuvieran por objeto: *a*) la interpretación de un tratado; *b*) cualquier cuestión de Derecho Internacional; *c*) la realidad de cualquier hecho que, de ser comprobado, constituya la violación de una obligación internacional; *d*) la naturaleza o extensión de la reparación debida por la violación de una obligación internacional (art. 36.2). La jurisdicción del Tribunal no era, pues, obligatoria, porque requería la concurrencia, respecto a una controversia determinada, de las declaraciones unilaterales de dos Estados; declaraciones, y esto es lo importante, que eran facultativas. Al mecanismo se le llamó, por consiguiente, cláusula opcional de la aceptación de la competencia del Tribunal.

La preocupación, sin embargo, por la idea de salvaguardar la paz, y el convencimiento de que la solución jurisdiccional de las controversias era la alternativa real al uso de la fuerza, motivó la conclusión el día 2 de octubre de 1924 del llamado «Protocolo de Ginebra para la solución pacífica de las controversias»[3]. Lo que preveía dicho instrumento era, esencialmente, lo que sigue: obligación para los Estados partes de hacer las declaraciones previstas en el párrafo 2 del artículo 36 del Estatuto del Tribunal Permanente de Justicia Internacional —esto es, aceptación de la cláusula opcional— en cuanto a las controversias de naturaleza jurídica; las demás controversias, si no habían podido ser solucionadas por los órganos de la Sociedad de Naciones, debían ser sometidas obligatoriamente al procedimiento de arbitraje. Pero intento tan ambicioso no podía prosperar. De hecho, el Protocolo de 1924 no llegó a entrar en vigor, pues no se produjeron las ratificaciones necesarias para ello.

El día 27 de agosto de 1928 se firmó en París el «Tratado General de renuncia a la guerra», conocido también como el Pacto BRIAND-KELLOG, en el que los Estados partes renunciaban al uso de la fuerza como instrumento de política nacional en sus relaciones con otros Estados. El Tratado tuvo una amplia aceptación y motivó la firma en Ginebra poco después, concretamente el día 26 de septiembre del mismo año, del «Acta General para la solución pacífica de las Controversias», con lo que se ponía de relieve la vinculación entre la prohibición del uso de la fuerza y el recurso obligatorio a medios jurisdiccionales para la solución pacífica de las controversias. Lo que en síntesis disponía el Acta de Ginebra era lo siguiente[4].

---

[2] Véase B. FALIKMAN, *L'arbitrage dans la Société des Nations,* París, 1932.

[3] Véase H. WEHBERG, «Le Protocole de Genève», en *R. des C.,* 1925-II, vol. I, pp. 17 ss.

[4] Véase E. BOREL, «L'Acte générale d'arbitrage de Genève», en *R. des C.,* 1927-II, vol. 7, pp. 499 ss.

Fracasadas las negociaciones, los Estados partes debían someter al Tribunal Permanente de Justicia Internacional las controversias en que se discutiesen derechos recíprocos, a no ser que decidiesen recurrir a un tribunal arbitral. Las restantes controversias, si no llegaban a ser resueltas mediante la conciliación, debían ser sometidas a arbitraje. De todos modos, el acta permitía la formulación de reservas para determinadas controversias, así como la exclusión de la parte relativa a la conciliación-arbitraje. El Acta entró en vigor el 16 de agosto de 1929 y al 31 de diciembre de 1983 eran parte en ella 23 Estados[5].

c) En el *Derecho Internacional contemporáneo* tampoco se ha conseguido la instauración del arreglo jurisdiccional obligatorio. Es cierto que la Carta de las Naciones Unidas (1945) crea el Tribunal Internacional de Justicia como órgano principal de la Organización (arts. 7 y 92), cuyo Estatuto forma parte integrante de la Carta, pero no es menos verdad que se sacralizó, como ya sabemos, el principio de la libertad en la elección de medio para la solución pacífica de las controversias (art. 33). De hecho, en la Conferencia de San Francisco, los Estados medios y pequeños pretendieron conceder al Tribunal jurisdicción obligatoria, aun con la posibilidad de presentar reservas a la misma, pero este deseo chocó con la oposición tajante de las grandes potencias[6]. Sólo se logró que el Estatuto diseñara un mecanismo idéntico al del anterior Tribunal de La Haya mediante declaraciones unilaterales de los Estados a favor de la competencia del Tribunal respecto a determinadas categorías de controversias. En la primavera de 2015 es de 71 —más de la tercera parte de los miembros de Naciones Unidas— el número de Estados que ha hecho este tipo de declaraciones, cifra que revela un lento aunque constante aumento. Pero es de señalar que la operatividad del mecanismo queda enervada por reservas y restricciones que reducen su alcance[7].

De otro lado, por la resolución de la Asamblea General de las Naciones Unidas 268 (III), adoptada el día 28 de abril de 1949, se revisó el Acta General de Ginebra de 1928. El Acta revisada entró en vigor el 20 de septiembre de 1949 y en 2011 son parte en ella sólo ocho Estados[8], la mayoría de ellos de Europa occidental.

d) En el *proceso de codificación* del Derecho Internacional auspiciado por las Naciones Unidas, se ha abordado, junto a la elaboración de reglas sustantivas propiamente dichas, el tema de la solución de controversias, y, dentro de él, la espinosa cuestión del recurso a la jurisdicción obligatoria. De una manera general han sido los Estados occidentales los que se han mostrado partidarios de tal tipo de recurso, al menos para ciertas categorías de controversias, y los de la antigua Europa del Este y la mayoría del Grupo de los 77 los que se han manifestado en contra. Esta dialéctica se ha traducido en diversos mecanismos y en logros desiguales, que analizamos a continuación.

---

[5] Datos tomados del sitio internet de Naciones Unidas.

[6] U.N.C.I.O., vol. 13, pp. 313 ss.

[7] Informe de la Corte Internacional de Justicia. 1.º de agosto de 1994 a 31 de julio de 1995, Asamblea General, Documentos oficiales, Quincuagésimo período de sesiones, Suplemento n.º 4 (A/50/4).

[8] Documento citado en la nota 5, p. 33.

En unos casos, las disposiciones sobre solución de controversias se han disociado claramente de las reglas sustantivas y se han llevado, así, a protocolos separados de las convenciones y de aceptación independiente de éstas. Es el caso de las Convenciones de Ginebra de 29 de abril de 1958 sobre el Derecho del Mar, de la Convención de Viena de 18 de abril de 1961 sobre relaciones diplomáticas, de la Convención de Viena de 23 de abril de 1963 sobre relaciones consulares y de la Convención de 8 de diciembre de 1969 sobre misiones especiales. La adopción de todas estas convenciones se vio seguida, en efecto, de la de un protocolo facultativo sobre solución de controversias que establece, para las relativas a la aplicación e interpretación de la convención de que se trate, el recurso obligatorio al Tribunal Internacional de Justicia o a un órgano arbitral. La suerte corrida por estos protocolos es desigual, aunque ninguno de ellos ha sido objeto de aceptaciones tan numerosas como las que han merecido las convenciones. Así, en 2011 eran 37 los Estados partes en el Protocolo correspondiente a las Convenciones de Ginebra de 1958; 67, los Estados partes en el relativo a la Convención sobre relaciones diplomáticas; 48, los Estados partes en el que sigue a la Convención sobre relaciones consulares, y 17, los que habían aceptado el que acompaña a la Convención sobre misiones especiales[9].

En otros supuestos, las disposiciones sobre solución de controversias no se han disociado de la Convención, aunque en este grupo habría que distinguir dos variantes bien definidas. La primera variante es la de las convenciones que no establecen el recurso obligatorio a medios jurisdiccionales, como la Convención de 1975 sobre la representación de los Estados en sus relaciones con las organizaciones internacionales de carácter universal, la Convención de 1978 sobre sucesión de Estados en materia de tratados y la Convención de 1983 sobre sucesión de Estados en materia de bienes, archivos y deudas de Estado, que instauran tan sólo la obligación de recurrir a un procedimiento de conciliación. La segunda variante es la de las convenciones que contienen auténticos supuestos de jurisdicción obligatoria, como la Convención de Viena de 23 de mayo de 1969 sobre Derecho de Tratados y la Convención de las Naciones Unidas sobre el Derecho del Mar de 10 de diciembre de 1982. En efecto, la Convención sobre Derecho de Tratados —en la que al 31 de diciembre de 2011 eran 111 los Estados partes—[10] establece el recurso obligatorio al Tribunal Internacional de Justicia o a un órgano arbitral para todas las controversias relacionadas con *el ius cogens* internacional —no así para las controversias relacionadas con otras causas de nulidad, terminación o suspensión de los tratados, para los que sólo impone el recurso obligatorio a la conciliación—; y la Convención de 1982 sobre el Derecho del Mar parte del principio general de la jurisdicción obligatoria, aunque, en aras a las realidades políticas, se vio obligada a admitir importantes excepciones a tal principio —respecto de las que no ha podido pasar de la conciliación obligatoria—. En otros lugares de este libro hemos analizado con cierta amplitud las disposiciones de una y otra Convención sobre solución de controversias, que indudablemente marcan un progreso, aunque modesto, y a dichos análisis nos remitimos.

[9] Documento citado en la nota 5, pp. 849, 865, 876 y 879.

[10] Documento citado en la nota 5, p. 803.

e) De gran interés teórico y práctico es el mecanismo de solución de controversias relativas al comercio internacional existente en el marco de la Organización Mundial del Comercio (véase apartado 86.1), y regulado en el Memorándum de Acuerdo de 15 de abril de 1994. El sistema es complejo y sofisticado, y su mayor interés radica, a mi juicio, en su naturaleza obligatoria, lo que supone un claro progreso respecto del anterior mecanismo de consultas —el del GATT—, que tenía básicamente naturaleza política y diplomática[11].

f) También a *niveles regionales* se han registrado esfuerzos tendentes a la ampliación del ámbito de la jurisdicción obligatoria. En el proceso de continuidad de la Conferencia de Seguridad y Cooperación en Europa (CSCE) tuvo lugar en Montreux (otoño de 1978) una reunión de expertos sobre el tema de la solución de controversias. Allí la delegación de Suiza presentó un ambicioso proyecto tendente a establecer la jurisdicción obligatoria para nueve categorías de controversias, propuesta que, como era de esperar, chocó con la actitud de la Unión Soviética y países de Europa oriental que no estaban dispuestos a ir más allá de aceptar la obligación de entablar consultas para la solución de las controversias y que, de otro lado, no fue recibida con especial calor por muchos países occidentales. La reunión de Montreux finalizó con un desvaído documento que nada de interés aportaba como no fuese el testimonio de las profundas divergencias en la materia y de la imposibilidad de un acuerdo mínimamente satisfactorio[12]. Desvanecida la confrontación Este-Oeste, entre el 14 de enero y el 8 de febrero de 1991 tiene lugar en La Valleta (Malta) una nueva reunión de expertos de la CSCE sobre la cuestión de la solución de controversias. En ella tampoco se logró un consenso sobre el establecimiento obligatorio de un dispositivo jurisdiccional para la solución de controversias, ni siquiera para las de carácter más técnico y menos politizado, aunque el nuevo clima imperante entre los Estados participantes sí permitió la adopción de un informe final que prevé el recurso obligatorio a un tercero —el llamado «Mecanismo»— que puede ofrecer a las partes observaciones o comentarios (por supuesto, sin carácter vinculante), bien sobre el procedimiento apropiado para solucionar la controversia, bien sobre el fondo de la misma. Se trata de un procedimiento intermedio entre la mediación y la conciliación que supone un modesto paso hacia adelante, aunque su ámbito de acción está limitado por importantes excepciones. El informe fue aprobado por el Consejo de Ministros de la CSCE en su reunión de Berlín de los días 18 y 19 de junio de 1991 y es operativo desde el 31 de agosto siguiente[12 bis]. Los trabajos de la CSCE en el tema de la solución de controversias prosiguen bajo impulso franco-alemán en la reunión de Ginebra del otoño de 1992 (12 a 23 de octubre). En la ciudad suiza se adopta una Convención sobre conciliación y arbitraje, que se abre a la firma en Estocolmo el 16 de diciembre siguiente, y que sólo establece como obligatorio el recurso a la

---

[11] Véase la monografía de X. FERNÁNDEZ PONS, *La OMC y el Derecho internacional. Un estudio sobre el sistema de solución de diferencias de la OMC y las normas secundarias del Derecho internacional general,* Madrid-Barcelona, 2006.

[12] Véase R. JEANNEL, «La Conférence de Montreux sur le règlement des différends dans le cadre de la CSCE», en *Annuaire Français de Droit International*, 1978, pp. 373 ss.

[12 bis] Véase J. A. PASTOR RIDRUEJO, Nota en *R.E.D.I.*, 1991-2.

conciliación, dejando a la libertad de las partes el sometimiento al arbitraje. La Convención crea un tribunal, con sede en Ginebra, que hasta el momento no ha tenido ocasión de funcionar. En la misma reunión se elaboran otros dos documentos, aprobados en la capital sueca en la fecha mencionada, uno sobre conciliación prescrita (por el Consejo de Ministros CSCE) y otro sobre conciliación facultativa. Nótese, pues, que, aun liquidada la guerra fría, tampoco en el marco CSCE se ha podido dar paso alguno hacia el arbitraje obligatorio. Aunque sea triste hay que reconocer, pues, que los entendimientos alcanzados en el seno de la CSCE sobre solución de controversias no están teniendo un reflejo siquiera mínimo en la práctica interestatal. Esos entendimientos han defraudado las expectativas que suscitaron en su momento.

En el ámbito más homogéneo de la Europa occidental se pudo llegar algo más lejos y en este sentido hay que mencionar la Convención Europea sobre solución pacífica de las controversias, concluida el 29 de abril de 1957 bajo los auspicios del Consejo de Europa, que para las controversias calificadas como jurídicas establece el recurso obligatorio al Tribunal Internacional de Justicia, y para el resto de las controversias, un sistema también obligatorio, basado en el recurso a la conciliación primero, y si ésta fracasa, al arbitraje. Pero el avance es sólo aparente, porque en dicho Convenio son partes hoy únicamente trece Estados de los cuarenta y tres que forman parte del Consejo de Europa[13].

En el sistema interamericano, por fin, es necesaria una referencia al llamado Pacto de Bogotá sobre solución pacífica de controversias, de 30 de abril de 1948, que estableció la jurisdicción obligatoria del Tribunal Internacional de Justicia para las controversias jurídicas, y también para las restantes, siempre que respecto a estas últimas hubiese fracasado la conciliación y los Estados partes no hubieran decidido recurrir al arbitraje[14]. Hay que decir que el caso entre Nicaragua y Colombia acerca de la *controversia territorial y marítima,* sobre el que recayó el 13 de diciembre de 2007 sentencia en trámite de excepciones preliminares, llegó a conocimiento del Tribunal Internacional de Justicia en virtud del Pacto de Bogotá.

g) No se agotan, por supuesto, en los instrumentos mencionados los casos de jurisdicción obligatoria en el Derecho Internacional contemporáneo. Otros tratados, sobre todo bilaterales, prevén también dicho tipo de arreglo[15]. Queremos poner de relieve en todo caso que en nuestros días la jurisdicción obligatoria tiene un carácter eminentemente sectorial y restringido; es decir, circunscrito a categorías específicas de controversias y ceñido a círculos limitados de Estados. Para la mayor parte de las controversias, sin embargo, la mayoría de los Estados no consienten la solución jurisdiccional. Ésta es la cruda realidad, que pone de relieve, una vez más, el relativismo del Derecho Internacional. Si se hiciese hoy un inventario, incluso aproximativo, de las controversias actuales y potenciales entre los Estados,

---

[13] Véase J. P. A. FRANÇOIS, «La Convention européenne pour le règlement pacifique des différends internationaux», en *Annuaire Européen,* 1958, pp. 34 ss.

[14] Véase J. J. CAICEDO CASTILLO, *El Derecho Internacional en el sistema americano,* Madrid, 1970, pp. 353 ss.

[15] En cuanto a la práctica española en materia de arbitraje hasta 1978, véase M. P. ANDRÉS SÁENZ DE SANTA MARÍA, *El arbitraje internacional en la práctica convencional española (1794-1978),* Oviedo, 1982.

se comprobaría a buen seguro que las justiciables son las mínimas. ¿Cuáles son las causas de esta situación? Una es remota, sin duda, y hunde sus raíces en la actual estructura de la sociedad internacional, que es fundamentalmente una sociedad de yuxtaposición, con un grado precario de cohesión, débilmente institucionalizada, en la que los Estados no renuncian fácilmente a su soberanía y consiguientemente a su libertad de acción y decisión respecto al resultado final de una controversia. Otra es más cercana, y consiste en la incertidumbre del Derecho Internacional y, consiguientemente, en la ausencia de expectativas jurídicas razonables para los Estados partes en la controversia; en definitiva, en la insuficiencia de la codificación y desarrollo progresivo del Derecho Internacional en su conjunto. Porque, aun cuando la jurisdicción obligatoria no progresará exactamente al mismo ritmo que la codificación y el desarrollo progresivo de nuestra disciplina, su avance sí estará condicionado en gran medida por los logros reales que se alcancen en este último campo. En todo caso, la Asamblea General de las Naciones Unidas en su resolución 41/74, de 20 de enero de 1987 ha puesto de relieve «la necesidad de perseverar en los esfuerzos por consolidar el proceso de arreglo pacífico de controversias mediante el desarrollo progresivo y la codificación del Derecho Internacional y el aumento de la eficacia de las Naciones Unidas en este ámbito».

h) Añadíamos en 1989 a este panorama un dato moderadamente optimista, que era el cambio de actitud de la Unión Soviética ante algunas manifestaciones convencionales de la jurisdicción obligatoria del Tribunal Internacional de Justicia. Efectivamente, en carta de 8 de marzo de 1989 dirigida al Secretario General de las Naciones Unidas[16], y basándose en la «suma importancia que atribuye en las actuales circunstancias al fortalecimiento del papel de la Corte Internacional de Justicia en los asuntos mundiales», la Unión Soviética retiró las reservas a la jurisdicción obligatoria de dicho Tribunal respecto a los siguientes instrumentos internacionales: Convención para la prevención y sanción del delito de genocidio (1948); Convención para la represión de la trata de personas y de la explotación de la prostitución ajena (1949); Convención sobre los derechos políticos de la mujer (1952); Convención internacional sobre la eliminación de todas las formas de discriminación racial (1965); Convención sobre eliminación de todas las formas de discriminación contra la mujer (1979), y Convención sobre la tortura y otros tratos o castigos crueles, inhumanos o degradantes (1984). Fue sin duda la incidencia de la *perestroika* en las relaciones internacionales la que motivó el nuevo enfoque del arreglo jurisdiccional obligatorio, y lo que hay que esperar y desear es que se amplíen por la República de la Federación Rusa, otras ex repúblicas soviéticas, antiguos Estados de la Europa del Este, y, también y por supuesto, por Estados occidentales y del Tercer Mundo los casos de aceptación de aquel tipo de arreglo. Hay que registrar en este sentido como dato favorable que, en la época de la distensión, hasta siete Estados de la antigua Europa oriental, regidos en el pasado por sistemas de socialismo real y hostiles por tanto a la solución jurisdiccional de las controversias, han aceptado

[16] Carta incorporada al documento A/44/171, de 9 de marzo de 1989.

la jurisdicción obligatoria del Tribunal por vía de declaración unilateral. Conviene añadir que otros dos Estados del mismo grupo, Hungría y Eslovaquia, han sometido al Tribunal por acuerdo especial de 2 de julio de 1993 una controversia relativa a la construcción de una presa y desvío del Danubio o caso del *proyecto Gabcíkowo-Nagymaros*[17].

i) Para completar las anteriores apreciaciones hay que dar cuenta de un dato importante, aunque no precisamente optimista o alentador. Y es que, como ha señalado la profesora PAZARTZIS en un completo estudio, existe una distancia manifiesta entre el gran número de compromisos internacionales contraídos en la materia, particularmente entre los que prevén el recurso al arreglo jurisdiccional de las controversias, y su aplicación efectiva, que es extremadamente rara en la práctica[18]. He aquí un dato que merece una reflexión profunda.

---

[17] Véase documento citado en la nota 7, p. 3.

[18] PH. PAZARTZIS, *Les engagements internationaux en matière de règlement pacifique des différends entre États,* París, 1992, pp. 175 ss.

61. ESTUDIO EN PARTICULAR DE LOS MEDIOS NO JURISDICCIONALES DE SOLUCIÓN DE CONTROVERSIAS

a) Revela el análisis de la práctica internacional que los medios no jurisdiccionales (o políticos) de solución de controversias son los siguientes: negociaciones diplomáticas, buenos oficios, mediación, investigación de los hechos y conciliación. En el caso de las negociaciones diplomáticas, el arreglo se intenta directamente por los Estados interesados; en los restantes supuestos, la solución se busca con la ayuda de un tercero. Se habla también del recurso a organizaciones internacionales, pero, en realidad, los órganos de ésta se limitan a recomendar el empleo de algún medio tradicional —jurisdiccional o no— o a ejercer ellos mismos la función de tercero en medios tradicionales no jurisdiccionales, como los buenos oficios, mediación, investigación o conciliación. En todo caso, la intervención de las organizaciones internacionales en la solución de controversias es un fenómeno del mayor interés que será estudiado en otro lugar de este libro, dedicado a aquellas organizaciones.

b) Los rasgos genéricos de los modos no jurisdiccionales de arreglo son los siguientes: 1) una vez elegido de mutuo acuerdo el procedimiento, los Estados partes en la controversia conservan su libertad de acción y decisión en cuanto a la solución final de aquélla, lo que comporta el riesgo de que la controversia quede sin arreglo; 2) la solución, si se consigue, plasma en un acuerdo internacional, que por su propia naturaleza es obligatorio; 3) la solución no tiene que basarse necesariamente en el Derecho Internacional, sino que puede tener en cuenta, total o parcialmente, elementos de oportunidad política.

c) Ahora bien, si el recurso a medios no jurisdiccionales es consecuencia de la norma general que proclama la libertad de elección de medio, que a su vez es corolario del principio de la igualdad soberana de los Estados, resulta que en el caso de recurso a medios no jurisdiccionales es menor el respeto al principio de igualdad soberana que en el supuesto de utilización de medios jurisdiccionales. Cuando se recurre a estos últimos medios, el carácter imparcial del tercero, la naturaleza obligatoria de la decisión y el apoyo de ésta en el Derecho Internacional tienden a garantizar aquella igualdad y a asegurar un resultado justo y equitativo. Cuando se emplean medios no jurisdiccionales, la desigualdad real de los Estados puede condicionar en favor del más poderoso y en perjuicio del más débil el resultado de la solución, que puede ser sumamente injusta e inequitativa, desvirtuando así la igualdad *formal* o de Derecho. Lo que queremos decir es lo siguiente: la igualdad soberana de carácter formal de los Estados posibilita el recurso a medios no jurisdiccionales, pero en última instancia el empleo de estos medios no favorece la igualdad real. La igualdad soberana de los Estados y, en definitiva, la justicia en las relaciones internacionales está mejor salvaguardada por los medios jurisdiccionales.

d) Digamos, por lo demás, que los medios políticos tradicionales son las negociaciones diplomáticas, los buenos oficios, la mediación, la investigación de los hechos, y la conciliación. Antes de emprender su estudio separado, conviene señalar que existe entre ellos un orden decreciente de politización. Si las negociaciones diplomáticas constituyen el procedimiento más politizado, la politización desciende paulatinamente en los buenos oficios, la mediación, la investigación de los hechos, y la conciliación, que es el menos politizado de los modos políticos de arreglo de las controversias internacionales. Y añadamos que dada la libertad soberana de los Estados, y como demuestra el *Manual sobre la solución pacífica de controversias entre Estados,* redactado por la Secretaría General de las Naciones Unidas y aprobado por el Comité de la Carta en 1991, existen muchos otros medios de carácter político, de naturaleza total o parcialmente original[1].

61.1. NEGOCIACIONES DIPLOMÁTICAS

a) Las negociaciones diplomáticas no sólo sirven de instrumento a la cooperación internacional, sino que se utilizan también para resolver controversias entre Estados. En este sentido es relativamente frecuente encontrar disposiciones convencionales que, ante una controversia determinada, obligan a las partes a entablar negociaciones diplomáticas con miras a su arreglo previamente al recurso a cualquier otro método de solución[1 bis]. El Tribunal de La Haya ha dicho que la finalidad que persiguen las cláusulas convencionales de este tipo es la de delimitar con la mayor nitidez posible el objeto de la controversia, precisando, por otra parte, que la apreciación de si se ha cumplido o no lo dispuesto por dichas cláusulas es una cuestión de hecho, relativa, no susceptible de ninguna formulación general y absoluta[2]. Señalemos por lo demás, que en las más recientes manifestaciones del proceso de codificación del Derecho Internacional auspiciado por las Naciones Unidas la obligación convencional de que hablamos ha adoptado un matiz levemente distinto: se trata de la obligación de celebrar consultas[3], o de procurar la solución de la controversia mediante un proceso de consulta y negociación[4], o de proceder sin demora a intercambiar opiniones con miras a resolver la controversia por negociación o por otros medios pacíficos[5].

b) Con independencia de este tipo de disposiciones convencionales, se ha planteado la cuestión de si el Derecho Internacional general exigiría el agotamiento

[1] *Manual sobre la solución pacífica de controversias entre Estados,* Naciones Unidas, 1992.

[1 bis] Véase P. J. WAART, *The element of negotiation in the pacific settlement of disputes between States. An analysis of provisions made and applied since 1918 in the field of the pacific settlement of international disputes,* La Haya, 1973; sobre la negociación en general: A. PLANTEY, *La négotiation internationale. Principes et méthodes,* París, 1980.3

[2] CPJI, *Serie A,* n.º 2, pp. 13 ss.; CIJ, *Recueil,* 1957, p. 149.

[3] Convención de Viena de 14 de marzo de 1975 sobre la representación de los Estados en sus relaciones con las organizaciones internacionales de carácter universal (art. 84).

[4] Convención de Viena de 23 de agosto de 1978 sobre sucesión de Estados en materia de tratados (art. 41); Convención de Viena de 8 de abril de 1983 sobre sucesión de Estados en materia de bienes, archivos y deudas de Estado (art. 43).

[5] Convención de las Naciones Unidas sobre el Derecho del Mar de 10 de diciembre de 1982 (art. 283).

de las negociaciones diplomáticas previamente al recurso a otro medio de solución. KAASIK y, entre nosotros, el profesor MIAJA DE LA MUELA, han entendido que sí, alegando que la repetición de cláusulas convencionales en este sentido habría originado el nacimiento de una costumbre internacional[6]. Rechazada esta tesis por otros autores, el Tribunal de La Haya ha afirmado en el caso de la *Frontera terrestre y marítima entre Camerún y Nigeria* (decisión sobre excepciones preliminares de 11 de junio de 1998) que ni en la Carta de las Naciones Unidas ni en el Derecho internacional existe una regla según la cual el agotamiento de las negociaciones diplomáticas sea una precondición para la sumisión de un asunto al Tribunal[7]. Realmente, el recurso previo a las negociaciones diplomáticas es una exigencia de los hechos y no una necesidad jurídica. En el curso natural de los acontecimientos es difícilmente concebible que, ante una controversia concreta, los Estados partes no intercambien puntos de vista, aunque sólo sea para saber en qué discrepan, y esto es, cuando menos, un inicio de las negociaciones.

c) Sin embargo, la Unión Soviética y los Estados de la Europa Oriental, tradicionalmente contrarios al recurso a la solución jurisdiccional de las controversias, dieron la batalla en los tiempos de la guerra fría para consagrar la obligación prioritaria de las negociaciones diplomáticas o de las consultas, medio que ellos consideraban más respetuoso de la soberanía de los Estados que los restantes modos de arreglo, particularmente los jurisdiccionales. La propuesta al efecto la presentaron, por ejemplo, en el Comité Especial de la Asamblea General de las Naciones Unidas que elaboró la Declaración de Principios de 1970 [resolución 2.625 (XXV)][8] y en la Reunión de Expertos de Montreux auspiciada por la Conferencia de Seguridad y Cooperación en Europa[9]. Los Estados occidentales se oponían a tal prioridad, y particularmente a la idea de la institucionalización obligatoria de las consultas, ya que veían en ella un arma de temibles presiones de la Unión Soviética hacia países pequeños. Es el caso que en la Declaración de Principios de 1970 no se estableció la prioridad pretendida por las democracias populares, ya que en el principio sobre solución pacífica de controversias las negociaciones diplomáticas figuran en pie de igualdad con otros medios de arreglo; y la Reunión de Montreux, como hemos dicho en otro lugar, terminó en un desvaído documento que, desde luego, tampoco señalaba aquella prioridad. Consiguientemente, el principio de libertad en la elección de medios comporta la igualdad de todos ellos y no concede prioridad alguna a las negociaciones o consultas.

d) Por lo demás, como ha señalado STONE[10], las negociaciones diplomáticas deben seguir siendo el método principal de arreglo de las controversias «de rutina» y

[6] Véase A. MIAJA DE LA MUELA, «Las negociaciones diplomáticas previas a las reclamaciones ante los tribunales internacionales», en *Anuario Hispano-Luso-Americano de Derecho Internacional,* vol. II, 1963, pp. 135 ss.

[7] C.I.J., *Recueil,* 1998, p. 303, par. 56.

[8] Véase E. PÉREZ VERA, *Naciones Unidas y los principios de coexistencia pacífica,* Tecnos, Madrid, 1973, pp. 48 ss.

[9] Véase R. JEANNEL, *op. cit.,* en nota 12 del apartado 60.

[10] J. STONE, *Legal controls of International Conflict. A treatise on the dynamics of disputes and War-Law,* Londres, 1954, p. 68.

de prevención del nacimiento de controversias potenciales, si bien —agrega—, como recurso último para la solución de controversias más serias presentan una serie de inconvenientes, a saber: 1) no son adecuadas para determinar de modo objetivo e imparcial hechos controvertidos; 2) los negociadores sustentan pretensiones lo más alejadas posibles, en un proceso de regateo, con independencia del fundamento jurídico o de cualquier otro fundamento; 3) la desigualdad de poder de los Estados y la posibilidad de que el Estado poderoso imponga su voluntad al débil; 4) la posibilidad de que una parte se declare incapaz de ceder o no decidida a ceder.

e) Como ha dicho el Tribunal Internacional de Justicia en la sentencia de 1 de octubre de 2018 (caso de la *Obligación de negociar un acceso al Océano Pacífico, Bolivia contra Chile, par. 32*) «la existencia de una obligación de negociar debe ser establecida de la misma manera que cualquier otra obligación jurídica». Y en aplicación de esa doctrina, la sentencia no encuentra la obligación de Chile de negociar solicitada por Bolivia en ninguna de las siguientes fuentes: acuerdos bilaterales, declaraciones y actos unilaterales, aquiescencia, *estoppel*, esperanzas legítimas, párrafo 3 del artículo 2 de la Carta de las Naciones Unidas, resoluciones de la Asamblea General de la Organización de Estados Americanos y alcance jurídico de conjunto de instrumentos y otros elementos. Señalemos por fin que si la negociación es impuesta por una norma internacional, los Estados partes en la controversia no tienen en el proceso libertad absoluta de comportamiento. Como ha dicho el Tribunal Internacional de Justicia en la sentencia de 20 de febrero de 1969, recaída en los casos de *la delimitación de la plataforma continental de Mar del Norte* (*Dinamarca* c. *Alemania, Países Bajos* c. *Alemania*), el principio que rige al respecto es el de las *meaningful negotiations*, lo que quiere decir que las negociaciones han de tener un sentido, cosa que no ocurre si una de las partes insiste tenazmente en su posición sin considerar posibilidad alguna de modificarla. Se trata obviamente de una exigencia del principio cardinal de la buena fe. Pero es obvio, como ha dicho el mismo Tribunal, que «el compromiso de negociar no implica el de entenderse» (*caso del Tráfico Ferroviario entre Lituania y Polonia,* opinión consultiva, CPJI *serie A/B*, n.º 42, *dictum* reiterado en la sentencia de 20 de abril de 2010 recaída en el *asunto relativo a dos fábricas de pasta de papel en el río Uruguay, Argentina c. Uruguay,* par. 150, p. 48). También ha dicho el Tribunal que la negociación implica al menos que una de las partes intente verdaderamente abrir el debate con la otra de cara a la solución de la controversia (sentencia de 1 de abril de 2011 recaída en el caso del *acuerdo relativo a la aplicación de la Convención internacional sobre eliminación de todas las formas de discriminación racial, Georgia c. Federación de Rusia, Excepciones preliminares,* par. 157).

61.2. Buenos oficios y mediación

a) Los buenos oficios consisten en la acción de un tercero —comúnmente, aunque no forzosamente, un Estado— que pone en contacto a dos Estados partes en una controversia a fin de que entablen negociaciones diplomáticas con vistas a su arreglo o que suministra de otro modo una ocasión adecuada para las negociaciones. Los buenos oficios pueden, pues, adoptar distintas modalidades en la práctica, pero el rasgo común de todas ellas es que el tercero se abstiene de expresar opinión alguna sobre el fondo de la controversia, así como de persuadir a las partes a que lleguen a una determinada solución. Si la acción del tercero comportase una posición sobre el fondo de la controversia o de persuasión a las partes para que adopten una solución, estaríamos ante la figura de la mediación. La mediación supone, efectivamente, algo más que los buenos oficios[11]. Como se dice en el artículo 4 de la Convención de La Haya de 18 de octubre de 1907 sobre solución pacífica de controversias, «el papel de mediador consiste en conciliar las pretensiones opuestas y en apaciguar los resentimientos que puedan haberse producido entre los Estados en conflicto». Y ello implica posición sobre el fondo de la disputa. Claro que en la práctica una acción de buenos oficios puede terminar en una mediación. De hecho, las fronteras entre una y otra figura pueden ser borrosas en casos concretos. De todos modos, los buenos oficios y la mediación «tienen exclusivamente el carácter de consejo y nunca fuerza obligatoria» (art. 6 de la Convención citada). Y esto es así incluso si el recurso a la mediación es impuesto obligatoriamente por un tratado (art. 8 del Tratado de París de 1856, art. 2 de las Convenciones de La Haya de 1899, etc.). Estamos realmente ante medios políticos de solución de controversias en los que las partes conservan su libertad de acción y decisión durante el desarrollo de los mismos. Ello supone también que en cualquier momento pueden ser rechazados los buenos oficios o la mediación y, como dice el artículo 5 de la Convención de 1907, «las funciones del mediador cesan desde el momento en que se comprueba, bien por una de las partes en litigio, bien por el propio mediador, que los medios de conciliación por él propuestos no son aceptados».

b) Los buenos oficios y la mediación pueden ser solicitados por los Estados partes en una controversia, o pueden ser ofrecidos a éstos por un tercer Estado. En este último supuesto, el ofrecimiento «no puede nunca ser considerado por una u otra de las partes en litigio como un acto no amistoso» (art. 3 de la Convención de La Haya de 1907). Por lo demás, y según enseña la experiencia histórica, los buenos oficios pueden ser prestados y la mediación desempeñada bien por un tercer Estado o colectivamente por varios Estados, bien por un particular, que normalmente es un ciudadano prominente de un tercer Estado (que, a su vez, puede actuar como particular o en virtud de su puesto oficial), o por un órgano de una organización internacional, como, por ejemplo, el Consejo de Seguridad de las Naciones Unidas.

c) Ejemplo sobresaliente, aunque no único, de prestación fructífera de buenos oficios es la iniciativa del presidente de los Estados Unidos THEODORE ROOSEVELT, que consiguió que Rusia y Japón iniciasen conversaciones en 1905 y concluyesen un tratado de paz. Casos descollantes de mediación son el de la prestada por Su Santidad León XIII en 1895 entre España y Alemania, que resolvió la *controversia*

---

[11] Sobre los buenos oficios y la mediación, véase: J. STONE, *op. cit.* en nota 10, pp. 69 ss.; A. MIAJA DE LA MUELA, «Solución pacífica de diferencias internacionales (medios políticos y arbitraje)», en *Escuela de funcionarios internacionales. Cursos y conferencias,* t. II (1956-57), pp. 180 ss.; H. BAR ADON, «Some Views on International Mediation», en *International problems,* 1971, n.º 1 y 2, pp. 63 ss.; y M. C. OTT, «Mediation as a method of conflict resolution: two cases», en *International organization,* 1972, pp. 595 ss.

sobre las Islas Marianas, Carolinas y Palao, y la más reciente (29 de noviembre de 1984) de la Santa Sede, que ha puesto fin satisfactoriamente a la enconada disputa entre Chile y Argentina sobre el *Canal de Beagle*[12]. Es también digna de mención la muy satisfactoria mediación, culminada en 1983, del diplomático suizo VICTOR UMBRICHT en la controversia entre Kenia, Tanzania y Uganda *relativa a la antigua Comunidad de África Oriental*[12 bis].

d) Por último, cabe celebrar la adopción el 30 de mayo de 2025 de la Convención sobre el establecimiento de la Organización Internacional para la Mediación, sujeto independiente de los Estados miembros con sede en Hong Kong. Es un tratado auspiciado por la República Popular de China junto a una veintena de Estados, que quedó abierto a la firma de Estados y organizaciones internacionales de integración durante todo el año 2025. Se define la mediación como un procedimiento «ya sea denominado mediación, conciliación u otras expresiones similares, mediante el cual las partes traten de llegar a un arreglo mutuamente aceptable y amistoso de su controversia de forma voluntaria con la asistencia de uno o más terceros (el mediador) que puedan facilitar a las partes a encontrar una solución a la controversia y que carezca de autoridad para imponerles una solución». Esta organización prestará servicios de mediación a las partes que se sometan a ese procedimiento de arreglo por acuerdo mutuo. La mediación cubre controversias entre Estados, controversias comerciales o de inversión entre un Estado y un nacional de otro Estado, así como controversias comerciales internacionales entre partes privadas.

61.3. LA INVESTIGACIÓN DE LOS HECHOS

a) Ocurre a veces que la causa generadora de una controversia internacional es un desacuerdo entre los Estados partes sobre una cuestión de hecho y en tales casos es obvio que la determinación de los hechos por un tercero imparcial puede coadyuvar de manera considerable a la solución de aquélla. Es éste el sentido que tuvo la propuesta presentada por Rusia en la I Conferencia de la Paz de La Haya, propuesta que dio lugar a que en la Convención de 1899 sobre solución pacífica de controversias se reconociese la utilidad de las comisiones internacionales de investigación, cuyos informes, de todos modos, no serían vinculantes para las partes. Es lo cierto que sobre la base de esta genérica declaración pudo resolverse satisfactoriamente el *asunto del Doggerbank o de los pesqueros de Hull,* originado durante la guerra entre Rusia y Japón cuando buques de guerra rusos hicieron fuego, el 22 de octubre de 1904, sobre unos pesqueros británicos que se encontraban en alta mar y que habían sido confundidos con torpederos japoneses; determinados los hechos por una comisión que presidía un almirante francés, Rusia acabó indemnizando a Gran Bretaña.

---

[12] Tratado de Paz y Amistad entre los Gobiernos de Argentina y Chile. Véase en *Revista de Estudios Internacionales,* enero-marzo, 1985, pp. 287 ss.; y F. MARIÑO MENÉNDEZ, «La mediación de la Santa Sede en el asunto del canal de Beagle», en *R.E.D.I.,* 1985-2, pp. 423 ss.

[12 bis] Véase V. UMBRICHT, «Une expérience de médiation: le cas de l'ancienne Communauté Africaine Orientale», en *A.F.D.I.,* 1984, pp. 129 ss.

b) El resultado favorable de este caso determinó que en la II Conferencia de la Paz de La Haya (1907) se hiciese una regulación más detallada de las comisiones de investigación; regulación que se incluyó en la Convención de 1907 sobre solución pacífica de controversias (título III, arts. 9 a 36) y que sintetizamos a continuación.

Las comisiones internacionales de investigación se juzgan útiles en los litigios de orden internacional que no comprometan ni el honor ni los intereses esenciales y que provengan de una divergencia de apreciación sobre puntos de hecho; la misión de las comisiones es esclarecer las cuestiones de hecho por medio de un examen imparcial y concienzudo (art. 9). Las comisiones se constituyen por convenio especial entre las partes en litigio (art. 10) y, salvo que las partes dispongan otra cosa (art. 17), su funcionamiento se rige por las reglas siguientes: la investigación tendrá carácter contradictorio (art. 19); la comisión puede realizar investigaciones *in situ* con el consentimiento de las partes (art. 20); la comisión puede solicitar a las partes las explicaciones e informes que estime convenientes (art. 22) y las partes procurarán dar facilidades a la comisión (art. 23); pero su informe está limitado a la comprobación de los hechos y no tiene carácter alguno de sentencia arbitral; deja a las partes en entera libertad en cuanto a las consecuencias de esta comprobación (art. 35).

c) Las comisiones de investigación funcionaron con éxito en algunos casos posteriores —particularmente en incidentes marítimos— y el recurso obligatorio a ellas fue establecido en una serie de tratados bilaterales celebrados por los Estados Unidos y otros Estados entre 1913 y 1914, conocidos como los tratados BRYAN. El Anexo VIII de la Convención de 1982 sobre el Derecho del Mar ha mostrado, por su parte, un claro interés hacia la figura de la investigación, ya que prevé, en su artículo 5, la constitución de tribunales arbitrales especiales con la sola misión de investigar y determinar los hechos en materia de pesquerías, protección y preservación del medio marino, investigación científica y navegación; salvo que las partes acuerden otra cosa, los hechos determinados por ese tribunal se considerarán establecidos para las partes, y si todas ellas lo solicitan, el tribunal podrá, además, formular recomendaciones, que carecerán de fuerza obligatoria[13].

61.4. LA CONCILIACIÓN

a) La conciliación es un medio de solución de las controversias internacionales caracterizado por la intervención de un tercero imparcial —la comisión de conciliación— al que se somete el examen de todos los elementos de la controversia —investigación de los hechos, reglas aplicables de Derecho Internacional, factores de oportunidad política— para que proponga una solución —materializada en un informe— sobre la base de aquellos elementos; propuesta que no es vinculante para las partes. Estamos, pues, ante un medio político o no jurisdiccional de solución de controversias, puesto que la solución no se apoya exclusivamente en el Dere-

[13] Sobre la investigación de los hechos en general, véanse: A. MIAJA DE LA MUELA, *op. cit.* en nota 11, pp. 191 ss.; CH. ROUSSEAU, *Derecho Internacional Público,* Barcelona, 1961, pp. 477 ss., y T. BENSALATH, *L'enquête internationale dans le règlement des conflits. Règles juridiques applicables,* París, 1976.

cho Internacional y, además, no es obligatoria para las partes. Ante la solución propuesta por la Comisión, los Estados partes en la controversia conservan su libertad de acción y decisión[14].

b) Como modo específico de solución de controversias, la conciliación es de aparición relativamente reciente en la historia del Derecho Internacional. Desde 1921, efectivamente, un amplio número de tratados bilaterales deferían al procedimiento de conciliación todas o algunas de las controversias que pudiesen surgir entre los Estados partes y que no hubiesen podido ser solucionadas por otros medios políticos. En 1922, la tercera Asamblea de la Sociedad de Naciones adoptó una resolución recomendando el recurso a comisiones de conciliación, y ello supuso un notable impulso a este modo de solución de controversias. Los Tratados de Locarno (1925), el Acta General de Ginebra de 1928 y otros instrumentos posteriores, como el Pacto de Bogotá de 1948, en el hemisferio americano, el Acta General Revisada de 1949, adoptada por la Asamblea General de las Naciones Unidas, y la Convención Europea sobre solución pacífica de controversias de 1957, en Europa occidental, prevén también el recurso a comisiones de conciliación, bien entendido que este recurso aparece integrado en un mecanismo más complejo que lo combina con el arbitraje o la solución judicial[15]. Hay que decir, de todos modos, que no todas las denominadas «comisiones de conciliación» responden a las características que hemos señalado en el párrafo anterior. Algunas de ellas, efectivamente, funcionan en ocasiones como órganos arbitrales, ya que dictan decisiones obligatorias basadas en el Derecho Internacional. Es el caso de las instituidas por los tratados de paz de 1947 en los que, para los supuestos en el que la comisión tenga que completarse con un presidente neutral por desacuerdo de los dos comisarios de las partes, la decisión es obligatoria y se dicta con base en el Derecho Internacional[16]. Conviene también hacer una mera referencia a la conciliación que se intenta en el seno de las organizaciones internacionales[17], que será estudiada en su lugar.

c) En el proceso de codificación del Derecho Internacional auspiciado por las Naciones Unidas ha reaparecido en los últimos tiempos un acusado interés por la conciliación, precisamente como solución de transacción entre los Estados que abogan por una amplia implantación de la jurisdicción obligatoria y los Estados partidarios del imperio absoluto del principio de libertad en la elección de medio. El compromiso ha consistido en establecer para ciertas categorías de controversias el recurso obligatorio a la conciliación. Esto lo hace el artículo 66 de la Convención de Viena de 1969 sobre Derecho de Tratados: para todas las controversias originadas por la invocación de una causa de nulidad, terminación o suspensión de un tratado es obligatorio recurrir al procedimiento de conciliación que se regula en el Anexo a la Convención, salvo cuando la causa en cuestión sea la oposición

---

14 Véase J. EFREMOFF, «La conciliation internationale», en *R. des C.*, t. 18, 1927 (III), pp. 5 ss.; J. P. COT, *La conciliation internationale,* París, 1968, y A. MIAJA DE LA MUELA, *op. cit.* en nota 11, pp. 203 ss.

15 Véase el apartado 60 de este libro.

16 Véase A. MIAJA DE LA MUELA, *op. cit.* en nota 11, p. 211.

17 Véase J. P. COT, *op. cit.* en nota 11 del apartado 61.2, pp. 251 ss.

con el *ius cogens* internacional en cuyo caso es obligatorio el recurso al arreglo jurisdiccional[18]. El recurso obligatorio a la conciliación se establece también en la Convención de Viena de 1975 sobre la representación de los Estados en sus relaciones con las organizaciones internacionales de carácter universal, para todas las controversias relativas a la aplicación e interpretación de sus disposiciones (art. 85). Idéntica obligación figura en la Convención de 1978 sobre sucesión de Estados en materia de tratados (art. 42) y en la de 1983 sobre sucesión de Estados en materia de bienes, archivos y deudas de Estado (art. 43). Más compleja es la regulación que hace a este respecto la Convención de 1982 sobre el Derecho del Mar. Analizada ya la cuestión con cierto detalle en otro lugar de este libro, recordemos ahora que el principio general de la jurisdicción obligatoria que se consagra en la Convención contiene importantes excepciones, mediante la fórmula técnica de limitaciones o la de excepciones facultativas para las categorías de controversias que en la III Conferencia se consideraron más sensibles y delicadas: acceso de terceros a la pesca en la zona económica exclusiva, investigación científica marina en la misma zona y delimitación de espacios marinos. En estos casos, sin embargo, se establece en último análisis el recurso obligatorio a la conciliación regulada en el Anexo V a la Convención[19].

d) De los instrumentos codificadores que establecen el recurso obligatorio a la conciliación sólo está hoy en vigor, y desde el 27 de enero de 1980[20], la Convención sobre Derecho de Tratados. Es aún relativamente pronto, por consiguiente, para saber cuál ha sido la operatividad real del recurso obligatorio a la conciliación previsto en aquellas convenciones, en el que parecen haberse depositado tantas esperanzas. Digamos, de todos modos, que antes de adoptarse la Convención de 1982 sobre el Derecho del Mar, se sometió a conciliación la cuestión de la *delimitación de la plataforma continental entre Noruega e Islandia en el sector de Jan Mayen;* la controversia terminó felizmente con la conclusión de un acuerdo, el 22 de octubre de 1981, entre las dos partes[21].

e) Los instrumentos adoptados por la CSCE una vez liquidada la guerra fría en el marco de la solución de controversias atribuyen también un papel de primer orden a la conciliación. Así, la Convención abierta a la firma en Estocolmo el 16 de diciembre de 1992, ya mencionada en otro lugar, instituye la conciliación obligatoria. Y, entre los otros dos documentos (políticos) aprobados en la misma fecha, el primero (de origen británico) regula un procedimiento de conciliación facultativa, mientras que el segundo (de procedencia estadounidense) trata de la conciliación impuesta. Señalemos la novedad y el alto interés de esta última figura, ya que es el Consejo de Ministros CSCE el que impone por vía de autoridad la conciliación según la regla del consenso menos dos, esto es, sin intervención en el proceso de adopción de la decisión de los dos Estados partes en la controversia. Aunque es

[18] Véase el apartado 8.12 de este libro.
[19] Véase el apartado 38.14 de este libro.
[20] Véase los documentos citados en nota 6 del apartado 60, p. 651 del primer documento.
[21] Véase J. EVENSEN, «La délimitation entre la Norvege et l'Islande du plateau continental dans le secteur de Jan Mayen», en *Annuaire Français de Droit International,* 1981, pp. 771 ss.

cierto que el documento no genera obligaciones jurídicas, sino únicamente políticas, y por más que, como sabemos, la conciliación sea un modo de solución de controversias con acusadas connotaciones políticas, no podemos dejar de señalar que estamos ante el primer caso histórico de ruptura del principio de libertad de elección del medio de arreglo. La práctica hablará de la eficacia de esta figura de la conciliación impuesta[22].

f) Causa perplejidad, finalmente, el acusado contraste entre la abundancia de instrumentos que en las últimas décadas instituyen la conciliación obligatoria y la escasez de supuestos conocidos en que ese medio de solución ha sido utilizado en la práctica. Estamos ante una desproporción llamativa que bien pudiera hacer pensar que la conciliación se concibe más como un punto de transacción negociadora entre los extremos representados por la libertad absoluta de elección de medio y la jurisdicción obligatoria, que como un modo de solución de controversias realmente útil y pacificador. Hay aquí en cualquier caso un importante tema de estudio y reflexión[23].

---

[22] Véase L. CAFLISCH, «Vers des mécanismes pan-européens de règlement pacifique des différends», en *R.G.I.P.*, 1993-1, pp. 1 ss.; y G. NESSI, «Soluzione pacifica delle controversie in Europa: recenti sviluppi», en *C.I.*, 1993-2, pp. 235 ss.

[23] Véase M. E. GARCÍA JIMÉNEZ, «Notas sobre la conciliación: ¿un procedimiento de arreglo pacífico de controversias internacionales con sentido actual y perspectivas de futuro», en *A.D.I.*, 1993, pp. 57 ss.

62. ESTUDIO EN PARTICULAR DE LOS MEDIOS JURISDICCIONALES DE SOLUCIÓN DE CONTROVERSIAS

a) Los medios jurisdiccionales de solución de las controversias internacionales son dos: el arbitraje y el arreglo judicial. Y en ellos se dan los siguientes rasgos comunes de índole funcional: 1) intervención de un tercero imparcial, que es el órgano arbitral o el judicial; 2) fundamento de la competencia del órgano en la voluntad de las partes; 3) naturaleza contradictoria del procedimiento, en el que las partes tienen las mismas oportunidades de hacer valer sus pretensiones; 4) examen del caso y apoyo de la solución en el Derecho Internacional y, excepcionalmente, si las partes en la controversia así lo convienen, en la equidad *contra legem* (solución *ex aequo et bono*); 5) carácter obligatorio de la decisión, que adopta la forma de sentencia (llamada también «laudo» en el caso del arbitraje)[1].

b) Ahora bien, desde un punto de vista institucional, mientras el órgano arbitral es efímero por naturaleza, ya que se crea *ad hoc* para resolver una controversia y desaparece cuando es solucionada, el órgano judicial es permanente: preexiste y subsiste a la controversia. De otro lado, en el arbitraje es mayor el grado de libertad de los Estados, puesto que pueden elegir al árbitro o a los componentes del órgano arbitral, así como conformar a su gusto, de mutuo acuerdo, el procedimiento; en cambio, en el arreglo judicial, los Estados se encuentran ante un órgano ya constituido y sólo pueden, en las condiciones que señalaremos más adelante, elegir un *juez ad hoc*; están constreñidos, asimismo, por un procedimiento ya establecido de antemano en el reglamento del tribunal en cuestión. Señalemos, por fin, que la integración de un tribunal en una organización internacional puede ofrecer una garantía adicional para el cumplimiento de las sentencias. Así, según el párrafo 2 del artículo 94 de la Carta de las Naciones Unidas, si una de las partes en un litigio dejare de cumplir la obligación que le imponga un fallo del Tribunal Internacional de Justicia, la otra parte podrá acudir al Consejo de Seguridad, el cual podrá, si lo cree necesario, hacer recomendaciones o dictar medidas con el objeto de que se lleve a efecto la ejecución del fallo. Esta garantía adicional no existe en el arbitraje.

c) Pero en una visión de conjunto de ambos medios de solución, los rasgos comunes funcionales tienen mayor peso y entidad, a nuestro juicio, que las divergencias institucionales. Ocurre, además, que hay entre ellos un continuo trasvase no sólo personal, sino también jurisprudencial. Trasvase personal, en primer término, y es así frecuente que sean llamados a formar parte de un tribunal

---

[1] Sobre los modos jurisdiccionales de arreglo en general, véase L. CAVARE, «La notion de juridiction internationale», en *Annuaire Français de Droit International,* 1956, pp. 469 ss.; L. DELBEZ, *Les principes généraux du contentieux international,* París, 1962; A. P. SERENI, *La Jurisdicción International,* Valladolid, 1969, etc.

internacional personas que antes han desempeñado labor arbitral, no faltando tampoco ocasiones recientes en que se integran órganos arbitrales con miembros de un tribunal internacional; por ejemplo, el caso del *Canal de Beagle,* entre Argentina y Chile, fue sometido, según compromiso de 22 de julio de 1971, a un órgano arbitral compuesto de cinco jueces del Tribunal Internacional de Justicia; del mismo modo, por compromiso de 10 de junio de 1975, el Reino Unido y Francia defieren su contencioso sobre *la delimitación de la plataforma continental en el Canal de la Mancha,* a otro órgano arbitral formado por otros cinco jueces del Tribunal de La Haya. Y trasvase jurisprudencial, en segundo término, porque la jurisprudencia arbitral es invocada por tribunales internacionales y viceversa, aunque lógicamente, un tribunal internacional ofrece condiciones más propicias para la formación de una jurisprudencia estable. De otro lado, la indudable crisis por la que atravesó en los últimos años el Tribunal Internacional de Justicia —de la que hablaremos en su lugar— y el deseo de hacerlo atractivo a los Estados y aumentar así el número de casos, han determinado una serie de reformas de su reglamento, en 1972 y 1978, que tienden a acercarlo al arbitraje[2]. Se trata, en efecto, de llevar al arreglo judicial algunas de las ventajas de la institución arbitral: agilidad y flexibilidad del procedimiento y particularmente que los Estados partes en una controversia tengan una cierta libertad en la elección de los jueces. Así, reconociendo el Estatuto del Tribunal la posibilidad de creación de salas especiales para conocer de asuntos determinados, la reforma del Reglamento de 1972 autoriza a que dichas salas se compongan de magistrados especialmente designados por las partes. De hecho, en 1982, Estados Unidos y Canadá han sometido al conocimiento de una sala especial la cuestión de *la delimitación de la plataforma continental y zona de pesca en la región del Golfo del Maine.* La sentencia se dicta por la Sala el día 2 de octubre de 1984[3]. De otro lado, por compromiso firmado el 16 de septiembre de 1983, *Burkina Faso* (antiguo Alto Volta) y la *República de Malí* decidieron someter a una Sala del Tribunal de La Haya la controversia *relativa al trazado de la frontera entre los dos países* en una zona determinada. La Sala dictó sentencia el 22 de diciembre de 1986[3 bis]. Asimismo, la controversia entre Estados Unidos e Italia sobre el asunto de la *Elettronica Sicula* ha sido deferida a una Sala del Tribunal[3 ter], todo lo cual demuestra el éxito de la reforma del Reglamento. Podemos citar también el *Asunto de la controversia fronteriza (Benin/Níger)* sometido a una Sala por compromiso entre los dos Estados litigantes de 15 de junio de 2001.

d) Y una escueta consideración final en este examen comparativo entre el arbitraje y el arreglo judicial. En los Derechos internos, y desde hace muchísimo tiempo, el arbitraje tiene una posición claramente subordinada al proceso judicial; en realidad, aquél es un sucedáneo de este último, al que sólo cabe recurrir en las condiciones estrictas que marcan los Derechos internos; hay categorías de con-

---

[2] Véase R. J. DUPUY, «La réforme du reglément de la Cour Internationale de Justice», en *Annuaire Français de Droit International,* 1972, pp. 265 ss.; y M. S. TORRECUADRADA GARCÍA-LOZANO, *Las Salas «ad hoc» de la Corte Internacional de Justicia,* Madrid, 1997.

[3] CIJ, *Recueil,* 1984, p. 451.

[3 bis] CIJ, *Recueil,* 1986, pp. 554 ss.

[3 ter] CIJ, *Recueil,* 1987, pp. 4 ss.

troversias que se excluyen de la solución arbitral. Pero esta posición subordinada no se da en el Derecho Internacional, en el que arbitraje y arreglo judicial sirven para las mismas categorías de controversias y figuran en pie de igualdad[4].

62.1. El arbitraje

a) La *noción del arbitraje* como medio jurisdiccional de solución de controversias se desprende suficientemente de las consideraciones que hemos hecho en el apartado anterior. No resistimos de todos modos la tentación de transcribir la definición —impecable desde el punto de vista doctrinal— que da el artículo 37 de la Convención de La Haya de 18 de octubre de 1907 sobre solución pacífica de las controversias internacionales. Allí se dice:

> El arbitraje internacional tiene por objeto arreglar los litigios entre los Estados mediante jueces por ellos elegidos y sobre la base del respeto al Derecho. El convenio de arbitraje implica el compromiso de someterse de buena fe a la sentencia arbitral.

Glosados ya en el apartado precedente los aspectos más importantes de esta definición, queremos poner de relieve ahora que el artículo transcrito se refiere únicamente al arbitraje entre Estados y que es ésta la única figura que vamos a considerar aquí. Cabe, por supuesto, organizar arbitrajes para resolver las controversias entre otros sujetos de Derecho Internacional, como, por ejemplo, las surgidas entre organizaciones internacionales o entre un Estado y una organización internacional. Éstos son, por supuesto, arbitrajes internacionales. En el dictamen del Tribunal de La Haya de 11 de abril de 1949 (*Reparación de los daños sufridos al servicio de las Naciones Unidas*) se reconoció explícitamente que la Organización tiene competencia para concluir un compromiso y ejercer una acción ante un tribunal internacional[5]. Más aún, en su dictamen de 26 de abril de 1988, el Tribunal se ha pronunciado por la obligatoriedad del recurso al arbitraje entre la Organización de las Naciones Unidas y los Estados Unidos en relación con la interpretación y aplicación del Acuerdo de Sede[5 bis].

La práctica internacional demuestra que, particularmente en el contexto del Derecho Económico Internacional, existen, asimismo, arbitrajes entre un particular y un Estado, o entre un particular y una organización internacional. Son los arbitrajes llamados «transnacionales». Ejemplos de estos tipos de arbitraje han sido analizados en otro lugar de este libro (casos *Lena Goldfields, Abu Dabi, International Marine Oil Company Ltd.*, etc.). Se trata de arbitrajes de naturaleza distinta a los interestatales, especialmente por lo que se refiere al Derecho aplicable, que no es el Derecho Internacional. Ya sabemos que ante la indeterminación del Derecho a aplicar en la mayoría de los compromisos, la tendencia de los árbitros es la de resolver las controversias de acuerdo a los «principios generales del Derecho reconocidos por las naciones civilizadas» a que se refiere el inciso *c*) del párrafo 1 del artículo 38 del Estatuto del Tribunal Internacional de Justicia. En fin, entre

---

[4] Véase A. Miaja de la Muela, *op. cit.* en nota 11 del apartado 61.
[5] CIJ, *Recueil*, 1949, p. 181.
[5 bis] CIJ, *Recueil*, 1988, pp. 12 ss.

este tipo de arbitrajes sobresalen en la actualidad los organizados por el CIADI al amparo de la Convención de Washington de 18 de marzo de 1965 tendentes a desplazar, como hemos dicho en su lugar, la figura de la protección diplomática.

b) Desde el *punto de vista histórico,* hay que decir que la institución del arbitraje como medio de solución de conflictos entre grupos políticos se remonta a la Edad antigua. Los historiadores han descubierto, en efecto, vestigios de la figura en la Grecia clásica y, más tarde, en la Edad Media[6]. Pero sin negar el interés de estos precedentes, debemos señalar que en la sociedad internacional moderna, que tiene como sujeto al Estado soberano, el arbitraje aparece realmente a finales del siglo XVIII, en las relaciones entre Gran Bretaña y los recién independizados Estados Unidos. El 19 de noviembre de 1794 se concluye entre estos dos países el Tratado de amistad, comercio y navegación, denominado comúnmente Tratado JAY, en el que, para solucionar las controversias originadas por la guerra de la independencia americana, se crean las llamadas comisiones mixtas diplomáticas. En Europa, sin embargo, y ya a lo largo del siglo XIX, se sintió preferencia hacia el arbitraje por un soberano o por un jefe de Estado, hasta que llega un momento en que se acude al arbitraje por un tribunal. Entre los arbitrajes de esta última naturaleza ocupa un lugar sobresaliente en la historia del Derecho Internacional el recaído en el caso del *Alabama* (sentencia arbitral de 14 de septiembre de 1882), relativo a la inobservancia de los deberes de neutralidad en la guerra marítima por parte de Inglaterra respecto a los Estados Unidos durante la guerra de secesión americana. El éxito de este arbitraje dio un notable impulso al arreglo arbitral y, aunque, como sabemos, en la I Conferencia de la Paz de La Haya (1899) no prosperó la propuesta rusa de institución del arbitraje obligatorio, la primera convención creó el «Tribunal Permanente de Arbitraje». Hay que decir de todos modos que este llamado «tribunal» no es tal en la realidad; se trata únicamente de una lista de personas designadas de antemano —cuatro por cada Estado parte en la Convención, que deben tener reconocida competencia en Derecho Internacional y gozar de la más alta reputación moral— que pueden ser elegidas por los Estados para actuar de árbitros. Es, sin embargo, relativamente alto el número de litigios resueltos en el marco del denominado Tribunal Permanente de Arbitraje[7]. Este marco sigue existiendo y está desplegando en los últimos años una actividad muy superior a la del pasado más inmediato, hasta el punto de que son hoy 15 los asuntos pendientes. Tras la primera guerra mundial, los Tratados de paz crean los llamados «Tribunales arbitrales mixtos» para conocer de las reclamaciones entabladas por las potencias vencedoras y sus nacionales en razón a medidas excepcionales de guerra; estos tribunales admitían no sólo el *ius standi* de los Estados, sino también el de los particulares. De la misma manera, después de la segunda guerra mundial, los Tratados de paz de 1947 instituyeron las Comisiones de conciliación y arbitraje, aunque a ellas sólo tenían acceso los Estados. Es de hacer notar que ni la constitución del Tribunal Permanente de Justicia Internacional (1920) ni la

---

[6] Véase particularmente M. TAUBE, «Les origines de l'arbitrage international. Antiquité et moyen âge», en *R. des C.*, vol. 42, 1932-IV, pp. 42 ss.
[7] Véase A. MIAJA DE LA MUELA, *op. cit.* en nota 11 del apartado 61, pp. 231 ss.

del Tribunal Internacional de Justicia (1945), determinaron la desaparición del arbitraje. En su primer período de sesiones, la Comisión de Derecho Internacional incluyó el tema del procedimiento arbitral entre los elegidos para codificación, nombrando relator especial al profesor SCELLE. En 1958, la Comisión completó la redacción de un «Modelo de reglas sobre procedimiento arbitral», que no estaba destinado a convertirse en convención, sino sólo a servir de pauta a los Estados para cuando redactaran tratados de arbitraje o compromisos. Por resolución 1.262 (XIII) de 14 de noviembre de 1958, la Asamblea General tomó nota del proyecto y lo señaló a la atención de los Gobiernos a los efectos indicados por la Comisión[8]. Respecto a la evolución posterior del arbitraje, puede decirse que en los últimos tiempos algunos Estados (particularmente Francia, que parte de la idea de que «todo tribunal preconstituido es un tribunal mal constituido») han vuelto su mirada hacia dicho medio de arreglo, que es considerado preferible al arreglo judicial (caso del *Canal de Beagle* en 1977, aunque en él Argentina no acató la sentencia; caso de la *delimitación de la plataforma continental entre Francia y el Reino Unido* en 1977; caso de la *interpretación del acuerdo aéreo entre Francia y Estados Unidos* en 1978)[9]. Más recientemente, incluso, se ha recurrido al arbitraje para determinar la frontera marítima entre dos Estados africanos de nueva independencia (sentencia arbitral de 14 de febrero de 1985 sobre la *delimitación de la frontera marítima entre Guinea y Guinea-Bissau*)[10]. Y el día 11 de septiembre de 1986 se concluyó un compromiso entre Egipto e Israel para someter a un tribunal arbitral la controversia fronteriza surgida en la región de *Taba Beachfront*[10 bis]; la sentencia se dicta el 29 de septiembre de 1988. Asistimos, pues, a una progresiva recuperación del arbitraje como medio jurisdiccional de solución de controversias. El profesor CAFLISCH ha señalado en este contexto que en la situación actual de las relaciones internacionales, concepciones generosas fundadas en la idea de un procedimiento judicial generalizado y obligatorio tienen pocas probabilidades de éxito; es preciso así —agrega— volverse hacia el arbitraje, pues este modo de arreglo no solamente es aceptable para un gran número de Estados, sino que, además, ofrece la ventaja de producir soluciones definitivas y vinculantes basadas en el Derecho Internacional[11]. Como hemos dicho son quince las controversias que penden ahora mismo en el marco del Tribunal permanente de arbitraje. Y entre las resueltas últimamente dentro de ese marco podemos citar la sentencia arbitral

[8] Véase *La Comisión de Derecho Internacional y su obra,* Naciones Unidas, Nueva York, 1981, pp. 49 ss. y 125 ss.

[9] Laudo del Gobierno de S. M. Británica de 18 de abril de 1977; sentencia del Tribunal arbitral de 30 de junio de 1977; sentencia del Tribunal arbitral de 9 de diciembre de 1978. Véase, respectivamente: J. DUTHEIL DE LA ROCHÈRE, «L'affaire du Canal de Beagle», en *Annuaire Français de Droit International,* 1977, pp. 408 ss.; J. P. QUENEUDEC, «L'affaire de la délimitation du plateu continental entre la France et le Royaume Uni», en *Révue Générale de Droit International Public,* 1979, pp. 53 ss., y J. DUTHEIL DE LA ROCHÈRE, «L'interprétation de l'Accord franco-americain rélatif au transport aérien international», en *Annuaire Français de Droit International,* 1979, pp. 314 ss.

[10] *Tribunal Arbitral pour la délimitation de la frontière maritime Guinée/Guinée-Bissau.* Sentence du 14 février 1985, pp. 4 ss.

[10 bis] *International Legal Materials,* vol. XXVI, enero de 1987, pp. 2 ss.

[11] L. CAFLISCH, «Vers une renaissance de l'arbitrage entre Etats?», en *Liber amicorum Adolf F. Schnitzer,* Ginebra, 1979, especialmente p. 99. Sobre la actualidad del arbitraje, P. ANDRÉS SÁENZ DE SANTAMARÍA, «El arreglo arbitral de las controversias internacionales: aspectos recientes», en el libro *Arreglo pacífico de controversias internacionales*, Valencia, 2013, pp. 79 ss.

de 24 de marzo de 2005 relativa a la controversia *Rin de hierro,* entre Bélgica y los Países Bajos; y la dictada el 1 de septiembre del mismo año en la controversia entre Malasia y Singapur sobre los trabajos de *polderización emprendidos por Singapur en el interior y en las cercanías del Estrecho de Johor*.

Muestra, en todo caso, del interés renovado de los Estados hacia el arbitraje es la Convención sobre el Derecho del Mar de 1982, donde, admitiéndose la pluralidad de foros jurisdiccionales en virtud del mecanismo conocido como cláusula de Montreux, los supuestos de controversia en que los Estados partes en un litigio no hayan elegido foro o hayan escogido foros distintos se solucionan mediante arbitraje.

c) La *competencia* del órgano arbitral se asienta en el consentimiento de los Estados partes en la controversia. Ello es una consecuencia del imperio del principio de la libertad en la elección del medio. Ahora bien, este consentimiento puede manifestarse por distintas vías. Cabe, en primer lugar, que el consentimiento se preste *a posteriori,* es decir, después de la aparición de la controversia y exclusivamente para la solución de ella. El consentimiento mutuo plasma, entonces, en un acuerdo internacional, que se llama «compromiso», y en el que se dilucidan, además, cuestiones tales como el carácter del órgano —unipersonal o colectivo—, identidad del árbitro o los árbitros o modo de nombramiento, y en el que se pueden estipular incluso reglas de procedimiento y también disposiciones sobre el Derecho aplicable. Cabe, en segundo lugar, que el consentimiento se manifieste *a priori,* es decir, con anterioridad al nacimiento de la controversia. Y este segundo supuesto puede adoptar dos modalidades: cláusula compromisoria o tratado de arbitraje en vigor entre las partes. La cláusula compromisaria es la que figura en un tratado o convención relativo a otra materia, bien multilateral —una convención codificadora, por ejemplo—, bien bilateral —un acuerdo de cooperación—. Los tratados de arbitraje son los que se refieren específicamente a la cuestión de solución de controversias y prevén el recurso a aquel medio para una categoría genérica de controversias, entre las que se encuentra la controversia en cuestión. Al hablar de los intentos para establecer la jurisdicción obligatoria nos hemos referido a muchos de estos tratados[12].

El órgano arbitral, como cualquier otra jurisdicción internacional, es juez de su propia competencia; puede, por tanto, dirimir los litigios que sobre ella se planteen[13]. En este sentido, si una vez constituido el órgano, uno de los Estados partes hace una alegación o petición que el otro Estado parte entiende no cae dentro de la competencia de aquél, es el órgano arbitral el que decide. Pero en otras ocasiones las cosas no se presentan de manera tan sencilla, porque, tratándose de supuestos de competencia en que el consentimiento de las partes se presta *a priori* en una cláusula compromisoria o en un tratado de arbitraje, cabe que cuando una de las partes pretende someter a arbitraje una determinada controversia, la otra parte entienda que la controversia en cuestión no es de las contempladas en

[12] Véase el apartado 60 de este libro.

[13] CIJ, *Recueil,* 1953, p. 119; CPJI, *Serie B,* n.º 16, p. 20. En la doctrina: G. BERLIA, «Jurisprudence des tribunaux internationaux en ce qui concerne leur compétence», en *R. des C.,* 1935, vol. 88, pp. 105 ss.

aquellos instrumentos y se niegue, por consiguiente, a constituir el órgano arbitral. En estos casos, pues, el órgano, al no existir, no puede pronunciarse sobre su propia competencia. Pero en la hipótesis considerada, ha surgido una nueva controversia, que es la relativa a la arbitrabilidad de la primera, controversia que versa sobre la interpretación de una disposición convencional —cláusula compromisoria o tratado de arbitraje—, y cabe, entonces, que esta segunda controversia sea justiciable ante un tribunal internacional, por existir al respecto un vínculo jurisdiccional entre las partes. Es esto lo que ocurrió en el caso *Ambatielos* entre Grecia y el Reino Unido. Grecia pretendía la sumisión de la controversia a un arbitraje, de conformidad con lo previsto en un tratado concluido en 1886, pero el Reino Unido entendía que la controversia no entraba en el ámbito de aplicación de dicho tratado. Mas como entre los dos países existía un vínculo de jurisdicción ante el Tribunal Internacional de Justicia, Grecia llevó ante este último órgano la controversia relativa a la arbitrabilidad del *caso Ambatielos.* El Tribunal de La Haya, por sentencia de 9 de mayo de 1953, decidió que el Reino Unido estaba obligado a someter el caso a arbitraje[14].

d) En lo que concierne al *procedimiento,* son comúnmente los Estados partes en la controversia los que lo establecen en el compromiso, aunque cabe que confíen esta tarea al propio órgano arbitral o que se remitan a la regulación que figura en el «Modelo de reglas sobre procedimiento arbitral» elaborado por la Comisión de Derecho Internacional o a la de las Convenciones de La Haya de 1899 y 1907 sobre solución pacífica de controversias. La Convención de 1907 se refiere, en efecto, en su capítulo III, al procedimiento arbitral ante el Tribunal Permanente de Arbitraje. La regulación es muy detallada y de ella destacamos los siguientes puntos.

El procedimiento consta, por lo general, de dos fases: la instrucción escrita y los debates orales. La instrucción escrita consiste en la comunicación hecha por los agentes respectivos a los miembros del tribunal y a la parte adversa de las memorias, contramemorias y, en caso necesario, de las réplicas; las partes añadirán a ellas todas las piezas y documentos invocados en la causa. Los debates consistirán en el desenvolvimiento oral de las razones alegadas por las partes ante el tribunal (art. 63). Los debates serán dirigidos por el presidente y tendrán carácter público, si así lo acuerda el tribunal con el asentimiento de las partes (art. 66). Los miembros del tribunal podrán dirigir preguntas a los agentes y consejeros de las partes y pedirles esclarecimiento sobre puntos dudosos (art. 72). Y una vez que los agentes y los consejeros de las partes hayan presentado todas las aclaraciones y pruebas en apoyo de su causa, el presidente declarará conclusos los debates (art. 77), procediendo el tribunal a deliberar a puerta cerrada y de manera secreta (art. 78).

e) La *sentencia arbitral,* que se adopta por mayoría si el órgano es colegiado y se redacta por escrito, ha de ser motivada. Es cierto que a lo largo del siglo XIX se dieron casos de sentencias no motivadas, sobre todo en arbitrajes confiados a un soberano o jefe de Estado y que la doctrina discrepaba sobre la obligación de motivar la decisión. Pero ya en el artículo 79 de la Convención de La Haya de 1907

[14] CIJ, *Recueil,* 1953, pp. 10 ss.

se establece el deber de motivar la sentencia, y lo mismo se hace en el artículo 29 del «Modelo de procedimiento arbitral» redactado por la Comisión de Derecho Internacional. Hoy no se discute ya la obligación de motivar la sentencia[15].

La sentencia arbitral es obligatoria; al aceptar el arbitraje las partes aceptan, asimismo, el resultado de la sentencia, que posee fuerza de *res iudicata* para ellas, y que en tanto que obligación internacional debe ser ejecutada de buena fe. Así se dispone en el artículo 37 de la Convención de La Haya de 1907. Pero el efecto de cosa juzgada de la sentencia es relativo: no tiene lugar para los Estados no partes en la controversia. De todos modos, el artículo 84 de la citada convención prevé que si la controversia afecta a la interpretación de un tratado en que sean partes otros Estados, éstos podrán intervenir en el juicio, aunque si llegan a ejercitar el derecho de intervención, la interpretación de la sentencia les afectará igualmente.

La sentencia arbitral debe estar fundada en Derecho. Es ello algo inherente a los medios jurisdiccionales de solución y, por ende, al arbitraje. Cabe, a este respecto, que los Estados partes en la controversia precisen en el compromiso las reglas jurídicas aplicables o que incluso indiquen el contenido sustantivo de éstas. En el *caso del Alabama,* por ejemplo, el tribunal arbitral falló en base a las llamadas reglas de Washington relativas al comportamiento de un Estado neutral en la guerra marítima; reglas que se formulaban en el propio compromiso, concluido justamente en la capital federal de los Estados Unidos el día 8 de mayo de 1871. Lo común es, sin embargo, que en el compromiso se obligue al órgano arbitral a basarse en el Derecho Internacional; si nada se dice, ha de presumirse que el fallo habrá de apoyarse en el Derecho Internacional.

De otra parte, y sin perjuicio de que el órgano arbitral, como cualquiera otra jurisdicción internacional, pueda hacer uso sin necesidad de autorización especial de la equidad *secundum legem* y *praeter legem,* cabe que las partes le confíen la solución del litigio *ex aequo et bono,* es decir, según la equidad *contra legem*[16]. Esto ocurrió en el caso de las Comisiones mixtas venezolanas de 1902 y 1903, que, según los protocolos instituyentes, debían fallar «sobre la base de la equidad absoluta, sin tener en cuenta las objeciones de naturaleza técnica o las reglas de la legislación local». Pero, como ha hecho notar ROUSSEAU, en éste y en algunos casos semejantes, a lo más que se llegó en las decisiones arbitrales es a admitir la «posibilidad teórica de un arreglo *ex aequo et bono* contrario al Derecho»; no se dictó ninguna sentencia basada en la equidad *contra legem*[17].

f) La sentencia arbitral es definitiva en el sentido de que no son posibles *recursos* de apelación o casación ante jurisdicciones superiores. No han faltado algunos intentos de establecer recursos de apelación —últimamente, en la III Conferencia de las Naciones Unidas sobre el Derecho del Mar[18]—, pero la estructura no jerarquizada de la sociedad internacional no propicia ciertamente la organización y el ejercicio de este tipo de recursos. Sí se habla, en cambio, de otra clase de recursos contra la

---

[15] Véase L. DELBEZ, *op. cit.* en nota 1, pp. 123 ss.

[16] Véase el apartado 13 de este libro.

[17] CH. ROUSSEAU, *Principes Généraux du Droit International Public,* París, 1944, pp. 948 ss.

[18] Véase J. A. PASTOR RIDRUEJO, «La solución de controversias en la III Conferencia de las Naciones Unidas sobre el Derecho del Mar», en *R.E.D.I.,* vol. XXX, 1977, n.º 1, pp. 23-25.

sentencia arbitral: interpretación, revisión y nulidad. Veamos en las líneas que siguen cuál es su alcance y sentido.

Respecto al recurso de *interpretación,* dice el artículo 82 de la Convención de La Haya de 1907 que «toda controversia que pudiera surgir entre las partes relativa a la interpretación y ejecución de la sentencia, será, salvo estipulación en contrario, sometida al juicio del tribunal que la ha dictado». Por su parte, el Pacto de Bogotá de 1948 prevé que «las controversias que se susciten sobre la interpretación o ejecución del laudo serán sometidas a la decisión del tribunal arbitral que lo dictó». Ninguno de estos textos precisa si la demanda de interpretación debe proceder de los dos Estados parte en el litigio o si basta, por el contrario, que provenga de uno solo. Sin embargo, el Tribunal de La Haya ha señalado que, a menos de la existencia de un acuerdo formal entre las partes, el árbitro no está habilitado para interpretar su sentencia[19].

En cuanto al recurso de *revisión,* dispone el artículo 83 de la Convención de La Haya de 1907:

> Las partes pueden reservarse en el compromiso la facultad de pedir la revisión de la sentencia arbitral.
>
> En este caso, y salvo estipulación en contrario, la petición deberá dirigirse al tribunal que ha dictado la sentencia. No puede motivarse sino en el descubrimiento de un hecho nuevo, que hubiera podido ejercer una influencia decisiva sobre la sentencia, y que en el momento de la conclusión de los debates fuera desconocido por el propio tribunal y por la parte que pida la revisión.
>
> El procedimiento de revisión no puede ser incoado sino por una decisión del tribunal, haciendo constar expresamente la existencia del hecho nuevo, reconociéndole los caracteres previstos en el párrafo precedente, y declarando la pretensión admisible por este concepto.
>
> El compromiso determinará el plazo en que haya de formularse la demanda de revisión.

Ahora bien, la previsión del recurso de revisión es excepcional en los compromisos, y cuando ha figurado en ellos no se ha presentado ningún caso de revisión; por el contrario, y como hizo notar el profesor MIAJA DE LA MUELA, la revisión se ha solicitado en arbitrajes cuyos compromisos no la habían previsto, aunque en estos casos no se trataba de revisión en sentido técnico —basada en el descubrimiento de un hecho nuevo—, sino en modificaciones en la sentencia para hacer aceptable la solución a la parte que se mostraba reacia a pasar por ella[20].

Se habla, por fin, de recurso de *nulidad.* En este sentido, el artículo 35 del «Modelo de procedimiento arbitral» elaborado por la Comisión de Derecho Internacional, dice:

> Cualquiera de las partes podrá impugnar la validez de una sentencia por una o varias de las causas siguientes:
>
> *a*) Exceso de poder del tribunal.
>
> *b*) Corrupción de un miembro del tribunal.
>
> *c*) Falta de motivación de la sentencia o infracción grave de una regla fundamental de procedimiento.
>
> *d*) Nulidad de la estipulación de recurrir al arbitraje o del compromiso.

Las causas de nulidad son claras, pero el arreglo de la controversia que verosímilmente planteará la invocación de nulidad de la sentencia por una de las partes, es realmente problemático. En el «Modelo de procedimiento arbitral» citado se prevé

---

[19] CPJI, *Serie B,* n.º 8.

[20] A. MIAJA DE LA MUELA, *op. cit.* en nota 11 del apartado 61, p. 290.

la intervención, en última instancia, del Tribunal Internacional de Justicia, solución ésta que es satisfactoria, pero que necesita del consentimiento de las partes. En la realidad, la nueva controversia no hará sino dar lugar a acciones unilaterales que pueden agravar la primera controversia, a no ser que las partes se pongan de acuerdo sobre otro medio de solución, como ha sido el caso del arbitraje del *Canal de Beagle* de 18 de abril de 1977 entre Argentina y Chile. Impugnada la validez de la sentencia arbitral por Argentina, la controversia se resolvió, finalmente, a través de la mediación de la Santa Sede el día 29 de noviembre de 1984. En la controversia sobre *delimitación marítima entre Guinea-Bissau y Senegal,* impugnada por el primer país la sentencia arbitral recaída el 31 de julio de 1989, la cuestión de la validez de esta sentencia fue sometida al Tribunal Internacional de Justicia porque ambas partes habían aceptado su competencia por declaración unilateral. En sentencia de 12 de noviembre de 1991, el Tribunal de La Haya se pronunció por la validez de la sentencia arbitral[20 bis].

62.2. El arreglo judicial. Panorámica histórica y presente

a) Ya sabemos que el arreglo judicial es, junto al arbitraje, uno de los dos medios jurisdiccionales de solución de controversias entre Estados. Los rasgos comunes y diferenciales entre una y otra figura han sido ya analizados[21] y de ellos se desprende suficientemente el concepto de arreglo judicial: se trata de la solución de controversias entre Estados por un tercero imparcial mutuamente consentido, que es un órgano permanente, además de colectivo, el cual dicta sentencia obligatoria fundada en el Derecho Internacional después de un proceso contradictorio regulado por un procedimiento preestablecido.

b) En una *perspectiva histórica* hay que señalar que los primeros intentos de constitución de tribunales internacionales datan de principios del siglo XX. Efectivamente, en la II Conferencia de la Paz de La Haya (1907), los Estados Unidos propusieron la creación de un tribunal permanente, el llamado «Tribunal de Justicia Arbitral». El proyecto no prosperó, sin embargo, porque a la hora de determinar la composición del órgano surgieron graves disensiones entre las pequeñas potencias, capitaneadas por Brasil, que pretendían se respetase el principio de igualdad, y las grandes potencias que reclamaban una posición privilegiada en cuanto a la presencia de jueces de su nacionalidad. De otro lado, la misma Conferencia adoptó otra Convención, la XIII, que preveía la constitución de un Tribunal Internacional de presas marítimas, pero el instrumento no llegó a obtener el número de ratificaciones necesarias para su entrada en vigor; el Tribunal no llegó a ser creado[22].

Realmente, en la *Corte Centro-americana de Justicia* recae el honor de haber sido el primer tribunal internacional. En efecto, por el Tratado de Washington de 29 de diciembre de 1907, Guatemala, El Salvador, Honduras, Nicaragua y Costa Rica crearon dicho órgano judicial, que funcionó entre 1908 y 1918, primero en la

[20 bis] CIJ, *Recueil,* 1991, Asunto de la *Sentencia arbitral de 31 de julio de 1989 (Guinea-Bissau contra Senegal).*
[21] Véase el apartado 62 de este libro.
[22] Véase *op. cit.* en la nota 1 del apartado 60.

ciudad costarricense de Cartago y luego en la propia capital de Costa Rica, habiendo llegado a resolver diez casos durante ese lapso de tiempo. Es de hacer notar que la Corte tenía jurisdicción obligatoria y no sólo admitía el *ius standi* de los Estados, sino también el de los particulares; de hecho, fueron cinco los casos sometidos por ellos. La Corte se extinguió el 12 de marzo de 1918, fecha de terminación del tratado instituyente, que no fue prorrogado[23].

El Pacto de la Sociedad de Naciones preveía (art. 14) la creación del *Tribunal Permanente de Justicia Internacional,* cuyo Estatuto debía ser preparado por el Consejo. Este órgano encargó la redacción del proyecto a una Comisión de Juristas —la Comisión de los 10—, que llegó a proponer la jurisdicción obligatoria del nuevo tribunal para todas las controversias de orden jurídico entre los Estados partes en el Estatuto. El Estatuto se concluyó el día 13 de diciembre de 1920 sin aceptar la propuesta de la Comisión de los 10 respecto a la jurisdicción obligatoria, pero incluyendo la cláusula opcional ya mencionada en otro lugar[24]. Por lo demás, el Estatuto sólo preveía el *ius standi* de los Estados y entre 1922 y 1939 resolvió el Tribunal un considerable número de controversias: 32 sentencias y 27 dictámenes[25]. El desencadenamiento de la segunda guerra mundial supuso, sin embargo, la suspensión de las actividades del Tribunal Permanente de Justicia Internacional. En la Conferencia de San Francisco (1945), creadora de las Naciones Unidas, se planteó el problema de mantener a aquel Tribunal o de crear una nueva jurisdicción, optándose por esto último a fin de resolver el problema suscitado por la participación en el Estatuto del Tribunal Permanente de Estados enemigos y neutrales —que no tomaban parte en la Conferencia— y el de los Estados, como Estados Unidos y la Unión Soviética que —participando en la Conferencia— no eran partes en el Estatuto de aquel Tribunal[26]. El Tribunal permanente fue disuelto de manera formal el 18 de abril de 1946. En fin, en esta escueta exposición de los precedentes históricos de los tribunales internacionales, no puede faltar una mención a los Tribunales de Nuremberg y Tokio que, sobre la base del Estatuto de Londres de 8 de agosto de 1945, impusieron penas a los grandes criminales de guerra nazis y japoneses. Pero, evidentemente, dichos tribunales no desempeñaron el cometido de solucionar controversias entre Estados.

c) Funciones de arreglo judicial de las controversias entre Estados se llevan a cabo *en nuestros días* por distintos tribunales, entre los que destacamos los siguientes: Tribunal Internacional de Justicia, creado en 1945 por la Carta de las Naciones Unidas y con sede en La Haya; Tribunal de Justicia de la Unión Europea, establecido por la Convención relativa a las instituciones comunes de las comunidades de 25 de marzo de 1957 y con sede en Luxemburgo; Tribunal de Justicia del Acuerdo de Cartagena (grupo andino), con sede en Quito, creado por el Acuerdo de Cartagena de 28 de mayo de 1979; Tribunal Europeo de los Derechos

[23] Véase A. LÓPEZ VILLAMIL, *La Corte Centro-americana de Justicia en la política internacional,* Madrid, 1960.

[24] Véase el apartado 59 de este libro.

[25] Sobre el Tribunal Permanente de Justicia Internacional, véase M. HUDSON, «The Twenty-four year of the World Court», en *American Journal of International Law,* 1946, pp. 10 ss.

[26] Véase E. JIMÉNEZ DE ARÉCHAGA, *Derecho Constitucional de las Naciones Unidas,* Madrid, 1958, pp. 497-498.

Humanos, constituido por la Convención de salvaguarda de los derechos humanos y libertades fundamentales de 14 de noviembre de 1950 y con sede en Estrasburgo; y Corte Interamericana de Derechos Humanos, creada por la Convención de San José de Costa Rica de 22 de noviembre de 1969 y con sede en dicha ciudad. Añadamos que la Convención de las Naciones Unidas sobre el Derecho del Mar de 10 de diciembre de 1982 ha instituido Tribunal Internacional del Derecho del Mar con sede en Hamburgo.

Éstos son, hoy por hoy, los principales tribunales internacionales que solucionan controversias entre Estados. Tribunales, lo veremos en seguida, que tienen distintos tipos de competencia, tanto *ratione personae* —Estados y entidades que pueden litigar ante ellos— como *ratione materiae* —controversias o asuntos que pueden resolver—. Señalemos, por lo demás, que dos importantes convenciones multilaterales prevén también la creación de tribunales internacionales de carácter penal: es el caso de la Convención para la prevención y sanción del delito de genocidio, de 9 de diciembre de 1948, y de la Convención para la eliminación y sanción del crimen de *apartheid* de 30 de noviembre de 1973. Estos tribunales no han llegado a constituirse, ni es previsible que se establezcan en un futuro inmediato, pero lo que nos interesa señalar aquí es que su función no sería la de resolver controversias entre Estados, sino la de imponer penas individuales por comisión de los llamados «delitos contra el Derecho de Gentes». Tampoco solucionan controversias entre Estados los denominados tribunales administrativos de las organizaciones internacionales, encargados tan sólo de resolver los litigios entre la organización y sus funcionarios (Tribunal Administrativo de las Naciones Unidas; Tribunal Administrativo de la Organización Internacional del Trabajo con competencia para otras organizaciones, y Comisión de Recursos de la OCDE).

d) El *Tribunal Internacional de Justicia* (Corte Internacional de Justicia en la versión oficial española de la Carta)[27] es un órgano principal de las Naciones Unidas, según los artículos 7 y 92 de la Carta, y su Estatuto forma parte integrante de ella. El estudio detallado del órgano lo haremos más adelante cuando nos ocupemos de las Naciones Unidas. Aquí y ahora nos interesa señalar, de todos modos, que a diferencia de otros tribunales internacionales en funcionamiento, su competencia *ratione personae* es universal por lo que respecta a los Estados y su competencia *ratione materiae* es general. Su competencia *ratione personae* es universal, porque estando abierto el Tribunal a todos los Estados partes en su Estatuto (art. 35.1 de dicho Estatuto), todos los miembros de las Naciones Unidas son *ipso facto* partes en él y un Estado no miembro puede llegar a ser parte en el Estatuto (art. 93 de la Carta). La universalidad de las Naciones Unidas determina, pues, la universalidad del Tribunal. Y su competencia *ratione materiae* o poder para resolver controversias entre Estados es general porque alcanza a «todos los

---

[27] Fue el profesor MIAJA DE LA MUELA quien habituó a los internacionalistas españoles a emplear la palabra «tribunal» y generalizó su empleo entre nosotros. Hay que tener en cuenta de todos modos que el vocablo «corte» es enteramente correcto. En el *Diccionario* de la Real Academia de la Lengua (ed. 1925) se indica que «corte» es el término utilizado en la América hispana para el tribunal de justicia; de otro lado, uno de los sinónimos de «corte» indicados en el diccionario es el de «chancillería», vocablo éste que también designa un tribunal de justicia. Yo confieso que más allá de nuestras fronteras empleo la palabra «corte». Sobre el Tribunal (o Corte), véase el apartado 81.5.

litigios que las partes le sometan» (art. 36.1 del Estatuto). Como dijo el Tribunal Permanente de Justicia Internacional en el *asunto de las minorías en Alta Silesia* en palabras válidas para el Tribunal Internacional de Justicia.

> La jurisdicción del Tribunal depende de la voluntad de las partes. El Tribunal es siempre competente desde el momento en que éstas aceptan su jurisdicción, pues no hay ninguna controversia que los Estados admitidos a comparecer ante el Tribunal no puedan someterle. El artículo 36 del Estatuto, en su primer apartado, consagra el principio en los términos siguientes [...][28].

Así pues, ámbito de actuación universal y competencia general de solución de controversias son dos notas distintivas importantes del Tribunal Internacional de Justicia que no poseen otros tribunales internacionales en funcionamiento. Por lo demás, y es éste también un rasgo diferencial a señalar, en los litigios ante el Tribunal Internacional de Justicia sólo pueden ser partes los Estados (art. 34 del Estatuto), no otras entidades como organizaciones internacionales o particulares (personas físicas o jurídicas).

e) Existe en el marco de la OSCE (Organización para la Seguridad y Cooperación en Europa) el Tribunal de Conciliación y Arbitraje, con sede en Ginebra, creado por la Convención de Estocolmo de 15 de diciembre de 1992, y que sólo establece como obligatorio el recurso a la conciliación, dejando a la libertad de los Estados partes el sometimiento de la controversia a arbitraje. No ha tenido hasta el momento oportunidad de solucionar controversia alguna.

f) El *Tribunal Internacional del Derecho del Mar* tiene también vocación de universalidad, ya que está abierto a todos los Estados partes en la Convención de 1982 sobre Derecho del Mar (art. 20 del Anexo VI) y ésta está abierta a todos los Estados (art. 305). En lo que respecta a la competencia *ratione materiae* el artículo 21 del Anexo VI dice que «se extenderá a todas las controversias y demandas que le sean sometidas de conformidad con esta Convención y a todas las cuestiones expresamente previstas en cualquier otro acuerdo que confiera competencia al Tribunal». El Tribunal es, de otra parte, uno de los órganos de la jurisdicción obligatoria que establece la Convención (art. 287). Otras características a señalar son que se ha previsto el funcionamiento de una «Sala Especial de los Fondos Marinos», así como, en ciertos casos, el *ius standi* de entidades distintas de los Estados, como particulares y la Autoridad Internacional de los Fondos Marinos[29]. Digamos que los Estados se están mostrando más bien remisos en el sometimiento de controversias marítimas al Tribunal. Habiendo iniciado sus funciones en 1996, en los comienzos de 2013 únicamente se le habían sometido 19 casos. Uno de ellos es el incoado contra España por San Vicente y Las Granadinas el 24 de noviembre de 2010. Referido el asunto al apresamiento en el puerto de Cádiz del buque *Louisa,* con pabellón del país caribeño, y solicitadas por la parte demandante medidas provisionales,

---

[28] CPJI, *Serie A,* n.º 15, p. 22.

[29] Véanse, al respecto, M. GARCÍA REVILLO, *El Tribunal Internacional del Derecho del Mar. Origen, Organización y Competencia,* Córdoba, 2005, y R. VIRZO, «Tribunale Internazionale del Diritto del Mare», en la *Enciclopedia del Diritto,* Annali V, Giuffré. Véase también la comunicación de E. SALAMANCA al Coloquio de la Sociedad Europea de Derecho del Mar celebrado en A Coruña los días 13 y 14 de diciembre de 2012.

la decisión de 23 de diciembre del mismo año estimó que no se daban en el caso las condiciones requeridas para la aprobación de esas medidas. En sentencia de 28 de mayo de 2013 el Tribunal se declaró incompetente para conocer del fondo del asunto por haber transformado la parte actora la controversia invocada para la condena de España. El Tribunal está habilitado asimismo por su reglamento para emitir opiniones consultivas. Así, cabe destacar que el Tribunal se ocupó del cambio climático en su Opinión Consultiva, de 21 de mayo de 2024, sometida por la Comisión de los pequeños Estados Insulares sobre Cambio Climático y Derecho Internacional. Ha de señalarse en este orden de cosas el especial interés de la opinión emitida el 1 de febrero de 2011 por la Sala de Fondos Marinos sobre las responsabilidades y obligaciones jurídicas de los Estados patrocinadores de personas y entidades en relación con las actividades en la zona (internacional de fondos marinos). La opinión ha sido muy bien valorada por la doctrina y, entre nosotros, por la profesora Esther Salamanca, y ello por haber conciliado dos importantes principios: el de patrimonio común de la humanidad aplicable a la zona y el de preocupación común de la humanidad que se predica del medio marino en tanto que integrante del medio ambiente global.

g) El *Tribunal de Justicia de la Unión Europea* es indiscutiblemente un tribunal internacional. El solo hecho de que haya sido creado por un tratado internacional y que, entre otros cometidos, pueda desempeñar el de resolver las controversias entre Estados relacionadas con el objeto de los tratados comunitarios, justifica aquel carácter. Ahora bien, la misión general del Tribunal es la de asegurar el respeto del Derecho en la interpretación y aplicación de los tratados comunitarios, y ello explica que su ámbito de actuación se circunscriba a los Estados miembros, tanto en sus relaciones entre ellos y con los órganos de las Comunidades, como en el interior de sus ordenamientos. Por lo demás, la competencia *ratione materiae* del Tribunal tiene carácter obligatorio en la mayor parte de los casos y es, de otra parte, mucho más diversificada que la de cualquier otro tribunal internacional, ya que abarca un amplio abanico de cuestiones, a saber: 1) infracciones del Derecho comunitario cometidas por los Estados miembros; 2) control de la legalidad de la actividad o inactividad de los órganos comunitarios; 3) examen prejudicial de las cuestiones relativas a la interpretación del Derecho comunitario o a la validez de los actos comunitarios que le sometan las jurisdicciones internas; 4) responsabilidad extracontractual de las comunidades; 5) litigios entre las comunidades y los funcionarios y agentes a su servicios; 6) contratos concluidos por las comunidades que contengan una cláusula compromisoria de sumisión al tribunal; 7) controversias entre los Estados miembros relacionadas con el objeto de los tratados que le sean sometidas en virtud de un compromiso; 8) emisión de dictámenes. Esta heterogeneidad de los asuntos que pueden llegar al tribunal explica que haya tenido que ampliarse el *ius standi* que, según los casos, corresponde no sólo a los Estados, sino también a órganos comunitarios y a particulares. De todo ello se desprende que la función de arreglar controversias entre Estados se limita a la aplicación e interpretación de los tratados comunitarios y que es una más —y no la de mayor importancia—

de las que desempeña el Tribunal[30]. Señalemos que en virtud del Tratado de Lisboa de 13 de diciembre de 2007, en vigor desde el 1 de diciembre de 2009, el Tribunal de la Unión Europea se articula en tres cuerpos, a saber, el Tribunal de justicia, el Tribunal general y los Tribunales especializados.

h) *El Tribunal de Justicia del Acuerdo de Cartagena,* órgano judicial principal en el marco del proceso de integración económica del grupo subregional andino (Bolivia, Colombia, Ecuador, Perú y Venezuela), fue creado por el Acuerdo de Cartagena de Indias (Colombia) de 28 de mayo de 1979, y ejerce algunas de las funciones propias del Tribunal de Justicia de la Unión Europea, como control de la legalidad, acciones por incumplimiento y consultas prejudiciales. Constituye sin duda de ninguna clase un tribunal internacional[31].

i) El *Tribunal Europeo de los Derechos Humanos,* con sede en Estrasburgo, conoce de los asuntos relativos a la interpretación y aplicación de la Convención Europea sobre salvaguarda de los derechos del hombre y libertades fundamentales (Roma, 1950). Hay aquí, ya, una primera especialización *ratione materiae.* Y los asuntos los podía llevar ante el Tribunal la Comisión, el Estado parte de nacionalidad de la víctima, el Estado parte que haya iniciado el caso ante la Comisión, y el Estado parte demandado. Es decir, partes en sus procedimientos sólo podían ser la Comisión y los Estados partes en la Convención, que está abierta a la participación de los Estados miembros del Consejo de Europa. Hay aquí una segunda especialización del Tribunal, esta vez *ratione personae.* Pero el Tribunal es un auténtico tribunal internacional, ya que, sobre haber sido creado por un tratado, conoce de asuntos entre Estados sobre aplicación e interpretación de una convención internacional. Realiza, pues, indiscutiblemente, función de arreglo de controversias interestatales. Otros aspectos de la actuación del Tribunal han sido analizados al hablar de la protección de los derechos humanos en Europa occidental y a lo ya estudiado nos remitimos[32]. El Protocolo 11 a la Convención, de 11 de mayo de 1994 y en vigor desde el 1 de noviembre de 1998, suprimió la Comisión y asignó a un Tribunal refundado que trabaja a tiempo completo las funciones que antes correspondían a aquélla. Signo evidente de progreso es que ahora pueden presentar demandas al Tribunal no sólo los Estados partes, sino también los particulares.

Por lo demás, ya nos hemos referido en el apartado 22.2 a la insuficiencia del procedimiento para sustanciar en tiempo razonable los casos que llegan a la jurisdicción de Estrasburgo y a las dificultades por las que atraviesa el proceso de su reforma. La establecida en el Protocolo 14 está en vigor desde el 1 de junio de 2010, pero se estima en los medios autorizados que es del todo insuficiente para asegurar el examen de todos los casos en plazos razonables, hasta el punto de que en el mes de febrero de 2010 tuvo lugar en Interlaken (Suiza) una reunión tendente al estudio de las bases de una nueva reforma del Tribunal.

---

[30] Véase, entre la abundante bibliografía, M. DIEZ DE VELASCO, *El Tribunal de Justicia de las Comunidades Europeas*, Tecnos, Madrid, 1984.

[31] Véase especialmente A. LINARES FLEYTE, «El Tribunal de Justicia del Acuerdo de Cartagena», en *A.D.I.*, 1983-1984, pp. 53 ss.

[32] Véase el apartado 22.2 de este libro.

j) Similares características posee la *Corte Interamericana de Derechos Humanos,* establecida por la Convención de San José de 1969, y que constituye indiscutiblemente un tribunal internacional. Su competencia material es, sin embargo, especializada, ya que se limita a los casos relativos a la aplicación e interpretación de la Convención. También está limitado el derecho de acceso a ella, que sólo lo tienen los Estados partes en la Convención —y ésta está abierta a la participación de todos los Estados integrantes de la Organización de Estados Americanos— y la Comisión Interamericana de Derechos Humanos. Otros aspectos del sistema han sido estudiados al tratar de la protección de los derechos del hombre en América[33].

k) En los párrafos precedentes hemos dado somera noticia de los más importantes tribunales internacionales que funcionan en la actualidad. La lista no es, sin embargo, exhaustiva. Otros tribunales son los siguientes: el Tribunal de Justicia del Benelux, el Tribunal de la Agencia Nuclear de la OECD, el Tribunal del Mercado Común de la Comunidad Africana Oriental, el Tribunal de composición internacional en el Sarre, el Tribunal Africano de Justicia y algún otro[34].

[33] Véase el apartado 22.4 de este libro.

[34] Véanse sucintas noticias en H. G. SCHERMERS, *International Institutional Law,* Alphen aan den Rijn, 1980, pp. 544 ss.

SECCIÓN SEXTA

EL USO DE LA FUERZA

63. EL DERECHO INTERNACIONAL ANTE EL FENÓMENO BÉLICO: NÚCLEOS DE PROBLEMAS

a) La situación de conflicto entre dos o más Estados llega en ocasiones a una circunstancia extrema de empleo de la fuerza armada, que es la guerra. Y el Derecho Internacional no ha permanecido mudo ante esta realidad, sino que, por el contrario, ha sentado criterios ante una serie de problemas que plantea el fenómeno bélico, a saber: 1) condiciones en que es lícito el recurso a la fuerza armada o *ius ad bellum*; 2) eliminación, o al menos reducción, de los medios de hacer la guerra, esto es, *desarme*; 3) límites a la violencia bélica mediante la regulación del comportamiento de los beligerantes durante las hostilidades, es decir, *ius in bello*; 4) posición de los terceros Estados, o sea, *neutralidad*. Éstos son los cuatro grandes bloques de problemas que la guerra plantea al Derecho Internacional y a los que éste ha dado respuesta.

b) La primera cuestión que surge es, efectivamente, la de determinar en qué supuestos es lícito el recurso a la guerra o, lo que es lo mismo, cuándo tienen los Estados *ius ad bellum*. Y adelantemos que en este punto se ha producido una sensible transformación, porque si el Derecho Internacional clásico admitía un *ius ad bellum* prácticamente ilimitado, en el que la guerra aparecía como la *ultima ratio* en la autoprotección de los derechos del Estado, en el Derecho Internacional contemporáneo se ha proscrito el empleo de la fuerza por los Estados y se ha institucionalizado el *ius ad bellum*. El Derecho Internacional niega hoy a los Estados el uso y amenaza de la fuerza y confía a la Organización de las Naciones Unidas, y en su caso a organizaciones regionales, la adopción de medidas, incluso coercitivas, para restablecer la paz si ésta fuera transgredida. Éste será, pues, el primer núcleo de cuestiones que analizaremos (apartado 64).

c) Mas para hacer desaparecer el uso de la fuerza de la escena de las relaciones internacionales no conviene confiar exclusivamente en la obediencia de los Estados a las normas jurídicas; se aconseja también asegurar la eficacia de éstas eliminando o reduciendo las ocasiones y circunstancias que propician su incumplimiento. Puesto que la guerra se hace con armas, y puesto que, además, el ingente y sofisticado mecanismo de armamentos que sostenía la estrategia de la disuasión, que era una auténtica estrategia del terror, puede provocar un desencadenamiento no deseado de las hostilidades —por error humano o técnico y por otros motivos—, se tiende a una política de *desarme* y regulación de armamentos. La reducción de las armas mermará, pues, las posibilidades de estallido de una guerra. Éste es el segundo núcleo de cuestiones que nos ocupará (apartado 65).

d) Ahora bien, la guerra comporta por su propia esencia violencia en las personas y en los bienes del adversario y es obvio que semejante violencia no puede ejercitarse de manera ilimitada. La exterminación del enemigo y la destrucción completa de sus medios de subsistencia pugnan con las más elementales exigencias éticas y jurídicas. Es cierto que hoy está en vigor la norma que proscribe de manera general la guerra, pero ello no excluye que, en la realidad, se recurra al uso de la fuerza, bien de manera legal —acción sancionadora de las Naciones Unidas y otras organizaciones internacionales para restablecer la paz, legítima defensa contra un ataque armado—, bien incluso de manera ilegal —y la experiencia histórica posterior a 1945 demuestra palmariamente la existencia de guerras ilegales—. Puesto que se dan situaciones efectivas de hostilidades, elementales razones de humanidad y justicia y el propio principio de la efectividad, hacen imperioso regular la conducta de los beligerantes durante las hostilidades. Y esas mismas exigencias postulan, asimismo, la reglamentación de los conflictos internos. Sabiamente y de manera pragmática, la comunidad internacional así lo ha entendido y de ahí que la proscripción del uso de la fuerza no haya impedido la codificación y el desarrollo progresivo del *ius in bello.* Éste será el tercer bloque de problemas que trataremos (apartado 66).

e) Digamos, por fin, que en los conflictos bélicos hay Estados neutrales, a los que el Derecho Internacional ha impuesto unas obligaciones —abstención e imparcialidad— y reafirmado unos derechos —inviolabilidad de su soberanía territorial, libertad de relaciones comerciales—. Desde que se limitó el *ius ad bellum* y particularmente cuando en 1945 la Carta de las Naciones Unidas proscribió el recurso a la fuerza y estableció un mecanismo de reacción institucional contra el Estado agresor, que comportaba en los Estados miembros obligaciones de ayuda a la Organización, surgieron dudas sobre la subsistencia de la institución de la *neutralidad*; pero hoy, aunque sólo sea como consecuencia del principio de efectividad y del no funcionamiento satisfactorio de aquel mecanismo, la institución sigue existiendo, si bien adopta modalidades distintas a las del pasado. Los problemas suscitados al respecto constituirán el cuarto y último bloque de problemas de esta sección (apartado 67).

64. EL *IUS AD BELLUM*

64.1. DERECHO INTERNACIONAL CLÁSICO: DERECHO ABSOLUTO A HACER LA GUERRA Y ESFUERZOS PARA LIMITARLO

a) En el siglo XVI, justamente en los albores de la sociedad internacional moderna, los autores de la Escuela Española de Derecho Internacional, que son los auténticos fundadores de nuestra ciencia, hicieron una espléndida construcción sobre la guerra justa (*iustum bellum*), que era la que contaba con una causa justa. Para FRANCISCO DE VITORIA «la única y sola causa de hacer la guerra es la injuria recibida», injuría que debía de ser grave[1]. Según FRANCISCO SUÁREZ, justas causas de la guerra son la punición de aquel que ha violado un derecho de otro, la venganza de una injuria o la protección de inocentes[2]. Citemos también, dentro del largo elenco de autores clásicos que se ocuparon de esta cuestión, al holandés HUGO GROCIO, que hace suyas a principios del siglo XVII las ideas de VITORIA, en el sentido de que la injuria es justa causa de la guerra, si bien, a diferencia del español, deja abierta la posibilidad de la justicia de las guerras preventivas, al admitir que es también justa una guerra por injurias aún no hechas[3]. Pero con el transcurso del tiempo, y como ha señalado CHARLES DE VISSCHER[4], los hombres de Derecho sucumbieron a la eterna tentación del jurista: sacrificaron el fondo a la forma. Una guerra injusta por sus causas no deja de ser lícita si se hace por un príncipe soberano y está precedida de una declaración de guerra, y es esta concepción la que impregnará durante siglos al Derecho Internacional positivo, que sólo exigirá competencia y forma y se desentenderá de la justicia de la causa. Por ello, en el Derecho Internacional clásico los Estados soberanos tenían derecho ilimitado a hacer la guerra, y como han señalado OPPENHEIM y LAUTERPACHT la institución de la guerra desempeñaba dos funciones en sí mismas contradictorias. En primer lugar, en ausencia de un órgano internacional para asegurar la ejecución del Derecho, la guerra era considerada como un medio de autoprotección (*self-help*) para dar efecto a las alegaciones basadas, o pretendidamente basadas, en el Derecho Internacional. En segundo lugar, a falta de un órgano legislativo internacional, la guerra desempeñaba la función de adaptar el Derecho a las situaciones cambiantes; más aún, la guerra era reconocida como un instrumento jurídicamente admisible para atacar y alterar los derechos de los Estados, independientemente de los méritos objetivos del cambio intentado. La guerra era, desde el punto de vista

---

[1] FRANCISCO DE VITORIA, *Relecciones teológicas,* vol. II, edición del padre LUIS G. ALONSO GETINO, Madrid, 1934, p. 393.

[2] Véase A. MIAJA DE LA MUELA, *Introducción al Derecho Internacional Público,* Madrid, 1955, pp. 287-288.

[3] Véase A. MIAJA DE LA MUELA, *op. cit.* en nota 2, p. 315.

[4] CH. DE VISSCHER, *Théories et Réalités en Droit International Public,* París, 1960, p. 32.

jurídico, una función natural del Estado y una prerrogativa de su soberanía incontrolada[5].

b) En la última fase del Derecho Internacional clásico, sin embargo, la comunidad internacional comienza a demostrar un claro interés hacia el mantenimiento de la paz. En las Conferencias de la Paz de La Haya de 1899 y 1907 no se consigue establecer una proscripción general de la guerra, sino que tan sólo se prohíbe su empleo para el cobro de deudas contractuales —II Convención de 1907, llamada también DRAGO-PORTER—, pero el ideal del mantenimiento de la paz es el que inspira las disposiciones de la Convención de 1907 sobre solución pacífica de las controversias internacionales. «Para evitar en lo posible —dice su artículo 1.º— la apelación a la fuerza en las relaciones entre los Estados, las potencias contratantes convienen en emplear todos sus esfuerzos para asegurar el arreglo pacífico de las controversias internacionales». De todos modos, la escasa acción emprendida para limitar el *ius ad bellum* se palió con los esfuerzos para humanizar la guerra a través de convenciones sobre el *ius in bello.*

c) La primera guerra mundial (1914-1918) alcanzó unas proporciones inusitadas y no sólo en lo que se refiere al número de los contendientes y teatro de las hostilidades, sino también en lo que respecta a las víctimas humanas y a los daños materiales. Finalizada la contienda, entre los hombres de Estado que diseñaron la paz se impuso una nueva mentalidad: la de que era excesivamente alto el precio a pagar por mantener el *ius ad bellum* ilimitado de los Estados y que, consiguientemente, el ideal del mantenimiento de la paz debía primar sobre la consideración de la guerra como la forma suprema de autotutela. Ello motivó que en el *Pacto de la Sociedad de Naciones* (1919) las altas partes contratantes se declarasen dispuestas en el preámbulo a «aceptar *ciertas* obligaciones de no recurrir a la guerra»[6] que se concretaron en los artículos 11 a 15. Renuncia, pues, parcial y no total al *ius ad bellum,* pues del conjunto de aquellos artículos resultaba que los Estados miembros de la Sociedad de Naciones quedaban en libertad de recurrir a la guerra si el Estado adversario se negaba a acatar una sentencia arbitral o judicial, o un informe del Consejo adoptado por unanimidad, o en los casos en que este órgano no adoptase un acuerdo unánime o en aquellos en que un Estado parte pretendiese y el Consejo reconociese que la desavenencia recaía sobre una cuestión que el Derecho Internacional dejaba a la competencia exclusiva de esa parte. Lo que hacía realmente el Pacto era establecer una moratoria para el ejercicio del derecho a la guerra. Pero, además, la práctica internacional posterior al Pacto demostró la existencia de dos importantes fisuras. Una derivaba de la interpretación restrictiva que se dio del concepto de guerra, que se circunscribió a la contienda armada entre dos Estados en la que había existido previa declaración de guerra; en este sentido, el ataque de Japón a Manchuria en 1931, no se consideró guerra porque no había sido precedido de una declaración

---

[5] L. OPPENHEIM y H. LAUTERPACHT, *International Law. A Treatise,* vol. II, Londres, 1944, pp. 144-145.

[6] La cursiva no figura en el original.

formal. Otra fisura es que se excluyeron de la noción de guerra actos de fuerza tales como el bloqueo pacífico o las represalias armadas, como ocurrió cuando Italia bombardeó la isla griega de Corfú[7].

d) Otro jalón importante en el camino hacia la prohibición universal de la guerra es el *Tratado general de renuncia a la guerra,* firmado en París por los representantes de 15 gobiernos el día 27 de agosto de 1928 a iniciativa de Francia y de los Estados Unidos, y conocido con el nombre de Pacto BRIAND-KELLOG, que eran respectivamente ministros de Asuntos Exteriores y Secretario de Estado de esos dos países. El Tratado llegó a estar en vigor entre más de 60 Estados, incluyendo las grandes potencias. En el artículo 1.º, las altas partes contratantes declaraban de modo solemne, en nombre de sus respectivos pueblos, que condenaban la guerra como medio de solución de las controversias internacionales y que renunciaban a ella como instrumento de política nacional en sus relaciones recíprocas. Pero el Tratado contenía varias lagunas. De ellas, la más importante era la ausencia de un mecanismo de reacción capaz de desembocar en la imposición de sanciones sobre el Estado que iniciase una guerra en violación de sus disposiciones; por otra parte, no estaba claro que se aplicase a las represalias armadas y, en general, al uso de la fuerza no precedido de una declaración formal de guerra. El Pacto BRIAND-KELLOG no impidió el desencadenamiento de múltiples incidentes bélicos en la década de los años treinta y, sobre todo, el de la segunda guerra mundial (1939-1945)[8]. Señalemos de todos modos que, finalizada ésta, el Pacto sirvió de base para el castigo de criminales de guerra, culpables de haber iniciado una guerra de agresión, por los tribunales internacionales de Nuremberg y Tokio y también por algunos tribunales internos.

64.2. DERECHO INTERNACIONAL CONTEMPORÁNEO: LA PROHIBICIÓN DE LA GUERRA Y LA INSTITUCIONALIZACIÓN DEL *IUS AD BELLUM*

a) La conmoción producida en la sociedad internacional por la segunda guerra mundial determinó en los redactores de la Carta de las Naciones Unidas (1945) la resolución de «preservar a las generaciones venideras del flagelo de la guerra, que por dos veces durante nuestra vida ha infligido a la humanidad sufrimientos indecibles» (Preámbulo de la Carta) y, así, el párrafo 4 del artículo 2.º dispone:

> Los miembros de la Organización, en sus relaciones internacionales, se abstendrán de recurrir a la amenaza o al uso de la fuerza contra la integridad territorial o la independencia política de cualquier Estado, o en cualquier otra forma incompatible con los propósitos de las Naciones Unidas.

El principio está confirmado y desarrollado en la Declaración de 1970 de la Asamblea General, contenida en la resolución 2.625 (XXV). Se reitera, asimismo,

---

7 Véase P. BARANDON, *Le Système juridique de la S. D. N. pour la prévention de la guerre,* París, 1933.

8 Véase L. OPPENHEIM y H. LAUTERPACH, *op. cit.* en nota 5, pp. 148 ss.; D. H. MILLER, *The Pact of Paris. A study of the Briand-Kellog Treaty*, Nueva York, 1928.

en otros importantes instrumentos internacionales, entre ellos el Acta Final de Helsinki de 1975[9].

Antes de analizar el contenido del principio de proscripción del uso y amenaza de la fuerza queremos poner de relieve su naturaleza de *ius cogens,* no discutida hoy por nadie. En consecuencia, «es nulo todo tratado cuya celebración se haya obtenido por la amenaza o el uso de la fuerza en violación de los principios de Derecho Internacional incorporados en la Carta de las Naciones Unidas» (art. 52 de la Convención de Viena de 1969) y también todo tratado cuyo contenido esté en el momento de su celebración en oposición con el principio en cuestión (art. 53 de la citada Convención)[10]. De otro lado, la Declaración de Principios de 1970 señala que «una guerra de agresión constituye un crimen contra la paz», y, según el Proyecto de Artículos de 1996 de la Comisión de Derecho Internacional, «la violación grave de una obligación internacional de importancia esencial para el mantenimiento de la paz y seguridad internacionales, como la que prohíbe la agresión», constituye un crimen internacional, según hemos explicado al hablar de la responsabilidad internacional[11].

b) La primera cuestión que se suscita en el análisis del principio es la de determinar la *clase de fuerza* que se contempla en la prohibición. Es obvio que se proscribe el empleo de la fuerza armada. La resolución 3.314 (XXIX) adoptada por la Asamblea General el 14 de diciembre de 1974 sobre definición de la agresión se refiere constantemente al uso de la fuerza armada. Ahora bien, ¿se prohíbe únicamente este tipo de fuerza o también la presión política o económica que pueda ejercer un Estado sobre otro? El párrafo 2 del artículo 4.º de la Carta habla, sin más, de «fuerza», pero en el preámbulo se dice que «no se usará la fuerza *armada* sino en el servicio del interés común»[12]. Esto hace pensar que

---

[9] Véanse, en general, H. WEHBERG, «L'interdiction du recours à la force. Le principe et les problèmes qui se posent», en *R. des C.,* I, 1951, pp. 1 ss.; C. Y. M. WALDOCK, «The regulation of the use of force by individual States in International Law», *R. des C.,* II, 1952, pp. 451 ss.; J. ZOUREK, «La définition de l'agression et le Droit Internationale. Dévelopments récentes de a question», en *R. des C.,* II, 1957, pp. 755 ss.; J. STONE, *Agression and World Order: A Critique of United Nations theories of agression,* Londres, 1958; M. S. MCDOUGAL y F. S. FELICIANO, *Law and minimum world public order: the legal regulation of international coertion,* New Haven, 1961: I. BROWLIE, *International Law and the use of force by States,* Oxford, 1963; M. L. ESPADA RAMOS, «Nuevas formas de uso de la fuerza y su compatibilidad con el Derecho internacional actual», en *Libro-homenaje al profesor Sela Sampil,* vol. I, Oviedo, 1970, pp. 301 ss.; M. PÉREZ GONZÁLEZ, «Sobre la prohibición del recurso a la fuerza en las relaciones internacionales. Datos jurídico-políticos», en *Revista de la Facultad de Derecho de la Universidad Complutense de Madrid,* 1971, pp. 573 ss.; B. V. A. ROLING, «International Law and the maintenance of peace», en *Netherland's Year Book of International Law,* 1973, pp. 1 ss.; B. BROWN, «The definition of agression», en *R. des C.,* I, 1977, pp. 154 ss.; C. GUTIÉRREZ ESPADA, «La responsabilidad internacional del Estado por el uso de la fuerza armada (la conformación del hecho ilícito internacional)», en *Cursos de Derecho Internacional de Vitoria-Gasteiz, 1989,* Bilbao, 1990, pp. 185 ss.; C. M. DÍAZ BARRADO, *El uso de la fuerza en las relaciones internacionales,* Madrid, 1991; R. BERMEJO GARCÍA, *El marco jurídico internacional en materia de uso de la fuerza: ambigüedades y límites*, Madrid, 1993; N. STÜRCHLER, *The Threat of Force in International Law,* Cambridge University Press, 2007; y A. FERNÁNDEZ TOMÁS, «La justificación del uso de la fuerza por los Estados: de las nociones tradicionales a las actualizaciones contemporáneas», en *Estudios de Derecho internacional y Relaciones internacionales en homenaje al Dr. D. Alejandro Rodríguez Carrión*, Universidad de Málaga, 2012.

[10] Véase el apartado 8.10 de este libro.

[11] Véase el apartado 53.2 de este libro.

[12] La cursiva no figura en el original.

en la Carta se contempló sólo la proscripción de la fuerza armada y semejante interpretación queda avalada por los trabajos preparatorios, ya que en la Conferencia de San Francisco una propuesta brasileña tendente a prohibir también las represalias económicas no prosperó[13]. En el Comité Especial de la Asamblea General que preparó la Declaración de Principios de 1970, las delegaciones africanas, asiáticas, latinoamericanas y socialistas eran partidarias de incluir en el concepto de fuerza prohibida a las presiones políticas y económicas[14]. Las delegaciones occidentales se opusieron tajantemente a esta pretensión y lograron ubicar la prohibición de las medidas de presión que no impliquen el empleo de armas en el principio de no intervención, que proscribe, entre otras cosas, «el uso de medidas económicas, políticas o de cualquier otra índole para coaccionar a otros Estados». El cambio de lugar de esta última prohibición es importante en sus consecuencias, pues la violación del principio de no intervención lleva aparejada únicamente las sanciones del Derecho Internacional general y no la reacción institucional que prevé la Carta para el uso y amenaza de la fuerza. El caso es que la Declaración de 1970 no amplió el contenido del término «fuerza», que quedó constreñido a la fuerza armada. Se prohíbe, por lo demás, no sólo el uso de la fuerza armada, sino también la amenaza. Y se proscriben también en la Declaración de Principios las modalidades de agresión indirecta tales como la organización o fomento de «fuerzas irregulares o de bandas armadas, incluidos los mercenarios, para hacer incursiones en el territorio de otro Estado», así como la organización de actos de guerra civil o de terrorismo en otro Estado. La Declaración prohíbe, por fin, «los actos de represalia que impliquen el uso de la fuerza».

c) En una interpretación literal y formalista del párrafo 2 del artículo 4 de la Carta podría pensarse que el uso y amenaza de la fuerza armada sólo se prohíben cuando esté dirigida «contra la integridad territorial o la independencia política de cualquier Estado o en cualquier otra forma incompatible con los propósitos de las Naciones Unidas». Semejante interpretación llevaría a la conclusión siguiente: si la fuerza se emplea con una finalidad distinta de la mencionada *expressis verbis* en el párrafo 4 del artículo 2.º o para hacer cumplir un propósito de las Naciones Unidas —protección de los derechos humanos, principio de autodeterminación de los pueblos— estaríamos ante supuestos de fuerza no prohibida. Las intervenciones armadas de carácter temporal por razones humanitarias o para proteger a nacionales quedarían, por tanto, autorizadas. Estaríamos así ante supuestos de usos menores de la fuerza cuya prohibición por el Derecho Internacional no tendría carácter imperativo (de *ius cogens*) y que serían susceptibles de justificación invocando el estado de necesidad. El problema fue ya planteado al tratar de esta última figura como causa excluyente de la ilicitud de un hecho (apartado 53.3) y sobre él damos ya nuestra opinión de fondo.

---

[13] Véase E. JIMÉNEZ DE ARÉCHAGA, *Derecho constitucional de las Naciones Unidas*, Madrid, 1958, p. 85.

[14] Véase E. PÉREZ VERA, *Naciones Unidas y los principios de coexistencia pacífica*, Tecnos, Madrid, 1973, pp. 67 ss.

La cuestión es del mayor interés en la sociedad internacional de nuestros días, en la que, ciertamente, no faltan ejemplos de aquel tipo de intervenciones. Por citar un caso importante y bien conocido, nos referiremos a la incursión que llevó a cabo en 1980 un comando armado estadounidense en territorio del Irán con el propósito de liberar a los miembros del personal diplomático y consular retenidos como rehenes. ¿Era lícita la intervención a la luz del Derecho Internacional? ¿Están permitidas otras intervenciones semejantes? Entre nosotros, el profesor REMIRO-BROTONS ha sostenido que «el uso de la fuerza para replicar a los usos de la fuerza que no se concretan en un ataque armado y que la sociedad internacional organizada es incapaz de detener y reprimir no puede ser prohibido por el Derecho»[15]. Juicio que se inscribe en la misma línea de pensamiento es el del profesor GUTIÉRREZ ESPADA[15 bis]. La opinión no es, por supuesto, disparatada, y cabe comprenderla desde algunos puntos de vista: la inefectividad de las Naciones Unidas para impedir y reparar graves violaciones del Derecho Internacional de que son víctimas directas seres humanos explica el comportamiento de algunos Estados que, incluso recurriendo a la fuerza, tratan de hacerlo respetar y proteger a sus nacionales. Con todo, no nos parece que semejante posición sea compatible con la explicación que de la prohibición de la fuerza hace la Declaración de Principios de 1970, donde se dice, entre otras cosas, que «todo Estado tiene el deber de abstenerse de recurrir a la amenaza o al uso de la fuerza para violar las fronteras internacionales existentes de otro Estado o como medio de resolver controversias internacionales, incluso las controversias territoriales y los problemas relativos a las fronteras de los Estados». Además, el mantenimiento de la paz debe prevalecer, a nuestro juicio, sobre cualquier otra consideración. Como ha dicho el profesor JIMÉNEZ DE ARÉCHAGA, «el contexto de la Carta muestra [...] que en el terreno de la seguridad internacional, y con respecto al uso de la fuerza, todos los demás propósitos de las Naciones Unidas deben subordinarse al propósito dominante fijado en el artículo 1, párrafo 1, que es «mantener la paz y seguridad internacionales»[16]. Y se refiere al profesor uruguayo al *dictum* del Tribunal de La Haya según el cual «el lugar primario asegurado a la paz y seguridad internacionales es natural, ya que el cumplimiento de los demás propósitos depende del logro de esa condición básica»[17]. En consecuencia —recapitula el profesor JIMÉNEZ DE ARÉCHAGA— «todo uso de la fuerza, salvo en legítima defensa, es incompatible con el propósito fundamental de las Naciones Unidas y, por tanto, prohibido en el artículo 2, párrafo 4».

Y en este orden de ideas queremos hacer dos consideraciones adicionales. La primera es que la admisión del uso de la fuerza por motivos humanitarios supondría una profundización de la desigualdad real de los Estados; en la realidad de las cosas, sólo los Estados más fuertes podrían prevalerse de este derecho frente a los Estados más débiles. La segunda consideración es que el riesgo de escalada en el conflicto, que puede comportar la intervención de terceros Estados, desaconseja

---

[15] A. REMIRO BROTONS, *Derecho Internacional Público, Principios fundamentales*, Tecnos, Madrid, 1982, p. 189.

[15 bis] C. GUTIÉRREZ ESPADA, *El estado de necesidad y el uso de la fuerza en Derecho Internacional*, Madrid, 1987.

[16] E. JIMÉNEZ DE ARÉCHAGA, *Derecho internacional contemporáneo*, Madrid, 1980, p. 113.

[17] CIJ, *Recueil*, 1962, p. 164.

también admitir la licitud de las acciones de fuerza por causa de humanidad. La paz y seguridad internacional son hoy valores de importancia primordial, pero de carácter frágil y su mantenimiento debe primar sobre cualquier otra consideración.

El conjunto de las anteriores consideraciones implica que la acción armada de la OTAN en territorio de la República Federal de Yugoslavia durante la primavera de 1999, con ocasión del conflicto de Kosovo, fue contraria al Derecho Internacional, sin que, a mi entender, la finalidad humanitaria del uso de la fuerza constituyese causa suficiente de justificación o exclusión de responsabilidad (véase apartado 82.2).

d) El párrafo 4 del artículo 2 de la Carta prohíbe a los Estados el uso y amenaza de la fuerza «en sus relaciones internacionales». No se rehúsa, por consiguiente, el derecho de los Estados a utilizar la fuerza para mantener el orden público dentro de su territorio ni, en términos de principio, para hacer frente a movimientos insurreccionales. Decimos «en principio» porque, según la Declaración de 1970, no cabe el recurso a cualquier medida de fuerza que prive a los pueblos de su derecho de libre determinación. La cuestión ha sido estudiada al analizar el derecho en cuestión y a lo allí tratado nos remitimos[18].

e) En la Carta de las Naciones Unidas son dos las *excepciones* a la norma general de la prohibición del uso de la fuerza: la legítima defensa individual o colectiva frente a un ataque armado (art. 51) y la prevista en el artículo 107. Este último artículo dispone, en efecto, que «ninguna de las disposiciones de esta Carta invalidará o impedirá cualquier acción ejercida o autorizada como resultado de la segunda guerra mundial con respecto a un Estado enemigo de cualquiera de los signatarios de esta Carta durante la citada guerra, por los Gobiernos responsables de dicha acción». Ahora bien, de estas dos excepciones sólo está hoy en vigor la de la legítima defensa. Ello es así porque el artículo 107, incluido en la Carta como disposición transitoria (en el capítulo XVII, bajo la rúbrica de «Acuerdos transitorios sobre seguridad») para posibilitar la acción de los Estados firmantes frente a un eventual resurgimiento del militarismo alemán o japonés, ha caído en desuso. Los Estados que fueron enemigos de los aliados —fundadores de las Naciones Unidas— durante la segunda guerra mundial forman parte hoy de la Organización y no puede pretenderse que el artículo107 continúe teniendo vigencia. Es hoy ésta la opinión general.

f) En lo que respecta a la *legítima defensa*[19] dice el artículo 51 de la Carta:

---

[18] Véase el apartado 27 de este libro.

[19] Véase en general E. GIRAUD, «La théorie de la légitime defense», en *R. des C.*, III, 1934, pp. 687 ss.; N. QUOC DINC, «La légitime defense d'après la Charte des Nations Unies», en *Révue Générale de Droit International Public,* 1948, pp. 223 ss.; H. A. H. AL-CHALABI, *La légitime defense en Droit International,* El Cairo, 1952; D. U. BOWET, *Self-defence in International Law,* Manchester, 1958; J. DELIVANIS, *La légitime defense en Droit International Public Moderne,* París, 1971; P. LAMBERTI-ZANARDI, *La legitima difessa nel Diritto Internazionale,* Milán, 1972; J. ZOUREK, «La notion de légitime defense en Droit International», en *Annuaire de l'Institut de Droit International,* 1975, pp. 1 ss.; B. D. BRYDE, «Self-defence», en *E.O.P.I.L.,* Amsterdam, Nueva York, Oxford, vol. IV, 1982, pp. 212 ss.; M. ORTEGA CARCELÉN, *La legítima defensa del territorio del Estado,* Madrid, 1991; y N. OCHOA RUIZ y E. SALAMANCA AGUADO, «Exploring the Limits of International Law relating to the Use of Force in Self-defence», *E.J.I.L.,* vol. 16, n.º 3, junio 2005.

> Ninguna disposición de esta carta menoscabará el derecho inmanente de legítima defensa, individual y colectiva, en caso de ataque armado contra un miembro de las Naciones Unidas, hasta tanto que el Consejo de Seguridad haya tomado las medidas necesarias para mantener la paz y la seguridad internacionales. Las medidas tomadas por los miembros en el ejercicio del derecho de legítima defensa serán comunicadas inmediatamente al Consejo de Seguridad, y no afectarán en manera alguna la autoridad y la responsabilidad del Consejo conforme a la presente Carta para ejercer en cualquier momento la acción que estime necesaria con el fin de mantener y restablecer la paz y la seguridad internacionales.

Hay que subrayar, en primer lugar, que el artículo transcrito se refiere exclusivamente a la legítima defensa frente a un ataque armado. El sentido natural de los términos empleados por el artículo 51 no autoriza, por consiguiente, la legítima defensa preventiva, es decir, la que se produciría ante el temor razonable y fundado de una agresión inminente. Un importante sector doctrinal, que querría preservar el carácter legítimo de la defensa preventiva ante el peligro de un ataque termonuclear, ha entendido, sin embargo, que, con independencia de lo dispuesto en el artículo 51 de la Carta, subsiste el derecho de legítima defensa que reconocían las normas consuetudinarias del Derecho Internacional clásico, y que estas normas tendrían un contenido mucho más permisivo que el artículo 51 y que, desde luego, autorizarían la legítima defensa preventiva[20]. Se alega, en efecto, que los términos del repetido artículo («ninguna disposición de esta Carta menoscabará el derecho inmanente de legítima defensa [...]») dan por supuesta la existencia anterior del derecho en cuestión, que no ha sido afectado por la Carta. Pero, en opinión de otros autores[21], que nosotros compartimos, esta tesis no es correcta desde el punto de vista jurídico, porque el Derecho Internacional clásico no prohibía la guerra ni, por tanto, el ataque armado, y, en ningún caso, el uso de la fuerza en defensa propia; en aquel entonces era legítima la agresión y, por ende, la defensa. La defensa propia no tenía razón de ser como concepto jurídico independiente. La legitimidad del uso de la fuerza en defensa propia cobra sentido, precisamente, cuando se prohíbe el uso de la fuerza. Por consiguiente, no cabe invocar la legitimidad de la defensa preventiva sobre la base de normas consuetudinarias anteriores a la Carta, ni por supuesto sobre la base de la propia Carta. Y la práctica de las Naciones Unidas avala este punto de vista, pues el Consejo de Seguridad no ha aceptado la tesis de que la acción que no sea respuesta a un ataque armado constituya legítima defensa[22]. De hecho, en la práctica internacional posterior a 1945, se ha invocado el derecho de defensa propia como justificación de actos de fuerza que no constituye reacción contra un ataque armado. Así lo hizo Egipto en 1951 y 1954 para legitimar la prohibición del transporte por el Canal de Suez de mercancías a Israel. Así lo hicieron, también, en 1956, durante la crisis del Canal de Suez, el Reino Unido e Israel como justificación de sus hostilidades contra Egipto. Del mismo modo, cuando un ataque aéreo israelí destruyó, el 7 de junio de 1981, el reactor nuclear de Osirak, sito en el Irak, Israel sostuvo, entre otras

---

[20] C. A. M. WALDOCK, *op. cit.* en nota 9; J. STONE, *op. cit.* en nota 9; M. S. MCDOUGAL y F. S. FELICIANO, *op. cit.* en nota 9; D. W. BOWET, *op. cit.* en nota 19.

[21] E. JIMÉNEZ DE ARÉCHAGA, *op. cit.* en nota 13, pp. 401 ss.; A. REMIRO BROTONS, *op. cit.* en nota 15, pp. 185 ss., etc.

[22] Véase K. J. SKUBISZEWSKI, *Manual of Public International Law,* editado por M. SOERENSEN, Londres, 1968, pp. 765 ss.

cosas, que utilizaba el derecho de legítima defensa individual previsto en el artículo 51 de la Carta. Pero la Asamblea General (resolución 36/271) calificó el acto de agresión y ni el Consejo de Seguridad ni ningún Estado aceptaron la validez de la excusa israelita[23]. Un importante acontecimiento posterior podría indicar un esbozo de cambio de tendencias, pues, como explicaremos en el apartado 82.2, el uso de la fuerza desplegado por americanos y británicos en Afganistán tras los ataques terroristas del 11 de septiembre de 2001 constituye un caso de defensa propia preventiva, y lo cierto es que, al calor de la profunda alarma producida en la sociedad internacional por aquellos atentados, importantes actores de las relaciones internacionales parecieron dar su asentimiento a la legitimidad de ese supuesto de uso de la fuerza. Sin embargo, la actitud de tres miembros permanentes del Consejo de Seguridad (Francia, Rusia, China) y de muchos otros Estados con ocasión de la grave crisis del Irak en el invierno-primavera de 2003, parece retornar a lo que nosotros consideramos la interpretación ortodoxa de la Carta: la defensa preventiva no encuentra apoyo en sus disposiciones. A mayor abundamiento, el 21 de junio de 2025 los EE. UU. usaron la fuerza militar contra instalaciones nucleares iraníes, en el contexto de los bombardeos recíprocos entre Israel e Irán comenzados unos días antes de ese mes de junio, con el fin de neutralizar la capacidad de desarrollo de un arma nuclear. No hubo autorización del Consejo de Seguridad de la ONU ni un ataque armado previo iraní contra la potencia americana. Los EE. UU. justificaron sus acciones militares con dos argumentos: uno, que la existencia del programa nuclear iraní constituía una «amenaza de los intereses nacionales», lo que parece apuntar a la invocación de la autodefensa preventiva; otro, que se pretendía apoyar «la defensa colectiva de nuestras tropas y de Israel». Además, se recalcó que la misión «no trataba de cambiar el régimen (iraní)»[24]. El Ministerio de Asuntos Exteriores de Irán, por su parte, reaccionó a través de un mensaje en la red X[25] en el que expresó que había sido una «agresión militar contra la integridad territorial y la soberanía nacional de un Estado miembro de la ONU», lo que suponía una «violación flagrante de la Carta de la ONU, especialmente de la prohibición del uso de la fuerza contenida en su artículo 2.4, y de la obligación de respetar la soberanía e integridad territorial»; igualmente, Irán estimó que se «había violado la Resolución 2231 de 2015 del Consejo de Seguridad de la ONU relativa a la cuestión nuclear de Irán, y que se había golpeado el régimen de no proliferación nuclear». Por otro lado, Irán reclamó la reacción de las instituciones de la ONU y afirmó su derecho a la legítima defensa[26]. La ONU consideró que este «giro peligroso» de EE. UU. merecía una reunión de emergencia del Consejo de Seguridad, puesto que es este el órgano político con la responsabilidad primordial en el mantenimiento de la paz y de la seguridad internacionales, que «la solución debía ser diplomática, que debía permitirse el

[23] Véase G. Fischer, «Le bombardement par Israel d'un reacteur nucléaire irakien», en *Annuaire Français de Droit International,* 1982, pp. 147 ss.

[24] Departamento de Defensa de Estados Unidos https://www.defense.gov/News/News-Stories/Article/Article/4222533/hegseth-caine-laud-success-of-us-strike-on-iran-nuke-sites/

[25] Ministerio de Exteriores de la República Islámica de Irán https://x.com/IRIMFA_EN/status/1936675016365515052

[26] Ministerio de Exteriores de la República Islámica de Irán https://x.com/araghchi/status/1936638107169722536

trabajo de la OIEA, que Irán debía respetar el Tratado de no proliferación nuclear, y que los Estados miembros estaban obligados a actuar conforme a la Carta de la organización y al Derecho internacional humanitario»[27].

La calificación del uso de la fuerza estadounidense ha de vincularse al uso de la fuerza iniciado el 13 de junio de 2025 por Israel contra las instalaciones nucleares de Irán para evitar un futuro ataque nuclear de Irán o de sus entes instrumentales (en inglés proxies). Está claro que existe un conflicto de larga duración de EE. UU. y de Israel con Irán, pero estas últimas intervenciones militares justifican una calificación específica de aquellos usos de la fuerza. En la carta dirigida al Consejo de Seguridad de la ONU, de 17 de junio de 2025, Israel considera que las amenazas públicas de Irán sobre la eliminación del Estado de Israel, junto al desarrollo de su programa nuclear y de misiles balísticos, constituyen una violación de la Carta de la ONU y del Tratado de no proliferación, y que su operación militar tiene por objeto la neutralización de una amenaza existencial e inminente. Se añade que las operaciones respetan el derecho de los conflictos armados, que son el último recurso tras un intento de negociación diplomática, y que se trata de una defensa de su seguridad y existencia[28]. Pues bien, en nuestra opinión, los usos de la fuerza de EE. UU. y de Israel, pese a que puedan servir para neutralizar temporalmente la amenaza nuclear de Irán, no se corresponden con la legítima defensa individual o colectiva prevista en el artículo 51 de la Carta de la ONU, o en el derecho consuetudinario, porque esa excepción a la prohibición del uso militar de la fuerza todavía no está aceptada en su versión preventiva (no reactiva). Finalmente, los terceros Estados no podrían ayudar a otros que no actúan de conformidad con el Derecho internacional.

Y tienen singular interés los pronunciamientos hechos al respecto por el Tribunal de La Haya en su sentencia de 27 de junio de 1986 (*caso relativo a las actividades militares y paramilitares en Nicaragua y contra ella; Nicaragua contra Estados Unidos de América*) aunque en esa sentencia lo que se tuvo en cuenta no fueron las disposiciones de la Carta (art. 51) sino el Derecho Internacional consuetudinario en la materia, habida cuenta de la reserva de los Estados Unidos tendente a la exclusión de los tratados y convenciones multilaterales. En todo caso, y en ese contexto consuetudinario, el Tribunal estimó que tanto la legítima defensa individual como la colectiva «no puede ser ejercida más que si el Estado interesado ha sido víctima de un ataque armado»[29]. En el caso de autos, Estados Unidos alegó que Nicaragua había desencadenado un ataque armado contra El Salvador y otros países centroamericanos, y que la acción norteamericana (colocación de minas en aguas territoriales e interiores nicaragüenses; ataques a puertos, instalaciones petroleras y una base naval en el mismo país) quedaría justificada en tanto que legítima defensa colectiva. Pero el Tribunal no aceptó

---

[27] Naciones Unidas https://press.un.org/en/2025/sc16095.doc.htm?_gl=1*9zg1bt*_ga*NDQ1NDQ1OTIxLjE3NDIyMDM0OTE.*_ga_TK9BQL5X7Z*czE3NTA2NzU4MDUkbzMkZzEkdDE3NTA2NzU4NzckajUyJGwwJGgw

[28] Carta de Israel al Consejo de Seguridad https://www.gov.il/BlobFolder/news/fm-sa-ar-s-letter-to-the-un-security-council-on-operation-rising-lion-17-june-2025/en/English_Swords_of_Iron_DOCUMENTS_Operation_Rising_Lion_FM_Saar_Letter_to_UN_Security_Council.pdf

[29] CIJ, *Recueil,* 1986, p. 103.

estas alegaciones, diciendo primeramente, en lo que respecta a El Salvador, que, aun suponiendo que la entrega de armas a la oposición armada salvadoreña fuese imputable al Gobierno de Nicaragua, «no puede aceptar la idea de que en Derecho Internacional consuetudinario la entrega de armas a la oposición armada de otro Estado, equivalga a un ataque armado contra éste»[30]. Sostuvo también el Tribunal que los Estados centroamericanos afectados no se habían comportado como si hubiesen sido víctimas de un ataque armado en el momento en que las actividades atribuidas a Nicaragua tenían un carácter más acentuado; la invocación de ser víctimas de tales ataques fue posterior[31]. La conclusión del Tribunal fue, pues, que Estados Unidos habían violado el principio que proscribe el recurso a la amenaza o uso de la fuerza[32]. En cuanto a la importante cuestión de la licitud de la defensa preventiva, las partes sólo habían considerado el derecho de legítima defensa en el supuesto de agresión armada ya ocurrida y no se habían planteado el tema de si se trataba de una reacción a la amenaza inminente de un ataque armado. Así las cosas, el Tribunal eludió un pronunciamiento sobre el tema. Idéntica ha sido su posición en la sentencia de 19 de diciembre de 2005 (*actividades armadas en el territorio del Congo, República Democrática del Congo v. Uganda*) toda vez que Uganda, Estado demandado, había sostenido que una determinada operación militar no era constitutiva de un uso de la fuerza tendente a prevenir un ataque que preveía[32 bis].

Proscrita por el Derecho Internacional la defensa preventiva, entendemos sin embargo que ante una amenaza seria y grave a la paz no está del todo desarmada ni indefensa la comunidad internacional, toda vez que resulta posible la acción institucional decidida por el Consejo de Seguridad de acuerdo a las normas del capítulo VII de la Carta de las Naciones Unidas. Y lo acontecido en Irak en la primavera de 2003 suministra un importante argumento adicional en contra del ejercicio de la defensa preventiva fuera del marco legal de la Carta. Ni los Estados Unidos de América ni el Reino Unido consiguieron del Consejo una resolución que autorizase la acción armada, lo que determinó un recurso a la fuerza basado en una apreciación errónea por parte de esos Estados acerca de la posesión de armas de destrucción masiva por el régimen de SADAN HUSSEIN. Los acontecimientos posteriores demostraron que tenían razón los Estados que en el Consejo se opusieron a autorizar el recurso institucional a la fuerza, y que carecían de ella los Estados que decidieron y emprendieron por su cuenta la acción armada. Y es que en el orden natural de las cosas las percepciones institucionales colectivas son más fiables que los puntos de vista particulares e interesados de sólo dos Estados.

Circunscrita, pues, la noción de legítima defensa a la reacción contra un ataque armado, hay que señalar que el ejercicio del derecho está regido por el principio de la proporcionalidad entre aquel ataque y la reacción del Estado agredido. Aun

[30] CIJ, *Recueil*, 1986, p. 119.
[31] CIJ, *Recueil*, 1986, p. 122.
[32] CIJ, *Recueil*, 1986, p. 123.
[32 bis] CIJ, *Recueil*, 2005, p. 52, par. 143. Véase el estudio de S. RIPOL CARULLA, «La nueva doctrina global de la defensa preventiva. Consideraciones sobre su caracterización y fundamento», en C. GARCÍA SEGURA y A. RODRIGO HERNÁNDEZ (eds.), *El imperio inviable. El orden internacional tras el conflicto de Irak*, Tecnos, Madrid, 2005.

no establecida de manera expresa por el artículo 51 de la Carta, estamos ante una exigencia inherente a la propia figura y que encuentra apoyo diáfano en el Derecho Internacional general de naturaleza consuetudinaria, cuando no en los principios generales del Derecho. Agreguemos que la proporcionalidad inherente a la legitimidad de la defensa ha sido exigida por el Tribunal de La Haya en la sentencia arriba mencionada de 27 de junio de 1986, dictada en el *caso relativo a las actividades militares y paramilitares en Nicaragua y contra ella, Nicaragua c. Estados Unidos de América.* Otro requisito de la legítima defensa es que la reacción al ataque armado sea inmediata, lo que excluye la necesidad de una declaración formal de guerra, que puede verse sometida a trámites internos largos. Conviene asimismo poner de relieve el carácter *provisional* del ejercicio del derecho o, mejor, su carácter limitado en el tiempo. La defensa propia sólo es legítima «hasta tanto que el Consejo de Seguridad haya tomado las medidas necesarias para mantener la paz y la seguridad internacionales» (art. 51 de la Carta). Claro que el requisito de la unanimidad entre los miembros permanentes del Consejo puede provocar, como de hecho ha provocado, la inactividad del órgano y, en definitiva, la continuación del conflicto al margen de la acción institucional de la Organización. El caso de la guerra de las Malvinas, en la primavera de 1982, es un ejemplo elocuente, aunque no único.

En fin, el artículo 51 de la Carta prevé no sólo la legítima defensa individual, sino también la *colectiva,* bien entendido que esta modalidad de la legítima defensa requiere la existencia de un vínculo precedente, como, por ejemplo, una obligación convencional entre los Estados que se asisten o, en ausencia de tal obligación, una petición previa de parte del Estado víctima del ataque armado. Y, de hecho, es el artículo 51 de la Carta el que ha proporcionado un soporte jurídico a las grandes alianzas militares. El artículo 5.º del Tratado del Atlántico Norte instituyente de la OTAN contiene una referencia al artículo 51 de la Carta y lo mismo hacía el artículo 5.º del Pacto de Varsovia. Se trata en ambos casos de pactos militares defensivos en que la ayuda al Estado objeto de un ataque armado se presta en base al derecho de legítima defensa colectiva contemplado en la Carta. De este modo, el sistema de seguridad colectiva previsto en la Conferencia de San Francisco que, como veremos en el inciso *g*) inmediato, no ha funcionado durante la guerra fría, se vio sustituido en la práctica por un sistema de legítima defensa colectiva. Fue ésta una de las grandes alteraciones de las previsiones de la Carta.

g) Pero la Carta de las Naciones Unidas no se ha limitado a prohibir la amenaza y el uso de la fuerza, sino que ha diseñado también un mecanismo de *reacción institucional* para los casos de transgresión de la norma. Se trata de una auténtica institucionalización del *ius ad bellum* que se reserva a la sociedad internacional organizada. En este lugar del libro vamos a dar solamente una somera noticia del mecanismo y de su funcionamiento entre 1945 y nuestros días; posteriormente haremos un análisis más profundo de índole institucional, con ocasión del estudio de las Naciones Unidas.

Efectivamente, siendo propósito de las Naciones Unidas el mantener la paz y la seguridad internacionales, la Organización está autorizada por la Carta a tomar medidas colectivas eficaces para prevenir y eliminar amenazas a la paz y para suprimir actos de agresión u otros quebrantamientos de la paz. La responsabilidad primordial de aquel propósito corresponde al Consejo de Seguridad (art. 24), cuyas decisiones en esta materia son obligatorias para los Estados miembros (art. 25).

El primer paso consiste en la determinación de la existencia de una amenaza a la paz, un quebrantamiento de ella o un acto de agresión; tal determinación corresponde al Consejo (art. 39). Hecha semejante determinación, son tres las posibilidades que se abren a este órgano: 1.ª, instar a las partes interesadas a que cumplan medidas provisionales a fin de que la situación no se agrave; 2.ª, decidir medidas que no impliquen el uso de la fuerza armada e instar a los Estados miembros a que las apliquen; las medidas podrán comprender la interrupción total o parcial de las relaciones económicas y de las comunicaciones de cualquier clase, así como la ruptura de relaciones diplomáticas; 3.ª, ejercer por medio de fuerzas aéreas, navales o terrestres, la acción necesaria para mantener o restablecer la paz y seguridad internacionales (arts. 40 a 42). De otro lado, el Consejo de Seguridad puede utilizar acuerdos u organismos regionales para aplicar medidas coercitivas bajo su autoridad.

Ahora bien, todas esas decisiones del Consejo deben ser tomadas, en tanto que decisiones sobre el fondo de las cuestiones, por el voto afirmativo de nueve miembros, mayoría que debe incluir los votos afirmativos de los miembros permanentes del Consejo (Estados Unidos, Unión Soviética —ahora Rusia—, Reino Unido, Francia y China) (art. 27). Ello supone que los miembros permanentes —las dos superpotencias y tres grandes potencias— tengan derecho de veto y que, mediante su voto negativo (ya que se ha interpretado que la abstención no equivale a veto) puedan bloquear cualquier decisión del Consejo. Y es que en el sistema previsto por la Carta se quiso deliberadamente que el mecanismo descansase en la unanimidad de los miembros permanentes, que la acción institucional de carácter colectivo no funcionase contra las grandes potencias ni contra sus amigos y protegidos. El sistema podía ser, pues, eficaz en caso de armonía de los miembros permanentes. Pero desvanecido a poco de acabar la segunda guerra mundial el espíritu de entendimiento, y habiendo adquirido las dos superpotencias intereses mundiales de carácter hegemónico y antagónico, el sistema no podía funcionar y no funcionó. Todos los conflictos afectaban, de una u otra manera, a un miembro permanente, particularmente a las Superpotencias, y el veto o amenaza de veto impidieron la reacción institucional prevista en la Carta. No realizado el supuesto político en que descansaba ésta —entendimiento entre los miembros permanentes del Consejo de Seguridad— el sistema de seguridad colectiva fracasó. Y las competencias que en esta materia se atribuyó la Asamblea General en virtud de la resolución 377 (V), de 3 de noviembre de 1950 —la llamada resolución «Unión pro Paz»— tampoco fortalecieron el mecanismo. En el contexto del conflicto armado de Rusia contra Ucrania, la Asamblea General se reunió a finales de febrero de 2022 en un período extraordinario de sesiones de emergencia, con el fin de examinar esa guerra y de realizar recomendaciones a los Estados miembros para la adopción de medidas colectivas que pudieran incluir el uso de la fuerza armada. Esto puede considerarse como un renacimiento del papel de la Resolución Unión Pro Paz ante la inacción del Consejo de Seguridad. De hecho, y hasta 1990, sólo con ocasión de la guerra de Corea (1950), emprendieron las Naciones Unidas una acción propiamente coercitiva, y ello gracias a que la ausencia del delegado de la Unión Soviética en el Consejo de Seguridad, disconforme con la presencia en el órgano de los representantes de China nacionalista, impidió el voto negativo y, por tanto, el veto. Las acciones militares emprendidas con posterioridad por las Naciones Unidas —decididas por el Consejo o por otros órganos— tuvieron distinto carácter y finalidad: no fueron coercitivas, sino operaciones preventivas del mantenimiento de la paz[33]. Desvanecida la guerra fría, sin embargo, y restablecido el supuesto político considerado cuando se fundaron las Naciones Unidas, el Consejo de Seguridad pudo adoptar el 29 de noviembre de 1990 la resolución 678 que legalizó la acción militar de los Estados Unidos y sus aliados contra el Irak de Sadam Husein. El éxito de la acción militar emprendida al amparo de dicha resolución —la reposición de Kuwait a la situación anterior al 1 de agosto de 1990 y el castigo al Estado agresor— hizo pensar a importantes e influyentes medios de opinión que, en adelante, las Naciones Unidas estaban ya en condiciones de desempeñar satisfactoriamente la función principal que le asignó la Carta en 1945 del mantenimiento de la paz y seguridad internacionales. Era éste, efectivamente, uno de los puntos clave del Nuevo Orden Mundial que postulara el presidente BUSH en 1991 tras el triunfo de la coalición aliada en la guerra del Golfo, aunque hay que decir que la inacción, marginación y titubeos posteriores de la Organización en otros sangrientos conflictos, incluso los que tuvieron por escenario el supuestamente civilizado Viejo Continente, vuelven a poner en tela de juicio la capacidad de la comunidad internacional organizada para el cumplimiento de aquella función.

h) El 24 de febrero de 2022, el presidente de la Federación Rusa, VLADÍMIR PUTIN, ordenó a su ejército la invasión de Ucrania en lo que él calificó de operación especial a la que atribuyó la finalidad de «desnazificar» el país atacado. Sin duda de ninguna clase este acto constituyó la más flagrante violación del principio de Derecho Internacional que prohíbe el uso de la fuerza armada contra la integridad territorial o independencia política de un Estado, consagrado en la Carta de las Naciones Unidas y en otros instrumentos internacionales. Además, y como muy bien dijo en España la Asociación de Profesores de Derecho Internacional y Relaciones Internacionales (APDIRI), la Federación Rusa incurrió en otras importantes violaciones, como la transgresión de preceptos básicos de Derecho Internacional humanitario por los ataques indiscriminados a la población civil [por ejemplo, la masacre perpetrada en Bucha (Ucrania), el 3 de abril de 2022] y a toda clase de objetivos no militares. Y ante la imposibilidad de la condena de estas acciones e imposición de sanciones por el Consejo de Seguridad de Naciones Unidas debido a la posesión del derecho de veto por Rusia y China, sí se pudo adoptar una resolución por la Asamblea General el 1 de marzo de 2022. Esta resolución, con sólo efectos políticos y morales, fue tomada por la importante mayoría de 141 Estados habiéndose abstenido 35 y votado en contra 5. En fin, a la altura del sexto mes de 2023 no parecen existir indicios fiables de cómo y cuándo se puede alcanzar en Ucrania la ansiada situación de paz.

---

[33] Véase J. A. CARRILLO SALCEDO, *La crisis constitucional de las Naciones Unidas,* Madrid, 1966, pp. 25 ss.

i) Señalemos finalmente por lo que corresponde al Derecho español en la materia que el artículo 19 de la Ley de defensa nacional 5/2005, de 17 de noviembre, se mueve en la línea del respeto a la legalidad internacional. Así, para el envío de fuerzas armadas españolas que hayan de cumplir misiones en el exterior que no estén directamente relacionadas con la defensa del país o el interés nacional se requiere la petición expresa del gobierno del territorio, o la autorización del Consejo de Seguridad de las Naciones Unidas, o el hecho de que las misiones hayan sido acordadas en su caso por organizaciones internacionales en las que España es miembro, particularmente la Unión Europea o la OTAN y ello en el marco de sus respectivas competencias. Otra condición es la conformidad con la Carta de las Naciones Unidas y la no vulneración del Derecho convencional que obliga a España.

65. EL DESARME

a) Para la realización del objetivo primordial del mantenimiento de la paz y seguridad internacionales no cabe confiar exclusivamente en la obediencia de los Estados a las normas sobre prohibición de la amenaza y uso de la fuerza, y menos habida cuenta del fracaso general del mecanismo institucional previsto en la Carta de las Naciones Unidas contra el agresor y de la no producción de los efectos disuasorios que dicho mecanismo comporta. Puesto que la guerra se hace con armas, la eliminación, o al menos reducción, del armamento, evitará o disminuirá las posibilidades del conflicto. Y esta percepción tiene en nuestros días mayor sentido que nunca si se piensa, de acuerdo con los especialistas, en la eventualidad del estallido no deseado de una conflagración nuclear por obra de riesgos de distinta naturaleza: error humano o técnico o por otras causas. El desarme se presenta, así, como ingrediente de primera magnitud de la seguridad colectiva. Pero no sólo es esto porque ocurre, de otro lado, que la carrera de armamentos distrae ingentes cantidades de recursos, humanos, técnicos y financieros, de la satisfacción de una de las más apremiantes necesidades que hoy tiene la comunidad internacional: el desarrollo económico y social de los pueblos de los países en desarrollo, que constituyen las dos terceras partes del conjunto de la población mundial. Agreguemos que, pese a estas consideraciones, el Derecho Internacional General de naturaleza consuetudinaria, no impone hoy por hoy a los Estados limitación alguna del nivel de armamentos. El Tribunal de La Haya ha sido muy expresivo sobre este punto en su sentencia de 27 de junio de 1986 (*caso relativo a las actividades militares y paramilitares en Nicaragua y contra ella*). En esa sentencia, ante la consideración de los Estados Unidos de que el nivel de militarización de Nicaragua era excesivo y adecuado para probar sus intenciones agresivas, lo que constituiría un elemento justificativo adicional de las actividades norteamericanas contra el país centroamericano, el Tribunal consideró inútil y sin pertinencia adoptar una posición al respecto «dado que no existen en Derecho Internacional reglas que impongan la limitación del nivel de armamento de un Estado soberano, exceptuando las que el Estado interesado pueda aceptar por tratado o de otro modo, principio válido sin distinción para todos los Estados»[1]. Pero esta apreciación de orden cuantitativo no supone la inexistencia de normas consuetudinarias generales de incidencia cualitativa, esto es, en temas particulares relacionados con la naturaleza del armamento. Así, tratándose de armas termonucleares, la opinión consultiva del Tribunal de La Haya de 8 de julio de 1996 (*Licéité de la menace ou de l'emploi d'armes nucléaires*) se pronunció por la existencia de principios de Derecho internacional humanitario no susceptibles de transgresión obligatorios para los Estados con independencia de todo vínculo convencional, afirmación que le permitió decir que el uso de las armas en cuestión sería generalmente contrario al Derecho internacional humanitario.

---

[1] CIJ, *Recueil*, 1986, p. 13 y, CIJ, *Recueil*, 1996, par. 71.

b) Obviamente, la regulación convencional del desarme afecta de manera directa e intensa a los supremos intereses de poder de las superpotencias y las grandes potencias y de ahí el enfoque esencialmente político que se da a la cuestión y las dificultades existentes para llegar a acuerdos completamente satisfactorios. Esta politización extrema, y la propia complejidad técnica de la materia, hacen difícil el estudio de la cuestión desde una perspectiva jurídica. No renunciamos nosotros de todos modos a unas escuetas consideraciones de esta índole que, tras unas breves referencias a los precedentes históricos, van a girar en torno a la acción emprendida por las Naciones Unidas y algunos otros foros y a los logros convencionales —ciertamente limitados y, en todo caso, no del todo suficientes— que se han conseguido en ellos.

c) Vinculada la idea del desarme al objetivo del mantenimiento de la paz, y habiendo sido éste el inspirador de las *Conferencias de la Paz de La Haya de 1899 y 1907,* es lógico que la cuestión del desarme preocupara en ellas. En la primera, el Gobierno ruso propuso, por razones económicas y otras de orden interno, una limitación de armamentos, pero en este punto la Conferencia fracasó por completo y lo mismo puede decirse de la celebrada en 1907[1 bis]. Ninguna obligación en materia de desarme asumieron los Estados participantes. Es el caso que en los primeros lustros del siglo XX se produjo en Europa una desenfrenada carrera de armamentos, que tuvo su triste epílogo en la primera guerra mundial (1914-1918).

d) Terminada la primera guerra mundial en 1918 reaparece, y con más fuerza, la preocupación por el desarme. La trilogía arbitraje-seguridad-desarme era, en efecto, componente básico de la ideología de la *Sociedad de Naciones.* Y así, en el artículo 8 del Pacto, los Estados miembros «reconocen que el mantenimiento de la paz exige la reducción de los armamentos nacionales al mínimun compatible con la seguridad nacional y con la ejecución de las obligaciones internacionales impuestas por una acción común». En el mismo artículo se preveía que el Consejo prepararía los planes de esta reducción para su examen y decisión por los Gobiernos. Pero nada significativo en el orden práctico resultó de estas previsiones. El 2 de febrero de 1932 comenzó en Ginebra, bajo los auspicios de la Sociedad de Naciones, una Conferencia general del Desarme, que se prolonga hasta octubre de 1933 y que supuso un fracaso, aunque en el orden metodológico quedaron enseñanzas útiles[2]. De todos modos, en el período de la entreguerra se registran algunas manifestaciones interesantes de desarme convencional en el terreno naval[3].

Para las potencias derrotadas en la guerra, los tratados de paz impusieron compromisos especiales en materia de desarme: reducción de efectivos, prohibición de ciertas armas y desmilitarización de determinadas zonas y establecimiento de un régimen de control e investigación[4]. Pero el fracaso de la Conferencia general de Desarme dio alas y fuerzas a los vencidos para separarse de un régimen que

---

[1 bis] Véase J. BROWN SCOTT, *Les Conférences de la Paix de La Haye de 1899 et 1907,* 2 vols., París, 1907.

[2] Véase L. DE BROUCHÈRE, «Les travaux de la Société des Nations en matière de desarmement», en *R. des C.,* V, 1928, pp. 365 ss.

[3] Véase en CH. ROUSSEAU, *Derecho Internacional Público,* Barcelona, 1961, pp. 465-466, y *Le Droit des conflits armés,* París, 1983, pp. 554 ss.

[4] Véase CH. ROUSSEAU, *op. cit.,* 1961, p. 464; *op. cit.,* 1983, pp. 542 ss.

consideraban discriminatorio. A finales de la década de los años treinta del siglo pasado era el rearme y no el desarme, lo que, de cara a la segunda guerra mundial, se había producido. El resultado es bien conocido.

e) Finalizada la *segunda guerra mundial* (1939-1945), y constituida la *Organización de las Naciones Unidas,* en ésta se vincula nuevamente la cuestión del desarme a la preocupación por el mantenimiento de la paz y seguridad internacionales. Así, el artículo 11 de la Carta encomienda a la Asamblea General la consideración de «los principios generales de la cooperación en el mantenimiento de la paz y la seguridad internacionales, incluso los principios que rigen el desarme y la regulación de los armamentos, y podrá también hacer recomendaciones sobre tales principios a los miembros o al Consejo de Seguridad o a éste y a aquéllos». Por su parte, el artículo 26 señala que «a fin de promover el establecimiento y el mantenimiento de la paz y la seguridad internacionales con la menor desviación posible de los recursos del mundo hacia los armamentos, el Consejo de Seguridad tendrá a su cargo, con la ayuda del Comité de Estado Mayor a que se refiere el artículo 47, la elaboración de los planes que se someterán a los miembros de las Naciones Unidas para el establecimiento de un sistema de regulación de los armamentos».

Éstas son las escuetas disposiciones de la Carta en materia de desarme. Pero la acción de las Naciones Unidas desde 1945 hasta nuestros días, sobre todo en el tema del desarme nuclear, ha sido intensa y variada. Creación y sustitución continua de órganos; celebración de dos períodos extraordinarios de sesiones de la Asamblea dedicados al desarme (1978 y 1982); convocatoria de dos decenios del desarme (1970-1980 y 1980-1990); aprobación de múltiples resoluciones y también, hay que decirlo, adopción de algunos tratados y expresiones de complacencia y agrado por los concluidos fuera de su ámbito[5].

f) En el *aspecto orgánico* hay que hablar, en efecto, de la continua creación y sustitución de órganos, como si las dificultades en la materia derivasen del hecho de no hallar el foro adecuado de discusión y negociación y no de la falta de confianza y voluntad política de los Estados. Así, la Asamblea General creó en su primer período de sesiones por la resolución 1 (I), de 24 de enero de 1946, la Comisión de Energía Atómica, integrada por los cinco Estados miembros permanentes del Consejo de Seguridad, más Canadá. Una resolución posterior de la Asamblea, la 41 (I) de 14 de diciembre de 1946, determinó los principios generales sobre la reglamentación y la reducción general de armamentos y, en base a aquélla, el Consejo de Seguridad estableció el 13 de febrero de 1947 la Comisión de Armamentos de tipo corriente, integrada sólo por los miembros permanentes. Por resolución de la Asamblea de 11 de diciembre de 1952, la 502 (VI), se disuelven aquellas Comisiones y se crea la Comisión de Desarme, integrada por los mismos

---

[5] Véase Y. COLLART, *Disarmement: A study guide and bibliografy on the efforts of the United Nations,* La Haya, 1958; M. AGUILAR NAVARRO, «Las Naciones Unidas y el desarme», en el libro colectivo *ONU, año XX,* Tecnos, Madrid, 1966, pp. 369 ss.; A. GOTLIEB, *Disarmement and International Law,* Toronto, 1965; A. MARÍN LÓPEZ, *El desarme nuclear,* Granada, 1974; A. REMIRO BROTONS, *Derecho Internacional Público,* 1. *Principios fundamentales,* Tecnos, Madrid, 1982, pp. 217 ss.; A. REMIRO BROTONS (ed.), *La amenaza de guerra nuclear,* Madrid, 1984.

miembros de las Comisiones disueltas, y a la que se da el mandato de preparar «propuestas destinadas a ser incorporadas en un proyecto de tratado (o de tratados) para la reglamentación, la limitación y la reducción equilibrada de todas las fuerzas armadas y de todos los armamentos, para la eliminación de todas las armas principales utilizables para la destrucción en masa, así como para el control internacional efectivo de la energía atómica, a fin de asegurar la prohibición de armas atómicas y el empleo de la energía atómica para fines pacíficos únicamente». La Comisión no cumplió su mandato y el clima de frustración producido por su ineficacia iba a ser superado cuando, el 20 de septiembre de 1961, los Estados Unidos y la Unión Soviética presentan a la Asamblea una declaración común que contenía una serie de principios sobre las negociaciones futuras. Por la resolución 1.722 (XVI), de 20 de diciembre de 1961, la Asamblea toma nota con satisfacción de aquellas declaraciones y hace suya la decisión, a la que se llegó fuera de su ámbito, de crear un Comité de Desarme, integrado por cinco Estados miembros de la OTAN, otros cinco del Pacto de Varsovia y ocho no alineados. El Comité no era un órgano subsidiario de la Asamblea, pero sí le rendía informes y recibía directrices de ella, además de asistencia del Secretario General. En la resolución 1.722 (XVI), la Asamblea recomendó al Comité «que, con la mayor urgencia, entable negociaciones a fin de concretar... un acuerdo sobre el desarme general y completo bajo control internacional eficaz». En 1969, el Comité pasó a llamarse Conferencia del Comité de Desarme y el número de miembros fue ampliado a 26 y a 69 en 1975. En fin, celebrado en 1978 un período de sesiones extraordinario de la Asamblea dedicado al desarme, el documento final (S-10/2), de 30 de junio de 1978, partiendo de los escasos progresos logrados por los mecanismos existentes, determina la necesidad de dos tipos de órganos: los deliberantes, que deben ser plenarios, y los de negociación, que han de ser restringidos. En el mismo documento, la Asamblea General se reserva el papel de principal órgano deliberamente, pero, además, establece, como sucesora de la Comisión creada en 1952, una Comisión de desarme de carácter plenario; al propio tiempo, y en lo que respecta al órgano de negociación, declara que el Comité de Desarme, continuación del establecido en 1961, debe estar integrado por todos los Estados poseedores de armas nucleares y de otros 32 a 35 miembros, que tomarán decisiones por consenso[6].

g) Los *logros* de la sociedad internacional en materia de *desarme nuclear* comienzan con la firma en Moscú, el día 5 de agosto de 1963, por la Unión Soviética, Estados Unidos y el Reino Unido, del *Tratado de prohibición de pruebas con armas nucleares* en la atmósfera, en el espacio ultraterrestre y bajo el agua, concluido fuera del ámbito de las Naciones Unidas. En su artículo 1.º, los Estados partes se comprometen a prohibir, impedir y no realizar explosiones con armas nucleares ni cualquiera otra clase de explosión nuclear en ningún lugar situado bajo su jurisdicción y control: *a*) en la atmósfera, fuera de sus límites, incluido el espacio ultraterrestre, o bajo el agua, comprendidas las aguas territoriales o el alta mar; *b*) en cualquier otro medio físico cuando la explosión origine la presencia de resi-

[6] Véase A. GARCÍA ROBLES, *La Asamblea General del Desarme*, México, 1979.

duos radioactivos fuera de los límites territoriales del Estado, bajo cuya jurisdicción o control aquélla se efectuare. No se prohíben, pues, las experiencias termonucleares que, no incurriendo en las circunstancias del apartado *b*), se realicen bajo tierra. El Tratado ha sido ampliamente aceptado, aunque no son partes en él dos potencias nucleares como Francia y la República Popular China[7].

Otro logro de interés es el *Tratado sobre no proliferación de las armas nucleares*, elaborado en el seno de la Conferencia del Comité de Desarme, concluido en Londres, Washington y Moscú el día 1 de julio de 1968, y en vigor desde el 5 de marzo de 1970. La finalidad del Tratado es la de mantener el monopolio conseguido por las potencias nucleares, cerrando así las puertas del «club nuclear» a terceros Estados; para ello, prohíbe de manera absoluta cooperar al armamento nuclear de otro Estado, estableciendo para las potencias no nucleares partes en aquél un control realizado por la Agencia Internacional de Energía Atómica (AIEA). El Tratado ha tenido amplia aceptación —son partes hoy en él más de 110 Estados, entre ellos España—, pero cuenta con las significativas ausencias de los Estados que aspiran a convertirse en potencias nucleares, como Argentina, África del Sur, Argelia, Brasil, Cuba, Chile, India, Israel, etc.[8]. La Conferencia de Estados partes decidió el 12 de mayo de 1995 la prórroga indefinida del tratado. De mucha mayor importancia por su contenido es el Tratado sobre prohibición de armas nucleares, negociado desde 2010 en el marco de la Asamblea General de las Naciones Unidas y adoptado el 7 de julio de 2017 por el voto favorable de 122 Estados, no habiendo participado en la votación hasta 69 Estados y habiéndose abstenido 2. El tratado prohíbe todo tipo de actividades relacionadas con las armas nucleares y también y por supuesto su utilización, lo que explica el alto número de Estados que no lo aceptan, que son, lógicamente, los poseedores de tales armas. También han anunciado su oposición al instrumento los Estados miembros de alianzas militares como la OTAN. Es el caso irremediable de España.

En el ámbito bilateral de las relaciones entre las dos superpotencias, destacan los acuerdos SALT (*Strategics Arms Limitation Talks*) concluidos en virtud de negociaciones directas entre los Estados Unidos y la Unión Soviética. El SALT-I, celebrado el 26 de mayo de 1972, limitó los sistemas de cohetes antibalísticos y ciertas armas ofensivas. Después de largas negociaciones se llegó, el 18 de junio de 1979, a la conclusión de otros acuerdos, los SALT-II, cuya ratificación no llegó a ser autorizada por el Senado de los Estados Unidos. Se ha discutido también la reducción de armas estratégicas en el seno de las conversaciones START, es decir, *Strategic Arms Reduction Talks*[9]. Dato imposible de silenciar es la conclusión en 1991 y 1993 —ya aliviada la fase más crítica de la guerra fría— de un tratado START que implicaba una cierta reducción de los armamentos nucleares de la entonces Unión Soviética y de los Estados Unidos de América. Expirado este instrumento en 1999, el 8 de abril de 2010 ha sido sustituido por otro, firmado en Praga entre los presidentes norteamericano y ruso. Ha de destacarse que el nuevo

---

[7] Véase G. FISCHER, «L'interdiction partielle des essais nucléaires», en *Annuaire Français de Droit International*, 1963, pp. 11 ss.

[8] Véase I. SHAKER, *The nuclear non proliferation treaty. Origin and implementation 1959-1973*, 3 vols., Londres, 1980.

[9] Véase E. BARCIA GARCÍA VILLAMIL, *Salt*, Madrid, 1981; A. ROHE, «Il Salt II e i suoi precedenti. De Mosca a Vienna, via Vladivostok», en *La Communità Internazionali*, 1979, pp. 67 ss.

tratado comporta reducciones importantes (hasta un 30 por 100) del arsenal nuclear de cada uno de esos dos países, lo que da a entender que cuando el Senado americano y la Duma rusa autoricen su ratificación y el instrumento entre en vigor, se habrá dado un significativo paso adelante en pos de la superación de la tensión reinante hace décadas entre los dos países.

h) Otros logros convencionales en materia de desarme tienen una *proyección espacial* en cuanto desmilitarizan totalmente, o al menos desnuclearizan, ciertas zonas. En este orden de cosas conviene distinguir dos grupos de acuerdos: los concernientes a espacios o zonas que no están bajo la soberanía o jurisdicción de ningún Estado, y los que versan sobre territorios bajo soberanía estatal. En el primer grupo hay que referirse por lo pronto al *Tratado sobre la Antártida,* firmado en Washington el día 1 de diciembre de 1959, del que ya nos hemos ocupado en otro lugar[10]. El Tratado no sólo desnucleariza la Antártida (art. 5), sino que la desmilitariza totalmente (art. 1). Cláusula de desmilitarización y desnuclearización parcial es la que figura en el párrafo 1 del artículo 5 del *Tratado General del Espacio de 1967,* analizado, asimismo, en la parte correspondiente de este libro[11]. La *Luna* y los cuerpos celestes del sistema solar están, por su parte, completamente desmilitarizados, según el *Acuerdo de 1979,* aún no en vigor[12]. En cuanto a los *fondos marinos y su subsuelo,* el 10 de febrero de 1971 se concluyó en el seno de la Conferencia del Comité de Desarme el Tratado sobre la prohibición de emplazamiento de armas nucleares y otras de destrucción en masa en el fondo de los mares y océanos y en su subsuelo, hoy en vigor y con amplia aceptación. La zona de prohibición es la que comienza más allá de las doce millas, contadas a partir de la costa, y la prohibición se limita a armas e instalaciones fijas; no alcanza a los submarinos de propulsión nuclear o dotados de armas nucleares que pueden no sólo navegar libremente, sino también reposar en los fondos marinos y oceánicos[13]. En el segundo grupo —acuerdos sobre espacios sometidos a soberanía estatal— existe hoy solamente el *Tratado para la proscripción de las armas nucleares en la América Latina,* firmado en Tlatelolco (México) el día 14 de febrero de 1967, y en el que son partes todos los Estados de la región menos Argentina y Cuba, si bien Brasil y Chile, que han manifestado el consentimiento en obligarse, no consideran que el Tratado haya entrado en vigor mientras no lo acepten todos los Estados, prevaliéndose de lo que dispone el artículo 28. Según el Tratado, los Estados partes se comprometen a prohibir en su territorio no sólo el ensayo, fabricación y adquisición de armas nucleares, sino, además, su recepción, almacenamiento o instalación, directa o indirectamente, por mandato de terceros o de cualquier otro modo; se instituye, además, un órgano de control, que es la Organización para la proscripción de armas nucleares en la América Latina (OPANAL). El Tratado se completa con dos protocolos adicionales. El Protocolo I se refiere a los Estados que tienen responsabilidades internacionales *de iure* o *de facto* en territorios sitos en la región,

---

[10] Véase el apartado 43.2 de este libro.
[11] Véase el apartado 40.3 de este libro.
[12] Véase el apartado 40.4 de este libro.
[13] Véase L. MIGLIORINO, *Fondi Marini e armi di distruzione di massa,* Milán, 1980.

como Estados Unidos, Reino Unido, Países Bajos y Francia; todos ellos han aceptado su desnuclearización menos Francia. El Protocolo II está dirigido a todos los Estados poseedores de armas nucleares, a fin de que respeten el estatuto de desnuclearización; el propósito del Protocolo ha sido cumplido[14].

i) En el campo *no nuclear,* y por lo que respecta a las armas de destrucción en masa hay una clara conexión temática entre la prohibición de determinadas armas que hacen convenciones sobre el *ius in bello* —particularmente, los Protocolos adicionales de 1977 a las Convenciones de Ginebra de 1949 sobre protección a las víctimas de la guerra— con la materia del desarme. Aquellos aspectos de la regulación de las armas los estudiaremos, sin embargo, con ocasión del examen del *ius in bello* vigente, ya que suponen en última instancia, limitaciones a la violencia bélica una vez desencadenadas, de manera legal o ilegal, las hostilidades[15]. Con independencia de ello, es forzoso referirse a la *Convención sobre la prohibición del desarrollo, la producción y el almacenamiento de armas bacteriológicas* (*biológicas*) *y toxínicas y sobre su destrucción,* negociada dentro de la Conferencia del Comité de Desarme, abierta a la firma en 1972 y en vigor desde el 26 de marzo de 1975. De otro lado, dentro de la Asamblea General de las Naciones Unidas se adoptó, el día 10 de diciembre de 1976, por la resolución 31/72, la *Convención sobre la prohibición de la utilización de técnicas de modificación del medio ambiente con fines militares o cualesquiera otros fines hostiles,* ampliamente aceptada y en vigor desde el 5 de octubre de 1978. España la ratificó el 19 de junio de 1978[16]. Hay que mencionar asimismo la Convención sobre armas racimo de 30 de mayo de 2008, instrumento también a caballo entre el Derecho del desarme y el Derecho internacional humanitario.

j) Éstos eran los resultados más importantes que desde 1945 hasta 1987 había alcanzado la sociedad internacional en materia de desarme. Una *valoración* elemental e intuitiva que comparase en aquella época los resultados en cuestión con los riesgos de la carrera de armamentos de que nos informaban cotidianamente los medios de comunicación de masas sería alarmante y pesimista y produciría un profundo sentimiento de frustración y desesperanza. Pero huelgan quizá los juicios personales del profano e incluso del especialista cuando el órgano más representativo de la comunidad internacional, que es la Asamblea General de las Naciones Unidas, evaluó ella misma de modo severo la situación en una resolución aprobada por consenso: la S-10/2, de 1 de julio de 1978, que cerró el período extraordinario de sesiones dedicado aquel año al desarme[17]. Allí se decía, efectivamente, que «la carrera de armamentos no ha aminorado, sino que se ha acelerado y sobrepasa con mucho los esfuerzos para ponerle fin»; que «si bien es cierto que se ha llegado a ciertos acuerdos limitados», las «medidas eficaces relativas a la cesación en una

---

[14] Véase H. GROS ESPIEL, *En torno al Tratado de Tlatelolco y la proscripción de las armas nucleares en América Latina,* México, 1973.

[15] Véase el apartado 66 de este libro.

[16] Véase *Multilateral Treaties Deposited with the Secretary General. Status at 31 December 1985,* Naciones Unidas, Nueva York, 1986, pp. 748 ss.

[17] Véase esta resolución y otras citadas sobre desarme, en J. A. CARRILLO SALCEDO, *Textos básicos de Naciones Unidas,* Tecnos, Madrid, 1982, pp. 399 ss.

fecha temprana de la carrera de armamentos y al desarme nuclear siguen estando fuera del alcance del hombre»; y «que no ha habido tampoco ningún progreso real que pueda llevar a la concertación de un tratado sobre el desarme general y completo bajo un control internacional eficaz». Cabría entresacar de la resolución citada muchos otros párrafos, incluso algunos sombríos, como, por ejemplo, el que deja constancia de que «sólo los arsenales de armas nucleares en existencia bastan con creces para destruir toda forma de vida humana sobre la tierra». Pero hay un párrafo concerniente a la relación entre los gastos en armamentos y el desarrollo económico y social, que nos parece también digno de transcripción:

> En un mundo de recursos finitos, hay una estrecha relación entre los gastos en armamentos y el desarrollo económico y social. Los gastos militares están alcanzando niveles cada vez más altos, pudiendo imputarse el mayor porcentaje a los Estados poseedores de armas nucleares y a la mayoría de sus aliados, y existe la perspectiva de que se eleven aún más y el peligro de gastos cada vez mayores también en otros países. Los cientos de miles de millones de dólares gastados anualmente en la fabricación o perfeccionamiento de armas ofrecen un contraste sombrío y dramático con la escasez y la miseria en que viven dos tercios de la población mundial. Este colosal despilfarro de recursos es aún más grave por el hecho de que desvía hacia objetivos militares recursos no sólo materiales, sino también técnicos y humanos que se requieren con urgencia para el desarrollo en todos los países, especialmente en los países en desarrollo. Las consecuencias económicas y sociales de la carrera de armamentos son así tan perjudiciales que su continuación es de una incompatibilidad evidente con el establecimiento del nuevo orden económico internacional, basado en la justicia, la equidad y la cooperación. Por lo tanto, los recursos liberados como consecuencia de la aplicación de medidas de desarme deberían utilizarse de tal modo que contribuyesen a promover el bienestar de todos los pueblos y a mejorar las condiciones económicas de los países en desarrollo.

En fin, el documento de clausura del segundo período extraordinario de sesiones de la Asamblea General en materia de desarme (1982) no fue más optimista. Allí, reafirmándose la validez del documento final aprobado en 1978, se declara que «los objetivos, las prioridades y los principios del documento final no se han observado en general» y su programa de acción «en gran parte no se ha ejecutado». Una serie de «negociaciones importantes no se han iniciado o se han suspendido, y los esfuerzos en el Comité de Desarme y en otros foros han producido escasos resultados tangibles». Y se concluye: «En resumen, desde que se aprobó el documento final en 1978, no se ha logrado ningún progreso importante en la esfera de la limitación de los armamentos y el desarme y la situación se ha agravado»[18]. Palabras, insistimos, de la Asamblea General de las Naciones Unidas en 1982, el órgano más representativo sin duda de la comunidad internacional.

k) Ésta era la nada halagüeña valoración de la situación global del desarme que hicimos en la primavera de 1987, pero es importante señalar que el 8 de diciembre del mismo año los Estados Unidos y la Unión Soviética celebran en Washington el *Tratado sobre eliminación de misiles de corto y de medio alcance*[19], explicitando en el preámbulo que lo que les ha movido a su firma es el convencimiento de que una guerra nuclear produciría efectos devastadores sobre la humanidad entera

[18] Véase en *Crónica de las Naciones Unidas*, vol. XIX, n.º 8, septiembre de 1982, p. 355.

[19] Véase el texto del tratado en *I.L.M.*, 1988-1, pp. 84 ss.; G. FISCHER, «Elaboration et aperçu de l'Accord Américain-Sovietique sur les euromissiles», *A.F.D.I.*, 1987, pp. 33 ss.; S. SUR, «Problèmes de vérification dans le Traité Américain-Sovietique de 8 décembre 1987 sur l'élimination des missiles à portée intermediaire et à plus courte portée», en *A.F.D.I.*, 1987, pp. 69 ss.

y que las medidas estipuladas contribuirán a reducir el riesgo de estallido de una guerra. Otro desarrollo favorable es el registrado en el documento final de la reunión de continuación de la Conferencia sobre Seguridad y Cooperación en Europa, celebrada en Viena entre 1986 y 1989; ello es así porque en dicho documento, de 15 de enero de 1989, se decide la apertura de negociaciones sobre el desarme convencional en Europa[20]. Ya bajo los efectos benéficos del desvanecimiento de la confrontación Este-Oeste, se firma en París en el marco de la CSCE, el 19 de noviembre de 1990, el *Tratado sobre fuerzas armadas convencionales en Europa* (Tratado FACE), entre los dieciséis Estados miembros de la OTAN y otros seis del aún existente Pacto de Varsovia[21]. El Tratado comporta obligaciones importantes, sometidas a inspección y verificación, de reducir categorías de fuerzas armadas convencionales. Pero la Unión Soviética no lo había ratificado en el momento de su disolución (31 de diciembre de 1991) y lo que procede ahora es que, tras las adaptaciones y ajustes necesarios, la República de la Federación Rusa y las otras Repúblicas de la Comunidad de Estados Independientes manifiesten el consentimiento en obligarse. Otro logro importante es la firma entre Estados Unidos y la Unión Soviética, el 31 de julio de 1991, del *Tratado START,* sobre limitación y reducción de armas estratégicas nucleares, que comprende los misiles balísticos intercontinentales, los lanzables desde submarinos, los bombarderos pesados y los misiles de crucero de lanzamiento marítimo. La República de la Federación Rusa y otras integrantes de la Comunidad de Estados Independientes han manifestado su disposición al cumplimiento de los compromisos asumidos por la antigua Unión Soviética. De hecho, en el mes de mayo de 1992 cuatro Estados de la Comunidad de Estados Independientes, herederos del arsenal termonuclear de la Unión Soviética —Federación de Rusia, Ucrania, Bielorrusia y Kazajstán—, aseguraban su participación en el Tratado *START* de 1991. El día 3 de enero de 1993 se firma en Praga el Tratado *START 2*. Ya hemos dicho antes que el 8 de abril de 2010 se firmó un nuevo Tratado *START* ya ratificado y en vigor. De otro lado, el 24 de marzo de 1992 se suscribe en Helsinki el Tratado de Cielos Abiertos, cuya virtualidad es la de abrir a vuelos de control militar los espacios aéreos situados entre Vancouver y Vladivostok. El día 13 de enero de 1993 se firma en París la Convención sobre la prohibición de puesta a punto, fabricación, almacenamiento y empleo de armas químicas y sobre su destrucción[22]. Llamemos la atención también sobre la apertura a la firma, el día 3 de junio de 2013, del Tratado sobre comercio de armas que entrará en vigor 90 días después de su notificación por 50 Estados.

En suma, la finalización de la guerra fría ha determinado logros espectaculares, antes impensables, en materia de desarme y regulación de armamentos. Es éste sin duda uno de los campos de las relaciones internacionales en que más y mejor se están haciendo sentir la desaparición de la bipolaridad y el consiguiente desvanecimiento de la confrontación Este-Oeste.

---

[20] Véase J. FUENTES, *El Círculo de Helsinki,* Madrid, 1989, pp. 445 ss.

[21] Véase F. MARIÑO MENÉNDEZ, «El Tratado sobre fuerzas armadas convencionales en Europa», en *R.E.D.I.,* 1991-1, pp. 57 ss.

[22] Véase *La Convention sur l'interdiction et l'élimination des armes chimiques: une percée dans l'entreprise multilatérale du désarmement*, Académie de Droit International de La Haye, Colloque 24-26 novembre 1994, Nijhof, 1995.

66. LAS LIMITACIONES A LA VIOLENCIA BÉLICA: EL *IUS IN BELLO*

66.1. El principio de la necesidad como inspirador del *ius in bello*: contenido y alcance

a) La guerra supone por su propia esencia el ejercicio de la violencia en las personas y los bienes del adversario, pero es evidente que la exterminación del enemigo y la entera destrucción de sus medios de subsistencia pugnan con las más elementales consideraciones éticas y jurídicas. Tales consideraciones exigen poner un límite a la violencia bélica, y como se dice en el artículo 35 del Protocolo de Ginebra de 1977 sobre protección a las víctimas de los conflictos armados internacionales «en todo conflicto armado, el derecho de las partes en conflicto a elegir los métodos o medios de hacer la guerra no es ilimitado». Y ya los fundadores de la ciencia del Derecho Internacional, que son los autores de la Escuela española del siglo XVI, señalaron el principio inspirador de estos límites, que es el *principio de la necesidad.* Así, FRANCISCO DE VITORIA dijo: *In bello licet omnia facere quae necessaria sunt ad defensionem boni publici* («Es lícito en la guerra hacer todo lo que sea necesario para la defensa del bien público»)[1]. FRANCISCO SUÁREZ, por su parte, formuló el principio con las siguientes palabras: «Una vez comenzada la guerra y durante todo el tiempo que duran las hostilidades, es justo inferir al enemigo todos los daños que parezcan necesarios para obtener la satisfacción o para conseguir la victoria, siempre que no impliquen injusticias directas contra los inocentes. Porque si es lícito el fin, también lo serán los medios necesarios»[2]. Similares son las ideas del holandés HUGO GROCIO: «Es lícito en la guerra lo que es necesario para alcanzar el fin»[3]. Se ha hablado en la actualidad de un principio inspirador adicional, que sería el de la humanidad, y del consiguiente deber de humanizar la guerra[4]; pero en realidad dicho principio no es sino una proyección particular y por supuesto la más importante del de la necesidad, ya que es principalmente en relación con la violencia dirigida contra las personas donde despliega su campo de acción el principio de la necesidad. De ahí la distinción básica entre

---

[1] FRANCISCO DE VITORIA, *Relectio posterior de Indiis sive de Iure belli hispanorum in barbaros.* Hemos utilizado la traducción española de la obra *Relecciones sobre los indios y el Derecho de la Guerra*, Espasa Calpe, Buenos Aires, 1946, p. 136. Véase J. A. PASTOR RIDRUEJO, «Francisco de Vitoria y la modernidad de sus enseñanzas: *Ius ad bellum y Ius in bello*», en el libro *Historia del Pensamiento Iusinternacionalista español del siglo XX*, editado por Y. GAMARRA e I. DE LA RASILLA, Aranzadi, 2013, pp. 79 ss. Del mismo autor, «Uso de la fuerza armada y derechos humanos: los grandes principios», en el volumen del *XVII Coloquio de Derecho internacional Humanitario*, Cruz Roja de Soria, julio de 2011, pp. 7 ss.

[2] FRANCISCO SUÁREZ, *De Bello.* Hemos utilizado la traducción española que figura en *Guerras. Intervención. Paz internacional,* publicada por Espasa Calpe, Madrid, 1956, p. 107.

[3] HUGO GROCIO, *De Iure Belli ac Pacis,* caps. I y II.

[4] Por ejemplo, P. FAUCHILLE, *Traité de Droit International Public. Guerre et Neutralité,* vol. II, París, 1921, p. 13; J. DIENA, *Derecho Internacional Público,* Barcelona, 1948, p. 495, etc.

combatientes y no combatientes y el deber de respetar la vida e integridad física de estos últimos. En fin, en el preámbulo de la Convención de La Haya de 18 de octubre de 1907 sobre leyes y costumbres de la guerra terrestre, las partes contratantes reconocen haberse inspirado en el deseo de disminuir los males de la guerra «hasta donde las *necesidades* militares lo permitan». Y, por su parte, el artículo 35 del Protocolo de Ginebra de 1977 relativo a la protección de las víctimas de los conflictos armados internacionales (Protocolo I), proclama con carácter de norma fundamental lo siguiente: «Queda prohibido el empleo de armas, proyectiles, materias y métodos de hacer la guerra, de tal índole que causen males *superfluos o sufrimientos innecesarios*»[5].

b) Ahora bien, el principio de la necesidad actúa en el campo de la elaboración y no en el de la aplicación del *ius in bello.* Es ésta una distinción fértil en consecuencias y en la que queremos profundizar.

Efectivamente, es el legislador internacional —la Conferencia de plenipotenciarios que se convoca para la adopción de una convención internacional— el que debe inspirarse en el principio cuando establece reglas concretas sobre la limitación de la violencia bélica. De acuerdo con él, sólo deben permitirse los actos de guerra que se estimen estrictamente necesarios para vencer la resistencia del enemigo y han de prohibirse los innecesarios y los desproporcionados con la consecución de aquella finalidad. Pero lo que no cabe es dejar que el principio de la necesidad opere en el campo de la aplicación del *ius in bello,* en el sentido, por ejemplo, de que la necesidad de conseguir un objetivo militar suministre una excusa para la inobservancia o transgresión de las llamadas leyes de la guerra. Semejante pretensión ha sido formulada por ciertos autores con la siguiente expresión en alemán: *Kriegsraeson geths vor Kriegs manier,* que significa que la razón militar prevalece sobre la manera de hacer la guerra[6]. Pero desde el punto de vista jurídico esta doctrina, y la excusa que ella suministraría, son inadmisibles. Su aceptación comportaría la negación del Derecho de la Guerra y dejaría al arbitrio de los contendientes el empleo ilimitado de la violencia. De hecho, ningún tribunal interno o internacional ha dado por buena aquella excusa y ninguna convención sobre *ius in bello* la ha consagrado.

c) En fin, el principio de la necesidad es lo suficientemente general y flexible como para permitir la evolución del *ius in bello* y su adaptación a las circunstancias cambiantes del modo de hacer la guerra como consecuencia del progreso tecnológico y de otros factores. Así, por ejemplo, en el Derecho Internacional clásico el criterio más importante de limitación de la violencia bélica tenía como base la distinción absoluta entre combatientes y no combatientes (personas civiles) y como consecuencia la autorización de hostigar a los primeros y la obligación de respetar a los segundos. Se trata de un criterio fundamentalmente subjetivo. Hoy, como veremos, la distinción sigue teniendo carácter primordial y de ella se hace eco el Protocolo de Ginebra de

---

[5] Las cursivas no figuran en el original.

[6] Véase una lista de autores que han sostenido esta teoría en L. OPENHEIM y H. LAUTERPACHT, *International Law. A treatise,* vol. II, Londres, 1944, p. 184, nota 1.

1977 sobre conflictos de carácter internacional (arts. 50 ss.). Pero la prohibición de atacar a la población civil ha sufrido una cierta flexibilización porque «la presencia de la población civil o de personas civiles o sus movimientos no podrá ser utilizada para poner ciertos puntos o zonas a cubierto de operaciones militares, en especial para tratar de poner a cubierto de ataques los objetivos militares» (art. 51.7 del Protocolo citado). Se puede inferir de dicha disposición, en efecto, la licitud del ataque a personas o población civil, que se encuentren en objetivos militares, por lo que el criterio de limitación de la violencia bélica habría sufrido una ligera variación en el sentido de dar entrada a consideraciones no basadas estrictamente en elementos subjetivos o personales, sino relacionadas con el concepto de objetivo militar. Y es que, hoy, los cambios experimentados en el modo de hacer la guerra han supuesto variaciones en las aplicaciones concretas del principio de la necesidad. Son estas cuestiones sobre las que volveremos más adelante.

66.2. LA APLICACIÓN DEL *IUS IN BELLO* A TODA CLASE DE CONFLICTOS ARMADOS, LEGALES E ILEGALES

a) Vimos en el apartado 64.2 que el Derecho Internacional prohíbe la amenaza y el uso de la fuerza armada, norma general que sólo tiene dos excepciones: las reacciones institucionales contra los Estados transgresores del principio y los supuestos de legítima defensa contra un ataque armado. ¿Querría decir esto que el *ius in bello* sólo es de aplicación en los casos de guerras legales y no en los de guerras ilegales? La respuesta es, obviamente, negativa. El *ius in bello* se aplica, por lo pronto, a las Fuerzas de las Naciones Unidas, sea cual fuere el carácter —coercitivo o preventivo— de su acción, y así lo reconoció el Instituto de Derecho Internacional en su sesión de Zagreb de 1971[7]. También debe recibir aplicación en los casos de legítima defensa. El principio de efectividad y elementales consideraciones de humanidad postulan, asimismo, la aplicación del *ius in bello* en las hipótesis de guerras emprendidas en violación de los principios de la Carta de las Naciones Unidas. Las propias dudas que la inacción de las Naciones Unidas pueden suscitar sobre el carácter legal o ilegal de un beligerante refuerzan tal opinión. La doctrina es del mismo parecer[8] y el preámbulo del Protocolo I de Ginebra de 1977 lo sustenta también de modo implícito. Allí, efectivamente, las Altas Partes contratantes recuerdan que, de conformidad con la Carta, todos los Estados tienen el deber de abstenerse de recurrir a la amenaza y al uso de la fuerza y a continuación se dice: «*Considerando* que es necesario, sin embargo, reafirmar y desarrollar las disposiciones que protegen a las víctimas de los conflictos armados, así como completar las medidas para reforzar la aplicación de sus disposiciones». Y de manera muy clara el artículo 1.º del Protocolo dice que: éste se aplica «en

[7] Véase *Annuaire de l'Institut de Droit International,* vol. 54-II, 1971, pp. 449 ss.

[8] Véase J. L. KUNZ, *La problemática actual de las leyes de la guerra,* Valladolid, 1955, pp. 92 ss.; del mismo autor, «La crise et les transformations du Droit de gens», en *R. des C.,* vol. 88, 1955, p. 79; H. LAUTERPACHT, «Rules of Warfare and unlawful war», en *Law and Politics in the World Community,* University of California Press, 1953, pp. 89 ss.; Q. WRIGHT, «The outlary of war and the laws of war», en *American Journal of International Law,* vol. 47, 1953, pp. 365 ss.

toda circunstancia». Por su parte, en su sesión de Bruselas (1963), el Instituto de Derecho Internacional proclamó la igualdad de aplicación de las reglas de Derecho de Guerra a las partes en un conflicto armado.

b) Ahora bien, la aplicación del *ius in bello* a la parte beligerante que incurra en transgresión de los principios de la Carta no supone modificación de su *status* respecto al *ius ad bellum.* Tal Estado continúa siendo un beligerante ilegal. El preámbulo del Protocolo I de Ginebra de 1977 es muy elocuente al respecto cuando las partes contratantes expresan «su convicción de que ninguna disposición del presente Protocolo ni de los Convenios de Ginebra de 12 de agosto de 1949 puede interpretarse en el sentido de que legitime o autorice cualquier acto de agresión u otro uso de la fuerza incompatible con la Carta de las Naciones Unidas».

66.3. EL DERECHO DE LA GUERRA HASTA LA SEGUNDA GUERRA MUNDIAL

a) Los cimientos doctrinales del *ius in bello* fueron construidos por los autores de la Escuela Clásica Española del siglo XVI (VITORIA, SUÁREZ, MOLINA, AYALA, etc.), que, además de proclamar el principio de la necesidad como límite fundamental de la violencia bélica[9], obtuvieron de él la importante consecuencia de la obligación de respetar a los inocentes (hoy, la población civil)[10]. Hay que esperar, sin embargo, a la conclusión de la Paz de Westfalia (1648), que puso fin a las contiendas de religión en Europa, para encontrar indicios reales de humanización de la guerra. Efectivamente, desde mitad del siglo XVII a las guerras religiosas suceden las dinásticas y en ellas los combatientes se conducen de modo más humanitario que en el pasado; los Ejércitos cuentan ya con Ordenanzas militares aplicables a las hostilidades y por cuyo cumplimiento vela el Comisario de Guerra. Todo ello hizo decir a VATTEL, en 1758, que «es digna de todo elogio la humanidad con que se conducen la mayor parte de las naciones de Europa en hacer la guerra en el día»[11]. Y poco después (1762) JEAN-JACQUES ROUSSEAU, encerrando en palabras precisas y felices el estado de opinión y la práctica dominante, escribe en su *Contrato Social*:

> La guerra no es una relación de hombre a hombre, sino de Estado a Estado, en que los particulares no son enemigos más que accidentalmente, no como hombres, ni como ciudadanos, sino como soldados [...] Siendo el fin de la guerra la destrucción del Estado enemigo, hay derecho a matar a sus defensores mientras conservan sus armas en la mano; pero en cuanto las entregan y se rinden, dejan de ser enemigos, vuelven a ser simplemente hombres y no hay derecho sobre sus vidas[12].

[9] Véase el apartado 66.1 de este libro.

[10] J. A. PASTOR RIDRUEJO, *La protección a la población civil en tiempo de guerra,* Zaragoza, 1959, pp. 53 ss.

[11] EMERICO DE VATTEL, *El Derecho de gentes o principios de la ley natural aplicados a la conducta y a los negocios de las naciones y los soberanos,* tomos I y II, trad. esp. del licenciado Manuel María Pascual Hernández, Imprenta de D. Manuel Amarita, Madrid, 1834; véase p. 113 del t. II. La ed. original en francés es de 1758.

[12] JEAN-JACQUES ROUSSEAU, *Contrat Social,* I.4. Hemos consultado la trad. al español de ANTONIO ZOZAYA, Madrid, 1887, p. 20.

La protección y respeto a los prisioneros de guerra y a la población civil se torna así en principio general de Derecho Internacional de naturaleza consuetudinaria, observado por lo común, aun con dolorosas excepciones, a lo largo del siglo XIX[13].

b) Es hacia mediados del siglo XIX cuando comienza la codificación convencional del *ius in bello.* Del 18 de abril de 1856 data la llamada Declaración de París, que lleva a cabo la abolición del corso marítimo y preceptúa la efectividad del bloqueo naval; el instrumento sigue en vigor[14]. Tres años más tarde (1859), la visión dantesca del campo de batalla de Solferino, repleto de cadáveres y de heridos abandonados a su suerte, después del combate entre un ejército franco-sardo y otro austriaco, lleva a un médico ginebrino, HENRY DUNANT, a sentar las bases de la Cruz Roja Internacional y a instar del Gobierno suizo la convocatoria de un congreso, que el 22 de agosto de 1864 adoptó la Convención para la mejora de la suerte de los militares heridos en campaña, sustituida hoy por la adoptada en 1949. Sigue luego la firma de la Declaración de San Petersburgo, el 29 de noviembre de 1868, que prohíbe el empleo de armas que disparen balas explosivas de peso inferior a 400 gramos; el instrumento está hoy en vigor para 19 Estados[15].

c) Las Conferencias de la Paz de La Haya (1899 y 1907) alcanzaron notables logros en materia del *ius in bello.* Entre ellos destaca la Convención de 18 de octubre de 1907 sobre leyes y costumbres de la guerra terrestre, en vigor desde el 26 de enero de 1910, y en la que continúan siendo parte hoy 37 Estados[16]. Disposición fundamental de la Convención es la que obliga a los Estados partes a dar instrucciones a sus Ejércitos de Tierra que se ajusten al reglamento anexo a ella. Y reglas básicas del reglamento son las que obligan a tratar a los prisioneros de guerra con humanidad; las que regulan los medios de combatir al enemigo, sitios y bombardeos, entre otras la que prohíbe atacar o bombardear ciudades, aldeas, habitaciones o edificios indefensos; y las relativas al territorio enemigo ocupado. En el preámbulo de la Convención destaca, asimismo, la llamada cláusula MARTENS, según la cual, en los supuestos no comprendidos en el reglamento «las poblaciones y los beligerantes quedarán bajo la salvaguardia y el imperio de los principios de Derecho Internacional resultantes de las costumbres recibidas entre naciones civilizadas, de las leyes de la humanidad y de los dictados de la conciencia pública». Y hay que hablar también de la cláusula *si omnes,* que dispone la exclusiva aplicación de la Convención entre las potencias contratantes y solamente cuando todos los beligerantes sean partes en ella. Dicha cláusula privó a la Convención de obligatoriedad formal durante la primera guerra mundial (1914-1918) desde el momento en que Serbia, Montenegro, y más tarde Liberia, que no eran partes en aquélla, participaron en la contienda. Otras convenciones adoptadas en la I Conferencia de la Paz de La Haya, limitadas también en su aplicación por la cláusula *si omnes,* fueron la relativa a la condición de los buques mercantes enemigos en la ruptura de las hostilidades, en vigor hoy

[13] Véase J. A. PASTOR RIDRUEJO, *op. cit.* en nota 10, pp. 44 ss.
[14] A. ROBERTS y R. GUELFF, *Documents on the laws of war,* Oxford, 1982, pp. 23 ss.
[15] Ibíd., pp. 29 ss.
[16] Ibíd., pp. 43 ss.

para 33 Estados[17]; la concerniente a la conversión de buques mercantes en buques de guerra, con vigencia en nuestros días para 34 Estados[18]; la que se refiere a la colocación de minas submarinas automáticas de contacto, con vigencia en la actualidad para 27 Estados[19]; la que versa sobre bombardeo por fuerzas navales en tiempo de guerra, que rige para 37 Estados[20], y la relativa a ciertas restricciones del ejercicio del derecho de captura en la guerra naval, en vigor para 31 Estados[21]. Las convenciones en cuestión fueron con todo objeto de muchas violaciones en la primera guerra mundial y no tanto porque no rigiesen formalmente en virtud de la cláusula *si omnes,* común a todas ellas, sino fundamentalmente porque la desmedida voluntad política de alcanzar la victoria prevaleció sobre cualquier otra consideración. Además, habían aparecido nuevos métodos de hacer la guerra —fundamentalmente el arma aérea— y los beligerantes no tuvieron especial celo en suplir los vacíos de las convenciones a través de la cláusula MARTENS.

d) Después de la primera guerra mundial fracasa un proyecto estadounidense de codificar las reglas sobre la guerra aérea[22], pero en 17 de junio de 1925 se concluye en Ginebra el Protocolo sobre la prohibición de gases asfixiantes, venenosos u otros métodos bacteriológicos, modo de combate que había sido ampliamente utilizado en aquella guerra. Se ha señalado que el Protocolo fue respetado en la segunda guerra mundial, aunque hay quien no ha dejado de observar que su cumplimiento obedeció al temor a las represalias. El Protocolo está hoy en vigor, con algunas reservas, para 138 Estados[23]. En 1929, se adoptan en Ginebra bajo auspicios del Comité Internacional de la Cruz Roja (CICR) otras dos Convenciones: una sobre trato de prisioneros de guerra y otra sobre protección a heridos y enfermos en la guerra terrestre, ambas reemplazadas por las de 12 de agosto de 1949. En fin en 1936 se firmó en Londres un Protocolo sobre guerra submarina, en vigor hoy para 30 Estados[24]. Dejando aparte el Protocolo de Ginebra de 1925, de la suerte corrida en la segunda guerra mundial por los instrumentos en vigor no es preciso hablar mucho: abundaron las violaciones de una y otra parte e incluso por una de ellas se cometieron a gran escala crímenes contra la humanidad. Es cierto que los Tribunales Internacionales de Nuremberg y Tokio, previstos en el Estatuto de Londres de 8 de agosto de 1945, y muchos tribunales internos o tribunales militares establecidos por las potencias ocupantes impusieron penas individuales, incluso de muerte, a los responsables de los países vencidos, pero no es menos verdad que muchos presuntos culpables de las potencias vencedoras quedaron sin castigo. Es de señalar que los Tribunales de Nuremberg y Tokio aplicaron las Convenciones de La Haya de 1907 sin preocuparse de la limitación derivada de la cláusula *si omnes,* ya que, a su juicio, las reglas de tales convenciones estaban reconocidas por todas las naciones civilizadas y eran consideradas como declarativas de las leyes y costumbres

[17] Ibíd., pp. 71 ss.
[18] Ibíd., pp. 79 ss.
[19] Ibíd., pp. 85 ss.
[20] Ibíd., pp. 93 ss.
[21] Ibíd., pp. 101 ss.
[22] Ibíd., pp. 121 ss.
[23] Ibíd., pp. 137 ss.
[24] Ibíd., pp. 147 ss.

de la guerra[25]. Se trata de una apreciación importante. En todo caso, la doctrina sentada por el Tribunal Internacional que juzgó a los grandes criminales de guerra de la Alemania nazi pasó a formar parte de los llamados «Principios de Nuremberg»; principios que fueron reafirmados en la resolución de la Asamblea General de las Naciones Unidas 95 (I), adoptada el 11 de diciembre de 1946. Una resolución posterior de la Asamblea, la 177 (II), de 21 de noviembre de 1947, encomendó a la Comisión de Derecho Internacional que formulase los principios de Derecho Internacional reconocidos por el Estatuto de 1945 y por las sentencias del Tribunal de Nuremberg. En su segundo período de sesiones (1950) la Comisión aprobó un texto en que figuraban los principios en cuestión, que presentó a la Asamblea General[26]. En dicho texto se distinguen las siguientes clases de delitos de Derecho Internacional: *a*) delitos contra la paz; *b*) delitos de guerra; y *c*) delitos contra la humanidad. Se proclama también que toda persona acusada de uno de esos delitos tiene derecho a un juicio imparcial sobre los hechos y sobre el Derecho. Destaca, asimismo, la declaración de que no se está exento de responsabilidad porque el delito internacional no sea objeto de sanción en el Derecho interno, o porque se cometa por el jefe del Estado u otra autoridad, o porque se haya actuado en cumplimiento de una orden del Gobierno o de un superior jerárquico si el autor ha tenido efectivamente la posibilidad moral de opción.

66.4. EL DERECHO DE LOS CONFLICTOS ARMADOS DESDE LA SEGUNDA GUERRA MUNDIAL HASTA NUESTROS DÍAS. EL DERECHO INTERNACIONAL HUMANITARIO

a) En su primer período de sesiones (1949) la Comisión de Derecho Internacional de las Naciones Unidas decidió no incluir el Derecho de la Guerra entre los temas en que iba a emprender la codificación del Derecho Internacional; creía la Comisión que sus trabajos en esa materia serían interpretados por la opinión pública como un síntoma de falta de confianza en la eficacia de las Naciones Unidas para mantener la paz. Tal inacción se suplió, sin embargo, y de manera inmediata, con la iniciativa del Comité Internacional de la Cruz Roja, que consiguió del Gobierno suizo la convocatoria para el 21 de abril de 1949 de una Conferencia de plenipotenciarios que el día 12 de agosto de 1949 adoptó cuatro importantes convenciones sobre protección a las víctimas de la guerra: heridos y enfermos en la guerra terrestre; heridos, enfermos y náufragos en la guerra naval; prisioneros de guerra; y personas civiles. En 14 de mayo de 1954 se firmó por iniciativa de la UNESCO la Convención sobre la protección a los bienes culturales. La crueldad de los conflictos armados de la década de los años sesenta, particularmente la guerra del Vietnam, y la relación indudable entre el respeto a los derechos humanos y el *ius in bello,* movieron a las Naciones Unidas a interesarse por el Derecho de la Guerra[26 bis]. Esta preocupación

---

[25] Véase el extracto correspondiente de la sentencia en A. ROBERTS y R. GUELFF, *op. cit.* en nota 14, p. 156.

[26] Véase *La Comisión de Derecho Internacional y su obra,* Naciones Unidas, Nueva York, 1981, pp. 27-28. El texto en las pp. 119-120.

[26 bis] Para una visión global y crítica de los conflictos armados desde la perspectiva del Derecho Internacional Humanitario, véase F. JIMÉNEZ GARCÍA, *Conflictos armados y Derecho Internacional humanitario*, Madrid, 2023.

se advirtió ya claramente en la Conferencia de las Naciones Unidas sobre derechos humanos celebrada en Teherán en 1968 y motivó que aquel año la Asamblea General adoptase una resolución, la 2.444 (XXIII) de 19 de diciembre, sobre respeto a los derechos del hombre en caso de conflicto armado. La nueva actitud de las Naciones Unidas dio un impulso considerable a los trabajos del Comité Internacional de la Cruz Roja, que consiguió de nuevo del Gobierno suizo la convocatoria en 1974 de una Conferencia diplomática sobre reafirmación y desarrollo del Derecho Humanitario aplicable a los conflictos armados y en la que se adoptaron, el 8 de junio de 1977, dos Protocolos adicionales a las Convenciones de 1949: uno aplicable a los conflictos armados que tuvieran carácter internacional y otro a los que no tuviesen tal naturaleza. En 10 de octubre de 1980, una Conferencia Internacional convocada ya directamente por la Asamblea General de las Naciones Unidas adoptó la Convención sobre prohibición o restricción del uso de ciertas armas convencionales que pueden considerarse excesivamente dañosas o producir efectos indiscriminados, instrumento abierto a la firma el 10 de abril de 1981[27]. Entre los instrumentos adoptados con posterioridad a 1977 merecen mención especial la Convención de las Naciones Unidas, de 13 de enero de 1993, sobre la prohibición del desarrollo, la producción, el almacenamiento y el empleo de armas químicas y sobre su destrucción; y la Convención sobre la prohibición del empleo, almacenamiento, introducción y transferencia de minas antipersonal y sobre su destrucción, adoptado en Oslo el 18 de septiembre de 1997[27 bis]. Analizaremos escuetamente en este apartado las más importantes de las manifestaciones convencionales señaladas.

b) Teniendo en cuenta conjuntamente los instrumentos citados en el párrafo anterior y los adoptados antes de la segunda guerra mundial, muchos de los cuales continúan en vigor[28], cierto sector doctrinal ha dividido el Derecho de los conflictos armados en dos grandes sectores: la obra de La Haya, que se ocuparía de regular los medios y modos de combatir, y la obra de Ginebra, que trataría específicamente de la protección a las víctimas de la guerra (Derecho Humanitario Bélico o Derecho Internacional Humanitario). Pero muy recientemente se ha puesto de relieve el carácter artificial de la distinción. Así, ha señalado el profesor NAHLIK que los instrumentos incluidos bajo una u otra rúbrica, aunque con enfoques diversos y con objetivos inmediatos diferentes, se basan en los mismos principios y buscan un fin último común[29]. Además, los Protocolos de Ginebra de 1977, en cuanto protegen a las personas contra los efectos de los combates, contienen disposiciones sobre la manera de conducir las hostilidades. Y es que en ambos casos —obra de La Haya y obra de Ginebra— se trata realmente de proteger intereses de las personas, de amparar, en definitiva, derechos humanos. Como ha observado en este contexto

---

[27] Véase A. ROBERTS y R. GUELFF, *op. cit.* en nota 14, pp. 467 ss.

[27 bis] Véanse los instrumentos en E. ORIHUELA CALATAYUD, *Derecho Internacional Humanitario. Tratados Internacionales y otros textos,* Madrid, 1998. Los datos sobre participación de España en las pp. 897 ss.; y M. J. CERVELL HORTALL, «La contribución del Derecho internacional humanitario a la erradicación de las armas químicas», en *R.E.D.M.,* enero-junio 2004, pp. 131 ss.

[28] Véase el apartado 66.3 de este libro.

[29] S. E. NAHLIK, «Droit dit de Genève et Droit dit de La Haye: Unicité ou Dualité?», en *Annuaire Français de Droit International,* 1978, pp. 9 ss.

el profesor GROS ESPIELL, el Derecho Internacional Humanitario —la obra de Ginebra— tiene una zona en común con el Derecho Internacional de los Derechos Humanos, aunque uno y otro sector han tenido un desarrollo histórico distinto y poseen hoy un campo de aplicación, personal y material, que no coincide plenamente, lo que determina la necesidad de mecanismos de aplicación y control diferentes para dos situaciones distintas[30].

Y es del mayor interés hacer notar que la aplicación del Derecho internacional humanitario en un conflicto armado no implica que cese la protección dispensada por el Derecho internacional de los derechos humanos. No estamos ante dos sectores normativos excluyentes uno del otro sino ante una protección cumulativa o reforzada. Allá donde se violen los derechos de las víctimas de la guerra y nada diga el Derecho internacional humanitario, se aplica el Derecho internacional de los derechos humanos. En dos opiniones consultivas (dictámenes), el Tribunal Internacional de Justicia ha vertido luz clara sobre este punto. Así, en la de 8 de julio de 1996 sobre la *licitud de la amenaza o el empleo de armas nucleares* dijo el Tribunal que la protección dispensada por el Pacto internacional de derechos civiles y políticos no cesa en tiempo de guerra. Y retomando este *dictum,* el Tribunal fue aun más específico en la opinión consultiva de 9 de julio de 2004 sobre *las consecuencias jurídicas de la edificación de un muro en el territorio palestino ocupado.* Efectivamente, habiendo considerado el Tribunal que la construcción del muro vulneraba varias disposiciones del Derecho internacional humanitario, concluye que comporta asimismo violaciones de los Pactos de Naciones Unidas de 1966 sobre derechos civiles y políticos y sobre derechos económicos, sociales y culturales y Convención relativa a los derechos del niño. Y está claro que en el caso concreto del dictamen de 2004 esta múltiple aplicación tiene incidencias claras en los planos políticos y jurídico, a saber, la obligación para Israel resultante del dispositivo de reparar y poner fin no solo a las violaciones del Derecho internacional humanitario sino también a las del Derecho internacional de los derechos humanos[30 bis]. Del mismo modo, en la sentencia de 19 de diciembre de 2005 (Actividades armadas en el territorio del Congo, República Democrática del Congo v. Uganda), el Tribunal condena a Uganda, entre otras cosas, por el hecho de que durante el uso de la fuerza desplegado en territorio congoleño sus tropas violaron instrumentos del Derecho internacional humanitario y del Derecho internacional de los derechos humanos[30 ter].

c) En la *Conferencia de Ginebra de 1949* sobre protección a las víctimas de la guerra se adoptaron, el 12 de agosto, las cuatro Convenciones de las que damos noticia en las líneas que siguen, todas ellas en vigor desde el 21 de octubre de 1950, y en las que son parte hoy 194 Estados, incluyendo España[31]. La primera Convención es la relativa a la suerte de los heridos y enfermos en campaña y normas básicas son las siguientes: la del artículo 12, según la cual los miembros de las fuerzas armadas

---

[30] H. GROS ESPIELL, «Derechos humanos, Derecho Internacional humanitario y Derecho Internacional de los refugiados», en el libro *Études et essais sur le Droit International Humanitaire et sur les Principes de la Croix Rouge,* Ginebra, 1984, pp. 699 ss.

[30 bis] CIJ, *Recueil,* 1996; y CIJ, *Recueil,* 2004.

[30 ter] CIJ, *Recueil,* 2005, pars. 205 a 221 de la sentencia.

[31] Véase A. ROBERTS y R. GUELFF, *op. cit.* en nota 14, pp. 169 ss.

y otras personas definidas en el artículo 13, que estén heridas o enfermas, serán protegidas y respetadas en toda circunstancia; la misma obligación se establece en el artículo 19 para los establecimientos fijos y unidades móviles de carácter médico; en el artículo 24 para el personal médico dedicado exclusivamente a la búsqueda, recogida, transporte o tratamiento de los heridos y enfermos, y en el artículo 26 respecto a los miembros de las Sociedades Nacionales de la Cruz Roja y otros de las Sociedades de Socorro Voluntario, debidamente reconocidas por sus Gobiernos[32]. La segunda Convención adoptada en Ginebra el 12 de agosto de 1949 es la concerniente a la situación de heridos, enfermos y náufragos de las fuerzas armadas en el mar, que presenta un diseño de protección similar a la anterior[33]. Convención adoptada también el 12 de agosto de 1949 es la relativa al trato de los prisioneros de guerra; en ella se proclama el principio de que los prisioneros de guerra están en las manos de la potencia enemiga y no en las de los individuos o unidades militares que los hayan capturado (art. 12); deben ser tratados siempre de manera humanitaria (art. 13) y tienen derecho en todas las circunstancias a ser tratados con respeto a su persona y honor y las mujeres con la debida consideración a su sexo (art. 14)[34]. Finalmente, la Convención sobre protección a las personas civiles en tiempo de guerra ampara a éstas en dos situaciones: cuando se encuentren en territorio enemigo y cuando se hallen en territorio ocupado por el ejército enemigo. La Convención no protege, sin embargo, a las personas civiles contra los efectos de las armas[35]. Rasgos comunes que dan fisonomía propia y original a las cuatro Convenciones y persiguen su mayor efectividad son los siguientes: 1) aplicación no sólo en caso de guerra declarada, sino también en el de cualquier conflicto armado entre las partes, incluso si el estado de guerra no ha sido reconocido por una de ellas, y exclusión expresa de la cláusula *si omnes* (art. 2 común); 2) aplicación de reglas fundamentales de carácter mínimo a los conflictos armados que no tengan carácter internacional (art. 3 común); 3) carácter de *ius cogens* de sus disposiciones (arts. 6 y 7; 6 y 7; 6 y 7; 7, 51, 52, 131 y 148, respectivamente, de las Convenciones), en el sentido de que los acuerdos concluidos entre las partes no pueden afectar de manera adversa a la condición de las personas protegidas y de que los derechos de éstas son irrenunciables; 4) mecanismo de control a través de la intervención de Potencias protectoras que, con el encargo de salvaguardar los intereses de las partes contendientes, cooperan y concurren a la ejecución de las Convenciones (art. 8 común y concordantes)[36].

d) Las cuatro Convenciones de Ginebra de 12 de agosto de 1949 no dejaron de significar un *progreso* considerable en relación con el Derecho de la Guerra anterior, aunque presentaban la laguna importante de no proteger a las víctimas de los conflictos armados contra el riesgo que mayor amenaza suponía: los efectos de las armas. La

---

[32] Véase F. LASALA SAMPER, *La protección a los heridos, enfermos y náufragos de las Fuerzas Armadas en Campaña*, Zaragoza, 1964, pp. 93 ss.

[33] Ibíd., pp. 93 ss.

[34] Véase R. LAPIDOTH, «Qui a droit au statut de prisonnier de guerre?», en *Révue Générale de Droit International Public*, 1978, pp. 170 ss. Véase también N. S. RODLEY, *The treatment of Prisoners in International Law*, Oxford, 1986.

[35] Véase J. A. PASTOR RIDRUEJO, *op. cit.* en nota 10, pp. 95 ss.

[36] Sobre las cuatro Convenciones de Ginebra de 1949, véase J. PICTET, *Les Conventions de Genève du 12 août 1949. Commentaire*, 4 vols., Ginebra, 1952, 1956, 1958 y 1959.

laguna se fue agrandando con el transcurso del tiempo merced a la modificación de las técnicas de combatir y al aumento del poder destructivo de las armas, determinado por las nuevas tecnologías. Así, por lo que respecta a la población civil, si en la segunda guerra mundial constituyó el 50 por 100 de las víctimas, el tanto por ciento pasó a 60 en la Guerra de Corea y a 70 en la de Vietnam. Este factor hacía necesario por sí solo un desarrollo y profundización del *ius in bello,* pero la ampliación de la comunidad internacional como consecuencia del proceso de descolonización y la aparición de Estados de reciente independencia vino a sumarse a la necesidad de aquel desarrollo[37]. Es el caso que, después de una cuidada preparación a cargo del Comité Internacional de la Cruz Roja, el Gobierno suizo convocó para 1974 la Conferencia de Ginebra sobre la reafirmación y desarrollo del Derecho Internacional Humanitario. La Conferencia culminó sus labores con la adopción, el día 8 de junio de 1977, de dos *Protocolos adicionales a las Convenciones de Ginebra* de 1949: el primero, relativo a la protección de las víctimas de los conflictos armados internacionales; y el segundo, relativo a la protección de las víctimas de los conflictos armados sin carácter internacional. Ambos Protocolos están hoy en vigor: el primero desde el 7 de diciembre de 1978, siendo partes 170 Estados en 2010; y el segundo, desde la misma fecha, obligando en la actualidad a 165 Estados[38]. España es parte en ambos instrumentos.

e) Del *Protocolo I* nos proponemos tratar los siguientes puntos: conflictos a los que se aplica; métodos y medios de guerra; la protección de la población civil contra los efectos de las hostilidades y modo de suplir las lagunas[39].

En lo que concierne a los *conflictos en que resulta de aplicación* el artículo 1.3 se remite a lo dispuesto en el artículo 2 común de las Convenciones de 1949: caso de guerra declarada o de cualquier otro conflicto armado que pueda surgir entre dos o varias de las partes contratantes, aunque el estado de guerra no haya sido reconocido por cualquiera de ellas. Es decir, se trata de los conflictos armados de carácter internacional, definidos teniendo en cuenta el principio de la efectividad: no se requiere declaración de guerra ni reconocimiento del estado de guerra por todas las partes en el conflicto, sino únicamente hostilidades efectivas. Pero según el párrafo 4 del mismo artículo 1 el Protocolo se aplica también a «los conflictos armados en que los pueblos luchan contra la dominación colonial y la explotación

[37] Véase D. SCHINDLER, «L'évolution du Droit de la Guerre. Des Conventions de La Haye aux Protocoles additionnels aux Conventions de Genève», en *Révue de Droit Penal Militaire et Droit de la Guerre,* 1982, pp. 23 ss.; D. P. FORSYTHE, «The 1974 Diplomatic Conference on Humanitarian Law: Some Observations», en *American Journal of International Law,* 1975, pp. 77 ss.; A. VIÑALS CASAS, «La Conferencia Diplomática de Ginebra sobre la reafirmación y el desarrollo del Derecho internacional aplicable a los conflictos armados», en *R.E.D.I.,* 1976, pp. 85 ss.

[38] *Etat des Protocoles additionnels aux Conventions de Genève de 1949 rélatifs à la protection des victimes des conflits armés,* Naciones Unidas, Asamblea General, Doc. A/39/465, de 5 de septiembre de 1984.

[39] Sobre el Protocolo I, véase la obra colectiva editada por H. LEVIE, *Proteccción of War Victims: Protocol I to Geneva Conventiones,* 4 vols., Dobbes Ferry, N. Y., 1979-1981; D. SCHINDLER, *op. cit.* en nota 37; P. VERRI, «Les Protocoles additionnels aux Conventions de Genève du 12 août 1949: Premières observations», en *Révue de Droit Penal Militaire et Droit de la Guerre,* 1979, pp. 313 ss. B. A. WORTLEY, «Observations on the revision of the 1949 Geneva Conventions», en *B.Y.B.I.L.,* 1983, pp. 143 ss. Acerca de los modos y medios de hacer la guerra, véase J. J. URBINA, *Derecho internacional humanitario. Conflictos armados y conducción de las operaciones militares,* Santiago de Compostela, 2000. En lo que se refiere a la protección del medio ambiente en caso de conflicto armado, R. DOMÍNGUEZ MATES, *La protección del medio ambiente y el Derecho internacional humanitario,* Valencia, 2005.

extranjera y contra los regímenes racistas, en el ejercicio del derecho de los pueblos a la libre determinación». Ésta fue la gran victoria de los Estados de reciente independencia en la Conferencia de Ginebra sobre el Derecho Internacional Humanitario: la inclusión de las guerras de liberación nacional en el Protocolo I —que es el que se refiere a los conflictos armados de carácter internacional— y no en el Protocolo II —que concierne a los conflictos armados sin carácter internacional—. Ahora bien, como los combates emprendidos por los movimientos de liberación nacional adoptan muchas veces la forma de guerrilla, fue preciso ampliar el concepto de fuerza armada, así como el de combatiente, para dar entrada a los guerrilleros, una de cuyas características es la dificultad de ser distinguidos en todos los casos de los no combatientes o población civil. Así, se forma parte de la fuerza armada aun en el caso de que se pertenezca a un Gobierno o a una autoridad no reconocidos por la parte adversa (art. 43.1); y para ser combatiente hay que distinguirse de la población civil en el curso de un ataque o de una operación militar preparatoria de un ataque. Pero se agrega: «Sin embargo, dado que en los conflictos armados hay situaciones en las que, debido a la índole de las actividades, un combatiente armado no puede distinguirse de la población civil, dicho combatiente conservará su estatuto de tal, siempre que en esas circunstancias lleve las armas abiertamente: *a*) durante todo el enfrentamiento militar, y *b*) durante todo el tiempo en que sea visible para el enemigo mientras esté tomando parte en un despliegue militar previo al lanzamiento de un ataque en el que va a participar» (art. 44.3). Consiguientemente los guerrilleros tienen el trato de combatientes; serán, por tanto, prisioneros de guerra si caen en poder del enemigo. Pero es que incluso, si el guerrillero no llevase las armas abiertamente, recibirá no obstante las protecciones equivalentes, en todos los sentidos, a las otorgadas a los prisioneros de guerra por la Convención tercera de Ginebra y el Protocolo adicional I (art. 44.4). En fin, la asimilación de los guerrilleros a los combatientes genera una gran incertidumbre jurídica y no fue del agrado de los países occidentales, lo que está motivando resistencias a la manifestación del consentimiento en obligarse por el Protocolo.

Otro aspecto importante del Protocolo I es que —cubriendo vacíos dejados por las Convenciones de 1949— regula *métodos y medios de guerra* y protege, por tanto, a los combatientes contra los efectos de las armas (Sección I del Título III, arts. 35 a 42). Normas fundamentales son: la del párrafo 2 del artículo 35, según la cual «queda prohibido el empleo de armas, proyectiles, materias y métodos de hacer la guerra de tal índole que causen males superfluos o sufrimientos innecesarios»; y la del párrafo 3 del mismo artículo, que prohíbe «el empleo de métodos o medios de hacer la guerra que hayan sido concebidos para causar, o de los que quepa prever que causen, daños extensos, duraderos y graves al medio ambiente natural». Se prohíbe también la perfidia (art. 37); el uso indebido del signo distintivo de la Cruz Roja y equivalentes (art. 38); el uso de banderas, emblemas, insignias o uniformes militares de Estados neutrales y partes adversas (art. 39); ordenar que no haya supervivientes (art. 40); el ataque a personas fuera de combate (art. 41), y el ataque al paracaidista durante el descenso, señalándose que al que llegue a territorio controlado por la parte adversa debe dársele oportunidad de rendición (art. 42).

Llenando la laguna dejada por la IV Convención de Ginebra de 12 de agosto de 1949, el Protocolo I se propone la *protección de la población civil contra los efectos de las hostilidades* (Sección I del Título IV, arts. 48-60). La norma fundamental se proclama en el artículo 48: obligación de las partes en conflicto de distinguir en todo momento entre población civil y combatientes y entre bienes de carácter civil y objetivos militares. El artículo 51 señala, por su parte, que no serán objeto de ataques la población civil como tal ni las personas civiles y prohíbe los ataques indiscriminados, así como los que con carácter de represalia se dirijan contra la población civil o personas civiles; ahora bien, la presencia de estas personas o población no podrá ser utilizada para poner ciertos puntos o zonas a cubierto de operaciones militares, en especial para tratar de poner a cubierto de ataques los objetivos militares, ni para cubrir, favorecer u obstaculizar operaciones militares. En lo que concierne a los bienes de carácter civil, no podrán ser objeto de ataques o represalias, siempre que no sean objetivos militares (art. 52). La regulación es, por supuesto, mucho más detallada y diversificada, incluyendo disposiciones sobre zonas no defendidas y zonas desmilitarizadas, que gozan de una protección especial. Es de destacar, asimismo, que se imponen obligaciones a las partes respecto a su propia población civil: alejarla de la proximidad de objetivos militares y evitar situar a éstos en el interior o cerca de zonas densamente pobladas (art. 58).

Una característica general del Protocolo es la minucia y el afán de exhaustividad, no obstante lo cual, para los *casos no previstos* en él y en otros acuerdos internacionales, el párrafo 2 del artículo 1 reitera la cláusula MARTENS que ya figuraba en las Convenciones de La Haya de 1907: en tales casos, «las personas civiles y los combatientes quedan bajo la protección y el imperio de los principios del Derecho de Gentes derivados de los usos establecidos, de los principios de humanidad y de los dictados de la conciencia pública».

f) El *Protocolo II* de Ginebra de 1977 se refiere a los conflictos armados que no tengan carácter internacional y fue adoptado para desarrollar y complementar el artículo 3 común de las Convenciones de 1949, que contenía ciertas disposiciones mínimas aplicables a aquella categoría de conflictos. Incluidas las guerras de liberación nacional en el Protocolo I, como hemos explicado, decayó considerablemente el interés por el Protocolo II, especialmente por parte de los países de reciente independencia, resultando así un instrumento mucho más parco y menos restrictivo que el Protocolo I. Ni los Estados de reciente independencia ni otros Estados querían asumir en este punto severas obligaciones que limitasen excesivamente su libertad de acción. El campo de aplicación del Protocolo II se extiende a los conflictos armados no contemplados en el Protocolo I que tengan lugar en el territorio de una parte contratante entre sus fuerzas armadas y fuerzas armadas disidentes o grupos armados organizados que, bajo la dirección de un mando responsable, ejerzan sobre una parte de dicho territorio un control tal que les permita realizar operaciones militares sostenidas y concertadas y aplicar el Protocolo, excluyéndose las situaciones de tensiones internas y de disturbios interiores, tales como los motines, los actos esporádicos y aislados de violencia y otros análogos (art. 1). La distinción entre situaciones reguladas y no reguladas por el Protocolo puede ser difícil a veces en la práctica. Un ejemplo de conflicto contemplado por el Protocolo es el que entre 1980 y 1992 tuvo lugar en El Salvador. Siendo esta República parte en los Protocolos de 1977, la Asamblea

General de las Naciones Unidas determinó que el Protocolo II era de aplicación a ese conflicto[40]. También puede ser considerado conflicto sometido al Protocolo II el que enfrentó en Libia a comienzos de 2011 al ejército regular leal a Gadafi y el movimiento popular que luchaba por la libertad y dignidad, si bien es verdad que desde que intervinieron fuerzas armadas extranjeras desde el aire al amparo de la resolución 1.723 del Consejo de Seguridad, puede decirse que el conflicto adquirió tintes internacionales.

Por lo demás, la protección que el Protocolo II dispensa a las víctimas del conflicto es mucho más débil que la otorgada por el Protocolo I y, desde luego, no regula los modos y medios de combate. Contiene únicamente unas normas sobre trato humanitario que deben recibir toda clase de personas y disposiciones sobre heridos, enfermos, náufragos y población civil.

g) La efectividad del Derecho Internacional Humanitario tropieza con el problema grave del control de su observancia, pues no hay posiblemente destinatario más difícil y peor predispuesto al cumplimiento de las normas jurídicas que un beligerante obsesionado por la idea de evitar la derrota o alcanzar la victoria. Y es que el Derecho Internacional Humanitario persigue un objetivo extremadamente problemático: humanizar una actividad esencialmente inhumana como es la guerra. Con todo, el artículo 90 del Protocolo I prevé la creación de una Comisión Internacional de verificación de los hechos cuya función consiste precisamente en la investigación de los hechos constitutivos de infracciones graves de las Convenciones de 1949 o del Protocolo I o violaciones graves de esos instrumentos y en la prestación de buenos oficios para la vuelta a la observancia de Convenciones y Protocolo, y en el entendido de que la competencia de la Comisión requiere el consentimiento de las partes, bien *ad hoc* y *a posteriori*, bien por la convergencia de declaraciones unilaterales previas. La Comisión está compuesta por quince miembros elegidos por las partes contratantes y que actúan a título personal. No estamos, pues, ante un órgano intergubernamental. La primera elección tuvo lugar en Berna el 25 de junio de 1991 y la Comisión está en condiciones de funcionar de modo efectivo, aunque hasta ahora no se ha podido ejercer sus poderes en conflicto alguno.

De otro lado, el artículo 8 común de las Convenciones de Ginebra de 1949 prevé que su aplicación se haga con la colaboración y bajo control de las llamadas potencias protectoras, que son Estados neutrales encargados de salvaguardar los intereses de las partes en conflicto, estando obligadas estas partes a facilitar «en la mayor medida posible» la labor de los representantes de aquellas potencias. Pero, por las dificultades que plantea la designación de las repetidas potencias y por la indefinición de sus funciones, el sistema no ha funcionado, si bien el Comité Internacional de la Cruz Roja (en adelante CICR) puede desempeñar perfectamente sus labores. Y el artícu-

[40] Por ejemplo, en la resolución 38/101, de 19 de diciembre de 1983, sobre la situación de los derechos humanos en El Salvador. Sobre el Protocolo II, véase D. I. FORSYTHE, «Legal Management of Internal War: The 1977 Protocol on Non-International Armed Conflict», en *American Journal of International Law,* 1978, pp. 272 ss.; D. SCHINDLER, *op.cit.* en nota 37; P. VERRI, *op. cit.* en nota 39; y A. MANGAS MARTÍN, *Conflictos armados internacionales y Derecho Internacional Humanitario*, Salamanca, 1990.

lo 5 del Protocolo I trata de superar las dificultades de designación mencionadas, concediendo al CICR o a cualquier otra organización humanitaria imparcial el derecho de brindar buenos oficios al respecto y en todo caso el de ofrecerse como sustitutos de las potencias protectoras, ofrecimiento —se dice en el párrafo 4 del art. 5— que las partes en conflicto aceptarán sin demora.

Y en lo que concierne al CICR y a otros organismos humanitarios imparciales —como las sociedades nacionales de la Cruz Roja—, las Convenciones de 1949 y los Protocolos adicionales de 1977 sientan jurídicamente el apoyo para su actuación. Así, de una parte, se señala que las disposiciones de las convenciones no constituyen obstáculo para las actividades humanitarias del CICR u otros organismos humanitarios imparciales, entidades a las que los Estados partes pueden convenir en ofrecer el desempeño de las tareas asignadas a las potencias protectoras. Además, si las víctimas de la guerra no se benefician de la protección de tales potencias o de un organismo humanitario imparcial, la Potencia en cuyo poder se encuentren deberá (se trata de una obligación) «solicitar a un organismo humanitario, como el CICR, que se encargue de desempeñar las tareas humanitarias asignadas [...] a las potencias protectoras» (art. 10 común de las Convenciones de 1949). Y todo ello sin perjuicio de un derecho de iniciativa humanitaria del propio CICR o de otras instituciones humanitarias, especialmente interesante en los conflictos armados sin carácter internacional.

Conviene poner de relieve la particular importancia de estas últimas disposiciones porque cuando, en tonos descalificatorios y por tanto acientíficos, se niega de una manera global la efectividad del Derecho Internacional Humanitario e incluso se cuestiona su utilidad normativa, se está olvidando la labor impagable que, con apoyo en instrumentos convencionales de esa disciplina, despliegan el CICR y otras entidades humanitarias para la protección de las víctimas de la guerra. Labor que contribuye a salvar vidas y a aliviar de modo considerable los sufrimientos de las víctimas de la guerra. Nadie duda de que sin el Derecho Internacional Humanitario los conflictos armados serían aún más crueles y mortíferos.

Y no sería justo silenciar en este orden de consideraciones la ayuda y el impulso prestados por el Consejo de Seguridad de las Naciones Unidas a la efectividad de las normas del Derecho Internacional Humanitario, y ello a través de actuaciones plurales del mayor interés, como la determinación de los hechos, la calificación de los conflictos, la presión desplegada sobre los contendientes para el respeto de aquellas normas, e incluso el recurso al capítulo VII de la Carta a los fines de adopción de medidas coercitivas atípicas o no tradicionales, y entre ellas, como vimos en su lugar, la creación de tribunales penales internacionales *ad hoc*. Con todo, siendo el Consejo un órgano político y no una institución independiente de orden jurisdiccional, esa acción corre el riesgo no deseable de politización.

En cuanto a los conflictos armados sin carácter internacional —los conflictos internos, sumamente crueles como es bien sabido—, ni las Convenciones de 1949 ni el Protocolo II de 1977 crean nada que se parezca a mecanismos de control. Lo único que hace el artículo 18 de este último Protocolo es establecer un derecho de iniciativa humanitaria en favor de las sociedades de socorro establecidas en el territorio del Estado parte en cuestión. Y la experiencia demuestra que el CICR ha ofrecido sus servicios en estos conflictos para la importante tarea de visitar a personas internadas en centros de detención y también para el alivio de otros sufrimientos de las víctimas de la guerra[41].

Señalemos por fin que una importante fuente de efectividad *a posteriori* del Derecho Internacional Humanitario va a ser la actuación de los tribunales penales internacionales creados bien por el Consejo de Seguridad de las Naciones Unidas para la antigua Yugoslavia y Ruanda, bien por la Corte Penal Internacional permanente. Nos remetimos a lo ya explicado al tratar de la subjetividad pasiva del individuo.

h) Una vez examinadas de modo sucinto las disposiciones básicas de los instrumentos más relevantes del Derecho de los conflictos armados, llega el momento de preguntarse por la posible existencia de principios fundamentales del Derecho Internacional Humanitario, que sean obligatorios para los Estados con independencia de todo vínculo convencional.

Hay que recordar a este respecto la llamada cláusula MARTENS, presente en el preámbulo de las Convenciones de La Haya de 1907 y también en las Convenciones de Ginebra de 1949. En estas últimas, efectivamente, se dispone que la denuncia de cualquiera de ellas no producirá efecto alguno sobre las obligaciones que las Partes en el conflicto estén obligadas a observar en virtud de los principios del Derecho de Gentes tal como resultan de los usos establecidos entre las naciones civilizadas, las leyes de la humanidad y las exigencias de la conciencia pública (arts. 63, 62, 142 y 158, respectivamente, de las Convenciones I, II, III y IV). Estos precedentes convencionales son importantes porque demuestran la vigencia de tales principios. Y en todo caso, en su sentencia de 27 de junio de 1986 (*caso relativo a las actividades militares y paramilitares en Nicaragua y contra ella*), el Tribunal de La Haya se ha manifestado en favor de la existencia de «principios generales básicos de Derecho Humanitario respecto de los que, a su juicio, las Convenciones de Ginebra constituyen en ciertos aspectos el desarrollo y en otros la expresión»[42]. El Tribunal se está refiriendo particularmente al artículo 3 común de aquellas convenciones que es el que enuncia las reglas mínimas aplicables a los conflictos armados sin carácter internacional. Se trata de reglas —agrega el Tribunal— que corresponden a lo que él llamó en 1949 «consideraciones elementales

[41] Sobre la efectividad del Derecho Internacional Humanitario véase en general el libro que recoge las investigaciones realizadas en la sesión de 1986 del *Centre d'Étude et de Recherche de Droit International et de Relations Internationales* de la Academia de Derecho Internacional de La Haya, sobre *L'application du Droit Humanitaire*, y muy particularmente los trabajos de Y. SANDOZ y F. KALSHOVEN, Nijhof, 1987. Un estudio exhaustivo de la labor humanitaria del CICR en los conflictos armados desde su creación hasta nuestros días, en F. BUGNION, *Le Comité International de la Croix-Rouge et la protection des victimes de la guerre*, Ginebra, 1994. Véase asimismo R. ABRIL STOFFELS, *La asistencia humanitaria en los conflictos armados*, Cruz Roja Española, Valencia, 2001. Es de interés también el estudio introductorio de E. ORIHUELA CALATAYUD en *Derecho Internacional Humanitario. Tratados internacionales y otros textos*, Madrid, 1998. En cuanto al variado impacto de la acción del Consejo de Seguridad en el Derecho Internacional Humanitario, véase la monografía de M. T. COMELLAS AGUIRREZÁBAL, «La incidencia de la práctica del Consejo de Seguridad en el Derecho Internacional Humanitario», en *The Global Law Collection*, Aranzadi, Pamplona, 2007.

[42] CIJ, *Recueil*, 1986, p. 113.

de humanidad»[43]. Digamos, por fin, que en un valioso y útil volumen, el Comité Internacional de la Cruz Roja ha recopilado las normas consuetudinarias en la materia, después de una toma en consideración rigurosa de los dos elementos de la costumbre internacional, a saber, el material o práctica de los Estados, y el espiritual o convicción de la necesidad jurídica de esa práctica[43 bis].

i) Preguntémonos ahora por la licitud, muy debatida en la doctrina[44], del empleo de las *armas nucleares y termonucleares.* El Protocolo I de Ginebra de 1977 no intentó regular el empleo de estas armas, aunque de alguna de sus disposiciones sí cabría inferir su ilicitud (párr. 2 del art. 35, que prohíbe el empleo de armas que causen males superfluos o sufrimientos innecesarios; párrafo 3 del mismo artículo, que prohíbe medios o métodos de hacer la guerra de los que quepa prever daños extensos, duraderos y graves para el medio ambiente; también de la cláusula MARTENS). Es lo cierto que en el momento de la firma del Protocolo Gobiernos como el del Reino Unido y Estados Unidos declararon formalmente que, según su interpretación, ese Protocolo no producía efecto alguno respecto a la reglamentación o prohibición del empleo de las armas nucleares[45]. ¿Está prohibido el uso de aquellas armas por el Derecho Internacional general? En su resolución 1.653 (XVI) de 24 de noviembre de 1961, la Asamblea General de las Naciones Unidas declaró que «el uso de las armas nucleares y termonucleares es contrario al espíritu, a la letra y a los objetivos de la Carta de las Naciones Unidas y, por tanto, constituye una violación directa de la misma»[46]. Pero las condiciones de adopción de la resolución —25 votos a favor, 20 en contra y 26 abstenciones— ponen en entredicho su valor jurídico por razonable y plausible que parezca el contenido; difícilmente se puede sostener que constituya la *opinio iuris* de la comunidad internacional. Lo mismo se puede decir de la resolución 38/75, adoptada por la Asamblea General el 15 de diciembre de 1987, porque, aunque en ella se «condena resueltamente, incondicionalmente y para siempre la fuerza nuclear», registró 95 votos a favor, 19 en contra y 30 abstenciones. Así lo ha estimado el Tribunal Internacional de Justicia en su dictamen de 8 de julio de 1996[47]. En ese mismo dictamen, la alta jurisdicción mundial ha entendido que el uso de las armas nucleares sería generalmente contrario al Derecho Internacio-

---

[43] CIJ, *Recueil,* 1986, p. 114; y CIJ, *Recueil,* 1949, p. 22. Véase el artículo de M. PÉREZ GONZÁLEZ, «El artículo 3 común a los Convenios de Ginebra de Ginebra de 1949 como expresión normativa del "poder de la humanidad": algunas reflexiones», en *Derecho internacional y comunitario ante los retos de nuestro tiempo. Homenaje a la profesora Victoria Abellán Honrubia,* vol. I, Marcial Pons, 2009, pp. 485 ss.

[43 bis] Comité Internacional de la Cruz Roja, *El Derecho Internacional Humanitario Consuetudinario,* vol. I, Normas. La edición original en inglés es de 2005.

[44] Véase, por ejemplo, G. SCHWARZENBERGER, *The legality of nuclear weapons,* Londres, 1958; N. SINGH, *Nuclear weapons and International Law,* Londres, 1959; H. MEYROVITZ, «Les juristes devant l'arme nucleaire», en *Révue Générale de Droit International Public,* 1963, pp. 820 ss.; del mismo autor, «La stratégie nucleaire et le Protocolo Additionnel n.º 1 de 1977», ibíd., 1979, pp. 905 ss.; M. PÉREZ GONZÁLEZ, «Seguridad y Desarme en la era nuclear: datos jurídico-políticos», en *Anuario Jurídico, Universidad Nacional Autónoma de Méjico,* 1983, pp. 359 ss.

[45] Véase A. ROBERTS y R. GUELFF, *op. cit.* en nota 14, p. 462.

[46] Véase el texto de la resolución en J. A. CARRILLO SALCEDO, *Textos básicos de Naciones Unidas,* Tecnos, Madrid, 1982, pp. 405-406.

[47] CIJ, *Recueil,* 1996, párrafo 71.

nal Humanitario; y en cuanto a la licitud o ilicitud de ese uso en circunstancias extremas de legítima defensa, en las que corriera peligro la propia supervivencia del Estado, el Tribunal dice que no puede pronunciarse definitivamente, habida cuenta de la situación actual del Derecho Internacional y de los elementos de hecho de que dispone[48]. En fin, en esta materia parece más fácil la respuesta en términos éticos y de conciencia que en el puro terreno del estricto Derecho positivo. En una perspectiva moral, efectivamente, parece rechazable el primer uso del arma nuclear. Si el empleo es de un arma táctica y con fines de esta naturaleza, el riesgo grave de escalada difícilmente le hará escapar de una valoración ética negativa. Si el primer uso es de un arma termonuclear estratégica, el juicio desfavorable será, sin duda, más severo. En cambio, la respuesta nuclear a una agresión nuclear, mantenida dentro de los límites de una proporcionalidad razonable, puede ser justificada, tanto ética como jurídicamente, en virtud del principio de la legítima defensa.

j) Cerremos este apartado sobre el *ius in bello,* dando cuenta de las Reales Ordenanzas sobre las Fuerzas Armadas españolas, puestas al día por Real Decreto del 6 de febrero de 2009[49]. Esa última versión de las citadas Ordenanzas recoge con acierto y por primera vez los grandes principios del Derecho Internacional humanitario, entre otros el de distinción entre combatientes y población civil (art. 111), el relativo a la obligación de hacer uso gradual y proporcionado de la fuerza (art. 84), y el concerniente a la prohibición de utilizar medios o métodos de combate que puedan causar daños superfluos o sufrimientos innecesarios, así como aquellos que estén dirigidos a causar o puedan ocasionar extensos, graves y duraderos perjuicios al medio ambiente, comprometiendo la salud o la supervivencia de la población (art. 114). Se impone también a los miembros de las fuerzas armadas la obligación de conocer y difundir el Derecho Internacional Humanitario.

---

[48] Ibíd. Entre la abundante doctrina, véase particularmente la excelente monografía de Elena del Mar García Rico, *El uso de las armas nucleares y el Derecho Internacional*, Madrid, 1999, y el no menos excelente prólogo del profesor Alejandro Rodríguez Carrión.

[49] *B.O.E.* de 7 de febrero de 2009.

67. LA NEUTRALIDAD

a) Nos referimos aquí exclusivamente a la neutralidad como condición jurídica del Estado que no participa en un conflicto armado determinado y que es cosa distinta de la situación de Estado neutralizado y de la llamada política de neutralismo. Efectivamente, Estado neutralizado es aquel que se ha comprometido convencionalmente a no tomar parte en la guerra desencadenada entre otros Estados —es decir, a guardar neutralidad en ella— y a no asumir en tiempo de paz compromisos que pudieran conducirle a la guerra; es el caso hoy de Suiza, desde 1815, en virtud de la adhesión de la Confederación Helvética a la Declaración de las Potencias del Congreso de Viena; del Estado de la Ciudad del Vaticano, por disposición del Tratado de Letrán de 1929 con Italia; y de Austria, por obra del Tratado de Estado de 1955. En la lista de Estados neutralizados hay que incluir también a Costa Rica, si bien tal condición no resulta de un compromiso convencional, sino de un acto unilateral, a saber, de la Proclama Presidencial de 17 de noviembre de 1983, que declara la neutralidad permanente, activa y no armada del país. Por su parte, política de neutralismo es la que, libre y soberanamente, observan muchos Estados que se mantienen al margen de las grandes alianzas o bloques militares defensivos (OTAN y el extinto Pacto de Varsovia). Son los Estados llamados «no alineados».

b) Por lo que se refiere a la neutralidad propiamente dicha, el Derecho Internacional clásico imponía a los Estados neutrales los deberes de abstención e imparcialidad y les confirmaba los derechos de inviolabilidad de la soberanía territorial y libertad de relaciones comerciales[1]. La Conferencia de la Paz de La Haya de 1907 adoptó dos convenciones al respecto: la relativa a los derechos y deberes de las potencias y personas neutrales en la guerra terrestre, hoy en vigor para 34 Estados, entre ellos España[2], y la concerniente a los derechos y deberes de las potencias neutrales en la guerra naval, con vigencia en la actualidad para 30 Estados[3]. En la guerra marítima, sin embargo, quedaba autorizado el derecho de presa de los buques de guerra de los Estados beligerantes respecto a los buques mercantes con pabellón neutral que transportasen mercancías con destino a la parte adversa, en el entendido de que toda presa debía ser juzgada (es decir, aprobada por un tribunal) y que el derecho sólo se podía ejercer en alta mar o mares territoriales o aguas interiores de los beligerantes, no en aguas territoriales o interiores

---

[1] Sobre la neutralidad en general, véase T. Boye, «Quelques aspects du développment des règles de la neutralité», en *R. des C.*, vol. 64, 1938, pp. 161 ss.; T. Komarnicki, «The place of neutrality in the modern System of International Law», en *R. des C.*, vol. 80, 1952, pp. 395 ss.; Ch. Chaumont, «Nations Unies et Neutralité», en *R. des C.*, I, 1956, pp. 5 ss.; D. Schindler, «Aspects contemporains de la neutralité», en *R. des C.*, vol. 121, 1976, pp. 249 ss. En cuanto a la neutralidad de Costa Rica, véase H. Gros Espiell, *La neutralidad de Costa Rica,* San José, 1986.

[2] Véase A. Roberts y R. Guelff, *op. cit.* en nota 14 del apartado 66, pp. 61 ss.

[3] Véase ibíd., p. 109.

de Estados neutrales[4]. Una de las Convenciones de 1907 preveía la creación de un Tribunal Internacional de Presas, pero, a falta de las ratificaciones necesarias, el instrumento no llegó a entrar en vigor y el Tribunal no se constituyó. Las presas se siguieron juzgando por tribunales internos.

c) De todos modos, en la segunda guerra mundial (1939-1945) algunos Estados adoptaron formas particulares de no participación en el conflicto que, implicando simpatía o benevolencia hacia uno o algunos de los contendientes, tendían a eludir el estatuto estricto de la neutralidad. Así, los Estados Unidos, antes de entrar en la guerra, prestaron ayuda al Reino Unido —entre otros modos mediante entrega de buques de guerra— que no era compatible con aquel estatuto; las medias, calificadas doctrinalmente como de neutralidad «calificada», han sido justificadas desde un doble punto de vista: políticamente, como inspiradas en consideraciones de defensa propia, y jurídicamente, teniendo en cuenta la ilegalidad de la agresión alemana[5]. Otros Estados recurrieron a la fórmula de la «no beligerancia», no exenta ciertamente de ambigüedad e imprecisión, que, comportando desde luego la no participación en el conflicto, estaba dirigida a evitar las rigurosas obligaciones derivadas del estatuto de neutralidad. Fue el caso de Italia antes de entrar en la guerra, el 11 de junio de 1940; de Turquía; y también de España, que si bien en un principio proclamó su neutralidad, el 12 de junio de 1940 adoptó oficialmente la posición de «no beligerancia» una vez que Italia participó en la contienda[6].

d) Pero la limitación, y más tarde prohibición, del *ius ad bellum* y la consiguiente distinción entre beligerante legal e ilegal, habrían de incidir en el estatuto jurídico de la neutralidad. Así, según el *Pacto de la Sociedad de Naciones* (1919), en caso de guerra emprendida por un Estado miembro en violación de las disposiciones de aquél, los otros Estados miembros quedaban en una situación incompatible *per se* con el estatuto de la neutralidad clásica. Disponía, en efecto, el artículo 16 del Pacto lo siguiente: «Si un miembro de la Sociedad recurre a la guerra, a pesar de las obligaciones contraídas [...] se le considerará *ipso facto* como si hubiese cometido un acto de guerra contra todos los demás miembros de la Sociedad. Éstos se obligan a romper inmediatamente con él todas las relaciones comerciales o financieras, a interrumpir toda clase de relaciones entre sus nacionales y los del Estado que haya quebrantado el Pacto y a suspender todas las comunicaciones financieras, comerciales o personales entre los nacionales de este Estado y los de todos los demás Estados, sean o no miembros de la Sociedad. En este caso, el Consejo recomendará a los diversos gobiernos interesados los efectivos militares, navales o aéreos, con que los miembros de la Sociedad han de contribuir respectivamente a las fuerzas armadas destinadas a hacer respetar los compromisos de la Sociedad.» En el mismo artículo se decía que los miembros de la Sociedad «tomarán las medidas necesarias para facilitar por su territorio el

[4] Véase R. W. TUCKLER, *The Law of War and Neutrality at Sea*, Washington, 1957.
[5] Véase L. OPPENHEIM y A. LAUTERPACHT, *op. cit.* en nota 5 del apartado 64, vol. II, pp. 501 ss.
[6] Véase V. MORALES LEZCANO, *Historia de la no beligerancia española durante la segunda guerra mundial*, Valencia, 1980. La proclamación española de «no beligerancia» en *B. O. E.* de 13 de junio de 1940.

tránsito de las fuerzas de cualquier miembro de la Sociedad que participe en una acción común». Pero en el Pacto el catálogo de guerras ilegales era parco, según sabemos; sus disposiciones no prohibían completamente el empleo de la fuerza armada. Había guerras, por consiguiente, que no desencadenaban la aplicación del artículo 16. Además, el círculo de Estados obligados era pequeño. Se ha dicho por ello que el Pacto no abolió la institución de la neutralidad, aunque si incidió en su régimen[7]. En lo que concierne al *Tratado general de renuncia a la guerra* de 1928 (Pacto BRIAND-KELLOG), ya sabemos que no instauró un mecanismo de reacción institucional para los casos de transgresión. Sus disposiciones no afectaron, pues, de manera directa a la institución de la neutralidad, aunque como se ha señalado[8], los Estados partes sí podían por la vía de las represalias adoptar medidas discriminatorias contra el Estado infractor. Consideraciones de este orden han sido invocadas para explicar la actitud de «neutralidad calificada» seguida por los Estados Unidos en la segunda guerra mundial mientras no participó en las hostilidades.

e) Sabemos que la Carta de las Naciones Unidas (1945) ha proscrito el empleo y amenaza de la fuerza en el Derecho Internacional Contemporáneo, instituyendo además un mecanismo colectivo de reacción institucional contra el transgresor de la norma[9].

Ahora bien, la puesta en marcha de este mecanismo supone una serie de obligaciones para los Estados miembros de las Naciones Unidas. Así, según el párrafo 5 del artículo 2 «los miembros de la Organización prestarán a ésta toda clase de ayuda en cualquier acción que ejerza de conformidad con esta Carta y se abstendrán de dar ayuda a Estado alguno contra el cual la Organización estuviere ejerciendo acción preventiva o coercitiva». Y este principio se concreta en otros artículos de la Carta, como el 25, 41, 43, 48 y 49. El artículo 25, en efecto, obliga a los Estados miembros a aceptar y cumplir las decisiones del Consejo de acuerdo con la Carta; el artículo 41 faculta al Consejo para decidir qué medidas que no impliquen el uso de la fuerza armada habrán de emplearse para hacer efectivas sus decisiones y para instar a los miembros a que las apliquen, precisándose que tales medidas podrán comprender la interrupción total o parcial de relaciones económicas y de las comunicaciones, así como la ruptura de relaciones diplomáticas; el artículo 43 recoge el compromiso de los Estados miembros de poner a disposición del Consejo, cuando éste lo solicite, y de conformidad con un convenio o convenios especiales, las fuerzas armadas, la ayuda y las facilidades, incluso el derecho de paso, que sean necesarios para el propósito de mantener la paz y seguridad internacionales; el artículo 48 dispone que la acción requerida para llevar a cabo las decisiones del Consejo en orden al mantenimiento de la paz y seguridad internacionales será ejercida por todos los miembros o por algunos de ellos, según lo determine el propio Consejo; por su parte el artículo 49 establece que los miembros deberán prestarse ayuda mutua para llevar a cabo las medidas dispuestas por el Consejo.

---

[7] L. OPPENHEIM y A. LAUTERPACHT, *op. cit.* en nota 5 del apartado 64, p. 507.
[8] Ibíd., p. 513.
[9] Véase el apartado 64.2 de este libro.

En estas condiciones ¿es aún posible la neutralidad respecto al beligerante ilegal? ¿Ha abolido la Carta de las Naciones Unidas la institución de la neutralidad?

Entre los primeros comentaristas de la Carta fueron numerosos los que entendían que la neutralidad era incompatible con el sistema diseñado por aquélla para el mantenimiento de la paz y seguridad internacionales[10], aunque, sobre todo con el transcurso del tiempo, no han faltado las opiniones contrarias. Hoy se tiende más bien a una reinterpretación (o segunda lectura, utilizando la terminología de los políticos españoles de la post-transición) de la Carta que acercaría la posición de los Estados no envueltos directamente en un conflicto armado a algunas de las modalidades de la «no beligerancia»[11]. Y es que, aunque en términos generales haya fracasado el sistema de seguridad colectiva previsto en la Carta por la falta de entendimiento de los miembros permanentes del Consejo de Seguridad, y en virtud de otras razones y por más que no haya tomado este órgano decisión alguna calificando a un beligerante como ilegal, los Estados miembros si pueden individualmente formular juicios al respecto; sí están en condiciones ellos mismos de considerar legal o ilegal a un beligerante y, aún no participando directamente en el conflicto, adoptar posiciones coherentes con su calificación que nada tengan que ver con la neutralidad clásica y que se asemejen a la «no beligerancia». En todo caso, como ha señalado entre nosotros el profesor ARROYO LARA[12], las Convenciones de Ginebra de 1949 sobre protección a las víctimas de la guerra y los Protocolos Adicionales de 1977[13] hacen pensar en un reconocimiento general de la «no beligerancia»; unos y otros instrumentos admiten, junto a la situación de neutralidad, la de «no beligerancia», de manera expresa las Convenciones de 1949, de modo implícito el Protocolo I de 1977, pero colocando a ambas situaciones en pie de igualdad.

---

[10] Véase una completa relación en J. PÉREZ MONTERO, «La neutralidad en el presente», en el libro *La guerra moderna,* V, Zaragoza, 1958, nota 7, pp. 217-218.

[11] Véase especialmente E. ARROYO LARA, *La no beligerancia. Análisis jurídico,* La Laguna, 1981, pp. 302 ss.

[12] Ibíd., pp. 344 ss.

[13] Véase el apartado 66.4 de este libro.

CAPÍTULO VII

LAS ORGANIZACIONES INTERNACIONALES

68. GENERALIDADES

a) Desde el punto de vista sociológico, resulta indiscutible que en nuestros días el sistema internacional no presenta la homogeneidad que le caracterizaba en el pasado; hoy el sistema internacional es heterogéneo puesto que, junto a los actores tradicionales, que son los Estados, desempeñan un papel importante las organizaciones internacionales, que han adquirido una relativa independencia respecto a los Estados miembros y se encuentran en condiciones de tomar decisiones autónomas y desempeñar funciones específicas[1]. Decisiones y funciones que, de todos modos, no han supuesto el desplazamiento de los Estados soberanos, porque las organizaciones internacionales no constituyen instancias políticas superiores a ellos, y de ahí que la sociedad internacional siga siendo básicamente de yuxtaposición de Estados y corresponda a éstos el máximo protagonismo en las relaciones internacionales y la subjetividad plena en el Derecho Internacional. Ahora bien, como ha dicho el profesor CARRILLO SALCEDO, aunque el fenómeno de la organización internacional no haya supuesto una ruptura con el sistema interestatal, sí ha significado una reforma del mismo, ya que lo ha modernizado y adaptado a las nuevas circunstancias y exigencias[2]. Ello es así, por lo pronto, porque mediante las organizaciones internacionales, y al compás de la creciente interdependencia entre los Estados, se han institucionalizado sectores muy importantes de la cooperación entre aquéllos, que ha ganado por tanto en intensidad, racionalidad y eficacia. De otro lado, y como hemos visto a lo largo del curso, las organizaciones internacionales han servido de cauce para significativas transformaciones del Derecho Internacional. Las notas de humanización, socialización y democratización a que aspira —y en parte ha conseguido— el Derecho Internacional contemporáneo se explican en gran medida por la acción de algunas organizaciones internacionales y por la posibilidad que ofrecen algunos de sus órganos de servir de foro para la gestación y cristalización de grandes tendencias de opinión en pro del cambio del Derecho Internacional. En fin, las organizaciones internacionales están en condiciones de llevar a cabo un control institucional, y por tanto mejorado, de la observancia de ciertos sectores del Derecho Internacional, como hemos podido comprobar a lo largo de este *Curso*.

---

1 Véase M. MERLE, *Sociología de las Relaciones Internacionales,* Madrid, 1978, pp. 410 ss.

2 J. A. CARRILLO SALCEDO, *El Derecho Internacional en un mundo en cambio,* Madrid, 1984, p. 41.

b) En un curso de Derecho Internacional Público como el presente es ineludible, por tanto, tratar con alguna extensión y cierta profundidad de las organizaciones internacionales. El examen en particular de las más importantes de ellas lo haremos más adelante, con ocasión del estudio de la cooperación internacional institucionalizada. Aquí y ahora, nos vamos a contentar con un análisis introductorio que ponga de relieve los aspectos comunes más relevantes, bien entendido que no es nuestro propósito construir propiamente una teoría general de las organizaciones internacionales. El profesor REUTER ha señalado a este respecto que el alcance de semejante teoría general es limitado; si los Estados tienen rasgos generales comunes que permiten definir su estatuto internacional, entre las organizaciones internacionales existen grandes diferencias[3]. La Comisión de Derecho Internacional lo ha dicho de manera muy clara: «mientras todos los Estados son iguales ante el Derecho Internacional las organizaciones internacionales son el resultado de un acto de voluntad de los Estados, acto que modela su figura jurídica confiriendo a cada una de ellas caracteres individuales muy marcados que limitan su parecido con cualquier otra organización internacional»[4]. Esto lo comprobaremos al hablar de la clasificación, en modo alguno fácil, de las organizaciones internacionales (apartado 70) y al tratar de las organizaciones internacionales en particular (capítulo VIII). De ahí que, como han señalado los profesores SUR y COMBACAU, la tentativa de construir un Derecho Común de las organizaciones internacionales sólo es legítima si, de una parte, no se olvida el carácter supletorio del mismo, abierto a todas las excepciones que resultan del tratado instituyente y si, de otra parte, se tienen en cuenta en el interior de ese Derecho Común, diferencias considerables que separan las diversas categorías de organizaciones[5].

c) Con las cautelas y precisiones señaladas en el párrafo anterior vamos a ocuparnos, pues, en el presente capítulo de las cuestiones siguientes: concepto de organización internacional desde una triple perspectiva (técnico-jurídica, histórico-sociológica y política); clasificación de las organizaciones internacionales, lo que supone en último análisis un desarrollo y una profundización de la definición de las organizaciones internacionales; competencias de las organizaciones internacionales que, como veremos, no son soberanas, sino que están basadas en la idea de atribución; estructura orgánica, de la que sólo podremos recoger unos esquemas muy generales; modos de adopción de decisiones, que serán también estudiados en sus grandes líneas; y por fin, la importante cuestión de la posición general de las organizaciones internacionales ante el Derecho Internacional, lo que nos permitirá un examen muy somero de cuestiones tales como la capacidad para concluir tratados, derecho de legación, responsabilidad internacional y, por fin, el problema de la subjetividad internacional. Somos del todo conscientes de que estas materias no agotan la problemática general de las organizaciones internacionales, pero nos parece que el propósito de este *Curso* —pensado para los alumnos de la licenciatura española en Derecho— no permite análisis más comprensivos y profundos.

---

[3] P. REUTER, *Institutions Internationales,* París, 1975, p. 252.
[4] *Anuario de la Comisión de Derecho Internacional,* 1982, vol. II, Segunda Parte, Naciones Unidas, Nueva York, 1983, p. 13.
[5] H. THIERRY, J. COMBACAU, S. SUR y CH. VALLÉ, *Droit International Public,* París, 1981, p. 696.

69. EL CONCEPTO DE ORGANIZACIÓN INTERNACIONAL

Las organizaciones internacionales constituyen fenómenos ciertamente complejos, necesitados de análisis desde varias perspectivas científicas: la de las relaciones internacionales y su historia, la de la ciencia política, la del Derecho Internacional y la de otras disciplinas específicas sobre cuyo contenido versa el campo de acción propio de cada organización internacional. Nosotros no podemos prescindir de un dato de partida ineludible: es éste un curso de Derecho Internacional pensado y escrito para aspirantes a juristas. Predominará, por tanto, en nuestro análisis, el enfoque jurídico, sin que ello suponga de todos modos que descartemos un tratamiento mínimamente interdisciplinario[1]. Justamente por tal motivo vamos a hacer uso de tres aproximaciones distintas al objeto de llegar al concepto de organización internacional. Utilizaremos en primer lugar una aproximación técnico-jurídica (apartado 69.1) con el fin de dar una definición de la organización internacional que suministre coherencia lógico-formal al entramado de nuestro estudio. Nos serviremos luego de una aproximación histórico-sociológica: trataremos de indagar en este sentido cuáles son las necesidades sociales que motivaron la aparición en la historia de las organizaciones internacionales (apartado 69.2). Emplearemos por fin una aproximación política en un intento de comprender la actitud básica de los principales grupos de Estados ante el fenómeno de las organizaciones internacionales (apartado 69.3). Estamos, obviamente, ante perspectivas de análisis. En la realidad de las cosas, los tres enfoques se complementan e interaccionan y no pueden ser debidamente valorados sino en una concepción global y de conjunto.

69.1. PERSPECTIVA TÉCNICO-JURÍDICA: LA DEFINICIÓN DE ORGANIZACIÓN INTERNACIONAL

a) La expresión «organización internacional» se utiliza en nuestra disciplina en dos sentidos principales[2]. El primero de ellos se refiere a la manera como está organizada la sociedad internacional, es decir, a su armazón general o a su estructura. El segundo alude a organizaciones internacionales en concreto. Analizado ya el primer sentido de la expresión en el capítulo primero de este *Curso*, aquí y ahora trataremos únicamente del segundo, aunque queremos señalar que entre uno y otro hay una interacción manifiesta. Efectivamente, la existencia de múltiples organizaciones internacionales específicas determina que la estructura de la sociedad internacional contemporánea sea distinta a la que en los primeros siglos de la edad moderna determinó el nacimiento del Derecho Internacional. Si

---

[1] Véase apartado 1 de este *Curso*.

[2] G. ABI-SAAB, «The concept of international organization: a synthesis», en el libro editado por el autor *The concept of international organisation,* París, 1981, p. 10; J. M. DEHOUSSE, *Les organisations internationales. Essai de théorie générale,* Lieja, 1968, p. 41.

entonces la sociedad internacional era únicamente de yuxtaposición de Estados soberanos, en la actualidad, por más que persista básicamente dicha estructura, hay que hablar también de otros dos tipos de sociedades: la basada en la existencia de intereses comunes y la sociedad parcialmente organizada. Y es que, efectivamente, no puede subestimarse en modo alguno el impacto de la presencia de las organizaciones internacionales en la sociedad internacional de nuestros días y en el Derecho Internacional Contemporáneo. La presencia de aquéllas ha producido un doble impacto en nuestra disciplina —estructural y funcional— ya analizado en la introducción a este *Curso*, y a lo allí dicho nos remitimos[3].

b) Pero, situándonos en una perspectiva técnico-jurídica, ¿qué es exactamente una organización internacional? ¿Y cuáles son sus rasgos característicos?

Se ha señalado que desde un punto de vista jurídico no hay una definición generalmente aceptada de organización internacional, no obstante lo cual sí parece existir consenso en la doctrina en cuanto a los elementos que deberían entrar en aquella definición[4]. A nuestro juicio, la organización internacional tiene seis rasgos diferenciales indiscutidos, a saber: carácter interestatal, base voluntaria, órganos permanentes, voluntad autónoma, competencia propia, y cooperación entre sus miembros a efectos de la satisfacción de intereses comunes. Dando por sentado que, en la realidad de las cosas, todos estos elementos están indisolublemente relacionados, a efectos didácticos y sistemáticos glosamos y desarrollamos por separado cada uno de ellos.

c) La primera nota es el *carácter interestatal.* En este sentido, una organización internacional es una asociación de Estados, lo cual no ha evitado que se hable frecuentemente en la práctica, con cierta impropiedad, de «organizaciones intergubernamentales», como si los miembros fuesen los gobiernos. Excluimos en todo caso de la definición de organización internacional a las asociaciones de fuerzas sociales distintas de los Estados que actúan sin ánimo de lucro en el plano internacional. A este último tipo de uniones se les da el nombre (por ejemplo, en el art. 71 de la Carta de las Naciones Unidas) de «organizaciones no gubernamentales». Hay que señalar que algunas organizaciones internacionales en sentido propio, es decir organizaciones intergubernamentales, prevén la colaboración de las organizaciones no gubernamentales. Es el caso de las Naciones Unidas, de la UNESCO, del Consejo de Europa y otras organizaciones. Añadamos que no hay que subestimar en ningún caso la importancia del papel que desempeñan en el mundo contemporáneo las organizaciones no gubernamentales, dentro del marco amplio de los actores internacionales. Como ha dicho MERLE esas organizaciones constituyen «la expresión de una solidaridad transnacional creciente en todos los ámbitos en que se ejerce la actividad no lucrativa de los particulares y de los grupos privados»[5]. En cualquier

---

[3] Véase apartado 4.1 de este *Curso*.

[4] M. VIRALLY, «Definition and classification of international organizations: a legal approach», en *op. cit.* en nota 2, p. 51.

[5] M. MERLE, *Les acteurs dans les rélations internationaux,* París, 1986, p. 157. Sobre las organizaciones internacionales no gubernamentales, véase M. BETTATI y P. M. DUPUY, *Les O.N.G. et le Droit International,* París, 1986; y J. M. SOBRINO HEREDIA, «La determinación de la personalidad jurídica de las organizaciones internacionales no gubernamentales: Contribución del Consejo de Europa», en *R.E.D.I.,* 1990-1, pp. 101 ss.; y L. PÉREZ PRAT-DURBAN, *Sociedad civil y Derecho internacional,* Valencia, 2004.

caso, las repetidas organizaciones integran la llamada «sociedad civil internacional» y como ha señalado el profesor PÉREZ PRAT encajan en la irreductible heterogeneidad de la sociedad internacional. Algunas desempeñan sobre el terreno encomiables e impagables labores humanitarias en casos de catástrofes, crisis y conflictos armados. Sus nombres son bien conocidos y no las cito porque las posibles omisiones serían odiosas. Otras, que tampoco cito por la misma razón, hacen acto de presencia activa en grandes conferencias internacionales (las que se ocupan de temas tales como el respeto de los derechos humanos o la protección del medio ambiente) contribuyendo de ese modo a la evolución y al progreso del Derecho Internacional.

Conviene subrayar igualmente que algunas colectividades territoriales de Derecho Público que no son Estados son admitidas como miembros, aun con derechos reducidos, en algunas organizaciones internacionales. Es el supuesto de la Unión Internacional de Telecomunicaciones (UIT), de la Unión Postal Universal (UPU), de la Organización Meteorológica Mundial (OMM), etc., organizaciones técnicas que tratan de tener en cuenta las características particulares de determinados territorios. En fin, el carácter interestatal de una organización internacional supone que los órganos más importantes sean de composición intergubernamental, es decir que estén integrados por representantes de los gobiernos de los Estados miembros. Existen, sin embargo, en las organizaciones internacionales, otros tipos de órganos: el secretario general, que obviamente no representa al gobierno de ningún Estado; órganos judiciales, formados por personas independientes que actúan a título personal; órganos parlamentarios, elegidos incluso por votación directa entre los ciudadanos de los Estados miembros, etc. Son éstas cuestiones que examinaremos con mayor profundidad en otro lugar (apartado 72).

d) El segundo rasgo diferencial de las organizaciones internacionales es su *carácter voluntario,* en cuanto que se crean por un tratado entre Estados, que es el llamado tratado instituyente. En casos excepcionales, sin embargo, la organización puede ser creada por resolución de una conferencia internacional. Es el caso de la Organización de países exportadores de petróleo (OPEC, de acuerdo a las siglas en inglés) aunque, como se ha señaldo, cabe pensar que la resolución en cuestión constituye un acuerdo en forma simplificada[6]. Ocurre también que otras organizaciones internacionales han sido constituidas por resoluciones de órganos de organizaciones internacionales preexistentes, aunque en esta hipótesis estemos más bien en presencia de órganos subsidiarios tanto *de iure* como *de facto*[7]. Es el supuesto de la Conferencia de las Naciones Unidas para el Comercio y Desarrollo (CNUCED, o UNCTAD), establecida en 1964 por la resolución 1.995 (XIX) de la Asamblea General de las Naciones Unidas. Es también el caso de la Organización de las Naciones Unidas para el Desarrollo Industrial (ONUDI), creada en 1965 por la resolución del mismo órgano 2.089 (XX), si bien, en 8 de abril de 1979, la ONUDI se convirtió en organismo especializado de las Naciones Unidas, y por tanto en una auténtica organización internacional.

[6] M. VIRALLY, *op. cit.* en nota 4, p. 52.
[7] Véase M. VIRALLY, *op. cit.* en nota 4, p. 52.

¿Cabe crear una organización internacional por un acuerdo político, es decir, por un acuerdo que no tenga naturaleza de tratado internacional? La pregunta no es puramente académica, puesto que la Carta de París para la Nueva Europa, adoptada el día 21 de noviembre de 1990, dota de un rudimentario aparato institucional a la Conferencia sobre Seguridad y Cooperación en Europa (CSCE). Como todos los instrumentos adoptados en este último marco, la Carta de París no es un tratado internacional, sino sólo un acuerdo generador de compromisos políticos, por lo que no parece que las instituciones de la CSCE tengan verdaderamente personalidad jurídica internacional. A nuestro juicio, lo más que se puede decir hoy por hoy es que la CSCE constituye una organización internacional *de facto.* La circunstancia de que por el Documento de Budapest de 6 de diciembre de 1994 la CSCE pase a denominarse OSCE (Organización para la Seguridad y Cooperación en Europa) desde el 1 de enero de 1995 no cambia las cosas. La OSCE sigue careciendo de un tratado —instrumento jurídico— fundacional y continúa apoyada en documentos políticos. Cualquiera que sea su peso político como actor de las relaciones internacionales, la OSCE no posee personalidad jurídica internacional.

Señalemos por lo demás que desde la entrada en vigor el 1.º de diciembre de 2009 del Tratado de Lisboa (de 13 de diciembre de 2007) la Unión Europea posee personalidad jurídica internacional. Antes de esa fecha, semejante personalidad correspondía a las distintas comunidades.

e) En tercer lugar, las organizaciones deben contar con un *sistema permanente de órganos,* que asegure su continuidad. Es éste uno de los elementos que permite diferenciar las organizaciones internacionales de las conferencias internacionales, en el entendido de que estas últimas tienen notas en común con aquéllas, particularmente en lo que se refiere al modo de adopción de decisiones. La permanencia de la organización tiene un valor político de primera magnitud en cuanto contribuye a afirmar su independencia frente a los Estados miembros[8].

f) El cuarto elemento característico de una organización internacional consiste en la *voluntad autónoma,* que se da en tanto en cuanto el proceso de adopción de decisiones por sus órganos le permite expresar una voluntad jurídicamente distinta de la de los Estados miembros. Obviamente, esta voluntad debe constreñirse a las materias que entren en la esfera de competencia de la organización tal como viene señalada en el tratado instituyente. Y esta consideración nos lleva a la quinta nota.

g) Porque, efectivamente, el quinto rasgo diferencial de una organización internacional es la *competencia propia* en una serie de materias señaladas en el tratado. A diferencia de los Estados, cuya competencia es general o plena, lo que implica la consecuencia de que las limitaciones a la misma no se presumen[9], las organizaciones internacionales tienen competencias de atribución, es decir, las asignadas de manera

---

[8] Véase P. REUTER, *Institutions Internationales,* París, 1975, p. 235.

[9] Véase apartado 34 del volumen primero de este *Curso.*

expresa o implícita en el tratado instituyente. Es éste un punto importante que nos ocupará más adelante.

h) Pero las organizaciones internacionales tienen un sentido teleológico y en este orden de ideas las competencias de la organización constituyen el instrumento para alcanzar un objetivo, que no es otro que la satisfacción de intereses comunes a los Estados mediante la *cooperación internacional institucionalizada,* bien entendido que esta cooperación reviste distintos grados de intensidad: puede tratarse de una simple coordinación o armonización de políticas y comportamientos de los Estados miembros o puede llegar más lejos, hasta el punto de que dichos Estados transfieran a los órganos de la organización el ejercicio de algunas de sus competencias soberanas. En fin, este elemento funcional o teleológico es de la mayor importancia hasta el punto de que nos servirá de criterio para la clasificación de las organizaciones internacionales (apartado 70).

i) Pero la cooperación internacional encuentra a veces cauces y marcos distintos de las organizaciones internacionales en sentido propio, que son las que satisfacen las exigencias de los apartados anteriores. Es el caso de los *grupos informales* de Estados, de composición restringida, que en el mundo globalizado de los comienzos del siglo XXI desempeñan funciones relevantes de consulta y cooperación, muy particularmente en terrenos de tanta importancia como el económico y el sistema financiero internacional. Sobresale entre esos grupos el llamado *G 20*, que en la crisis económica mundial del año 2009 y siguientes ha desplazado a otros grupos como el G 8 y el G 14. Estamos ante un foro de cooperación y consulta en cuestiones relacionadas con el sistema financiero internacional, compuesto por los siete países occidentales más industrializados, Rusia, 11 países de economías emergentes y Unión Europea, que cuenta con asiento propio. Es digno de mención asimismo el G 7, que en la primavera de 2014 ha llegado a imponer sanciones a Rusia en relación con la grave crisis de Ucrania.

69.2. PERSPECTIVA HISTÓRICO-SOCIOLÓGICA: EL ORIGEN DE LA IDEA DE LA ORGANIZACIÓN INTERNACIONAL

a) Definidas en el apartado anterior desde una perspectiva técnico-jurídica las organizaciones internacionales, queremos colocarnos ahora en un plano histórico-sociológico para dar cuenta de la manera como aparecen aquellas organizaciones en la sociedad internacional. Ha dicho el profesor REUTER en este orden de ideas que desde los comienzos de su desarrollo histórico, a principios del siglo XIX, las organizaciones internacionales parecen responder a la satisfacción de dos necesidades distintas: una aspiración general a la paz y al progreso de las relaciones pacíficas, de una parte; y una serie de necesidades precisas y limitadas relativas a cuestiones particulares, de otra parte. La primera necesidad requiere una organización internacional universal en principio en cuanto a su objeto y en su extensión geográfica; la segunda se acomoda a organizaciones múltiples. De ahí, señala REUTER, la existencia de dos experiencias históricas divergentes, dándose la circunstancia de que la segunda se manifestó antes que la primera y le aportó ciertas enseñanzas, aunque estaba abocada a someterse a ella, a sufrir sus influencias y a padecer sus fracasos[10].

b) En lo que se refiere a la primera necesidad —aspiración general a la paz y al progreso de las relaciones pacíficas— hay que decir que en las edades moderna y media no faltaron proyectos, interesantes desde luego pero marcadamente utópicos, de constituir asociaciones de Soberanos o Estados, cuya finalidad última era el mantenimiento de la paz[11]. Mas es preciso llegar realmente a principios del siglo XIX para encontrar los primeros gérmenes de la idea de una organización internacional tendente a satisfacer aquella necesidad general. Efectivamente, reunidas en el *Congreso de Viena* en la segunda mitad de 1814 y primera mitad de 1815 las potencias europeas, se fue abriendo camino en las discusiones la idea de un *Concierto europeo,* que consistiría en la celebración de conferencias periódicas al más alto nivel con la finalidad de mantener el *statu quo* en Europa y el equilibrio entre las potencias. Es cierto que en el acta final del Congreso (9 de junio de 1815) no se hace referencia a la celebración de las reuniones, pero en la cuádruple alianza firmada el 20 de noviembre del mismo año las cuatro potencias vencedoras de la Francia napoleónica —Austria, Inglaterra, Rusia y Prusia— acuerdan ya (cláusula sexta) la celebración regular de las reuniones en cuestión con la finalidad de examinar los intereses comunes y velar por la conservación del orden y la paz en Europa[12]. En los años inmediatos tuvieron lugar reuniones de este tipo si bien, desde principios de la década de los años veinte del siglo XIX, las conferencias dejaron de ser periódicas para celebrarse únicamente con ocasión del examen de importantes problema políticos. En la mayor parte de los casos los participantes eran sólo los cinco grandes: los vencedores de Napoleón más Francia. A partir de 1856 se amplió el círculo: el Reino de Cerdeña (después Italia) y también el Imperio turco. En cuanto al ámbito geográfico de su acción, hay que decir que durante mucho tiempo el Concierto europeo no se ocupó de los problemas creados por la expansión colonial europea en el resto del mundo, aunque más tarde lo hubo de hacer: intervenciones colectivas en China, abolición de la esclavitud y determinación de las normas sobre ocupación de los territorios coloniales (Congreso de Berlín de 1885, de Bruselas de 1890). A fines del siglo XIX y principio del XX se celebraron asimismo grandes conferencias internacionales que desbordaron el marco europeo. Los Estados Unidos participaron en la I y II Conferencias de la Paz de La Haya (1899 y 1907). Numerosos países iberoamericanos tomaron parte en la II. En todo caso, el Concierto europeo ejerció de hecho funciones de gobierno, pero no era una organización internacional en sentido propio: no disponía ni de tratado instituyente, ni de sede ni de secretaría permanente; constituía realmente un sistema informal o cuasi-institucionalizado de canalización de la cooperación política general de las potencias europeas. Hoy,

[10] P. REUTER, *op. cit.* en nota 8, pp. 228 ss.

[11] Véase una escueta referencia en P. GERBET, *Les Organisations Internationales,* París, 1966, pp. 8 ss.; M. MEDINA ORTEGA, *Las organizaciones internacionales,* Madrid, 1979, pp. 33 ss.; F. MARIÑO MENÉNDEZ, «Organismos internacionales», en *Nueva Enciclopedia Jurídica,* tomo XVIII, pp. 593 ss.

[12] Véase J. VICENS VIVES, *Historia General Moderna. Siglos XVIII-XX,* Barcelona, 1981, pp. 330 ss.

ya con perspectiva histórica, cabe ver en él la semilla de la idea de las organizaciones internacionales de carácter político general y con vocación de universalidad que se formaron en el siglo XX[13].

c) En lo que concierne al segundo tipo de necesidades —las de carácter definido y particular— la situación es diferente. En efecto, las primeras organizaciones internacionales en sentido propio, aún muy rudimentarias, aparecen en el siglo XIX para satisfacer necesidades de aquella clase, primeramente en el campo de las comunicaciones y luego en otros en que los intereses comunes de los Estados se fueron satisfaciendo progresivamente por la vía de la cooperación institucionalizada. Así, el Acta del Congreso de Viena de 1815, que había proclamado la libertad de navegación en los ríos internacionales, establece la Comisión central para la navegación del Rin, a la que se atribuyen competencias para enmendar el reglamento y algunos poderes judiciales de apelación. Se crean más tarde otras comisiones fluviales, entre las que destaca la Comisión europea del Danubio (1856). En 17 de mayo de 1865 se instituye la Unión Telegráfica Internacional, en 1874 la Unión Postal Universal y en 1906 la Unión Radiotelegráfica. En el terreno de los intereses económicos, hay que hablar de la Unión Internacional para la Publicación de las Tarifas Aduaneras (1890), de la Unión Internacional del Azúcar (1902), del Instituto Agrícola Internacional (1905), etc. En fin, y siempre sin afán de exhaustividad, en la esfera científica y social, es necesario referirse a la Unión para la Protección de la Propiedad Industrial (1883), a la Unión para la Protección de la Propiedad Literaria y Artística (1886), a la Oficina Internacional de Pesos y Medidas (1875), y a las Comisiones internacionales sanitarias en diversas ciudades. El rasgo más característico de estas instituciones es que operaban, de un modo general, a través de dos órganos: conferencias periódicas de los representantes de los Estados miembros, y un *bureau* o secretaría, que aseguraba la permanencia. Logros estos y otros parciales y sectoriales, constreñidos a materias sin gran importancia política, rudimentarios desde la perspectiva de nuestros días, pero que tuvieron el inmenso mérito de hacer descubrir a los Estados la potencialidad de la cooperación internacional institucionalizada y de servir de experiencia para las realizaciones, mucho más ambiciosas, que en materia de organización internacional, incluso con vocación de universalidad y fines políticos de carácter general, tuvieron lugar después de la primera guerra mundial[14]. Con posterioridad a 1945 las organizaciones internacionales han conocido un gran desarrollo en todos los ámbitos geográficos —universal y regionales— y en toda clase de materias, como tendremos ocasión de exponer en los capítulos siguientes, aunque su presencia no ha modificado la estructura básica de la sociedad internacional, que sigue siendo de yuxtaposición de Estados. Muestra de este gran desarrollo es que, hoy, el número de organizaciones internacionales supera la cifra de 170.

---

[13] Sobre el Concierto europeo como germen de la idea de la organización internacional con fines políticos generales, véase P. GERBET, *op. cit.* en nota 11, pp. 11 ss.; del mismo autor, «Rise and development of international organization: a synthesis», en *op. cit.* en nota 2, pp. 30 ss.; y D. W. BOWET, *The Law of International Institutions,* Londres, 1982, pp. 6 ss., etc.

[14] Véanse autores, obras y lugares citados en las notas 11 y 13.

d) Las consideraciones precedentes muestran en todo caso que la aparición de las organizaciones internacionales ha tenido lugar como consecuencia de un proceso lento y empírico y que en su nacimiento ha sido determinante la institución de la conferencia internacional. Efectivamente, las necesidades crecientes de la cooperación internacional motivan que la celebración de las conferencias internacionales sea cada vez más frecuente, hasta que llega un momento en que los Estados participantes dotan a aquéllas de un secretariado permanente. Es entonces, y sólo entonces, cuando cabe hablar propiamente de la existencia de una organización internacional, por rudimentaria que sea. Y este origen dejó sentir su impacto en las primeras organizaciones internacionales que, al igual que las conferencias diplomáticas, adoptaban sus decisiones por unanimidad. Con el paso del tiempo, sin embargo, las organizaciones internacionales han desarrollado y utilizado métodos propios, que les han dado perfiles originales y que incluso han influido en la institución que les sirvió de base, las conferencias internacionales, que en la mayor parte de los casos son hoy convocadas y auspiciadas por organizaciones internacionales.

69.3. PERSPECTIVA POLÍTICA: LAS ACTITUDES DE LOS PRINCIPALES GRUPOS DE ESTADOS ANTE EL FENÓMENO DE LAS ORGANIZACIONES INTERNACIONALES

a) La aparición en la sociedad internacional de una nueva categoría de actores —las organizaciones internacionales— ha motivado en los actores tradicionales y todavía y por mucho tiempo los más poderosos —los Estados soberanos— tres actitudes globales que corresponden a otras tantas concepciones del fenómeno. Vamos a distinguir a este respecto, inspirándonos en el análisis de ABI-SAAB, tres posiciones principales: la de los Estados del grupo occidental, la de los Estados del antiguo Grupo socialista y la de los Estados en desarrollo (Tercer Mundo)[15].

b) El sistema actual de organizaciones internacionales universales ofrece en su conjunto la huella de las concepciones políticas y sociales de los *Estados occidentales;* además, y hasta que en la década de los años sesenta de este siglo se produjo la descolonización masiva y el subsiguiente acceso a aquellas organizaciones de los Estados de reciente independencia, eran los Estados occidentales los que por su mayoría numérica determinaban el sentido general de la acción de las organizaciones universales. Consiguientemente, su concepción de tales organizaciones era teleológica y su posición en cuanto a las funciones y poderes expansionista. Sin embargo, la irrupción de los Estados de reciente independencia y el mayor peso

---

[15] G. ABI-SAAB, *op. cit.* en nota 2, pp. 20 ss.; véase también G. MOROZOV, «The socialist conception of international organisation», en *op. cit.* en nota 2, pp. 173 ss.; R. HIGGINS, «Western interpretations of international organisations as reflected in scholarly writings», en *op. cit.* en nota 2, pp. 194 ss.; M. BEDJAOUI, «A Thirld World view of international organisations: action towards a new international economic order», en *op. cit.* en nota 2, pp. 207 ss.; y S. SHIN-TSAI CHEN, *The Theory and practice of international organisation,* Central Connecticut State College, 1973, pp. 9 ss.

de éstos en la adopción de decisiones por mayoría motivó en los occidentales un cambio de actitud que se ha traducido en hechos tales como la preferencia por el consenso en cuanto al modo de adopción de decisiones, el freno a la expansión de las funciones y poderes de la organización, el tratar las cuestiones de verdadera importancia fuera de ella, o sólo en los órganos restringidos donde tienen predominio o al menos derecho de veto, o incluso amenazar con la retirada o consumarla (Estados Unidos respecto a la UNESCO). Pero lógicamente este cambio de actitud hacia las organizaciones internacionales universales se ha visto compensado con una intensificación de la cooperación en las organizaciones regionales que, entre algunos Estados de Europa (los integrantes de la Unión Europea), ha conocido manifestaciones de considerable importancia.

c) La posición de los países del antiguo *grupo socialista* respecto a las organizaciones internacionales universales evolucionó en sentido inverso a la dinámica expuesta del grupo occidental. Así, la situación minoritaria de aquellos países determinó en un principio una concepción restrictiva del mandato y de las funciones de aquellas organizaciones, a las que no consideraban sino como una arena más para desarrollar la lucha de clases a nivel internacional. Los Estados socialistas se oponían, pues, al desempeño de acciones operacionales no previstas estrictamente en el tratado instituyente. Sin embargo, con el advenimiento de los Estados de reciente independencia, los Estados socialistas aceptaron una cierta ampliación de las actividades operacionales de las organizaciones internacionales en el campo económico. En el aspecto regional, sin embargo, los Estados socialistas no llegaron tan lejos, ni mucho menos, como algunos círculos de Estados del grupo occidental.

En nuestros días, desaparecido el grupo socialista en tanto que grupo de intereses inspirado en particulares concepciones sociales, políticas y económicas, es de presumir que la posición de los antiguos Estados de la Europa del Este se acerque en su conjunto a la mantenida por los países occidentales, aunque no hay que descartar que, dada la necesidad de desarrollo económico que experimentan la mayoría de ellos, adopten en algunas cuestiones posturas similares a las que exponemos a continuación.

d) Los *Estados en desarrollo* vieron desde el primer momento en las organizaciones internacionales de carácter universal un importante instrumento de cambio de las estructuras jerarquizadas y estratificadas del sistema internacional y de las funciones del Derecho Internacional, y adoptaron, así, una concepción teleológica, evolutiva y expansiva de aquellas organizaciones, cuyo rumbo pretenden orientar en virtud de las mayorías automáticas, que están a su alcance. En este sentido, han sido siempre favorables a la extensión de las funciones y poderes de aquellas organizaciones. De todos modos, la cooperación institucionalizada dentro del grupo es mucho menos importante que en el bloque de Estados occidentales.

70. CLASIFICACIÓN DE LAS ORGANIZACIONES INTERNACIONALES

a) Clasificar las organizaciones internacionales es cometido de gran importancia científica porque, a la postre, supone un desarrollo y profundización de su definición. Ahora bien, la complejidad del fenómeno de las organizaciones internacionales —que, como hemos visto, no surgen según un plan racional preestablecido, sino empíricamente, en función de las circunstancias, necesidades y posibilidades[1]— provoca una cierta dificultad en la tarea. De hecho son variados y no siempre parejos los criterios que utiliza la doctrina[2]. Nosotros, teniendo en cuenta las opiniones más relevantes y fundadas, proponemos tres grandes criterios de clasificación: el primero se refiere a la participación, el segundo a la materia sobre la que versa la cooperación, y el tercero a los métodos de la cooperación.

b) Reteniendo, primeramente, el criterio de la *participación,* cabe establecer, en efecto, una distinción entre organizaciones *universales,* de una parte, y *restringidas,* de otra parte. Las primeras se proponen la cooperación entre todos los Estados de la comunidad internacional y, como se ha dicho[3], están basadas en el principio de inclusión. Las segundas, llamadas también cerradas[4], no intentan sino la cooperación entre un número limitado de Estados y están basadas en el principio de exclusión[5]. Pero estos asertos tan generales requieren mayores explicaciones.

La universalidad de una organización no excluye que la admisión de nuevos miembros esté subordinada al consentimiento de los antiguos. Aquella nota no supone, de otro lado, una universalidad real. De hecho, hoy ninguna organización comprende absolutamente a todos y cada uno de los Estados de la comunidad internacional y por ello se habla de organizaciones con vocación de universalidad[6].

En cuanto a las organizaciones restringidas o cerradas, hay que decir que aunque en la mayoría de los casos responden a una comunidad de intereses con base geopolítica, en algunos supuestos las afinidades no son de esta índole. Lo normal

---

[1] Véase apartado 69.2 de este *Curso.*

[2] Véase P. Reuter, *op. cit.* en pp. 240 ss.; D. W. Bowet, *op. cit.* en nota 13 del apartado 69, pp. 10 ss.; A. El Erian, «The legal organization of international society» en el libro editado por M. Soerensen, *Manual of Public International Law,* Londres, 1968, pp. 68 ss.; H. G. Schemers, *International Institutional Law,* Leiden, 1972, vol. I, pp. 4 ss.; M. Virally, *op. cit.* en nota 4 del apartado 69, pp. 59 ss.; véase del mismo autor, «De la classification des organisations internationales», en el libro *Miscellanea W. J. Ganshof van der Meersch,* Bruselas, 1972, tomo I, pp. 365 ss.; R. Monaco, *Scritti d'Diritto delle organizazioni internazionali,* Milán, 1981, pp. 9 ss.; M. Diez de Velasco, *Instituciones de Derecho Internacional Público,* Madrid, 1986, vol. II, pp. 35 ss.; F. Mariño Menéndez, *op. cit.* en nota 11 del apartado 69, pp. 598 ss.

[3] M. Virally, *op. cit.* en nota 4 del apartado 68, p. 71.

[4] H. G. Schemers, *op. cit.* en nota 2, p. 32.

[5] M. Virally, *op. cit.* en nota 4 del apartado 69, p. 61.

[6] P. Reuter, *op. cit.* en pp. 243 ss.

es, como decimos, que las organizaciones restringidas se constituyan gracias a afinidades de orden espacial; es el caso de las organizaciones regionales, subregionales e incluso intercontinentales. Excepcionalmente, sin embargo, las organizaciones restringidas responden a intereses distintos, es decir, se constituyen entre Estados muy alejados los unos de los otros por la geografía. Es el caso, por ejemplo, de la Organización para la Cooperación y el Desarrollo Económico (OCDE), que agrupa a Estados de Europa occidental, más Canadá, Estados Unidos, Japón, Australia y Nueva Zelanda. Era también el supuesto del Consejo para la Ayuda Económica Mutua (COMECOM), del que formaban parte, además de la Unión Soviética y Estados de Europa oriental, países como Mongolia y Cuba. Del mismo modo, la Organización de Países Exportadores de Petróleo (OPEP), agrupa a Estados pertenecientes a distintas regiones geográficas. En todos estos casos de organizaciones internacionales restringidas, las afinidades no son de índole espacial sino de naturaleza fundamentalmente económica.

c) Atendiendo, en segungo lugar, a la *materia* sobre la que versa la cooperación, es posible distinguir entre organizaciones con *competencia general* y organizaciones con *competencias especiales*. Para las primeras el tratado instituyente prevé la cooperación en cuantas cuestiones se estime útil u oportuno, bien sin limitación (Naciones Unidas), bien excluyendo sectores de problemas definidos (por ejemplo, en el Consejo de Europa, los problemas de defensa quedan al margen de su acción). Para las segundas, el tratado instituyente sólo prevé la cooperación en sectores definidos de actividades (económicas, culturales, sociales, humanitarias, militares, etc.). Es el caso de los organismos especializados de las Naciones Unidas y de muchas organizaciones de participación restringida. En todo caso aquella distinción tiene, además de interés descriptivo y sistemático evidentes, relevancia marcadamente política, porque como ha señalado VIRALLY[7] cuando el campo de acción de una organización internacional no ha sido limitado en el tratado instituyente, la puesta en práctica de sus competencias puede provocar tensiones entre los Estados miembros si cambian los equilibrios existentes entre ellos o si las circunstancias determinan la aparición de nuevas necesidades, desigualmente percibidas; además la ampliación o reducción del campo de la cooperación tendrá casi inevitablemente repercusiones directas en la estructura y funcionamiento del aparato institucional, lo que puede provocar resistencias en algunos de los Estados miembros. Por ello, la manera de funcionamiento y la naturaleza de los problemas que afrontan las organizaciones internacionales con competencia general son normalmente distintos de los propios de las organizaciones con competencia especializada o sectorial, más preocupadas estas últimas por consideraciones de índole técnica.

d) Teniendo en cuenta, finalmente, el criterio de los *métodos de cooperación*, es posible establecer una cuádruple clasificación de las organizaciones internacionales: de coordinación, de control, operacionales y de integración. Pero en este punto conviene hacer una precisión importante: la rica variedad de los métodos

---

[7] M. VIRALLY, *op. cit.* en nota 4 del apartado 69, p. 62.

de cooperación institucionalizada que se practican en la actualidad determina que los tipos de organizaciones internacionales que se obtienen en función de dichos métodos tengan contornos mucho más imprecisos que los resultantes de los otros criterios de clasificación (participación y materia de la cooperación). Ocurre, efectivamente, que la mayoría de las organizaciones internacionales hoy existentes no encajan pura e íntegramente en uno solo de los tipos que se obtienen de los métodos de cooperación. En la realidad, y como vamos a comprobar, muchas organizaciones internacionales poseen carácter híbrido en lo que respecta a dichos métodos, lo que quiere decir que el predominio de los rasgos de un determinado tipo no impide la existencia de rasgos entrecruzados de otros tipos. Estos tipos, a diferencia de los resultantes de los otros dos criterios (participación y materia de la cooperación) no son excluyentes, lo que resulta de comprobación particularmente fácil en la Organización de las Naciones Unidas.

Las organizaciones internacionales de *coordinación* se proponen orientar y armonizar el comportamiento de los Estados miembros con vistas a la consecución de objetivos de interés común, mediante la difusión de información, realización de estudios, elaboración de informes, u organización de consultas o negociaciones, que pueden terminar eventualmente en la adopción de resoluciones en forma de recomendaciones —no jurídicamente obligatorias, por consiguiente— o en la conclusión de acuerdos. Son muchas las organizaciones internacionales en las que domina, o al menos predomina, el método de la coordinación.

Otras organizaciones ejercen funciones de *control* y en este sentido su principal cometido consiste en velar por la observancia de un tratado o convención mediante procedimientos diversos, tales como la recepción y consideración de informes de los Estados miembros, celebración de debates públicos, comprobación de infracciones, llamadas de atención u otras sanciones. Ejemplo ilustrativo de organización internacional con funciones predominantes de control es el Organismo para la Proscripción de Armas Nucleares en la América Latina (OPANAL) creado por el Tratado de Tlatelolco (México, 14 de febrero de 1967)[8]. Las Naciones Unidas ejercen también, junto a otras, funciones de control en determinadas materias.

Hay organizaciones que son *operacionales,* lo que quiere decir que son ellas mismas las que actúan en el terreno internacional, bien por sus propios medios, bien por medios que ponen a su disposición los Estados miembros pero decidiendo ellas el empleo. Las organizaciones financieras internacionales, particularmente los bancos internacionales, llevan a cabo casi exclusivamente actividades operacionales (el Banco Mundial incluso con recursos propios). También las Naciones Unidas y la mayor parte de sus organismos especializados desempeñan parcialmente este tipo de actividades. A la Autoridad Internacional de los Fondos Marinos se le asignan asimismo importantes actividades operacionales en la explotación de los recursos minerales de la zona internacional de los fondos marinos (a través de un órgano específico, que se llama la Empresa)[9].

---

[8] Véase apartado 65 de este *Curso.*

[9] Véase apartado 38.11 de este *Curso.*

Están por fin aquellas organizaciones, que pudieran llamarse de *integración,* cuyos órganos reciben de los miembros competencias tradicionalmente comprendidas dentro de los poderes soberanos de los Estados, a cuyo ejercicio éstos renuncian. Es el caso, en parte, de la Organización de las Naciones Unidas que, previa decisión del Consejo de Seguridad, pueden ejercer medidas de fuerza armada contra el Estado que haya recurrido a la amenaza o uso de la fuerza en contravención de los principios de la Carta aunque, como sabemos, estas medidas apenas se han aplicado en la práctica[10]. Pero se trataba, especialmente, de las Comunidades Europeas —Comunidad Europea del Carbón y del Acero (CECA), Comunidad Europea y Comunidad Europea de Energía Atómica (EURATOM)—, que fueron calificadas como organizaciones internacionales de *integración* e incluso como supranacionales. Estas Comunidades constituyen, hoy por hoy, el supuesto de cooperación internacional más intenso, interesante y adelantado. Aclaremos que, después del llamado Tratado de la Unión (firmado en Maastricht el 9 de febrero de 1992), las tres comunidades mencionadas integran la Unión Europea, entidad que desde la entrada en vigor el 1.º de diciembre de 2009 del Tratado de Lisboa, posee ya personalidad jurídica internacional.

---

[10] Véase apartado 64.2 de este *Curso.*

71. LAS COMPETENCIAS DE LAS ORGANIZACIONES INTERNACIONALES

a) Según hemos visto al definir a las organizaciones internacionales desde una perspectiva técnico-jurídica, tenían aquéllas, entre otros rasgos, el de disponer de competencias propias en una serie de materias a fin de satisfacer los intereses comunes de los Estados miembros mediante la cooperación internacional institucionalizada[1]. Pues bien, tales competencias se asignan precisamente a la organización en el tratado fundacional o instituyente y de ahí que se hable de *competencias de atribución;* se da a entender con esta expresión que una organización internacional no tiene competencias soberanas, y hay aquí una importante nota distintiva entre los poderes del Estado y los de una organización internacional. A los Estados, efectivamente, el Derecho Internacional concede soberanía, y una de las notas de ella es la plenitud de competencias, lo que quiere decir que las limitaciones a la soberanía no se presumen sino que, como ha dicho el Tribunal de La Haya, el fundamento jurídico de tales limitaciones ha de ser establecido en cada caso particular[2]. Esta situación tiene una justificación sociológica clara, y es que compete al Estado velar por los intereses generales y permanentes de la comunidad humana asentada en su territorio. Pero el caso de las organizaciones internacionales es distinto; su función consiste en la satisfacción de ciertos intereses comunes a los Estados miembros mediante la cooperación institucional de base voluntaria. Los Estados, celosos de su soberanía, sólo consienten la actividad de la organización en determinadas materias y para el ejercicio de esa actividad conceden a la organización unas competencias funcionales y limitadas. Una organización internacional sólo tiene competencias en la medida en que se las asigne el tratado instituyente. Por el contrario, un Estado tiene competencias en tanto no resulte lo contrario de un título particular. Así pues, la función de los títulos convencionales es distinta por lo que respecta a las respectivas competencias de los Estados y las organizaciones internacionales: para los Estados cumplen una función limitativa y para las organizaciones internacionales desempeñan un papel atributivo.

b) Ahora bien, el tratado instituyente puede conceder competencias a una organización internacional no sólo de modo expreso, sino también implícito. Se trata en este último caso de las llamadas *competencias implícitas,* que resultan de una concepción teleológica y no formalista ni restrictiva de las organizaciones internacionales. Se entiende, en efecto, que las organizaciones internacionales no sólo tienen las competencias que expresamente les atribuyan los respectivos tratados instituyentes sino también aquellas que resulten necesarias para el ejercicio

[1] Véase apartado 71.1 de este *Curso.*
[2] CIJ, *Recueil,* 1950, p. 274.

de las funciones previstas en los tratados fundacionales. Se trata, en definitiva, de interpretar las reglas convencionales con arreglo a los principios de la razonabilidad y del efecto útil[3].

La doctrina de las *competencias implícitas* encuentra su origen en la jurisprudencia federal de los Estados Unidos. La jurisprudencia internacional acepta igualmente la idea. Así, el Tribunal de La Haya, reconoció personalidad jurídica objetiva —oponible *erga omnes,* y por consiguiente también a los Estados no miembros— a las Naciones Unidas y por tanto derecho de reclamación frente a un Estado en cuyo territorio ocurrió el asesinato de un agente de aquélla, sobre la base de las competencias implícitas.

> En opinión del Tribunal, la Organización estaba destinada a ejercer funciones y a gozar de derechos —y así lo ha hecho— que no pueden explicarse más que si la Organización posee una extensa medida de personalidad internacional y la capacidad de obrar en el plano internacional. Actualmente constituye el tipo más elevado de organización internacional, y no podría responder a las intenciones de sus fundadores si estuviese desprovista de la personalidad internacional. Se debe admitir que sus miembros, al asignarle ciertas funciones, con los deberes y responsabilidades que les acompañan, le han revestido de la competencia necesaria para permitirle cumplir de manera efectiva sus funciones...
>
> Los derechos y deberes de una entidad como la Organización deben depender de los fines y funciones de ésta, enunciados por su acto constitutivo o implícitos en él y desarrollados en la práctica. Las funciones de la Organización son de tal carácter que no podrían ser cumplidas de manera efectiva si implicasen la acción común en el terreno internacional de 58 o más ministerios de asuntos exteriores; el Tribunal concluye de ello que los miembros han conferido a la Organización cualidad para presentar las reclamaciones internacionales que necesitase el ejercicio de sus funciones[4].

Los tratados instituyentes de las Comunidades Europeas preveían expresamente la doctrina de los poderes implícitos[5], que ha sido aplicada en varias ocasiones por el Tribunal de Justicia[6]. Formulación expresa de la doctrina en cuestión es la que aparece asimismo en el párrafo 2 del artículo 157 de la Convención de 1982 sobre el Derecho del Mar, según el cual la Autoridad Internacional de los Fondos Marinos, además de las facultades expresas que le confiere la Convención, tendrá «las facultades accesorias, compatibles con esta Convención, que resulten implícitas y necesarias para el ejercicio de aquellas facultades y funciones con respecto a las actividades en la Zona».

---

[3] Véase B. ROUYER-HAMERAY, *Les compétences implicites de Organisations Internationales,* París,1962; y R. KHAN, *Implied powers of the United Nations,* Delhi, 1970.

[4] CIJ, *Recueil,* 1949, p. 178. Véase también CIJ, *Recueil,* 1954, pp. 56 ss.

[5] Artículo 235 del Tratado instituyente de la Comunidad Económica Europea; art. 95 del Tratado instituyente de la Comunidad Europea del Carbón y del Acero.

[6] Sentencia de 29 de noviembre 1956 (caso 8/55); sentencia de 15 de julio de 1960 (caso 20/59); sentencia de 15 de julio de 1960 (caso 25/29).

72. LOS ÓRGANOS DE LAS ORGANIZACIONES INTERNACIONALES

a) Las organizaciones internacionales son, como los Estados, personas morales y, al igual que ellos, actúan por medio de sus órganos[1]. Justamente por tal motivo hicimos entrar en la definición técnico-jurídica de las organizaciones internacionales, entre otros elementos diferenciales, los dos siguientes: la posesión de un sistema permanente de órganos que asegure la continuidad de la organización y afirme su independencia frente a los Estados miembros; y la posibilidad que deben tener dichos órganos de manifestar una voluntad distinta de la de los miembros a través de procesos específicos de adopción de decisiones[2]. Sin la concurrencia, junto a otros, de estos dos elementos nunca podría hablarse de la existencia de una organización internacional. Pues bien, nos proponemos ahora emprender un análisis sucinto de los aspectos orgánicos o institucionales de las organizaciones internacionales, bien entendido una vez más que la rica variedad de la práctica hace la tarea ciertamente difícil, y que por consiguiente las generalizaciones deben ser hechas con cautela. De ahí que, en este esbozo de teoría general de las organizaciones internacionales, no podamos tomar en consideración sino los aspectos más relevantes y de mayor interés. Y entre tales aspectos hay que señalar con MONACO[3] la existencia como punto de arranque de un esquema común que daría una estructura tripartita a la mayor parte de las organizaciones internacionales. Según tal esquema existirían tres órganos principales: uno plenario con competencia general; otro restringido que asegura el gobierno de la organización; y, en fin, otro de carácter burocrático encargado de la administración de la organización. Pero este esquema general se presta en la realidad a múltiples modalidades porque la estructura orgánica de cada organización se acomoda forzosamente a las funciones que desempeña, y éstas son muy diversas según los casos. Ocurre además que aquellas modalidades se enriquecen por el dinamismo de las organizaciones. Teniendo en cuenta, pues, las disposiciones de los tratados instituyentes y los desarrollos de la práctica, damos a continuación una serie de clasificaciones y sumarias descripciones de los órganos de las organizaciones internacionales.

b) En efecto, según los tratados instituyentes, los órganos de las organizaciones internacionales tienen características muy diversas. Y la base de partida de cualquier intento clasificatorio debe atender a la posición de las personas físicas que los integran. En este orden de ideas hay que hablar de órganos *intergubernamentales* y de órganos *no intergubernamentales.* Los primeros están constituidos por representantes de los gobiernos de los Estados miembros; ello supone que las personas

[1] Véase en general sobre los órganos de las organizaciones internacionales: H. G. SCHERMERS, *International Law,* Alphen aan den Rijn, 1980, pp. 178 ss. y 339 ss.; R. MONACO, *Scritti di Diritto delle Organizzazioni Internazionali,* Milán, 1981, pp. 477 ss.

[2] Véase apartado 68.2 de este *Curso*.

[3] R. MONACO, *op. cit.* en nota 1, p. 489.

en cuestión hayan de seguir, en el desempeño de su cometido, las instrucciones de esos gobiernos y deban además rendirles cuentas de su actuación. Los segundos, por el contrario, están formados por personas que no representan al gobierno del Estado de su nacionalidad ni a otro gobierno y que, por consiguiente, no deben lealtad ni obediencia gubernamental alguna en el ejercicio de sus funciones. Pero una y otra categoría de órganos se prestan a otras importantes subdivisiones.

c) Los órganos de naturaleza intergubernamental son los más importantes desde el punto de vista jurídico y político; no en balde estamos hablando de organizaciones intergubernamentales a las que, lógicamente, los Estados tratan de imponer una orientación determinada. Pues bien, los órganos intergubernamentales pueden ser *plenarios o restringidos.* De los primeros forman parte los representantes de los gobiernos de todos los Estados miembros. De los segundos sólo algunas delegaciones de esos gobiernos.

Todas las organizaciones internacionales tienen al menos un órgano *plenario,* al que los tratados instituyentes denominan de distinta manera: Asamblea General (Naciones Unidas), Conferencia General (Organización Internacional del Trabajo, UNESCO), Conferencia (FAO), Congreso (Organización Mundial de la Salud, Unión Postal Universal), o Asamblea (Organización de la Aviación Civil Internacional, Autoridad Internacional de los Fondos Marinos). En organizaciones internacionales de participación cerrada o restringida, el órgano plenario suele recibir el nombre de Consejo (OTAN, Comunidades Europeas) o Comité de Ministros (Consejo de Europa). En lo que respecta a los poderes, la práctica difiere y de ella vamos a recoger las tendencias más significativas. Comúnmente, los tratados instituyentes reconocen expresamente que el órgano plenario es el órgano supremo de la organización, o le atribuyen expresamente funciones y competencias importantes; se da también el caso frecuente de que otros órganos deben someter al órgano plenario informes, que éste puede examinar e incluso enmendar. Sin embargo, no en todas las organizaciones tiene dicho órgano poderes para actuar por sí solo en nombre de la organización o para supervisar los actos de otros órganos, ya que ciertos tratados instituyentes atribuyen también poderes importantes a órganos no plenarios, de modo que los de este último tienen carácter restringido o compartido. Ocurre por lo demás en ciertos casos que el órgano plenario establece, en aras de la mejor división del trabajo, comisiones también plenarias que se distribuyen las distintas materias sobre las que tiene competencia el órgano plenario. Es éste el caso de las Comisiones principales de la Asamblea General de las Naciones Unidas.

De otro lado, todas las organizaciones internacionales universales y muchas de participación cerrada tienen órganos *restringidos* o de composición no plenaria, lo que quiere decir que, al menos en determinados períodos, no forman parte de ellos todos los representantes de los gobiernos de todos los Estados miembros. A estos órganos se les dan diversas denominaciones: Consejo de Administración (Organización Internacional del Trabajo), Consejo (FAO, Autoridad Internacional de Fondos Marinos), Consejo Ejecutivo (Organización Mundial de la Salud), Comité Ejecutivo (Organización Meteorológica Mundial) y otros. Las Naciones Unidas tienen varios órganos restringidos (Consejo de Seguridad, Consejo Económico y Social, Consejo de Administración Fiduciaria). Los respectivos tratados instituyentes atribuyen a estos órganos funciones de variada índole. En algunos casos, los órganos restringidos tienen competencias independientes de gran importancia, como por ejemplo el Consejo de Seguridad de las Naciones Unidas, al que la Carta (art. 24) confiere la responsabilidad primordial para el mantenimiento de la paz y seguridad internacionales. En otros casos, el órgano restringido se limita a preparar el orden del día del órgano plenario y a ejecutar sus decisiones. No faltan supuestos en que poseen poderes normativos[4].

En los órganos no plenarios puede haber miembros permanentes, pero los hay, desde luego, que son no permanentes, es decir, que sólo forman parte del órgano en períodos determinados de tiempo. Pues bien, surge a este respecto una cuestión de gran interés político: determinar los criterios de composición de un órgano restringido. Hay que decir sobre este punto que muchas organizaciones internacionales siguen el sistema de la representación equitativa, bien estrictamente geográfica, bien modulando la representación geográfica con criterios políticos. Por ejemplo, en la Organización Meteorológica Mundial, los criterios de representación son puramente geográficos. En otras organizaciones, como la Organización Mundial de la Salud o la Unión Postal Universal, predominan criterios de esa índole. Sin embargo, en los órganos de las Naciones Unidas, la composición de los grupos regionales atiende a factores geográficos modulados por consideraciones políticas y, así, es frecuente la división de los Estados miembros en los cinco grupos regionales siguientes: África, Asia, Latinoamérica, Europa Oriental, y Europa Occidental y otros, bien entendido que el número de miembros por región se adecua de un modo general al número de Estados que compongan el grupo regional. Pero junto al criterio de la representación geográfica equitativa existe otro para la composición de los órganos restringidos de las organizaciones internacionales: el de los intereses especiales, como por ejemplo, Estados desarrollados y Estados en desarrollo, Estados productores y Estados consumidores de un producto básico determinado, etc. En la Autoridad Internacional de Fondos Marinos, las categorías de intereses especiales son más diversificados. Por lo demás, algunos órganos restringidos combinan el criterio de la representación geográfica equitativa con el de los intereses especiales. Es el caso del Consejo de Seguridad de las Naciones Unidas, del que se puede decir que los cinco miembros permanentes representan intereses especiales, y los once no permanentes son elegidos por la Asamblea General de acuerdo a la representación geográfica equitativa. Por lo demás, los miembros del órgano restringido pueden ser designados para cada período de tiempo de diferentes maneras: elección por el órgano plenario (lo cual no excluye acuerdos previos en el interior de los grupos de intereses regionales u otros), lo que ocurre en la mayor parte de las organizaciones universales; designación por el grupo o región en cuestión (Organización Meteorológica Mundial, Fondo Monetario Internacional, Banco Internacional de Reconstrucción y Desarrollo); y rotación (en órganos secundarios como comités de credenciales).

d) Los *órganos no intergubernamentales* son de muy distinta naturaleza y de la amplia gama de los existentes nos proponemos hacer un somero análisis de las siguientes categorías: parlamentarios, judiciales y la secretaría.

---

[4] Véase H. G. SCHERMERS, *op. cit.* en nota 1, pp. 356 ss.

Son pocas las organizaciones internacionales que cuentan con órganos *parlamentarios.* La nota característica de tales órganos es que están formados por representantes de los pueblos de los Estados miembros, designados por elección directa (caso de las Comunidades Europeas), bien por los propios parlamentos (Consejo de Europa). En cuanto a las funciones de estos órganos hay que decir que son modestas —ofrecer un marco para la cooperación entre los parlamentarios—, con excepción del Parlamento de las Comunidades Europeas que además de supervisar a la Comisión y poder adoptar una moción de censura sobre su gestión, tiene poderes importantes en materia presupuestaria y otras competencias.

Los *órganos judiciales* están formados por personas auténticamente independientes ya que la función desempeñada por ellos exige forzosamente esta característica. Como vimos en otro lugar de este *Curso,* varía la competencia *ratione personae* y *ratione materiae* de los tribunales internacionales y a lo allí expuesto nos remitimos[5]. Señalemos que la mayoría de las organizaciones internacionales no disponen de esta clase de órganos y digamos también que algunas de ellas (Naciones Unidas, Organización Internacional del Trabajo) cuentan con tribunales administrativos —auténticos órganos judiciales[6]— para resolver los conflictos entre la organización y sus funcionarios.

La *secretaría* de una organización internacional es asimismo un órgano no intergubernamental, ya que el secretario general —cualquiera sea su nombre— y el personal de la secretaría —los funcionarios de la organización— no representan a Estado alguno y sólo deben lealtad, en el ejercicio de sus funciones, a la propia organización. Las funciones y competencias del órgano dependen de lo establecido en el tratado instituyente, cubriendo un amplio abanico y entre las que se le asignan las siguientes: funciones propiamente administrativas y burocráticas, elaboración del proyecto de presupuesto, suministro de información, redacción de actas de las sesiones de otros órganos, recepción de informes de los miembros, coordinación del trabajo, representación de la organización, ayuda a los miembros, depósito de tratados, funciones ejecutivas, funciones de iniciativa, de mediación y, en fin, aquellas que les encomienden otros órganos[7].

e) Queremos hablar, finalmente, de los *órganos subsidiarios* de una organización internacional. Efectivamente, las organizaciones internacionales son instituciones marcadamente dinámicas, que deben adaptarse a las continuas exigencias de las mutaciones sociales y políticas. De ahí que no basten comúnmente los órganos creados por el tratado instituyente y que se sienta la necesidad de la creación de órganos subsidiarios. Esta creación ha podido ser prevista en el tratado instituyente (por ejemplo, p. 2 del art. 7 de la Carta de las Naciones Unidas) pero también puede ocurrir que dicho tratado haya guardado silencio al respecto, lo cual no obsta al establecimiento de aquellos órganos[8].

---

[5] Véase apartado 61.2 de este *Curso.*

[6] CIJ, *Recueil,* 1954, p. 53.

[7] Véase H. G. SCHERMERS, *op. cit.* en nota 1, pp. 389 ss.

[8] Véase S. TORRES BERNÁLDEZ, «Los órganos subsidiarios: Contribución al estudio de las estructuras de las organizaciones internacionales», en *Pensamiento Jurídico y Sociedad Internacional,* Libro homenaje al profesor D. Antonio Truyol y Serra, vol. II, Madrid, 1986, pp. 1149 ss.

73. LA ADOPCIÓN DE DECISIONES

a) Para el cumplimiento de sus funciones en el sector específico de la cooperación internacional encomendado en el tratado instituyente, toda organización internacional tiene necesidad de expresar una voluntad propia, jurídicamente distinta de la de los Estados miembros, y esta voluntad se manifiesta a través de decisiones de sus órganos. En este lugar del *Curso* vamos a considerar desde una perspectiva jurídico-política los aspectos generales y más relevantes de las técnicas de adopción de decisiones. Los efectos de éstas —vinculantes en el interior de la organización o para los Estados miembros, suasorios u otros—, así como las distintas formas de las decisiones, han sido en parte ya examinados[1] y en todo caso serán objeto de un análisis más detallado con ocasión del estudio de las organizaciones internacionales en particular, que haremos en otro lugar de este *Curso*. Pues bien, teniendo en cuenta las previsiones de los tratados fundacionales y los desarrollos de la práctica, cabe hablar en nuestros días de cuatro grandes modos de adopción de decisiones por los órganos de las organizaciones internacionales, a saber: unanimidad, votación, consenso y adopción sin voto. Examinamos por separado y muy someramente cada uno de estos medios de adopción de decisiones[2].

b) La *unanimidad*[3] era el procedimiento de adopción de decisiones observado en el pasado en las conferencias diplomáticas, y este método pasó a algunas organizaciones internacionales, entre otras a la Sociedad de Naciones. En efecto, según el artículo 5 del Pacto «salvo disposición expresa en contrario del presente Pacto o de las cláusulas del presente tratado, las decisiones de la Asamblea o del Consejo se tomarán por unanimidad de los miembros de la Sociedad representados en la reunión». En nuestros días, la mayoría de los órganos de las organizaciones internacionales adoptan sus decisiones por procedimientos distintos a la unanimidad, aunque existen excepciones, como en los casos del Benelux, Organización para la Cooperación y Desarrollo Económico (OCDE), la Asociación Europea de Libre Comercio (AELC o EFTA), Organización de los Países Exportadores de Petróleo (OPEC), etc.

El requisito de unanimidad constituye una manifestación extrema del principio de igualdad soberana entre los Estados, y de ahí su particular buena acogida en las conferencias diplomáticas del período del Derecho Internacional clásico. Mediante

---

[1] Véase apartado 11 de este *Curso*.

[2] Véase en general: C. W. JENKS, «Unanimity, the Veto, Weighted voting, Special and Simple Majorities and consensus as Models of Decision in International Organizations», en el libro *Essays in Honour of Lord McNair*, Londres, 1965.

[3] Véase J. STONE, «The Rule of Unanimity: the Practice of the Council and Assambly of the League of Nations», en *British Yearbook of International Law*, 1933, pp. 18 ss.; y CH. DE VISSCHER, «Quelques reflexions sur la règle de l'unanimité dans les organisations internationales», en el libro *Mélanges Manhaim*, París, 1935, pp. 106 ss.; G. M. UBERTAZZI, *Il principio d'unanimità negli organi collegialli internazionali*, Milán, 1953.

la unanimidad, todo Estado miembro de una organización internacional tiene la seguridad de que no quedará vinculado o afectado de otro modo por una decisión que no haya consentido. Ofrece también las ventajas de fomentar los compromisos y asegurar la buena disposición de los Estados miembros para el acatamiento y ejecución de las decisiones. Pero la unanimidad, que supone en último análisis el derecho de veto de cualquier Estado miembro, puede bloquear fácilmente el propio proceso de adopción de decisiones e interferir por tanto de manera negativa en el cumplimiento de sus funciones por la organización. En algunas organizaciones, y a fin de impedir que se produzcan estos efectos desfavorables de la unanimidad, se ha establecido el procedimiento llamado de la *disidencia* o *contracting out,* que significa que la decisión sólo es aplicable a los Estados que hayan votado en su favor, quedando desligados de sus efectos los Estados que hayan votado en contra o se hayan abstenido. Es el caso, por ejemplo, de la Organización para la Cooperación y Desarrollo Económico (OCDE). Claro que este sistema no hace otra cosa que favorecer y acentuar el relativismo del Derecho Internacional. Hay que señalar, en fin, que el método de unanimidad está excesivamente influido por los principios consensualistas propios del campo de los tratados internacionales que, como sabemos, sólo vinculan a los Estados que han consentido en obligarse. En este sentido, las organizaciones internacionales que adoptan sus decisiones por unanimidad poseen menor autonomía frente a los Estados miembros que aquellas otras cuyos órganos actúan por votación[4].

c) Hoy, la mayoría de los tratados instituyentes de organizaciones internacionales prevén que sus órganos tomarán decisiones por *votacion.* Es éste, en efecto, el método generalmente previsto. Dejando bien sentado que las mayorías requeridas para la votación —simple, absoluta, de dos tercios o superiores— son distintas según la importancia de la materia en que deba recaer la decisión, hay que decir que, atendiendo a su valor, el voto puede ser igualitario o no igualitario.

El sistema de voto igualitario supone que cada Estado tenga un voto y que éste posea el mismo valor; se trata de una consagración formal del principio de igualdad soberana de los Estados. El voto igualitario en los órganos plenarios —es decir, en los integrados por todos los Estados miembros de la organización— constituye la manifestación más acabada de la democracia internacional. Es el caso importante de la Asamblea General de las Naciones Unidas (art. 18.1 de la Carta), aunque la inmensa mayoría de sus decisiones no vinculan a los Estados miembros.

El sistema de voto no igualitario comporta que el voto de los Estados miembros tenga distinto valor, lo que constituye una consagración formal de la desigualdad real de los Estados. Los criterios de atribución del distinto valor de los votos son diversos: poder político, contribución financiera al sostenimiento del presupuesto de la organización, población, extensión territorial, producto nacional bruto y otros. El voto no igualitario tiene dos manifestaciones principales: el voto ponderado y el veto.

---

[4] Véase R. MONACO, *Scritti di Diritto delle Organizzazioni Internacionali,* Milán, 1981, pp. 522 ss. Sobre el sistema de votación en general: W. KOO, *Voting Procedures in International Political Organisations,* Nueva York, 1947; R. MONACO, «Les Systèmes de vote dans les organisations internationales», en el libro *Melanges Gidel,* París, 1961, pp. 469 ss.

El *voto ponderado*[5] atribuye valor desigual, a efectos de formación de la mayoría requerida para la decisión, a los votos de los Estados miembros, y ello en atención a algunos de los factores apuntados más arriba. Este sistema se utiliza hoy en el Fondo Monetario Internacional, en el Banco Internacional de Reconstrucción y Desarrollo, Agencia Internacional de Energía Atómica, Consejo de las Comunidades Europeas y en otras organizaciones internacionales, según veremos en los capítulos siguientes, cuando examinemos las organizaciones internacionales en particular.

El derecho de *veto*[6], por su parte, consiste en la necesidad de que determinadas decisiones adoptadas por mayoría incluyan los votos afirmativos de determinados Estados miembros, que mediante su voto negativo pueden impedir —esto es, vetar— la formación de la decisión. Ejemplo importante y bien conocido es el del Consejo de Seguridad de las Naciones Unidas, cuyas decisiones sobre cuestiones que no sean de procedimiento exigen una mayoría de los votos afirmativos de nueve de los miembros, mayoría que debe incluir los votos afirmativos de los miembros permanentes (aunque se ha interpretado que la abstención no equivale a veto). De los aspectos jurídicos y políticos del derecho de veto en el Consejo de Seguridad nos ocuparemos al estudiar las Naciones Unidas.

En fin, y ya en un plano valorativo, hay que decir que el sistema de adopción de decisiones por votación provee a las organizaciones internacionales de un gran dinamismo y, en la medida en que se aleja de los métodos consensuales propios del terreno de los tratados internacionales, dota a la organización de una significativa autonomía frente a los Estados miembros. Pero el procedimiento de votación tiene también sus inconvenientes en cuanto provoca la aparición de minorías discrepantes. Minorías que no colaborarán con la decisión del órgano si ésta adopta la forma de recomendación, o que no manifestarán el consentimiento en obligarse si aquélla comporta la adopción de un tratado internacional, lo que en última instancia acentúa el relativismo del Derecho Internacional. De ahí que, en muchas organizaciones internacionales cuyos tratados instituyentes prevén la adopción de decisiones por votación, haya surgido la práctica del consenso, figura ésta que incluso aparece regulada en algunos instrumentos internacionales.

d) Desde el punto de vista del procedimiento, la figura del *consenso* o acuerdo general[7] supone que el presidente del órgano propone a éste una decisión, y una vez que comprueba que no hay objeciones, declara adoptada la decisión sin necesidad de proceder al voto. Pero hay que completar esta definición procesal con consideraciones de orden sustantivo, porque en este último plano lo característico

---

[5] Véase J. KRANZ, «Le vote pondéré dans les organisations internationales», en *Révue Générale de Droit International Public,* 1981, pp. 313 ss.; V. BLANCO GASPAR, *El voto ponderado,* Madrid, 1981.

[6] Véase J. GARDE CASTILLO, «De la regla de la unanimidad al derecho de veto en la Organización Internacional», en *Revista de la Facultad de Derecho de la Universidad de Madrid,* 1949, pp. 19 ss.; G. DAY, *Le droit de veto dans l'Organisations des Nations Unies,* París, 1952.

[7] Véase J. A. CARRILLO SALCEDO, «Mayoría y acuerdo general en el desarrollo progresivo del Derecho Internacional», en *Revista Española de Derecho Internacional,* 1967, pp. 3 ss.; G. L. DE LACHARRIÈRE, «Consensus et Nations Unies», en *A.F.D.I.,* 1968, pp. 9 ss.; S. BASTID, «Observations sur la pratique du consensus», en el libro *Festchrift für Wengler,* Berlín, 1973, pp. 11 ss.; L. B. SOHN, «United Nations Decisions Making: Confrontation or Consensus?», en *Harward Law Review,* 1974, pp. 348 ss.

del consenso es que la propuesta de resolución que hace el presidente ha sido elaborada como resultado de un trámite de consultas, negociaciones y transacciones entre las delegaciones interesadas, esto es, ha sido objeto de un compromiso, de modo que cuando el presidente la somete al órgano, sabe ya que no va a suscitar objeciones. Bien entendido que nos referimos aquí a objeciones con entidad suficiente para impedir la adopción de la decisión, pues la práctica enseña que las delegaciones pueden expresar objeciones menores, que adoptan comúnmente la forma de reservas, pero que no comportan sin embargo la intención de impedir la formación de la decisión. En este sentido, la «norma de procedimiento» sexta aplicable a los trabajos de la Conferencia sobre la Seguridad y Cooperación en Europa define al consenso «como la ausencia de cualquier objeción expresada por un representante y presentada por él como obstáculo para la adopción de la decisión de que se trate»[8].

El método del consenso tiene, por supuesto, zonas comunes con el procedimiento de unanimidad examinado anteriormente. El consenso requiere ineludiblemente consultas, negociaciones y compromisos entre las delegaciones y este tipo de actividades tiene también lugar con frecuencia cuando el sistema exigido por el tratado instituyente es el de la unanimidad. De otro lado, consenso y unanimidad, suponen ausencia de objeciones. Pero el consenso no es exactamente lo mismo que la unanimidad, pues en la mayor parte de los casos se recurre a él para adoptar decisiones que según el tratado instituyente deben o pueden ser tomadas por votación. Consiguientemente, la posibilidad de recurrir a la votación ejerce un peso determinante en la dinámica de formación del consenso. En el sistema de unanimidad, se pueden hacer concesiones con miras a llegar a un compromiso, pero la delegación de un Estado miembro puede insistir hasta el final en su propia posición e impedir por tanto la adopción de la decisión. En cambio, en el método del consenso, una delegación recalcitrante sabe que siempre es posible la adopción de la decisión por votación, y ello le llevará a transigir y a buscar fórmulas de compromiso.

Hoy el consenso se practica intensamente en la mayoría de los órganos de las Naciones Unidas a pesar de no estar previsto en la Carta y se utiliza también en órganos de otras organizaciones internacionales. Existen, de todo modos, recientes tratados internacionales creadores de organizaciones internacionales que estipulan la necesidad de adoptar por consenso determinadas decisiones, pero ello dentro de un sistema global que prevé también la votación para otras cuestiones.

Las ventajas del consenso son obvias. Por lo pronto, ante una decisión comprometida y sensible desde el punto de vista político, puede resultar más cómodo para una delegación una actitud de no objeción, y por tanto de silencio, que el pronunciamiento expreso exigido por el voto. Pero es que además el consenso evita la aparición de minorías discrepantes y permite llegar a fórmulas susceptibles de aceptación general, meta importante en la sociedad internacional universalizada y cada vez más interdependiente de nuestros días. La aceptabilidad general sirve para atenuar el relativismo del Derecho Internacional, pero dicho objetivo se con-

---

[8] *Conferencia sobre la Seguridad y Cooperación en Europa. Documentos,* Madrid, 1980, p. 21.

sigue muy frecuentemente mediante fórmulas ambiguas e imprecisas, que pueden motivar interpretaciones diferentes a la hora de cumplir las decisiones, y más si éstas han sido objeto de reservas. Éste es un inconveniente del consenso y otro es el tiempo que requieren las negociaciones. Es cierto que el primer inconveniente —la ambigüedad de las fórmulas y la consiguiente posibilidad de interpretaciones divergentes— hace reaparecer el relativismo, pero éste siempre será menor que el que genera el método de votación, pues aun cuando la decisión adoptada por consenso pueda prestarse a apreciaciones diferentes, se entiende que las interpretaciones más extremas y radicales no serán ya posibles.

e) Encontramos finalmente en la práctica de las organizaciones internacionales el método de *adopción sin voto,* porque, en efecto, órganos que según las reglas de la organización deben adoptar sus decisiones por votación, pueden tomar éstas sin voto. Formalmente, este último procedimiento se asemeja al consenso, porque el presidente propone la decisión y ésta es aprobada tan pronto como comprueba que no hay objeciones. Pero la fórmula se diferencia del consenso en que no ha habido negociaciones ni compromisos. El presidente del órgano debe tan sólo asegurarse de que la decisión propuesta es aceptable para todas las delegaciones desde el principio y, una vez que tiene la certeza de ello, propone que sea aceptada sin votación.

74. LA POSICIÓN GENERAL DE LAS ORGANIZACIONES INTERNACIONALES ANTE EL DERECHO INTERNACIONAL

a) Las organizaciones internacionales son creadas en la inmensa mayoría de los casos por tratados internacionales celebrados entre Estados y las disposiciones del tratado conforman el gran marco constitucional en que aquéllas desempeñan sus actividades. Como ha dicho MONACO el instrumento fundacional de una organización internacional «reviste la forma de pacto pero posee la sustancia de la constitución»[1]. Ahora bien, dentro de ese amplio marco constitucional, se reconocen a las organizaciones internacionales facultades normativas, que unas veces actúan hacia el interior de la organización y otras hacia su exterior. En el primer caso estamos ante lo que se denomina el Derecho interno de las organizaciones internacionales —reglamentos de los órganos, normativa aplicable a los funcionarios, etc.—, que es generalmente obligatorio[2]. En el segundo caso las organizaciones internacionales pueden crear obligaciones internacionales para los Estados miembros y pueden también influir en la posterior evolución del Derecho Internacional, en las condiciones que en sus grandes líneas hemos examinado en otro lugar[3] y que volveremos a estudiar para cada organización internacional en particular.

Pero lo que aquí nos interesa primordialmente es determinar las grandes coordenadas de la posición de las organizaciones internacionales de cara al Derecho Internacional General. Y en este orden de consideraciones conviene señalar, por lo pronto, que según el artículo 5 de la Convención de Viena de 1969 sobre Derecho de Tratados la «Convención se aplicará a todo tratado que sea un instrumento constitutivo de una organización internacional». Esta regla es fértil en consecuencias, particularmente porque comporta la sujeción del tratado instituyente a las normas imperativas del Derecho Internacional (*ius cogens*) (arts. 53 y 54 de la Convención de Viena); en este sentido no cabría, por ejemplo, crear una organización internacional que prevea el establecimiento de una alianza militar entre los Estados miembros con fines agresores hacia un tercero o terceros o la cooperación entre ellos para el mantenimiento de una situación colonial u otra contraria al principio de la libre determinación de los pueblos. Los ejemplos son desde luego poco verosímiles, pero útiles para apuntalar la idea de que las organizaciones internacionales deben tener un objeto lícito, es decir, compatible con el *ius cogens* internacional.

Dejando bien sentado lo anterior, hay que agregar que, siendo actores del sistema internacional, las organizaciones internacionales no escapan a la aplica-

---

[1] R. MONACO, «Le caractère constitutionnel des actes institutifs d'organisations internationales», en *Scritti di Diritto delle organizzazioni internazionali,* Milán, 1981, p. 121.

[2] Véanse especialmente Ph. CAHIER, «Le Droit interne des Organisations Internationales», en *R.G.D.I.P.,* 1963, pp. 564 ss.; y R. MONACO, «I regulamenti interni degli Enti Internazionali», en *op. cit.* en nota anterior, pp. 167 ss.

[3] Véase el apartado 11 de este libro.

ción del ordenamiento de dicho grupo social. En efecto, las normas del Derecho Internacional General se aplican a las organizaciones internacionales, esto es, les conceden derechos y les imponen obligaciones aunque, obviamente, el contenido de esos derechos y obligaciones se adapta a la particular naturaleza y morfología de aquellas organizaciones. Al carecer éstas de territorio y al no ejercer, a diferencia de los Estados, soberanía territorial, sino solamente competencias de atribución, y también por otros rasgos distintivos entre la morfología de una y otra clase de sujetos, el contenido del Derecho Internacional General aplicable a las organizaciones internacionales sufre ajustes y modulaciones, que en algunos casos pueden ser importantes.

En los párrafos sucesivos nos vamos a referir someramente a una serie de situaciones que ilustran suficientemente las ideas expuestas. Trataremos, en efecto, de la capacidad de las organizaciones internacionales para concluir tratados; de las relaciones diplomáticas; de la subjetividad internacional en sentido propio y ello tanto en el aspecto activo (derecho de reclamación) como pasivo (responsabilidad internacional) y de los privilegios e inmunidades de que disfrutan. Somos conscientes, desde luego, de que esta lista no es exhaustiva sino selectiva, aunque creemos que un sucinto estudio de los temas incluidos en ella dará idea bastante, a los efectos que aquí nos interesan, de la particular situación de las organizaciones internacionales ante el Derecho Internacional General; situación, por lo demás, ya puesta de relieve en alguno de los análisis de este *Curso*.

b) ¿Poseen las organizaciones internacionales *treaty making power* o capacidad para concluir tratados? El más somero análisis de la práctica internacional demuestra que, en línea de principio, la respuesta es afirmativa. Las organizaciones internacionales celebran tratados con Estados miembros, con Estados no miembros y con otras organizaciones internacionales. De hecho, muchos tratados instituyentes contemplan semejante posibilidad e incluso organizaciones que no se benefician de tal previsión constitucional celebran tratados internacionales, hasta el punto de que la Conferencia de Viena de 1968-1969, que adoptó la Convención sobre Derecho de Tratados, aplicable exclusivamente a los concluidos entre Estados, recomendó la preparación de una Convención sobre tratados celebrados entre Estados y organizaciones internacionales o entre dos o más organizaciones internacionales. La Asamblea General de las Naciones Unidas aceptó esta recomendación, por la resolución 2.501 (XXIV) de 12 de noviembre de 1969. En 1970, la Comisión de Derecho Internacional incluyó el tema en su programa de trabajo, nombrando como relator especial al profesor francés PAUL REUTER[4], y el 21 de julio de 1982, la Comisión aprobó el proyecto definitivo de artículos, que fue sometido para adopción a una conferencia de plenipotenciarios en 1986. La conferencia se celebró en Viena entre los días 18 de febrero a 21 de marzo de 1986 y este último día adoptó la Convención sobre el Derecho de Tratados entre Estados y Organizaciones Internacionales o entre Organizaciones Internacionales. La Convención de 1986 sigue las líneas generales de la de Viena de 1969, y tiene la misma estructura, aunque lógicamente

---

[4] Véase *La Comisión de Derecho Internacional y su obra,* Nueva York, 1981, p. 63.

ha tenido que hacer los ajustes y las adaptaciones necesarias. En 2012 sólo 41 Estados —entre ellos España— habían manifestado el consentimiento en obligarse por la Covención, que aún no estaba en vigor[5].

Hay que señalar que, según el artículo 6 de la Convención, «la capacidad de una organización internacional para celebrar tratados se rige por las reglas de esa organización», y que, de acuerdo al inciso *j*) del párrafo 1 del artículo 2, «se entiende por reglas de la organización en particular los instrumentos constitutivos de la organización, sus decisiones y resoluciones adoptadas de conformidad con éstos y su práctica establecida». Esta última precisión es de la mayor importancia, ya que deja claro que la capacidad para concluir tratados no sólo resulta del tratado instituyente, sino también de decisiones y resoluciones y de los desarrollos de la práctica.

Pero la afirmación general de que las organizaciones internacionales tienen capacidad para celebrar tratados no quiere decir que cualquier organización puede concluir cualquier clase de tratados. Toda organización está habilitada, por supuesto, para celebrar los tratados previstos en las disposiciones del tratado instituyente y también, en virtud de la doctrina de las competencias implícitas, acuerdos relativos a la sede, privilegios e inmunidades de los funcionarios, etc. Pero, en ausencia de disposiciones expresas de los tratados instituyentes, ¿qué clase de tratados pueden celebrar las organizaciones internacionales? He aquí una cuestión importante y del mayor interés, que se ha planteado especialmente en la Comunidad Económica Europea, y sobre la que se ha pronunciado el Tribunal de Luxemburgo. En el conocido caso sobre el *Accord européen sur les transports routiers,* el Tribunal ha dicho que «en sus relaciones exteriores la Comunidad disfruta de capacidad de celebración de acuerdos internacionales sobre el conjunto de los objetivos definidos en el capítulo I del tratado»[6]. Sobre este punto queremos recoger el juicio de SCHERMERS según el cual la solución del Tribunal de Luxemburgo puede ser aplicada a otras organizaciones internacionales; en efecto, todas ellas serían competentes para concluir tratados en aquellos sectores en que puedan adoptar normas obligatorias para los Estados miembros[7].

c) El derecho de legación de las organizaciones internacionales, o derecho a establecer *relaciones diplomáticas,* debe ser considerado bajo un doble aspecto: pasivo (recepción de misiones diplomáticas enviadas por los Estados) y activo (envío de misiones a Estados o a otras organizaciones internacionales).

Al derecho de legación pasivo ya nos hemos referido al tratar, en otro lugar de este *Curso*, de la representación de los Estados ante las organizaciones internacionales de carácter universal[8]. Hablamos allí, efectivamente, de la Convención de Viena sobre la representación de los Estados en sus relaciones con las organizaciones internacionales de carácter universal, adoptada el 13 de marzo de 1975 y vimos que, según su artículo 5, los Estados miembros podían establecer

---

[5] Sitio web de la Organización de las Naciones Unidas.

[6] Tribunal de Justicia de las Comunidades Europeas, sentencia de 31 de marzo de 1971. Véase en *Recueil,* vol. XVII, 1971, pp. 263 ss.

[7] H. G. SCHERMERS, *International Institutional Law,* Alphen aan den Rijn, 1980, p. 879.

[8] Véase apartado 49 de este libro.

misiones permanentes en organizaciones de ese tipo «si las reglas de la organización lo permiten». Es decir —añadíamos—, así como la creación de una misión diplomática permanente entre Estados requiere el mutuo acuerdo del acreditante y del receptor, el establecimiento de una misión permanente ante una organización internacional sólo necesita que las reglas de la organización lo consientan en términos de principio. La organización podría oponerse al principio mismo de las misiones permanentes, pero lo que no puede hacer es rehusar la creación de una misión en particular[9]. De hecho, y en lo que respecta a las Naciones Unidas, los Estados miembros tienen misiones permanentes en la sede (Nueva York) y en otras ciudades en que aquella organización dispone de oficinas. Y la práctica demuestra asimismo que los Estados envían misiones permanentes a organizaciones regionales como la Organización de Estados Americanos (OEA), Organización de la Unidad Africana (OUA), Comunidades Europeas, Consejo de Europa, etc. Y también los Estados no miembros pueden establecer misiones permanentes; si el envío se hace a la Organización de las Naciones Unidas, se trata de las misiones permanentes de observación; si se hace a las Comunidades Europeas, estamos ante representaciones diplomáticas. En fin, las organizaciones internacionales envían también en ocasiones misiones permanentes ante otras organizaciones internacionales; así, la OEA, la OUA, las Comunidades Europeas y otras han enviado representaciones permanentes de observación a la Organización de las Naciones Unidas[10].

En lo que se refiere al derecho de legación activo de las organizaciones internacionales, hay que señalar que ningún tratado fundacional atribuye expresamente semejante derecho a la organización en cuestión, no obstante lo cual la práctica demuestra que las organizaciones internacionales envían misiones diplomáticas a los Estados, aunque más bien de manera ocasional. Así, las Naciones Unidas tienen, dentro del Programa de las Naciones Unidas para el Desarrollo (PNUD), representantes residentes y coordinadores residentes; han establecido además centros de información en algunos países, sin que falten casos de misiones especiales a Estados miembros y a Estados no miembros e incluso a otras organizaciones internacionales. Por su parte, las Comunidades Europeas han enviado delegados a los países partes en los Convenios de Lomé y han creado oficinas en algunas capitales importantes. Se trata, en definitiva, de una práctica dispersa, dominada por el empirismo y la flexibilidad[11].

d) ¿Tienen las organizaciones internacionales *subjetividad internacional*? Como dijimos al considerar la posición del individuo en el Derecho de Gentes[12] el rasgo determinante de la subjetividad internacional no estriba en el disfrute de derechos y en el padecimiento de obligaciones; la subjetividad internacional es algo más restringido; se trata realmente de una categoría técnica de acusado matiz procesal, que en el aspecto activo comporta la posibilidad de reclamación directa en el plano internacional cuando se es víctima de una violación de derechos, y en el aspecto pasivo implica la posibilidad de sufrir directamente responsabilidad

---

9 Véase apartado 49 de este libro.
10 H. G. SCHERMERS, *op. cit.* en nota 7, pp. 906 ss.
11 H. G. SCHERMERS, *op. cit.* en nota 7, pp. 912 ss.
12 Véase apartado 19 de este libro.

internacional por quebrantamiento de obligaciones. Ésta es, pues, la perspectiva desde la que vamos a considerar la cuestión de la subjetividad internacional de las organizaciones internacionales[13].

El problema de la *subjetividad internacional activa* de la Organización de las Naciones Unidas fue objeto de un dictamen del Tribunal de La Haya, el dictado el día 11 de abril de 1949 en el *caso de la reparación de daños sufridos al servicio de las Naciones Unidas.* Los hechos que estaban en la base de la solicitud del dictamen por la Asamblea General eran los siguientes. El día 17 de diciembre de 1948, el Conde FOLKE BERNADOTTE, de nacionalidad sueca, y mediador de las Naciones Unidas en Palestina, fue asesinado en Jerusalén, en atentado terrorista del que también resultaron otras víctimas. Y como el Secretario General de las Naciones Unidas hubiera tenido que pagar altas cantidades en concepto de indemnizaciones y otros gastos, se planteó el problema de si la Organización tenía capacidad para reclamar a un Estado la reparación de los perjuicios que ella misma había sufrido así como la de los causados a las víctimas o sus causahabientes. Hay que señalar que, en su dictamen, el Tribunal no confinó la respuesta a la sola cuestión de la subjetividad internacional en sentido técnico —a la que denomina «capacidad de obrar»—, sino que se ocupó también de la figura más amplia de la «personalidad internacional» —capacidad para «ser titular de derechos y deberes internacionales»—. Es lo cierto que sobre la base de la doctrina de las competencias implícitas, el Tribunal reconoció personalidad internacional y capacidad de obrar a la Organización, cualidades una y otra a las que atribuyó carácter objetivo, es decir oponibles incluso a Estados no miembros. Transcribimos a continuación un *dictum* particularmente interesante del dictamen.

> En opinión del Tribunal la Organización estaba destinada a ejercer funciones y a gozar de derechos —y así lo ha hecho— que no pueden explicarse más que si la Organización posee en amplia medida personalidad internacional y la capacidad de obrar en el plano internacional. Actualmente constituye el tipo más elevado de organización internacional, y no podría responder a las intenciones de sus fundadores si estuviese desprovista de la personalidad internacional. Se debe admitir que sus miembros, al asignarle ciertas funciones, con los deberes y responsabilidades que les acompañan, la han revestido de la competencia necesaria para permitirle cumplir efectivamente estas funciones.
>
> En consecuencia, el Tribunal llega a la conclusión de que la Organización es una persona internacional. Esto no equivale a decir que la Organización sea un Estado, lo que ciertamente no es, o que su personalidad jurídica, sus derechos o deberes sean los mismos que los de un Estado, cualquiera que sea el sentido de esta expresión. Ni siquiera implica ello que todos los derechos y deberes de la Organización deban encontrarse en el terreno internacional, de la misma manera que no todos los derechos y deberes de los Estados deben encontrarse en él. Esto significa que la Organización es un sujeto de Derecho Internacional, que tiene capacidad para ser titular de derechos y deberes internacionales y que tiene capacidad para prevalerse de estos derechos por vía de reclamación internacional[14].

Es de hacer notar que aunque el Tribunal tenía en mente el caso concreto de la Organización de las Naciones Unidas, en alguna ocasión generaliza y habla de «los derechos y deberes de una entidad tal *como* la Organización de las Naciones Unidas». La doctrina es, pues, valedera para organizaciones internacionales similares a las Naciones Unidas que, por su vocación de universalidad, se consideran

---

[13] Véase en general H. G. SCHERMERS, *op. cit.* en nota 7, pp. 770 ss.
[14] CIJ, *Recueil,* 1959, p. 178.

altamente representativas, lo que no quiere decir que absolutamente todas las organizaciones internacionales tengan subjetividad internacional objetiva, es decir, oponible incluso a Estados no miembros. La doctrina del Tribunal de La Haya implica en todo caso que la Organización puede prestar una protección funcional a sus agentes, figura que se corresponde a la protección diplomática de los Estados.

De otro lado, si un Estado infringe el Derecho Internacional en perjuicio de una organización internacional, ésta no tiene la obligación de agotar los recursos internos del Estado en cuestión. Tal es la línea de pensamiento del Tribunal de La Haya en su dictamen de 26 de abril de 1988 (*aplicabilidad de la obligación de arbitraje en virtud de la sección 21 del Acuerdo de 26 de junio de 1947 relativo a la sede de la Organización de las Naciones Unidas*), en el que ha dicho que, cuando el acuerdo de sede prevé la obligación de someter a arbitraje las controversias relativas a su interpretación y aplicación, no se requiere el agotamiento de los recursos internos del Estado anfitrión; el recurso previo a los tribunales del Estado sería contrario a la letra y espíritu de la disposición pertinente del acuerdo[15].

e) ¿Tienen también las organizaciones internacionales subjetividad internacional pasiva? O, dicho de otro modo, ¿sufren directamente *responsabilidad internacional* cuando faltan a sus obligaciones de orden internacional?

Sin propósito de emprender aquí un estudio detallado y profundo de la cuestión, debemos decir que dicha responsabilidad se reconoce en el Derecho Internacional de nuestros días. Así, con ocasión de las operaciones de las Fuerzas de las Naciones Unidas en el Congo (1960-1964), se causaron daños a particulares belgas y otros en violación de las normas del *ius in bello,* ante lo que la Organización admitió su responsabilidad en el plano del Derecho Internacional y concluyó con los Estados de la nacionalidad de los perjudicados acuerdos de indemnización global[16]. Otra interesante manifestación de la responsabilidad internacional de las organizaciones internacionales es la que se contempla en el Convenio sobre la responsabilidad internacional por los daños que causan los objetos lanzados al espacio ultraterrestre, que ya hemos estudiado en otro lugar de este *Curso*[17]. Estas manifestaciones y otras dan prueba, pues, de que las organizaciones internacionales pueden incurrir en responsabilidad internacional y tienen, por tanto, subjetividad internacional pasiva. Es así como la Comisión de Derecho internacional de las Naciones Unidas decidió en su período de sesiones del año 2002 incluir en su programa de trabajo el tema de la responsabilidad de las organizaciones internacionales. Partiendo del supuesto de la existencia indubitada de ese tipo de responsabilidad, nota a destacar de las labores de la Comisión es que se examina también la responsabilidad de los

---

[15] CIJ, *Recueil,* 1988, p. 19.

[16] *Anuario de la Comisión de Derecho Internacional,* 1975, vol. II, pp. 93 ss.; y, en general, M. PÉREZ GONZÁLEZ, «Les organisations internationales et le droit de la responsabilité», en *R.G.D.I.P.,* 1988, pp. 63 ss. Sobre los trabajos al respecto de la Comisión de Derecho Internacional, véase L. HUICI SANCHO, *El hecho internacionalmente ilícito de las Organizaciones internacionales*, Bosch Internacional, Barcelona, 2007.

[17] Véase apartado 40.8 de este libro; y en general, sobre este apartado, X. PONS RAFOLS, *Codificación y desarrollo progresivo del Derecho relativo a las organizaciones internacionales*, Barcelona, 1995; y J. M. CORTÉS MARÍN, *Las Organizaciones Internacionales: Codificación y desarrollo progresivo de su responsabilidad internacional,* Instituto Andaluz de Administración Pública, Sevilla, 2008.

Estados en relación con los hechos ilícitos de las organizaciones internacionales. En su período de sesiones de 2011 la Comisión aprobó un proyecto de artículos que sometió a la Asamblea General con vistas a la elaboración de una convención. Y en los comentarios pertinentes se señala que, al igual que el proyecto de 2001 sobre responsabilidad internacional de los Estados, el de 2011 solo recoge normas secundarias, no las primarias, y que sigue el mismo planteamiento que el referido proyecto de 2001. La Comisión tiene muy en cuenta de todos modos la distinta morfología existente entre los Estados y las organizaciones internacionales y, a su vez, las diferencias específicas en cada una de ellas, lo que le lleva a atribuir una particular importancia a la *lex specialis*, que es la constituida por las reglas propias de cada organización.

f) Pero por la fuerza de las cosas, las organizaciones internacionales, que carecen de territorio, actúan también en el interior de los Estados y de ahí que, con independencia de la subjetividad internacional, necesiten disfrutar de *personalidad y subjetividad en los Derechos internos*. Es así como la mayoría de los tratados instituyentes u otros acuerdos disponen que, en el territorio de los Estados miembros, las organizaciones dispondrán de la capacidad jurídica necesaria para el ejercicio de sus funciones, o que tendrán capacidad para contratar así como para entablar reclamaciones ante los tribunales, etc. Añadamos que también disposiciones del Derecho interno conceden subjetividad dentro de ellos a organizaciones internacionales. Y en ausencia de disposiciones expresas —internacionales o internas— la práctica se ha orientado hacia el reconocimiento de aquellas facultades a las organizaciones internacionales[18].

g) Digamos finalmente que en virtud de los tratados de sede u otros acuerdos, las organizaciones internacionales se benefician respecto a los Estados de privilegios tales como la inviolabilidad de sus locales u otros bienes, y el de la inmunidad de jurisdicción y ejecución, que alcanza por supuesto a sus directivos y funcionarios. En España, el Título V de la Ley Orgánica de 28 de octubre de 2015 (*B. O. E.* de 29 de octubre) regula con gran detalle los privilegios en cuestión.

---

[18] H. G. SCHERMERS, *op. cit.* en nota 7, pp. 787 ss. El proyecto de artículos de 2011 y sus comentarios figuran en el *Informe de la Comisión de Derecho internacional*, 63.º período de sesiones, pp. 87 ss.

CAPÍTULO VIII

LA COOPERACIÓN INTERNACIONAL INSTITUCIONALIZADA

75. GENERALIDADES

a) Al tratar de la estructura de la sociedad internacional dijimos que, en nuestros días, aun persistiendo fundamentalmente el modelo de sociedad de Estados soberanos yuxtapuestos, encontramos manifestaciones de una sociedad de cooperación e igualmente de una sociedad organizada[1]. Sin duda de ninguna clase, la creciente interdependencia entre los Estados está acentuando la cooperación, y si ésta quiere ser medianamente eficaz y racional, lo adecuado es articularla a través de instituciones u organizaciones internacionales. La cooperación internacional institucionalizada es, así, un fenómeno importante en el mundo de hoy; fenómeno que hemos estudiado en sus aspectos básicos en el capítulo anterior al esbozar una construcción general de las mencionadas organizaciones y que ahora vamos a analizar en sus manifestaciones específicas más relevantes. El presente capítulo se ocupa, pues, de las organizaciones internacionales en particular, sin cuyo conocimiento difícilmente puede aprehenderse de manera científica el Derecho Internacional contemporáneo y una de las funciones que cumple. Es cierto que hemos hecho ya, a lo largo del curso, múltiples referencias a organizaciones internacionales en concreto, especialmente a las Naciones Unidas. Lo que intentamos ahora son estudios separados de los rasgos de mayor interés presentes en las más importantes de aquellas organizaciones para ver de qué manera y en qué esferas sirven a la cooperación internacional.

b) La sistemática de nuestro estudio tiene en cuenta las ideas expuestas cuando, en el capítulo precedente, hemos abordado la compleja cuestión de la clasificación de las organizaciones internacionales[2]. Efectivamente, de los criterios utilizados allí al respecto, retenemos aquí el de la participación como punto de partida; incluimos por ello en la sección 1.ª del capítulo a las organizaciones internacionales de ámbito universal —dando especial relieve a las Naciones Unidas, por su importancia en la época actual y por el considerable impacto que han producido en la evolución del Derecho Internacional— y tratamos en la sección 2.ª de las organizaciones de participación limitada. A su vez, dentro de cada sección, nos servimos del segundo criterio de clasificación: el de la materia

---

[1] Véase apartado 4.1.
[2] Véase apartado 70.

sobre la que recae la cooperación. Distinguimos, consiguientemente, dentro de cada sección distintas subsecciones, reservando la primera a organizaciones con fines de cooperación política general, con especial detenimiento en las Naciones Unidas, y las restantes a las organizaciones que se proponen la cooperación sectorial.

SECCIÓN PRIMERA

LAS ORGANIZACIONES INTERNACIONALES DE ÁMBITO UNIVERSAL

SUBSECCIÓN PRIMERA: LA ORGANIZACIÓN UNIVERSAL DE COOPERACIÓN POLÍTICA GENERAL: LAS NACIONES UNIDAS

76. ANTECEDENTES. BREVE REFERENCIA A LA SOCIEDAD DE NACIONES

a) Finalizada la primera guerra mundial (1914-1918), en la parte primera del Tratado de Paz de Versalles de 28 de junio de 1919, firmado entre las potencias vencedoras y Alemania, se instituye la Sociedad de Naciones para «fomentar la cooperación entre las naciones y para garantizar la paz y la seguridad» (Preámbulo del Pacto). La Organización fijó su sede en Ginebra, y su estructura institucional era la siguiente: una Asamblea, integrada por representantes de todos los Estados miembros; un Consejo que se componía de miembros permanentes y elegidos; una Secretaría y otros órganos subsidiarios. En el Pacto se preveía también (art. 14) la creación de un cuerpo judicial, el Tribunal Permanente de Justicia Internacional, que fue establecido posteriormente como órgano separado de la Sociedad de Naciones.

b) Basada la filosofía política de la Organización en el mantenimiento de la paz por medio de la trilogía arbitraje-seguridad-desarme, hay que hablar hoy, ya con amplio distanciamiento histórico, del fracaso en el cumplimiento de sus objetivos. Como ya sabemos, ni se instauró la obligación completa de la solución jurisdiccional de las controversias[1], ni la prohibición del recurso a la guerra era total ni estaba dotada de mecanismos institucionales adecuados para la efectividad de la prohibición[2], ni en el campo del desarme se consiguieron resultados mínimamente significativos[3]. Es así como, tras el éxito inicial en la crisis entre Grecia y Bulgaria de 1925 y el parcial en la disputa del Chaco de 1928 entre Bolivia y Paraguay, la Sociedad de Naciones asistió impotente a la invasión de Manchuria por Japón en 1931, a la guerra entre Italia y Abisinia de 1934-1935, a la anexión de los Sudetes checos por Alemania en 1939, a la invasión soviética de Finlandia en el mismo año y, por fin, al trágico desencadenamiento de la segunda guerra mundial.

c) De otro lado, la participación de los Estados en la Sociedad de Naciones era escasamente representativa incluso para la sociedad internacional mayoritariamente

---

[1] Véase apartado 60.
[2] Véase apartado 64.1.
[3] Véase apartado 65.

eurocéntrica de aquella época. Así, aunque el presidente norteamericano WILSON fuese el principal artífice e inspirador de la idea, los Estados Unidos nunca llegaron a ser miembro de la Organización; cuando se presentó el Pacto a la autorización de ratificación del poder legislativo, éste optó por el retorno a la política de aislacionismo, y de tal modo la Sociedad de Naciones se vio desasistida de apoyos morales y políticos de primera magnitud. Alemania, por su parte, que consiguió el ingreso en 1926, se retiró en 1933. Japón lo hizo en la misma fecha. Fueron también numerosos los abandonos de países iberoamericanos. España se retiró asimismo de la Sociedad de Naciones en 1926 por no haber obtenido la garantía de un puesto permanente en el Consejo, reincorporándose finalmente en 1931[4]. Damos un dato global elocuente sobre las vicisitudes de la participación en la Sociedad de Naciones: de 45 miembros en el momento de su fundación, pasó a 60 en 1932 y descendió a 44 en 1939.

d) La Sociedad de Naciones se disolvió formalmente el día 18 de abril de 1946. Los vencedores de la segunda guerra mundial no quisieron revitalizar un organismo altamente desprestigiado y prefirieron crear una organización nueva, las Naciones Unidas; los bienes de aquélla, sin embargo, fueron transferidos a esta última Organización.

e) Fracasada en sus objetivos básicos, como hemos dicho, conviene, sin embargo, inscribir en el haber de la Sociedad de Naciones la cooperación institucionalizada que llevó a cabo en ciertos campos, como el económico y financiero, salud pública, transportes y comunicaciones y social y laboral; hay que dejar asimismo constancia del establecimiento del sistema de mandatos respecto a las colonias de los países derrotados, en cuanto que, a partir del principio de que el bienestar y desarrollo de los pueblos constituía una «misión sagrada de la civilización», se abrió la primera brecha en las concepciones dominantes hasta entonces en materia de colonización[5]. Además, la práctica interna de la Sociedad de Naciones constituyó una experiencia sumamente valiosa y útil para futuras organizaciones internacionales, incluyendo la de las Naciones Unidas. Y sobre todo, la existencia de la Sociedad de Naciones llevó a la opinión pública la idea de la necesidad histórica de una organización internacional con vocación universal que velase por la paz y seguridad, idea que fue luego determinante, según veremos en el apartado siguiente, en la creación de las Naciones Unidas. En fin, del fracaso básico de la Organización ginebrina no hay que culpar tanto a ella como a los Estados, participantes o no, pues el éxito de cualquier organización intergubernamental depende, en último análisis, de la voluntad política de los Estados miembros e incluso de los no miembros; de los Estados miembros porque son ellos los que determinan la actuación de la organización, y de los Estados no miembros pues su ausencia puede minar asimismo la capacidad de acción de aquélla[6].

---

[4] Véase F. M. CASTIELLA Y MAÍZ, *Una batalla diplomática,* Barcelona, 1976.

[5] Véase apartado 27.

[6] Sobre la Sociedad de Naciones en general: G. SCELLE, *Le Pacte des Nations et sa liaison avec le Traité de Praix,* París, 1919; A. ZIMMERN, *The League of Nations and the Rule of Law,* Londres y Nueva York, 1936; W. SCHIFFER, *Repertoire of questions of General International Law before the League of Nations,* Ginebra, 1942; F. P. WALTERS, *A History of the League of Nations,* vols. 1 y 2, Londres/Nueva York, 1952; P. DE AZCÁRATE, «La Sociedad de Naciones. Recuerdos y notas sueltas», en *ONU, año XX,* Madrid, 1966, pp. 65 ss.; C. PARRY, «League of Nations», en *E.O.P.I.L.,* vol. 5, 1983, pp. 192 ss.

77. LA CREACIÓN DE LAS NACIONES UNIDAS

a) Las Naciones Unidas se conciben en un primer momento como una coalición para la guerra, aunque pronto se transforman en un proyecto de paz. Efectivamente, en el transcurso de la segunda guerra mundial (1939-1945), los países aliados que combatían contra las potencias del Eje sintieron la necesidad de la creación de una organización intergubernamental que velase en el futuro por la paz y seguridad internacionales. Así, en la llamada *Declaración de los Aliados* de 12 de junio de 1941, firmada en el Palacio de Saint James de Londres, algunos de esos países dejaron constancia de la idea de que la única base cierta de una paz duradera radicaba en la cooperación voluntaria de todos los pueblos libres del mundo, y expresaron el propósito de trabajar juntos, y con otros pueblos libres, en la guerra y en la paz, para lograr esos fines. La Declaración de Londres no fue suscrita por la Unión Soviética ni por los Estados Unidos de América, pero algo más tarde, el 14 de agosto de 1941, el presidente de este último país, F. D. ROOSEVELT, y el primer ministro británico, W. CHURCHILL, firmaron en un lugar del océano la denominada *Carta del Atlántico,* en la cual se enunciaba la idea de que todas las naciones del mundo debían renunciar al uso de la fuerza, por razones espirituales y prácticas, y, al tiempo que manifestaban su convicción en la necesidad del desarme, declaraban el propósito de promover la máxima colaboración entre las naciones en el terreno económico. El 1 de enero de 1942 se habla ya por vez primera de las Naciones Unidas, en la Declaración suscrita en Washington por Estados Unidos, Reino Unido y Unión Soviética; a la Declaración se adhirieron muchos otros Estados.

b) Pero el propósito nítido y expreso de creación de una nueva organización internacional, las Naciones Unidas, basada en el principio de la igualdad soberana y con la finalidad de mantener la paz y seguridad internacionales, aparece por primera vez en la *Declaración de Moscú de 30 de octubre de 1943,* suscrita por los ministros de Asuntos Exteriores de Estados Unidos, Unión Soviética, Reino Unido y China. El 1 de diciembre del mismo año, el presidente ROOSEVELT de los Estados Unidos, y los primeros ministros STALIN y CHURCHILL, de la Unión Soviética y el Reino Unido, respectivamente, reafirmaban en *Teherán* el contenido de la Declaración de Moscú.

c) Había que sentar, sin embargo, las bases concretas de la nueva organización internacional, y a este cometido se entregó la Conferencia reunida en *Dumbarton Oaks* (Washington) entre el 21 de agosto y el 28 de septiembre de 1944, con la participación de representantes de Estados Unidos, Unión Soviética y Reino Unido; y entre el 29 de septiembre al 7 de octubre, con la participación de representantes de Estados Unidos, Reino Unido y China. En la Conferencia se trazaron las grandes líneas del proyecto, pero no se llegó a un acuerdo sobre la cuestión clave del modo de adopción de decisiones en el Consejo de Seguridad. Esta última y trascendente cuestión, sin embargo, se resolvió en la *Conferencia de Yalta,* en la que entre el 3 y 11 de febrero de 1945 participaron ROOSEVELT, STALIN y CHURCHILL; en la reunión se decidió consagrar la regla de unanimidad entre los miembros permanentes para la adopción de decisiones de fondo en el Consejo de Seguridad, regla de gran alcance político, incorporada en San Francisco al artículo 27, párrafo 3.º, de la Carta, y que más adelante examinaremos con cierta profundidad y detalle; en Yalta se acordó también convocar en la ciudad californiana de San Francisco, el 25 de abril de 1945, la Conferencia de las Naciones Unidas.

d) La *Conferencia de San Francisco* se reunió entre los días 25 de abril a 26 de junio de 1945. En ella actuaron como invitantes las cuatro grandes potencias de Dumbarton Oaks; el resto de Estados representados, hasta 46, lo hicieron en calidad de invitados. Los documentos de Dumbarton Oaks y de Yalta constituían la base de las negociaciones, y, si bien fueron numerosas las enmiendas de las potencias invitadas, los cuatro grandes sólo accedieron a las de importancia menor; en las cuestiones realmente relevantes, estos últimos lograron con facilidad imponer sus puntos de vista. El 25 de junio la Carta se adoptó por unanimidad y fue firmada por todos los participantes al día siguiente, junto con el Estatuto del Tribunal Internacional de Justicia. Ambos instrumentos entraron en vigor el 24 de octubre del mismo año[1]. El 24 de octubre se convirtió desde entonces en el día de las Naciones Unidas.

e) Digamos, por lo demás, que no figura en la Carta disposición alguna sobre la sede de la organización. Sin embargo, en febrero de 1946, la Asamblea General decidió fijar aquélla, de manera provisional, en el Estado de Nueva York. En diciembre de ese año, el mismo órgano acordó establecer la sede permanente en la ciudad de Nueva York, en terrenos contiguos al *East River,* entre las calles 42 y 48, donados al efecto por el magnate norteamericano ROCKEFELLER.

---

[1] Sobre la creación de las Naciones Unidas, véase especialmente, entre la amplia bibliografía: L. KOPELMANAS, *L'Organisation des Nations Unies,* París, 1947; R. B. RUSSEL, *A History of the United Nations Charter: the Role of the United States, 1940-1945,* Washington, 1958; E. M. BORCHARD, «The Dumbarton Oaks Conference», en *A.J.I.L.,* 1945, pp. 97 ss.; M. PANEBIANCO, *Dalla Società delle Nazioni all O.N.U.,* Nápoles, 1977; M. A. MARÍN LUNA, «Reflexiones sobre la Conferencia de San Francisco y la Carta de las Naciones Unidas», en *ONU: año XL, Revista de la Facultad de Derecho de la Universidad Complutense,* 1987, pp. 33 ss.; J. A. CARRILLO SALCEDO, «El Derecho Internacional en 1945 y en la inmediata posguerra», en *Liber Amicorum. Colección de estudios jurídicos en homenaje al Profesor Dr. José Pérez Montero,* Oviedo, 1988, pp. 187 ss.; Las actas y documentos de la Conferencia de San Francisco en *U.N.C.I.O.,* Nueva York, 1945-1946.

78. LA CARTA Y SUS REFORMAS

a) La Carta de las Naciones Unidas es un documento de 111 artículos, y de ella forma parte integrante el Estatuto del Tribunal Internacional de Justicia, según dispone el artículo 92 del primer instrumento. Ambos documentos están redactados en cinco idiomas fehacientes: inglés, español, francés, ruso y chino (art. 111). Por lo demás, en los años iniciales de vigencia de la Carta y funcionamiento de la Organización la doctrina se preguntaba si aquel documento era un tratado o una constitución[1]. La respuesta, entonces y ahora, no ofrece dudas: estamos ante un *tratado con rango constitucional.* Cabe, en efecto, apoyar el carácter constitucional de la Carta en las siguientes disposiciones: el párrafo 6 del artículo 2, el artículo 103 y los artículos 108 y 109. Además, las líneas generales de la interpretación de la Carta por el Tribunal Internacional de Justicia confirman su naturaleza constitucional. Desarrollamos estas afirmaciones en las líneas que siguen.

b) El párrafo 6 del artículo 2 de la Carta dispone que «la Organización hará que los Estados que no son miembros de las Naciones Unidas se conduzcan de acuerdo con estos principios en la medida en que sea necesario para mantener la paz y seguridad internacionales». Ello quiere decir que, si un Estado no miembro viola uno de los principios que se enuncian en el artículo —por ejemplo (p. 4), el relativo a la prohibición del recurso a la amenaza o al uso de la fuerza—, las Naciones Unidas podrían tomar contra ese Estado las medidas que se prevén en el capítulo VII de la Carta, lo que en principio parece atentar contra la idea del efecto relativo de los tratados[2], ya que se estaría imponiendo y exigiendo a un Estado el cumplimiento de una obligación que no ha asumido convencionalmente. Comentaristas muy autorizados de la Carta, como ROSS y JIMÉNEZ DE ARÉCHAGA, justificaron aquella disposición sosteniendo que se trataba de una concepción jurídica sustentada por una mayoría de Estados representativa de la comunidad internacional, que, de esta manera, mediante funciones legislativas, engendraría normas generales[3]. Y es que, como había dicho el Comité respectivo en la Conferencia de San Francisco:

> La Asociación de las Naciones Unidas representa la mayor expresión de la comunidad jurídica internacional y tiene derecho a actuar de modo que asegure la cooperación efectiva de los Estados no miembros de ella en la medida necesaria para el mantenimiento de la paz y seguridad internacionales[4].

Es decir, la posibilidad que tiene la Organización de imponer a Estados no miembros —no partes en el tratado instituyente— el cumplimiento de principios

---

[1] Por ejemplo, A. ROSS, *Constitución de las Naciones Unidas,* Madrid, 1954, pp. 32 ss.; y E. JIMÉNEZ DE ARÉCHAGA, *Derecho Constitucional de las Naciones Unidas,* Madrid, 1958, pp. 621 ss.

[2] Véase J. A. PASTOR RIDRUEJO, «Efectos de los acuerdos internacionales respecto a los terceros», en *R.E.D.I.,* 1960, vol. XIII, n.º 3, pp. 387 ss.

[3] A. ROSS, *op. cit.* en nota 1, p. 35; E. JIMÉNEZ DE ARÉCHAGA, *op. cit.* en nota 1, pp. 63 ss.

[4] *U.N.C.I.O.,* vol. 6, p. 722; véase en el mismo sentido la opinión del prof. ROLIN, representante de Bélgica, ibíd., p. 348.

incorporados en la Carta constituye una excepción al principio *pacta tertiis nec nocent nec prosunt;* excepción que se explica y justifica porque los grandes principios de la Carta constituyen la expresión de la *opinio iuris generalis* de la comunidad internacional, principios, pues, que tienen carácter constitucional. En nuestros días, tales principios forman parte del *ius cogens* internacional, como ya sabemos, en cuanto exigidos por necesidades mínimas y absolutas de la sociedad internacional, y se puede decir que han sido aceptados por todos los Estados, incluso por aquellos —escasísimos— que siguen estando fuera de la Organización.

c) El artículo 103 de la Carta dispone por su parte que, «en caso de conflicto entre las obligaciones contraídas por los miembros de las Naciones Unidas en virtud de la presente Carta y sus obligaciones contraídas en virtud de cualquier otro instrumento convencional, prevalecerán las obligaciones impuestas por la presente Carta». Conviene recordar que, cuando la Convención de Viena de 1969 sobre Derecho de tratados regula en su artículo 30 la cuestión de la aplicación de tratados sucesivos concernientes a la misma materia, deja a salvo lo dispuesto por el mencionado artículo 103 de la Carta. Está claro, pues, el superior rango jerárquico de la Carta respecto a cualesquiera otros tratados celebrados por los Estados miembros incluso con Estados no miembros, y ello es una manifestación más del carácter constitucional de aquélla. Por lo demás, hasta 1992, el artículo 103 había sido objeto de escasas aplicaciones, limitadas y parciales. Una de esas aplicaciones es la que hizo el Tribunal de La Haya, en su sentencia de 26 de noviembre de 1984 (*caso de las actividades militares y paramilitares en Nicaragua y contra ella,* competencia y admisibilidad de la demanda)[5], en apoyo de la primacía del sistema de solución de controversias establecido por la Carta, incluyendo la propia jurisdicción del Tribunal, sobre el resultante de los acuerdos regionales. Sin embargo, las ordenanzas dictadas por el Tribunal de La Haya en 14 de abril de 1992[5 bis] hacen una aplicación importante del artículo 103 de la Carta. Solicitadas por Libia, sobre la base de la Convención de Montreal de 23 de septiembre de 1971, medidas provisionales encaminadas a impedir a Estados Unidos y al Reino Unido la adopción de medidas que pudieran forzar o impeler a Libia a la entrega de dos nacionales acusados de terrorismo aéreo, y habiendo decidido la resolución 748 del Consejo de Seguridad (de 31 de marzo de 1992) sanciones contra Libia, el Tribunal de La Haya estima que, según el artículo 103 de la Carta, las obligaciones contraídas a su amparo priman sobre las asumidas por los Estados miembros en virtud de otros acuerdos internacionales, incluida la Convención de Montreal; y que, consiguientemente, los derechos reclamados por Libia con apoyo en la Convención de Montreal no pueden prevalecer sobre la resolución 748 del Consejo de Seguridad, basada en las disposiciones de la Carta. El Tribunal denegó las medidas provisionales.

d) Nos ocupamos ahora del régimen de las *reformas* de la Carta, en el que, como vamos a explicar, subyace claramente la consideración de su carácter

---

[5] CIJ, *Recueil,* 1984, pp. 192 ss.

[5 bis] En el asunto *Cuestiones de interpretación y aplicación de la Convención de Montreal de 1971 resultantes del incidente aéreo de Lockerbie. Solicitud de indicación de medidas provisionales,* CIJ, *Recueil,* 1992.

constitucional. El artículo 108 contempla el supuesto que pudiera calificarse de ordinario, es decir, de reformas puntuales, adoptadas por la Asamblea General; por su parte, el artículo 109 toma en consideración las reformas de mayor alcance, constitutivas de una revisión de la Carta, que se aprueban en una Conferencia General de los Estados miembros.

Efectivamente, el artículo 108 exige para la entrada en vigor del primer tipo de reformas su adopción por el voto de dos tercios de los miembros de la Asamblea General y su ratificación por las dos terceras partes de los Estados miembros, incluyendo a todos los miembros permanentes del Consejo de Seguridad. Este último inciso pone de manifiesto el carácter aristocrático del sistema, puesto que los Estados con asiento permanente en el Consejo tienen derecho de veto; ninguna reforma puede entrar en vigor sin su asentimiento. En todo caso, una enmienda no aprobada por un miembro no permanente del Consejo y no ratificada por él, adoptada por dos terceras partes y ratificada por dos tercios de los Estados miembros, incluyendo a los miembros permanentes del Consejo, es efectiva para aquel Estado. En las condiciones expuestas, pues, la mayoría puede imponer una reforma a la minoría discrepante; estamos, por tanto, ante un procedimiento de naturaleza legislativa que pone de relieve, una vez más, el carácter constitucional de la Carta[6]. Por lo demás, en la vida de la Organización han sido escasas las reformas introducidas al amparo del artículo 108 de la Carta. Sin perjuicio de estudiarlas en los lugares oportunos, adelantemos ahora que son las siguientes: artículo 23 (aumento a quince del número de miembros del Consejo de Seguridad), artículo 27 (fijación de un quórum de 9 miembros en el Consejo para la adopción de decisiones), artículo 61 (ampliación por dos veces del número de miembros del Consejo Económico y Social), y párrafo 1 del artículo 109 (elevación a nueve del número de miembros del Consejo para aprobar la celebración de la Conferencia General de Revisión)[7].

En lo que concierne a la revisión de la Carta por una Conferencia General de los Estados miembros, el artículo 109 exige que la fecha y lugar de la reunión se determinen por el voto de dos terceras partes de los miembros de la Asamblea General y de cualesquiera nueve miembros del Consejo de Seguridad. Es decir, para la celebración de la Conferencia los miembros permanentes de este último órgano no poseen derecho de veto, aunque sí lo tienen para la entrada en vigor de las modificaciones adoptadas, que necesita la ratificación de dos tercios de los Estados miembros con inclusión en esa mayoría de todos los miembros permanentes del Consejo. Por ello, y aun cuando en la Conferencia de Revisión cada Estado miembro disponga de un voto, el sistema es, de nuevo, aristocrático; la revisión de la Carta puede ser vetada por cualquier miembro permanente del Consejo. En todo caso, tratándose de Estados no miembros permanentes de ese órgano que

[6] A. ROSS, *op. cit.* en nota 1, p. 38; E. JIMÉNEZ DE ARÉCHAGA *op. cit.* en nota 1, p. 629. Sobre la cuestión, véase, en general, E. GIRAUD, «La Révision de la Charte des Nations Unies», en *R. des C.*, 1956-II, vol. 90, pp. 311 ss.; J. NISSOT, «La Révisión de la Charte des Nations Unies», en *R.B.D.I.*, 1965, pp. 369 ss.; del mismo autor, «Les Amendements à la Charte des Nationes Unies et leur mise en oeuvre», en *R.B.D.I.*, 1966, pp. 321 ss.; y C. ECONOMIDES, «La Révision de la Charte des Nations Unies», en *Révue Hellénique de Droit International,* 1977, pp. 20 ss.

[7] Resoluciones 1.991 A y B (XVIII), 2.101 (XX) y 2.847 (XXVI) de la Asamblea General.

discrepasen, quedan vinculados a la decisión de la mayoría, por lo que estamos nuevamente ante una manifestación del carácter constitucional de la Carta.

El párrafo 3 del artículo 109 prevé que, si la Conferencia de Revisión no se hubiere celebrado antes de la décima reunión anual de la Asamblea, la propuesta de convocatoria de aquélla será incluida en el orden del día de esa reunión y la Conferencia se celebrará si así lo decide la mayoría de Estados miembros de la Asamblea y nueve miembros cualesquiera del Consejo de Seguridad.

Éstas son las disposiciones de la Carta sobre la Conferencia de Revisión. Y hay que señalar desde el punto de vista político que esas previsiones han sido invocadas por los Estados que pretenden eliminar el derecho de veto de los miembros permanentes del Consejo, postura que choca obviamente con la actitud de esos miembros. Esta circunstancia y el hecho de que los propios miembros permanentes puedan vetar los resultados de la Conferencia están en la clave de las dificultades con que tropieza su celebración. Evocada la cuestión muy tempranamente, en el primer período de sesiones de la Asamblea General (1946), sólo por resolución de 21 de noviembre de 1955, la 992 (X), se tomaría la decisión de celebrar «oportunamente» la Conferencia, a cuyo efecto se preveía la institución de un Comité de Preparativos, que se creó de manera efectiva en 1957; la labor del Comité en los años sucesivos fue precaria, y desde 1967 no se ha vuelto a reunir. Pero por su resolución 3.499 (XXX), de 15 de diciembre de 1975, la Asamblea General creó el llamado «Comité Especial de la Carta y del Fortalecimiento del Papel de la Organización», en el que se examinan distintos aspectos del funcionamiento de la Organización en general y de la Carta en particular. Este último Comité tiene composición restringida, y hasta el momento hay que registrar como resultado más significativo la presentación de un buen número de propuestas y sugerencias inspiradas por la preocupación de los Estados en desarrollo de desempeñar un papel mayor en la Organización y que ésta se convierta en motor del Nuevo Orden Económico Internacional. Las propuestas tendentes a la reforma de la Carta son menos numerosas, y entre ellas destaca la presentada en 1980 por quince Estados en desarrollo para poner en pie de igualdad al Consejo de Seguridad y la Asamblea en materia de mantenimiento de la paz y para hacer del Consejo Económico y Social un órgano plenario[8]. Señalemos por fin que la resolución 47/62, adoptada por la Asamblea General el 11 de diciembre de 1992, ha abierto a la discusión el tema sensible y crucial de la reforma de la composición del Consejo de Seguridad, como veremos al estudiar este último órgano.

e) Procedimientos rígidos en todo caso los establecidos en la Carta para su reforma y revisión. Pero esta rigidez no ha sido obstáculo a que, en su más de sesenta años de funcionamiento, la Organización haya experimentado profundas transformaciones al compás de la también honda evolución de la sociedad internacional, cambios que afectan incluso a la manera como perciben los Estados miembros los fines y funciones de las Naciones Unidas. Estas consideraciones hacen ineludible un análisis de aquellas transformaciones que, de la mano maestra del profesor CARRILLO SALCEDO, emprenderemos en el apartado siguiente, sin

---

[8] Véase A. VIÑALS CASAS, «El Comité Especial de la Carta de las Naciones Unidas y del Fortalecimiento del Papel de la Organización», *R.E.D.I.*, 1981-1, pp. 101 ss.

perjuicio de que en cada tema en particular tengamos que dejar constancia de los cambios acaecidos.

f) En fin, la *interpretación* que de la Carta ha hecho el Tribunal Internacional de Justicia pone de relieve asimismo su naturaleza constitucional, especialmente por lo que se refiere a la doctrina de los poderes implícitos. Efectivamente, desde la histórica sentencia del juez MARSHALL de 1819 la Constitución de los Estados Unidos se interpreta en el sentido de que «si el fin es legítimo, si cae dentro de la órbita de la Constitución, entonces todos los medios que sean apropiados, que sean claramente adecuados para ese fin y que no estén prohibidos, sino de acuerdo con la letra y el espíritu de la Constitución, serán medios constitucionales»[9]. Es ésta la esencia de la doctrina de los poderes implícitos. Pues bien, el Tribunal Internacional de Justicia ha hecho amplio uso de esa doctrina al interpretar la Carta de las Naciones Unidas, con lo que está reconociendo claramente su carácter constitucional. Así, en el dictamen de 11 de abril de 1949 en el caso de *daños sufridos al servicio de las Naciones Unidas,* ya estudiado en otro lugar, el Tribunal reconoció personalidad internacional y capacidad de obrar *erga omnes* a la Organización porque sus miembros «al asignarle ciertas funciones, con los deberes y responsabilidades que les acompañan, la han revestido de la competencia necesaria para permitirle cumplir efectivamente esas funciones»[10]. Del mismo modo, en su dictamen de 13 de julio de 1954 sobre *los efectos de las sentencias del Tribunal Administrativo de las Naciones Unidas,* el Tribunal de La Haya afirmó que «el poder de crear un tribunal encargado de hacer justicia entre la Organización y los funcionarios era esencial para asegurar el buen funcionamiento de la Secretaría y para dar efecto a la consideración dominante de la necesidad de asegurar las más altas calidades de trabajo, competencia e integridad. La necesidad para ello está necesariamente implícita en la Carta»[11]. Y en el dictamen de 20 de julio de 1962 sobre *ciertos gastos de las Naciones Unidas,* y a fin de determinar si ciertos gastos de la Organización en acciones militares sin naturaleza coercitiva eran de los incluidos en el artículo 17 de la Carta y debían ser sufragados por los Estados miembros en la proporción que determinase la Asamblea General, el Tribunal atendió al hecho de que aquéllos habían sido efectuados para la consecución de alguno de los fines de la Organización; el Tribunal consideró por ello que los gastos de las Fuerzas de las Naciones Unidas en el Oriente Medio (FUNU) y por las Fuerzas de las Naciones Unidas en el Congo (FUNUC), al haber sido ordenados por la Asamblea para el cumplimiento de los fines de la Organización, eran gastos en el sentido del artículo 17 de la Carta[12].

g) La Carta de las Naciones Unidas ofrece, pues, manifestaciones claramente constitucionales: carácter legislativo de sus disposiciones normativas, oponibles por tanto a Estados no miembros; rango jerárquico superior respecto a otros

---

[9] Chief Justice MARSHALL, en *McCulloch versus Md. (1819), y Wheat,* 316.
[10] CIJ, *Recueil,* 1949, p. 178. Véanse apartados 8.8 y 74.
[11] CIJ, *Recueil,* 1954, p. 58.
[12] CIJ, *Recueil,* 1962, pp. 162 ss.

tratados; procedimiento de revisión; e interpretación conforme a la doctrina de las competencias implícitas. Claro que estas manifestaciones no deben llevar a una completa asimilación de la Carta a las Constituciones estatales. Asentadas estas últimas en grupos políticos institucionalizados, y constituyendo la sociedad internacional un grupo social básicamente descentralizado, toda comparación entre la Carta y las constituciones de los Estados debe tener en cuenta esas diferencias so pena de llevar a resultados distorsionantes. Ello no es obstáculo, sin embargo, a la consideración de la Carta como el único intento posible hoy por hoy de organización de la sociedad internacional a escala universal. El carácter constitucional de la Carta hay que entenderlo en el sentido de nuestra disciplina y en el contexto de la sociedad internacional, que es básicamente descentralizada. Y conviene recordar aquí los análisis del epígrafe primero de este libro, cuando nos ocupábamos del carácter problemático del Derecho Internacional: ni la Asamblea General —el órgano plenario y deliberante de la Organización— desempeña funciones comparables a las de los parlamentos nacionales, ni el Consejo de Seguridad —el órgano investido de la responsabilidad principal para el mantenimiento de la paz y seguridad internacionales— tiene o ejerce poderes que se puedan equiparar a los de los gobiernos estatales; ni el Tribunal Internacional de Justicia posee la jurisdicción obligatoria propia de los poderes judiciales nacionales. En todo caso, el repetido carácter constitucional de la Carta exige partir de sus disposiciones para el estudio de la Organización. Pero, y es importante señalarlo, el análisis de sus artículos no debe consistir en una exégesis estática y formal[13]; si estudios de esa naturaleza pudieron ser de utilidad en el momento de su entrada en vigor, darían hoy una imagen deformada e irreal de las Naciones Unidas. A la altura de nuestro tiempo y dotados ya de la suficiente perspectiva histórica, la lectura de aquel instrumento ha de ser forzosamente dinámica y debe tener muy en cuenta la evolución de la sociedad internacional desde 1945 hasta nuestros días, así como la profunda evolución que ha experimentado la Organización al compás de aquélla[14]. Antes, pues, del estudio de sus aspectos más relevantes, nos parece ineludible trazar las grandes líneas de las transformaciones operadas en el seno de las Naciones Unidas.

[13] Por ejemplo, la obra de H. KELSEN, *The Law of the United Nations. A Critical Analysis of its Fundamental Problems,* Londres, 1951, y la de M. BENTWICH y A. MARTIN, *A Commentary on the Charter of the United Nations,* Londres, 1951.

[14] Véase J. P. COT y A. PELLET, *La Charte des Nations Unies,* «Avant-propos», París, 1985, pp. XI ss.

79. LAS TRANSFORMACIONES DE LAS NACIONES UNIDAS

a) Siendo las Naciones Unidas la organización política general de la sociedad internacional y poseyendo vocación de universalidad y composición cuasiuniversal, es lógico que los cambios acaecidos en aquella sociedad desde 1945 hasta nuestros días hayan ejercido un profundo impacto en la Organización. Cambios que vamos a examinar sirviéndonos de las líneas generales de la certera y lúcida interpretación que hizo entre nosotros el profesor CARRILLO SALCEDO[1].

b) En la Conferencia de San Francisco, dice el citado profesor, tres grandes compromisos políticos hicieron posible el nacimiento de la Organización y quedaron plasmados en la Carta, a saber: 1) el papel predominante y la responsabilidad primordial de las grandes potencias en el mantenimiento de la paz y seguridad internacionales, y de ahí el derecho de veto de los miembros permanentes en el Consejo de Seguridad; 2) el compromiso de que, respecto a la cooperación internacional en el terreno económico y social, se establecía una clara división del trabajo, en el sentido de que las competencias sustantivas quedaban confiadas a organismos especializados relacionados con las Naciones Unidas, aunque distintos de ellas, mientras que a la Organización se atribuía en este campo competencias de estudio, promoción y coordinación; y 3) en cuanto a los pueblos y territorios sometidos a dominación colonial, consagración de un delicado equilibrio entre las aspiraciones a la independencia y los intereses estratégicos, políticos y económicos de las potencias coloniales. Pues bien, de estos tres compromisos, hoy sólo pervive el primero; los dos restantes han sido barridos por los cambios experimentados en la sociedad internacional y en las Naciones Unidas. Y ello permite dividir la historia de la Organización en tres etapas, cada una de ellas dominada por una idea-eje y presidida, por tanto, por una determinada concepción de aquélla y de sus organismos especializados, bien entendido que ninguna de esas tres fases tiene límites rígidos y ha supuesto una transformación radical; no hay, pues, varias Naciones Unidas diferentes en la historia, sino un sistema cambiante y dinámico, cada vez más complejo. Realmente, cada etapa expresa matices distintos en la percepción de los objetivos, funciones y fines que los Estados miembros asignan a las Naciones Unidas sobre la base de la Carta y los tratados fundacionales de los organismos especializados. La primera fase es la de la guerra fría, la segunda es la de la descolonización, y en la tercera asistimos a una nueva percepción de los fines y funciones de la Organización.

c) La primera etapa de la vida de la Organización, que el profesor CARRILLO SALCEDO llama de la *guerra fría,* estuvo dominada por el enfrentamiento bipolar

---

[1] J. A. CARRILLO SALCEDO, «Las Naciones Unidas entre 1945 y 1986», en *ONU: año XL, Revista de la Facultad de Derecho de la Universidad Complutense,* vol. 13, Madrid, 1987, pp. 11 ss. Véase también del mismo autor, *Textos básicos de las Naciones Unidas,* Estudio preliminar, Madrid, 1982, pp. 9 ss., y *La crisis constitucional de las Naciones Unidas,* Madrid, 1966.

entre las dos superpotencias, Estados Unidos y Unión Soviética[2]. Es indudable que al principio el centro de gravedad de la Organización estuvo en el Consejo de Seguridad, que se vio, sin embargo, frecuentemente paralizado por el ejercicio del derecho de veto del miembro que a la sazón se sentía en minoría, la Unión Soviética; tal paralización produjo dificultades y retrasos importantes en la admisión de nuevos miembros, como veremos en el apartado siguiente, y repercutió de manera negativa en la puesta en marcha del sistema de seguridad colectiva establecido en el capítulo VII de la Carta. Pero la inviabilidad de este sistema motivó el intento de sustituir el Consejo de Seguridad por la Asamblea General, es decir, de cambiar el centro de gravedad política de la Organización que se pretendía residiese en el futuro en un órgano, la Asamblea, en el que no existe el derecho de veto. La manifestación culminante de este intento la encontramos en la resolución 377 (V), adoptada por la Asamblea General el día 3 de noviembre de 1950, llamada «Unidos para la paz». Y conviene señalar que hay en esta resolución un hondo cambio de uno de los supuestos políticos de la Conferencia de San Francisco; si en ésta, de acuerdo con el compromiso alcanzado en Yalta, se instauró el principio de unanimidad entre los miembros permanentes del Consejo para la puesta en práctica del mecanismo de seguridad colectiva del capítulo VII de la Carta, lo que significaba que el sistema no fuese de aplicación en los conflictos en que aquellos miembros estuviesen directamente enfrentados, la resolución de 1950 comportaba la posibilidad de una acción decidida por la Asamblea General a falta de aquella unanimidad (por ejercicio del derecho de veto). La resolución «Unidos para la paz» suponía, pues, una ruptura de los equilibrios institucionales previstos en San Francisco y, con el transcurso del tiempo, provocó una grave crisis política, institucional y jurídica con motivo del abono de los gastos desencadenados por las operaciones preventivas de la paz que había decidido la Asamblea General, y de la que sólo se salió en 1965 por un compromiso de carácter político. Pero es que, además, aquellas operaciones hicieron adquirir una relevancia y un protagonismo estructural al Secretario General de la Organización, ya que, al ser la Asamblea un órgano plenario y deliberante, resultaba poco idónea para el desempeño de funciones ejecutivas; competencias que iban más allá de las atribuidas por la Carta al Secretario General. En fin, del compromiso de 1965 resultaron dos consecuencias: de un lado, la reafirmación de la idea de que la responsabilidad primordial en el mantenimiento de la paz y seguridad internacionales correspondía al Consejo de Seguridad y no a la Asamblea General o al Secretario General; de otro, el abandono de la idea de organizar un sistema de seguridad colectiva, para intentar, en cambio, una nueva misión de la Organización, la de servir de instancia de amortiguamiento de las crisis internacionales a través de operaciones preventivas —y no propiamente coercitivas— del mantenimiento de la paz; operaciones que, por tanto, ya no tendrán su fundamento jurídico en el capítulo VII de la Carta, puesto que no pretenden la imposición de sanciones, sino que consisten tan sólo en una acción pacificadora y preventiva de las Naciones Unidas en las crisis internacionales. Resulta así que, en la práctica, el Consejo de Seguridad no está desempeñando las funciones coercitivas que le asigna el repetido capítulo VII,

[2] Véase apartado 4.3.

sino que aparece fundamentalmente como un órgano para la negociación y acción preventiva en aquellas crisis internacionales —que no son todas— planteadas ante la Organización. Y ese abandono del esquema de la seguridad colectiva explica igualmente el desarrollo de las alianzas institucionalizadas al amparo del derecho de legítima defensa colectiva consagrado en el artículo 51 de la Carta, así como la desaparición de hecho de la primacía del Consejo de Seguridad respecto a los acuerdos y organismos regionales de seguridad enunciada en el capítulo VII.

d) Al decir del profesor CARRILLO, una segunda etapa en la historia del funcionamiento de las Naciones Unidas es la de la *descolonización* como idea-eje, y en la que sus grandes hitos son el 14 de diciembre de 1960, cuando la Asamblea General adopta la resolución 1.514 (XV) sobre la concesión de independencia a los países y a los pueblos coloniales, y el 24 de octubre de 1970, cuando en la resolución 2.625 (XXV) incorpora el principio de la igualdad de derechos y libre determinación de los pueblos a los principios de Derecho Internacional sobre las relaciones de amistad y cooperación entre los Estados de conformidad con la Carta de las Naciones Unidas[3]. Y es lo cierto que admitidos en 1960 dieciséis Estados africanos, lo que facilitó la adopción de la resolución 1.514 (XV), la descolonización fue adquiriendo una velocidad progresiva y, sobre todo, un título de legitimidad, contribuyendo en definitiva a la universalización de la sociedad internacional. En 1970 la Organización se componía de 125 Estados y hoy de 191, y bien entendido que ese número no sólo supone un aumento cuantitativo, sino que tiene sobre todo una significación cualitativa porque las Naciones Unidas no reflejan ya una concepción europea occidental de las relaciones internacionales, sino una propiamente universal. Todo ello supuso la necesidad de aumentar la composición de órganos importantes, como el Consejo de Seguridad y el Consejo Económico y Social, y la reducción de la importancia de este último órgano, así como la pérdida de importancia del Consejo de Administración Fiduciaria, al quedar progresivamente desplazado por otro órgano, el Comité especial encargado de examinar la situación con respecto a la Declaración sobre concesión de la independencia a los países y pueblos coloniales, creado por la Asamblea General en 1961. Y el proceso de universalización de las Naciones Unidas determinó el desarrollo y consolidación de grupos de Estados en el seno de aquélla, como los grupos geográficos (África, América Latina, Europa Occidental y otros, y Europa oriental), de gran importancia para el intercambio de información y para la designación de candidatos a órganos en cuya composición es relevante el criterio de la distribución geográfica equitativa; grupos políticos, como los de la OTAN, Pacto de Varsovia y Países no alineados; grupos basados en la conciencia de intereses comunes, como el Grupo de los 77, integrado hoy por 125 Estados en desarrollo; y grupos fundamentados en acuerdos y organizaciones de cooperación económica preexistentes, como la Comunidad Económica Europea y otros[4].

e) En la interpretación del profesor CARRILLO SALCEDO, la tercera etapa es la determinada por una *nueva percepción de los fines y funciones de las Naciones*

---

[3] Véase apartado 27.
[4] Véase apartado 72.

Unidas. La etapa se inicia realmente en la década de los años setenta y está presidida por dos ideas-eje que, aun teniendo sus raíces en años anteriores, alcanzan su mayor auge en la década citada. La primera idea-eje es la responsabilidad de la Organización en la puesta en marcha de actividades operacionales tanto en lo que respecta al mantenimiento de la paz y seguridad internacionales como a la consecución del objetivo común del desarrollo; la segunda consiste en la responsabilidad de las Naciones Unidas respecto al planteamiento de problemas globales que afectan a la comunidad internacional en su conjunto. Efectivamente, a partir de la década de los años setenta, el hecho de que la mayor parte de los miembros sean Estados en desarrollo comportó la consecuencia de que la paz dejara de concebirse desde el punto de vista casi exclusivo de la seguridad para ser entendida sobre todo en función del desarrollo como empresa y objetivo común de la humanidad. La nueva mayoría africana, asiática y latinoamericana tiende a una nueva lectura de la Carta en que el énfasis ya no se pone en la seguridad, sino en la definición de reglas internacionales orientadas hacia el desarrollo y en la instauración de mecanismos institucionales encaminados a promover ese objetivo; además aquellos Estados utilizan la Organización para el planteamiento y debate de los grandes problemas globales que afectan a la comunidad internacional en su conjunto, con el decidido propósito de hacer de las Naciones Unidas una instancia de legitimación colectiva de sus exigencias y aspiraciones de cambio y una especie de infraestructura institucional de aquella comunidad. Los nuevos planteamientos han incidido en el plano normativo y en el institucional, siendo de destacar en este último la tendencia a una progresiva centralización porque los Estados en desarrollo, que cuentan con la mayoría automática en la Asamblea General al ser democrático el sistema de adopción de decisiones, prefieren lógicamente ese foro al de los organismos especializados, en que el método de toma de decisiones se basa en ocasiones en el voto ponderado.

f) El desmoronamiento de la escisión Este-Oeste y la consiguiente distensión de la sociedad internacional no han podido menos que repercutir en la evolución de las Naciones Unidas, particularmente por lo que se refiere al mantenimiento de la paz y seguridad internacionales. De una parte, como veremos, se han intensificado, mejorado y diversificado en términos generales las acciones preventivas, es decir, las llamadas operaciones de mantenimiento de la paz. De otro lado, parecieron mejorar en el inicio de la década de los noventa las posibilidades de las Naciones Unidas para mantener la paz y seguridad internacionales. Justamente en esta óptica hay que situar la resolución 678 del Consejo de Seguridad —adoptada el 29 de noviembre de 1990 con el voto favorable de la Unión Soviética y la abstención china—, que autorizó a los Estados miembros el uso de la fuerza para devolver el territorio de Kuwait a su soberanía primitiva. Pese a alguna connotación negativa, esa resolución hizo nacer ilusiones en importantes sectores de opinión de que, finalmente, la Organización Mundial estaba en condiciones de velar eficazmente por el mantenimiento de la paz y seguridad internacionales. En 1991 el primer presidente BUSH habló incluso de un Nuevo Orden Mundial. Pero mediada la década de los noventa esas ilusiones se vieron cruel y duramente defraudadas porque, en virtud de las razones que expondremos en el apartado 82.2, las Naciones Unidas fueron incapaces de salvaguardar o imponer la paz en la República de Bosnia-Herzegovina y en otras partes del mundo. En este contexto lo novedoso no es, pues, el orden sino el desorden mundial.

Añádase a todo esto la marginación del Consejo de Seguridad en relación con el uso de la fuerza desplegado por fuerzas de la OTAN en la primavera de 1999; la acción armada puesta en marcha en Afganistán tras los atentados del 11 de septiembre de 1991, presentada ciertamente como un supuesto de ejercicio de la defensa preventiva, pero sin cobertura de una resolución del Consejo; la intervención bélica en Irak en la primavera de 2003, nuevamente sin la autorización del Consejo de Seguridad; la inacción del Consejo ante la invasión armada de parte del territorio del norte de Georgia por Rusia en agosto de 2008; y su altamente insatisfactoria reacción con ocasión de la respuesta armada de Israel a los ataques terroristas de Hamás en los días postreros de 2008 y los iniciales de 2009. En suma, en la cuestión capital de la prohibición de la guerra, la autoridad y credibilidad de las Naciones Unidas había alcanzado en el inicio del siglo y del milenio las cotas más bajas imaginables, aunque la acción desplegada contra la Libia del coronel Gadafi en virtud de la resolución del Consejo de Seguridad de 17 de marzo de 2011 permite abrigar pese a todas sus limitaciones esperanzas de una mayor implicación de la organización en el mantenimiento de la paz. El desorden mundial es con todo una triste realidad. Si la filosofía política básica de la Organización es el multilateralismo, la preferencia por el unilateralismo que han mostrado últimamente las altas autoridades de los Estados Unidos de América en el campo de la paz y seguridad internacionales implica una herida gravísima e inquietante a esa filosofía. Esperemos que la administración demócrata elegida en el otoño de 2008 vuelva por los cauces del multilateralismo, es decir, por los sanos principios que inspiraron en 1945 la creación de las Naciones Unidas. El apoyo de los Estados Unidos a la citada resolución del Consejo de 17 de marzo de 2011 es un indicio de la voluntad de retorno al multilateralismo.

g) Éstas son, pues, las grandes líneas de la evolución de las Naciones Unidas entre 1945 y nuestros días. Líneas que nos ha parecido necesario trazar en su conjunto previamente al examen de las disposiciones de la Carta con relación a temas particulares, porque, como ya dijimos, el instrumento de San Francisco debe ser objeto hoy de una lectura dinámica, so pena de presentar a la Organización como algo muy distinto a lo que realmente es y significa en el mundo actual. En cualquier caso, los hondos cambios acaecidos en la Comunidad Internacional desde 1945 requieren modificaciones importantes en las Naciones Unidas, como se ha puesto de relieve en el documento final de la Cumbre Mundial del año 2005.

80. MIEMBROS

a) Las Naciones Unidas constituyen una organización internacional en sentido propio, es decir, de carácter interestatal o intergubernamental[1]; sus miembros, por tanto, son Estados soberanos. Estamos, de otro lado, ante una organización internacional con vocación manifiesta de universalidad y basada, por tanto, en el principio de inclusión[2]; sus propósitos y principios, que examinaremos más adelante, determinan esa vocación y esa característica. De ahí que la Carta, aun señalando el carácter originario de determinados miembros, establezca la posibilidad de admisión de otros Estados, los llamados miembros admitidos.

b) Respecto a los miembros *originarios,* dice el artículo 3 de la Carta:

> Son miembros originarios de las Naciones Unidas los Estados que, habiendo participado en la Conferencia de las Naciones Unidas sobre Organización Internacional celebrada en San Francisco, o que habiendo firmado previamente la Declaración de las Naciones Unidas de 1.º de enero de 1942, suscriban esta Carta y la ratifiquen de conformidad con el artículo 110.

Así pues, lo que determina fundamentalmente el carácter de miembro originario es la participación en la Conferencia de San Francisco. Mas para salvar el carácter de miembro originario de Polonia, que no pudo participar en esa conferencia porque tenía dos Gobiernos en el momento de su celebración, se incluyó la mención a la Declaración de las Naciones Unidas de 1 de enero de 1942, que sí había firmado Polonia. Señalemos que los miembros originarios alcanzaron la cifra de 51.

c) Pero la Carta de las Naciones Unidas tuvo en cuenta también la posibilidad de participación en la organización de miembros *admitidos,* y en este sentido su artículo 4 establece los requisitos sustantivos y procesales de la admisión[3].

A los *requisitos sustantivos* se refiere el párrafo 1 del artículo 4, así redactado:

> Podrán ser Miembros de las Naciones Unidas todos los demás Estados amantes de la paz que acepten las obligaciones consignadas en esta Carta y que, a juicio de la Organización, estén capacitados para cumplir dichas obligaciones y se hallen dispuestos a hacerlo.

Se trata, pues, de cinco requisitos sustantivos, a saber: 1) ser Estado; 2) ser amante de la paz; 3) aceptar las obligaciones de la Carta; 4) estar capacitado para cumplir dichas obligaciones; 5) estar dispuesto a cumplirlas. Pero, en los primeros años de funcionamiento de la Organización —período álgido de la guerra fría—,

---

[1] Véase apartado 69.1.

[2] Véase apartado 70.

[3] Sobre la admisión de miembros: G. BERLIA, «Admission d'un Etat aux Nations Unies», en *R.G.D.I.P.,* 1949, pp. 481 ss.; N. FEINBERG, «L'admission de nouveaux membres a la Societé des Nations et à l'Organisation des Nations Unies», en *R. des C.,* vol. 80, 1952, pp. 293 ss.; E. GIRAUD, «Admisión de nuevos miembros en las Naciones Unidas», en *R.E.D.I.,* 1956, pp. 11 ss.

algunos Estados miembros originarios pretendieron subordinar su voto respecto a la admisión de otros Estados a requisitos distintos de los enumerados en el párrafo 1 del artículo 4. Así, la Unión Soviética condicionaba su voto favorable a la existencia de relaciones diplomáticas con el Estado candidato; y, de otro lado, tanto la Unión Soviética como los Estados Unidos hacían depender su voto del hecho de que la superpotencia antagónica diera el voto favorable a la candidatura auspiciada por cada uno de ellos. Concretamente, la Unión Soviética estaba dispuesta a no vetar la admisión de Italia si los Estados Unidos no vetaban la de Rumania, Bulgaria, Hungría y Finlandia. Se llegó así a una situación de verdadero *impasse,* denominada «querella de las admisiones». La cuestión era eminentemente política, aunque no por ello dejaba de envolver aspectos jurídicos —la interpretación del párrafo 1 del artículo 4 de la Carta—, por lo que la Asamblea General, por resolución de 17 de noviembre de 1947, decidió pedir dictamen al Tribunal Internacional de Justicia sobre si un Estado miembro, a la hora de emitir el voto de admisión de un candidato, tenía título jurídico para hacer depender su consentimiento de condiciones no previstas en el párrafo 1.º del mencionado artículo 4. El Tribunal, en su dictamen de 28 de mayo de 1948, entendió que las condiciones enunciadas por ese precepto de la Carta debían ser consideradas, a la luz del sentido natural de sus términos, no sólo como necesarias, sino también como suficientes, aunque reconoció que era posible tomar en cuenta cualquier factor que pudiera ser conectado razonablemente y de buena fe a alguna de aquellas condiciones[4].

En cuanto a los *requisitos procesales* para la admisión de nuevos miembros, dispone el párrafo 2 del artículo 4 de la Carta:

> La admisión de tales Estados como Miembros de las Naciones Unidas se efectuará por decisión de la Asamblea General a recomendación del Consejo de Seguridad.

Por su parte, el párrafo 2 del artículo 18 establece expresamente que la decisión de la Asamblea ha de adoptarse por el voto de una mayoría de dos tercios de los miembros presentes y votantes, y del artículo 27 se desprende que la recomendación del Consejo —en tanto que decisión sobre cuestión no procedimental— es susceptible del veto de cualquiera de los miembros permanentes.

Pues bien, en los primeros años de funcionamiento de la Organización —época álgida de la guerra fría— se planteó la cuestión de si la recomendación del Consejo debía ser forzosamente positiva —es decir, favorable a la admisión del Estado candidato— o si bastaba cualquier tipo de recomendación, positiva o negativa. La cuestión tenía claras repercusiones políticas, pues considerar que era suficiente para la admisión de un Estado cualquier tipo de recomendación del Consejo, incluso la desfavorable, suponía excluir en la materia la posibilidad del ejercicio del veto de un miembro permanente del Consejo. Pero la cuestión era también jurídica, puesto que en último análisis implicaba la interpretación del párrafo 2 del artículo 4. Por ello, y en virtud de resolución de 22 de noviembre de 1949, la

---

[4] CIJ, *Recueil,* 1948, pp. 57 ss. Véase L. GARCÍA ARIAS, «El primer dictamen del Tribunal Internacional de Justicia: Las condiciones de admisión de un Estado como nuevo miembro de la ONU», en *R.E.D.I.,* 1949, pp. 145 ss.

Asamblea decidió solicitar opinión al Tribunal Internacional de Justicia, y éste, en dictamen de 3 de marzo de 1950, apoyándose en el sentido natural del texto y en la economía de la Carta, entendió que la recomendación del Consejo debía ser favorable[5], lo que suponía reconocer la existencia del derecho de veto de los miembros permanentes.

d) La incipiente distensión entre las superpotencias operada en la mitad de la década de los años cincuenta motivó que se superara el *impasse* del que hemos hablado en las líneas precedentes, y así, el 14 de diciembre de 1955, durante el décimo período de sesiones de la Asamblea General, fueron admitidos dieciséis nuevos Estados de uno y otro bloque, entre ellos España. En 1956, entró en la Organización Japón, después del acuerdo de paz entre este país y la Unión Soviética. En los años siguientes continuó el goteo de admisiones, y la década de los años sesenta conoció la entrada masiva de los Estados de reciente independencia. Hito a señalar es también 1973, año en que acceden a la Organización la República Federal de Alemania y la República Democrática Alemana. Los acontecimientos resultantes del fin de la bipolaridad y de la consolidación del proceso de distensión aceleraron el proceso de admisiones y, así, en el cuadragésimo sexto período de sesiones de la Asamblea General (1991) entran a formar parte de las Naciones Unidas las dos Coreas y las Repúblicas Bálticas (Estonia, Letonia y Lituania) independizadas de la Unión Soviética en agosto de ese año. También son admitidos dos pequeños Estados isleños del Pacífico (Micronesia y las Islas Marshall). A esto hay que añadir que a primeros de 1992 la República de la Federación Rusa es considerada continuadora de la condición de miembro de la extinta Unión Soviética. Ucrania y Bielorusia (ahora Belarus) ya eran miembros desde el origen de las Naciones Unidas y no han necesitado ser admitidas. Habiendo entrado después los Estados desgajados de las antiguas Unión Soviética y Yugoslavia, más algunos otros Estados (entre ellos Andorra en el otoño de 1993), la República Federal de Yugoslavia (llamada Serbia y Montenegro) en 2000, Timor Oriental y Suiza[6] en 2002, Montenegro tras independizarse de Serbia en 2006, y Sudán del Sur, escindido de Sudán el 9 de julio de 2011 tras plebiscito celebrado el 9 de enero anterior, el número de Estados miembros alcanza en la actualidad la cifra de 193. Ausencia señalable es la del Estado de la Ciudad del Vaticano, que es sin duda un Estado *sui generis*. Falta también Taiwan, Estado considerado como territorio propio por la República Popular China.

e) La Carta prevé expresamente, en su artículo 6, la *expulsión* de cualquier miembro que haya violado repetidamente los principios contenidos en ella; la medida se decide por la Asamblea General a recomendación del Consejo de Seguridad. Hasta el momento ningún Estado ha sido expulsado de la Organización. La Carta establece, también de manera expresa, la posibilidad de *suspensión* respecto a un Estado del ejercicio de los derechos y privilegios inherentes a su calidad de miembro en el caso de que haya sido objeto de acción preventiva o coercitiva por

---

[5] CIJ, *Recueil*, 1950, pp. 4 ss.

[6] Sobre la entrada de Suiza, véase R. BERMEJO GARCÍA y P. POZO SERRANO, «Heidi en Nueva York: algunos comentarios sobre la adhesión de Suiza a las Naciones Unidas», en *R.E.D.I*, 2002, 1, pp. 115 ss.

parte del Consejo de Seguridad. La suspensión tiene, pues, carácter de sanción. La decisión la toma la Asamblea a recomendación del Consejo, y el ejercicio de aquellos derechos y privilegios puede ser restituido por el Consejo. Tampoco este artículo ha sido aplicado. Figura que no contempla la Carta es la *retirada voluntaria* de la Organización de un Estado miembro, aunque en este punto la práctica sí registra un precedente. Es el caso de Indonesia, que, disconforme con la elección de Malasia —Estado al que no había reconocido— como miembro del Consejo de Seguridad, anunció el 20 de enero de 1965 su decisión de retirarse de la Organización, dejando de contribuir a los gastos. Sin embargo, el 16 de septiembre de 1966 Indonesia comunicó que reanudaba su cooperación con las Naciones Unidas y la participación en sus actividades, de lo que tomó nota la Asamblea General[7].

f) Conviene completar este apartado con una somera referencia al estatuto de *observador*. Efectivamente, desde la década de los años setenta, algunos órganos de las Naciones Unidas, incluyendo la Asamblea General, han concedido la condición de observadores a la Organización para la Liberación de Palestina (OLP), y a algunos movimientos de liberación nacional africanos designados por la Organización para la Unidad Africana (OUA). También se ha otorgado el estatuto de observador a representantes de otras organizaciones internacionales y, por supuesto, a representantes de Estados no miembros, que pueden enviar misiones permanentes de observación. El rasgo característico de la figura es el disfrute del derecho de voz pero no del de voto. Añadamos que el 29 de noviembre de 2012 la Asamblea General de las Naciones Unidas adoptó por amplia mayoría la resolución 67/19, concediendo a Palestina el estatus mejorado de «Estado no miembro observador». Señalemos la indudable importancia política de la resolución y recordemos que no fue posible la admisión de Palestina como Estado miembro sin más por la oposición del gobierno de los Estados Unidos de América, que en este punto tiene derecho de veto en tanto que miembro permanente del Consejo de Seguridad.

El 10 de mayo de 2024, mediante la resolución A/RES/ES-10/23, la Asamblea General amplió los derechos de Palestina en Naciones Unidas, en particular: el derecho a ocupar un asiento entre los Estados miembros por orden alfabético; el derecho a inscribirse en la lista de oradores para otros temas del programa que no sean la cuestión palestina y la cuestión de Oriente Medio, en el orden en que manifieste su deseo de hacer uso de la palabra; el derecho a formular declaraciones en nombre de un grupo, incluso entre los representantes de los grupos principales; el derecho a formular propuestas y enmiendas, incluso oralmente, y a presentarlas en nombre de un grupo; el derecho a copatrocinar propuestas y enmiendas, incluso en nombre de un grupo; el derecho a formular explicaciones de voto en nombre de los Estados miembros de un grupo; el derecho de respuesta en relación con las posiciones de un grupo; el derecho a presentar mociones

[7] Sobre la expulsión y suspensión, E. JIMÉNEZ DE ARÉCHAGA, *Derecho Constitucional de las Naciones Unidas,* Madrid, 1958, pp. 149 ss. Sobre la retirada voluntaria, L. NIZARD, «Le retrait de l'Indonésie des Nations Unies», en *A.F.D.I.,* 1965, pp. 498 ss.; E. SCHWELB, «Withdrawal from United Nations; the Indonesian Intermezzo», en *A.J.I.L.,* 1967, pp. 161 ss.; y M. PÉREZ GONZÁLEZ, *Retirada y «silla vacía» en la Organización Internacional,* Madrid, 1974.

de procedimiento; el derecho a proponer la inclusión de temas en el programa provisional de los períodos ordinarios o extraordinarios de sesiones y el derecho a solicitar la inclusión de temas suplementarios o adicionales en el programa de esos períodos; el derecho de los miembros de la delegación del Estado de Palestina a ser elegidos miembros de las mesas en el pleno y las Comisiones Principales de la Asamblea General; y el derecho a la participación plena y efectiva en las conferencias de las Naciones Unidas y en las conferencias y reuniones internacionales celebradas bajo los auspicios de la Asamblea General o, según proceda, bajo los auspicios de otros órganos de las Naciones Unidas, con arreglo a su participación en el foro político de alto nivel sobre el desarrollo sostenible. Con todo, Palestina sigue sin el derecho a votar en la Asamblea General ni a presentar su candidatura a los órganos de Naciones Unidas.

81. ESTRUCTURA INSTITUCIONAL

81.1. Generalidades

a) En su artículo 7 la Carta establece como *órganos principales* de las Naciones Unidas una Asamblea General, un Consejo de Seguridad, un Consejo Económico y Social, un Consejo de Administración Fiduciaria, una Corte (Tribunal) Internacional de Justicia y una Secretaría. Según comprobaremos en los apartados siguientes, la Asamblea General, Consejo de Seguridad, Consejo Económico y Social y Consejo de Administración Fiduciaria son órganos intergubernamentales[1], es decir, compuestos de representantes de gobiernos de los Estados miembros. De otro lado, sólo es órgano plenario, entre ellos, la Asamblea General; la participación de los Estados en los restantes tiene carácter restringido. Los otros dos órganos mencionados por el artículo 7 —Tribunal y Secretaría— no son intergubernamentales, ya que están integrados por personas que no ostentan aquella representación. En fin, órganos principales independientes o autónomos sólo son tres: la Asamblea General, el Consejo de Seguridad y el Tribunal Internacional de Justicia; ocurre, efectivamente, que el Consejo Económico y Social está subordinado a la Asamblea General, y el Consejo de Administración Fiduciaria a la Asamblea General y al Consejo de Seguridad. El Secretario General, por su parte, está subordinado a la Asamblea y a los tres Consejos.

b) Pero el párrafo 2 del artículo 7 tiene en cuenta la posibilidad de creación de los *órganos subsidiarios* que se estimen necesarios, y otras disposiciones de la Carta prevén también la creación de órganos subsidiarios por determinados órganos principales (arts. 22, 29, 68 y 107). De hecho, y como tendremos también ocasión de comprobar, el acentuado dinamismo de las Naciones Unidas ha determinado un amplio uso de aquellas previsiones de la Carta. Es elevado hoy, en efecto, el número de órganos subsidiarios, plenarios y restringidos, intergubernamentales y no intergubernamentales, debiéndose destacar la importancia de algunos de ellos, que supera incluso a la de algún órgano principal. El organigrama de las Naciones Unidas es hoy, así, realmente complejo, hecho que crea problemas serios de eficacia, racionalidad y de orden presupuestario.

c) Las líneas maestras de dicho *organigrama* van a ser objeto de estudio bajo el presente epígrafe, bien entendido que el examen tendrá carácter preferen-

[1] Véase apartado 27. Sobre los órganos en general de las Naciones Unidas: L. Gross, *The United Nations: Structure for Peace,* Nueva York, 1962; M. Diez de Velasco, «Estructura orgánica de la Organización de las Naciones Unidas», en *ONU, Año XX,* Madrid, 1966, pp. 11 ss.; H. Fakker, *The Relationship among the Principal Organs of the United Nations,* Ginebra, 1950; J. Dutheil de la Rochère, «Article 7», en J. P. Cot y A. Pellet, *La Charte des Nations Unies, Commentaire article par article,* París, Bruselas, 1985, pp. 211 ss.

temente dinámico, lo que quiere decir que no nos contentaremos con una glosa estática y formal de las disposiciones de la Carta, sino que tendremos en cuenta, sobre todo, la evolución de la Organización y las transformaciones ocurridas en cada uno de sus órganos y en las relaciones entre ellos. Y la perspectiva dinámica a que aludimos nos va a permitir que prescindamos del análisis de órganos que apenas desarrollan en nuestros días funciones de relieve; es el caso, en particular, del Consejo de Administración Fiduciaria, establecido por la Carta, según hemos visto, con carácter principal, pero cuya actuación tiene hoy interés muy escaso, como expusimos al hablar del impulso dado por las Naciones Unidas al proceso descolonizador. En cambio, por ser éste un libro concebido básicamente para la formación de juristas, nos ha parecido conveniente un detallado y extenso análisis del órgano judicial principal de la Organización, es decir, el Tribunal Internacional de Justicia.

81.2. La Asamblea General

a) La Asamblea General[2] es el único de los órganos principales intergubernamentales que tiene carácter *plenario,* ya que, según el párrafo 1 del artículo 9 de la Carta, todos los Estados miembros de las Naciones Unidas forman parte de él. Esta nota, la práctica universalidad de la Organización, y el principio del voto igualitario imperante (cada Estado tiene un voto, según el art. 18.1) confieren a la Asamblea un carácter altamente representativo, y no sólo de la Organización, sino también de la propia comunidad internacional. De ahí que, aunque en la gran mayoría de los casos las resoluciones de la Asamblea no tengan valor jurídicamente vinculante para los Estados miembros, sí posean en principio una elevada autoridad política y moral e incluso puedan contribuir de manera eficaz, en las condiciones que ya hemos estudiado, a la conformación y evolución del Derecho Internacional[3].

b) Según la Carta (art. 18), las *decisiones* se adoptan en la Asamblea por votación. La mayoría requerida es la de dos tercios de los miembros presentes y votantes cuando se trate de cuestiones importantes, a saber: recomendaciones relativas al mantenimiento de la paz y seguridad internacionales, elección de miembros no permanentes del Consejo de Seguridad, elección de miembros del Consejo Económico y Social y del Consejo de Administración Fiduciaria, admisión de nuevos miembros a la Organización, suspensión de los derechos y privilegios de los miembros, expulsión de miembros, cuestiones relativas al régimen

---

[2] Véase en general: P. A. Ladame, *L'Assemblée Générale des Nations Unies,* Ginebra, 1949; H. F. Haviland, *The Political Role of the General Assembly,* Nueva York, 1951; F. A. Vallat, «The Competence of the United Nations General Assembly», en *R. des C.*, vol. 97, 1959-II, pp. 207 ss.; P. F. Brugière, *Les pouvoirs de l'Assemblée Générale des Nations Unies en matière de politique et de sécurité,* París, 1955; S. D. Bailey, *The General Assembly of the United Nations: A Study of Procedure and Practice,* Londres, 1964; K. Jacobsen, *The General Assembly of the United Nations. A Quantitative Analysis of Conflict, Inequality and Relevance,* Nueva York, 1978; Sir F. Vallat, «United Nations General Assembly», en *E. O. P. I. L.*, 1983, vol. 5, pp. 323 ss.

[3] Véase apartado 11.

de administración fiduciaria y cuestiones presupuestarias. Las decisiones sobre otras cuestiones, incluyendo la determinación de cuestiones adicionales que deban resolverse por mayoría de dos tercios, se adoptarán por mayoría de los miembros presentes y votantes. Sin embargo, y pese a no estar regulado en la Carta, el método del consenso, al que ya nos hemos referido en otro lugar, se practica intensamente para la toma de decisiones por la Asamblea y sus órganos subsidiarios. Conviene destacar la especial autoridad política y moral de las decisiones adoptadas por consenso o por el método llamado de la adopción sin voto, también examinado[4].

c) La Asamblea celebra *sesiones* anuales ordinarias y también, cuando las circunstancias lo exijan, sesiones extraordinarias. Las sesiones ordinarias comienzan por lo común el tercer martes del mes de septiembre y se prolongan frecuentemente hasta fin de año. Por lo demás, y a efectos de una mejor división y organización del trabajo, la Asamblea funciona no sólo en plenario, sino también por comisiones; existen en ella varias comisiones principales, de las cuales es la sexta la que se ocupa de las cuestiones jurídicas. Con independencia de las referidas comisiones, la Asamblea ha creado muchos otros órganos subsidiarios, intergubernamentales o no. Uno de los órganos subsidiarios no intergubernamentales es la tantas veces citada Comisión de Derecho Internacional.

d) Pero importa sobre todo analizar las competencias de la Asamblea General. Y hay que hablar, por lo pronto, de la importante *competencia genérica* que al órgano atribuye el artículo 10 de la Carta; según dicho artículo, la Asamblea puede discutir cualesquiera asuntos o cuestiones dentro de los límites de la Carta o que se refieran a los poderes y funciones de cualquiera de los órganos creados por ella, así como hacer recomendaciones sobre tales asuntos o cuestiones a los Estados miembros, al Consejo de Seguridad y a éste o aquéllos; semejante facultad de hacer recomendaciones tiene, sin embargo, un límite, señalado en el artículo 12, pues si el Consejo de Seguridad está ejerciendo sus funciones respecto a una controversia o situación, en los términos de la Carta, la Asamblea deberá abstenerse de hacer recomendación alguna, a no ser que se lo pida el propio Consejo. Queremos señalar en todo caso, con el profesor JIMÉNEZ DE ARÉCHAGA, la importancia de esa cláusula de competencia genérica de la Asamblea, considerada como la primera de las grandes conquistas de las pequeñas a las grandes potencias en la Conferencia de San Francisco[5].

e) Además de la competencia genérica que acabamos de mencionar, la Asamblea posee importantes *competencias específicas.* La lista de ellas es larga, y a algunas competencias ya nos hemos referido al hablar del sistema de adopción de decisiones (admisión de miembros, elección de miembros para otros órganos, etc.); de otras competencias trataremos en distintos lugares (nombramiento del Secretario General, elección de jueces del Tribunal Internacional de Justicia, etc.). Aquí y

[4] Véase apartado 73.

[5] E. JIMÉNEZ DE ARÉCHAGA, *Derecho Constitucional de las Naciones Unidas,* Madrid, 1958, p. 161.

ahora, y ateniéndonos de una manera general a las disposiciones del Capítulo IV de la Carta —que es el que lleva por rúbrica «La Asamblea General»— vamos a dar somera noticia de las siguientes competencias específicas.

f) En el ámbito del *mantenimiento de la paz y seguridad internacionales,* según el párrafo 1.º del artículo 11 de la Carta, la Asamblea puede considerar los principios generales de la cooperación, incluso los principios que rigen el desarme y la regulación de armamentos, y hacer recomendaciones respecto a dichos principios a los Estados miembros o al Consejo de Seguridad o a éste y a aquéllos; puede también, de acuerdo con el párrafo 2 del mismo artículo, discutir toda cuestión relativa al mantenimiento de la paz y la seguridad internacionales que presente a su consideración cualquier Estado miembro, o uno no miembro, o el Consejo de Seguridad, y, salvo lo dispuesto en el artículo 12 (ya visto más arriba), hacer recomendaciones al Estado o Estados interesados o al Consejo de Seguridad o a éste y a aquéllos; por su parte, el párrafo 3 del mismo artículo le faculta a llamar la atención del Consejo hacia situaciones susceptibles de poner en peligro la paz y seguridad internacionales. La Asamblea General dispone, pues, según la Carta, de algunas competencias en lo que respecta al mantenimiento de la paz y seguridad internacionales, aunque hay que señalar que, en cuanto a situaciones concretas, ninguna recomendación puede adoptar la Asamblea si el Consejo de Seguridad está ejerciendo sus funciones. Y es que, en efecto, de conformidad con el párrafo 1 del artículo 24, es el Consejo de Seguridad el que tiene la responsabilidad primordial de mantener la paz y seguridad internacionales. En el sistema global que diseñó la Carta en orden al mantenimiento de la paz y seguridad internacionales, las competencias de la Asamblea eran, por tanto, secundarias. Sin embargo, cuando con el transcurso del tiempo se comprobó que el Consejo no estaba ejerciendo las funciones que le asignaba la Carta, como consecuencia del ejercicio del derecho de veto por alguno de los miembros permanentes, la Asamblea General adoptó la resolución 377 (V), de 3 de noviembre de 1950, llamada «Unidos para la paz», en virtud de la cual, si el Consejo de Seguridad debaja de cumplir con aquella responsabilidad primordial, la Asamblea examinaría inmediatamente el asunto con miras a dirigir a los Estados miembros recomendaciones apropiadas de carácter colectivo, que comportaban incluso el uso de la fuerza armada. Se discutió ampliamente en su día, desde el punto de vista jurídico la constitucionalidad de semejante resolución[6], pero era evidente que en el terreno político trataba de romper los equilibrios institucionales que, en orden al mantenimiento de la paz y seguridad internacionales, se habían consagrado en Yalta y en la Conferencia de San Francisco. Allí se quiso que el mantenimiento de la paz mediante acciones coercitivas descansase en el entendimiento unánime de los miembros permanentes del Consejo. Con la resolución «Unidos para la paz» se pretendía que la Asamblea —dominada en aquel entonces por el bloque occidental— pudiera legitimar acciones coercitivas en nombre de las Naciones

---

[6] Véase E. JIMÉNEZ DE ARÉCHAGA, *op. cit.* en nota anterior, pp. 197 ss.; A. ROSSIGNOL, «Des tentatives efectues en vue de mettre un nouveau mecanisme de sécurité collective à la disposition de l'Assemblée Générale des Nations Unies et leur inconstitutionalité», en *R.G.D.I.P.*, 1954, pp. 94 ss.

Unidas no consentidas por algún miembro permanente. Ya hemos dicho que estos intentos de protagonismo de la Asamblea provocaron una fuerte crisis en la Organización, de la que sólo se pudo salir en 1965 mediante un compromiso político. A partir de entonces se reafirmó la idea de que el mantenimiento de la paz correspondía primordialmente al Consejo de Seguridad[7].

g) La Asamblea General tiene también competencias específicas para la *solución pacífica de las controversias,* en los términos que estudiaremos al hablar de las funciones de la Organización[8]. Otra competencia interesante de la Asamblea es el *fomento de la cooperación internacional* en muy amplios campos: político, económico, social, cultural, educativo, sanitario y derechos humanos (art. 13). En lo que respecta a este punto, la Asamblea ha desarrollado un papel muy importante, y en las últimas décadas es en el ámbito del desarrollo, como veremos al tratar de las funciones de la Organización, donde ha adquirido mayor relieve el fomento de la cooperación. De la acción de la Asamblea para la defensa y protección de los derechos humanos hemos hablado con alguna amplitud en otro lugar[9]. El artículo 13 encarga, por su parte, a la Asamblea el *impulso del desarrollo progresivo del Derecho Internacional y su codificación;* los logros conseguidos en este campo son notables, y no sólo a través de la adopción de las grandes convenciones codificadoras examinadas a lo largo del curso, sino también por la considerable influencia que las resoluciones de la Asamblea General tienen en la conformación y evolución del Derecho Internacional. En fin, correspondc a la Asamblea la *competencia presupuestaria,* ya que es ella quien aprueba el presupuesto de la Organización, determinando —de manera obligatoria, se entiende— la proporción en que cada miembro debe contribuir a sufragar los gastos (art. 17).

h) En todo caso, factores como el carácter plenario del órgano, el incesante aumento del número de miembros de la Organización desde 1945 hasta nuestros días y las prioridades políticas de la nueva mayoría constituida por los Estados en desarrollo no han podido menos que repercutir en la orientación general de la acción de la Asamblea. Si en los tres primeros lustros de vida de las Naciones Unidas era el bloque occidental el que tenía mayoría en la Asamblea y ejercía en ella un peso decisivo, la entrada masiva en la Organización, en la década de los años sesenta, de los Estados de reciente independencia determinó un cambio significativo en la formación de las mayorías, sustraídas ya al bloque occidental y en manos desde entonces de los países en desarrollo o Grupo de los 77. Y así, de un lado, el carácter de no alineados de la mayor parte de esos Estados contribuyó a alejar del órgano las veleidades de sustituir al Consejo en la responsabilidad primordial de mantener la paz y seguridad internacionales y, de otro lado, la formación de mayorías automáticas entre los países del llamado Grupo de los 77 en las cuestiones relacionadas con el desarrollo, incluyendo el establecimiento de un Nuevo Orden Económico Internacional, ha motivado la inclinación ostensible y lógica de la Asamblea hacia estas cuestiones y hacia los problemas globales que hoy afectan a la humanidad[10].

---

[7] Véase apartado 79.
[8] Véase apartado 82.3.
[9] Véase apartado 22.1.
[10] Véase apartado 4.2.

i) Bien entrado el siglo XXI, y como se pone de manifiesto certeramente en el informe de 2005 del Secretario General sobre el Fortalecimiento de la Organización, el recurso cada vez mayor al consenso para la toma de decisiones comporta la consecuencia de que la Asamblea se limite a tratar de generalidades, abandonando toda idea decidida de pasar a la acción. En el mismo orden de consideraciones, y como se denuncia justamente en el informe, ocurre que la amplitud del programa impide a la Asamblea el tratamiento en profundidad de las más importantes cuestiones de fondo con que se enfrenta la humanidad. De otro lado, no puede decirse que esté a la altura de las necesidades la colaboración de la Asamblea —el órgano más representativo de la comunidad interestatal, como hemos dicho— con la sociedad civil internacional, cuya importancia es sin duda cada vez mayor en la arena internacional.

81.3. El Consejo de Seguridad

a) Organo principal de las Naciones, de carácter intergubernamental y de participación restringida, pesa sobre el Consejo de Seguridad la responsabilidad primordial del mantenimiento de la paz y la seguridad internacionales y tiene además otras importantes competencias. Estaríamos, por decirlo de un modo gráfico, ante algo así como un embrión de poder ejecutivo de la Comunidad Internacional. Las transformaciones de la sociedad internacional y de las relaciones internacionales acaecidas desde 1945 han provocado también en él, como vamos a comprobar, modificaciones en su composición y métodos de trabajo, así como en el ejercicio de aquella responsabilidad primordial. Explicamos todo ello en las líneas que siguen.

b) En la redacción originaria de la Carta la *composición* del Consejo era de once miembros: cinco permanentes (las superpotencias y grandes potencias, a saber: Estados Unidos, Unión Soviética, Reino Unido de la Gran Bretaña e Irlanda del Norte, Francia y China) y seis no permanentes que se elegían para un período de dos años por la Asamblea General (art. 23). Pero la tendencia hacia la universalidad de la Organización, que se hizo patente particularmente en la década de los años sesenta, determinó la necesidad de aumentar el número de miembros del Consejo a fin de hacerlo más representativo. Es así como, por resolución 1.991 A (XVIII) de la Asamblea General, de 17 de diciembre de 1963, en vigor desde el 31 de agosto de 1965 una vez cumplidos los requisitos del artículo 108 de la Carta, se reforma el artículo 23 en el sentido de que la composición total del Consejo fuese en adelante de quince miembros y el número de miembros no permanentes de diez. La misma resolución decidió que en la elección por la Asamblea de los miembros no permanentes se tuviesen en cuenta los siguientes criterios de representatividad geográfica: cinco Estados africanos y asiáticos, uno de Europa oriental, dos latinoamericanos y dos de Europa occidental y otros. El número y condición de los miembros permanentes no sufrió modificación. Así pues, y por lo que respecta a la composición del Consejo, encontramos en la Carta una consagración formal de la desigualdad real entre los Estados, desigualdad que reaparece, como veremos enseguida, en el método de adopción de decisiones para cuestiones no procedimentales o de fondo, y que se explica por la especial posición del órgano en cuanto al mantenimiento de la paz y seguridad internacionales.

Es importante señalar que hoy, sin necesidad de modificación de la Carta, el puesto de miembro permanente asignado por ella a la Unión Soviética lo ocupa el Estado considerado como su continuador, esto es, la República de la Federación Rusa (llamada ahora, simplemente, Rusia). Así resulta del Acuerdo de Alma Ata de 21 de diciembre de 1991 y así ha sido aceptado por la Comunidad Internacional organizada.

c) Pero a partir de 1993 están soplando vientos de cambio por lo que se refiere a la composición del Consejo de Seguridad. Efectivamente, y aunque la cuestión figurase en el orden del día de la Asamblea General desde el año 1979, el 11 de diciembre de 1992 adopta dicho órgano la resolución 47/62 sobre la cuestión de la representación equitativa en el Consejo de Seguridad y del aumento del número de sus miembros, en cuya parte dispositiva ruega al Secretario General que invite a los Estados miembros a someter observaciones escritas al respecto. Una de las ideas que se manejan en este marco de consideraciones, al parecer con el visto bueno de los Estados Unidos, es la de conceder puestos de miembros permanentes a Estados con altas responsabilidades en el sostenimiento financiero de la Organización y elevada capacidad de contribución eficaz al mantenimiento de la paz y seguridad internacionales, y ello con o sin el privilegio del derecho de veto del que hablaremos enseguida. Dos de los países vencidos en la segunda guerra mundial, Alemania y Japón, responden perfectamente al perfil descrito y pasarían a formar parte del Consejo de Seguridad bajo ese concepto. Paralelamente se asignaría la misma condición de miembros permanentes a los Estados más importantes de las principales regiones geográficas de los países en desarrollo: India, por ejemplo, en Asia; Brasil en América Latina; y Nigeria en África. Hay que decir que este patrón general de reforma parece muy razonable en buena parte de sus aspectos pero el obstáculo para su viabilidad estriba justamente en las reticencias y los celos de otros Estados importantes, desarrollados o en desarrollo, que se consideran también con títulos suficientes para sentarse de modo permanente en el Consejo de Seguridad. Otra idea que se ha barajado es la de crear miembros semipermanentes. En fin, en el informe interno sobre reforma de la Organización presentado por el Secretario General en diciembre de 2004 se proponen dos modelos alternativos de ampliación del Consejo. En ambos la cifra total de puestos es de 24, pero en el primer modelo se contemplan seis nuevos miembros permanentes y tres no permanentes; en el otro los nueve puestos adicionales serían no permanentes. En ambos modelos el derecho de veto continuaría como hasta ahora, esto es, en los miembros permanentes fundadores. España, octavo contribuyente mundial a la financiación de las Naciones Unidas, no ve con buenos ojos estas propuestas, cuyo triunfo reduciría sin duda sus oportunidades de acceder al Consejo como miembro no permanente. En cualquier caso, y empleando una expresión frecuentemente utilizada en diplomacia parlamentaria internacional, se ha abierto la Caja de Pandora. Llegar a un acuerdo en este punto no va a ser fácil y más teniendo en cuenta un factor adicional de complejidad y es que, dado el derecho de veto de que disfrutan también en esta materia los actuales miembros permanentes del Consejo, la reforma del órgano no puede llevarse a cabo sin el asentimiento de esos miembros.

d) En lo que concierne a las *reuniones* del Consejo, la Carta prevé las de carácter periódico, pero, dadas las importantes responsabilidades que recaen sobre el órgano, dispone también que será organizado de modo que pueda funcionar continuamente; a tal fin, cada miembro del Consejo tendrá en todo momento su representante en la sede de la Organización. Por lo demás, el Consejo puede reunirse en dicha sede o fuera de ella (art. 28). Registremos que existen precedentes de reuniones fuera de la sede: Addis-Abeba en 1972 y Panamá en 1973.

e) Para la *adopción de decisiones,* el artículo 27 de la Carta distingue dos grupos de cuestiones: las de procedimiento y las restantes (es decir, las no procedimentales o de fondo). Las decisiones sobre cuestiones de procedimiento se toman, tras la reforma operada en el artículo por la resolución de la Asamblea General de que hemos hablado en este apartado, por el voto afirmativo de nueve miembros. En este punto, pues, el voto es igualitario. En cambio, las decisiones sobre las demás cuestiones —las de fondo— se adoptan por el voto afirmativo de nueve miembros, mayoría que debe incluir los votos afirmativos de todos los miembros permanentes, lo que significa la concesión del *derecho de veto* a esos miembros. Se puede ejercer también lo que se llama el doble veto, porque, en efecto, si se discute el carácter —procedimental o de fondo— de una cuestión, el punto en discusión se considera de fondo, de tal modo que cabe vetar primeramente la calificación de la cuestión principal como procedimental y, una vez dilucidado que la cuestión es de fondo, volver a vetar la decisión que sobre ella se pretende adoptar. Existen precedentes en la práctica del ejercicio del doble veto. Señalemos asimismo que en la práctica del Consejo, y por más que no sea eso lo que resulte del tenor literal del artículo 27 de la Carta, la no participación en la votación (por ejemplo, si el delegado de un miembro permanente no asiste a la sesión) e incluso la abstención no se consideran veto. Esta última interpretación de que la abstención no equivale al veto ha sido confirmada por el Tribunal Internacional de Justicia en su dictamen sobre el *asunto de Namibia* de 21 de junio de 1971.

Es interesante señalar el resultado que arroja la tabla de vetos ejercidos hasta 1985. Según esa tabla, la antigua Unión Soviética detenta el récord total (116 vetos), aunque desde 1955 ha recurrido a él con mayor moderación que en la época anterior; Estados Unidos ha ejercido el derecho sólo desde 1970 y en 39 ocasiones; el Reino Unido lo ha utilizado 22 veces; Francia 15 y China sólo 4. Hay que decir, por lo demás, que el Consejo utiliza frecuentemente en los últimos lustros el método de consenso hasta el punto de que se ha generalizado un trámite de consultas y negociaciones previo a la adopción de decisiones, que pretende el entendimiento y la cooperación y trata de evitar la confrontación[11].

---

[11] La cita del Tribunal en CIJ, *Recueil,* 1971, p. 22. Sobre la adopción de decisiones, véase: J. DE PREUX, *Le veto dans la Charte des Nations Unies,* Lausana, 1949; C. GARCHON, *Le veto. Étude positive des modes de votation dans les Organisations Internationaux,* Argel, 1949; P. F. BRUGIÈRE, *Droit de veto,* París, 1952; G. DAY, *Le droit de veto dans l'Organisation des Nations Unies,* París, 1952; L. GROSS, «The Double Veto and the four Power Statement on Voting in Security Council», en *Harward Law Review,* 1953, pp. 251 ss.; M. C. SMOUTS, «Réflexions sur les méthodes de travail du Conseil de Securité», en *A.F.D.I.,* 1982,

f) Con independencia de las consideraciones procesales que hemos hecho en las líneas precedentes, nos parece imprescindible una *valoración política del derecho de veto.* Es el ejercicio de semejante privilegio por parte de los miembros permanentes lo que durante mucho tiempo ha impedido en la práctica que el Consejo cumpla la función primordial que le atribuye la Carta en orden al mantenimiento de la paz y seguridad internacionales. Dado que todos los conflictos armados interesan de una u otra manera a alguna de las superpotencias o grandes potencias, el veto o la amenaza del veto han imposibilitado la acción del Consejo. Ello ha dado lugar a críticas acerbas a la institución, y en el contexto de la reforma de la Carta ha motivado propuestas de supresión del privilegio; propuestas que no han prosperado y que tienen escasísimas probabilidades de ser incorporadas a la Carta toda vez que los mecanismos de reforma del instrumento constituyente, como ya sabemos, prevén también el veto de los miembros permanentes del Consejo (arts. 108 y 109). Realmente, en la Conferencia de San Francisco los cinco grandes dejaron las cosas atadas y bien atadas. Pero es que, además, todo intento de conceptuación política del derecho de veto requiere imaginar un escenario alternativo: el de unas Naciones Unidas en que no existiese semejante privilegio. ¿Qué hubiese ocurrido, efectivamente, en los tres primeros lustros del funcionamiento de la Organización —segunda mitad de la década de los años cuarenta y el entero decenio de los años cincuenta— sin la existencia del derecho de veto? La respuesta es clara a nuestro juicio. El Consejo de Seguridad hubiera podido desencadenar el mecanismo coercitivo previsto en el capítulo VII de la Carta contra la superpotencia o gran potencia que en el Consejo se encontraba en minoría, alterando así el equilibrio institucional de carácter político alcanzando en Yalta y confirmado en San Francisco: que la acción de las Naciones Unidas debía descansar en el consentimiento unánime de los miembros permanentes y que no debía ser utilizada por uno o unos de esos miembros contra otro u otros. Compromiso sabio, prudente e impregnado de realismo, pues el enfrentamiento de la Organización con un miembro permanente pudiera haber significado el fin de las Naciones Unidas. El derecho de veto se presenta, pues, a nuestro entender, como un salvavidas, como una garantía de orden político para la supervivencia de la Organización. Claro que lo deseable hubiera sido la realización del supuesto contemplado cuando se elaboró la Carta: el entendimiento entre los miembros permanentes del Consejo en lo que atañe al mantenimiento de la paz y

---

pp. 601 ss. Sobre el Consejo de Seguridad en general: T. J. KAHNG, *Law, Politics and the Security Council,* La Haya, 1969; HISCOKS, *The Security Council,* Londres, 1973; y E. JIMÉNEZ DE ARÉCHAGA, «United Nations Security Council», en *E. O. P. I. L.,* 1983, vol. 5, pp. 345 ss. J. A. CARRILLO SALCEDO, «Le role du Conseil de Sécurité dans l'organisation et la réglementation du droit d'assistance humanitaire», en *Le développement du role du Conseil de Sécurité. Colloque 1992,* Academia de Derecho Internacional de La Haya, Nijhoff, 1993; del mismo autor, «El Consejo de Seguridad y el mantenimiento de la paz: aspectos recientes», en *Cuadernos de Derecho Internacional de Vitoria-Gasteiz,* 1992, pp. 19 ss.; M. ORTEGA CARCELEM, *Hacia un Gobierno Mundial,* Salamanca, 1995; F. L. KIRGIS, «The Security Council's Fifty Years», en *A. J. I. L.,* 1995-3, pp. 506 ss.; M. E. LÓPEZ-JACOISTE DÍAZ, *La actualidad del Consejo de Seguridad de las Naciones Unidas. La legalidad de las decisiones y el problema de su control,* Madrid, 2003; E. DE WET, *The Chapter VII Powers of the Security Council,* Hart Publishing, Oxford, 2004; y L. A. SICILIANOS, «Après l'Irak, où va le Conseil de Sécurité», *Soberanía del Estado y Derecho internacional. Homenaje al profesor Juan Antonio Carrillo Salcedo,* Sevilla, 2005, pp. 1311 ss. La tabla de casos de veto la hemos tomado de P. TAVERNIER, «Article 27», en *La Charte des Nations Unies. Commentaire article par article,* París, Bruselas, 1985, pp. 499 ss. Sobre la reforma del Consejo, véase R. RIQUELME CORTADO, «La interminable historia de la reforma del Consejo de Seguridad», *R. E. D. I.,* 2005, 2, pp. 745 ss.

seguridad internacionales. Es la no realización de aquel supuesto la que determinó las carencias del Consejo y, a fin de cuentas, el fracaso global de la Organización hasta 1990 en el mantenimiento de la paz y seguridad internacionales, si bien en este ámbito el órgano puso en marcha acciones preventivas de importancia nada desdeñable, que estudiaremos más adelante[12]. En todo caso, la nueva situación de las relaciones internacionales tras la desaparición de la bipolaridad y la consolidación de la distensión Este-Oeste está liberando al Consejo de los enojosos vetos del tiempo de la guerra fría y, aunque por razones diferentes a las del pasado (que expondremos en el apartado 82.2), la actuación de las Naciones Unidas para mantener la paz y seguridad internacionales muestra carencias importantes y sigue sin ser satisfactoria. Ello prueba que no es el denostado derecho de veto el causante de los males que en este orden de cosas aquejan a la Organización.

g) En lo que se refiere a las *competencias* del Consejo, y como resulta de las consideraciones precedentes, la más importante consiste en el mantenimiento de la paz y seguridad internacionales, cuestión en que, como sabemos, el órgano tiene responsabilidad primordial (art. 24) y en la que sus decisiones poseen carácter obligatorio, ya que, según el artículo 25, los miembros de las Naciones Unidas convienen en aceptar y cumplir aquellas decisiones de acuerdo con la Carta. Las líneas maestras de la acción del órgano en esta materia han sido ya estudiadas con ocasión del examen del *ius ad bellum*[13]; la práctica del Consejo será tratada cuando nos ocupemos del mantenimiento de la paz y seguridad internacionales como función de las Naciones Unidas[14]. El Consejo tiene asimismo competencias en materia de arreglo pacífico de controversias internacionales, concurrentes con las de la Asamblea General, cuyo estudio posponemos igualmente para el lugar en que examinemos las funciones de la Organización. Y a lo largo de su articulado la Carta le atribuye otras competencias, algunas ya aludidas (admisión de nuevos miembros, expulsión, suspensión) y otras pendientes de referencia ulterior al hilo del examen de nuevas materias (elección de jueces del Tribunal Internacional de Justicia, ejecución de sus fallos, facultad de pedir dictámenes, etc.).

81.4. El Consejo Económico y Social

a) El Consejo Económico y Social (denominado *Ecosoc* en la práctica común de las Naciones Unidas) es un órgano principal, de participación restringida, intergubernamental en cuanto integrado por representantes de los gobiernos de los Estados miembros, y del que se puede decir que está subordinado a la Asamblea General e incluso al Consejo de Seguridad (arts. 65 y 66, *in fine*). El ámbito de su

[12] Véase bibliografía citada en nota anterior. Véase también E. Jiménez de Aréchaga, *Derecho Constitucional de las Naciones Unidas,* Madrid, 1958, pp. 229 ss.; I. L. Claude, «The United Nations and the Use of Force», en *International Conciliation,* 1961; M. Bourquin, *L'Etat souverain et l'Organisation Internationale,* Nueva York, 1959; y J. A. Carrillo Salcedo, *La crisis constitucional de las Naciones Unidas,* Madrid, 1966, especialmente pp. 27 ss.
[13] Véase apartado 64.2.
[14] Véase apartado 82.2.

competencia es inmensamente amplio y recae básicamente sobre asuntos de carácter económico, social, cultural, educativo y sanitario, y otros conexos, que incluyen el respeto a los derechos humanos.

b) En lo que se refiere a su *composición,* el número de miembros previsto originariamente en la Carta era de 18, cifra que fue necesario ampliar al compás del crecimiento de las Naciones Unidas, y así, por resolución de la Asamblea General, de 17 de agosto de 1963, se modificó el artículo 61 de la Carta para fijar en 27 el número de Estados miembros. Una nueva resolución de la Asamblea, la de 20 de diciembre de 1971, en vigor desde el 24 de septiembre de 1973, estableció la cifra de miembros en 54. Los miembros se eligen por la Asamblea General por un período de tres años y es posible la reelección (art. 61).

c) En cuanto a las *sesiones,* señala la Carta (art. 72) que el Consejo Económico y Social se reunirá cuando sea necesario de acuerdo con su reglamento; en la práctica las reuniones tienen lugar dos veces al año. Las *decisiones* se adoptan por mayoría de los miembros presentes y votantes, en el entendido de que cada miembro tiene un voto (art. 67). También este órgano recurre al método del consenso para la adopción de decisiones. Señalemos que el Consejo ha hecho amplio uso de la facultad que le atribuye la Carta (art. 68) de establecer comisiones. Una de ellas, cuya creación se prevé expresamente, es la Comisión de Derechos Humanos, de la que ya nos hemos ocupado en otro lugar de este libro[15].

d) Hemos señalado más arriba el vasto ámbito material de las *competencias* del órgano, y entre ellas querríamos destacar de nuevo las relacionadas con la protección de los derechos humanos, que ejerce no sólo en tanto que órgano matriz de la Comisión de Derechos Humanos, sino también en el contexto de los mecanismos de control establecidos por los Pactos sobre derechos económicos, sociales y culturales, y derechos civiles y políticos, respectivamente. A lo expuesto en la parte correspondiente de este libro nos remitimos[16]. Por lo demás, la acción del Consejo Económico y Social se realiza mediante la ayuda prestada a la Asamblea General y al Consejo de Seguridad, por la confección de estudios e informes, adopción de recomendaciones, preparación de proyectos de convención a fin de ser sometidos a la Asamblea General, y convocatoria de conferencias internacionales en asuntos de su competencia. Es de destacar también la función de coordinación de los organismos especializados de la familia de las Naciones Unidas —los que realizan a nivel universal la cooperación sectorial—, de los que recibe informes y a los que puede hacer recomendaciones (arts. 63, 64 y 70). El órgano toma igualmente las medidas adecuadas para celebrar consultas con las llamadas ONG (organizaciones no gubernamentales)[17], a muchas de las cuales ha atribuido estatuto consultivo (art. 71).

e) La interdependencia creciente entre los Estados ha motivado que un órgano con competencias tan extensas respecto a la cooperación internacional

[15] Véase apartado 22.1.
[16] Véase apartado 22.1.
[17] Véase apartado 69.1 y la bibliografía allí citada sobre las ONG.

tenga agendas extremadamente cargadas que apenas pueden ser despachadas en los dos períodos de sesiones anuales. Carece, además, de recursos financieros propios y adecuados al cumplimiento de sus funciones. De otro lado, el tamaño del Consejo no deja de constituir un problema serio, pues 54 miembros constituyen un número demasiado alto para hacer de él un órgano eficiente y una cifra demasiado pequeña para actuar con la representatividad y autoridad que tiene la Asamblea General. Son éstos los factores estructurales que explican la debilidad del órgano y la circunstancia de que no haya satisfecho las esperanzas que la Conferencia de San Francisco depositó en él[18]. Estamos, pues, ante uno de los órganos principales de las Naciones Unidas más necesitados de apoyo político y soporte financiero, así como de orden y racionalización en los métodos y programas de trabajo. Coincidimos de todos modos con el profesor RAMÓN PANIAGUA en que no es conveniente dar composición universal al órgano y en que, dada la cada vez más estrecha relación entre el mantenimiento de la paz y el desarrollo, sí convendría vincularlo en la mayor medida posible al Consejo de Seguridad. En este orden de ideas se habló, en la década de los noventa (propuesta hecha en 1994 por el PNUD), de la conveniencia de crear un Consejo de Seguridad Económica, reducido y manejable, que sea tomado en serio por los Estados mas ricos y que coordine sus tareas con organismos especializados de las Naciones Unidas, como el Banco Mundial y el Fondo Monetario Internacional, y también con la Organización Mundial de Comercio (antiguo GATT). En el informe sobre fortalecimiento de la Organización presentado en 2005 por el Secretario General se proponen entre otras cosas que se celebren en el Consejo Económico y Social reuniones de nivel ministerial y que se estrechen sus vínculos con el Consejo de Seguridad a fin de promover medidas de prevención de carácter estructural. En todo caso, la mejora de las funciones del órgano depende esencialmente del interés que pongan en ella los Estados miembros.

81.5. EL TRIBUNAL INTERNACIONAL DE JUSTICIA

a) *El Estatuto del Tribunal.* El Tribunal Permanente de Justicia Internacional, órgano judicial previsto en el Pacto de la Sociedad de Naciones y que funcionó bajo sus auspicios, tenía convocadas sesiones en La Haya para el mes de mayo de 1940, pero la ocupación de los Países Bajos por tropas alemanas durante la segunda guerra mundial imposibilitó la celebración de las mismas. Como la sede del Tribunal era la ciudad holandesa, lo único que pudo hacer el Tribunal fue trasladar sus oficinas a Ginebra. En 1943, y dentro de los trabajos que condujeron a la creación de las Naciones Unidas, se reunió en Londres un Comité de Expertos que recomendó el establecimiento de un tribunal independiente. En Dumbarton Oaks no se llegó a

[18] F. L. KIRGIS, «United Nations Economic and Social Council», en *E.O.P.I.L.*, 1983, vol. 5, pp. 310 ss. Véase en general, L. DELBEZ, «Les pouvoirs du Conseil Economique et Social», en *Études en l'honneur de George Scelle,* París, 1950, vol. I, pp. 213 ss.; P. VELLAS y L. INCHAUSPE, *Les compétences du Conseil Économique et Social des Nations Unies,* París, 1950; y R. PANIAGUA, *La reforma del Consejo Económico y Social de las Naciones Unidas (1945-2000)*, Madrid, 2001.

un acuerdo sobre si ese tribunal debía ser el Tribunal Permanente, ya existente, o uno nuevo. La cuestión se dejó a decisión de la Conferencia de San Francisco, y en ella, al tiempo que se rindió justo homenaje al Tribunal Permanente, se decidió la creación de un nuevo órgano judicial, porque ni todos los Estados partes en el Estatuto de aquél participaban en la conferencia, ni todos los Estados que tomaban parte en ella, e iban a ser por tanto miembros originarios de las Naciones Unidas, eran partes en aquel Estatuto. De ahí que la Carta crease como órgano principal de las Naciones Unidas el Tribunal Internacional de Justicia (arts. 7 y 92 a 96). El Tribunal Permanente fue disuelto formalmente por la Asamblea de la Sociedad de Naciones el 18 de abril de 1946. Y el nombre del tribunal fue modificado porque se entendió en San Francisco —correctamente— que la antigua denominación contenía un pleonasmo —ya que todo órgano judicial debe ser permanente— además de una inexactitud, porque no era adecuado calificar de internacional a la justicia; el adjetivo correspondía en rigor al sustantivo tribunal. El funcionamiento del nuevo Tribunal se regula en el Estatuto anejo a la Carta y que forma parte integrante de ella (art. 92 de la Carta). Y es importante señalar que hay una cierta continuidad entre ambos tribunales, cosa que reconoce la propia Carta al decir que el Estatuto del Tribunal Internacional de Justicia está basado en el del Tribunal Permanente (art. 92 de la Carta) y porque, además, dos artículos del nuevo Estatuto (p. 5 del art. 36 y art. 37) transfieren al Tribunal Internacional de Justicia supuestos de competencia aceptados por los Estados respecto al Tribunal Permanente. Y con independencia de ello existe continuidad jurisprudencial entre ambos órganos. Al igual que el anterior, el Tribunal Internacional de Justicia tiene su sede en el Palacio de la Paz de La Haya, aunque puede reunirse en otro lugar si lo estima conveniente (art. 22), facultad de la que nunca se ha hecho uso.

El dato de que el Estatuto del Tribunal Internacional de Justicia se base en el del Tribunal Permanente de Justicia Internacional permite el recurso, a efectos interpretativos y cuando sea pertinente, a los trabajos preparatorios de este último, aunque en semejante recurso hay que proceder con prudencia y circunspección. El Estatuto del Tribunal Internacional de Justicia se adopta en 1945 en circunstancias políticas muy distintas a las imperantes en la época de creación de la Sociedad de Naciones, y en la medida en que sea necesario acudir a los trabajos preparatorios, los de la Conferencia de San Francisco deben prevalecer sobre las labores del Comité de Expertos que en 1920 redactó el Estatuto del Tribunal Permanente.

Por lo demás, el Estatuto anejo a la Carta configura obviamente el Tribunal Internacional de Justicia como un auténtico órgano judicial de solución de las controversias internacionales. Hemos analizado ya en otro lugar de este libro los rasgos característicos de este medio de arreglo de controversias, así como las notas comunes y diferenciales que presenta en relación con el arbitraje. A lo allí escrito nos remitimos[19].

---

[19] Véase apartado 62. Sobre el Tribunal Internacional de Justicia en general: M. DUBISSON, *La Cour Internationale de Justice,* París, 1964; S. ROSENNE, *The Law and Practice of the International Court,* 2 vols., Leyden, 1965, y *El Tribunal Internacional de Justicia,* Madrid, 1967; L. GARCÍA ARIAS, *Balance y perspectivas del Tribunal Internacional de Justicia,* Madrid, 1972; H. K. SCHOLOCHAUER, «Interna-

b) *Organización general.* Según el artículo 2 del Estatuto, el Tribunal es un cuerpo de magistrados independientes elegidos, sin tener en cuenta su nacionalidad, de entre personas que gocen de alta consideración moral y que reúnan las condiciones requeridas para el ejercicio de las más altas funciones judiciales en sus respectivos países, o que sean jurisconsultos de reconocida competencia en materia de Derecho Internacional. El artículo 9 establece, por su parte, otro criterio que deben tener en cuenta los electores y es que en el conjunto estén representadas las grandes civilizaciones y los principales sistemas jurídicos del mundo. De conformidad con el párrafo 1 del artículo 3, el número de jueces es de quince, de los cuales no podrá haber dos que tengan la misma nacionalidad. Los jueces desempeñan su mandato durante un plazo de nueve años y pueden ser reelegidos (art. 13).

Pero ¿cómo se eligen los jueces? La falta de acuerdo sobre los patrones que debían inspirar la designación de magistrados fue lo que, en la Segunda Conferencia de la Paz de La Haya de 1907, impidió la creación del Tribunal de Justicia Arbitral, propuesto por los Estados Unidos, porque allí las grandes potencias reclamaban una posición privilegiada en orden a la presencia de jueces de su nacionalidad, deseo que chocó lógicamente con los puntos de vista de las pequeñas potencias, que, capitaneadas por la delegación de Brasil, exigían respeto al principio de igualdad. En el Estatuto del Tribunal Permanente se llegó a una fórmula de transacción ideada por el jurista estadounidense ROOT: el escrutinio separado en el Consejo y en la Asamblea de la Sociedad de Naciones, es decir, en el órgano restringido y en el plenario, fórmula que ha pasado al Estatuto del actual Tribunal, que, efectivamente, consagra el procedimiento del doble escrutinio.

Las líneas básicas del procedimiento de *elección* (arts. 4 a 12) son las siguientes. El primer trámite es la elaboración de la lista de candidatos. Los grupos nacionales del Tribunal Permanente de Arbitraje, o, si no los hay, los grupos que a este efecto designen los respectivos gobiernos, designan hasta un máximo de cuatro candidatos, de los cuales no más de dos serán de su misma nacionalidad. El Secretario General de las Naciones Unidas elabora una lista, por orden alfabético, de las personas así designadas, que somete a la Asamblea General y al Consejo de Seguridad, órganos que, de manera independiente, proceden a la elección de los jueces, considerándose elegidos aquellos que obtengan mayoría absoluta de votos en uno y otro órgano, y bien entendido que en el Consejo no existe sobre este punto derecho de veto de los miembros permanentes.

El Estatuto del Tribunal establece la institución de los denominados jueces *ad hoc.* Efectivamente, en caso de que uno de los jueces tenga la nacionalidad de uno de los Estados litigantes, dicho juez conserva el derecho a participar en la decisión, pero, si en el Tribunal no existe un juez nacional del otro Estado parte en el litigio, este último Estado puede designar una persona para que participe en calidad de juez. Incluso si no forma parte del Tribunal ningún juez con nacionalidad de ninguno de los Estados litigantes, cada uno de ellos puede designar un juez. Estamos realmente ante un vestigio de la institución del arbitraje. Añadamos que, por lo

---

tional Court of Justice», en *E. O. P. I. L.*, 1981, vol. 1, pp. 72 ss.; T. O. ELIAS, *The International Court of Justice,* La Haya, 1983. Respecto a la denominación usual en España («Tribunal Internacional de Justicia»), véase la nota 27 del apartado 62.

común, los jueces *ad hoc* votan a favor del Estado que les ha designado, por lo que su misión estriba de hecho en defender las posiciones de las partes en el momento decisivo de deliberación del Tribunal[20].

El Tribunal funciona normalmente *en pleno,* aunque el Estatuto reconoce la posibilidad de constitución de *salas especiales,* compuestas por un número reducido de magistrados que podrán oír y resolver los casos si las partes así lo solicitan. La reforma del Reglamento del Tribunal operada en 1972 ha admitido que los Estados partes en la controversia puedan designar los jueces que integren dichas salas. Se trata de una novedad del mayor interés, que tiende a dotar al arreglo judicial de algunas de las ventajas del arbitraje, como ya dijimos, y de la que los Estados partes están haciendo uso frecuente en los últimos años[21].

c) *Ius standi.* Según el artículo 34 del Estatuto, sólo los Estados podrán ser partes en litigios ante el Tribunal. No se admite, pues, el *ius standi* de los particulares, ni siquiera el de las organizaciones internacionales, aunque el Tribunal sí puede recabar y recibir, de estas últimas, información sobre los casos de que conozca. Claro que esta denegación del *ius standi* de las organizaciones internacionales se refiere al supuesto en que el Tribunal ejerza jurisdicción contenciosa —es decir, resuelva controversias mediante decisiones vinculantes—, porque, en las condiciones señaladas en la Carta y en el Estatuto, que más adelante estudiaremos, ciertos órganos de organizaciones internacionales sí pueden pedir opinión o dictamen —no vinculante— al Tribunal. Es el supuesto de la llamada función consultiva. Y cabe incluso transformar la función consultiva en jurisdicción contenciosa atribuyendo mediante acuerdo eficacia vinculante al dictamen, lo que supone reconocimiento de un cierto derecho de acceso de las organizaciones internacionales a los litigios ante el Tribunal. Volveremos sobre este tema al hablar de la función consultiva.

Está claro, en todo caso, que los Estados tienen *ius standi* ante el Tribunal; pero ¿qué Estados exactamente? Por lo pronto, según el párrafo 1.º del artículo 35 del Estatuto, lo tienen todos los Estados partes en él, debiéndose señalar a este respecto que, según el artículo 93 de la Carta, poseen *ipso facto* esa condición los miembros de las Naciones Unidas, aunque un Estado no miembro puede llegar a ser parte en el Estatuto de acuerdo con las condiciones establecidas en cada caso por la Asamblea General a recomendación del Consejo de Seguridad. Pero también un Estado no parte en el Estatuto puede llegar a litigar ante el Tribunal, ya que, de acuerdo con el párrafo 2 del artículo 35 del Estatuto (caso de Albania en el litigio del *Canal de Corfú,* resuelto por sentencia de 9 de abril de 1949)[22], el Consejo de Seguridad fijará, con sujeción a los tratados vigentes, las condiciones en que el Tribunal estará abierto a otros Estados, condiciones que no podrán colocar a las partes de modo alguno en situación de desigualdad.

---

[20] Sobre los jueces *ad hoc,* D. D. NSERKO, «The International Court, Impartiality and Judges ad hoc», en *Indian Journal of International Law,* 1973, pp. 207 ss.

[21] Véase apartado 62; y E. ZOLLER, «La première Constitution d'une Chambre spéciale par la Cour Internationale de Justice: Observations sur l'Ordonnance du 20 janvier 1982», en *R. G. D. I. P.,* 1982, pp. 305 ss.

[22] CIJ, *Recueil,* 1949, pp. 4 ss.

d) *Competencia.* La competencia del Tribunal Internacional de Justicia se mueve dentro de las grandes coordenadas del Derecho Internacional contemporáneo sobre solución de controversias. Una de esas coordenadas es, como sabemos[23], el principio de libertad en la elección del medio de arreglo, lo que comporta la consecuencia de que no cabe solución jurisdiccional de la controversia, y por tanto arreglo judicial, sin el consentimiento de los Estados partes. Claro que tal consentimiento puede manifestarse por diversas vías: bien *a posteriori,* es decir, después de surgida la controversia, y a través de un acuerdo especial que se llama compromiso; bien *a priori,* esto es, antes de nacida la controversia, en cuyo caso el consentimiento puede prestarse sea por vía convencional, sea por vía unilateral si concurre una declaración unilateral del otro Estado parte. El fundamento de la competencia es, pues, consensual, aunque el Tribunal ha mitigado el rigor de tal principio atribuyéndose, con base en el Estatuto o yendo más allá de su letra, una amplia competencia incidental. Desarrollamos a continuación todos estos supuestos de competencia.

A la hipótesis del compromiso se refiere la primera oración del párrafo 1 del artículo 36 del Estatuto cuando dice que «la competencia de la Corte se extenderá a todos los litigios que las partes le sometan...». Señalemos que el Tribunal ha interpretado los compromisos de acuerdo con el principio de la efectividad, es decir, de manera que permita desplegar a sus cláusulas efectos útiles[24]. Y es importante aclarar asimismo que no es sólo el consentimiento expresado por compromiso el que confiere competencia al Tribunal, porque, según resulta de su jurisprudencia[25], aquél puede manifestarse también incluso después de iniciado el procedimiento, bien por actos concluyentes, o por actos separados o sucesivos, o de manera tácita, esto es, por cualquier declaración o actitud de un gobierno que implique un elemento de consentimiento de la competencia del Tribunal. Es ésta la doctrina llamada del *forum prorrogatum,* de la que el Tribunal ha hecho un uso relativamente amplio.

Al consentimiento del Estado demandado a la competencia del Tribunal una vez presentada la demanda se refiere el párrafo 5.º del artículo 38 del Reglamento, que precisa que hasta que no se preste ese consentimiento la demanda no se inscribe en el registro ni se lleva a cabo ningún acto de procedimiento. En el asunto relativo a *ciertas cuestiones de asistencia mutua en materia criminal* (*Djibouti* contra *Francia*), sometido en el año 2006, la competencia se basó en el consentimiento manifestado por el Estado demandado una vez formulada la demanda.

---

[23] Véase apartado 58. Sobre la competencia del Tribunal: E. HAMBRO, «The Jurisdiction of the International Court of Justice», en *R. des C.,* t. 76, 1950, pp. 121 ss.; V. STARACE, *La competenza de la Corte Internazionale de Giustizia in materia contenziosa,* Nápoles, 1970; y R. CASADO RAIGÓN, *La jurisdicción contenciosa de la Corte Internacional de Justicia,* Córdoba, 1987.

[24] CPJI, *Serie A,* n.º 22, p. 13; CPJI, *Serie B,* n.º 13, p. 19; CPJI, *Serie A,* n.º 24, p. 14; CPJI, *Serie A/B,* n.º 46, pp. 135-159; y CIJ, *Recueil,* 1949, p. 24.

[25] CPJI, *Serie A,* n.º 5, p. 28; CPJI, *Serie A,* n.º 15, pp. 22-25; CIJ, *Recueil,* 1948, pp. 27 ss.; CIJ, *Recueil,* 1951, p. 78; y CIJ, *Recueil,* 1952, p. 114. Sobre el *forum prorrogatum*: S. ROSENNE, «The Forum Prorrogatum in the International Court of Justice», en *Revue Héllenique du Droit International,* 1953; E. PECOURT GARCÍA, «El principio del *forum prorrogatum* y su aplicación en los tribunales internacionales», *Anales de la Universidad de Valencia,* vol. XXXIV (1960-1961), pp. 3 ss.; y J. SOUBEYROL, «Forum prorrogatum et Cour Internationale de Justice: de la procédure contentieuse à la procédure consultative», en *R.G.D.I.P.,* 1972, pp. 1098 ss.

Al supuesto de consentimiento prestado *a priori* mediante instrumento convencional alude la segunda oración del párrafo 1 del artículo 36 del Estatuto cuando declara que «la competencia de la Corte se extiende a todos los litigios... especialmente previstos en la Carta de las Naciones Unidas o en los tratados y convenciones vigentes». El tratado en cuestión puede ser un instrumento general de solución de controversias o bien un tratado referido a otra materia —por ejemplo, una convención codificadora—. En todo caso, según el artículo 37, «cuando un tratado o convención vigente disponga que un asunto sea sometido a una jurisdicción que debía instituir la Sociedad de Naciones, o a la Corte Permanente de Justicia Internacional, dicho asunto, por lo que respecta a las partes en este Estatuto, será sometido a la Corte Internacional de Justicia». Justamente, en el litigio de *Barcelona Traction* entre España y Bélgica, el Tribunal fundó su competencia en el hecho de que por el Tratado hispano-belga de 19 de julio de 1927 ambos países habían establecido la competencia del Tribunal Permanente, competencia que el artículo 37 del Estatuto había transferido al Tribunal Internacional de Justicia[26]. En fin, al 31 de julio de 2006, cláusulas de 300 tratados, entre multilaterales o bilaterales, prevén la competencia del Tribunal.

En el párrafo 2 del artículo 36 contempla el supuesto de competencia resultante del juego de las declaraciones unilaterales de los Estados partes en la controversia, fórmula ideada por el Comité de Juristas que en 1920 redactó el Estatuto del Tribunal Permanente como solución de compromiso entre los que deseaban la jurisdicción obligatoria completa y los que no pretendían ir más allá de la jurisdicción facultativa. Efectivamente, los Estados partes en el Estatuto pueden declarar en cualquier momento que reconocen como obligatoria *ipso facto* y sin convenio especial, respecto a cualquier otro Estado que acepte la misma obligación, la jurisdicción del Tribunal en todas las controversias de orden jurídico que versen sobre: *a)* la interpretación de un tratado; *b)* cualquier cuestión de Derecho Internacional; *c)* la existencia de todo hecho que, si fuere establecido, constituiría violación de una obligación internacional; *d)* la naturaleza o extensión de la reparación que ha de hacerse por el quebrantamiento de una obligación internacional. La declaración puede hacerse incondicionalmente o bajo condición de reciprocidad por parte de varios o determinados Estados o por tiempo determinado.

En la tercera década del milenio, sólo 74 Estados —algo más de la tercera parte de los miembros de las Naciones Unidas— han hecho o mantenido ese tipo de declaraciones, dándose la circunstancia, además, de que algunas de ellas están afectadas por reservas y restricciones que enervan en ocasiones la operatividad del mecanismo. Entre las ausencias hay que subrayar la de Rusia o China, y la de un tradicional valedor en el pasado de la jurisdicción obligatoria, los Estados Unidos, que en 1984 revocó su declaración con ocasión de la demanda presentada por Nicaragua en el *caso de las actividades militares y paramilitares en Nicaragua y contra ella*[27]. Hay que hacer notar con júbilo el hecho importante para nosotros de que España depositó la declaración

---

[26] CIJ, *Recueil,* 1964, pp. 6 ss.; A. MIAJA DE LA MUELA, «El artículo 37 del Estatuto del Tribunal Internacional de Justicia y su interpretación por la sentencia de 24 de julio de 1964», en *Estudios sobre el Tribunal Internacional de Justicia,* obra colectiva, Zaragoza, 1967, pp. 151 ss.; y J. A. PASTOR RIDRUEJO, «La sentencia del Tribunal de La Haya de 24 de julio de 1964: Excepciones preliminares en el caso Barcelona Traction», ibíd., pp. 133 ss.

[27] CIJ, *Recueil,* 1984, pp. 192 ss.

unilateral el 29 de octubre de 1990[27 bis], acompañándola de excepciones de carácter más técnico o procesal que propiamente sustantivo.

Señalemos que la jurisprudencia del Tribunal es rica en lo que respecta a la forma, interpretación y efectos de las declaraciones unilaterales y sus restricciones. Así, y partiendo de la previsión del párrafo 4.º del artículo 36 del Estatuto, según la cual las declaraciones serán remitidas para su depósito al Secretario General de las Naciones Unidas, ha sentado el Tribunal el principio general de la libertad de forma[28]; ha dicho también que en la interpretación de las declaraciones hay que indagar el sentido natural y razonable de lectura del texto y que, a diferencia de los tratados, no es preciso atribuir razón de ser y sentido a cada uno de sus términos, ya que los actos unilaterales contienen a veces palabras *ex abundanti cautela*[29]; que en principio las declaraciones deben ser interpretadas de conformidad con el Derecho existente y no en contra del mismo[30]; y que, en caso de duda, puede recomendarse

---

[27 bis] *B.O.E.* de 16 de noviembre de 1990. Véase E. ORIHUELA CALATAYUD, «España y la jurisdicción obligatoria del Tribunal Internacional de Justicia», en *R.E.D.I.*, 1989, 1, vol. XLI, pp. 69 ss.; J. D. GONZÁLEZ CAMPOS, «España reconoce como obligatoria la jurisdicción de la C.I.J. de conformidad con el artículo 36.2 del Estatuto», *R.E.D.I.*, 1990, 2, vol. XLII, pp. 361 ss.; y J. A. PASTOR RIDRUEJO, «The spanish declaration of acceptance of the compulsory jurisdiction of the International Court of Justice», en *S.Y.I.L.*, 1991, pp. 19 ss.

El texto de la declaración es: «1. Tengo el honor de declarar, en nombre del Gobierno español, que el Reino de España reconoce como obligatoria *ipso facto,* y sin necesidad de convenio específico, la jurisdicción del Tribunal Internacional de Justicia conforme a lo dispuesto en el párrafo 2 del artículo 36 del Estatuto de dicho Tribunal, respecto a cualquier otro Estado que haya aceptado la misma obligación, bajo condición de reciprocidad, en las controversias de orden jurídico no comprendidas en los supuestos y excepciones siguientes:

»*a*) Controversias respecto de las cuales el Reino de España y la otra u otras partes hayan convenido o convengan recurrir a un medio pacífico distinto de arreglo de la controversia.

»*b*) Controversias en las que la otra parte o partes hayan aceptado la jurisdicción obligatoria del Tribunal únicamente en lo que concierne a la controversia de que se trate o para los fines exclusivos de la misma.

»*c)* Controversias en las que la otra parte o partes hayan aceptado la jurisdicción obligatoria del Tribunal con menos de doce meses de antelación a la fecha de presentación de la solicitud escrita incoando el procedimiento correspondiente ante el Tribunal.

»*d*) Controversias surgidas antes de la fecha de remisión de la presente Declaración al Secretario General de las Naciones Unidas para su depósito, o relativas a hechos o situaciones acaecidas con anterioridad a dicha fecha, aunque dichos hechos o situaciones puedan seguir manifestándose o surtiendo efectos con posterioridad a la misma.

»2. El Reino de España podrá completar, modificar o retirar, en cualquier momento, en todo o en parte, las reservas arriba mencionadas, así como cualesquiera otras que pudiese formular en el futuro, mediante notificación dirigida al Secretario General de las Naciones Unidas. Estas modificaciones tendrán efectos a partir de la fecha de su recepción por el Secretario General de las Naciones Unidas.

»3. La presente Declaración, que se remite para su depósito al Secretario General de las Naciones Unidas, de conformidad con lo dispuesto en el párrafo 4 del artículo 36 del Estatuto del Tribunal Internacional de Justicia, permanecerá en vigor mientras no sea retirada por el Gobierno español o reemplazada por otra declaración de dicho Gobierno.

»La retirada de la Declaración tendrá efectos una vez transcurrido un período de seis meses, contados a partir de la recepción por el Secretario General de las Naciones Unidas de la notificación correspondiente del Gobierno español. Sin embargo, respecto a Estados que hubieran establecido un período inferior a seis meses entre la notificación y la producción de efectos de la retirada de su Declaración, la retirada de la Declaración española surtirá efectos una vez transcurrido dicho plazo más breve».

Señalemos que se aprovechó la publicación de la Declaración en el *B.O.E.* para publicar al mismo tiempo la Carta de las Naciones Unidas con el Estatuto anejo del Tribunal.

[28] CIJ, *Recueil,* 1961, pp. 31-32.

[29] CIJ, *Recueil,* 1952, p. 105.

[30] CIJ, *Recueil*, 1957, p. 142.

una interpretación estricta que no rebase la voluntad de los Estados[31]. En cuanto a la denuncia y expiración del plazo de las declaraciones, ha dicho el Tribunal que, una vez iniciado el procedimiento, tales hechos no pueden destruir una competencia ya establecida[32]. Y en el *caso de las actividades militares y paramilitares en Nicaragua y contra ella,* enfrentado ante el problema de si surtía efectos la revocación por Estados Unidos de la declaración unilateral en condiciones distintas de las previstas en la propia declaración, es decir, antes de la expiración del plazo de seis meses de preaviso indicado en aquélla, el Tribunal, invocando el principio de la buena fe y el criterio de la razonabilidad, afirmó su competencia[33]. En cuanto a las reservas formuladas por los Estados en sus declaraciones, ha estimado reiteradamente que la competencia le es conferida en la medida en que coincidan los términos de las declaraciones de los Estados litigantes, lo que comporta la consecuencia de que un Estado parte puede invocar una reserva o restricción no hecha por él y sí por la parte contraria, doctrina de la que el Tribunal ha hecho aplicación aun en los casos en que cabía considerar que la reserva, en cuanto incompatible con los principios básicos del Estatuto, hacía nula la declaración. Así, en el *asunto relativo a ciertos préstamos noruegos,* Noruega invocó la reserva francesa que excluía de la competencia del Tribunal los problemas que afectasen a la jurisdicción interna, tal como la entendía el propio Gobierno de Francia, y el Tribunal hubo de declararse incompetente[34].

Hay que decir también que el párrafo 5 del artículo 36 del Estatuto transforma las declaraciones unilaterales formuladas para el Tribunal Permanente en declaraciones que aceptan la competencia del Tribunal Internacional de Justicia por el período que les quedare de vigencia y en los términos de aquéllas. Pero, en el *caso del incidente aéreo entre Israel y Bulgaria* (1959), el Tribunal entendió que se trataba de una disposición de Derecho transitorio, sólo aplicable a los Estados signatarios del Estatuto del Tribunal Internacional de Justicia en el momento de disolución de su antecesor, el Tribunal Permanente de Justicia Internacional. No es ése el caso en el litigio y el Tribunal se declaró incompetente[35].

Y en este sucinto análisis de la competencia del Tribunal hemos de referirnos por fin a la llamada *competencia incidental,* mediante la cual, y sobre la base del Estatuto o rebasando incluso su tenor literal, el Tribunal ha mitigado la rigidez de los principios consensuales que dominan la materia[36]. Ha dicho el Tribunal, en este sentido, que la disposición del párrafo 6 del artículo 36 del Estatuto, conforme a la cual es él el juez de su propia competencia, constituye un principio de Derecho Internacional general[37]. De otro lado, el Tribunal se ha declarado competente para conocer de cuestiones

---

[31] CPJI, *Serie A/B,* n.º 74, pp. 23-24.

[32] CIJ, *Recueil,* 1953, pp. 122-123.

[33] CIJ, *Recueil,* 1984, pp. 192 ss.

[34] CIJ, *Recueil,* 1957, pp. 23-24. Véase J. A. CARRILLO SALCEDO, «La excepción automática de competencia doméstica *(domestic jurisdiction)* ante el Tribunal Internacional de Justicia. Examen de la práctica reciente», en *R.E.D.I.,* 1960, pp. 187 ss.

[35] CIJ, *Recueil,* 1959, pp. 127 ss.

[36] Sobre la competencia incidental, H. W. BRIGGS, «La compétence incidente de la Cour Internationale de Justice en tant que compétence obligatoire», en *R.G.D.I.P.,* 1960, pp. 217 ss.

[37] CIJ, *Recueil,* 1953, p. 119. Véase G. BERLIA, «Jurisprudence des tribunaux internationaux en ce qui concerne leur compétence», en *R. des C.,* 1955, vol. 88, pp. 105 ss.; V. IACCARINO, *Della così dita competenza sulla competenza dei tribunali internazionali,* Nápoles, 1962.

de procedimiento, tales como la validez, retirada o caducidad de una demanda[38]. Y, por aplicación del principio de efectividad, ha entendido que, siendo la reparación el complemento indispensable del incumplimiento de una disposición convencional, la competencia para estatuir sobre tal incumplimiento lleva consigo la de fijar los modos y medios de reparación, si bien no cabe extender de modo injustificado semejante principio, como, por ejemplo, en el sentido de que pueda decidir sobre cualquier cuestión que tenga influencia en la eficacia de la reparación[39].

e) *Procedimiento.* Es nota característica de la solución judicial de las controversias, según hemos expuesto en otro lugar, la sustanciación del litigio en un procedimiento previamente establecido en el Estatuto o Reglamento del órgano jurisdiccional. Por lo que respecta al Tribunal Internacional de Justicia, el procedimiento está regulado en su Estatuto y desarrollado en su Reglamento (cuya última puesta al día es de 1978)[40].

En cuanto a la lengua del procedimiento, es el francés o el inglés, únicos idiomas oficiales del Tribunal (art. 39 del Estatuto). Ante el Tribunal las partes están representadas por agentes, pero pueden nombrar también consejeros o abogados, todos los cuales disfrutarán de los privilegios e inmunidades necesarios para el desempeño de sus funciones (art. 42 del Estatuto). Para el desarrollo del procedimiento el Tribunal dicta las providencias necesarias (art. 48 del Estatuto) y procede a las notificaciones y comunicaciones pertinentes (arts. 43 y 44 del Estatuto).

El procedimiento se *inicia,* según el caso, mediante notificación del compromiso o por solicitud escrita dirigida al Secretario del Tribunal. Se entiende que la solicitud escrita está reservada para los supuestos de competencia basada en tratados o convenciones distintos del compromiso o en el juego de las declaraciones facultativas. Por lo demás, el procedimiento tiene dos grandes fases, una escrita y otra oral.

La *fase escrita* comprende la presentación de la memoria (por la parte demandante), contramemoria (por la parte demandada) y, si fuese necesario, de réplica y dúplica (arts. 43 del Estatuto y 49 del Reglamento), escritos todos que deben ir acompañados de las piezas o documentos en apoyo de las mismas. La *fase oral* consiste en la audiencia de testigos, peritos, agentes, consejeros y abogados (p. 5 del art. 43 del Estatuto) en vistas que deben de ser públicas, a no ser que el Tribunal decida lo contrario o las partes pidan que no se admita al público (art. 46 del Estatuto). Al final de la fase oral, el respectivo agente dará lectura a las conclusiones finales de su parte (p. 2 del art. 60 del Reglamento).

En el Estatuto y Reglamento se regulan ciertos *incidentes* del procedimiento, a saber: las medidas provisionales, las excepciones preliminares, las demandas reconvencionales, la intervención de terceros Estados y juicio en rebeldía. En

[38] CIJ, *Recueil,* 1954, p. 28.

[39] CPJI, *Serie A,* n.º 17, pp. 61-62; CIJ, *Recueil,* 1949, p. 26.

[40] Sobre el procedimiento: CH. DE VISSCHER, *Aspects récents du droit procédural de la Cour Internationale de Justice,* París, 1966; G. GUYOMAR, *Commentaire du Règlement de la Cour Internationale de Justice,* París, 1973, y «Le nouveau Règlement de procédure de la Cour Internationale de Justice», en *A.F.D.I.,* 1978, pp. 321 ss.; A. SAAVEDRA MUGUELAR, «El nuevo reglamento del T.I.J.», en *R.E.D.I.,* 1981, pp. 111 ss.; S. ROSENNE, *Procedure in International Court. A Commentary on de 1978 Rules of the International Court of Justice,* La Haya, 1983; y J. B. ACOSTA ESTÉVEZ, *El proceso ante el Tribunal Internacional de Justicia,* Barcelona, 1995.

efecto, según el artículo 41 del Estatuto, el Tribunal puede indicar, si considera que las circunstancias así lo exigen, las *medidas provisionales* que deban tomarse para resguardar los derechos de cada una de las partes que, mientras se pronuncia el fallo, se notifican inmediatamente a las partes y al Consejo de Seguridad, y en el entendido de que dicha indicación, según lo estatuido por el propio Tribunal en su sentencia de 27 de junio de 2001 (*asunto Lagrand, Alemania contra Estados Unidos*), es obligatoria para las partes por exigirlo así el objeto y el propósito del Estatuto[40 bis]. Así, deben rechazarse los incumplimientos de las medidas provisionales dictadas respecto a Rusia, el 16 de marzo de 2022, y en relación con Israel, las del 26 de enero, el 28 de marzo y el 24 de mayo de 2024, para que dichos Estados atiendan a sus obligaciones internacionales en los respectivos conflictos armados en los que están implicados. Por su parte, el artículo 76 del Reglamento faculta al Tribunal para levantar o modificar dichas medidas si aprecia un cambio en las circunstancias que las motivaron. Mediante la presentación de una *excepción preliminar* se pretende que el Tribunal no se pronuncie sobre el fondo del litigio, bien por entender que no tiene competencia sobre él, bien por considerar que no se han satisfecho ciertas condiciones necesarias para la admisibilidad de la reclamación; dicha excepción ha de ser presentada por escrito en las condiciones que determina el artículo 79 del Reglamento, y bien entendido que su alegación suspende el procedimiento en cuanto al fondo. Al resolver la excepción, el Tribunal puede desestimarla, lo que supone la continuación del proceso; puede estimarla, en cuyo caso ya no tiene que pronunciarse sobre el fondo; y puede por fin unir la excepción a la consideración del fondo del asunto, continuando entonces el procedimiento principal. Cabe asimismo la presentación de una *demanda reconvencional,* salvo, como es lógico, en los casos en que el litigio haya sido sometido al Tribunal por vía de compromiso; dicha demanda ha de ser articulada en la contramemoria de la parte que la presente, debe tener una conexión directa con la demanda principal (así lo exige el art. 80 del Reglamento) y la petición contenida en ella tiene que caer dentro de la competencia del Tribunal. Respecto al derecho de *intervención* de terceros Estados, son dos los supuestos en que la autoriza el Estatuto: si el tercer Estado considera que tiene un interés de orden jurídico que puede quedar afectado por la decisión del litigio, en cuyo caso el Tribunal decide sobre la solicitud de intervención (art. 62 del Estatuto); y si se trata de la interpretación de una convención en que sean partes Estados distintos de los que intervienen en el litigio, en el entendido de que, si el tercer Estado ejerce la intervención, la interpretación contenida en la sentencia es obligatoria para él (art. 63 del Estatuto). Digamos, por fin, que el artículo 53 del Estatuto contempla el supuesto de *juicio en rebeldía* al disponer que, cuando una de las partes no comparezca ante el Tribunal o se abstenga de defender su caso, la otra parte podrá pedir al Tribunal que decida a su favor, aunque antes de dictar su sentencia el Tribunal ha de asegurarse que tiene competencia y que la demanda está bien fundada en cuanto a los hechos y al Derecho. La sentencia de 27 de junio de 1986 en el *caso relativo a las actividades militares y paramilitares en Nicaragua y contra ella* fue dictada en rebeldía de los Estados Unidos[41], si bien no es el único precedente de la figura que

[40 bis] CIJ, *Recueil*, 2001, párrafos 92 ss.
[41] CIJ, *Recueil,* 1986, pp. 14 ss.

nos ocupa. Añadamos que sobre los incidentes del procedimiento que acabamos de reseñar sucintamente existe una rica práctica y una interesante jurisprudencia que, por la índole de este libro, no podemos analizar aquí[42].

f) *Sentencia.* Una vez que las partes hayan completado la presentación de su caso, el Presidente del Tribunal declara terminada la vista, empezando a continuación las deliberaciones de los jueces que se celebran en privado y deben permanecer secretas (art. 54 del Estatuto). Al término de las deliberaciones el Tribunal dicta el fallo por mayoría de votos de los jueces presentes y, en caso de empate, decide el voto del Presidente o del juez que lo sustituya (art. 55 del Estatuto). El fallo ha de ser motivado (art. 56 del Estatuto), y sus fundamentos jurídicos han de tomarse del Derecho Internacional, según resulta del artículo 38 del Estatuto, ampliamente analizado en el Capítulo II de este libro al tratar de las fuentes del Derecho Internacional. Y es posible también la decisión de un litigio *ex aequo et bono* (equidad *contra legem*) si las partes así lo convinieran (p. 2 del art. 38 del Estatuto), supuesto del que no existe precedente alguno. Por lo demás, todo magistrado tiene derecho a que se añada a la sentencia su opinión disidente (art. 57 del Estatuto), y resulta de la práctica que se incluyen también las opiniones individuales, que son aquellas en que los jueces, concordando con el dispositivo, expresan motivaciones distintas de las de la mayoría. La sentencia es, por supuesto, obligatoria (art. 94 de la Carta), aunque sólo para las partes en litigio y respecto del caso que ha sido decidido (art. 59 del Estatuto).

En cuanto a las cuestiones o temas concretos que ha de resolver la sentencia, digamos que el Tribunal aplica la regla *non ultra petita*. No sustancia, en efecto, puntos que no le hayan sido sometidos por las partes en la controversia, aunque como se dice en la sentencia de 14 de febrero de 2002 (*asunto relativo al mandato de detención de 11 de abril de 2000, República Democrática del Congo* c. *Bélgica*), nada le impide abordar ciertos puntos de Derecho en su motivación[42 bis].

El fallo es definitivo e inapelable (art. 60 del Estatuto), lo que comporta la consecuencia de que no caben ante él *recursos* de los que en los sistemas procesales internos se consideran ordinarios. Sí es posible, sin embargo, que cualquiera de las partes solicite del Tribunal su interpretación en caso de desacuerdo sobre su sentido o alcance (art. 60 del Estatuto), función esta última que como ha dicho el Tribunal en su sentencia de 11 de noviembre de 2013 (*Demande en interprétation de l'arrêt du 15 juin 1962 en l'afffaire du Temple de Préah Vihéar, Cambodge c. Thailande, párrafos 66 ss.*) conlleva el deber de respetar estrictamente los límites de la sentencia a interpretar, sin que sea posible poner en cuestión lo que ya se ha decidido con fuerza de cosa juzgada y sin que quepa solucionar cuestiones nuevas. Cabe también pedir la revisión de la sentencia si se descubre un hecho nuevo de tal naturaleza que pueda ser factor decisivo y que, al pronunciarse aquélla, fuera desconocido del Tribunal y de la parte que pida la revisión, siempre que su desconocimiento no se deba a negligencia. En todo caso la solicitud de revisión sólo puede formularse dentro

---

[42] Véase en J. A. PASTOR RIDRUEJO, *La jurisprudencia del Tribunal Internacional de La Haya. Sistematización y comentarios,* Madrid, 1962, pp. 220 ss.

[42 bis] CIJ, *Recueil,* 2003, párr. 43 de la sentencia.

del plazo de seis meses desde que se descubra el hecho nuevo y nunca cuando hayan transcurrido diez años desde la fecha de la sentencia (art. 61 del Estatuto).

Es de señalar que, en el caso de *incumplimiento* de la sentencia, la parte afectada puede recurrir al Consejo de Seguridad de las Naciones Unidas para que, si lo cree necesario, haga recomendaciones o dicte medidas con objeto de que se lleve a efecto la ejecución del fallo (p. 2 del art. 94 de la Carta)[43]. El mecanismo no se ha aplicado hasta el momento por más que, como veremos enseguida, se hayan dado algunos casos de inejecución de las sentencias.

g) Función consultiva. Nos hemos referido hasta ahora a la función contenciosa del Tribunal, esto es, a los supuestos en que ejerce jurisdicción en controversias entre Estados. Sin embargo, siguiendo el precedente sentado por el Estatuto del Tribunal Permanente, el Tribunal Internacional de Justicia desempeña una importante función consultiva mediante la emisión de dictámenes que en términos de principio carecen de fuerza vinculante desde el punto de vista jurídico. Efectivamente, los artículos 96 de la Carta y 65 del Estatuto facultan al Tribunal para formular dictámenes («opiniones consultivas» en la versión oficial en español de ambos instrumentos) respecto de cualquier cuestión jurídica que le pidan determinados organismos[44].

Pero ¿qué ha de entenderse exactamente por «cuestión jurídica»? Aparece aquí un problema emparentado con la distinción entre controversias políticas y jurídicas, ya estudiado en otro lugar de este libro[45], y en el que el propio Tribunal se ha mostrado abierto y flexible, ya que, en tanto que órgano judicial, se ha sentido autorizado a ejercer su función consultiva desde el momento en que una cuestión tuviese aspectos jurídicos, y justamente respecto a esos aspectos, con independencia de las implicaciones políticas de la misma[46].

La función consultiva se ejerce a instancia de la Asamblea General o del Consejo de Seguridad (p. 1 del art. 96 de la Carta) y también, en cuanto a cuestiones jurídicas que caigan dentro de la esfera de sus actividades, a petición de otros órganos de las Naciones Unidas y de organismos especializados que sean autorizados para ello en cualquier momento por la Asamblea General (p. 2 del art. 96 de la Carta). Distintas resoluciones de este órgano, complementadas por acuerdos entre las Naciones Unidas y los organismos especializados de su sistema, han concedido a

---

[43] Véase V. VILLANI, «Il potere del Consiglio di Sicurezza delle Nazione Unite in materia di esecuzione delle sentenze della Corte Internazionale de Giustizia», en *Comunità Internazionale,* 1970, pp. 646 ss.; y P. PAONE, «Considerazioni sulla esecuzione delle sentenze della Corte Internazionale de Giustizia», en *Comunicacioni e Studi,* 1975, pp. 627 ss.

[44] Sobre la función consultiva del Tribunal: K. J. KEITH, *The Extent of the Advisory Jurisdiction of the International Court of Justice,* Leyden, 1971; D. PRATAP, *The Advisory Jurisdiction of the International Court,* Oxford, 1972; M. LACHS, «Perspectives pour la fonction consultative de la Cour Internationale de Justice», *Comunicazioni e Studi,* 1975, pp. 423 ss.; R. LUZZATTO, «La competenza consultiva della Corte Internazionale de Giustizia nella soluzione delle controversie internazionali», ibíd., pp. 627 ss.; L. B. SOHN, «Broadening the Advisory Jurisdiction of the International Court of Justice», en *A.J.I.L.,* 1983, pp. 124 ss.; R. AGO, «Binding Advisory opinions of the International Court of Justice», en *A.J.I.L.,* 1991-3, pp. 439 ss.; y C. D. EXPÓSITO, *La jurisdicción consultiva de la Corte Internacional de Justicia,* Madrid, 1996.

[45] Véase apartado 59.

[46] CIJ, *Recueil,* 1948, p. 61; CIJ, *Recueil,* 1950, pp. 6-7; CIJ, *Recueil,* 1960, p. 153; y CIJ, *Recueil,* 1962, pp. 155-156.

estos últimos organismos la autorización en cuestión, con excepción de la Unión Postal Universal.

Presentada por escrito solicitud de dictamen, se inicia un procedimiento que no se aleja excesivamente del previsto para la jurisdicción contenciosa. Hay en él, efectivamente, una fase escrita y otra oral. En ambas, Estados y organizaciones internacionales pueden exponer sus puntos de vista sobre la cuestión. Es de señalar que, según el artículo 68 del Estatuto, en el ejercicio de las funciones consultivas el Tribunal se guiará no sólo por las disposiciones específicas de aquél, sino también por las que rijan en materia contenciosa, en la medida en que las considere aplicables. Señalemos que para el ejercicio de la función consultiva pueden formar parte del Tribunal jueces *ad hoc* si el dictamen recae sobre una cuestión en controversia entre dos Estados.

Hemos dicho que, en términos de principio, el dictamen no posee efectos vinculantes desde el punto de vista jurídico, lo cual no es óbice para que tenga una autoridad política y moral importante. Pero es que, además, en virtud de acuerdo especial, cabe atribuir al dictamen valor obligatorio. Son los casos previstos en la Convención sobre privilegios e inmunidades de las Naciones Unidas de 13 de enero de 1946, en el Estatuto del Tribunal Administrativo de las Naciones Unidas para el supuesto de impugnación de sus sentencias, en el Estatuto del Tribunal Administrativo de la Organización Internacional del Trabajo para el mismo supuesto, y en el artículo 66 de la Convención de Viena de 21 de marzo de 1986 sobre el Derecho de los Tratados entre Estados y organizaciones internacionales o entre organizaciones internacionales, disposición esta última que permite al Tribunal zanjar con efectos obligatorios mediante la vía consultiva controversias entre Estados y organizaciones internacionales o entre organizaciones internacionales, que se refieren a la aplicación o interpretación de la Convención. Es así como se ha suplido la falta de *ius standi* de las organizaciones internacionales en los procedimientos contenciosos.

h) *Valoración de conjunto de la actuación del Tribunal.* La valoración de la actuación del Tribunal Internacional de Justicia en su ya largo funcionamiento debe hacerse dentro del contexto de la insatisfactoria situación general de la jurisdicción obligatoria. Partiendo del principio de la libertad en la elección de medio para la solución de controversias, consagrado en el artículo 33 de la Carta y confirmado en importantes resoluciones de la Asamblea General y, por consiguiente, del fundamento consensual de la competencia del Tribunal, su éxito depende, en último análisis, de la actitud de los Estados. En su conjunto, y por las razones expuestas en otro lugar[47], los Estados soberanos muestran una clara tendencia hacia los modos de arreglo no jurisdiccionales o políticos. En una perspectiva global, la solución jurisdiccional de las controversias no goza hoy, lamentablemente, del favor de la mayoría de los Estados, y es ésta una consideración que hay que tener muy en cuenta en cualquier intento de evaluación de la obra desempeñada por el Tribunal Internacional de Justicia; sólo a partir de ella cobraría exacto sentido la afirmación hecha años atrás de que el Tribunal está en crisis. Desde 1991, sin embargo, el número de litigios de

[47] Véase apartado 60.

que conoce el Tribunal es mayor que nunca en el pasado[47 bis]. En cualquier caso, el número de asuntos sometidos al Tribunal entre el 22 de mayo de 1947 y los inicios de 2016 asciende a 161, cifra nada halagüeña si se toma en consideración la gran abundancia de controversias entre Estados surgidas entre esas dos fechas.

Con todo, y aunque de manera desigual en el tiempo y en competencia —muy saludable por cierto— con los órganos de arbitraje, el Tribunal ha tenido ocasión de ejercer sus funciones, contenciosas y consultivas, en buen número de casos, y ello justificaría sobradamente su existencia. Además, la mayoría de las sentencias han sido cumplidas, aunque alguna sin entusiasmo (*caso del templo de Préah Vihear,* entre Tailandia y Camboya), o sin prontitud (*caso de la soberanía entre ciertas parcelas fronterizas* entre Bélgica y los Países Bajos), o con dificultades (caso *Haya de la Torre,* entre Perú y Colombia), o por motivos ajenos a la política internacional (*caso del personal diplomático y consular de los Estados Unidos en Teherán*), si bien no se ejecutó la dictada en el *caso del Canal de Corfú* entre el Reino Unido y Albania, ni las recaídas en el *caso de competencia en materia de pesquerías* dados los resultados de la III Conferencia de las Naciones Unidas sobre el Derecho del Mar, ni por el momento la dictada en el *caso de las actividades militares y paramilitares en Nicaragua y contra ella,* supuesto este último especialmente preocupante porque el incumplimiento es imputable a una superpotencia —los Estados Unidos— que ha sido tradicionalmente gran valedora de la jurisdicción internacional. Pero cerremos esta evaluación con un dato manifiestamente favorable, y es que las sentencias y dictámenes del Tribunal han contribuido al perfeccionamiento y desarrollo progresivo de sectores muy importantes del Derecho Internacional[48], y de ahí el recurso constante que hacemos en este libro a su jurisprudencia.

81.6. El Secretario General

a) De conformidad con el artículo 7 de la Carta, la Secretaría constituye un órgano principal de las Naciones Unidas y se compone, de acuerdo con el artículo 98, de un Secretario General y del personal que requiera la Organización. Según el tenor literal de aquellos artículos, el órgano sería la Secretaría, pero lo cierto es que a la hora de establecer las competencias la Carta las atribuye al Secretario General y no a la Secretaría. Está claro, en cualquier caso, que no se trata de un órgano intergubernamental. El Secretario General y el personal de la Secretaría sólo deben lealtad a la Organización, no representan a Estado alguno y no pueden recibir instrucciones ni deben rendir cuentas a ningún Gobierno de un Estado miembro ni, por supuesto, al Gobierno del Estado del que sean nacionales o a

---

[47 bis] Véase K. Highet, «The Peace Palace Heats Up: the World Court in Bussines Again?», en *A.J.I.L.*, 1991-4, pp. 646 ss.; y R. Y. Jennings, «The International Court of Justice after Fifty Years», en *A.J.I.L.*, 1995-3, pp. 493 ss. Los datos en el *Informe de la Corte Internacional de Justicia. 1.° de agosto de 1994 a 31 de julio de 1995*, Asamblea General, Documentos oficiales, Quincuagésimo período de sesiones, Suplemento n.° 4 (A/50/4).

[48] Una excelente síntesis de la aportación del Tribunal al perfeccionamiento y desarrollo progresivo del Derecho Internacional, en E. Jiménez de Aréchaga, «Balance sobre la actuación de la Corte Internacional de Justicia en sus cuarenta años de funcionamiento», en *ONU: Año XL, Revista de la Facultad de Derecho de la Universidad Complutense,* Madrid, 1987, pp. 187 ss.

cualquier otra autoridad ajena a la Organización. Las funciones del Secretario General y del personal de la Secretaría son de carácter exclusivamente internacional, punto que resulta muy claramente del artículo 100 de la Carta[49].

b) El Secretario General es *nombrado* por la Asamblea General a recomendación del Consejo de Seguridad (art. 97 de la Carta). La decisión del Consejo se adopta por el procedimiento previsto para las cuestiones no procedimentales, ya que estamos, evidentemente, ante una cuestión de fondo, lo que comporta la consecuencia de que los miembros permanentes tengan derecho de veto y, en definitiva, que el Secretario General deba contar con el visto bueno, al menos inicial, de dichos miembros. Por resolución de la Asamblea General, el plazo del mandato es de cinco años, aunque es posible la renovación. El primer Secretario General fue TRIGVE LYE, de nacionalidad noruega, quien desempeñó el cargo entre 1946 y 1953. A él le sucedió el sueco DAG HAMMARSKJÖLD, quien dio muestras de gran independencia frente a las grandes potencias y que murió trágicamente en el Congo en 1961 cuando estaba al cargo de las operaciones de mantenimiento de la paz acordadas por el Consejo de Seguridad. Fue luego nombrado el birmano UTHANT, a quien en 1972 sucedió el austríaco KURT WALDHEIM. Entre 1982 y 1991 fue Secretario General el diplomático peruano JAVIER PÉREZ DE CUÉLLAR, a quien el 1 de enero de 1992 sucedió el egipcio BOUTROS GHALI, eminente profesor de Derecho Internacional. Entre el 1 de enero de 2007 y el 1 de enero de 2017 ocupó el cargo el diplomático de la República de Corea BAN KI MOON, al que el último día citado sucedió el político portugués ANTONIO GUTERRES.

Hay que decir que la propia institución del Secretario General ha sido objeto de ataques. Así, en 1960, el profundo disgusto que causó a la Unión Soviética la manera como HAMMARSKJÖLD dirigía las operaciones preventivas de la paz que las Naciones Unidas realizaban en el Congo motivó que el jefe de la delegación, el premier KRUSCHEV, propusiese la abolición del puesto y su sustitución por un triunvirato (*troika*) que diese entrada a un representante del bloque occidental, otro del bloque del Este, y un tercero del grupo neutralista. La propuesta, claramente inconstitucional, apenas si encontró apoyo y fue olvidada tras la trágica muerte de HAMMARSKJÖLD y su sustitución por UTHANT.

c) Las *competencias* del Secretario General son variadas y de distinta índole e importancia. Por lo pronto, y según el artículo 98, el Secretario General es el *secretario nato* de los órganos principales de la Organización, es decir, de la Asamblea General, Consejo de Seguridad, Consejo Económico y Social y Consejo de

---

[49] Véase J. L. KUNZ, «The Legal Position of the Secretary General of the U.N.», en *A.J.I.L.*, 1946, pp. 782 ss.; C. PARRY, «The Secretariat of the United Nations», en *World Affairs*, 1950, pp. 350 ss.; M. VIRALLY, «Le rôle politique du Secrétaire Général des Nations Unies», en *A.F.D.I.*, 1958, pp. 360 ss., J. PUENTE EGIDO, «Funciones administrativas y diplomático-políticas del Secretario General de las Naciones Unidas según la Carta y la práctica de la Organización», en *Zeitschrift für Ausländisches öffentliches Recht und Völkerrecht*, vol. 29, 1959, pp. 36 ss., y vol. 30, pp. 450 ss.; M. C. SMOUTS, *Le Secrétaire Général des Nations Unies*, París, 1971; S. M. SCHWEBEL, «United Nations Secretary General», en *E.O.P.I.L.*, 1983, vol. 5, pp. 341 ss.

Administración Fiduciaria, aunque no del Tribunal Internacional de Justicia, que tiene Secretario y Secretaría propia. Obviamente, en el desempeño de esta función puede delegar en miembros del personal de la Secretaría. Otro cometido, que resulta asimismo del artículo 98 de la Carta, es el desempeño de las *demás funciones que le encomienden* aquellos órganos; se trata de una delegación otorgada muy a menudo, normalmente en cuestiones administrativas y técnicas, aunque también en otras de alcance político superior. Sin ánimo de hacer una exposición exhaustiva, citaremos, por ejemplo, la resolución 988 (ES-I), adoptada por la Asamblea General el 4 de noviembre de 1956, que encargó al Secretario General la urgente presentación de un plan para la creación, con el consentimiento de los Estados interesados, de una Fuerza Internacional de Emergencia de las Naciones Unidas en la zona del Canal de Suez, que fue aceptado por la Asamblea y ejecutado por el propio Secretario General; la resolución 138, adoptada por el Consejo de Seguridad el 14 de julio de 1960, que le autorizó a prestar ayuda militar al Gobierno del Congo en orden a la preservación de su independencia política e integridad territorial; y la resolución 505, aprobada por el Consejo de Seguridad el 26 de mayo de 1982, en la que se pidió la utilización de sus buenos oficios en el litigio sobre las Islas Malvinas entre Argentina y el Reino Unido. De otro lado, y también conforme al artículo 98, el Secretario General debe rendir a la Asamblea General un *informe anual* sobre las actividades de la Organización, informe de particular importancia porque rebasa comúnmente la actividad de las Naciones Unidas y trasciende a valoraciones globales de política internacional.

Además, de acuerdo con el artículo 99, el Secretario General podrá *llamar la atención del Consejo de Seguridad* hacia cualquier asunto que en su opinión pueda poner en peligro el mantenimiento de la paz y la seguridad internacionales, facultad muy relevante en cuanto que suple las eventuales actitudes de inhibición o desinterés de los Estados miembros, y de la que se ha hecho uso en distintas ocasiones; así, en 1950, TRIGVE LYE invocó el artículo 99 en su comunicación al Consejo con ocasión del inicio de la guerra de Corea; en 1960 fue HAMMARSKJÖLD quien, sobre la base de la disposición citada, llevó al Consejo el asunto del Congo y en 1961 la cuestión de Bizerta; en 1979 KURT WALDHEIM sometió la cuestión de los rehenes estadounidenses en Teherán, etc. El Secretario General es, de otro lado, quien ostenta la *función representativa* de la Organización, y en este sentido es él quien concluye acuerdos y contratos, entabla reclamaciones por daños y para cobro de deudas, etc. Por fin, al ser el más alto funcionario administrativo de las Naciones Unidas, *dirige, coordina y supervisa las actividades de la Secretaría* y, según el artículo 101, nombra a su personal de acuerdo con las reglas establecidas por la Asamblea General.

d) Las características y las líneas generales de la acción del Secretario General en el desempeño de sus funciones están condicionadas por factores de diversa índole. Uno de esos factores es, por supuesto e inevitablemente, el talante personal, y ya con cierta perspectiva temporal podríamos decir que lo deseable al respecto consiste en un prudente punto de equilibrio entre el protagonismo activista y la pasividad e inhibición. Un exagerado ejercicio de iniciativa puede despertar recelos y ser mal visto por algún o algunos miembros permanentes del Consejo de Seguridad, como fue el caso de la Unión Soviética con ocasión de algunas actuaciones del señor HAMMARSKJÖLD. La pasividad e inacción en el campo político pueden no ser entendidas por la mayoría de los miembros y, desde luego, suponen una abdicación en el ejercicio de las prerrogativas que la Carta confiere al Secretario General. Éste debe mostrarse activo, pero sus actividades político-diplomáticas han de ser discretas, además de hábiles. Es la *quiet diplomacy.* Otro factor a tener en cuenta, en estrecha relación con el anterior, es el grado de confianza que la persona del Secretario General suscite en los Estados miembros, particularmente entre los permanentes del Consejo, porque esa confianza determina en último análisis la naturaleza y el alcance de las funciones que otros órganos le puedan confiar. En fin, el carácter unipersonal del Secretario General le convierte en la instancia de la Organización especialmente adecuada para el desempeño de funciones ejecutivas, incluso en el ámbito político.

82. FUNCIONES DE LAS NACIONES UNIDAS

82.1. Generalidades y referencias

a) El Capítulo I de la Carta lleva por rúbrica «Propósitos y principios» y contiene dos artículos de densa redacción: el 1, que trata de los propósitos, y el 2, que se ocupa de los principios. Vamos a dar cuenta de esos propósitos y principios para analizar después la interrelación entre unos y otros y examinar por fin, en los distintos apartados de este epígrafe, las más importantes funciones de la Organización.

b) Según el artículo 1, efectivamente, los *propósitos* de las Naciones Unidas son los siguientes: 1) mantenimiento de la paz y seguridad internacionales y, con tal fin, tomar medidas colectivas eficaces para prevenir y eliminar amenazas a la paz y para suprimir actos de agresión y otros quebrantamientos de la paz, y lograr, por medios pacíficos y de conformidad con los principios de la justicia y el Derecho Internacional, el ajuste o arreglo de controversias o situaciones internacionales susceptibles de conducir a quebrantamientos de la paz; 2) fomento de relaciones de amistad entre las naciones, basadas en el respeto al principio de la igualdad de derechos y al de la libre determinación de los pueblos; 3) realización de la cooperación internacional en la solución de problemas internacionales de carácter económico, social, cultural o humanitario, y en el desarrollo y estímulo del respeto a los derechos humanos y libertades fundamentales; y 4) servir de centro que armonice los esfuerzos de las naciones por alcanzar los propósitos comunes.

c) El artículo 2, por su parte, enuncia hasta siete *principios,* de acuerdo con los cuales debe proceder la Organización para la consecución de los propósitos, a saber: 1) igualdad soberana de los Estados miembros; 2) cumplimiento de buena fe de las obligaciones contraídas en la Carta; 3) obligación de solución pacífica de las controversias internacionales; 4) proscripción del recurso a la amenaza o uso de la fuerza; 5) obligación de los Estados miembros de prestar ayuda a la Organización en cualquier acción ejercida de conformidad con la Carta y de abstención de ayuda al Estado contra el que la Organización ejerza acción preventiva o coercitiva; 6) la Organización hará que los Estados no miembros se conduzcan de acuerdo con estos principios en la medida necesaria para el mantenimiento de la paz y seguridad internacionales; 7) no intervención de las Naciones Unidas en asuntos de jurisdicción interna de los Estados miembros.

d) ¿Cuál es la relación exacta entre los propósitos y principios? Se puso de relieve en la Conferencia de San Francisco que los propósitos eran los objetivos que debía alcanzar la Organización, mientras que los principios constituían las reglas de conducta para conseguir aquellas metas[1]. Semejante distinción es clara en líneas

[1] *U.N.C.I.O.*, vol. 6, p. 447.

generales, aunque no tanto si se atiende al lenguaje específico de los artículos 1 y 2 de la Carta. Así, aunque el artículo 1 enuncia los propósitos, incluye también referencias a principios como el de la igualdad soberana y libre determinación de los pueblos y, además, a los principios de justicia y Derecho Internacional. Y en el artículo 2 faltan referencias a principios que han sido de importancia decisiva en la obra de la Organización: el de la libre determinación de los pueblos y el del respeto a los derechos humanos. Pero, más que una exégesis formal de los artículos 1 y 2 de la Carta, interesa, a nuestro entender, un análisis dinámico. La realización de los propósitos ha sufrido el impacto de la evolución de la sociedad internacional y el de las transformaciones de la propia Organización. Bajo esta perspectiva, examinada ya la labor de las Naciones Unidas por lo que respecta a la protección de los derechos humanos, libre determinación de los pueblos y codificación del Derecho Internacional, en los apartados siguientes vamos a analizar las funciones de la Organización en tres grandes núcleos de cuestiones: mantenimiento de la paz y seguridad internacionales, solución pacífica de controversias, y cooperación para el desarrollo. En lo que concierne a los principios de las Naciones Unidas, creemos haberlos analizado ya con la extensión y profundidad requeridas. Hoy, los principios de Carta, puestos al día en la tantas veces citadas resolución 2.625 (XXV) de la Asamblea General, de 24 de octubre de 1970, son los grandes principios de Derecho Internacional, que hemos estudiado en este libro al hilo de las diversas cuestiones de la disciplina.

82.2. El mantenimiento de la paz y seguridad internacionales

a) La profunda conmoción producida en la sociedad internacional por la segunda guerra mundial, causante de un estremecedor número de víctimas en la población civil y los combatientes y de ingentes daños materiales y de otro orden, determinó en los redactores de la Carta la resolución de «preservar a las generaciones futuras del flagelo de la guerra que por dos veces durante nuestra vida ha inflingido a la humanidad sufrimientos indecibles» y con tal finalidad formulan la intención de «unir nuestras fuerzas para el mantenimiento de la paz y seguridad internacionales» asegurando «mediante la aceptación de principios y la adopción de métodos que no se usará la fuerza armada sino en servicio del interés común» (Preámbulo). De manera consecuente con esta solemne declaración, se incluye en el articulado de la Carta una serie de disposiciones, normativas e institucionales. Disposiciones normativas, en primer lugar, porque el mantenimiento de la paz y seguridad internacionales se enuncia formalmente como propósito de la Organización (p. 1 del art. 1 de la Carta) y la prohibición del recurso a la amenaza o uso de la fuerza como principio (p. 2 del art. 4). Y disposiciones institucionales, en segundo lugar, porque el capítulo VII de la Carta (arts. 39 a 51) se ocupa de la acción de la Organización en caso de amenazas a la paz, quebrantamientos de la paz o actos de agresión; y el capítulo VIII (arts. 52 a 54) trata, por su parte, de la acción al respecto en el marco de acuerdos regionales. Analizado ya abundantemente el contenido del principio de prohibición del recurso a la amenaza o uso de la fuerza, y esbozadas también las líneas generales de la acción de la Organización en este terreno[2], nos proponemos

---

[2] Véanse apartado 64.2 y la bibliografía allí citada.

ahora examinar y valorar en una perspectiva dinámica, y a la luz de aquellos análisis, las medidas tomadas por las Naciones Unidas en orden al mantenimiento de la paz y seguridad internacionales.

b) Recordando el esquema trazado con ocasión del análisis del *ius ad bellum* sobre las líneas de acción de la Organización en casos de amenazas a la paz, quebrantamientos de la paz o actos de agresión, debemos decir que hasta 1990 el único caso de acción propiamente coercitiva —es decir, con empleo de la fuerza armada— es el de la guerra de Corea en 1950. En efecto, invadida Corea del Sur por fuerzas armadas de Corea del Norte, en su sesión del día 25 de junio de 1950 el Consejo de Seguridad adopta una resolución en la que, «advirtiendo con suma preocupación el ataque armado dirigido contra la República de Corea por fuerzas venidas de Corea del Norte, decide que este acto constituye un quebrantamiento de la paz». Y, en su sesión de 27 de junio siguiente, el propio Consejo «recomienda a los miembros de las Naciones Unidas que proporcionen a la República de Corea la ayuda que pueda ser necesaria para repeler el ataque armado y restablecer la paz y seguridad internacionales en la región». En virtud de esta recomendación, 19 de los Estados miembros de las Naciones Unidas pudieron contribuir con sus fuerzas, bajo el mando unificado de los Estados Unidos, a hacer frente al ataque de Corea del Norte, aunque hay que señalar que la resolución del Consejo pudo ser adoptada merced a la ausencia del delegado de la Unión Soviética, como muestra de disconformidad por la no representación en el órgano de la República Popular China en sustitución de China Nacionalista. El derecho de veto de los miembros permanentes y la reincorporación del representante soviético al Consejo determinaron posteriormente un bloqueo del sistema coercitivo y motivaron la tentativa de la Asamblea de reemplazar al Consejo a través del mecanismo previsto en la resolución 377 (V), de 3 de noviembre de 1950, la resolución «Unidos para la paz», que ya conocemos[3]. Sabemos que esta resolución comportaba una profunda alteración de los compromisos institucionales de carácter político alcanzados en Yalta y San Francisco y que provocó una grave crisis institucional de la que sólo se pudo salir en 1965 mediante un arreglo de carácter político.

c) Sin embargo, y como ya hemos adelantado en otros lugares del *Curso,* una vez desaparecida la bipolaridad y consolidada la distensión Este-Oeste, mejoraron inicialmente las perspectivas de las acciones coercitivas del Consejo de Seguridad conforme al capítulo VII de la Carta, porque aquella distensión conllevaba el restablecimiento del supuesto político contemplado en Yalta y San Francisco, a saber, el entendimiento entre los miembros permanentes. Y es así como el día 29 de noviembre de 1990 el Consejo pudo adoptar, con el voto favorable soviético y la abstención china, la importante resolución 678, que autorizaba a los Estados que cooperaban con el Gobierno de Kuwait a utilizar todos los «medios necesarios» para hacer cumplir resoluciones anteriores, esto es, a fin de devolver el territorio de aquel país a la soberanía primitiva. Y fue tal resolución la que legalizó la acción militar de Estados Unidos y sus aliados contra Irak en la guerra del Golfo del invierno de 1991. No obstante, la valoración de la resolución que nos ocupa y de

---

[3] Véase apartado 64.2.

la acción militar subsiguiente está llena de claroscuros. Ciertamente, el agresor fue castigado y se repuso la situación anterior a la agresión, al tiempo que se disuadió a potenciales agresores. Estos aspectos de la acción de las Naciones Unidas merecen sin duda una valoración favorable desde el punto de vista de la salvaguardia de la paz y seguridad internacionales. Pero es imposible desconocer que el uso de la fuerza contra Irak no fue institucional, es decir, no estuvo a cargo de la propia Organización. La acción coercitiva fue llevada a cabo de manera descentralizada, esto es, por algunos Estados miembros, y prácticamente sin seguimiento ni control alguno del Consejo de Seguridad, lo que hizo afirmar al entonces Secretario General, JAVIER PÉREZ DE CUÉLLAR, que «ésta no es la guerra de las Naciones Unidas». Y en este punto el juicio de valor no puede ser tan favorable porque, a nuestro entender, la resolución 678 concedió un margen excesivo al libre despliegue de intereses particulares estatales de poder político y económico[3 bis]. En cualquier caso, la resolución comentada constituyó una clara manifestación del impacto de la distensión en las relaciones internacionales y en el funcionamiento de las Naciones Unidas, abriendo así la esperanza a una nueva era en el campo del mantenimiento de la paz y seguridad internacionales. Epoca que parecía entonces más segura que la anterior de la guerra fría, aunque también se estimaba que no estaba exenta de riesgos ni desprovista de incertidumbres, dada la posibilidad de que en la ejecución de las medidas se prescindiese nuevamente de la comunidad internacional organizada y se autorizasen acciones coercitivas no institucionalizadas. Señalemos que la intervención del Consejo de Seguridad en casos como el expuesto era ciertamente una de las nociones clave del Nuevo Orden Mundial que, inmediatamente después de la guerra del Golfo de 1991, postulaban los Estados Unidos y sus aliados[3 ter].

d) Pero el mortífero conflicto bélico desatado en Bosnia-Herzegovina en los inicios de la década de los años noventa del siglo pasado ha puesto crudamente de relieve los importantes límites que encuentra ahora mismo la acción de las Naciones Unidas en el terreno que nos ocupa. Es cierto que respecto a este conflicto el Consejo de Seguridad, liberado de los enojosos vetos del pasado, desplegó una acción inusitada y utilizó ampliamente los poderes que le asigna el capítulo VII de la Carta (particularmente los arts. 39 a 42), bien a través de medidas clásicas o tradicionales como el envío de fuerzas de mantenimiento de la paz (UNPROFOR), sanciones económicas y embargo de armas, bien de manera innovadora. Entre las medidas

---

[3 bis] Véanse en la doctrina española: L. I. SÁNCHEZ RODRÍGUEZ, «Problemas jurídicos en torno a la guerra del Golfo», *La Ley*, año XII, n.º 2693, 4 de marzo de 1991; A. MANGAS MARTÍN, «Normas internacionales y objetivos militares en la guerra del Golfo Pérsico», en *Tiempo de Paz*, n.º 19-20, primavera 1991, pp. 24 ss.; M. P. ANDRÉS SÁENZ DE SANTA MARÍA, «Las Naciones Unidas y la guerra del Golfo», ibid., pp. 48 ss.; M. PÉREZ GONZÁLEZ, «Conflicto del Golfo, sanciones internacionales y uso de la guerra: la posición de España», ibíd., pp. 31 ss.; J. A. PEREA UNCETA, «El uso de la fuerza en el Derecho Internacional: el conflicto del Golfo Arábigo (agosto 1990-enero de 1991)», en *Anuario Jurídico y Económico Escurialense*, 1990-1991, pp. 127 ss.; J. A. YTURRIAGA BARBERÁN, «Actuación de las Comunidades Europeas en el conflicto del Golfo», en *R.I.E.*, 1991, pp. 485 ss.; A. M. DASTIS QUEVEDO, «El uso de la fuerza armada en el Golfo: una justificación jurídica», en *R.E.D.I.*, 1991-1, pp. 109 ss.; M. P. ANDRÉS SÁENZ DE SANTA MARÍA, «Réplica: cuestiones de legalidad en las acciones armadas contra Irak», ibíd., pp. 117.

[3 ter] La concepción del Nuevo Orden Mundial se articula oficialmente en la *Defense Planning Guidance* para los años fiscales 1994-1998, que se hace pública en mayo de 1992.

de esta última naturaleza figura la autorización del empleo de fuerza aérea para proporcionar apoyo a la acción humanitaria de UNPROFOR (resoluciones 836 y 844, de 4 y 8 de junio de 1993, en las que se basó el ultimátum y la acción de la OTAN del primer semestre de 1994) y la creación de un tribunal penal internacional para el castigo de los crímenes internacionales cometidos en el territorio de la antigua Yugoslavia (resolución 827 de 25 de mayo de 1993). Mas por la conjunción desafortunada de varios factores —entre los que sobresalen la falta de interés directo de la superpotencia y las grandes potencias, las dificultades técnicas de una acción militar masiva en un conflicto en el que no parece haber un único agresor y que se desarrolla en un terreno de complicada orografía, los elevados costes financieros de la operación, el temor a un alto número de bajas y a su impacto negativo en las opiniones públicas nacionales—, lo que no hizo el Consejo de Seguridad es poner fin al conflicto mediante la autorización y puesta en marcha de una acción coercitiva masiva y global similar a la adoptada en la guerra del Golfo. Además, el Acuerdo de Paz de París de 14 de diciembre de 1995 fue alcanzado bajo la presión y por el impulso de los Estados Unidos de América, si bien el Consejo de Seguridad lo endosó en su resolución 1.033 de 15 de diciembre del mismo año, resolución que aporta cobertura jurídica a las medidas necesarias (y hay que entender que quedan incluidas las que comporten uso de la fuerza) para la aplicación del Acuerdo encomendadas a la fuerza multinacional IFOR (bajo mando de la OTAN).

En cualquier caso, y tomando en consideración el conjunto de todas las actuaciones de las Naciones Unidas en Bosnia-Herzegovina, se comprenden perfectamente las acerbas palabras que con ocasión del cincuentenario de las Naciones Unidas pronunciara el 24 de octubre de 1995 el presidente de Bosnia-Herzegovina, ALIJA IZETBEGOVIC:

> Las Naciones Unidas actuaron eficazmente al detener la crisis del Golfo. Desafortunadamente, esta eficacia no se ha repetido en el caso de la agresión contra mi país. El precio de la duda ha sido enorme. Mi pueblo ha pagado ese precio.

Resaltando el reproche de doble estándar —fundado, a nuestro juicio— implícito en las palabras del presidente bosnio, cabe decir en suma que en el campo del mantenimiento de la paz y seguridad internacionales no se vieron satisfechas en su conjunto las expectativas favorables suscitadas en 1991 por la acción de la Organización en la guerra del Golfo. Y si hacemos tal aseveración es porque, básicamente, las hostilidades en Bosnia-Herzegovina han vuelto a poner de manifiesto, aunque bajo nueva luz, la debilidad esencial de las Naciones Unidas en el terreno que nos ocupa. Resulta obvio por lo demás que tal debilidad causa un perjuicio serio a la imagen que de la Organización Mundial se hace la opinión pública internacional[4].

e) Hay que añadir a las anteriores consideraciones que en la época de la distensión resulta frecuente el hecho de que el Consejo de Seguridad interprete de una manera amplia y flexible el concepto de «amenaza a la paz» del artículo 39 de la Carta, y ello con la finalidad de ubicar las resoluciones en el capítulo VII de la

---

[4] Véase especialmente D. PETROVIC y L. CONDORELLI, «L'ONU et la crise yougoslave», en *A. F. D. I.*, 1992, pp. 32 ss.; J. M. SOREL, «La Somalie et les Nations Unies», ibíd., pp. 61 ss.; y A. DASTIS QUECEDO, «La crisis de Yugoslavia en las Naciones Unidas», en *R. E. D. I.*, 1992-2, pp. 686 ss.

misma («Acción en caso de amenaza a la paz, quebrantamiento de la paz o actos de agresión») y atribuirlas de tal modo fuerza obligatoria indiscutida. Es así como el Consejo ha desplegado una intensa actividad ante situaciones distintas de las hasta ahora consideradas, como, por ejemplo, imponiendo sanciones a Libia (resoluciones 731 a 745, de enero y marzo de 1992), e incluso autorizando el uso de la fuerza para restablecer el orden en Somalia y hacer llegar a sus destinatarios la ayuda alimenticia (resolución 794, de 3 de diciembre de 1992), y también para hacer respetar los derechos humanos en Haití colocando en el poder al presidente legítimamente elegido (resolución 948, de 31 de julio de 1994). Por cierto que esta última resolución merece un comentario especial negativo, porque aun ubicada también en el capítulo VII de la Carta, considerando que la situación constituía una amenaza a la paz en la región, resulta sumamente dudosa la pertinencia de esta conceptuación. A nuestro juicio, el Consejo se excedió en su calificación y la resolución 948 da por lo menos muestras de arbitrariedad y de doble estándar. En efecto, por lastimosa y condenable que fuese la situación de los derechos humanos en el país caribeño, no era peor que la existente en muchos otros países, cercanos y lejanos, que no han merecido nunca un trato tan severo de las Naciones Unidas como la autorización del uso de la fuerza. En fin, nada mínimamente significativo hizo el Consejo de Seguridad para impedir el horroroso genocidio de Ruanda. *A posteriori*, sí, y a efectos sancionadores, la resolución 955, de 8 de noviembre de 1994, creó un Tribunal Internacional Penal *ad hoc* a semejanza del instaurado para la antigua Yugoslavia.

f) ¿Qué decir del uso de la fuerza desplegado por la OTAN en territorio de la República Federal de Yugoslavia durante la primavera de 1999 con ocasión del conflicto de Kosovo?

El punto de partida es que ninguna resolución del Consejo de Seguridad autorizaba tal acción. La resolución 1.203 de 24 de octubre de 1998, citada por algunas fuentes en apoyo de la legalidad de las medidas, se limitó a respaldar los acuerdos concluidos en Belgrado entre Yugoslavia y la OSCE, por un lado, y Yugoslavia y la OTAN, por otro, y a exigir la pronta aplicación de los mismos. Solamente esto. Nada permite inferir que autorizase el uso de la fuerza. Hubo pues, en principio, violación de la legalidad resultante de la Carta de las Naciones Unidas.

Pero, dando por supuesta la finalidad humanitaria de la intervención —que era la de poner fin a las violaciones graves, masivas y sistemáticas de los derechos humanos de los componentes de la población de raza albanesa en el territorio de Kosovo—, surge la pregunta de si cabe encontrar en el Derecho Internacional algún otro tipo de justificación. ¿Prevalecería en el caso concreto la bondad del fin sobre la maldad de los medios? Me parece que la duda resulta, por lo menos, legítima y creo que la respuesta es compleja, porque se trata, en definitiva, de una cuestión de ponderación de los diversos elementos de juicio en presencia. No han faltado quienes con diferentes matices y más o menos convicción hayan atribuido mayor peso al fin que a los medios y se hayan decantado por la licitud de la acción de la OTAN [4 bis]. Con todo

---

[4 bis] Por ejemplo, entre nosotros, y de manera muy razonada y bien argumentada, el profesor R. BERMEJO, en «Cuestiones actuales referentes al uso de la fuerza en Derecho Internacional», *A.D.I.*, 1999, pp. 3 ss. Véanse opiniones diferentes en la bibliografía española: P. ANDRÉS SÁENZ DE SANTA

mi respeto a tales opiniones, me resulta difícil compartirlas, porque pesan más en mi ánimo la ilegalidad e iniquidad de los medios que la legitimidad y bondad de los fines. Como he dicho en otro lugar de este *Curso* (apartado 64.2), la prohibición del uso de la fuerza tiende a salvaguardar valores básicos de la comunidad internacional, de importancia primordial para la convivencia interestatal. Valores que deben prevalecer sobre cualquier otro tipo de consideraciones. Entiendo, en suma, que la acción unilateral de la OTAN de la primavera final del siglo XX constituye un mal precedente, contrario por supuesto al Derecho Internacional, y ello aunque no se tuviesen en cuenta la hecatombe humanitaria que desencadenó y las infracciones del Derecho Internacional Humanitario que propició. El hecho de prescindir del Consejo de Seguridad para desencadenar una intervención armada ha rebajado, aún más si cabe, la autoridad y credibilidad de las Naciones Unidas en el cumplimiento de su función capital, que es el mantenimiento de la paz y seguridad internacionales. Y pese a sus deficiencias de todo tipo, particularmente en el campo del mantenimiento de la paz, hay que afirmar que la Organización Mundial sigue siendo necesaria.

En cualquier caso y por completar las anteriores consideraciones, no creo que pueda sostenerse que la acción de la OTAN de la primavera de 1999 constituya el punto de arranque de una costumbre internacional que, una vez cristalizada o consolidada, permitiese intervenciones armadas unilaterales, individuales o colectivas, para erradicar situaciones de violaciones graves, masivas y persistentes de los derechos humanos. Y si sustento tal opinión es porque, a mi entender, no se ha producido la aquiescencia necesaria, es decir, la aceptación general, explícita o implícita, de la comunidad internacional en su conjunto. Es significativo a este respecto que dos miembros permanentes del Consejo de Seguridad (Rusia y China) desaprobasen la intervención.

g) También en el uso de la fuerza desplegado en Afganistán, principalmente por los Estados Unidos de América y el Reino Unido en las semanas que siguieron a la fecha fatídica del 11 de septiembre de 2001, se prescindió, lamentablemente, del Consejo de Seguridad.

A niveles políticos y académicos se ha querido justificar esa acción como un ejercicio del derecho de legítima defensa del artículo 51 de la Carta. Y, efectivamente, en sus resoluciones 1.368 (del día siguiente al atentado terrorista) y 1.373 (del 28 de septiembre siguiente), el Consejo de Seguridad reafirma y recuerda el principio en cuestión. Pero, a mi juicio, la invocación de ese derecho supone hacer una violencia considerable a la letra y al espíritu del artículo 51 mencionado. Y aclaro que esa violencia no resulta propiamente del hecho de que el ataque proviniese originariamente de un actor —espurio, por supuesto— de las relaciones internacionales que

---

MARÍA, «Kosovo: todo por el Derecho Internacional sin el Derecho Internacional», *Meridiano Ceri*, 1999, n.º 28, pp. 4 ss.; A. REMIRO BROTONS, «¿De la asistencia a la agresión humanitaria?», *Política Exterior*, mayo-junio de 1999, pp. 17 ss.; S. RIPOLL CARULLA, «El Consejo de Seguridad y la defensa de los derechos humanos. Reflexiones a partir del conflicto de Kosovo», *R.E.D.I.*, 1999, vol. I, pp. 59 ss.; E. ÁLVAREZ LÓPEZ, «La intervención militar de la OTAN en la República Federal de Yugoslavia: la legalidad internacional cuestionada», *Revista de la Facultad de Derecho de la Universidad Complutense de Madrid*, n.º 93, Curso 1999-2000, pp. 9 ss.; y J. M. ORTEGA TEROL, *La intervención de la OTAN en Yugoslavia*, Oviedo, 2001. Por supuesto, la bibliografía sobre el tema es muy abundante fuera de nuestro país.

no es un Estado, a saber, la internacional terrorista al-Qaeda, puesto que a la luz de la resolución de la Asamblea General de las Naciones Unidas que define la agresión —la 3.314 (XXIV), de 14 de diciembre de 1974— cabe hablar de una agresión indirecta por parte de un Estado, el Afganistán de los talibanes, que es el que dio apoyo y cobijo territorial a la organización terrorista. Según mi manera de ver las cosas, la objeción de mayor relieve que cabe oponer a la consideración de ese uso de la fuerza como un supuesto de ejercicio legal de legítima defensa es la que explico a continuación. La reacción frente a un ataque armado como legítima defensa autorizada por el artículo 51 de la Carta requiere que la respuesta sea inminente y, además, limitada en el tiempo («hasta tanto que el Consejo de Seguridad haya tomado las medidas necesarias —dice el art. 51— para mantener la paz y seguridad internacionales»). Pero, producido el ataque terrorista el 11 de septiembre de 2001, sólo veintiséis días después empezó el bombardeo y otras acciones armadas en Afganistán. Ni la respuesta fue inminente ni el Consejo de Seguridad adoptó nunca las medidas necesarias para mantener la paz y seguridad internacionales; esto es, las medidas coercitivas —de uso de la fuerza— previstas en el artículo 42 de la Carta.

Realmente, teniendo en cuenta las declaraciones oficiales emitidas a distintos niveles y el conjunto de las circunstancias que concurrieron en los hechos, la acción militar estadounidense y británica en Afganistán constituye en sustancia un supuesto de defensa preventiva, institución que, por las razones que he explicado en el apartado 64.2 de este *Curso*, no es legítima sino contraria en sí misma a la Carta de las Naciones Unidas. Y hay que señalar que el ejercicio en el caso de la defensa preventiva pareció contar con el asentimiento de actores muy relevantes de las relaciones internacionales: Consejo de Seguridad, Consejo de la OTAN, Unión Europea y otros. Es decir, al calor de la profunda alarma producida en la comunidad internacional por los atentados del 11 de septiembre, parecía que se estaba fraguando una tendencia a admitir como *lex specialis* —esto es, para los casos en que se haya de hacer frente a actos terroristas de gran envergadura— la defensa preventiva. Y cuando en el mes de septiembre de 2002 se diseña la nueva estrategia de la seguridad nacional de los Estados Unidos, bajo la presidencia de G. Bush, se oficializa la figura de la defensa preventiva como medio de combate del terrorismo internacional.

Señalemos, sin embargo, que la divergencia de pareceres manifestada en el seno del Consejo de Seguridad con ocasión de la crisis de Irak de comienzos de 2003 —de la que se habla a continuación— ha cortado de raíz aquella tendencia. En cualquier caso la defensa preventiva no me parece compatible con la Carta de las Naciones Unidas, y ello por las razones que siguen. Primeramente, porque semejante interpretación, o segunda lectura del artículo 51 de la Carta, desdibuja notablemente la línea fronteriza entre lo que sería la auténtica defensa preventiva y las represalias armadas algo que, según lo explicado en el apartado 56 al hablar de las contramedidas, está prohibido por el Derecho Internacional. En segundo lugar, porque los usos unilaterales de la fuerza, no sometidos a control institucional alguno, dan lugar fácilmente a errores trágicos y monstruosos, como, por ejemplo, la matanza en Afganistán, el 1 de julio de 2002, de cuarenta nativos que, siguiendo la tradición local, manifestaron su júbilo en la celebración de una boda disparando al aire los fusiles, con la mala fortuna de que el disparo fue interpretado por destacamentos de la fuerza aérea de los Estados Unidos como un ataque talibán. Y, en tercer lugar, porque la admisión de ese tipo de defensa propia iría en detrimento de la dimensión real del principio de la igualdad soberana de los Estados. Parece claro, en efecto, que únicamente los Estados más poderosos estarían en condiciones de beneficiarse de ese *no man's land*, de esos límites vagos e imprecisos que existen entre la defensa preventiva y las represalias armadas, y ello, lógicamente, en perjuicio de los Estados menos poderosos.

Mas, partiendo del supuesto de que frente a los devastadores y mil veces condenables atentados del 11 de septiembre de 2001 los Estados Unidos tenían no sólo el derecho, sino también el deber de defenderse, conviene preguntarse qué tipo de reacción se hubiese conformado a la legalidad de la Carta de las Naciones Unidas. La respuesta parece fácil. Ese modo de reacción no era otro, a mi entender, que la acción institucional prevista para los casos de amenazas a la paz, quebrantamientos de la paz o actos de agresión en el capítulo VII de la Carta. Y es del todo verosímil que, de la misma manera que los Estados Unidos consiguieron la unanimidad de los miembros del Consejo para la adopción de las resoluciones 1.368, 1.373 y otras, hubiesen obtenido la misma actitud unánime para la autorización del desencadenamiento de una acción armada. Pero los Estados Unidos decidieron orillar y menospreciar una vez más al Consejo de Seguridad; en aras de sus intereses de poder prefirieron el unilateralismo al multilateralismo, lo que ciertamente hacer perder autoridad y credibilidad a las Naciones Unidas en su función primera y primordial de mantenimiento de la paz y seguridad internacionales[4 ter].

h) Y es imposible no hacer aquí una valoración de la fuerza armada desencadenada contra Irak a partir de las 3.35 horas del 20 de marzo de 2003. La acción de guerra desplegada por Estados Unidos, Reino Unido y Australia en Irak sin la cobertura de una resolución del Consejo de Seguridad de las Naciones Unidas no es otra cosa, a mi entender, que una flagrante violación del Derecho Internacional, representado en este punto por la Carta de las Naciones Unidas. Así de claro. Es cierto que el párrafo dispositivo trece de la resolución 1.441 del Consejo, de 8 de noviembre de 2002, recuerda la advertencia reiterada a Irak de que, si sigue incumpliendo sus obligaciones, se expondrá a graves consecuencias. Pero, en contra de lo que se ha sostenido, ni la letra ni el espíritu de la resolución, ni una interpretación sistemática de la misma que tenga en cuenta otras resoluciones —particularmente la 687—, ni la toma en consideración global de las explicaciones de voto, permiten concluir que esa disposición consienta automáticamente —es decir, sin nueva reso-

---

[4 ter] Sobre la acción armada en Afganistán en 2001 y 2002, la doctrina es abundante en España y fuera de ella. Véase, especialmente, L. CONDORELLI, «Les attentats du 11 septiembre et leurs suites; où va le droit international?», en *R.G.D.I.P.*, vol. 4, 2001, pp. 829 ss.; N. SCHRIJVER, «Responding to international terrorism: moving the frontiers of International Law for "enduring freedoms"», en *N.I.L.R.*, 2001, pp. 271 ss.; J. A. GONZÁLEZ VEGA, «Los atentados del 11 de septiembre, la operación "libertad duradera" y el derecho de legítima defensa», en *R.E.D.I.*, 2001, 1 y 2, vol. LVIII, pp. 248 ss.; R. BERMEJO GARCÍA, «El Derecho Internacional frente al terrorismo: ¿nuevas perspectivas tras los atentados del 11 de septiembre?», en *A.D.I.*, 2001, pp. 5 ss.; C. GUTIÉRREZ ESPADA, «¿No cesaréis de citarnos leyes viendo que ceñimos espadas?», en *A.D.I.*, 2001, pp. 25 ss.; y J. SAURA, «Some Remarks on the Use of Force against Terrorism in Contemporary International Law and the Role of the Security Council», en *Loyola of Los Angeles International & and Comparative Law Review*, vol. 26, n.º 1, 2003.

lución del Consejo— medida tan drástica como el uso de la fuerza. Acción de tanta gravedad en todo tipo de consecuencias como el uso de la fuerza contra un Estado (y, en definitiva, contra su pueblo) —la *ultima ratio* para la solución de conflictos, se dice con todo fundamento— no puede apoyarse en una interpretación sumamente artificiosa y políticamente interesada de una resolución —o serie de resoluciones— del Consejo de Seguridad; requiere una disposición completamente nítida, esto es, de lectura y comprensión diáfanas. Y si es verdad que en el momento de adoptar la resolución, los Estados Unidos se reservaron la posibilidad de defensa unilateral si Irak no se desarmaba, no es menos cierto que, en términos jurídicos, la reserva de un comportamiento contrario al Derecho Internacional no tiene valor alguno[4 quáter]. En fin, en la Carta que el día del inicio de las hostilidades —20 de marzo de 2003— el representante de los Estados Unidos de América dirigió al Consejo de Seguridad, se pretende fundamentar la legalidad de la acción armada en la resolución 678 del Consejo de Seguridad (de 29 de noviembre de 1990), que es la que autorizó el uso de la fuerza contra Irak en la primera guerra del Golfo, justamente para expulsar de Kuwait al ocupante ilegal. Lo que se intentaba ahora es hacer revivir los efectos de esa resolución y ello porque se dice en la misiva del representante americano que otra resolución del Consejo —la 687, de 3 de abril de 1991— impuso a Irak una serie de obligaciones como condición del cese del fuego. Y habiendo incumplido ese país las obligaciones en materia de desarme —se argumentaba en la Carta— habría vuelto a desplegar efectos la resolución 678 de modo que quedase expedito legalmente el camino para el uso de la fuerza. Entiendo personalmente que el argumento es demasiado artificioso como para justificar un comportamiento tan grave como una agresión. Estamos ante una excusa rayana al puro malabarismo jurídico, que semeja una condena a muerte dictada por un tribunal nacional en violación del principio de legalidad, esto es, basada en una combinación mistificada de diversos artículos del Código Penal. Y el argumento es también falaz, pues los hechos posteriores a la

---

[4 quáter] En efecto, el representante de los Estados Unidos, embajador Negroponte, tras asegurar que la resolución no contenía ningún gatillo oculto ni ninguna «automatización», agregó: «Si el Consejo de Seguridad no actúa con decisión en caso de producirse nuevas violaciones por parte de Irak, esta resolución no impide a ningún Estado miembro actuar para defenderse contra la amenaza planteada por Irak ni hacer cumplir las disposiciones pertinentes de las Naciones Unidas y proteger la paz y seguridad internacionales.» Así consta en el acta de la reunión del Consejo del viernes 8 de noviembre de 2002, Doc. s/pv 4644. La bibliografía sobre el tema es muy abundante. Entre la española, véase especialmente J. A. PASTOR RIDRUEJO, «¿Un nuevo gendarme de la paz y seguridad internacionales? A propósito de la guerra de Irak de la primavera de 2003», en *Pacis artes. Obra homenaje al profesor Julio D. González Campos*, Madrid, 2005, tomo I, pp. 463 ss.; C. JIMÉNEZ PIERNAS, «La política exterior española en torno a Irak y la relevancia del consensus en los ordenamientos interno e internacional», en *Cursos de Derecho internacional y relaciones internacionales de Vitoria-Gasteiz*, 2004, pp. 268 ss.; J. A. GONZÁLEZ VEGA, «Política de defensa, uso de la fuerza y legalidad internacional: una aproximación a las "concepciones estratégicas" desde la perspectiva del Derecho internacional», en *Cuadernos aragoneses de economía,* vol. 14, 2004, pp. 363 ss.; J. CARDONA LLORENS, «¿Libération ou occupation? Les droits et devoirs de l'Etat vainqueur», en *Cahiers internationaux*, n.º 19, 2004, pp. 221 ss.; M. PÉREZ GONZÁLEZ, «La legítima defensa puesta en su sitio: observaciones críticas sobre la doctrina Bush de la acción preventiva», en *R.E.D.I.*, 2003, n.º 1, pp. 187 ss.; S. RIPOL CARULLA, «La nueva doctrina de defensa preventiva. Consideraciones sobre su caracterización y fundamento», en *El imperio inviable. El orden internacional tras el conflicto de Irak*, edición de C. García Segura y Ángel Rodrigo Hernández; R. PANIAGUA REDONDO, «La ocupación militar de Irak: en contra del Consejo de Seguridad y del Derecho internacional», en *Soberanía del Estado y Derecho internacional. Homenaje al profesor Juan Antonio Carrillo Salcedo,* Sevilla, 2005, tomo II, pp. 985 ss.; y J. M. FARAMIÑAN, «*Ratio belli* versus *ratio iuris*. A propósito de la guerra de Irak», ibíd., pp. 415 ss.

invasión han demostrado sobradamente que en el territorio iraquí no existían armas nucleares de las que las autoridades hubiesen debido desprenderse.

En resumen, fueron tres y diferentes en su contenido las explicaciones formuladas con la pretensión de justificar ética y jurídicamente el recurso a la fuerza armada en Irak, lo que viene a demostrar la falta de convicción de quienes desplegaron esa fuerza en la conformidad de su acción con el Derecho internacional. Falta de convicción que resulta más palmaria si cabe teniendo en cuenta otras dos circunstancias: los esfuerzos por conseguir en los días inmediatamente anteriores a la agresión una resolución del Consejo de Seguridad que autorizase de manera indubitada el uso de la fuerza; y el cambio en el objetivo declarado de ese uso. Porque no habiéndose encontrado armas nucleares ni de destrucción masiva en Irak —primer objetivo declarado de la intervención— los Estados Unidos y el Reino Unido se vieron precisados a poner el énfasis en la finalidad de liberar al pueblo iraquí de un régimen opresivo y tiránico, violador a gran escala de los derechos humanos.

Es imposible negar, en efecto, que el régimen iraquí ha cometido crímenes internacionales execrables. Pero, dada la monstruosidad de la guerra y la necesidad de preservar la autoridad y la credibilidad de las Naciones Unidas, la alternativa razonable a una resolución del Consejo autorizando indubitadamente la acción armada, hubiese sido la paciencia, esto es, la concesión de más tiempo a los inspectores de UNMOVIC y la OIEA para llevar a cabo su cometido, combinada con la intensificación de la presión diplomática. Debe quedar claro en cualquier caso que discrepar de la legalidad y legitimidad del uso de la fuerza desencadenado contra Irak en la primavera de 2003 no significa apoyo alguno a su régimen opresivo y dictatorial. No hay que atribuir motivos espurios a una opinión independiente que resulta de la ponderación reflexiva y en conciencia de unos hechos y de unos parámetros jurídicos. Prescindiendo de lo que aquella acción pueda suponer en el futuro de fractura de civilizaciones, y aunque no se tomasen en cuenta (lo que es imposible) las víctimas humanas entre combatientes y población civil —entiendo que todas ellas inocentes— me atrevería a decir, junto a muchos otros profesores de Derecho Internacional, que el Consejo de Seguridad, y con él las Naciones Unidas, ha recibido una herida gravísima. Los Estados que han empleado el uso de la fuerza en Irak no han respetado las reglas de juego que ellos contribuyeron decisivamente a establecer cuando, en 1945, se crearon las Naciones Unidas, y ello a pesar de que esas reglas les conferían una posición privilegiada, como el derecho de veto.

i) Tampoco ha tenido justificación legal la penetración de tropas rusas en territorio de Georgia en agosto de 2008, ante la que, a causa de la posesión del privilegio del veto por Rusia, nada hizo el Consejo de Seguridad. En cuanto a la extremadamente desproporcionada acción armada de Israel en el territorio de Gaza a fines de diciembre de 2008 y días iniciales de 2009, contraria a las más elementales exigencias del Derecho Internacional Humanitario, como respuesta al letal lanzamiento de misiles por la organización terrorista Hamás, el Consejo de Seguridad se limitó a adoptar una descafeinada resolución —la 1.860 de 8 de enero de 2009— instando el cese de hostilidades. Resolución, hay que recalcarlo, que no pudo ser tomada en el marco del capítulo VII de la Carta, que es el que contempla la puesta en práctica de medidas coercitivas de carácter obligatorio o de otras sanciones.

j) Es merecedora no obstante de una valoración más favorable la implicación del Consejo de Seguridad en la guerra civil surgida en Libia en los primeros meses de 2011 entre el gobierno del coronel Gadafi y un amplio movimiento popular ansioso de libertad y dignidad. En efecto, la resolución 1.970, de 26 de febrero de ese año, impone a Libia una serie de sanciones distintas del uso de la fuerza armada, como el embargo de armas, congelación de haberes, prohibición de viajes al citado coronel y miembros de su entorno y sumisión de la situación a la Corte Penal Internacional. Y la resolución 1.973, de 17 de marzo siguiente, tras determinar que la situación en el país constituía una amenaza a la paz y seguridad internacionales y ubicarla en el capítulo VII de la Carta, llega más lejos, porque autoriza a los Estados miembros de las Naciones Unidas y a las organizaciones regionales a tomar todas las medidas necesarias para proteger a las personas civiles; establece además una zona de exclusión en el espacio aéreo de Libia, habilitando a los Estados miembros y a las organizaciones regionales a tomar las medidas necesarias para asegurar la prohibición de sobrevuelo. Pero a lo que no se refiere la resolución 1.973 es al uso de la fuerza armada en suelo libio ni al suministro de armas a los rebeldes. Es de hacer notar que la resolución se adoptó por diez votos a favor, entre ellos el de los Estados Unidos de América, que parece abandonar el unilateralismo del segundo presidente BUSH y volver a la senda sana del multilateralismo. Añadamos de todos modos que no han faltado voces críticas a las resoluciones mencionadas y a la acción militar subsiguiente. Se ha señalado, así, que el carácter limitado de la fuerza armada autorizada, coordinada finalmente por la OTAN, no aseguraba el derrocamiento rápido de la dictadura sino que daba lugar a una duración indeseable del conflicto armado. Se ha hablado también del carácter selectivo de las resoluciones, dada la inacción del Consejo de Seguridad en muchos otros casos de violaciones graves y sistemáticas de los derechos humanos, idea que se ha esgrimido en relación con el interés que suscitarían los ricos yacimientos petrolíferos del país. Sin que les falte parte de verdad a estos argumentos, el autor de este libro se inclina a compartir el punto de vista de los rebeldes libios y de la población civil, las víctimas auténticas de la situación, que no dejaron de implorar la implicación en su causa de la comunidad internacional, y a los que no parece se les puede reprochar ninguna clase de interés espurio. Es sabido por lo demás que la acción desplegada al amparo de la resolución 1.973 ayudó al derrocamiento del régimen del presidente Gadafi, por cierto, ignominiosamente linchado por un comando rebelde. En cualquier caso, la actitud del Consejo de Seguridad en el caso libio contrasta con la pasividad mostrada hacia los acontecimientos de otro país árabe, Siria. En efecto, en lo que respecta a la cruel represión ejercida en este último país por el gobierno del presidente Bachar el Asad contra los opositores a su despótico régimen, hay que decir que el 3 de febrero de 2012 el veto de Rusia y China impidió la adopción de una tímida resolución; tímida porque, aún condenando la situación, se renunciaba a un uso de la fuerza similar al desplegado en Libia en 2011. De todos modos, la resolución condenatoria del régimen sirio que adoptó la Asamblea General el 16 de febrero de 2012 por una mayoría de 137 votos alivió de algún modo, al menos política y moralmente, la inacción del Consejo de Seguridad. Lo mismo puede predicarse de la resolución 2.042 del propio Consejo, adoptada esta vez por unanimidad el 14 de abril siguiente, que dispuso el envío al país de observadores imparciales con el mandato de verificar el cumplimiento del cese en fuego propuesto por el antiguo secretario general de la Organización, señor Kofi Annan[4 quinquies].

k) A la altura del segundo decenio del siglo XXI hay que plantearse la cuestión de la legitimidad del uso de la fuerza armada por la comunidad internacional, por algún Estado o por una coalición de Estados para poner fin a las execrables actividades de ese actor espurio de las relaciones internacionales que es el que se denomina a sí mismo el Estado islámico (*Isis, Dáesh*). Asentado ese principio sobre el territorio de dos Estados, Irak y Siria, el consentimiento de las autoridades de estos países daría legitimidad a ese uso de la fuerza, pero hasta el momento solo Irak ha manifestado la autorización pertinente. Más habiendo adoptado el Consejo de Seguridad de Naciones Unidas la resolución 2.249 (2015), la mayor parte de Estados integrantes de una coalición contra el Estado Islámico se han apoyado en su texto como soporte jurídico de la acción armada en tanto que legítima defensa. Es verdad que la resolución mencionada no se adoptó en el marco del capítulo VII de la Carta, «Acción en caso de amenazas a la paz, quebrantamientos de la paz o actos de agresión», aunque en su párrafo dispositivo quinto sí se exhorta a los Estados miembros a que tomen todas las medidas necesarias compatibles con el Derecho internacional frente al Estado islámico. Es verdad también que esa acción armada no respondería cabalmente a las condiciones que pone el artículo 51 de la Carta al ejercicio de la legítima defensa tradicional. Pero si se toma en consideración que cuando se redactó la Carta no se pensó para nada en la existencia de entidades tales como el Estado islámico, que en modo alguno es un Estado, y si se tiene en cuenta además la necesidad de acabar con sus múltiples y graves violaciones del Derecho internacional, entiendo que la resolución 2.249 da legitimidad más que suficiente al uso de la fuerza contra el Estado islámico, incluso si fuese necesario pasando por encima de la soberanía del Estado territorial.

l) Valoración negativa merece sin embargo el lanzamiento de misiles Tomahawk, el 7 de abril de 2017, por parte de dos destructores de la marina de los Estados Unidos de América contra la base aérea de Shayrat en territorio de Siria. Y es que no se puede pretender que el fin justifique los medios. Por más que se pudiera entender e incluso aplaudir el objetivo de la acción de castigar a Siria por haber perpetrado un crimen de guerra gravísimo —empleo de armas químicas contra su propia población— el uso de la fuerza sin autorización del Consejo de Seguridad no deja de ser contrario al Derecho internacional. Claro que también cabe dirigir serios reproches

[4 quinquies] Sobre la crisis libia de 2011, véase especialmente en el volumen 27 (2011) del *A.D.I.*, R. BERMEJO GARCÍA, «La protección de la población civil en Libia como coartada para derrocar un gobierno: un mal inicio para la responsabilidad de proteger», pp. 9 ss.; C. GUTIÉRREZ ESPADA, «Sobre el núcleo duro de la resolución 1.973 (2011) del Consejo de Seguridad y acerca de su aplicación en la práctica», pp. 57 ss.; M. J. CERVELL HORTAL, «La resolución 1.970 (2011) del Consejo de Seguridad y la remisión de la cuestión libia a la CPI: ¿la unión hace la fuerza?», pp. 77 ss.; E. LÓPEZ-JACOISTE DÍAZ, «La crisis de Libia desde la perspectiva de la responsabilidad de proteger», pp. 109 ss.; J. D. OLIVA MARTÍNEZ, «Cuestiones en torno a la legitimidad del Consejo Nacional de Transición Libio a raíz de su reconocimiento por la Asamblea General de las Naciones Unidas», pp. 153 ss.; C. ECHEVERRÍA JESÚS, «Revueltas, guerra civil tribal e intervención extranjera en Libia», p. 185. Acerca del Estado islámico, P. POZO SERRANO, «El uso de la fuerza contra el Estado Islámico en Irak y Siria: problemas de fundamentación jurídica», *A.E.D.I.*, 2016, pp. 141 ss.

a Rusia, que por su pertinaz actitud de veto a resoluciones del Consejo no deja de estar presente en el origen de la ilegalidad de la superpotencia americana. La misma ilegalidad puede predicarse del lanzamiento de misiles contra instalaciones militares en territorio de Siria el 14 de abril de 2018 por parte de una coalición de los Estados Unidos de América, Reino Unido y Francia, en tanto que castigo por el empleo de armas químicas llevado a cabo por las autoridades locales. Sería asimismo el caso del ilegal uso de la fuerza desplegado por Turquía en los primeros días de octubre de 2019 en el territorio del Kurdistán sito en la zona norte de Siria. Señalemos que cuando la mayoría de los ministros de asuntos exteriores de los Estados miembros de la Unión Europea dicen que «entienden» la acción y no que la aprueban, están expresando dudas sobre su legalidad. Solo el Reino Unido y Francia afirmaron explícitamente que la acción era conforme al Derecho internacional en tanto que intervención humanitaria necesaria y proporcionada. Obviamente, el gobierno de los Estados Unidos de América era de la misma opinión. En cualquier caso el hecho de que el ataque resultase imputable a Estados que son miembros permanentes del Consejo de Seguridad tiene el grave inconveniente de que les deslegitima para criticar comportamientos semejantes que puedan provenir de otras potencias.

m) Abandonada durante largo tiempo por razones abundantemente expuestas la idea de seguridad colectiva basada en acciones coercitivas de la Organización, la presión de los acontecimientos motivó ya en la época de la guerra fría la aparición de una nueva modalidad de acción ejecutiva institucional con naturaleza preventiva: la de las operaciones del mantenimiento de la paz. Entre nosotros, el profesor CARRILLO SALCEDO caracterizó esas operaciones de la forma siguiente: 1) importancia progresiva de las funciones político-diplomáticas del Secretario General y acrecentamiento de sus funciones y responsabilidades de diplomacia preventiva; 2) consenso mínimo de las grandes potencias, que aceptan no participar directamente en las operaciones de mantenimiento de la paz; 3) especial colaboración de los Estados no directamente comprometidos en el conflicto o situación que amenaza a la paz y seguridad internacionales y que provoca la acción ejecutiva de las Naciones Unidas; 4) establecimiento de un sistema de «neutralización internacional» por el que se pretende mantener los conflictos armados fuera de la guerra fría, al margen de la confrontación global entre las grandes potencias; 5) por último, consentimiento del Estado territorial que soporta la intervención de la acción ejecutiva de las Naciones Unidas destinada a la conservación de la paz[4 sexies]. La pri-

[4 sexies] J. A. CARRILLO SALCEDO, *La crisis constitucional de las Naciones Unidas,* Madrid, 1966, p. 80. Véanse, del mismo autor, «El mantenimiento de la paz: veinte años de esfuerzo», en *O. N. U., año XX,* Madrid, 1966, pp. 183 ss.; y «Consideraciones sobre el fundamento, naturaleza y significado de las operaciones de las Naciones Unidas destinadas al mantenimiento de la paz», en *R. E. D. I.,* 1965, pp. 164 ss. Véanse también: G. WINT, *What Happened in Korea. A Study of Collective Security,* Londres, 1954; T. H. YOO, *The Corean War and the United Nations. A legal and diplomatic Study,* Lovaina, 1965; P. H. GENDEBIEN, *L'intervention des Nations Unies au Congo 1960-64*; G. ABI SAAB, *The United Nations Operation in Congo,* Oxford, 1978, París, 1967; A. LLAL, *The United Nations and the Middle East Crisis,* Nueva York y Londres, 1968; L. IERODIAKONOV, *The Cyprus Question,* Estocolmo, 1971; F. VAN LAGENHOVE, *La crise du système de sécurité collective des Nations Unies,* Bruselas, 1958; S. MARTÍNEZ CARO, «La Fuerza de Emergencia de las Naciones Unidas», en *R. E. D. I.,* 1960, pp. 83 ss.; P. FESSOL, *Un essai de police international: la force d'urgence des Nations Unies,* Aix, 1959; J. W. HALDERMAN, «Legal Basis for United Nations Armed Forces», en *A. J. I. L.,* 1962, pp. 971 ss.; J. SOUBEYROL, *Las iniciativas*

mera ocasión en que se puso en marcha una operación de este tipo fue en virtud de la resolución de la Asamblea General 1.000 (Ex-1), de 5 de noviembre de 1956, con ocasión del conflicto provocado por la nacionalización del Canal de Suez por el Gobierno egipcio; dicha resolución creó las «Fuerzas de Emergencia de las Naciones Unidas» (FENU), y el contingente estuvo presente en la región hasta el mes de mayo de 1967, cuando Egipto pidió su retirada. La siguiente operación fue establecida por una serie de resoluciones que adoptó el Consejo de Seguridad en 1960, con motivo de la intervención belga en el Congo, que encargaron al Secretario General la organización de la «Operación de las Naciones Unidas en el Congo» (ONUC) con la finalidad de prestar ayuda militar al Gobierno para mantener la integridad territorial y el orden público y evitar el desencadenamiento de una guerra civil; las operaciones se desarrollaron hasta junio de 1964. Otra operación es la resultante de la creación, en virtud de resoluciones del Consejo de 1964, de la «Fuerza de las Naciones Unidas para el mantenimiento de la paz en Chipre» (FENUCH) con el objeto de separar a las comunidades enfrentadas y desempeñar un papel humanitario, operación que sigue desarrollándose. En 1973 el Consejo crea las «Fuerzas de Emergencia de las Naciones Unidas» (FENU) para vigilar el cumplimiento del alto el fuego entre Egipto e Israel, operación que finalizó en 1979 con ocasión del tratado de paz entre esos países. Hay que hablar seguidamente de la creación por el Consejo, en 1974, de la «Fuerza de las Naciones Unidas de Observación de la Separación» (FNUOS), establecida en los Altos del Golán para la verificación del acuerdo de separación entre el ejército sirio y el israelí; su mandato ha sido prorrogado cada seis meses. Y en 1978 el Consejo de Seguridad creó la «Fuerza Provisional de las Naciones Unidas para el Líbano Meridional» (FPNUL), a petición del Gobierno del Líbano, para controlar la retirada del ejécito israelí y ayudar al Gobierno a restablecer su autoridad; la operación sigue en pie. Señalemos que las Naciones Unidas han utilizado asimismo un procedimiento de alcance más restringido que el de las operaciones de mantenimiento de la paz, aunque inspirado en finalidades similares; se trata del envío de misiones de observación.

Pese a las dramáticas dificultades financieras y carencias de recursos humanos, logísticos y materiales que aquejan a la Organización, el proceso de distensión de la década de los noventa está permitiendo al Consejo de Seguridad intensificar, y diversificar las operaciones de mantenimiento de la paz (Irak y Kuwait, Sahara Occidental, El Salvador, Angola, Camboya, antigua Yugoslavia, Somalia, Mozambique, Ruanda y Uganda, Georgia, Liberia, Haití, Chad y Libia; 17 operaciones en total al 31 de diciembre de 1994, con empleo de 73.395 componentes de fuerzas militares). Y señalemos como rasgos más novedosos del fenómeno los siguientes: 1.º) en ciertos casos los integrantes de las operaciones en cuestión pueden usar la fuerza con finalidad distinta a la defensa propia; 2.º) las operaciones se pueden

coercitivas de la ONU y la legalidad interna de la Organización, Valladolid, 1970; J. I. GARVEY, «United Nations Peace Keeping and Host State Consent», en *A.J.I.L.*, 1970, pp. 241 ss.; J. M. BOYD, *United Nations Peace Keeping Operations: A Military and Political Appraisal,* Nueva York, 1971; Ph. MANIN, *L'Organisation des Nations Unies et le maintien de la paix. Le respect du consentement de l'État,* París, 1971; y M. DE SOLA, «Naciones Unidas y el mantenimiento de la paz y la seguridad internacionales: Unas reflexiones con motivo de su cuarenta aniversario», en *ONU: Año XL, Revista de la Facultad de Derecho de la Universidad Complutense,* n.º 13, Madrid, 1987, pp. 107 ss.

montar sin el consentimiento del Estado territorial; 3.º) y más importante, el multifuncionalismo, porque ahora las fuerzas de mantenimiento de la paz desempeñan no sólo las funciones tradicionales de presencia o interposición entre fuerzas militares enemigas impidiendo que se extiendan o agraven los conflictos, sino también otras funciones, como la de vigilar el respeto de los derechos humanos, o supervisar unas elecciones o prestar asistencia sanitaria y velar por su efectividad incluso recurriendo a la fuerza. Estamos ante lo que se han llamado operaciones de mantenimiento de la paz multifuncionales o de segunda (e incluso tercera) generación, de particular importancia para el caso de los *failing States* o Estados en descomposición o desvanecimiento, incapaces de desempeñar por sí solos funciones esenciales al servicio de necesidades mínimas de la población[5].

Siendo en cualquier caso el mantenimiento de la paz y seguridad internacionales la función primordial de las Naciones Unidas en la percepción de la opinión pública, el juicio de conjunto que merece la acción de la Organización depende de los logros obtenidos en la acción pacificadora. E, iniciado el nuevo milenio, la penuria de estos resultados explica la honda crisis de credibilidad por la que atraviesa hoy en la materia que nos ocupa la Organización Mundial[5 bis].

n) Mencionemos que en la cumbre del milenio de septiembre de 2005 se preveía la creación de una *Comisión de consolidación de la paz*, institución intergubernamental a la que dio nacimiento el 20 de diciembre siguiente una resolución conjunta del Consejo de Seguridad y la Asamblea General. La función principal de la Comisión es la de ayudar a la rehabilitación y reconstrucción de los países que salgan de conflictos, coordinando las ayudas que se reciban al respecto.

ñ) Hemos dicho en otro lugar de este libro[5 ter] que la paz auténtica tiene un significado más profundo que el puramente negativo de la ausencia de guerra, que la paz posee un sentido positivo y dinámico que postula al respeto de los derechos del hombre y de los pueblos. De manera coherente con estas ideas, queremos señalar ahora que se está imponiendo progresivamente en las Naciones Unidas una nueva percepción de la paz y seguridad internacionales; percepción de carácter global en cuanto que comprende no sólo la desaparición de los conflictos

---

[5] Véanse muy especialmente F. VILLAR, «El sistema de mantenimiento de la paz de la ONU cincuenta años después de su creación», en *Jornadas sobre el cincuenta aniversario de las Naciones Unidas. Colección Escuela Diplomática*, n.º 2, 1995, pp. 25 ss.; también M. VOELCKEL, «Quelques aspects de la conduite des opérations de maintien de la paix», en *A.F.D.I.*, 1993, pp. 65 ss.; y J. CARDONA LLORENS, «Las operaciones de mantenimiento de la paz de las Naciones Unidas, ¿hacia una revisión de sus principios fundamentales?», en *C.E.M.Bc.D.I.*, vol. 6, 2002, pp. 761 ss.

[5 bis] Por ejemplo, el *International Herald Tribune* publicaba el 22 de abril de 1994, en su sección de opinión, un artículo (de W. Pfaff), en el que, después de los fracasos de las Naciones Unidas en Bosnia, se afirmaba que no existe la comunidad internacional como fuerza política coherente. Un editorial del mismo periódico del 4 de mayo siguiente denunciaba la impotencia del Consejo de Seguridad ante el genocidio ruandés y calificaba a la comunidad internacional como un «fantasma nebuloso». En cuanto a la resolución 948 sobre Haití, la edición del 2 de agosto de 1994 de *The New York Times* le dedicó un editorial muy crítico bajo el título de «Una autorización de Naciones Unidas para invadir Haití». El 12 de agosto siguiente, *El País* publicaba asimismo un acerbo artículo sobre la resolución 948 del mejicano Carlos Fuentes bajo el título de «Las malas resoluciones». De nuevo *The New York Times* publicaba un editorial el 23 de octubre de 1995 sobre el cincuentenario de las Naciones Unidas en el que, entre otras cosas, decía: «Las Naciones Unidas han decepcionado algunas de las mayores esperanzas de sus fundadores». En crisis posteriores (Kosovo, Afganistán, Irak) los comentarios de los medios independientes han sido aún más severos.

[5 ter] Véase apartado 4.2 de este libro.

armados, sino también la erradicación de las causas que los hacen posibles mediante la aplicación plena e integral de los principios de la Carta. Muestras elocuentes de esta concepción son una serie de declaraciones de la Asamblea General, entre las que destaca la contenida en la resolución 2.734 (XXV), de 10 de diciembre de 1970, denominada «Declaración sobre el fortalecimiento de la Seguridad Internacional», cuyo párrafo dispositivo segundo está así redactado:

> *Exhorta* a todos los Estados a que en sus relaciones internacionales se adhieran estrictamente a los propósitos y principios de la Carta, entre ellos: el principio de que los Estados, en sus relaciones internacionales, se abstendrán de recurrir a la amenaza o al uso de la fuerza contra la integridad territorial o la independencia política de cualquier Estado, o en cualquier otra forma incompatible con los propósitos de las Naciones Unidas; el principio de que los Estados arreglarán sus controversias internacionales por medios pacíficos de tal manera que no pongan en peligro ni la paz ni la seguridad internacionales ni la justicia; la obligación de no intervenir en los asuntos que son de la jurisdicción interna de los Estados, de conformidad con la Carta; la obligación de los Estados de cooperar entre sí de conformidad con la Carta; el principio de la igualdad de derechos y la libre determinación de los pueblos; el principio de la igualdad soberana de los Estados; y el principio de que los Estados cumplirán de buena fe las obligaciones contraídas por ellos de conformidad con la Carta[6].

En posteriores resoluciones, la Asamblea General ha profundizado en esta línea de pensamiento, línea que ha culminado con la resolución 39/11, de 12 de diciembre de 1984, titulada «Declaración sobre el derecho de los pueblos a la paz»[7].

82.3. La solución pacífica de las controversias internacionales

a) En el propósito del mantenimiento de la paz y seguridad internacionales de que acabamos de hablar entra, sin duda, el de la solución pacífica de controversias entre Estados, cosa que reconoce sin rebozo el párrafo 1 del artículo 1 de la Carta. Como hemos dicho al tratar de las normas generales imperantes al respecto[8], con cita de un *dictum* reciente del Tribunal de La Haya[9], la obligación de solución pacífica de las controversias constituye un principio complementario del que prohíbe el recurso al uso y amenaza de la fuerza. Uno y otro principio son las caras opuestas de la misma moneda. La experiencia histórica es elocuente al respecto. Al consentir el Derecho Internacional clásico un *ius ad bellum* ilimitado, la guerra constituía la *ratio suprema* en la solución de controversias. Prohibido felizmente a los Estados el recurso a la fuerza en el Derecho Internacional contemporáneo, el corolario de la proscripción es el principio que enuncia así el párrafo 3 del artículo 2 de la Carta:

> Los miembros de la Organización arreglarán sus controversias internacionales por medios pacíficos de manera que no se pongan en peligro ni la paz y seguridad internacionales ni la justicia.

Sabemos, por lo demás, que el párrafo 1 del artículo 33 de la Carta proclama la libertad en la elección de medio, libertad que, sin embargo, encuentra un tope infranqueable en la prohibición del uso o amenaza de la fuerza.

---

[6] Véase el texto de la resolución en J. A. Carrillo Salcedo, *Textos básicos de Naciones Unidas,* Madrid, 1984, pp. 383 ss.
[7] Véase especialmente el estudio de M. de Sola citado en la nota 4.
[8] Véase apartado 58.
[9] CIJ, *Recueil,* 1986, p. 145.

Las disposiciones de la Carta en la materia que nos ocupa están contenidas en el capítulo VI (arts. 33 a 38), cuyo enunciado es el de «Arreglo pacífico de controversias». Haciendo notar que dicho capítulo precede al que se ocupa de la «Acción en caso de amenazas a la paz, quebrantamientos de la paz o actos de agresión» (capítulo VII), vamos a emprender ahora, a la luz de la práctica de la Organización, un somero análisis de las disposiciones del capítulo VI[10].

b) Hay que señalar en primer término que determinadas disposiciones del capítulo VI se refieren no sólo a controversias, sino también a situaciones susceptibles de conducir a fricción internacional o dar origen a una controversia. ¿Cuál es el sentido preciso de semejante distinción? Lo que constituya exactamente una controversia internacional quedó aclarado en otro lugar de este libro con base en la jurisprudencia internacional: un desacuerdo sobre un punto de Derecho o de hecho, una oposición de tesis jurídicas o de intereses entre dos Estados[11]. El vocablo «situación» designa, sin embargo, una realidad de contornos más vagos y difusos; una realidad en que las partes o el objeto de la discordia no están aún configurados con precisión y que puede, por supuesto, desembocar en una controversia en sentido propio.

En todo caso, y éste es un punto importante, las disposiciones del capítulo VI de la Carta no se refieren a todo tipo de controversias, sino sólo a aquellas «cuya continuación sea susceptible de poner en peligro el mantenimiento de la paz y la seguridad internacionales» (art. 33), lenguaje que coincide *in fine* con el que emplea el párrafo 1 del artículo 1 de la Carta cuando define como propósito de la Organización el de «lograr por medios pacíficos [...] el ajuste o arreglo de controversias o situaciones internacionales susceptibles de conducir a quebrantamientos de la paz». Ello significa que la Organización no tiene competencias respecto a cualesquiera controversias, sino tan sólo sobre las que tengan gravedad suficiente para poner en peligro la paz y seguridad internacionales. Estamos ante una limitación de la que fueron plenamente conscientes los redactores de la Carta; como se dice en el informe del Comité pertinente de la Conferencia de San Francisco, «en principio, la Organización no debe tomar a su cargo las controversias de importancia mínima que no ponen en peligro la paz entre las partes»[12].

Por lo demás, los órganos que intervienen en la materia que nos ocupa son el Consejo de Seguridad, la Asamblea General, el Secretario General y los organismos

---

[10] Véase en general: G. SCELLE, *La solution des conflits internationaux d'après la Charte de San Francisco,* París, 1948; E. JIMÉNEZ DE ARÉCHAGA, «Le traitement des différends internationaux par le Conseil de Securité», en *R. des C.,* 1954, I, vol. 85, pp. 3 ss.; G. M. UBERTAZZI, *Contributo alla teoria della conziliazione delle controversie internazionali devanti al Consiglio di Sicurezza,* Milán, 1958; E. PÉREZ VERA, «El principio del arreglo pacífico de las controversias y los trabajos del Comité de México de las Naciones Unidas», en *R.E.D.I.,* 1965, pp. 365 ss.; E. PECOURT GARCÍA, «La solución pacífica de las controversias internacionales en la Carta de las Naciones Unidas», en *ONU, año XX,* Madrid, 1965, pp. 351 ss.; R. HIGGINS, «The Place of International Law in the Settlement of Disputes by the Security Council», en *A.J.I.L.,* 1970, pp. 1 ss.; D. W. BOWETT, *The United Nations and Peaceful Settlement. Report of a Study Group of International Studies,* Londres, 1972, pp. 179 ss.; F. MARIÑO MENÉNDEZ, «Solución pacífica de controversias por órganos políticos de Naciones Unidas», en *ONU, año XL, Revista de la Facultad de Derecho de la Universidad Complutense,* n.º 13, Madrid, 1987, pp. 155 ss.

[11] Véase apartado 57.

[12] *U.N.C.I.O.,* vol. 6, p. 473.

o acuerdos regionales. Examinemos a continuación las características particulares de la acción de cada uno de estos órganos.

c) El *Consejo de Seguridad* es la institución que mayores poderes tiene en cuanto a la solución de controversias y ajuste de situaciones. El órgano puede actuar a iniciativa propia (art. 34), a petición de un Estado miembro o incluso no miembro (art. 35), de la Asamblea General (art. 11) o del Secretario General (art. 99).

Según el artículo 34 de la Carta, el Consejo podrá llevar a cabo una encuesta o investigación a fin de determinar si la prolongación de la controversia o situación es susceptible de poner en peligro el mantenimiento de la paz y seguridad internacionales. Aclarados los hechos si resultare necesario, el Consejo puede instar a las partes en la controversia a que la solucionen por los medios pacíficos señalados en el artículo 33 (p. 2 del art. 33), e incluso recomendarles los procedimientos o métodos de ajuste que sean apropiados, tomando en consideración todo procedimiento que las partes hayan adoptado, y en el entendido de que, por regla general, las controversias de orden jurídico deben ser sometidas al Tribunal Internacional de Justicia (art. 36). Así, en 1947, el Consejo recomendó a Albania y el Reino Unido que acudiesen a ese Tribunal para solucionar la controversia sobre el Canal de Corfú. Pero si hasta ahora el Consejo no entraba en el fondo de la controversia, sino que se limitaba a recomendar modos de solución, en caso de que las partes no lograsen arreglarla por alguno de esos medios, podrá el Consejo «recomendar los términos del arreglo que considere apropiados» (art. 37). Estamos, así, ante una recomendación sustantiva como la que se adoptó, por ejemplo, en 1948, en la controversia entre la India y Pakistán sobre el Estado de Tammu y Cachemira.

d) El artículo 35 de la Carta confiere también competencias a la *Asamblea General* en orden a la solución pacífica de controversias y ajuste de situaciones, cuando así sea requerida por un Estado miembro o no miembro, si bien dichas competencias están sometidas a las limitaciones de los artículos 11 y 12 y, en definitiva, subordinadas al Consejo. Así, según el artículo 11, si bien la Asamblea puede discutir toda cuestión relativa al mantenimiento de la paz y seguridad internacionales e incluso hacer recomendaciones al respecto, toda cuestión de esa naturaleza que requiera acción será referida al Consejo de Seguridad. Y de acuerdo con el artículo 12, en tanto el Consejo esté desempeñando las funciones que le atribuye la Carta con respecto a una controversia o situación, la Asamblea no hará recomendación alguna sobre ella a no ser que lo solicite el propio Consejo.

En todo caso, y como ya sabemos[13], el artículo 10 de la Carta atribuye a la Asamblea una amplia competencia genérica, que le faculta a discutir cualquier asunto dentro de los límites de la Carta y a hacer recomendaciones sobre él. Pues bien, en lo que se refiere a controversias y situaciones susceptibles de poner en peligro la paz y seguridad internacionales, la Asamblea ha ejercido sus funciones de manera crecientemente extensiva, discutiendo prácticamente todo, haciendo recomendaciones de recurrir a determinados medios de solución, creando organismos

---

[13] Véase apartado 81.2.

subsidiarios con funciones de buenos oficios, encuesta, mediación o conciliación, indicando términos de arreglo, e incluso señalando medidas provisionales[14].

e) Como ya conocemos, el *Secretario General* de las Naciones Unidas puede, según el artículo 99 de la Carta, llamar la atención del Consejo de Seguridad hacia cualquier asunto que en su opinión pueda poner en peligro el mantenimiento de la paz y seguridad internacionales. El tenor literal del artículo implicaría que, limitada la función del Secretario General a la pura iniciativa, la competencia sustantiva en la solución de la controversia o ajuste de la situación recayese en el Consejo. Mas la dinámica de la Organización demuestra que las funciones del Secretario General en este terreno han rebasado el papel de llamar la atención del Consejo. Ocurre, en efecto, que el Secretario General ha llevado a cabo una importante labor de *quiet diplomacy,* y que actúa directamente a petición de los Estados partes o por encargo del Consejo y la Asamblea, ya que, según el artículo 98 de la Carta, ambos órganos pueden encomendarle, como ha ocurrido en la realidad, funciones de investigación, buenos oficios y mediación[15]. La experiencia de 1988 es muy elocuente al respecto (Afganistán, Namibia, Guerra Irán-Irak, Sahara).

f) La Carta prevé también, en el párrafo 2 del artículo 51, la intervención de *acuerdos u organismos regionales* en el arreglo pacífico de controversias, señalando que los miembros de las Naciones Unidas partes en dichos acuerdos o miembros de dichos organismos harán todos los esfuerzos posibles para lograr el arreglo pacífico de las controversias de carácter local por medio de tales acuerdos u organismos antes de someterlas al Consejo de Seguridad. Nos referiremos a los modos de arreglo regionales en concreto cuando más adelante estudiemos las organizaciones internacionales de participación limitada.

g) La apreciación general que merece la obra de las Naciones Unidas en materia de arreglo de controversias no puede ser demasiado halagüeña, pues a fin de cuentas impera también aquí el principio básico de libertad de los Estados en cuanto a la elección de medio. Y así, aunque en algunos casos la acción de la Organización se haya desarrollado con éxito, particularmente cuando las controversias han sido resueltas por el Tribunal Internacional de Justicia, no hay que olvidar que en este terreno las resoluciones del Consejo de Seguridad o de la Asamblea General no pasan de ser simples y puras recomendaciones, ante las que los Estados conservan su libertad soberana de acción y decisión. Y ocurre, además, que las controversias o situaciones que afectan de una u otra manera a los intereses de la superpotencia o grandes potencias escapan comúnmente del conocimiento de las Naciones Unidas, de modo que ni siquiera pueden ejercer éstas un mínimo de presión política o moral que induzca o persuada a buscar una solución. Y el fracaso global de las Naciones Unidas en orden a la solución de las controversias más importantes es sumamente preocupante porque en último análisis repercute en la impotencia de la Organización para mantener

---

[14] Véase especialmente F. MARIÑO MENÉNDEZ, *op. cit.* en nota 10, p. 163.

[15] Véase M. VIRALLY, «Le rôle politique du Secrétaire Général des Nations Unies», en *A.F.D.I.*, 1958, pp. 360 ss.

la paz y seguridad internacionales. Solucionadas en el momento oportuno las controversias más graves, se hubiese evitado su degeneración en conflictos armados. Destaquemos de todos modos las perspectivas abiertas por los éxitos de las Naciones Unidas en 1988 y años posteriores.

h) No sería justo cerrar este apartado sin una mención, por sucinta que sea, de la actividad de carácter normativo emprendida por la Asamblea General sobre el tema de la solución pacífica de las controversias internacionales. Efectivamente, en las tantas veces citada «Declaración relativa a los principios de Derecho Internacional referentes a los principios de amistad y a la cooperación entre los Estados de conformidad con la Carta de las Naciones Unidas», contenida en la resolución 2.625 (XXV) de la Asamblea General, de 24 de octubre de 1970, se reafirma y desarrolla el principio de que los Estados arreglarán sus controversias internacionales de tal manera que no se pongan en peligro ni la paz y la seguridad internacionales ni la justicia. Hay que citar también la resolución 37/10, adoptada por la Asamblea el 15 de noviembre de 1982, por la que se aprueba la llamada «Declaración de Manila sobre el arreglo pacífico de controversias internacionales» y en la que la explicitación de aquel principio básico es objeto aún de mayores precisiones. Pero, como ya sabemos, una y otra declaración no han podido desviarse lo más mínimo del principio de libertad de elección de medio proclamado en el artículo 33 de la Carta. De todos modos, el examen de la cuestión ha proseguido en el seno del «Comité especial de la Carta de las Naciones Unidas y del fortalecimiento del papel de la Organización», en el que la Secretaría ha elaborado un «Manual sobre arreglo pacífico de controversias», de gran utilidad técnica[15 bis]. A nuestro juicio, y puesto que no hay que hacerse ilusiones hoy por hoy de una superación del principio de libertad en la elección de medio, la acción descrita de la Asamblea General no puede llegar a otro resultado que al de mejorar las estructuras de solución existentes y suscitar confianza en ellas, de modo que los Estados se sientan alentados y estimulados a hacer uso de las mismas.

82.4. La cooperación para el desarrollo

a) Según el párrafo 3 del artículo 1 de la Carta, es también propósito de las Naciones Unidas la realización de la cooperación internacional en la solución de problemas internacionales de carácter económico, social, cultural o humanitario. Y, de hecho, la Declaración de Principios de Derecho Internacional, contenida en la resolución 2.625 (XXV) de la Asamblea General, enuncia la obligación de los Estados de cooperar entre sí, de conformidad con la Carta, deber al que la Declaración asigna alcance universal, ya que lo establece con independencia de los sistemas políticos, económicos y sociales de los Estados, y contenido general, puesto que abarca a todas las esferas de las relaciones internacionales, aunque con la vista puesta en el mantenimiento de la paz y seguridad internacionales. En todo

[15 bis] El «Manual sobre arreglo pacífico de controversias entre Estados» figura en el *Informe del Comité Especial de la Carta de las Naciones Unidas y del fortalecimiento del papel de la Organización,* Asamblea General, Documentos Oficiales, cuadragésimo sexto período de sesiones, Suplemento n.º 33 (A/46/33), Naciones Unidas, Nueva York, 1991, pp. 32 ss.

caso, el deber de cooperar descansa en el principio fundamental de la soberanía de los Estados, presentando de tal modo una innegable connotación de discrecionalidad. Estamos en rigor ante una vaga obligación de comportamiento, no de resultado, de muy difícil control y de sanción altamente problemática en caso de incumplimiento. La cooperación en materias concretas se impone a los Estados como una necesidad política que les reporta beneficios pero no puede decirse que tenga carácter de obligación específica cuya violación dé lugar a responsabilidad internacional. Ello explica que la cooperación internacional presente en nuestros días unos rasgos claramente selectivos[16].

b) Ahora bien, y como ya sabemos[17], la descolonización masiva ocurrida a partir de la década de los años sesenta, bajo el impulso de las Naciones Unidas y al amparo del principio de la libre determinación de los pueblos, ha conducido a una sociedad internacional universal, y en ella se percibió inmediatamente la escisión entre los países desarrollados e industrializados, que de un modo general se encuentran al norte del planeta, y los países en desarrollo, la mayoría de ellos de reciente independencia, situados al sur; escisión profunda, de carácter primordialmente económico aunque con incidencia en otros ámbitos, como los políticos, sociales y culturales; y escisión que no tiende a reducirse, sino a ampliarse, porque la tasa de crecimiento económico de los países del norte y la de incremento demográfico de los países del sur produce el resultado de profundizarla y no el de aliviarla. Pues bien, los países del sur tomaron enseguida conciencia de esta situación, y de ahí que en diversos foros internacionales, pero particularmente en las Naciones Unidas, hayan hecho valer sus pretensiones hacia el desarrollo y recabaran de los países del norte la cooperación adecuada. De esta forma, en la Organización, el énfasis de la cooperación internacional se ha puesto en la cooperación para el desarrollo. Es ésta, como sabemos, una de las grandes transformaciones de las Naciones Unidas.

c) La acción de las Naciones Unidas en favor del desarrollo de los Estados menos favorecidos ha sido importante desde la década de los años sesenta, cosa explicable si se tiene en cuenta que, a partir de esa fecha, dichos Estados componen una amplia mayoría de los miembros de la Organización. Esa acción se caracteriza por las notas de magnitud, complejidad, dispersión y politización, y semejantes características hacen difícil su estudio exhaustivo en un curso de las características del presente. Para la mejor comprensión del lector, vamos a estudiar las líneas generales y los aspectos más relevantes de la repetida acción distinguiendo los *cuatro frentes* que siguen: primero, el que tiene como objetivo primordial la ayuda directa de los países desarrollados hacia los países en desarrollo; segundo, el consistente en la asistencia técnica mediante actividades operacionales de la propia Organización; tercero, el relativo al comercio internacional; y cuarto, el que tiende a una reestruc-

---

16 Sobre el deber general de cooperación, véanse: J. A. CARRILLO SALCEDO, *El deber de los Estados de cooperar mutuamente de conformidad con la Carta de las Naciones Unidas,* edición mimeografiada de la Escuela de Funcionarios Internacionales, Madrid, 1967-1968; W. FRIEDMAN, «Droit de Coexistence et droit de coopération: quelques observations sur la structure du Droit International», en *R.B.D.I.,* 1970, pp. 1 ss.; y G. GARZÓN CLARIANA, *El principio de cooperación pacífica entre los Estados en el Derecho Internacional contemporáneo,* Universidad Autónoma de Madrid, Extractos de tesis doctorales, serie 1 (1972-1974); «Sobre la noción de cooperación en el Derecho Internacional», en *R.E.D.I.,* 1976, pp. 51 ss.

17 Véase apartado 4.2.

turación de las propias bases del sistema económico internacional a través de lo que se llama el Nuevo Orden Económico Internacional (NOEI). Advirtamos que el análisis no será exhaustivo, y que esta separación de temas se hace únicamente a efectos didácticos y expositivos porque la acción de las Naciones Unidas en cada uno de ellos se complementa e interpenetra, respondiendo a planteamientos paralelos inspirados en principios comunes e idénticos propósitos globales[18].

d) En lo que se refiere primeramente a la *ayuda a los países en desarrollo* por parte de los países desarrollados, conviene situarse en el inicio de la década de los años sesenta, cuando ya era claramente perceptible la profundidad de la escisión Norte-Sur. Efectivamente, por su resolución 1.515 (XV), la Asamblea General sienta las bases de una acción concertada en pro del desarrollo, y en la resolución 1.710 (XVI) establece el primer decenio de las Naciones Unidas para el desarrollo; resolución esta última que señala como objetivo para el período comprendido entre 1960 y 1970 una tasa anual de crecimiento económico de los países en desarrollo del 5 por 100, previéndose para ello una acción concertada de los países desarrollados a través del sistema de los organismos de las Naciones Unidas y sobre una base multilateral o bilateral consistente en una ayuda del 1 por 100 de su producto nacional bruto. El segundo decenio para el desarrollo abarca el período 1970-1980 y fue establecido por la resolución 1.621 (XXV) de la Asamblea General; en ella el crecimiento económico previsto para los países en desarrollo es algo mayor que en el período anterior, el 6 por 100, con posibilidad de aumentarlo en la segunda mitad del decenio. El tercer decenio se fija por la resolución 35/56 de la Asamblea General y cubre el período de 1980 a 1990; en él la tasa anual media del crecimiento del producto interior bruto de los países en desarrollo se establece en su conjunto en el 7 por 100 y el total de los recursos financieros transferidos a ellos por los países desarrollados en el 1 por 100 de su producto nacional bruto. Ahora bien, en la práctica ese porcentaje del 1 por 100 no ha sido alcanzado nunca de manera global, por más que los Estados nórdicos europeos y los del Benelux se hayan atenido a las directrices de la Asamblea General, mientras que otros Estados más poderosos económicamente se han mostrado sumamente selectivos, en razón a consideraciones

[18] La bibliografía es amplísima. Se recomienda especialmente la consulta de la siguiente: V. ABELLÁN HONRUBIA, *Las Naciones Unidas y el Tercer Mundo. La cooperación internacional para el desarrollo*, Barcelona, 1971; «Codificación y desarrollo progresivo del Derecho Internacional del Desarrollo», en *R.E.D.I.*, 1976, pp. 369 ss.; «Algunas consideraciones sobre el Nuevo Orden Económico Internacional», en *ONU: Año XL, Revista de la Facultad de Derecho de la Universidad Complutense*, n.° 13, Madrid, 1987, pp. 213 ss.; M. VIRALLY, «Vers un Droit International du développement», en *A.F.D.I.*, 1965, pp. 3 ss.; «La Charte des droit et des devoirs économiques des Etats», en *A.F.D.I.*, 1974, pp. 57 ss.; F. ORREGO VICUÑA y otros, *Derecho Internacional económico*, 2 vols., México, 1974-1975; D. CARREAU, «Le Nouvel Ordre Economique International», en *J.D.I.*, 1977, pp. 595 ss.; J. M. BALLESTEROS GONZÁLEZ, *Comercio internacional, igualdad jurídica, desigualdad de hecho*, Granada, 1977; M. FLORY, *Droit International du développement*, París, 1977; S. MARCHISIO, *La cooperazione per lo sviluppo nel Diritto delle Nazione Unite*, Nápoles, 1977; K. P. SAUVANT, «Toward the New Economic International Order», en el vol. *The New Economic International Order, Confrontation and Cooperation between the North and the South?*, Francfort, 1977, pp. 3 ss.; H. GROS ESPIELL, «El Nuevo Orden Económico Internacional», en el vol. *Derecho Económico Internacional*, México, 1976, pp. 84 ss.; M. BEDJAOUI, *Pour un Nouvel Ordre Economique International*, UNESCO, 1979; G. FEUER y H. CASSAN, *Droit International du développment*, París, 1985; J. M. PELÁEZ MARÓN, *La crisis del Derecho International del desarrollo*, Córdoba (España), 1987; A. FERNÁNDEZ TOMÁS, *Las estructuras de cooperación para el desarrollo en Naciones Unidas*, Valencia, 1987; e I. GONZÁLEZ GARCÍA, *Naciones Unidas y la cooperación para el desarrollo*, Madrid, 2005. En España, el marco legislativo básico en la materia se contiene en la Ley 23/1998, de 7 de julio, sobre cooperación internacional para el desarrollo (*B.O.E.* de 8 de julio de 1998).

de afinidad política, a la hora de prestar la ayuda. En los últimos años, España coopera con una cantidad ligeramente inferior al 0,2 por 100 del producto interior bruto.

e) Un segundo frente que cabe distinguir en la acción de las Naciones Unidas hacia el desarrollo es el de la *asistencia técnica operacional.* Y en este orden de consideraciones hay que referirse al Programa de las Naciones Unidas para el Desarrollo (PNUD), establecido en 1965 por la resolución 2.029 (XX) de la Asamblea General con la finalidad básica de realizar proyectos de preinversión que creen las condiciones e infraestructuras necesarias para la atracción de capitales, y bien entendido que, aunque el PNUD (integrado por un Consejo de Administración, una Junta Consultiva Mixta y un Administrador) es el órgano encargado de aprobar, supervisar y financiar los programas, la ejecución de los proyectos se encomienda comúnmente a otros organismos, como la UNCTAD (Conferencia de las Naciones Unidas para el Comercio y Desarrollo), e incluso a organismos especializados de la familia de las Naciones Unidas, que estudiaremos en el lugar oportuno. El PNUD hace una obra nada desdeñable sirviéndose de un presupuesto, en el que el 42 por 100 de los ingresos se nutre de contribuciones voluntarias de los Estados miembros y el 58 por 100 de recursos suministrados por el Estado beneficiario del programa, aunque hay que señalar que los presupuestos así alimentados son insuficientes para cubrir todas las necesidades en aquellos sectores potencialmente merecedores de atención.

f) Paralelamente a la ayuda de los países desarrollados y a la asistencia técnica de las Naciones Unidas y organismos especializados, los países en desarrollo han abierto desde la década de los años sesenta un tercer frente que pretende el replanteamiento profundo en su favor de las estructuras del *comercio internacional.* Y así, en el décimo octavo período de sesiones de la Asamblea General (1963), aquellos países, descontentos con el funcionamiento del GATT (Acuerdo General sobre Tarifas Aduaneras y Comercio), en el que veían un mecanismo al servicio de los intereses de los países desarrollados, proclaman que el comercio internacional es el instrumento más eficaz de su desarrollo económico, sobre la base de una nueva división internacional del trabajo y una nueva estructura de la producción y el comercio. En este nuevo clima, y a convocatoria de la Asamblea General, se celebra en Ginebra, durante la primavera de 1964, la Conferencia de las Naciones Unidas sobre Comercio y Desarrollo (CNUCD en siglas en español y francés, UNCTAD en siglas, más usuales, en inglés), Conferencia que la propia Asamblea establece como órgano suyo por la resolución 1.995 (XIX), de 30 de diciembre de 1964. La resolución señala que la Conferencia se reunirá a intervalos de tres años como máximo y establece como órgano permanente la Junta de Comercio y Desarrollo, de carácter intergubernamental en cuanto compuesta de 55 Estados miembros, y que desempeña las funciones de la Conferencia cuando ésta no se halle reunida. Las funciones de la Conferencia, según la resolución citada, son diversas, y entre ellas destacan las de formular principios y políticas sobre comercio internacional y sobre problemas afines del desarrollo económico e iniciar medidas para la negociación y aprobación de instrumentos multilaterales en la esfera del comercio internacional. La Conferencia no posee, pues, funciones decisorias, pero sirve de foro para la discusión y negociación. De hecho, en el seno de ella se ha impulsado la celebración de acuerdos sobre productos básicos, concretamente después de que la Conferencia adoptase en su reunión de Nairobi de 1976 la resolución 93 (IV), estableciendo un programa integrado al respecto con vistas a asegurar la regularidad de los suministros y la estabilidad de los precios, y crease más tarde, en la reunión de Manila de 1979, un fondo común de productos básicos con vistas a la financiación de *stocks* reguladores del mercado. La Conferencia se ha ocupado también del control de las prácticas comerciales restrictivas, convocando una Conferencia de las Naciones Unidas que adoptó un «Conjunto de principios y normas equitativos convenidos multilateralmente para el control de las prácticas comerciales restrictivas». De otro lado, la UNCTAD propuso en 1968, por la resolución 21 (II), un sistema de preferencias generalizadas tendente a la exención o reducción sin reciprocidad por parte de determinados países desarrollados de derechos de aduanas y límites cuantitativos (contingentes) respecto a un elevado número de productos industriales, manufacturados o semimanufacturados, fabricados en los países en desarrollo. El sistema comportaba la necesidad de derogar la cláusula de la nación más favorecida proclamada en el artículo 25 del GATT, derogación que se consigue en 1971 por un período de diez años, posteriormente prorrogado, y que ha permitido a los más importantes Estados industrializados, incluidos los miembros de la Comunidad Europea, conceder las preferencias generalizadas a la mayor parte de los países en desarrollo; concesión que de todos modos tiene carácter discrecional y temporal. La UNCTAD se ha preocupado también de una materia, como es la relativa a la tecnología, en que los países en desarrollo son manifiestamente dependientes de los países industrializados. Así, en su reunión de Nairobi de 1976, la Conferencia impulsa la redacción de un «Código internacional de conducta para la transferencia de tecnología» que tenga en cuenta las necesidades particulares de los países en desarrollo y, además de ocuparse del estudio de las normas y usos nacionales en la materia, prepara la revisión de los convenios en vigor sobre patentes y marcas comerciales, de modo que se favorezca la transmisión de tecnología a aquellos países. En fin, la UNCTAD se ha ocupado de la cuestión de los transportes.

g) El cuarto y último frente que cabe distinguir en la acción de las Naciones Unidas hacia el desarrollo presenta como rasgos particulares respecto a los anteriores los de ser globalizador y normativo, y, por tanto, sólo puede ser comprendido teniendo en cuenta todo lo expuesto en este apartado. Se trata de la pretensión de los países en desarrollo de instaurar un *Nuevo Orden Económico Internacional* (NOEI en la siglas usuales en español) que modifique en su favor las propias bases estructurales de las relaciones económicas internacionales. Estudiados en otro lugar del *Curso* los grandes parámetros de la cuestión en el contexto de las transformaciones del Derecho Internacional[19], vamos a hacer aquí una serie de consideraciones más específicas sobre el Nuevo Orden Económico Internacional.

En su período extraordinario de sesiones de 1974, la Asamblea General adopta las resoluciones 3.201 (S-VI), que contiene la «Declaración sobre el establecimiento de un Nuevo Orden Económico Internacional», y 3.202 (S-VI), sobre el programa de acción al respecto. Y, en el período ordinario de sesiones del mismo año, la Asamblea aprueba la resolución 3.281 (XXIX), que contiene la Carta de Derechos y Deberes Económicos

[19] Véase apartado 4.2.

de los Estados, que ya hemos estudiado en alguno de sus aspectos. La consolidación del desarrollo progresivo de los principios del Nuevo Orden Económico Internacional se ha encomendado a la Sexta Comisión (Comisión Jurídica) de la Asamblea General, y para la identificación de los mismos nos podemos servir de un estudio de U.N.I.T.A.R. (Instituto de las Naciones Unidas para la Formación Profesional y la Investigación)[20] que incluye los siguientes: tratamiento preferencial a los países en desarrollo; estabilización de los ingresos de exportación de estos países; soberanía permanente sobre los recursos naturales; derecho de todo Estado a beneficiarse de la ciencia y tecnología; derecho de los países en desarrollo a recibir asistencia para el desarrollo; igualdad de participación de los países en desarrollo en las relaciones económicas internacionales; patrimonio común de la humanidad; y libertad de elección del sistema económico. Los más importantes de estos principios han sido ya considerados a lo largo de este libro.

Sobre los principios enunciados por el UNITAR han recaído ya diversas resoluciones de la Asamblea General y la cuestión que surge entonces es la de determinar el valor jurídico de esas resoluciones. La cuestión, planteada ya en términos generales en otro lugar de este *Curso*[21], cobra ahora dimensiones político-jurídicas de primera magnitud, y en este último contexto no es extraño que en sectores de opinión de los países en desarrollo se tienda a dotar de valor jurídico vinculante a las referidas resoluciones, mientras que en los países desarrollados se sostenga con vehemencia que las resoluciones carecen de obligatoriedad. En este importante punto nos atenemos a cuanto dijimos cuando, con ocasión del estudio de las fuentes del Derecho Internacional, indagábamos el valor de las resoluciones de la Asamblea General. Según una postura adoptada consciente y deliberadamente en la Conferencia de San Francisco, las repetidas resoluciones no son obligatorias *per se* para los Estados, no crean directamente Derecho Internacional, por más que, cuando traduzcan la *opinio iuris* colectiva de la comunidad internacional, constituyan reglas consuetudinarias de alcance general. Y, para determinar si tiene lugar esta consecuencia, es necesario tomar en consideración las condiciones de su adopción: sólo una adopción unánime, o mayoritaria pero suficientemente representativa, daría lugar a la formación de esa clase de *opinio iuris* y, por consiguiente, a la aparición de una norma consuetudinaria general. Esto lo dijo muy claramente la sentencia arbitral en el *asunto Texaco-Calasiatic contra el Gobierno de Libia,* sentencia que rehusó efectos jurídicos obligatorios al artículo 2.2.*c*) de la Carta de Derechos y Deberes Económicos de los Estados, porque fue adoptado por 104 votos a favor, 16 en contra y 6 abstenciones, dándose la circunstancia de que los votos en contra y las abstenciones provinieron de los países industrializados de economía de mercado[22].

Nosotros estamos de acuerdo con la manera de ver las cosas de la sentencia arbitral mencionada, aceptando por supuesto el riesgo de que esta actitud científica pueda ser tildada de ideológicamente conservadora. Y agregamos en defensa de nuestra posición que el enfoque de la cuestión de las fuentes del Derecho Internacional, y en definitiva de la determinación de las normas que vinculan realmente a los Estados

---

[20] U.N.I.T.A.R., *Desarrollo progresivo de los principios y normas de Derecho International relativos al Nuevo Orden Económico Internacional,* Doc. A/39/503, Add. 1, Anexos III y IV.

[21] Véanse apartados 11 y 23.3.

[22] Véase la sentencia en *JDI,* 1977, n.º 1, pp. 374 ss., especialmente párrafo 88.

desde el punto de vista jurídico, ha de ser conservador, en otros términos, formalista, porque el valor que está en juego es nada menos que el de la seguridad jurídica. Todo intento de aplicar en las relaciones entre Estados reglas generadas fuera del marco de producción normativa hoy existente en la Comunidad Internacional es contrario a una exigencia, cual es la de la seguridad jurídica, de la que esa Comunidad está sumamente necesitada en cuanto que introduce orden y previsibilidad. Claro que estas apreciaciones no son óbice al hecho de recabar de los Estados industrializados grandes dosis de generosidad política para la creación, por los cauces tradicionales, de unas normas obligatorias, basadas en la idea de solidaridad, que tomen en cuenta los intereses justos y legítimos del desarrollo de los países menos favorecidos. Pero no hay que hacerse demasiadas ilusiones. De un modo general los Estados desarrollados se muestran sumamente reticentes hacia el proceso de construcción del Nuevo Orden Económico Internacional.

Así pues, el Nuevo Orden Económico Internacional es hoy una gran reivindicación de los países del Tercer Mundo, integrado en su conjunto no por reglas jurídicamente obligatorias, sino por principios que pertenecen al llamado *soft law,* por normas que tienen carácter fundamentalmente programático y que reflejan una dialéctica entre la legitimidad y la legalidad o, si se quiere, entre la justicia en las relaciones económicas internacionales a que aspiran los países en desarrollo y la seguridad jurídica a que se aferran los países desarrollados; normas, en todo caso, que, sirviéndose de la mala conciencia de estos últimos países, pueden estimular en ellos actitudes de comprensión y ayuda.

h) En una perspectiva global que cubre e incluso rebasa los cuatro frentes señalados, no podemos dejar de mencionar que en el año 2000 los jefes de Estado y de Gobierno de todos los Estados miembros adoptan la llamada Declaración del Milenio, en la que en relación con el desarrollo se formulan ocho importantes objetivos, a saber: la erradicación de la pobreza extrema y del hambre; la instauración universal de la enseñanza primaria; la promoción de la igualdad entre hombres y mujeres y la autonomía de la mujer; la reducción de la mortalidad infantil; la mejora de la salud materna, el combate del sida, paludismo y otras enfermedades; la garantía de la sostenibilidad del medio ambiente; y el fomento de una asociación mundial para el desarrollo. Más lejos va en cuanto a objetivos declarados la resolución de 25 de septiembre de 2015 titulada «Transformación del mundo: la agenda 2030 para el desarrollo sostenible». Estamos ante una interesante toma de conciencia colectiva y de carácter interestatal, pero es obvio que la consecución de estos objetivos va a ser lenta; no se va a lograr de la noche a la mañana.

i) Un *balance final* de los logros de las Naciones Unidas en la cooperación para el desarrollo debe partir del supuesto de que, en ese terreno, no tiene la Organización facultades decisorias. La mayoría, en este caso el Grupo de los 77, no puede sino reivindicar y presionar, mas nunca imponer pautas de comportamiento jurídicamente obligatorias. En tales condiciones, el éxito de la acción depende, en último análisis, de la decisión política y de la generosidad de los países desarrollados. Hemos comprobado, en efecto, que la ayuda directa de estos últimos a los países en desarrollo es discrecional y que, con excepciones dignas del mayor encomio, se caracteriza por las notas de selectividad y politización; que la asistencia técnica operacional de la Organización está condicionada por unos presupuestos nutridos, en una parte, de las contribuciones voluntarias de los Estados industrializados y, en otra parte, de las contribuciones del Estado beneficiario; que el núcleo de las medidas tomadas en el campo del comercio internacional estriba en concesiones soberanas y temporales de los Estados desarrollados; y, en fin, que el Nuevo Orden Económico Internacional no pasa de ser, en su conjunto, una aspiración tercermundista que, como mucho, crea mala conciencia en los países desarrollados y les incita a comportamientos de ayuda y comprensión. Tal estado de cosas no es ciertamente alentador, pero hay que señalar que, sin las Naciones Unidas, podría ser peor, porque es el hecho de la existencia de un foro multilateral y universal el que ha permitido a los países en desarrollo tomar conciencia colectiva de su situación y aunar esfuerzos para arrancar unas concesiones que difícilmente hubiesen obtenido a través de acciones aisladas.

83. RECAPITULACIÓN: VALORACIÓN GLOBAL DE LA OBRA DE LAS NACIONES UNIDAS

a) Hemos dicho en otro lugar que la paz internacional tiene un significado más amplio y profundo que el puramente negativo de ausencia de guerra[1]. La paz auténtica posee un sentido positivo y dinámico que postula no sólo la proscripción de los conflictos armados, sino también la erradicación de las causas que los hacen posibles, como son, sin duda, las situaciones de injusticia, individuales y colectivas, las crisis y las tensiones. En otras palabras, son múltiples los ingredientes de la paz internacional, y entre ellos querríamos retener aquí los siguientes: respeto a los derechos humanos, libre determinación de los pueblos, desarrollo de los países menos favorecidos, codificación y desarrollo progresivo del Derecho Internacional, solución pacífica de las controversias entre Estados, proscripción del recurso al uso y amenaza de la fuerza armada y, por fin, desarme. Pues bien, siendo la paz internacional la aspiración básica y última de las Naciones Unidas, en la valoración de conjunto de la labor de la Organización en sus más de sesenta años de funcionamiento, hay que atender a los distintos componentes de la paz.

b) Y así, en lo que respecta a la protección de los *derechos humanos,* es necesario tomar en consideración la ingente obra de sensibilización y codificación realizada por las Naciones Unidas, al igual que su proyección en distintas esferas regionales y en ámbitos estatales. Es cierto que los mecanismos de control y protección puestos en marcha por la Organización son rudimentarios en su conjunto y que no han logrado evitar que algunos Estados miembros hayan cometido y continúen cometiendo violaciones graves, masivas y flagrantes de aquellos derechos, pero no es menos verdad que las vulneraciones ya no se realizan hoy con la misma libertad e impunidad que en el pasado, porque ahora los Estados miembros se ven constreñidos, cuando menos, a rendir explicaciones y reciben además presiones morales y políticas que se fraguan en diversos foros de la Organización. La situación no es satisfactoria, hay que admitirlo, pero lo sería menos sin la existencia de las Naciones Unidas[2]. En el campo de la *libre determinación de los pueblos,* la acción de la Organización bien puede calificarse de espectacular, porque no sólo ha conducido a la instauración del principio como norma positiva de Derecho Internacional, sino que además los órganos de las Naciones Unidas han impulsado su aplicación hasta conseguir la casi total liquidación del colonialismo y otras formas de dominación extranjera. Quedan problemas por resolver, desde luego, pero, gracias a la aplicación del derecho de los pueblos a disponer de sí mismos, hemos

---

[1] Véase apartado 4.2.
[2] Véase apartado 22.1.

llegado a una sociedad internacional prácticamente universal[3]. En cuanto a la *cooperación para el desarrollo* de los países del Tercer Mundo, hemos señalado las características principales de la obra de la Organización[4], labor dispersa y variada y cuyo éxito depende, en último análisis, de decisiones políticas de los países desarrollados e industrializados, pero que tiene la virtualidad innegable de crear estados de opinión, apoyados en la mala conciencia, que suscitan actitudes de ayuda y comprensión. Aquí, también, la situación deja de ser satisfactoria, porque persisten importantes e irritantes desigualdades económicas, sociales y culturales entre los países ricos del norte y los países pobres del sur, aunque hay que decir de nuevo que la situación sería distinta —y, por supuesto, peor— sin la existencia del multilateralismo que representan los foros de las Naciones Unidas. En lo que atañe a la *codificación y desarrollo progresivo del Derecho Internacional,* conviene dar cuenta del éxito indudable de la Organización, sin precedentes en la sociedad internacional, en sectores específicos de las relaciones entre Estados, entre los que destaca el de las relaciones diplomáticas y consulares, Derecho de Tratados y Derecho del Mar. Éxito que se debe bien al amplio ámbito de aceptación de algunas de las convenciones adoptadas[5], bien a la influencia de las conferencias codificadoras en el Derecho Internacional consuetudinario de alcance general, como es el caso particular, en puntos relevantes, de la III Conferencia de las Naciones Unidas sobre el Derecho del Mar[6]. Sin embargo otras conferencias y convenciones han tenido menor fortuna, como sabemos[7], y en algunos sectores los intentos de codificación y desarrollo progresivo del Derecho Internacional están tropezando con resistencias y dificultades considerables[8]. En el campo de la solución pacífica de controversias, la labor de las Naciones Unidas no ha sido brillante en su conjunto, aunque hay que reconocer que sus foros suministran un primer marco de encuentro y diálogo que puede encauzar y suavizar el arreglo de la disputa, y conviene dejar constancia asimismo de la labor, ya evaluada, del Tribunal Internacional de Justicia. La jurisdicción obligatoria del Tribunal, por su parte, tiene sólo manifestaciones sectoriales muy restringidas, y de hecho algunas controversias graves no han podido ser solucionadas ni siquiera por medios políticos, degenerando en conflictos armados ante los que nada ha podido hacer la Organización. Porque, en efecto, tratándose de la salvaguardia *in extremis* de la paz internacional mediante la *proscripción del recurso al uso o amenaza de la fuerza armada,* sabemos del fracaso básico de las Naciones Unidas hasta 1990[9]. La paz global ha sido preservada, ciertamente, aunque no tanto por acatamiento espontáneo de los principios de la Carta y por la acción disuasoria de los órganos que establece, cuanto en virtud del pleno convencimiento de que la tercera guerra mundial sólo produciría vencidos y no vencedores. Sin embargo, el reguero sangriento y devastador de conflictos armados, locales y regionales, ha seguido esparciéndose por el mundo: más de un centenar

---

[3] Véase apartado 27.
[4] Véase apartado 82.4.
[5] Véanse apartados 47.1 y 50.1.
[6] Véase apartado 38.1.
[7] Véanse apartados 34.2, 34.3, 48 y 49.
[8] Véase apartado 53.
[9] Véanse apartados 64.2 y 82.2.

con un resultado superior a veinte millones de muertos. A esta reflexión habría que añadir las favorables perspectivas que abrió a principios de la década de los noventa del siglo XX la desaparición de la bipolaridad, perspectivas que, aun con alguna connotación negativa, se materializaron en la acción de las Naciones Unidas en la crisis y en la guerra del Golfo de 1990 y 1991, pero que, lamentablemente y por una conjunción de factores que hemos analizado páginas atrás, no se han confirmado en conflictos bélicos posteriores (Bosnia-Herzegovina, Somalia, Ruanda, Kosovo, Afganistán, Irak). Ahora bien, las Naciones Unidas sí han sabido poner en pie unos mecanismos preventivos, las operaciones de mantenimiento de la paz, de naturaleza no coercitiva, que han aislado y amortiguado crisis importantes. Estas operaciones se han intensificado y diversificado en la época de la distensión, presentando además la novedad destacable de que algunas de ellas tienen carácter multifuncional. En el campo del desarme, por fin, los logros convencionales dignos de mención han tenido lugar fuera del cuadro estricto de la Organización, y la situación, en su conjunto, es de las beneficiadas en mayor medida por el fin de la bipolaridad y la distensión. Sirva de muestra la firma en París, el 13 de mayo de 1993, de la Convención sobre las armas químicas.

Y a las consideraciones precedentes hay que añadir datos decidida y manifiestamente positivos, y es que, pese a todo, las Naciones Unidas suministran hoy el foro universal por excelencia para el diálogo y discusión de los problemas globales en un mundo cada vez más pequeño e interdependiente, constituyendo en tal sentido la «conciencia vigilante de la comunidad internacional»[10]; y coordinan además la estimable labor de cooperación mundial en sectores específicos, preferentemente técnicos, que llevan a cabo los organismos especializados de su sistema. La acción de estos organismos será estudiada más adelante.

c) Balance, pues, sumamente complejo, rico en contrastes, como se ha dicho[11], con zonas de luz y zonas de sombra, en palabras del antiguo Secretario General JAVIER PÉREZ DE CUÉLLAR[12]. Balance que causará sin duda profunda insatisfacción y descontento en espíritus utópicos que se aferren a los ideales de la Carta e ignoren las realidades políticas y las hondas transformaciones experimentadas por la sociedad internacional desde la terminación en 1945 de la segunda guerra mundial. Balance que merecerá, sin embargo, la comprensión e incluso la estimación de mentes más abiertas y pragmáticas que partan de la idea de que las Naciones Unidas, organización intergubernamental de cooperación política general, constituyen un fiel reflejo de las relaciones internacionales de la segunda mitad del siglo XX y principios del XXI, y que, en este sentido, sólo son lo que pueden ser y lo que los Estados miembros quieren que sean. La Organización ha fracasado, ciertamente, en la realización de propósitos básicos que enuncia la Carta, pero en un vigoroso y ejemplar esfuerzo de adaptación histórica ha llevado a cabo una acción encomiable y

---

[10] La expresión es de J. P. COT y A. PELLET en el «Avant-propos» de la obra colectiva dirigida por ellos *La Charte des Nations Unies. Commentaire article par article,* París, 1985, p. IX.

[11] J. P. COT y A. PELLET, *op. cit.*, en nota anterior, p. IX.

[12] J. PÉREZ DE CUÉLLAR, Prólogo a la obra colectiva coordinada por J. A. PASTOR RIDRUEJO, *ONU: año XL, Revista de la Facultad de Derecho de la Universidad Complutense,* n.º 13, Madrid, 1987, p. 10. Véase, en la misma obra, F. VILLAR, «España y las Naciones Unidas», pp. 249 ss.

alentadora en otros terrenos, y en este orden de ideas hay que afirmar que no tiene alternativa. Se ha dicho, en frase castiza, que si las Naciones Unidas no existiesen habría que inventarlas y esta idea no sólo se sustenta en el plano académico, sino también, aunque de manera implícita, en el de las relaciones internacionales. Así, cuando prácticamente todos los líderes mundiales asistieron a los fastos del cincuentenario de la Organización (Nueva York, 21 a 24 de octubre de 1995), dieron un testimonio combinado de decepción y esperanza. De decepción porque todos ellos criticaron, y algunos con gran aspereza, a las Naciones Unidas. Pero también de esperanza porque las críticas les llevaron a propugnar la reforma de la Organización y no su liquidación o desmantelamiento. Y en el mismo orden de ideas, hay que señalar que en la Declaración del milenio del año 2000 y en los Documentos Finales de las cumbres de 2005 y 2015, los Jefes de Estado y de Gobierno reconocieron la necesidad de fortalecer las Naciones Unidas a fin de convertirlas en instrumento más eficaz para el logro de sus objetivos prioritarios. Y de la cumbre de 2015 hay que destacar la importante resolución adoptada el 25 de septiembre de ese año bajo el título de «Transformación del mundo: la agenda 2030 para el desarrollo sostenible». Y es obvio que sólo se reforma lo que se quiere conservar. Los Estados consideran sin duda que las relaciones internacionales serían más conflictivas sin las Naciones Unidas que con ellas. La Organización, obra del hombre a fin de cuentas, es imperfecta y mejorable, pero, si hubiera que elegir entre la imperfección y el vacío o, si se quiere, entre la imperfección y el desorden absoluto, la opción parece obvia. La idea es tópica, pero absolutamente cierta, y lo que pretendería el autor de este libro es convencer de ella a sus alumnos para que, lejos de combatir a la Organización, den apoyo, siquiera sea moral e intelectual, a la mejora de la obra que en 1945 comenzara en una ciudad californiana de entrañable nombre cristiano e hispánico.

d) Y terminemos con la siguiente consideración. Aun siendo patente que las Naciones Unidas necesitan profundas reformas estructurales y funcionales, cualquier propuesta de renovación radical no pasa de ser un *wishful thinking*. Así lo entiende atinadamente la profesora PAZ ANDRÉS, quién añade que pueden ser operativos, por el contrario, los pasos cortos y pausados que refuercen la legitimidad y eficacia de la Organización[13]. En cualquier caso no hay que olvidar nunca el carácter básicamente intergubernamental de la Organización. Quiere decir ello que, si se desean unas Naciones Unidas más ágiles, racionales y eficientes, son los Estados, y particularmente los de mayor peso como actores de las relaciones internacionales, los primeros que han de reformar sus comportamientos en tanto que miembros de la Organización.

---

[13] P. ANDRÉS SÁENZ DE SANTA MARÍA, «La sociedad internacional un siglo después: las Naciones Unidas como eje de vertebración y su reforma», *La Conferencia de Algeciras y las relaciones internacionales,* Sevilla, 2007, pp. 283 ss. Sobre la Cumbre de 2005, véase X. PONS RAFOLS, «Luces y sombras en el Documento final de la Cumbre mundial de 2005», *R.E.D.I.,* 2005, 2, pp. 1128 ss. Ver los siguientes trabajos publicados en la *R.E.D.I.*, vol. 72/2, pp. 329 ss., de 2020 dedicados a los 75 años de vida de la organización: R. GRASA, «Nota introductoria. 75 años de Naciones Unidas: balance y reflexiones sobre su futuro en el nuevo sistema internacional»; I. RUIZ-GIMENEZ ARRIETA, «Algunas reflexiones teóricas sobre la relevancia actual de Naciones Unidas» ; y P. BARGUÉS, «La ONU y la idea de "sostener la paz" en un mundo multipolar».

SUBSECCIÓN SEGUNDA:
ORGANIZACIONES UNIVERSALES DE COOPERACIÓN SECTORIAL:
LOS ORGANISMOS ESPECIALIZADOS DE LAS NACIONES UNIDAS

84. LOS ORGANISMOS ESPECIALIZADOS DE LAS NACIONES UNIDAS: RASGOS GENERALES

a) Teniendo en cuenta lo dispuesto por el artículo 57 de la Carta, podemos decir que son organismos especializados de las Naciones Unidas aquellas organizaciones intergubernamentales que, poseyendo amplias atribuciones internacionales según sus tratados constitutivos en materias de carácter económico, social, cultural, educativo, sanitario y otros conexos, hayan sido vinculadas a la Organización Mundial mediante un acuerdo específico; acuerdo que, según el artículo 63 de la Carta, se concluye entre el Consejo Económico y Social y el organismo en cuestión, y que debe ser aprobado por la Asamblea General. La vinculación con la Organización de las Naciones Unidas supone por lo común que los organismos especializados deban someter informes y comunicar sus presupuestos, y que aquélla coordine las actividades de éstos en el contexto del PNUD (Programa de las Naciones Unidas para el Desarrollo, del que ya hemos hablado). Pero es importante señalar que los organismos especializados tienen su propia personalidad jurídica internacional, independiente de la que poseen las Naciones Unidas[1].

b) Así pues, nota característica de los organismos especializados es el funcionalismo, o sea, la especialización de las funciones. No estamos ante organizaciones internacionales de cooperación política general, sino de cooperación sectorial. Son los tratados instituyentes, usualmente denominados «constituciones», los que enuncian el sector especial de la cooperación, bien entendido que en el sector en cuestión los organismos especializados no tienen el monopolio de la cooperación internacional. Las propias Naciones Unidas pueden adoptar de conformidad con la Carta resoluciones sobre esos sectores de las relaciones internacionales e impulsar en ellas la cooperación internacional. Cabe también que otras organizaciones internacionales de ámbito regional dispongan de funciones paralelas a las de los organismos especializados. Todo ello supone el riesgo claro de solapamientos y

[1] Sobre las organizaciones especializadas en general, véanse: J. L. MATHIEU, *Les institutions spécialisées des Nations Unies,* París, 1977; A. H. ZARB, *Les institutions spécialisées du systême des Nations Unies et leurs membres,* París, 1980; A. DI BLASE, *Nazioni Unite e Istituti specializzati,* Nápoles, 1982; J. P. CAILLOUX, «Aspects juridiques de la vie des institutions spécialisées de L'O.N.U.», en *A.F.D.I.,* 1983, pp. 533 ss.; y E. KLEIN, «United Nations, Specialized Agencies», en *E.O.P.I.L.,* vol. 5, 1983, pp. 349 ss. Los datos sobre participación que figuran en los epígrafes siguientes los hemos tomado del *United Nations Handbook,* editado por el Ministerio de Asuntos Exteriores de Nueva Zelanda, Wellington, 1986.

determina la necesidad de coordinar y racionalizar las actividades, y es por tal razón por lo que, según el párrafo 2 del artículo 63 de la Carta, el Consejo Económico y Social se encarga de la tarea de aquella coordinación; los acuerdos de vinculación a las Naciones Unidas procuran asimismo asegurar ese objetivo.

c) Dada su vinculación a las Naciones Unidas, los organismos especializados tienen vocación manifiesta de universalidad; estamos ante organizaciones internacionales abiertas a todos los Estados y basadas, por tanto, en el principio de inclusión. Hay que decir, sin embargo, que algunos de los organismos especializados se encuentran lejos de la universalidad; de hecho, de los quince existentes en la actualidad, sólo la mitad cuenta con un número de miembros equiparable al de las Naciones Unidas. La politización de que hablamos en el párrafo siguiente contribuye, sin duda, a alejar a ciertos Estados, incluso de la mayor importancia, de los organismos especializados. La falta de participación de los antiguos Estados de Europa del Este en algunos organismos especializados constituye también un síntoma de la referida politización.

d) Las funciones de los organismos especializados versan sobre sectores de cooperación preferentemente técnicos, y este dato permitía esperar una despolitización relativa —no absoluta— de sus actividades. De hecho, sin embargo, las motivaciones estrictamente políticas han hecho acto de presencia en algunos organismos especializados, y no sólo por lo que se refiere a la antigua escisión ideológico-política Este-Oeste, sino también y sobre todo en lo que afecta a la escisión socioeconómica entre países desarrollados y países en desarrollo. Es cierto que los organismos especializados no tienen por qué seguir las pautas de las Naciones Unidas, pero no es menor verdad que en ciertos casos sufren las fisuras y divisiones que aquejan hoy a la sociedad internacional, motivando la existencia de una atmósfera de confrontación allí donde el entendimiento y cooperación deberían ser los patrones de comportamiento. De algunos de estos supuestos daremos noticia al tratar de los organismos especializados en particular, aunque hay que señalar que el desvanecimiento de la escisión Este-Oeste permite vislumbrar una cierta despolitización.

e) Por lo demás, los organismos especializados de las Naciones Unidas presentan en su conjunto una misma estructura orgánica de carácter tripartito. Todos ellos cuentan, en efecto, con un órgano plenario (Conferencia General, Asamblea, Congreso, etc.), al que se considera órgano supremo, y que tiene la función, entre otras, de determinar las líneas políticas generales de la actividad del organismo. Existe también un órgano restringido, denominado comúnmente Consejo, con poderes de ejecución del programa adoptado por el órgano plenario, y cuyos miembros se eligen como regla general por este último órgano. Los organismos especializados disponen asimismo de una Secretaría, en cuya cúpula actúa un Secretario General, Director General o Presidente, y que lleva a cabo las funciones administrativas. Hay que hablar, por fin, de los órganos subsidiarios y de las comisiones regionales. Es éste el esquema orgánico usual en los organismos especializados, sujeto, como veremos, a desviaciones en casos particulares. Por lo demás, las funciones de los organismos especializados son normativas, de control y operacionales. Algunos de ellos ejercen, como veremos, las tres categorías de actividades, mientras que otros ponen el énfasis en alguna de tales funciones.

f) Hechas estas consideraciones generales sobre los organismos especializados de las Naciones Unidas, emprendemos a continuación un estudio particular de los más importantes; estudio que, dentro de las coordenadas de síntesis y brevedad exigidas por la finalidad de este libro, va a ser menos estático que dinámico. Es decir, más que los aspectos formales de los organismos, tal como vienen recogidos en las respectivas constituciones, y aunque sin desdén por ellos, nos van a interesar las líneas sustantivas de acción y evolución de cada uno de los organismos especializados. Nuestro enfoque pretende ser, pues, funcional y no formal o meramente descriptivo.

85. ESTUDIO PARTICULAR DE LOS ORGANISMOS ESPECIALIZADOS

85.1. La Organización Internacional del Trabajo (OIT)

a) De acuerdo con el preámbulo del Tratado constitutivo, son dos las ideas que están en la base de la creación de la Organización Internacional del Trabajo (OIT). La primera se vincula a la naturaleza integral de la paz internacional, uno de cuyos componentes es, sin duda, la justicia en las relaciones laborales; la consecución de la paz requiere, entre otras cosas, el respeto a los postulados de la justicia social. La segunda idea hunde sus raíces en la noción de interdependencia entre los Estados, toda vez que los intentos de mejorar la suerte de los trabajadores en uno de ellos pueden verse obstaculizados si otro u otros dejan de adoptar un régimen de trabajo realmente humano; interdependencia que postula la cooperación internacional en el sector. Y fue en 1919, al término de la primera guerra mundial, cuando ambas ideas alcanzaron la madurez suficiente en la opinión pública internacional, determinando la creación de la OIT en la parte XIII del Tratado de Paz de Versalles. El cometido básico de la Organización era la puesta en pie de un mecanismo que, a través de convenciones y recomendaciones, estableciera estándares mínimos sobre las condiciones de trabajo en los diversos países. La sede de la OIT se fijó en Ginebra, donde continúa. El número de Estados miembros asciende en 2019 a 187[1].

b) En 1944 se reúne en la ciudad de Filadelfia la XXVI Conferencia General de la Organización —su órgano plenario— y en ella se adopta una resolución que redefine y pone al día los propósitos. Ello determinó la necesidad de reforma del tratado instituyente, que se hizo en 1946. En el mismo año se celebra el acuerdo de vinculación entre las Naciones Unidas y la OIT, convirtiéndose ésta en organismo especializado. La Constitución de la Organización experimentó sucesivas reformas en 1953, 1962, 1972 y 1986.

c) La OIT es, por supuesto, una organización intergubernamental, lo que significa que sus miembros son Estados soberanos. Pero ello no quiere decir que la composición de sus órganos principales (el plenario o Conferencia General, y el

---

[1] Véanse en general: G. Scelle, *L'Organisation Internationale de Travail et le B.I.T.*, París, 1930; N. Valticos, «Un système de contrôle international: la mise en oeuvre des conventions internationales du travail», en *R. des C.*, 1986, vol. I, pp. 311 ss.; «La Commission d'investigation et de conciliation en matière de liberté syndicale et le mécanisme de protection internationale des droits syndicaux», en *A. F. D. I.*, 1967, pp. 445 ss.; G. M. Correa Meyer, «Perspectivas actuales de la OIT», en *Libro homenaje al profesor Miaja de la Muela*, Madrid, 1979, vol. II, pp. 733 ss.; A. Alcock, *History of the International Labour Organisation*, Londres, 1971; J. A. Johnson, *The International Labour Organisation*, Londres, 1970; K. T. Samson, «International Labour Organisation», en *E.O.P.I.L.*, vol. 5, 1987, pp. 87 ss.; F. Maupain, «La réforme de l'Organisation Internationale du Travail», en *A.F.D.I.*, 1987, pp. 478 ss.

restringido o Consejo de Administración) responda enteramente a postulados intergubernamentales. Ocurre, en efecto, y por lo que atañe a la Conferencia General, que cada miembro de la Organización tiene cuatro representantes, dos de los cuales son delegados del gobierno y los otros dos, respectivamente, de los empleadores y trabajadores del Estado miembro, y en el entendido de que el nombramiento de estos dos últimos ha de hacerse de acuerdo con las organizaciones profesionales más representativas de empleadores y trabajadores (art. 3 de la Constitución). Por su parte, el Consejo de Administración se compone de 112 personas, 56 de las cuales son representantes de gobiernos (nombrados por Estados miembros de la mayor importancia industrial y miembros designados al efecto por los delegados gubernamentales en la Conferencia), 28 representan a los empleadores y otros 28 a los trabajadores, elegidos unos y otros, respectivamente, por los delegados de los empleadores y trabajadores en la Conferencia General (art. 7). Estamos, pues, ante un original e interesante dispositivo tripartito de representación, que dota de gran dinamismo a la OIT, fortalece el equilibrio y autoridad de las decisiones de sus órganos y alienta saludablemente el hábito de las consultas entre gobiernos, empleadores y trabajadores.

d) Las funciones de la OIT son esencialmente normativas: la adopción por la Conferencia General de convenciones y recomendaciones en el terreno de las relaciones laborales. Obviamente, las convenciones están sometidas a los principios generales del Derecho de Tratados, en el sentido de que sólo vinculan a los Estados que hayan manifestado el consentimiento en obligarse. Las recomendaciones, por su parte, no producen efectos obligatorios. Está claro, por tanto, que la Organización no posee facultades propiamente legislativas en las materias de su competencia. Ahora bien, los Estados miembros sí tienen el deber de someter las convenciones y recomendaciones a las autoridades internas competentes en un plazo de doce a dieciocho meses para que consideren la adopción de medidas legislativas u otras (por ejemplo, la ratificación de las convenciones) y tienen también la obligación de informar al Director General de la Organización de las medidas tomadas al efecto; además el Consejo de Administración puede requerir información a los Estados miembros sobre su legislación y práctica en materias reguladas por convenciones no ratificadas o por recomendaciones (art. 19). Así, pues, la Constitución de la OIT ha establecido unos mecanismos de persuasión y estímulo con miras a asegurar la mayor eficacia posible de su acción normativa. Acción que entre 1919 y nuestros días ha supuesto la adopción y vigencia de un importante número de convenciones concluidas en su seno —hasta 185 en 2014— y, en definitiva, una mayor humanización de las condiciones de trabajo en el mundo.

e) Pero el tratado instituyente asigna también a la OIT funciones de control. Así, una organización de trabajadores o empleadores puede presentar una reclamación por incumplimiento de una convención en vigor para un Estado; en esas circunstancias el Consejo de Administración podrá comunicar la reclamación al gobierno del Estado en cuestión e invitarle a que formule una declaración; si ésta no se emite en un plazo prudencial o sus términos no son considerados satisfactorios por el Consejo, este órgano puede hacer pública la reclamación y, en su caso, la declaración recibida (arts. 24 y 25). Caben también reclamaciones o quejas de un Estado parte en una convención, de un delegado en la Conferencia General o del propio Consejo de Administración; el Consejo puede deferir la cuestión a una comisión de encuesta, que, después de examinar detenidamente la queja, redacta un informe en el que expone el resultado de sus averiguaciones y hace las recomendaciones que considere apropiadas; el Director General transmite el informe de la comisión de encuesta al Consejo de Administración y a los gobiernos a que concierna la queja, y procede a la publicación de aquél; los gobiernos interesados deberán comunicar al Director General, en un plazo de tres meses, si aceptan o no las recomendaciones de la comisión de encuesta y, en caso de que no las acepten, si desean someter la queja al Tribunal Internacional de Justicia (arts. 26 a 34). Señalemos que en los últimos años se ha hecho un cierto uso de estos procedimientos.

Un procedimiento especial para el control del respeto a los derechos sindicales fue establecido por acuerdo concluido en 1950 entre las Naciones Unidas y la OIT, procedimiento que puede ser entablado incluso contra Estados no partes en las convenciones pertinentes. Las quejas pueden ser presentadas por el gobierno de otro Estado, por una asociación internacional de empleadores o trabajadores que tenga estatuto consultivo en la OIT, por una asociación internacional de empleadores o trabajadores respecto a cuestiones que afecten a sus afiliados, o por una organización nacional de empleadores o trabajadores directamente afectada. El órgano que examina las quejas es el Comité de Libertad Sindical del Consejo de Administración, institución de composición tripartita (tres representantes gubernamentales, tres de los empleadores y tres de los trabajadores, bajo la presidencia de una persona independiente). Cuando el Comité se encuentra en posesión de todos los elementos de juicio, eleva su propuesta de resolución al Consejo de Administración, aunque puede también recomendar que las quejas sean trasladadas a la Comisión de Investigación y Conciliación, si a ello accede el Estado denunciado. Hay que decir que la actuación del Comité de Libertad Sindical ha sido y continúa siendo intensa, lo que le ha permitido construir un amplio cuerpo de principios en materia de libertad sindical.

f) La evaluación de conjunto de la OIT en sus ya largos años de funcionamiento es por fuerza favorable y no sólo por la importancia de la acción normativa y de sus funciones de control, sino también por la actividad desplegada en la cooperación técnica, difusión de información, y estudios e investigaciones en materias laborales. No fue un azar que en 1969 recibiera la Organización galardón tan honroso como el Premio Nobel de la Paz. Que persistan en el mundo inquietantes bolsas de desempleo y subempleo, tanto en los Estados en desarrollo como en los desarrollados, no es en rigor imputable a la Organización.

85.2. La Organización de las Naciones Unidas para la Educación, la Ciencia y la Cultura (UNESCO)

a) Según el preámbulo del tratado constitutivo de la UNESCO, es de nuevo la concepción integral de la paz la que inspira y determina la creación de la Organización. Se declara en dicho preámbulo, efectivamente, que, «puesto que las guerras nacen en la mente de los hombres, es en la mente de los hombres donde deben erigirse los baluartes de la paz», y se dice también que «una paz fundada exclusivamente en acuerdos políticos y económicos entre gobiernos no podría obtener el apoyo unánime, sincero y perdurable de los pueblos, y que, por consiguiente, esa paz debe basarse en la solidaridad intelectual y moral de la humanidad». Semejante ideario humanista y pacifista estaba ya maduro en 1945, y el 16 de noviembre de dicho año se firma en Londres el tratado instituyente de la UNESCO, reformado por sucesivas resoluciones de la Conferencia General (su órgano plenario); este mismo órgano aprobó el 6 de diciembre de 1946 el acuerdo de vinculación con las Naciones Unidas, que convertía a la UNESCO en organismo especializado. En 2019 el número de miembros de la Organización era de 195 y 18 el de Estados asociados. Alegando la política anti Israel de la Organización, este país y los Estados Unidos de América manifestaron el 12 de octubre de 2017 su intención de retirarse el día 31 de diciembre de 2018 lo que, dada la cuantía de la contribución financiera americana a la Unesco, no dejará de causar perjuicios. La Organización tiene su sede en París[2].

b) En cuanto a la estructura orgánica de la UNESCO, son tres los órganos que se prevén en el artículo III de la Constitución: la Conferencia General, el Consejo Ejecutivo y la Secretaría. La Conferencia General es el órgano plenario y su composición es intergubernamental, en cuanto integrado por representantes de los Estados miembros; a él corresponde determinar la orientación y la línea de conducta general de la Organización. El Consejo Ejecutivo es órgano restringido, y hasta 1954 sus miembros actuaban a título individual y no como representantes de los gobiernos; en aquel año se dio, sin embargo, carácter intergubernamental al órgano, y desde entonces los componentes del Consejo son representantes de sus gobiernos; el órgano se compone de 51 miembros, elegidos por la Conferencia General en atención a calificaciones personales en el campo de competencia de la Organización, diversidad de culturas y distribución geográfica equitativa; al Consejo compete la ejecución de los programas aprobados por la Conferencia General. La Secretaría es, por su parte, el órgano encargado de las tareas administrativas y se compone de un Director General —nombrado por la Conferencia General a propuesta del Consejo de Administración— y del personal que se estime necesario.

c) El propósito básico de la UNESCO es «contribuir a la paz y a la seguridad estrechando, mediante la educación, la ciencia y la cultura, la colaboración entre las naciones, a fin de asegurar el respeto universal a la justicia, a la ley, a los derechos humanos y a las libertades fundamentales que sin distinción de raza, sexo, idioma o religión la Carta de las Naciones Unidas reconoce a todos

---

[2] Véanse en general: T. BESTERMAN, *UNESCO, Peace in the Minds of Men,* Londres, 1951; B. M. H. TRIPP, «UNESCO in Perspective», en *International Conciliation,* 1954, pp. 323 ss.; J. THOMAS, *UNESCO,* París, 1962; J. TOUSCOZ, *La coopération scientifique internationale,* París, 1973; J. P. SEWELL, *UNESCO and World Politics. Engaged in International Relations,* Princetown, 1975; Y. KASHLEV, «UNESCO within the System of International Cooperation», en *International Affairs,* 1982, pp. 109 ss.; D. G. PARTAN, «United Nations Educational, Scientific and Cultural Organization», en *E. O. P. I. L.*, vol. 5, 1983, pp. 314 ss.

los pueblos del mundo» (art. I.1 de la Constitución). Para el cumplimiento de este propósito la Organización ejerce *funciones* normativas y, en menor medida, de control y operacionales.

Funciones normativas, en primer lugar, porque la Conferencia General está capacitada para dirigir recomendaciones a los Estados miembros así como adoptar convenciones respecto a materias que entren en su campo de acción. Las recomendaciones no son por supuesto obligatorias y las convenciones necesitan lógicamente de la manifestación del consentimiento de los Estados en obligarse, pero unas y otras deben ser sometidas a las autoridades nacionales competentes dentro del año siguiente a la clausura de la reunión en que hayan sido aprobadas; además la Conferencia General examinará los informes que presenten los Estados miembros sobre las medidas tomadas en relación con las recomendaciones y convenciones (art. IV, pp. 4 y 6), pudiendo adoptar, según su Reglamento, informes generales que comenten los sometidos por los miembros. Ahora bien, demuestra la práctica que son pocos los Estados que presentan informes. Señalemos asimismo que las recomendaciones y convenciones adoptadas cubren un amplio abanico de materias relacionadas con los fines de la Organización: propiedad intelectual, no discriminación en la educación, protección del patrimonio cultural y estandarización de estadísticas educativas y científicas.

Pero la UNESCO ejerce también algunas *funciones de control.* Así, adoptada en 1960 la Convención contra la discriminación educativa, un Protocolo complementario de 1962 instituye una Comisión de Buenos Oficios y Conciliación para solucionar las controversias que surjan entre Estados partes en la Convención, instrumento que de todos modos ha sido objeto de aceptaciones más bien escasas. Para remediar esta situación, el Consejo Ejecutivo adoptó en 1978 una decisión en la que se establece un procedimiento de control basado en comunicaciones individuales, y mediante el cual las víctimas de violaciones de derechos humanos que caigan bajo la competencia de la UNESCO pueden presentar directamente sus quejas al Consejo. Si las quejas se admiten, pasan a un Comité de este último órgano, que intentará llegar a una solución amistosa entre el Estado miembro denunciado y la persona que haya sufrido la violación, siempre con vistas a la promoción de los derechos humanos.

d) Y unas breves palabras adicionales sobre la politización experimentada en los últimos lustros por la UNESCO. Decisiones adoptadas en 1974 por la Conferencia General en relación con Israel fueron consideradas como manifestaciones de esa atmósfera de politización, pero fue sobre todo en 1978 cuando se intensificaron los síntomas de politización con ocasión de la adopción por la Conferencia de una declaración sobre el Nuevo Orden Mundial de la Información, declaración que, según algunas opiniones, pone en peligro la libertad de información. Digamos en este mismo orden de ideas que, después de que el 31 de octubre de 2011 la Asamblea General admitiese a Palestina como miembro de pleno derecho de la organización, se produjo la retirada de su mayor contribuyente financiero, los Estados Unidos de América, lastrando así de manera muy considerable la acción de la misma.

85.3. La Organización Mundial de la Propiedad Intelectual (OMPI)

a) La necesidad de la cooperación internacional en materia de propiedad intelectual (industrial, literaria y artística) se hace sentir ya a finales del siglo XIX y determina la creación de dos Uniones internacionales: la Unión de París, instituida por tratado de 20 de marzo de 1883, para la protección de la propiedad industrial, y la Unión de Berna, establecida por tratado de 9 de septiembre de 1886, para protección de las obras literarias y artísticas. En la década de los años cincuenta del siglo XX se intentó incluir ambas uniones en el sistema de las Naciones Unidas, pero sólo en la década de los años setenta se consigue este propósito. Efectivamente, los Estados de reciente independencia reprochaban a las Uniones de París y Berna el servir únicamente a los intereses de los Estados desarrollados y el hecho de que no tenían en cuenta las nuevas realidades de una sociedad internacional plural y universal. Surgía así una robusta corriente de opinión que llevó a la creación de la OMPI mediante el Tratado de Estocolmo de 14 de julio de 1967. En 1974 la OMPI se convirtió en organismo especializado en virtud de acuerdo de vinculación con las Naciones Unidas. La sede de la Organización está en Ginebra. En 2019 son 188 los Estados miembros de la OMPI, 97 los de la Unión de París y 76 los de la Unión de Berna[3].

b) Pero la creación de la OMPI no ha supuesto la desaparición de las Uniones de Berna y París, y esto ha determinado la conclusión de arreglos complejos en lo que atañe a la participación y estructura de la Organización. Así, en lo que se refiere a los miembros, hay que decir que la OMPI está abierta a los Estados miembros de las Uniones y a los que lo sean de las Naciones Unidas, alguno de sus organismos especializados, Agencia Internacional de la Energía Atómica o partes en el Estatuto del Tribunal Internacional de Justicia. Y esta doble categoría de miembros se refleja en la estructura orgánica de la OMPI, que, como vamos a ver, difiere de la que es usual en los organismos especializados. La Organización cuenta, en efecto, con una Asamblea General, integrada por representantes de los Estados miembros que formen parte al menos de una de las dos Uniones (art. 6 de la Constitución); y con una Conferencia, integrada por representantes de todos los Estados miembros de la OMPI, sean o no miembros en las Uniones.

De todas maneras, es la Asamblea General el órgano al que la Constitución confiere el carácter de supremo. En la OMPI existe también como órgano restringido un Comité de Coordinación, cuya composición traduce la estrecha asociación con las Uniones, puesto que sólo pueden formar parte de él aquellos Estados miembros que lo sean a la vez del Comité Ejecutivo de aquéllas. La Secretaría recibe el nombre de Oficina Internacional y a su frente se encuentra el Director General.

---

[3] Véanse en general: H. Desbois, «La Conférence de Stockholm rélative aux droits intelectuels», en *A.F.D.I.*, 1967, pp. 7 ss.; J. Rideau, «Les institutions internationales de la protection de la propriété intelectuelle», en *R.G.D.I.P.*, 1968, pp. 730 ss.; J. Ekedi-Samnik, «Une nouvelle institution spécialisée des Nations Unies: L'Organisation mondiale de la propriété intelectuelle (OMPI)», en *R.G.D.I.P.*, 1977, pp. 466 ss.; C. Massouye, «L'Organisation mondiale de la propriété intelectuelle (OMPI). 14. Institution spécialisée des Nations Unies», en *J.D.I.*, 1977, pp. 806 ss.; H. Ballreich, «World Intellectual Property Organisation», en *E.O.P.I.L.*, vol. 5, 1983, pp. 410 ss.

c) El propósito fundamental de la OMPI es promover la protección mundial de la propiedad intelectual y a tal fin realiza, entre otras, las siguientes *funciones:* tareas administrativas de las Uniones de Berna y París y otras, gestión de 24 convenciones en materias de su competencia, preparación de nuevos convenios internacionales en el tema, incluyendo propuestas para la revisión de los ya en vigor, elaboración de leyes modelo y suministro, a requerimiento de los Estados, de asistencia técnico-jurídica.

85.4. La Organización Mundial de la Salud (OMS)

a) En el preámbulo del tratado instituyente de la OMS sobresalen tres ideas, a saber: el goce del grado máximo de salud es uno de los derechos fundamentales de todo ser humano; la salud de todos los pueblos es una condición fundamental para lograr la paz y la seguridad; y la desigualdad de los diversos países en lo relativo al fomento de la salud y control de las enfermedades constituye un peligro común. Pues bien, fue este *ideario* humanista, pacifista e internacionalista el que determinó la creación de la Organización en tratado que se firma el día 22 de julio de 1946, si bien la cooperación internacional en este terreno se remonta a los inicios de la segunda década del siglo XIX. En 1946 se aprobó el acuerdo de la vinculación de la OMS a las Naciones Unidas y la sede de la Organización es estableció en Ginebra. Señalemos que la participación en la OMS es prácticamente universal —196 miembros en 2019—, lo que constituye un signo del extraordinario interés que los Estados sienten hacia sus actividades, aunque conviene recordar que los Estados de Europa oriental y China se retiraron en 1949 y 1950 para readquirir años más tarde su condición de miembros[4].

b) La *estructura* orgánica de la OMS responde a los esquemas usuales en los organismos especializados. La Organización cuenta, en efecto, con un órgano plenario —la Asamblea Mundial de la Salud—, un órgano restringido —el Consejo Ejecutivo— y una Secretaría, a cuyo frente está el Director General. El órgano supremo es la Asamblea, y al Consejo corresponde someter propuestas a ella y ejecutar sus decisiones. Para una mayor eficacia de las actividades operacionales se han establecidos seis organismos regionales basados en la idea de la descentralización: África, Asia sudoriental, Pacífico occidental, Mediterráneo occidental, Europa y las Américas.

c) El propósito fundamental de la OMS es el alcanzar para todos los pueblos el grado más alto posible de salud (art. 1 de la Constitución). Semejante propósito se cumple mediante una serie de funciones, entre las que destaca la actividad normativa de la Asamblea. Efectivamente, este órgano puede adoptar por mayoría simple reglamentaciones en diversas materias (prevención de la propagación internacional de enfermedades, nomenclaturas, normas uniformes sobre diagnósticos y otras materias, propaganda y rotulación de productos biológicos, farmacéuticos

[4] Véanse en general: J. Voncken y P. de la Pradelle, «L'Organisation mondiale de la santé», en *Révue des Deux Mondes,* 1954, pp. 331 ss.; C. H. Vignes, «Organisation mondiale de la santé: questions juridiques», en *A.F.D.I.,* 1963, pp. 627 ss.; «Le réglement sanitaire international. Aspects juridiques», en *A.F.D.I.,* 1965, pp. 649 ss.; C. H. Vignes y H. J. Schelenzka, «World Healt Organisation», en *E.O.P.I.L.,* vol. 5, 1983, pp. 406 ss.

y otros), que son obligatorias para los Estados miembros, salvo para aquellos que las rechacen o que presenten reservas en un plazo determinado (arts. 21 y 23). Estamos, pues, ante un procedimiento legislativo de sumo interés que en algunos temas se ha revelado ciertamente eficaz, ya que dos importantes reglamentos han sido objeto de aceptación prácticamente universal; se trata del adoptado en 1967 sobre nomenclatura de enfermedades, y del reglamento sanitario internacional de 1969. Pero la Asamblea puede limitarse a hacer recomendaciones a los Estados miembros (art. 23), procedimiento al que se recurre con frecuencia. Entre las funciones de la Asamblea está también la de adopción, por mayoría de dos tercios, de Convenciones, sujetas obviamente a la manifestación del consentimiento de los Estados en obligarse, y en el entendido de que, si no lo hacen, deben explicar las razones (art. 20). Señalemos que los Estados deben rendir un informe anual a la Organización acerca de las medidas tomadas respecto a las recomendaciones, reglamentos, acuerdos y convenciones (art. 62). La OMS lleva a cabo también actividades operacionales, de las que damos cuenta sintética en el apartado siguiente.

d) Si tenemos en cuenta la magnitud de los problemas sanitarios del mundo, la insuficiencia de los recursos y la desigual distribución de éstos, podemos afirmar que los logros de la OMS son dignos de todo encomio. La Organización ha conseguido la erradicación mundial de la viruela a través de un programa que, iniciado en 1967, registró el último caso de enfermedad diez años después, permitiendo la abolición universal de la vacuna. La OMS trabaja además de manera activa en la erradicación de otras enfermedades. Obviamente, la limitación de recursos ha obligado a la Organización a establecer prioridades, particularmente en favor de los Estados en desarrollo, destacando en este sentido el objetivo fijado para el año 2000 de instaurar en ellos un nivel de salud que les permita llevar una vida social y económicamente productiva. Pero la OMS se ocupa también de los problemas sanitarios específicos de los Estados desarrollados, como el control de los riesgos que comporta para la salud el medio ambiente, prevención de accidentes, salud de la tercera edad, prevención del abuso de las drogas y del tabaco, y otros. Es verdad que a la Organización se le ha reprochado desinterés por la suerte de las víctimas de accidentes termonucleares, no obstante lo cual y teniendo en cuenta su muy meritoria acción de conjunto a lo largo de los años, fue galardonada en 2009 con el Premio Príncipe de Asturias de Cooperación Internacional. Noticia negativa para la OMS fue la decisión de Donald Trump tomada en mayo de 2020 de retirar de ella a los Estados Unidos de América amparándose en una supuesta gestión de la crisis del COVID-19 favorable a la República Popular China. Y es que esa retirada suponía una importante reducción del presupuesto de la institución en unos tiempos en que su labor es del mayor interés. Pero la llegada a la presidencia del país en enero de 2021 del demócrata Joe Biden ha hecho mejorar las expectativas.

85.5. La Organización de las Naciones Unidas para la Agricultura y la Alimentación (FAO) y el Fondo Internacional de Desarrollo Agrícola (FIDA)

a) El día 16 de octubre de 1945 se firma en Quebec el tratado instituyente de la FAO con la finalidad, según se expresa en el preámbulo, de elevar los niveles de nutrición y vida de los pueblos, mejorar el rendimiento de la producción y la eficacia de la distribución de todos los alimentos y productos alimenticios y agrícolas, mejorar las condiciones de la población rural y contribuir así a la expansión de la economía mundial, y en el entendido de que por agricultura se entiende también la pesca, los productos del mar, los bosques y los productos primarios forestales. En 1946 se celebra el acuerdo de vinculación con las Naciones Unidas, y en 1951 la sede de la FAO se fija en Roma, donde desde 1905 existía un Instituto Internacional de Agricultura. En la actualidad la participación de los Estados en la FAO está muy cerca de la universalidad, puesto que el número de Estados miembros es de 197, aunque en aquélla se distingue entre los Estados miembros fundadores —los 35 que suscribieron el tratado constitutivo— y los admitidos (art. II de la Constitución)[5].

b) La *estructura orgánica* de la FAO responde a los patrones habituales en los organismos especializados, ya que consta de un órgano plenario —la Conferencia—, que es el que determina las líneas políticas generales; un órgano restringido —el Consejo—, y un Director General y personal a su cargo. La Asamblea y el Consejo han establecido diversos órganos subsidiarios, y la Secretaría cuenta con oficinas regionales.

c) Para la realización de sus propósitos la FAO lleva a cabo *funciones* de distinta naturaleza. *Funciones normativas,* en primer término, porque la Conferencia y el Consejo pueden adoptar convenciones y acuerdos —de ámbito general la Conferencia y de interés regional el Consejo— en materias de competencia de la Organización, que naturalmente sólo entran en vigor cuando los Estados miembros hayan manifestado el consentimiento en obligarse (art. XIV), debiendo decirse que en términos generales no ha sido muy amplia esta actividad de la FAO. Mayor importancia reviste la adopción de reglamentos, como el que contiene el *Codex Alimentarius,* adoptado en 1981 por una Comisión que habían establecido veinte años antes la FAO y la OMS; una vez que los estándares del Código son aceptados por la Comisión, se invita a los Gobiernos a aceptarlos. Hay que referirse además a los principios sobre disposición de excedentes, que han obtenido una amplia aceptación, y al compromiso internacional sobre seguridad de la alimentación mundial, también muy aceptado, que implica, entre otras cosas, la obligación del almacenamiento para asegurar un nivel mínimo de alimentos en el supuesto de cosechas escasas o desastres naturales. En fin, la Organización lleva a cabo asimismo importantes actividades operacionales en lo que se refiere al aumento de la producción y administración de los recursos, promoción social, alimentación y nutrición. El análisis y evaluación de los problemas suscitados por el comercio de los productos básicos ha desempeñado también un considerable papel en la FAO, aunque la creación de la UNCTAD ha modificado sus líneas de actuación. En los años transcurridos del siglo XXI, la acción de la FAO se está centrando de manera especial

[5] G. HAMBRIDGE, *The Story of FAO,* Londres, 1955; L. MARSEILLAN, *L'Organisation des Nations Unies pour l'Alimentation et l'Agriculture,* París, 1951; A. GÓMEZ ORBANEJA, «La Organización de las Naciones Unidas para la Agricultura y la Alimentación», en *Escuela de Funcionarios Internacionales, Cursos y conferencias,* Madrid, 1955-1956, vol. 2, pp. 403 ss.; V. BLANCO GASPAR, «Nota sobre el pasado, presente y futuro de la FAO», en *Revista de Política Internacional,* 1970, pp. 125 ss.; M. A. DI BARI, *La FAO: natura iuridica e funzioni,* Roma, 1970; J. P. DOBBERT, «Food and Agriculture Organization of the United Nations», en *E.O.P.I.L.,* 1983, vol. 5, pp. 15 ss.

en el combate de las graves crisis alimentarias que sufren algunos países en desarrollo, sobre todo en el continente africano.

d) Hay que añadir que por Convenio de 13 de junio de 1976, en vigor desde el día 30 de noviembre de 1977, se creó el Fondo Internacional de Desarrollo Agrícola (FIDA), con sede en Roma, que es también un organismo especializado de las Naciones Unidas. Estamos básicamente ante una organización internacional operacional de carácter financiero, inserta en el marco del Nuevo Orden Económico Internacional, ya que su objetivo primordial es el de movilizar recursos financieros adicionales para formentar la agricultura de los países miembros en desarrollo. Su estructura institucional consiste en un Consejo de Gobernadores, de carácter plenario, que concentra las facultades del Fondo; en una Junta Ejecutiva, de naturaleza restringida, en la que el Consejo delega funciones; y en un presidente que, dirige al personal y que tiene la responsabilidad de la gestión de los asuntos del Fondo. España se adhirió al tratado instituyente el día 22 de junio de 1977[5 bis]. El número total de miembros en 2019 es de 176.

85.6. El Banco Internacional de Reconstrucción y Desarrollo e instituciones con él relacionadas

a) La creación del Banco Internacional de Reconstrucción y Desarrollo fue decidida, junto a la del Fondo Monetario Internacional, en la Conferencia de Breton Woods, que se celebró en julio de 1944; el tratado instituyente entró en vigor el 27 de diciembre de 1945; en 1947 se concluyó el acuerdo de vinculación con las Naciones Unidas. La oficina principal del Banco está en Washington, por ser dicha ciudad capital del Estado miembro que posee el mayor número de acciones, aunque la Organización cuenta con 32 misiones residentes en otros países. La participación de los Estados en el Banco es amplia —189 miembros en 2019— y desde abril de 1992 comprende a Rusia y a otras Repúblicas de la CEI[6].

b) Los *fines* del Banco se especifican detalladamente en el artículo I del tratado instituyente, y entre ellos destaca el de contribuir a la obra de reconstrucción y fomento en el territorio de los Estados miembros, incluida la rehabilitación de las economías destruidas o dislocadas por la guerra. Y, si en los primeros años de funcionamiento la acción del organismo se centró preferentemente en la reconstrucción de las economías perjudicadas por la segunda guerra mundial, su más importante actividad en el presente es la asistencia a los países en desarrollo, por más que, según la sección 10 del artículo IV del tratado, el Banco sólo puede tener

---

[5 bis] Véase E. Sauvignon, «Le Fonds International de Développement Agricole», en *A.F.D.I.*, 1978, pp. 661 ss.

[6] Véanse en general: A. Basch, «International Bank for Reconstruction and Development, 1944-1949», en *International Conciliation*, 1949, pp. 791 ss.; A. Broches, «International Legal Aspects of the Operations of the World Bank», en *R. des C.*, 1959, III, pp. 301 ss.; A. K. Cairncross, *The International Bank for Reconstruction and Development*, Princeton, 1959; R. Lavalle, *La Banque mondiale et ses filiales: aspects juridiques et fonctionement*, París, 1972; J. Syz, *International Development Bank, Leydem*, Nueva York, 1974; H. Golsong, «International Bank for Reconstruction and Development», en *E.O.P.I.L.*, vol. 5, 1983, pp. 58 ss.; y R. N. Gardner, *La diplomacia del dólar y la esterlina. Orígenes y futuro del sistema de Bretton Woods-Gatt*, Barcelona, 1994.

en cuenta consideraciones de orden económico. Para la realización de sus fines el organismo realiza actividades básicamente operacionales, que consisten en garantizar o conceder préstamos, o participar en su concesión, a un Estado miembro o subdivisión política del mismo o a cualquier empresa comercial, industrial o agrícola que opere en su territorio y que tenga la garantía del Gobierno. Actividad ésta que requiere la posesión de recursos financieros, hasta el punto de que el Banco dispone de un capital cuyas acciones deben ser suscritas por los Estados miembros, y puede obtener también empréstitos en el mercado internacional. Estamos, pues, ante un organismo especializado de perfiles muy particulares y originales.

c) La *estructura orgánica* del Banco y el modo de adopción de decisiones por sus órganos reflejan la originalidad que acabamos de mencionar. Y, así, los órganos son una Junta de Gobernadores, unos Directores ejecutivos, y un Director gerente o Presidente. La Junta de Gobernadores está formada por un Gobernador y un suplente, designados por cada Estado miembro, y está investida de todos los poderes del organismo (art. V, sección 2.ª), aunque ha delegado en los Directores ejecutivos muy importantes facultades. Y el modo de adopción de decisiones por la Junta no es igualitario, sino que impera en ella el voto ponderado, porque, en efecto, aunque todo miembro dispone de 250 votos, se asigna a cada Estado un voto adicional por cada acción suscrita (art. V, sección 3.ª). Ello supone, por ejemplo, que los Estados Unidos tengan un número de votos equivalente al 16,36 por 100 del total, lo que les concede un papel privilegiado en la adopción de decisiones.

d) Es importante señalar que los *préstamos* o las garantías de préstamos que el Banco concede están regidos por el Derecho Internacional toda vez que plasman en tratados internacionales sujetos a registro en la Secretaría de las Naciones Unidas de conformidad con lo dispuesto en el artículo 102 de la Carta. En cuanto a las controversias que puedan surgir de dichos acuerdos, se establece el recurso obligatorio al arbitraje, con exclusión de cualquier otro medio, según las Condiciones Generales aprobadas por el Banco.

e) Digamos finalmente que desde el punto de vista económico el Banco Internacional de Reconstrucción y Desarrollo forma parte de un grupo más amplio, el llamado *grupo del Banco Mundial,* en el que se integran también la Asociación Internacional de Fomento, la Corporación Financiera Internacional y el Centro para solución de controversias sobre inversiones. La *Asociación Internacional de Fomento,* creada en 1960 y organismo especializado de las Naciones Unidas desde 1961, cuenta con 169 miembros y ejerce sus funciones en los países menos desarrollados, a los que puede conceder préstamos en condiciones altamente favorables en cuanto a plazo e intereses; se trata, en suma, de préstamos blandos, que pueden ser devueltos en moneda nacional. La *Corporación Financiera Internacional,* por su parte, fue establecida en 1954 y, vinculada a las Naciones Unidas como organismo especializado en 1957, cuenta con 182 miembros; su actividad es también complementaria a la del Banco y se dirige hacia la expansión de las empresas privadas productivas en los Estados miembros, particularmente en las zonas menos desarrolladas, a las que puede conceder préstamos sin garantía gubernamental. En fin, el *Centro para solución de controversias sobre inversiones* fue creado por la Convención de Washington de 18 de marzo de 1965, auspiciada por el Banco, con miras a facilitar el flujo de inversiones privadas en países extranjeros mediante la institución de un mecanismo de solución de controversias entre los particulares inversionistas y los Estados receptores de la inversión; hay que decir que el Centro no constituye el órgano de conciliación o arbitraje, sino que se limita a organizar y administrar ambos métodos de solución de la controversia. Son ya muchos los casos de arbitraje basados en la Convención de 1965 y es aún mayor la cifra de acuerdos de inversión —los llamados APRI'S— que se refieren al arbitraje previsto en aquélla. Se considera de todos modos que el Centro es una organización internacional, aunque no un organismo especializado de las Naciones Unidas. Son partes en la Convención de Washington en 2016 147 Estados[7].

85.7. El Fondo Monetario Internacional

a) Durante el período comprendido entre las dos guerras mundiales, los intercambios comerciales internacionales se vieron desfavorablemente afectados por el desorden monetario, y para remediar tal estado de cosas en la Conferencia de Breton Woods de 1944 se tomó la decisión de crear, junto con el Banco Internacional de Reconstrucción y Desarrollo, del que hemos hablado en el apartado precedente, el Fondo Monetario Internacional, cuyo tratado constitutivo entró en vigor el 27 de diciembre de 1945. La organización pasó a convertirse en organismo especializado de las Naciones Unidas en 1947, cuando se celebró el pertinente acuerdo de vinculación, y algunas disposiciones del tratado instituyente fueron enmendadas en 1969 y 1978. La sede principal del Fondo está en Washington. La participación de los Estados es amplia —189 miembros en 2019— y desde abril de 1992 comprende a Rusia y otros Estados de la CEI[8].

b) En cuanto a la *estructura orgánica,* digamos que el órgano supremo del Fondo es la Junta de Gobernadores, que se compone de un gobernador y un suplente por cada Estado miembro. El tratado instituyente prevé además la existencia de un Consejo Directivo, al que la Junta ha confiado importantes atribuciones. El Fondo cuenta también con un Director gerente, al que nombran los cinco Estados miembros con mayores cuotas de contribución (Estados Unidos, Reino Unido, República Federal de Alemania, Japón y Francia). En los órganos colegiados el

---

[7] Véanse en general: H. Golsong, «International Development Association», en *E. O. P. I. L.*, vol. 5, 1983, pp. 75 ss.; «International Finance Corporation», ibíd., pp. 83 ss.; A. Miaja de la Muela, «Aspectos jurídicos de las diferencias entre Estados y personas privadas extranjeras», en *R. E. D. I.*, 1969, 1, pp. 9 ss.; H. Golsong, «Investment Disputes, Convention and International Centre for the Settlement of disputes», en *E. O. P. I. L.*, cit., vol. 5, 1983, p. 188.

[8] Véanse en general: B. Tew, *The International Monetary Fund: its Present Role and Future Prospects,* Princeton, 1961; H. Aufricht, *The International Monetary Fund. Legal Bases, Structure, Functions,* Nueva York, 1964; P. P. Schweitzen, *The International Monetary Fund and its Role,* Londres, 1969; B. Carreau, *Le Fonds Monétaire International,* París, 1970; J. Gold, *Voting and Decisions in the International Monetary Fund,* Washington, 1973; T. Treves, «Les décisions d'interprétation des status du Fonds Monetaire International», en *R. G. D. I. P.*, 1975, pp. 5 ss.; F. Caffe, «Su alcune transformazioni recenti del Fondo Monetario Internazionale», en *Communità Internazionale,* 1977, pp. 525 ss.; J. Gold, «International Monetary Fund», en *E. O. P. I. L.*, vol. 5, 1983, pp. 108 ss.; y M. López Escudero, «Crisis y reforma del Fondo Monetario Internacional», *R. E. D. I.*, vol. LIX, 2007-2, pp. 527 ss.

sistema de adopción de decisiones descansa en el carácter ponderado del voto, porque, si bien en principio cada Estado miembro dispone de 250 votos, se asigna a cada uno de ellos un voto adicional por cada cuota de contribución equivalente a 100.000 derechos especiales de giro (unidad contable del Fondo). La práctica normal es de todos modos evitar las votaciones y adoptar las decisiones sobre la base del «sentido de la reunión», siendo el Presidente del órgano el que hace dicha apreciación, tomando en cuenta desde luego el valor de los votos ponderados, circunstancia que ha motivado el descontento de los países en desarrollo; países que, quejosos del carácter aristocrático de la Organización, querrían redefinir en sentido más igualitario el valor de los votos.

c) Los *propósitos* del Fondo son promover la cooperación monetaria internacional, facilitar la expansión y el crecimiento equilibrado del comercio internacional, promover la estabilidad de los cambios, ayudar a establecer un sistema multilateral de pagos, infundir confianza a los Estados miembros poniendo a su disposición los recursos del fondo y reducir la duración y la intensidad de los desequilibrios de sus balanzas de pago. Para la consecución de esos propósitos, el Fondo ejerce funciones de diversa naturaleza, y de ellas vamos a estudiar someramente las de mayor importancia, que son las relativas a la reglamentación y control, financiación de actividades y liquidez internacional.

d) Las *funciones de reglamentación y control* se ejercen en cuanto a los tipos de cambio y respecto a los pagos y transferencias del comercio internacional. En lo que concierne a los tipos de cambio, efectivamente, y según las disposiciones originarias del tratado instituyente, cada Estado miembro fijaba de acuerdo con el Fondo la paridad de su moneda en oro, debiendo tomar las medidas adecuadas para que las transacciones en el interior de su territorio se muevan dentro de límites próximos a aquella paridad. En la práctica esto suponía que los Estados Unidos mantuviesen la paridad de su moneda comprando y vendiendo libremente oro a los otros miembros en precios cercanos a la paridad, mientras que la mayoría de éstos tenía que mantener la paridad de su moneda interviniendo en los mercados de cambio con dólares o divisas convertibles en dólares. Pero, con el transcurso del tiempo, los continuos déficit de la balanza de pagos de los Estados Unidos hicieron desconfiar de la posibilidad de convertir en oro el creciente volumen de reservas en dólares e incluso se temía por la permanencia de la paridad del dólar. El sistema sufrió un colapso el día 15 de agosto de 1971 cuando los Estados Unidos decidieron no mantener la paridad del dólar con el oro o con cualquier otro valor fijo. En los años siguientes, el aumento de los precios del petróleo y las tasas elevadas de inflación hicieron imposible la restauración del sistema originario, por lo que en 1978 se enmendó el tratado instituyente en el sentido de dejar en libertad a los Estados miembros para determinar —no necesariamente en oro— sus arreglos de cambio, aunque éstos no podían ser discriminatorios ni comportar la práctica de cambios múltiples salvo con la aprobación del Fondo. El cumplimiento de esta regulación es objeto de un doble control: mediante los informes generales que realiza el fondo y mediante recomendaciones particulares a los Estados miembros. Y, con vistas a facilitar la expansión y el crecimiento equilibrado del comercio internacional, el Fondo ha reglamentado asimismo la realización de pagos y transferencias por medio de un sistema multilateral que impide a los gobiernos prohibir, retrasar indebidamente o dificultar de otro modo tanto la disponibilidad o el empleo de su propia moneda o la de otros países como la libertad de un no residente para cambiar la moneda que recibe por la suya propia.

e) Sobre la base de los recursos provenientes de las participaciones y aportaciones de los Estados miembros, el Fondo realiza también *actividades financieras,* porque, si un Estado miembro tiene o teme dificultades en su balanza de pagos o en su nivel de reservas, puede comprar a la organización divisas o derechos especiales de giro con su propia moneda. La disponibilidad de la cantidad adquirida es temporal, y el arreglo debe asegurar que el interesado esté en situación de recomprar su moneda en el momento debido con activos de su reserva aceptables para el Fondo, aunque, si la posición del comprador ha mejorado, el Fondo puede vender la moneda a otro Estado miembro que necesite ayuda. La asistencia del Fondo se condiciona a que el beneficiario adopte un programa satisfactorio.

f) El Fondo se ocupa asimismo de procurar la *liquidez internacional,* y sus principales funciones en este terreno son la vigilancia de los activos que se refieran a las reservas, el estímulo para una reducción gradual del papel del oro y la promoción en su lugar de los derechos especiales de giro para hacer de ellos el instrumento más importante en el sistema monetario internacional. Y hay que decir que el derecho especial de giro, sistema establecido por la enmienda del tratado instituyente acordada en 1969, es un activo que el Fondo distribuye entre los Estados miembros y que éstos pueden utilizar en apoyo de su moneda. Jurídicamente, los derechos especiales de giro descansan sobre dos obligaciones básicas. La primera consiste en el deber del Fondo de designar un Estado miembro en situación suficientemente fuerte en cuanto a balanza de pagos y nivel de reservas para que reciba de otro Estado que lo necesite y solicite una transferencia de derechos especiales de giro que permita al transferente un libre uso de la moneda del transferido. La otra obligación es el deber del Estado designado de aceptar la transferencia. En todo caso se permite a los Estados miembros que se hagan transferencias entre ellos sin intervención del Fondo. Los derechos especiales de giro son hoy la unidad contable del Fondo y están adquiriendo de manera creciente tal condición en otras organizaciones internacionales, tratados y actividades públicas y privadas. El valor del derecho especial de giro se determina por el Fondo, comúnmente mediante referencia a una cesta de cantidades específicas de dólares americanos, libras esterlinas, yens japoneses y euros.

g) Pero como ha puesto de relieve el profesor LÓPEZ ESCUDERO, el Fondo Monetario Internacional padece en los primeros años del siglo XXI una crisis de legitimidad y efectividad, que erosiona su posición clave en el ya deteriorado sistema monetario y financiero internacional. Asistimos, sí, a un proceso de reforma, que de todos modos y como afirma el profesor citado, se está revelando lento e insuficiente. Y la grave crisis financiera mundial de fines del primer decenio del siglo XXI está poniendo de relieve hasta qué punto es acuciante la reforma del Fondo, tarea por la que se inclinan decididamente los líderes de la Unión Europea.

85.8. La Organización de las Naciones Unidas para el Desarrollo Industrial (ONUDI)

a) Por resolución de 17 de noviembre de 1966 de la Asamblea General de las Naciones Unidas se crea la ONUDI como órgano autónomo de la Asamblea con la vista puesta en la promoción del desarrollo industrial, particularmente en los países en desarrollo. En esta condición, el órgano celebró varias conferencias internacionales, y en la tenida en Lima en 1975 recomendó su transformación en organismo especializado de las Naciones Unidas, es decir, en una organización internacional con personalidad jurídica propia aunque vinculada a la Organización Mundial. El día 8 de abril de 1979 se acordó en Viena la constitución de la ONUDI como organismo especializado. El tratado constitutivo entró en vigor el día 1 de enero de 1986, fecha a partir de la cual funciona la ONUDI como organización independiente. Su sede radica en la capital austríaca. Los Estados miembros ascienden en 2019 a 173[9].

b) La *estructura orgánica* de la ONUDI se descompone en tres órganos principales. La Conferencia General es el órgano plenario en cuanto constituido por representantes de todos los Estados miembros; cada Estado dispone de un voto y las decisiones se adoptan por mayoría de los presentes y votantes. El órgano restringido es la Junta de desarrollo industrial, formada por 53 representantes de los miembros, que se eligen por la Conferencia en atención a criterios de distribución geográfica equitativa; cada Estado tiene un voto y las decisiones se adoptan por mayoría de los presentes y votantes. La Secretaría se integra por el Director General y el personal a su cargo. Un Comité de Programación y Presupuestos asesora a la Junta y colabora con ella.

c) El *propósito* básico de la ONUDI, según se desprende del artículo 1 de su Constitución, consiste en promover y acelerar el desarrollo industrial de los países en desarrollo con miras a contribuir al establecimiento de un Nuevo Orden Económico Internacional. Para la consecución de tal propósito, la principal actividad de la organización es la asistencia técnica para el desarrollo y transmisión de tecnología industrial; asistencia que se suministra a Estados en particular o a grupos de Estados mediante la puesta a disposición de expertos, formación, becas y equipos. Otra importante función es la de coordinación, especialmente para promover la instalación y redistribución de ciertas industrias en los países en desarrollo, para lo

---

[9] R. Charvin, «L'Organisation des Nations Unies pour le Développement Industrial», en *R.G.D.I.P.*, 1969, pp. 785 ss.; P. Bretton, «La transformation de l'ONUDI en institution spécialisée», en *A.F.D.I.*, 1979, pp. 567 ss.; y P. C. Szasz, «United Nations Industrial Development Organisation», en *E.O.P.I.L.*, vol. 5, 1983, pp. 329 ss.

cual se organiza un sistema de consultas a nivel sectorial, regional, interregional y global sobre la base de unas reglas de procedimiento adoptadas en 1981 cuando la ONUDI era un órgano de la Asamblea General. La organización se ocupa también de alentar la cooperación tecnológica entre los países en desarrollo y lleva a cabo programas de investigación y difusión de información.

d) Desde el momento mismo de su creación como órgano de la Asamblea General, la ONUDI ha estado en el centro de las controversias entre países desarrollados y países en desarrollo, cosa nada extraña dada la asunción por la Organización del ideario del Nuevo Orden Económico Internacional[10]. Pero el problema de mayor entidad que de cara al futuro tiene la ONUDI es el de la financiación de sus actividades. Nutrido su presupuesto de cuotas obligatorias y contribuciones voluntarias, surge la duda dolorosa de si aquél alcanzará las proporciones adecuadas para cubrir las necesidades reales de industrialización de los países en desarrollo.

85.9. La Unión Postal Universal (UPU)

a) Durante la primera mitad del siglo XIX, las relaciones postales interestatales se regían comúnmente por acuerdos o arreglos bilaterales, concluida la mayor parte de ellos entre las respectivas administraciones de correos. Pero la heterogeneidad de los términos de dichos acuerdos provocaba dificultades por falta de coordinación, y para remediar esta situación se celebra en París, en 1863, la I Conferencia Postal Internacional, que pudo adoptar una serie de principios generales, que aun no siendo obligatorios fueron incorporados posteriormente a algunos acuerdos bilaterales. En 1874 se firma en Berna un tratado que estableció la Unión General de Correos, que a partir del Congreso de París de 1878 se denomina Unión Postal Universal. La Unión se convirtió en organismo especializado de las Naciones Unidas, y su constitución ha sido objeto de sucesivas puestas al día. La participación es prácticamente universal: 192 miembros en 2019. La sede de la Unión está en Berna[11].

b) En la *estructura orgánica* de la UPU hay que distinguir los siguientes órganos: el Congreso, el Consejo Ejecutivo, el Consejo Consultivo de Estudios Postales, las Comisiones especiales, y una Oficina Internacional, a cuyo frente está un Director General. El órgano plenario y supremo es el Congreso, cuya función principal es revisar las actas de la Unión. El Consejo Ejecutivo se compone de representantes de 39 Estados miembros, elegidos por el Congreso con base en la representación geográfica equitativa; a él corresponde el aseguramiento de la continuidad de los trabajos de la

---

[10] Véase apartado 82.4.

[11] A. N. Mir Eskandari, *L'Institution internationale des P.T.T. (UPU),* París, 1951; G. A. Codding, *The Universal Postal Union,* Nueva York, 1964; M. A. K. Menon, «Universal Postal Union», en International Conciliation, 1965, pp. 3 ss.; L. Weber, «Universal Postal Union», en *E. O. P. I. L.,* vol. 5, 1983, pp. 383 ss.; J. Ascandoni Rivero, *La Unión Postal Universal. Tesis doctoral presentada en la Facultad de Derecho de la Universidad Complutense,* edición policopiada, Madrid, 1984.

Unión entre la celebración de las reuniones del Congreso. La Oficina Internacional tiene su sede en Berna y desempeña sus funciones bajo la supervisión conjunta del Consejo Ejecutivo y de la administración postal suiza.

c) El *propósito* esencial de la UPU es asegurar la organización y el perfeccionamiento de los servicios postales, favoreciendo en este terreno el desarrollo de la cooperación internacional. Principios que inspiran la consecución de tal propósito son los siguientes: formación de un territorio postal único entre los Estados miembros; libertad de tránsito; estandarización de las tasas; y no distribución entre el Estado de envío y el de recepción de los importes pagados. Es decir, la organización coordina la tarea de las administraciones de correos de los Estados miembros con arreglo a los principios indicados, pero no actúa ella misma como administración postal. Y, puesto que las administraciones nacionales no distinguen normalmente entre el servicio interno e internacional, la tarea de coordinación de la UPU abarca ambos tipos de servicios. En esta labor de coordinación, la administración y revisión de las actas por la organización constituyen tareas principales. Las funciones de las UPU son, por tanto, normativas, no operacionales. Son las actas los instrumentos normativos de la Unión, desde el propio instrumento instituyente a los acuerdos adoptados por el Congreso, en el entendido que estos últimos sólo son obligatorios para los Estados miembros que hayan manifestado el consentimiento en obligarse (art. 22 de la Constitución). Obviamente, la mayoría requerida para la modificación de las actas es distinta; si se trata de modificar el tratado instituyente, se exige una mayoría de dos tercios, y en otros casos basta la mayoría simple. Señalemos, por lo demás, que la puesta al día de las actas es aceptada por la práctica generalidad de los Estados y que, de un modo general, la UPU ha conseguido liberarse de una politización indebida, caracterizándose su obra por un alto nivel de continuidad y eficiencia.

85.10. LA UNIÓN INTERNACIONAL DE TELECOMUNICACIONES (UIT)

a) Inventado el telégrafo eléctrico en 1835 y puesto a disposición pública general algunos años después en Estados Unidos y Europa, se sintió pronto la necesidad de regular por acuerdos intergubernamentales diversos aspectos del uso de este nuevo medio de comunicación. Entre 1849 y 1859 se concertaron al efecto en el Viejo Continente algunos acuerdos bilaterales y convenciones multilaterales y se crearon uniones regionales. En 1865 se concluye, a iniciativa de Francia, un tratado general que fundó la Unión Telegráfica Internacional, a la que en 1868 se dotó de una Secretaría permanente, la cual, bajo el control del gobierno suizo, tenía su sede en Berna. Las invenciones del teléfono en 1876 y de la radio entre 1895 y 1896 determinaron una ampliación de las funciones de la Unión, que en años sucesivos adoptó y puso al día reglamentos respecto al uso de uno y otro invento. En la Conferencia de Madrid de 1932 la Unión cambió su nombre, adoptando el que hoy tiene, y en 1947 se elabora una nueva convención en la Conferencia de Atlantic City, instrumento que fue objeto de sucesivas reformas, en Málaga-Torremolinos en 1973 y en Nairobi en 1982. La última modificación importante en la estructura de la UIT fue la acordada en la Conferencia de Ginebra de 1992 y está en vigor desde el 1 de julio de 1994. La UIT se rige por una Constitución, que es el instrumento básico, y por una Convención, que desarrolla las disposiciones constitucionales. Ambos instrumentos administrativos regulan el uso del telégrafo, teléfono y radio, y son obligatorios para todos los Estados salvo para aquellos que hayan hecho una reserva. Bajo los auspicios de la Unión se ha celebrado también una serie de convenciones y acuerdos que se refieren a determinados servicios de comunicaciones, incluyendo la telecomunicación vía satélite. Hoy la Unión, decana de las organizaciones internacionales de la familia de las Naciones Unidas, y vinculada a ellos desde 1949, tiene la sede en Ginebra, y la participación en ella es universal: 193 Estados miembros en 2019[12].

b) La *estructura orgánica* de la Unión es relativamente complicada y se ha intentado mejorar en la reforma de 1992. Consta de una Conferencia de Plenipotenciarios, órgano plenario y supremo; de una Conferencia Mundial de Telecomunicaciones, encargada de cualquier cuestión internacional relativa a las telecomunicaciones; de tres sectores que se ocupan de las materias más importantes de la Unión [el de radiocomunicaciones, el de normalización de las telecomunicaciones y el del desarrollo de las telecomunicaciones, y en el entendido de que cada sector consta a su vez de diversos órganos, que, básicamente expuestos, son: 1) las Conferencias mundiales y regionales encargadas de revisar los reglamentos administrativos o tratar asuntos de su competencia; 2) la oficina del sector, presidida por un director; y 3) las comisiones de estudio, que se ocupan generalmente de aspectos técnicos propios del sector, presidida por un director; aspectos técnicos propios del sector]; del Consejo, órgano restringido que ejerce funciones de gobierno y las que en él delegue la Conferencia de plenipotenciarios; la Secretaría General, órgano administrativo, a cuyo frente está un secretario general; la Junta del Reglamento de Radiocomunicaciones (antes Junta internacional de registro de frecuencias); y, por fin, el Comité de coordinación, que asiste y asesora al Secretario General.

c) Partiendo del supuesto del derecho soberano de cada Estado a regular su propio sistema de telecomunicaciones, los *propósitos* básicos de la UIT son los de mantener y extender la cooperación internacional para la mejora y el uso racional de todo tipo de telecomunicaciones, promover el desarrollo de las facilidades técnicas y su más eficiente puesta en práctica mediante la mejora de los servicios, aumentando su utilidad y procurando, en la medida de lo posible, que estén a disposición del público, y armonizar la actuación de los Estados en la consecución de estos fines (art. 4 de la Constitución). A tal efecto la propia Constitución enuncia una serie de principios. Por lo demás, las funciones de la Unión son básicamente normativas

---

[12] Véanse en general: G. A. CODDING, *The International Telecomunication Union: An Experiment in International Cooperation,* Leyden, 1955; F. FERNÁNDEZ SHAW, *Organización Internacional de las Telecomunicaciones y de la radiodifusión,* Madrid, 1978; D. M. LEIVE, *International Telecomunication and International Law: The Regulation of the Radio Spectrum,* Leyden, 1970; y A. NOLL, «International Telecommunication Union», en *E.O.P.I.L.*, vol. 5, 1983, pp. 177 ss.

y se traducen en la adopción de los reglamentos de que hemos hablado, aunque hay que dejar constancia asimismo de las importantes actividades operacionales de naturaleza técnica que viene realizando en las últimas décadas. Estamos realmente ante un organismo especializado cuyo funcionamiento está cada vez más condicionado por consideraciones económicas y progresos tecnológicos, y del que hoy menos que nunca podría prescindir la humanidad.

85.11. La Organización Meteorológica Mundial (OMM)

a) En la segunda mitad del siglo XIX se celebraron conferencias no intergubernamentales para tratar de diversos aspectos de la cooperación en el campo meteorológico, pero, con una excepción transitoria, dicha cooperación no tuvo lugar a nivel intergubernamental. Fue en 1947 cuando se concluye en Washington la Convención Meteorológica Mundial, creadora de la OMM, y se da a aquella cooperación de manera definitiva carácter intergubernamental. La Convención entró en vigor en 1950, y en el año siguiente la Organización es vinculada a las Naciones Unidas como organismo especializado. La sede de la Secretaría se estableció en Ginebra. El número de miembros asciende a 191 en 2019, si bien no todos tienen la condición de Estados; algunos, en efecto, no pasan de ser territorios que no asumen la responsabilidad de las relaciones internacionales[13].

b) La Organización consta de los siguientes *órganos:* el Congreso Meteorológico Mundial, de carácter supremo, integrado por representantes de todos los miembros; un Comité Ejecutivo, de carácter restringido, compuesto por personas que actúan en razón de su cargo; las Asociaciones Regionales; las Comisiones Técnicas, y la Secretaría.

c) Las *finalidades* de la Organización consisten en facilitar la cooperación mundial para crear redes de observación metereológica u otras relacionadas con la meteorología y favorecer la instalación y mantenimiento de centros metereológicos; fomentar la creación y mantenimiento de sistemas para el intercambio rápido de información; fomentar la normalización de las observaciones y asegurar su publicación uniforme; intensificar la aplicación de la metereología en determinados campos; y fomentar y coordinar la investigación de la enseñanza de la metereología (art. 2 de la Convención). Para el cumplimiento de estos fines el Congreso puede determinar medidas de orden general que los miembros deben hacer lo posible por poner en ejecución, y en el entendido de que, si algún miembro no puede ejecutar alguna de las disposiciones de una resolución técnica, deberá indicar al Secretario General si la imposibilidad es temporal o definitiva, así como las razones que la motivan. La Organización puede también hacer recomendaciones a los miembros y proveer de información técnica, asesoría y ayuda en el campo de la meteorología. De hecho, las princi-

---

[13] Véase M. Peeters, «World Meteorological Organization», en *E. O. P. I. L.*, vol. 5, 1983, Oxford, pp. 415 ss.

pales actividades de la OMM se están desarrollando al amparo del Programa Mundial de Observación del Clima, el Programa Mundial del Clima, los Programas de Investigación y Desarrollo, el Programa de Hidrología y Desarrollo de los Recursos Acuáticos y el Programa Técnico de Cooperación, encaminado a la asistencia a los países en desarrollo. En el campo del medio ambiente, la Organización trabaja en estrecha cooperación con el PNUMA (Programa de las Naciones Unidas para el Medio Ambiente).

85.12. La Organización de la Aviación Civil Internacional (OACI)

a) Al hablar de las competencias estatales sobre el espacio aéreo nos referimos brevemente a la Organización de la Aviación Civil Internacional, instituida por la Convención de Chicago de 7 de diciembre de 1944. La Convención entró en vigor el 4 de abril de 1947, y el 5 de mayo siguiente fue vinculada a las Naciones Unidas como organismo especializado. La Convención ha sido objeto de algunas enmiendas. Es de destacar, en cuanto a la admisión de miembros, que se distingue entre aquellos que pueden formar parte de la Organización por ratificación o adhesión de la Convención y aquellos otros que fueron antiguos enemigos, cuya admisión necesita el consentimiento del Estado invadido o atacado. Hoy, sin embargo, la composición está muy cercana a la universalidad, ya que forman parte de la OACI en 2018, 195 Estados. La sede de la Organización está en Montreal[14].

b) La Organización cuenta desde el punto de vista de su *estructura* con una Asamblea, un Consejo y otros órganos subsidiarios. La Asamblea es el órgano plenario. El Consejo es órgano de participación restringida, en cuanto compuesto por representantes de 33 Estados que elige la Asamblea, siendo de destacar que en dicha elección se ha de dar representación adecuada: 1) a los Estados de mayor importancia en el transporte aéreo; 2) a los Estados, no incluidos de otro modo, que más contribuyan a proveer de instalaciones y servicios para la navegación aérea civil internacional; y 3) a los Estados no incluidos de otra manera cuya designación asegure la representación geográfica equitativa. Estamos, pues, ante unos criterios de composición que reflejan la idea de intereses especiales. El Consejo es, por lo demás, un órgano permanente responsable ante la Asamblea, que ejerce funciones importantes, de las que hablaremos enseguida.

c) La *finalidad* básica de la Organización es el desarrollo de los principios y la técnica de la navegación aérea internacional y el fomento del establecimiento y desenvolvimiento del transporte aéreo internacional (art. 44 de la Convención). Para la realización de tal finalidad, los órganos de aquélla llevan a cabo una serie

[14] Véase el apartado 39. Sobre la OACI: J. Schenkman, *International Civil Aviation Organization*, Ginebra, 1955; T. Buergenthal, *Law-Making in the International Civil Aviation Organization*, Nueva York, 1969; A. Manin, *L'Organisation de l'Aviation Civile Internationale. Autorité mondiale de l'air*, París, 1970; R. H. Mankiewicz, «Organisation de l'Aviation Civile Internationale», en *A.F.D.I.*, 1972, pp. 804 ss.; y K. Hailbronner, «International Civil Aviation Organization», en *E.O.P.I.L.*, vol. 5, 1983, pp. 68 ss.

de funciones de diverso orden, entre las que destacan las normativas, de solución de controversias y de control. Funciones *normativas,* en primer lugar, porque el Consejo puede adoptar normas y estándares recomendados internacionales en tanto que anexos a la Convención, de carácter obligatorio en principio para los Estados miembros, aunque sujetos a una particular modalidad de veto por parte de éstos; efectivamente, tales anexos sólo son efectivos tras la expiración de cierto período de tiempo siempre que la mayoría de los miembros no haya manifestado su oposición durante dicho período; e, incluso si no ha tenido lugar la oposición de aquella mayoría, todo Estado miembro que considere impracticable el cumplimiento de los anexos o que considere necesaria la adopción de reglamentos o prácticas internas distintas no está obligado por aquéllos si notifica al Consejo inmediatamente las diferencias entre su propia práctica y los estándares internacionales. Corresponde, pues, a cada Estado miembro la decisión de acatar o no esos estándares. La única excepción es el Reglamento del Aire, que figura en el Anexo 12 a la Convención, cuyo cumplimiento es obligatorio. El Consejo ejerce también funciones de *solución de controversias,* porque, según el artículo 84 de la Convención, todo desacuerdo entre los Estados miembros sobre la interpretación o aplicación de aquella y sus Anexos, que no pueda ser solucionado mediante negociaciones, será decidido por el órgano; en la mayoría de los casos, sin embargo, el Consejo ha actuado como mediador. Y el Consejo ejerce además funciones de *control,* en cuanto que puede poner en conocimiento de los Estados miembros o de la Asamblea infracciones a la Convención y la inobservancia de sus recomendaciones y decisiones (art. 54).

d) La labor de la OACI se ha visto interferida en ocasiones por consideraciones políticas, particularmente en relación con sanciones impuestas a Estados miembros y el establecimiento de zonas prohibidas a la navegación aérea de carácter comercial (por ejemplo, la prohibición de sobrevuelo en el Pakistán Occidental a las aeronaves indias y la zona trazada por España en torno a Gibraltar). Han surgido también dificultades por la enorme distancia tecnológica entre los Estados. De hecho algunos Estados miembros no han podido o no han querido cumplir los reglamentos adoptados por la Organización. En fin, en la sanción y represión del terrorismo aéreo, queda mucho por hacer. Hay que decir, pese a todo ello, que la OACI ha sido capaz de lograr progresos considerables en el campo de la navegación aérea comercial, proveyéndola de códigos uniformes adaptados a los rápidos cambios técnicos, que aportan eficiencia y seguridad a aquella navegación. La valoración de la obra de la Organización debe ser favorable en términos generales.

85.13. La Organización Marítima Internacional (OMI)

a) En los meses de febrero y marzo de 1948 se reúne en Ginebra una Conferencia intergubernamental —la Conferencia Marítima de las Naciones Unidas— y en ella se adopta la Convención instituyente de la Organización Marítima Consultiva Internacional, instrumento que no entró en vigor hasta el 17 de marzo de 1958. En el año siguiente la Organización es vinculada a las Naciones Unidas en tanto que organismo especializado. Por resolución de la Asamblea de la Organización

Marítima de 14 de noviembre de 1975, en vigor desde el 22 de mayo de 1982, desapareció el adjetivo «Consultiva» del nombre de la Organización, que pasó a llamarse «Organización Marítima Internacional». En 2019, forman parte de la OMI 174 Estados en calidad de miembros, más 3 miembros asociados. Su sede está en Londres[15].

b) Desde el punto de vista de la estructura orgánica hay que decir que la OMI cuenta con una Asamblea, un Consejo, un Comité de Seguridad Marítima, un Comité de Protección del Medio Marino y otros órganos, incluyendo la Secretaría. La Asamblea es órgano plenario y desempeña en principio las funciones propias de la Organización. El Consejo es órgano restringido en cuanto compuesto por 32 miembros que elige la Asamblea con arreglo a los siguientes criterios: *a*) ocho Estados con los mayores intereses en la provisión de los servicios marítimos internacionales; *b*) ocho Estados con los mayores intereses en el comercio marítimo internacional; *c*) dieciséis Estados no elegidos por los conceptos anteriores que tengan intereses particulares en el transporte marítimo internacional; *c*) dieciséis Estados no elegidos por los conceptos anteriores que tengan intereses particulares en el transporte marítimo o en la navegación y cuya elección garantice la representación de todas las grandes regiones geográficas del mundo. La composición del Consejo se inspira ampliamente, como puede verse, en la idea de intereses especiales. Por su parte el Comité de Seguridad Marítima, que comenzó siendo un órgano restringido, es desde 1978 un órgano plenario.

c) El artículo 1 de la Convención enuncia pormenorizadamente las *finalidades* de la OMI, que consisten fundamentalmente en la cooperación internacional en muy variados aspectos de la navegación marítima comercial, particularmente en los campos de la seguridad, prevención y contención de la contaminación del mar causada por buques, medidas discriminatorias y restricciones innecesarias, prácticas restrictivas desleales, y en general en el examen de toda cuestión relativa al tráfico marítimo y a los efectos de éste en el medio marino. Para alcanzar tales objetivos la Organización formula recomendaciones, prepara proyectos de convenciones, convoca conferencias internacionales, establece sistemas de consultas y de intercambio de información y facilita la cooperación técnica (art. 2).

d) La actividad de la OMI ha sido intensa desde el mismo momento de su creación, particularmente en los campos de la seguridad de la navegación, contaminación y ordenación del tráfico marítimo. En el plano de la seguridad de la navegación, efectivamente, la Organización ha impulsado la adopción de impor-

---

[15] Véanse en general: C. PARRY, «International Organisations: IMCO», en *B.Y.B.I.L.*, 1948, pp. 437 ss.; V. BABINI, «L'Organizzazione interguvernativa consultativa maritima», en *La Communità Internazionale*, vol. 14, octubre 1959, n.º 4, pp. 606 ss.; J. DUTHEIL DE LA ROCHÈRE, «Une institution spécialisée renaissante: la nouvelle Organisation Maritime Internationale», en *A.F.D.I.*, 1976, pp. 434 ss.; K. R. SIMMANDS, «International Maritime Organisation», en *E.O.P.I.L.*, vol. 5, 1983, pp. 104 ss.; y S. MANKABAY, *The International Maritime Organisation*, vol. I, *International Shipping Rules*, Londres, Sidney, Wolbeforo, 1986.

tantes instrumentos, como la Convención de 1974 sobre la seguridad de la vida humana en el mar, en vigor desde el 25 de marzo de 1980, enmendada en algunos puntos por protocolos posteriores; la Convención de 1966 sobre líneas de carga, en vigor desde 1968; la Convención de 1972 sobre reglamentación internacional para la prevención de las colisiones en el mar, en vigor desde 1977; la Convención de 1976 sobre la Organización Internacional de Satélites Marítimos, en vigor desde 1977, y que ha dado lugar a la creación de la Inmarsat; y otras convenciones. La OMI ha adoptado también un cierto número de códigos, recomendaciones y otros instrumentos, que han servido frecuentemente a los Estados como base de sus reglamentaciones internas. En el ámbito de la contaminación, la Organización ha impulsado asimismo la adopción de importantes convenciones, como la de 1954 sobre prevención de la contaminación del mar por hidrocarburos, que en 1962, 1969 y 1971 fue objeto de importantes enmiendas; la Convención de 1973 sobre prevención de la contaminación por buques; y otras interesantes convenciones. En fin, en lo que a la ordenación del tráfico marítimo respecta, hay que decir que la Asamblea de la OMI, de acuerdo con lo dispuesto en la regla 8.*b*) del Anexo a la Convención sobre la seguridad de la vida humana en el mar, se ha declarado el único organismo internacional competente para elaborar y recomendar medidas relativas a la organización del tráfico marítimo, entre las que destacan los dispositivos de separación del tráfico, vías de circulación, ejes de circulación, canales y confluencias de giro. Por supuesto que estas medidas no pasan de ser recomendaciones y no tienen carácter obligatorio, no obstante lo cual hay que decir que, según lo dispuesto en el artículo 41 de la Convención de 1982 sobre el Derecho del Mar, en los estrechos utilizados para la navegación internacional los Estados no pueden adoptar dispositivos de separación de tráfico sin someterlos antes a la OMI.

85.14. La Organización Mundial del Turismo (OMT)

a) Desde el año 1925 la cooperación internacional en materia turística se venía realizando por medio de una organización no gubernamental, que era la denominada Unión Internacional de Organismos Oficiales de Turismo, regida por el Derecho interno suizo. En la década de los años sesenta, la intensificación del turismo internacional determina el interés de las Naciones Unidas por la materia, y así, en 1969, la Asamblea General adopta una resolución por la que se recomienda a los Estados la transformación de aquella Unión en una organización intergubernamental. En la Asamblea General de la Unión de 1970 se adoptan los Estatutos de la Organización Mundial del Turismo, que aparece ya configurada como una organización internacional propiamente dicha, esto es, de carácter intergubernamental. El instrumento entró en vigor en 1974, y en 1975 la sede de la OMT se fijó en Madrid. En el año 2003, la OMT concluyó un acuerdo con Naciones Unidas que le convierte en un organismo especializado del sistema. La Organización ha celebrado también un acuerdo de sede con España el 10 de noviembre de 1975. Los miembros son de tres clases: efectivos (Estados), asociados (territorios no responsables de sus relaciones internacionales) y afiliados (entidades internacionales, intergubernamentales y no gubernamentales y entidades y asociaciones comerciales). El número de Estados miembros asciende en 2019 a 158[16].

b) Desde el punto de vista de su *estructura orgánica,* la OMT cuenta con una Asamblea General, un Consejo Ejecutivo y una Secretaría. La Asamblea General tiene carácter plenario y es configurada en los Estatutos como el órgano supremo. El Consejo Ejecutivo es órgano de participación restringida en cuanto que está integrado por uno de cada cinco Estados miembros que elige la Asamblea en atención al criterio de la representación geográfica equitativa. La Secretaría está compuesta por el Secretario General y el personal a sus órdenes. Existe también un Comité de miembros afiliados.

c) La *finalidad* principal de la Organización es la de promover y desarrollar el turismo con miras a contribuir al desarrollo económico, la comprensión internacional, la paz, la prosperidad y el respeto universal de los derechos humanos y libertades fundamentales. Para la realización de este propósito, la OMT fomenta la celebración de consultas entre los Estados miembros, recoge y distribuye información, patrocina reuniones técnicas y participa en proyectos de cooperación técnica al amparo de acuerdos concluidos entre ella y otras organizaciones internacionales. A través del Centro para Estudios Avanzados sobre Turismo, radicado en Méjico, la OMT desarrolla programas de formación profesional.

[16] Véanse: J. CASTAÑEDA, «Une nouvelle méthode pour la création d'organismes internationaux: le cas récente de la U.I.O.T.», en *A.F.D.I.,* 1970, pp. 625 ss.; M. MEDINA ORTEGA, «La Organización Mundial del Turismo», en *Temis (Symbolae García Arias),* 1973-1974, pp. 487 ss.; y L. KLEIN, «L'Organisation Mondiale du Tourisme», en *A.F.D.I.,* 1974, pp. 659 ss. «El acuerdo de sede con España», en *B.O.E.* de 6 de julio de 1977.

SUBSECCIÓN TERCERA:
OTRAS ORGANIZACIONES UNIVERSALES DE COOPERACIÓN SECTORIAL

86. ORGANIZACIONES INTERNACIONALES DE COOPERACIÓN SECTORIAL

Nos ocupamos en la presente subsección de algunas organizaciones internacionales de cooperación sectorial que, teniendo vocación de universalidad, no han sido vinculadas formalmente a las Naciones Unidas en tanto que organismos especializados de su sistema, a saber: la Organización Mundial del Comercio (OMC) y la Agencia Internacional de Energía Atómica (AIEA). De todos modos, en el nacimiento de las tres organizaciones mencionadas ha sido importante el impulso de las Naciones Unidas, y además la AIEA tiene vínculos singulares con la Organización Mundial.

86.1. El Acuerdo General sobre Aranceles Aduaneros y Comercio (GATT) y la Organización Mundial del Comercio (OMC)

a) En 1946 el Consejo Económico y Social de las Naciones Unidas convocó una Conferencia internacional sobre comercio y empleo con la finalidad de promover la expansión de la producción y el intercambio y consumo de mercancías. La Conferencia fue precedida por los trabajos de un Comité preparatorio y por ciertas negociaciones aduaneras, cuyos resultados fueron incorporados al Acuerdo General sobre Aranceles Aduaneros y Comercio, que se estipula por Protocolo de 30 de octubre de 1947. Cuando la Conferencia se reúne en la capital de Cuba en 1948, se elabora un proyecto de convención, la llamada Carta de La Habana, en la que se preveía la creación de una Organización Internacional del Comercio, destinada a convertirse en organismo especializado de las Naciones Unidas. Pero, a falta de las ratificaciones necesarias, la Carta no entró en vigor y la Organización no llegó a constituirse. El GATT se apoyó, por tanto en el mencionado Protocolo de 30 de octubre de 1947, en vigor desde el 1 de enero de 1948, instrumento que no contenía previsiones institucionales, ya que en el momento de su firma se preveía que dichas disposiciones iban a figurar en la Carta de La Habana. Pues bien, cuando se hizo patente que esta última no iba a entrar en vigor, las Conferencias del GATT establecen gradualmente una infraestructura orgánica. Así, en 1955 se crea la figura del Secretario Ejecutivo (denominado más tarde Director General). Y, si en los primeros años de vigencia del GATT funcionaba un Comité intersesional, en 1960 fue sustituido por un Consejo de representantes con carácter permanente, que tiene facultades para decidir en cuestiones urgentes que surjan entre los períodos de sesiones de las Conferencias Generales de los Estados partes.

Dentro del GATT establecieron otros órganos. Hoy, por consiguiente, no cabe duda de que los Estados partes en el GATT crearon de modo empírico una organización internacional. Por lo demás, el Acuerdo General ha sido enmendado en diversas ocasiones y acompañado de acuerdos complementarios. En la actualidad son partes en el Acuerdo 91 Estados, y la sede de la Dirección General radica en Ginebra[1].

b) De conformidad con su preámbulo, el objeto del Acuerdo General es la reducción de las tarifas aduaneras y otras barreras comerciales, así como la eliminación de los tratamientos discriminatorios en el comercio internacional. Para la consecución de tal finalidad el Acuerdo establece una serie de reglas, que se pueden agrupar en los tres grupos siguientes: trato de la nación más favorecida, reducción de aranceles, y eliminación de barreras no arancelarias.

c) Efectivamente, los Estados partes en el Acuerdo deben otorgar a cualquier otro Estado parte el tratamiento de la nación más favorecida, lo que quiere decir que cualquier concesión tarifaria u otra acordada por uno de esos Estados a un producto originario de otro Estado o destinado a él (no necesariamente parte en el Acuerdo) debe ser extendida de manera inmediata e incondicional al mismo producto importado o exportado de los demás Estados partes. Existen, sin embargo, excepciones importantes al régimen de la nación más favorecida, a saber: ventajas al tráfico fronterizo; tratamiento preferencial en zonas preexistentes (Commonwealth, Unión Francesa, Benelux); ventajas propias de las uniones aduaneras o zonas de libre comercio, en las condiciones del artículo XXIV del Acuerdo; y tarifas preferenciales concedidas por los Estados industrializados a las importaciones de los Estados en desarrollo, incluyendo las ventajas especiales a los menos desarrollados, bajo el llamado Sistema de Preferencias Generalizadas, y las tarifas y otras concesiones comerciales vigentes exclusivamente entre los Estados en desarrollo sobre una base global o regional.

d) En lo que respecta a la reducción de aranceles, hay que señalar que ya en las negociaciones de Ginebra de 1947 se hicieron las primeras concesiones tarifarias,

---

[1] Véanse: R. Ramoin, «L'Accord Général sur les tarifs douaniers et le commerce», en *J.D.I.*, 1960, pp. 730 ss.; G. Curzon, *Multilateral Commercial Diplomacy. The General Agreement on Tariffs and Trade and its Impact on National Commercial Policies and Techniques,* Londres, 1965; K. Dam, *The G.A.T.T. Law and International Economic Organisation,* Chicago, 1970; H. Gros Espiell, «La cláusula de la nación más favorecida: su sentido actual en el Acuerdo General de Aranceles y Comercio», en *R.E.D.I.*, 1968, pp. 37 ss.; y G. Jaenicke, «General Agreement on Tariffs and Trade (1947)», en *E.O.P.I.L.*, vol. 5, 1983, Ámsterdam, Nueva York, Oxford, pp. 20 ss.

Sobre la Organización Mundial del Comercio, véanse T. Flory, «Cronique de Droit International Economique-comerce», en *A.F.D.I.*, 1993, pp. 752 ss.; E. Canal-Forgues, «Le système de règlement des différends de l'OMC», en *R.G.D.I.P.*, 1994-3, pp. 689 ss.; M. López Escudero, *El comercio internacional de servicios después de la Ronda Uruguay*, Madrid, 1996; y P. Lamy, «El lugar y la función (del Derecho) de la Organización Mundial del Comercio en el Orden Jurídico Internacional», en *R.E.D.I.*, 2007, 1, pp. 11 ss. En cuanto a las relaciones de la actividad de la OMC y la preservación del medio ambiente, véase L. San Martín, *La Organización Mundial de Comercio y la protección del medio ambiente,* Pamplona, 2000.

incorporadas como anexo al Acuerdo General. Desde entonces se han celebrado diversas rondas negociadoras, en las primeras de las cuales las reducciones se hicieron producto por producto y más tarde de manera lineal. Digamos que, si bien el artículo XXVIII bis del Acuerdo menciona que son deseables negociaciones multilaterales periódicas, no establece en rigor una obligación precisa al respecto ni tampoco plazos fijos para iniciar las negociaciones. Se entiende en la actualidad que los esfuerzos para reducir los aranceles han llegado a su límite y que las rondas negociadoras deben concentrarse en la eliminación de las barreras no arancelarias y en el tratamiento de las importaciones agrícolas.

e) Tratándose de barreras no arancelarias, el GATT contiene una serie de previsiones que explicamos a continuación. Una de ellas se refiere al tratamiento nacional, lo que quiere decir que una vez que los productos importados de un Estado parte han pasado las aduanas de otro Estado parte, este último los debe tratar sobre la base de una completa igualdad con los productos nacionales, en el sentido de no someterlos directa o indirectamente a impuestos u otras cargas distintas a las aplicables a los productos internos. De otro lado, las restricciones cuantitativas (contingentes) a la importación o exportación están prohibidas de un modo general. El GATT reconoce también el efecto perjudicial de la práctica del *dumping* y las ayudas, aunque no llega a fijar prohibiciones generales, sino que se limita al intento de evitar la escalada de medidas y contramedidas de tal índole.

f) El Acuerdo General contiene disposiciones sobre solución de controversias, y, así, si uno de los Estados partes alega haber sido perjudicado en sus derechos por otro Estado parte, las partes en la controversia tienen la obligación de consultarse y negociar para llegar a un arreglo amistoso. Si este arreglo no se consigue, la parte agraviada puede recurrir a la Conferencia de los Estados partes para que le autorice a suspender la ejecución de la parte equivalente de sus obligaciones hacia el Estado culpable, procedimiento del que sólo se ha hecho uso en una ocasión. Pero, con independencia de estas disposiciones convencionales, se ha elaborado gradualmente en la práctica del GATT un conjunto de mecanismos de conciliación y mediación, como la creación de «partes de trabajo» o paneles, establecidos por la Conferencia o el Consejo.

g) Es importante señalar que en virtud del Acuerdo firmado en Marraquech (Marruecos) el día 15 de abril de 1994 se ha creado la Organización Mundial del Comercio (en adelante OMC), que propiamente hablando no comporta la desaparición de los compromisos convencionales asumidos en el marco del GATT. Estos compromisos forman parte ahora de los «acuerdos comerciales multilaterales» por cuya aplicación debe velar la OMC. Y al lado del GATT renovado (o de 1994), cuyo ámbito de aplicación sigue siendo el comercio de mercancías, la OMC actúa sobre el comercio de servicios, rigiendo dentro de ella el Acuerdo sobre comercio de servicios, el Acuerdo sobre los aspectos de los derechos de propiedad intelectual relacionados con el comercio y el Acuerdo relativo a las inversiones vinculadas al comercio. En cualquier caso, el Acuerdo de Marrakech configura, desde el principio y sin duda alguna, a la OMC como una auténtica organización internacional, con sede en Ginebra y con estructura orgánica sumamente compleja. Entre los órganos de que dispone merece mención especial el encargado de la solución de controversias, que, junto a cometidos de conciliación institucionalizada, lleva a cabo también funciones auténticamente jurisdiccionales.

h) Con sede en Ginebra, en 2019 la OMC cuenta con 164 Estados miembros, debiendo destacarse que en diciembre del año anterior tuvieron lugar dos incorporaciones relevantes, las de Rusia y China. Las Naciones Unidas, el Banco Mundial y la Unión Europea poseen también la calidad de miembros. Hasta 27 Estados son observadores. Y para finalizar esta breve descripción de la OMC, no se pueden omitir las críticas formuladas hacia la falta de transparencia de algunas decisiones que se toman en órganos informales de carácter restringido. También se han reprochado a la Organización las dificultades de acceso a la totalidad de documentos que en ella se generan. Hay que señalar en todo caso que el 7 de diciembre de 2013 se consiguió en Bali (Indonesia) la adopción por la organización de un importante acuerdo global tendente al mayor impulso de los intercambios comerciales. Punto a destacar de ese acuerdo, favorable a los intereses de los países en desarrollo, es la simplificación de los trámites aduaneros.

86.2. La Agencia Internacional de Energía Atómica (AIEA)

a) En la primera sesión de la Comisión de Energía Atómica de las Naciones Unidas, celebrada en 1946, los Estados Unidos propusieron el llamado «Plan Baruch», proyecto ambicioso que consistía en la creación de un monopolio mundial de todos los usos pacíficos de la energía nuclear con la finalidad de asegurar su no utilización en el campo militar. Semejante proyecto resultaba inviable en unos momentos en que la guerra fría se estaba agudizando, y hubo de ser abandonado. Sin embargo, en el período de sesiones de la Asamblea General de 1953, el Presidente Eisenhower hace una propuesta más modesta que, tras una serie de negociaciones, desemboca en la celebración en 1956 de la Conferencia sobre el Estatuto de la AIEA. El Estatuto se abre a la firma el día 26 de octubre de 1956 y entra en vigor el 29 de julio de 1957, fecha desde la que existe la Agencia Internacional de Energía Atómica. Aunque la Agencia tiene un acuerdo de relación con las Naciones Unidas, no es, sin embargo, un organismo especializado. La sede de la AIEA radica en Viena, y en 2019 el número de Estados miembros asciende a 167[2].

b) La AIEA cuenta, desde el punto de vista de su estructura orgánica, con una Conferencia General, órgano plenario pero con poderes de poca importancia; una Junta de Gobernadores, órgano restringido en cuanto que está compuesto por 34 representantes de los Estados miembros, de los cuales 12 son elegidos mediante

[2] Véanse: G. Fischer, «L'A.I.E.A.», en *A.F.D.I.*, 1956; «The International Atomic Energy Agency. An Interpretation and Assessment», en *A.J.I.L.*, 1977, pp. 199 ss.; H. Blix, «Aspects juridiques des garanties de l'Agence Internationale pour l'Énergie Atomique», en *A.F.D.I.*, 1983, pp. 35 ss.; y P. C. Szasz, «International Atomic Energy Agency», en *E.O.P.I.L.*, 1983, vol. 5, pp. 52 ss.

cooptación por la propia Junta en atención a dos categorías de intereses especiales, y 22 son elegidos por la Conferencia General de acuerdo con una fórmula que distribuye los puestos en siete zonas geográficas y dos combinaciones de zonas, debiéndose señalar que es la Junta la que desempeña las funciones importantes de la Agencia; la AIEA cuenta también con un Director General y otros órganos, entre los que destaca el Comité Científico Asesor.

c) Según el artículo 2 de su Estatuto, la Agencia procurará acelerar y aumentar la contribución de la energía atómica a la paz, salud y prosperidad del mundo entero y asegurará, en la medida de lo posible, que la asistencia que preste o la efectuada bajo su dirección y control no sea utilizada de modo que contribuya a fines militares. Para la realización de este objetivo, la Organización desempeña varias funciones según su Estatuto, entre las que destacan las siguientes: recepción, almacenamiento y distribución de materiales nucleares procedentes de los Estados miembros; asistencia en proyectos sobre uso pacífico de energía nuclear que desarrollen los Estados miembros; adopción de salvaguardias para impedir que el material suministrado por la Agencia sea desviado hacia actividades militares; adopción de estándares de seguridad para protección de la salud, vida humana y propiedades; y programas de asistencia técnica e investigación.

d) Ahora bien, con el transcurso del tiempo la Agencia ha atemperado la realización de sus funciones a las vicisitudes del empleo de la energía nuclear con fines pacíficos, y así, en lo que respecta a la recepción, almacenamiento y distribución de materia nuclear, ha sido prácticamente inoperante, y en cuanto a la asistencia a proyectos de los Estados miembros, después de un modesto arranque, apenas si ha hecho nada. En lo tocante a la seguridad hay que decir, en cambio, que los estándares adoptados han sido objeto de una amplia aceptación. En materia de salvaguardias, la actividad de la Agencia ha puesto el énfasis en el mecanismo de control establecido por el artículo III del Tratado de No Proliferación de Armas Nucleares de 1968, del que ya hemos hablado en otro lugar. En fin, la asistencia técnica, especialmente a los países en desarrollo, constituye un capítulo importante de las actividades de la Organización. En 2005, la Organización y su director general recibieron el Premio Nobel de la Paz.

SECCIÓN SEGUNDA

LAS ORGANIZACIONES NO UNIVERSALES O DE PARTICIPACIÓN LIMITADA

87. GENERALIDADES

a) Al esbozar en el capítulo VII una teoría general de las organizaciones internacionales habíamos propuesto tres grandes criterios de clasificación, y uno de ellos era justamente el de la participación de los Estados; criterio que nos permitía distinguir entre organizaciones universales, de una parte, y restringidas, de otra parte. Estas últimas, llamadas también cerradas, encauzan la cooperación entre un número limitado de Estados.

En la base de la creación de una organización internacional hay siempre, en efecto, una solidaridad de intereses, y es el ámbito restringido de dicha solidaridad el que determina el carácter de participación limitada de la organización internacional en cuestión. Y, en la mayor parte de los casos, los factores que motivan la acotación de la solidaridad de intereses tienen naturaleza geográfica (organizaciones regionales o subregionales), aunque hay que añadir que factores de orden político pueden hacer acto de presencia a efectos de aquella acotación. Es posible, así, circunscribir de manera voluntaria y en virtud de afinidades políticas el círculo de Estados entre los que va a tener lugar la cooperación institucionalizada. El hecho, por ejemplo, de que durante el largo período de la guerra fría existieran en Europa dos grandes organizaciones internacionales económicas —Comunidades europeas, en la parte occidental, y Consejo para la Ayuda Económica Mutua (COMECON) en la oriental— obedecía a la existencia de dos bloques ideológico-políticos en la región.

En casos más bien excepcionales, sin embargo, la acotación de los intereses que están en la base de las organizaciones internacionales de participación limitada no tiene carácter geográfico ni ideológico-político, sino que se apoya en la propia naturaleza sustantiva de los intereses. Es el supuesto, entre otros, de la Organización de Países Exportadores de Petróleo (OPEP), que se ha constituido entre Estados muy alejados geográficamente los unos de los otros.

b) Otro criterio de clasificación de las organizaciones internacionales atiende, como vimos en el capítulo VII, a la materia específica en que recae la cooperación. Desde este punto de vista cabe distinguir, tanto en las organizaciones universales como en las de participación limitada, entre organizaciones de cooperación política general y organizaciones de cooperación sectorial. Pues bien, en la presente sección y con una metodología más funcional y dinámica que estática y formal, vamos a analizar selectivamente las más importantes organizaciones de participación restringida, sean de cooperación general (subsección primera), sean de cooperación sectorial (subsección segunda)[1]. Advertimos en cualquier caso que no nos ocupamos en esta sección de la Unión Europea, ya que debido a su gran importancia para España la enseñanza se imparte en los centros universitarios en tanto que asignatura independiente del Derecho internacional.

[1] El desarrollo de esta subsección se hará en posteriores ediciones.

SUBSECCIÓN PRIMERA: ORGANIZACIONES DE PARTICIPACIÓN LIMITADA Y COOPERACIÓN POLÍTICA GENERAL

88. LA ORGANIZACIÓN DE ESTADOS AMERICANOS (OEA)

a) La Organización de Estados Americanos, creada por la Carta de Bogotá de 30 de abril de 1948, constituye realmente la consagración institucional del viejo sistema de cooperación regional practicado en el continente bajo el nombre de Sistema Interamericano; sistema que se basaba en la idea de la especial relación entre los Estados Unidos y los países iberoamericanos. Efectivamente, la Conferencia de Estados americanos celebrada en Washinton en 1899 y 1890 inauguró una serie de reuniones en diversas capitales de la región a fin de considerar problemas específicos. Surgía así la Unión Panamericana, dotada de algunos órganos, que a través de una evolución gradual y progresiva dio lugar a la creación formal de la Organización en 1948. Su sede está en Washington[1].

b) La Carta de la Organización, tal como resulta del Tratado de Bogotá y de las reformas introducidas por el Protocolo de Buenos Aires de 27 de febrero de 1967, enuncia los siguientes *propósitos* esenciales: afianzar la paz y seguridad del continente; prevenir las posibles causas de dificultades y asegurar la solución pacífica de las controversias que surjan entre los Estados miembros; organizar la acción solidaria de éstos en caso de agresión; procurar la solución de los problemas políticos, jurídicos y económicos que se susciten entre ellos; y promover por medio de la acción cooperativa su desarrollo económico, social y cultural. Propósitos, pues, de paz y cooperación internacionales, que permiten calificar a la OEA como organización de cooperación política general. En lo que concierne a los *principios,* hay que decir que el texto de la Carta de la OEA incorpora los formulados previamente en el Sistema Interamericano, y que en todo caso su enumeración es más explícita y desarrollada que la contenida en la Carta de las Naciones Unidas, ya que aquélla reafirma importantes principios de Derecho Internacional —entre otros el del respeto a los derechos fundamentales de la persona humana— (art. 5)

---

[1] Véanse en general entre la extensa bibliografía: R. J. DUPUY, *Le Nouveau Panamericanisme: L'évolution du systhème interamericain vers le Féderalisme,* París, 1956: F. G. FERNÁNDEZ SHAW, *La Organización de Estados Americanos. Una nueva visión de América,* Madrid, 1959; R. W. GRIEGG, *International Organisation in the Western Hemisphere,* Syracuse, 1968; C. SEPÚLVEDA, «La Organización de Estados Americanos desde las reformas de Buenos Aires», en *R.E.D.I.,* 1971, vol. XXIV, pp. 272 ss.; A. REMIRO BROTONS, *La Hegemonía norteamericana, factor de crisis de la O.E.A.,* Zaragoza, 1972; «Ortodoxia ideológico-político y hegemonía en la Organización de Estados Americanos», en *Revista de Política Internacional,* 1971, n.º 115, pp. 31 ss.; F. V. GARCÍA AMADOR, «Organization of American States», en *E.O.P.I.L.,* 1983, vol. 6, pp. 277 ss.; «Regional Cooperation and Organization: American States», ibíd., pp. 308 ss.; y E. ORIHUELA CALATAYUD, «El Pacto de Bogotá y la Corte Internacional de Justicia», en *R.E.D.I.,* 1990-2, pp. 415 ss.

y formula los derechos y deberes fundamentales de los Estados (Capítulo III, arts. 6 a 19); destaca a este último respecto el artículo 15, que establece el principio de no intervención de un Estado en los asuntos internos o externos de otro.

c) Pueden ser *miembros* de la OEA todos los Estados americanos que ratifiquen la Carta (art. 2). Miembros originarios son las veinte repúblicas iberoamericanas que formaban parte del Sistema interamericano, más los Estados Unidos. Posteriormente, y de acuerdo con las previsiones introducidas por el Protocolo de Buenos Aires de 1967, fueron admitidos los nuevos Estados independientes anglófonos del Caribe. Actualmente el número de miembros alcanza a veintisiete, tomando en cuenta la exclusión de Cuba en 1962 (pese a que la Carta de Bogotá no prevé un procedimiento formal de expulsión). España tiene la condición de observador permanente.

d) En lo que respecta a la *estructura orgánica* hay que decir que el órgano supremo de la OEA es la Asamblea General, órgano plenario e igualitario —ya que cada Estado miembro cuenta con un representante y tiene un voto—; las decisiones se toman por el voto de la mayoría absoluta, salvo en casos determinados que requieren la mayoría de dos tercios; se reúne anualmente aunque son posibles sesiones extraordinarias; la Asamblea determina la línea política general de actuación de la OEA, así como la estructura y funciones de sus órganos, y considera cualquier otro asunto concerniente a las relaciones pacíficas entre los Estados americanos. Las decisiones de la Asamblea General no tienen de todos modos carácter vinculante, salvo cuando se trata de cuestiones presupuestarias.

Otro órgano de alto nivel es la Reunión de Consulta de los Ministros de Asuntos Exteriores, que puede constituirse en dos condiciones. Cabe, en efecto, que el órgano se reúna para considerar problemas de naturaleza urgente y de interes común para los Estados americanos; en tal supuesto sus decisiones no tienen carácter obligatorio. Pero es posible asimismo que el órgano se constituya como cuerpo de consulta al amparo de las disposiciones de la Carta sobre seguridad colectiva o de las del Tratado Interamericano de Asistencia Recíproca (Río de Janeiro, 1947), en cuyo caso, según las reglas de dicho Tratado, puede adoptar medidas de aplicación que poseen fuerza obligatoria.

La OEA cuenta con otros órganos intergubernamentales, como el Consejo Permanente, el Consejo Interamericano Económico y Social, y el Consejo Interamericano para la Educación, la Ciencia y la Cultura; dispone lógicamente de una Secretaría y tiene otros órganos no intergubernamentales, como la Comisión Interamericana de Derechos Humanos —de la que ya hemos hablado en otro lugar[2]— y un Comité Jurídico Interamericano.

e) Dispone el artículo 1 de la Carta de la OEA que, dentro de las Naciones Unidas, la Organización constituye un *acuerdo regional.* La referencia es al artículo 52 de la Carta de las Naciones Unidas, según el cual nada obsta a la existencia

---

[2] Véase el apartado 22.5.

de organismos o acuerdos regionales cuyo fin sea entender en los asuntos relativos al mantenimiento de la paz y la seguridad internacionales y susceptibles de acción regional, siempre que dichos acuerdos u organismos y sus actividades sean compatibles con los propósitos y principios de las Naciones Unidas.

f) Analizada someramente la OEA, conviene que procedamos ya a una *valoración,* también escueta, de sus más de cincuenta años de funcionamiento. Entre nosotros, el profesor REMIRO BROTONS hizo en 1972 una severa apreciación crítica; para el profesor citado, efectivamente, la existencia entre los miembros de un Estado *hegemon*—los Estados Unidos de América— marcaba implacablemente y de manera profunda las actividades de la OEA porque, aunque imperase en ella el principio de la igualdad formal de los Estados, la superioridad real del socio más poderoso comportaba la consecuencia política de que la Organización actuase en beneficio de sus intereses y en perjuicio de los intereses de la mayoría[3]. La crítica era sostenible en el momento en que se formuló, pero desde entonces la acción de la OEA ha experimentado un interesante proceso de democratización. Y hay que señalar en cualquier caso como dato favorable la nobleza del ideario de la organización —paz y seguridad internacionales, solución pacífica de controversias, protección de los derechos fundamentales— y el funcionamiento en su seno de la Comisión interamericana de derechos humanos y de la Corte del mismo nombre.

g) No podemos omitir aquí una sucinta referencia a la llamada CELAC o Comunidad de Estados Latinoamericanos y del Caribe, surgida de las cumbres propiciadas por Brasil desde el año 2008. Estamos ante otra organización internacional de cooperación política general del continente americano, creada el 23 de febrero de 2010 e integrada por 33 Estados (todos los latinoamericanos y caribeños pero no por los Estados Unidos de América ni Canadá), con el fin de promover el desarrollo y la integración entre los Estados miembros. Y hay que hablar igualmente de la organización UNASUR, creada por tratado de 23 de mayo de 2008, e integrada por 12 Estados de América del Sur y con sede en la ciudad Mitad del Mundo próxima a Quito. Su objetivo es la creación de un espacio de integración y de la mayor unión posible entre los Estados miembros.

[3] A. REMIRO BROTONS, obras citadas en la nota 1.

89. LA ORGANIZACIÓN DE LA UNIDAD AFRICANA (OUA) Y LA UNIÓN AFRICANA

a) La Organización de la Unidad Africana, creada tras la descolonización de la mayor parte del continente, constituye la organización de cooperación política general de la región que nos ocupa. Su instrumento fundacional es la Carta de Addis-Abeba de 25 de mayo de 1963, cuyo preámbulo revela, en efecto, la convicción de los jefes de Estado y de Gobierno participantes de estar asumiendo la responsabilidad del destino de África tras el período anterior de dominación extranjera y confusión. En tales condiciones no es de extrañar que la Carta de Addis-Abeba ponga énfasis especial en el derecho inalienable de los puestos a su autodeterminación.

b) Los *propósitos* de la Organización, enunciados en el artículo 2 de la Carta, confirman asimismo el carácter político general de la cooperación considerada: reforzamiento de la solidaridad y unidad africana y malgache; coordinación e intensificación de la cooperación para elevar el nivel de vida de los pueblos; defensa de la soberanía, integridad territorial e independencia; eliminación de todas las formas de colonialismo; y por fin favorecimiento de la cooperación internacional teniendo en cuenta la Carta de las Naciones Unidas y la Declaración Universal de Derechos Humanos. Los *principios* básicos están establecidos en el artículo 3: igualdad soberana de los Estados miembros; no intervención en los asuntos internos o externos de los Estados; respeto a la soberanía e integridad territorial y al derecho inalienable de los Estados a su existencia independiente; solución pacífica de controversias; condena incondicional del asesinato político y de las actividades subversivas; absoluta dedicación a la emancipación total de los territorios africanos todavía dependientes; y no alineamiento por lo que respecta a cualquier bloque. En este ideario sobresalen, pues, como elementos diferenciales, las nociones de anticolonialismo y neutralismo[1].

c) Es condición indispensable para convertirse en *miembro* ser Estado africano soberano e independiente (art. 4), en el entendido de que Estados africanos son los situados en el continente más Madagascar y otras islas que rodean África. Y, aunque no se especifica de manera expresa en la Carta, se entiende que un Estado africano gobernado por una minoría blanca no puede acceder a la OUA. Ello explica que África del Sur haya sido por mucho tiempo el único Estado africano que no haya formado parte de la Organización; los demás Estados del continente

[1] Véanse entre la extensa bibliografía: B. BOUTROS GHALI, *L'Organisation de l'Unité Africaine,* París, 1968: F. BORELLA, «Le systhéme juridique de l'O.U.A.», en *A.F.D.I.,* 1971, pp. 233 ss.; J. L. CORTES, *La Organización para la Unidad Africana,* Madrid, 1982; E. G. BELLO, «Organization of African Unity», en *E.O.P.I.L.,* vol. VI. 1983, pp. 270 ss.; «Regional Cooperation and Organization: African States», ibíd., pp. 301 ss.; y M. GLELE-AMANHANZO, *Introduction a l'Organisation de l'Unité Africaine et aux Organisation regionales africaines,* París, 1986.

y las islas africanas son miembros de ella, con la excepción de Marruecos, que se retiró en 1994 cuando fue admitida la República Saharaui.

d) En lo que respecta a la *estructura orgánica* el órgano supremo de la Organización es la Asamblea de Jefes de Estado y de Gobierno, en la que cada miembro tiene un voto, siendo necesaria una mayoría de dos tercios para la adopción de resoluciones. Viene después el Consejo de Ministros, integrado por los de Asuntos Exteriores o los que sean designados por los respectivos Estados, en el que cada miembro cuenta asimismo con un voto, tomándose las decisiones por mayoría simple; su función principal es la de preparar las reuniones de la Asamblea y ejecutar las decisiones de ésta. Digamos que ninguna disposición de la Carta atribuye fuerza vinculante a las decisiones de la Asamblea o del Consejo de Ministros. La OUA posee también una Comisión de Mediación, Conciliación y Arbitraje, Comisiones especializadas y, por supuesto, una Secretaría General.

e) La *valoración* de la labor de la OUA en sus ya largos años de funcionamiento ha de partir de los problemas —políticos, económicos y de todo orden— que aquejan al continente africano y que no propician ciertamente la intensidad y eficacia de la cooperación regional. Así, en lo que concierne a las frecuentes controversias fronterizas entre los Estados miembros, la actuación de la Organización ha sido pobre en su conjunto. En materia de derechos humanos conviene mencionar la Carta de Nairobi de 1981, ya considerada en otro lugar[2]. Pero nada mínimamente efectivo hizo la OUA frente a la hambruna y los desórdenes de Somalia. Y ante el trágico genocidio perpetrado en Ruanda en 1994 la OUA no pasó de solicitar retóricamente la detención inmediata de los combates y la solución rápida y pacífica del problema, lo que llevó a algún analista a preguntarse si la OUA era en la década de los noventa algo más que un club o sindicato de presidentes. Es realmente en el combate contra el régimen de *apartheid* sudafricano donde se manifestó con mayor fuerza la cohesión entre los Estados miembros, aunque hay que agregar que la Organización tuvo dificultades para diseñar al respecto una estrategia única. Conviene dejar constancia en cualquier caso de que la OUA constituye hoy el único foro posible de contacto, negociación y expresión de los Estados africanos.

f) El 9 de septiembre de 1999, la Asamblea de Jefes de Estado y de Gobierno decidió en Sirte (Libia) transformar la Organización en un ente nuevo, la llamada Unión Africana, al que se le asignan objetivos más ambiciosos que los de la OUA y al que se ha querido dotar de mayor eficacia. El 2 de marzo de 2001 comenzó a funcionar la nueva organización, y entre sus novedades institucionales destaca la de contar con un órgano parlamentario.

---

[2] Véase el apartado 22.5.

90. EL CONSEJO DE EUROPA

a) Terminada la segunda guerra mundial, la situación de postración y asolamiento en que se encontraba el Viejo Continente determinó en los líderes políticos y en importantes foros de opinión de Europa occidental una firme voluntad asociacionista; bajo el espejismo de los Estados Unidos de América, se pensaba en algo parecido a los Estados Unidos de Europa. Aparecieron con esta finalidad y dentro de ese espíritu diversos movimientos europeos. Mas, como resultaba paradójica la dispersión de quienes preconizaban la unidad, dichos movimientos, en un gesto constructivo de buen sentido, se reunieron en el histórico Congreso de La Haya entre el 5 y el 7 de mayo de 1948. De dicha reunión salió la idea concreta de creación de una Europa Unida, que se sometió al Consejo de Ministros de la recién creada Unión de Europa Occidental (UEO). Y en el seno de este órgano aparecieron dos tendencias respecto al carácter y funciones de la nueva organización: una propuesta franco-belga, de un lado, favorable al establecimiento de una Asamblea parlamentaria dotada de amplios poderes, y una propuesta británica, de otro lado, partidaria de la sola existencia de un Comité de Ministros con poderes exclusivos de coordinación. La transacción consistió en la creación del Consejo de Europa por el llamado Estatuto de Londres de 5 de mayo de 1949, institución en la que iban a coexistir los dos órganos propuestos, Comité de Ministros y Asamblea parlamentaria, si bien las funciones de esta última iban a ser fundamentalmente consultivas. Resulta de todo ello que el Consejo de Europa es una organización internacional de coordinación y no de integración. Efectivamente los medios de acción del Consejo consisten [art. 1.*b*) del Estatuto] en el examen de los asuntos de interés común, conclusión de acuerdos y acción conjunta. El método de integración, basado como sabemos en la transferencia a la organización de parcelas de soberanía estatal, no llegaría a Europa occidental hasta algo más tarde (1951 y 1957), por la vía de las Comunidades Europeas, que, aun concentradas en el campo económico, tenían como objetivo último la unificación política del Viejo Continente. Apareció así en el marco organizativo de la parte occidental del continente la división entre la Pequeña Europa —la de las Comunidades— y la Gran Europa —la del Consejo de Europa—De todos modos, aquel carácter de organización de coordinación no priva de importancia al Consejo de Europa. Señalemos que la sede de la institución está en Estrasburgo y que la elección de esta ciudad francesa, disputada en el pasado por Alemania, fue un gesto simbólico de gran relieve en el proceso de la Unión Europea[1].

[1] Véanse entre la amplia bibliografía: A. CASTAGNE, *Le Conseil de l'Europe et le probleme politique européen,* Montpellier, 1950; J. BRUYAS, «Le Conseil de l'Europe», en *R.G.D.I.P.,* 1951, pp. 593 ss.; M. SOERENSEN, «The Council of Europe», en *R. des C.,* 1952, t. II, pp. 121 ss.; J. M. SIERRA NAVA, *El Consejo de Europa,* Madrid, 1957; P. DUCLOS, *Le Conseil de l'Europe,* París, 1960; A. H. ROBERTSON, *The Council of Europe. Its structure, functions and achievements,* Londres, 1961: «Council of Europe», en *E.O.P.I.L.,* vol. 6, 1983, pp. 86 ss.; A. MIAJA DE LA MUELA, «Ética y Derecho del Consejo de Europa: Reflexiones y Datos en el momento del ingreso de España», en *R.I.E.,* 1978, pp. 9 ss.; A. VIÑAL CASAS, «Historia de las negociaciones para el ingreso de España en el Consejo de Europa», en *R.I.E.,*

b) El Consejo de Europa es en su quintaesencia una *comunidad ideológica,* basada en el triple y encadenado pilar de democracia pluralista y parlamentaria, Estado de Derecho y respecto a los derechos humanos; la lectura combinada del preámbulo del Estatuto y de su artículo 3 no puede ser más expresiva al respecto. Y aquellas exigencias han determinado la política de admisión de nuevos *miembros;* admisión que se supedita, efectivamente, a la invitación por el Comité de Ministros a Estados europeos capaces de cumplir los requisitos mencionados. España por ejemplo, sólo pudo entrar en el Consejo de Europa en 1977, cuando era segura la transición a la democracia. Se produjo más tarde la entrada gradual de los países del Este, incluida Rusia, acrecentándose así la importancia política de la institución cuyo ámbito geográfico rebasó la parte occidental del continente. Como consecuencia de la guerra desencadenada contra Ucrania en febrero de 2022, el Comité de Ministros, acordó en resolución de 16 de marzo de 2022 que la Federación Rusa dejaba de ser miembro del Consejo de Europa con efecto inmediato, no siendo parte tampoco en la Convención de Roma desde el 16 de septiembre de 2022.

c) Según el artículo 1 de su Estatuto, los *fines* del Consejo de Europa consisten en realizar una unión más estrecha entre sus miembros para salvaguardar y promover los ideales y los principios que constituyen su patrimonio común y favorecer su progreso económico y social. Por consiguiente, la órbita de la cooperación es muy amplia: campos económicos, social, cultural, científico, jurídico y administrativo, así como la salvaguardia y mayor efectividad de los derechos humanos y libertades fundamentales. Nótese que no se mencionan las actividades militares, que quedan en efecto fuera del campo de acción del Consejo, pese a lo cual se puede decir que estamos ante una organización internacional de cooperación política general en el marco europeo, aunque con énfasis particular en los temas relacionados con su ideario.

d) En lo que concierne a la *estructura orgánica,* es el Comité de Ministros el auténtico centro de gravedad de la Organización. Se indica a este respecto en el artículo 13 del Estatuto que es dicho órgano el que actúa en nombre del Consejo. Integrado por representantes de todos los Estados miembros, a nivel —en principio— de ministros de Asuntos Exteriores, cada uno de ellos tiene un voto; las decisiones se toman por unanimidad, mayoría de dos tercios o mayoría simple según los casos y, salvo en cuestiones de organización o régimen interior, no tienen fuerza vinculante. En materia de derechos humanos el Comité posee las competencias que ya han sido examinadas en el lugar oportuno[2]. La Asamblea consultiva, por su parte, está integrada por parlamentarios de los Estados miembros que designan los parlamentos nacionales y cuyo número oscila según la importancia de los países (desde 18 a 2, correspondiendo 12 a España). El funcionamiento práctico de la Asamblea refleja a escala reducida el espectro de grupos políticos habitual en los países de Europa occidental. Organo deliberante, la Asamblea está habilitada para

1978, pp. 93 ss.; y J. A. PASTOR RIDRUEJO, «Sesenta años del Consejo de Europa», en *R.D.D.C.E.*, mayo/agosto 2009, pp. 441 ss.

[2] Véase apartado 22.2.

discutir todas las cuestiones que entran en la competencia del Consejo de Europa y para hacer recomendaciones sobre ellas al Comité de Ministros. Es, además, la institución que elige a los jueces del Tribunal Europeo de Derecho Humanos, de entre una terna que le someten los gobiernos de los Estados miembros. Es obvio, por lo demás, que los parlamentarios votan libremente, sin que estén sometidos a mandato imperativo alguno. Conviene destacar que recae en el Consejo de Europa el mérito y el honor de haber sido la primera organización internacional en establecer un órgano parlamentario. Digamos también que con el paso del tiempo y como prueba de la vitalidad del Consejo se han creado múltiples órganos subsidiarios, entre ellos el CAHDI o Comité de Asesores Jurídicos Internacionales de los Estados miembros, que se reúne dos veces por año. De otra parte los Estados miembros han enviado representantes permanentes cerca de la organización, que celebran frecuentes reuniones como delegados de los ministros, dando así continuidad a la acción intergubernamental del Consejo de Europa.

e) Foro de cooperación y expresión de la llamada Gran Europa —con cuarenta y siete Estados frente a la Pequeña Europa o Europa de los Veintisiete— el Consejo de Europa tiene en la opinión pública una visibilidad menor que la de la Unión Europea, circunstancia que se explica por el mayor peso y eficacia en todo orden de esta última y por su impacto alto e inmediato en la vida cotidiana de los ciudadanos. Pese a ello, una *valoración* de la institución de Estrasburgo no debe oscurecer de ningún modo la extraordinaria importancia de la acción que ha desarrollado desde 1949 hasta nuestros días. Así, en los inicios del siglo XXI, la cifra de acuerdos y convenciones concluidos bajo sus auspicios en materias de su competencia asciende a 212. Y en este espléndido firmamento de codificación regional brilla con luz propia la Convención estrella, que es sin duda la Convención de 4 de noviembre de 1950 sobre salvaguardia de los derechos humanos, ya analizada en otro lugar[3], y que, como sabemos, no sólo se limita a enunciar derechos y libertades fundamentales de la persona, sino que establece también el más adelantado mecanismo internacional hoy existente para su protección eficaz. Aunque sólo fuese por ello, la obra del Consejo de Europa es digna del mayor encomio y merecedora del más amplio apoyo ciudadano.

[3] Véase apartado 22.2.

ÍNDICES

ÍNDICE DE JURISPRUDENCIA*

I. JURISPRUDENCIA INTERNACIONAL

1. Tribunal Permanente de Justicia Internacional

2. Tribunal Internacional de Justicia

* Las referencias son a los epígrafes. Para facilitar la consulta, en la cabecera de las páginas impares se indica el capítulo y el parágrafo.

3. Sentencias arbitrales

4. TRIBUNAL EUROPEO DE DERECHOS HUMANOS

5. CORTE INTERAMERICANA DE DERECHOS HUMANOS

6. TRIBUNAL DE JUSTICIA DE LAS COMUNIDADES EUROPEAS

7. TRIBUNAL INTERNACIONAL DEL DERECHO DEL MAR

8. OTROS CASOS

II. JURISPRUDENCIA ESPAÑOLA EN MATERIA DE DERECHO INTERNACIONAL PÚBLICO

III. JURISPRUDENCIA DE TRIBUNALES EXTRANJEROS

ÍNDICE DE AUTORES*

* Las referencias son a los epígrafes.

ÍNDICE DE MATERIAS*

* Las referencias son a los epígrafes.